ISBN 978-0-259-03214-4
PIBN 10706636

JOURNAL

DES

ADMINISTRATIONS COMMUNALES

TOME ONZIÈME

ANNÉES 1905-1908

Bruxelles. — Imprimerie des Etablissements Émile Bruylant, rue de la Régence, 67.

JOURNAL

DES

ADMINISTRATIONS COMMUNALES

CONTENANT LE TEXTE, PAR ORDRE ALPHABÉTIQUE,

DES LOIS, ARRÊTÉS, RÈGLEMENTS GÉNÉRAUX

DÉCISIONS JUDICIAIRES ET MINISTÉRIELLES

SUR TOUTES LES MATIÈRES QUI INTÉRESSENT LES AUTORITÉS COMMUNALES

PAR

ALFRED DELCROIX

AVOCAT

DIRECTEUR AU MINISTÈRE DE L'INTÉRIEUR

———

SUPPLÉMENT AU DICTIONNAIRE DES BOURGMESTRES

de ÉMILE HELLEBAUT

TOME ONZIÈME
1905-1908

BRUXELLES
ÉTABLISSEMENTS ÉMILE BRUYLANT
SOCIÉTÉ ANONYME D'ÉDITIONS JURIDIQUES ET SCIENTIFIQUES
67, rue de la Régence, 67
—
1908

A

Accidents du travail. — *Loi du 24 décembre 1903 sur la réparation des dommages résultant des accidents du travail.* (*Moniteur* des 28-29 décembre.)

CHAPITRE Iᵉʳ. — DES INDEMNITÉS.

ARTICLE PREMIER. — La réparation des dommages qui résultent des accidents survenus aux ouvriers des entreprises visées à l'article 2, dans le cours et par le fait de l'exécution du contrat de travail régi par la loi du 10 mars 1900, est réglée conformément aux dispositions de la présente loi.

Sont assimilés aux ouvriers les apprentis, même non salariés, ainsi que les employés qui, à raison de leur participation directe ou indirecte au travail, sont soumis aux mêmes risques que les ouvriers et dont le traitement annuel, fixé par l'engagement, ne dépasse pas 2 mille 400 francs.

L'accident survenu dans le cours de l'exécution du contrat de travail est présumé, jusqu'à preuve contraire, survenu par le fait de cette exécution.

ART. 2. — Sont assujetties à la présente loi les entreprises, privées ou publiques, désignées ci-après :

I. — Les mines, minières, carrières ; les fours à coke ; les fabriques d'agglomérés de houille ; les fours et ateliers de préparation des minerais et des produits de carrières ;

Les hauts fourneaux, aciéries, usines à produire et à ouvrer le fer et les autres métaux ; les fonderies ;

La construction des machines et ouvrages métalliques ; les forges ; les ateliers de ferronnerie, serrurerie, poêlerie ; le travail des métaux ; la fabrication des boulons, clous, vis, chaînes, fils, câbles, armes, couteaux et autres ustensiles ou objets en métal ;

Les glaceries, verreries, cristalleries, gobeleteries ; la fabrication des produits céramiques ;

La fabrication des produits chimiques, du gaz et des sous-produits, des explosifs, des allumettes, des huiles, des bougies, des savons, des couleurs et vernis, du caoutchouc, du papier ;

Les tanneries et les corroiries ;

Les moulins à farine ; les brasseries, malteries, distilleries ; la fabrication des eaux gazeuses ; la fabrication du sucre ;

Les travaux de maçonnerie, charpente, peinturage et tous autres travaux de l'industrie du bâtiment ; le ramonage des cheminées ; les travaux de terrassement, creusement de puits, de pavage, voirie et autres travaux du génie civil ;

Les exploitations forestières ;

Les entreprises de transports, par terre, de personnes et de choses ; les entreprises de navigation intérieure, de halage, de remorquage et de dragage ; les entreprises d'emmagasinage, d'emballage, de chargement et de déchargement ; l'exploitation des télégraphes et des téléphones ;

Les entreprises dont l'exercice comporte l'emploi de vapeur, d'air, de gaz ou d'électricité, dont la tension excède une limite à déterminer par arrêté royal,

Et, en général, les entreprises où il est fait usage, autrement qu'à titre temporaire, de machines mues par une force autre que celle de l'homme ou des animaux ;

II. — Les exploitations industrielles, non comprises dans les catégories ci-dessus énumérées et qui occupent habituellement cinq ouvriers au moins ;

Les exploitations agricoles qui occupent habituellement trois ouvriers au moins ;

Les magasins de commerce où l'on emploie habituellement trois ouvriers au moins ;

III. — Les entreprises, non visées ci-dessus, dont le caractère dangereux aura été reconnu par arrêté royal, sur l'avis de la commission des accidents du travail.

ART. 3. — Les chefs d'entreprise ou de parties d'entreprises non visées à l'article 2 ont la faculté de se soumettre aux dispositions de la présente loi.

Ils feront à cet effet, le cas échéant, une déclaration expresse dont il leur sera donné récépissé, au greffe de la justice de paix du siège de l'entreprise. Si l'entreprise comprend plusieurs exploitations distinctes et situées dans différents cantons judiciaires, la déclaration sera faite au greffe de la justice de paix du siège de chacune de ces exploitations.

En ce qui concerne les entreprises soumises au régime de la loi du 15 juin 1896 sur les règlements d'atelier, mention de la déclaration sera insérée dans un règlement d'atelier rédigé et affiché conformément à la prédite loi. En dehors de ce cas, la déclaration n'a effet que s'il est prouvé qu'elle a été connue de l'ouvrier avant l'engagement de celui-ci. Le fait de cette connaissance peut être prouvé par toutes voies de droit.

Art. 4. — Lorsque l'accident a été la cause d'une incapacité temporaire et totale de travail de plus d'une semaine, la victime a droit, à partir du jour qui suit l'accident, à une indemnité journalière égale à 50 p. c. du salaire quotidien moyen.

Si l'incapacité temporaire est ou devient partielle, cette indemnité doit être équivalente à 50 p. c. de la différence entre le salaire de la victime antérieurement à l'accident et celui qu'elle peut gagner avant d'être complètement rétablie.

Si l'incapacité est ou devient permanente, une allocation annuelle de 50 p. c. déterminée d'après le degré d'incapacité, comme il vient d'être dit, remplace l'indemnité temporaire à compter du jour où, soit par l'accord des parties, soit par le jugement définitif, il est constaté que l'incapacité présente le caractère de la permanence. A l'expiration du délai de revision prévu à l'article 30, l'allocation annuelle est remplacée par une rente viagère.

Art. 5. — Le chef d'entreprise est tenu, conformément aux dispositions ci-après, des frais médicaux et pharmaceutiques causés par l'accident et faits pendant les six premiers mois.

Si le chef d'entreprise a institué, à sa charge exclusive, un service médical et pharmaceutique et en a fait mention dans une clause spéciale du règlement d'atelier, la victime n'a pas le choix du médecin et du pharmacien ; il en est de même lorsque, à défaut de règlement d'atelier, les parties sont, par une stipulation spéciale du contrat de travail, convenues que le service est institué par le chef d'entreprise.

Dans les autres cas, la victime a le choix du médecin et du pharmacien ; mais le chef d'entreprise n'est tenu qu'à concurrence de la somme fixée à forfait par un tarif établi par arrêté royal.

Les indemnités pour frais médicaux et pharmaceutiques pourront être payées à ceux qui en ont pris la charge. Les personnes à qui ces frais sont dus ont une action directe contre les chefs d'entreprise.

Art. 6. — Lorsque l'accident a causé la mort de la victime, il est alloué, le cas échéant, les indemnités suivantes :

1° Une somme de 75 francs pour frais funéraires. Le dernier alinéa de l'article 5 est applicable à cette indemnité ;

2° Un capital représentant la valeur, calculée en raison de l'âge de la victime au moment du décès, d'une rente viagère égale à 30 p. c. du salaire annuel.

Ce capital est exclusivement attribué aux catégories de personnes ci-après désignées :

A. Au conjoint non divorcé ni séparé de corps, à la condition que le mariage soit antérieur à l'accident ; toutefois, le veuf n'a droit à l'indemnité que lorsque la victime était son soutien ;

B. Aux enfants légitimes, nés ou conçus avant l'accident et aux enfants naturels reconnus avant l'accident, pour autant que les uns et les autres soient âgés de moins de 16 ans ;

C. Aux petits-enfants âgés de moins de 16 ans ainsi qu'aux ascendants, dont la victime était le soutien ;

D. Aux frères et sœurs, âgés de moins de 16 ans, dont la victime était le soutien.

Le conjoint n'a droit qu'aux trois cinquièmes du capital en cas de concours avec plusieurs enfants ; il a droit aux quatre cinquièmes, en cas de concours, soit avec un seul enfant, soit avec un ou plusieurs ayants droit des autres catégories.

Les enfants ont la priorité sur les ayants droit des catégories C et D ; les ayants droit de la catégorie C excluent ceux de la catégorie D. Entre ayants droit d'une même catégorie, il y a lieu à partage égal par tête. Toutefois, à défaut de conjoint survivant, les petits-enfants viennent en concours avec les enfants, mais le partage a lieu par souche.

Les parts du conjoint et des ascendants sont converties en rentes viagères.

Les parts des autres ayants droit sont converties en rentes temporaires dont l'extinction aura lieu pour chacun à l'âge de 16 ans. Le juge peut toutefois, à la requête de tout intéressé, parties préalablement entendues ou appelées, ordonner un autre mode de placement du capital ; il peut aussi, dans les mêmes conditions, modifier équitablement la répartition du capital entre ayants droit appelés concurremment.

Art. 7. — La victime ou ses ayants droit peuvent demander que le tiers au plus de la valeur de la rente viagère leur soit payé en capital.

Le juge statuera au mieux de l'intérêt des demandeurs, après que le chef d'entreprise aura été entendu ou dûment appelé.

En cas d'incapacité permanente partielle, le juge peut aussi, dans les mêmes formes, à la demande de tout intéressé, ordonner que la valeur de la rente soit intégralement payée en capital à la victime, lorsque les arrérages annuels ne s'élèvent pas à 60 francs.

La valeur de la rente viagère sera calculée conformément à un tarif approuvé par arrêté royal et préalablement soumis à l'avis de la commission des accidents du travail.

Art. 8. — Le salaire servant de base à la fixation des indemnités s'entend de la rémunération effective allouée à l'ouvrier en vertu du contrat, pendant l'année qui a précédé l'accident, dans l'entreprise où celui-ci est arrivé.

Pour les ouvriers occupés depuis moins d'une année dans l'entreprise, le salaire doit s'entendre de la rémunération effective qui leur a été allouée, augmentée de la rémunération moyenne allouée aux ouvriers de la même catégorie pendant la période nécessaire pour compléter l'année.

Lorsque l'entreprise ne comporte qu'une période habituelle de travail inférieure à une année, le calcul de l'indemnité s'opère en tenant compte tant du salaire alloué pour la période d'activité que du gain de l'ouvrier pendant le reste de l'année.

Lorsque le salaire annuel dépasse 2,400 fr.,

il n'est pris en considération, pour la fixation des indemnités, qu'à concurrence de cette somme.

En ce qui concerne les apprentis ainsi que les ouvriers âgés de moins de 16 ans, le salaire de base ne sera jamais inférieur au salaire des autres ouvriers les moins rémunérés de la même catégorie professionnelle ; il ne sera, en aucun cas, évalué à moins de 365 francs par an.

Le salaire quotidien moyen s'obtient en divisant par 365 le chiffre du salaire annuel déterminé conformément aux dispositions qui précèdent.

Art. 9. — Le gouvernement peut, pour des industries déterminées, et après avoir pris l'avis des sections compétentes des conseils de l'industrie et du travail, décider que le salaire de base sera fixé d'après la moyenne annuelle des salaires alloués antérieurement à l'accident, pendant une période de dix ans au plus.

Art. 10. — Les allocations déterminées aux articles qui précèdent sont à la charge exclusive du chef d'entreprise.

Toutefois, le chef d'entreprise est, sans préjudice de ce qui est dit à l'article 11, exonéré de cette charge s'il a contracté, pour le payement des dites allocations, soit avec une société d'assurance agréée conformément aux dispositions du chapitre II de la présente loi, soit avec la caisse d'assurance organisée en vertu de l'article 35. En pareil cas, l'assureur est de plein droit subrogé aux obligations du chef d'entreprise.

A défaut d'avoir contracté comme il est dit ci-dessus, et sans préjudice des autres obligations résultant de la présente loi, les chefs des entreprises privées sont tenus de contribuer au fonds spécial institué par l'article 20 ; ils peuvent néanmoins en être dispensés par arrêté ministériel, sur l'avis de la commission des accidents du travail, s'ils ont garanti le payement éventuel des allocations dans les conditions et de la manière qui seront prescrites par arrêté royal.

Art. 11. — Les chefs d'entreprise ou leurs assureurs peuvent convenir avec les sociétés mutualistes reconnues par le gouvernement que celles-ci assumeront, pendant six mois au plus à partir de l'accident, le service des indemnités qui seraient dues à leurs membres en cas d'incapacité de travail, à la condition, toutefois, qu'il soit justifié :

1° Que les débiteurs de ces indemnités ont pris à leur charge une quote-part de la cotisation de mutualité. Cette quote-part, déterminée de commun accord, ne pourra être inférieure au tiers ;

2° Que les sociétés intéressées accordent à leurs membres les mêmes secours en cas de maladie qu'en cas de blessure.

Si le secours journalier accordé par la société est inférieur à l'indemnité due en vertu de la présente loi, le chef d'entreprise est tenu de verser la différence.

Un arrêté royal réglera les conditions auxquelles les sociétés mutualistes pourront assumer le service des secours tenant lieu de l'indemnité temporaire.

Art. 12. — Les indemnités temporaires sont payables aux mêmes époques que les salaires ; les allocations annuelles et les arrérages des rentes sont payables trimestriellement par quart ; les frais funéraires sont payables dans le mois du décès.

Art. 13. — Les indemnités dues en vertu de la présente loi aux victimes d'accidents ou à leurs ayants droit ne sont cessibles ni saisissables que pour cause d'obligation alimentaire légale.

CHAPITRE II. — DES GARANTIES ET DE L'ASSURANCE.

Art. 14. — Sauf dans les cas déterminés à l'article 16, le chef d'entreprise est tenu de constituer le capital de la rente, conformément au tarif visé à l'article 7, soit à la Caisse générale d'épargne et de retraite, soit à un autre établissement agréé pour le service des rentes. Un arrêté royal déterminera les conditions requises pour cette agréation, qui ne pourra être accordée par le gouvernement que sur l'avis de la commission des accidents du travail.

La constitution du capital doit être effectuée :

En cas de mort de l'ouvrier, dans le mois de l'accord entre les intéressés et, à défaut d'accord, dans le mois du jugement définitif ;

En cas d'incapacité permanente de travail, dans le mois de l'expiration du délai de revision prévu à l'article 30.

Toutefois, les établissements chargés du service des rentes peuvent, sous leur responsabilité, accorder des délais aux chefs d'entreprise.

Ces établissements sont, dans ce cas, subrogés aux actions et privilèges de la victime et de ses ayants droit.

Art. 15. — La créance de la victime de l'accident ou de ses ayants droit est garantie par un privilège qui prend rang immédiatement après le n° 4 et sous le n° 4bis de l'article 19 de la loi du 16 décembre 1851 sur les privilèges et hypothèques.

Art. 16. — Le chef d'entreprise est dispensé du versement du capital de la rente s'il justifie :

Qu'il a subrogé un assureur à ses obligations conformément à l'article 10. Cette subrogation emporte libération du privilège établi par l'article 15 ;

Ou bien qu'il a garanti le service de la rente en déposant, conformément aux conditions à déterminer par arrêté royal, à la Caisse des dépôts et consignations ou à la Caisse générale d'épargne et de retraite, des titres d'une valeur suffisante pour assurer éventuellement la constitution du capital dont le versement n'a pas été effectué.

Il est également dispensé de verser le capital de la rente si la constitution éventuelle de ce capital ou le service de la rente est assuré par une hypothèque, ou une caution, déclarée suffisante par le juge de paix, sauf appel, après que la victime ou ses ayants droit ont été entendus ou dûment cités.

Le jugement désigne les immeubles grevés de l'hypothèque, l'objet de la garantie et la somme jusqu'à concurrence de laquelle l'inscription peut être prise.

Le juge peut aussi déclarer suffisante l'affectation, à la garantie dont il s'agit, d'une inscription, soit pour la propriété, soit pour l'usufruit, au grand-livre de la dette publique.

Les inscriptions ou les oppositions sont requises, en vertu du jugement, soit par le

greffier, soit par le procureur du roi, soit par la victime ou les ayants droit.

L'article 32 est applicable aux actes prévus par la présente disposition.

Art. 17. — Seront agréées aux fins de la présente loi les caisses communes d'assurance contre les accidents, constituées par les chefs d'entreprise, ainsi que les compagnies d'assurance à primes fixes, qui se conformeront au règlement à établir par arrêté royal.

Les assureurs agréés sont astreints à constituer des réserves ou cautionnements dans les conditions à déterminer par le règlement.

Le montant des réserves ou cautionnements est affecté, par privilège, au payement des indemnités.

Aucune clause de déchéance ne pourra être opposée par les assureurs agréés aux créanciers d'indemnités ou aux ayants droit.

Art. 18. — L'agréation sera accordée et révoquée par le gouvernement, qui prendra préalablement l'avis de la commission des accidents du travail.

Les arrêtés royaux d'agréation et de révocation seront insérés au *Moniteur*.

La liste des sociétés agréées sera publiée tous les trois mois au *Moniteur*.

Art. 19. — Les caisses communes d'assurance contre les accidents, agréées en vertu de l'article 17, jouiront de la capacité juridique et des avantages attribués par la loi du 28 mars 1868 aux caisses communes de prévoyance en faveur des ouvriers mineurs, reconnues par le gouvernement.

Les statuts des caisses communes pourront stipuler que les indemnités du chef d'incapacité de travail seront, pendant un délai qui n'excédera pas six mois à partir de l'accident, directement payées aux victimes par le chef d'entreprise ou par une caisse locale fonctionnant à son intervention, le tout sous la garantie de la caisse commune intéressée.

Art. 20. — Il est institué, sous le nom de fonds de garantie, une caisse d'assurance contre l'insolvabilité patronale; cette caisse a pour but de pourvoir au payement des allocations dues en cas d'accident, lorsque le chef d'entreprise est en défaut de s'acquitter des obligations qui lui incombent.

Le fonds est rattaché à la caisse des dépôts et consignations.

L'intervention de ce fonds est subordonnée à la constatation préalable du défaut d'exécution des obligations du chef d'entreprise et, s'il y a lieu, de l'assureur. Cette constatation est faite par le juge de paix, dans les formes à établir par arrêté royal.

La caisse pourra exercer un recours contre les débiteurs défaillants; elle est subrogée aux droits, actions et privilèges des victimes ou des ayants droit, tant à l'égard des chefs d'entreprise qu'à l'égard des tiers.

Le recours contre les chefs d'entreprise est exercé, par voie de contrainte, comme en matière de contributions directes.

Le fonds de garantie est alimenté par des cotisations mises à la charge des chefs des entreprises privées qui, sur réquisition de l'administration des contributions directes, n'auront pas justifié le contrat d'assurance prévu au 2e alinéa de l'article 10 ou de la dispense visée au 3e alinéa du même article. Un arrêté royal règle la déclaration et les autres

formalités à exiger en vue d'établir cette justification.

Le montant des cotisations est déterminé par arrêté royal, sur l'avis de la commission des accidents du travail.

Les rôles d'assujettissement sont dressés, le recours des imposés s'exerce et les recouvrements sont opérés, au besoin, par voie de contrainte comme en matière de contributions directes.

CHAPITRE III. — DE LA RESPONSABILITÉ CIVILE.

Art. 21. — Il n'est en rien dérogé aux règles générales de la responsabilité civile lorsque l'accident a été intentionnellement provoqué par le chef d'entreprise.

Sauf cette exception, les dommages résultant des accidents du travail ne donnent lieu, à charge du chef d'entreprise, au profit de la victime ou de ses ayants droit, qu'aux seules réparations déterminées par la présente loi.

Les dommages et intérêts ne seront, en aucun cas, cumulés avec ces réparations.

Indépendamment de l'action résultant de la présente loi, la victime et les ayants droit conservent, contre les personnes responsables de l'accident, autres que le chef d'entreprise ou ses ouvriers et préposés, le droit de réclamer la réparation du préjudice causé, conformément aux règles du droit commun ; le chef d'entreprise sera, le cas échéant, exonéré de ses obligations à concurrence du montant des dommages et intérêts accordés.

L'action contre les tiers responsables pourra même être exercée par le chef d'entreprise, à ses risques et périls, au lieu et place de la victime ou des ayants droit, s'ils négligent d'en faire usage.

Art. 22. — Les indemnités établies par la présente loi ne sont point dues lorsque l'accident a été intentionnellement provoqué par la victime.

Aucune indemnité n'est due à celui des ayants droit qui a intentionnellement provoqué l'accident.

Art. 23. — Toute convention contraire aux dispositions de la présente loi est nulle de plein droit.

CHAPITRE IV. — DES DÉCLARATIONS D'ACCIDENTS ET DE LA JURIDICTION.

Art. 24. — Tout accident survenu à un ouvrier au cours de son travail et qui a occasionné ou est de nature à occasionner soit la mort de la victime, soit une incapacité de travail, doit être déclaré dans les trois jours, par le chef d'entreprise ou son délégué, sans préjudice de toutes autres informations prescrites par les lois ou règlements.

La déclaration est faite par écrit à l'inspecteur du travail, ainsi qu'au greffe de la justice de paix ou de la commission arbitrale compétente en vertu de l'article 26. La déclaration mentionne la nature et les circonstances de l'accident ; elle indique, s'il y a lieu, le nom de l'assureur avec lequel le chef d'entreprise a contracté. Un arrêté royal déterminera, pour le surplus, la forme et les conditions de la déclaration ainsi que les cas dans lesquels un certificat devra y être joint, aux frais du déclarant.

La déclaration de l'accident peut être faite, dans les mêmes formes, par la victime ou ses ayants droit.

Récépissé de cette déclaration est, en tout cas, envoyé par le greffier au déclarant.

S'il résulte de la déclaration que le chef d'entreprise ne reconnaît pas que la présente loi soit applicable à l'accident signalé, à raison notamment des circonstances du fait ou de la qualité de la victime, l'inspecteur du travail fera une enquête sur les causes de l'accident. Lorsqu'il est procédé à une enquête en vertu de la présente disposition ou en vertu des lois et règlements relatifs à la police du travail, une expédition du procès-verbal d'enquête est transmise par l'inspecteur au greffe de la juridiction compétente.

Les parties ont le droit de prendre au greffe connaissance ou copie, à leurs frais, de la déclaration de l'accident, du certificat y annexé et, s'il y a lieu, de l'expédition du procès-verbal d'enquête.

ART. 25. — Les chefs d'entreprise ou leurs délégués qui contreviendront aux dispositions de l'article qui précède seront punis d'une amende de 5 à 25 francs.

En ce qui concerne la recherche et la constatation des contraventions, ainsi que les enquêtes en matière d'accidents, les inspecteurs du travail sont investis des pouvoirs que leur confèrent les lois du 5 mai 1888 et du 11 avril 1896, sous les sanctions édictées par les dites lois à charge des chefs d'entreprise ou de leurs délégués qui mettraient obstacle à l'exercice de ces pouvoirs.

En cas d'infraction, les inspecteurs dressent des procès-verbaux qui font foi jusqu'à preuve contraire. Une copie du procès-verbal est, dans les quarante-huit heures, remise au contrevenant, à peine de nullité.

ART. 26. — Le juge de paix du canton où l'accident s'est produit est seul compétent pour connaître des actions relatives aux indemnités dues aux ouvriers ou à leurs ayants droit, en vertu de la présente loi, ainsi que des demandes en revision de ces indemnités; il statue, en dernier ressort, jusqu'à la valeur de 300 francs, et, en premier ressort, à quelque valeur que la demande puisse s'élever. Lorsque l'accident est survenu à l'étranger, la compétence territoriale du juge de paix est déterminée comme en matière mobilière.

En ce qui concerne les entreprises affiliées à des caisses communes d'assurance agréées, les statuts de ces caisses peuvent stipuler que le jugement des contestations sera déféré à une commission arbitrale, laquelle statuera, soit en dernier ressort, soit à charge d'appel devant le tribunal de première instance du siège de la caisse, suivant les règles visées au précédent alinéa. Cette stipulation sera portée à la connaissance des ouvriers dans la forme à déterminer par les statuts.

La commission arbitrale sera composée d'un magistrat, président, désigné à cette fin par le premier président de la cour d'appel, et d'un nombre égal de chefs d'entreprise et d'ouvriers. L'organisation de la commission et la procédure d'arbitrage seront déterminées par les statuts conformément aux dispositions du règlement prévu par l'article 17 de la présente loi.

ART. 27. — Même dans le cas de la subrogation prévue par l'article 10, 2e alinéa, de la présente loi, l'ouvrier ou ses ayants droit ont toujours la faculté d'assigner directement le chef d'entreprise, sauf le droit de celui-ci de mettre l'assureur en cause.

La victime ou ses ayants droit ont, dans tous les cas, une action directe contre l'assureur, même non agréé; leur créance est privilégiée sur tout ce qui serait dû par lui au chef d'entreprise, à raison de l'assurance.

Il n'est point dérogé aux règles ordinaires de la compétence en ce qui concerne les actions dirigées contre les assureurs non agréés.

ART. 28. — Les parties ont le droit de comparaître volontairement devant le juge de paix pour faire constater leur accord en ce qui concerne les indemnités à allouer ensuite d'accidents.

L'expédition du procès-verbal constatant cet accord sera revêtue de la formule exécutoire.

ART. 29. — Lorsque la cause n'est pas en état, le juge a toujours le droit, même d'office, d'accorder une provision à la victime ou à ses ayants droit, sous la forme d'une allocation journalière.

Les jugements allouant des indemnités temporaires ou viagères seront exécutoires par provision, nonobstant l'appel et sans qu'il soit besoin de fournir caution. Toutefois, lorsqu'il y aura lieu d'accorder une rente dont le capital est exigible, le juge restreindra l'exécution provisoire au payement des arrérages; dans ce dernier cas, le juge aura la faculté d'exiger caution du chef d'entreprise, si celui-ci n'a point subrogé un assureur à ses obligations.

En cas d'exécution forcée, s'il y a lieu de constituer le capital de la rente, le juge pourra, à la diligence de tout intéressé et même d'office, désigner un curateur ad hoc chargé d'opérer cette constitution au moyen des fonds recouvrés.

ART. 30. — L'action en payement des indemnités prévues par la présente loi se prescrit par trois ans.

La demande en revision des indemnités fondée sur une aggravation ou une atténuation de l'infirmité de la victime, ou sur le décès de celle-ci par suite des conséquences de l'accident, est ouverte pendant trois ans à dater de l'accord intervenu entre parties ou du jugement définitif.

ART. 31. — L'action en payement ou en revision des indemnités prévues par la présente loi ne peut, en aucun cas, être poursuivie devant la juridiction répressive; l'exercice en est indépendant de celui de l'action publique à laquelle l'accident donnerait éventuellement ouverture.

CHAPITRE V. — DISPOSITIONS FISCALES.

ART. 32. — Sont exempts du timbre et du droit de greffe et sont enregistrés gratis lorsqu'il y a lieu à la formalité de l'enregistrement, tous les actes volontaires et de juridiction gracieuse relatifs à l'exécution de la présente loi.

ART. 33. — Sont délivrés gratuitement tous certificats, actes de notoriété et autres dont la production peut être exigée, pour l'exécution de la présente loi, par la Caisse générale d'épargne et de retraite et par les caisses communes d'assurance agréées.

CHAPITRE VI. — Dispositions générales et dispositions transitoires.

Art. 34. — Un comité technique sera institué par arrêté royal, auprès du ministère de l'industrie et du travail, sous le nom de commission des accidents du travail. Il sera composé de onze membres, parmi lesquels il y aura deux actuaires au moins, un médecin, ainsi qu'un représentant des chefs d'entreprise et un représentant des ouvriers, élus l'un et l'autre par le conseil supérieur du travail.

Indépendamment des attributions qui lui sont dévolues par la présente loi, la commission délibérera sur toutes les questions qui lui seront soumises par le ministre au sujet de la réparation des dommages résultant des accidents du travail.

Art. 35. — La Caisse générale d'épargne et de retraite est autorisée à traiter des opérations d'assurance contre les risques d'accidents prévus par la présente loi.

Les conditions générales ainsi que les tarifs de ces assurances seront approuvés par arrêté royal.

Art. 36. — Les polices d'assurance, antérieures de six mois à la date de la mise en vigueur de la présente loi et relatives aux risques d'accidents du travail dans les entreprises soumises à la dite loi, pourront, dans le délai d'un an à dater de sa mise en vigueur, être dénoncées, par l'assureur ou l'assuré, soit au moyen d'une déclaration écrite dont il sera donné reçu, soit par un acte extrajudiciaire.

Cette dénonciation ne sortira ses effets qu'à partir de la mise en vigueur de la loi, sauf convention contraire; elle ne donnera lieu à aucune indemnité.

Art. 37. — La présente loi ne sera applicable que six mois après la publication du dernier des arrêtés royaux qui doivent en régler l'exécution.

Ces arrêtés seront pris dans le délai d'un an à partir de la publication de la loi.

Art. 38. — En ce qui concerne les accidents du travail survenus après l'entrée en vigueur de la présente loi, les caisses communes de prévoyance en faveur des ouvriers mineurs, régies par la loi du 28 mars 1868, jouiront du bénéfice d'agréation prévu à l'article 17, moyennant les conditions suivantes :

1° Les caisses doivent être reconnues par le gouvernement; leurs statuts seront revisés et soumis à son approbation;

2° Les caisses doivent continuer à servir les pensions ou rentes dues à raison d'accidents survenus avant l'entrée en vigueur de la présente loi;

3° Les statuts doivent consacrer les règles énumérées ci-après :

A. Les subventions ou cotisations pour la réparation des accidents du travail sont à la charge exclusive des exploitants;

B. Les caisses pourvoient au payement des indemnités et au service des rentes dans les cas prévus par la présente loi;

C. Leur administration et leur comptabilité sont séparées de celles qui concernent le service des pensions ou des secours pour cause d'invalidité ou de vieillesse;

D. Les caisses constituent les réserves, garanties ou cautionnements déterminés par arrêté royal;

E. Les indemnités ne seront pas inférieures à celles attribuées par la présente loi; les statuts peuvent néanmoins régler l'attribution des indemnités, en cas d'accident mortel, d'une manière différente de celle déterminée à l'article 6; mais, dans leur ensemble, ces indemnités ne seront pas inférieures à celles allouées par le dit article; les statuts peuvent aussi porter la stipulation prévue au deuxième alinéa de l'article 19;

F. Les statuts déterminent les conditions auxquelles un exploitant peut renoncer à l'affiliation.

Les statuts peuvent disposer que le jugement des contestations relatives aux indemnités aura lieu conformément au deuxième alinéa de l'article 26.

La commission permanente des caisses de prévoyance en faveur des ouvriers mineurs sera organisée par arrêté royal.

Le gouvernement prendra son avis pour l'exercice des pouvoirs que lui confère le présent article et spécialement pour l'examen des statuts.

Art. 39. — Tous les trois ans, le gouvernement fera rapport aux Chambres sur l'exécution de la présente loi.

Disposition additionnelle.

Art. 40. — Les deux premières phrases du numéro 1° de l'article 3 de la loi du 28 mars 1868 sont remplacées par la disposition suivante :

« Faculté de contracter, de disposer et d'acquérir à titre onéreux, d'ester en justice, sauf les restrictions déterminées, s'il y a lieu, par arrêté royal. »

Règlement général de l'assurance contre les accidents du travail. — Arrêté royal du 29 août 1904, contresigné par MM. Francotte, ministre de l'industrie, etc., de Smet de Naeyer, ministre des finances, etc., et Van den Heuvel, ministre de la justice. (*Moniteur* du 31 août.)

Vu les articles 7, dernier alinéa, 14, 1er alinéa, 17 et 18, ainsi conçus, de la loi du 24 décembre 1903 sur la réparation des dommages résultant des accidents du travail :

« Art. 7, dernier alinéa. — La valeur de la rente viagère sera calculée conformément à un tarif approuvé par arrêté royal et préalablement soumis à l'avis de la commission des accidents du travail. »

« Art. 14, 1er alinéa. — Sauf dans les cas déterminés à l'article 16, le chef d'entreprise est tenu de constituer le capital de la rente, conformément au tarif visé à l'article 7, soit à la Caisse générale d'épargne et de retraite, soit à un autre établissement agréé pour le service des rentes. Un arrêté royal déterminera les conditions requises pour cette agréation, qui ne pourra être accordée par le gouvernement que sur l'avis de la commission des accidents du travail. »

« Art. 17. — Seront agréées aux fins de la présente loi les caisses communes d'assurance contre les accidents, constituées par les chefs d'entreprise, ainsi que les compagnies d'assurances à primes fixes, qui se conformeront au règlement à établir par arrêté royal.

« Les assureurs agréés sont astreints à constituer des réserves ou cautionnements dans les conditions à déterminer par le règlement.

« Le montant des réserves ou cautionnements est affecté, par privilège, au payement des indemnités,

« Aucune clause de déchéance ne pourra être opposée par les assureurs agréés aux créanciers d'indemnités ou aux ayants droit. »

« Art. 18. — L'agréation sera accordée et révoquée par le gouvernement, qui prendra préalablement l'avis de la commission des accidents du travail.

« Les arrêtés royaux d'agréation et de révocation seront insérés au *Moniteur*.

« La liste des sociétés agréées sera publiée tous les trois mois au *Moniteur*. »

Vu, en outre, les articles 10, 19, 26 et 40 de la même loi;

Vu l'avis de la commission des accidents du travail, notamment en ce qui concerne le tarif visé à l'article 7 précité;

Sur la proposition de nos ministres de l'industrie et du travail, des finances et des travaux publics et de la justice,

Nous avons arrêté et arrêtons :

CHAPITRE Ier. — DISPOSITIONS PRÉLIMINAIRES.

ARTICLE PREMIER. — Les caisses communes d'assurance contre les accidents constituées par les chefs d'entreprise et les compagnies d'assurances à primes fixes, agréées par arrêté royal sur l'avis de la commission des accidents du travail, procureront aux chefs d'entreprise le bénéfice de l'exonération prévue par l'article 10, 2e alinéa, de la loi du 24 décembre 1903.

ART. 2. — Les caisses communes et les compagnies qui sollicitent l'agréation doivent adresser une requête, en double exemplaire, au ministre de l'industrie et du travail.

L'agréation ne pourra leur être accordée qu'après qu'elles auront produit les preuves et justifications qui seront déterminées ci-après.

ART. 3. — Les arrêtés d'agréation stipuleront qu'ils sortiront leurs effets dès le jour de la publication au *Moniteur*.

CHAPITRE II. — DES SOCIÉTÉS D'ASSURANCES À PRIMES FIXES.

ART. 4. — Les compagnies requérantes établiront qu'elles sont constituées régulièrement sous la forme de sociétés anonymes ou de sociétés en commandite par actions.

Si elles ont déjà fait des opérations d'assurance ou autres antérieurement à la date de leur requête, elles auront à produire le bilan et le compte de profits et pertes du dernier exercice et, le cas échéant, ceux des deux exercices précédents.

Elles joindront à leur requête le texte des conditions générales de leurs polices, ainsi qu'un exposé précis des bases techniques qu'elles auront adoptées pour l'établissement

de leurs tarifs de primes relatifs à l'assurance des risques résultant de la loi du 24 décembre 1903.

Les documents à produire en vertu des dispositions qui précèdent seront remis en deux exemplaires certifiés et dûment signés.

Les sociétés doivent, en outre, satisfaire à toutes les demandes de justifications et de renseignements complémentaires qui leur seront adressées par l'administration au sujet de leur situation financière et de leurs opérations.

ART. 5. — Les sociétés ne seront agréées que pour autant que leur capital social, souscrit en numéraire, ne soit pas inférieur à un million de francs et que les versements effectués en espèces s'élèvent au moins au cinquième du dit capital.

Indépendamment des affectations à la réserve légale, il sera fait annuellement, sur les bénéfices nets afférents aux opérations qui se rattachent à la loi du 24 décembre 1903, un prélèvement d'un vingtième au moins qui sera appliqué à la formation d'un fonds de prévision ; ce prélèvement cessera d'être obligatoire lorsque le fonds de prévision s'élèvera à 200,000 francs.

ART. 6. — Les sociétés étrangères qui veulent se faire agréer doivent établir en Belgique un siège d'opération où elles feront élection de domicile. Elles constitueront un fondé de pouvoirs, chargé de les représenter tant auprès de l'administration que vis-à-vis des particuliers et qui aura son domicile et sa résidence en Belgique. Elles s'engageront, en outre, à accepter la compétence des tribunaux belges, soit en demandant, soit en défendant.

ART. 7. — Les sociétés sont tenues de constituer un cautionnement qui, par le seul fait du dépôt visé à l'article 9 du présent règlement, sera affecté, par privilège, au payement des indemnités, conformément à l'article 17 de la loi du 24 décembre 1903.

Le cautionnement devra, pour le premier exercice, représenter la somme de trois cent mille francs ; il sera constitué préalablement à la publication de l'arrêté d'agréation.

Pour les exercices ultérieurs, le cautionnement sera équivalent à une fois et demie la valeur des indemnités afférentes à la dernière année et payées ou dues par la société, sans que la somme ainsi établie puisse être inférieure au total annuel le plus élevé des primes perçues au cours des trois dernières années. Toutefois, le cautionnement ne sera, en aucun cas, inférieur à trois cent mille francs, ni supérieur à quinze cent mille francs.

ART. 8. — Le cautionnement sera fourni soit en numéraire, soit en valeurs énumérées ci-après :

1° Fonds publics belges et valeurs garanties par l'État belge, à concurrence de la moitié au moins ;

2° Obligations de la Société du crédit communal ;

3° Obligations libérées des provinces et des communes ;

4° Fonds publics des États étrangers et valeurs garanties par ces États, mais seulement dans une proportion qui sera fixée par l'arrêté d'agréation pour un arrêté ministériel ultérieur. Les titres de cette catégorie ne seront acceptés qu'à la condition de n'avoir pas été cotés, sur les places où ils ont leur marché principal et pendant la dernière période de six mois, à un taux qui corresponde à une capitalisation supérieure à 4 p. c.

Les titres indiqués aux 1° et 2° seront admis aux conditions fixées, conformément à l'article 4 de l'arrêté royal du 23 juin 1851, pour la constitution des cautionnements en matière de travaux publics.

Les autres titres seront estimés à leur prix d'achat réduit d'un vingtième. Si leur valeur vient à descendre de plus d'un dixième au-dessous du prix d'achat, le ministre de l'industrie et du travail pourra obliger la société à parfaire la différence dans un délai qui n'excédera pas un an. Si la valeur des titres s'élève de plus d'un dixième au-dessus du prix d'achat, le ministre pourra autoriser la société à en porter l'estimation à une somme supérieure à ce prix.

ART. 9. — Le cautionnement sera déposé chez un agent du caissier de l'Etat, pour le compte de la Caisse des dépôts et consignations, sur présentation d'un bordereau qui désignera notamment la nature et le montant des titres; le bordereau pourra être signé par un tiers intermédiaire sans que celui-ci ait à justifier d'un pouvoir écrit.

Le cautionnement en numéraire est assimilé en tous points aux dépôts et consignations.

ART. 10. — Si le cautionnement comprend des titres remboursables par voie de tirage au sort, chaque titre devra, avant l'expiration de l'année du remboursement, être remplacé par un titre admissible de même valeur, à déposer chez l'agent qui a reçu le premier dépôt.

Le nouveau titre aura de plein droit, par le seul fait du dépôt qui en sera opéré sur présentation du bordereau visé à l'article précédent, la même affectation par privilège que le titre auquel il sera substitué.

ART. 11. — La restitution totale ou partielle du cautionnement devra, le cas échéant, être justifiée par une décision du ministre de l'industrie et du travail.

ART. 12. — Pour toutes les conditions de dépôt ainsi que de retrait total ou partiel du cautionnement, les intéressés auront, indépendamment des dispositions qui précèdent, à observer les règlements concernant le service de la Caisse des dépôts et consignations.

ART. 13. — Les sociétés porteront en réserve des sommes suffisantes en vue de la couverture des risques en cours, de la liquidation des sinistres à régler et des corrections relatives à l'échéance des primes. Elles seront tenues de constituer une réserve mathématique provisoire pour la liquidation des allocations dues, en cas d'incapacité permanente, jusqu'à l'époque de la constitution du capital des rentes viagères ainsi que pour la constitution éventuelle de ce capital.

La réserve mathématique provisoire est calculée d'après le barème annexé au présent règlement.

Les valeurs mobilières qu'elle comprend doivent être conservées dans la commune belge où la société a son siège; toutefois, le ministre de l'industrie et du travail peut autoriser la garde de ces valeurs dans une autre commune du royaume.

La réserve mathématique provisoire est affectée, par privilège, au payement des indem-

nités, conformément à l'article 17 de la loi du 24 décembre 1903.

ART. 14. — La réserve mathématique provisoire ne peut être placée que de la manière suivante:

1° Jusqu'à concurrence de 40 p. c. au moins du total, en valeurs énumérées à l'article 8 du présent règlement et dans les conditions énoncées au dit article;

2° Jusqu'à concurrence de 40 p. c. au plus du total:

A. En premières hypothèques sur des immeubles situés en Belgique. Les inscriptions ne seront prises en considération que pour 60 p. c. au maximum de la valeur des immeubles;

B. En immeubles situés en Belgique. Les immeubles seront estimés à leur valeur vénale;

3° Jusqu'à concurrence de 20 p. c. au plus du total, en obligations des sociétés belges qui, depuis cinq ans consécutifs au moins, ont fait face à tous leurs engagements au moyen de leurs ressources ordinaires. Ces obligations seront estimées comme il est dit au dernier alinéa de l'article 8.

ART. 15. — Les sociétés sont tenues d'opérer le versement des capitaux des rentes qui prennent cours, soit à la Caisse générale d'épargne et de retraite, soit à un autre établissement agréé pour le service des rentes, à moins qu'elles n'aient été elles-mêmes agréées pour ce service.

La constitution des capitaux doit avoir lieu dans les délais fixés à l'article 14 de la loi du 24 décembre 1903.

ART. 16. — Les sociétés dont l'objet n'est pas limité à l'assurance des risques prévus par la loi du 24 décembre 1903 doivent établir, pour les opérations de cette assurance, une gestion et une comptabilité distinctes.

ART. 17. — Les sociétés agréées sont tenues de remettre au ministère de l'industrie et du travail, aux dates et dans les formes et conditions à déterminer par arrêté ministériel, le compte rendu annuel de leurs opérations relatives aux risques résultant de la loi du 24 décembre 1903, avec des tableaux sur la situation financière, les salaires assurés, l'état des indemnités, le nombre, la nature et les conséquences des accidents et, en général, tous autres éléments propres à faciliter l'exercice du contrôle. Elles doivent, en outre, sur la réquisition du ministre ou de ses délégués, produire tous livres, écritures, polices, contrats, pièces comptables et autres documents de nature à permettre le contrôle de l'exécution des obligations légales et réglementaires qui leur incombent, notamment en ce qui concerne la gestion de l'assurance, le service des indemnités et, s'il y a lieu, le service médical et pharmaceutique.

Les sociétés communiqueront au ministère, en double exemplaire, les documents distribués par elles au public.

Un rapport annuel sur la situation des sociétés agréées sera publié par les soins du ministère de l'industrie et du travail.

ART. 18. — Les polices d'assurances reproduiront le texte des articles 4, 5, 6, 7, 23 et 30 de la loi du 24 décembre 1903.

Elles seront rédigées en termes clairs et précis.

ART. 19. — Les polices stipuleront:

1° Que la société s'engage à garantir aux

victimes d'accidents et aux ayants droit, nonobstant toutes clauses de déchéance et jusqu'à ce que le contrat prenne fin, l'intégralité des indemnités prévues par la loi du 24 décembre 1903, sans exception ni réserve;

2° Que, lorsque l'omission d'un acte à accomplir dans un délai déterminé doit entraîner une déchéance à charge du chef d'entreprise, cette déchéance ne sera pas encourue si le chef d'entreprise établit qu'il n'est pas en faute et qu'il a, d'ailleurs, réparé l'omission aussitôt que possible;

3° Qu'en cas de résiliation du contrat au profit de la société, celle-ci restera tenue de la garantie prévue au 1° du présent article jusqu'à l'expiration d'un délai à déterminer. Ce délai, qui ne pourra être inférieur à deux jours, prendra cours le lendemain de l'envoi, par la société, à l'inspecteur du travail du ressort, d'une lettre recommandée portant la résiliation à la connaissance de ce fonctionnaire.

Art. 20. — Les polices stipuleront que les contrats seront résiliés de plein droit dans le cas où la société cesserait d'être agréée.

CHAPITRE III. — Des caisses communes d'assurance.

Section Ire. — Dispositions générales.

Art. 21. — Les caisses communes d'assurance contre les accidents constituées par les chefs d'entreprise, en vertu de l'article 17 de la loi du 24 décembre 1903, ne pourront être agréées qu'après approbation de leurs statuts par le gouvernement.

Les caisses communes agréées jouiront de la capacité juridique et des avantages visés à l'article 19 de la loi précitée.

Art. 22. — Toute caisse commune doit comprendre cinq affiliés au moins, occupant ensemble un nombre d'ouvriers qui ne soit pas inférieur à dix mille. L'agréation pourra néanmoins être accordée aux caisses qui comprennent un minimum de trente chefs d'entreprises, occupant au total cinq mille ouvriers au moins.

[La demande d'agréation pourra être introduite alors même que les conditions visées au précédent alinéa ne sont pas remplies; mais, en pareil cas, l'arrêté d'agréation ne sera publié et ne sortira ses effets qu'après qu'un second arrêté royal aura constaté l'accomplissement de ces conditions. — Abrogé par l'arrêté royal du 25 juin 1905.]

Art. 23. — Les statuts seront joints à la requête prévue par l'article 2 du présent règlement.

Seront en outre annexés à la dite requête, un exposé précis des bases techniques adoptées pour l'établissement des tarifs de primes ainsi que le texte des conditions générales de l'assurance, à moins que celles-ci ne soient insérées dans les statuts.

Les documents visés ci-dessus, certifiés et dûment signés, seront remis en double exemplaire.

Art. 24. — Les statuts approuvés seront publiés au *Moniteur* en annexe à l'arrêté d'agréation.

Art. 25. — Les statuts des caisses communes mentionneront :

1° La dénomination et le siège de l'association;

2° L'objet en vue duquel l'association est établie. Outre l'assurance des risques résultant des accidents du travail prévus par la loi du 24 décembre 1903, cet objet pourra comprendre le traitement et l'hospitalisation des victimes ainsi que la prévention des accidents;

3° Les conditions et le mode d'admission, de démission et d'exclusion des chefs d'entreprise affiliés ;

4° L'étendue des engagements personnels assumés par les affiliés et qui constituent le capital de garantie. L'engagement de chaque affilié, en y comprenant l'obligation relative au payement de la prime afférente à chaque exercice, sera au moins égal à deux fois la valeur de la dite prime;

5° L'organisation de l'administration de la caisse, le mode de nomination, les pouvoirs et la durée du mandat des personnes chargées de cette administration;

6° Le mode d'établissement des tarifs de primes, le mode de fixation et de recouvrement des primes et autres cotisations exigibles;

7° Le mode de règlement des indemnités et, s'il y a lieu, l'organisation du service médical et pharmaceutique. Le cas échéant, les statuts détermineront aussi le mode d'intervention des chefs d'entreprise ou des caisses locales prévues par l'article 19, 2° alinéa, de la loi du 24 décembre 1903, en ce qui concerne le payement des indemnités dues pendant les six premiers mois qui suivent l'accident;

8° Le mode de règlement et d'approbation des comptes;

9° La procédure à suivre en cas de modification des statuts ou de liquidation de l'association. Les résolutions prises, en vertu des statuts, relativement à ces objets n'auront d'effet que pour autant qu'elles soient approuvées par le gouvernement, dans les formes établies pour l'agréation.

Art. 26. — Préalablement à la publication de l'arrêté d'agréation, les caisses communes devront justifier de la constitution d'un cautionnement qui sera soumis aux règles établies par les articles 7 à 12 du présent règlement.

Le cautionnement pourra toutefois être réduit jusqu'à concurrence de la moitié de la valeur fixée par l'article 7 et même, pour les caisses qui assurent 20,000 ouvriers au moins, jusqu'à concurrence des deux tiers, lorsque les engagements personnels formant le capital de garantie visé à l'article 25, 4°, sont augmentés en proportion de la réduction.

Art. 27. — Les dispositions des articles 13 à 20 du présent règlement, relatives aux réserves, à la constitution des capitaux des rentes, à la production des comptes et autres documents, au contrôle et à la surveillance ainsi qu'aux stipulations des contrats d'assurance, sont applicables aux caisses communes agréées.

Section II. — Les commissions arbitrales.

Art. 28. — Les statuts des caisses communes peuvent stipuler que les contestations visées par l'article 26, 1er alinéa, de la loi du 24 décembre 1903 seront déférées à une commission arbitrale, conformément au deuxième alinéa du même article. Il peut être institué plusieurs commissions arbitrales pour une même caisse.

Les statuts détermineront, sous réserve des dispositions qui suivent, le siège, l'organisation et le mode de fonctionnement de la juridiction arbitrale.

ART. 29. — La commission arbitrale ne peut exercer sa juridiction en dehors du ressort de la cour d'appel auquel appartient le magistrat-président

La commission tient ses séances dans l'arrondissement judiciaire où l'accident donnant lieu à contestation s'est produit. Toutefois, des dérogations à cette règle peuvent être prévues par les statuts, sous réserve d'approbation par l'arrêté d'agréation ou par un arrêté ultérieur.

ART. 30. — Toute commission arbitrale se compose d'un président, d'un président suppléant et d'un nombre égal d'assesseurs chefs d'entreprise et d'assesseurs ouvriers. Le nombre des assesseurs est fixé par les statuts de la caisse.

La commission juge au nombre fixe de trois ou de cinq arbitres, savoir : le président ou son suppléant et un ou deux assesseurs de chaque catégorie.

Chaque commission arbitrale rédige son règlement d'ordre intérieur, sous l'approbation du ministre de l'industrie et du travail.

Le règlement d'ordre intérieur détermine notamment l'ordre dans lequel les assesseurs sont appelés à siéger.

ART. 31. — Le président et le président suppléant sont désignés pour cinq ans, par le premier président de la cour d'appel dans le ressort de laquelle la commission exerce sa juridiction parmi les magistrats du ressort.

Les assesseurs chefs d'entreprise et les assesseurs ouvriers sont respectivement désignés pour cinq ans par les membres chefs d'industrie et les membres ouvriers des conseils de prud'-hommes ou des conseils de l'industrie et du travail, parmi les personnes éligibles aux dits conseils. Si les catégories d'entreprises intéressées ou une partie d'entre elles ne relèvent d'aucun de ces conseils, les assesseurs sont désignés, en tout ou en partie, par la voie du sort, sur une liste triple de candidats dressée par le président du tribunal de première instance. Le mode et les conditions de la nomination des assesseurs seront, pour le surplus, déterminés par arrêté ministériel, en ce qui concerne chaque caisse commune.

Un greffier est attaché à chaque mission arbitrale; il est nommé, sur l'avis de la commission, par le premier président de la cour d'appel. Un ou plusieurs greffiers adjoints peuvent être nommés dans les mêmes conditions.

ART. 32. — Les commissions arbitrales statuent, en dernier ressort, jusqu'à la valeur de 300 francs et, en premier ressort, à quelque valeur que la demande puisse s'élever.

L'appel est porté devant le tribunal de première instance du siège de la caisse.

ART. 33. — Il sera procédé devant les commissions arbitrales selon les articles 91 à 121 et 123 de la loi du 31 juillet 1889 organique des conseils de prud'hommes, sous réserve des dispositions suivantes :

1° Il n'y aura point de bureau de conciliation; toutefois, les arbitres ne statueront qu'après avoir essayé de concilier les parties;

2° Les commissions arbitrales ont le pouvoir discrétionnaire de faire entendre d'office des experts, séance tenante;

3° L'audition des témoins reprochés peut être ordonnée même dans les causes non sujettes à l'appel.

ART. 34. — Les statuts des caisses communes prescriront le mode suivant lequel l'organisation de la juridiction arbitrale sera portée à la connaissance des ouvriers.

ART. 35. — Les frais des commissions arbitrales, y compris les traitements des greffiers et des indemnités à allouer aux présidents, à leurs suppléants et assesseurs, sont à charge des caisses communes intéressées; les statuts fixent ce traitement et ces indemnités ou délèguent à l'administration de la caisse le pouvoir de les fixer, sous l'approbation du ministre de l'industrie et du travail.

CHAPITRE IV. — DU SERVICE DES RENTES.

ART. 36. — Le service des rentes est effectué par la caisse générale d'épargne et de retraite et par les établissements dûment agréés à cet effet.

L'agréation pour le service des rentes ne sera accordée qu'aux sociétés et aux caisses communes agréées pour l'assurance contre les accidents en vertu des dispositions qui précèdent. Le service des rentes fera l'objet d'une gestion et d'une comptabilité distinctes; les dispositions de l'article 17 du présent règlement sont applicables au contrôle de ce service.

ART. 37. — Les règles suivantes seront observées relativement à la constitution des capitaux de rente, en exécution de la disposition finale de l'article 4, du n° 2 et des deux derniers alinéas de l'article 6, de l'article 7 et du premier alinéa de l'article 14 de la loi du 24 décembre 1903 :

1° En cas d'incapacité permanente, le capital de la rente à servir aux termes de l'article 4 ne sera pas supérieur à celui qui résultera de l'application du barème annexé au présent règlement;

2° En cas de mort, le capital visé au n° 2 de l'article 6 sera égal à celui qui résultera de l'application du dit barème; les rentes viagères ou temporaires à provenir de la conversion de ce capital, ainsi qu'il est dit aux deux derniers alinéas de l'article 6 précité, ne pourront être inférieures à celles que donnera l'application du même barème;

3° Lorsque la valeur des rentes est partiellement ou totalement attribuée aux intéressés en capital, dans les conditions prévues par l'article 7, alinéas 1 et 3, les sommes à payer de ce chef seront égales à celles qui résulteront de l'application du barème susmentionné.

ART. 38. — Indépendamment des conditions auxquelles ils sont soumis aux termes du présent règlement, les établissements agréés pour le service des rentes constitueront un cautionnement supplémentaire qui sera fixé à la somme de 200.000 francs, augmentée de 2 p. c. de la réserve mathématique visée à l'article suivant.

ART. 39. — Les établissements chargés du service des rentes constitueront une réserve mathématique correspondant aux rentes allouées à la suite d'accidents ayant occasionné la mort ou une incapacité permanente de travail.

La réserve mathématique est calculée d'après le barème annexé au présent règlement.

Elle ne peut être placée que de la manière déterminée à l'article 14; les valeurs mobilières qu'elle comprend doivent être conservées dans les conditions prescrites par l'article 13, 3ᵉ alinéa.

La réserve mathématique est affectée, par privilège, au payement des rentes, conformément à l'article 17 de la loi du 24 décembre 1903.

CHAPITRE V. — DE LA MANIÈRE DONT L'AGRÉATION PREND FIN.

ART. 40. — Lorsque les sociétés ou caisses communes agréées ne se conforment pas aux lois et règlements sur la matière, l'agréation sera révoquée par arrêté royal, sur l'avis de la commission des accidents du travail.

ART. 41. — La révocation ne pourra être prononcée qu'après l'expiration d'un délai fixé par le ministre de l'industrie et du travail à l'établissement en défaut, pour régularisation éventuelle ou justification.

ART. 42. — En ce qui concerne les sociétés d'assurances à primes fixes, l'arrêté de révocation nommera un curateur chargé de prendre, conformément aux dispositions à prescrire par le même arrêté, toutes les mesures relatives à la sauvegarde des intérêts des victimes d'accidents et des ayants droit.

ART. 43. — Les sociétés d'assurances à primes fixes pourront demander à renoncer au bénéfice de l'agréation. Il sera statué par arrêté royal, sur l'avis de la commission des accidents du travail.

La demande ne pourra être accueillie que si la société requérante fournit la preuve qu'elle a pris toutes les mesures exigées pour la sauvegarde des intérêts des victimes d'accidents et des ayants droit.

ART. 44. — En ce qui concerne les caisses communes d'assurance, la révocation de l'agréation emportera dissolution de la caisse qui n'existera plus que pour sa liquidation.

L'arrêté de révocation pourra, nonobstant toutes dispositions des statuts, nommer le liquidateur et prescrire toutes mesures relatives au mode de liquidation.

Dispositions finales.

ART. 45. — Les sociétés et caisses communes agréées ne pourront se prévaloir d'aucun droit acquis, vis-à-vis de l'Etat, en vertu des dispositions du présent règlement ou des décisions qui seront prises pour son exécution.

ART. 46. — Les sociétés et caisses communes pourront introduire leurs requêtes à fin d'agréation à partir du 1ᵉʳ novembre 1904.

Toutefois, les arrêtés d'agréation qui seraient publiés antérieurement à la date de l'entrée en vigueur de la loi du 24 décembre 1903 ne sortiront leurs effets qu'à partir de cette date.

———

ANNEXE.

Barème pour le calcul des rentes et des réserves mathématiques.

Bases.

Table de mortalité : table dressée par la Caisse générale d'épargne et de retraite d'après les recensements décennaux de la population belge de 1880, 1890 et 1900 et des listes mortuaires belges des années 1892 à 1901 (sexes réunis).

Taux annuel d'intérêt : 3 p. c.

Chargement : 3 p. c. des prix chargés (versements).

Ces rentes sont supposées payables trimestriellement par quart à terme échu et comprendre un arrérage au décès calculé au prorata du temps compris entre la dernière échéance trimestrielle et le jour du décès.

TARIF I. — RENTES VIAGÈRES.

AGE.	VALEUR ACTUELLE d'une rente annuelle de 1 fr.	RENTE ANNUELLE correspondant au versement de 1 fr.
12	25.3026	0.039531
13	25.0809	0.039870
14	24.8559	0.040231
15	24.6287	0.040603
16	24.4072	0.040971
17	24.1904	0.041338
18	23.9761	0.041708
19	23.7660	0.042076
20	23.5665	0.042433
21	23.3776	0.042775
22	23.1834	0.043434
23	22.9830	0.043540
24	22.7769	0.043904
25	22.5648	0.044316
26	22.3467	0.044749
27	22.1225	0.045202
28	21.8920	0.045678
29	21.6553	0.046178
30	21.4122	0.046702
31	21.1626	0.047283
32	20.9065	0.047832
33	20.6437	0.048440
34	20.3745	0.049080
35	20.0988	0.049754
36	19.8164	0.050463
37	19.5275	0.051209
38	19.2320	0.051996
39	18.9300	0.052826
40	18.6215	0.053701
41	18.3068	0.054624
42	17.9858	0.055599
43	17.6587	0.056629
44	17.3254	0.057718
45	16.9865	0.058870

TARIF I. — Rentes viagères (*suite*).

AGE.	VALEUR ACTUELLE d'une rente annuelle de 1 franc.	RENTE ANNUELLE correspondant au versement de 1 fr.
46	16.6419	0.060089
47	16.2949	0.061380
48	15.9367	0.062748
49	15.5766	0.064198
50	15.2119	0.065738
51	14.8428	0.067372
52	14.4700	0.069108
53	14.0935	0.070954
54	13.7139	0.072918
55	13.3315	0.075010
56	12.9470	0.077237
57	12.5606	0.079614
58	12.1730	0.082149
59	11.7846	0.084856
60	11.3961	0.087749
61	11.0079	0.090843
62	10.6207	0.094155
63	10.2334	0.097703
64	9.8513	0.101507
65	9.4706	0.105589
66	9.0933	0.109974
67	8.7200	0.114678
68	8.3511	0.119744
69	7.9874	0.125197
70	7.6295	0.131070
71	7.2779	0.137402
72	6.9334	0.144229
73	6.5960	0.151607
74	6.2666	0.159576
75	5.9455	0.168194
76	5.6331	0.177522
77	5.3301	0.187613
78	5.0365	0.198550
79	4.7525	0.210415
80	4.4787	0.223279
81	4.2151	0.237242
82	3.9620	0.252397
83	3.7193	0.268867
84	3.4875	0.286738
85	3.2661	0.306175
86	3.0552	0.327310
87	2.8545	0.350324
88	2.6649	0.375248
89	2.4855	0.402333
90	2.3163	0.431723
91	2.1562	0.463778
92	2.0058	0.498354
93	1.8654	0.536078
94	1.7335	0.576867
95	1.6135	0.619770
96	1.4942	0.669254
97	1.3865	0.721240
98	1.2851	0.778149
99	1.1545	0.866175
100	0.9547	1.047449
101	0.8447	1.183852

TARIF II. — Rentes payable temporairement jusqu'a l'age de 16 ans.

AGE.	VALEUR ACTUELLE d'une rente temporaire de 1 franc.	RENTE TEMPORAIRE correspondant au versement de 1 fr.
0	10.2402	0.097941
1	11.3802	0.087874
2	11.1732	0.089483
3	10.6856	0.093583
4	10.0952	0.099056
5	9.4462	0.105862
6	8.7501	0.114284
7	8.0420	0.124812
8	7.2405	0.138112
9	6.4377	0.155334
10	5.6061	0.178377
11	4.7456	0.210721
12	3.8557	0.259356
13	2.9372	0.340460
14	1.9892	0.502714
15	1.0105	0.989609

Tarif prévu par l'article 5, alinéa 3, de la loi du 24 décembre 1903. — Arrêté royal du 30 août 1904, contresigné par M. Francotte, ministre de l'industrie, etc. (*Moniteur* du 31 août 1904.)

Vu la loi du 24 décembre 1903 sur la réparation des dommages résultant des accidents du travail et, notamment, l'article 5 de la dite loi, ainsi conçu :

« Art. 5. — Le chef d'entreprise est tenu, conformément aux dispositions ci-après, des frais médicaux et pharmaceutiques causés par l'accident et faits pendant les six premiers mois.

« Si le chef d'entreprise a institué, à sa charge exclusive, un service médical et pharmaceutique et en a fait mention dans une clause spéciale du règlement d'atelier, la victime n'a pas le choix du médecin et du pharmacien ; il en est de même lorsque, à défaut du règlement d'atelier, les parties sont, par une stipulation spéciale du contrat de travail, convenues que le service est institué par le chef d'entreprise.

« Dans les autres cas, la victime a le choix du médecin et du pharmacien ; mais le chef d'entreprise n'est tenu qu'à concurrence de la somme fixée à forfait par un tarif établi par arrêté royal.

« Les indemnités pour frais médicaux et pharmaceutiques pourront être payées à ceux qui en ont pris la charge. Les personnes à qui ces frais sont dus ont une action directe contre les chefs d'entreprise. »

Vu l'avis de la commission des accidents du travail ;

Sur la proposition de notre ministre de l'industrie et du travail,

Nous avons arrêté et arrêtons :

Art. 1ᵉʳ. — Les sommes à payer par les chefs d'entreprise, à titre de frais médicaux, dans les cas prévus par l'article 5, troisième alinéa, de la loi du 24 décembre 1903, sont fixées à forfait, conformément au tarif A annexé au présent arrêté.

Art. 2. — Pour les accidents occasionnant une incapacité de travail de plus d'une semaine, les frais des certificats sont compris dans les sommes prévues au tarif A.

En cas de mort, le certificat de constatation du décès est tarifé à 5 francs.

Art. 3. — En cas d'interventions multiples ou réitérées pour une même lésion, la somme la plus forte est due à l'exclusion de toute autre, sans préjudice de ce qui est prévu pour l'assistance.

Art. 4. — En cas de lésions multiples provoquées par le même accident chez le même sujet, la somme fixée pour l'intervention la plus importante est due intégralement; les autres interventions et traitements ne donnent lieu qu'au payement de la moitié des sommes prévues au tarif A.

Art. 5. — Les sommes à payer par les chefs d'entreprise, à titre de frais pharmaceutiques, dans les cas prévus par l'article 5, troisième alinéa, de la loi du 24 décembre 1903, sont fixées à raison des fournitures faites, sans, toutefois, que ces sommes puissent dépasser au total les prix forfaitaires du tarif B ci-annexé.

En cas de contestation sur la valeur des fournitures, le juge statuera, dans les limites du forfait, en tenant compte, notamment, des tarifs en usage dans les administrations publiques.

—

ANNEXE.

Tarif des frais médicaux et pharmaceutiques (loi du 24 décembre 1903, art. 5, troisième alinéa).

—

TARIF A.

1. *Luxations et fractures (réduction et traitement).*

a) Luxations :

Doigts. — Orteils. — Clavicule. — Maxillaire inférieur. . . . . . fr.	10
Pouce. — Os du carpe. — Poignet. .	15
Rotule. — Os du tarse. — Cou-de-pied	20
Epaule. — Coude. — Genou. . . .	25
Hanche	40

b) Fractures simples :

Phalanges. — Doigts. — Orteils. — Métacarpiens. — Métatarsiens. Os du carpe. — Os de la face. — Côtes.	10
— Sternum. — Omoplate . . . . Malléole. — Calcanéum	15 20
Os du crâne. — Maxillaire inférieur. — Clavicule. — Humérus. — Avant-bras. — Rotule. — Malléoles . . Bassin. — Jambe. . . . . . . Colonne vertébrale . . . . . . Fémur	25 40 50 60

c) Fractures compliquées (fractures qui présentent des lésions de voisinage de nature à en augmenter la gravité) :

Os de la main, du pied, de la face. — Omoplate . . . . fr.	30

Maxillaire inférieur. — Clavicule. — Humérus. — Avant-bras.	40
Côtes. — Sternum. — Rotule . . .	50
Jambe	70
Bassin. — Colonne vertébrale. — Fémur	80

2° *Interventions opératoires (avec traitement nécessité par l'accident).*

a) Petites interventions :

Rapprochement des plaies par sutures. — Ablation d'ongles, d'esquilles libres. — Section des parties molles condamnées. — Cautérisation (excepté la cautérisation superficielle du tissu cutané). — Traitement de l'asphyxie. — Cathétérisme des voies urinaires ou de la trompe d'Eustache. — Hémostase par tamponnement . . . . fr.	10

b) Ligatures d'artères en dehors de la plaie :

Temporale. — Faciale. — Cubitale. — Radiale. — Arcade palmaire superficielle. — Tibiale antérieure. — Péronière. — Plantaire . . . . . fr.	20
Linguale. — Axillaire. — Humérale. —Arcade palmaire profonde. — Iliaque externe. — Crurale. — Fémorale. — Poplitée	40
Carotide. — Sous-clavière	50

c) Amputations. — Désarticulations. — Résections :

Phalanges. — Doigts. — Orteils. fr.	15
Métacarpiens. — Métatarsiens . . .	25
Os du carpe ou du tarse	30
Main. — Pied	40
Bras. — Coude. — Avant-bras . . .	50
Côtes. — Epaule. — Cuisse. — Genou. — Jambe	75
Hanche	100
Os de la face	40
Trépanation	100
Evidement. — Curettage de tissus osseux. — Extraction de séquestre . .	30

d) Opérations diverses :

Suture de tendons, nerfs ou de leurs gaines . . . . fr.	20
Ouverture de phlegmons profonds ou diffus. — Thoracenthèse. — Paracenthèse. — Ponction vésicale	25
Extraction de corps étrangers des tissus profonds. — Accouchement. — Avortement. — Curettage utérin	30
Trachéotomie. — Laryngotomie. .	50
Ouverture chirurgicale d'une grande articulation. — Kélotomie. — Autoplastie.	50
Suture osseuse	60
Urétrotomie externe. — Opérations sur les viscères	100
Opérations sur les parties externes de l'œil	20
Opérations sur les parties profondes de l'œil	50
Enucléation d'un œil	50
Opérations sur l'oreille moyenne. . .	20
— interne . . .	50

3. — Assistance.

a) Assistance sans anesthésie :
Un aide . . . . fr.   10
Deux aides ou plus.   20
b) Assistance avec anesthésie :
Un aide . . . . fr.   20
Deux aides ou plus   30

4. — Cas non spécifiés ci-dessus.

Les interventions et les traitements non visés dans la nomenclature précédente et relatifs à des accidents occasionnant au moins une incapacité de travail d'un jour seront payés d'après le tarif suivant :
a) Accidents nécessitant un traitement médical de un à quatre jours . . . . fr.   3
b) Accidents nécessitant un traitement médical de cinq à sept jours   6
c) Accidents nécessitant un traitement médical de huit à quatorze jours. . .   10
d) Accidents nécessitant un traitement médical de quinze à trente jours. . . .   20
e) Accidents nécessitant un traitement médical de plus d'un mois : pour le premier mois.   20
plus 5 francs par quinzaine supplémentaire jusqu'à l'expiration du sixième mois.

TARIF B.

1. Lésions donnant lieu à un traitement de moins de huit jours . . . . . . fr.   5
2. Lésions donnant lieu à un traitement de huit à quatorze jours.   10
3. Lésions donnant lieu à un traitement de quinze à trente jours.   20
4. Lésions donnant lieu à un traitement de trente et un à soixante jours   30
5. Lésions donnant lieu à un traitement de soixante et un à quatre-vingt-dix jours.   40
6. Lésions donnant lieu à un traitement de quatre-vingt-onze jours à six mois . .   60
7. Lésions ayant occasionné la mort, quelle que soit la durée du traitement. .   60

Exécution de la loi du 24 décembre 1903 et des arrêtés royaux des 29 et 30 août 1904. — Circulaire adressée le 31 août aux gouverneurs de province par M. Francotte, ministre de l'industrie, etc. (*Moniteur* du 31 août.)

Le *Moniteur* de ce jour publie deux arrêtés royaux pris en vertu de la loi du 24 décembre 1903 sur la réparation des dommages résultant des accidents du travail.

I. — Le premier arrêté, qui porte la date du 29 août 1904, établit, en exécution des articles 7, 10, 14, 17, 18, 19, 26 et 40 de la loi, le *Règlement général de l'assurance contre les accidents du travail.*

Il convient d'en indiquer brièvement la portée.

Le principe fondamental de la législation nouvelle, c'est, on le sait, la réparation obligatoire, à forfait, de tous les accidents du travail survenus aux ouvriers dans les entreprises visées à l'article 1er de la loi.

La réparation comprend une indemnité pé-

cuniaire, qui représente une fraction du salaire, ainsi que les frais médicaux et pharmaceutiques afférents aux six premiers mois consécutifs à l'accident.

L'indemnité est due à la victime et, en cas de mort, à certaines catégories d'ayants droit : elle est, en règle générale, allouée sous la forme d'une rente viagère si l'incapacité est permanente, et sous la forme d'une rente viagère ou temporaire s'il s'agit d'un accident mortel.

La réparation est individuellement à la charge des chefs d'entreprise : lorsqu'elle comporte une rente, le patron ne peut se contenter d'en payer les arrérages au fur et à mesure des échéances ; il est tenu, dans un délai fixé, soit de verser le capital de la rente à la Caisse générale d'épargne et de retraite ou à un autre établissement officiellement admis à faire le service des rentes, soit de fournir des sûretés pour la constitution éventuelle de ce capital.

Toutefois, les chefs d'entreprise ont la faculté de *s'exonérer* de ces diverses obligations, à la condition d'en transférer intégralement la charge à un établissement d'assurance reconnu par l'Etat.

Il leur suffit, à cet effet, de s'affilier à une caisse commune d'assurance, constituée entre patrons et agréée par le gouvernement ou bien de traiter avec une société d'assurance à primes fixes également agréée.

La caisse commune ou la société sont alors subrogées aux obligations des chefs d'entreprise, qui, par là même, sont déchargés de toute responsabilité personnelle vis-à-vis de leurs ouvriers, en cas d'accident du travail.

Il est à remarquer que les patrons ainsi *exonérés* sont, en outre, dispensés de la cotisation de garantie que la loi met à la charge des patrons non exonérés : ces derniers restent d'ailleurs, nonobstant le payement de cette cotisation, personnellement tenus de la réparation des accidents survenant dans leurs entreprises, soit qu'ils aient contracté avec un assureur non agréé, soit qu'ils aient jugé bon de ne pas s'assurer du tout.

Les contestations relatives aux indemnités dues aux victimes d'accidents ou à leurs ayants droit sont jugées par le juge de paix, à charge d'appel devant le tribunal de première instance pour les litiges d'une valeur déterminée : toutefois, les caisses communes d'assurance agréées peuvent substituer à la juridiction du juge de paix celle d'une commission arbitrale composée de chefs d'entreprise et d'ouvriers, présidée par un magistrat.

Il importait de rappeler sommairement ces diverses règles de la loi du 24 décembre 1903 pour bien faire saisir le but du *règlement général* établi par l'arrêté royal du 29 août 1904 précité.

En effet, ce règlement a pour objet de déterminer les conditions auxquelles les sociétés d'assurance à primes fixes ainsi que les caisses communes d'assurance pourront être agréées par le gouvernement, de fixer ensuite, pour ces dernières caisses, les principes d'organisation des commissions arbitrales, et enfin de régler le service des rentes.

L'attention des industriels et des assureurs est spécialement appelée sur l'article 46, aux termes duquel les sociétés et les caisses communes d'assurance pourront introduire leurs requêtes, à fin d'agréation, à partir du 1ᵉʳ novembre 1904.

Les dispositions du règlement général relèvent, en plus d'un point, de la technique des assurances : d'où le caractère parfois assez spécial et assez complexe qu'elles revêtent.

J'ai jugé bon, Monsieur le gouverneur, d'en faire développer brièvement les motifs dans une « note explicative » qui est annexée à la présente circulaire et qui, vu la nouveauté des principes juridiques dont le règlement déduit les conséquences, sera consultée avec fruit par les intéressés.

On ne s'est attaché, dans cette note, qu'aux points essentiels, sans insister sur les choses qui s'expliquent d'elles-mêmes. Des instructions relatives à l'emploi du barème annexé au règlement ont été jointes à la « note explicative », qu'elles viennent utilement compléter.

II. — Le second des arrêtés publiés aujourd'hui, et qui est daté du 30 août 1904, établit le *Tarif médical et pharmaceutique* prévu par la loi du 24 décembre 1903 (art. 5).

L'objet de ce tarif est uniquement de déterminer à forfait les sommes jusqu'à concurrence desquelles le chef d'entreprise sera tenu, en ce qui concerne les frais médicaux et pharmaceutiques, lorsque la victime de l'accident aura choisi elle-même le médecin et le pharmacien. Or, la victime n'a pas le choix du médecin et du pharmacien lorsque les chefs d'entreprise ou les assureurs agréés qu'ils se sont substitués ont établi, à leur charge exclusive, un service médical et pharmaceutique : il faut, d'ailleurs, qu'en pareil cas, le règlement d'atelier mentionne l'institution de ce service, ou qu'à défaut de règlement les parties soient convenues, par une stipulation spéciale du contrat de travail, que le service est institué par le chef d'entreprise.

Telle est la loi. Il en résulte que lorsque la désignation du médecin et du pharmacien se fera, dans les conditions légales, par le patron ou par l'assureur agréé, ceux-ci auront à s'entendre avec les praticiens qu'ils auront choisis en ce qui concerne la rémunération de ces derniers.

La loi n'a prévu aucune tarification spéciale dans ce cas. Mais la volonté du législateur est que les victimes soient convenablement traitées ; et ceux qui ont la charge de leur procurer les soins que leur état réclame seront, sous les sanctions de droit, tenus de s'acquitter de leurs obligations équitablement et de bonne foi.

III. — Les autres arrêtés royaux qui doivent régler l'exécution de la loi sur les accidents du travail seront pris vers la fin de la présente année ; la loi sera applicable six mois après la publication des arrêtés obligatoirement prévus, et cette publication sera faite de telle sorte que la loi entre en vigueur à la date du 1ᵉʳ juillet 1905.

Il convient d'attirer l'attention des intéressés sur l'article 36 de la loi relatif aux polices d'assurance qui auraient été souscrites sous le régime ancien de responsabilité en matière d'accidents, et qui, par hypothèse, seraient encore plus ou moins compatibles avec le régime nouveau. Cet article est ainsi conçu :

« Les polices d'assurance, antérieures de six mois à la date de la mise en vigueur de la présente loi et relatives aux risques d'accidents du travail dans les entreprises soumises à la dite loi, pourront, dans le délai d'un an à dater de sa mise en vigueur, être dénoncées par l'assureur ou l'assuré, soit au moyen d'une déclaration écrite dont il sera donné reçu, soit par un acte extrajudiciaire.

« Cette dénonciation ne sortira ses effets qu'à partir de la mise en vigueur de la loi, sauf convention contraire ; elle ne donnera lieu à aucune indemnité. »

Le sens évident de ce texte est le suivant : pour que les intéressés — chefs d'entreprise et assureurs — fassent utilement usage de la faculté de dénonciation qui leur est accordée, il faut qu'ils agissent au plus tard avant l'expiration du délai d'un an que fixe l'article ; ce délai de rigueur prendra cours à la date de l'entrée en vigueur de la loi, soit le 1ᵉʳ juillet 1905. Mais rien n'empêcherait les chefs d'entreprise et les assureurs de dénoncer les polices actuelles dès *avant* cette date.

Il leur est loisible de le faire dès à présent; toutefois, il est bien entendu qu'en toute hypothèse, et à moins de convention contraire, la dénonciation ne sortira ses effets qu'à partir de la mise en vigueur de la loi.

Enfin, les polices qui ne seraient pas de six mois antérieures à la date de l'entrée en vigueur, c'est-à-dire, en d'autres termes, celles qui porteraient une date postérieure au 31 décembre 1904, ne seront pas sujettes à dénonciation aux termes de l'article 36.

L'article 36 indique deux manières de dénoncer les polices. La partie dénonçante peut adresser à l'autre partie une déclaration écrite ; la partie à qui la dénonciation est faite devra donner reçu de cette déclaration. La partie dénonçante peut aussi procéder par un « acte extrajudiciaire », c'est-à-dire faire signifier, unilatéralement, à la partie adverse, un exploit d'huissier lui notifiant la dénonciation. Le second de ces moyens est celui qui offre le plus de garantie à raison du caractère authentique de l'acte.

Je vous prie, Monsieur le gouverneur, de vouloir bien faire publier la présente circulaire dans le *Mémorial administratif* de la province.

ANNEXES.

A. — Note explicative.

§ 1ᵉʳ. *Division du règlement.* — Le règlement est divisé en cinq chapitres.

Le premier chapitre forme une sorte de préambule.

Le chapitre II est consacré aux sociétés d'assurances à primes fixes.

Le chapitre III s'occupe des caisses communes d'assurances.

Le chapitre IV fixe les règles spéciales relatives au service des rentes.

Le chapitre V, enfin, concerne la manière dont l'agréation prend fin.

CHAPITRE Iᵉʳ. — DISPOSITIONS PRÉLIMINAIRES.

ART. 1ᵉʳ, 2 et 3. — § 2. *Généralités.* — Les articles 1ᵉʳ, 2 et 3 n'appellent aucune explication spéciale : ils se bornent à rappeler, en les précisant, les dispositions de la loi relatives aux assureurs agréés en général.

CHAPITRE II. — Des sociétés d'assurances
            a primes fixes.

Art. 4. — § 3. *Existence légale et forme des
sociétés.* — Les sociétés d'assurances à primes
fixes qui sollicitent l'agréation auront à justifier de leur existence légale. C'est ce qu'établit
l'article 4 (alinéa 1er).

Les compagnies à primes fixes sont des
sociétés commerciales dont le statut juridique
est défini par la loi du 18 mai 1873-22 mai 1886.
On n'ignore pas qu'aux termes de la loi du
15 décembre 1872 (art. 2), les entreprises d'assurances à primes sont réputées actes de commerce.

Dans les limites de la loi commerciale, il est
loisible au gouvernement de prescrire les conditions auxquelles les sociétés auront à se
former pour obtenir le bénéfice de l'agréation.
Il est clair que le règlement peut, notamment,
déterminer la forme dans laquelle elles devront
être constituées.

L'article 4, alinéa 1er, n'admet à l'agréation
que les sociétés anonymes et les sociétés en
commandite par actions. Le texte exclut donc
les sociétés en nom collectif et les sociétés en
commandite simple. En fait, cette exclusion
n'a pas d'importance, attendu que les entreprises d'assurances contre les accidents ne se
constituent jamais d'après ces types qui, au
surplus, ne se prêteraient point, de par leur
nature même, aux mesures de garantie et de
publicité qu'il faudra bien exiger. Mais le texte
écarte, en outre, les sociétés coopératives. Il se
peut que de rares compagnies prennent cette
forme; mais on aurait quelques raisons de se
demander si celle-ci ne cacherait pas alors de
véritables associations mutuelles (dont la légalité, dans ces conditions, serait fort douteuse)
lorsqu'elle n'aurait pas tout simplement pour
but de permettre aux fondateurs d'échapper
aux garanties que la loi réclame des sociétés
par actions. En toute hypothèse, la forme
coopérative devrait être repoussée. Aussi bien,
pour les entreprises à but commercial, l'application de la règle posée par l'article 4 n'offrira-
t-elle aucune difficulté. Et quant aux véritables
associations mutuelles qui auraient l'intention
de se faire agréer, la loi leur impose — et, à vrai
dire, c'est pour elles une faveur plutôt qu'une
charge — l'obligation de se constituer sous la
forme de caisses d'assurances.

§ 4. *Examen de la situation financière des
sociétés.* — Aux termes de l'article 4, alinéa 2,
les sociétés qui ont déjà fait des opérations,
quelles qu'elles soient, avant d'introduire leur
requête, auront à fournir certaines justifications
relatives à leur solidité financière. C'est indispensable. A quoi servirait-il, en effet, de constater, par exemple, que les prescriptions
légales concernant la souscription et la libération des actions ont été remplies, si, au moment
où l'arrêté d'agréation était pris, le capital se
trouvait absorbé, en tout ou en partie, par des
pertes subies antérieurement? Refuser au gouvernement le droit de se préoccuper de la capacité financière des sociétés requérantes, ce
serait réduire les conditions d'agréation à de
vaines formalités. D'ailleurs, la vérification
toute générale à opérer ici doit être préalable;
une fois l'agréation octroyée, le contrôle s'effectuera conformément aux règles détaillées
par le règlement. L'essentiel sera d'exiger des

compagnies des garanties telles que les dangers
de mécomptes soient réduits au minimum.
le projet prévoit notamment, dans cet ordre
d'idées : *a*) la souscription en numéraire d'un
capital minimum, libéré dans une proportion
déterminée (art. 5); *b*) la formation d'un fonds
de prévision (id.); *c*) la constitution d'un cautionnement (art. 7); *d*) la formation de réserves
(art. 13).

Quant à la surveillance permanente à établir
sur les sociétés agréées (art. 17), elle ne portera
que sur les opérations se rattachant à la loi du
24 décembre 1903. En principe, une compagnie
agréée pour l'assurance-accidents ne sera sur-
veillée qu'à ce seul point de vue, même si elle
faisait en outre des opérations d'assurance-vie,
d'assurance-incendie, etc.

§ 5. *Conditions générales des polices.* — L'article 4, alinéa 3, prescrit l'examen des conditions générales des polices. Cet examen est
nécessaire à raison des dispositions des articles 18, 19 et 20, dont on trouvera l'explication
plus loin.

§ 6. *Examens des tarifs de primes.* — Convient-il de soumettre à l'approbation du gouvernement les tarifs de primes des sociétés?

On a pensé que semblable approbation irait
à l'encontre de la liberté de l'assurance et de la
liberté de la concurrence entre assureurs. Il a
bien fallu, sur ce point, appliquer la loi dans
son esprit; l'autorité n'a pas à s'immiscer dans
la gestion des affaires d'assurance au point de
vue commercial. Elle ne peut que tracer certaines règles générales et ensuite accorder
et retirer l'agréation. La loi lui interdit d'aller
plus loin.

D'ailleurs, l'autorité qui agrée doit se réserver la plus entière latitude en vue des cas où il
y aura lieu de révoquer l'agréation : il ne faut
pas qu'un assureur, menacé de révocation,
puisse s'abriter derrière l'approbation qui
aurait été donnée à des tarifs mal faits, pour
expliquer les mauvais résultats de son entreprise.

Mais il n'y a aucun obstacle à ce qu'on
demande à un assureur quelle est la méthode
scientifique à laquelle il compte recourir pour
calculer ses primes : à cet égard, les appréciations objectives ne sont pas impossibles et
elles permettront de porter un jugement sur le
caractère plus ou moins sérieux de l'entreprise
d'assurance qui sollicite l'agréation. D'où la
disposition de l'article 4, alinéa 3. Il a semblé
qu'une société qui ne serait pas en mesure de
donner des explications satisfaisantes relativement au point ici prévu ne mériterait qu'une
médiocre confiance et qu'il y aurait danger à
l'agréer.

Art. 5. — § 7. *Capital social et fonds de
précision.* — L'article 5 n'a d'autre but que de
renforcer certaines mesures de garantie déjà
décrétées par la loi sur les sociétés commerciales.

Art. 6. — § 8. *Sociétés étrangères.* — Dans
l'examen de la question de savoir s'il convenait
de placer les sociétés étrangères sur un pied
de complète égalité avec les sociétés belges,
on ne s'est naturellement préoccupé que du
seul intérêt des industriels assujettis à la loi
et de celui des ouvriers appelés à en bénéficier.

Or, à ce point de vue, l'hésitation n'était pas
possible; il n'y avait aucune raison d'écarter
les sociétés étrangères sérieuses ni de les sou-

mettre à un régime différentiel. D'ailleurs, si on le faisait, rien ne serait plus facile à de puissantes sociétés étrangères que de tourner la loi, en constituant chez nous des sociétés filiales belges, dont elles posséderaient à peu près toutes les actions. Ce sont évidemment les Belges qui y perdraient, puisque, au lieu de la garantie d'une société ancienne, peut-être excellente, nous n'aurions que celle d'une société nouvelle, à capital moindre, exposée à tous les aléas des débuts.

L'article 6 exige toutefois certaines précautions indispensables.

ART. 7, 8, 9, 10, 11 et 12. — *Du cautionnement.*—L'article 7 exige des sociétés la constitution d'un cautionnement à la Caisse des dépôts et consignations. Il n'y a pas lieu d'insister sur les règles très simples qui concernent le mode de constitution et les formalités administratives à remplir. Mais quelques mots d'explication ne seront pas inutiles quant au montant du cautionnement et quant à la nature des valeurs dont il devra se composer.

§ 10. *Montant du cautionnement.* — A la différence des réserves mathématiques, qui ont pour objet de garantir l'exécution des obligations relatives aux sinistres déjà liquidés, le cautionnement a pour but de répondre de l'exécution éventuelle des engagements se rattachant aux risques en cours et aux sinistres non liquidés. Théoriquement, ces engagements sont couverts par les primes, puisque, théoriquement, l'engagement de l'assureur est équivalent à celui de l'assuré. Le cautionnement doit être établi de manière à prévenir tout mécompte dans le cas où, par suite d'erreurs dans les prévisions, d'insolvabilités ou de toute autre cause, la pratique contredirait la théorie. La prudence conseille de fixer comme chiffre du cautionnement une somme qui ne soit pas inférieure à la valeur de la totalité des engagements de l'assureur pendant le dernier exercice. Mais on n'a pas admis que ce fût suffisant : aux termes de l'article 7, c'est sur une fois et demie la valeur dont il s'agit qu'il conviendra de tabler. La raison en est que le cautionnement, dans le système du projet, doit parer non seulement à l'objet qui a été indiqué, mais encore à l'insuffisance possible de la réserve mathématique provisoire visée à l'article 13.

Quel est le but de cette réserve mathématique provisoire?

Elle provient de ce que, suivant la loi, le capital des rentes viagères, en cas d'incapacité permanente, ne doit être constitué qu'après l'expiration du délai de revision, soit trois ans. Ce n'est qu'après trois ans que la valeur des obligations de l'assureur est définitivement établie; en d'autres termes, ce n'est qu'après trois ans que les sinistres d'un exercice peuvent être définitivement liquidés. La majoration d'une demi-fois la valeur déterminée plus haut doit précisément constituer la garantie de cette liquidation définitive totale.

L'article 7 fixe un minimum au-dessous duquel le cautionnement ne pourra pas descendre quand bien même la valeur prise comme base, ainsi qu'il vient d'être dit, serait inférieure à ce minimum. Le minimum en question est établi d'après le total annuel le plus élevé atteint par l'ensemble des primes dans le cours des trois derniers exercices. Cette règle a pour objet de contenir dans certaines limites les

variations du cautionnement, variations dont l'amplitude risquerait d'être parfois considérable, si l'on s'en tenait au seul chiffre des indemnités. Les primes ont un caractère de stabilité que ne possède pas la charge des indemnités effectives ; il était donc utile de faire intervenir l'élément-prime, dans la fixation du cautionnement, à titre de régulateur.

On objectera peut-être qu'il eût été plus simple de ne prendre que cette dernière base. Mais il y aurait eu quelque danger à le faire, parce que, dans les débuts surtout, des assureurs peu sérieux pourraient être tentés de réduire imprudemment le taux des primes dans le seul but d'alléger leurs obligations relatives au cautionnement.

Pour la première année de fonctionnement de l'assurance, toute base positive manquait. L'article 7 établit empiriquement le cautionnement de cette année à 300,000 francs, ce qui n'a rien d'exagéré. Il stipule, en outre, que ce chiffre servira de minimum absolu — précaution utile en ce qui concerne les sociétés de faible importance — et qu'en aucun cas le cautionnement n'excédera 1,500,000 francs. Cette somme suppose un chiffre d'affaires suffisamment rassurant, au point de vue de l'équilibre financier de la société, pour qu'il soit superflu d'appliquer désormais, dans toute sa rigueur, la règle généralement admise pour le calcul du cautionnement. D'ailleurs, une immobilisation trop considérable de capitaux serait préjudiciable au fonctionnement normal de l'assurance.

§ 11. *Constitution et placement du cautionnement.* — Le cautionnement est affecté par privilège au payement des indemnités ; de plus, sa destination implique que les valeurs qui le composent soient des valeurs de tout repos, de disponibilité immédiate, dont la consignation en mains sûres s'impose. Le législateur l'a ainsi voulu.

Les articles 7 à 13 répondent à ces nécessités.

Aux termes de l'article 7, le dépôt du cautionnement n'est pas préalable à la requête. Il ne doit être justifié qu'après l'obtention de l'agréation; mais l'arrêté à intervenir ne sera publié, et ne pourra ainsi sortir ses effets, qu'après que la société agréée aura prouvé qu'elle a fait le nécessaire à ce point de vue. La raison de procéder ainsi est évidente.

Le cautionnement sera constitué soit en numéraire — auquel cas la Caisse des dépôts et consignations servira à la société un intérêt de 2 1/2 p. c. l'an — soit en valeurs énumérées à l'article 8.

On remarquera, au n° 4 de cet article, les dispositions qui concernent les fonds des Etats étrangers.

On ne pouvait guère écarter ces fonds d'une manière absolue : il en est d'excellents, et leur exclusion aurait pu être une gêne considérable pour les sociétés. Mais, par contre, il en est de singulièrement médiocres. Faute de pouvoir édicter ici des règles invariables, il a bien fallu s'en rapporter à l'appréciation du gouvernement quant à la proportion dans laquelle des fonds étrangers seront éventuellement admissibles.

Il sera loisible aux sociétés de demander à faire usage de la faculté visée au n° 4, lorsqu'elles solliciteront l'agréation. Dans cette hypothèse, l'arrêté d'agréation stipulera les conditions jugées opportunes. Toutefois, il était nécessaire de prévoir le cas où pareille demande ne serait introduite qu'après l'octroi de l'agréation, et aussi le cas où une compagnie désirerait voir modifier les conditions primitives. Au lieu d'obliger les intéressés, en pareille circonstance, à recourir à la procédure compliquée de l'agréation, l'article 8 permet de statuer sur la demande par un simple arrêté ministériel. En ce qui concerne l'estimation des titres indiqués aux nᵒˢ 1 et 2, l'article 8 renvoie à l'article 4 de l'arrêté royal du 23 juin 1851, relatif à la constitution des cautionnements en matière de travaux publics. Il est utile de rappeler le texte de ce dernier article, qui est ainsi conçu :

« Art. 4. Notre ministre des finances réglera le taux d'admission des fonds nationaux, après avoir consulté les départements ministériels.

« Les décisions prises à cet égard seront publiées dans le *Moniteur.* »

Aʀᴛ. 13 et 14. — § 12. *Des sommes à porter en réserve; de la réserve mathématique provisoire.* — La première règle formulée par l'article 13 ne fait que consacrer un principe de gestion financière en quelque sorte imposé par la force des choses. Sans réserves suffisantes pour la couverture des risques en cours, pour la liquidation des sinistres à régler et pour les corrections relatives à l'échéance des primes, une compagnie d'assurance est condamnée a la faillite : d'ailleurs, il importe qu'une distinction absolument nette entre ces réserves apparaisse dans la comptabilité ; et, d'autre part, il est impossible de tracer dans le règlement des règles invariables quant à l'importance des sommes à affecter à ces divers chefs. Le service de contrôle appréciera, en tenant compte de l'expérience. C'est ainsi que l'on procède partout où la surveillance des compagnies est organisée par la loi.

Il est bon de rappeler le but de la réserve pour corrections relatives à l'échéance des primes. Dans l'usage, les primes ne sont pas toutes payables au commencement de l'exercice; la plupart des sociétés font, pour chaque assuré, commencer l'année d'assurance au moment de l'entrée en vigueur de la police, c'est-à-dire que, pour l'ensemble des assurés, les échéances s'échelonnent sur toute la durée de l'exercice. Au moment où le bilan est dressé, la compagnie est en possession de primes dont une fraction est destinée à couvrir le risque pendant une partie de l'exercice suivant. Cette fraction doit être portée en réserve en vue de ce dernier exercice : c'est ce que l'on appelle *le report de primes* ou la *correction relative à l'échéance des primes.*

On a expliqué déjà (§ 10) la raison d'être de la réserve mathématique provisoire dont l'article 13 prescrit la constitution. Cette réserve sera calculée et placée de la même manière que la réserve mathématique qui sera exigée des établissements agréés pour le service des rentes. [Voir ci-après (sous l'art. 39, § 31), en ce qui concerne les règles établies à ce sujet.]

Aʀᴛ. 15. — § 13. *De la constitution des capitaux.* — L'article 15 ne fait que mettre en application une règle impérative de la loi du 24 décembre 1903 (art. 14).

Aʀᴛ. 16 et 17. — § 14. *Gestion, contrôle et surveillance.* — L'agréation implique le contrôle et la base du contrôle : c'est, d'une part, la séparation de gestion et de comptabilité pour l'assurance des risques résultant de la loi nouvelle et, d'autre part, l'obligation de mettre à la disposition de l'administration les pièces documents et renseignements nécessaires. Les articles 16 et 17 établissent les règles indispensables à cet effet.

Aʀᴛ. 18, 19 et 20. — § 15. *Stipulations des polices.* — Sans aller jusqu'à imposer une police-type à tous les assureurs, le gouvernement a le droit et le devoir de veiller à ce que ceux-ci, par des stipulations obscures trop générales ou trop draconiennes, ne se réservent indirectement le moyen d'enlever aux intéressés le bénéfice de l'assurance. Il faut que les polices ne renferment pas de chausse-trapes ; il faut que les contrats soient exécutés en toute loyauté.

La plupart des dispositions des articles 18, 19 et 20 s'expliquent d'elles-mêmes. Il suffira de faire observer, en ce qui concerne le 3ᵒ de l'article 19, que le but principal de la notification de la résiliation à l'inspecteur du travail est de marquer le moment à partir duquel le chef d'entreprise sera tenu de la cotisation au fonds de garantie. L'ouvrier est désintéressé en tout cas, car dès l'instant où l'assureur agréé cesse d'être le garant des indemnités, c'est le fonds de garantie qui répond du payement de celles-ci.

Il résulte du principe de la réparation forfaitaire qu'en cas de faute grave du patron l'assureur ne pourra plus se prévaloir de l'article 16 de la loi du 11 juin 1874 que s'il s'est expressément réservé un recours en prévision de cette éventualité; on sait, d'ailleurs, qu'en toute hypothèse l'assureur devra d'abord dédommager les victimes. Il n'était pas inutile de rappeler ici cette conséquence du régime nouveau.

CHAPITRE III. — Dᴇs ᴄᴀɪssᴇs ᴄᴏᴍᴍᴜɴᴇs ᴅ'ᴀssᴜʀᴀɴᴄᴇ.

Sᴇᴄᴛɪᴏɴ Iʳᵒ. — *Dispositions générales.*

Aʀᴛ. 21. — § 16. *Approbation des statuts des caisses communes.* — Les sociétés d'assurance à primes fixes sont des sociétés commerciales dont la forme est réglée par la loi commerciale.

Les caisses communes sont des associations mutuelles, analogues, quant à la nature de la personnalité juridique dont elles seront investies, aux sociétés mutualistes et aux unions professionnelles reconnues. Le législateur a manifesté clairement ses intentions à cet égard en se référant à la loi du 28 mars 1868 sur les caisses de prévoyance des ouvriers mineurs (loi du 24 décembre 1903, art. 19). Dans l'espèce, l'agréation pure et simple ne suffit pas, car il ne s'agit pas seulement d'admettre des établissements déjà existants en droit à pratiquer l'assurance, il s'agit de donner une personnalité juridique spéciale à des associations qui s'organiseront en vertu de la loi nouvelle et des règlements d'exécution.

Aujourd'hui, il existe certaines associations mutuelles qui se sont constituées en vertu de l'article 2 de la loi du 11 juin 1874. Mais ces associations ne sont pas nécessairement conformes à celles que prévoit la loi du 24 décembre 1903; et, si elles désirent se placer sous le régime de cette dernière loi, elles auront, le cas échéant, à modifier leur organisation en conséquence, et elles le pourront aisément, pourvu qu'elles soient constituées entre chefs d'entreprise, ainsi que le veut la loi, conformément aux principes généraux en la matière.

L'agréation ne sera donc possible ici qu'après une véritable reconnaissance, qui s'opèrera, comme le prévoit la loi de 1868, par l'approbation donnée aux statuts (art. 21 du règlement).

La loi de 1868 confie à des arrêtés royaux le soin de définir les conditions mises à cette approbation; il convenait donc, dans le règlement général, de prévoir ces conditions. C'est l'objet des articles 22 et suivantes.

Art. 22. — § 17. *Minimum d'assurés et d'affiliés.* — Il est indispensable que le chiffre des ouvriers assurés soit suffisant pour que la loi des grands nombres produise ses effets de nivellement. Des caisses à trop faible effectif seraient irrémédiablement condamnées à la ruine. De même, un nombre minimum d'entreprises affiliées a semblé nécessaire pour parer au risque des insolvabilités individuelles. On a pris, quant au nombre d'ouvriers assurés, le minimum de dix mille, et quant au nombre de patrons affiliés, on s'est arrêté au chiffre de cinq.

A titre exceptionnel, toutefois, l'agréation pourra être accordée à des caisses qui ne groupent pas plus de 5,000 ouvriers : le gouvernement appréciera, de l'avis de la commission. Seulement, il faudra que les caisses comptent en ce cas trente affiliés au moins, précaution qui s'explique par le danger des à-coups d'autant plus inévitables que le nombre des têtes exposées au risque se réduit davantage; et ces à-coups deviendraient périlleux si, par exemple, le chiffre de 5,000 était formé par la réunion d'une ou de deux grosses entreprises à quelques exploitations n'occupant chacune qu'un nombre infime d'ouvriers !

Il va de soi que l'admission des caisses groupant moins de 10,000 assurés ne se fera qu'après un examen minutieux des bases de leur organisation. Comme cette admission constituera un vrai privilège, on pourra la subordonner à des conditions supplémentaires spéciales non prévues par le règlement : à cet égard, le gouvernement jouira du pouvoir discrétionnaire le plus complet. Cette disposition exceptionnelle n'a, d'ailleurs, été admise que pour permettre à certaines caisses communes de surmonter les difficultés des débuts, où il leur sera souvent difficile de réunir un grand nombre d'adhérents : on a l'espoir que, dans la suite, lorsque l'expérience aura parlé, le recrutement des affiliés s'opérera plus aisément.

Art. 23 et 24. — § 18. *Pièces à produire; publication des statuts.* — L'article 23 est relatif aux pièces à annexer à la demande d'agréation : il n'y a point lieu de revenir sur les explications qui ont été données déjà, en ce qui concerne les bases techniques et les conditions générales des contrats d'assurance, à propos des sociétés d'assurances à primes fixes. (Voir ci-dessus, §§ 5 et 6.)

L'article 24 prescrit la publication des statuts.

Art. 25. — § 19. *Mentions des statuts.* — Les intéressés arrêteront l'organisation des caisses en toute liberté : telle est la règle.

Le règlement se borne donc, en principe, à prescrire quelques conditions de forme : il importe que les fondateurs s'expliquent au sujet des principaux points relatifs à l'organisation. D'où les mentions exigées par l'article 25.

Certaines restrictions, qui tiennent à la nature spéciale des caisses communes, s'imposaient toutefois. Celles de ces restrictions qui visent l'objet des caisses (art 25, 2°), ainsi que l'approbation des résolutions concernant la modification des statuts et la liquidation (art. 25, 9°), ne sont à vrai dire que des conséquences logiques et nécessaires du régime légal des caisses communes. Il est donc inutile d'y insister. Mais quelques mots d'explication au sujet du capital de garantie (art. 25, 4°) ne seront pas superflus.

§ 20. *Capital de garantie.* — Les caisses communes n'ont pas de capital social. Ce qui en tient lieu, dans l'ordre des garanties, ce sont les engagements personnels des adhérents.

L'article 25, 4°, fixe ces engagements, pour chacun, à deux fois la prime au minimum : ce qui signifie que chaque affilié, après avoir payé sa prime annuelle, pourra, en cas d'insuffisance constatée des primes perçues pour un exercice, se voir obligé de fournir une cotisation additionnelle; et les statuts stipuleront que cette cotisation supplémentaire éventuellement exigible devra s'élever au moins à la valeur de la prime elle-même. La totalité des engagements ainsi déterminés est dénommée « capital de garantie ». Le service de contrôle aura nécessairement à veiller à ce que le montant du capital de garantie ne soit pas artificiellement réduit par un abaissement factice des primes normales.

Chacun ne sera tenu, dans les limites ainsi précisées, que pour sa part et portion; il n'y aura aucune solidarité imposée aux affiliés. La solidarité, même partielle, ne serait pas admise par les industriels. Et, même si elle l'était, on pourrait craindre — pour les petits patrons surtout — qu'elle ne le fût pas toujours à bon escient : la vérité n'apparaîtrait que trop tard ! La solidarité est chose dangereuse au premier chef dans une matière aussi complexe que l'assurance contre les accidents. La définition précise et invariable des obligations de chacun a semblé ici indispensable : or, la solidarité c'est l'inconnu.

Art. 26. — § 21. *Cautionnement.* — Il n'y a pas de raison de dispenser les caisses communes de l'obligation de constituer un cautionnement, et ce cautionnement ayant la même destination que dans le cas des sociétés à primes fixes, il faut l'établir d'après les mêmes bases. C'est ce que prescrit l'article 26, alinéa 1er.

Sans aller jusqu'à le supprimer complètement, il a toutefois paru opportun d'en admettre la réduction, dans des proportions notables, moyennant la stipulation de garanties spéciales venant compenser, à due concurrence, la réduction opérée. Ces garanties consistent en des engagements personnels assumés par les affiliés, en sus du capital de garantie minimum visé à l'article 25, 4°.

Afin d'éviter d'inextricables complications et de déterminer d'une manière à la fois précise et pratique les obligations individuelles de chaque affilié à raison de ces garanties supplémentaires, on a établi ces dernières sur la base du capital de garantie, c'est-à-dire, en dernière analyse, en fonction de la prime, p.

Le capital de garantie équivaut à 2 p., soit la prime effective, plus un engagement personnel égal à la valeur de cette prime. Aux termes de l'article 26, alinéa 2, toute réduction du cautionnement donnera lieu à une augmentation proportionnelle de la valeur 2 p. Si, par exemple, l'on réduit le cautionnement de 1/3, le capital de garantie deviendra :

$$2\,\text{p} + \frac{2\,\text{p}}{3} = 2\,\frac{2}{3}\,\text{p}.$$

Si le cautionnement est réduit de moitié, le capital de garantie sera égal à :

$$2\,\text{p} + \frac{2\,\text{p}}{2} = 3\,\text{p}.$$

et ainsi de suite.

Le règlement ne permet pas de réduire le cautionnement au delà des deux tiers, parce qu'on ne peut admettre, d'une manière absolue, qu'un engagement différé ait la valeur d'un engagement réalisé. Encore, la réduction de plus de moitié n'est-elle autorisée que pour les caisses qui comptent au moins 20,000 ouvriers assurés : le but de cette restriction est de faire naître un intérêt direct et immédiat à la création de caisses importantes : les associations à faible effectif d'assurés ne sont pas à encourager.

On remarquera enfin que la réduction du cautionnement n'est que facultative. Le gouvernement appréciera lors de chaque demande d'agréation.

ART. 27. — § 32. *Dispositions diverses applicables aux caisses communes.* — Il va de soi qu'en ce qui concerne les réserves, la constitution des capitaux de rentes, les mesures de contrôle et de surveillance ainsi que les stipulations des contrats d'assurance, les caisses communes doivent être soumises au même régime que les compagnies à primes fixes. Tel est l'objet de l'article 27.

SECTION II. — DES COMMISSIONS ARBITRALES.

ART. 28 à 35. — § 23. *Organisation de l'arbitrage.* — Les articles 28 à 35 sont édictés en application de l'article 26 de la loi, d'après lequel le règlement doit arrêter les principes de l'organisation des commissions arbitrales et de la procédure d'arbitrage.

En plus d'un point il a bien fallu se borner à formuler des dispositions très générales : il appartiendra aux caisses communes, sous la réserve des approbations officielles requises, de préciser ces dispositions de manière à les adapter aux nécessités locales et professionnelles propres à chaque caisse. Les conditions dans lesquelles la loi a admis le recours à la juridiction arbitrale ne permettaient point d'autre solution.

CHAPITRE IV. — DU SERVICE DES RENTES.

ART. 36. — § 24. *Des établissements chargés du service des rentes.* — L'article 36 n'admet à faire le service des rentes, concurremment avec la caisse de retraite, que les sociétés ou caisses communes qui sont agréées pour le service de l'assurance et qui sont soumises dès lors, au contrôle de l'administration.

On prévoit qu'en fait ces établissements seront les seuls à demander l'autorisation de gérer les capitaux de rentes, et encore est-il dès à présent certain que tous ne le demanderont pas.

On ne voit aucune raison, pour le moment, de multiplier, sans nécessité pratique, les organismes chargés de la responsabilité des capitaux ; il y aurait même de graves dangers à le faire, dans les débuts surtout.

Le service des rentes fera l'objet d'une gestion et d'une comptabilité distinctes ; il sera soumis au même contrôle que le service de l'assurance.

ART. 37. — § 25. *De la constitution des capitaux de rentes.* — Que les capitaux soient constitués par les chefs d'entreprise non exonérés (art. 14 de la loi) ou qu'ils le soient par les assureurs agréés qui ne font pas le service des rentes (art. 15 du règlement), il convient que l'opération s'effectue conformément au tarif visé à l'article 7 de la loi. (Voy. aussi art. 14) : ce tarif fait l'objet du barème qui est annexé au règlement et qui servira aussi au calcul des réserves mathématiques (sur les bases du barème, voir, ci-après, §§ 26 et suivants).

En cas d'incapacité permanente, la loi (art. 4) alloue à l'ouvrier une rente viagère de 50 % du salaire ou de la réduction subie par le salaire. Il faut qu'en pareil cas les établissements chargés du service des rentes ne puissent pas vendre la rente viagère à un prix supérieur à celui qui résultera de l'application du tarif (art. 37, 1°, du règlement) ; mais il n'y a pas lieu de les empêcher de vendre cette rente à un prix inférieur. L'ouvrier est désintéressé en toute hypothèse, puisque son droit porte sur une rente d'un chiffre déterminé et non pas sur un capital ; par contre, l'opération peut être avantageuse au débiteur du capital de la rente et, au point de vue des garanties, elle ne présente aucun danger, si les réserves mathématiques de l'établissement sont strictement conformes au tarif réglementaire. Cette dernière condition est indispensable, mais elle peut parfaitement se réaliser, dans l'hypothèse que nous envisageons, lorsque l'établissement compense les rabais qu'il accorde sur le prix des rentes par des rentrées provenant d'une autre source, telles, par exemple, que des réalisations de bénéfices sur les placements.

Il n'y a, en principe, aucune raison d'interdire les combinaisons de ce genre. D'ailleurs si on les prohibait, rien ne serait plus aisé aux sociétés que d'éluder la prohibition sans que le contrôle eût toujours les moyens de découvrir l'irrégularité. De sorte qu'en pratique la prohibition risquerait d'être inopérante.

En cas de mort, le droit des intéressés porte, non plus sur un chiffre déterminé de rente, mais sur une valeur en capital, fixée comme il est dit à l'article 6, 2°, de la loi sur les accidents. Il importe que cette valeur soit établie d'après des règles invariables : la loi le veut ainsi. C'est pourquoi l'article 37, 2°, du règlement dispose que le capital visé à l'article 6, 2°, de la loi, sera toujours égal à celui qui résultera de l'application du tarif.

Lorsqu'au contraire il s'agira de convertir ce capital en rentes viagères ou temporaires (voir les deux derniers alinéas de l'art. 6 de la loi), tout ce qu'on peut exiger, c'est que les établissements qui se chargeront de l'opération ne vendent pas, pour un prix donné, des rentes inférieures à celles du tarif (art. 37, 2° *in fine*) ; mais il doit leur être loisible, pour ce prix, de payer des rentes supérieures, ce qui serait tout à l'avantage des ayants droit. Ceci se justifie par des raisons analogues à celles qui ont été exposées plus haut en ce qui concerne le cas d'incapacité permanente.

Enfin, lorsque, par exception, la valeur de la rente sera partiellement ou totalement attribuée aux intéressés en capital (art. 7, alin. 1er et 3 de la loi), il convient que les sommes à payer de ce chef soient égales à celles qui résulteront de l'application du tarif (art. 37, 3°): c'est de toute évidence.

§ 26. *Du barème pour le calcul des rentes et des réserves mathématiques.* — L'élaboration de tout tarif de rentes suppose la connaissance de trois éléments, savoir : la loi de mortalité des titulaires des rentes ; le taux de l'intérêt que doivent vraisemblablement produire les placements ; enfin, le montant probable des frais d'administration du service des rentes, lesquels se traduisent par une majoration (chargement) des sommes versées pour l'acquisition de ces rentes.

Les tarifs que comprend le barème qui doit servir au calcul des rentes et des réserves mathématiques ont été établis d'après les bases suivantes :

1° Table de mortalité dressée par la Caisse générale d'épargne et de retraite, d'après les recensements généraux de la population belge de 1880, 1890 et 1900 et des listes mortuaires belges des années 1892 à 1901 (sexes réunis);

2° Taux annuel d'intérêt de 3 p. c. ;

3° Chargement de 3 p. c. des prix chargés (versements).

§ 27. *De la table de mortalité.* — En ce qui concerne le calcul des indemnités dues en cas de mort ainsi que la conversion de ces indemnités en rentes viagères ou temporaires, le choix d'une table de mortalité *générale* s'imposait. Il est vrai que la majeure partie de la population à laquelle s'appliqueront les tarifs en pareil cas appartiendra à la classe ouvrière. Mais il n'existe pas de table de mortalité pour la population ouvrière prise dans son ensemble. Il n'est, d'ailleurs, pas démontré que la mortalité qui frappe spécialement l'ensemble des travailleurs manuels s'écarte sensiblement de celle qui atteint la population générale. Enfin, il ne faut pas perdre de vue que, spécialement dans notre pays, la plus grande partie des nationaux peut être considérée comme appartenant à la catégorie des travailleurs manuels : c'est donc cette partie prépondérante de la population générale qui intervient avec le plus d'influence dans la détermination de la loi de mortalité générale.

Pour ce qui est des rentes d'invalidité à constituer en cas d'incapacité permanente de travail, on s'est demandé s'il ne conviendrait point de prendre comme base une table établie d'après les probabilités de survie propres aux invalides par suite d'accidents.

Mais on ne possède point, actuellement, les éléments qui seraient nécessaires à l'effet de déterminer dans quelle mesure l'invalidité déprimerait les chances de survie des victimes d'accidents du travail. D'autre part, il y a lieu de remarquer qu'aux termes de la loi du 24 décembre 1903, les rentes d'invalidité ne doivent être constituées qu'après l'expiration du délai de revision, lequel est fixé à trois ans. Or, il paraît résulter de recherches entreprises en Autriche, qu'après un délai de trois ans, la mortalité des invalides n'est plus influencée par la durée antérieure d'invalidité : on peut en inférer que, selon toute vraisemblance, la mortalité des invalides, trois ans après l'accident, ne s'écarte guère de la mortalité générale.

En attendant que l'expérience permette d'obtenir à ce sujet des indications d'une précision suffisante, il faudra calculer les rentes d'invalidité, comme les rentes dues en cas de mort, d'après une table de mortalité générale.

La table choisie a été construite par la Caisse générale d'épargne et de retraite d'après les recensements décennaux de 'la population belge de 1880, 1890 et 1900 et des listes mortuaires belges des années 1892 à 1901. Elle a été adoptée non seulement parce qu'elle est la plus récente et, partant, la plus exacte relativement à la population actuelle, mais encore parce que les soins apportés à l'ajustement des taux bruts résultant des observations en font un document très précieux au point de vue de la facilité et des moyens de vérification des calculs spéciaux auxquels il servira de base.

§ 28. *Du taux d'intérêt.* — Le taux d'intérêt adopté pour l'établissement du barème est celui qui sert de base aux tarifs en vigueur à la Caisse générale d'épargne et de retraite. Ce taux est voisin de celui que procurent les placements en fonds de l'Etat belge et de plusieurs Etats étrangers, en obligations des provinces et des communes belges, etc. Sans doute, une caisse de rentes pourrait encore actuellement placer une partie de ses réserves en prêts hypothécaires ou en achat d'obligations rapportant plus de 3 p. c. Mais, outre que les placements de cette nature ne sont pas toujours possibles, surtout lorsqu'il s'agit de sommes importantes constamment renouvelées, et que, d'ailleurs, ils ne pourront être effectués qu'à concurrence d'une quotité limitée du montant total des réserves, il est nécessaire qu'une institution qui prend des engagements à longs termes, dépendant directement des lois générales de la mortalité, soit en mesure de retirer de ses placements un intérêt un peu plus rémunérateur que celui qui est prévu d'après ses tarifs. Il convient que l'organisme assureur dispose ainsi d'une sorte de « coefficient de sécurité » qui le mette, dans une certaine mesure, à l'abri des conséquences éventuelles d'un écart sensible entre la mortalité réelle et la mortalité attendue. Il faut aussi qu'une caisse de rentes se prémunisse contre les fluctuations, toujours possibles, du taux de l'intérêt.

§ 29. *Du taux de chargement.* — Le taux de chargement est l'élément qu'il est le moins aisé de déterminer, parce que l'on manque de termes de comparaison précis. Des recherches faites par les soins de la Caisse générale d'épargne et de retraite il est résulté que le taux de 3 p. c. pouvait être actuellement con-

sidéré comme suffisant. L'expérience indiquera, au bout de quelques années, si ce chargement est bien adéquat à l'importance des
frais qu'il a pour objet de couvrir.

Art. 38. – § 30. *Du cautionnement.* — L'article 38 soumet les établissements agréés pour
le service des rentes à l'obligation de constituer un cautionnement supplémentaire. Il peut
arriver que la table de mortalité, qui est
nécessairement basée sur des faits passés, ne
réponde pas d'une manière tout à fait exacte
aux frais futurs dont le mouvement des rentes
doit dépendre. Des déficits peuvent donc se
produire, quelque prudence que l'on ait mise
à choisir les bases du barème. Le cautionnement a pour but de parer aux insuffisances
éventuelles et de mettre ainsi à l'abri de tout
danger les titulaires de rentes.

Art. 39. — § 31. *Réserve mathématique.
Conservation et placement des valeurs.* —
L'article 39 est relatif à la réserve mathématique. On a vu (§ 25) que cette réserve doit être
calculée d'après le barème dont les bases
viennent d'être exposées.

Les valeurs qui la composent seront conservées et placées conformément aux règles des
articles 13 et 14, auxquels l'article 39 se réfère.
(Voir ci-dessus, § 12.) Quelques remarques à ce
sujet ne seront pas inutiles.

L'article 13 prescrit la conservation des
valeurs dans la commune où la société a son
siège, ou, avec l'autorisation du ministre, dans
une autre commune du royaume. La portée
pratique de la disposition est évidente. Elle a
une importance spéciale au regard des sociétés
étrangères qui, par application de la règle, ne
pourront jamais transporter en dehors du
territoire belge le gage des créanciers de
rentes. Il est superflu de faire ressortir l'utilité
que cette prescription présente également au
point de vue de l'efficacité du contrôle.

Pour ce qui est des modes de placement
(art. 14), la réserve pourra comprendre tout
d'abord les différentes valeurs admises en
cautionnement (art. 8 du règlement). Mais, à
peine d'entraver considérablement la gestion
financière des sociétés, il fallait élargir
quelque peu le champ des placements. Tout
d'abord, la réserve n'implique pas les mêmes
conditions de mobilité et de disponibilité
immédiates que le cautionnement; ensuite, le
chiffre considérable des capitaux à placer
s'oppose à trop de rigueur dans la détermination des valeurs admissibles. C'est pourquoi,
aux valeurs mobilières de tout repos, prévues
pour le cautionnement, l'article 14 ajoute, en
ce qui concerne la réserve, des placements
hypothécaires de toute sûreté, des placements
immobiliers en territoire belge et, enfin, des
obligations industrielles émises par des sociétés
belges dont la solvabilité semble bien établie;
le tout, sauf certaines restrictions quant à la
quotité de ces placements.

Il est à remarquer que certaines sociétés
d'assurances prêtent sur hypothèque jusqu'à
concurrence de la totalité de la valeur des
immeubles grevés ; sans interdire cette pratique, qui peut se justifier parfois, il était bon
de stipuler que de pareils placements ne comp-
teraient, dans l'estimation des réserves, que
jusqu'à concurrence de 60 p. c. de la valeur des
immeubles.

CHAPITRE V. — De la manière
dont l'agréation prend fin.

Art. 40 et 41.— § 32. *Causes de la révocation.
formalités.* — L'agréation n'est octroyée que
conditionnellement : du moment que les conditions prescrites ne sont plus observées, la
révocation est de droit. L'article 40 ne fait, à
cet égard, que consacrer explicitement une
règle qui résulte de la loi. L'article 41 a pour
objet de permettre aux sociétés ou caisses
communes intéressées de fournir des explications et même d'échapper à la mesure de
rigueur dont elles sont menacées, en régulari-
sant leur situation lorsque la chose est possible.

Art. 42. — § 33. *Sociétés à primes fixes ; de la
garantie des droits des tiers.* — Les sociétés à
primes fixes ne reçoivent pas l'existence de
l'arrêté d'agréation. Elles existent en vertu de
la loi commerciale. L'agréation révoquée, rien
ne les empêche de subsister à titre de sociétés
libres ; d'ailleurs, l'agréation ne concerne que
la gestion de l'assurance des risques résultan:
de la loi du 24 décembre 1903 et il est possible
que les sociétés agréées aient pour objet
d'autres opérations encore. La révocation ne
peut donc entraîner de plein droit la liquidation. Tout ce qu'il faut, c'est que les mesures
nécessaires soient prises pour sauvegarder les
droits des créanciers, victimes d'accidents ou
ayants droit. D'où la nomination d'un curateur
qui sera investi des pouvoirs nécessaires.

Art. 43.— § 34. *Renonciation à l'agréation.*—
Dans l'intérêt des créanciers eux-mêmes comme
dans l'intérêt de la société, il arrivera qu'il
soit préférable de ne point avoir recours à la
grave mesure de la révocation. L'autorité de
contrôle, grâce à l'article 43, pourra dire à une
société dont le fonctionnement est défectueux
et fait prévoir la nécessité prochaine de l'application de l'article 40 : « Versez vos réserves à
la caisse de retraite, ou à un autre établissement agréé; arrangez-vous, en ce qui concerne
vos contrats, avec les intéressés. Lorsque vous
aurez justifié de l'accomplissement de toutes
les précautions nécessaires, demandez à renoncer au bénéfice de l'agréation ! De cette façon,
vous échapperez, peut-être, à l'application
d'une sanction susceptible de nuire à votre
crédit, même au point de vue des opérations
étrangères à la loi sur les accidents. D'autre
part, les intéressés n'y perdront rien : bien au
contraire, puisqu'une liquidation, toujours à
craindre si l'agréation est révoquée, ne serait
pas toujours sans les menacer d'un préjudice ».

Il va sans dire que si la société ne s'exécutait
pas, il ne resterait plus qu'à procéder contre
elle avec toutes les rigueurs de droit.

Art. 44. — § 35. *Des caisses communes.* — La
situation des caisses communes est différente de celle des sociétés à primes fixes. Elles
n'existent que par l'arrêté d'agréation, et elles
n'ont d'autre objet que les opérations qui se
rattachent à la loi du 24 décembre 1903.

Il s'ensuit que, si l'agréation est retirée, ces
caisses ne peuvent plus subsister que pour leur
liquidation. En ce qui les concerne, la renonciation volontaire à l'agréation serait légalement impossible, à supposer, ce qui n'est
nullement le cas, que la faculté de renoncer
présentât, en l'occurrence, quelque utilité.

DISPOSITIONS FINALES.

Art. 45, 46, 47. — § 36. Les dispositions finales ne nécessitent aucune explication particulière. Il convient toutefois d'attirer l'attention des intéressés sur l'article 46, qui autorise les assureurs à introduire leurs requêtes, à fin d'agréation, à partir du 1er novembre 1904.

B. — Instructions relatives à l'emploi du barème annexé au règlement général.

a) Du CALCUL DES RENTES.

I. *Calcul du capital de la rente viagère à constituer en cas d'incapacité permanente, totale ou partielle* (art. 4, al. 3, et art. 14 de la loi du 24 décembre 1903. — Art. 37 du règlement général).

Pour obtenir le capital cherché, il suffit de prendre, dans le tarif I (2e colonne), la valeur actuelle de 1 franc de rente à l'âge de la victime au moment de la constitution du capital (c'est-à-dire à l'expiration du délai de revision) et de multiplier cette valeur par le montant de la rente allouée. Le produit de cette multiplication est le capital cherché.

Exemples d'application. — 1). *Incapacité permanente totale.*

Supposons les données suivantes :
L'ouvrier, atteint d'incapacité permanente totale, est âgé de 44 ans au moment de la constitution du capital.
Il gagnait un salaire annuel de 1,200 francs, et il a, en conséquence, droit à une rente annuelle de 50 p. c. de ce salaire, soit 600 francs.
Le nombre indiqué au tarif I, 2e colonne, en regard de l'âge de 44 ans est 17.3254.
Le capital cherché sera donc :

$$17.3254 \times 600 = 10{,}395.24 \text{ francs.}$$

Cette somme représente le prix maximum que l'établissement auquel on achète la rente viagère de 600 francs est en droit d'exiger pour la constitution de cette rente.

2) *Incapacité permanente partielle.*
L'ouvrier est supposé âgé de 40 ans.
Il gagnait avant l'accident 1,060 francs par an ; après l'accident, il ne peut plus gagner que 660 francs, soit une différence de 400 francs.
La rente annuelle à laquelle il a droit est égale à $\frac{400}{2} = 200$ francs.

En vertu du tarif I (2e colonne, âge 40), le capital à constituer sera :

$$18.6215 \times 200 = 3{,}724.30 \text{ francs.}$$

II. *Calcul du capital dû en cas de mort. Conversion de ce capital en rentes viagères ou temporaires au profit des ayants droit* (art. 6, 2o, de la loi; même article, alinéas avant-dernier et dernier. — Art. 37, 2o, du règlement général).

1. *Calcul du capital.* — On utilisera encore le tarif I (2e colonne) comme dans les cas qui précèdent (voir ci-dessus I) et l'on effectuera le calcul d'après les mêmes règles.
Exemple d'application. — L'ouvrier tué par l'accident était âgé de 40 ans. Son salaire

annuel s'élevait à 1,500 francs. Il s'agit de déterminer le capital qui sera attribué aux ayants droit.
Ce capital doit être égal à la valeur d'une rente viagère de 30 p. c. du salaire (soit $\frac{1{,}500 \times 3}{100} = 450$ francs), calculée en raison de l'âge de la victime au moment du décès.
Le tarif I donne pour valeur actuelle de 1 franc de rente, à 40 ans, le chiffre de 18.6215.
Le capital cherché sera donc :

$$18.6215 \times 450 = 8{,}379.67 \text{ francs.}$$

Pour un mois la différence serait :

$$\frac{0.3147}{12} = 0.02622;$$

Pour cinq mois la différence serait :

$$0.02622 \times 5 = 0.1311.$$

A 40 ans 5 mois la valeur d'une rente viagère de 1 franc est donc :

$$18.6215 - 0.1311 = 18.4904.$$

Le capital cherché sera :

$$18.4904 \times 425 = 7{,}858.42 \text{ francs.}$$

2. *On demande de convertir en rente viagère un capital donné.* — Soit un capital de 5,600 fr. à convertir en une rente viagère annuelle au profit d'une personne âgée de 34 ans 5 mois.
La rente viagère correspondant au versement d'un capital de 1 franc (tarif I, 3e colonne) est :

A l'âge de 35 ans . . . fr. 0.049754
— 34 ans 0.049080
Différence . . . fr. 0.000674

Pour un mois la différence serait :

$$\frac{0.000674}{12} = 0.0000562;$$

Pour cinq mois la différence serait :

$$0.0000562 \times 5 = 0.000281.$$

La rente viagère correspondant au capital de 1 franc versé à l'âge de 34 ans 5 mois est donc :

$$0.049080 + 0.000281 = 0.049361.$$

La rente viagère correspondant au capital donné sera :

$$0.049361 \times 5{,}600 = 276.42 \text{ francs.}$$

3. *On demande de convertir en rente temporaire, payable jusqu'à l'âge de 16 ans, un capital donné.* — Soit un capital de 1,565 francs à convertir en une rente temporaire, payable jusqu'à l'âge de 16 ans, en faveur d'un enfant âgé de 6 ans 7 mois.
La rente temporaire correspondant au versement de 1 franc est (tarif II, 3e colonne) :

A l'âge de 7 ans . . . fr. 0.124812
— 6 ans . . . 0.114284
Différence . . . fr. 0.010528

Pour un mois la différence serait :

$$\frac{0.010528}{12} = 0.0008773.$$

Pour sept mois la différence serait :

$$0.0008773 \times 7 = 0.006141.$$

La rente temporaire correspondant au versement de 1 franc à l'âge de 6 ans 7 mois serait donc :

$$0.114284 + 0.006141 = 0.120425.$$

La rente cherchée est dès lors égale à :

$$0.120425 \times 1565 = 188.47 \text{ francs.}$$

b) Du calcul des réserves mathématiques
(*art. 13 et 39 du règlement général*).

Les règles relatives aux calculs des réserves mathématiques sont les mêmes, qu'il s'agisse de la réserve mathématique provisoire (art. 13 du règlement général) ou de la réserve mathématique à constituer par les établissements chargés du service des rentes (art. 39). Il convient, toutefois, de noter que le montant de la réserve provisoire devrait être modifié si une aggravation ou une atténuation de l'incapacité, survenant pendant le délai de revision, entraînait une modification de l'allocation annuelle due.

1. *Réserve en cas d'incapacité permanente.* — On cherchera, dans le tarif I (2ᵉ colonne), la valeur de 1 franc de rente à l'âge de la victime à l'époque où l'on doit constituer la réserve et l'on multipliera cette valeur par le montant annuel de la rente due.

2. *Conversion du capital en rentes viagères ou temporaires au profit des ayants droit.* — Le capital ayant été déterminé, comme il vient d'être dit, il s'agit de le répartir entre les diverses catégories d'ayants droit, conformément aux règles que trace l'article 6. On obtient ainsi, pour chaque ayant droit, la part *en capital* qui doit lui être attribuée.

En règle générale, cette part doit, suivant les cas, être convertie en *rente viagère* ou en *rente temporaire.*

Pour la conversion en rente viagère (conjoint, ascendants), il suffira de multiplier la part (en capital) de l'ayant droit par le nombre du tarif 1 (3ᵉ colonne), indiquant la rente correspondant au versement de 1 franc à l'âge de cet ayant droit.

Pour la conversion en rente temporaire (enfants, petits-enfants, frères et sœurs) dont l'extinction doit avoir lieu à l'âge de 16 ans, on multipliera la part (en capital) de l'ayant droit par le nombre du tarif I (3ᵉ colonne), indiquant la rente correspondant au versement de 1 franc à l'âge de cet ayant droit.

Exemple d'application. — Afin de ne pas multiplier les exemples, on se bornera à prendre le cas de survivance d'une veuve et de deux enfants âgés de moins de 16 ans.

Dans le cas supposé, le capital à partager s'élevant à 8,379.67 francs, la veuve, qui a droit aux 3/5, se verra attribuer la somme de $\frac{8.379.67 \times 3}{5} = 5{,}027.80$ francs. Les 2/5 restants seront attribués aux enfants; chacun aura donc 1/5, soit $\frac{8{,}379.67}{5} = 1{,}675{,}93$ francs.

Il s'agit de convertir 5,027.80 francs en rente viagère au profit de la veuve. Celle-ci supposer âgée de 35 ans, il suffira de multiplier 5,027.80 francs par le nombre qui figure, dans la 3ᵉ colonne du tarif I, en regard de l'âge 35, soit 0.049754.

On obtiendra ainsi ·

5,027.80 × 0.049754 = 250.15 francs.

Ainsi donc, la rente annuelle à payer à la veuve par l'établissement auquel le capital de 5,027.80 francs a été versé ne sera pas inférieure à 250.15 francs.

La conversion de la somme de 1,675.93 francs en rente temporaire au profit de chaque enfant s'opérera comme suit, si l'on suppose que l'un

des enfants est âgé de 12 ans et l'autre de 7 ans.

Pour l'enfant de 12 ans, on multipliera 1,675.93 francs par le nombre qui, dans la 3ᵉ colonne du tarif II, est inscrit en regard de l'âge 12, ce qui donnera

1,675.93 × 0.259356 = 434.66 francs

de rente temporaire actuelle.

Pour l'enfant de 7 ans, on lira le nombre de la même colonne indiqué en regard de l'âge 7, et l'on aura :

1,675.93 × 0.124812 = 209.18 francs

de rente temporaire annuelle.

Il sera aisé d'appliquer les mêmes règles aux cas d'attribution de l'indemnité à d'autres catégories d'ayants droit.

III. *Calcul à effectuer lorsque la valeur des rentes partiellement attribuée aux intéressés en capital* (art. 7, al. 1ᵉʳ et 3, de la loi ; art. 37, 3°, du règlement général).

Le calcul du capital s'opère, à l'aide du tarif I (2ᵉ colonne), d'après les règles indiquées ci-dessus, I et II, 1.

IV. *Remarque relative aux âges fractionnaires.*

L'âge qui doit entrer en ligne de compte soit pour le calcul du capital représentant une rente donnée, soit pour la conversion d'un capital donné en une rente, est le plus souvent fractionnaire.

Dans ce cas, il y a lieu de modifier les calculs de la manière indiquée dans les exemples suivants.

1. *On demande de calculer le capital d'une rente viagère donnée.*

Soit une rente de 425 francs, l'âge à considérer étant de 40 ans 5 mois.

La valeur d'une rente viagère annuelle de 1 franc (tarif 1, 2ᵉ colonne) est :

A l'âge de 40 ans . . . . .fr. 18.6215
—   41 . . . . .   18.3068

Différence. . .fr. 0.3147

Ainsi, la réserve à constituer pour un ouvrier titulaire d'une rente de 450 francs et âgé de 35 ans sera :

20.0988 × 450 = 9,044.46 francs;

L'année suivante, âge : 36 ans, la réserve se réduira à :

19.8164 × 450 = 8,917.38 francs;

A l'âge de 37 ans, elle ne sera plus que de :

19.5275 × 450 = 8,787.38 francs

et ainsi de suite jusqu'à la mort du titulaire.

2. *Réserve en cas de mort.* — Pour les ayants droit qui jouissent de rentes viagères, on opérera comme il vient d'être dit.

Pour ceux qui ont droit à une rente temporaire payable jusqu'à l'âge de 16 ans, on utilisera le tarif II (2ᵉ colonne), le calcul s'effectuant d'ailleurs de la même manière, et la réserve devenant nulle lorsque l'intéressé atteint l'âge de 16 ans.

3. *Remarque relative aux âges fractionnaires.* — Lorsque l'âge qui doit entrer en ligne de compte est fractionnaire, on pourra déterminer le prix de la valeur de 1 franc à cet âge au moyen d'une proportion, puis multiplier ce prix par le montant de la rente du titulaire. Mais, lorsqu'il s'agira de calculer la réserve

globale relative à un grand nombre de titulaires de rentes, les assureurs obtiendront un résultat suffisamment exact en négligeant les fractions d'années inférieures à six mois et en comptant pour une unité pleine toute fraction égale ou supérieure à la demi-année.

Conditions auxquelles le dépôt de titres peut dispenser les chefs d'entreprise du versement du capital de la rente (loi du 24 décembre 1903, art. 16, alinéa 3, sur la réparation des dommages résultant des accidents du travail). — Arrêté royal du 19 décembre 1904, contresigné par M. Francotte, ministre de l'industrie, etc., et par M. de Smet de Naeyer, ministre des finances, etc. (*Moniteur* du 28 décembre.)

Vu les articles 14 et 16 de la loi du 24 décembre 1903 sur la réparation des dommages résultant des accidents du travail;

Revu les articles 9, 11 et 12 de notre arrêté du 29 août 1904 portant règlement général de l'assurance contre les accidents du travail;

Vu l'avis de la commission des accidents du travail;

Sur la proposition de nos ministres de l'industrie et du travail et des finances et des travaux publics ;

Nous avons arrêté et arrêtons :

ARTICLE PREMIER. — Les chefs d'entreprise soumis à la loi du 24 décembre 1903 et qui n'ont pas subrogé un assureur à leurs obligations conformément à l'article 10 de la dite loi sont dispensés du versement du capital prescrit par l'article 14 de la même loi, lorsqu'ils ont garanti le service de la rente en déposant à la Caisse générale d'épargne et de retraite des titres d'une valeur suffisante pour assurer éventuellement la constitution du capital dont le versement n'a pas été effectué.

Les obligations de la dette publique belge sont seules reçues en dépôt aux fins de la disposition qui précède.

ART. 2. — Lorsque le dépôt a lieu à la Caisse des dépôts et consignations, la remise des titres se fait chez un agent du caissier de l'État; en cas de dépôt à la Caisse générale d'épargne et de retraite, la remise s'effectue au siège principal de la caisse, à Bruxelles.

Pour le surplus, il sera fait application des règles édictées par les articles 9, 11 et 12 du règlement général de l'assurance contre les accidents du travail.

Déclarations d'accidents. — Arrêté royal du 20 décembre 1904, contresigné par M. Francotte, ministre de l'industrie, etc. (*Moniteur* du 28 décembre.)

Vu l'article 24 de la loi du 24 décembre 1903 sur la réparation des dommages résultant des accidents du travail;

Vu la loi du 2 juillet 1899 concernant la sécurité et la santé des ouvriers employés dans les entreprises industrielles et commerciales ;

Vu la loi du 21 avril 1810 concernant les mines, les minières et les carrières;

Vu le décret impérial du 3 janvier 1813, contenant des dispositions de police relatives à l'exploitation des mines;

Revu les arrêtés royaux du 29 février 1852, contenant règlement général pour la police des carrières exploitées par galeries souterraines; du 28 avril 1884, sur la police des mines; du 28 mai 1884, concernant l'emploi et la surveillance des chaudières et machines à vapeur; du 21 septembre 1894, contenant règlement relatif à la salubrité des ateliers et à la protection des ouvriers contre les accidents du travail dans les établissements classés, et du 16 janvier 1899, concernant la police et la surveillance des carrières à ciel ouvert;

Revu le règlement du 29 octobre 1894 sur les fabriques, les dépôts, le débit, le transport, la détention et l'emploi des produits explosifs ;

Considérant qu'il importe de coordonner les dispositions relatives à la déclaration des accidents ;

Sur la proposition de notre ministre de l'industrie et du travail,

Nous avons arrêté et arrêtons :

ARTICLE PREMIER. — Dans les entreprises assujetties à la loi du 24 décembre 1903, tout accident survenu à un ouvrier au cours de son travail et qui a occasionné ou est de nature à occasionner soit la mort de la victime, soit une incapacité de travail d'un jour au moins, doit être déclaré dans les trois jours par le chef d'entreprise ou son délégué.

La déclaration est faite à l'inspecteur du travail ainsi qu'au greffe de la justice de paix ou de la commission arbitrale compétente en vertu de l'article 26 de la loi précitée.

La déclaration de l'accident peut être faite par la victime ou par les ayants droit.

Récépissé de la déclaration est, en tout cas, envoyé par le greffier au déclarant.

ART. 2. — La déclaration est faite par écrit au moyen d'une formule conforme au modèle A annexé au présent arrêté.

ART. 3. — En cas d'accident ayant occasionné ou qui est de nature à occasionner soit la mort, soit une incapacité de travail de plus d'une semaine, le chef d'entreprise ou son délégué sont tenus de joindre à chaque formule de déclaration un certificat médical rédigé d'après le modèle *B* ci annexé.

Les frais des certificats sont réglés par l'article 2 de l'arrêté royal du 30 août 1904.

ART. 4. — Les infractions aux dispositions des articles qui précèdent seront recherchées, constatées et punies conformément à l'article 25 de la loi du 24 décembre 1903.

ART. 5. — Sans préjudice de la déclaration ci-dessus prévue, les accidents survenus aux appareils à vapeur ainsi que les accidents graves arrivés dans les mines, les minières, les carrières souterraines et les usines métallurgiques régies par la loi du 21 avril 1810, seront immédiatement signalés aux fonctionnaires compétents sous les sanctions édictées par les lois et règlements concernant ces matières.

Sont considérés comme accidents graves, pour l'application de la présente disposition, ceux qui ont occasionné ou qui sont de nature à occasionner soit la mort, soit une incapacité permanente, totale ou partielle, ainsi que ceux qui compromettraient la sûreté des travaux ou celle de la mine, de la minière, de la carrière souterraine ou des propriétés de la surface.

Les dispositions spéciales relatives aux accidents visés par les règlements sur la police des explosifs demeurent en vigueur.

Art. 6. — Sont abrogés :

Les articles 11 et 12 du décret impérial du 3 janvier 1813, contenant des dispositions de police relatives à l'exploitation des mines ;

Les articles 9 et 10 de l'arrêté royal du 29 février 1852 portant règlement général pour la police des carrières exploitées pour galeries souterraines ;

Les articles 78 et 79 de l'arrêté royal du 28 avril 1884, contenant règlement sur la police des mines ;

L'article 59, 1er alinéa, de l'arrêté royal du 28 mai 1884 concernant l'emploi et la surveillance des chaudières et machines à vapeur ;

L'article 19, 1er et 2e alinéas, de l'arrêté royal du 16 janvier 1899 concernant la police et la surveillance des carrières à ciel ouvert.

Sont également abrogés, en ce qui concerne les entreprises assujetties à la loi du 24 décembre 1903, les 1er et 2e alinéas de l'article 22 de l'arrêté royal du 21 septembre 1894 contenant règlement relatif à la sécurité des ateliers et à la protection des ouvriers contre les accidents du travail dans les établissements classés.

—

ANNEXES.

—

Modèle A.

—

Déclaration d'accident du travail.

—

Observations.

—

I. Dans les entreprises assujetties à la loi du 24 décembre 1903, tout accident survenu à un ouvrier au cours du travail et qui a occasionné ou est de nature à occasionner soit la mort de la victime, soit une incapacité de travail d'un jour au moins, doit être déclaré dans les trois jours, au moyen de la présente formule, par le chef d'entreprise ou son délégué.

La déclaration est faite à l'inspecteur du travail ainsi qu'au greffe de la justice de paix ou de la commission arbitrale compétente.

II. Un certificat médical doit être joint à chaque formule de déclaration d'accident ayant occasionné ou qui est de nature à occasionner soit la mort de la victime, soit une incapacité de travail de plus d'une semaine.

III. Les chefs d'entreprise ou leurs délégués qui contreviendront aux dispositions qui précèdent seront punis d'une amende de 5 à 25 fr.

—

1. Désignation (firme) et siège de l'entreprise.

—

2. Objet de l'entreprise.

3. Nom et prénoms du chef d'entreprise.

4. Si le déclarant n'est pas le chef d'entreprise, indiquer les nom, prénoms et qualité du déclarant.

5. Nom et prénoms de la victime.

6. Age et sexe de la victime.

7. Domicile de la victime.

8. La victime est-elle un ouvrier, un apprenti ou un employé? Quelle est son occupation habituelle?

9. Lieu de l'accident (indiquer la commune, l'établissement [rue et n°, s'il y a lieu], la destination du local ou du chantier où est survenu l'accident. En cas d'accident dans les travaux souterrains des mines, minières et carrières, indiquer en outre la situation du siège d'extraction).

10. Jour, date et heure de l'accident.

11. Comment s'est produit l'accident? (Description aussi concise et exacte que possible de l'accident; indication de la cause matérielle de l'accident).

12. Noms, prénoms et adresses des principaux témoins de l'accident.

13. Le chef d'entreprise est-il assuré? Par quelle caisse ou société?

14. Un certificat médical est-il annexé à la présente déclaration?

15. Observations diverses.

Fait à......, le ......19...

Le déclarant,
(Signature).

Modèle B.

Certificat médical.

(1) Nom, prénoms, qualité, adresse.
(2) Nom et prénoms de la victime.
(3) Indiquer les suites certaines ou présumées de l'accident : mort — incapacité permanente, totale ou partielle, — incapacité temporaire, totale ou partielle, de plus d'une semaine.

(4) Indiquer le genre et la nature des blessures, les parties du corps atteintes : fracture du bras, contusions à la tête, aux doigts; lésions internes, asphyxie, etc.
(5) Indiquer, selon les cas, que le blessé est soigné à son domicile, ou à tel hôpital, ou dans tel autre endroit.

Le soussigné (1) . . . .
. . . . ayant examiné
(2) . . . .
. . . .
après l'accident qui lui est survenu le . . . . ., déclare :

1° Que l'accident { a entraîné / paraît devoir entraîner
(3) . . . .

2° Que l'accident a produit les lésions suivantes (4) . . . . . .
. . . .
. . . .

3° Que le blessé est soigné (5) . . . .
. . . .
. . . .
. . . .

Fait à . . . . ., le . . . . 19 . . .

(Signature).

Règlement organique du fonds de garantie constitué par l'article 20 de la loi du 24 décembre 1903 sur la réparation des dommages résultant des accidents du travail. — Arrêté royal du 22 décembre 1904, contresigné par M. Francotte, ministre de l'industrie, etc., et par M. de Smet de Naeyer, ministre des finances, etc. (*Moniteur* du 29 décembre).

Vu les articles 10 et 20, ainsi conçus, de la loi du 24 décembre 1903 sur la réparation des dommages résultant des accidents du travail :

« Art. 10. — Les allocations déterminées aux articles qui précèdent sont à la charge du chef d'entreprise.

« Toutefois, le chef d'entreprise est, sans préjudice de ce qui est dit à l'article 11, exonéré de cette charge s'il a contracté, pour le payement des dites allocations, soit avec une société d'assurance agréée conformément aux dispositions du chapitre II de la présente loi, soit avec la caisse d'assurance organisée en vertu de l'article 35. En pareil cas, l'assureur est de plein droit subrogé aux obligations du chef d'entreprise.

« A défaut d'avoir contracté comme il est dit ci-dessus, et sans préjudice des autres obligations résultant de la présente loi, les chefs des entreprises privées sont tenus de contribuer au fonds spécial institué par l'article 20; ils peuvent néanmoins en être dispensés par arrêté ministériel, sur l'avis de la commission des accidents du travail, s'ils ont garanti le payement éventuel des allocations dans les conditions et de la manière qui seront prescrites par arrêté royal.

« Art. 20. — Il est institué, sous le nom de fonds de garantie, une caisse d'assurance contre l'insolvabilité patronale ; cette caisse a pour but de pourvoir au payement des allocations dues en cas d'accident, lorsque le chef d'entreprise est en défaut de s'acquitter des obligations qui lui incombent.

« Le fonds est rattaché à la Caisse des dépôts et consignations.

« L'intervention de ce fonds est subordonnée à la constatation préalable du défaut d'exécution des obligations du chef d'entreprise et, s'il y a lieu, de l'assureur. Cette constatation est faite par le juge de paix, dans les formes à établir par arrêté royal.

« La caisse pourra exercer un recours contre les débiteurs défaillants ; elle est subrogée aux droits, actions et privilèges des victimes ou des ayants droit, tant à l'égard des chefs d'entreprise qu'à l'égard des tiers.

« Le recours contre les chefs d'entreprise est exercé, par voie de contrainte, comme en matière de contributions directes.

« Le fonds de garantie est alimenté par des cotisations mises à la charge des chefs des entreprises privées qui, sur réquisition de l'administration des contributions directes, n'auront pas justifié du contrat d'assurance prévu au 2° alinéa de l'article 10 ou de la dispense visée au 3° alinéa du même article. Un arrêté royal règle la déclaration et les autres formalités à exiger en vue d'établir cette justification.

« Le montant des cotisations est déterminé par arrêté royal, sur l'avis de la commission des accidents du travail.

« Les rôles d'assujettissement sont dressés, le recours des imposés s'exerce et les recouvrements sont opérés, au besoin par voie de contrainte, comme en matière de contributions directes. »

Vu l'avis de la commission des accidents du travail, notamment en ce qui concerne la détermination du montant des cotisations de garantie ;

Sur la proposition de nos ministres de l'industrie et du travail et des finances et des travaux publics,

Nous avons arrêté et arrêtons :

CHAPITRE Ier. — DES RÉCLAMATIONS ET DES RECOURS EN CAS DE NON-PAYEMENT DES INDEMNITÉS.

ARTICLE PREMIER. — Les victimes d'accidents et les ayants droit ont la faculté de réclamer au fonds de garantie institué par l'article 20 de la loi du 24 décembre 1903 le payement des allocations dont la charge incombe aux chefs d'entreprise non exonérés en vertu de l'article 10, 2° alinéa de la dite loi, lorsque ceux-ci sont en défaut de s'acquitter volontairement de leurs obligations.

La requête ne sera accueillie que si les indemnités sont liquides et exigibles. L'indemnité est liquide lorsqu'elle a été fixée soit par l'accord des parties, soit par une décision de justice.

ART. 2. — La requête est signée par le bénéficiaire de l'indemnité ou son mandataire; elle doit indiquer :

Les nom, prénoms, état civil, profession et domicile du bénéficiaire de l'indemnité ;

Les nom et domicile du chef d'entreprise débiteur ;

La cause, la nature et le montant de l'indemnité réclamée, ainsi que le titre servant de base à la réclamation ;

Les circonstances dans lesquelles s'est produit le refus de payement;

Le cas échéant, les nom, prénoms, profession et domicile du mandataire signataire de la requête.

Si le chef d'entreprise débiteur a contracté une assurance contre les accidents avec un assureur non agréé, la requête fera, autant que possible, mention de cet assureur.

Seront jointes à la requête les pièces que le requérant voudrait produire à l'effet d'établir sa créance et le refus de payement.

Art. 3. — La requête est remise ou adressée au juge de paix du canton où l'accident s'est produit.

Lorsque l'accident est survenu à l'étranger, la compétence du juge, en ce qui concerne la réception et l'examen de la requête, est déterminée comme en matière de juridiction contentieuse.

Art. 4. — Le juge de paix convoque d'urgence le chef d'entreprise et, le cas échéant, l'assureur non agréé avec lequel celui-ci aurait contracté. Il peut convoquer, en outre, le requérant.

Le juge statue sur le payement des frais de convocation.

Art. 5. — Si le chef d'entreprise ou l'assureur non agréé ne comparaissent pas, le juge procède, dans la huitaine, à une information relative aux circonstances de la non-comparution et du non-payement.

Il peut aussi à nouveau convoquer les intéressés.

Art. 6. — Si le bien-fondé de la réclamation est contesté pour des raisons qui paraissent sérieuses, ou si, en cas de non-comparution, la réclamation ne semble pas suffisamment justifiée, le juge de paix renvoie le requérant se pourvoir comme de droit, devant la juridiction contentieuse compétente, contre la personne dont il se prétend créancier.

Art. 7. — Si le bien-fondé de la réclamation n'est pas contesté ou s'il ne l'est que pour des raisons qui ne paraissent pas sérieuses, de même que si, en cas de non-comparution, la réclamation semble suffisamment justifiée, le juge de paix constate, à charge du débiteur, le défaut d'exécution des obligations qui incombent à celui-ci en vertu de la loi du 24 décembre 1903.

Toutefois, lorsque le débiteur promet, séance tenante, de s'acquitter dans un délai à fixer par le juge et qui ne peut excéder cinq jours, la constatation d'inexécution n'a lieu que si, à l'expiration du délai, l'intéressé n'a pas communiqué au greffe la preuve écrite de sa libération.

Art. 8. — Le juge de paix dresse un procès-verbal où, selon les circonstances, il fait mention de la comparution ou de la non-comparution, des explications et déclarations produites ou des résultats de l'information, du renvoi devant la juridiction contentieuse, de la libération du débiteur ou de la constatation du défaut d'exécution.

Le cas échéant, si la créance non contestée n'a pas été constatée déjà par un acte authentique, le juge donne acte aux parties de leur accord, dans les formes établies par l'article 28 de la loi du 24 décembre 1903.

Art. 9. — Lorsque le défaut d'exécution a été constaté comme il est dit à l'article 7, le juge transmet, sans délai, à l'administration de la Caisse des dépôts et consignations, le procès-verbal dressé conformément à l'article 8, ainsi

que la requête et les documents y annexés. Il joint à ce procès-verbal ses observations personnelles relatives aux circonstances de l'affaire et à la solvabilité du débiteur.

Art. 10. — Sur le vu du procès-verbal du juge de paix, constatant le défaut d'exécution des obligations incombant au débiteur, la Caisse des dépôts et consignations opère le payement des indemnités restées en souffrance et constitue, le cas échéant, à la Caisse générale d'épargne et de retraite, le capital des rentes qui ont pris cours.

Avis de l'accomplissement de ces formalités est donné d'urgence à l'administration des contributions directes qui désigne le receveur chargé de recouvrer, contre le débiteur, les sommes avancées par le fonds de garantie.

Le receveur fait procéder aux poursuites, après avertissement et sommation-contrainte, dans les formes usitées en matière de contributions directes.

CHAPITRE II. — DE LA COTISATION DE GARANTIE.

Art. 11. — Sont tenus de contribuer au fonds de garantie, les chefs des entreprises privées, soumis à la loi du 24 décembre 1903 (art. 2 et 3), qui n'auront pas justifié d'une cause légale d'exemption.

Le taux de la cotisation est fixé annuellement par arrêté royal, sur l'avis de la commission des accidents du travail.

Le payement de la cotisation n'exonère pas les chefs d'entreprise de la charge des allocations dues en cas d'accidents du travail.

Art. 12. — Sont légalement exempts de la cotisation afférente à l'exercice :

1° Les chefs d'entreprise qui, ayant contracté, pour toute la durée de l'exercice, avec une caisse ou une société d'assurance agréées par le gouvernement, sont exonérés de la charge des allocations dues en cas d'accidents du travail, aux termes de l'article 10 de la loi du 24 décembre 1903;

2° Ceux qui ont été dispensés de la cotisation par arrêté ministériel, conformément aux articles 15 à 20 du présent règlement.

La cotisation devient toutefois exigible si la cause d'exemption prend fin au cours de l'exercice.

Art. 13. — Les causes légales d'exemption s'établissent par la déclaration visée à l'article 14 du présent règlement, sauf le droit des agents compétents de vérifier l'exactitude de cette déclaration et de requérir, à cet effet, du chef d'entreprise la production de tous documents justificatifs.

Le chef d'entreprise qui néglige ou refuse d'accomplir les formalités visées ci-dessus ne peut, en aucun cas, être admis au bénéfice de l'exemption.

Art. 14. — L'inscription des assujettis se fait comme en matière de patentes.

A cet effet, les chefs des entreprises privées, soumis à la loi du 24 décembre 1903, sont tenus d'établir une déclaration dont le modèle sera arrêté par le ministre des finances et des travaux publics et qui indiquera, selon les cas, soit une cause légale d'exemption, soit les éléments nécessaires à la fixation de la cotisation.

Si, au cours de l'exercice, la cause d'exemption vient à cesser, le chef d'entreprise rectifiera sa déclaration antérieure.

Pour le surplus, il sera fait application des dispositions légales et réglementaires concernant les patentes.

CHAPITRE III.— DES DISPENSES DE CONTRIBUER AU FONDS DE GARANTIE.

ART. 15. — Les chefs d'entreprise qui sollicitent la dispense de contribuer au fonds de garantie prévue par l'article 10, 3e alinéa, de la loi du 24 décembre 1903, doivent adresser une requête, en double exemplaire, au ministre de l'industrie et du travail. La dispense ne pourra leur être accordée qu'après qu'ils auront produit les justifications qui seront déterminées ci-après.

ART. 16. — La dispense est accordée par arrêté ministériel, sur l'avis de la commission des accidents du travail.

ART. 17. — Les requérants justifieront :

1o Qu'ils occupent habituellement 500 ouvriers au moins ;

2o Qu'ils ont pris les précautions propres à prévenir les dangers d'accidents. A cet effet, leurs établissements seront, avant l'octroi de la dispense, soumis à une visite spéciale de l'inspection du travail ;

3o Qu'ils ont déposé à la Caisse de dépôts et consignations un cautionnement dont le montant sera fixé par le ministre de l'industrie et du travail, eu égard aux risques à considérer, et qui pourra toujours être réduit ou augmenté par une nouvelle décision du ministre.

Toutefois, ce cautionnement ne sera pas inférieur à 3 p. c. des salaires payés annuellement aux ouvriers de l'entreprise, sans qu'il puisse jamais s'élever à moins de 100,000 francs ni à plus de 500,000 francs.

ART. 18. — Le cautionnement sera fourni soit en numéraire, soit en obligations de la dette publique belge, lesquelles seront admises au taux fixé pour la constitution des cautionnements en matière de travaux publics.

Ce cautionnement sera affecté, par privilège, au payement des allocations déterminées par la loi du 24 décembre 1903. L'acte d'affectation sera souscrit en double, conformément à une formule établie par arrêté ministériel, et sera accepté par le ministre de l'industrie et du travail.

Les articles 9, 11 et 12 du règlement général de l'assurance contre les accidents du travail sont applicables au cautionnement exigé des chefs d'entreprise dispensés de la cotisation de garantie.

ART. 19. — Les chefs d'entreprise dispensés de contribuer au fonds de garantie sont tenus de remettre annuellement au ministère de l'industrie et du travail, aux dates et dans les formes et conditions à déterminer par arrêté ministériel, les renseignements propres à établir la statistique des accidents.

Ils doivent, en outre, sur la réquisition du ministre ou de son délégué, justifier du maintien des conditions requises pour la dispense et produire, à cet effet, les pièces et documents à l'appui.

Le rapport prévu par l'article 17 du règlement général de l'assurance contre les accidents rendra compte de l'octroi des dispenses.

ART. 20. — Lorsque les chefs d'entreprise dispensés ne se conforment pas aux lois et règlements en matière d'accidents du travail, la dispense sera révoquée par arrêté ministériel, sur l'avis de la commission des accidents du travail.

DISPOSITION ADDITIONNELLE.

ART. 21. — La première cotisation sera perçue à l'expiration de l'année qui prendra cours à dater de l'application de la loi.

Cette cotisation comprendra une taxe fixe par entreprise assujettie et, en outre, en ce qui concerne les entreprises occupant habituellement cinq ouvriers au moins, une taxe proportionnelle par chaque ouvrier au delà de quatre. La taxe fixe ne sera pas supérieure à 2 francs et la taxe proportionnelle ne dépassera pas 50 centimes ; les taux en seront définitivement fixés par arrêté royal d'après les résultats de l'exercice.

ART. 22. — Notre ministre de l'industrie et du travail et notre ministre des finances et des travaux publics sont, chacun en ce qui le concerne, chargés de l'exécution du présent arrêté.

Affouage. — Voy. BIENS COMMUNAUX.

Agriculture. — *Espèce bovine.* — *Règlement provincial.* — *Flandre orientale.* — Arrêté royal du 4 février 1905. (*Moniteur* des 13-14 février.)

Un arrêté royal du 4 février 1905, contresigné par M. van der Bruggen, ministre de l'agriculture, approuve la résolution du 12 juillet 1904, par laquelle le conseil provincial de la Flandre orientale modifie l'article 9, § 2, du règlement sur l'amélioration de l'espèce bovine (primes de conservation).

———

Espèce chevaline. — *Primes nationales pour étalons.* — *Modification à l'arrêté organique.* — Arrêté royal du 8 février 1904, contresigné par M. van der Bruggen, ministre de l'agriculture. (*Moniteur* du 21 février.)

Revu notre arrêté du 30 mai 1892, relatif aux primes nationales·pour étalons, modifié par notre arrêté du 17 avril 1901.

Considérant que les règlements provinciaux concernant l'amélioration des races chevalines autorisent actuellement à concourir, pour l'obtention des primes provinciales, les étalons ayant remporté à l'âge de 4 ans, dans les concours institués par les dits règlements, une première ou une deuxième prime dite de concours.

Sur la proposition de notre ministre de l'agriculture,

Nous avons arrêté et arrêtons :

Le § 1er de l'article 1er de l'arrêté royal susvisé est remplacé par la disposition suivante : « Sont admis à concourir pour ces primes, les étalons ayant obtenu soit une prime provinciale, soit une première prime dans les concours institués par les dits règlements provinciaux en faveur des étalons de 3 ans et au-dessus ».

Culture du houblon. — Instructions. — Circulaire adressée le 8 juillet 1904 aux gouverneurs de province, au nom de M. van der Bruggen, ministre de l'agriculture.

Un des moyens les plus efficaces pour relever la qualité du houblon consiste dans la destruction des pieds mâles afin d'empêcher la fécondation des plantes femelles et, par suite, la formation des graines.

D'accord avec la commission instituée pour étudier l'amélioration de la culture houblonnière, je vous prie, Monsieur le gouverneur, de vouloir bien rappeler aux communes de votre province où il existe des houblonnières, ainsi qu'aux localités limitrophes de ces communes, l'arrêté ministériel du 15 août 1888 dont le texte suit :

« Dans les localités où le houblon est cultivé, il est défendu de maintenir ou de planter dans les houblonnières les pieds mâles de cette plante. »

Voy. Enseignement primaire. — Police sanitaire des animaux domestiques.

Aliénés. — *Aliénés indigents.* — *Prix de la journée d'entretien pour* 1905. — Arrêté royal du 15 janvier 1905, contresigné par M. Van den Heuvel, ministre de la justice. (*Moniteur* du 22 janvier.)

Vu la loi du 28 décembre 1873-25 janvier 1874, sur le régime des aliénés, et l'article 83 du règlement général et organique, approuvé par arrêté royal du 1er juin 1874 ;

Vu les projets de tarifs soumis par les députations permanentes des conseils provinciaux, pour la fixation du prix de la journée d'entretien, pendant l'année 1905, des aliénés indigents et des aliénés placés par l'autorité publique dans les asiles d'aliénés et dans les asiles provisoires ou de passage du royaume ;

Sur la proposition de notre ministre de la justice,

Nous avons arrêté et arrêtons :

Article premier. — Le prix de la journée d'entretien des aliénés dont il s'agit, pendant l'année 1905, est fixé conformément aux tarifs visés par notre ministre de la justice et annexés au présent arrêté.

Art. 2. — Il ne sera compté qu'une journée d'entretien pour le jour de l'entrée et celui de la sortie de chaque aliéné. Cette journée sera celle de l'entrée.

ASILES D'ALIÉNÉS. — **Prix de la journée d'entretien en 1905.**

VILLES OU COMMUNES où les ÉTABLISSEMENTS sont situés.	NATURE de L'ÉTABLISSEMENT.	Prix fixé en 1904.	PROPOSITION de l'établissement.	PROPOSITION de la députation permanente.	Prix fixé par le gouvernement.
Province d'Anvers.					
Gheel	Colonie libre. { Ordinaires	» 85	1 »	1 »	» 85
	Semi-gâteux	» 99	1 15	1 15	» 99
	Gâteux	1 25	1 35	1 35	1 25
Duffel. . . .	Asile pour femmes	1 20	1 25	1 25	1 25(1)
Mortsel . . .	Asile pour hommes.	1 50	1 40	1 40	1 30
Malines . . .	Id.	1 40	1 40	1 40	1 40
Province de Brabant.					
Bruxelles. . . .	Asile-dépôt pour les aliénés des deux sexes annexé à l'hôpital St-Jean	3 07	3 18	3 18	3 18
	Asile pour femmes	1 10	1 15	1 15	1 10
Louvain	Asile Saint-Antoine pour enfants aliénés épileptiques.	1 40	1 40	1 40	1 40
Tirlemont . . .	Asile pour hommes.	1 40	1 40	1 40	1 40
Erps-Querbs . .	Asile pour femmes	1 10	1 10	1 10	1 10
Evere	Asile pour les aliénés des deux sexes . . .	1 40	1 40	1 40	1 40
Uccle	Asile pour femmes du « Fort Jaco » . . .	»	1 60	1 60	1 40

---

(1) Voir l'erratum inséré dans le *Moniteur* du 29 janvier 1905.

VILLES OU COMMUNES où les ÉTABLISSEMENTS sont situés.	NATURE de L'ÉTABLISSEMENT.	Prix fixé en 1904.	PROPOSITION		Prix fixé par le gouvernement.
			de l'établissement	de la députation permanente.	
Province de Flandre occidentale.					
Bruges	Asile St-Dominique pour aliénés des deux sexes	1 15	1 15	1 15	1 15
	Asile St-Julien pour aliénés des deux sexes .	1 10	1 10	1 10	1 10
Courtrai . . .	Asile Sta-Anne pour aliénés des deux sexes .	1 10	1 10	1 10	1 10
Menin. .	Maison des Bénédictines	1 20	1 20	1 20	1 20
Ypres . . .	Maison de santé pour aliénés des deux sexes.	1'15	1 15	1 15	1 15
	Asile du Sacré-Cœur	1 15	1 15	1 15	1 15
Province de Flandre orientale.					
Gand	Hospice Guislain	1 25	1 25	1 25	1 25
	Asile des femmes (rue Courte des Violettes).	1 18	1 18	1 18	1 18
	Asile Saint-Joseph pour enfants aliénés . .	1 30	1 35	1 24	1 30
Alost	Asile provisoire et de passage	1 25	1 40	1 25	1 25
Eecloo . . .	Id.	1 25	1 25(1)	1 25	1 25
Lokeren . . .	Asile pour jeunes filles	1 30	1 30	1 16	1 30
Saint-Nicolas . .	Hospice d'aliénés de St-Jérôme, servant en même temps d'asile provisoire et de passage.	1 25	1 30	1 24	1 25
	Hospice des femmes, dit *Ziekhuis* . . .	1 16	1 16	1 16	1 16
Selzaete . . .	Hospice pour hommes	1 25	1 28	1 24	1 25
Lede	Etablissement pour femmes	1 05	1 05	1 05	1 05
Velsicque-Ruddershove . .	Id.	1 »	1 »	1 »	1 »
Waesmunster .	Asile provisoire	1 »	1 »	1 »	1 »
Province de Hainaut.					
Mons	Asile pour femmes	1 40	1 48	1 40	1 40
	Asile pour hommes	1 40	1 40	1 40	1 40
Tournai .	Asile pour femmes et asile de passage .	1 20	1 25	1 20	1 20
Froidmont .	Asile pour hommes	1 27	1 33	1 27	1 30
Manage . . .	Asile pour garçons	1 32	1 38	1 32	1 32
Province de Liége.					
Liége	Hospice des insensés	1 52	1 47	1 47	1 47
	Hospice des insensées	1 32	1 39	1 39	1 39
Lierneux . . .	Colonie libre	1 50	1 50	1 50	1 50
Verviers . . .	Dépôt provisoire	5 90	5 91	5 91	5 91
Province de Limbourg.					
Saint-Trond . . .	Hospice pour hommes	1 24	1 24	1 24	1 24
	Hospice pour femmes	1 20	1 24	1 20	1 20
	Asile provisoire et de passage	1 25	1 25	1 25	1 25
Tongres . . .	Id.	1 25	1 25	1 25	1 25
Tessenderloo . .	Asile pour garçons	1 30	1 37	1 30	1 30
Munsterbilsen . .	Asile pour femmes	1 20	1 22	1 20	1 20
Province de Namur.					
Namur . . .	Asile provisoire	3 64	3 64	3 64	3 64
Dave	Asile pour hommes	1 40	1 40	1 40	1 40

Asile. — Uccle (Fort Jaco). — Érection. —
Arrêté royal du 13 novembre 1904. (*Moniteur*
du 17 novembre.)

Un arrêté royal du 13 novembre 1904, contresigné par M. Van den Heuvel, ministre
de la justice, autorise M. le docteur Marin de
Bruxelles à ériger au Fort Jaco, à Uccle, un
asile pour femmes aliénées, indigentes et pensionnaires.

---

*Frais d'entretien et de traitement. — Enfant
de 8 ans séquestrée au domicile de ses parents.*
— Arrêté royal du 3 février 1904. (*Moniteur*
du 26 février.)

Un arrêté royal du 3 février 1904, contresigné
par M. Van den Heuvel, ministre de la justice,
statue sur le recours formé par un bureau de
bienfaisance contre un arrêté de la députation
permanente du conseil provincial de Liége.

Cet arrêté est ainsi motivé :

Vu le recours formé par le bureau de bienfaisance de Liége contre l'arrêté de la députation permanente du conseil provincial de
Liége, en date du 8 juillet 1903, refusant l'intervention du fonds commun et de la province
dans les frais d'entretien et de traitement de la
nommée L.-L. H..., séquestrée à domicile par
application de l'article 25 de la loi du 28 décembre 1873-25 janvier 1874 sur le régime des
aliénés;

Attendu que cette indigente est née à Liége,
le 14 octobre 1895; qu'au moment de sa séquestration, elle n'était donc âgée que d'environ
8 ans;

Attendu qu'il est établi que cette indigente
n'exige pas les soins spéciaux de traitement et
de surveillance nécessaires pour justifier l'application de l'article 16 de la loi du 27 novembre
1891 sur l'assistance publique;

Vu les articles 16, 19 et 20 de cette loi...

---

*Admission dans des hôpitaux. — Charge des
frais d'entretien et de traitement. — Aliénés
colloqués dans les asiles. — Aliénés séquestrés
à domicile. — Solutions différentes.* — Circulaire adressée le 5 août 1904 aux gouverneurs
de province par M. Van den Heuvel, ministre
de la justice. (*Recueil des circulaires, etc., du
ministère de la justice*, 1904, p. 301.)

Mon département a été saisi de la question
de savoir à qui incombe la charge des frais
d'entretien et de traitement des aliénés admis
dans les hôpitaux.

Cette question doit recevoir une solution différente suivant qu'il s'agit d'aliénés colloqués
dans les asiles ou d'aliénés séquestrés à domicile. Pour les premiers, les dits frais ne sont à
la charge du fonds commun, de la province et
de l'État que jusqu'à concurrence du prix de la
journée d'entretien fixé pour l'asile par arrêté
royal ; le surplus incombe éventuellement à la

caisse de l'établissement d'aliénés. Pour les
seconds, au contraire, ces frais doivent être
supportés, pour la totalité, conformément aux
dispositions de l'article 16 de la loi du 27 novembre 1891, sur l'assistance publique, modifié
par la loi du 30 juin 1896.

Cette différence de traitement se justifie par
ce fait que, moyennant le prix de la journée
d'entretien fixé par arrêté royal pour les indigents aliénés colloqués dans les asiles, ces
aliénés doivent être complètement entretenus
et traités. Le mot *traitement*, employé à l'article 16 précité, est général et embrasse toutes
les maladies dont peuvent être atteints les
aliénés. Il en résulte que, si l'asile n'est pas à
même de soigner certain cas de maladie et
envoie l'aliéné à l'hôpital, il ne pourra exiger
des autorités publiques des frais supplémentaires.

Il n'en est pas de même des aliénés séquestrés à domicile : pour ceux-ci il n'y a pas de
prix fixé par arrêté royal, par conséquent pas
de forfait : dès lors, l'administration charitable
qui a fait l'avance des secours a droit au remboursement intégral des frais lui occasionnés
par l'indigent, sous réserve toutefois de la
taxation, si les secours paraissaient exagérés.

Je vous prie, Monsieur le gouverneur, de vouloir bien porter la présente circulaire à la connaissance des intéressés par la voie du *Mémorial
administratif*.

---

*Aliénés rapatriés. — Formalités de l'inter-
nement. — Examen médical. — Charge des
frais.* — Circulaire adressée le 6 avril 1904 aux
gouverneurs de province par M. Van den Heuvel, ministre de la justice. (*Recueil des
circulaires, etc., du ministère de la justice*,
1904, p. 233.)

Par dépêches du 25 février dernier, j'ai fait
connaître aux administrations communales et
aux directeurs d'établissements des diverses
localités où sont conduits les aliénés rapatriés
de l'étranger, qu'à l'avenir ceux-ci ne pourraient être internés dans un asile belge que
moyennant l'accomplissement des formalités
prescrites par les articles 7 et 8 de la loi sur le
régime des aliénés.

Dès leur arrivée, ces aliénés seront examinés par un médecin non attaché à l'établissement où ils ont été transférés et feront, s'il y
a lieu, l'objet d'un arrêté de collocation du collège des bourgmestre et échevins ou du bourgmestre, en exécution de l'article 7, 3°, de la dite
loi. Cet arrêté servira, le cas échéant, à leur
collocation définitive dans un autre établissement.

La question s'est présentée de savoir à
quelles administrations incomberaient les frais
de la visite médicale des aliénés rapatriés.

Il n'a paru ni équitable ni juridique à mon
département de considérer ces frais comme
rentrant dans la catégorie de ceux visés par
l'article 131, n° 11, de la loi communale et
comme incombant aux administrations communales chargées de procéder aux formalités
de la collocation.

Ces administrations auraient pu faire valoir
avec raison que l'article précité ne pouvait s'ap-

pliquer que dans les cas d'internements d'indigents non repatriés. Le cas des repatriés est en dehors de toutes les prévisions que peut comprendre la disposition mentionnée.

La solution la plus logique est celle qui consiste à considérer les frais de transport comme en étant les accessoires et comme devant être soumis au même régime que ces derniers.

La conséquence est que les frais de l'examen médical des rapatriés doivent être mis à la charge des autorités qui supportent les frais d'entretien et de traitement.

La collocation d'un rapatrié n'est, en quelque sorte, que la dernière phase du transfert; il est rationnel d'appliquer aux dépenses de la collocation les mêmes principes qu'à celles du transfert.

Il y aura donc lieu de joindre les frais médicaux dont il s'agit, en même temps que les frais de transport à partir de la frontière belge, aux frais d'entretien et de traitement.

Ce sont, par conséquent, les articles 16 et 29 de la loi sur l'assistance publique qui déterminent la façon dont la charge des frais médicaux en question devra être répartie entre les administrations intéressées.

Aliénés mis en liberté. — Secours. — Remboursement. — Circulaire adressée, le 23 juillet 1904, à diverses autorités par M. Van den Heuvel, ministre de la justice. (*Recueil des circulaires, etc., du ministère de la justice*, 1904, p. 299.)

Par ma circulaire du 6 janvier 1903, même émargement que la présente, insérée au *Mémorial administratif* de votre province, j'ai fait connaître à MM. les directeurs d'asiles d'aliénés que la charge des secours alloués, à leur sortie de l'asile, aux aliénés indigents pour leur permettre de rentrer dans leur famille ou de se rendre dans une localité pour y trouver du travail, incombe, en vertu de l'article 1er de la loi du 27 novembre 1891 sur l'assistance publique, à la commune où l'indigent habitait ou résidait au moment de sa collocation.

J'ai invité en même temps les directeurs précités, en cas de guérison d'un aliéné, à prévenir de sa sortie la commune sur le territoire de laquelle l'indigent se trouvait au moment de sa collocation et à la prier de lui fournir les moyens de rentrer dans sa famille et tous autres secours que comporte son état. Si cette commune refuse de supporter cette charge d'assistance ou reste en retard de transmettre les fonds nécessaires, MM. les directeurs d'asiles ont pour instruction de se mettre en relations avec les administrations charitables des communes où se trouvent situés leurs établissements. Seules, en effet, ces administrations ont compétence pour accorder les secours nécessaires et en réclamer le remboursement à la commune sur le territoire de laquelle le besoin d'assistance a pris naissance.

Certaines difficultés ayant surgi entre des directeurs d'asiles et des bureaux de bienfaisance, je rappelle les dispositions précitées à votre souvenir, convaincu que ce simple rappel suffira pour éviter le retour des dites difficultés.

J'attire, au surplus, votre attention sur ce fait qu'en vertu de la jurisprudence constante de mon département la charge des secours à fournir à un indigent incombe à la commune sur le territoire de laquelle le besoin d'assistance a pris naissance. Pour les aliénés, cette commune est celle où l'indigent habitait ou résidait au moment de sa collocation. La présence de l'aliéné dans la commune où se trouve l'asile n'est pas volontaire et il serait souverainement injuste de faire supporter à cette commune la charge d'assistance d'aliénés sortant guéris de cet établissement. D'autre part, les secours à allouer aux indigents à leur sortie des asiles ne peuvent être liquidés, conformément à l'article 16 de la loi du 27 décembre 1891, comme étant des accessoires des frais d'entretien. Les aliénés sont guéris et la loi précitée n'a eu en vue que les frais nécessaires pour atteindre ce but.

La jurisprudence de mon département étant fixée en ce sens, votre administration est certaine, en observant les formalités légales, de rentrer dans les débours qu'elle ferait pour l'allocation de secours aux aliénés sortant guéris des asiles. Je ne doute pas, dès lors, que MM. les directeurs d'asiles soient désormais assurés de votre concours pour mettre les indigents à même de quitter leurs établissements.

Frais d'entretien et de traitement. — Remboursement par le fonds commun, la province et l'Etat. — Formule. — Etat annuel. — Circulaire adressée le 17 mars 1904 aux gouverneurs des provinces par M. Van den Heuvel, ministre de la justice. (*Recueil des circulaires, etc., du ministère de la justice*, 1904, p. 220.)

J'ai l'honneur de vous prier de vouloir bien prescrire aux directions des établissements d'aliénés de votre province l'emploi de la formule ci-jointe pour le remboursement, par le fonds commun, la province et l'Etat, des frais d'entretien et de traitement des aliénés indigents, colloqués en vertu de l'article 29 de la loi du 27 novembre 1891 sur l'assistance publique.

La production par trimestre, des relevés des frais en question, crée un travail considérable, non seulement aux bureaux des établissements d'aliénés, mais encore aux services liquidateurs; et comme, d'autre part, le montant à payer pour cette période est relativement minime, je vous saurai gré, Monsieur le gouverneur, d'inviter les intéressés à ne plus dresser que des *états annuels* à partir du 1er janvier de cette année.

Cette manière de procéder, déjà suivie dans certains asiles, présente un sérieux avantage.

ASSISTANCE PUBLIQUE. — FONDS COMMUN

ÉTAT des sommes dues par le fonds commun, la province de ....
et l'État belge, à .... *pour frais d'entretien et de traitement*
d'aliénés indigents pendant l'année 190 .

(Art. 29 de la loi sur l'assistance publique.)

Nº d'ordre.	NOM ET PRÉNOMS des indigents.	DURÉE DE L'ENTRETIEN		nombre de journées.	MONTANT DES FRAIS		A déduire la part d'intervention de la famille ou les revenus de l'indigent.	RESTE A PAYER.	SOMMES DUES			OBSERVATIONS.
		du	au		d'entretien à raison de... par jour.	de transfert.			par le fonds commun : 1/2	la province : 1/8.	l'État : 3/8.	
1	2	3	4	5	6	7	8	9	10	11	12	13
												Dép. m^{elle} d₁
									Récapitulation :			
						Anvers . .						
						Brabant . .						
						Flandre occ.						
						Flandre or .						
						Hainaut . .						
						Liége . . .						
						Limbourg .						
						Luxembourg.						
						Namur . .						
						Totaux . .						

Certifié véritable à la somme de .. ..r. ....
... .

A   , le   .   190   .

      Le secrétaire,   Le directeur,

La Députation permanente du Conseil provincial d .... a autorisé le
payement des sommes de   ... . et de   ....
incombant respectivement au fonds commun et à la province dans le présent état.

A .... , le 190   .

    Le greffier,   Le président,

Assistance publique. — *Indigents non aliénés.* — *Prix de la journée d'entretien dans les hospices et hôpitaux pendant l'année 1905.* — Arrêté royal du 5 janvier 1905, contresigné par M. Van den Heuvel, ministre de la justice. (*Moniteur* du 13 janvier.)

Vu les projets de tarifs soumis par les députations permanentes des conseils provinciaux du royaume pour la fixation du prix de la journée d'entretien, pendant l'année 1905, des indigents non aliénés, recueillis dans les hospices et hopitaux ;

Vu l'article 37 de la loi du 27 novembre 1891 sur l'assistance publique ;

Sur la proposition de notre ministre de la justice,

Nous avons arrêté et arrêtons :

ARTICLE PREMIER. — Le prix de la journée d'entretien des indigents dont il s'agit, pendant l'année 1905, est fixé conformément aux tarifs visés par notre ministre de la justice et annexés au présent arrêté.

ART. 2. — Le prix de la journée d'entretien des indigents appartenant à des communes qui ne possèdent pas d'hôpital est fixé comme suit :

A. Pour les indigents des communes de 5,000 habitants et plus, à 1 fr. 66 c. ;

B. Pour les indigents des communes de moins de 5,000 habitants, à 1 fr. 24 c.

ART. 3. — Il ne sera compté qu'une journée d'entretien pour le jour de l'entrée et celui de la sortie de chaque indigent; cette journée sera celle de l'entrée.

Il ne sera également compté qu'une journée d'entretien pour l'accouchée et son nouveau-né.

Notre ministre de la justice est chargé de l'exécution du présent arrêté.

LIEUX DE SITUATION des ÉTABLISSEMENTS.	NATURE des ÉTABLISSEMENTS.	Prix fixé en 1904. Fr. c.	Prix arrêté pour 1905. Fr. c.
Province d'Anvers.			
Anvers . . .	Hôpital . . .	2 76	2 83
Arendonck . .	Hôpital-hospice .	1 38	1 38
Beersse . . .	Id. . . .	1 35	1 29
Beirendrecht .	Id. . . .	1 08	1 07
Berchem. . .	Id. . . .	1 75	1 80
Boom. . . .	Id. . . .	1 62	1 62
Borgerhout . .	Hôpital . . .	2 18	2 18
Brasschaet . .	Id. . . .	» 84	» 85
Brecht . . .	Hôpital-hospice .	» 68	» 76
Edegem . . .	Id. . . .	1 18	1 23
Gheel	Hôpital . . .	1 39	1 32
Grobbendonck .	Hospice . . .	» 68	» 67
	Hôpital . . .	1 18	1 20
Hérenthals . .	Id. . . .	1 65	1 65
Hoboken. . .	Hôpital-hospice .	1 28	1 30
Hoogstraeten .	Hôpital . . .	1 24	1 24
Itegem . . .	Id. . . .	1 38	1 34
Lierre. . . .	Id. . . .	1 96	1 94
Linth	Hôpital-hospice .	1 19	1 20
	Hôpital . . .	1 75	1 75
Malines . . .	Salle des accouchements .	3 »	3 »
Meerhout . .	Hospice-hôpital .	1 12	1 07
Mersem . . .	Id. . . .	1 80	1 77
Oorderen . .	Id. . . .	1 01	1 04
Puers. . . .	Id. . . .	» 96	» 83
Saint-Amand .	Id. . . .	1 10	1 09

LIEUX DE SITUATION des ÉTABLISSEMENTS.	NATURE des ÉTABLISSEMENTS.	Prix fixé en 1904. Fr. c.	Prix arrêté pour 1905. Fr. c.
Province d'Anvers (*suite*).			
Schooten. . .	Hospice-hôpital .	» 75	» 72
Turnhout . .	Hôpital . . .	1 73	1 73
Wuestwezel .	Hôpital-hospice .	1 27	1 23
Wyneghem . .	Id. . . .	» 71	» 70
Province de Brabant.			
Aerschot. . .	Hôpital . . .	1 50	1 50
Anderlecht . .	Id. . . .	2 70	2 77
	Maternité . .	5 »	5 »
Assche . . .	Hôpital . . .	1 50	1 50
	A. Enfants séjournant à l hospice:		
	1° Enfants non sevrés . . .	2 15	2 20
	2° Id. au-dessus de 1 an . .	1 37	1 40
	B. Enfants placés à la campagne :		
Bruxelles . .	1° De 1 jour à 1 an	» 82	» 84
	2° Id. au-dessus d'un an . .	(1)» 79	» 81
	Hôpitaux et hospice de l'infirmerie.	3 07	3 18
	Maternité . . .	5 42	5 62
	Refuge De 1 atour de Freins, à Uccle-Verrewinkel	—	3 18
Diest	Hôpital . . .	1 87	1 87
Etterbeek . .	Id. . . .	2 10	2 10
	Hospice. . .	» 80	» 80
Hal . . .	Hôpital. . .	1 50	1 50
Ixelles . . .	Id. . . .	2 76	2 88
Jodoigne. . .	Id. . . .	1 96	1 96
	Id. . . .	1 87	3 03
Laeken . . .	Maternité . .	5 07	5 07
Léau . . .	Hôpital . . .	1 30	1 30
Londerzeel . .	Hospice. . .	1 50	1 50
Louvain . . .	Hôpital . . .	1 46	1 47
	Maternité . .	5 92	6 30
Merchtem. . .	Hospice-hôpital .	1 50	1 50
Molenbeek-St-Jean . .	Hôpital . . .	2 04	2 12
	Maternité . .	5 »	5 »
Nivelles . . .	Hospice. . .	» 82	» 83
Opwyck . . .	Hôpital . . .	1 69	1 70
Overyssche . .	Hôpital et hospice	1 30	1 30
	Hôpital . . .	—	1 50
Saint-Josse-ten-Noode. .	Hospice. . .	—	1 20
	Hôpital civil .	3 07	3 18
	Maternité . .	5 »	5 »
Schaerbeek . .	Hôpital-lazaret .	2 52	3 08
	Maternité . .	5 »	5 »
Rebecq-Rognon	Hôpital . . .	1 75	1 76
Tirlemont . .	Id. . . .	1 73	1 75
Vilvorde. . .	Hôpital, hospice et maternité. .	1 80	1 80
Wavre	Id. . . .	1 52	1 52
Province de Flandre occidentale.			
Aertrycke . .	Hospice. . .	» 50	» 50
Alveringhem .	Id. . . .	» 85	» 85
Avelghem . .	Hôpital . . .	1 25	1 25
Belleghem . .	Hospice. . .	» 50	» 50

(1) Non compris les frais d'instruction.

Province de Flandre occidentale (suite).

LIEUX DE SITUATION des ÉTABLISSEMENTS.	NATURE des ÉTABLISSEMENTS.	Prix fixé en 1904. Fr. c.	Prix arrêté pour 1905. Fr. c.
Bruges	Hôpital St-Jean	1 70	1 71
	Maternité	2 83	2 89
	Salles pour femmes syphilitiques	2 51	2 71
	Hospice des Sœurs de la charité	» 85	» 85
	Hospice des Frères de la charité	» 96	» 95
Clercken	Hospice	» 44	» 44
	Hôpital	» 80	» 80
	Incurables	1 »	1 »
Comines	Hôpital	1 13	1 16
Cortemarcq	Hôpital	» 85	» 85
	Orphelinat	» 30	» 30
Couckelaere	Hospice	» 50	» 50
	Hôpital	1 »	1 »
Courtrai	Id	2 53	2 57
	Maternité	4 30	4 30
Damme	Hôpital	1 33	1 33
Denterghem	Hospice	» 85	» 85
	Hôpital	1 25	1 25
Dixmude	Hôpital-hospice	1 96	2 02
Dottignies	Hospice	» 85	» 85
Elverdinghe	Hôpital	1 25	1 25
	Id.	» 85	» 85
Furnes	Hospice	1 10	1 10
	Hôpital St-Jean	1 50	1 50
	Maternité	2 60	2 60
Gheluwe	Hospice	» 55	» 55
	Hôpital	1 »	1 »
Ghistelles	Id.	1 75	1 75
Gits	Hospice	» 85	» 85
	Hôpital	1 25	1 25
Gulleghem	Id.	» 85	» 85
Harlebeke	Hôpital-hospice	1 50	1 50
	Hospice	» 50	» 50
Heule	Hôpital	1 20	1 20
	Orphelinat	» 20	» 20
Hollebeke	Hospice	» 71	» 71
Hooghlede	Id.	» 75	» 75
Hoogstaede	Hôpital	1 10	1 10
Hulste	Hospice	1 25	1 25
	Hospice	» 85	» 85
Ingelmunster	Hospice	1 10	1 10
	Orphelinat	» 30	» 30
Iseghem	Hospice-hôpital	1 25	1 25
Langemarck	Id. de vieillards	1 10	1 10
Ledeghem	Hospice	» 40	» 40
	Hôpital	1 »	1 »
Lendelede	Hospice	» 75	» 75
Lichtervelde	Id.	1 10	1 10
	Hôpital	1 50	1 50
Lophem	Hospice	» 35	» 35
	Hôpital	1 »	1 »
Menin	Id.	1 50	1 48
Merckem	Id.	» 55	» 55
Moorslede	Id.	1 10	1 10
Mouscron	Hospice	1 10	1 10
	Hôpital	1 50	1 50
Neuve-Eglise	Hospice	» 85	» 85
Nieuport	Hôpital	1 75	1 75
	Maternité	3 12	3 12
Oostnieuwkerke	Hospice	» 85	» 85
Oostroosebeke	Id.	» 44	» 44
	Hôpital	» 88	» 87
Ostende	Hôtel-Dieu	1 79	1 77
	Hôpital St-Jean	2 28	2 28
Passchendaele	Hospice	» 50	» 50
Pitthem	Hôpital	1 50	1 50
Ploegsteert	Id.	1 25	1 25
Poperinghe	Id.	1 80	1 80
Proven	Id.	1 05	1 05

Province de Flandre occidentale (suite).

LIEUX DE SITUATION des ÉTABLISSEMENTS.	NATURE des ÉTABLISSEMENTS.	Prix fixé en 1904. Fr. c.	Prix arrêté pour 1905. Fr. c.
Rolleghem-Capelle	Hospice	» 50	» 50
	Hôpital	1 »	1 »
Roulers	Hospice	1 10	1 10
	Hôpital	1 50	1 50
Ruddervoorde	Id.	1 25	1 25
Rumbeke	Hospice	1 25	1 25
	Hôpital	1 50	1 50
Saint-André	Id.	1 50	1 50
Staden	Hospice-hôpital	1 »	1 »
Sweveghem	Hôpital	1 »	1 »
	Hospice	1 10	1 10
Swevezeele	Hôpital	1 50	1 50
	Orphelinat	» 25	» 25
Thielt	Hospice-hôpital	» 68	» 67
Thourout	Hospice	1 10	1 10
	Hôpital	1 50	1 50
Vichte	Hospice	» 80	» 80
Vlamertinghe	Id.	» 66	» 69
Voormezele	Id.	» 85	» 85
Wacken	Id.	» 85	» 85
Waereghem	Id.	» 79	» 79
Warneton	Id.	» 85	» 85
Watou	Id.	» 85	» 85
Wervicq	Hôpital	1 50	1 50
Westcapelle	Hospice	» 50	» 50
Westroosebeke	Hôpital	» 85	» 85
	Hôpital	1 25	1 25
Wevelghem	Hospice	» 70	» 73
Wyngene	Hospice-hôpital	» 75	» 75
Wytschaete	Hôpital	1 »	1 »
Ypres	Id.	2 18	2 20

Province de Flandre orientale.

LIEUX DE SITUATION des ÉTABLISSEMENTS.	NATURE des ÉTABLISSEMENTS.	Prix fixé en 1904. Fr. c.	Prix arrêté pour 1905. Fr. c.
Adegem	Hôpital	1 10	1 10
Alost	Id.	1 46	1 46
Audenarde	Id.	1 43	1 43
Basel	Id.	1 20	1 20
Belcele	Id.	1 10	1 10
Berlaere	Id.	1 10	1 10
Beveren	Id.	1 10	1 10
Buggenhout	Id.	1 10	1 10
Calcken	Id.	1 »	1 »
Cruybeke	Id.	1 »	1 »
Deftinge	Id.	1 »	1 »
Deynze	Id.	1 »	1 20
Evergem	Id.	1 »	1 30
Exaerde	Id.	1 »	1 10
Eyne	Id.	1 20	1 24
Ertvelde	Id.	1 »	1 »
Gand	1° Hôpital de la Biloque.	1 53	1 56
	2° Hospice de la maternité	2 12	2 08
	3° Hospice des orphelins et enfants abandonnés	1 10	1 10
Grammont	Hôpital	1 30	1 30
Haesdonck	Id.	1 10	1 10
Hamme	Id.	1 25	1 25
Heusden	Hôpital	» 85	» 85
Laerne	Id.	1 10	1 10
Lebbeke	Id.	1 »	1 »
Lede	Id.	1 20	1 20
Ledeberg	Id.	(1)» 80	» 80
		(2)1 »	1 »
		(3)1 30	1 30

(1) Moins de 12 ans.
(2) 12 à 18 ans.
(3) Au-dessus de 18 ans.

Province de Flandre orientale (suite).

LIEUX DE SITUATION des ÉTABLISSEMENTS.	NATURE des ÉTABLISSEMENTS.	Prix fixé en 1904. — Fr. c.	Prix arrêté pour 1905. — Fr. c.
Lokeren . . .	Hôpital . . .	1 25	1 25
Maldegem . .	Id. . .	1 11	1 11
Meerdonck . .	Id. . .	1 20	1 20
Mont-St-Amand	Id. . .	1 30	1 30
Nazareth. . .	Id. . .	1 20	1 20
Nevele . . .	Id . .	1 10	1 10
Nieukerken . .	Id. . .	1 20	1 20
Ninove . . .	Id. . .	1 25	1 25
Overmeire . .	Id. . .	1 10	1 10
Renaix . . .	Id. . .	1 50	1 50
Rupelmonde .	Id. . .	1 20	1 20
Saint - Gilles - Termonde .	Id. . .	1 »	1 »
St-Gilles-Waes.	Id. . .	1 25	1 25
Saint-Laurent .	Id . .	1 20	1 20
Saint-Nicolas .	Id. . .	1 50	1 50
Schoonaerde .	Id. . .	1 20	1 20
Sottegem. . .	Id. . .	1 20	1 20
Sinay . . .	Id. . .	1 »	1 »
Stekene . . .	Id. . .	1 25	1 25
Tamise . . .	Id. . .	1 30	1 30
Termonde . .	Id. . .	1 90	1 90
Waesmunster	Id. . .	1 10	1 10
Wetteren. . .	Id. . .	1 25	1 25
Wichelen. . .	Id. . .	1 20	1 20
Wondelghem .	Id. . .	1 »	1 »
Zele . . .	Id. . .	1 36	1 36

Province de Hainaut.

Acren (les Deux-). .	Hôpital . . .	1 15	1 15
Antoing . . .	Hospice. . .	1 04	1 04
Ath . . .	Hôpital . . .	1 92	1 85
Aulne-Gozée .	Hospice. . .	1 24	1 02
Binche . . .	Hôpital . . .	1 90	1 95
Blicquy . . .	Hospice. . .	» 92	» 99
Braine-le-Comte	Hôpital . . .	1 35	1 33
Celles. . .	Hospice. . .	» 70	» 70
Charleroi. . .	Hôpital . . .	1 90	1 90
Châtelet . . .	Id. . .	1 85	1 85
Chièvres. . .	Id. . .	1 20	1 20
Chimay . . .	Id. . .	1 34	1 34
Ecaussines - d'Enghien .	Hospice. . .	1 18	1 18
Enghien . . .	Hôpital . . .	1 53	1 52
Fleurus . . .	Id. . .	1 50	1 50
Flobecq . . .	Hospice. . .	1 14	1 12
Fontaine-l'Évêque . .	Id. . .	1 66	1
Frasnes . . .	Hôpital . . .	1 »	1 70
Gosselies. . .	Hospice. . .	» 95	» 65
Houdeng-Aime-ries. . .	Hospice. . .	1 74	1 76
Jumet. . . .	Id. . .	1 21	1 22
La Louvière. .	Hôpital . . .	2 47	2 58
Lessines . . .	Id. . .	1 59	1 65
Leuze. . . .	Hospice-hôpital	1 50	1 50
Marchienne-au-Pont . .	Hôpital . . .	1 80	1 80
Monceau - sur - Sambre . .	Id. . .	1 71	1 70
Mons. . . .	Hospice. . .	3 32	3 33
	Maternité . .	5 »	5 »
Péruwelz. . .	Hospice-hôpital	1 73	1 71
Pottes. . . .	Hospice. . .	» 75	» 75
Rœulx . . .	Hôpital . . .	2 34	2 33
Saint-Ghislain.	Id. . .	1 65	1 62
Soignies. . .	Id. . .	2 38	2 38
Templeuve . .	Hospice. . .	» 75	» 75
Thuin. . . .	Id. . .	» 91	» 86
Tournai . . .	Hôpital . . .	2 82	2 74
	Maternité . .	4 58	4 90

Province de Liége.

Dison. . . .	Hospice. . .	1 45	1 46
	Hôpital . . .	1 82	1 83
Ensival . . .	Hospice. . .	1 »	1 »
	Orphelinat. .	» 59	» 60
Herve. . .	Hôpital . . .	2 »	2 01
Hodimont . .	Hospice. . .	1 69	1 78
	Hôpital . . .	2 19	2 31
Huy . . .	Hospice des incurables. .	1 03	1 03
	Hôpital . . .	1 78	1 78
	Orphelins et orphelines . .	1 05	1 06
	Hôpital des Anglais	2 88	2 99
	Id. de Bavière	2 81	2 81
	Maternité . .	2 53	2 53
Liége . . .	Hospice de la vieillesse .	» 91	» 92
	Hospice des orphelins . .	2 »	» 97
	Hospice des orphelines . .	1 41	1 39
Spa . . .	Hôpital . . .	1 13	1 11
	Orphelinat. .	» 81	» 79
Stavelot . .	Hospice. . .	» 79	» 79
	Hôpital . . .	1 28	1 31
	Id. . .	1 91	1 91
Verviers . . .	Hospice des vieillards . .	» 90	» 93
	Hosp. des orphel.	1 38	1 38
	Hospice des orphelines . .	1 40	1 43

Province de Limbourg.

Bilsen-la-Ville.	Hospice. . .	1 10	1 10
Hasselt . . .	Hôpital . . .	1 80	1 80
Looz-la-Ville .	Id. . .	1 71	1 75
Maeseyck . .	Id. . .	1 39	1 34
Saint-Trond .	Id. . .	1 50	1 50
Tongres . . .	Hospice. . .	1 16	1 10
	Hôpital . . .	1 80	1 80

Province de Luxembourg.

Arlon. . . .	Hôpital . . .	2 »	2 »
	Hospice . . .	1 50	1 50
Bastogne. . .	Hôpital . . .	1 50	1 50
	Hospice . . .	1 50	1 50
Bouillon. . .	Hôpital . . .	1 40	1 40
Laroche . . .	Id. . .	1 50	1 50
Neufchâteau .	Id. . .	1 50	1 50
Virton . . .	Id. . .	1 50	1 50

Province de Namur.

Andenne. . .	Hôpital . . .	1 22	1 13
Dinant . . .	Id. . .	2 62	2 50
Gembloux . .	Hospice. . .	1 25	1 25
	Hôpital . . .	2 50	2 50
Namur. . .	Id. . .	1 95	2 06

Indigents non aliénés. — Prix de la journée d'entretien, à l'hôpital de Forest, pendant l'année 1905. — Arrêté royal du 31 mars 1905, contresigné par M. Van den Heuvel, ministre de la justice. (*Moniteur* du 14 avril.)

ARTICLE PREMIER. — Le prix de la journée d'entretien à l'hôpital de Forest, pendant l'année 1905, est fixé à 2 fr. 69 c.

ART. 2. — Il ne sera compté qu'une journée d'entretien pour le jour de l'entrée et celui de la sortie de chaque indigent; cette journée sera celle de l'entrée.

Journée de travail. — *Année* 1905. — *Prix pour servir à l'application de l'article 8 de la loi du 27 novembre 1891 sur l'assistance publique.* — Arrêté royal du 3 janvier 1905, contresigné par M. Van den Heuvel, ministre de la justice. (*Moniteur* du 8 janvier.)

ARTICLE UNIQUE. — Le tableau ci-après, récapitulatif des arrêtés pris par les députations permanentes des conseils provinciaux pour la fixation du prix de la journée de travail pendant l'année 1905, en vue de l'application de l'article 8 de la loi du 27 novembre 1891 sur l'assistance publique, sera inséré au *Moniteur.*

Notre ministre de la justice est chargé de l'exécution du présent arrêté.

PROVINCES.	DATE DE L'ARRÊTÉ de la députation permanente.	LOCALITÉS. PRIX DE LA JOURNÉE de TRAVAIL.	
Anvers . . .	16 déc. 1904.	Anvers . . . . fr.	3 75
		Berchem et Borgerhout	2 50
		Autres communes emancipées	1 88
		Communes des arrondissements d'Anvers et de Malines . .	1 55
		Communes de l'arrondissement de Turnhout	1 44
Brabant. . .	24 août 1904.	Bruxelles, Anderlecht, Ixelles, Laeken, Molenbeek-Saint-Jean, Saint-Gilles, Saint-Josse-ten-Noode et Schaerbeek . . .	3 »
		Etterbeek	2 75
		Forest, Jette-Saint-Pierre, Uccle et Vilvorde	2 50
		Assche, Koekelberg et Overyssche . . .	2 »
		Hal	1 80
		Autres communes de l'arrondissement de Bruxelles . . .	1 60
		Louvain.	3 60
		Tirlemont	2 »
		Kessel-Loo	1 75
		Diest.	1 50
		Autres communes de l'arrondissement de Louvain	1 25
		Wavre	2 50
		Nivelles et Braine-l'Alleud	2 »
		Autres communes de l'arrondissement de Nivelles . . .	1 60
Flandre occid.	9 sept. 1904.	Localités de moins de 10,000 habitants .	1 10
		Localités de 10,000 habitants et au delà.	1 50
Flandre orient.	9 sept. 1904.	Gand.	2 50
		Autres localités . .	1 75
Hainaut. . .	5 août 1904.	Toute la province .	1 80
Liége. . .	7 sept. 1904.	Id. . . .	1 50

PROVINCES.	DATE DE L'ARRÊTÉ de la députation permanente	LOCALITÉS. PRIX DE LA JOURNÉE de TRAVAIL.	
Limbourg . .	9 sept. 1904.	Hasselt, Saint-Trond, Tongres et Maeseyck : Hommes.	1 96
		Femmes.	1 15
		Autres communes : Hommes.	1 50
		Femmes.	1 01
Luxembourg .	11 fév. 1904.	Toute la province .	1 50
Namur . . .	5 août 1904.	Toute la province : Hommes.	2 »
		Femmes.	1 50

Hôpital intercommunal. — *Création.* — Arrêté royal du 14 juillet 1904, contresigné par M. Van den Heuvel, ministre de la justice. (*Moniteur* du 15 juillet.)

ARTICLE PREMIER. — Les communes d'Aywaille, de Beaufays, de Dolembreux, d'Esneux, de Fraipont, de Gomzé-Andoumont, de Louveigné, de Rouvreux et de Sprimont sont autorisées à s'unir pour fonder et entretenir un hospice-hôpital intercommunal à Esneux, conformément à l'acte d'union intervenu entre elles.

ART. 2. — Le nombre des membres de la commission intercommunale, fixé à onze par les communes, est approuvé.

La commission se renouvellera par la sortie, au 1er janvier de chaque année, de deux membres pour les 1re, 3e, 4e et 5e sorties et de trois membres pour la 2e sortie, conformément à l'ordre établi à cet égard par l'acte d'union.

Les membres sortants sont rééligibles.

Domicile de secours. — *Point initial.* — *Inscription aux registres de population.* — Circulaire adressée aux gouverneurs de province le 25 mars 1905 par M. Van den Heuvel, ministre de la justice.

D'après la jurisprudence suivie actuellement dans l'examen des contestations en matière de domicile de secours, en ce qui concerne la présomption d'habitation résultant de l'inscription aux registres de population, c'est la date de l'inscription qui est prise comme date de l'entrée d'un individu dans une commune. Or, il s'écoule toujours un certain intervalle entre la date de la déclaration du départ d'une commune et celle où l'intéressé est inscrit aux registres de sa nouvelle résidence. Celui-ci habite, en fait, cette localité depuis un certain temps déjà quand cette inscription a lieu. Dans la réalité, le départ coïncide avec la déclaration de sortie et la précède même parfois.

L'habitation de trois années qui sert de base à l'acquisition du domicile de secours est souvent fort difficile à prouver par des faits précis, et il faut recourir à la présomption résultant de l'inscription au registre de la population : il importe donc que cette présomption légale soit le plus possible en rapport avec la réalité. J'ai décidé dès lors de modifier sur ce point la jurisprudence actuellement en vigueur. Dorénavant, il y aura lieu de considérer *comme date exacte du départ*, non plus la date de l'inscription dans la nouvelle résidence, mais *bien celle de la déclaration de sortie* de l'ancienne résidence. Cette date, qui est celle du certificat de changement de résidence modèle n° 2, est indiquée dans la colonne 12 du registre principal de population de la commune que quitte l'intéressé et dans la colonne 7 du registre de la nouvelle résidence des institutions générales du 1er juin 1901 du ministère de l'intérieur et de l'instruction publique (art. 82, 2°, et 87).

Ce système n'est que l'application de celui qui est en usage dans l'examen des questions relatives à l'acquisition du domicile électoral des citoyens. En effet, aux termes de l'article 57, alinéa 2, du Code électoral, l'acquisition de ce domicile dans la nouvelle résidence remonte au jour où l'intéressé a fait sa déclaration de sortie à l'administration communale de son ancienne résidence.

Il est toutefois bien entendu que la présomption d'habitation résultant de cette inscription ne constitue, comme par le passé, que présomption *juris tantum*, susceptible d'être renversée par la preuve contraire.

Hôpitaux civils. — Malades étrangers à la commune. — Remboursement des frais d'entretien dus par l'Etat. — Quittance à joindre aux états de liquidation. — Circulaire adressée le 12 novembre 1904 aux gouverneurs de province au nom de M. Van den Heuvel, ministre de la justice. (*Recueil des circulaires, etc., du ministère de la justice*, 1904, p. 332.)

Pour satisfaire au désir exprimé par la cour des comptes, j'ai l'honneur de vous prier d'inviter les administrations communales de votre province qui envoient leurs malades en traitement dans un hôpital civil d'une autre localité d'annexer, à l'avenir, aux états de remboursement des frais d'entretien dus par l'Etat, par application de la loi du 27 novembre 1891, l'original, une copie ou un extrait, certifié conforme, de la quittance délivrée par l'administration de l'établissement où l'indigent a reçu des soins.

Commune. — Personne mordue par un chien. — Frais de voyage et de séjour. — Avances faites par la commune. — Action en justice en nom personnel. — Propriétaire de l'animal. — Responsabilité. — Remboursement à la commune.

Une commune, agissant en nom personnel, en dehors de toute intervention soit du bureau de bienfaisance, soit de la commission des hospices, est recevable à poursuivre le remboursement des frais (dans l'espèce, frais de voyage et de séjour à Lille) qu'elle a payés, à l'aide de deniers tirés de la caisse communale, pour permettre à un blessé de suivre le traitement scientifique approprié aux morsures faites par un animal que l'on suppose atteint d'hydrophobie.

Les secours de l'espèce rentrent dans ceux qui sont prévus par l'article 1er de la loi du 27 novembre 1891 sur l'assistance publique.

Par application des articles 30 de la loi du 27 novembre 1891 et 3, n° 5, titre XI, du décret des 16-24 août 1790, la personne secourue qui, à la suite de la morsure, a dirigé une action en responsabilité contre le propriétaire de l'animal et a obtenu une indemnité dont le montant net et utile paraît suffisant pour faire face aux dits frais, est tenue, envers la commune, au remboursement des sommes prestées par celle-ci, les secours, dans ce cas, ne pouvant être considérés que comme de simples avances. — Tribunal civil de Liége, 24 novembre 1903, *Pasic.*, 1904, III, 186.

Voy. ALIÉNÉS. — VAGABONDAGE ET MENDICITÉ.

Attelage des chiens. — *Règlement provincial. — Luxembourg.* — Arrêté royal du 29 octobre 1904. (*Moniteur* du 4 novembre.)

Un arrêté royal du 29 octobre 1904, contresigné par M. van der Bruggen, ministre de l'agriculture, approuve une délibération en date du 23 juillet 1904, portant règlement sur l'attelage des chiens.

B

Biens communaux. — *Affouage. — Nature du droit. — Distinction. — Compétence judiciaire et administrative.*

Les biens qui appartiennent à la section d'une commune ou à une communauté d'habitants d'une commune constituent des biens communaux dont cette commune a l'administration. Si le droit d'affouage sur les biens de cette nature doit être considéré comme un droit civil en tant qu'il constitue aux habitants d'une commune, *ut universi*, il en est différemment du droit particulier de chaque habitant ou ayant droit à cet affouage; ce droit, ainsi divisé, constitue un droit *sui generis*, exercé à titre individuel et en qualité de membre de la communauté propriétaire. Les contestations qui s'élèvent à l'occasion de ce droit ainsi spécialisé ne relèvent pas du droit civil, mais sont uniquement de la compétence du pouvoir administratif.

Les sections de communes ne sont pas seulement des délimitations territoriales, mais peuvent s'entendre de communautés d'habitants participant à certains droits, et spécialement à un droit affouager, sur lequel les modifications territoriales n'ont aucune influence.

Les corps administratifs ont compétence pour juger les questions de droit civil qui s'élèvent incidemment dans le cours de leurs instances. — Tribunal civil d'Arlon, 22 décembre 1903, *Pasic.*, 1904, III, 156.

Présomption de propriété.

Les lois révolutionnaires établissent, au profit des communes, une présomption légale de propriété sur les biens communaux existant dans les circonscriptions de leurs territoires respectifs, c'est-à-dire sur les immeubles servant dans leur état de friche à la généralité des habitants, sans avoir jamais été possédés par personne, telle une source. — Tribunal civil de Tongres, 4 juin 1902, *Pasic.*, 1904, III, 310.

Bourgmestre. — *Sceau communal.* — *Usage exclusif du bourgmestre.* — Arrêté royal du 23 juin 1904. (*Moniteur* du 25 juin.)

Un arrêté royal du 23 juin 1904, contresigné par M. de Favereau au nom de M. de Trooz, ministre de l'intérieur, etc., absent, annule une délibération par laquelle un conseil communal avait décidé que le sceau communal serait déposé à la salle des archives.

Cet arrêté est ainsi motivé :

Attendu qu'aux termes de l'article 101 de la loi communale le bourgmestre est spécialement chargé de signer la correspondance de la commune et que, par conséquent, la détention et l'usage du sceau communal doivent lui appartenir exclusivement;

Attendu que la décision précitée du collège échevinal de Chevetogne, portant atteinte aux droits du bourgmestre, constitue un excès de pouvoir...

Traitements des bourgmestres et échevins. — *Notification au département de la justice de la liste des communes où les traitements des bourgmestres et échevins ont été supprimés.* — Circulaire adressée le 7 mai 1904 aux gouverneurs de province par M. de Trooz, ministre de l'intérieur, etc. (*Bulletin du ministère de l'intérieur, etc.*, 1904, II, 59.)

A la demande de M. le ministre de la justice, je vous prie de bien vouloir faire dresser une liste des communes de votre province où les traitements des bourgmestres et échevins sont supprimés, conformément à l'article 103 de la loi communale.

Aux termes de l'article 31 du tarif criminel du 18 juin 1853, une taxe de comparution est allouée aux témoins appelés à comparaître en justice; l'article 32 du même arrêté porte que les témoins qui reçoivent un traitement ou une rétribution fixe à charge de l'Etat, de la province ou de la commune, ne peuvent avoir droit qu'au remboursement des frais de voyage et de séjour s'il y a lieu. Dans ces conditions, les bourgmestres ou échevins appelés en justice, soit comme témoins ordinaires, soit à l'occasion de l'exercice des fonctions d'officier de police judiciaire, ne peuvent recevoir une indemnité de comparution que s'ils ne jouissent pas d'un traitement à charge de la commune.

Il importe donc, au point de vue de la vérification des états de frais de justice, que mon collègue connaisse les communes où les bourgmestres et échevins ne reçoivent aucun traitement. Il va de soi que si le traitement figure au budget, mais que le titulaire y renonce par convenance personnelle ou désintéressement, l'article 32 du tarif criminel doit néanmoins recevoir son application : le titulaire ne peut obtenir la taxe de comparution, du moment que le budget le renseigne comme jouissant d'un traitement de la commune.

Dans un but de simplification d'écritures, je vous prie, Monsieur le gouverneur, de transmettre directement à mon collègue le tableau des communes demandé par lui. Il y aura lieu de lui renseigner, chaque année, les modifications qui auraient été apportées à la situation.

Il conviendra que votre lettre ou apostille d'envoi rappelle l'émargement de la lettre que mon collègue m'a adressée au sujet de cette affaire, le 28 avril 1904; cet émargement porte : 5ᵉ direction générale, 1ʳᵉ section, 3ᵉ bureau, littéra *D*, nᵒ 220.

Fonctions d'officier de police judiciaire. — *Délits.* — *Juridiction compétente.*

Un bourgmestre n'est justiciable de la première chambre de la cour d'appel que pour les délits commis par lui dans l'exercice de ses fonctions d'officier de police judiciaire. (Code d'instr. crim., art. 479 et 483, et décret du 6 juillet 1810, art. 4.)

Le juge du fond apprécie souverainement la publicité donnée à un écrit injurieux. (Code pén., art. 443 et 448.) — Cassation, 18 juillet 1904, *Pasic.*, 1904, I, 335.

Voy. COLLÈGE DES BOURGMESTRE ET ÉCHEVINS. — CONSEIL COMMUNAL. — POLICE DU ROULAGE. — PORT D'ARMES DE GUERRE.

Bureau de bienfaisance. — *Personnel.* — *Nomination sur présentation d'un nombre insuffisant de candidats.* — Arrêté royal du 3 février 1904. (*Moniteur* du 10 février.)

Un arrêté royal du 3 février 1904, contresigné par M. Van den Heuvel, ministre de la justice, annule la délibération par laquelle le conseil communal de Grandvoir, commune nouvellement créée, avait nommé les membres du bureau de bienfaisance.

Cette décision est basée sur ce que la dite nomination a été faite sur la présentation par le collège échevinal d'une liste double ne contenant que six candidats, alors qu'il fallait, conformément à la loi, une liste de deux candidats pour chacune des places à conférer, soit donc dix candidats; que, dès lors, les formalités exigées par la loi n'ayant pas été observées, la délibération précitée du conseil communal de Grandvoir est contraire à la loi.

Nomination sur présentation faite sans scrutin secret. — Arrêté royal du 3 mars 1904. (*Moniteur* du 19 mars.)

Un arrêté royal du 3 mars 1904, contresigné par M. Van den Heuvel, ministre de la justice, annule la délibération par laquelle le conseil communal de Hauwaert nomme un membre du bureau de bienfaisance de cette localité.

Cette décision est basée sur ce qu'il est établi que la présentation des candidats n'a pas été faite au scrutin secret, par le bureau de bienfaisance, dans la séance du 26 novembre 1903; qu'elle est, dès lors, entachée de nullité; qu'il s'ensuit que le conseil communal d'Hauwaert n'a pas été en possession de deux listes doubles de candidats régulièrement présentées et qu'il n'a donc pu procéder légalement à la nomination d'un membre du bureau de bienfaisance.

———

Nomination. — *Listes de présentation doubles, communes à toutes les places vacantes.* — Arrêté royal du 3 mars 1904. (*Moniteur* du 19 mars.)

Un arrêté royal du 3 mars 1904, contresigné par M. Van den Heuvel, ministre de la justice, annule les délibérations par lesquelles un bureau de bienfaisance et un collège échevinal avaient présenté des candidats au bureau de bienfaisance et la délibération par laquelle le conseil communal avait procédé à l'élection de ces candidats.

Cette décision est basée, en ce qui concerne les délibérations du bureau de bienfaisance et du collège échevinal, sur ce qu'aux termes de l'article 84, 1°, de la loi communale, la nomination de chacun des membres du bureau de bienfaisance doit être faite sur deux listes doubles de candidats, présentées pour chaque place, l'une par le bureau de bienfaisance, l'autre par le collège des bourgmestre et échevins; en ce qui concerne la délibération du conseil communal, sur ce qu'il a procédé aux trois nominations de membres du bureau de bienfaisance en choisissant parmi les deux listes de six candidats au lieu de limiter son choix entre quatre candidats pour chaque place.

———

Présentation de listes incomplètes. — *Nominations prématurées.* — Arrêté royal du 7 mars 1904. (*Moniteur* du 19 mars.)

Un arrêté royal du 7 mars 1904, contresigné par M. Van den Heuvel, ministre de la justice, annule une délibération par laquelle le conseil communal de Rulles nomme trois membres du bureau de bienfaisance.

Cette décision est basée, d'une part, sur ce que, contrairement aux prescriptions de l'article 84, n° 1, de la loi communale, les nominations dont il s'agit ont été faites sur des listes de présentation de candidats, du bureau de bienfaisance et du collège des bourgmestre et échevins ne contenant chacune qu'un seul candidat au lieu de deux pour chacune des places vacantes; d'autre part, sur ce que le décret du 7 germinal an XIII prescrit le renouvellement chaque année, par cinquième, des membres des administrations de bienfaisance; que, dès lors, le conseil communal de Rulles ne pouvait pourvoir en 1903 à des renouvellements pour le 31 décembre 1904 et le 31 décembre 1905.

———

Nomination sur présentation d'une liste comprenant un membre en fonctions. — Arrêté royal du 22 mars 1904. (*Moniteur* du 15 avril.)

Un arrêté royal du 22 mars 1904, contresigné par M. Van den Heuvel, ministre de la justice, annule une délibération par laquelle le conseil communal de Jehonville nomme un membre du bureau de bienfaisance de cette localité.

Cette décision est basée sur ce que la liste double de présentation de candidats du bureau de bienfaisance doit être considérée comme nulle parce qu'elle comprenait le sieur J.-N. G..., déjà membre et président de ce collège; que l'une des deux listes doubles de candidats exigées par l'article 84, n° 1, de la loi communale a donc fait défaut et que, dès lors, la délibération ci-dessus mentionnée du conseil communal de Jehonville est contraire à la loi.

———

Nomination d'un membre en dehors des listes de présentation des candidats. — Arrêté royal du 31 mars 1904. (*Moniteur* du 22 avril.)

Un arrêté royal du 31 mars 1904, contresigné par M. Van den Heuvel, ministre de la justice, annule une délibération par laquelle un conseil communal nomme un membre du bureau de bienfaisance.

Cette décision est basée sur ce que le sieur P. B... précité ne figurait ni sur la liste double de présentation de candidats du bureau de bienfaisance, ni sur celle du collège des bourgmestre et échevins; qu'il s'ensuit que la délibération ci-dessus mentionnée du conseil communal de Marcinelle, en date du 24 décembre 1903, est contraire à la loi.

Nomination. — Présentation de candidats. — Présence de membres démissionnaires. — Arrêté royal du 9 avril 1904 (*Moniteur* des 25-26 avril.)

Un arrêté royal du 9 avril 1904, contresigné par M. Van den Heuvel, ministre de la justice, annule la délibération par laquelle le conseil communal de Spiennes nomme un membre du bureau de bienfaisance.

Cette décision est basée sur ce que deux membres démissionnaires, auxquels des successeurs avaient été nommés par le conseil communal, assistaient à la séance du bureau de bienfaisance dans laquelle ont été faites les présentations de candidats; qu'il s'ensuit que cette présentation de candidats était irrégulière et que, dès lors, l'une des deux listes doubles de candidats exigées par la loi a fait défaut; que la délibération précitée du conseil communal de Spiennes est en conséquence contraire à la loi.

Action en justice. — Autorisation préalable. — Omission. — Exception relative. — Appel. — Autorisation non requise. — Prêt. — Remboursement. — Préavis. — Compétence du receveur.

Le bureau de bienfaisance pour pouvoir ester en justice doit avoir obtenu, au préalable, de l'autorité compétente, l'autorisation requise; l'omission de cette formalité ne crée au profit de la partie défenderesse qu'une fin de non-recevoir relative, c'est-à-dire couverte par le silence de cette partie.

Cette exception ne peut donc être opposée pour la première fois en instance d'appel.

L'autorisation n'est pas requise pour répondre à l'appel formé contre le jugement par la partie adverse.

Aux termes de l'avis du conseil d'Etat du 21 décembre 1808, celui qui emprunte une somme d'argent à un établissement de bienfaisance ne peut en effectuer le remboursement qu'après un préavis d'un mois.

Cette prohibition n'est pas d'ordre public; le bureau de bienfaisance peut renoncer au bénéfice de cette formalité, quand cette renonciation ne lui cause, en fait, aucune lésion; l'acceptation du payement vaut renonciation au préavis.

Le receveur du bureau de bienfaisance a qualité pour recevoir le remboursement; il en est surtout ainsi quand ce droit résulte de l'acte de prêt lui-même.

L'article 1er de l'arrêté de l'an XII consacre aussi ce droit attribué au receveur, mandataire légal du bureau de bienfaisance. — Cour d'appel de Gand, 9 mai 1904, *Pasic.*, 1904, II, 299.

Voy. CONSEILLER COMMUNAL. — DONATIONS ET LEGS. — ENSEIGNEMENT PRIMAIRE.

C

Cadastre. — *Délivrance des extraits et copies des documents et des plans cadastraux.— Rétribution.* — Arrêté royal du 14 octobre 1904, contresigné par M. de Smet de Naeyer, ministre des finances. (*Moniteur* du 22 octobre.)

Vu l'article 2 de la loi budgétaire du 20 décembre 1867 (1), portant qu'un arrêté royal déterminera le taux des rétributions à verser au trésor du chef de la délivrance des extraits du cadastre;

Revu les articles 163 à 165 du règlement pour la conservation du cadastre, approuvé par notre arrêté du 26 juillet 1877;

Revu les arrêtés royaux du 22 décembre 1877 et du 10 juillet 1881, pris en exécution de l'article 2 précité;

Considérant que l'expérience a démontré la nécessité de coordonner en les complétant les dispositions de ces arrêtés;

Sur la proposition de notre ministre des finances et des travaux publics,

Nous avons arrêté et arrêtons :

ARTICLE PREMIER. — Les rétributions pour la délivrance des extraits et copies des pièces cadastrales sont fixées comme il suit :

1° Pour les extraits des matrices cadastrales ou des tableaux indicatifs :

A. Pour 10 parcelles et au-dessous figurant à un seul article, 50 centimes;

B. Pour chaque parcelle ou ligne en plus, 5 centimes.

2° Pour les copies intégrales d'articles des matrices cadastrales, sur imprimé n° 212 :

A. Pour 10 numéros d'ordre et au-dessous figurant à un seul article, 1 franc;

B. Pour chaque numéro d'ordre en plus, 10 centimes.

3° Pour les extraits des relevés n° 219 formés dans la limite des seuls renseignements devant figurer aux matrices cadastrales :

A. Pour chaque extrait d'acte ou numéro d'ordre du relevé n° 219 contenant 10 parcelles et au-dessous, 50 centimes;

B. Pour chaque parcelle en plus, 5 centimes.

4° Pour les copies des déclarations n° 221 :

Pour chaque copie des déclarations n° 221, 50 centimes.

5° Pour les copies totales ou partielles d'états de mutations n° 223 :

(1) Loi du 20 décembre 1867, art. 2 :

« Les rétributions perçues des particuliers pour la délivrance des extraits de matrice et de plan du cadastre sont versées au Trésor; un arrêté royal en détermine le taux. »

Outre les taxes ordinaires fixées en vertu de l'article 2 de la loi du 20 décembre 1867, il en est décrété d'autres par le littéra *I*, 1°, de l'article 66 de la loi du 12 avril 1891, disposant que les directeurs des contributions sont tenus de délivrer, pour servir en matière électorale et moyennant 50 centimes par extrait :

A. Les extraits de la matrice cadastrale. La rétribution est due par série de 10 numéros compris dans l'extrait;

B. Copie de l'extrait de la matrice sommaire n° 215 indiquant les changements à opérer aux articles de la contribution foncière pour former le rôle de chaque année. La rétribution est due par série de 25 numéros compris dans la copie.

A. Pour 10 numéros d'ordre et au-dessous, extraits du *même* état n° 223, 1 franc;

B. Pour chaque numéro d'ordre en plus, 10 centimes.

6° Pour chaque extrait des plans :

A. Pour 10 parcelles et au-dessous, qu'elles se trouvent sur une ou plusieurs feuilles de plan d'une même commune, 2 francs;

B. Pour chaque parcelle en plus, 10 centimes;

C. Pour l'indication sur l'extrait du nom des propriétaires et de la contenance des parcelles, par parcelle, 10 centimes ;

D. Pour tout nombre de parcelles lorsqu'il s'agit du renouvellement des plans déposés dans les communes, par parcelle, 10 centimes.

La rétribution est augmentée de 5 centimes par hectare, pour toute parcelle de 10 hectares et plus.

7° Pour les extraits des tableaux d'assemblage :

A. Pour tout extrait de tableau d'assemblage comportant un nombre combiné d'hectares et de parcelles de 200 et moins, 2 francs;

B. Pour tout extrait de tableau d'assemblage comportant un nombre combiné d'hectares et de parcelles supérieur à 200, sans que la taxe puisse excéder 100 francs, par unité, 1 centime.

Art. 2. — Les rétributions fixées sous les n°s 6° et 7° de l'article qui précède sont portées au quadruple, pour les extraits des plans du cadastre demandés sur une échelle autre que celle des dits plans; elles sont augmentées de 5 centimes par parcelle coloriée.

Art. 3. — Les rétributions à payer du chef du renouvellement des plans des communes (art. 1er, n° 6°, litt. *D*), sont réparties par moitié entre celles-ci et l'Etat; toutefois, lorsqu'il est établi que le renouvellement est nécessité par la négligence ou un manque de soins de la part des administrations communales intéressées, les rétributions sont entièrement supportées par les communes.

Art. 4. — Les rétributions déterminées par les articles 1er et 2 du présent arrêté sont payables au comptant entre les mains du receveur des contributions directes ou de l'employé de la direction chargé de remettre les extraits ou copies des pièces cadastrales aux intéressés. Il est fait mention — en toutes lettres et à l'encre ordinaire — sur chaque extrait ou copie du montant de la rétribution à payer.

Lorsque le directeur des contributions le juge nécessaire, il peut exiger le versement préalable des rétributions à payer du chef de copies ou d'extraits cadastraux qui lui sont demandés.

Art. 5. — Sont abrogés les arrêtés royaux du 22 décembre 1877 et du 10 juillet 1881.

Notre ministre des finances et des travaux publics est chargé de l'exécution du présent arrêté qui sera obligatoire à partir du 1er novembre 1904.

———

Renseignements à fournir au sujet des changements survenus dans les propriétés. — Circulaire adressée le 14 avril 1904 aux gouverneurs de province par M. de Trooz, ministre de l'intérieur, etc. (*Bulletin du ministère de l'intérieur, etc.*, 1904, II, p. 47.)

Aux termes des articles 17 et 18 du règlement pour la conservation du cadastre, annexé à l'arrêté royal du 26 juillet 1877, les chefs des administrations communales sont tenus d'indiquer annuellement dans un état n° 220 les changements survenus dans les propriétés, notamment par suite de construction nouvelle, reconstruction totale ou partielle, agrandissement, changement de destination, réunion, division, démolition totale ou partielle, détérioration notable de bâtiments, placement ou démolition de machines à vapeur fixées au sol par maçonnerie, augmentation ou diminution de la force motrice de ces machines, etc.

M. le ministre des finances et des travaux publics me signale que les dispositions des susdits articles, qui ont pour but d'assurer l'établissement équitable de l'impôt foncier, sont généralement perdues de vue, et il fait ressortir comme suit les graves inconvénients qu'entraîne cet état de choses :

« L'inobservation de ces prescriptions est hautement préjudiciable au Trésor; elle lèse en outre les intérêts des provinces et des communes qui perçoivent des centimes additionnels au principal de la contribution foncière ou des taxes spéciales sur le revenu cadastral des immeubles; elle crée enfin d'injustes inégalités entre les contribuables. Grâce à cette situation, en effet, les uns échappent à l'impôt parfois pendant plusieurs années du chef de leurs nouvelles constructions; d'autres, par contre, continuent à être soumis à la contribution foncière pour des propriétés démolies, tombées en ruines ou devenues non imposables. »

Afin de mettre un terme à ce regrettable état de choses, je vous prie, Monsieur le gouverneur, d'accord avec M. le ministre des finances et des travaux publics, de rappeler les dispositions précitées aux administrations communales par la voie du *Mémorial administratif* de votre province, et de les engager vivement à s'y conformer strictement à l'avenir.

Caisse des veuves et orphelins des professeurs et instituteurs communaux.
— *Vérification par les administrations provinciales des déclarations des autorités communales relatives aux revenus des membres du personnel.* — Circulaire adressée le 1er mars 1904 aux gouverneurs de province par M. de Trooz, ministre de l'intérieur, etc. (*Bulletin du ministère de l'intérieur, etc.*, 1904, II, p. 27.)

Mon département a eu maintes fois l'occasion de constater que les déclarations des revenus, qui doivent servir de base à la supputation des pensions des professeurs et instituteurs communaux, ne sont pas toujours vérifiées avec tout le soin désirable par les administrations provinciales. Cet état de choses expose mes bureaux à régler les pensions sur des bases inexactes ou, tout au moins, suscite une correspondance qui pourrait être facilement évitée.

Afin de me donner l'assurance que le contrôle des dites déclarations a été effectué par vos bureaux, j'ai fait réserver dans les nouvelles formules une place pour y mentionner le fait de la vérification.

Je vous saurai gré, Monsieur le gouverneur, de vouloir bien donner des instructions à ce sujet à votre personnel.

Chants obscènes. Voy. POLICE.

Chasse. — *Dommages causés par les lapins.* — *Locataire de la chasse.* — *Responsabilité.*

L'article 7bis de la loi du 4 avril 1900 n'a pas créé une présomption *juris et de jure* rendant le titulaire du droit de chasse responsable de tous dommages causés par les lapins.

Sa responsabilité n'est engagée que s'il est constaté qu'il est en faute, notamment pour n'avoir pas détruit les lapins de manière à maintenir leur nombre dans une limite normale et raisonnable. — Cassation, 3 décembre 1903, *Pasic.*, 1904, I, 71.

— *Faute.* — *Propriétaire.* — *Locataire.*

L'obligation de réparer le dommage causé par les lapins exige une faute. (Code civ., art. 1382 et 1383.) La loi du 4 avril 1900 ne déroge pas à ce principe de droit commun. Le titulaire du droit de chasse ayant seul le droit de détruire des lapins, c'est à sa négligence que la cause des dommages éprouvés doit être attribuée.

Le propriétaire ne peut être responsable à raison de son titre seul de propriétaire.

Si le locataire de la chasse est tenu, non à raison de son quasi-délit, mais en vertu de son bail, le juge de paix n'est compétent que dans les limites de sa compétence ordinaire. — Tribunal civil de Nivelles, 8 juin 1904, *Pasic.*, 1904, III, 264.

Délit. — *Terrain d'autrui.* — *Plainte nécessaire.* — *Fondé de pouvoirs.*

La plainte nécessaire pour poursuivre un délit de chasse sur le terrain d'autrui doit émaner du propriétaire ou de son fondé de pouvoirs spécial ; mais il n'est pas exigé par la loi que la procuration ait été donnée postérieurement au délit de chasse et en vue de la répression de ce délit. - Cour d'appel de Liége, 13 juillet 1903, *Pasic.*, 1904, II, 96.

Id.

Est régulière, la plainte déposée, au nom de la partie civile, par un mandataire ayant pouvoir de porter plainte spécialement de tous les délits de chasse commis sur le domaine de chasse du mandant à une date postérieure à celle du mandat.(Loi du 28 février 1882, art. 4 et 26; code d'inst. crim., art. 31 et 65) — Cassation, 5 octobre 1903, *Pasic.*, 1904, I, 19.

— *Absence de permis de port d'armes.* — *Remise immédiate de l'arme.*

Tous délits de chasse commis par des personnes non munies d'un permis de port d'armes nécessitent la remise immédiate de l'arme, alors même que les délits auraient été commis

par deux chasseurs, à l'aide d'une seule et même arme. (Résolu implicitement.)

Ces faits de chasse constituent des délits distincts ; le juge ne peut condamner solidairement aux dépens les deux auteurs, objets d'une seule poursuite. — Cour d'appel de Gand, 2 mars 1904, *Pasic.*, 1904, II, 256.

— *Terrain d'autrui.* — *Plainte.* — *Délits connexes.* - *Port d'armes.*

La poursuite, du chef de chasse sur le terrain d'autrui, sans le consentement de l'ayant droit, n'est recevable que s'il y a plainte de la partie lésée, même si l'inculpé est poursuivi en même temps du chef d'autres délits de chasse connexes.

Le permis de port d'armes n'est requis que de celui qui chasse à l'aide d'une arme à feu. — Tribunal correctionnel d'Anvers, 19 décembre 1903, *Pasic.*, 1904, III, 314.

Chasse en plaine. — *Interdiction en temps de neige.* — *Battue ou chasse à courre dans un bois terminée en plaine.* — *Absence d'interdiction.* — *Chasseur isolé.* — *Interdiction.*

Si le chasseur, qui organise une battue au bois au moyen de rabatteurs qu'il commande, peut se poster, même en temps de neige, dans la plaine pour y attendre le gibier rabattu ; si le chasseur aux chiens courants peut, dans les mêmes conditions, tirer dans la plaine le gibier levé par ses chiens dans le bois au moment où il revient au lancé, c'est parce que dans l'un et l'autre cas le fait de chasse ainsi commis en plaine constitue l'acte final de la chasse en battue ou de la chasse aux chiens courants, laquelle s'accomplit en réalité dans le bois ; mais il n'en est plus de même quand un étranger se poste en un endroit favorable hors de l'enceinte où se fait la battue ou du bois où il entend les chiens lancer et poursuivre le gibier, et tire, en plaine, l'animal qui se dérobe ; ce chasseur ne participe ni à la battue ni à la chasse aux chiens courants dont il profite ; il ne peut donc être considéré comme chassant au bois ; il tombe, par conséquent, sous l'application de l'arrêté ministériel, qui défend de chasser en plaine quand la terre est couverte de neige.

Par les mots *chasse en plaine,* l'arrêté d'ouverture entend non seulement le fait de parcourir la plaine à la recherche du gibier, mais toute espèce de chasse dans la plaine, sauf les exceptions autorisées par la loi, sans qu'il faille rechercher si, en fait, le chasseur suit ou non le gibier à la piste. — Tribunal correctionnel de Dinant, 23 février 1904, *Pasic.*, 1904, III, 161.

Chemins de fer. — *Transport en débet.* — *Réduction de 50 p. c.* — Circulaire adressée le 23 décembre 1904 aux gouverneurs de province par M. de Trooz, ministre de l'intérieur. (*Bulletin du ministère de l'intérieur, etc.*, 1904, II, 134.)

J'ai l'honneur de vous faire connaître que, par décision de M. le ministre des chemins de fer, postes et télégraphes, les envois de documents et de matériel entre les gouverneurs de province, les commissaires d'arrondissement, les administrations communales et les établissements ou agents ressortissant à mon département, ainsi que les envois de même nature effectués pour et par les receveurs des contributions, seront transportés à l'avenir, tant sur les chemins de fer des compagnies belges que sur le réseau de l'Etat, en débet, avec réduction de 50 p. c.

Les expéditions dont il s'agit devront être présentées avec un réquisitoire régulier.

Chemins de fer vicinaux. — *Police.* — Arrêté royal du 25 juin 1904, contresigné par M. Liebaert, ministre des chemins de fer, etc. (*Moniteur* du 3 juillet.)

Les articles 7, 8 et 11 du règlement de police susvisé (arrêté royal du 12 février 1893) sont abrogés et remplacés par les suivants :

ART. 7. — *Matières dangereuses.* — Il est expressément interdit d'admettre dans les voitures ou convois qui portent des voyageurs aucune matière pouvant donner lieu soit à des explosions, soit à des incendies.

Il est fait exception pour les cartouches de chasse à douille rigide présentées par quantités de 10 kilogrammes, au maximum, à la condition que ces munitions soient empaquetées dans du papier fort ou placées dans des boîtes en carton, en bois ou en métal et renfermées, en outre, dans un emballage extérieur constitué de caisses en bois suffisamment résistantes pour supporter les manutentions sans risque de rupture.

ART. 8. — A. *Service à traction mécanique.* — La longueur maxima des trains sera déterminée par le ministre des chemins de fer, postes et télégraphes, suivant le profil de la ligne, le poids des véhicules et le système de freins en usage; la locomotive et les autres véhicules seront reliés entre eux par des attaches rigides avec ressorts.

La locomotive sera conduite par un mécanicien et un chauffeur réunissant toutes les conditions d'aptitude.

Chaque train sera placé sous la direction d'un chef-garde et sera accompagné du nombre de gardes et serre-freins qui sera jugé nécessaire.

Le mécanicien s'assurera toujours, avant le départ du train, si toutes les parties de la locomotive sont en bon état et particulièrement si le frein fonctionne convenablement. Il ne mettra le train en marche qu'après que le chef du train aura donné le signal du départ.

Le machiniste et le chauffeur ne pourront quitter en même temps leur locomotive, même lorsqu'elle sera à l'arrêt.

La vitesse des trains ne peut dépasser 30 kilomètres à l'heure hors des agglomérations bâties; elle doit être réduite à 10 kilomètres dans la traversée des villes, villages et hameaux. Toutefois, Notre ministre des chemins de fer, postes et télégraphes pourra autoriser des dérogations à cette règle, suivant le profil de la ligne, la nature des lieux traversés, l'espèce, le poids et la longueur des trains, le mode de traction et le système de freinage.

Le mouvement doit également être ralenti ou même arrêté en cas d'encombrement de la route ou toutes les fois que l'arrivée du train effrayant les chevaux ou autres animaux pourrait être la cause de désordres et occasionner des accidents.

Les véhicules isolés et les trains ne peuvent stationner en dehors des gares que le temps strictement nécessaire pour les besoins du service.

Les voitures et wagons ne peuvent être abandonnés sur les pentes, sans que les précautions nécessaires soient prises pour les tenir à l'arrêt.

Si, exceptionnellement, un ou plusieurs véhicules devaient être abandonnés momentanément en pleine voie, ils devraient être couverts par des signaux d'arrêt, à placer de part et d'autre sur la voie, et devraient, en outre, être gardés par des agents ayant à leur disposition des sabots de calage ou des chaînes d'attache munies de cadenas pour empêcher ces véhicules de se mettre en mouvement et pour les arrêter, au besoin, sur les fortes pentes. La présence de ces véhicules sera signalée, pendant l'obscurité, par les lumières bien apparentes, s'ils se trouvent dans un endroit où la voie ferrée emprunte une route ordinaire.

Sur les lignes à profil accidenté, les fourgons des trains de marchandises seront toujours munis de blocs d'arrêt en nombre suffisant pour permettre l'arrêt des trains sur les rampes les plus fortes.

B. *Service à traction électrique.* — La voiture motrice portera à l'avant deux feux blancs à réflecteur, un de chaque côté, éclairant constamment la voie. Le nombre de voitures maximum entrant dans la composition des trains sera déterminé par notre ministre des chemins de fer, postes et télégraphes.

Le conducteur devra avoir les aptitudes inhérentes à son emploi. Il sera placé de façon à pouvoir surveiller les voies et aura à sa portée les moyens de ralentir ou d'arrêter la marche des trains. Il aura à sa disposition une trompe, un sifflet ou une sonnette dont le son puisse être entendu à 50 mètres au moins; il signalera la mise en marche ainsi que l'approche du train ou du véhicule de façon à prévenir tout accident. Il observera strictement les signaux au moyen desquels les gardes ou les ouvriers de la voie commanderont le ralentissement ou l'arrêt. Il s'assurera toujours avant le départ si toutes les parties du matériel roulant sont en bon état et soigneusement attelées et surtout si les freins fonctionnent convenablement. Il ne se mettra en marche qu'après avoir reçu l'ordre du chef de train.

Au repos, les voitures motrices ne peuvent être abandonnées à la fois par le conducteur et les receveurs à moins que toutes les mesures n'aient été prises pour les immobiliser.

ART. 11. — *Obligations des voyageurs et des expéditeurs.* — Il est défendu :

1° D'entrer dans les voitures quand le nombre de personnes qu'elles peuvent réglementairement contenir est atteint;

2° D'entrer dans les voitures en état d'ivresse ou de malpropreté évidente, d'y troubler l'ordre ou entraver le service des receveurs ou des contrôleurs;

3° D'introduire dans les voitures des chiens ou autres animaux, à moins qu'ils ne puissent, sans inconvénient pour personne, être tenus sur les genoux des voyageurs auxquels ils appartiennent;

4° De prendre place dans les voitures sans se munir d'un coupon régulier dans le train ou sans s'être au préalable muni d'un tel coupon aux guichets de distribution des stations ou points d'arrêt; de refuser d'exhiber son coupon à la réquisition des agents chargés du contrôle. La prise des coupons aux guichets n'est pas obligatoire;

5° De refuser de payer le prix du coupon, de se placer dans une voiture d'une classe plus élevée que celle indiquée sur le coupon sans se munir immédiatement du supplément exigé par le tarif; de voyager au delà de la station ou point d'arrêt pour lesquels le coupon est valable, sans se munir immédiatement d'un nouveau coupon d'après le prix du tarif;

6° De se pencher hors des voitures, de stationner sur les plates formes si cela est interdit par des inscriptions placées *ad hoc*; cette double interdiction ne s'applique pas aux fonctionnaires chargés du service du contrôle;

7° De chanter, de boire ou de tenir des propos malséants dans les voitures;

8° De fumer à l'intérieur des voitures, sauf dans celles réservées aux fumeurs; de cracher dans les voitures, de souiller ou de dégrader le matériel;

9° D'ouvrir les glaces ou les portes des voitures à moins que ce ne soit de l'assentiment de tous les voyageurs;

10° De monter dans les voitures ou d'en descendre avant l'arrêt complet du train ou par le côté de l'entre-voie;

11° De se tenir sur les marche pieds, de s'appuyer sur les portes ou de toucher aux appareils de sûreté;

12° D'entrer dans les voitures avec une arme chargée, des objets dangereux ou des colis qui, par leur volume, leur nature ou leur odeur, pourraient blesser, salir, gêner ou incommoder les voyageurs;

13° De passer d'une voiture à une autre pendant la marche du train;

14° De monter sur les locomotives ou d'entrer dans les voitures à bagages ou à marchandises;

15° De lancer d'un train tout objet de nature à blesser la personne qui en serait atteinte;

16° D'induire en erreur le personnel des stations ou des trains, soit par l'imitation des signaux en usage, soit par de fausses alarmes;

17° De manœuvrer ou de remorquer, de quelque façon que ce soit, sans autorisation de l'exploitant ou de ses agents, les voitures, fourgons ou wagons des chemins de fer vicinaux.

Les voyageurs sont tenus d'obtempérer aux injonctions des agents du chemin de fer pour l'observation des dispositions qui précèdent.

Il est défendu d'insérer, dans les déclarations d'expédition de marchandises, toute fausse indication ayant pour objet de tromper le concessionnaire quant à l'espèce, au poids ou à la quantité des marchandises, ou d'éluder l'application du tarif réglementaire.

Notre ministre des chemins de fer, postes et télégraphes est chargé de l'exécution du présent arrêté.

Cimetière. — *Produit spontané.* — *Propriété de la fabrique d'église.* — *Le conseil communal ne peut en disposer.* — Arrêté royal du 13 juin 1904. (*Moniteur* du 19 juin.)

Un arrêté royal du 13 juin 1904, contresigné par M. de Favereau, ministre des affaires étrangères, au nom de M. de Trooz, ministre de l'intérieur, etc., absent, annule une délibération par laquelle un conseil communal avait décidé que les herbes et le foin croissant dans le cimetière appartiendraient au fossoyeur. à charge par ce dernier de nettoyer et d'entretenir les chemins intérieurs du champ de repos.

Cet arrêté est ainsi motivé :

Attendu que la décision du conseil communal viole l'article 36, n° 4, du décret du 30 décembre 1809, qui attribue aux fabriques d'église le produit spontané des terrains servant de cimetière...

Code forestier. — *Ecorçage des souches.* — *A qui elle incombe.*

L'obligation d'écorcer jusqu'aux grosses racines des souches restées en terre incombe à celui qui exploite, pendant les mois de mars, avril et mai, une coupe définitive de résineux, avec ou sans réserves. (Arrêté royal du 24 juillet 1901, art. 3.) — Cassation, 28 mars 1904, *Pasic.*; 1904, I, 185 et 188.

Délit forestier. — *Citation.* — *Copie du procès-verbal.*

En cas de poursuite du chef d'un délit forestier constaté par un procès-verbal et même si le tribunal est saisi de l'affaire, après une instruction régulière, par une ordonnance de renvoi de la chambre du conseil, la citation donnée au prévenu, ensuite de cette ordonnance, doit contenir copie du procès-verbal. (Code forestier, art. 133.)

A défaut de cette formalité, la citation est nulle et le tribunal ne peut statuer. — Cour d'appel de Bruxelles, 23 décembre 1903, *Pasic.*, 1904, II, 131.

Délit d'abatage ou de vice d'exploitation. — *Suspension de poursuite jusqu'au récolement.* — *Prescription.*

Un délit d'abatage ou de vice d'exploitation étant constaté par les agents forestiers, la poursuite peut être suspendue jusqu'au récolement, et ce n'est qu'après celui-ci que la juridiction correctionnelle est saisie d'une contravention régulièrement et complètement constatée, conformément à l'article 65, § 2, du code forestier, par un nouveau procès-verbal. à dater duquel seulement court la prescription édictée par l'article 145 du dit code. — Cour d'appel de Bruxelles, 7 février 1904, *Pasic.*, 1904, II, 140.

Code rural. — *Droit de glanage et de râtelage.* — *Restriction illégale apportée par le conseil communal.* — *Annulation.* — Arrêté royal du 22 septembre 1904. (*Moniteur* du 25 septembre.)

Un arrêté royal du 22 septembre 1904, contresigné par M. de Trooz, ministre de l'intérieur, etc., annule une délibération par laquelle un conseil communal interdit entre onze heures et demie du matin et une heure et demie de relevée l'exercice du droit de glanage et de râtelage, dont l'usage est reçu dans la commune.

Cet arrêté se fonde sur l'article 11 du code rural, qui permet le glanage et le râtelage dans les lieux où l'usage en est reçu à partir du lever jusqu'au coucher du soleil.

Collectes à domicile. — *Collectes au profit d'ouvriers en grève.* — *Arrêté royal du 22 septembre 1823.* — *Application.*

L'arrêté royal du 22 septembre 1823 est applicable aux collectes faites à domicile, sans autorisation, au profit d'ouvriers en état de grève. — Cour d'appel de Bruxelles, 8 juillet 1903, *Pasic.*, 1904, II, 74.

Collège des bourgmestre et échevins. — *Attributions.* — *Désignation d'un personnel chargé de surveiller les travaux de construction d'un bâtiment déterminé.* — *Incompétence du conseil communal.* — *Interdiction de rapporter la délibération qui confère un droit à des tiers.* — Arrêté royal du 24 mai 1905. (*Moniteur* du 1er juin.)

Un arrêté royal du 24 mai 1905, contresigné par M. de Favereau, ministre des affaires étrangères, pour M. de Trooz, ministre de l'intérieur, etc., absent, annule une délibération par laquelle un conseil communal a désigné une personne pour surveiller les travaux de construction d'une école primaire de filles.

Cet arrêté est ainsi motivé :

Attendu qu'aux termes de l'article 84 de la loi communale, le conseil communal nomme les architectes et les employés chargés de la construction et de la conservation des bâtiments communaux; qu'on ne peut toutefois considérer comme tels que les personnes recevant de la commune pour un service permanent un traitement qui leur est alloué directement sur le budget communal;

Attendu qu'il appartient, au contraire, au collège des bourgmestre et échevins de désigner les agents choisis à titre temporaire ou en vue d'un travail déterminé; qu'en effet, aux termes de l'article 90 de la loi communale, le collège est chargé de la direction des travaux communaux et que cette mission implique nécessairement, en l'absence de titulaires, le droit de faire choix des agents nécessaires pour le remplir;

Attendu qu'en procédant à la nomination dont il s'agit, le conseil communal est sorti de ses attributions et a empiété sur les droits du collège;

Attendu que c'est à tort que, par sa délibération du 30 avril 1905, le conseil communal de Piétrebais, a cru pouvoir régulariser la situation en rapportant sa délibération du 26 mars; qu'en effet, les délibérations qui confèrent un droit acquis à des tiers ne peuvent être retirées par les conseils communaux et ne peuvent disparaître que par la voie de l'annulation...

Voy. BOURGMESTRE — CONSEIL COMMUNAL. — ÉCHEVINS. — ENSEIGNEMENT PRIMAIRE.

Commune. — *Érection de la commune de Poelcappelle (Flandre occidentale).* — Loi du 3 mai 1904. (*Moniteur* du 6 mai.)

ARTICLE PREMIER. — Le hameau de Poelcappelle est séparé de la commune de Langemarck et érigé en commune distincte.

La limite séparative des deux communes est indiquée au plan annexé à la présente loi par un liséré bleu sous les lettres A, B, C, D, E, F, G, H.

ART. 2. — Le nombre des membres du conseil communal est fixé à neuf pour Poelcappelle et est maintenu à onze pour Langemarck.

Délimitation. — *Modification des limites séparatives de la ville de Verviers et de la commune de Heusy.* — Loi du 3 mai 1904. (*Moniteur* du 6 mai.)

Les Chambres ont adopté et nous sanctionnons ce qui suit :

ARTICLE UNIQUE. — La limite séparative de la ville de Verviers et de la commune de Heusy est modifiée conformément au tracé figuré au plan annexé à la présente loi par la ligne bleue sous les lettres A, B, C, D, E, F, G, H, I, J, K, L, M, N, O, P, Q, R, S, T, U, V.

Distribution d'eau. — *Concession à titre onéreux.* — *Retrait.* — *Action en restitution de la redevance.*

Les communes, en organisant un service de distribution d'eau en faveur des particuliers moyennant rétribution tarifée, ne forment pas avec eux une convention ordinaire de droit civil comportant l'application des articles 1125 et 1305 du code civil. Seulement, les transgressions dont ces concessions sont l'objet peuvent motiver une réparation basée sur l'équité naturelle. — Cour d'appel de Liège, 22 juillet 1903, *Pasic.*, 1904, II, 75.

Gestion d'affaires. — *Travaux.* — *Action en payement.* — *Compétence des tribunaux.*

L'action qui a pour objet l'allocation par une commune d'une indemnité pour travaux accomplis en son lieu et place est de la compétence du pouvoir judiciaire.

Si les règles de la gestion d'affaires sont applicables aux communes comme à tout particulier, c'est à la condition qu'il n'en résulte aucune atteinte au principe de la séparation et de l'indépendance des pouvoirs. Lorsque le tribunal ne peut statuer sans examiner si les intérêts de la commune ont été utilement gérés, c'est-à-dire si celle-ci avait ou non des mesures à prendre au point de vue de la salubrité publique, l'action doit être déclarée non recevable. — Tribunal civil de Namur, 18 avril 1904, *Pasic.*, 1904, III, 262.

Injonction de faire un procès. — Séparation des pouvoirs.

Il n'appartient pas au pouvoir judiciaire de statuer sur une action ayant pour objet d'enjoindre à une commune d'empêcher l'usurpation, par un particulier, d'un prétendu chemin public. — Cour d'appel de Liége, 16 mars 1904, *Pasic.*, 1904, II, 211.

Responsabilité. — Distribution d'eau. — Faits de la compagnie concessionnaire.

La commune qui concède à une compagnie le droit exclusif d'établir et d'exploiter une distribution d'eau, sans se réserver un droit d'intervention dans les travaux, n'est pas responsable des accidents causés par la faute des ouvriers de l'entrepreneur auquel la compagnie a confié l'exécution de ces travaux. Il n'y a pas de rapport de commettant à préposé entre la compagnie et ces ouvriers.

Si dans les conventions conclues entre la compagnie et l'entrepreneur figure l'affirmation d'un droit, pour la commune, de suivre, contrôler et surveiller les travaux, ces conventions, étrangères à la commune, ne peuvent l'engager.

Au surplus, ces stipulations apparaissent comme ayant pour but le rappel du droit de police de la commune, lequel existe, abstraction faite de toute convention, mais dont l'exercice n'est pas susceptible d'être contrôlé par le pouvoir judiciaire. — Cour d'appel de Bruxelles, 20 juin 1904, *Pasic.*, 1904, II, 282.

— Fourniture du gaz. — Canalisation. — Surveillance des travaux. — Dommages.

La commune qui traite avec une compagnie pour la fourniture du gaz et le placement des canalisations est responsable civilement vis-à-vis des tiers des dommages causés par cette compagnie si elle s'est réservé la surveillance des travaux. Elle ne peut opposer aux tiers la clause de son contrat, mettant à charge de la compagnie la responsabilité de tous les dommages résultant des installations et de l'exploitation, pour s'affranchir de l'obligation découlant pour elle de l'article 1384.

Le tiers lésé ayant une action solidaire contre la commune et la compagnie, cette action solidaire est de la compétence de la juridiction civile, qui est la juridiction naire, bien que la compagnie soit un commerciale et ait fait acte de commerce en exécutant les travaux dommageables. — Justice de paix de Liége, 7 janvier 1904, *Pasic.*, 1904, III, 162.

— Nettoyage de la voirie. — Agents. — Infraction aux règlements sur le roulage.

Une commune est civilement responsable des amendes prononcées contre ceux qui, en tant que chargés par elle du nettoyage de la voirie et de l'enlèvement des résidus, se rendent coupables d'infractions aux règlements sur le roulage. (Loi du 1er août 1899, art. 6 ; code civ., art. 1381 et 1384.) — Cassation, 18 juillet 1904, *Pasic.*, 1904, I, 334.

— Propriété communale. — Travaux même d'utilité publique.

Si une commune, agissant comme pouvoir public, échappe comme tel à la compétence des tribunaux, il n'en est pas de même quand, agissant comme propriétaire, elle fait exécuter à sa propriété des travaux même d'utilité publique, et cause ainsi un dommage à un riverain. — Justice de paix de Liége, 7 janvier 1904, *Pasic.*, 1904, III, 162.

— Séparation des pouvoirs. — Suppression d'un urinoir. — Commune agissant comme personne civile. — Travaux. — Vices de construction.

Les tribunaux sont incompétents pour ordonner la suppression d'un urinoir placé contre la maison d'un particulier.

Mais si une commune agit comme pouvoir public et souverain, en décrétant l'emplacement et l'installation d'un égout et d'un urinoir, elle agit comme personne civile et cesse de jouir de l'immunité dérivant du principe de la séparation des pouvoirs, lorsqu'elle exécute elle-même ou fait exécuter, entretient mal ou n'entretient pas ces travaux.

Sa responsabilité est engagée si des infiltrations dommageables pour les voisins ont pour cause la défectuosité de l'égout public ou de l'urinoir, provenant d'un vice de construction, de l'emploi de matériaux impropres ou du mauvais entretien. — Cour d'appel de Liége, 21 mars 1903, *Pasic.*, 1904, II, 38.

— Tir à l'arc. — Concession à un particulier.

La réparation du préjudice causé par le fait d'un tireur à l'arc maladroit ne peut être mise à charge de la commune qui a construit le tir à l'arc sur son terrain et le concède à des particuliers. — Tribunal civil de Mons, 25 avril 1903, *Pasic.*, 1904, III, 41.

*Travaux. — Décrètement. — Exécution.
— Droits individuels. — Conflit. — Autorité
judiciaire. — Voie publique. — Riverain. —
Construction. — Autorisation. — Droits
acquis. — Preuve.*

Une administration communale, agissant à
titre de pouvoir souverain, dans la sphère de
ses attributions, en vue du décrètement d'un
travail d'utilité générale, échappe à tout contrôle du pouvoir judiciaire. Mais les mesures
qu'elle édicte peuvent engager sa responsabilité civile alors que, par leur exécution,
elles entreraient en conflit avec des droits
individuels dont elles nécessiteraient le sacrifice.

Le propriétaire qui construit le long d'une
rue en vertu de l'autorisation administrative,
suivant un alignement adopté, a droit aux
aisances indispensables à l'intégrité de son
bâtiment, telles que les vues, les issues, les
accès à la voie publique, mais l'exercice de ce
droit est subordonné à l'observance des conditions imposées, et celui qui allègue, à l'appui
d'une action en dommages-intérêts, qu'une
modification portant atteinte à un droit acquis
a été apportée aux dites conditions doit en
fournir la preuve. — Tribunal civil de
Tongres, 3 février 1904, *Pasic.*, 1904, III, 251.

—————

*— Incompétence des tribunaux. — Droits
acquis des riverains. — Responsabilité.*

L'exhaussement du sol, l'établissement et
les modifications du niveau de la voirie
rentrent dans les attributions de l'autorité
administrative, et les tribunaux n'ont aucun
contrôle à exercer sur les actes des pouvoirs
publics intervenus dans la sphère de leurs
attributions. L'autorité administrative (dans
l'espèce, la commune) ne cesserait d'agir
comme pouvoir public et ne deviendrait justiciable des tribunaux civils, comme les simples
particuliers, que si, dans l'accomplissement
de sa mission, elle compromettait les droits
acquis des riverains, par exemple en mettant
en péril la solidité des immeubles ou en
rendant l'accès impossible ou difficile. — Tribunal civil de Bruxelles, 27 février 1904, *Pasic.*,
1904, III, 275.

Voy. COMPTABILITÉ COMMUNALE. — CONSEIL
COMMUNAL. — CONSEILS DE PRUD'HOMMES. —
CULTE. — ENSEIGNEMENT PRIMAIRE. — EXPRO-
PRIATION POUR CAUSE D'UTILITÉ PUBLIQUE. —
GARDE CIVIQUE. — LOIS ÉLECTORALES. —
MILICE.

Comptabilité communale. — *Avances
à faire aux communes et aux établissements
publics sur les subsides.* — Circulaire adressée
le 31 mai 1905 aux gouverneurs de province
par MM. de Trooz, ministre de l'intérieur, etc.,
et Van den Heuvel, ministre de la justice.
(*Moniteur* du 1er juin.)

La commission instituée par M. le ministre
des finances et des travaux publics, à l'effet de
rechercher les moyens d'organiser, avec le
concours de la Caisse générale d'épargne et de
retraite, un service d'avances à faire aux communes et aux établissements publics, sur les
subsides promis par l'État et les provinces,
pour l'exécution de travaux publics, a formulé
les propositions ci-après, qui ont reçu l'adhésion de la Caisse générale d'épargne et de
retraite :

La Caisse générale d'épargne et de retraite
est disposée à escompter les subsides promis
par l'État et les provinces aux communes et
établissements publics, conformément aux dispositions ci-après :

I. Pourront être escomptés par la Caisse, en
tout ou en partie, les subsides se rapportant
soit à des travaux terminés et dont la réception provisoire a ou lieu, soit à des travaux en
cours d'exécution et ayant donné lieu à une
réception provisoire ou à une vérification.
L'escompte se fera au taux de 3.40 p. c. l'an.

II. Les communes et établissements publics,
désireux d'obtenir l'escompte d'un subside ou
d'une partie de subside, en feront la demande
à l'autorité qui subsidie. Celle-ci, après s'être
assurée que la demande peut être accueillie,
la transmet à la caisse en indiquant, au moins
approximativement, la date à laquelle le subside sera liquidé totalement ou partiellement.

III. La Caisse d'épargne remettra à la commune ou à l'établissement public intéressé la
valeur actuelle de tout ou partie du subside
escompté.

IV. La Caisse d'épargne sera substituée aux
droits de la commune ou de l'établissement
public pour l'encaissement du subside escompté.
Dans le cas où celui-ci serait liquidé soit avant,
soit après la date fixée, la Caisse d'épargne
bonifierait à la commune ou à l'établissement
public une ristourne d'intérêts ou exigerait le
payement d'un intérêt de retard.

Le service sera organisé à partir du 1er juin
prochain.

La demande d'escompte d'un subside constitue, en réalité, un emprunt.

Elle est, en conséquence, soumise aux
formalités légales auxquelles sont subordonnées les opérations de l'espèce des communes
et des établissements publics.

En ce qui concerne spécialement les communes, la compétence respective du roi ou de
la députation permanente, conformément à
l'article 76, 1°, de la loi communale, se déterminera en tenant compte du montant total des
subsides de l'État et de la province promis
pour l'ensemble d'un travail déterminé.

Il ne peut être question d'ailleurs d'assimiler
les opérations de l'espèce aux avances, simples
opérations budgétaires, dont l'approbation est
de la compétence de la députation permanente. Les dépêches du 19 février 1895 (*Bulletin
du département de l'intérieur, etc.*, 1895, II,
p. 19) et du 16 mars 1903 (*Bulletin*, 1903, II,
p. 27) ont précisé les conditions auxquelles ces
avances constituent de simples opérations budgétaires : il faut que le remboursement en soit
assuré par des ressources certaines et que la
date de ce remboursement ne dépasse pas
l'exercice budgétaire. Or, dans l'espèce, si l'on
peut considérer le remboursement comme certain, rien ne démontre que le terme ne dépassera pas un an ; il est même probable que, dans
la plupart des cas, le délai sera plus long. On

reste donc sous l'empire du droit commun des emprunts.

La procédure des demandes d'escompte de subsides se divisera en deux phases bien distinctes : la commune ou l'établissement public demandera d'abord à l'autorité qui est compétente en matière d'approbation de ses emprunts l'autorisation exigée par la loi pour lui permettre d'emprunter. Une seule demande devra être faite pour l'escompte de la totalité des subsides de l'Etat et de la province, afférents à l'ensemble d'un travail.

Une fois en possession de cette autorisation, la commune ou l'établissement public s'adressera à la députation permanente et à l'administration de l'Etat qui aura promis les subsides; la commune ou l'établissement public justifiera d'abord de l'autorisation d'emprunter obtenue, puis des conditions spéciales, relatives à l'état des travaux, qui sont exigées pour que l'escompte puisse être accordé (§ 1er des conditions).

La requête priera, en même temps, l'administration subsidiante de transmettre la demande à la Caisse générale d'épargne et de retraite, avec avis favorable.

La délibération prise à cette fin par le conseil communal ou l'établissement public devra, après avoir visé l'approbation de l'emprunt et l'état des travaux, accorder délégation à la Caisse d'épargne pour l'encaissement des subsides (§ IV des conditions) et promettre le payement d'un intérêt de retard pour le cas où le subside serait liquidé après la date fixée (ibid.).

Pour la simplification des écritures, lorsque la province subsidie concurremment avec l'Etat, la députation permanente, après avoir donné son adhésion à l'escompte quant au subside provincial, transmettra le dossier à l'administration centrale ayant promis le subside, pour que celle-ci la fasse parvenir, avec son avis, à la Caisse d'épargne.

Vous voudrez bien, Monsieur le gouverneur, appeler l'attention des communes et des établissements publics sur les instructions qui précèdent; il conviendra, à cet effet, de faire reproduire le plus tôt possible la présente circulaire au *Mémorial administratif* de votre province.

La commission a, d'autre part, émis le vœu de voir les administrations qui accordent des subsides n'appuyer, en général, les demandes d'escompte de ces subsides que lorsqu'il aura été justifié, au besoin par la production d'un duplicata de la quittance signée par l'entrepreneur des travaux, que l'administration subsidiée a soldé de ses deniers propres la partie de la dépense correspondant à sa part d'intervention.

Vous voudrez bien, Monsieur le gouverneur, signaler ce point à l'attention de la députation permanente et des administrations subsidiées.

Conseil communal. — *Attribution.* — *Délibération constituant un blâme pour les échevins.* — Arrêté royal du 12 janvier 1905. (*Moniteur* du 14 janvier.)

Un arrêté royal du 12 janvier 1905, contresigné par M. de Trooz, ministre de l'inté-

rieur, etc., annule une délibération d'un conseil communal ainsi conçue :

Considérant qu'il y a lieu d'appliquer les allocations budgétaires avec la plus stricte économie et en conformité des intentions du conseil, manifestées à maintes reprises;

Regrettant que les irrégularités graves signalées unanimement par les vérificateurs du compte communal, et qui se sont produites dans certains services, en dépit des prescriptions réglementaires, aient pu échapper à la vigilance des échevins responsables;

Invite le collège à prendre d'urgence les mesures nécessaires pour en éviter le retour,

Et passe à l'ordre du Jour.

Cet arrêté est ainsi motivé :

Vu l'arrêté du gouverneur de la province, du 31 décembre 1904, suspendant l'exécution de la délibération précitée;

Vu l'arrêté de la députation permanente du conseil provincial, du 1er janvier 1905, maintenant la suspension ;

Vu la délibération par laquelle le conseil communal, en recevant, dans sa séance du 6 janvier 1905, communication des motifs de la suspension, décide de maintenir sa résolution du 30 décembre et de se pourvoir auprès de nous contre la suspension;

Attendu que le conseil communal, en prenant la délibération du 30 décembre et en la confirmant par celle du 6 janvier, est sorti de ses attributions;

Vu les articles 86 et 87 de la loi communale...

— *Le conseil communal empiète sur les attributions du bourgmestre en décidant que le personnel de la police jouira d'un congé annuel de quinze jours.* — Arrêté royal du 2 avril 1905. (*Moniteur* du 21 avril.)

Un arrêté royal du 2 avril 1905, contresigné par M. de Trooz, ministre de l'intérieur, etc., annule une délibération par laquelle un conseil communal avait décidé que les membres du personnel de la police jouiraient d'un congé annuel de quinze jours pleins.

Cet arrêté est ainsi motivé :

Attendu qu'en vertu de l'article 18 de la loi du 30 décembre 1887, modifiant l'article 90 de la loi communale, les agents de la police locale sont placés sous la surveillance et l'autorité du bourgmestre, spécialement chargé de l'exécution des lois et règlements de police;

Attendu qu'il n'appartient pas au conseil communal de paralyser, en aucune façon, la mission légale du bourgmestre en s'immisçant directement ou indirectement dans les rapports établis par la loi entre ce magistrat communal et ses subordonnés; que le bourgmestre doit rester libre de régler ces rapports et de prendre les dispositions nécessaires;

Attendu que, pour sauvegarder sa responsabilité dans la défense des graves intérêts qui lui sont confiés, le bourgmestre doit pouvoir disposer à son gré des agents de police, sans être gêné dans son action par une entrave quelconque, et que, s'il commet des abus, il appartient au gouvernement d'intervenir;

Attendu qu'il résulte de ce qui précède que le conseil communal de Molenbeek-Saint-Jean est sorti de ces attributions et a empiété sur les droits du bourgmestre...

— *Nomination d'une commission chargée d'indaguer sur la conduite d'un de ses membres.* — *Annulation.* — Arrêté royal du 27 février 1905. (*Moniteur* du 1er mars.)

Un arrêté royal du 27 février 1905, contresigné par M. de Trooz, ministre de l'intérieur, etc., annule une délibération par laquelle un conseil communal avait décidé d'instituer dans son sein un comité ayant pour mission d'examiner si l'un de ses membres est encore digne de siéger dans cette assemblée.

Cet arrêté est ainsi motivé :

Attendu qu'en instituant un comité chargé d'indaguer sur la conduite de l'un de ses membres, le conseil communal est sorti de ses attributions; qu'aucune disposition légale ne l'autorise, en effet, à exercer une censure quelconque ou une action disciplinaire à l'égard des conseillers communaux.

— *Renonciation à un droit reconnu à la commune par une décision judiciaire.* — *Incompétence du collège.* — Arrêté royal du 8 avril 1904. (*Moniteur* des 11-12 avril.)

Un arrêté royal du 8 avril 1904, contresigné par M. de Trooz, ministre de l'intérieur, etc., annule une délibération d'un collège des bourgmestre et échevins en se basant sur les motifs suivants :

Vu la délibération du 5 mars 1904, parvenue le 7 au commissariat de l'arrondissement de Liége, par laquelle le collège des bourgmestre et échevins d'Aywaille a décidé de transformer en vente volontaire la vente sur expropriation forcée, ordonnée par jugement du tribunal de Liége, des biens hypothéqués par feu le receveur communal en garantie de sa gestion;

Vu l'arrêté du gouverneur de la province, du 9 mars 1904, suspendant l'exécution de cette délibération;

Vu l'arrêté de la députation permanente du conseil provincial, du même jour, maintenant la suspension, dont les motifs ont été communiqués au collège des bourgmestre et échevins, dans sa séance du 15 mars;

Attendu que si le collège des bourgmestre et échevins est chargé des actions judiciaires de la commune aussi bien que de l'administration des propriétés communales et de la conservation des droits de la commune, il ne peut, de son seul chef, renoncer à un droit de la commune;

Attendu que, dans l'espèce, la décision du collège comportait l'abandon d'un droit attribué et reconnu à la commune à la suite d'une instance judiciaire terminée par le jugement d'expropriation forcée; que cet abandon ne peut être consenti que par le conseil communal et qu'en se substituant à celui-ci le collège est sorti de ses attributions...

— *Réprimande à un instituteur.* — *Annulation.* — Arrêté royal du 22 novembre 1904. (*Moniteur* du 17 décembre.)

Un arrêté du 22 novembre 1904, contresigné par M. de Trooz, ministre de l'intérieur, etc., annule une délibération par laquelle un conseil communal avait infligé une réprimande à l'instituteur en chef de la commune.

Cet arrêté est ainsi motivé :

Attendu que la loi du 20 septembre 1884-15 septembre 1895 (art. 10) détermine limitativement les peines disciplinaires qui peuvent être appliquées aux membres du personnel enseignant des écoles primaires communales; que la réprimande ne figurant pas parmi ces peines, le conseil communal de ..... est sorti de ses attributions en prenant les délibérations précitées;

Vu les articles 86 et 87 de la loi communale ainsi que l'article 10 de la loi organique de l'instruction primaire...

Compétence. — *Délibération conférant des droits à des tiers.* — *Retrait interdit.* — Arrêté royal du 4 mai 1904. (*Moniteur* du 11 mai.)

Un arrêté royal du 4 mai 1904, contresigné par M. de Trooz, ministre de l'intérieur, etc., annule une délibération d'un conseil communal en se basant sur les considérants suivants :

Vu la délibération du 9 mars 1904, par laquelle le conseil communal de Redu, province de Luxembourg, réuni au nombre de sept membres, a proclamé l'élection de M. Jacquemin en qualité d'échevin de cette commune, après les deux scrutins ci-après :

1er tour : M. Guichaux, 1 suffrage;
M. Jacquemin, 3 suffrages;
M. Fagneray, 2 suffrages;
M. Mahin, 1 suffrage.

Ballottage entre MM. Jacquemin et Fagneray :

M. Jacquemin, 4 suffrages;
M. Fagneray, 3 suffrages.

Attendu qu'aux termes de l'article 2 de la loi communale, modifié par l'article 9 de la loi du 30 décembre 1887, ce n'est qu'après deux scrutins sans résultat que le conseil communal peut procéder au ballottage pour la nomination des échevins;

Vu la délibération du 26 mars 1904, par laquelle le conseil communal de Redu, après avoir reçu notification des motifs de la suspension, a procédé à une nouvelle nomination d'échevin et a proclamé élu M. Mahin, après deux tours de scrutin et un scrutin de ballottage;

Attendu que les délibérations qui confèrent un droit acquis à des tiers ne peuvent être retirées par les conseils communaux et ne peuvent disparaître que par la voie de l'annulation;

Attendu, en conséquence, que, dans l'espèce, le conseil communal ne pouvait procéder à une nouvelle élection d'échevin, le droit résultant pour M. Jacquemin de la délibération du 9 mars subsistant, malgré la suspension de cette délibération, jusqu'au moment où l'annulation serait prononcée; qu'on réalité la place d'échevin n'était donc pas vacante à la date du 26 mars...

Convocation. — Collège irrégulièrement composé. — Annulation. — **Arrêté royal du 22 juillet 1904.** (*Moniteur du 30 juillet.*)

Un arrêté royal du 22 juillet 1904, contresigné par M. de Trooz, ministre de l'intérieur, etc., annule une délibération prise par un conseil communal convoqué par le collège incomplet sans que le plus ancien conseiller eût été appelé.

Cet arrêté est ainsi motivé :

Attendu que la convocation du conseil communal pour la séance du 22 février a été faite par l'échevin faisant fonctions de bourgmestre, sans que M. Baudhuin, conseiller faisant fonctions d'échevin, ait été appelé à prendre part à une réunion du collège échevinal décidant cette convocation;

Vu les articles 62, 89, 86 et 87 de la loi communale...

Intérêt direct dans une délibération. — Violation de l'article 68, § 1er, de la loi communale. — Annulation. — **Arrêté royal du 30 décembre 1904.** (*Moniteur du 14 janvier 1905.*)

Un arrêté royal du 30 décembre 1904, contresigné par M. de Trooz, ministre de l'intérieur, etc., annule une délibération par laquelle un conseil communal avait accordé à un échevin et à un conseiller communal l'autorisation de prendre l'eau à la fontaine communale pour l'amener à leurs habitations.

Cet arrêté est fondé sur ce que l'échevin et le conseiller intéressés avaient pris part à la délibération en violation de l'article 68, 1o, de la loi communale.

Nomination. — Emploi non vacant. — Médecin vaccinateur. — **Arrêté royal du 30 janvier 1905.** (*Moniteur du 3 février.*)

Vu les délibérations des 18 janvier 1902 et 9 novembre 1903, parvenues le 11 novembre 1904 au gouvernement provincial du Brabant, par lesquelles le conseil communal de Braine-l'Alleud a nommé MM. les docteurs Jacqmain et Equenne aux fonctions de médecins vaccinateurs, respectivement pour les années 1903 et 1904;

Vu l'arrêté du gouverneur de la province de Brabant, du 13 décembre 1904, suspendant l'exécution de ces délibérations;

Vu l'arrêté de la députation permanente du conseil provincial, du 14 décembre 1904, maintenant la suspension;

Vu l'appel formé par le conseil communal, en recevant, dans sa séance du 24 décembre, communication des motifs de la suspension ;

Attendu que M. le docteur Delpierre a été nommé aux fonctions dont il s'agit, à titre permanent, par délibération du conseil communal du 16 novembre 1894; qu'en conséquence la place ne pouvait être ouverte que par suite de démission, de révocation ou de décès;

Que, dès lors, le conseil communal ne pouvait légalement nommer de nouveaux titulaires aux fonctions de médecin vaccinateur, cet emploi n'étant pas vacant;

Vu les articles 86 et 87 de la loi communale;

Sur la proposition de notre ministre de l'intérieur et de l'instruction publique,

Nous avons arrêté et arrêtons :

ARTICLE PREMIER. — L'appel précité du conseil communal de Braine-l'Alleud n'est pas accueilli; en conséquence, les délibérations du dit conseil, des 18 janvier 1902 et 9 novembre 1903, sont annulées.

Mention de cette disposition sera faite au registre des délibérations du dit conseil, en marge des actes annulés.

ART. 2. — Notre ministre de l'intérieur et de l'instruction publique est chargé de l'exécution du présent arrêté.

— Emploi non vacant. — Médecin vaccinateur et vérificateur des décès. — Remplacement sans révocation régulière préalable. — **Arrêté royal du 22 juillet 1904.** (*Moniteur du 30 juillet.*)

Un arrêté royal du 22 juillet 1904, contresigné par M. de Trooz, ministre de l'intérieur, etc., annule une délibération par laquelle un conseil communal avait nommé un médecin vaccinateur et vérificateur des décès en remplacement du titulaire en fonctions.

Cet arrêté est ainsi motivé :

Attendu que M. le Dr Godin a été nommé aux fonctions dont il s'agit, à titre permanent, par délibération du conseil communal du 31 mai 1901; qu'en conséquence la place ne pouvait être ouverte que par suite de démission, de révocation ou de décès; que, dès lors, le conseil communal ne pouvait légalement nommer un nouveau titulaire aux fonctions de médecin vaccinateur et vérificateur de décès, cet emploi n'étant pas vacant;

Attendu qu'on argumenterait vainement de ce que la délibération du conseil communal constitue en même temps une révocation du titulaire et la désignation de son successeur; qu'une telle mesure serait, en effet, irrégulière, l'intéressé n'ayant pas été entendu en ses explications au vœu de l'article 8 de la loi du 30 juillet 1903;

Attendu d'ailleurs que, bien que la révocation puisse être exécutée provisoirement, le conseil communal ne serait pas fondé à procéder *de plano* au remplacement du titulaire révoqué; que cette assemblée a seulement le droit de prendre des mesures temporaires pour assurer le service; qu'en effet la révocation est soumise à l'approbation de la députation permanente et, éventuellement, à notre contrôle, en cas de recours (loi du 30 juillet 1903, art. 1er);

qu'admettre le remplacement immédiat du titulaire révoqué exposerait la commune, au cas où la révocation ne serait pas approuvée, à se trouver engagée vis-à-vis de deux personnes ayant toutes deux des droits à un seul et même emploi...

Majorité absolue non atteinte. — Ballottage nécessaire. — Arrêté royal du 30 juillet 1904. (Moniteur du 11 septembre.)

Un arrêté royal du 30 juillet 1904, contresigné par M. de Trooz, ministre de l'intérieur, etc., annule une délibération par laquelle un conseil communal avait nommé au premier tour une maîtresse d'ouvroir sans qu'aucune des personnes présentées n'eût obtenu la majorité absolue et ordonné qu'il serait procédé à un scrutin de ballottage entre les deux candidats qui avaient obtenu le plus de voix au premier tour.

Cet arrêté est ainsi motivé :

Attendu que six conseillers ont pris part au scrutin pour la nomination de la maîtresse d'ouvroir dont il s'agit; que la dame Renard a obtenu 3 voix, la dame Lessenne 2, et la demoiselle Quiévreux 1; qu'aucune de ces personnes n'ayant réuni la majorité requise, il y avait lieu de procéder à un scrutin de ballottage entre les candidats qui ont obtenu le plus grand nombre de voix, c'est-à-dire entre les dames Renard et Lessenne;

Attendu que, dans ces conditions, la nomination de la dame Renard est entachée d'illégalité et que son annulation s'impose...

Ordre du jour. — Déclaration d'urgence. — Conseiller, frère d'une personne intéressée. — Annulation. — Arrêté royal du 18 avril 1905. (Moniteur du 27 avril.)

Un arrêté royal du 18 avril 1905, contresigné par M. de Trooz, ministre de l'intérieur, etc., annule une délibération par laquelle un conseil communal accorde par quatre voix contre trois à un habitant le droit de prendre gratuitement de l'eau à une fontaine communale.

Cet arrêté est ainsi motivé :

Attendu que la proposition votée ne figurait pas à l'ordre du jour de la séance et qu'elle n'a pas fait l'objet d'une déclaration d'urgence, conformément à l'article 63 de la loi communale :

Attendu, en outre, qu'un conseiller, frère de la personne à qui l'autorisation de prendre l'eau a été accordée par la résolution précitée du conseil, s'est refusé à quitter la séance pendant cette délibération, malgré l'invitation qui lui en avait été faite par le président, conformément à l'article 68, 1°, de la loi communale...

Droit d'initiative des conseillers communaux. — Interdiction de conditions restrictives. — Dépêche adressée le 29 août 1904 à un gouver-

neur de province par M. de Favereau, ministre des affaires étrangères, au nom de M. de Trooz, ministre de l'intérieur, etc., absent. (*Bulletin du ministère de l'intérieur, etc.*, 1904, II, 105.)

J'ai l'honneur de vous renvoyer les pièces qui accompagnaient votre référé du 23 août courant, relatif à une requête par laquelle M. C....., conseiller communal à S...., se plaint de ce que le bourgmestre de cette localité a refusé de faire porter par le collège, à l'ordre du jour de la séance du conseil communal du 16 juin dernier, deux propositions qu'il lui avait remises dans le délai fixé par l'article 63, alinéa dernier, de la loi communale.

Le bourgmestre, pour justifier son refus, s'est retranché derrière certaines dispositions du règlement d'ordre intérieur du conseil communal, dont les prescriptions n'avaient pas été observées par M. C.....

Aux termes de ces dispositions, toute proposition émanant d'un membre du conseil doit être accompagnée d'un rapport contenant un exposé des motifs; ce rapport doit être imprimé et distribué trois jours au moins avant la séance du conseil.

D'accord avec vous, Monsieur le gouverneur, j'estime que ces dispositions restreignent illégalement le droit d'initiative attribué aux conseillers communaux par l'article 63, alinéa dernier, de la loi communale, d'une part en subordonnant l'exercice de ce droit à la production d'un rapport, d'autre part en portant ainsi indirectement à trois jours au moins le délai de deux jours fixé par la loi pour la remise de la proposition au bourgmestre.

Le droit d'initiative des conseillers communaux n'est pas inconciliable avec les droits du conseil communal. Le but poursuivi par les dispositions précitées de faire soumettre au conseil des affaires étudiées est suffisamment sauvegardé par les développements que les auteurs des propositions donnent *en séance* et par le pouvoir souverain du conseil d'écarter ou d'ajourner la décision si l'affaire lui paraît incomplètement exposée.

Je ne puis, Monsieur le gouverneur, qu'appuyer la proposition que vous faites d'engager le conseil communal à reviser les dispositions précitées. Il ne sera pas inutile, en écrivant dans ce sens à M. le bourgmestre de S...., de lui signaler que le collège des bourgmestre et échevins n'est pas lié par les dispositions précitées dans l'exercice des attributions qu'il tient de la loi. Ces attributions comprennent le droit de convoquer le conseil communal et de régler l'ordre du jour et toute atteinte qui y serait portée par le conseil communal serait illégale.

La loi faisant au collège l'obligation de porter à l'ordre du jour les propositions qui sont remises au bourgmestre deux jours avant la séance, ce collège ne peut se dispenser de s'y conformer dès à présent et sans attendre la revision du règlement d'ordre intérieur du conseil.

Nomination d'échevins malgré la vacance de deux sièges de conseillers communaux. — Installation partielle en général impossible. — Cas spécial. — Dépêche adressée le 2 mars

1904 à un gouverneur de province par M. de Trooz, ministre de l'intérieur, etc. (*Bulletin du ministère de l'intérieur, etc.*, 1904, II, 28.)

Par votre lettre du 25 février, vous me demandez s'il y a lieu de suspendre l'exécution de la délibération par laquelle le conseil communal de B...a nommé deux échevins, pour le motif que cette élection a eu lieu alors que deux conseillers communaux n'ont pas encore été remplacés.

Il est en effet admis que l'élection des échevins ne peut avoir lieu qu'après l'installation de tous les membres du conseil. Toutefois, comme l'indique d'ailleurs la circulaire du 16 janvier 1896, qui rappelle cette règle, la vacance d'un siège, si celle-ci doit vraisemblablement se prolonger, ne met pas obstacle à l'installation des conseillers et à l'élection des échevins. Tel semble bien être le cas à B.., où deux convocations successives du corps électoral sont restées sans résultat, aucun candidat ne s'étant présenté pour les deux sièges revenant aux sections Les H... et La C...

Il ne me semble donc pas qu'il y aura lieu de suspendre la délibération en question pour ce motif.

Mais il résulte du procès-verbal joint à votre dépêche que sept conseillers ont pris part au vote et que, par conséquent, les anciens conseillers dont le mandat expirait le 31 décembre, et qui n'ont pas été remplacés, avaient voté.

Peut-on admettre que le conseil soit partiellement installé ? En règle générale, la question doit être résolue négativement à raison de l'impossibilité matérielle dans laquelle on se trouve de déterminer quels sont les conseillers dont les sièges restent vacants. Mais, dans l'espèce, les deux conseillers qui représentent chacun une section déterminée n'ont pu être remplacés et il semble que dans ces conditions, en présence des termes formels de l'article 82 de la loi du 12 septembre 1895, ils doivent être considérés comme restant en fonctions.

J'estime en conséquence, Monsieur le gouverneur, que la délibération prise par le conseil communal de B..., le 27 février, peut sortir ses effets.

Je vous prie toutefois, Monsieur le gouverneur, de bien vouloir examiner s'il ne conviendrait pas d'engager la députation permanente à modifier la répartition des sièges au conseil entre les diverses sections de la commune de B..., à l'effet d'assurer le renouvellement normal du conseil.

Voy. BOURGMESTRE. — BUREAU DE BIENFAISANCE. — CIMETIÈRE. — COLLÈGE DES BOURGMESTRE ET ÉCHEVINS. — CONSEILLER COMMUNAL. — ÉCHEVINS. — EMPLOYÉS COMMUNAUX.

Conseiller communal. — *Cumul du mandat et de fonctions salariées par la commune. — Déchéance du mandat de conseiller.* — Arrêté royal du 22 novembre 1904, contresigné par M. de Trooz, ministre de l'intérieur, etc. (*Moniteur* du 24 novembre.)

Vu la délibération du... par laquelle le conseil communal de Montignies-sur-Roc (province de Hainaut), se fondant sur l'incompatibilité légale qui existe entre les fonctions de médecin vaccinateur payé par la commune et le mandat de conseiller communal, a décidé de remplacer dans ses fonctions de médecin vaccinateur pour la commune, M. M..., élu conseiller communal en octobre 1903 et installé au commencement de 1904 ;

Vu l'arrêté du gouverneur... ;

Attendu que la prestation de serment de M. M..., en qualité de conseiller communal, ne permettait pas à elle seule de le considérer comme démissionnaire de son emploi de vaccinateur ;

Attendu que M. M.., installé en qualité de conseiller communal, continuait à exercer les fonctions de vaccinateur au mépris de la prohibition légale ; il appartenait au collège des bourgmestre et échevins de constater sa déchéance des fonctions de conseiller communal ;

Attendu qu'aucune disposition légale n'autoriserait le conseil communal à considérer M. M... comme déchu des fonctions de vaccinateur ; que l'intéressé ne pouvait, en effet, être privé de cet emploi que par une révocation prononcée dans les formes légales ;

Attendu que, considérée comme ayant pour objet la révocation de M. M..., la délibération du 12 juin 1904 serait d'ailleurs illégale ; qu'en effet elle ne renferme pas la mention qu'elle aurait été prise au scrutin secret et à huis clos et que l'intéressé aurait été entendu selon le prescrit de la loi du 30 juillet 1903 ;

Vu les articles 86 et 87 de la loi communale ;

Sur la proposition de notre ministre de l'intérieur et de l'instruction publique,

Nous avons arrêté et arrêtons :

La délibération susmentionnée du conseil communal de Montignies-sur-Roc, du 12 juin 1904, est annulée.

Mention de cette disposition sera faite au registre des délibérations du dit conseil, en marge de l'acte annulé.

Déchéance. — Domicile. — Arrêté royal du 6 avril 1904. (*Moniteur* du 22 avril.)

Un arrêté royal du 6 avril 1904, contresigné par M. de Trooz, ministre de l'intérieur, etc., réforme une décision par laquelle la députation permanente de Liége avait maintenu en fonctions un conseiller communal déclaré déchu de son mandat.

Cet arrêté est ainsi motivé :

Attendu que l'intéressé a transféré, depuis le 15 mars 1903, son foyer domestique à Amay, mais qu'il prétend néanmoins avoir conservé à Ombret-Rausa le centre de ses occupations professionnelles et, par suite, son domicile ; qu'à l'appui de cette allégation, il fait valoir qu'au moment où sa famille se fixait à Amay, il a loué à Ombret une chambre et un atelier de peinture où il a continué à loger et à exercer son métier de peintre ;

Attendu, toutefois, qu'il est établi que, jusqu'en octobre 1903, M. Soeku n'a jamais habité la chambre qu'il avait louée, et que c'est seulement après que sa déchéance eût été demandée qu'il est venu l'occuper à de rares intervalles ;

que, d'autre part, si l'intéressé prouve que des correspondances commerciales lui étaient adressées à Ombret-Rausa postérieurement au 15 mars 19 3, il résulte, par contre, des renseignements recueillis que, depuis cette date, c'est invariablement à Amay que ces correspondances ont été remises;

Attendu que de ces différents faits il y a lieu de conclure que M. Socku a transféré à Amay son foyer domestique et le centre de ses relations professionnelles; que c'est donc dans cette commune qu'il a fixé son principal établissement et son domicile ;

Attendu, en conséquence, qu'il a perdu l'une des conditions d'éligibilité en tant que conseiller communal à Ombret-Rausa, et qu'il ne peut être maintenu dans ses fonctions...

— *Domicile.* — Arrêté royal du 27 avril 1904. (*Moniteur* du 1er mai.)

Un arrêté royal du 27 avril 1904, contresigné par M. de Trooz, ministre de l'intérieur, etc., réforme une décision par laquelle la députation permanente de Liége avait maintenu en fonctions un conseiller communal dont la déchéance avait été constatée.

Cet arrêté est ainsi motivé :

Attendu qu'il est établi que, depuis le mois de juin 1902, M. Nibus (Etienne) habite à Fouron-le-Comte et qu'il a transféré dans cette commune son ménage et son foyer domestique; qu'il n'a conservé à Teuven qu'une chambre meublée dans la maison qu'il occupait antérieurement et qui est actuellement habitée par son fils Joseph Nibus, marié en juin 1902; que c'est son fils également qui exerce aujourd'hui le commerce de marchand meunier et qui exploite la ferme que possède, à Teuven, M. Nibus (Etienne);

Attendu que l'intéressé fait valoir, il est vrai, que son installation à Fouron-le-Comte n'est pas définitive; que c'est à Teuven qu'il entend conserver sa résidence principale; que le moulin et la ferme de Teuven n'ont pas été cédés à son fils, qui gère simplement les affaires pour le compte de son père, et que lui-même se rend régulièrement à Teuven une fois par semaine pour surveiller l'exploitation et donner les instructions nécessaires ;

Attendu, toutefois, que, même en se fondant sur ces déclarations de l'intéressé, il en résulterait tout au plus que M. Nibus (Etienne), tout en ayant fixé son foyer domestique à Fouron-le-Comte, aurait conservé à Teuven une seconde résidence et ses intérêts d'affaires; qu'il posséderait, dès lors, deux établissements, l'un à Fouron-le-Comte, l'autre à Teuven;

Attendu qu'il conviendrait, dans ces conditions, d'examiner lequel de ces deux établissements est le principal, et constitue le domicile de l'intéressé;

Attendu qu'en règle générale c'est là où une personne a établi sa résidence permanente et où elle possède son foyer domestique que se trouve également son domicile; que c'est là, en effet, « le lieu d'où cette personne ne s'éloigne qu'avec le désir et l'espoir d'y revenir dès que la cause de son absence aura cessé » (Exposé des motifs du titre III, livre I, du code civil);

Attendu que, dans l'espèce, il n'existe aucune raison spéciale qui autoriserait une dérogation à cette règle; que c'est, par conséquent, dans la commune de Fouron-le-Comte, où il habite d'une façon continue et permanente avec sa famille, où il possède son ménage et son foyer domestique, que M. Nibus (Etienne) a fixé son principal établissement et son domicile; qu'il importe peu, d'ailleurs, que son installation dans cette commune n'ait pas eu lieu sans esprit de retour; qu'il suffit que les circonstances dans lesquelles M. Nibus est venu habiter à Fouron-le-Comte témoignent, à un moment donné, de son intention d'y fixer son principal établissement, son domicile;

Attendu, en conséquence, que M. Nibus (Etienne) a cessé d'être domicilié à Teuven, qu'il a perdu l'une des conditions d'éligibilité requises et qu'il ne peut être maintenu dans ses fonctions de conseiller communal...

— *Nationalité.* — *Habitant de la partie du Luxembourg cédée par le traité de 1839, se rattachant par sa filiation au territoire resté belge.* — Arrêté royal du 3 juin 1905, contresigné par M. de Trooz, ministre de l'intérieur, etc. (*Moniteur* du 6 juin.)

Vu la décision, en date du 29 septembre 1904, par laquelle la députation permanente du conseil provincial du Luxembourg déclare M. Dussart (Léon) déchu de son mandat de conseiller communal de Saint-Hubert;

Vu le recours formé, le 7 octobre suivant, par le gouverneur de la province contre cette décision;

Vu les résultats de l'enquête ordonnée par notre arrêté du 5 novembre dernier;

Attendu que l'arrêté de la députation permanente se fonde sur ce que M. Dussart (Jean-Jacques), père du conseiller communal en cause, est né, le 18 avril 1839, dans la partie du territoire cédée au grand-duché de Luxembourg par le traité du 19 avril 1839 et n'a pas fait l'option de patrie prévue par ce traité; qu'il est, par conséquent, devenu Luxembourgeois et que son fils, né en Belgique, n'a pas, à sa majorité, fait la déclaration prescrite par l'article 9 du code civil;

Attendu que la députation permanente constate, en outre, qu'il n'y a pas lieu de distinguer entre les naturels des parties cédées du territoire et ceux qui, par leur filiation, se rattachent aux provinces restées belges;

Attendu qu'il est admis par une jurisprudence constante, consacrée notamment par un arrêt de la cour de cassation du 15 mai 1905, qui ordonne la réinscription de M. Dussart (Léon) sur les listes électorales de Saint-Hubert, que les traités de 1839 n'ont atteint que les naturels des parties du territoire cédé, c'est-à-dire ceux qui se rattachent à ce territoire par leur filiation;

Attendu que M. Dussart (Henri-Joseph) et M. Dussart (François), grand-père et bisaïeul de M. Dussart (Jean), sont nés à Erezée respectivement le 5 pluviôse an XII et le 1er novembre 1767 de parents domiciliés dans cette commune; que la nationalité de ce dernier, né avant la promulgation du code civil, a été réglée suivant les principes du *jus soli*, en vigueur sous l'ancien régime;

Attendu, en conséquence, que M. Dussart (Jean-Jacques), père du conseiller communal en cause, a conservé, en vertu de l'article 10 du code civil, et sans qu'il eût de déclaration à faire, la nationalité belge qu'il tenait de son grand-père, né sur le territoire actuel de la Belgique; que M. Dussart (Léon), né en Belgique d'un père belge, est incontestablement Belge;

Vu l'article 81 de la loi du 12 septembre 1895;

Sur la proposition de notre ministre de l'intérieur et de l'instruction publique,

Nous avons arrêté et arrêtons :

La décision prémentionnée de la députation permanente du conseil provincial du Luxembourg est réformée. M. Dussart (Léon) est maintenu dans ses fonctions de conseiller communal de Saint-Hubert.

Mention de cette disposition sera faite au registre des délibérations de la députation permanente, en marge de l'acte réformé.

Défaut de convocation d'un conseiller. — Nomination d'un membre du bureau de bienfaisance. — Annulation. — Arrêté royal du 7 mars 1904. (*Moniteur* du 19 mars.)

Un arrêté royal du 7 mars 1904, contresigné par M. Van den Heuvel, ministre de la justice, annule une délibération par laquelle le conseil communal de Moerbeke lez-Grammont nomme un membre du bureau de bienfaisance de cette localité.

Cette décision est basée sur ce que l'un des membres du conseil communal n'avait pas été convoqué à la séance.

Incompatibilités. — Inspecteur des propriétés des hospices civils. — Arrêté royal du 3 mars 1904. (*Moniteur* du 16 mars.)

Un arrêté royal du 3 mars 1904, contresigné par M. Van den Heuvel, ministre de la justice, réforme un arrêté par lequel la députation permanente du conseil provincial du Brabant avait rejeté une somme de 200 francs du compte des hospices civils de Léau.

Cet arrêté est ainsi motivé :

Vu l'arrêté de la députation permanente du conseil provincial du Brabant, en date du 10 août 1904, portant que l'article 3 de la 3ᵉ section des dépenses ordinaires du compte de 1902 des hospices civils de Léau est réduit de 465 francs à 265 francs;

Attendu que cette réduction de 200 francs concerne le traitement de l'inspecteur des propriétés des hospices civils;

Vu le recours pris contre cette décision auprès du gouvernement par M. le gouverneur du Brabant, le 10 août 1904, et notifié le même jour à la députation permanente du conseil provincial;

Attendu que la décision de la députation permanente est basée sur ce que le payement de cette somme de 200 francs a été fait au profit de l'inspecteur des propriétés, qui cumule avec ces fonctions celles de conseiller communal ;

Attendu que la nomination de l'inspecteur des propriétés appartient à la commission administrative des hospices civils ;

Attendu que le droit de nomination comporte celui de fixation du traitement dans les limites du budget;

Attendu que la décision précitée de la députation permanente du conseil provincial du Brabant porte atteinte aux droits de la commission administrative des hospices civils et qu'elle est, dès lors, contraire à la loi;

Attendu que la nomination de l'inspecteur des propriétés n'a pas été annulée par l'autorité supérieure, qu'elle doit donc sortir ses pleins et entiers effets;

Attendu, au surplus, qu'aucune disposition légale ne stipule d'incompatibilité entre les fonctions de conseiller communal et celles d'inspecteur des propriétés des hospices civils;

Vu les articles 7 de la loi du 16 messidor an VII, 79 de la loi communale, 89, 116 et 125 de la loi provinciale...

Suppléants. — Installation. — Prestation de serment malgré un désistement antérieur. — Arrêté royal du 26 mai 1904. (*Moniteur* du 5 juin.)

Un arrêté royal du 26 mai 1904, contresigné par M. de Trooz, ministre de l'intérieur, réforme une délibération par laquelle la députation permanente du Hainaut ordonne l'installation de M. Dufour en qualité de conseiller communal de Mesvin.

Cet arrêté est ainsi motivé :

Vu l'arrêté du 29 avril 1904, par lequel la députation permanente du conseil provincial du Hainaut, statuant sur la réclamation de MM. Rivart, Dufour et consorts, déclare, en vertu de l'article 80 de la loi du 12 septembre 1895, M. Philippe Dufour maintenu dans ses fonctions de conseiller communal et ordonne son installation en cette qualité ;

Vu le recours formé, le 5 mai 1904, contre cette décision par le gouverneur de la province ;

Attendu que, dans la séance d'installation du 26 janvier 1904, M. Rivart, bien qu'il eût antérieurement transmis par écrit son désistement à l'administration communale de Mesvin, a néanmoins prêté le serment de conseiller communal et a été installé en cette qualité; qu'en accomplissant cette formalité il annulait par le fait même le désistement qu'il avait formulé, et rendait impossible l'installation de son beau-père, M. Philippe Dufour ;

Attendu, en conséquence, que c'est à bon droit que le bourgmestre de Mesvin a refusé d'admettre M. Dufour au serment, et que M. Bauvois, le premier suppléant de sa liste, a été installé après vérification de ses pouvoirs par le conseil communal...

Cumul avec des·fonctions rétribuées par un bureau de bienfaisance. — Principes. — Dépêche adressée le 8 mars 1905 à un gouverneur de province par M. de Trooz, ministre de l'intérieur, etc. (*Bulletin du ministère de l'intérieur, etc.*, 1904, II, 25.)

Comme suite à votre dépêche du 27 février 1905, relative à la réclamation de M. T...., je viens vous rappeler la circulaire de mon département en date du 10 mai 1904. Cette circulaire précise l'interprétation à donner à la circulaire que vous invoquez et qui est cotée du 13 novembre 1899 ; elle rappelle notamment que, lorsqu'il n'existe pas d'incompatibilité, non seulement il n'y a pas lieu de s'opposer d'une manière absolue à l'exercice d'un cumul qui pourrait éventuellement donner lieu à l'application de l'article 245 du code pénal, mais aussi qu'une intervention de votre part ne doit revêtir ni le caractère d'un ordre ni même celui d'un conseil.

L'article 245 du code pénal est une menace pour ceux qui, placés dans cette situation, abuseraient de leurs fonctions dans un intérêt particulier ; mais, comme l'a constaté le comité de législation, le texte même de l'article établit que celui-ci n'est pas applicable quand il résulte des circonstances que le magistrat n'a pu favoriser son intérêt privé au détriment du public.

Votre intervention ne doit donc avoir qu'un seul but : celui d'attirer l'attention de l'intéressé sur le danger que présenterait éventuellement pour lui le cumul, par la menace de l'article 245 du code pénal, en cas d'abus, mais nullement celui de l'engager à opter entre son mandat de conseiller et des fonctions rétribuées par un tableau de bienfaisance.

Je vous prie donc d'écrire d'urgence dans ce sens à M. T..., qui doit rester seul juge de l'opportunité qu'il y aurait à opter entre les deux fonctions qu'il exerce.

Incompatibilités. — Cumul de fonctions communales avec celles de médecin du bureau de bienfaisance et de médecin des hospices civils. — Instructions. — Dépêche adressée le 10 mai 1904 à un gouverneur de province par M. de Trooz, ministre de l'intérieur, etc. (1) (*Bulletin du ministère de l'intérieur, etc.*, 1904, II, 61.)

J'ai l'honneur de vous faire savoir que je me rallie à l'opinion exprimée dans votre dépêche du 11 courant. Aucune disposition légale n'interdit à MM. P..... et M...., conseillers communaux de J...., d'exercer en même temps les fonctions de médecin du bureau de bienfaisance et de médecin des hospices civils.

En ce qui concerne les recommandations que vous exprimez l'intention d'adresser aux intéressés en exécution de la circulaire du 13 novembre 1899, je crois devoir vous faire remarquer que ces recommandations ne doivent pas avoir le caractère d'un ordre ni même celui d'un conseil. .

_____

(1) Cette dépêche a été communiquée, le 26 mai 1904, aux autres gouverneurs de province.

L'observation finale de la circulaire que vous rappelez n'a pas toujours été exactement interprétée. Elle ne doit pas être prise isolément et comprise en ce sens que l'autorité administrative doit, d'une manière absolue, mettre obstacle à l'exercice du cumul en question. Cette conclusion serait en opposition avec le texte même de la circulaire.

Dans la discussion du budget du département de l'intérieur, j'ai été amené à exposer cette question devant le Sénat. J'ai dit notamment dans la séance du 24 février ce qui suit :

« L'honorable rapporteur a soulevé le point de savoir si un médecin des pauvres pouvait cumuler cette situation avec celle de bourgmestre. Il y a, Messieurs, une première distinction qui doit être faite. S'il s'agit d'un médecin des pauvres, voire d'un pharmacien des pauvres, nommé par le conseil communal, il est évident que celui-ci ne peut pas cumuler ces fonctions avec celles de bourgmestre. La loi communale est formelle à cet égard, et il n'y a place pour aucune controverse ; j'en tombe d'accord avec l'honorable rapporteur.

« S'agit-il, au contraire, d'un médecin du bureau de bienfaisance ou d'un pharmacien d'une administration charitable, celui-ci peut-il remplir cette fonction en même temps que celle do bourgmestre ? Messieurs, je pense que oui, car il n'y a, d'après la loi communale, aucune incompatibilité et, dès lors, j'estime pouvoir investir un médecin du bureau de bienfaisance ou un pharmacien d'administration charitable de l'écharpe de bourgmestre. »...

Le doute toutefois peut surgir — et il a surgi précédemment — à raison de l'article 245 du code pénal. Le Sénat connaît cet article, je ne le relirai pas, mais je constaterai que le comité de législation, tout en disant qu'il est des cas où il appartient aux tribunaux d'examiner si l'article 245 doit être appliqué à un bourgmestre qui serait en même temps pharmacien ou médecin du bureau de bienfaisance, déclare ce qui suit :

« Le cumul des fonctions de bourgmestre ou d'échevin avec l'emploi de médecin ou de pharmacien de bureau de bienfaisance peut donc être toléré quand les circonstances démontrent que ces magistrats n'ont pu favoriser leur intérêt privé au détriment du public.

« Il paraît même impossible d'éviter ce cumul dans les communes où il n'existe qu'un seul médecin ou un seul pharmacien. En pareil cas, la nécessité fait loi et le cumul des deux fonctions trouve son excuse et sa justification dans le texte même de l'article 245 du code pénal. »

De ce que je viens de dire il résulte que, de l'avis du ministre de la justice, de l'avis de votre commission de l'intérieur, de l'avis du comité de législation, il n'y a pas nécessairement incompatibilité entre les fonctions de bourgmestre et celles de médecin des pauvres ou de pharmacien de la bienfaisance publique.

Dans ces déclarations, je visais uniquement les bourgmestres, mais il est évident qu'elles s'appliquent avec plus de force aux simples conseillers communaux.

Il ne me paraît donc pas y avoir lieu d'engager MM. P..... et M..... à opter entre leur mandat de conseiller et leurs fonctions respectivement de médecin des pauvres et de médecin des hospices civils, mais il peut être utile d'appeler leur attention sur les observations auxquelles a donné lieu l'éventualité d'une application de l'article 245 du code pénal en cas d'abus occasionnés par le cumul.

Prestation de serment malgré l'invalidation de l'élection. — Nullité. — Dépêche adressée le 17 mai 1904 à un gouverneur de province par M. de Trooz, ministre de l'intérieur, etc. (*Bulletin du ministère de l'intérieur, etc.*, 1904, II, 65.)

Vous m'avez signalé, par votre dépêche du 4 mai courant, l'irrégularité commise à E..., où M. R..., dont la députation permanente a invalidé l'élection, a néanmoins prêté serment en qualité de conseiller communal.

Il me paraît toutefois superflu de recourir à l'annulation de l'acte d'installation dont votre arrêté a suspendu les effets.

Il est à remarquer que c'est sans titre ni qualité que M. R.. a prêté le serment exigé des conseillers communaux; or, si le serment habilite à l'exercice des fonctions publiques ceux qui ont, au préalable, été investis de ces fonctions par une nomination ou par une élection définitive, cette formalité ne constitue plus qu'un acte nul et sans valeur qui ne peut conférer aucun droit lorsqu'elle est accomplie par une personne sans titre aucun à l'exercice d'un mandat public.

J'estime donc, Monsieur le gouverneur, qu'il y a lieu de ne tenir aucun compte de la prestation de serment de M. R..., et d'inviter l'administration communale d'E..., sous peine d'y être contraint au besoin par l'envoi d'un commissaire spécial, à procéder à l'installation de M. D..., dont les pouvoirs de conseiller communal ont été validés par la députation permanente.

Voy. CONSEIL COMMUNAL. — LOIS ÉLECTORALES.

Conseils de prud'hommes. — *Réunion de communes pour le vote.* — Arrêté royal du 8 février 1905, contresigné par M. Francotte, ministre de l'industrie, etc. (*Moniteur* du 11 février.)

Vu l'article 3 de la loi du 20 novembre 1896, modifiant certaines dispositions de la loi du 31 juillet 1889, organique des conseils de prud'hommes ainsi conçu :

« Le vote a lieu à la commune. Toutefois, les communes qui comptent moins de trente électeurs pourront être réunies pour former une section de vote à une ou plusieurs communes contiguës. Le groupement de ces communes est opéré par arrêté royal, la députation permanente entendue. L'arrêté indique la commune où il est procédé au vote. »

Considérant qu'il y a lieu d'opérer ce groupement, en ce qui concerne l'assemblée des électeurs chefs d'industrie, pour les élections aux conseils de prud'hommes de Namur et de Seraing;

Vu les avis émis par les députations permanentes des provinces de Liége et de Namur;

Revu notre arrêté du 6 février 1899;

Sur la proposition de notre ministre de l'industrie et du travail,

Nous avons arrêté et arrêtons :

Les électeurs chefs d'industrie des communes indiquées dans la deuxième colonne du tableau annexé au présent arrêté voteront, pour les élections aux conseils de prud'hommes, dans les communes indiquées en regard dans la troisième colonne de ce tableau.

Tableau des communes réunies pour le vote lors des élections aux conseils de prud'hommes.

NUMÉROS d'ordre.	COMMUNES dont les électeurs se rendront dans une commune voisine pour le vote.	COMMUNES où voteront les électeurs des communes indiquées dans la colonne 2.
1.	2.	3.

PROVINCE DE LIÉGE.

CONSEIL DE PRUD'HOMMES DE SERAING.

Assemblée des électeurs chefs d'industrie.

1	Boncelles. Ougrée. Plainevaux. Ramet.	Seraing.

PROVINCE DE NAMUR.

CONSEIL DE PRUD'HOMMES DE NAMUR.

Assemblée des électeurs.

	Bouge Champion Saint Marc.	Vedrin.
2	Rhisnes. Spy. Saint-Servais.	Namur.
3	Flawinne Moustier.	Floriffoux.
4	Beez. Marche-les-Dames. Vezin.	Namêche.

— *Élection. — Annulation. — Notification de la demande aux intéressés.*

La demande d'annulation d'une élection au conseil de prud'hommes doit, sous peine de non-recevabilité, être notifiée, par huissier aux intéressés, dans les dix jours de la date du procès-verbal de l'élection. — Cour d'appel de Bruxelles, 13 avril 1904, *Pasic.*, 1904, II, 223.

Culte. — *Presbytère. — Fourniture. — Commune. — Fabrique d'église.*

Aux termes de l'article 72 de la loi du 18 germinal an X, du décret du 30 mai 1806, des articles 92 et 93 du décret du 30 décembre 1809, si la fourniture du presbytère, du logement ou d'une indemnité pécuniaire en tenant lieu, n'est imposée aux communes, vis-à-vis des curés ou desservants, à titre d'obligation principale, cette obligation n'est pas absolue et reçoit exception lorsque la fabrique d'église est en mesure de fournir le presbytère. En pareil cas, le curé ou desservant n'est pas fondé à réclamer une indemnité pécuniaire à la commune, et la fabrique d'église est seule tenue vis-à-vis de lui. Il en doit être d'autant plus ainsi qu'aux termes d'une jurisprudence judiciaire et administrative ancienne, et abandonnée seulement pendant peu d'années, les fabriques d'église trouvent dans l'article 910 du code civil et dans le décret du 30 mai 1806 la capacité nécessaire pour posséder des presbytères, d'où résulte pour elles, lorsqu'elles possèdent des immeubles de ce genre, l'obligation de les affecter à leur destination, à la décharge des communes.

L'aliénation d'une maison léguée à la fabrique, à destination de presbytère, ne peut affranchir celle-ci de son obligation, la charge de l'immeuble étant reportée sur le prix, conformément à l'article 21 de la loi du 17 avril 1835. — Tribunal civil de Bruxelles, 17 juillet 1903, *Pasic.*, 1904, III, 82.

— *Fourniture.* — *Donation d'immeubles à la fabrique d'église.* — *Obligation de la commune.*

Une donation d'immeubles, meubles et ornements nécessaires à l'exercice du culte, notamment un bâtiment d'habitation, une chapelle et des meubles ou objets mobiliers, faite à une fabrique d'église, n'a pas toujours pour conséquence de décharger la commune de l'obligation lui imposée par l'article 131, 13°, de la loi du 30 mars 1836, de payer une indemnité de logement au desservant, conformément aux dispositions existantes, lorsque le logement n'est pas fourni en nature, la commune étant étrangère à l'acte de donation et aux arrangements qui ont pu intervenir entre la fabrique et le desservant, et les dispositions de la loi du 18 germinal an x, des décrets du 30 mai 1806 et 30 décembre 1809 ne pouvant, en semblable cas, être utilement opposés. Il importe, au surplus, de rechercher l'intention du donateur, et de voir s'il a voulu exonérer la commune d'une obligation que la loi lui impose, ou s'il a uniquement cherché, dans une intention pieuse, à faire bénéficier la fabrique de sa générosité. — Tribunal civil de Bruxelles, 6 février 1904, *Pasic*, 1904, III, 108.

— *Indemnité.* — *Montant.* — *Circonstances locales.*

Le montant de l'indemnité de logement, due à un curé à défaut de presbytère ou d'habitation que la commune est tenue de lui fournir, dépend des exigences locales, mais doit permettre de lui assurer une habitation convenable et appropriée à ses fonctions, telles qu'elles sont définies par les règlements et décisions ecclésiastiques; notamment elle doit être située à proximité de l'église, renfermer tous les locaux nécessaires à la destination ci-dessus déterminée et être pourvue du jardin contigu, prescrit par l'article 72 de la loi du 11 germinal an x. — Tribunal civil de Bruxelles, 5 décembre 1903, *Pasic.*, 1904, III, 94.

Voy. ENSEIGNEMENT PRIMAIRE.

D

Décoration civique. — *Remise aux intéressés des diplômes et insignes.* — Circulaire adressée le 7 décembre 1904 aux gouverneurs de province par M. de Trooz, ministre de l'intérieur, etc. (*Bulletin du ministère de l'intérieur, etc.*, 1904, II, 121.)

Dans le but de rehausser la valeur de la décoration civique, destinée à honorer les services rendus pendant une longue carrière, j'ai décidé, pour ma part qu'à l'avenir cette marque de distinction devrait toujours être remise aux bénéficiaires par les chefs des administrations ou établissements auxquels ils ressortissent, dans le cas où je ne me réserverais pas ce soin.

Vous voudrez donc bien dorénavant, Monsieur le gouverneur, remettre vous-même ou transmettre par lettre aux fonctionnaires et agents de votre administration et de la province les diplômes et insignes de la décoration civique qui leur seront destinés et qui vous seront envoyés à ces fins par mon département.

Les mêmes instructions sont données directement à MM. les commissaires d'arrondissement pour ce qui regarde leurs subordonnés.

Je vous saurais gré, Monsieur le gouverneur, d'informer MM. les bourgmestres de votre province de la décision que je viens de prendre et de les inviter, pour autant que de besoin, à agir de même en ce qui concerne les fonctionnaires et agents communaux.

Décorations industrielles. — *Propositions.* — *Instructions.* — Circulaire adressée le 15 février 1905 aux gouverneurs de province par M. Francotte, ministre de l'industrie, etc.

A l'occasion du 75e anniversaire de notre indépendance nationale, une solennité spéciale sous forme de fête du travail sera consacrée, cette année, à la distribution des décorations ouvrières industrielles et agricoles.

En vue de pouvoir procéder en temps utile et dans les meilleures conditions de réussite aux multiples mesures d'organisation de cette fête, il est indispensable que le travail général des décorations industrielles pour 1905 se fasse sans retard et soit clôturé plus tôt que d'habitude.

J'ai donc devoir vous prier, Monsieur le gouverneur, d'activer tout particulièrement l'instruction des propositions qui vous seront adressées et de faire réclamer, en temps opportun, les dossiers aux administrations communales.

Les demandes de décoration industrielle en faveur d'employés ou d'ouvriers doivent être faites dès maintenant, et, au plus tard, *avant le 15 avril.* Les propositions qui me parviendront après cette date seront ajournées à l'année suivante.

Le travail d'instruction des demandes devra être clôturé le 15 mai au plus tard. Les dossiers qui me parviendront après cette date ne seront plus compris dans le travail général de cette année.

J'appelle votre attention sur les renseignements d'état civil; j'y ai relevé fréquemment des contradictions et des omissions telles que : dates de naissance non indiquées, noms différemment orthographiés dans un même dossier, prénoms incomplets, etc.

Les renseignements relatifs au casier judiciaire doivent être recueillis avec soin Il arrive qu'à l'occasion d'une instruction complémentaire mon département apprenne une con damnation que la première feuille de renseignements lui avait laissé ignorer.

Il importe, en outre, que je sois informé des modifications qui pourraient se produire dans la situation d'un candidat à la décoration industrielle, soit qu'il survienne une condamnation, soit qu'il se produise un décès, etc.

On néglige souvent de répondre à la question : « L'intéressé a-t-il déjà reçu la décoration industrielle » ? Il est pourtant facile d'interroger à ce sujet l'intéressé lui-même et de le prier éventuellement de produire son diplôme de 2ᵉ classe.

Les administrations communales sont d'ailleurs en mesure de contrôler elles-mêmes ce point, au moyen des arrêtés de décoration industrielle que mon département leur notifie par votre entremise. Quant aux listes du travail général annuel, qui sont trop considérables et dont l'impression ne se fait plus qu'à un petit nombre d'exemplaires, elles sont publiées au Moniteur, où les administrations communales peuvent relever les noms des décorés de leur ressort.

Un grand nombre de demandes de décoration me parviennent accompagnées de certificats relatifs aux services des candidats. Ces certificats, étant pour les intéressés des pièces utiles à conserver, me sont réclamés par la suite. Il serait plus simple de ne joindre au dossier que des copies certifiées conformes par l'administration communale.

L'arrêté royal du 15 décembre 1903 limite l'extension de la décoration industrielle aux « employés d'industrie et de commerce ». On ne peut donc ranger dans cette catégorie ceux qui possèdent une entreprise à titre de propriétaires ou de copropriétaires, pas plus que ceux entre les mains de qui l'autorité et la direction se trouvent placées.

Les voyageurs de commerce sont désignés tantôt comme commis voyageurs, tantôt comme représentants de commerce, agents commerciaux, etc. Il convient de mentionner dans chaque cas s'il s'agit bien d'un employé voyageant pour le compte d'un établissement industriel ou commercial et de bien établir s'il ne s'agit pas d'un patron qui voyage pour son propre compte.

Ces indications complètent les instructions qui font l'objet de mes circulaires du 31 décembre 1902 et de ma communication du 23 février 1903.

Veuillez, Monsieur le gouverneur, les porter à la connaissance des administrations communales de votre province par la voie du Mémorial administratif.

Denrées alimentaires. — *Commerce du beurre et de la margarine.* — *Règlement.* — *Modification à l'arrêté royal du 20 octobre 1903 (1).* — Arrêté royal du 18 septembre 1904, contresigné par M. van der Bruggen, ministre de l'agriculture (*Moniteur des 26-27 septembre.*)

Vu la loi du 4 août 1890, relative à la falsification des denrées alimentaires;

Vu la loi du 12 août 1903, ayant pour objet la répression des fraudes commises au moyen de la margarine;

Vu l'arrêté royal du 20 octobre 1903, relatif au commerce du beurre et de la margarine;

Considérant que des fraudes nombreuses se commettent à l'occasion de la vente du beurre mélangé d'eau;

Sur la proposition de notre ministre de l'agriculture,

Nous avons arrêté et arrêtons :

L'article 6 de l'arrêté royal du 20 octobre 1903, relatif au commerce du beurre et de la margarine, est remplacé par les dispositions suivantes :

« Le beurre contenant plus de 18 p. c. de substances autres que la matière grasse et le sel ne pourra être vendu, livré, exposé en vente, détenu ou transporté pour la vente ou pour la livraison que renfermé, pour le commerce de gros, dans des récipients en bois hermétiquement clos; pour le commerce de détail, dans des emballages en papier ou carton maintenus par une ficelle croisée, scellée ou plombée.

« La nature et la proportion exacte des substances autres que la matière grasse et le sel seront indiquées par l'inscription encadrée ci-dessous, imprimée directement, en caractères noirs bien nets, sur deux faces opposées des emballages, même intérieurs. L'inscription sera en langue française sur une face, en langue flamande sur l'autre :

BEURRE MÉLANGÉ D'EAU
—
A V I S
—
Ce beurre contient ... pour cent d'eau (caséine, lactose). Un beurre pur n'en contient pas plus de 18 pour cent.

« L'inscription et le cadre seront identiques sous tous rapports, au modèle ci-dessus ; toutefois, l'œil des caractères pourra être un peu plus fort que celui indiqué et, pour le commerce de gros, la hauteur des lettres ainsi que les côtés du cadre seront triplés.

« Chaque inscription sera isolée et complètement visible sur deux des faces du produit emballé.

« Il est interdit d'ajouter sur l'emballage des

---

(1) Voy. JOURNAL 1903-1904, p. 601.

indications autres que celles relatives à la firme du producteur ou du vendeur, comme aussi de placer les inscriptions ci-dessus ou des inscriptions analogues sur des enveloppes de beurre pur. »

Commerce du beurre, de la margarine et des graisses alimentaires. — Modification à l'arrêté royal du 20 octobre 1903. — Arrêté royal du 21 novembre 1904, contresigné par M. van der Bruggen, ministre de l'agriculture. (Moniteur du 23 novembre.)

Vu la loi du 4 août 1890, relative à la falsification des denrées alimentaires ;

Vu la loi du 12 août 1903, ayant pour objet la répression des fraudes commises au moyen de la margarine ;

Vu l'arrêté royal du 20 octobre 1903 relatif au commerce du beurre, de la margarine et des graisses alimentaires ;

Vu l'avis conforme du conseil supérieur d'hygiène publique ;

Sur la proposition de notre ministre de l'agriculture,

Nous avons arrêté et arrêtons :

ARTICLE PREMIER. — L'article 3 de l'arrêté royal du 20 octobre 1903 relatif au commerce du beurre, de la margarine et des graisses alimentaires, est complété comme suit :

§ 6. En ce qui concerne le commerce de détail, toute enveloppe intérieure recouvrant les pains de margarine ou de graisse alimentaire, exposés en vente, livrés, détenus, transportés ou colportés pour la vente ou la livraison, portera l'inscription « margarine » ou « graisse alimentaire », tracée en caractères distincts d'au moins deux centimètres de hauteur sur la face principale extérieure de cette enveloppe.

ART. 2. — L'article 4 de l'arrêté susdit est modifié comme suit :

Pour l'application de l'article 11, littéra C, de la loi, seront considérés comme ayant des caractères anormaux, qui s'écartent de ceux de la généralité des beurres purs, les beurres qui présentent, en même temps qu'un indice d'acides volatils et solubles (Reichert-Meissl) inférieur à 28, l'un ou l'autre des caractères suivants :

Un indice de réfraction (Abbe-Zeiss) à 40° C. supérieur à 44 ;

Une température critique de dissolution dans l'alcool à 99°1 (Gay-Lussac) supérieure à 57° C.;

Une densité à 100° inférieure à 0.865 ;

Une teneur en acides gras insolubles et fixes (Hehner) supérieure à 88.5 p. c. ;

Un indice de saponification (Köttstorfer) inférieur à 222.

Les beurres de l'espèce dont la pureté n'a pas été établie moyennant un contrôle officiel de leur production et de leur manutention ne peuvent être préparés pour la vente, transportés, mis en vente, débités, exposés en vente, ni détenus pour la vente ou la livraison.

ART. 3. — Notre ministre de l'agriculture est chargé de l'exécution du présent arrêté qui entrera en vigueur le 15 décembre 1904.

Commerce du café. — Modification à l'arrêté royal du 30 novembre 1898 (1). — Arrêté royal du 30 novembre 1904, contresigné par M. van der Bruggen, ministre de l'agriculture, etc. (Moniteur du 10 décembre.)

Vu la loi du 4 août 1890, relative à la falsification des denrées alimentaires ;

Vu les arrêtés royaux du 28 septembre 1891 et du 30 novembre 1898, relatifs au commerce du café ;

Vu les avis du conseil supérieur d'hygiène publique et du service de surveillance de la fabrication et du commerce des denrées alimentaires ;

Sur la proposition de notre ministre de l'agriculture,

Nous avons arrêté et arrêtons :

ARTICLE PREMIER. — L'article 1er de l'arrêté royal du 30 novembre 1898 est remplacé par la disposition suivante :

Le café apprêté à l'aide de colorants, de matières grasses alimentaires ou de sucre, de gomme laque, ou d'autres substances inoffensives, ne pourra être vendu, exposé en vente, détenu ou transporté pour la vente ou la livraison que sous une étiquette indiquant en caractères bien apparents la nature de la substance ajoutée, par exemple, « café coloré à l'oxyde de fer », « café enrobé au sucre », « café laqué ».

L'enrobage au moyen d'hydrocarbures (vaseline, paraffine, etc.) est déclaré nuisible à la santé et partant interdit.

ART. 2. — Notre ministre de l'agriculture est chargé de l'exécution du présent arrêté, qui entrera en vigueur le 1er janvier 1905.

Denrées gâtées ou corrompues. — Destinées à l'alimentation. — Appréciation souveraine.

Le juge du fond apprécie souverainement que des denrées alimentaires gâtées ou corrompues, qui ont fait l'objet d'une vente, étaient destinées à l'alimentation. (Code pén., art 561, n° 2, modifié par l'art. 5 de la loi du 4 août 1890) — Cassation, 3 octobre 1904, *Pasic.*, 1904, I, 360.

Saisie. — Juge d'instruction. — Arrêté royal du 28 février 1891. — Constatation de l'infraction. — Loi du 4 mai 1900.

Les formalités prescrites par l'arrêté royal du 28 février 1891 concernent exclusivement les prises d'échantillons opérées par les fonctionnaires de l'ordre administratif. Elles ne s'appliquent pas en cas de saisie opérée par ordre du juge d'instruction.

Lorsqu'il est établi, contrairement aux affirmations de la prévenue, que la marchandise était, non pas de la margarine pure, mais un mélange à parties égales de margarine et de beurre, qu'elle ne portait aucune inscription, qu'elle n'avait nullement la forme cubique et présentait, au contraire, la forme habituelle-

(1) Voy. JOURNAL, 1898-1899, p. 460.

E

Échevins. — *Démission retirée.* — *Contestation.* — *Interdiction de procéder au remplacement du démissionnaire avant la décision de la députation permanente.* — *Election.* — *Conseiller refusant de prendre part au vote.* — *Détermination de la majorité absolue.* — Arrêté royal du 30 mai 1904. (*Moniteur* du 2 juin.)

Un arrêté royal du 30 mai 1904, contresigné par M. de Trooz, ministre de l'intérieur, etc., annule une délibération d'un conseil communal en se basant sur les motifs suivants :

Vu la délibération du 17 mars 1904, par laquelle le conseil communal de Limbourg, province de Liége, a proclamé l'élection de M. Colette aux fonctions d'échevin de cette commune, en remplacement de M. Bodson ;

Vu l'arrêté du gouverneur de la province, du 8 avril, suspendant l'exécution de cette délibération ;

Vu l'arrêté de la députation permanente du conseil provincial, du 13 avril, maintenant la suspension, dont les motifs ont été communiqués au conseil communal dans sa séance du 29 avril ;

Attendu que M. Bodson qui avait donné sa démission d'échevin l'a retirée le 17 mars, par une lettre parvenue en temps utile au conseil communal ; que la démission étant contestée, il appartient à la députation permanente de se prononcer dans les trente jours, en vertu de l'article 80 de la loi du 12 septembre 1895 ; que, dans ces conditions, l'élection d'un échevin, faite le 17 mars, pour procéder au remplacement de M. Bodson, était prématurée ;

Attendu, d'ailleurs, que la députation permanente, statuant sur la contestation, a décidé, le 13 avril, que M. Bodson était maintenu dans ses fonctions d'échevin ; qu'il en résulte que la place d'échevin n'était pas vacante ;

Attendu, en outre, que M. Bodson ayant assisté à la séance du 17 mars, mais refusé de prendre part au vote, M. Colette, qui n'avait obtenu que quatre suffrages sur sept votants, trois membres s'étant abstenus, ne pouvait être proclamé élu ; qu'en effet il n'avait pas réuni la majorité des suffrages des membres présents ; que M. Bodson qui a refusé de voter doit être considéré comme s'étant abstenu et que, par conséquent, M. Colette, n'ayant obtenu que quatre suffrages sur huit membres présents, n'a pas atteint la majorité absolue...

Élection. — *Ballottage.* — *Admission de trois candidats ayant obtenu le même nombre de suffrages.* — *Annulation.* — Arrêté royal du 21 mars 1904. (*Moniteur* du 25 mars.)

Un arrêté royal du 21 mars 1904, contresigné par M. de Trooz, ministre de l'intérieur, etc., annule une délibération par laquelle un conseil communal avait procédé à une élection d'échevin et décide qu'il sera procédé à un scrutin de ballottage entre les deux candidats les plus

âgés qui ont obtenu le même nombre de voix au deuxième tour.

Cet arrêté est ainsi motivé :

Attendu qu'en procédant à un ballottage entre trois candidats qui avaient obtenu des voix au deuxième tour de scrutin, le conseil communal a violé l'article 2 de la loi communale, modifié par l'article 9 de la loi du 30 décembre 1887 ; qu'aux termes de cette disposition, le ballottage doit avoir lieu entre les deux candidats ayant obtenu le plus de voix et qu'il est de jurisprudence constante, ainsi que le constate la circulaire ministérielle du 7 novembre 1890, qu'en cas de parité de voix la préférence résultant de l'âge doit servir aussi bien à désigner les candidats à soumettre au ballottage qu'à décider du résultat du ballottage lui-même...

— Ballottage. -- *Ce n'est qu'après un double scrutin sans résultat que le conseil communal peut procéder au ballottage pour l'élection d'un échevin.* — Arrêté royal du 30 janvier 1905. (*Moniteur* du 4 février.)

Un arrêté royal du 30 janvier 1905, contresigné par M. de Trooz, ministre de l'intérieur, etc., annule une délibération par laquelle un conseil communal avait procédé à l'élection d'un échevin.

Cet arrêté est ainsi motivé :

Attendu qu'aux termes de la loi communale, modifiée par l'article 9 de la loi du 30 décembre 1887, il ne peut être procédé à un ballottage, pour l'élection des échevins, qu'après deux scrutins sans résultat ;

Attendu, en conséquence, que c'est illégalement que le conseil communal de Wayaux, après un premier tour de scrutin qui n'avait pas donné de résultat, a immédiatement procédé à un scrutin de ballottage qui a amené l'élection de M. Dumont. .

— Deux nominations. — *Place non vacante.* — *Majorité absolue.* — Arrêté royal du 18 avril 1904. (*Moniteur* du 23 avril.)

Un arrêté royal du 18 avril 1904, contresigné par M. de Trooz, ministre de l'intérieur, etc., annule une délibération par laquelle un conseil communal a procédé à l'élection de deux échevins.

Cet arrêté est ainsi motivé :

Attendu que le conseil a procédé à l'élection d'un échevin pour la 1re série et appelé à ces fonctions M. Michez, alors qu'aucun mandat d'échevin de cette série n'était vacant ; qu'en effet M. Michez a été nommé le 16 décembre 1899 aux fonctions d'échevin pour un terme expirant le 1er janvier 1908 (1re série) et que son mandat de conseiller n'expire qu'à la même époque ;

Attendu que le mandat d'échevin de la 2e série a été conféré à M. Pétro à la suite d'un seul tour de scrutin qui avait donné le résultat suivant :

MM. Pètre, 3 voix ;
Michez, 1 voix ;
2 bulletins blancs ;

Attendu qu'aucun candidat n'ayant obtenu la majorité absolue, le conseil communal aurait dû procéder à un second tour de scrutin et, éventuellemennt, à un scrutin de ballottage....

— Majorité absolue. — Ballottage après deux tours de scrutin. — Arrêté royal du 9 mai 1904. (Moniteur du 11 mai)

Un arrêté royal du 9 mai 1904, contresigné par M. de Trooz, ministre de l'intérieur, etc., annule une délibération du conseil communal de Chevetogne en tant qu'il proclame élus comme échevins MM. Pirson et Chabothier et prescrit un second tour de scrutin suivi éventuellement d'un ballottage.

Cet arrêté est ainsi motivé :

Vu la délibération du 10 mars 1904 par laquelle le conseil communal de Chevetogne (province de Namur), réuni au nombre de six membres, a proclamé l'élection de MM. *Pirson* et *Chabothier*, en qualité d'échevins respectivement de la 2e et de la 1re série, après avoir procédé, pour chaque série, à un seul scrutin qui avait donné les résultats suivants :

2e série.

MM. *Pirson*, 3 suffrages.
Jallet, 2 —
Un bulletin blanc.

1re série.

MM. *Chabothier*, 3 suffrages.
Jallet, 3 —
Un bulletin blanc.

Vu... ;
Attendu qu'aux termes de l'article 2 de la loi communale, modifié par l'article 9 de la loi du 30 décembre 1887, l'élection des échevins a lieu à la majorité absolue des membres présents :
Attendu que les candidats proclamés élus n'ayant obtenu, à l'unique scrutin auquel il fut procédé pour chaque série, que trois suffrages sur six votants, le conseil communal aurait dû recourir à un second tour de scrutin et, éventuellement, à un scrutin de ballottage...

— Suffrages exprimés en faveur d'un conseiller qui déclare avant le scrutin ne pas accepter la place d'échevin. — Interdiction de considérer ces suffrages comme nuls. — Arrêté royal du 17 mai 1904. (Moniteur du 19 mai.)

Un arrêté royal du 17 mai 1904, contresigné par M. de Trooz, ministre de l'intérieur, etc., annule la délibération par laquelle le conseil communal d'Arbres avait proclamé M. Hanicotte comme échevin et ordonne la convocation du conseil aux fins de procéder à la nomination d'un titulaire à la place vacante.

Cet arrêté est ainsi motivé :

Vu la délibération du 1er avril 1904, parvenue le 11 au commissariat de l'arrondissement d'Ath, par laquelle le conseil communal d'Arbres, province de Hainaut, a proclamé l'élection de M. *Hanicotte* en qualité d'échevin de cette commune, pour la série sortant le 1er janvier 1912;
Attendu que le procès-verbal de la séance constate les faits ci-après :
I. Le scrutin a donné les résultats suivants : 1er tour : M. *Choquet*, 3 voix ; M. *Hanicotte*, 2 voix ;
2e tour : M. *Choquet*, 3 voix ; M. *Hanicotte*, 3 voix ;
Ballottage : même résultat.
II. M. *Choquet* ayant déclaré par écrit, avant le ballottage précité, qu'il refusait toute nomination éventuelle par le conseil en sa faveur, le conseil procède à un nouveau scrutin qui aux deux tours et au ballottage amène le même résultat : M. *Choquet*, 3 voix ; M. *Hanicotte*, 3 voix.
III. Le conseil, prenant acte du refus de prêter serment opposé antérieurement par M. *Choquet*, proclame élu M. *Hanicotte*, qui prête serment.
Attendu que M. Hanicotte, ayant obtenu au ballottage le même nombre de voix que M. *Choquet* et étant moins âgé que lui, le conseil communal n'a pu le proclamer élu qu'en annulant les bulletins déposés en faveur de son concurrent ;
Attendu qu'aucune disposition légale n'autorise à considérer comme nuls les suffrages donnés à un candidat qui déclare qu'il n'acceptera pas, le cas échéant, le mandat d'échevin qui lui serait conféré par le conseil communal.
qu'il en résulte que c'est irrégulièrement que M. *Hanicotte* a été proclamé échevin...

Rappel de la procédure à suivre. — Retrait de délibérations conférant des droits à un tiers. — Illégalité. — Cas où ce retrait peut n'être pas annulé. — Nécessité de mentionner la date de leur entrée au commissariat d'arrondissement. — Dépêche adressée, le 9 mars 1904, à un gouverneur de province par M. de Trooz, ministre de l'intérieur, etc. (Bulletin du ministère de l'intérieur, etc., 1904, II, 33.)

J'ai l'honneur d'appeler votre attention sur l'arrêté royal du 1er mars courant, publié in extenso au Moniteur du 6 du même mois, annulant les délibérations du conseil communal de T... des 2 janvier et 11 février, portant l'une et l'autre nomination d'un échevin.
Par votre dépêche du 17 février 1904, vous émettiez l'avis, Monsieur le gouverneur, que la délibération du 2 janvier devait seule être annulée.
L'arrêté indique les motifs qui ne permettent pas de se rallier à cette manière de voir : la délibération du 2 janvier confère à l'échevin élu un droit qu'il n'est pas au pouvoir du conseil communal de lui retirer. L'annulation seule qui met à néant la délibération fait disparaître le titre que la proclamation de M. P...

comme échevin lui avait conféré. Cela étant, le conseil communal n'avait pas le droit, le 11 février, de retirer la nomination faite le 2 janvier et de conférer la place d'échevin à un autre conseiller.

Si la nouvelle délibération du conseil avait conféré la place au *même titulaire* proclamé élu à la suite du premier scrutin, on aurait pu se dispenser d'annuler la seconde délibération, quoiqu'elle fût irrégulière, la place d'échevin n'étant pas vacante En effet, dans ce cas, la personne ayant, en vertu de la résolution du 2 janvier, un droit acquis à la place d'échevin aurait été sans griefs, puisqu'elle aurait vu le second scrutin confirmer son droit.

Je ne puis, Monsieur le gouverneur, qu'insister pour que vos bureaux tiennent bonne note de cette jurisprudence et que vous donniez des instructions précises aux administrations communales tant sur ce point que sur les formalités relatives à l'élection des échevins, qui ont été méconnues par plusieurs conseils communaux de votre province.

Ces instructions devront donc porter :

A. *Élection des échevins.*

Si le premier scrutin ne donne la majorité absolue à aucun des candidats, il faut procéder à un *second scrutin*, dans lequel les voix *pourront se porter indifféremment sur tous les conseillers*, c'est-à-dire même sur ceux n'ayant obtenu aucune voix au premier tour.

Pour qu'un échevin puisse être proclamé élu à la suite de ce second scrutin, il faut que ce second scrutin lui donne la *majorité absolue*. S'il n'en est pas ainsi, le conseil communal doit recourir à un ballottage *entre les deux candidats* ayant obtenu le plus de voix au second scrutin et, en cas de parité, entre les deux candidats les plus âgés.

Je ne puis, sur ce point, que rappeler à votre souvenir la circulaire de l'un de mes prédécesseurs, du 7 novembre 1890, relative à l'application des articles 2 et 66 de la loi communale, publiée au *Bulletin* de mon département, 1890, II, page 137.

B. *Retrait des délibérations.*

Lorsqu'un conseil communal reçoit communication d'un arrêté suspendant l'exécution d'une de ses délibérations, il peut, pour éviter l'annulation, retirer sa délibération incriminée, *mais seulement* dans le cas où elle n'a pas eu pour objet de conférer un droit acquis à l'une ou l'autre personne. Ne peuvent notamment être retirées, les délibérations portant élection d'échevin, nominations aux emplois, etc.

Il conviendra, Monsieur le gouverneur, chaque fois que vous appuierez une délibération portant élection d'un échevin ou nomination à un emploi, d'accompagner la notification de votre arrêté d'une lettre rappelant au conseil communal qu'il a à prendre acte purement et simplement des motifs de l'arrêté sans pouvoir retirer sa délibération.

Au point de vue de la supputation des délais de l'annulation directe qui sont les mêmes que ceux de la suspension, je dois insister, Monsieur le gouverneur, pour que les délibérations qui vous sont transmises par les commissariats d'arrondissement portent la date d'entrée dans les bureaux du commissariat.

L'article 87 de la loi communale, qui fixe le délai de l'annulation directe à quarante jours à partir de la réception des actes au gouverne-

ment provincial ou au commissariat d'arrondissement ou l'entrée au gouvernement provincial ou au commissariat d'arrondissement, ne permet pas de prendre *à volonté* comme point initial du délai d'annulation l'entrée au commissariat d'arrondissement ou l'entrée au gouvernement provincial. Pour les actes transmis par l'intermédiaire du commissariat d'arrondissement, c'est la date d'entrée au commissariat qui est à considérer pour établir le délai ; pour les actes adressés directement au gouvernement provincial, c'est l'entrée dans les bureaux qu'il importe de connaître. Lors donc qu'une délibération nommant, par exemple, un échevin vous a été transmise par l'intermédiaire du commissaire d'arrondissement, il est sans intérêt de savoir à quelle date elle vous est parvenue, et cependant cette date est renseignée par le timbre d'entrée dans vos bureaux : mais il est indispensable de savoir quand elle est parvenue au commissariat, et ce renseignement n'est pas fourni.

Je ne puis que me référer, à cet égard, à la décision de l'un de mes prédécesseurs, du 26 juin 1893, publiée au *Bulletin* de mon département, 1893, II, page 105.

En dehors même des questions d'annulation, il serait de bonne administration que l'arrivée des pièces au commissariat d'arrondissement fût constatée par un cachet d'entrée.

Je vous prie, Monsieur le gouverneur, de donner des instructions en conséquence.

Voy. BOURGMESTRE. — COLLÈGE DES BOURGMESTRE ET ÉCHEVINS. — CONSEIL COMMUNAL. — ENSEIGNEMENT PRIMAIRE.

Édifices publics. — *Humidité.* — *Préservation.* — Circulaire adressée, le 31 mars 1904, aux gouverneurs de province, par M. Van den Heuvel, ministre de la justice. (*Recueil des circulaires du ministère de la justice*, 1904, p. 227.)

J'ai l'honneur de vous transmettre la lettre ci-jointe (a) en copie de la commission royale des monuments indiquant les mesures de précaution à prendre pour préserver les édifices publics de l'humidité.

Je vous prie, M. le gouverneur, de bien vouloir communiquer le contenu de cette lettre aux administrations communales et fabriciennes de votre province.

(a) Commission royale
des
monuments

N° 8340.

Bruxelles, le 12 mars 1904.

À M. le ministre de la justice, à Bruxelles.

Nous avons constaté, dans ces derniers temps, que des édifices publics construits depuis peu d'années ont déjà leurs murs atteints gravement par l'humidité. Cette situation provient de ce qu'en général on néglige de prendre les mesures de précaution nécessaires pour parer à cette fâcheuse situation éminemment préjudiciable à la conservation des édifices et des objets qu'ils renferment.

Nous estimons, M. le ministre. qu'il est urgent d'appeler l'attention des administrations publiques sur la nécessité de recourir dorénavant aux mesures de précaution nécessaires pour mettre les bâtiments à l'abri des ravages de l'humidité, aussi bien de celle provenant du sol que de celle causée par les pluies. Dans ce but, divers moyens sont mis en usage. Ils varient naturellement suivant la situation des lieux. L'expérience a démontré les bons résultats que l'on a obtenus notamment, d'une part, en recouvrant les fondations d'une couche d'asphalte pour empêcher l'humidité du sol de monter dans les murs et, d'autre part, en construisant de doubles murs aux côtés sud et ouest pour combattre les effets de l'humidité chassée par les mauvais vents au travers des murailles.

Il est tout naturel que de telles précautions nécessitent quelques dépenses supplémentaires; mais celles-ci sont largement compensées par une plus longue durée des constructions, par des conditions hygiéniques meilleures et enfin par une économie considérable dans les frais d'entretien des bâtiments. Un édifice atteint par l'humidité réclame périodiquement des dépenses considérables d'entretien qui finissent par devenir ruineuses pour les administrations chargées d'y pourvoir.

Veuillez agréer, etc.

Le secrétaire, Le président,
A. Massaux. Ch. Lagasse-de Locht.

Paratonnerres. — Vérification. — Circulaire adressée, le 1er juin 1904, aux gouverneurs de province, par M. Van der Bruggen, ministre de l'agriculture.

J'ai l'honneur de vous prier de vouloir bien appeler l'attention des administrations intéressées sur la nécessité de faire procéder périodiquement, et en tout cas une fois l'an au moins, à la vérification des paratonnerres placés sur les édifices publics.

Il a été constaté, en mainte circonstance, que ces appareils sont détériorés, qu'ils présentent des solutions de continuité, etc. Dans ces conditions, loin de remplir leur rôle protecteur, ils constituent un grave danger pour les bâtiments sur lesquels ils sont établis.

Je vous saurais gré, Monsieur le gouverneur, de donner des instructions spéciales, sur ce point important, aux administrations que la chose concerne.

Employés communaux. — *Stabilité des emplois. — Mise à la retraite du chef de limite d'âge.* — Arrêté royal du 2 avril 1905, contresigné par M. de Trooz, ministre de l'intérieur, etc. (*Moniteur* du 21 avril.)

Vu la délibération du 15 novembre 1904, parvenue au gouvernement provincial de Liège le 29 décembre, par laquelle le conseil communal de Grivegnée décide que les employés communaux généralement quelconques, sauf le secrétaire communal et le receveur communal, seront mis à la retraite à l'âge de 60 ans;

Vu l'arrêté du gouverneur de la province, du 3 février 1905, suspendant l'exécution de cette délibération;

Vu l'arrêté du 22 février, par lequel la députation permanente du conseil provincial maintient la suspension, en tant seulement que basée sur l'application, par la commune, de la mise à la retraite à des employés communaux nommés par le roi ou le gouverneur de la province;

Vu l'appel formé, le même jour, par le gouverneur de la province contre cette décision de la députation permanente levant partiellement la suspension;

Vu la délibération du 2 mars 1905, par laquelle le conseil communal, en recevant communication des motifs de la suspension, déclare « maintenir sa résolution en tant qu'elle refuse aux employés purement communaux un droit acquis à l'exercice de leur emploi jusqu'à la fin de leurs jours, ainsi qu'à tous autres, moyennant accord avec les autorités intervenant dans la nomination »;

Attendu que si le conseil communal peut, en l'absence d'une disposition légale réglant la limite d'âge pour l'exercice des emplois communaux, fixer par un règlement d'administration intérieure, l'âge auquel les titulaires devront abandonner leur emploi, ses pouvoirs en cette matière ne sont pas absolus; qu'ils doivent être exercés en tenant compte de l'article 1er de la loi du 30 juillet 1903 qui soumet à l'approbation de la députation permanente, sauf recours au roi, la révocation des employés communaux;

Attendu que si rien ne s'oppose, au point de vue de cette loi, à ce que le conseil communal fixe l'âge auquel les employés qu'il nommera à l'avenir devront abandonner leurs fonctions, il en est autrement pour les agents actuellement en fonctions;

Attendu, en effet, que les employés qui seront nommés à l'avenir, étant pourvus d'une nomination à terme, la cessation obligatoire de leurs fonctions à l'âge qui serait fixé par le règlement d'ordre intérieur ne saurait être assimilée à une révocation; que, dès lors, en ce qui les concerne, la mesure ne saurait être envisagée comme portant atteinte à la stabilité des emplois communaux;

Attendu qu'au contraire, pour les employés nommés sous un régime qui ne fixait aucune limite d'âge, le conseil communal en les soumettant à la mesure nouvelle s'arrogerait le droit de révoquer indirectement, sans l'intervention des autorités compétentes, des agents dont la révocation directe est soumise par la loi au contrôle de ces autorités;

Attendu que la mise à la retraite du chef de limite d'âge peut déguiser des mesures de révocation; qu'en effet rien n'empêcherait un conseil communal de fixer à un âge déterminé l'époque de la retraite en vue de se débarrasser d'un employé qui va atteindre cet âge et, une fois la mesure appliquée à l'agent dont il veut se défaire, de modifier ou même de rapporter le règlement;

Attendu qu'on arriverait ainsi à modifier constamment l'époque de la mise à la retraite de façon à pouvoir l'appliquer à certains employés et à soustraire d'autres agents à son application;

Attendu que toute mesure qui peut avoir pour conséquence directe ou indirecte de permettre d'éluder la loi qui blesse l'intérêt général et ne peut être maintenue;

Attendu que la délibération du conseil communal du 2 mars 1905, bien qu'ayant pour but d'atténuer la portée de celle du 15 novembre 1904, méconnaît les principes ci-dessus ; qu'elle maintient, en effet, la décision antérieure, pour tous les agents purement communaux, c'est-à-dire ceux que le conseil nomme sans approbation ; qu'en vertu des règles exposées plus haut, c'est non le mode de nomination qui doit servir de guide pour l'appréciation des pouvoirs du conseil, mais l'étendue du droit de révocation, et qu'à ce point de vue toute révocation d'employé purement communal est soumise à l'approbation de la députation permanente et, en cas de recours, à notre contrôle (loi du 30 juillet 1903, art. 1er) ;

Vu les articles 86 et 87 de la loi communale ;

Sur la proposition de notre ministre de l'intérieur et de l'instruction publique,

Nous avons arrêté et arrêtons :

Le recours susmentionné du gouverneur de la province de Liége est accueilli

Les délibérations du conseil communal de Grivegnée, des 15 novembre 1904 et 2 mars 1905, sont annulées.

Mention de cette disposition sera faite au registre des délibérations du dit conseil, en marge des actes annulés.

Réduction de traitement. — Arrêté royal du 3 décembre 1904. (*Moniteur* du 7 décembre.)

Un arrêté royal du 3 décembre 1904, contresigné par M. de Trooz, ministre de l'intérieur, etc., accueille le recours formé par un agent de police de Hoboken (province d'Anvers) contre la décision du conseil communal de cette localité, confirmée par la députation permanente, qui avait réduit son traitement de 1,400 à 900 francs et l'indemnité lui allouée pour frais d'habillement de 200 à 100 francs.

Cette réformation est basée sur ce que le prédécesseur de cet agent avait joui, dès son entrée en fonctions, d'avantages équivalents à ceux dont l'intéressé bénéficie ; que, dès lors, la réduction opérée par le conseil communal donne lieu à l'application de l'article 2 de la loi du 30 juillet 1903.

Suppression d'emploi. — Arrêté royal du 3 décembre 1904. (*Moniteur* du 7 décembre.)

Un arrêté royal du 3 décembre 1904, contresigné par M. de Trooz, ministre de l'intérieur, etc., rejette le recours formé par le surveillant des travaux communaux de Hoboken (province d'Anvers) contre la décision de la députation permanente confirmant la résolution du conseil communal qui avait décidé la suppression de cet emploi.

Cette décision est fondée sur ce qu'il n'a pas été établi que la suppression d'emploi constituerait une révocation déguisée ; qu'en effet, d'une part, un des échevins a, dans un but

d'économie, offert de se charger lui-même de la surveillance des travaux ; d'autre part, que le conseil communal, invité à délibérer au sujet de l'intention qu'on lui prêtait de rétablir ultérieurement le dit emploi au profit d'un autre titulaire, a opposé à cette allégation un démenti formel.

Suppression d'emploi. — Arrêté royal du 12 décembre 1904. (*Moniteur* du 17 décembre.)

Un arrêté royal du 12 décembre 1904, contresigné par M. de Trooz, ministre de l'intérieur, etc., rejette le recours formé par le titulaire de l'emploi d'architecte communal à Andenne (Namur) contre la décision de la députation permanente du conseil provincial confirmant une délibération du conseil communal de la dite ville, portant suppression de cet emploi.

Cette décision est fondée sur ce que l'instruction à laquelle il a été procédé a démontré l'inutilité à Andenne d'un emploi d'architecte communal ; que, dès lors, la suppression de cette place ne constitue pas la révocation déguisée, prévue par l'article 2 de la loi du 30 juillet 1903.

La loi du 30 octobre 1903 n'est applicable qu'aux agents pourvus d'une nomination de l'autorité compétente. — Dépêche adressée, le 3 juin 1904, à un gouverneur de province, par M. de Trooz, ministre de l'intérieur, etc. (*Bulletin du ministère de l'intérieur, etc.*, 1904, II, 71.)

Le collège des bourgmestre et échevins de la ville d'A... a adressé au roi, le 20 mai, un recours contre la décision de la députation permanente du 29 avril improuvant la résolution du 30 octobre 1903 par laquelle le collège avait révoqué M. P... des fonctions de médecin du service de la prostitution. La décision de la députation permanente du 29 avril ayant été notifiée le 11 mai à l'administration communale. le recours du 20 mai a donc été pris dans le délai légal de 15 jours fixé par l'article 1er de la loi du 30 juillet 1903.

Si l'on reconnaît à M. P... la qualité d'employé communal, la décision de la députation permanente fondée sur ce que l'intéressé n'a pas été entendu en ses explications, avant d'être frappé, serait absolument fondée et, dès lors, le recours devrait être rejeté.

L'administration communale d'A... conteste la qualité d'employé communal de M. P..., encore que, pour prononcer sa révocation, on lui ait appliqué la disposition du règlement d'ordre intérieur qui oblige « les employés communaux » à résider à A...

Le collège se fonde principalement sur ce que des deux conditions qui sont requises, en principe, pour que l'on puisse avoir la qualité d'employé communal au sens de la loi du

30 juillet 1903 — nomination par l'autorité communale et traitement — P. P... remplit la première condition, mais non la seconde. Il allègue que l'intéressé ne jouit que d' « honoraires » qui lui sont payés directement par le 1er bureau de l'hôtel de ville, sur le montant des redevances fixées par le règlement sur la prostitution, pour l'examen médical des filles publiques; et il ajoute que ces redevances ne figurant ni en recettes ni en dépenses dans les budget et compte de la ville, il en résulte que l'on peut même affirmer que ces « honoraires » ne sont pas supportés par la caisse communale.

Cette argumentation manque de base, parce qu'elle repose sur une situation illégale. Les redevances à payer pour le service de la prostitution constituent une ressource communale, prélevée sur une catégorie restreinte de personnes et destinée à subvenir à un service d'intérêt général. Elles doivent figurer au budget communal en recettes, et les honoraires ou traitements des médecins doivent y figurer en dépenses. Le comité de législation, dans un avis du 7 novembre 1892, a constaté qu'il devait en être ainsi pour les taxes relatives à l'expertise des viandes de boucherie; il a constaté que c'était abusivement que ces taxes étaient parfois versées directement à l'expert et que, en fût-il ainsi en fait et la commune n'en retirât-elle aucun profit, l'expert devait être considéré comme recevant un traitement de la commune. Le comité dans son argumentation cite précisément l'identité de situation du médecin chargé de la visite des prostituées. La *Revue de l'administration et du droit administratif* de 1896, p. 35, examine et tranche dans le même sens la question de conseiller-expert des viandes. Visant la perception directe par l'expert des droits à payer par les habitants qui recourent à ses offices, la *Revue* ajoute : « L'irrégularité du mode de perception de la taxe n'en change pas le caractère. Son produit est affecté au payement du salaire attribué, en vertu d'un tarif arrêté par la commune, à un agent nommé par le conseil communal. Cet agent reçoit un traitement de la commune... »

En résumé donc, les redevances sur la prostitution doivent être perçues par la commune; elles doivent figurer dans sa comptabilité en recettes et en dépenses, et il ne peut en être disposé, comme des autres ressources, qu'au moyen des mandats émis conformément aux prescriptions de la loi communale.

L'illégalité de la procédure suivie ne change pas la situation : M. P... reçoit un véritable traitement de la commune.

Quant à l'argument que le collège paraît vouloir tirer du fait que la rémunération est variable et proportionnelle à la recette et sans valeur : l'expert des viandes et le receveur communal, payés à raison d'un tantième sur les recettes, ont aussi une rémunération variable. Celle-ci n'en constitue pas moins un véritable traitement, caractérisé par la permanence, la périodicité.

Mais l'administration communale et la députation permanente ont perdu de vue que si M. P... satisfait à la seconde condition — traitement — il ne satisfait pas à la première : nomination par l'autorité communale compétente.

M. P... a été nommé par le collège des bourgmestre et échevins le 4 décembre 1891. M. C...,

son successeur, a été nommé par le collège, le 23 octobre 1903, et il est probable que c'est également le collège qui a nommé les autres médecins de ce service.

Toutes ces nominations sont juridiquement inexistantes.

Aux termes de l'article 84, 4°, de la loi communale, le conseil nomme les médecins, chirurgiens, artistes vétérinaires auxquels il trouvera bon de confier des fonctions spéciales dans l'intérêt de la commune. Le 6° de l'article attribue également au conseil la nomination de « tous les autres employés, dont le conseil n'aurait pas expressément abandonné le choix au collège des bourgmestre et échevins..., etc. ».

Le texte est clair et précis. Il y a des employés que le conseil seul peut nommer : ce sont notamment ceux visés au n° 4 : les médecins; il y en a d'autres, c'est-à-dire tous ceux dont la loi n'attribue pas la nomination exclusivement au conseil communal; celui-ci a le droit pour ces derniers de déléguer au collège ses pouvoirs.

Il en résulte qu'aucune délégation expresse ou même tacite ne peut exister en ce qui concerne la nomination des médecins attachés à un service spécial, dont s'occupe l'article 84, 4°. Ce point a été mis en lumière par deux rapports très intéressants faits au conseil communal de Bruxelles en 1837 et en 1896 et reproduits dans la *Revue de l'administration* de 1896, p. 131.

La nomination faite par une autorité incompétente, sans qualité, est radicalement inexistante. (Conf. ORBAN, *Droit administratif*, p. 185; *Pandectes belges*, v° *Dette des provinces et des communes*, n°s 57 à 65, v° *Domaine privé*, n° 132; jugement du tribunal de Verviers du 2 avril 1884. *Pasic.*, 1885, III, 67.)

M. P... n'est donc pas un employé communal; il n'existe pas comme tel pour la ville d'A...; elle l'ignore, comme elle doit ignorer les autres médecins nommés dans les mêmes conditions, notamment M. C...

Si encore le traitement avait été porté au budget, on aurait pu soutenir que le conseil communal, en le votant, avait fait siennes les nominations abusivement faites par le collège; mais jamais le conseil n'a eu à se prononcer, le traitement ne figurant pas au budget; il n'a donc pu même indirectement ratifier la nomination.

Bien qu'une désignation faite par une autorité sans qualité n'ait aucune valeur légale, le gouvernement eût pu, s'il avait été saisi à temps de la nomination de M. P... (en 1891) et de celle de M. C... (octobre 1903), en prononcer l'annulation, dans l'intérêt de la loi. Il eût dû agir de même en ce qui concerne l'arrêté pris par la députation permanente le 29 avril dernier, s'il avait pu provoquer en temps utile votre intervention (loi provinciale, art. 125).

La députation permanente, en effet, tout en exigeant avec raison qu'un employé communal fût entendu avant d'être frappé, sortait, dans l'espèce, de ses attributions, puisque M. P... n'est pas employé communal.

Ces mesures, qui ne sont plus possibles aujourd'hui, ne sont d'ailleurs pas nécessaires.

Il y a lieu : 1° de faire remarquer au collège des bourgmestre et échevins d'A... que son recours et la décision de la députation permanente sont sans objet, la loi du 30 juillet 1903 ne s'appliquant qu'aux employés communaux, et de lui indiquer les motifs pour lesquels M. P... n'a pas cette qualité;

2° d'informer le collège que les médecins désignés par lui étant sans qualité, il y a lieu de faire régulariser leur nomination par le conseil communal que ces nominations ne lient d'ailleurs pas;

3° d'inviter l'administration communale à faire figurer au budget communal les recettes provenant des redevances sur la prostitution et les dépenses relatives à la visite médicale des prostituées.

Je vous prie, Monsieur le gouverneur, de transmettre à l'administration communale une copie de la présente dépêche et d'en donner connaissance à la députation permanente.

Id. — Dépêche adressée, le 16 juin 1904, à un gouverneur de province, par M. de Favereau au nom de M. de Trooz, ministre de l'intérieur, etc., absent. (*Bulletin du ministère de l'intérieur, etc.*, 1904, II, 78.)

Il résulte de votre rapport du 9 juin 1904 que M. M... occupait, sans nomination, la place de fossoyeur à H...; que le conseil communal a, par délibération du 21 mars, désigné un autre titulaire; que la députation permanente a improuvé la révocation indirecte du sieur M... et que vous avez suspendu la délibération en tant qu'elle porte nomination de son successeur.

Je ne puis, Monsieur le gouverneur, partager votre manière de voir, conforme à celle de la députation permanente.

M. M... a occupé, en fait, les fonctions de fossoyeur, mais il n'a jamais été nommé à cet emploi soit par le conseil communal, soit, en vertu d'une délégation de celui-ci, par le collège des bourgmestre et échevins. Quelque intéressante que puisse être sa situation, je dois bien constater qu'il n'a et n'a jamais eu la qualité d'employé communal et que le conseil communal de H... n'a fait qu'user de son droit en procédant à la nomination d'un fossoyeur, sans s'occuper de l'existence de M. M... La loi sur la stabilité des emplois communaux ne s'applique qu'aux employés communaux, et il a été établi à suffisance par les discussions parlementaires que la première condition pour avoir la qualité d'employé communal c'est d'avoir une nomination émanant de l'autorité communale compétente.

Une nomination faite par une autorité incompétente, sans qualité, est radicalement inexistante (conf. ORBAN, *Droit administratif*, p. 185 ; *Pand. belges*, vᵒ *Dettes des communes*, 57 à 65, et *Domaine privé*, n° 13; jug. Verviers, du 2 avril 1884, *Pasic.*, 1885, III, 67). A *fortiori*, la personne qui n'a reçu aucune nomination ne peut-elle invoquer des droits acquis, alors même qu'elle aurait exercé en fait les fonctions pendant de longues années.

La députation permanente n'était donc pas appelée à statuer sur la délibération du conseil communal nommant un titulaire à l'emploi de fossoyeur. Cette délibération ne pouvait être considérée comme une révocation indirecte de M. M..., celui-ci n'ayant jamais été investi de l'emploi.

L'arrêté de ˙ la députation permanente ne pouvant en droit ni en fait lier l'administration communale, je n'ai pas cru devoir, Monsieur le gouverneur, en présence de l'intention très louable qui avait fait agir ce collège, vous inviter à prendre, en exécution de l'article 125 de la loi provinciale, le recours nécessaire pour me permettre de provoquer l'annulation de la décision précitée.

Je ne puis, d'autre part, que laisser sans suite votre arrêté de suspension et je vous prie, en conséquence, de faire connaître à l'administration communale que la délibération du conseil communal peut sortir ses effets.

Procédure. — Dépêche adressée, le 16 mai 1904, à un gouverneur de province, par M. de Trooz, ministre de l'intérieur, etc. (*Bulletin du ministère de l'intérieur, etc.*, 1904, II, 64.)

Par ma dépêche du 2 mai je vous avais transmis, à fin d'avis, une requête par laquelle M. P..., agent de police à I..., prenait son recours contre la décision qu'il affirmait avoir été prise par la députation permanente et par laquelle celle-ci aurait approuvé sa révocation.

Par votre rapport du 7 mai, vous m'informez que la députation permanente n'a pas encore statué sur cette révocation; vous me faites savoir en même temps, Monsieur le gouverneur, que vous me communiquerez la décision de ce collège, dès qu'elle sera intervenue.

Il y aurait dans cette façon de procéder une fausse application de la loi du 30 juillet 1903 sur la stabilité des emplois communaux. D'après l'article premier de cette loi, le roi n'est appelé à statuer sur une révocation approuvée par la députation permanente que sur recours formé par l'intéressé dans les quinze jours de la notification de la décision de ce collège.

La députation permanente n'ayant pas encore statué, le recours formé par M. P... est prématuré et inopérant. Il y aura lieu de lui faire remarquer et de lui signaler qu'il ne pourra être statué par le roi que s'il introduit un recours dans les quinze jours de la notification de la décision qui sera prise par la députation.

C'est donc uniquement, Monsieur le gouverneur, dans le cas où je vous communiquerais un recours régulier de l'intéressé, qu'il y aurait lieu de me transmettre le dossier de cette affaire.

Voy. CONSEIL COMMUNAL.

Enseignement primaire. *Loi organique.* — *Modification.* — *Loi du 5 mai 1904.* (*Moniteur du 11 mai.*)

Les Chambres ont adopté et nous sanctionnons ce qui suit :

ARTICLE UNIQUE. Les instituteurs chefs d'école des communes de la 4ᵉ catégorie qui, au 1ᵉʳ janvier 1896, se trouvaient dans les conditions énumérées aux nᵒˢ 1 et 2 de l'article 2 de la loi du 14 août 1903 auront droit, à partir du 1ᵉʳ janvier 1904, aux avantages accordés par les dits nᵒˢ 1 et 2 aux instituteurs chefs d'école de communes de la 5ᵉ catégorie.

Budgets scolaires. — *Tableaux des besoins et des ressources scolaires.* — *Instructions.* — Circulaire adressée, le 27 février 1904, aux gouverneurs de province, par M. de Trooz, ministre de l'intérieur, etc. (*Bulletin du ministère de l'intérieur, etc.*, 1904, II, 25.)

L'intitulé de la 7e colonne du cadre des tableaux des besoins et des ressources du service ordinaire de l'instruction primaire (écoles primaires, écoles gardiennes et écoles d'adultes) prévoit la « désignation de chaque école communale ou adoptée ».

Généralement, la dite colonne est remplie d'une manière par trop sommaire, car on se borne à y inscrire l'une des mentions suivantes : école communale nos 1, 2, 3, etc., ou bien : école communale, école adoptée, ce qui a mis souvent mon administration dans l'impossibilité de puiser dans les tableaux en question les renseignements dont elle avait besoin au sujet d'une école déterminée.

Dans le but de remédier à cette situation, je désire, Monsieur le gouverneur, qu'à partir de l'exercice 1904, on désigne les écoles d'une façon suffisamment claire et complète pour qu'on les distingue facilement l'une de l'autre. Ainsi il faudra indiquer la rue ou la section (centre ou hameau) dans laquelle chaque école est située.

L'examen attentif des tableaux des besoins et des ressources m'a fait constater, en outre, que l'on renseigne parfois les dépenses se rapportant à une école adoptée dans les colonnes réservées à l'inscription des dépenses des écoles communales et vice versa.

Ces erreurs d'inscription ont pour conséquence de tronquer les chiffres qui représentent le montant total des dépenses des écoles communales, d'une part ; celui des écoles adoptées, d'autre part.

Veuillez, Monsieur le gouverneur, faire des recommandations spéciales aux fonctionnaires qui sont chargés, dans votre province, de la rédaction des tableaux des besoins et des ressources scolaires et veiller à ce que les instructions qui précèdent reçoivent leur application.

— *Répartition des recettes et des dépenses entre les sections d'une commune.* — Dépêche adressée, le 29 octobre 1904, à un gouverneur de province, par M. de Trooz, ministre de l'intérieur, etc. (*Bulletin du ministère de l'intérieur, etc.*, 1904, II, 116.)

Le recours du conseil communal de V..., qui a formé l'objet de notre rapport du 15 octobre courant, tend à faire réformer la décision de la députation permanente qui a réparti, au budget de la dite commune, pour l'exercice 1904, les recettes et les dépenses scolaires entre les sections, alors que, précédemment, ces mêmes recettes et dépenses étaient portées à charge de la commune en général.

La question de principe que soulève ce recours a été tranchée par la dépêche de mon honorable prédécesseur, M. Schollaert, en date du 8 décembre 1898, et par la mienne, en date du 23 avril 1901 (voy. *Bulletin* de mon département, 1901, II, 54), en ce sens que les dépenses relatives à l'enseignement primaire, intéressant la généralité des habitants, doivent être portées aux budgets et aux comptes généraux des communes et exclues de la comptabilité sectionnaire.

Pour justifier sa décision, contraire à ce principe, la députation permanente invoque des chiffres tendant à établir que les habitants de certaines sections de la commune de V... ont intérêt à ce que chaque section supporte les charges de l'instruction primaire qui la concernent plus particulièrement ; mais, si cela est vrai, les habitants des autres sections auront à se plaindre quand on voudra appliquer dans la commune un système d'exception inconnu ailleurs que dans le Luxembourg et que l'on n'a pu y maintenir, pour 58 communes, que grâce à la tolérance admise par ma dépêche prérappelée du 23 avril 1901, par respect pour une situation acquise depuis nombre d'années.

Or, tel n'est pas le cas à V..., où, depuis l'existence des écoles (sauf en 1903), les recettes et les dépenses de l'enseignement primaire sont portées au compte et au budget scolaires de la commune prise dans son ensemble.

En présence de ces faits, il me paraît difficile de proposer au roi le rejet du recours du conseil communal, car ce rejet aurait pour conséquence d'imposer à une commune qui se borne à réclamer l'exécution pure et simple de la loi l'application d'un régime d'exception qu'il ne saurait y avoir lieu d'étendre sans motifs très graves.

Veuillez, Monsieur le gouverneur, appeler sur ces considérations l'attention de la députation permanente et l'engager à accueillir la demande faite, à l'unanimité des voix, par le conseil communal de V...

Je vous remets provisoirement le dossier de l'affaire et je vous prie de m'envoyer une copie de la nouvelle décision qui sera intervenue.

CONCOURS D'AGRICULTURE. — *Diplôme de collaboration.* — Circulaire adressée, le 6 septembre 1904, aux inspecteurs principaux de l'enseignement primaire, par M. de Trooz, ministre de l'intérieur, etc. (*Bulletin du ministère de l'intérieur, etc.*, 1904, II, 107.)

Aux termes des instructions, les sous-instituteurs qui, au concours spécial en agriculture, réunissent au moins les 6/10 des points attribués à un travail parfait (180/300) reçoivent un certificat de collaboration.

Ce certificat ne peut, comme le diplôme d'honneur décerné aux écoles, mentionner le *degré* de valeur de sous-instituteur ; il n'indique donc pas qu'il a été obtenu « avec le plus grand succès » (8/10 des points), « avec grand succès » (7/10 des points) ou « avec succès » (6/10 des points).

D'ailleurs, des instructions spéciales ont été données à cet égard à qui de droit par ma circulaire du 31 juillet 1901.

Je vous prie de les rappeler aux jurys cantonaux qui, pour la plupart, continuent à classer les sous-instituteurs en trois catégories, selon le nombre de points qu'ils ont réuni.

Dorénavant, ils voudront bien s'en tenir au texte même de la formule du certificat insérée dans la circulaire prérappelée du 31 juillet 1901.

_____

— *Indication des récompenses antérieures.* — *Recommandation.* — Circulaire adressée, le 6 septembre 1904, aux inspecteurs principaux de l'enseignement primaire, par M. de Trooz, ministre de l'intérieur, etc. (*Bulletin du ministère de l'intérieur, etc.*, 1904, II, 106.)

Dans les relevés concernant les résultats du concours spécial en agriculture est ouverte une colonne dans laquelle on doit « mentionner, en indiquant l'année pour chacune d'elles, les récompenses en argent (valeur) accordées pendant les trois dernières années ».

Le jury supérieur, réuni actuellement à Bruxelles, a constaté, cette année encore, que les chiffres inscrits dans cette colonne ne sont pas toujours exacts.

Si l'on ne contrôlait pas attentivement les données fournies par les jurys cantonaux, le jury supérieur serait exposé à commettre des erreurs dans la répartition des primes ; les récompenses pécuniaires accordées précédemment sont un élément dont il doit être tenu compte.

Je vous prie donc, Monsieur l'inspecteur principal, d'inviter les jurys cantonaux à consulter avec soin les listes des lauréats des dernières années, listes publiées au *Moniteur belge*, quand ils dressent des relevés dont il s'agit.

_____

— *Primes.* — Circulaire adressée le 20 août 1904 aux inspecteurs principaux de l'enseignement primaire par M. de Trooz, ministre de l'intérieur, etc. (*Bulletin du ministère de l'intérieur, etc.*, 1904, II, 104.)

Aux termes de l'article 5 de l'arrêté royal du 19 avril 1899, l'instituteur qui a obtenu une prime de premier rang (100 francs) ne peut recevoir une nouvelle prime qu'après un délai de trois ans.

Ainsi, par exemple, le concurrent qui a remporté au mois d'août 1901 la prime supérieure (100 francs) ne pouvait recevoir une prime pécuniaire en août 1902 (expiration de la première année) ni en août 1903 (expiration de la deuxième année), mais il peut en recevoir une en août 1904 (expiration de la troisième année) si, bien entendu, il a réuni le nombre de points exigé.

Le jury supérieur du concours en agriculture siégeant actuellement à Bruxelles a constaté que des jurys cantonaux, interprétant la disposition royale prérappelée, ont pensé que c'était seulement à l'expiration de la quatrième année qu'une nouvelle prime pouvait être décernée.

Je crois donc devoir vous prier, Monsieur l'inspecteur principal, d'attirer désormais sur ce point l'attention des jurys cantonaux dont la présidence vous est dévolue en vertu de l'article 2 de l'arrêté royal cité au début de la présente circulaire.

CONFÉRENCES D'INSTITUTEURS. — *Expansion économique mondiale.* — *Questions à traiter.* — Circulaire adressée, le 29 mars 1905, aux inspecteurs principaux de l'enseignement primaire, par M. de Trooz, ministre de l'intérieur, etc. (*Bulletin du ministère de l'intérieur, etc.*, 1905, II, 29.)

Dans une circonstance récente, au cours d'un discours d'une grande élévation, le roi développait cette pensée : Pourquoi un jeune Belge vaudrait-il moins qu'un jeune Anglais, qu'un jeune Allemand, qu'un jeune Hollandais? Pourquoi ne pourrait-il pas, aux mêmes titres que ses voisins, convenir pour les carrières mondiales, s'il recevait, chez nous, une éducation qui lui donnât le goût des entreprises lointaines et les armes nécessaires pour les conduire à bonne fin?

Ces conseils sont pleins d'enseignements. Il est de fait, aujourd'hui, que l'économie politique des peuples, de nationale est devenue mondiale. Or, là Belgique se trouvant parmi les nations les plus avancées, il convient qu'elle s'oriente résolument vers ces nouvelles perspectives.

A cette fin, le gouvernement a décidé qu'il se tiendra à Mons, le 24 septembre 1905, un Congrès international d'expansion économique mondiale (1) qui aura pour objet : « L'étude des questions concernant l'*enseignement*, la statistique, la politique économique et douanière, la marine, l'expansion civilisatrice ainsi que les moyens et les agents d'expansion en général ».

Ici se pose la question de savoir quel pourrait être le rôle de l'école primaire dans cette nouvelle orientation.

Lorsqu'en 1900 mon département dressa le premier bilan des progrès réalisés par l'enseignement à tendances professionnelles, j'ai pu constater avec satisfaction que les directions de l'administration centrale, qui avaient été recommandées et encouragées par MM. les inspecteurs principaux et cantonaux, étaient favorablement accueillies par le personnel enseignant et suivies, avec un plein succès, par la grande majorité des instituteurs et des institutrices. Depuis lors, la question si importante de l'adaptation de l'enseignement aux besoins de la vie réelle n'a fait que marcher de progrès en progrès et les appréciations flatteuses de la presse pédagogique et des autorités scolaires qui ont eu l'occasion de voir de près les résultats de notre enseignement populaire prouvent que le corps enseignant a su mener à bien l'œuvre si éminemment utile qui lui était dévolue.

Cette œuvre, par ses tendances utilitaires et pratiques, a préparé la voie à celle de l'expansion économique mondiale que l'on préconise aujourd'hui, et nos instituteurs, qui ont mené à si bonne fin la première, sauront donner une impulsion heureuse à la seconde.

En raison de ces considérations, j'ai décidé que la question ci-dessous remplacerait celle qui figure au programme de la troisième conférence d'instituteurs de l'année 1905 :

_____

(1) Voy. ci-après le règlement et le programme du Congrès.

« La préparation à l'expansion économique d'un pays doit-elle se faire dès l'école primaire ?

« 1. Quels sont les moyens les plus efficaces pour développer chez l'enfant l'énergie de la volonté et l'esprit d'entreprise ?

« (Carrières d'expansion sur lesquelles il faut attirer l'attention des générations présentes ; moyens d'imprimer le goût de l'expansion : enseignement spécial et enseignement occasionnel, bibliothèques et conférences, etc.)

« 2. Quels sont les moyens de préparer la jeunesse à cette expansion, tant à l'école primaire qu'à l'école d'adultes et à l'école professionnelle ?

« (L'enseignement des langues étrangères ; l'initiation aux industries et aux professions manuelles exotiques, coloniales ; les musées scolaires et d'art professionnel, etc.)

« 3. Quels sont les moyens d'adapter le personnel enseignant aux besoins nouveaux ?

a. La formation à l'école normale ;

b. La formation de l'instituteur en fonctions. »

L'inspecteur cantonal aura soin de vous faire tenir, avant le 1er juillet prochain, les meilleurs travaux des instituteurs, ainsi que son rapport dans lequel il exposera ses vues personnelles sur la question posée.

Après examen des rapports rédigés par MM. les inspecteurs cantonaux et des pièces y annexées, vous me soumettrez vos propres conclusions en m'indiquant les travaux qui renfermeraient des idées dignes d'être signalées.

Votre rapport, avec le dossier, devra m'être envoyé pour le 15 juillet au plus tard.

Ci-joint des exemplaires de la présente circulaire que vous voudrez bien distribuer à MM. les inspecteurs cantonaux.

—

RÈGLEMENT.

ARTICLE PREMIER. — Un Congrès international d'expansion économique mondiale sera tenu à Mons en 1905.

Il s'ouvrira le dimanche 24 septembre ; sa durée sera de cinq jours.

ART. 2. — Le Congrès est placé sous le haut patronage du roi des Belges et la présidence d'honneur des présidents du Sénat et de la Chambre des représentants, ainsi que des ministres des finances et des travaux publics, des affaires étrangères, de l'intérieur et de l'instruction publique, de l'industrie et du travail, des chemins de fer, postes et télégraphes.

ART. 3. — Le Congrès a pour objet : l'étude des questions concernant l'enseignement, la statistique, la politique économique et douanière, la marine, l'expansion civilisatrice ainsi que les moyens et les agents d'expansion en général.

ART. 4. — Sont membres du Congrès :

1° Les délégués des gouvernements ;

2° Les mandataires dûment commissionnés par les institutions scientifiques et économiques et les chambres de commerce ;

3° Les personnes qui se font inscrire au Secrétariat général du Congrès, soit avant, soit pendant la durée de la session.

ART. 5. — L'inscription sur la liste des membres du Congrès comporte adhésion aux dispositions du présent règlement.

Tous les membres du Congrès versent, au moment de leur inscription, une cotisation de 20 francs ; ils reçoivent une carte personnelle qui leur donne le droit d'assister aux séances des différentes sections. Chaque cotisation donne droit, en outre, à un exemplaire des rapports imprimés et des comptes rendus des séances.

ART. 6. — Le programme des questions à soumettre aux délibérations du Congrès est arrêté par la Commission d'organisation (1).

Les rapports sur l'une ou l'autre de ces questions, que les auteurs désireraient voir publier avant l'ouverture du Congrès, devront parvenir au Secrétariat général au plus tard le 1er août 1905.

Le bureau de la Commission d'organisation du Congrès restera juge, dans chaque cas spécial, de l'utilité que pourrait présenter la publication préalable aux discussions.

La publication pourra se faire, à la demande des auteurs, dans l'une des langues suivantes : allemand, anglais, espagnol, français, italien, néerlandais.

ART. 7. — La session du Congrès comporte des séances plénières et des séances de section

Les questions à traiter sont examinées d'abord en séance de section, puis en séance plénière.

ART. 8. — Chaque membre, au moment de son inscription, fait connaître la ou les sections dont il désire faire partie.

ART. 9. — Les sections sont au nombre de six, savoir :

Section I. Enseignement ;
Section II. Statistique internationale ;
Section III. Politique économique et douanière ;
Section IV. Marine ;
Section V. Expansion civilisatrice vers les pays neufs ;
Section VI. Moyens et agents d'expansion.

ART. 10. — Les délibérations en section s'ouvrent par un résumé sommaire des rapports présentés avant le 1er août 1905, et, s'il est possible, des rapports présentés ultérieurement.

Après discussion des questions qui lui sont soumises, chaque section désigne un ou plusieurs rapporteurs chargés de soutenir en séance plénière les conclusions qu'elle a adoptées.

ART. 11. — Au cours des discussions, les orateurs ne pourront garder la parole pendant plus de 15 minutes, ni parler plus de deux fois sur le même sujet, à moins d'une décision spéciale de l'assemblée.

ART. 12. — Les procès-verbaux des séances, rédigés par les secrétaires, seront imprimés et distribués dans le plus bref délai. A cet effet, les orateurs remettront, dans les vingt-quatre heures, aux secrétaires un résumé succinct de leurs observations, faute de quoi le texte rédigé par les secrétaires en tiendra lieu. Ces résumés, dans le cas où ils seraient jugés top

(1) Le programme a été élaboré dans la séance, v 18 février 1905, de la Commission d'organisation.

développés, pourront être réduits par les soins du Bureau.

Art. 13. — Il sera rédigé un compte rendu de la session, dont un exemplaire sera remis à chacun des membres du Congrès.

Tout auteur, d'un rapport ou d'un mémoire admis à la publication recevra gratuitement 50 exemplaires de son travail.

Art. 14. — Les communications concernant le Congrès doivent être adressées au *Secrétariat général du Congrès international d'expansion économique mondiale*, 8, rue de la Loi, à Bruxelles.

—

Congrès international d'expansion économique mondiale. — Programme.

SECTION PREMIÈRE. — Enseignement.

I. — *Enseignement primaire.*

La préparation à l'expansion économique d'un pays doit-elle se faire dès l'école primaire?

1. — Quels sont les moyens les plus efficaces pour développer chez l'enfant l'énergie de la volonté et l'esprit d'entreprise?

(Carrières d'expansion sur lesquelles il faut attirer l'attention des générations présentes; moyens d'imprimer le goût de l'expansion : enseignement spécial et enseignement occasionnel, bibliothèques et conférences, etc.)

2. — Quels sont les *moyens de préparer* la jeunesse à cette expansion, tant à l'école primaire qu'à l'école d'adultes et à l'école professionnelle?

(L'enseignement des langues étrangères; l'initiation aux industries et aux professions manuelles exotiques, coloniales; les musées scolaires et d'art professionnel, etc.)

3. — Quels sont les moyens d'adapter le personnel enseignant aux besoins nouveaux?
a. La formation à l'école normale;
b. La formation de l'instituteur en fonctions.

II. — *Enseignement moyen.*

La préparation à l'expansion économique doit-elle se continuer dans l'enseignement moyen : dans l'enseignement moyen du degré inférieur ou dans l'enseignement primaire du degré supérieur, dans l'enseignement moyen du degré supérieur; dans l'enseignement général comme dans l'enseignement spécial?

1. — Quels sont les *moyens* à employer pour donner cette direction nouvelle (notamment en ce qui concerne : les leçons sur la langue maternelle, les langues étrangères, la géographie et l'histoire, les sciences naturelles, etc.; l'enseignement professionnel, commercial, industriel, agricole; la culture physique; la formation des professeurs dans les écoles normales; la préparation du personnel enseignant en fonctions; en toutes ces matières, décrire éventuellement les exemples suivis dans les divers pays, surtout en matière commerciale, et se préoccuper à la fois du côté théorique et pratique).

2. — Faut-il réorganiser dans ce but le programme des humanités anciennes et modernes?

(Modification, par exemple, de la proportion des heures consacrées aux langues anciennes et aux langues modernes; accroissement de la culture scientifique, etc.)

3. — Quelles *langues modernes* préconiser dans l'enseignement moyen de tous degrés, tant général que spécial?

(Langues obligatoires, facultatives; méthodes; voyages; professeurs, etc.)

4. — Y a-t-il lieu de créer des sections spéciales autres que les sections commerciales, industrielles, agricoles, professionnelles, qui existent actuellement sous des noms divers, en différents pays, et répondant plus adéquatement aux besoins d'expansion d'une manière particulière?

III. — *Enseignement supérieur.*

1. — Dans l'ordre de l'expansion, quelle est la meilleure organisation d'enseignement supérieur :
a. Pour les professeurs d'enseignement moyen supérieur et spécialement ceux d'histoire, de géographie, de commerce, etc.?
b. Pour les ingénieurs de toutes catégories (préparation générale ou spéciale)?
c. Pour les colonisateurs, les fonctionnaires coloniaux, les commerçants, etc.?

2. — Quelle est la meilleure préparation des autres spécialités professionnelles élevées, en vue des carrières hors du pays?

3. — Quels sont les meilleurs moyens d'organiser, dans l'enseignement supérieur, les *cours de langues étrangères?*

(Instituts spéciaux dans ou à côté des universités; cours libres et obligatoires; cours donnés par des professeurs ou des praticiens; professeurs et lecteurs nationaux ou étrangers; voyages et séjours dans les pays dont on étudie la langue; échange à tous ces points de vue avec les universités étrangères; la question des interprètes à l'usage des légations et des consulats, des sociétés industrielles et commerciales, etc.)

4. — Quelle doit être la culture physique dans les établissements d'enseignement supérieur?

5. — Quels moyens préconiser pour faciliter le placement à l'étranger des nationaux diplômés?

(Le système des bourses de voyage, des missions, des sociétés de placement, etc.)

6. — L'expansion et les cours de vacances, les cours d'été, etc., organisés dans les universités, à l'usage des étrangers. Echange des étudiants et des professeurs.

7. — De quelle manière les extensions universitaires et les universités populaires peuvent-elles contribuer à la vulgarisation des idées d'expansion?

SECTION II. — Statistique internationale.

1. — Quelles sont les sources de renseignements sur la production industrielle et agricole, notamment quant aux principales matières utilisées dans l'industrie (charbon, minerais, fonte, bois, caoutchouc, coton, laine, ivoire, cafés, céréales, etc.)? En quoi et comment sont-elles susceptibles d'amélioration?

2. — Quelles bases d'appréciation uniformes convient-il d'adopter pour l'étude comparée des richesses naturelles des principaux pays producteurs?

3. — Dans quelle mesure la statistique inter-

nationale des fluctuations de l'encaisse et du portefeuille des banques peut-elle être utilisée pour apprécier la situation économique des divers pays ?

4. — Comment former une statistique internationale des valeurs mobilières ? (Examen de l'état de la question, des résultats obtenus et des mesures à prendre pour améliorer ceux-ci.)

5. — Quelles sont les méthodes suivies dans les divers pays pour la formation de la statistique du commerce international et comment faut-il apprécier leurs résultats ?

6. — Comment classer d'une manière uniforme les marchandises pour la formation des statistiques commerciales en vue de faciliter la comparaison de celles-ci ? (Rechercher, à cette fin, tout en laissant chaque pays maître de sa propre statistique, de quelle façon les marchandises importées et exportées devraient être groupées dans un nombre limité de caté gories qui seraient identiques pour tous les pays.)

7. — Quelle méthode suivre pour déterminer la valeur des marchandises importées et exportées ?

Est-il préférable de fixer cette valeur selon les déclarations des importateurs et des exportateurs ou bien selon les prix computés annuellement par des commissions officielles *ad hoc* ?

8. — Que faut-il entendre, au point de vue de la statistique commerciale, par marchandises nationalisées ?

(Rechercher les moyens de distinguer dans cette statistique les produits nationalisés des produits nationaux.)

9. — Faut-il établir la statistique en enregistrant les importations et les exportations selon le pays d'origine et de destination réelle ou selon le pays de provenance et de destination directe ?

(Définir les règles qui devraient être adoptées à cet égard.)

10. — Quelle est la meilleure méthode pour établir l'effet utile des ouvriers suivant la race, l'état social et l'organisation du travail ?

11. — Y a-t-il lieu de renseigner dans la statistique commerciale les quantités ou les valeurs des marchandises, ou à la fois les unes et les autres ?

SECTION III. — POLITIQUE ÉCONOMIQUE ET DOUANIÈRE.

1. — Examiner les conséquences de la concentration d'intérêts industriels, commerciaux ou financiers connus sous le nom de trusts, de cartells, etc. → La loi doit-elle intervenir pour prévenir et réprimer les abus pouvant résulter de ces organisations ? Dans l'affirmative, quelles sont les mesures à prendre ?

2. — L'exploitation de monopoles d'Etat, dans le domaine industriel, se concilie-t-elle avec l'intérêt général ?

3. — Par quels moyens les différents pays pourraient-ils sauvegarder les intérêts légitimes de l'industrie et du commerce national, sans recourir à des mesures prohibitionnistes à l'égard de la concurrence étrangère ? — Conviendrait-il d'établir un régime de réciprocité relative entre pays qui s'engageraient à ne pas dépasser dans leurs tarifs douaniers un maximum déterminé de droits ? — Système en vertu duquel les différents pays réserveraient

un traitement de faveur chez eux aux pays qui assureraient à quelques-uns des articles essentiels de leur exportation un régime à convenir.

4. — Quels seraient les avantages des unions douanières ou des groupements d'intérêts entre pays disposés à appliquer une politique douanière s'inspirant de principes communs ?

5. — Les faveurs accordées par la mère patrie à ses colonies se concilient-elles avec la clause du traitement de la nation la plus favorisée garantie par les traités, quelle que soit la nature du lien colonial ?

6. — Serait-il possible d'arriver à une classification douanière uniforme ou, du moins, concordante dans les principaux pays ?

7. — Mesures à prendre pour le règlement des contestations internationales en matière de tarifs douaniers.

SECTION IV. — MARINE.

1. — Quels sont les meilleurs moyens d'aboutir à une entente internationale sur la législation maritime : l'abordage et l'assistance, l'avarie commune, l'affrètement des navires, le libellé des connaissances, les conditions de la réception des marchandises à embarquer et à débarquer, les us et coutumes des ports, l'abandon du navire, le fret du navire abandonné en mer, etc.

2. — Comment établir d'une façon uniforme les règles déterminant la jauge brute et la jauge nette des navires de mer ?

3. — Y a-t-il lieu d'imposer des prescriptions internationales quant aux itinéraires à suivre par les steamers dans les parages fréquentés :

a. En vue d'éviter les collisions entre steamers ?

b. En vue d'assurer la sécurité des pêcheurs '

4. — Quels enseignements peut-on puiser, au point de vue de l'expansion maritime des peuples modernes, de la formation et de l'histoire des compagnies de navigation ?

5. — Quelles sont les mesures à prendre pour assurer le mieux le crédit maritime, tant pour les armements que pour les constructions navales ?

6. — Y a-t-il lieu d'encourager officiellement — et éventuellement comment — le développement de la marine nationale (primes, subventions, etc.) ?

7. — Quels sont les meilleurs modes de formation et de recrutement :

a. Du personnel marin, écoles de mousses, de matelots, de mécaniciens, d'officiers du commerce ;

b. Du personnel technique et ouvrier des chantiers, etc. ?

8. — Quels sont les avantages et les inconvénients d'une marine d'Etat ? (Protection des navires au loin, son influence sur le développement économique du pays, etc.)

9. — Quelles sont les mesures à prendre par l'Etat pour favoriser le développement des constructions navales ? (Primes, subventions, commandes de navires par l'Etat, régime douanier.)

10. — Quels types de navires préconiser au point de vue de leur exploitation ? (Navires à vapeur, à triple ou quadruple expansion et navires à turbines, navires à voiles, navires mixtes, navires en bois, navires en fer, navires

en acier, navires neufs et navires de seconde main, etc.)

11. — Quelle est l'influence sur l'armement des débouchés commerciaux et des colonies?

12. — Quels rapports y a-t-il entre les progrès de la navigation moderne et la transformation des ports et installations maritimes? (Accostage, appontements, quais des rivières, des darses et des bassins: mouillage dans les rades et rivières; corps morts; outillage; hangars et magasins; engins mécaniques et autres pour le chargement et le déchargement appropriés à la nature des marchandises; importance des installations pour le chargement et le déchargement au point de vue de l'importation, de l'exportation et du transit des marchandises; cales sèches et docks flottants, etc.)

SECTION V. — EXPANSION CIVILISATRICE VERS LES PAYS NEUFS.

1. — Quels sont les moyens les plus propres à provoquer et à développer le goût des carrières vers les pays neufs?

2. — Quels sont, dans les pays neufs, les meilleurs modes de faire des observations ethnographiques et sociologiques en vue d'arriver à une connaissance scientifique de l'état social, des mœurs et des coutumes des indigènes et de les élever à une civilisation supérieure? — (Conviendrait-il d'organiser ce travail d'enquête d'après un programme commun, et de définir ce programme? — Y a-t-il lieu de suggérer, dans cet ordre, l'établissement de stations scientifiques, l'organisation de missions, l'élaboration de questionnaires et d'instructions spéciales aux agents coloniaux, aux missionnaires, aux colons, etc., la création d'un organisme spécial appelé à concentrer les éléments recueillis, etc.?)

3. — Quels sont les moyens les plus propres à préparer et à former ceux qui se destinent aux carrières vers les pays neufs?

4. — Convient-il de créer des établissements d'enseignement approprié, instituts spéciaux et écoles coloniales, en vue de la formation aux carrières vers les pays neufs?

(Quel devrait être le programme théorique et pratique en vue de rendre les candidats aptes à ces diverses carrières, notamment aux services publics, administratifs et judiciaires et de les instruire des meilleures méthodes à suivre dans les relations des éléments étrangers avec les populations indigènes dans le but d'améliorer les conditions matérielles et morales de ces populations? — Quel serait le meilleur mode de former un personnel enseignant compétent?)

5. — Convient-il d'étendre l'institution des musées coloniaux et des pays neufs et quelles seraient les meilleures voies à suivre pour leur assurer la plus complète utilité (échanges internationaux, conférences, publications, etc.)? Faut-il multiplier les collections de vulgarisation pour des villes de province, les établissements d'enseignement à tous les degrés et comment les recevoir?

6. — Comment organiser les expositions nationales ou internationales des pays neufs et des colonies de manière à leur faire rendre le maximum d'effet utile en vue de l'expansion des pays organisateurs?

7. — Quelles suggestions convient-il de faire dans l'intérêt de la situation matérielle et morale des agents coloniaux, en ce qui concerne notamment la possibilité d'emmener leur ménage avec eux, les délassements d'ordre intellectuel et physique, tels que la création de bibliothèques et l'établissement de jeux sportifs, les traitements de congé et d'attente, les pensions, allocations de retraite et assurance sur la vie, l'institution de caisses de prévoyance pour les veuves et orphelins, la fondation de sanatoria et établissements de convalescence, etc.

8. — Les traités d'extradition existant dans la mère patrie doivent-ils être exécutés dans les colonies? Comment convient-il de traiter les cas de désertion, de sédition et de révolte, au point de vue des droits et devoirs des colonies voisines?

SECTION VI.—MOYENS ET AGENTS D'EXPANSION.

Examiner quel est, en cette matière, le rôle de l'initiative privée; comment cette initiative peut, en certains cas, être encouragée par les pouvoirs publics, et dans quelle mesure doit se produire l'action directe des gouvernements et de leurs agents officiels.

I. — *Initiative privée.*

Création, organisation et conditions du succès de maisons d'exportation ou d'importation et de comptoirs.

Services à attendre de l'établissement à l'étranger d'employés de commerce, d'ingénieurs, etc.

En dehors de l'enseignement, quelle préparation spéciale, pratique et théorique, devraient subir les personnes qui se destinent aux carrières d'expansion?

Rôle des voyageurs de commerce.

Observations pratiques concernant l'envoi en pays étrangers de réclames, d'échantillons et de livres d'adresses en plusieurs langues.

Discuter les avantages et les inconvénients que peut offrir, pour l'expansion économique d'un pays industriel, la création à l'aide de ses propres capitaux d'industries ou entreprises nouvelles dans un autre pays.

II. — *Encouragements officiels à l'initiative privée.*

Allocations de bourses de voyage et d'études; subsides à des missions commerciales.

Mesures à prendre pour assurer la diffusion à l'étranger des publications économiques d'initiative privée.

Protection et direction en matière d'émigration et d'expatriation.

Protection des entreprises nationales à l'étranger.

III. — *Action directe des gouvernements et de leurs agents.*

a. Investigations à effectuer en pays étranger en vue de connaître la situation du marché.

Quel est à cet égard le rôle des agents diplomatiques et consulaires? Quelles qualités doit-on exiger d'eux? Comment assurer leur formation professionnelle? Y a-t-il lieu de leur adjoindre éventuellement des collaborateurs techniques, soit à titre permanent, soit à titre temporaire, suivant la nature des questions qu'ils ont à traiter ?

Comment faut-il organiser les explorations consulaires et les missions commerciales officielles ?

Recommandations à faire aux agents en vue d'assurer un caractère pratique aux rapports consulaires.

b. Utilisation des renseignements recueillis à l'étranger.

Observations relatives à la publication des informations officielles, rapports, etc.: à la communication directe aux intéressés des renseignements urgents ou présentant un caractère confidentiel ou privé.

Organisation et fonctionnement des bureaux de renseignements, des musées commerciaux, etc.

c. Renseignements à fournir aux pays étrangers en vue de faire apprécier les ressources du pays investigateur.

Organisation de musées officiels d'exportation, de musées flottants, d'expositions permanentes.

Publications destinées à faire connaître à l'étranger l'industrie nationale; transmission aux agents officiels du service extérieur de monographies et de répertoires élaborés par le gouvernement.

NOTE EXPLICATIVE.

Le programme tel qu'il a été élaboré constitue le commentaire des six objets que comprendra le Congrès; il servira de direction très utile pour la rédaction des rapports, mais il n'est évidemment pas nécessaire que les rapporteurs traitent séparément chacune des questions signalées ou envisagent, dans un travail d'ensemble, toutes celles qui figurent dans une des six sections.

Pour faciliter la tâche des rapporteurs et, en même temps, pour mettre de l'ordre dans les discussions au sein du Congrès, il y aurait peut-être utilité à ramener à trois groupes les questions posées dans chaque section.

En ce qui concerne la première et la sixième section, on remarquera que le programme réalise déjà ce groupement.

Les six sections pourraient donc être subdivisées comme suit :

SECTION Ire. — *Enseignement.*

1° L'expansion économique dans l'enseignement primaire;

2° L'expansion économique dans l'enseignement moyen;

3° L'expansion économique dans l'enseignement supérieur.

SECTION II. — *Statistique.*

1° Sources de renseignements et bases d'appréciation;

2° Méthodes à préconiser pour l'établissement des statistiques;

3° Constatations utiles.

SECTION III. — *Politique économique et douanière.*

1° Avantages et inconvénients des groupements d'intérêts;

2° Mesures destinées à prévenir les excès de la concurrence internationale ;

3° Questions spéciales.

SECTION IV. — *Marine.*

1° Matières pouvant donner lieu à des ententes internationales ;

2° Enseignements à tirer de l'histoire et de l'exemple des différents peuples;

3° Mesures propres à favoriser le développement de la marine et questions spéciales.

SECTION V. — *Expansion civilisatrice vers les pays neufs.*

1° Moyens de nature à provoquer et à faciliter l'expansion civilisatrice;

2° Recommandations pratiques quant à l'organisation et la réalisation des missions et explorations dans les pays neufs;

3° Questions concernant la situation matérielle et morale des agents coloniaux et questions spéciales.

SECTION VI. — *Moyens et agents d'expansion*

1° Rôle de l'initiative privée;

2° Comment les pouvoirs publics peuvent, en certains cas, encourager utilement l'initiative privée;

3° Dans quelle mesure doit se produire l'action directe des gouvernements et de leurs agents officiels.

COURS SPÉCIAUX D'ÉCONOMIE DOMESTIQUE ET DE TRAVAUX DE MÉNAGE. — *Conditions pour être subventionnés comme écoles d'adultes.* — Circulaire adressée, le 27 janvier 1905, aux gouverneurs de province, par M. de Trooz, ministre de l'intérieur, etc. (*Bulletin du ministère de l'intérieur, etc.*, 1905, II, 13.)

J'ai reçu, dans ces derniers temps, un certain nombre de demandes de subsides en faveur de cours spéciaux d'économie domestique et de travaux de ménage annexés à des écoles primaires pour filles.

Ces cours, ordinairement plus théoriques que pratiques, sont donnés pendant une demi-heure après la classe du matin et ils sont suivis exclusivement ou presque exclusivement par des élèves du cours supérieur de l'école primaire.

De pareilles leçons spéciales peuvent avoir leur utilité là où il n'existe pas d'institut ménager, mais elles constituent une simple extension du programme des écoles primaires proprement dites. (Voir le 2° alinéa de l'article 4 de la loi scolaire organique et le chapitre IV de l'instruction générale du 1er octobre 1895, relative à l'exécution de la dite loi.)

Veuillez, Monsieur le gouverneur, faire remarquer aux organisateurs de leçons de l'espèce que celles-ci ne peuvent pas être subventionnées comme écoles d'adultes, d'après les bases établies par le règlement du 21 septembre 1898.

Les écoles d'adultes ménagères doivent, en effet, pour jouir des subsides de l'Etat, être absolument distinctes de l'école primaire proprement dite et les cours doivent être donnés, avec applications pratiques, par une maîtresse capable (voir l'art. 3, 2°, du règlement), disposant du matériel et des ustensiles nécessaires, à des jours et heures convenables, pour que la généralité des jeunes filles de la localité qui le désirent puissent les fréquenter assidûment et en recueillir des fruits sérieux. Or, ce n'est pas au moyen de leçons, fussent-elles pratiques, d'une demi-heure chacune, que l'on peut enseigner efficacement le ménage.

J'ajouterai que c'est à titre de simple tolérance et par exception à la règle générale inscrite dans l'article 14 du règlement-type des écoles d'adultes, inséré au *Moniteur* du 5 août 1887, que l'on peut admettre aux cours d'adultes ménagers les jeunes filles du cours supérieur de l'école primaire (voir mes circulaires du 30 juillet et du 24 novembre 1902, insérées à leur date respective au *Bulletin* de mon département).

Des exemplaires de la présente circulaire seront envoyés, par mes soins, aux membres de l'inspection scolaire. Ceux-ci auront à me signaler : *a*) par votre entremise, les cours ménagers communaux ou adoptés ; *b*) directement, les cours ménagers entièrement libres existant actuellement et qui ne se trouveraient pas dans les conditions voulues pour mériter les encouragements pécuniaires du Trésor public.

_____

ÉCOLES ADOPTÉES. — *Instituteur.* — *Nomination.* — Circulaire adressée, le 26 octobre 1904, aux gouverneurs de province, par M. de Trooz ministre de l'intérieur, etc. (*Bulletin du ministère de l'intérieur, etc.*, 1904, II, 115.)

On me signale que parmi les membres du personnel enseignant d'écoles privées adoptées figurent des instituteurs qui occupent leurs fonctions à titre provisoire pendant des mois, voire des années.

Cette pratique est aussi préjudiciable aux instituteurs que contraire à l'intérêt de l'enseignement, car ces agents sont privés de leurs droits aux augmentations réglementaires de traitement, et il est à craindre qu'à raison de cette circonstance et de leur situation précaire ils n'apportent pas dans l'exercice de leurs devoirs professionnels tout le dévouement désirable.

Je vous prie, Monsieur le gouverneur, d'attirer sur ce point l'attention des comités directeurs des écoles adoptées et de les engager vivement à mettre les membres de leur personnel enseignant en état de profiter des faveurs concédées par l'article 15 de la loi scolaire, en les confirmant dans leur emploi dès qu'ils auront donné des preuves suffisantes de leurs capacités.

Il conviendrait de ne pas dépasser le délai de trois mois admis par l'article 11 de la loi scolaire pour la nomination des instituteurs communaux.

_____

— *Personnel.* — *Agréation des membres.* — Dépêche adressée le 19 décembre 1904 à un gouverneur de province par M. de Trooz, ministre de l'intérieur, etc. (*Bulletin du ministère de l'intérieur, etc.*, 1904, II, 131.)

L'administration communale de W... pose la question de savoir si la régularité exige qu'une délibération formelle du conseil confirme l'adoption d'une classe supplémentaire créée à l'école primaire pour filles, adoption que le conseil a tacitement consentie en agréant la nomination de l'institutrice appelée à diriger cette classe.

Lorsque l'acte d'adoption indique le nombre de classes que comprend l'école adoptée, il me semble nécessaire, au cas où une classe nouvelle viendrait à être organisée, qu'une délibération intervienne portant adoption de cette classe.

Mais quand le nombre de classes n'est pas mentionné, la simple agréation du titulaire de la nouvelle classe peut être considérée comme comportant adoption de celle-ci.

Le conseil peut décider que les effets de l'adoption seront reportés au jour à partir duquel les services de l'institutrice ont été rémunérés, date qu'il conviendra d'indiquer dans la délibération.

_____

ÉCOLES SUBVENTIONNÉES. — *Obligation pour les chefs de ces écoles d'informer d'urgence le gouvernement des modifications notables apportées à l'organisation de ces écoles.* — Circulaire adressée, le 29 février 1904, aux inspecteurs officiels et aux inspecteurs de l'enseignement libre, par M. de Trooz, ministre de l'intérieur, etc. (*Bulletin du ministère de l'intérieur, etc.*, 1904, II, 26.)

L'examen des tableaux collectifs de renseignements destinés à l'évaluation des subsides à accorder, par l'Etat, pour le soutien, pendant l'année 1904, des écoles primaires, des écoles gardiennes et des écoles d'adultes privées subventionnées déjà en 1903 m'a fait constater que, nonobstant les recommandations contenues à cet égard dans la circulaire de mon honorable prédécesseur, en date du 15 avril 1899 (*Bulletin*, p. 39, et 19e Rapport triennal, p. 467), certains chefs d'écoles libres subsidiées se sont abstenus de m'informer *des modifications notables* apportées à l'organisation de ces écoles pendant l'année écoulée.

Veuillez, Monsieur l'inspecteur, rappeler, dès que l'occasion s'en présentera, la circulaire susvisée à l'attention spéciale des personnes qu'elle intéresse et leur faire connaître qu'il y a lieu de notifier d'urgence à mon département, non seulement les dédoublements de classe, mais encore toutes les autres mesures qui seraient de nature à faire augmenter ou diminuer, le cas échéant, dès l'exercice en cours au moment où la mesure est prise, le montant des subsides de l'Etat. Telles sont notamment, outre les créations de classes nouvelles dont je viens de parler, les réductions du nombre de classes subventionnées précédemment, les nominations de directeurs (directrices) donnant ouverture à l'application de l'article 8 du règlement général du 20 septembre 1898 et les suppressions de pareils postes.

Je crois devoir faire remarquer en terminant que les subsides sont alloués pour l'année ordinaire (janvier à décembre) et non pas pour l'année scolaire ; que, par conséquent, en cas de suppression d'une ou de plusieurs classes en cours d'exercice budgétaire (à partir du mois d'octobre, par exemple), le subside fixé pour l'année entière doit être révisé et réduit, lorsqu'il y a lieu. Si le subside avait été liquidé intégralement, le bénéficiaire devrait restituer au Trésor public la somme payée en trop.

GYMNASTIQUE. — *Enseignement de la gymnastique à l'école primaire.* — *Enquête.* — Circulaire adressée, le 10 mai 1904, aux inspecteurs principaux de l'enseignement primaire, par M. de Trooz, ministre de l'intérieur, etc. (*Bulletin du ministère de l'intérieur, etc.*, 1904, II, 63.)

A la suite de ma circulaire du 17 juillet 1903, émargée comme ci-contre, vous avez porté à l'ordre du jour de la deuxième conférence des instituteurs et des institutrices (année 1904) la question de l'enseignement de la gymnastique dans les écoles primaires.

Les membres du personnel enseignant ont été invités à faire des points suivants l'objet d'une étude approfondie :

1° Faut-il maintenir le *statu quo*?

2° Dans la négative, en quoi devraient consister les modifications à apporter au programme actuellement suivi?

Il me revient que des instituteurs ou institutrices auraient mal interprété la première question; ils ont cru qu'il s'agissait de savoir s'il y avait lieu de maintenir ou de supprimer la gymnastique dans les écoles primaires.

Il n'est absolument pas question de reviser la loi scolaire qui rend obligatoire l'enseignement de la gymnastique dans cette catégorie d'écoles.

Les instituteurs et les institutrices sont appelés à dire si, à leur avis, il convient de continuer à donner l'enseignement de la gymnastique sans rien changer au programme, à l'horaire, etc.

La question ne pouvait être comprise autrement, surtout en présence des termes de la seconde question qui complète la première.

Chaque inspecteur cantonal fera un rapport détaillé sur les travaux que les instituteurs et les institutrices auront produits; il y joindra ceux de ces travaux jugés par lui les meilleurs en les classant dans deux fardes. La première, farde A, contiendra les travaux visant au maintien du *statu quo*. La seconde, farde B, contiendra les travaux visant à la réforme.

L'inspecteur cantonal aura soin de vous faire tenir, avant le 15 juillet prochain, son rapport (avec annexes) dans lequel il exposera ses vues personnelles sur la question de la gymnastique.

Après examen des rapports et des pièces y annexés fournis par MM. les inspecteurs cantonaux, vous indiquerez, également dans un rapport, quelle est, selon vous, la valeur des arguments ou raisons que les instituteurs, les institutrices et les inspecteurs cantonaux font valoir les uns *pour*, les autres *contre* la réforme de l'enseignement de la gymnastique dans les écoles primaires.

Votre rapport avec le dossier, fardes comprises, devra être envoyé, avant le 15 août prochain, au ministère de l'intérieur et de l'instruction publique (administration de l'enseignement primaire, 4° section).

Toutes les pièces de l'enquête seront soumises à l'examen d'une commission spéciale qui présentera au gouvernement telles propositions qu'elle jugera convenir.

HYGIÈNE. — *Installations sanitaires.* — *Modifications à y apporter.* — Circulaire adressée, le 17 décembre 1904, aux gouverneurs de province, par M. de Trooz, ministre de l'intérieur etc. (*Bulletin du ministère de l'intérieur, etc.*, 1904, II, 130.)

Le règlement relatif à la construction des écoles indique les systèmes à adopter pour rendre inodores les lieux d'aisances, là où l'eau sous pression ne peut remplir cet office.

Le système le plus souvent employé est défini : « à coupe-air obtenu en prolongeant la » cuvette par un tube qui plonge dans un chau- » dron, de manière à obtenir une occlusion de » 0ᵐ08 à 0ᵐ10 ».

Pour que l'occlusion existe de façon constante, il faut que la quantité de liquide soit, à tout instant, suffisante pour dissoudre les matières solides et pour maintenir le niveau du contenu du chaudron au-dessus de l'orifice inférieur du tuyau de chute.

Cette nécessité suppose donc un usage régulier et fréquent de chaque siège d'aisances en particulier, car, dans le cas contraire, la faible quantité de liquide qui assure l'occlusion s'évaporant :

1° La sortie des gaz de la fosse s'effectue par le tuyau de chute;

2° Les matières solides se durcissent et forment bouchon.

L'inconvénient de ce système réside donc dans ce fait que chaque cuvette n'est dépendante que d'un seul siège et qu'il est à craindre que, soit d'une façon permanente, soit accidentellement, un seul siège ne soit insuffisant pour fournir la quantité de liquide voulue.

Voici maintenant les modifications qu'il serait utile d'apporter à ce système :

1° Les chaudrons seront remplacés par une seule auge, sans pente, sans séparation dans toute sa longueur et dans laquelle plongeront, de 8 à 10 centimètres, les extrémités de tous les tuyaux de chute qui pourront être coupés en bec de flûte;

2° L'urinoir (école des garçons) déversera ses liquides dans cette auge au lieu de les livrer directement à la fosse.

Les avantages de cette disposition se résument comme suit : la quantité de liquide est plus considérable et plus régulière, grâce à l'appoint des urinoirs; elle se répartit uniformément entre tous les sièges et baigne plus abondamment les matières solides.

Viendront contribuer à assurer une occlusion parfaite, les eaux ayant servi au nettoyage des classes et les eaux pluviales qui seront amenées de la toiture des installations d'aisances.

Le système de l'auge unique peut être réalisé également dans les écoles de filles, quoiqu'il n'y existe pas d'urinoirs

Il reste à déterminer la nature de l'auge; il semble qu'il faille rejeter la fonte émaillée qui ne résiste pas longtemps aux agents corrosifs.

Il est peu prudent, d'autre part, d'employer l'auge maçonnée en briques, car le ciment qui enduit le canal venant à disparaître, il est à craindre que les liquides n'imprègnent la maçonnerie. Le grès céramique sous fortes dimensions, les bétons, la pierre bleue sont recommandables.

Vous voudrez bien, Monsieur le gouverneur,

faire le nécessaire pour qu'à l'avenir le système d'occlusion défini au commencement de la présente dépêche soit remplacé, dans les projets de construction, d'agrandissement, d'amélioration d'installations d'aisances, par celui dont la description précède.

Je vous adresse, sous le même pli, un certain nombre d'exemplaires du croquis de la nouvelle disposition.

Il va sans dire que tous les organes destinés à la ventilation des fosses seront toujours utilisés et que le modèle de cuvette et de siège, quoique recommandable, peut être remplacé par tout autre.

———

— *Nettoyage et entretien des classes.* — Circulaire adressée, le 22 mars 1904, aux gouverneurs de province au nom de M. de Trooz, ministre de l'intérieur, etc., par M. le directeur général Emond. (*Bulletin du ministère de l'intérieur, etc.*, 1904, II, 38.)

D'après les articles 1er et 19 de la loi du 20 septembre 1884-15 septembre 1895, les écoles primaires communales, adoptées ou privées subsidiées, doivent être établies dans des locaux convenables. L'article 2 de l'arrêté ministériel du 21 septembre 1898 subordonne à la même condition l'allocation des subsides de l'Etat aux écoles gardiennes communales, adoptées ou privées.

Pour qu'un local d'école puisse être réputé convenable, il ne suffit pas qu'il satisfasse aux règles de l'hygiène sous le rapport des dimensions des classes, du chauffage et de la ventilation, il faut de plus qu'il soit dans un état permanent de bon entretien et de propreté.

A mon avis, il importe que les classes, vestiaires et préaux couverts soient balayés tous les jours. Ce balayage doit se faire par voie humide et *jamais à sec*, afin de ne pas soulever de poussières qui se déposeraient sur les objets mobiliers.

Quant aux cabinets et urinoirs, il faut qu'ils soient lavés chaque jour.

Trois fois *au moins* par an, c'est-à-dire vers la nouvelle année ainsi que pendant les vacances de Pâques et celles d'été, il y a lieu de procéder à un nettoyage à fond des locaux scolaires. On déplace alors les bancs-pupitres pour enlever les poussières et menus objets qui s'accumulent en-dessous d'eux ; les pavements et planchers sont récurés au savon et à grande eau, les portes et fenêtres lavées de même. Tous les objets mobiliers doivent être soigneusement nettoyés ; les murs et les plafonds lavés à grande eau s'ils sont peints à la couleur à l'huile. Lorsque les murs et les plafonds des classes sont blanchis à la chaux, ils doivent, conformément à la dépêche ministérielle du 17 septembre 1896, rappelée par celle du 3 février 1903, être badigeonnés deux fois par an (aux vacances de Pâques et d'été). Quant aux dépendances de l'école, un seul badigeonnage annuel suffit.

Ces prescriptions intéressent au plus haut point la salubrité de l'école, dont les locaux et le mobilier doivent, d'autre part, être entretenus en bon état de réparations ordinaires.

Veuillez, je vous prie, Monsieur le gouverneur, appeler d'une manière toute spéciale, sur les prescriptions qui précèdent, l'attention des autorités dirigeant les écoles primaires et gardiennes communales, adoptées ou privées subsidiées. Vous ne leur laisserez pas ignorer que, si elles ne s'y conformaient pas scrupuleusement, les subsides de l'Etat et, le cas échéant, ceux de la province pourraient leur être retirés.

Je viens de transmettre à MM. les inspecteurs principaux de l'enseignement primaire une copie de la présente circulaire, en leur recommandant de veiller à leur entière exécution.

———

INSPECTION ECCLÉSIASTIQUE. — *Circonscription des ressorts du Brabant.* — Déclaration de M. de Trooz, ministre de l'intérieur, etc., en date du 20 avril 1904. (*Moniteur* du 11 mai.)

Le ministre de l'intérieur et de l'instruction publique,

Vu l'arrêté royal du 12 décembre 1895 (pris en exécution de la loi organique de l'instruction primaire) disposant, en son article 1er, que dans chaque ressort d'inspection principale (inspection civile) il y a un inspecteur ecclésiastique portant le titre d'inspecteur diocésain ;

Vu l'arrêté royal du 14 août 1897, modificatif de cette disposition royale et portant ce qui suit :

« Toutefois, l'autorité diocésaine pourra, de commun accord avec notre ministre de l'intérieur et de l'instruction publique, apporter à la circonscription des ressorts d'inspection ecclésiastique telles modifications qui seront jugées nécessaires dans l'intérêt du service, pour autant que ces modifications n'aient pas pour conséquence une augmentation du nombre des inspecteurs pour l'ensemble du diocèse.

» En cas de modification de la circonscription des ressorts d'inspection ecclésiastique, notification en sera donnée par notre ministre de l'intérieur et de l'instruction publique aux autorités administratives, et aux instituteurs que la chose concerne » ;

Vu l'arrêté royal du 10 juillet 1899, portant création d'une nouvelle place d'inspecteur diocésain dans la province de Brabant ;

Revu notre arrêté du 3 août 1899, portant réorganisation des ressorts d'inspection diocésaine dans la dite province ;

Vu les propositions de Mgr l'archevêque de Malines (lettre du 12 avril 1904), tendantes au remaniement des ressorts d'inspection diocésaine dans le Brabant ;

Déclare que Mgr l'archevêque de Malines a, de commun accord avec lui, modifié comme suit la circonscription des ressorts d'inspection diocesaine de l'enseignement primaire dans la province de Brabant ;

I. RESSORT DIOCÉSAIN DE BRUXELLES, comprenant les cantons scolaires (inspection civile) de Bruxelles, d'Ixelles et de Saint-Josse-ten-Noode.

Titulaire : ....

II. RESSORT DIOCÉSAIN DE LOUVAIN, comprenant les cantons scolaires (inspection civile) de Louvain, d'Aerschot et de Tirlemont.

III. RESSORT DIOCÉSAIN DE LAEKEN, comprenant les cantons scolaires (inspection civile) de

Laeken, de Hal, de Molenbeek-Saint-Jean et de Vilvorde.

Titulaire : M. *Cappuyns*, inspecteur diocésain, résidant à Laeken.

IV. Ressort diocésain de Nivelles, comprenant les cantons scolaires (inspection civile) de Nivelles, de Jodoigne et de Wavre.

Titulaire : ....

Le ministre de l'intérieur et de l'instruction publique requiert les autorités administratives et les instituteurs exerçant leurs fonctions dans les écoles soumises au régime d'inspection établi par l'article 5 de la loi organique de l'instruction primaire de faciliter l'accomplissement de la mission des dits inspecteurs.

Instruction gratuite. — *Intervention d'un bureau de bienfaisance dans les frais d'instruction des enfants pauvres.* — Dépêche adressée, le 20 mai 1904, à un gouverneur de province, par M. de Trooz, ministre de l'intérieur, etc. (*Bulletin du minist. de l'int., etc.*, 1904, II, 66.)

Par délibérations en dates respectivement du 10 décembre 1903 et du 10 janvier 1904, le bureau de bienfaisance et le conseil communal de H... ont émis l'avis qu'il n'y avait pas lieu d'inscrire au budget du dit bureau, pour l'exercice 1904, un subside en faveur des écoles communales et autres. Ces collèges ont invoqué le motif suivant :

« Considérant qu'il serait illogique de faire payer l'instruction par les pauvres, attendu que celle-ci est gratuite pour tous les enfants, même pour ceux qui sont dans l'aisance. »

La députation permanente du conseil provincial a décidé, de son côté, le 22 avril suivant, que, vu le taux minime de l'intervention, que l'on pouvait demander au bureau de bienfaisance (laquelle ne s'élève, d'après le tarif appliqué dans votre province, qu'à fr. 158.20), et l'accord intervenu entre le bureau de bienfaisance et la commune, il n'y avait pas lieu de rétablir au budget de la bienfaisance une allocation quelconque en faveur de l'instruction des enfants pauvres.

La dame *B..* , institutrice en chef de l'école primaire privée subsidiée par l'Etat, de H..., ayant demandé le rétablissement de la subvention accordée à son école, jusqu'en 1900, par le bureau de bienfaisance, subvention qui s'élevait à fr. 148.95, vous avez pris, le 30 avril dernier, votre recours auprès du roi contre la décision de la députation permanente, par application, dites-vous, de l'article 125 de la loi provinciale, mais plus exactement en exécution du dernier alinéa de l'article 3 de la loi organique de l'instruction primaire.

S'il n'y avait à tenir compte, dans l'espèce, que des motifs invoqués tant par le bureau de bienfaisance et le conseil communal que par la députation permanente, ce recours devrait être accueilli. Il ne peut, en effet, appartenir aux communes, en décrétant la gratuité générale de l'instruction dans leurs écoles primaires, d'empêcher les chefs des écoles privées adoptées ou adoptables de recevoir ce qui leur est légalement et légitimement dû par les bureaux de bienfaisance. Mais il importe d'avoir égard à une autre considération, c'est que seuls les bureaux de bienfaisance qui ont des ressources suffisantes doivent intervenir dans les frais du service ordinaire de l'enseignement primaire. Or, il est constaté par un tableau que votre administration a joint au dossier que le budget du bureau de bienfaisance de H.. , pour l'exercice 1904, s'élève *en recettes* à fr. 4,330.84, ce qui n'est pas beaucoup pour une population de 2,221 habitants, et *en dépenses* à fr. 4,599.87. Si ces chiffres sont exacts, si notamment la contribution du bureau de bienfaisance au fonds commun (application de l'article 10 de la loi du 14 mars 1876 et de l'article 17 de la loi du 27 novembre 1891) n'est pas exagérée, le budget dont il s'agit ne présente aucun excédent : il clôture même en déficit.

Dans ces conditions, et après avoir revu la discussion à laquelle a donné lieu, à la Chambre des représentants, en séance du 14 août 1895, la disposition légale relative à l'intervention des bureaux de bienfaisance dans les frais de l'instruction primaire (discussion reproduite aux pages CCLXXII et suivantes du 18e rapport triennal), j'estime qu'*en fait* le recours visé plus haut ne comporte aucune suite.

Veuillez, Monsieur le gouverneur, transmettre à Mme *B...*, désignée ci-dessus, la copie ci-jointe de la présente dépêche, pour son information et direction.

— *Les listes supplémentaires ne peuvent comprendre que des enfants âgés de 6 ans au moins au 1er octobre de l'année précédente.* — Dépêche adressée, le 14 juillet 1904, à un gouverneur de province, par M. de Trooz, ministre de l'intérieur, etc. (*Bulletin du ministère de l'intérieur, etc.*, 1904, II, 90.)

Comme suite à votre référé du 2 juin dernier, j'ai l'honneur de vous faire connaître que la circulaire ministérielle du 23 décembre 1897 (insérée à sa date au *Bulletin* de mon département) doit être interprétée en ce sens qu'un élève de l'école gardienne ou autre *ne peut* être porté, en cours d'année, sur la liste supplémentaire des admissions gratuites à l'école primaire que pour autant qu'il ait atteint l'âge de 6 ans à la date du 1er octobre précédent, conformément aux prescriptions de l'article 3, 2e alinéa, n° 1o, de l'arrêté royal du 31 juillet 1897.

Maison d'école. — *L'instituteur n'a pas d'autorisation à solliciter pour loger ses père et mère et autres ascendants.* — Dépêche adressée, le 26 février 1904, à un gouverneur de province, par M. de Trooz, ministre de l'intérieur, etc. (*Bulletin du ministère de l'intérieur, etc.*, 1904, II, 136.)

Par requête ci-jointe, des habitants de... me signalent que, contrairement à l'article 46 du règlement scolaire, l'autorité locale a donné l'ordre à un parent de l'institutrice communale, lequel habite la maison d'école, de quitter le logement qu'il y occupe.

Par dépêche du 18 novembre dernier, dont une copie vous a été transmise, j'ai décidé que l'instituteur peut héberger chez lui ses père et mère et autres ascendants, pour la raison qu'il leur doit assistance aux termes des articles 205 et 206 du code civil. L'instituteur n'a pas d'autorisation à solliciter de ce chef de l'administration communale et celle-ci ne peut lui faire aucune interdiction à cet égard.

Mais, pour ce qui concerne les autres membres de la famille ou des personnes étrangères, la commune a le droit de prendre, en ce qui concerne le logement d'école, telles décisions qu'elle juge convenir.

———

MANUELS CLASSIQUES *publiés par des inspecteurs et non portés au catalogue des livres recommandés par le gouvernement.*—Circulaire adressée, le 15 juillet 1904, aux inspecteurs principaux de l'enseignement primaire, par M. de Trooz, ministre de l'intérieur, etc. (*Bulletin du ministère de l'intérieur, etc.*, 1904, II, 94.)

En 1892, l'un de nos honorables prédécesseurs, feu M. de Burlet, a cru devoir adresser des observations à certains inspecteurs au sujet de l'admission, dans les écoles soumises à leur contrôle, de manuels publiés par eux et qui n'avaient pas été portés au catalogue des livres recommandés par le gouvernement.

Comme le disait M. de Burlet dans sa circulaire reproduite au 17ᵉ rapport triennal (années 1891 à 1893, page 32), je suis d'avis que le mandat d'inspecteur officiel impose absolument à celui qui en est investi le devoir de ne point favoriser l'introduction dans les écoles de manuels ne figurant pas sur les listes des livres recommandés.

L'inspecteur qui agirait autrement, disait encore M. de Burlet, affaiblirait son autorité sur le personnel enseignant et ferait suspecter sa délicatesse.

J'aime à croire que les inspecteurs principaux et cantonaux se conforment à la règle que je viens de rappeler. Toutefois, comme il pourrait y avoir des exceptions, je vous prie, Monsieur l'Inspecteur principal, de vouloir bien, le cas échéant, les mentionner dans un relevé conforme au modèle ci-joint, relevé que vous aurez soin de me faire tenir *avant la fin de ce mois.*

———

ANNEXE.

Ressort d'inspection principale de. . . . .

———

LISTE des manuels classiques publiés par des inspecteurs scolaires officiels, manuels non approuvés par le conseil de perfectionnement de l'instruction primaire et employés, néanmoins, dans les écoles primaires soumises au contrôle de l'État.

SITUATION AU 15 JUILLET 1904.

Nᵒˢ D'ORDRE.	TITRES DES MANUELS CLASSIQUES.	NOMS DES AUTEURS.	MANUELS EMPLOYÉS DANS LES ÉCOLES			Observations.
			communales.	adoptées.	privées subsidiées.	

Canton scolaire d. . . . .

PENSION DES INSTITUTEURS. — *Intervention de communes nouvelles du chef de services rendus dans les sections ou hameaux dont elles sont formées.* — Circulaire adressée, le 21 juin 1904, aux gouverneurs de province, par M. de Favereau au nom de M. de Trooz, ministre de l'intérieur, etc., absent. (*Bulletin du ministère de l'intérieur, etc.*, 1904, II, 80.)

Il arrive que les administrations de communes auxquelles des parts contributives dans le payement de pensions d'instituteurs ont été assignées contestent l'obligation de les assumer, parce que les pensionnaires ont exercé leurs fonctions dans un hameau qui, à une certaine époque, a été érigé en commune.

La révision de la répartition des charges des pensions est demandée parfois aussi lorsque l'école où les titulaires ont été en fonctions était fréquentée par des enfants de deux ou plusieurs communes réunies sous le rapport de l'enseignement primaire.

Ces réclamations, qui souvent sont fondées, m'obligent à soumettre le dossier des dites pensions à une nouvelle instruction. Elles entraînent généralement la révision de la répartition des charges et des rectifications dans la comptabilité des parts d'intervention.

Pour éviter ces formalités et régularisations, je désirerais que, lors de l'instruction d'une demande de pension, votre administration s'assurât si, pour un des motifs susvisés, le payement de la pension n'incombe pas à des communes autres que celles qui sont indiquées par mon administration.

Le cas échéant, vous voudrez bien prendre l'avis des conseils communaux intéressés. En cas de désaccord sur l'obligation des communes d'intervenir dans les charges de la pension ou sur les bases de la répartition, il devra être statué, par la députation permanente, conformément à l'article 132 de la loi communale.

— *Publication des arrêtés royaux qui ont revisé les pensions en exécution de l'article 1er de la loi du 25 août 1901.* — Circulaire adressée le 23 juin 1904 aux gouverneurs de province, par M. le secrétaire général Sauveur, au nom de M. de Trooz, ministre de l'intérieur, etc. (*Bulletin du ministère de l'intérieur, etc.*, 1904, II, 83.)

Plusieurs administrations communales ont réclamé, auprès de mon département, au sujet du montant des sommes qui leur étaient imposées à titre de parts d'intervention dans le payement des pensions d'instituteurs communaux, les chiffres portés dans les états de recouvrement, de 1903 et 1904, n'étant pas ceux qui avaient été inscrits dans les relevés des années antérieures. Il a été répondu que les augmentations constatées provenaient de la revision des pensions opérée en exécution de l'article 1er de la loi du 25 août 1901, et que les nouveaux taux des pensions, pour la fixation desquels les autorités locales avaient eu à fournir les bases, ainsi que la répartition des charges entre l'État, les provinces et les communes, ont été publiés au *Moniteur belge*.

Pour éviter de nouvelles réclamations, je vous prie, Monsieur le gouverneur, de vouloir bien attirer, par un avis inséré au *Mémorial administratif*, l'attention des administrations communales sur les revisions de pensions en question dont les relevés détaillés ont été insérés au *Moniteur* dans ses numéros des 22, 26, 29 et 30 novembre, 5, 7, 11, 13 et 21 décembre 1902, 1er février, 23 mars et 26 juin 1903 et 25 juin 1904.

PERSONNEL ENSEIGNANT. — *Exercice pendant cinq ans. — Ecole unique à deux classes, dont l'une n'est pas pourvue d'instituteur. Arrêté royal du 25 mars 1904.* (*Moniteur* du 21 avril.)

Un arrêté royal du 25 mars 1904, contresigné par M. de Trooz, ministre de l'intérieur, etc., annule une délibération par laquelle un conseil communal avait nommé un instituteur.

Cet arrêté est ainsi motivé :

Attendu que la commune d'Ebly ne possède qu'une seule école primaire communale qui, jusqu'en 1898, comptait deux classes et dont le personnel enseignant se composait d'un instituteur et d'un sous-instituteur ; que le conseil communal s'étant refusé en 1899 à pourvoir à la vacance de la place de sous-instituteur, la commune fut privée de tous subsides scolaires par notre arrêté du 3 avril 1900 ; que la dite place n'ayant pas été légalement supprimée, l'unique école d'Ebly doit être considérée comme une école à deux classes et que, dès lors, le titulaire de l'emploi d'instituteur de cette école doit, conformément à l'article 12 de la loi sur l'enseignement primaire, être choisi parmi les membres du personnel enseignant comptant au moins cinq années de services ;

Attendu que le sieur *Dehotte*, nommé à cet emploi, ne remplit pas cette condition et que, dès lors, sa nomination est contraire à l'article 12 précité et sujette à annulation.

PROPRIÉTÉS DU SUCRE *employé dans l'alimentation. — Distribution d'une brochure de propagande.* — Circulaire adressée le 28 avril 1904 aux inspecteurs principaux de l'enseignement primaire, par M. de Trooz, ministre de l'intérieur, etc. (*Bulletin du ministère de l'intérieur, etc.*, 1904, II, 56.)

J'ai accepté l'offre que m'a faite la « Société technique et chimique de sucrerie de Belgique » de mettre à ma disposition un grand nombre d'exemplaires de la brochure de M. *Dettour*, pharmacien-chimiste à Wanze, publiée sous le patronage de cette société, dans le but de vulgariser les propriétés du sucre employé dans l'alimentation.

Cette brochure a été modifiée dans le sens indiqué par M. le docteur *Devaux*, inspecteur général du service de santé civil et de l'hygiène.

« Les physiologistes reconnaissent, dit la « Société de sucrerie de Belgique », que le sucre est un aliment très sain et qu'il est une source importante d'énergie musculaire. Il convient particulièrement pour la classe ouvrière et pour les travailleurs en général ; il remplace pour eux avantageusement l'alcool. »

Par suite de mesures législatives, le prix du sucre a beaucoup diminué.

Les exemplaires que je vous envoie sont destinés aux instituteurs chefs ou institutrices chefs des écoles primaires communales, adoptées et privées subsidiées.

Les uns et les autres voudront bien, après qu'ils auront pris connaissance de la brochure, la communiquer, dans un but de propagande, aux instituteurs ou institutrices placés sous leurs ordres.

Je vous prie de m'accuser réception de cet envoi.

———

SÉANCES DE PHOTOGRAPHIE *organisées dans les écoles communales.* — Circulaire adressée, le 4 mai 1904, aux gouverneurs de province, par M. de Trooz, ministre de l'intérieur, etc. (*Bulletin du ministère de l'intérieur, etc.,* 1904, II, 58.)

Par lettre du 16 mars écoulé, vous me signalez que des séances de photographie ont été organisées dans un grand nombre d'écoles communales ; qu'après ces séances, les membres du personnel enseignant recevaient, généralement à titre gratuit, un ou plusieurs portraits, tandis que les parents des élèves étaient invités à en acheter par l'intermédiaire de l'instituteur ou de l'institutrice.

D'accord avec vous, j'estime que cette façon de procéder est de nature à nuire à la considération qui doit entourer le personnel enseignant. Je vous prie, Monsieur le gouverneur, de vouloir bien donner aux communes, par la voie du *Mémorial administratif,* des instructions en vue de faire cesser cet abus.

———

SUBSIDES SCOLAIRES. — *Conditions exigées pour que les sections agricoles du degré primaire puissent être subventionnées, non seulement par le ministère de l'agriculture, mais aussi, à titre d'écoles d'adultes, par le département de l'intérieur et de l'instruction publique.* — Circulaire adressée, le 9 février 1905, aux inspecteurs principaux de l'enseignement primaire, par M. de Trooz, ministre de l'intérieur, etc. (*Bulletin du ministère de l'intérieur, etc.,* 1905, II, 20.)

A la demande de M. le ministre de l'agriculture, j'ai l'honneur de vous transmettre un exemplaire d'une circulaire qu'il a adressée, le 16 décembre dernier, sous le n° 5950, aux agronomes de l'Etat et qui est relative aux *sections professionnelles agricoles du degré primaire.*

Mon honorable collègue me prie de faire connaître, par votre entremise, les termes de cette circulaire aux instituteurs et de les informer qu'il désire attendre quatre ou cinq ans avant de prendre une décision quant aux développements à donner à ce nouveau genre d'enseignement.

Cependant, il a exprimé le vœu d'être renseigné, chaque année, sur la marche de cet enseignement dans les sections agricoles qui sont rattachées à des écoles primaires. Vous pourrez, s'il y a lieu, consigner les remarques

que vous auriez à faire à cet égard dans le rapport annuel dont parle l'article 20 de la loi organique de l'instruction primaire.

Depuis la publication de ma circulaire du 30 juillet 1902, relative à l'organisation des écoles d'adultes à tendances professionnelles, l'administration de l'enseignement primaire a subventionné *seule* un certain nombre de cours d'adultes destinés spécialement à l'enseignement de l'agriculture ; mais le nombre de sections professionnelles agricoles que subsident en même temps le ministère de l'agriculture et le mien est resté fort minime. Cela s'explique par cette double circonstance qu'il n'existe jusqu'à présent, dans le pays entier, que douze sections agricoles primaires dans les dépenses desquelles le département de l'agriculture a consenti à intervenir, et que ces sections doivent, pour mériter les encouragements pécuniaires de mon département, remplir les conditions énoncées à l'article 3 du règlement du 21 septembre 1898 et notamment donner, chaque année, pendant 100 heures au moins dans les écoles de semaine et pendant 75 heures au moins dans les écoles exclusivement dominicales, l'enseignement des *branches générales* (arithmétique, dessin, rédaction, appliquée aux questions agricoles, etc.), à inspecter par les inspecteurs de l'enseignement primaire. J'ai constaté que le temps employé, dans quelques sections agricoles, à l'enseignement de ces branches spéciales est insignifiant. En pareil cas, l'intervention de mon département ne saurait se justifier, car il va de soi que, quand l'enseignement des branches professionnelles agricoles est subventionné par le ministère de l'agriculture, l'enseignement *de ces mêmes branches* ne peut, sous peine de double emploi, être rémunéré, une seconde fois, au moyen de crédits mis à ma disposition pour le service des écoles d'adultes proprement dites.

MINISTÈRE DE L'AGRICULTURE	Bruxelles, le 16 décembre 1904.
ADMINISTRATION DE L'AGRICULTURE	*A Messieurs les Agronomes de l'État,*
N° 5950	Monsieur l'Agronome,

Dans certaines circonscriptions, les sections professionnelles agricoles ou horticoles du degré primaire organisées conformément aux instructions du service des agronomes de l'Etat (nos 244 et 245 annexe IV) sont en nombre suffisant pour constituer un essai sérieux. Il sera nécessaire de voir les résultats de ce nouveau genre d'enseignement avant de pouvoir juger s'il convient de le développer.

Vous voudrez donc prévenir les intéressés qui auraient ouvert, en octobre dernier, une section professionnelle primaire agricole ou horticole avec l'espoir d'obtenir une subvention du gouvernement, qu'il y a lieu d'ajourner leur demande de subside pour cet objet.

Les provinces ont inscrit à leur budget de cette année une certaine somme pour ces sections. Les intéressés auront à faire les démarches nécessaires pour l'obtenir ; car, à l'avenir, les subsides de mon département seront subordonnés à l'intervention, pour une somme équivalente, de la province, de la commune ou d'une association agricole ou de plusieurs d'entre elles. Les budgets de ces écoles devront donc m'être présentés par votre intermédiaire, au début de l'année scolaire, comme ceux des écoles ménagères ambulantes avant l'ouverture d'une nouvelle session.

Si les besoins de votre circonscription l'exigeaient, je ne verrais pas d'inconvénient à ce que certaines sections professionnelles primaires devinssent également ambulantes.

Quoi qu'il en soit, il y a lieu de considérer ces sections comme une forme de l'enseignement aux adultes. A l'avenir donc, si vous croyez utile d'augmenter le budget des sections professionnelles annexées aux écoles primaires, vous diminuerez dans la même proportion les propositions budgétaires pour les cours d'agronomie et d'horticulture, de sorte que la charge totale de mon département ne soit pas augmentée.

Veuillez, je vous prie, me renvoyer le tableau ci-joint dûment rempli avant huit jours.

———

— *Le nombre des enfants habitant le royaume peut seul servir de base au calcul.* — Dépêche adressée, le 19 décembre 1904, à un gouverneur de province, par M. de Trooz, ministre de l'intérieur, etc. (*Bulletin du ministère de l'intérieur, etc.*, 1904, II, 132.)

La question, examinée dans votre lettre du 9 décembre courant, de savoir si les enfants habitant en pays étranger et cependant admis à fréquenter une école publique du royaume peuvent être pris en considération pour le calcul des subsides scolaires de l'Etat belge a été résolue *négativement*, par une dépêche de M. le ministre Schollaert, en date du 15 octobre 1897, dont vous trouverez la relation à la page CCCVII du 19e *Rapport triennal sur la situation de l'enseignement primaire*.

Je me rallie à la manière de voir de mon honorable prédécesseur, qui est aussi la vôtre.

———

SURVEILLANCE *exercée par l'autorité communale.* — *Ne peut être déléguée à un échevin seul.* — Arrêté royal du 28 septembre 1904. (*Moniteur* du 20 octobre.)

Un arrêté royal du 28 septembre 1904, contresigné par M. de Trooz, ministre de l'intérieur, etc., annule une délibération par laquelle un conseil communal désigne un échevin pour surveiller l'enseignement dans les écoles primaires.

Cet arrêté est ainsi motivé :

Attendu que l'article 90 de la loi communale investit le collège échevinal du droit de surveillance sur les écoles communales ; que, dès lors, la décision du conseil communal de Grandvoir, chargeant de cette mission un seul membre du collège, est contraire à l'article 90 précité et que, partant, elle est sujette à annulation...

TRAITEMENTS. — *Augmentations quatriennales.* — *Application aux instituteurs adoptés des dispositions de la dépêche du 23 mai 1900* [1]. — Circulaire adressée, le 7 mars 1904, aux gouverneurs de province, par M. de Trooz, ministre de l'intérieur, etc. (*Bulletin du ministère de l'intérieur, etc.*, 1904, II, p. 32.)

Par ma dépêche du 23 mai 1900, insérée au *Bulletin*, j'ai décidé qu'il n'y a pas fonction nouvelle au sens de l'article 15, § 9, de la loi scolaire, lorsqu'un instituteur communal passe en la même qualité dans une commune de même catégorie et que, dès lors, le dit article n'étant pas applicable en l'espèce, tous les services rendus en cette qualité peuvent être admis pour parfaire les périodes quatriennales.

J'estime qu'il y a lieu de faire bénéficier de cette décision les instituteurs attachés aux écoles adoptées, qui sont appelés, dans les mêmes conditions, à un emploi dans une école communale.

———

— *Continuité des services.* — Dépêche adressée, le 27 avril 1904, à un gouverneur de province, par M. de Trooz, ministre de l'intérieur, etc. (*Bulletin du ministère de l'intérieur, etc.*, 1904, II, 54.)

Le sieur L..., instituteur communal à H.... demande par sa lettre ci-jointe s'il se trouve dans les conditions pour bénéficier des dispositions de ma circulaire du 7 mars dernier, relative à la fixation des traitements des instituteurs.

L'intéressé a exercé en qualité d'instituteur à l'école adoptée de K... du 15 février 1895 au 15 mai 1896; puis il a rempli les fonctions d'intérimaire à l'école communale de P.., du mois de mai au mois d'août 1896, époque à laquelle il a été nommé instituteur communal à S...

Il est à remarquer que l'augmentation prévue à l'article 15 de la loi scolaire n'est accordée qu'à raison des services rendus à titre définitif; donc, les mois que le sieur L... a exercé comme intérimaire ne peuvent entrer en ligne de compte pour le calcul de la dite augmentation.

D'autre part, la date initiale pour les périodes donnant droit aux augmentations a été fixée au 1er janvier 1892 pour les instituteurs nommés avant cette époque et, pour les autres, au 1er janvier de l'année qui suit la date de la nomination définitive.

Il en résulte que les services prenant cours, au point de vue des augmentations, au 1er janvier d'une année doivent continuer sans interruption pendant cette année pour pouvoir être admis. Comme il y a eu, en l'occurrence, discontinuité en 1896 de service actif, cette année ne peut être calculée pour la période quatriennale.

Les années que le sieur L.... peut compter à son bénéfice pour l'augmentation sont donc celles de 1895, 1897 et 1899, formant pour lui la première période quatriennale. En 1900 a com-

[1] Voy. JOURNAL, 1900-1901, p. 61.

mencé la deuxième période pour se terminer au 31 décembre 1903.

A partir du 1er janvier 1904, le traitement de l'intéressé devra, partant, être porté à 1,400 francs.

Je vous prie, Monsieur le gouverneur, d'inviter le conseil communal de K... à fixer à ce taux le revenu de l'instituteur en cause.

———

— *Déchéance des droits à l'augmentation.* — *Application des dispositions de l'article 15 de la loi scolaire.* — Dépêche adressée, le 8 juin 1904, à un gouverneur de province, par M. de Trooz, ministre de l'intérieur, etc. (*Bulletin du ministère de l'intérieur, etc.*, 1904, II, 75.)

En vertu de l'article 2 de la loi du 14 août 1903, le sieur B..., instituteur communal à E..., qui comptait au 1er janvier 1896 plus de 20 années de services, pouvait prétendre au 1er janvier 1904 à un revenu de 2,000 francs.

Mais il a été frappé en 1901 d'une suspension de ses fonctions pour une durée de 15 jours avec privation de traitement, peine qui entraîne la privation de l'augmentation afférente à la période de 1900 à 1904.

Ainsi que l'ont fait remarquer l'exposé des motifs et ma circulaire du 7 octobre dernier, n° 16400-17055A, les dispositions de la loi du 15 septembre 1895 relatives notamment à la déchéance des instituteurs de leurs droits aux augmentations restent en vigueur dans les cas d'application de la loi du 14 août 1903.

Car il ne suffit pas, pour pouvoir prétendre à un traitement de 2,000 francs, que l'instituteur ait eu 20 années de services au 1er janvier 1896 : il faut évidemment que ces services continuent et qu'ils aient été bons.

Or, le sieur B... a été suspendu en 1901 pour négligence dans l'accomplissement de ses devoirs professionnels ; la déchéance qu'il a encourue de ce chef doit donc être maintenue et, dès lors, l'augmentation de 100 francs échue au 1er janvier 1904 pour la période de 1900 à 1904 ne peut lui être accordée, si le conseil communal ne propose pas de le relever de cette déchéance.

J'estime, en conséquence, que le traitement de l'instituteur en cause doit être porté, à partir du 1er janvier 1904, au taux de 1,900 fr., et, le cas échéant, à 2,000 francs au 1er janvier 1908.

———

— *Instituteur adopté passant, en la même qualité, dans une école communale de même catégorie.* — Dépêche adressée, le 6 avril 1904, à un gouverneur de province, par M. de Trooz, ministre de l'intérieur, etc. (*Bulletin du ministère de l'intérieur, etc.*, 1904, II, 42.)

Par ma dépêche du 23 mai 1900, j'ai décidé qu'il n'y a pas fonction nouvelle au sens de l'article 15, § 9, de la loi scolaire, lorsqu'un instituteur communal passe en la même qualité dans une commune de même catégorie et que, dès lors, le dit article n'étant applicable en l'espèce, tous les services rendus en cette qualité peuvent être admis pour parfaire les périodes quatriennales.

Le bénéfice de cette décision a été étendu par ma circulaire du 7 mars dernier aux instituteurs adoptés, appelés, dans les mêmes conditions, à un emploi dans une école communale.

Ce principe doit *a fortiori* être suivi, sous la réserve indiquée, en cas de nomination d'un instituteur adopté dans une autre école adoptée ou d'un instituteur communal dans une école adoptée.

Cette interprétation, que permet l'état actuel de la législation, établit une mesure de faveur et, comme telle, elle n'implique pas la reconnaissance au profit des intéressés du droit de réclamer des arriérés de traitement à raison de services rendus dans le passé et qui n'ont pas été comptés jusqu'ici, selon la jurisprudence antérieure en vigueur, pour parfaire les périodes quatriennales.

Le changement de jurisprudence entraîne nécessairement la revision des revenus des instituteurs se trouvant dans la situation de pouvoir bénéficier de la décision du 7 mars 1904 ; mais cette revision ne produira ses effets qu'à partir du 1er *janvier de la présente année*, c'est-à-dire que les intéressés seront payés, à dater de cette époque, sur le pied de leur revenu revisé dans le sens de la nouvelle jurisprudence.

Un exemple fera saisir d'une façon pratique le sens de cette disposition :

Supposons un instituteur adopté, chef d'école d'une commune de la quatrième catégorie, comptant au 1er janvier 1896 douze années de services et bénéficiant à cette date du traitement de 1,600 francs. En 1898, il est nommé en qualité d'instituteur communal dans la même localité. Selon l'interprétation en vigueur avant la circulaire du 7 mars dernier, il était appelé, par sa nomination comme instituteur communal, à un emploi nouveau ; partant, la première année de la nouvelle période quatriennale s'ouvrait au 1er janvier 1899, pour se terminer au 31 octobre 1902 et, à partir du 1er janvier 1903, son traitement devait être porté à 1,700 francs.

D'après la jurisprudence établie par la circulaire précitée du 7 mars, les années de services continueront à courir pour le calcul des périodes quatriennales sans interruption à dater du 1er janvier 1896, comme s'il n'y avait pas eu changement de position, c'est-à-dire que l'instituteur en cause aura droit au 1er janvier 1904 au revenu de 1,800 francs, qu'il n'aurait atteint, sous l'interprétation antérieure, qu'au 1er janvier 1907.

Les conseils communaux devront être invités à prendre, le cas échéant, une délibération fixant au taux réglementaire le traitement des instituteurs auxquels la dite circulaire est applicable, et cette délibération devra être soumise à l'approbation de la députation permanente, conformément à l'article 144 de la loi communale.

Vous aurez soin de me faire parvenir deux expéditions de cette délibération en deux envois distincts, l'un pour le service de l'enseignement primaire et le second pour le service des pensions.

———

— *Le produit des rétributions scolaires payées par les enfants étrangers à la commune n'entre pas en ligne de compte.* — Dépêche adressée, le 30 septembre 1904, à un gouverneur de province, par M. de Trooz, ministre de l'intérieur, etc. (*Bulletin du ministère de l'intérieur, etc.*, 1904, II, 112.)

Comme suite à sa lettre ci-jointe, je vous prie de faire connaître à l'administration communale de W... que le casuel dont il est question à l'article 13 (7b) de la loi scolaire de 1895 comprend : 1° le produit des rétributions des élèves ayant droit à l'instruction gratuite ; 2° celui du minerval des élèves solvables.

Généralement, le traitement de l'instituteur et le produit des rétributions susdites sont fusionnés et remplacés par un traitement fixe qui ne peut être inférieur à la somme indiquée dans le barème du dit article 13, et auquel viennent se joindre successivement les augmentations quatriennales obligatoires.

Certaines communes accordent à leurs instituteurs, indépendamment du traitement fixe et des augmentations obligatoires, le produit du minerval des élèves solvables.

Dans ce cas, cette partie casuelle fait partie intégrante du traitement, et il en est tenu compte dans le calcul des augmentations quatriennales subséquentes.

Il n'en est pas de même du produit des rétributions scolaires payées par les élèves étrangers à la commune.

Comme celle-ci ne doit l'instruction qu'aux seuls enfants qui habitent sur son territoire, le minerval que paient les élèves étrangers autorisés à fréquenter les écoles d'une commune est considéré comme la rémunération d'un service surérogatoire, et il n'en est pas tenu compte pour la fixation du traitement de l'instituteur.

Toutefois, en ce qui concerne les instituteurs adoptés, le modèle de convention-type du gouvernement porte que le produit des rétributions des élèves solvables est perçu par les soins du directeur de l'école adoptée au profit de cet établissement, qui doit trouver dans ces ressources le moyen de subvenir à l'entretien des locaux et du mobilier.

Par conséquent, si l'adoption est prononcée au nom de l'instituteur en chef, qui perçoit les rétributions des élèves solvables, le montant de ce casuel n'entre pas en ligne de compte pour la fixation de son traitement.

Il en sera autrement si, aux termes du contrat d'adoption, l'entretien des locaux et du mobilier est à la charge de la commune.

— *Intervention de la députation permanente dans leur fixation.* — Dépêche adressée, le 5 avril 1904, à un gouverneur de province, par M. de Trooz, ministre de l'intérieur, etc. (*Bulletin du ministère de l'intérieur, etc.*, 1904, II, 41.)

J'ai l'honneur de répondre à votre référé du 24 mars dernier, relatif à l'intervention de la députation permanente en matière de fixation des traitements des membres du personnel enseignant des écoles primaires.

Comme vous le faites remarquer, ce collège n'a pas qualité pour apprécier si les instituteurs possèdent des titres aux encouragements pécuniaires qui leur sont accordés par les communes. Ce n'est que le cas où les augmenta-

tions facultatives sont exagérées, hors de proportion avec les ressources locales, et obéreraient la situation financière de la commune. que la députation permanente peut réduire ou rejeter cette dépense.

Aussi longtemps que la députation permanente n'a pas approuvé une augmentation facultative de traitement, cette augmentation n'a pas d'existence légale et ne crée aucun titre en faveur des intéressés, conformément à l'article 144 de la loi communale qui dispose qu'aucun payement sur la caisse communale ne peut avoir lieu qu'en vertu d'une allocation portée au budget, arrêtée par la députation permanente, ou d'un crédit approuvé par elle.

Il est donc loisible à un conseil communal de retirer une augmentation de traitement allouée facultativement et qui n'a pas encore reçu l'approbation de la députation permanente.

VACANCES DE PLACES. — *Insertions.* — Circulaire adressée, le 17 mars 1905, aux gouverneurs de province, par M. de Trooz, ministre de l'intérieur, etc. (*Bulletin du ministère de l'intérieur, etc.*, 1905, II, 28.)

Nonobstant les instructions contenues dans mes circulaires des 18 mars 1891 et 17 octobre 1893, rappelées par celle du 15 décembre 1903, des administrations communales continuent à envoyer directement à la direction du *Moniteur belge*, aux fins d'insertion, les avis annonçant la vacance de places dans l'enseignement primaire.

Je vous prie, Monsieur le gouverneur, d'insister à nouveau auprès des administrations communales de votre province pour qu'elles se conforment strictement aux prescriptions des circulaires précitées, en ce qui concerne la publicité des vacances d'emplois scolaires.

Les insertions au journal officiel doivent se faire *par votre intermédiaire.* Toute annonce qui parviendrait directement au *Moniteur* sera renvoyée à la commune. D'autre part, les avis de vacances ne peuvent mentionner que le nom de la localité, la nature de l'emploi à conférer, les avantages y attachés et le délai dans lequel les demandes doivent être adressées à l'autorité locale. Toute mention relative à la catégorie d'établissements normaux qui ont délivré le diplôme requis doit être bannie.

Vous aurez soin, Monsieur le gouverneur, de modifier dans le sens de ces données les annonces qui contiendraient des indications non conformes à celles visées ci-dessus.

Institutrice gardienne. — Nomination provisoire. — Non-obtention du diplôme spécial. — Condition défaillie. — Maintien en fonctions par la commune. — Mise en disponibilité. — Traitement d'attente. — Prescription quinquennale. — Solidarité.

L'institutrice gardienne communale, nommée à titre provisoire sous le régime de la loi du 1er juillet 1879, en vertu de l'article 8 de l'arrêté royal du 18 mars 1880, et qui ne s'est pas pourvue, dans le délai de trois ans qui lui était imparti, du diplôme spécial d'institutrice gardienne institué par cet arrêté, n'a pas vu transformer sa nomination provisoire en un emploi définitif par la mise en vigueur de la loi scolaire du 20 septembre 1884, qui a supprimé l'obligation du diplôme spécial. Cette nouvelle loi n'a pas modifié les modalités des liens de droit nés de nominations faites avant sa mise en vigueur, aucune disposition légale ne lui donnant un effet rétroactif.

La condition de se munir de ce diplôme spécial qui aurait rendu définitive sa nomination, étant devenue impossible par suite du changement de législation scolaire, est censée défaillie.

Si l'administration communale a laissé l'institutrice continuer l'exercice de ses fonctions pendant sept années après la mise en vigueur de la loi nouvelle, ce fait ne lui a pas donné un mandat définitif, puisque toute nomination de fonctionnaire doit se faire dans les formes légales, et que celles-ci excluent la possibilité d'une manifestation tacite de volonté par le pouvoir compétent.

L'institutrice gardienne nommée à titre provisoire, dans les conditions de l'article 8 de l'arrêté royal du 18 mars 1880, a droit à un traitement d'attente, si elle est mise en disponibilité pour suppression d'emploi.

Les termes des traitements d'attente se prescrivent par cinq ans.

Ils sont dus par l'Etat, la province et la commune, chacun pour la part déterminée que la loi met directement à leur charge, sans solidarité. — Cour d'appel de Bruxelles, 13 juillet 1903. Pasic., 1904, II, 84.

Voy. CAISSE DES VEUVES ET ORPHELINS DES PROFESSEURS ET INSTITUTEURS COMMUNAUX. — CONSEIL COMMUNAL.

Établissements dangereux, insalubres ou incommodes. — *Dynamos génératrices, réceptrices et transformateurs électriques. — Classement.* — Arrêté royal du 20 mars 1905, contresigné par M. Francotte, ministre de l'industrie, etc. (*Moniteur* du 23 mars.)

Vu la liste des établissements réputés dangereux, insalubres ou incommodes, annexée à l'arrêté royal du 31 mai 1887 et spécialement la rubrique : « Électricité (Production de l') par machines dynamos », prévue par notre arrêté du 28 mai 1898;

Considérant que cette rubrique ne vise que les dynamos génératrices, bien que les réceptrices et les transformateurs électriques puissent également entraîner des dangers de nature à justifier l'application du même régime;

Vu l'avis du service central de l'inspection du travail, chargée de la surveillance des établissements dangereux, insalubres ou incommodes;

Revu les arrêtés royaux du 29 janvier 1863, du 27 décembre 1886 et du 31 mai 1887 concernant la police des dits établissements ;

Sur la proposition de notre ministre de l'industrie et du travail,

Nous avons arrêté et arrêtons :

La rubrique :

Désignation.	Classe.	Inconvénients.
Électricité (Production de l') par machines dynamos.	I B*	Danger d'incendie; danger pour les ouvriers.

de la liste annexée à l'arrêté royal du 31 mai 1887, susvisé, est supprimée et remplacée par la suivante :

Désignation.	Classe.	Inconvénients.
Électricité (dynamos génératrices, réceptrices et transformateurs).	I B*	Danger d'incendie danger pour les ouvriers.

Fabrication des acides gras. — Classement. — Arrêté royal du 28 janvier 1905, contresigné par M. Francotte, ministre de l'industrie, etc. (*Moniteur* du 4 février.)

Vu la rubrique « Acides gras (Extraction des) des huiles et graisses » de la nomenclature des établissements dangereux, insalubres ou incommodes;

Considérant qu'il convient de modifier la rédaction de cette rubrique de manière à y comprendre également les procédés d'extraction autres que la saponification calcaire et la saponification sulfurique;

Vu l'avis du service central de l'inspection du travail chargée de la surveillance des établissements dangereux, insalubres ou incommodes;

Vu les arrêtés royaux du 29 janvier 1863, du 27 décembre 1886 et du 31 décembre 1887 concernant la police des établissements dangereux, insalubres ou incommodes;

Sur la proposition de notre ministre de l'industrie et du travail,

Nous avons arrêté et arrêtons :

La rubrique destinée à comprendre la fabrication des acides gras dans la nomenclature des établissements classés est rédigée comme suit :

Désignation.	Classe.	Inconvénients.
Acides gras (Extraction des) des huiles et graisses.	I A.	Selon les procédés employés pour l'extraction : odeur de graisse rance se répandant à une grande distance; odeur de graisse rance brûlée, sulfureuse; résidus solides odorants; eaux résiduaires pouvant contaminer la nappe d'eau souterraine; danger d'incendie; buées.

Fabriques de broderies et de passementeries. — Classement. — Arrêté royal du 17 novembre 1904, contresigné par M. Francotte, ministre de l'industrie, etc. (*Moniteur* des 21-22 novembre.)

Considérant que la fabrication de la broderie et de la passementerie n'est pas comprise dans la nomenclature des établissements dangereux, insalubres ou incommodes;

Revu les arrêtés royaux du 29 janvier.1863 et du 27 décembre 1886, ainsi que la liste des établissements dangereux, insalubres ou incommodes, annexée à l'arrêté royal du 31 mai 1887;

Vu l'avis du service central de l'inspection du travail, chargée de la surveillance des établissements dangereux, insalubres ou incommodes;

Considérant que la fabrication de la broderie et de la passementerie présente des inconvénients pour la sécurité et la commodité publiques;

Sur la proposition de notre ministre de l'industrie et du travail,

Nous avons arrêté et arrêtons :

Les rubriques suivantes sont ajoutées à la nomenclature précitée :

Désignation.	Classe.	Inconvénients.
Broderie (Fabrication de la) à l'aide de métiers :		
A. Actionnés par un moteur mécanique.	2	Bruit ; trépidation; fumée; danger d'incendie.
B. Manœuvrés à la main, l'entreprise comportant plus de cinq métiers.	2	Bruit; trépidations.
Passementerie (Fabrication de la) à l'aide de métiers :		
A. Actionnés par un moteur mécanique.	2	Bruit ; trépidation.
B. Manœuvrés à la main, l'entreprise comportant plus de dix métiers.	2	Bruit; trépidations.

Usines de désinfection, usines d'incinération des immondices, usines d'épuration des eaux d'égout. — Classement. — Arrêté royal du 21 mars 1904, contresigné par MM. van der Bruggen, ministre de l'agriculture, et Francotte, ministre de l'industrie, etc. (*Moniteur* du 2 avril.)

Vu l'arrêté royal du 29 janvier 1863 sur la police des établissements dangereux, insalubres ou incommodes ;

Vu l'arrêté royal du 31 mai 1887 adoptant une nouvelle classification des dits établissements ;

Vu la proposition tendant à faire comprendre dans cette classification les usines de désinfection, les usines d'incinération des immondices et les usines d'épuration des eaux d'égout;

Vu les rapports du conseil supérieur d'hygiène publique ;

Sur la proposition de notre ministre de l'agriculture et de notre ministre de l'industrie et du travail,

Nous avons arrêté et arrêtons :

Les usines de désinfection, les usines d'incinération des immondices et les usines d'épuration des eaux d'égout sont inscrites dans la nomenclature des établissements dangereux, insalubres ou incommodes, soumis aux dispositions de l'arrêté royal du 29 janvier 1863, sous les rubriques :

Désignation.	Classe.	Inconvénients.
Établissements de désinfection.	I B*	Danger d'infection, odeurs, poussières, dangers d'incendie.
Usine d'incinération des immondices.	I A*	Poussières, odeurs éventuellement fortes et désagréables pouvant être portées à distance.
Usines d'épuration des eaux-vannes.	I A*	Odeurs nauséabondes, résidus solides et liquides abondants, susceptibles de putréfaction.

Usines où l'on extrait ou raffine le cuivre par fusion. — Classement. — Arrêté royal du 8 mars 1905, contresigné par M. Francotte, ministre de l'industrie, etc. (*Moniteur* du 12 mars.)

Considérant que les usines où l'on extrait ou raffine le cuivre par fusion ne sont pas mentionnées parmi les établissements dangereux, insalubres ou incommodes ;

Revu les arrêtés royaux du 29 janvier 1863 et du 27 décembre 1886, ainsi que la liste des établissements dangereux, insalubres ou incommodes annexée à l'arrêté royal du 31 mai 1887 ;

Vu l'avis du service central de l'inspection du travail chargée de la surveillance des établissements dangereux, insalubres ou incommodes:

Attendu que l'extraction ou le raffinage du cuivre par fusion présente des inconvénients tant pour les travailleurs que pour la salubrité publique ;

Sur la proposition de notre ministre de l'industrie et du travail,

Nous avons arrêté et arrêtons :

Les usines où l'on extrait ou raffine le cuivre par fusion sont classées parmi les établissements réputés dangereux, insalubres ou incommodes.

Elles sont rangées dans la liste annexée à l'arrêté royal du 31 mai 1887, sous la rubrique suivante :

Désignation.	Classe.	Inconvénients.
Cuivre (Extraction ou raffinage par fusion du) contenu dans les déchets provenant des ateliers où l'on travaille ce métal ou ses alliages.	I B	Fumée; poussières; émanations métalliques insalubres.

Infractions. — Article 2 de la loi du 5 mai 1888. — Arrêtés organiques. — Arrêtés spéciaux.

L'article 2 de la loi du 5 mai 1888, punissant les infractions aux dispositions de tous arrêtés relatifs aux établissements dangereux, insalubres ou incommodes, s'applique à celui qui contrevient aux arrêtés spéciaux émanant des autorités administratives compétentes, comme à celui qui contrevient aux dispositions des arrêtés organiques. (Loi du 5 mars 1882, art. 2.) — Cass., 25 avril 1904. *Pasic.*, 1904, I, 205.

État civil. — *Mariage de Belges en Allemagne.* — *Envoi des pièces.* — *Instructions.* — Circulaire adressée, le 9 juillet 1904, aux gouverneurs de province, par M. de Favereau, ministre des affaires étrangères.

Plusieurs de nos agents du service extérieur en Allemagne m'ont signalé à diverses reprises que certaines administrations communales du pays n'envoient pas, avec toute la diligence voulue, les pièces réclamées par nos compatriotes en vue de la célébration de leur mariage en ce pays et que, de plus, elles omettent souvent de joindre à ces pièces le certificat de non-empêchement prescrit par la circulaire de M. le ministre de la justice du 9 janvier 1901.

On m'a signalé également que les officiers d'état civil des communes rurales n'orthographient pas toujours exactement les noms des parties dans les documents d'état civil à produire en matière de mariage.

Il en résulte pour les intéressés des retards et des inconvénients plus graves qu'une simple remise de cérémonie ; il a été notamment constaté, lorsqu'il s'agit d'ouvriers, que ceux-ci, lassés d'attendre les documents dont il s'agit, renoncent à régulariser des unions illicites et à accorder par ce fait à des enfants naturels le bénéfice de la légitimation.

J'ai en conséquence l'honneur de vous prier, Monsieur le gouverneur, de bien vouloir, par la voie du *Mémorial administratif*, donner à MM. les officiers de l'état civil de votre province les instructions nécessaires pour qu'il soit remédié à bref délai à cet état de choses si préjudiciable à nos nationaux résidant à l'étranger.

———

Actes de mariage d'étrangers. — *Exécution de la Convention du 12 juin 1902.* — *Communication des actes de mariage.* — Circulaire adressée, le 13 décembre 1904, aux gouverneurs de province, par M. de Favereau, ministre des affaires étrangères. (*Recueil des circulaires du ministère de la justice*, 1904, p. 342.)

La loi du 27 juin 1904 — publiée au *Moniteur* du 10 juin suivant — prescrit la mise en vigueur de la Convention internationale pour régler les conflits de lois en matière de mariage qui a été conclue à La Haye, le 12 juin 1902, entre la Belgique, l'Allemagne, l'Autriche-Hongrie, l'Espagne, la France, l'Italie, le grand-duché de Luxembourg, les Pays-Bas, le Portugal, la Roumanie, la Suède et la Suisse.

Aux termes de l'article 5, § 4, de cette convention, le gouvernement du roi est tenu d'envoyer aux autorités du pays de chacun des époux une copie authentique de l'acte du mariage contracté en Belgique par des étrangers ressortissant à ceux des Etats contractants qui, jusqu'à présent, ont déposé leurs ratifications. Ces pays sont, outre la Belgique :

1. L'Allemagne ;
2. La France ;
3. Le grand-duché de Luxembourg ;
4. Les Pays-Bas ;
5. La Roumanie ;
6. La Suède.

Afin d'assurer l'exécution de la convention précitée, j'ai l'honneur de vous prier d'adresser périodiquement à mon département — du 5 au 15 janvier et du 5 au 15 juillet de chaque année — les actes de l'espèce dressés en votre province durant le semestre écoulé.

Ces documents, établis sur papier libre, seront, après avoir été revêtus de votre visa en légalisation, groupés en catégories, par nationalité ; chacune de ces catégories aura un inventaire spécial, dressé en double, dans la forme du modèle *C* annexé à la circulaire des ministères des affaires étrangères et de l'intérieur du 15 mars 1877. (*Mémorial administratif* de 1877, n° 77.)

Veuillez tenir note que vous devez me procurer *deux* expéditions de l'acte du mariage lorsque les époux étrangers, sujets des Etats signataires, sont de nationalité différente.

Si aucun acte n'a été dressé pendant le cours d'un semestre, vous me ferez parvenir un état négatif. (Modèle *D* annexé à la circulaire du 15 mars 1877.)

Mais, comme vous le savez, Monsieur le gouverneur, parmi les puissances contractantes qui ont ratifié la Convention de La Haye, il en est avec lesquelles nous avons échangé déjà des déclarations pour la communication réciproque de TOUS les actes de l'état civil.

Ce sont la France, la Roumanie et le grand-duché de Luxembourg.

Pour ces derniers pays, il n'y aura pas lieu de m'envoyer, outre les copies visées par l'article 5 de la Convention de La Haye, des expéditions d'actes de mariage délivrées en vertu des arrangements prérappelés.

Toutefois, comme le prescrivent les dites déclarations, vous aurez soin de joindre une traduction française aux actes de mariage qui seraient rédigés en flamand et qui sont destinés à la France, à la Roumanie et au grand-duché de Luxembourg.

Je vous serais obligé, Monsieur le gouverneur, de vouloir bien, conformément à la présente circulaire, adresser immédiatement aux administrations communales de votre province des instructions en vue d'assurer, à partir du 1er janvier 1905, l'envoi des actes de mariage dont il s'agit.

Avant de faire la transmission de ces pièces à mon département, vous ne manquerez pas, Monsieur le gouverneur, de vérifier si les dites administrations communales ont exécuté ponctuellement vos instructions.

———

Mariage. — *Acte respectueux.* — *Forme.*

Est valable, la notification d'un acte respectueux faite, par le notaire instrumentant, suivant les prescriptions de l'article 61 du code de procédure civile ; il n'est pas requis que le notaire parle à l'ascendant en personne.

Le tribunal peut, avant l'expiration du délai d'un mois après la notification de l'acte respectueux, donner mainlevée de l'opposition au mariage formée par l'ascendant, mais le mariage ne peut être célébré avant l'expiration de ce délai. — Tribunal civil de Bruxelles, 8 août 1903. *Pasic.*, 1904, III, 41.

Expropriation pour cause d'utilité publique. — *Avis.* — *Effets.* — *Travaux exécutés.* — *Absence d'autorisation.* — *Conséquence.* — *Droits de l'administration communale.* — *Démolition.* — *Non-substitution de l'État expropriant.*

L'avis d'expropriation ne peut avoir pour effet de frapper un bien d'indisponibilité, et de porter atteinte aux droits dérivant de la propriété; tant qu'il n'est pas intervenu un arrêté d'expropriation la concernant.

Le défaut d'autorisation n'entraîne pas par lui-même l'obligation de démolir les ouvrages exécutés, et ne permet pas non plus à l'État expropriant d'exciper des droits que l'administration communale pourrait avoir eu ou avoir encore de ce chef, et dont elle n'a pas jugé et ne juge pas à propos de se prévaloir.

Il n'échet pas de s'arrêter aux réserves de l'expropriant, qui ne peut obtenir l'envoi en possession sollicité que moyennant payement ou consignation d'une indemnité juste et complète.— Tribunal civil de Bruxelles, 16 janvier 1904. *Pasic.*, 1904, III, 127.

Acquiescement de l'exproprié. — *Ordre public.* — *Arrêt infirmatif.* — *Attribution de juridiction.*

Les formalités préalables à l'expropriation pour cause d'utilité publique ne sont pas d'ordre public.

Le tribunal n'est appelé à vérifier d'office l'accomplissement des formalités que si la partie expropriée est mineure, si elle est défaillante, ou s'en réfère à justice.

L'exproprié, qui a acquiescé en déclarant la procédure administrative régulière, n'est plus recevable à contester l'accomplissement des formalités légales.

En matière d'expropriation pour cause d'utilité publique, il y a attribution de juridiction au tribunal de première instance du lieu de la situation des biens, dans le sens de l'article 472 du code de procédure civile. — Cour d'appel de Gand, 17 juin 1903. *Pasic.*, 1904, II, 77.

Caractère d'utilité publique. — *Incompétence des tribunaux.* — *Arrêté royal.* — *Intervention de la législature non requise.* — *Dépenses non prévues au budget.* — *Non-nullité de l'arrêté royal.*

Le tribunal est incompétent pour apprécier le caractère d'utilité publique reconnu, par un arrêté royal régulier, à certains travaux de transformation ou d'embellissement.

Aux termes de l'article 1er de la loi du 27 mai 1870, un arrêté royal suffit pour autoriser les travaux et permettre de poursuivre l'expropriation, aucune disposition légale n'exigeant l'intervention de la législature en même temps que celle du roi ou préalablement à celle-ci.

Le fait que la dépense à résulter des travaux donnant lieu à expropriation n'a pas été votée par une loi ou ne figure pas au budget ne peut avoir pour conséquence la nullité de l'arrêté royal, en vertu de l'article 115 de la Constitution. — Tribunal civil de Bruxelles, 30 avril 1903. *Pasic.*, 1904, III, 103.

Chemin de fer vicinal. — *Droit de bâtir.* — *Absence d'indemnité.*

Lorsqu'en vue de l'établissement d'un chemin de fer vicinal, la portion d'un terrain contiguë à une route est expropriée, le propriétaire conserve le droit de bâtir sur la parcelle restante le long de la voie ferrée à établir. En fût-il autrement, il n'aurait de ce chef aucune indemnité à prétendre. — Tribunal civil d'Arlon. 21 octobre 1902. *Pasic.*, 1904, III, 20.

Commune. — *Convention.* — *Concession.* — *Compétence des tribunaux.*

Est soumise aux règles du droit civil et est. par conséquent, de la compétence du pouvoir judiciaire, l'action qui a pour objet l'interprétation d'une convention relative à une concession de travaux consentie par une commune à une société (dans l'espèce, action en remboursement de frais et indemnité pour déplacement des voies de tramway, intentée par la société concessionnaire à la commune concédante). alors, d'ailleurs, que l'acte de concession lui-même n'est pas contesté. — Tribunal civil de Bruxelles, 21 novembre 1903. *Pasic.*, 1904. III, 93.

Expropriation partielle d'un bâtiment. — *Acquisition forcée du bâtiment entier.* — *Sol.* — *Partie restante.* — *Dépréciation.* — *Non-indemnité.*

En cas d'expropriation pour cause d'utilité publique d'une partie d'un bâtiment, l'acquisition du bâtiment tout entier, que l'exproprié a le droit d'exiger (loi du 16 septembre 1807, art. 51) comporte l'acquisition non seulement de la construction, mais aussi du sol sur lequel elle est édifiée.

La cession ainsi exigée par le propriétaire a le caractère d'une vente volontaire.

En conséquence, d'une part, quant à la dépréciation de la partie restante, on ne peut avoir égard, pour fixer l'indemnité, à la diminution de contenance qui résultera, pour la propriété de l'exproprié, de la cession qu'il impose du sol sur lequel existent les constructions et. d'autre part, il n'y a pas lieu d'allouer une indemnité de clôture, lorsque le fait que la propriété de l'exproprié est privée de clôture est le résultat non de l'expropriation, mais de la cession faite à l'expropriant. — Cour d'appel de Liège, 23 décembre 1903. *Pasic.*, 1904, II, 121.

Formalités. — *Jugement les déclarant accomplies.* — *Effet.* — *Non-affectation et non-payement.* — *Transfert de propriété.* — *Résolution.*

Le jugement déclarant accomplies les formalités pour parvenir à l'expropriation d'un immeuble, ayant pour effet d'opérer le transfert de la propriété de celui-ci dans le chef de l'expropriant, tient lieu d'une convention revêtant le caractère d'un contrat de vente, et ce caractère de titre translatif de propriété résulte des dispositions des articles 18, 20 et 21 de la loi du 17 avril 1835.

Si l'expropriant, n'affectant pas les biens litigieux à la destination d'utilité publique en vue de laquelle l'expropriation avait été poursuivie, se refuse à payer ou consigner les indemnités dues à l'exproprié, celui-ci, usant de la faculté que lui confère l'article 1654 du code civil, est fondé à demander la résolution du transfert de propriété qui s'est opéré par suite du jugement prérappelé. — Tribunal civil de Bruxelles, 7 mai 1904. *Pasic.*, 1904, III, 293.

Fragment d'une parcelle cadastrale. — Évaluation.

Le montant de la demande, dans une instance en expropriation pour cause d'utilité publique, ayant pour objet un fragment d'une parcelle cadastrale, non évalué lui-même au cadastre, doit être évalué, au point de vue du ressort, conformément à l'article 33 de la loi du 25 mars 1876, à moins que la valeur de la parcelle entière, déterminée conformément à l'article 32 par la multiplication du revenu cadastral, ne soit inférieure au taux du dernier ressort. — Cour d'appel de Liége, 15 mars 1904. *Pasic.*, 1904, II, 207.

Immeuble loué. — Jugement décrétant l'accomplissement des formalités. — Effets. — Locataire. — Indemnité.

Au cas d'expropriation pour cause d'utilité publique d'un immeuble loué, le jugement, déclarant accomplies les formalités prescrites par la loi, a pour effet de substituer un nouveau propriétaire, l'expropriant, à l'ancien, de rendre la jouissance du preneur précaire jusqu'à la prise de possession par l'expropriant et de donner congé au locataire.

L'expropriant peut opposer aux preneurs les clauses et conditions des baux en cours ; les preneurs ne souffrent donc d'autres dommages que ceux déduits de la privation de jouissance du bien loué, jusqu'au jour où le bailleur avait le droit de résilier le bail.

Le locataire ne peut exiger aucune indemnité du bailleur.

Ce jugement ne produit d'effet qu'entre parties en cause; mais sa transcription lui fait produire tous ses effets, même à l'égard des tiers. — Cour d'appel de Gand, 24 mars 1904. *Pasic.*, 1904, II, 273.

Indemnité. — Double loyer. — Prise de possession. — Limitation de durée. — Retard.

L'occupant, prenant pour base le temps prévu pour sa dépossession, a le droit et le devoir de se pourvoir, en temps utile, d'un nouvel immeuble, et l'expropriant ne peut se prévaloir de ce que, dans son propre intérêt, il retarde considérablement la prise de possession et laisse l'exproprié jouir pendant longtemps encore de sa demeure ancienne. — Tribunal

civil de Bruxelles, 16 avril 1904. *Pasic.*, 1904, III, 277.

Indemnité. — Éventualité avantageuse. — Lésion. — Bail. — Congé.

En matière d'expropriation pour cause d'utilité publique, seule la lésion ou la privation d'un droit acquis donne lieu à indemnité. L'expropriant ne doit tenir compte ni des pures éventualités, ni des espérances, par exemple de la circonstance qu'un bail eût pu vraisemblablement se continuer entre parties jusqu'à la fin du troisième terme ; cette éventualité ne peut être assimilée à un droit.

La prononciation du jugement décrétant les formalités accomplies vaut congé à l'égard des locataires et sous-locataires de l'immeuble exproprié. — Cour d'appel de Gand, 24 mars 1904. *Pasic.*, 1904, II, 349.

Non-utilisation du fonds exproprié. — Cession amiable. — Application de la loi du 17 avril 1835.

L'article 23 de la loi du 17 avril 1835 est général : il vise toute acquisition pour travaux d'utilité publique, aussi bien la cession amiable que le transfert décrété par justice.

Est recevable comme étant justifiée par l'article 1382 du code civil, l'action en dommages-intérêts du chef de contravention aux dispositions de l'article 23 précité de la loi du 17 avril 1835, action basée sur ce que la revendication réservée par cet article à l'exproprié serait rendue impossible par le fait de l'expropriant (dans l'espèce, par la vente ou l'échange du bien ou de partie du bien sujet à expropriation). — Tribunal civil de Bruxelles, 11 juillet 1903. *Pasic.*, 1904, III, 78.

Parcelle excédant l'emprise. — Restitution. — Incompétence des tribunaux. — Indemnité.

Le pouvoir judiciaire est incompétent pour pouvoir prescrire à l'autorité publique expropriante de restituer au propriétaire une parcelle dont elle se serait emparée, et qui excéderait l'emprise indiquée au plan d'expropriation, sauf le droit du propriétaire à une indemnité de ce chef. — Tribunal civil de Mons, 16 juillet 1903. *Pasic.*, 1904, III, 51.

Partie intervenante. — Allégations non justifiées. — Rejet. — Assignation. — Personne indiquée au cadastre. — Arrêté royal régulier. — Lois sur l'expropriation par zone. — Non-applicabilité.

Il n'y a pas lieu pour le tribunal d'avoir égard ni de s'arrêter à l'allégation non justifiée produite par une partie intervenante dans une instance en expropriation, à savoir, d'une part, que l'exproprié est décédé, que, partant, les assignations et la procédure ensuivie sont nuls, et, d'autre part, que, dans les indications du cadastre, le bien à exproprier serait mentionné comme un propre de la femme de l'exproprié (l'intervenante dans la cause actuelle).

L'Etat expropriant ne peut assigner (en vue de l'expropriation) que la personne au nom de laquelle le bien est inscrit au cadastre.

Lorsqu'il est intervenu un arrêté royal régulier décrétant une expropriation pour cause d'utilité publique, il ne peut être question de faire application des lois du 1er février 1844 et du 1er juillet 1858 sur l'expropriation par zone. — Tribunal civil de Bruxelles, 11 avril 1903 *Pasic.*, 1904, III, 69.

Prairie. — Domaine. — Dépréciation. — Point de vue artistique. — Chemin de fer en remblai.

En cas d'expropriation pour cause d'utilité publique d'une prairie, il y a lieu de tenir compte, comme élément de la valeur de celle-ci, de la plus-value qu'elle donne à un domaine dont elle fait partie.

Il y a lieu de tenir compte aussi de la dépréciation que ce domaine subira, au point de vue de la chasse, à la suite de l'expropriation et des travaux qui seront la conséquence, et de la dépréciation qui résultera pour ce domaine, au point de vue artistique et matériel, de ces travaux, comportant l'établissement d'un remblai de 8 mètres de hauteur, le partageant en deux parties. — Cour d'appel de Bruxelles, 30 mars 1904. *Pasic.*, 1904, II, 219.

Route. — Assiette. — Accessoires indispensables. — Arrêté royal. — Pouvoir législatif. — Non-intervention.— Expropriation excédant les besoins. — Grande voirie. — Budget. — Allocation non prévue.

Les routes, dont les lois du 17 avril 1835 et du 27 mai 1870 chargent le roi de reconnaître et décréter l'utilité publique qui exige les travaux de transformation de celles-ci, comprennent non seulement l'assiette de la voie publique, mais les accessoires indispensables. On ne peut distinguer à cet égard entre les talus et les plantations dont le pouvoir exécutif proclame la nécessité, sous la responsabilité et sous le contrôle de la Chambre des représentants et du Sénat.

En conséquence, ne peut être accueillie la prétention d'un exproprié tirée de ce que l'expropriation poursuivie, portant non seulement sur les terrains nécessaires à l'assiette de la voie publique, mais encore sur ceux destinés à créer une zone boisée parallèle, ne serait pas autorisée par la loi, et que, partant, l'arrêté royal décrétant la dite expropriation serait nul.

La nécessité de l'intervention du pouvoir législatif en matière d'expropriation pour cause d'utilité publique e t écartée par l'article 1er de la loi du 27 mai 1870, portant expressément que celle-ci a lieu en vertu d'une loi ou d'un arrêté royal.

Est indifférent au point de vue de la recevabilité d'une procédure en expropriation pour cause d'utilité publique et relative à l'amélioration de la grande voirie, le fait que les budgets de l'Etat ne renfermeraient aucune allocation en vue des frais de la dite expropriation. — Tribunal civil de Bruxelles, 23 juillet 1903. *Pasic.*, 1904, III, 74.

Travaux en vue desquels l'expropriation est poursuivie.— Exécution. — Mode. — Epoque. — Plus-value.— Non-admissibilité.

L'exproprié n'a jamais droit à la plus-value résultant des travaux en vue desquels l'expropriation est poursuivie. Il doit en être surtout ainsi alors qu'une même expropriation a, par suite d'erreur ou d'omission dans l'accomplissement des formalités administratives, donné lieu à deux arrêtés royaux, et que la grande partie des travaux, vantés par l'exproprié comme constituant une plus-value à son profit, ont été exécutés dans l'intervalle entre les deux arrêtés royaux, et par d'autres propriétaires.— Tribunal civil de Bruxelles, 21 décembre 1903. *Pasic.*, 1904, III, 67.

Valeur vénale. — Ordre des preuves établi par la loi. — Hypothèses spontanées des experts. — Conséquence. — Immeuble exproprié. — Défense de bâtir. — Présomption de liberté. — Servitudes militaires.

Le fait des experts d'émettre spontanément, et à titre purement gratuit, diverses hypothèses au sujet de la valeur vénale du bien exproprié, ne saurait avoir pour conséquence de modifier l'ordre des preuves établi par la loi. Le bien à exproprier doit, dès lors, jusqu'à preuve contraire à fournir par l'expropriant, être envisagé comme tout terrain quelconque aboutissant à la voie publique, c'est-à-dire comme quitte et libre de toutes charges et servitudes, et comme utilisable, sans restrictions, pour la bâtisse.

La liberté du bien exproprié doit être admise par le tribunal, alors que l'expropriant ne justifie et n'offre pas de justifier que l'immeuble exproprié est frappé d'une défense de bâtir.

Il n'existe d'autres servitudes militaires que celles expressément et spécialement consacrées par la loi.

Les servitudes militaires imposées en Belgique ne visent que les places de guerre, villes fortifiées, citadelles, châteaux forts ou autres ouvrages de défense nationale. Depuis le décret du 1er vendémiaire an XII, la ville de Bruxelles ne peut plus être rangée dans l'une ou l'autre de ces catégories.

Un champ de manœuvres ne constitue pas un ouvrage de défense, et le décret impérial du 15 octobre 1810, pas plus qu'une autre disposition postérieure, n'a institué aucune servitude militaire au profit des champs de manœuvres.— Tribunal civil de Bruxelles, 10 février 1904. *Pasic.*, 1904, III, 100.

Voirie. — Dépendances. — Zone de plantations. — Absence d'autorisation préalable de la législature.

La loi du 27 mai 1870 sur l'expropriation pour cause d'utilité publique est applicable même au territoire des communes non soumises au régime de la loi du 1er février 1844 sur la voirie.

En matière de voies de communication, elle s'applique, aussi bien que l'article 49 de la loi du 16 septembre 1807, non seulement à l'assiette de la voie publique proprement dite, mais encore à toutes les dépendances de celle-ci reconnues d'utilité publique par l'arrêté d'expropriation.

Le pouvoir judiciaire est incompétent pour apprécier cette utilité publique.

Le gouvernement n'est pas tenu d'attendre, avant de prendre un arrêté d'expropriation, l'autorisation de la législature ou la mise à sa disposition des fonds nécessaires pour l'exécution entière des travaux décrétés.

La seule circonstance que le plan des travaux comprend, tout le long et des deux côtés de l'assiette de la nouvelle voie publique, l'établissement d'une zone à aménager en plantations, ne rend pas applicables les lois des 1er juillet 1858 et 11 novembre 1867. — Cour d'appel de Bruxelles, 8 juillet 1903. *Pasic*, 1904, II, 39.

F

Fabriques d'église. —Voy. Cimetières. — Cultes. — Donations et legs.

Finances communales. — *Nécessité d'un amortissement annuel. — Obligation de créer au besoin les ressources nécessaires.* — Circulaire adressée, le 25 avril 1904, aux gouverneurs de province, par M. de Trooz, ministre de l'intérieur, etc. (*Bulletin du ministère de l'intérieur, etc.*, 1904, II, 53.)

J'ai pu constater fréquemment que des communes qui avaient contracté des emprunts avec des administrations charitables ou des particuliers se trouvaient, à l'expiration du terme fixé pour le remboursement, dans l'obligation de contracter un nouvel emprunt pour pouvoir rembourser leur dette. Il est même arrivé que ce second emprunt a dû lui-même, à l'échéance, être remboursé par un troisième.

Décidé à réagir contre cette pratique abusive, j'ai résolu de ne plus admettre les emprunts communaux que lorsque le conseil communal s'engage, par la délibération même qui sollicite l'autorisation d'emprunter, à consacrer annuellement une somme déterminée à l'amortissement.

Aucune difficulté ne se présente pour les emprunts à la Société du Crédit communal qui sont amortissables, soit au moyen d'annuités comprenant l'intérêt et l'amortissement, lorsqu'il s'agit d'opérations faites pour 66 ou 33 ans, soit au moyen de bons de caisse, d'égal import, à des échéances espacées d'année en année jusqu'à l'expiration du prêt, quand il s'agit d'emprunts à court terme. Il en est de même pour les emprunts contractés par voie d'émission d'obligations, les conventions passées à cette fin avec les banques prévoyant un amortissement annuel.

Pour tous les autres emprunts, les conseils communaux devront les amortir pendant le terme même pour lequel ils sont contractés, et ce par des remboursements annuels. Ainsi,

en ce qui concerne les emprunts contractés pour 10 ou 20 ans, l'amortissement annuel devra être respectivement d'au moins un dixième ou un vingtième du capital.

Le conseil communal devra joindre à la demande d'emprunt un extrait du dernier budget communal approuvé, établissant que les ressources ordinaires laissent sur les dépenses de même nature un excédent suffisant pour permettre le service de l'emprunt, intérêts et amortissement. Au cas où il n'en serait pas ainsi, le conseil communal ne pourra être autorisé à emprunter qu'après avoir, au préalable, voté les ressources nécessaires.

Je vous prie, Monsieur le gouverneur, d'engager la députation permanente à veiller à l'observation de ces instructions qu'il conviendra de signaler particulièrement aux administrations communales par la voie du *Mémorial administratif.*

Payement forcé. — *Autorité administrative. — Saisie-arrêt. — Illégalité.*

Pour obtenir un payement forcé, le créancier d'une commune ne peut jamais s'adresser qu'à l'administration.

La saisie-arrêt à charge d'une commune est illégale comme constituant une voie d'exécution ; une saisie-arrêt constitue une voie de fait, et le saisissant ne serait pas fondé à invoquer l'autorisation obtenue à cette fin, la dite autorisation n'ayant été d'ailleurs accordée que sous la réserve d'en faire cesser les effets sur le référé que la partie saisie pourra introduire tant que la demande principale ne sera pas en état. — Tribunal civil de Bruxelles (référé), 24 mai 1904. *Pasic.*, 1904, III, 335.

Voy. Fonds communal. — Enseignement primaire. — Receveur communal.

Fonds communal. — *Recettes. — Part dans le produit annuel des droits d'entrée et d'accise sur les eaux-de-vie.* — Loi du 26 décembre 1904. (*Moniteur* du 28 décembre.)

Article premier. — . . . .

FONDS COMMUNAL.

Art. 2. — Par modification à l'article 4, § 1er, de la loi du 18 février 1903, le maximum de la part du fonds communal dans le produit annuel des droits d'entrée et d'accise sur les eaux-de-vie est ramené, à partir de l'année 1904, au chiffre de 13,750,000 francs fixé par l'article 5 de la loi du 17 juin 1896.

Art. 3, § 1er. — A partir de l'année 1904, la part des revenus du fonds communal distribuée aux communes ne pourra être inférieure à la somme répartie en 1903, augmentée suivant une progression annuelle de 700,000 francs.

§ 2. — La somme éventuellement nécessaire pour parfaire le montant garanti par le § 1er sera prélevée sur la réserve établie par l'article 2, § 2, de la loi du 20 décembre 1862, sans que les prélèvements puissent abaisser la réserve au-dessous du chiffre de 10 millions de francs. Si les prélèvements effectués dans cette limite ne suffisaient pas à parfaire le montant susdit, le manquant serait prélevé sur les ressources générales du trésor.

§ 3. — Les dispositions faisant l'objet des §§ 1er et 2 cesseront leurs effets à partir de l'année où, pour la seconde fois, la partie du revenu normal du fonds communal distribuée aux communes aura dépassé le montant garanti.

Mode de liquidation de la quote-part revenant aux communes dans le fonds communal.— Circulaire adressée, le 4 avril 1905, aux gouverneurs de province, par M. de Trooz, ministre de l'intérieur, etc.' (*Bulletin du ministère de l'intérieur, etc.*, 1905, II, 31.)

L'article 16 de la loi du 30 décembre 1896 stipule qu'il est attribué à chaque commune, à titre de minimum de quote-part dans la répartition annuelle du fonds communal, une somme égale à la quote-part qu'elle a touchée pendant l'année 1895.

En vertu de cette disposition, il est avancé trimestriellement à chaque commune, à valoir sur sa quote-part dans la répartition de l'année, un quart du minimum dont il vient d'être parlé.

Quant au surplus des recettes du fonds communal, la répartition s'en effectue sur la base de la population; mais, à raison de diverses circonstances, cette répartition ne peut avoir lieu que dans le courant du mois de mars de l'année qui suit celle à laquelle elle se rapporte.

Afin de venir en aide aux communes en leur permettant de disposer plus tôt d'une partie de cet excédent, M. le ministre des finances et des travaux publics a décidé qu'à partir de l'année courante il leur sera avancé, trimestriellement, outre le quart du minimum précité, une somme de fr. 0.20 par habitant, d'après la population de droit constatée par le dernier recensement décennal, ce qui représente pour l'année une avance de 0 fr. 80. Le solde sera réparti en mars ou en avril de l'année suivante.

Le travail relatif à l'ordonnancement de l'avance, telle qu'elle a été fixée jusqu'ici, étant terminé en ce qui concerne le trimestre courant, la nouvelle mesure ne sera appliquée qu'à partir du deuxième trimestre, et comportera ainsi une avance de 0 fr. 40 par habitant. Dès le troisième trimestre, la mesure recevra son application régulière.

A la demande de M le ministre des finances et des travaux publics, je vous prie, Monsieur le gouverneur, de bien vouloir porter la susdite décision, par la voie du *Mémorial administratif*, à la connaissance des administrations communales de votre province.

Franchise postale. — *Application de l'arrêté royal du 25 novembre 1903, portant modification au règlement du 30 octobre 1854 sur les franchises et contreseings.* — Circulaire adressée, le 5 mars 1904, aux gouverneurs de province, par M. de Trooz, ministre de l'intérieur, etc. (*Bulletin du ministère de l'intérieur, etc.*, 1904, II, 30.)

Je n'ai pas manqué de soumettre à M. le ministre des chemins de fer, postes et télé-

graphes les différentes plaintes qui m'ont été adressées par les gouverneurs de province et des commissaires d'arrondissement au sujet de l'application de l'arrêté royal du 25 novembre dernier, portant modifications au règlement du 30 octobre 1854 sur les franchises et contreseings. Mais, par dépêche du 8 février dernier, mon honorable collègue vient de me faire savoir qu'il regrette de ne pouvoir modifier des mesures qui ont été prises en pleine connaissance de la situation et dans l'intérêt même des transports postaux.

« Il se conçoit », ajoute M. Liebaert dans sa communication, « que la poste ait été chargée, en 1854, du transport de tous envois de service, alors qu'elle constituait le seul moyen de communiquer avec la plupart des localités du pays; mais, en présence du développement des voies ferrées, pareille situation ne se justifie plus, et il importe que les administrations publiques utilisent, quand c'est nécessaire, les services des chemins de fer, ainsi que la poste le fait elle-même lorsqu'il s'agit d'envois d'archives ou de matériel. »

D'après M. le ministre des chemins de fer, postes et télégraphes, certains gouverneurs de province et commissaires d'arrondissement se sont mépris quant à la portée de l'article 2 de l'arrêté royal du 25 novembre dernier.

En effet, il paraît que « celui-ci n'a pas eu pour but d'exclure de la franchise postale les imprimés en général, mais seulement les approvisionnements d'imprimés, *c'est-à-dire le matériel proprement dit*. Aucune autre dérogation n'a été apportée à l'article 5 de l'arrêté du 30 octobre 1854, qui assimile notamment aux pièces de service :

« 1° Les budgets, rapports, comptes rendus, règlements, mémoriaux administratifs, circulaires, proclamations, affiches et autres publications officielles faites directement par le gouvernement, par ses agents, en son nom, ou par les autorités provinciales et communales, dans les limites de leurs attributions;

« 2° Les livres, brochures et autres publications achetés avec des fonds de l'Etat, moyennant accomplissement des formalités réglementaires. »

En résumé, M. Liebaert « estime que la plupart des griefs articulés n'auraient pas vu le jour si les intéressés s'étaient mieux rendu compte de la nature et des limites de la modification apportée au régime des franchises... »

Il est persuadé que les intéressés trouveront facilement les moyens pratiques d'accommoder les nécessités de leurs services avec le régime nouveau, et il pense notamment que l'on pourrait peut-être « approvisionner en une fois les communes de tout le matériel imprimé qui leur est nécessaire pour un semestre ou pour une année, au lieu de fractionner cet approvisionnement en un nombre considérable de petits envois, aussi encombrants pour ceux qui les font et qui les reçoivent que pour ceux qui ont à les transporter ».

Je vous serais obligé, Monsieur le gouverneur, de vouloir bien donner connaissance d'urgence de ce qui précède à MM. les commissaires d'arrondissement de votre province.

Vous trouverez ci-inclus, pour vous et ces fonctionnaires, des exemplaires de l'instruction qui notifie aux bureaux de poste l'arrêté royal du 25 novembre 1903.

Ordre spécial du 17 mai 1904.

Un ordre spécial du 19 mai 1904 accorde la franchise postale à la correspondance échangée, dans toute l'étendue du royaume, entre les gardes champêtres et les bourgmestres, échevins ou commissaires de police chargés des fonctions de ministère public près les tribunaux de police, les juges d'instruction et les procureurs du roi. Cette correspondance ne peut être placée que sous bande.

Voy. GARDE CIVIQUE.

G

Garde champêtre — *Gardes champêtres auxiliaires. — Rémunération annuelle. — Interdiction d'allouer une prime pour chaque contravention constatée.* — Dépêche adressée, le 16 novembre 1904, à un gouverneur de province, par M. de Trooz, ministre de l'intérieur, etc. (*Bulletin du ministère de l'intérieur, etc.*, 1904, II, 118.)

J'ai pris connaissance de votre référé du 13 avril 1904, par lequel vous me demandez si une commune ne pourrait allouer à un garde champêtre *auxiliaire*, soit une rémunération annuelle, soit une prime pour chaque contravention constatée et suivie de condamnation.

M. le ministre de la justice, que j'ai consulté, estime, et j'estime avec lui, que la commune a la faculté d'allouer une rémunération annuelle, sans que cette allocation puisse jamais avoir le caractère d'un véritable traitement, conférant un droit acquis au titulaire. Cet avis est conforme à l'opinion des commentateurs du code rural, qui font remarquer que ce que la loi a voulu proscrire dans les articles 64 et 65 du code rural, c'est le *droit* au traitement, mais que rien ne s'oppose à l'allocation d'une indemnité. (Conf. CLÉMENT et LEPINOIS, *Code rural belge*, n° 621; PIRNAY, *Code rural*, n° 186; ORBAN, *Code rural belge*, n° 583.)

Si l'on admet qu'un garde champêtre auxiliaire peut recevoir une indemnité annuelle de la commune, s'ensuit-il que rien ne s'oppose à ce qu'on lui alloue une prime *à raison de chaque contravention constatée?*

Il est à remarquer que ce genre d'allocation est admis en matière fiscale par la loi du 29 avril 1819; cela peut s'expliquer par l'ancienneté d'origine et par le caractère tout spécial du droit fiscal. Mais l'extension de cette pratique à d'autres matières offrirait de graves inconvénients; elle serait de nature, en effet, à mettre les agents verbalisants entre leur intérêt et leur conscience; elle pourrait faire suspecter par les tribunaux les procès-verbaux et les témoignages des agents qui seraient intéressés pécuniairement à obtenir la condamnation des inculpés.

La jurisprudence du département de la justice s'est toujours opposée à ce que des primes fussent allouées aux agents verbalisants à raison des procès-verbaux dressés par eux. Même lorsqu'il s'agit d'une infraction déjà commise et signalée à la justice, la promesse d'une prime pour la découverte ou l'arresta-

tion des coupables n'est autorisée que dans des cas spéciaux, très rares et tout à fait exceptionnels.

Il n'y a donc pas lieu, Monsieur le gouverneur, d'admettre une rémunération basée sur le nombre des contraventions constatées.

Garde civique. — *Appel à l'activité.* — Arrêté royal du 23 décembre 1904. (*Moniteur* du 25 décembre.)

Un arrêté royal, en date du 23 décembre 1904, contresigné par M. de Trooz, ministre de l'intérieur, etc., appelle à l'activité les gardes civiques des communes ci-après désignées :

Province d'Anvers.

Hoboken et Willebroeck.

Province de Brabant.

Hal et Vilvorde.

Province de Flandre occidentale.

Menin.

Province de Flandre orientale.

Gentbrugge, Ledeberg, Mont-Saint-Amand, Lokeren et Renaix.

Province de Hainaut.

Boussu, Dour, Chapelle lez-Herlaimont, Soignies, Houdeng-Aimeries, Houdeng-Goegnies, Haine-Saint-Pierre, Haine-Saint-Paul, Binche, Jemappes, Couillet, Lessines, Trazegnies et Mont-sur-Marchienne.

Province de Liège.

Grivegnée, Herstal, Bressoux, Jemeppe, Tilleur, Ougrée, Seraing, Dison, Ensival, Heusy et Hodimont.

Par mesure transitoire, les quatre dernières classes dans ces différentes communes sont seules appelées à l'activité, c'est-à-dire celles formées par les jeunes gens nés en 1881, 1882, 1883 et 1884.

Les deux bans de la garde civique seront organisés dans ces localités, à mesure de l'incorporation de nouvelles classes. Le ministre de l'intérieur est autorisé à organiser les unités que les appels ultérieurs rendront nécessaires.

Equipement et armement. — Objets délivrés par l'Etat. — Arrêté royal du 12 novembre 1904 contresigné par M. de Trooz, ministre de l'intérieur, etc. (*Moniteur* du 3 décembre.)

Vu l'article 84 de la loi du 9 septembre 1897;
Revu nos arrêtés du 31 octobre 1898 et du 27 janvier 1899;
Sur la proposition de notre ministre de l'intérieur et de l'instruction publique,

Nous avons arrêté et arrêtons :

ARTICLE PREMIER. — Les objets d'armement et d'équipement dont la nomenclature suit seront fournis par l'Etat aux divers corps de la garde civique :

CORPS D'INFANTERIE ET COMPAGNIES D'ARTILLERIE.

Gardes, caporaux, sergents, sergents-fourriers et 1ers sergents.

Fusil avec accessoires, baïonnette et fourreau;
Bretelle de fusil, en cuir noir;
Ceinturon en cuir noir, avec plaque;
Porte-baïonnette, en cuir noir;
Cartouchière, en cuir noir;
Havresac, avec courroies en cuir noir (1er ban de l'infanterie).

Tambours-clairons.

Epée-baïonnette avec fourreau;
Ceinturon en cuir noir, avec plaque;
Porte-épée-baïonnette, en cuir noir;
Caisse de tambour avec accessoires;
Clairon avec bretelle;
Havresac, avec courroies en cuir noir (1er ban).

Musiciens.

Epée-baïonnette avec fourreau;
Ceinturon en cuir noir, avec plaque;
Porte-épée-baïonnette, en cuir noir.

Ambulanciers.

Comme pour les musiciens;
Sac d'ambulance du modèle adopté par l'armée.

CORPS DE CHASSEURS A PIED.

Chasseurs, caporaux, sergents, sergents-fourriers et 1ers sergents.

Fusil avec accessoires, baïonnette et fourreau;
Bretelle de fusil, en cuir noir;
Ceinturon en cuir noir, avec plaque;
Porte-baïonnette, en cuir noir;
Cartouchière, en cuir noir;
Havresac, avec courroies en cuir noir;
Les chasseurs-cyclistes reçoivent un mousqueton Mauser au lieu du fusil; il ne leur est pas délivré de havresac.

Clairons.

Comme pour les chasseurs;
Clairon avec bretelle.

Musiciens.

Yatagan avec fourreau;
Porte-yatagan, en cuir noir;
Ceinturon en cuir noir, avec plaque.

Ambulanciers.

Comme les musiciens;
Sac d'ambulance du modèle adopté par l'armée.

BATTERIES D'ARTILLERIE.

Artilleurs, brigadiers, maréchaux des logis, maréchaux des logis fourriers.

Fusil avec accessoires, baïonnette et fourreau;
Bretelle de fusil, en cuir noir;
Ceinturon en cuir noir, avec plaque;
Porte-baïonnette, en cuir noir;

Cartouchière, en cuir noir;
Havresac, avec courroies en cuir noir.

Sous-officiers.

Pour le service des pièces et la grande tenue:
Sabre d'artillerie, avec fourreau en acier;
Ceinturon en cuir verni noir, avec plaque.

Trompettes.

Sabre d'artillerie, avec fourreau en acier:
Ceinturon en cuir verni noir, avec plaque;
Trompette avec cordon écarlate.

Musiciens.

Yatagan avec fourreau;
Ceinturon en cuir noir, avec plaque;
Porte-yatagan, en cuir noir.

Ambulanciers.

Comme pour les musiciens;
Sac d'ambulance du modèle adopté dans l'armée.

CORPS DE SAPEURS-POMPIERS.

Sapeurs-pompiers, caporaux, sous-officiers.

Fusil avec accessoires, baïonnette et fourreau;
Bretelle de fusil, en cuir noir;
Ceinturon en cuir noir, avec plaque;
Porte-baïonnette, en cuir noir;
Cartouchière, en cuir noir.

Clairons.

Yatagan avec fourreau;
Ceinturon en cuir noir, avec plaque;
Porte-yatagan, en cuir noir;
Clairon avec bretelle.

Ambulanciers.

Armement et équipement comme les clairons:
Sac d'ambulance du modèle adopté par l'armée.

CORPS DE CAVALERIE.

Cavaliers, brigadiers, sous-officiers.

Sabre de cavalerie avec fourreau;
Revolver avec tourne-vis et baguette-lavoir.

Trompettes.

Comme pour les cavaliers;
Trompette, avec cordon amarante.

Musiciens.

Sabre de cavalerie avec fourreau.

Ambulanciers.

Une paire de sacoches d'ambulance.

ART. 2. — Les objets d'armement et d'équipement que l'Etat ne fournit pas aux gardes doivent être du modèle arrêté par nous.

Les modèles-types seront déposés au magasin central du matériel de la garde civique et revêtus de l'estampille officielle.

Objets d'équipement. — Corps d'artillerie et de chasseurs à pied. — Circulaire adressée le 12 décembre 1904 à diverses autorités de la garde civique par M. de Trooz, ministre de l'intérieur, etc. (*Bulletin du ministère de l'intérieur, etc.*, 1904, II, 125.)

J'ai l'honneur de vous faire connaître que le garde-armurier du magasin central du matériel de la garde civique expédiera incessamment aux corps volontaires d'artillerie et de chasseurs à pied une marmite, une besace et une gourde du modèle admis par l'arrêté royal du 15 octobre dernier. Les corps d'infanterie recevront de même une marmite et une gourde du modèle.

Ces objets, revêtus de l'estampille officielle, seront portés en recettes dans les justifications modèle n° 13 et, comme les jambières et le chapeau d'infanterie modèles-types déjà en possession des corps intéressés, placés sous les yeux des gardes nouvellement incorporés lors de la réception de leurs armes. Les objets de l'espèce à acquérir par les gardes devront être strictement conformes à ces modèles.

Le port en est réglé comme suit :

La marmite est arrimée à la pattelette du havresac au moyen d'une courroie qui s'engage dans les deux passants cousus sur la pattelette. La face supérieure de la marmite doit araser le bord supérieur du sac.

La gourde s'attache par son porte-mousqueton à un anneau retenu dans une chape fixée sur la besace ; elle est maintenue sur la besace par une sangle cousue par ses extrémités à la pattelette.

Munie ainsi de la gourde, la besace s'attache au ceinturon à l'aide de deux pendants avec boutonnière et vient reposer sur la fesse droite du garde.

Dans le corps d'infanterie, la gourde est complétée par un passant mobile destiné à la relier directement au ceinturon.

Ci-joint un exemplaire de l'arrêté royal en date du 12 novembre 1904, qui détermine les objets d'armement et d'équipement délivrés par l'État aux divers corps de la garde civique.

———

Uniforme. — Arrêté royal du 15 octobre 1904, contresigné par M. de Trooz, ministre de l'intérieur, etc. (*Moniteur* des 31 octobre-1er novembre.)

Vu l'article 82 de la loi du 9 septembre 1897;
Revu nos arrêtés relatifs à l'uniforme de la garde civique;
Sur la proposition de notre ministre de l'intérieur et de l'instruction publique,

Nous avons arrêté et arrêtons :

ARTICLE PREMIER. — La tunique de l'infanterie, des compagnies d'artillerie et des états-majors des chefs de garde est à collet droit de 40 à 50 millimètres de hauteur, en drap du fond doublé de drap pareil, échancré de 30 millimètres, à angles arrondis de 0m015 de chaque côté et se fermant à l'aide d'une agrafe vernie en noir.

Les attributs et les étoiles de grade sont placés suivant la bissectrice des angles formés à la base du collet.

Les officiers supérieurs portent le même collet que les officiers supérieurs d'infanterie de l'armée, mais avec galon en argent, les étoile de grades et les attributs en or.

ART. 2. — La tunique de l'infanterie, des compagnies d'artillerie et des états-majors des chefs de garde est garnie d'un passepoil en drap écarlate au collet, aux parements, au devant de gauche, ainsi qu'aux soubises sur les parties non prises dans les coutures des côtés ; elle n'a pas de poches sur les devants.

Au côté gauche, un crochet, verni de noir, est disposé à hauteur de la hanche pour soutenir le ceinturon.

ART. 3. — Les boutons de la capote de l'infanterie sont semblables à ceux de la tunique.

ART. 4. — Les corps d'infanterie et d'artillerie peuvent être autorisés à porter un pantalon de toile.

ART. 5. — Les sous-officiers, caporaux, clairons, musiciens et gardes des deux bans des corps d'infanterie, d'artillerie et de chasseurs à pied font usage, lors des différentes prises d'armes, hormis en grande tenue, de jambières du modèle admis dans l'infanterie de l'armée ; mais ces objets sont munis d'un sous-pied fixe large de 2 centimètres, afin de pouvoir être portés avec toutes espèces de chaussures.

Les officiers non montés des corps précités portent, lors des différentes prises d'armes, hormis en grande tenue, des jambières du modèle en vigueur pour les officiers de l'armée ; ces jambières sont également munies d'un sous-pied fixe large de 2 centimètres.

Rien n'est modifié en ce qui concerne les guêtres en usage au deuxième demi-régiment de chasseurs à pied de Bruxelles.

ART. 6. — Les chasseurs à pied (éclaireurs) portent l'uniforme décrit par notre arrêté du 9 février 1891, avec les modifications ci-après :

A la tunique, les brandebourgs sont remplacés par des tresses plates de mohair, disposées de la même façon sur les devants, qui se croisent sur 55 millimètres de largeur. Le dernier de la jupe est garni de soubises portant deux boutons d'uniforme à la ceinture et au milieu de la hauteur de la jupe. Les parements des manches sont ornés d'un passepoil de drap distinctif. Au côté gauche, un crochet verni en noir est disposé à hauteur de la hanche, pour soutenir le ceinturon.

La tunique des officiers est la même que celle de la troupe, sans épaulières ; les brandebourgs sont en tresses plates noires, terminées par des nœuds hongrois ; les boutons sont du modèle admis par la troupe, mais en métal blanc ; les manches sont ornées d'un nœud hongrois en tresse noire.

En grande tenue, la troupe porte la fourragère de laine verte.

ART. 7. — Les corps des chasseurs à pied sont autorisés à porter, pour les exercices, une veste en drap vert foncé, du modèle en usage dans les régiments de chasseurs à pied de l'armée. Les boutons sont semblables à ceux de la tunique des chasseurs à pied de la garde civique.

ART. 8. — Les corps volontaires d'artillerie et de chasseurs à pied emploient la marmite, la gourde et la besace du modèle en usage dans l'infanterie de l'armée.

La marmite et la gourde sont également obligatoires pour le premier ban de l'infanterie de ligne.

ART. 9. — Le harnachement des chevaux des corps de cavalerie est du modèle admis par les régiments de guides de l'armée, sauf que la couronne royale surmonte un cor de chasse et que les garnitures en or sont remplacées par des garnitures en métal blanc.

Le pantalon de grande tenue, à bandes d'argent, des officiers de la cavalerie est supprimé.

ART. 10. — Les médecins de la garde civique portent le même uniforme que les médecins du grade correspondant de l'armée, sauf que les broderies sont en argent, que les boutons et les garnitures sont en métal blanc.

ART. 11. — Les gardes porteurs du diplôme d'aspirant officier peuvent être nommés de 1ʳᵉ classe.

Les aspirants officiers portent, au collet de la tunique et de la capote, des palmes d'argent en remplacement de l'attribut.

ART. 12. — Les dispositions du présent arrêté seront codifiées avec celles de nos arrêtés antérieurs relatifs à l'uniforme de la garde civique; elles ne sont obligatoires que pour les gardes nouvellement incorporés.

Instructions. — Circulaire adressée le 8 novembre 1904 à diverses autorités de la garde par M. de Trooz, ministre de l'intérieur, etc. (*Bulletin du ministère de l'intérieur, etc.,* 1904, II, 117.)

J'ai l'honneur de vous adresser, pour information et direction, un exemplaire de l'arrêté royal du 15 octobre dernier, qui apporte des modifications à l'uniforme et à l'équipement de la garde civique.

Ces nouvelles dispositions seront codifiées par les soins de mon département avec celles des arrêtés antérieurs; cette codification vous parviendra incessamment en brochure.

Les dispositions de l'arrêté royal sont obligatoires pour les gardes nouvellement incorporés. Néanmoins, tous les officiers et gardes sont autorisés, dès maintenant, à apporter à l'uniforme les modifications ordonnées par cet arrêté.

MM. les chefs de garde et chefs de corps qui voudront user de la faculté que laisse l'article 4, relativement à l'emploi du pantalon de toile, m'adresseront par la voie hiérarchique des propositions à ce sujet.

Je saisis cette occasion pour vous rappeler, Messieurs, qu'aux termes du § 131 du règlement sur le service intérieur l'uniforme des divers corps et les signes distinctifs des grades étant déterminés par le roi, il est strictement interdit d'y apporter des changements qui n'auraient pas été, au préalable, approuvés par arrêté royal.

Le § 132 du même règlement défend de porter d'une façon apparente tout objet qui ne fait pas partie de la tenue réglementaire.

MM. les lieutenants généraux, les chefs de garde et les chefs de corps voudront bien veiller d'une façon particulière à ce que ces prescriptions soient scrupuleusement observées à l'avenir.

Il leur appartiendra de réprimer sévèrement toutes les infractions qu'ils constateraient en cette matière.

MM. les lieutenants généraux me rendront compte annuellement, dans les rapports d'inspection, des infractions qui auraient été constatées.

Exemptions et dispenses de service. — *Obligations incombant aux intéressés.* — Circulaire adressée le 22 février 1904 à diverses autorités de la garde civique par M. de Trooz, ministre de l'intérieur, etc. (*Bulletin du ministère de l'intérieur, etc.,* 1904, II, 19.)

Un conseil de revision m'a soumis la question de savoir comment il doit être procédé à l'égard des anciens militaires et des personnes revêtues de fonctions tombant sous l'application de l'article 38, littéra G, de la loi du 9 septembre 1897, lorsqu'ils négligent d'établir devant l'autorité contentieuse leurs titres à l'exemption ou à la dispense du service de la garde.

J'ai l'honneur de vous faire connaître qu'en règle générale les anciens militaires ayant accompli un terme complet de service personnel dans l'armée doivent être rayés d'office des listes d'inscription pour le service de la garde.

En effet, dans la plupart des cas, l'autorité locale à qui incombe la formation des listes possède des indications précises sur la situation des intéressés au point de vue du service militaire, et elle peut, dès lors, renseigner les titres à l'exemption d'office du service, en regard des noms de ceux qu'elle aurait cru devoir inscrire.

Mais si le conseil de revision, malgré ses démarches auprès de l'administration communale, ne possède pas les éléments nécessaires pour apprécier la position de certains inscrits vis-à-vis de l'armée, il lui appartient d'inviter ces derniers à administrer la preuve de leurs titres à l'exemption et, en cas de refus, de les désigner d'office pour le service.

Les chefs de garde ne perdront pas de vue que les décisions de l'espèce doivent sortir leurs effets, et qu'il y a lieu, dès lors, de poursuivre devant le conseil de discipline, en cas d'infractions à la loi, les personnes désignées pour le service par suite de leur négligence, alors même que celles-ci exhiberaient à ce moment des pièces établissant qu'elles avaient des titres à l'exemption du service.

En l'occurrence, le conseil de discipline lui-même ne peut énerver l'autorité de la décision rendue par le conseil de revision, en renvoyant des fins de la poursuite le garde qui, sous le coup de l'action disciplinaire, produirait la preuve de son droit à l'exemption ou à la dispense de service.

L'article 121 de la loi est formel à cet égard: il porte: « Le conseil de discipline ne peut accueillir les motifs de dispense ou d'exemption invoqués par les gardes poursuivis, si ces motifs n'ont pas été admis, *au préalable,* par le collège des bourgmestre et échevins et par le conseil de revision ».

C'est par application de cette disposition que la cour de cassation, suivant une jurisprudence constante, casse les jugements des conseils de discipline qui prononcent l'acquittement de gardes, sous prétexte qu'ils ont des titres indiscutables à l'exemption ou à la dispense du service. (Voir arrêts des 25 juin et 12 novembre 1900 ; des 11 mars, 17 et 24 juin 1901 et du 20 octobre 1902.)

Sans doute, après des premières poursuites, alors que les intéressés auront pu se convaincre de la nécessité pour eux de se conformer aux prescriptions de la loi, les chefs de garde pourront les dispenser des exercices par application de l'article 43, afin de leur permettre d'établir, enfin, leurs titres à l'exemption ou à la dispense, devant l'autorité compétente.

La même ligne de conduite devra être suivie à l'égard des personnes qui, réclamant la dispense du service prévue à l'article 38, littéra *G*, prérappelé, s'obstineront à ne pas produire au conseil de revision le certificat exigé par l'arrêté ministériel du 5 février 1898.

A cette occasion, je crois devoir vous rappeler, Messieurs, que les dispenses de service soit du chef de fonctions, soit pour cause d'indigence, ne sont pas soumises au renouvellement annuel. Accordées pour une durée illimitée, ces dispenses perdurent, sans nouvelle intervention des autorités contentieuses, la première jusqu'au jour où les fonctions y donnant droit viennent à cesser, la seconde jusqu'à ce que la situation de fortune de l'intéressé se soit améliorée.

Le bénéfice de la dispense est retiré par le conseil de revision, soit d'office, soit sur le recours du chef de la garde, qui, aux termes de l'article 23 de la loi et de ma circulaire du 14 janvier 1903 (*Bull. off. g. c.*, 1903, p. 3), a mission de signaler aux conseils de revision les personnes qui échapperaient indûment à leurs obligations.

Cette question m'ayant également été posée, j'ai l'honneur de vous faire savoir que les ajournés de la milice sont soumis à quatre revisions annuelles et qu'ils ne peuvent, par conséquent, être appelés au service de la garde qu'à partir du 1er janvier de l'année pendant laquelle ils atteignent l'âge de 24 ans.

— *Employés des wagons-lits.* — Circulaire adressée le 22 mars 1904 à diverses autorités de la garde civique par M. de Trooz, ministre de l'intérieur, etc. (*Bulletin du ministère de l'intérieur, etc.*, 1904, II, 37.)

Mon département a été saisi de la question de savoir si le personnel de la Compagnie des wagons-lits devait être considéré comme appartenant à une exploitation de chemins de fer concédés, au point de vue de la dispense du service de la garde civique.

J'ai l'honneur de vous faire connaître que les agents de cette administration *qui desservent les trains* tombent *seuls* sous l'application des arrêtés ministériels du 5 février et du 4 avril 1898, qui règlent l'octroi des dispenses de service aux agents dont la coopération permanente est jugée indispensable pour le service public auquel ils sont attachés.

Toutefois, comme les ateliers des wagons-lits sont chargés de l'entretien et de la réparation d'une partie du matériel roulant et notamment des voitures-salon appartenant à l'Etat, les agents et ouvriers de ces ateliers qui se trouveraient dans l'impossibilité d'assister à un exercice ou à un service d'ordre, pour cause de travaux spéciaux au matériel, devront être dispensés de la prise d'armes, par application de l'article 43 de la loi du 9 septembre 1897.

Gardes civiques non actives. — *Listes d'inscription.* — Circulaire adressée le 7 mai 1904 à diverses autorités de la garde civique par M. de Trooz, ministre de l'intérieur, etc. (*Bulletin du ministère de l'intérieur, etc.*, 1904, II, 60.)

Aux termes de l'article 15 de la loi du 9 septembre 1897 et de l'instruction générale du 29 avril 1904, les administrations communales doivent faire parvenir au conseil civique de revision compétent, avant le 5 novembre de chaque année, les listes d'inscription des personnes en âge de faire partie de la garde civique non active du 1er janvier suivant.

Malgré ces prescriptions formelles, il me revient que certaines communes négligent d'une façon habituelle de se conformer aux instructions et que plusieurs n'ont pas encore transmis les listes afférentes à l'année 1904.

J'ai l'honneur d'attirer votre attention, Messieurs, sur la nécessité de tenir la main à ce que les dispositions de la loi en matière de recrutement de la milice citoyenne soient strictement observées à l'avenir pour toutes les communes de votre ressort.

A cet effet, MM. les présidents des conseils de revision voudront bien, à la fin de chaque session ordinaire, signaler à MM. les gouverneurs les communes qui n'auraient pas satisfait à leurs obligations, afin de permettre à ces hauts fonctionnaires de prendre des mesures à leur égard.

Je saisis cette occasion pour rappeler aux autorités contentieuses qu'aux termes du § 4 de l'instruction générale relative à la réorganisation des gardes non actives, il convient que l'unité créée dans chaque commune atteigne 2 p. c. de la population, avec un minimum de 26 hommes et un maximum de 150, non compris les gradés.

Pour maintenir ces limites, les conseils de revision doivent, en procédant à la revision des listes d'inscription, s'inspirer des principes qui les guident dans l'examen des listes dressées pour les gardes actives et ne désigner pour le service que des hommes à même de se pourvoir éventuellement de l'uniforme et capables de constituer dans la commune une force sérieuse pour le maintien de l'ordre et la bonne exécution des lois et règlements de police.

Procédure. — *Envoi au département de l'intérieur d'une copie de tous les pourvois en cassation et des décisions ou jugements présentant un certain intérêt.* — Circulaire adressée le 26 février 1904 à diverses autorités de la garde civique au nom de M. de Trooz, ministre de l'intérieur, etc., par M. le directeur général Wouters. (*Bulletin du ministère de l'intérieur, etc.*, 1904, II, 21.)

J'ai pu constater que des présidents de conseils civiques de revision et des chefs de garde négligeaient de me faire parvenir une copie des recours en cassation formés conformément aux articles 33 et 126 de la loi du 9 septembre 1897, contre les décisions du conseil de revision et contre les jugements du conseil de discipline.

C'est pourquoi j'ai l'honneur de rappeler à votre attention la circulaire ministérielle du 27 mars 1899, prescrivant l'envoi au département de l'intérieur d'une copie de tous les pourvois en cassation introduits en matière de garde civique.

Aux termes de cette instruction, ces copies doivent me parvenir par l'intermédiaire des commandants supérieurs, et être accompagnées d'une expédition de la décision ou du jugement attaqué, ainsi que de l'avis motivé du secrétaire rapporteur ou de l'officier rapporteur et du directeur du service disciplinaire.

Il y a lieu, également, de me transmettre directement, pour la rédaction du bulletin de la garde civique, une expédition des décisions ou jugements qui présenteraient un certain intérêt au point de vue de l'interprétation de la loi.

— *Signification de jugements.* — *Mentions à inscrire dans les mémoires des huissiers.* — Circulaire adressée le 10 juin 1904 à diverses autorités de la garde civique par M. de Trooz, ministre de l'intérieur, etc. (*Bulletin du ministère de l'intérieur, etc.*, 1904, II, 76.)

Aux termes de l'article 125 de la loi du 9 septembre 1897, les jugements par défaut rendus en matière de garde civique doivent seuls être notifiés.

Afin de lui permettre d'examiner si les huissiers près les conseils de discipline se conforment à cette prescription, la cour des comptes estime que les mémoires de ces officiers ministériels devraient être complétés, aux postes relatifs à des significations, par la mention : *jugement par défaut*.

J'ai l'honneur de vous prier, Messieurs, de prendre des mesures pour que cette mention soit toujours insérée, à l'avenir, dans les mémoires dont il s'agit.

MM. les directeurs du service disciplinaire voudront bien, avant de faire parvenir ces documents au département de la justice, vérifier avec soin si toutes les significations sont justifiées au moyen de l'indication prescrite.

— *Conseils de discipline.* — *Instruction préalable.* — Circulaire adressée le 14 juin 1904 à diverses autorités de la garde civique par M. de Trooz, ministre de l'intérieur, etc. (*Bulletin du ministère de l'intérieur, etc.*, 1904, II, 77.)

J'ai pu constater, à différentes reprises, que personnes étaient abusivement traduites devant les conseils de discipline de la garde civique, par suite d'erreurs commises dans les contrôles, ou parce qu'il n'avait pas été tenu compte, soit de l'exemption ou de la dispense accordée aux intéressés par les conseils civiques de revision, soit du changement de résidence de ces derniers.

En vue de mettre fin à cette situation, qui est de nature à porter atteinte à l'autorité des jugements rendus en matière disciplinaire et à jeter le discrédit sur l'administration de la garde, j'ai l'honneur de vous prier, Messieurs, de ne plus saisir les officiers rapporteurs de procès-verbaux de poursuites sans procéder, au préalable, à une instruction sommaire relativement aux obligations de service incombant aux personnes qui en font l'objet.

A cet effet, vous voudrez bien inviter désormais chaque inculpé, au moyen d'une carte correspondance de service du modèle ci-annexé, à se présenter à l'état-major pour y faire connaître les motifs d'excuse qu'il aurait à faire valoir au sujet de la prévention mise à sa charge.

Au jour et à l'heure indiqués, le chef de la garde ou un officier de l'état-major délégué à cette fin, assisté de l'officier-quartier-maître ou des officiers-quartiers-maîtres intéressés, ainsi que du secrétaire du conseil de revision, recevra les explications des intéressés et, le cas échéant, fera rectifier les erreurs ou omissions qui seraient constatées.

Si, parmi les personnes ainsi convoquées, il s'en trouve qui n'ont pas satisfait à leurs obligations, parce qu'elles se trouvent dans les conditions requises pour jouir d'une exemption ou d'une dispense, l'officier chargé de l'enquête aura soin de les instruire des formalités qu'elles ont à remplir pour bénéficier de cette faveur: il remettra à ceux qui n'auraient pas les moyens de se pourvoir de l'uniforme la formule de demande de dispense ci-jointe, qui a été prescrite par ma circulaire du 6 mai 1903, relative aux recours en grâce. (*Bull. off. g. c.*, 1903. p. 77.)

Les gardes qui seront reconnus avoir des titres à une exemption ou à une dispense pourront être dispensés des prises d'armes par application de l'article 43 de la loi du 9 septembre 1897, en attendant que le conseil de revision ait pu statuer sur leur cas.

Les lieutenants généraux commandants supérieurs et les chefs de garde veilleront à ce que ces instructions soient scrupuleusement observées.

Autorisation accordée à des officiers de pompiers de se rendre en uniforme à un congrès à l'étranger. — *Port des décorations.* — *Honneurs militaires.* — Dépêche adressée le 15 juillet 1904 au président de la Fédération des corps de sapeurs-pompiers par M. de Trooz, ministre de l'intérieur, etc. (*Bulletin du ministère de l'intérieur, etc.*, 1904, II, 93.)

En réponse à votre lettre du 11 courant, j'ai l'honneur de vous faire savoir que j'accorde l'autorisation sollicitée, pour vingt officiers de pompiers qui désirent se rendre au congrès de Budapest, de revêtir leur uniforme pour assister aux réunions officielles. Je vous prie, Monsieur le président, de me faire connaître le nom et la qualité de chacun d'eux pour leur faire parvenir l'autorisation nécessaire.

Je crois à ce sujet devoir attirer votre attention sur l'article 77 du règlement sur le service intérieur, la police et la discipline de la garde civique, ainsi conçu : « En uniforme, les membres de la garde ne peuvent porter que les croix et médailles octroyées par le gouvernement et, en ce qui concerne les ordres étrangers, les décorations dont le port aura été autorisé par arrêté royal ».

Ainsi que je le disais dans ma dépêche du 14 juin 1899 à MM. les gouverneurs et aux bourgmestres, les grades et les honneurs dont jouissent les officiers de l'armée et de la garde civique, et que le roi octroie, par analogie, aux chefs des corps de pompiers armés, entraînent naturellement des devoirs analogues pour tous ceux qui en sont revêtus.

Il serait utile, Monsieur le président, que la Fédération rappelât aux corps de pompiers armés qui seront représentés à ce congrès les prescriptions de cette circulaire. Les marques de déférence que se donnent les gradés dans les armées doivent être adoptées par les officiers des pompiers, à l'étranger comme en Belgique. La courtoisie, comme la correction de la conduite, doit contribuer à la bonne réputation des corps belges, et ce n'est qu'à cette condition que le gouvernement pourra continuer à permettre aux officiers de se rendre à l'étranger, en uniforme et en armes.

Exclusion de la garde. — Avis des condamnations encourues. — Circulaire adressée le 25 juillet 1904 à diverses autorités de la garde civique par M. de Trooz, ministre de l'intérieur, etc. (*Bulletin du ministère de l'intérieur, etc.*, 1904, II, 96.)

Aux termes de l'article 44 de la loi du 9 septembre 1897, l'exclusion du service de la garde civique doit être prononcée à l'égard des citoyens qui ont encouru l'une des condamnations que cette disposition énumère.

Grâce au registre des condamnations qui doit être tenu dans chaque commune, les collèges échevinaux sont à même, lors de la formation des listes d'inscription pour le service de la garde civique, d'écarter de celles-ci, en connaissance de cause, les personnes qui sont indignes de figurer dans les rangs de la milice citoyenne.

Mais, lorsqu'il y aura lieu de présumer qu'un individu tombant sous l'application de l'article 44 prérappelé a été néanmoins inscrit, ou lorsqu'un garde aura été condamné, postérieurement à son incorporation, à une peine pouvant entraîner l'exclusion de la garde, le conseil de revision pourra réclamer de l'autorité locale, au moyen d'un bulletin du modèle ci-annexé, les renseignements qui lui seraient nécessaires pour prendre à l'égard de ces gardes telle décision que nécessiteraient les circonstances.

Au cas où, par suite de défaut d'annotations au registre des condamnations, le conseil de revision ne pourrait obtenir des indications suffisantes relativement aux personnes signa-lées comme ayant subi une condamnation, le bulletin dont il s'agit devrait m'être adressé pour être rempli par le service du casier judiciaire central établi au département de la justice.

MM. les commandants supérieurs et les chefs de garde pourront obtenir les mêmes renseignements et par les mêmes voies en ce qui concerne les officiers qui, ayant été condamnés à une peine par les tribunaux, devraient être traduits devant un conseil d'enquête pour faits contraires à l'honneur ou de nature à compromettre la dignité de leurs fonctions.

MM. les gouverneurs voudront bien inviter les administrations communales de leur province à satisfaire d'urgence aux demandes de renseignements qui leur seraient adressées par les autorités de la garde, relativement aux condamnations encourues par des membres de la milice citoyenne.

Franchises postales. — Circulaire adressée le 23 novembre 1904 à diverses autorités de la garde civique par M. de Trooz, ministre de l'intérieur, etc. (*Bulletin du ministère de l'intérieur, etc.*, 1904, II, 119.)

J'ai l'honneur de vous faire connaître que, par ordre spécial du 9 de ce mois, M. le ministre des chemins de fer, postes et télégraphes a accordé la franchise postale aux chefs de la garde civique pour les communications qu'ils échangent avec les commandants des places du camp de Beverloo, de Brasschaet et d'Arlon.

Ces correspondances devront être placées sous bandes.

Vous voudrez bien, Messieurs, faire modifier en conséquence le tableau des franchises postales qui vous a été adressé par ma circulaire du 12 décembre 1899.

Il n'existe aucune incompatibilité entre les fonctions de l'ordre judiciaire et celles d'officier-rapporteur. — Circulaire adressée le 28 janvier 1905 à diverses autorités de la garde civique par M. de Trooz, ministre de l'intérieur, etc. (*Bulletin du ministère de l'intérieur, etc.*, 1905, II, 14.)

En présence de l'article 174 de la loi du 18 juin 1869, qui interdit le cumul des fonctions judiciaires, mon département a souvent été saisi de la question de savoir s'il n'existe aucune incompatibilité entre les fonctions de l'ordre judiciaire et celles d'officier-rapporteur de la garde civique.

J'ai l'honneur de vous faire savoir qu'un arrêt de la cour de cassation, en date du 3 octobre 1904, confirme entièrement la thèse soutenue depuis plusieurs années par mon administration.

La cour suprême décide que, interprétée à la lumière des travaux préparatoires, la loi du 18 juin 1869 vise uniquement le cumul des fonctions qu'elle organise elle-même.

Il en résulte que les fonctions d'officier-rapporteur près les conseils de discipline de la garde civique peuvent être cumulées avec celles d'avocat, de juge, en un mot avec toutes celles prévues dans la loi sur l'organisation judiciaire.

La controverse qui existait en cette matière peut donc être considérée aujourd'hui comme définitivement tranchée.

CONSEIL DE DISCIPLINE. — *Absence à l'exercice.* — *Procès-verbal.* — *Force probante.* — *Constatation que la prévention n'est pas établie.* — *Motifs insuffisants.*

Les procès-verbaux constatant l'absence non justifiée d'un garde à des exercices font foi jusqu'à preuve contraire, et le jugement acquittant ce garde, par le seul motif que la prévention n'est pas établie, n'est pas suffisamment motivé. (Loi du 9 septembre 1897, art. 120; Constit., art. 97.) — Cassation, 16 mai 1904, *Pasic.*, 1904, I, 238.

— *Citation.* — *Nullité.* — *Comparution volontaire.*

En comparaissant volontairement, le prévenu couvre la nullité qui, d'après lui, entacherait la citation à comparaître devant le conseil de discipline. (Code d'inst. crim., art. 145 à 147; code de proc. civ., art. 68.) — Cassation, 2 février 1904, *Pasic.*, 1904, I, 199.

— *Corps spéciaux.* — *Exercices supplémentaires.* — *Cotisation.* — *Refus de payement.* — *Acquittement.* — *Poursuite du chef de manquement aux exercices.* — *Absence de chose jugée.* — *Dispense.* — *Incompétence.*

L'autorité de la chose jugée ne s'oppose pas à ce que le garde, appartenant à un corps de volontaires et à l'égard duquel le conseil de discipline, par un jugement passé en force de chose jugée, a décidé que le refus de payer une cotisation supplémentaire pour manquement à des exercices complémentaires, par application du règlement organique du 16 février 1900, ne peut être sanctionné par une des peines prévues à l'article 122 de la loi sur la garde civique, soit ultérieurement poursuivi devant le conseil de discipline pour manquement à ces exercices. (Loi du 9 septembre 1897, art. 122; code civ., art. 1350, 3e.) — Cassation, 26 octobre 1903, *Pasic.*, 1904, I, 34.

— *Exercices supplémentaires.* — *Peine.*

Le conseil de discipline applique à bon droit une des peines prévues à l'article 122 de la loi sur la garde civique au garde qui, sans justifier d'un motif d'exemption ou de dispense, n'a pas assisté aux exercices supplémentaires que les chefs des corps spéciaux ont le droit de prescrire. (Loi du 9 septembre 1897, art. 105 et 122; arrêté royal du 16 février 1900, art. 50, 57 et 32.) — Cassation, 26 octobre 1903, *Pasic.*, 1904, I, 35.

— *Groupes de communes.* — *Formation.*

Lorsque la garde civique est organisée par groupes de communes, le conseil de discipline est tiré au sort parmi tous les officiers élus de la garde des diverses communes du groupe et parmi les gradés de ces communes. (Loi du 9 septembre 1897, art. 3, 114 et 115.) — Cassation, 8 février 1904, *Pasic.*, 1904, I, 130.

— *Motif de dispense.* — *Chef de la garde.* — *Incompétence.*

Tout garde requis pour un service doit obéir, sauf à réclamer ensuite par la voie hiérarchique.

Le conseil de discipline est sans compétence pour accueillir un motif de dispense tiré de ce qu'un garde a été convoqué pour assister à des exercices avant l'expiration du temps accordé par l'article 83 de la loi sur la garde civique pour se pourvoir de l'uniforme, sans constater que ce motif a été admis par le chef de la garde. (Loi sur la garde civique, art. 107 et 43.) — Cassation, 18 janvier 1904, *Pasic.*, 1904, I, 108.

— *Motifs d'exemption ou de dispense.* — *Incompétence.*

Un conseil de discipline ne peut accueillir des motifs de dispense ou d'exemption invoqués par des gardes poursuivis, si ces motifs n'ont pas, au préalable, été admis par le collège des bourgmestre et échevins ou par le conseil civique de revision. (Loi du 9 septembre 1897, art. 26 et 121.) — Cassation, 26 octobre 1903 et 18 juillet 1904, *Pasic.*, 1904, I, 34 et 338.

— *Pourvoi.* — *Notification irrégulière.* — *Non-recevabilité.*

Est non recevable *hic et nunc*, le pourvoi de l'officier rapporteur signifié sur le vu d'une expédition délivrée et certifiée conforme par le major rapporteur et non par l'officier quartier-maître, seul qualifié à cet effet. (Code d'instr. crim., art. 418.) — Cassation, 9 novembre 1903, *Pasic.*, 1904, I, 45.

— *Procès-verbal.* — *Foi due.* — *Appréciation.*

Ne méconnaît pas la foi due au procès-verbal, la décision du conseil de discipline qui, appréciant, d'après les témoignages, la portée de faits relatés au procès-verbal, en déduit, par une appréciation souveraine, qu'ils ne constituent pas le délit d'infraction à la discipline (Loi du 9 septembre 1897, art. 120.) — Cassation, 28 décembre 1903, *Pasic.*, 1904, I, 94.

— *Procès-verbal.* — *Relevé ou certificat.* — *Force probante.*

Manque de base, le moyen tiré de ce que, pour condamner un garde pour absence à un exercice, le conseil de discipline s'est fondé sur un simple relevé ou certificat du chef de la garde, s'il n'apparaît pas des termes do cette pièce, qualifiée procès-verbal, que les constatations qu'elle contient ne seraient pas le fait de l'officier verbalisant. (Loi du 9 septembre 1897, art. 120.) — Cassation, 13 juin 1904, *Pasic.*, 1904, I, 226.

— *Rapports et procès-verbaux.* — *Foi due.* — *Armes.* — *Détériorations.* — *Bronzage et bleuissage.* — *Faute du garde.* — *Réparation.* — *Peine.* — *Frais et dépens.* — *Partie publique.*

Les rapports et procès-verbaux constatant des contraventions en matière de garde civique font foi jusqu'à preuve contraire. (Constit., art. 97.)

N'est pas légalement motivé, le jugement qui acquitte un garde prévenu, suivant procès-verbal régulier dressé par l'officier d'armement, d'avoir, par sa faute, détérioré certains objets d'armement, en se bornant à constater que l'usure du bronzage et du bleuissage provient de l'usage normal des armes. (Constit., art. 97; loi du 9 septembre 1897, art. 120; code d'instr. crim., art. 154.)

Le conseil de discipline, en reconnaissant un garde coupable de négligence dans l'entretien des objets d'armement et d'équipement qui lui ont été confiés, doit non seulement condamner le garde au payement des sommes nécessaires à la réparation des objets détériorés, mais, en outre, à une des peines comminées par l'article 122 de la loi. (Loi du 9 septembre 1897, art. 119, 122 et 123.)

La partie publique, quand elle succombe, n'est pas sujette aux dépens. — Cassation, 3 octobre 1904, *Pasic.*, 1904, I, 360.

— *Rapports et procès-verbaux.* — *Force probante.*

Les rapports et procès-verbaux constatant des contraventions en matière de garde civique (absences à des exercices obligatoires) font foi jusqu'à preuve contraire. (Const., art. 97; loi du 9 septembre 1897, art. 120 et 122.) — Cassation, 3 octobre 1904, *Pasic.*, 1904, I, 357.

— *Rapports et procès-verbaux.* — *Force probante.* — *Motifs.*

Les rapports et procès-verbaux constatant des contraventions en matière de garde civique font foi jusqu'à preuve contraire.

L'acquittement n'est pas légalement motivé si le jugement ne constate pas que la preuve contraire a été fournie. (Loi du 9 septembre 1897, art. 120; Constit., art. 97.) — Cassation, 24 mai 1904, *Pasic.*, 1904, I, 245.

— *Suspicion légitime.*

Il n'y a pas lieu à renvoi pour cause de suspicion légitime, alors que, par suite du tirage annuel, le conseil de discipline visé ne comprend aucun des membres de la garde contre lesquels la demande était dirigée, et que, du reste, il résulte de l'enquête ordonnée par la cour de cassation que les faits n'ont pu légalement constituer cause suffisante de suspicion. (Code d'inst. crim., art. 542.) — Cassation, 22 février 1904, *Pasic.*, 1904, I, 146.

CONSEIL DE REVISION. — *Absence de maladie ou d'infirmité.* — *Appréciation souveraine.*

Le conseil civique de revision apprécie souverainement, sur le rapport des médecins, qu'un garde n'est atteint d'aucune des maladies ou infirmités donnant droit à exemption. (Loi du 9 septembre 1897, art. 26 et 40; arrêté royal du 16 novembre 1897.) — Cassation, 20 juillet 1903, *Pasic.*, 1904, I, 7; id., 21 décembre 1903, *ibid.*, 1904, I, 88; id., 15 février 1904, *ibid.*, 1904, I, 139.

— *Aptitude physique.* — *Appréciation souveraine.* — *Décision antérieure.* — *Absence d'effet.*

Le conseil de revision apprécie souverainement, au point de vue de la situation existant au moment où elle statue, l'aptitude physique du réclamant; il n'importe qu'une décision antérieure ait admis une exemption temporaire basée sur une affection curable. (Loi du 9 septembre 1897, art. 1er, 4, 27, 29, 40, 41 et 26; arrêté royal du 16 novembre 1897, art. 41.) — Cassation, 29 février 1904, *Pasic.*, 1904, I, 153.

— — *Appréciation souveraine.* — *Médecin.* — *Manières de procéder à l'examen.*

En décidant qu'un réclamant n'est atteint d'aucune affection ou maladie, le conseil civique de revision apprécie implicitement et souverainement son aptitude physique. (Loi du 9 septembre 1897, art. 28 et 290.)

Le grief basé sur la manière dont les médecins consultés ont formé leur conviction ne figure pas au nombre de ceux donnant ouverture à cassation. (Même loi, art. 26, 1° à 4°, et 33.) — Cassation, 2 février 1904, *Pasic.*, 1904, I, 118.

— *Décision.* — *Notification.* — *Erreur de prénoms.* — *Délai.* — *Listes.* — *Modifications d'office.* — *Avis des intéressés.*

Une erreur de prénoms relevée dans la notification d'une décision est sans influence sur la validité de la décision elle-même si, au demeurant, celle-ci renseigne exactement les prénoms de la personne qu'elle concerne. (Code de proc. civ., art. 61.)

La notification à l'intéressé d'une décision du conseil civique de revision, dans le délai de huitaine, n'est pas prescrite à peine de nullité. (Loi du 9 septembre 1897, art. 29 et 33.)

Aucun texte de loi n'oblige les conseils civiques de revision à entendre les intéressés en vue des modifications qu'ils apportent d'office aux listes dont la formation leur est attribuée. (Même loi, art 26.) — Cassation, 11 janvier 1904, *Pasic.*, 1904, I, 104.

— *Établissement en Belgique sans esprit de retour. — Loi française. — Faits et circonstances de la cause. — Perte de la qualité de Français. — Appréciation souveraine. — Sans patrie. — Convention franco-belge du 30 juillet 1891. — Inapplicabilité.*

Le conseil civique de revision apprécie souverainement en inscrivant un garde sur les contrôles, pour en déduire que celui-ci, étant sans patrie, ne peut invoquer le bénéfice de la Convention franco-belge du 30 juillet 1891, approuvée par la loi du 30 décembre suivant, que, d'après les dispositions de la loi française sur la matière, comme d'après les faits et circonstances de la cause, ce garde, ainsi que les ascendants, ont perdu la nationalité française par suite de l'établissement fait en Belgique, sans esprit de retour, et antérieurement à la loi française des 26-28 juin 1889, qui supprime la perte de la qualité de Français par l'établissement en pays étranger sans esprit de retour. (Loi du 9 septembre 1897, art. 8; code civ., art. 10 et 17; loi française des 26-28 juin 1889, art. 8 et 17; code civ., art. 3, § 3; loi du 30 décembre 1891 approuvant la Convention franco-belge du 30 juillet 1891.) — Cassation, 18 juillet 1904, *Pasic.*, 1904, I, 336.

— *Garde convoqué. — Instituteur communal. — Remise. — Absence de cause légale.*

Le garde, régulièrement convoqué devant le conseil civique de revision, ne peut trouver une cause légale de remise dans la circonstance qu'il est retenu par ses fonctions d'instituteur communal. (Loi du 9 septembre 1897, art. 27.) — Cassation, 25 janvier 1904, *Pasic.*, 1904, I, 113.

— *Listes d'inscription. — Rectifications.*

Le conseil civique de revision complète ou modifie même d'office les listes d'inscriptions, sans avoir à tenir compte des exemptions accordées par le collège échevinal. (Loi du 9 septembre 1897, art. 26, 1°.) — Cassation, 28 décembre 1903, *Pasic.*, 1904, I, 92.

— *Moyen. — Base.*

Manque de base, le moyen fondé sur des faits contredits par les pièces de la procédure.

La notification d'une décision du conseil civique de revision n'est pas prescrite, à peine de nullité, dans le délai de huitaine. (Loi du 9 septembre 1897, art. 29 et 33) — Cassation, 15 février 1904, *Pasic.*, 1904, I, 140.

— *Moyens. — Défaut de publicité. — Indigence. — Constatation.*

Manque de base en fait, le moyen tiré du défaut de publicité des débats devant le conseil de revision, alors que la décision attaquée constate que la séance a été publique. (Loi du 9 septembre 1897, art. 29, § 2.)

Est suffisamment motivée, la décision du conseil de revision qui constate, par une appréciation souveraine, qu'un garde a les moyens de se pourvoir d'un uniforme. (Loi du 9 septembre 1897, art. 39.) — Cassation, 14 mars 1904, *Pasic.*, 1904, I, 172.

— *Séances. — Fixation. — Convocation. — Comparution. — Nullité couverte. — Demande d'engagement volontaire. — Refus. — Appréciation souveraine.*

L'obligation, pour le président du conseil civique de revision, de faire connaître la date et l'heure des séances du conseil quinze jours avant celle-ci, n'est ni substantielle ni prescrite à peine de nullité. (Loi du 9 septembre 1897, art. 22, § 2.)

Les irrégularités dans les convocations à ces séances sont couvertes par la comparution de l'intéressé et par la présentation de ses moyens à l'audience. (Même loi, art. 25.)

Le conseil civique de revision statue souverainement sur les demandes d'engagement volontaire et ne contrevient à aucune disposition légale en décidant, sur l'avis défavorable du chef de la garde, que l'engagement postulé serait de nature à nuire à l'intérêt bien entendu de la garde et de la cohésion qui doit y régner. (Même loi, art. 26, § 2.) — Cassation, 27 juin 1904, *Pasic.*, 1904, I, 292.

CONVOCATIONS. — *Élection. — Absence. — Motifs de dispense. — Chef de la garde. — Acquittement. — Annulation.*

Le conseil de discipline ne peut acquitter, même en admettant la bonne foi, le garde ayant manqué à une élection pour laquelle il était régulièrement convoqué, en accueillant des motifs de dispense non admis au préalable par le chef de la garde. (Loi du 9 septembre 1897, art. 43 et 121.) — Cassation, 10 novembre 1903, *Pasic.*, 1904, I, 46.

— *Voie postale. — Présomption légale de remise.*

Les convocations pour tout service pouvant se faire notamment par la poste, celles qui sont ainsi adressées emportent légalement présomption de leur remise au destinataire. (Loi du 9 septembre 1897, art. 106 et 107.) — Cassation, 8 février 1904, *Pasic.*, 1904, I, 130.

EXCLUSION. — *Conseil civique de revision. — Condamnation correctionnelle. — Certificat d'un commissaire de police.*

Doit être cassée, la décision d'un conseil civique de revision qui, sur le vu d'un certificat du commissaire de police constatant qu'un garde a été condamné pour détention de beurre falsifié en vue de la vente, prononce l'exclusion de la garde, par le motif qu'il a encouru une condamnation non conditionnelle, sur pied de l'article 455 du code pénal. (Loi du 9 septembre 1897, art. 44B.) — Cassation, 7 mars 1904, *Pasic.*, 1904, I, 166.

EXEMPTION. — *Infirmité physique. — Gravité. — Conseil civique de revision. — Appréciation souveraine.*

Le conseil civique de revision apprécie souverainement si l'infirmité constatée par les médecins est suffisamment grave pour justifier une exemption. (Loi du 9 septembre 1897, art. 28 et 37; arrêté royal du 16 novembre 1897, art. 1er, 2°.) — Cassation, 28 décembre 1903, *Pasic.*, 1904, I, 92.

— — *Compétence des hommes de l'art. — Conseil civique de revision. — Appréciation souveraine.*

Le conseil civique de revision apprécie souverainement la compétence des hommes de l'art auxquels a été confié, conformément à l'article 28 de la loi, l'examen médical des intéressés. (Loi du 9 septembre 1897, art. 28.) — Cassation, 4 janvier 1904, *Pasic.*, 1904, I, 101.

— — *Légère faiblesse de complexion. — Taille.*

Une légère faiblesse de complexion ne donne pas droit à l'exemption du service de la garde. (Loi du 9 septembre 1897, art. 37 et 41; arrêté royal du 16 novembre 1897.)
Le moyen tiré de ce qu'un garde n'a pas la taille exigée par la loi est non recevable, s'il n'a pas été produit devant le conseil civique de revision. (Même loi, art. 40.) — Cassation, 21 mars 1904, *Pasic.*, 1904, I, 178.

— *Élèves des conservatoires royaux.*

Les élèves des conservatoires royaux de musique ne sont pas exempts du service de la garde civique. (Loi du 9 septembre 1897, art. 37.) — Cassation, 21 mars 1904, *Pasic.*, 1904, I, 178.

— *Fonctions. — Juge de paix suppléant. — Exercice effectif.*

Les juges de paix suppléants ne peuvent invoquer l'exemption du service de la garde civique, accordée au juge de paix, que lorsqu'ils se trouvent, au moment de la contravention, dans l'exercice effectif des fonctions par suite de l'empêchement des titulaires. (Loi du 9 septembre 1897, art. 38 et 114.) — Cassation, 4 janvier 1904, *Pasic.*, 1904, I, 101.

— *Indigence. — Conseil civique. — Appréciation souveraine.*

Le conseil civique de revision apprécie souverainement si le garde a les moyens de se pourvoir d'un uniforme. — Cassation, 21 décembre 1903, *Pasic.*, 1904, I, 89; id., 2 février 1904, *ibid.*, 1904, I, 119; id., 15 février 1904, *ibid.*, 1904, I, 139; id., 21 mars 1904, *ibid.*, 1904, I, 178; id., 2 mai 1904, *ibid.*, 1904, I, 218.

— *Période d'instruction. — Dispense. — Conditions.*

Pour être dispensé de la période d'instruction prescrite par l'article 100, alinéa 2, de la loi du 9 septembre 1897, il faut, au moment de la mise en vigueur de la loi, avoir été versé dans le second ban et avoir fait partie d'une garde civique active. (Loi du 9 septembre 1897, art. 100, al. 2, et 146.) — Cassation, 26 octobre 1903 et 20 juin 1904, *Pasic.*, 1904, I, 37 et 277.

— *Service militaire. — Moyen produit devant la cour de cassation.*

On ne peut pour la première fois, devant la cour de cassation, se prévaloir d'une cause de dispense du chef de service militaire. (Loi du 9 septembre 1897, art. 8.) — Cassation, 7 mars 1904, *Pasic.*, 1904, I, 165.

— *Service militaire. — Service en Belgique.*

L'exemption du service de la garde civique, accordée à ceux qui ont accompli un terme complet de service personnel dans l'armée, ne peut résulter que du service dans l'armée nationale. (Loi du 9 septembre 1897, art. 8.)
Le service est obligatoire dans le second ban jusqu'au 31 décembre de l'année où l'on atteint 40 ans accomplis. (Même loi, art. 9.) — Cassation, 15 février 1904, *Pasic.*, 1904, I, 143.

INFRACTION. — *Manquement à un exercice. — Prescription. — Interruption.*

L'action publique, du chef de manquement à un exercice de la garde civique, se prescrit par six mois. (Loi du 9 septembre 1897, art. 122 et 125; loi du 17 avril 1878, art. 23.)
Le recours, formé devant le conseil de revision, par un garde, endéans ce délai, contre son inscription sur les contrôles, n'étant pas suspensif, ne peut être considéré comme interrompant la prescription. (Loi du 9 septembre 1897, art. 15, 20, 24, 25.) — Cassation, 2 février 1904, *Pasic.*, 1904, I, 119.

— *Procès-verbaux. — Foi.*

Les procès-verbaux constatant des contraventions ne font foi de leur contenu, jusqu'à preuve contraire, qu'en ce qui concerne les faits que l'officier verbalisant a personnellement constatés. (Loi du 9 septembre 1897, art. 120.) — Cassation, 8 février 1904, *Pasic.*, 1904, I, 125.)

POURVOI. — *Base.* — *Motifs.* — *Moyen.*

Manque de base, le pourvoi fondé sur ce qu'une décision n'est pas motivée s'il n'est pas constaté que le moyen, auquel il n'aurait pas été répondu, a été présenté devant le juge du fond. (Const., art. 97.) — Cassation, 26 octobre 1903, *Pasic.*, 1904, I, 34.

— *Conseil civique de revision.* — *Simple lettre.*

Est non recevable, le pourvoi formé par lettre contre une décision du conseil civique de revision. (Loi du 9 septembre 1897, art. 34.) — Cassation, 25 janvier, 2 février, 28 mars, 27 juin et 3 octobre 1904, *Pasic.*, I, 1904, 113, 119, 192, 291 et 360.

— *Conseil de discipline.* — *Moyens.* — *Indication.* — *Enregistrement.*

Le demandeur n'est pas tenu d'indiquer ses moyens dans l'acte de pourvoi contre un jugement du conseil de discipline de la garde civique. (Loi sur la garde civique, art. 125 et 126; code d'instr. crim., art. 422; arrêté royal du 15 mars 1815, art. 53.)

Ce pourvoi ne doit pas être enregistré. (Loi du 3 août 1899.) — Cassation, 26 octobre 1903, *Pasic.*, 1904, I, 37.

— *Faits contredits par la décision.* — *Défaut de base.*

Manque de base, le pourvoi qui s'appuie sur des faits contredits par la décision attaquée. — Cassation, 28 décembre 1903, *Pasic.*, 1904, I, 94.

— *Faits non justifiés.* — *Défaut de base.*

Doit être rejeté comme manquant de base, le moyen qui s'appuie sur des faits non justifiés — Cassation, 11 janvier 1904, *Pasic.*, 1904, I, 104.

— *Faits nouveaux.* — *Irrecevabilité.*

N'est pas recevable devant la cour de cassation, un moyen nouveau fondé sur des pièces qui n'ont pas été soumises au juge du fond. — Cassation, 7 mars 1904, *Pasic.*, 1904, I, 166.

— — *Ordre public.*

N'est pas recevable devant la cour de cassation, un moyen non produit devant le juge du fond (le conseil civique de revision), à moins qu'il ne soit d'ordre public. — Cassation, 2 février et 14 mars 1904, *Pasic.*, 1904, 119 et 172.

— *Jugement.* — *Mesure d'instruction.*

Est non recevable, le pourvoi formé contre un jugement du conseil de discipline, qui se borne à ordonner dans son dispositif une simple mesure d'instruction. (Code d'instr. crim., art. 416.) — Cassation, 10 octobre 1904, *Pasic.*, 1904, I, 363.)

— *Notification.* — *Délai de trois jours.*

Le délai de trois jours dans lequel doit être faite la notification requise par l'article 418 du code d'instruction criminelle n'est pas prescrit à peine de nullité. (Code d'instr. crim., art. 418.) — Cassation, 9 novembre 1903, *Pasic.*, 1904, I, 45.

— *Officier rapporteur.* — *Signification.*

Est non recevable *hic et nunc*, le pourvoi de l'officier rapporteur, qui n'a pas été signifié, dans son texte, à la personne contre laquelle il est dirigé. (Code d'instr. crim., art. 418: loi du 9 septembre 1897, art. 125.) — Cassation, 18 juillet 1904, *Pasic.*, 1904, I, 338.

— *Première cassation.* — *Deuxième jugement.* — *Mêmes motifs.* — *Chambres réunies.*

Lorsque, après une première cassation, le deuxième jugement du conseil de discipline est attaqué par les mêmes moyens que ceux du premier pourvoi, la cause est portée devant les chambres réunies de la cour de cassation. (Loi du 9 septembre 1897, art. 127; loi du 7 juillet 1865, art. 1er.) — Cassation, 10 novembre 1903, *Pasic.*, 1904, I, 46.

— *Secrétaire du conseil de revision.* — *Lettre.*

N'est pas recevable, le pourvoi formé par lettre, adressée au secrétaire du conseil civique de revision. (Loi du 9 septembre 1897, art. 34.) — Cassation, 22 février et 25 avril 1904, *Pasic.*, 1904, I, 147 et 201.

— *Suspicion légitime.* — *Enquête.*

Il appartient à la cour de cassation, saisie par des gardes civiques d'une demande de renvoi devant un autre conseil de discipline, pour cause de suspicion légitime, d'ordonner la communication de cette demande à l'officier rapporteur près le conseil de discipline saisi de la connaissance de l'affaire et de lui enjoindre de transmettre les pièces avec son avis motivé sur la demande. (Code d'instr. crim., art. 542 et 546.) — Cassation, 4 janvier 1904, *Pasic.*, 1904, I, 101.

RENVOI AU PELOTON D'INSTRUCTION. — *Date des prises d'armes.* — *Lieu et heures.*

Le garde renvoyé au peloton d'instruction, par un ordre du jour spécial indiquant les dates des prises d'armes auxquelles il est astreint, ne peut prétexter d'ignorance du lieu et des heures de ces prises d'armes, si ceux-ci se trouvent mentionnés dans le tableau dressé en exécution de la loi organique et de l'arrêté royal portant approbation du règlement sur le service intérieur, la police et la discipline de la garde. (Loi du 9 septembre 1897, art. 106, 112 et 96; arrêté royal du 15 janvier 1900, art. 78.) — Cassation, 9 novembre 1903, *Pasic.*, 1904, I, 45.

RÉSIDENCE RÉELLE. — *Conseil de revision.* — *Appréciation souveraine.*

Le conseil civique de revision apprécie souverainement la résidence réelle du garde qu'il inscrit sur les contrôles. (Loi du 9 septembre 1897, art. 11.) — Cassation, 26 octobre 1903, *Pasic.*, 1904, I, 36; id., 25 janvier 1904, *ibid.*, 1904, I, 113; id., 16 mai 1904, *ibid.*, 1904, I, 237.

— *Double résidence.* — *Commune la plus populeuse.* — *Appréciation souveraine.*

Le conseil civique de revision apprécie souverainement qu'un garde a une double résidence et que la commune où il doit le service est la plus populeuse.

Il en déduit à bon droit que le conseil civique de revision de cette commune était compétent pour statuer sur la réclamation. — Cassation, 15 février 1904, *Pasic.*, 1904, I, 142.

— *Double résidence.* — *Résidence principale.* — *Inscription.* — *Commune la plus populeuse.* — *Absence d'indication.* — *Motifs insuffisants.*

N'est pas suffisamment motivée, la décision qui ordonne l'inscription d'un garde dans une commune où il a sa résidence principale, sans constater que celle-ci est la plus populeuse. (Loi du 9 septembre 1897, art. 11; Constit., art. 97.) — Cassation, 21 mars 1904, *Pasic.*, 1904, I, 179.

— *Reconnaissance.* — *Légalité de l'inscription.*

Est légale, l'inscription sur les contrôles d'un garde qui reconnaît avoir sa résidence réelle là où il a été inscrit et n'invoque pas l'existence de résidences multiples. (Loi du 9 septembre 1897, art. 11.) — Cassation, 14 mars 1904, *Pasic.*, 1904, I, 172.

Gardes particuliers. — *Le garde particulier qui change de maître doit demander une nouvelle agréation.* — Dépêche adressée le 4 janvier 1905 à un gouverneur de province par M. de Trooz, ministre de l'intérieur, etc. (*Bulletin du ministère de l'intérieur, etc.*, 1905, II, 1.)

J'ai l'honneur de répondre à votre référé du 7 octobre dernier, relatif à la question de savoir si un garde particulier qui change de maître doit être agréé une deuxième fois par le gouverneur, en vertu de l'article 61, § 2, du code rural.

M. le ministre de la justice, que j'ai consulté à ce sujet, estime et j'estime avec lui que si le premier commettant retire au garde sa commission, l'agréation qui confirmait cette commission vient à tomber en même temps que la commission à laquelle elle se rapportait. Le titulaire cesse d'être garde particulier. Si un nouveau commettant lui donne à son tour une commission, celle-ci a besoin, comme la première, d'être confirmée par une agréation.

De plus, si la nouvelle commission était donnée avant le retrait de la première, une nouvelle agréation serait également nécessaire, car l'agréation est la confirmation, par l'autorité, d'une commission qui *se rapporte nécessairement à des biens déterminés.* (Code rural, art. 61, § 2.)

Glanage et ratelage. — Voy. CODE RURAL.

H

Hospices et hôpitaux. — Voy. ALIÉNÉS. — ASSISTANCE PUBLIQUE. — CONSEILLER COMMUNAL. — DONATIONS ET LEGS.

Hygiène publique. — *Personnes atteintes de maladies contagieuses.* — *Transport.* — Circulaire adressée le 18 mai 1904 aux gouverneurs de province par M. van der Bruggen, ministre de l'agriculture.

J'ai l'honneur de vous transmettre le texte de la circulaire concernant le transport des contagieux par chemin de fer que j'ai adressée aux présidents des commissions médicales provinciales, d'accord avec M. le ministre des chemins de fer.

Elle donne tous les renseignements désirables sur les formalités et conditions auxquelles les administrations de chemins de fer des pays limitrophes soumettent le transport, tant en service intérieur qu'en service international, des malades atteints d'affections transmissibles.

Il n'est pas douteux qu'il serait utile que ces renseignements fussent largement répandus; vous apprécierez donc, Monsieur le gouverneur, s'il n'y a pas lieu d'ordonner la publication de la dite circulaire dans le *Mémorial administratif* de votre province.

Monsieur le président,

Par une circulaire du 27 décembre 1897 (voir *Mémorial administratif* de 1898, n° 11), mon honorable prédécesseur a prié MM. les gouverneurs des provinces d'attirer l'attention des autorités communales sur la disposition du littéra C de l'article 4 de l'arrêté royal du 4 avril 1895, ordonnant que les personnes atteintes de maladies contagieuses doivent voyager dans un compartiment qu'elles occupent seules ou avec les personnes chargées de veiller à leur transport.

La récente épidémie de variole a permis de constater que cette disposition est souvent perdue de vue, probablement parce qu'elle est ignorée du public et d'une partie du corps médical. Il est établi que des malades se trouvant en pleine éruption variolique ont pu se rendre du département du Nord de la France en Belgique, ou d'une commune belge dans une autre, en prenant place dans un compartiment de chemin de fer en même temps que d'autres voyageurs.

Pour éviter le retour de faits semblables, qui se produisent couramment à l'occasion des diverses maladies contagieuses, je vous prie, Monsieur le président, de rappeler aux médecins de votre ressort que les autorités communales ont été invitées, par la circulaire prérappelée, à signaler aux chefs des stations d'embarquement la date et l'heure du voyage des personnes atteintes de maladies transmissibles que l'on enverrait dans les hôpitaux des grandes villes. Comme corollaire de cette mesure, il va de soi qu'il y a lieu d'engager les médecins à faire connaître aux administrations communales les cas dans lesquels ils ont conseillé un transport de l'espèce.

Indépendamment des transports qui se font d'une localité dans une autre, il arrive que des infectieux sont transportés de Belgique à l'étranger et de l'étranger en Belgique.

Ces transports doivent être évités autant que possible; il existe, du reste, des accords, surtout tacites, avec les pays étrangers pour le traitement des indigents respectifs; pour le pays même, cette matière est réglée par les dispositions de la loi sur l'assistance publique du 27 novembre 1891, relatives au domicile de secours.

Lorsque la volonté formelle du malade de rentrer dans ses foyers pour s'y faire soigner rend le transport nécessaire, il est soumis à des conditions particulières.

Pour les voyages de Belgique à l'étranger, ces conditions sont les mêmes que celles en vigueur en Belgique pour le service intérieur et prévues par l'article 4 de l'arrêté royal du 4 avril 1895; toutefois, ces voyages ne peuvent être autorisés qu'après un accord préalable entre l'administration belge et les administrations étrangères intéressées.

Pour les voyages de l'étranger en Belgique, ces conditions sont déterminées par les arrêtés et règlements sur la police des chemins de fer dans les différents Etats; ils prescrivent, en général, des mesures analogues à celles qui sont en vigueur dans notre pays (voir annexe II).

Vous voudrez bien, Monsieur le président, faire connaître l'ensemble de ces dispositions à tous les médecins établis dans le ressort de votre commission, en leur communiquant la présente circulaire avec ses annexes.

———

Instructions, règlements et arrêtés relatifs au transport des contagieux par chemin de fer, en vigueur en Belgique, en Allemagne, en France, en Hollande et dans le Luxembourg.

Belgique. — NOTE. Des voitures spéciales de 2e et de 3e classe sont affectées au transport des personnes malades.

Il est également fait usage de fourgons à bagages et de compartiments spécialisés dans les voitures de 3e classe ordinaires des trains.

Les demandes de voitures de malades doivent être introduites vingt-quatre heures à l'avance: elles sont reçues dans toutes les stations du réseau des chemins de fer de l'Etat et transmises d'urgence au chef de station de Schaerbeek, qui est chargé de prendre toutes les dispositions nécessaires pour que le véhicule requis soit mis en temps utile à la disposition de la station intéressée; l'utilisation d'un fourgon ne peut avoir lieu que moyennant une autorisation expresse de l'administration centrale.

Pour le transport des personnes atteintes de maladie contagieuse ou dangereuse, les stations doivent réserver d'office des compartiments de 3e classe lorsqu'il n'est pas fait usage d'une voiture spéciale ou d'un fourgon.

Ces dispositions s'appliquent aux voyages en service intérieur.

Quant aux voyages à l'étranger, il n'est pas à notre connaissance que des transports de personnes atteintes de maladie contagieuse *déclarée* aient été effectués en service international; s'il s'en présentait, ils ne pourraient être autorisés qu'après accord préalable avec les administrations de chemins de fer intéressées.

L'article 28 des conditions réglementaires pour le transport des voyageurs et des bagages s'exprime comme suit en ce qui concerne le transport des malades :

« ART. 28. — Prix et conditions de transport. — Des voitures spéciales de 2e et de 3e classe sont affectées au transport des personnes malades.

« Quand le voyage se fait en seconde classe, l'usage des deux compartiments réservés au malade et à sa suite donne lieu au payement de dix-huit billets de cette classe, sur la base d'un minimum de 30 kilomètres ; six personnes de la suite peuvent voyager gratuitement avec le malade.

« Lorsque le transport a lieu en 3e classe, il est payé, sur la même base, six coupons de 3e classe. Si le nombre des voyageurs est supérieur à six, chaque personne en plus est astreinte au payement de la taxe ordinaire de 3e classe.

« Il est loisible aux intéressés de se réserver le troisième compartiment de la voiture, entièrement séparé des deux premiers, moyennant payement, sur la même base, d'un nombre de billets de 2e ou de 3e classe, selon le cas, égal à celui des places occupées, sans que ce nombre puisse être inférieur à quatre pour la seconde classe, à cinq pour la troisième classe.

« Lorsque l'administration autorise le transport d'un malade dans un fourgon à bagages, il est perçu le prix de six ou quatre billets de 3e classe pour le malade, selon que le fourgon est ou n'est pas spécialement réservé, et celui d'un billet de même classe par personne de la suite admise dans le fourgon. »

Ces prix ne comportent aucune réduction.

Allemagne. — Le § 20 du règlement du trafic dispose : « Les personnes qui, par suite de maladie visible ou pour d'autres motifs, pourraient incommoder les autres voyageurs sont exclues du transport, à moins qu'un compartiment spécial puisse, moyennant payement, leur être réservé.

« Lorsque la constatation a lieu en cours de route, l'exclusion se fait à la prochaine station d'arrêt du train et les prix afférents aux parcours non effectués sont remboursés.

« Les personnes atteintes de la petite vérole, du typhus, de la diphtérie, de la fièvre scarlatine, du choléra ou de la lèpre doivent être transportées dans des voitures spéciales, et celles qui souffrent de dysenterie, de rougeole ou de bronchite dans des compartiments séparés avec water-closet à part.

« Les malades de la peste sont exclus du transport.

« Quant aux personnes suspectes d'avoir contracté l'une des maladies prédésignées, leur transport peut être subordonné à la production d'un certificat médical indiquant la nature de la maladie dont elles sont atteintes.

« Les transports s'effectuant dans des voitures ou des compartiments spéciaux donnent lieu à la perception des prix prévus dans les tarifs. »

Les infractions aux dispositions réglementaires précitées ne sont pas pénalement punissables.

France. — L'article 60 du décret du 1er mars 1901, modifiant l'ordonnance du 15 novembre 1846, sur la police, la sûreté et l'exploitation des chemins de fer français, dispose :

« ART. 60. — L'entrée des voitures est interdite :

« 1° A toute personne en état d'ivresse;

« 2° A tous les individus porteurs d'armes à feu chargées ou d'objets qui, par leur nature, leur volume ou leur odeur, pourraient gêner ou incommoder les voyageurs.

« Tout individu porteur d'une arme à feu doit, avant son admission sur le quai d'embarquement, faire constater que son arme n'est point chargée.

« Toutefois, lorsqu'ils y sont obligés par leur service, les agents de la force publique peuvent conserver avec eux, dans les voitures, des armes à feu chargées, à condition de prendre place dans des compartiments réservés.

« Pourront être exclues des compartiments affectés au public, les personnes atteintes visiblement ou notoirement de maladies dont la contagion serait à redouter pour les voyageurs.

« Les compartiments dans lesquels elles auront pris place seront, dès l'arrivée, soumis à la désinfection. »

Hollande. — L'article 14 du règlement général pour le transport par chemin de fer, approuvé par l'arrêté royal du 4 janvier 1901, dispose :

« Les personnes qui, de par la nature de la maladie ou de l'indisposition dont elles souffrent ou pour tout autre motif, peuvent être gênantes ou dangereuses pour les voyageurs ne sont pas admises dans les compartiments avec d'autres voyageurs.

« Quand elles auront pris place dans un compartiment destiné à d'autres voyageurs, elles en seront éloignées soit avant le départ du train, soit à la première station où l'occasion s'en présentera.

« Elles ne sont transportées que lorsque la chose est possible, dans un compartiment spécial, éventuellement avec leurs conducteurs ou gardes-malades, en tout cas moyennant payement de la taxe pour un compartiment entier.

« Lorsque les personnes non admises au transport sont déjà munies d'un billet, le prix en est remboursé contre restitution du billet; lorsque ces personnes sont éloignées du train, c'est le prix du transport afférent au parcours non effectué qui leur est remboursé. »

Aux termes de l'article 64 de la loi du 9 mai 1875 (*Staatsblad* n° 67), article modifié par la loi du 8 avril 1893 (*Staatsblad* n° 62), les contraventions aux prescriptions du règlement général pour le transport par chemin de fer donnent lieu à l'application d'une amende de 75 florins au maximum.

Grand-duché de Luxembourg. — Sur les lignes exploitées par la direction générale d'Alsace-Lorraine, les dispositions applicables sont les mêmes que celles qui sont en vigueur en Allemagne; sur les chemins de fer Prince-Henri secondaires, cantonaux et vicinaux, aucune instruction administrative ou de police ne fixe les conditions d'admission au transport de ces malades.

———

Rage. — *Institut Pasteur de Bruxelles.* — *Instructions.* — Circulaire adressée le 21 mai 1904 aux gouverneurs de province par M. van der Bruggen, ministre de l'agriculture. (*Moniteur* du 21 mai.)

J'ai l'honneur de porter à votre connaissance que le gouvernement s'est entendu avec l'Institut provincial Pasteur de Bruxelles pour le fonctionnement d'un service de diagnostic expérimental de la rage.

La notice ci-après reproduite, que je vous prie de faire distribuer aux administrations communales, indique la conduite à tenir en cas de morsure d'une personne par un animal suspect de rage.

Notice.

Il arrive fréquemment que des personnes sont mordues par des animaux simplement soupçonnés d'être enragés, mais à propos desquels aucun diagnostic rapide et précis n'a pu être posé. C'est le cas, notamment, lorsqu'il s'agit d'animaux qui disparaissent aussitôt après avoir infligé la morsure, et que l'on ne peut retrouver. Il est naturellement, dans de telles conditions, formellement indiqué de soumettre le plus tôt possible ces personnes au traitement préventif. Mais c'est le cas encore lorsque l'animal a été abattu peu de temps après avoir mordu, avant qu'on ait pu rechercher s'il présentait ou non les symptômes caractéristiques de la maladie.

Il convient de remarquer, en effet, que l'examen du cadavre, pratiqué même avec l'attention la plus minutieuse, est loin de fournir toujours des renseignements précis et incontestables. Certes, les constatations d'autopsie permettent assez souvent de déceler la rage. Mais celle-ci peut exister sans qu'on la reconnaisse par la simple inspection des organes, surtout quand l'animal a été sacrifié au début de la maladie.

Il résulte de cette notion que si l'on ne trouve pas, en examinant le cadavre, de signes positifs de rage, on n'est pas autorisé néanmoins de conclure, en toute sécurité, à l'absence de la maladie, ni à déclarer, corrélativement, que le traitement de la personne mordue doit être considéré comme superflu.

Au contraire, le diagnostic de la rage chez l'animal vivant n'est généralement pas très difficile et peut, dans la majorité des cas, être posé par le vétérinaire après un ou deux jours d'observation, souvent même plus rapidement encore. Dans ces conditions, l'on peut donc, si le vétérinaire parvient à se faire en peu de temps une opinion, attendre son avis avant d'envoyer à l'institut la personne mordue Il est possible alors, si l'on ne constate aucun symptôme suspect, d'épargner à l'intéressé l'ennui d'un traitement dont l'inutilité est démontrée.

Il va de soi que, lorsque l'animal est inabordable et qu'on ne pourrait le capturer sans danger, il importe de le sacrifier immédiatement.

Mais il arrive qu'un chien suspect peut être enfermé et mis en lieu sûr sans grande difficulté; c'est ainsi qu'à Bruxelles on amène souvent, pour les y faire examiner, des chiens à l'école vétérinaire de l'État. Quand la chose sera possible, on s'abstiendra donc d'abattre prématurément l'animal et rendre ainsi le diagnostic à bref délai beaucoup plus malaisé.

Lorsqu'en raison des circonstances il aura cependant été nécessaire de sacrifier immédiatement l'animal, il sera indispensable, pour rechercher si ce dernier est ou non atteint de rage, de recourir au diagnostic expérimental, qui sera pratiqué, à la suite d'un accord intervenu entre l'État et la province de Brabant, à l'Institut Pasteur de Bruxelles. On enverra donc sans délai, à cet établissement, le cadavre ou simplement la tête.

Cette méthode de recherches consiste dans l'inoculation, à des lapins, de matière nerveuse (cérébrale ou bulbaire) provenant de l'animal suspect. Les indications qu'elle fournit sont, on le sait, très précises, mais ne peuvent être connues qu'au bout d'un temps prolongé (20 à 40 jours en moyenne), en raison de la longue durée de l'incubation rabique.

Le diagnostic expérimental ne présente donc pas, à vrai dire, un intérêt tout à fait capital pour la personne mordue elle-même, celle-ci devant à bref délai se soumettre au traitement. Mais il est important à d'autres points de vue et ne pourrait, en aucun cas, être négligé.

En résumé, la conduite à tenir en cas de morsure par un animal suspect peut être formulée comme suit :

1° Si l'animal a disparu et que, l'observation ayant été nulle ou insuffisante, rien ne permet d'affirmer l'absence de la rage, le traitement immédiat de la personne mordue s'impose;

2° Si l'animal a dû être abattu avant d'avoir été soumis à une attentive observation, le traitement doit encore être commencé sans retard. En outre, on fera parvenir le cadavre (ou de préférence simplement la tête, surtout s'il s'agit d'un chien de grande taille) à l'Institut Pasteur de Bruxelles. Il convient de rappeler que, si l'on pratique la décapitation du cadavre, cette opération doit être faite avec de réelles

précautions, sous la surveillance d'une personne compétente;

3° Si le chien peut être capturé, il sera soigneusement observé. C'est au vétérinaire qu'il appartiendra, dès lors, de se prononcer sur l'opportunité du traitement. Toutefois, si ce praticien ne pouvait, après un délai maximum de deux jours, affirmer que l'animal ne présente aucun symptôme suspect, il faudra, sans attendre davantage, recourir au traitement. D'autre part, si, dès le début de l'observation, le vétérinaire considérait l'existence de la rage comme réellement vraisemblable, sans pouvoir cependant émettre immédiatement un diagnostic formel et définitif, le traitement ne devra point être différé. En cas de morsure à la tête, l'intervention ne pourra, pour aucun motif, être retardée. Si le vétérinaire, après examen d'un animal suspect, formule un diagnostic positif, il y aura lieu de faire pratiquer, en outre, à titre de confirmation, par l'institut de Bruxelles, le diagnostic expérimental;

4° Que l'animal mordeur soit enragé ou non, le traitement antirabique ne produit jamais d'effet nuisible; son innocuité est rigoureusement démontrée. Mieux vaut donc, si la moindre incertitude persiste, si le soupçon de rage n'est pas incontestablement écarté, recourir au traitement (qui, fût-ce même sa seule utilité réelle, dissipera toute appréhension) plutôt que de préférer, à une précaution peut-être superflue, une abstention dangereuse.

Tuberculose. — *Mesures prophylactiques.* — Circulaire adressée le 29 novembre 1904 aux gouverneurs de province par M. van der Bruggen, ministre de l'agriculture.

J'ai l'honneur de vous communiquer le texte ci-après d'une lettre qui m'a été adressée par la société coopérative *Les dispensaires antituberculeux du Brabant*, créée au sein de la Ligue nationale belge contre la tuberculose (section du Brabant) :

« Nous nous permettons d'attirer votre attention éclairée sur une question intéressant directement la lutte contre la tuberculose, dont le gouvernement belge se préoccupe d'une manière si active.

« Il est établi que la destruction des crachats et l'interdiction de cracher sur le sol jouent un rôle important dans la prophylaxie de cette affection si meurtrière. On ne peut donc que louer les industriels et les chefs d'administration qui font afficher cette interdiction dans leurs ateliers et bureaux.

« Mais la seule défense de cracher par terre doit forcément rester inopérante dans la majorité des cas si elle ne se complète par la présence d'un nombre convenable de crachoirs.

« Encore n'est-il pas indifférent, vous le savez, Monsieur le ministre, d'utiliser à cet effet n'importe quel récipient. Il faut qu'un crachoir soit solide, peu encombrant, tout en ayant des dimensions suffisantes; il doit être facile à nettoyer et contenir, non pas simplement du sable ou de la sciure de bois, substances permettant la dessication si dangereuse des crachats, mais un liquide antiseptique.

« Enfin un crachoir, pour être pratique, doit être d'un prix peu élevé.

« La société coopérative *Les dispensaires antituberculeux du Brabant*, créée au sein de la Ligue nationale belge contre la tuberculose (section du Brabant), est désormais en mesure de fournir au public et aux administrations un excellent crachoir collectif en tôle émaillée, pouvant être, selon la disposition des locaux, soit posé sur le sol, soit placé à une certaine hauteur dans un solide anneau en fer galvanisé à fixer dans le mur.

« Le crachoir en question est, au surplus, bon marché : il coûte de 1 fr. 65 c. à 1 fr. 75 c. selon quantité, le support coûte de 75 à 85 centimes pièce ; le bas prix de ces articles est, pensons-nous, de nature à en vulgariser l'emploi.

« Nous vous serions très reconnaissants, Monsieur le ministre, si vous voulussiez bien signaler nos crachoirs aux grandes administrations publiques ».

Je vous prie, Monsieur le gouverneur, de bien vouloir appeler sur les propositions que renferme cette lettre l'attention des administrations publiques de votre province, qui pourront, si elles désirent recevoir des explications complémentaires, se mettre directement en rapport avec la dite société coopérative (siège social : 81, rue aux Laines, à Bruxelles).

Vente de remèdes secrets. — Instructions. — Circulaire adressée le 5 mai 1904 aux gouverneurs de province par M. van der Bruggen, ministre de l'agriculture.

Mon attention a été attirée sur la facilité avec laquelle les administrations communales accordent à des charlatans l'autorisation de débiter leurs panacées sur les places publiques, particulièrement à l'occasion des foires et marchés.

Le moyen mis en œuvre par les intéressés pour obtenir cette autorisation varie peu ; généralement, ils déclarent à l'officier de police chargé d'examiner les demandes d'emplacements forains qu'il s'agit de la vente d'un seul produit simple, d'une efficacité certaine et d'une innocuité absolue. Une fois l'autorisation reçue, ils débitent différents produits, souvent composés et quelquefois très actifs.

Cette situation n'est pas sans offrir de sérieux dangers. Des médicaments sont vendus par ces marchands peu consciencieux à des personnes appartenant à la partie la moins instruite de la population, qui les appliquent, sans discernement aucun, à toutes les maladies et à tous les âges. Etant préparés d'une manière très défectueuse, ces médicaments sont, du reste, dangereux par eux-mêmes, à cause de leur manque d'homogénéité, de leur dosage défectueux ou de la mauvaise qualité des éléments qui entrent dans leur composition.

Ce danger est particulièrement grand en raison de la tendance qu'ont les charlatans à vouloir spécialiser, en quelque sorte, certaines maladies ; en effet, leurs soi-disant remèdes s'appliquent surtout aux maladies des yeux et à l'expulsion des vers intestinaux. D'une part, ils opèrent sur des organes des plus précieux et des plus délicats; d'autre part, ils emploient les remèdes dits vermifuges et tœnifuges, qui sont précisément ceux qui ont donné le plus de mécomptes aux thérapeutes, ceux qui ont occasionné le plus d'accidents.

Ils s'attaquent aussi à l'élément douleur dans toutes ses manifestations physiques. C'est ainsi qu'ils délivrent, sans aucune précaution, les révulsifs les plus énergiques, les toxiques les plus violents. Tandis que les praticiens réguliers sont soumis, au sujet du débit de ces produits, à une réglementation précise et sévère, les rebouteurs échappent à toute réglementation, à tout contrôle.

Il importe donc que les administrations communales cessent, non seulement au point de vue du respect et de la discrétion dont il convient d'entourer les actes médicaux, mais aussi dans l'intérêt même de leurs administrés, de faire preuve d'une tolérance qui est en désaccord avec les lois et arrêtés sur l'exercice des professions médicales. Les drogues simples ne peuvent être vendues que par les pharmaciens et les droguistes; les médicaments composés ne peuvent être vendus que par les pharmaciens et les médecins autorisés. Les administrations communales doivent, par conséquent, refuser aux charlatans l'autorisation de vendre sur les places publiques des produits quels qu'ils soient, simples ou composés, inoffensifs ou toxiques, dès qu'ils sont destinés à remédier à un état de maladie; elles doivent charger les agents de la police locale de dresser procès-verbal à ceux qui ne s'inclineraient pas devant ce refus ou qui exerceraient leur industrie sans avoir sollicité d'autorisation.

Je vous prie, Monsieur le gouverneur, la saison des foires et marchés commençant, d'adresser à ce sujet des recommandations expresses aux administrations communales de votre province.

Voy. ENSEIGNEMENT PRIMAIRE. — TRAVAUX PUBLICS. — VOIRIE VICINALE.

L

Lois électorales. — *Elections législatives.* — *Date des élections en 1904.* — Loi du 27 avril 1904 modifiant, pour les élections de 1904, l'article 153 du code électoral. (*Moniteur* du 30 avril.)

« ARTICLE UNIQUE. — L'article 153 du code électoral est modifié comme suit pour les élections législatives de 1904 :

« La date du quatrième dimanche de mai, fixée à l'article 153 du code électoral, est remplacée par celle du cinquième dimanche de mai ».

Renouvellement partiel de la Chambre et du Sénat en 1904. — *Convocation des électeurs.* — Arrêté royal du 28 avril 1904, contresigné par M. de Trooz, ministre de l'intérieur, etc. (*Moniteur* du 30 avril.)

Vu les articles 51 et 55 de la Constitution;
Vu les articles 153, 163, 173, 224, § 1er, 247, 248, 250 et 252 du code électoral;

Vu la loi du 27 avril 1904, fixant exceptionnellement au cinquième dimanche de mai les élections législatives de 1904;

Sur la proposition de notre ministre de l'intérieur et de l'instruction publique,

Nous avons arrêté et arrêtons :

ARTICLE PREMIER. — Sous réserve de l'application éventuelle de l'article 5 ci-après, les collèges électoraux des arrondissements désignés dans l'état joint au présent arrêté seront convoqués pour le dimanche 29 mai 1904, entre 8 heures du matin et 1 heure de l'après-midi, à l'effet d'élire respectivement le nombre des sénateurs et de représentants déterminé par cet état.

ART. 2. — Les candidats devront être présentés avant le dimanche 15 mai. La présentation doit être signée par cent électeurs au moins. Dans les arrondissements sénatoriaux de Malines et Turnhout, Courtrai et Ypres, Arlon-Marche-Bastogne et Neufchâteau-Virton, Namur et Dinant-Philippeville, la présentation des candidats pour le Sénat devra être signée, dans chacun des deux arrondissements électoraux pour la Chambre, formant, réunis, l'arrondissement sénatorial, par cinquante électeurs sénatoriaux au moins. Toutes les formalités concernant la présentation des candidatures seront remplies séparément dans chacun des arrondissements pour la Chambre.

ART. 3. — Le président du bureau principal de l'élection fera connaître, par un avis publié au plus tard le lundi 9 mai, les lieu, jours et heures auxquels il recevra les présentations des candidats et les désignations des témoins, en se conformant à l'article 163 du code électoral.

L'avis rappellera les dispositions de l'article 254 et les deux premiers alinéas des articles 255 et 256 de ce code et, le cas échéant, rappellera, en outre, que les signataires de la présentation de candidats pour le Sénat doivent être électeurs sénatoriaux.

ART. 4. — Dans les arrondissements électoraux pour la Chambre, réunis pour l'élection au Sénat, le président du bureau principal du second arrondissement électoral pour la Chambre notifiera au président du collège électoral sénatorial, par télégramme collationné, immédiatement après l'expiration du délai pour l'arrêt provisoire des listes, les noms et prénoms des candidats admis pour le Sénat; si, lors de l'arrêt définitif des listes, des modifications y sont apportées, il en sera donné immédiatement, et de la même manière, connaissance au président du collège électoral sénatorial.

Celui-ci, de son côté, aussitôt après l'arrêt définitif des listes des candidats, informera le président du second collège électoral des décisions prises quant au bulletin de vote ou, s'il y a lieu, de la proclamation des sénateurs élus sans lutte.

ART. 5. — Si, pour la Chambre des représentants ou pour le Sénat, dans un ou plusieurs arrondissements électoraux, il n'est présenté qu'une seule liste de candidats, ou si, plusieurs listes étant régulièrement présentées, le nombre total des candidats effectifs et celui des candidats suppléants ne dépassent pas, réunis, le nombre des mandats effectifs à conférer, le bureau principal procédera, immé-

diatement après l'expiration du terme fixé pour l'arrêt définitif des listes de candidats (code électoral, art. 255), à la proclamation des élus et, s'il y a lieu, à la désignation des suppléants, conformément à l'article 257 du code électoral, et, dans ce cas, la réunion du collège des électeurs, ordonnée par l'article 1er du présent arrêté, n'aura pas lieu.

ART. 6. — Les conseils provinciaux d'Anvers, du Brabant, de la Flandre occidentale, du Luxembourg et de Namur procéderont, le 19 juillet 1904, conformément aux dispositions du titre VIII du code électoral, à la nomination des sénateurs provinciaux que ces assemblées sont appelées à élire.

—

ANNEXE.

Répartition du nombre des sénateurs et des représentants à élire le 29 mai 1904 (1).

ARRONDISSEMENTS ÉLECTORAUX.	NOMBRE DES SÉNATEURS ET DES REPRÉSENTANTS A ÉLIRE.
Sénateurs. — Première série. — Mandats expirant en 1912.	
Province d'Anvers.	
Anvers	6
Malines (2)	4
Turnhout	
La province	3 sénateurs prov.
Province de Brabant.	
Bruxelles	11
Louvain	3
Nivelles	2
La province	4 sénateurs prov.
Province de la Flandre occidentale.	
Bruges	2
Furnes-Dixmude-Ostende	2
Roulers-Thielt	2
Courtrai (2)	4
Ypres	
La province	3 sénateurs prov.
Province de Luxembourg.	
Arlon (2)-Marche-Bastogne	3
Neufchâteau-Virton	
La province	2 sénateurs prov.
Province de Namur.	
Namur (2)	4
Dinant-Philippeville	
La province	2 sénateurs prov.

OBSERVATIONS

(1) Le siège du bureau principal de l'arrondissement électoral comprenant deux ou trois arrondissements administratifs est établi au chef-lieu de l'arrondissement administratif nommé en premier lieu.

(2) Siège du bureau principal de l'arrondissement sénatorial.

ARRONDISSEMENTS ÉLECTORAUX.	NOMBRE DES SÉNATEURS ET DES REPRÉSENTANTS A ÉLIRE.	ARRONDISSEMENTS ÉLECTORAUX.	NOMBRE DES SÉNATEURS ET DES REPRÉSENTANTS A ÉLIRE.

Représentants. — Deuxième série. — Mandats expirant en 1908.

Province de la Flandre orientale.

Gand-Eecloo	11
Saint-Nicolas	4
Termonde	3
Alost	5
Audenarde	3

Province de Hainaut.

Mons	6
Soignies	4
Tournai-Ath	6
Charleroy	9
Thuin	3

Province de Liége.

Liége	12
Huy-Waremme	4
Verviers	5

Province de Limbourg.

Hasselt	3
Tongres-Maeseyck	3

Elections législatives et provinciales. — Réunion de communes pour le vote. — Code électoral, article 138. — Arrêté royal du 30 avril 1904, contresigné par M. de Trooz, ministre de l'intérieur, etc. (*Moniteur* du 5 mai.)

Vu l'article 138 du code électoral;

Revu nos arrêtés du 9 août 1894 et du 12 juin 1896, opérant des groupements de communes pour le vote en vue des élections législatives et provinciales;

Sur la proposition de notre ministre de l'intérieur et de l'instruction publique,

Nous avons arrêté et arrêtons :

Le tableau annexé à notre arrêté du 12 juin 1896 est remplacé par le tableau annexé au présent arrêté.

N° d'ordre. 1.	COMMUNES dont les électeurs se rendront dans une commune voisine pour le vote. — Noms (et population). 2.	COMMUNES où voteront les électeurs de la commune indiquée dans la colonne 2. — Noms (et population). 3.	Distances en kilomètres. 4.	CANTONS judiciaires. 5.
	Province de Flandre occidentale. — Arrondissement administratif de Furnes.			
1	Zoetenaey (28 habitants).	Avecappelle (648 habitants).	2 1/2	Nieuport.
	Province de Liége. — Arrondissement administratif de Waremme.			
2	Freloux (86 habitants).	Fexhe-le-Haut-Clocher (671 habitants).	2	Hollogne-aux-Pierres.
	Province de Limbourg. — Arrondissement administratif de Tongres.			
3	Herten (81 habitants).	Wellen (2,505 habitants).	1 1/2	Looz.
	Province de Namur. — Arrondissement administratif de Philippeville.			
4	Niverlée (97 habitants).	Mazée (593 habitants).	2	Philippeville.

Elections provinciales. — Renouvellement partiel de 1904. — Convocation des collèges électoraux. — Arrêté royal du 30 avril 1904, contresigné par M. de Trooz, ministre de l'intérieur, etc. (Moniteur du 5 mai.)

Vu les articles 163, 164, alinéas 3 à 7 et 10, 167, 173, 191 du code électoral et les articles 4, 11, 13, 15 et 43 de la loi du 22 avril 1898;

Vu la loi du 18 avril 1903 portant augmentation du nombre des membres des conseils provinciaux;

Vu le tableau de répartition des conseillers provinciaux annexé à la loi précitée du 18 avril 1903, tableau indiquant la division des cantons judiciaires en deux séries pour les renouvellements partiels de ces conseils;

Sur la proposition de notre ministre de l'intérieur et de l'instruction publique,

Nous avons arrêté et arrêtons :

ARTICLE PREMIER. — Sous réserve de l'application éventuelle de l'article 4 du présent arrêté, les collèges électoraux des cantons désignés dans l'état annexé au présent arrêté sont convoqués pour le dimanche 5 juin 1904, entre 8 heures du matin et 1 heure de l'après-midi, à l'effet d'élire chacun le nombre de conseillers provinciaux titulaires déterminé par cet état et, s'il y a lieu, un ou plusieurs conseillers suppléants.

En cas de ballottage, le scrutin aura lieu, sans convocation nouvelle des électeurs, le dimanche 12 juin, de 8 heures du matin à 1 heure de l'après-midi.

ART. 2. — Les candidats devront être présentés avant le dimanche 22 mai. Chaque présentation devra être signée par cinquante électeurs provinciaux au moins dans les cantons qui élisent quatre conseillers titulaires ou plus, et par vingt-cinq électeurs provinciaux au moins dans les autres.

ART. 3. — Le président du bureau principal de l'élection dans chaque canton fera connaître, par un avis publié au plus tard le lundi 16 mai, les lieu, jours et heures auxquels il recevra les présentations de candidats en se conformant aux prescriptions de l'article 163 du code électoral.

ART. 4. — Si, dans un ou plusieurs cantons, le nombre des candidats pour les places de conseillers titulaires ne dépasse pas celui des mandats à conférer, ces candidats seront, immédiatement après l'expiration du terme fixé pour les présentations de candidats, proclamés élus par le bureau principal, et les candidats aux places de conseillers suppléants seront désignés premier, deuxième, troisième suppléant et ainsi de suite, dans l'ordre suivant lequel ils figurent dans l'acte de présentation. Dans ce cas, la réunion du collège électoral du canton, ordonnée par l'article 1er du présent arrêté, n'aura pas lieu.

—

Répartition du nombre des membres des conseils provinciaux à élire pour le renouvellement par moitié de ces conseils en 1904 (2e série).

CANTONS DE JUSTICE DE PAIX	NOMBRE DE CONSEILLERS A ÉLIRE
Province d'Anvers (39 conseillers).	
Anvers, 1er canton	9
— 2e —	7
— 3e —	8
Borgerhout	7
Duffel	2
Hérenthals	3
Puers	3
Total	39
Province de Brabant (45 conseillers).	
Glabbeek	1
Hal	3
Ixelles	5
Jodoigne	3
Laeken	3
Lennick-Saint-Quentin	3
Louvain, 1er canton	3
— 3e —	4
Molenbeek-Saint-Jean	5
Nivelles	4
Saint-Gilles	3
Saint-Josse-ten-Noode	5
Vilvorde	3
Total	45
Province de la Flandre occidentale (39 conseillers).	
Avelghem	2
Bruges, 1er canton	5
— 2e —	5
— 3e —	2
Harlebeke	2
Iseghem	2
Menin	4
Meulebeke	2
Nieuport	1
Passchendaele	2
Poperinghe	1
Roulers	3
Rousbrugghe-Haringhe	2
Ruysselede	1
Ypres, 1er canton	2
— 2e —	3
Total	39
Province de la Flandre orientale (48 conseillers).	
Assenede	2
Beveren	3
Caprycke	2
Cruyshautem	2
Deynze	3
Eecloo	3
Evergem	2
Gand, 1er canton	5
— 2e —	4
— 3e —	5
Ledeberg	3
Loo-Christy	2
Nazareth	2
Nevele	2
Oosterzeele	3
Saint-Gilles-Waes	3
Somergem	2
Waerschoot	1
Total	48

CANTONS DE JUSTICE DE PAIX	NOMBRE DE CONSEILLERS A ÉLIRE
Province de Hainaut (50 conseillers).	
Ath	2
Boussu	5
Châtelet	5
Chièvres	2
Dour.	3
Enghien	2
Flobecq	2
Fontaine-l'Évêque	6
Gosselies	3
Jumet	3
La Louvière	3
Leuze	2
Merbes-le-Château . . .	1
Peruwelz	2
Rœulx	2
Seneffe	3
Tournai.	4
Total	50
Province de Liége (43 conseillers).	
Aubel	2
Avennes	3
Dalhem	2
Dison	2
Fexhe-Slins	3
Grivegnée.	3
Herstal	2
Herve	3
Jehay-Bodegnée.	2
Liège, 1er canton	8
— 2e —	7
Limbourg	2
Louveigné	2
Saint-Nicolas	3
Total	43
Province de Limbourg (24 conseillers).	
Achel	2
Beeringen	4
Brée.	2
Hasselt	5
Mechelen	3
Peer	3
Tongres	5
Total	24
Province de Luxembourg (22 conseillers).	
Arlon	4
Bouillon	2
Erezée	2
Florenville.	3
Houffalize	2
Messancy	2
Nassogne	1
Paliseul	2
Saint-Hubert	2
Vielsalm	2
Total	22
Province de Namur (32 conseillers).	
Andenne	4
Dinant	5
Eghezée	5
Gedinne	2
Namur, 1er canton . . .	9
— 2e — . . .	5
Philippeville	2
Total	32

Élections communales. — Vérification des pouvoirs. — Jurisprudence du gouvernement. — Lillo. — Nationalité. — Enquête. — Arrêté royal du 21 avril 1904. (*Moniteur* du 1er mai.)

Un arrêté royal du 21 avril 1904, contresigné par M. de Trooz, ministre de l'intérieur, etc., décide qu'il sera procédé à une enquête au sujet de la nationalité d'un conseiller déclaré inéligible par la députation permanente de la province d'Anvers.

Lillo. — Nationalité. — Réformation de la décision de la députation permanente. — Arrêté royal du 30 juillet 1904, contresigné par M. de Trooz, ministre de l'intérieur, etc. (*Moniteur* du 13 août.)

Vu la décision en date du 18 décembre 1903, par laquelle la députation permanente du conseil provincial d'Anvers valide les pouvoirs des conseillers communaux proclamés élus à Lillo, le 18 octobre précédent, sauf en ce qui concerne MM. Emile Post et Alexandre Snacken, ordonne une enquête au sujet de la nationalité de M. E. Post et, tout en validant les pouvoirs de M. A. Snacken, décide que ce dernier ne pourra être admis au serment si M. E. Post, son parent au degré prohibé, est reconnu valablement élu et s'il est procédé à son installation;

Vu la décision du 18 mars 1904, par laquelle la députation permanente préindiquée déclare M. E. Post inéligible;

Vu le recours formé le 22 mars, contre cette décision, par le gouverneur de la province;

Revu notre arrêté du 24 avril 1904 ordonnant qu'il sera procédé à une enquête complémentaire au sujet de la nationalité de M. E. Post;

Attendu que la décision de la députation permanente est fondée sur l'inexistence d'un acte régulier constatant l'option de patrie faite par M. Jean-Victor Post, père du candidat intéressé, et qu'elle infère de l'absence d'un acte de l'espèce que les décisions rendues, en 1875 et en 1876, au sujet de la validité des pouvoirs de M. J.-V. Post et de son inscription sur les listes électorales reposaient sur une erreur;

Attendu que l'article 9 du code civil se borne à reconnaître à toute personne née en Belgique d'un étranger le droit de réclamer à sa majorité la qualité de Belge, sous la seule condition qu'elle déclare vouloir fixer sa résidence en Belgique;

Attendu que, ainsi que le décide un arrêt de la cour de cassation du 6 décembre 1886, aucune disposition légale ne subordonne la validité de l'option de patrie à la comparution régulière du déclarant devant l'autorité communale ou à la rédaction d'un acte constatant l'accomplissement de cette formalité;

Attendu que, dans ces conditions, la présomption résultant d'une longue possession d'état, marquée au début par une contestation tranchée par la juridiction compétente et relative à des faits dont la preuve, à cette époque, pouvait aisément être produite et contrôlée, doit prévaloir sur celle qui repose uniquement sur le fait que des registres, d'ailleurs incomplets, ne contiennent pas un acte régulier d'option de patrie ;

Vu l'article 74 de la loi du 12 septembre 1895 ;

Sur la proposition de notre ministre de l'intérieur et de l'instruction publique,

.Nous avons arrêté et arrêtons :

La décision de la députation permanente du conseil provincial d'Anvers, en date du 18 décembre 1904, est réformée. M. E. Post est proclamé conseiller communal de Lillo. En conséquence, M. A. Snacken ne pourra être installé si son neveu, M. E. Post, prête le serment exigé par l'article premier de la loi du 1er juillet 1860.

Marche-lez-Écaussines. — Irrégularités. — Enquête. — Arrêté royal du 5 mars 1904. (Moniteur du 2 avril.)

Un arrêté royal du 5 mars 1904, contresigné par M. de Trooz, ministre de l'intérieur, etc., décide qu'avant qu'il soit statué sur le recours du gouverneur du Hainaut il sera procédé à une enquête au sujet des irrégularités qui auraient vicié les élections communales de Marche-lez-Écaussines.

Marche-lez-Écaussines. — Irrégularités. — Confirmation de la décision de la députation permanente. — Arrêté royal du 4 juin 1904. (Moniteur du 15 juin.)

Un arrêté royal du 4 juin 1904, contresigné par M. de Trooz, ministre de l'intérieur, etc., confirme la décision de la députation permanente du Hainaut validant les élections de Marche-lez-Écaussines. Cet arrêté est ainsi motivé :

Vu l'arrêté, en date du 29 janvier 1904, par lequel la députation permanente du conseil provincial du Hainaut a validé les élections communales qui ont eu lieu à Marche-lez-Ecaussines, le 18 octobre 1903 ;

Vu le recours formé, le 6 février 1904, contre cette décision, par le gouverneur de la province ;

Vu les procès-verbaux de l'enquête à laquelle il a été procédé, le 28 avril et le 5 mai 1904, en exécution de notre arrêté du 5 mars dernier ;

Attendu que, s'il est établi que, par suite de la défectuosité de certains isoloirs, les électeurs occupant des isoloirs contigus auraient pu se passer ou se montrer leurs bulletins, rien cependant ne permet de croire que des manœuvres de ce genre ont été employées dans un but de fraude pour surveiller les électeurs et contrôler leur vote ;

Que le procès-verbal ne mentionne aucun fait qui puisse servir d'indice que semblables manœuvres aient été pratiquées ; que le témoignage de deux électeurs qui déclarent s'être mutuellement montré et passé leurs bulletins ne comporte, d'ailleurs, aucune allégation de fraude ou de pression de la part de l'un ou de l'autre intéressé ;

Attendu, d'autre part, que, vu l'écart existant entre le nombre des suffrages recueillis par les candidats élus et le nombre des voix obtenues par la liste adverse, l'on ne pourrait, fût-il même prouvé, attribuer aucune influence décisive sur les résultats de l'élection au fait que le guide d'un électeur infirme aurait à dessein voté contrairement au vœu de cet électeur; qu'au surplus la personne incriminée nie le fait qui lui est reproché;

Attendu qu'il y a lieu, en conséquence, de considérer les irrégularités alléguées contre la validation des élections de Marche-lez-Ecaussines comme n'ayant pu exercer aucune influence sur le résultat de celles-ci...

Schooten. — Réformation d'une décision de la députation permanente constatant l'inéligibilité d'un élu. — Arrêté royal du 18 février 1905, contresigné par M. de Trooz, ministre de l'intérieur, etc. (Moniteur du 24 février.)

Vu l'arrêté du 23 septembre 1904 par lequel la députation permanente du conseil provincial d'Anvers a déclaré inéligible M. Ferd. Burki, élu conseiller communal de Schooten, le 18 octobre 1903 ;

Vu le recours formé, le 27 du même mois, contre cette décision par le gouverneur de la province ;

Attendu que la décision de la députation permanente est basée sur ce que le père de M. Burki, après la naissance de celui-ci, a opté pour la nationalité belge et que cette option établissant, d'après la jurisprudence suivie par la cour de cassation, à l'égard de celui qui l'a faite, une présomption absolue d'extranéité, M. Ferdinand Burki devait être considéré comme né d'un étranger et aurait dû faire la déclaration prévue par l'article 9 du code civil ;

Attendu qu'en ordre subsidiaire, la députation permanente constate que M. Burki n'a pas établi que son père se trouvait dans les conditions voulues pour bénéficier de l'article 8 de la loi fondamentale du 24 août 1815; qu'elle fait valoir, d'ailleurs, que cette preuve, si elle avait été faite, n'aurait pas pu détruire l'effet de la présomption qu'elle invoque ;

Revu notre arrêté du 27 octobre 1904 ordonnant une enquête complémentaire au sujet de la nationalité de M. Burki;

Vu l'avis du comité consultatif de législation, d'administration générale et de contentieux administratif;

Attendu que l'option de patrie, si elle est surabondante, n'a pas pour effet de porter atteinte à la nationalité de celui qui l'a faite; que les arrêts invoqués par la députation permanente se bornent à admettre que l'option de patrie faite par le père d'un électeur détruit la présomption établie par l'article 76 du code électoral, d'après lequel est censé Belge celui qui est né en Belgique d'un père également né en Belgique ;

Attendu qu'il est établi que M. François Burki était Belge par application de l'article 8 de la loi fondamentale du 24 août 1815, et qu'on n'allègue aucun fait qui aurait pu avoir pour conséquence de faire perdre cette nationalité, soit à lui-même, soit à son fils, M. Ferdinand Burki, le conseiller communal en cause;

Vu les articles 65 et 74, alinéa 2, de la loi du 12 septembre 1895;

Sur la proposition de notre ministre de l'intérieur et de l'instruction publique,

Nous avons arrêté et arrêtons :

La décision susmentionnée de la députation permanente d'Anvers, en date du 23 septembre 1904, est réformée.

L'élection de M. Burki (Ferdinand) en qualité de conseiller communal de Schooten est validée.

Mention de cette disposition sera faite au registre des délibérations de la députation permanente, en marge de la décision réformée.

Attribution d'un ou de plusieurs sièges à une liste qui, bien qu'irrégulièrement présentée, a été indûment admise par le bureau principal avec une autre liste, seule régulière. — Dépêche adressée le 25 mars 1904, à un gouverneur de province par M. de Trooz ministre de l'intérieur, etc. (*Bulletin du ministère de l'intérieur etc.*, 1904, II, p. 39.)

J'ai l'honneur de vous renvoyer sous ce pli le dossier concernant les élections communales d'E...

Je crois pouvoir laisser sans suite le recours que vous avez bien voulu former, à titre de mesure conservatoire, contre la décision de la députation permanente statuant sur cette élection (arrêté du 22 janvier dernier).

S'il est vrai que certains considérants de cet arrêté sont contraires à la jurisprudence bien établie de mon département, la décision ellemême n'est aucunement contradictoire avec cette jurisprudence à laquelle se sont ralliées presque toutes les députations permanentes et qui peut se résumer ainsi :

Une distinction essentielle est nécessaire lorsque — une liste irrégulièrement présentée ayant été indûment admise par le bureau principal avec une autre liste, seule régulière — le corps électoral, qui n'aurait pas dû être réuni, l'a été et a, dans une consultation libre et sincère, attribué à un ou plusieurs candidats de la liste irrégulière un nombre de suffrages déterminant l'attribution en sa faveur d'un ou de plusieurs sièges :

A. Si le corps électoral s'est montré nettement hostile à la liste régulière en donnant manifestement toutes ses préférences à l'autre liste, on ne peut lui imposer des mandataires, qu'il a formellement repoussés. Mais comme, à raison du vice entachant leur présentation, on ne peut valider les pouvoirs des élus du corps électoral, on se trouve dans l'impossibilité de proclamer un résultat conforme au vœu (exprimé ou présumé) des électeurs, une nouvelle consultation s'impose. Tel était le cas dans les élections dont plusieurs arrêtés royaux ont ordonné le recommencement.

B. Si, au contraire, le corps électoral s'est montré, dans l'ensemble de ses votes, plus favorable à la liste régulière ou même, simplement *aussi favorable* qu'à la liste irrégulière, celle-ci, qui n'aurait pas dû voir le jour, est définitivement écartée et les candidats réguliers sont tous reconnus élus. Certes, un ou plusieurs

d'entre eux bénéficient ainsi des mandats que leurs concurrents auraient obtenus s'ils s'étaient conformés aux prescriptions légales, mais ces derniers ne peuvent s'en prendre qu'à euxmêmes, et leur faute comme celle du bureau qui les a admis ne peuvent être invoquées à leur profit. En décider autrement ce serait réserver tous les droits des candidats irréguliers. Ce serait leur ouvrir de nouveaux délais après déchéance définitive. Une telle mesure ne peut se justifier que lorsque l'application du droit strict conduirait à des résultats violemment contraires à la volonté formelle et expresse du corps électoral : *Summum jus, summa injuria.*

Ici, à E.,.., l'unique candidat irrégulier n'est pas celui qui a obtenu le plus de voix. C'est grâce aux bulletins *panachés* qu'il a atteint le chiffre de la majorité absolue. Son chiffre électoral est 122 et celui de la liste régulière est 175. Il n'y a donc pas violation manifeste du vœu du corps électoral dans la décision de la députation permanente attribuant tous les mandats aux candidats de la liste seule régulière. Et, dès lors, j'estime qu'il n'y a pas lieu d'appeler l'intervention royale.

Dans votre lettre du 4 février dernier concernant cette affaire, vous rappelez les observations qui ont fait l'objet de ma dépêche du 17 février 1900 relative aux élections de W.... Veuillez remarquer, Monsieur le gouverneur, que l'exposé et les conclusions de cette dépêche sont rigoureusement conformes à l'exposé et aux conclusions indiquées ci-dessus. J'établissais très nettement, dans le dernier alinéa de cette dépêche, la distinction essentielle sur laquelle repose la jurisprudence de mon département et j'ajoutais qu'en l'absence du dossier et dans l'ignorance des chiffres, il m'était impossible d'apprécier si la décision de la députation était ou non conforme à cette jurisprudence.

Listes électorales. — *Délivrance de pièces devant servir en matière électorale.* — *Portée des termes* tous les habitants d'une maison (litt. *C* de l'art. 66 du code électoral). — Dépêche adressée le 11 mars 1904 à un gouverneur de province par M. de Trooz, ministre de l'intérieur, etc. (*Bulletin du ministère de l'intérieur, etc.*, 1904, II, 35.)

Par votre lettre du 13 février dernier, vous m'avez soumis un référé concernant le point de savoir si les mots *tous les habitants d'une maison*, dont se sert le code électoral au littéra *C* de l'article 66, peuvent s'appliquer à tous les occupants d'un hospice.

Il est à remarquer tout d'abord, Monsieur le gouverneur, qu'une autorité chargée par la loi de délivrer des pièces devant servir en matière électorale ne peut s'abstenir de faire cette délivrance dans les conditions fixées à l'article 67 du code électoral pour le motif qu'il y aurait contestation au sujet de la rémunération.

Les contestations de ce genre sont, en principe, de la compétence des tribunaux et il ne m'appartient pas d'intervenir à titre d'autorité.

Je crois toutefois pouvoir émettre l'avis que, la loi ayant sans restriction aucune fixé à 20 centimes le maximum de la rétribution exigible lorsqu'on demande l'indication de tous les habitants d'une maison, et ce dernier terme étant tout à fait général, l'officier de l'état civil, à qui la liste de tous les habitants d'un hospice est demandée, doit fournir cet extrait des registres moyennant la rétribution réduite prévue par l'article 66 du code électoral.

———

— *Revision.* — *Le récépissé délivré par le commissaire d'arrondissement, en vertu de l'article 74 du code électoral, ne peut être global, mais il doit spécifier les réclamations auxquelles il se rapporte.* — Dépêche adressée le 16 décembre 1904 à un gouverneur de province par M. de Trooz, ministre de l'intérieur, etc. (*Bulletin du ministère de l'intérieur, etc.*, 1904, II, 129.)

La plainte qui fait l'objet de votre rapport du 3 décembre 1904 porte sur deux points : restitution de pièces déposées à l'appui de réclamations électorales contre les listes de 1903-1904 et délivrance de récépissés de réclamations contre les listes pour 1904-1905.

En ce qui concerne le premier point, la décision prise par le commissaire de l'arrondissement d'..... n'est que la conséquence de celle qu'il avait cru devoir prendre antérieurement à l'égard du plaignant et que je n'ai pas désapprouvée.

Quant au second point, j'estime que la plainte est fondée et que le récépissé global délivré par le commissaire d'arrondissement ne satisfait pas au vœu de la loi.

Le récépissé, dont la délivrance est prescrite par l'article 74 du code électoral, est destiné à permettre au réclamant de prouver, éventuellement, devant la cour d'appel, qu'il a régulièrement introduit devant le collège des bourgmestre et échevins la réclamation préalable prévue au second alinéa de l'article 90 du même code.

Un récépissé global ne spécifiant pas le nom des parties et n'indiquant pas l'objet de la demande ne répond évidemment pas au but que la loi a en vue.

Je vous prie en conséquence, Monsieur le gouverneur, d'inviter le commissaire de l'arrondissement d'..... à délivrer au réclamant les accusés de réception demandés, en se conformant à la formule *M* annexée à la circulaire ministérielle du 14 août 1874 (*Moniteur* du 15 août).

Il est à remarquer toutefois que la loi ne prescrit pas au commissaire d'arrondissement de délivrer un récépissé séparé pour chacune des réclamations remises en même temps.

Les observations qui précèdent ne s'appliquent évidemment qu'aux réclamations prévues par l'article 74 du code électoral, c'est-à-dire aux réclamations tendant à l'inscription d'un électeur, à l'augmentation du nombre des votes d'un électeur ou à la modification des conditions d'attribution de votes supplémentaires.

Les réclamations de cette dernière catégorie doivent, en effet, aux termes de l'exposé des motifs de la loi du 12 avril 1894, être assimilées à celles qui tendent à l'augmentation du nombre des votes.

Votes supplémentaires. — *Capacité* — *Diplôme d'instituteur.* — *Dispense.* — Dépêche adressée le 16 juillet 1904 à un gouverneur de province par M. de Trooz, ministre de l'intérieur, etc. (*Bulletin du ministère de l'intérieur, etc.*, 1904, II, 96.)

J'ai l'honneur de vous communiquer la lettre ci-jointe que m'adresse M. X..., de S..., qui demande si la dispense du diplôme d'instituteur ne peut tenir lieu du titre au point de vue de l'attribution du double vote supplémentaire attribué à la capacité.

Je vous prie de faire savoir à M. X... que l'article 19, 16°, du code électoral exige expressément la possession du diplôme même.

Veuillez également lui faire restituer la pièce qui accompagnait sa lettre du 27 juin dernier.

———

— *Capacité.* — *Diplômes.* — *Institut supérieur de commerce d'Anvers.* — Dépêche adressée le 8 juillet 1904 à un gouverneur de province par M. de Favereau au nom de M. de Trooz, ministre de l'intérieur, etc., absent. (*Bulletin du ministère de l'intérieur, etc.*, 1904, II, 88.)

J'ai l'honneur de vous transmettre, en communication, la lettre ci-jointe par laquelle l'administration communale de B... demande si un diplôme délivré suivant les prescriptions de l'arrêté ministériel du 12 janvier 1897 par l'Institut supérieur de commerce d'Anvers donne droit à un double vote supplémentaire du chef de la capacité.

Je vous prie de faire savoir à l'administration en question que la disposition du § C de l'article 17 du code électoral reste applicable aux établissements que ce paragraphe mentionne, quelles que soient les modifications apportées aux règlements et à l'organisation de ces institutions.

Il y a lieu de remarquer, en ce qui concerne l'Institut supérieur de commerce d'Anvers, que seul le diplôme de sortie, à l'exclusion de tout autre certificat ou attestation, confère le double vote prévu à l'article 6 du corps électoral.

———

Opérations électorales. — *Elections législatives de 1904.* — *Instructions.* — Circulaire adressée le 30 avril 1904 aux gouverneurs de province par M. de Trooz, ministre de l'intérieur, etc. (*Bulletin du ministère de l'intérieur, etc.*, 1904, II, 57.)

Le *Moniteur* de ce jour contient un arrêté royal en date du 28 avril, convoquant pour le 29 mai 1904 les collèges électoraux appelés à procéder au renouvellement de la...

Je vous prie de prendre les mesures nécessaires pour assurer la marche des opérations électorales et l'accomplissement des formalités préliminaires et de veiller, entre autres, à ce que les présidents reçoivent en temps utile et en nombre suffisant les exemplaires des formules qu'ils auront à utiliser.

Vous voudrez bien, à cet effet, Monsieur le gouverneur, vous reporter à mes instructions antérieures, notamment à mes circulaires des 4, 8, 18 et 21 mai 1900, 5 mai 1902.

Vous trouverez ci-joints exemplaires *des instructions générales à l'usage des présidents des collèges électoraux*, destinés à être répartis entre les présidents des bureaux principaux de votre province.

Je désirerais que, en leur transmettant ces exemplaires, vous appeliez l'attention de MM. les Présidents sur les instructions contenues dans la dépêche de mon département du 10 décembre 1896 (*Bulletin*, II, p. 292), relative aux documents à transmettre aux greffiers des Chambres législatives.

Je vous prie également, Monsieur le gouverneur, de vouloir bien mettre à la disposition des présidents des bureaux de dépouillement un exemplaire des instructions dont je vous ai transmis le texte par ma circulaire du 18 mai 1900 (*Bulletin*, II, 92 et ss.); il conviendrait de reproduire à la suite de ce texte le n° 6 de ma circulaire du 4 mai 1900. (*Bulletin*, II, 61.)

— *Président du bureau principal empêché de siéger le jour du scrutin.* — *Obligation de procéder aux opérations préliminaires et au recensement général.* — Dépêche adressée le 23 avril 1904 à un président de tribunal de première instance par M. de Trooz, ministre de l'intérieur, etc. (*Bulletin du ministère de l'intérieur, etc.*, 1904, II, 52)

Par votre lettre du 15 avril courant, vous me faites savoir que, étant inscrit sur les listes électorales de la ville de B..., vous ne pourrez présider, le jour des élections législatives, le bureau principal de l'arrondissement de F..., et vous demandez si, dans ces conditions, il vous est permis de procéder aux opérations antérieures et postérieures au jour du scrutin.

J'estime, M. le président, que la disposition de l'article 142 du code électoral, qui porte que le bureau principal est présidé par le président du tribunal de première instance ou, à son défaut, par le magistrat qui le remplace, s'applique tant aux absences temporaires qu'à l'empêchement définitif. Il en résulte que le président titulaire du tribunal de première instance, empêché de siéger le jour du scrutin, est tenu de remplir la mission que la loi lui confie, sauf à désigner, pour présider le bureau principal pendant les opérations du vote, le magistrat qui, aux termes de la loi sur l'organisation judiciaire, est appelé à le remplacer.

JURISPRUDENCE JUDICIAIRE.

APPRÉCIATION SOUVERAINE. — *Documents.* — *Portée.*

La cour d'appel apprécie souverainement, dans l'ordre d'une preuve, la portée des documents produits. — Cassation, 16 mai 1904, *Pasic.*, 1904, I, 236.

— — *Production de pièces.* — *Délai.* — *Frais.* — *Quotité.*

La cour d'appel apprécie souverainement :
La portée des documents produits, pour en déduire qu'il revient à l'inscrit, dans une imposition collective, une part de revenu cadastral supérieur à 48 francs.

Que des pièces ont été produites en temps utile;

La quotité de frais à mettre à charge de la partie qui succombe partiellement. (Code élect., art. 125.) — Cassation, 30 mai 1904, *Pasic.*, 1904, I, 250.

DOMICILE. — *Demande en inscription.* — *Motif nouveau.* — *Nationalité.*

Lorsque le collège échevinal a refusé d'inscrire un électeur parce qu'il n'avait pas un an de domicile dans la commune, la cour d'appel, saisie de la réclamation limitée à ce motif par les conclusions, ne peut refuser d'inscrire l'intéressé, pour le motif nouveau qu'il n'a pas la nationalité belge, et elle viole, en outre, la foi due aux conclusions en ne statuant pas sur la question de domicile. (Constit., art. 97; code civil, art. 1319 et 1320.)—Cassation, 16 mai 1904, *Pasic.*, 1904, I, 235.

— *Militaire en activité de service.*— *Ancienne résidence.* — *Moins d'un an dans une autre commune.* — *Un an au 1er juillet.*

Les militaires en activité de service ne sont maintenus sur les listes électorales de leur dernière résidence d'un an au moins que si, par suite de mutations successives, ils n'ont pu en acquérir une autre d'un an au moins dans une même commune au moment de la revision des listes. (Code élect., art. 59.) Il suffit que l'année du domicile s'accomplisse le 1er juillet. — Cassation, 24 mai 1904, *Pasic.*, 1904, I, 242.

— *Résidence habituelle.* — *Appréciation souveraine.*

Le juge du fond apprécie souverainement, d'après les énonciations du registre de la population jointes aux éléments de la cause, que l'intéressé a, dans la commune où il est inscrit, sa résidence habituelle. (Code élect., art. 56 et 58.) — Cassation, 24 mai 1904, *Pasic* , 1904, I, 243.

— *Transfert.* — *Date.* — *Déclaration.*

L'acquisition du domicile électoral nouveau, en cas de transfert régulier de la résidence habituelle d'une commune dans une autre, remonte au jour où l'intéressé a fait sa déclaration à l'administration communale de son ancienne résidence. (Code élect., art. 57.) — Cassation, 24 mai 1904, *Pasic.*, 1904, I, 241.

FOI DUE. — *Acte.*

Lorsque, sur la demande en inscription faite par un tiers, un intervenant a renoncé à faire la preuve des faits libellés dans un arrêt interlocutoire, viole la foi due aux actes, l'arrêt définitif qui déboute le demandeur, parce qu'il n'a pas tenté de faire la preuve à laquelle il avait été admis. (Code civ., art. 1319, 1320, 1354 et 1356.) — Cassation, 6 juin 1904, *Pasic.*, 1904, I, 225.

— Acte d'acquisition.

Viole la foi due à l'acte, l'arrêt qui, pour maintenir un électeur sur la liste, lui attribue, comme copropriétaire d'un immeuble, le sixième du revenu cadastral afférent à cet immeuble, alors que l'extrait de transcription de l'acte d'acquisition porte que l'immeuble a été vendu au survivant de six membres du clergé, parmi lesquels figurait l'intéressé. (Code civ., art. 1319 et 1320; loi élect., art. 9 et 14.) — Cassation, 13 juin 1904, *Pasic.*, 1904, I, 259.

— Conclusions.

Viole la foi due aux conclusions, l'arrêt qui rejette une demande tendant à l'inscription d'un quatrième vote supplémentaire à la commune, du chef de la propriété d'une rente de 100 francs au moins, inscrit au grand-livre de la Dette publique, dont le carnet était produit, par l'unique motif qu'il n'est pas justifié que l'intéressé soit propriétaire d'immeubles ayant un revenu cadastral de 150 francs. — Cassation, 16 mai 1904, *Pasic.*, 1904, I, 234.

— Liste. — Acte.

Viole la foi due à la liste et à l'acte qui constate que l'intéressé a acquis avec le parfait d'un bail emphytéotique les constructions élevées sur le fonds, l'arrêt qui ordonne la radiation de cet intéressé, par le motif qu'il n'est pas propriétaire d'un immeuble d'un revenu d'au moins 48 francs, alors qu'il était inscrit sur la liste à raison du revenu cadastral attribué à ces constructions. (Loi élect., art. 5 et 83; code civ., art. 553, 1317, 1319 et 1320.) — Cassation, 6 juin 1904, *Pasic.*, 1904, I, 255.

— Liste électorale. — Conclusions. — Erreur dans la production de l'extrait.

Viole la foi due à la liste et aux conclusions, l'arrêt qui, pour rejeter le recours, s'appuie sur une liste erronément versée au dossier par le commissaire d'arrondissement que concerne un autre électeur. (Code élect., art. 83; code civ., art. 1320.) — Cassation, 9 mai 1904, *Pasic.*, 1904, I, 228.

— Liste. — Copie de la liste.

Lorsqu'une des parties invoque les énonciations de la liste électorale, le juge ne peut, sans violer la foi due aux conclusions, rejeter la réclamation, en se fondant exclusivement sur la copie de la liste versée au dossier. (Code élect., art. 83 et 101.) — Cassation, 16 mai 1904, *Pasic.*, 1904, I, 236.

FRAIS. — *A charge des parties.*

En condamnant la partie succombante aux frais, la cour écarte implicitement les conclusions tendantes à ce qu'elle fasse usage de la faculté de mettre les frais à charge de l'Etat. (Code élect., art. 125; Constit., art. 97.) — Cassation, 2 mai 1904, *Pasic.*, 1904, I, 214.

LIEU ET DATE DE NAISSANCE. — *Erreur.* — *Rectification d'office.* — *Annulation.*

Si la liste indique erronément le lieu et la date de la naissance, la présomption est détruite.

Il ne peut appartenir à la cour d'appel, en rectifiant l'erreur de la liste, de rétablir la présomption et de dispenser l'intéressé de faire la preuve des conditions d'indigénat contestées. (Code élect., art. 83 et 68.) — Cassation, 13 juin 1904, *Pasic.*, 1904, I, 259.

MAINTIEN PENDANT UN AN SUR LA LISTE. — *Age de 30 ans.* — *Inscription comme électeur sénatorial et provincial.*

L'électeur maintenu en cas de changement régulier de domicile, pendant un an, comme électeur pour la Chambre dans la commune qu'il a quittée, a le droit, arrivé à l'âge de 30 ans, d'y être inscrit comme électeur sénatorial et provincial. (Constit., art. 47; code élect., art. 55 et 57). — Cassation, 2 mai 1904, *Pasic.*, 1904, I, 217; id., 9 mai 1904, *ibid.*, 1904, I, 228.

MOTIFS. — *Absence.*

N'est pas légalement motivé, l'arrêt qui, pour maintenir sur la liste un électeur dont la radiation était demandée, se fonde uniquement sur la renonciation du demandeur. (Constit., art. 97; code élect., art. 91.) — Cassation, 9 mai 1904, *Pasic.*, 1904, I, 228.

Id. — Id.

N'est pas motivé, l'arrêt qui, sans rencontrer les conclusions des parties, rejette la réclamation, en se bornant à affirmer que le défendeur justifie pouvoir se compter le revenu cadastral qui lui était contesté. (Constit., art. 97.) — Cassation, 30 mai 1904, *Pasic.*, 1904, I, 251.

NATIONALITÉ. — *Ancien droit.* — Jus soli. — *Origine ou domicile des parents.*

La nationalité sous l'ancien droit était déterminée par le fait de la naissance, à condition que les parents fussent originaires du pays ou y fussent domiciliés. — Cassation, 6 juin 1904, *Pasic.*, 1904, I, 254.

— Grand-duché de Luxembourg. — Naissance avant 1839 sur le territoire cédé à la Belgique. — Déclaration. — Omission.

N'a pas perdu la qualité de Belge celui qui, né avant 1839 sur la partie du territoire du grand-duché de Luxembourg cédée à la Belgique, ne s'est pas présenté, conformément à l'article 8 transitoire de la loi du grand-duché de Luxembourg du 12 novembre 1848, devant le bourgmestre de son domicile ou de sa résidence, pour déclarer qu'il accepte la naturalisation qui lui est conférée par la loi. (Code civ., art. 17; loi du 12 novembre 1848 du grand-duché de Luxembourg, art. 8.) — Cassation, 24 mai 1904, *Pasic.*, 1904, I, 240.

— Naissance à l'étranger. — Père né en Belgique. — Insuffisance de la preuve.

Lorsque la présomption d'indigénat est détruite, la liste ne renseignant ni le lieu ni la date de la naissance de l'ascendant belge de l'électeur porté sur la liste comme né à l'étranger, la seule preuve de la naissance en Belgique du père de l'intéressé est insuffisante, bien que ce père soit électeur et que sa nationalité n'ait pas été contestée. (Code civ., art. 76; code élect., art. 68 et 83. — Cassation, 9 mai 1904, *Pasic.*, 1904, I, 229.

— Naissance moins de dix mois après la promulgation du code civil.

N'est pas recevable à défaut d'intérêt, le moyen tiré de ce que le père de l'intéressé, né en Belgique moins de dix mois après la promulgation du code civil, serait étranger, suivant les règles de l'ancien droit, par l'application de l'adage *Infans conceptus pro nato habetur*, s'il n'est ni établi ni même allégué que les parents étaient domiciliés en Belgique à l'époque de la conception. — Cassation, 24 mai 1904, *Pasic.*, 1904, I, 244.

— Naissance en Angleterre.

L'extranéité ne résulte pas du seul fait de la naissance en pays étranger, notamment sur le sol anglais. — Cassation, 16 mai 1904, *Pasic.*, 1904, I, 235.

— Naissance en Hollande. — Code civil. — Promulgation en Belgique, en Hollande. — Filiation.

La nationalité au regard de la loi belge de celui qui est né en Hollande après la promulgation du code civil en Belgique, mais avant le 1er mai 1809, date de sa promulgation en Hollande, ne peut être établie que par filiation. (Code civ., art. 10; décret du 17 ventôse an XI.) Cassation, 24 mai 1904, *Pasic.*, 1904, I, 241.

— Père né à l'étranger sous le code civil. — Aïeul né sous l'ancien droit. — Parents originaires ou domiciliés dans le pays. — Défaut de constatation. — Inscription sur la liste. — Présomption non détruite.

Le présomption créée par l'article 76 de la loi électorale, et d'après laquelle celui dont l'inscription est demandée est présumé Belge s'il est né en Belgique d'un père né lui-même en Belgique, ne peut être invoquée dans l'ordre de prouver la qualité de Belge du père d'un électeur. (Loi élect., art. 76.) — Cassation, 6 juin 1904, *Pasic.*, 1904, I, 255.

PIÈCES JUSTIFICATIVES. *— Réclamations. — Demande en inscription. — Éléments fournis par des documents aux mains du collège. — Indications suffisantes. — Cour d'appel. — Appréciation souveraine.*

La cour d'appel constate souverainement que la demande adressée au collège, aux fins d'inscription d'un électeur, spécifie d'une manière suffisante, et de façon à en permettre le contrôle par le collège, les éléments de fait que des documents officiels, se trouvant en original ou en copie en sa possession, sont destinés à établir. (Code élect., art. 75.) — Cassation, 24 mai 1904, *Pasic.*, 1904, I, 244.

POURVOI. *— Arrêt joignant deux réclamations. — Décision sur un seul. — Nullité d'ordre public.*

L'arrêt qui, après avoir joint comme connexes deux réclamations concernant deux individus distincts, comme s'il s'agissait d'un seul intéressé, omet de statuer en ce qui concerne l'un des intéressés, doit être cassé comme renfermant une nullité d'ordre public.
Le pourvoi est non recevable à défaut d'intérêt, en tant que dirigé contre l'autre intéressé à l'égard duquel il a été fait droit à la demande. — Cassation, 16 mai 1904, *Pasic.*, 1904, I, 235.

— Base. — Défaut.

Manque de base, le moyen fondé sur des faits qui ne résultent pas de l'arrêt attaqué, ou contredits par cet arrêt et par les pièces de procédure. — Cassation, 9 mai 1904, *Pasic.*, 1904, I, 230.

— Fondé de pouvoirs. — Procuration. — Dépôt après l'expiration du délai de cassation.

N'est pas recevable, le pourvoi formé par un fondé de pouvoirs, lorsque la procuration n'a été déposée au greffe qu'après l'expiration du délai de cassation. (Code élect., art. 116.) — Cassation, 30 mai 1904, *Pasic.*, 1904, I, 251.

— *Recevabilité.* — *Acte authentique.* — *Foi due.* — *Indication de la loi violée.*

N'est pas recevable, un pourvoi du chef de méconnaissance de la foi due à un acte authentique, à défaut d'invocation de l'article 1319 du code civil. (Code élect., art. 116.) — Cassation, 24 mai 1904, *Pasic.*, 1904, I, 240.

PRÉSOMPTION RÉSULTANT DE L'INSCRIPTION SUR LA LISTE.

En l'absence de preuve contraire, l'électeur inscrit reste protégé par la présomption résultant de son inscription sur les listes électorales, dont les énonciations ne sont pas contredites par celles du rôle. — Cassation, 9 mai 1904, *Pasic.*, 1904, I, 231.

— *Date de naissance.* — *Inexactitude.* — *Indigénat.* — *Rectification d'office.* — *Maintien.* — *Annulation.*

Lorsque la liste n'indique pas exactement la date de la naissance de l'inscrit, la présomption est détruite. (Code élect., art. 68.)

La cour d'appel ne peut, après avoir d'office rectifié l'erreur, maintenir sur la liste l'intéressé dont l'indigénat était contesté, par le seul motif que, l'erreur étant rectifiée, la présomption subsiste. (Code élect., art. 83.) — Cassation, 24 mai 1904, *Pasic.*, 1904, I, 242.

— *Destruction.* — *Preuve.* — *Naissance en Belgique d'un père né en Belgique.*

Lorsque la présomption d'indigénat résultant de l'inscription sur la liste est détruite, il suffit au défendeur en radiation, qui demande devant la cour d'appel à rester inscrit, de prouver qu'il est né en Belgique d'un père né lui-même en Belgique. (Code élect., art. 76.) — Cassation, 24 mai 1904, *Pasic.*, 1904, I, 243.

— *Destruction.* — *Preuve à fournir.* — *Rectification d'office.* — *Interdiction.*

Lorsque la présomption est renversée, il incombe à l'inscrit de justifier de la condition contestée; si celui-ci ne répond pas, la cour ne peut le maintenir en rectifiant d'office, sous prétexte d'erreur matérielle, les énonciations inexactes de la liste. (Code élect., art. 83.) — Cassation, 16 mai 1904, *Pasic.*, 1904, I, 235.

— *Énonciations.* — *Inexactitude.* — *Preuve.* — *Registre de population.*

Lorsqu'il est établi par un extrait du registre de la population, dont l'exactitude n'est pas contestée, que la liste n'indique pas la rue et le numéro du dernier domicile, la présomption est détruite.

Dans ce cas, l'intéressé ne peut faire la preuve du domicile que par les énonciations du registre de population.

La cour d'appel, par une interprétation non contraire aux termes de l'extrait des registres, décide souverainement que la preuve du domicile n'est pas fournie. — Cassation, 24 mai et 6 juin 1904, *Pasic.*, 1904, I, 241 et 254.

— *Naissance du père en Hollande.* — *Maintien.*

La présomption résultant de l'inscription sur la liste n'est détruite, par le seul fait que le père de l'intéressé est né en Hollande, sous le régime du code civil, d'un père né lui-même en Hollande, s'il n'est pas constaté que les parents de cet aïeul, né sous l'ancien droit, étaient originaires du pays où il est né ou y étaient domiciliés. (Code élect., art. 83; code civ., art. 10.) — Cassation, 6 juin 1904, *Pasic.*, 1904, I, 253.

RÉCLAMATIONS. — *Demandes en inscription.* — *Forme.*

Les listes provisoires ne peuvent être modifiées quant aux réclamations aux fins d'inscription ou d'augmentation de voix, qu'à la condition pour celles-ci d'être produites, au plus tard, le 31 octobre et dans les formes tracées par l'article 74 de la loi du 12 avril 1894. — Cassation, 30 mai et 6 juin 1904, *Pasic.*, 1904, I, 250 et 254.

— *Lettre au secrétaire communal.* — *Validité.*

Une lettre adressée au secrétaire communal à raison de ses fonctions saisit valablement le collège échevinal d'une réclamation tendant à l'inscription d'un électeur sur les listes définitives. (Code élect., art. 74.) — Cassation, 2 mai 1904, *Pasic.*, 1904, I, 216.

VOTES SUPPLÉMENTAIRES. — *Capacité.* — *Fonctions.* — *Instituteur.* — *Exercice de cinq ans.* — *Point initial antérieur au diplôme.*

Deux votes supplémentaires sont attribués à un instituteur ayant exercé ses fonctions pendant cinq ans au moins, si même il n'a obtenu son diplôme que postérieurement à l'exercice de ses fonctions pendant cinq ans. (Loi du 12 août 1894, art. 19, n° 18.) — Cassation, 9 mai 1904, *Pasic.*, 1904, I, 230.

— — *Fonctions.* — *Officier de réserve.*

Au point de vue électoral, le sous-lieutenant de réserve est compris parmi les officiers de l'armée. (Code élect., art. 19, n° 17.) — Cassation, 30 mai 1904, *Pasic.*, 1904, I, 250.

— — *Officiers.* — *Chef de musique assimilé aux officiers.* — *Absence de droits.*

Le chef de musique militaire, assimilé aux sous-lieutenants, n'a pas droit aux deux voix supplémentaires attribuées aux officiers de l'armée (Code élect., art. 19, n° 17.) — Cassation, 24 mai 1904, *Pasic.*, 1904, I, 243.

— — *Chef de famille.* — *Mariage.* — *Preuve.* — *Acte de naissance.*

Un acte de naissance ne peut faire preuve du mariage des parents y renseignés comme personnes conjointes. (Code élect., art. 4; code civ., art. 57.) — Cassation, 2 mai 1904, *Pasic.*, 1904, I, 216.

— — *Mariage.* — *Preuve.* — *Acte de naissance d'un enfant mentionnant la qualité de femme légitime.* — *Décision souveraine.*

La cour d'appel décide souverainement pour refuser l'obtention d'un vote supplémentaire, attribué au père de famille ou veuf avec descendance légitime, que la preuve du mariage de l'intéressé ne résulte pas de l'acte de naissance d'un enfant portant qu'il est né de l'intéressé et de son épouse légitime. (Code élect., art. 4; code civ., art. 57.) — Cassation, 24 mai 1904, *Pasic.*, 1904, I, 244.

— *Propriété.* — *Cotisation collective.* — *Père et enfants.* — *Maintien de la présomption.*

La présomption n'est pas détruite lorsque l'électeur, inscrit pour une quotité dans une cotisation collective, figure au rôle en son nom et en celui de ses enfants. — Cassation, 9 mai 1904, *Pasic.*, 1904, I, 229.

— — *Cotisation au nom d'un tiers.* — *Preuve.*

La présomption est détruite lorsque l'article du rôle de la contribution foncière, qui correspond à l'article du cadastre, est exclusivement cotisé au nom d'un tiers, sans que rien ne révèle l'existence d'un lien entre ce tiers et l'électeur.

Dans ce cas, il appartient à l'intéressé d'apporter la preuve qu'il peut s'attribuer le revenu contesté. (Code élect., art. 83.) — Cassation, 2 mai 1904, *Pasic.*, 1904, I, 215.

— — *Deux immeubles.* — *Revenu cadastral.* — *Indication globale.* — *Présomption.* — *Maintien.*

La présomption n'est pas détruite, lorsque la liste indique globalement, et non séparément pour chacun d'eux, le revenu cadastral de deux immeubles. (Code élect., art. 68 et 83.) — Cassation, 9 et 24 mai 1904, *Pasic.*, 1904, I, 230 et 242.

— — *Héritier.* — *Propriété.* — *Durée.*

L'héritier peut se prévaloir de la propriété de son auteur pour parfaire le temps nécessaire à l'obtention du vote supplémentaire attaché au revenu cadastral. (Code élect., art. 15.) — Cassation, 24 mai 1904, *Pasic.*, 1904, I, 243.

— — *Immeuble exproprié.* — *Perte du droit au vote supplémentaire.*

Lorsque le tribunal a déclaré accomplies les formalités prescrites par la loi en matière d'expropriation publique, l'intéressé perd le droit au vote supplémentaire qui lui a été attribué du chef de la propriété de l'immeuble exproprié. (Code élect., art. 5; loi du 12 avril 1835, art. 12.) — Cassation, 24 mai 1904, *Pasic.*, 1904, I, 240.

— — *Nu-propriétaire.* — *Décès des usufruitiers.* — *Durée de la propriété.*

Le décès des usufruitiers d'un immeuble ne permet pas à l'intéressé, qui, par suite de ce décès, en acquiert la pleine propriété, de s'attribuer cet usufruit à titre successif pour parfaire la pleine propriété d'un au au moins dont il doit justifier. (Code élect., art. 5 et 15.) — Cassation, 24 mai et 13 juin 1904, *Pasic.*, 1904, I, 241 et 258.

— — *Revenu cadastral.* — *Imposition collective.* — *Attribution totale.* — *Présomption détruite.* — *Actes produits.* — *Foi due.*

La présomption est détruite lorsque la liste attribue à l'électeur la totalité du revenu cadastral d'immeubles portés au rôle collectivement en son nom et en celui de sa fille. (Code élect., art. 83.)

Viole la foi due aux actes, l'arrêt qui attribue à l'électeur la moitié d'un revenu cadastral inscrit au rôle au nom de l'intéressé et de sa fille, sous prétexte que les immeubles inscrits sont des acquêts de communauté, alors qu'il résultait de la déclaration de succession produite que la plus grande partie des immeubles délaissés étaient des propres de la *de cujus*. (Code civ., art. 1320.) — Cassation, 9 mai 1904, *Pasic.*, 1904, I, 228.

— — *Revenu cadastral.* — *Montant.* — *Preuve par témoins.* — *Non-recevabilité.*

N'est pas recevable, la preuve testimoniale du montant du revenu cadastral d'immeubles dont la propriété est invoquée, par le motif que l'administration n'ayant pas procédé à cette évaluation avant le 1er juillet, le demandeur s'est trouvé dans l'impossibilité de se procurer la preuve requise par la loi. (Code élect., art. 3, 5, 8, et 9; code civ., art. 1348.) — Cassation, 9 mai 1904, *Pasic.*, 1904, I, 230.

— — *Revenu cadastral.* — *Présomption détruite.* — *Conclusions.* — *Foi due.*

Lorsque la présomption est renversée, c'est violer la foi due aux conclusions et aux pièces produites que de maintenir à un électeur le vote supplémentaire attaché au revenu cadastral, alors qu'il est établi par ces pièces que l'intéressé a droit, non au sixième du revenu cadastral de tous les biens portés à ce numéro du cadastre, mais au douzième seulement d'une partie de ces biens, sans du reste constater la quotité de ce droit. — Cassation, 16 mai 1904, *Pasic.*, 1904, I, 236.

— — *Rôle foncier.* — *Numéro.* — *Absence.* — *Perte de la présomption.*

Lorsque la liste ne renseigne pas le numéro correspondant du rôle de la contribution foncière, la présomption est détruite, et il incombe à l'inscrit de faire la preuve de la condition contestée. — Cassation, 9. mai 1904, *Pasic.*, 1904, I, 229.

— — *Rôle foncier.* — *Numéro.* — *Absence.* — *Perte de la présomption.* — *Justification.* — *Défaut.* — *Rectification d'office interdite.*

Si la liste ne mentionne pas le numéro correspondant des rôles de la contribution foncière, la présomption est détruite et l'obligation de justifier de la condition contestée incombe à l'inscrit. (Code élect., art. 68.)
Si celui-ci ne se défend pas, la cour ne peut le maintenir, en rectifiant d'office les énonciations inexactes de la liste. (Code élect., art. 83.) — Cassation, 9 mai 1904, *Pasic.*, 1904, I, 231.

Voy. CONSEILLER COMMUNAL. — ÉCHEVINS.

Loteries. — *Conditions essentielles pour que l'autorisation puisse être accordée.* — *Absence d'esprit de lucre chez les participants.* — Dépêche adressée le 26 mai 1904 à un gouverneur de province par M. de Trooz, ministre de l'intérieur, etc. (*Bulletin du ministère de l'intérieur, etc.*, 1904, II, 68.)

MM. K... et D..., commissaires de police à M..., m'ont adressé, au nom de la fédération, dont ils sont respectivement président et secrétaire, une demande tendant à autoriser cette fédération à organiser une tombola dans le royaume.
Le nombre des billets à 10 centimes eût été fixé à environ 1,500,000 et la valeur des lots à environ 20,000 francs, dont deux gros lots en espèces de 10,000 et de 5,000 francs. Le produit de la loterie était destiné à assurer une pension aux membres de la société, à leurs veuves et orphelins.
J'ai examiné cette demande, d'accord avec M. le ministre de la justice, et j'estime avec lui qu'il n'y a pas lieu de l'accueillir.
Bien que la fédération soit loin de compter comme adhérents la généralité des fonctionnaires de la police du royaume, on ne peut contester le but d'utilité publique que cette fédération a en vue dans l'organisation de la loterie; mais la façon dont est conçue cette opération financière me paraît inadmissible. Les 1,500,000 billets à 10 centimes devraient produire 150,000 francs; si on tient compte des frais de placement et des billets non vendus, on peut estimer le produit à 100,000 francs. Ce chiffre représente un prélèvement considérable sur le public et il est à craindre, vu l'élévation des lots, que celui-ci ne soit bien plus attiré par l'appât du gain que par le désir de contribuer à une œuvre utile.
L'autorisation d'organiser une loterie ne peut être, dans l'intention du législateur de 1851, qu'une faveur exceptionnelle dont l'octroi doit être limité aux opérations de peu d'importance eu égard au but d'utilité publique poursuivi. Il faut encore que ceux qui entreprennent la loterie, comme ceux qui y participent par l'acquisition de billets, aient exclusivement, ou tout au moins principalement, pour mobile de coopérer à l'œuvre méritoire qui en est la fin. Cette dernière condition fait évidemment défaut dans l'espèce, la constitution de lots considérables en argent étant de nature à inspirer plutôt au public le désir de réaliser un gain par la voie du sort. Ces principes ont été consacrés par l'arrêté royal du 13 mars 1883 (*Revue de l'administration*, 1883, p. 235) et par la circulaire du ministre de l'instruction publique du 30 mai 1883 (*Revue de l'administration*, 1883, p. 435).
Je vous prie, Monsieur le gouverneur, de faire connaître à MM. D... et K..., en leur qualité de président et de secrétaire de la fédération, les motifs qui ne me permettent pas d'accueillir leur demande.

M

Machines à vapeur. — *Surchauffeurs système Hering.* — *Appareils de sûreté* — Arrêté pris le 9 mars 1905 par M. Francotte, ministre de l'industrie, etc.

Vu le rapport, en date du 10 février 1904, de M. l'ingénieur en chef, directeur du 6e arrondissement des mines, à Liège, concernant les appareils de sécurité dont il convient de munir les surchauffeurs de vapeur du système « Hering » :
Vu l'avis émis par la commission consultative permanente pour les appareils à vapeur dans sa séance du 7 février 1905;
Vu la décision ministérielle du 17 novembre 1893, soumettant les appareils surchauffeurs au même régime d'établissement et de mise en usage que les générateurs à vapeur et déterminant les conditions de leur construction;
Vu l'article 63 de l'arrêté royal du 28 mai 1884 concernant l'emploi et la surveillance des appareils à vapeur;
Considérant que les appareils surchauffeurs « Hering » sont constitués de tubes en acier;
Considérant, d'autre part, qu'il n'y a pas lieu, dans ces appareils, de limiter la température des gaz,

Décide:

Les appareils surchauffeurs du système

« Hering » devront être munis des appareils de sécurité suivants :

1° Une soupape de sûreté, lorsqu'ils seront chauffés par un foyer spécial ou quand ils seront compris entre deux modérateurs de vapeur;

2° Un pyromètre ou un thermomètre.

Milice. — *Contingent pour* 1905. — *Fixation.* — *Loi du* 29 *décembre* 1904. (*Moniteur du* 30 décembre.)

ARTICLE PREMIER.— Le contingent de l'armée sur le pied de paix, pour 1905, est fixé à cent mille hommes (100,000) au maximum.

ART. 2.— Le contingent de la levée de milice pour 1905 est fixé à treize mille trois cents (13,300) hommes.

Contingent. — *Levée de* 1905.— *Répartition.* — Arrêté royal du 31 mars 1905 (*Moniteur des* 3-4 *avril),* remplacé par l'arrêté royal du 16 mai 1905, contresigné par M. de Favereau, ministre des affaires étrangères pour M. de Trooz, ministre de l'intérieur, etc., absent. (*Moniteur du* 19 mai.)

Vu l'article 5 de la loi de milice :

Vu la loi du 29 décembre 1904, fixant le contingent pour la levée de 1905;

Revu notre arrêté du 31 mars 1905;

Considérant qu'une erreur a été commise par l'administration provinciale de Liège dans le relevé du nombre des miliciens inscrits dans cette province;

Sur la proposition de notre ministre de l'intérieur et de l'instruction publique,

Nous avons arrêté et arrêtons:

ARTICLE PREMIER. — Notre susdit arrêté du 31 mars 1905 est rapporté.

ART. 2. — Le contingent de la levée de 1905 est réparti entre les provinces ainsi qu'il suit :

Provinces.	Hommes.
Anvers	1,584
Brabant	2,496
Flandre occidentale	1,673
Flandre orientale	2,079
Hainaut	2,271
Liège	1,588
Limbourg	491
Luxembourg	445
Namur	673
Total	13,300

ART. 3. — Le contingent assigné à chaque province sera réparti entre les cantons par le gouverneur, conformément à l'article 5 de la loi.

ART. 4. — Notre ministre de l'intérieur et de l'instruction publique est chargé de l'exécution du présent arrêté.

Prix du remplacement par le département de la guerre. — *Rémunération allouée aux volontaires avec prime.* — Arrêté royal du 30 septembre 1904, contresigné par M. Cousebant d'Alkemade, ministre de la guerre. (*Moniteur du* 7 octobre.)

Vu les articles 2, 12, 64*bis*, 64*ter*, 72, 72*bis*, 75, le § 2 de l'article 75*bis*, les articles 75*ter*, 78, 85 et 100 de la loi sur la milice, et la loi du 27 décembre 1885;

Vu nos arrêtés du 4 octobre 1873, n° 3160 et du 2 octobre 1903, n° 14627;

Sur la proposition de notre ministre de la guerre,

Nous avons arrêté et arrêtons :

ARTICLE PREMIER. — Le prix du remplacement par le département de la guerre est fixé, pour l'exercice 1904-1905, à seize cents francs (fr. 1,600).

ART. 2. — La rémunération allouée aux volontaires avec prime est fixée comme suit, pour l'exercice 1904-1905, commençant le 1er octobre 1904 et finissant le 30 septembre 1905:

Ceux qui, à dater du 1er octobre prochain, s'engageront pour un terme de milice prenant cours le 1er octobre 1905, recevront :

Dix-sept cents francs (fr. 1,700), s'ils sont admis dans la cavalerie ou dans l'artillerie à cheval;

Seize cents francs (fr. 1,600), s'ils sont admis dans l'artillerie montée ou dans le train;

Quinze cent cinquante francs (fr. 1,550), s'ils sont admis dans le bataillon d'administration;

Quinze cent vingt-cinq francs (fr. 1,525), s'ils sont admis dans l'artillerie de forteresse, dans les compagnies spéciales d'artillerie ou dans le génie;

Quinze cents francs (fr. 1,500), s'ils sont admis dans l'infanterie.

Ceux qui prendront la place ou achèveront le terme d'hommes appartenant:

A la levée de 1904, recevront, suivant l'arme, la somme ci-dessus diminuée de 100 francs;

A la levée de 1903, recevront, suivant l'arme, la somme ci-dessus diminuée de 200 francs;

A la levée de 1902, recevront, suivant l'arme, la somme ci-dessus diminuée de 300 francs;

A la levée de 1901, recevront, suivant l'arme, la somme ci-dessus diminuée de 400 francs;

A la levée de 1900, recevront, suivant l'arme, la somme ci-dessus diminuée de 500 francs;

A la levée de 1899, recevront, suivant l'arme, la somme ci-dessus diminuée de 600 francs;

A la levée de 1898, recevront, suivant l'arme, la somme ci-dessus diminuée de 700 francs;

A la levée de 1897, recevront, suivant l'arme, la somme ci-dessus diminuée de 800 francs;

A la levée de 1896, recevront, suivant l'arme, la somme ci-dessus diminuée de 900 francs;

A la levée de 1895, recevront, suivant l'arme, la somme ci-dessus diminuée de 1,000 francs;

Aux classes antérieures, recevront, suivant l'arme, la somme ci-dessus diminuée de 1,100 francs.

ART. 3. — La prime dont il s'agit à l'article précédent sera payable de la manière suivante :

1° Lors de l'homologation de l'engagement:

Quatre cents francs (fr. 400), si le volontaire avec prime est admis dans la cavalerie ou dans l'artillerie à cheval;

Trois cents francs (fr. 300), s'il est admis dans l'artillerie montée ou dans le train;

Deux cent cinquante francs (fr. 250), s'il est admis dans le bataillon d'administration;

Deux cent vingt-cinq francs (fr. 225), s'il est admis dans l'artillerie de forteresse, dans les compagnies spéciales d'artillerie ou dans le génie;

Deux cents francs (fr. 200), s'il est admis dans l'infanterie;

2° Après le 30 septembre 1906 (expiration de l'année de service prenant cours le 1er octobre 1905) et après l'accomplissement de chacune des années suivantes du terme de milice, cent francs (fr. 100).

Les sommes dont le payement échoit avant que le bénéficiaire ait obtenu un congé illimité, en vertu de l'article 85 de la loi sur la milice, sont inscrites, au nom du volontaire avec prime, dans un livret de la Caisse générale d'épargne. Le titulaire du livret en disposera de la manière qui sera réglée par notre ministre de la guerre.

Art. 4. — Notre ministre de la guerre peut faire payer anticipativement aux ayants droit, qui en font la demande, les sommes délaissées par les volontaires avec prime décédés. Ces avances sont escomptées par la caisse de remplacement au taux de 3 p. c. l'an.

Art. 5. — Des prêts, à 3 p. c. l'an, pourront être faits, au moyen des fonds disponibles de la caisse de remplacement, aux volontaires avec prime qui désirent construire ou acheter une maison destinée à leur servir d'habitation. Le montant d'un prêt n'excédera pas la somme que le volontaire doit encore recevoir sur sa rémunération.

Le but de l'opération sera attesté par un certificat du comité de patronage de l'arrondissement (loi du 9 août 1889).

Notre ministre de la guerre déterminera les garanties à fournir par les emprunteurs.

Art. 6. — Le milicien qui obtient l'autorisation de se faire remplacer ou de faire suppléer son remplaçant par le département de la guerre, doit, en se conformant aux prescriptions de la loi, verser dans la caisse du receveur de l'enregistrement :

Seize cents francs (fr. 1,600), s'il appartient à la levée de 1904;

Quinze cents francs (fr. 1,500), s'il appartient à la levée de 1903;

Quatorze cents francs (fr. 1,400), s'il appartient à la levée de 1902;

Treize cents francs (fr. 1,300), s'il appartient à la levée de 1901;

Douze cents francs (fr. 1,200), s'il appartient à la levée de 1900;

Onze cents francs (fr. 1,100), s'il appartient à la levée de 1899;

Mille francs (fr. 1,000), s'il appartient à la levée de 1898;

Neuf cents francs (fr. 900), s'il appartient à la levée de 1897;

Huit cent francs (fr. 800), s'il appartient à la levée de 1896;

Sept cents francs (fr. 700), s'il appartient à la levée de 1895;

Six cents francs (fr. 600), s'il appartient à la levée de 1894;

Cinq cents francs (fr. 500), s'il appartient à une levée antérieure.

Art. 7. — Les dispositions énoncées aux articles 4 et 5 ci-dessus sont applicables aux volontaires avec prime de toutes les classes non congédiées.

Art. 8. — Notre ministre de la guerre est chargé de l'exécution du présent arrêté, qui sera obligatoire à partir du 1er octobre 1904.

———

Cantons. — Modification. — Arrêté royal du 16 décembre 1904, contresigné par M. de Trooz, ministre de l'intérieur, etc. (*Moniteur* du 18 décembre.)

Vu l'article 17, littéra A, de la loi sur la milice, ainsi conçu :

« Un arrêté royal divise chaque arrondissement administratif en cantons de milice. »

Vu la loi du 3 mai 1904 portant érection du hameau de Poelcapelle en commune distincte de Langemarck;

Revu nos arrêtés des 25 octobre 1870 et 4 décembre 1899;

Sur la proposition de notre ministre de l'intérieur et de l'instruction publique,

Nous avons arrêté et arrêtons :

Les 4e et 47e cantons de milice de la province de Flandre occidentale ressortissant, le premier, à l'arrondissement administratif de Bruges-Ostende, le deuxième, à l'arrondissement d'Ypres, sont respectivement composés des communes ci-après, savoir :

4e *Canton* A. — Blankenberghe, Houttave, Nieuwmunster, Uytkerke, Wenduyde, Zuyenkerke.

4e *Canton* B. — Jabbeke, Meetkerke, Saint-André, Stalhille, Varssenaere.

47e *Canton.* — Langemarck, Passchendaele, Poelcapelle, Saint-Jean lez-Ypres, Zonnebeke.

———

Tirage au sort. — Similitude ou concordance des noms des miliciens. — Circulaire adressée le 26 janvier 1905 aux gouverneurs de province, par M. de Trooz, ministre de l'intérieur, etc. (*Bulletin du ministère de l'intérieur, etc.*, 1905, II, 12.)

Aux termes de l'article 20 de la loi sur la milice, l'appel des miliciens au tirage au sort se fait, dans chaque commune, suivant l'ordre alphabétique des inscrits,

A l'appel de son nom, chaque inscrit prend dans l'urne un numéro, le remet au commissaire d'arrondissement, qui le proclame; le fait porter immédiatement sur la liste du tirage et le rend à l'intéressé.

Il a été constaté que, parfois, ensuite d'une similitude de noms, une milicien se présente à la place de celui qui a été réellement appelé.

Cette modification à l'ordre d'appel déterminé par la liste alphabétique peut amener de graves inconvénients.

L'article 21 de la loi stipule, en effet, que « le tirage au sort est définitif et que chaque milicien garde le numéro qui a été proclamé à l'appel de son nom ».

Par conséquent, le milicien qui a répondu aux lieu et place de celui qui a été réellement appelé se verra attribuer non pas le numéro retiré par lui de l'urne, mais bien celui proclamé à l'appel de son nom.

Afin d'éviter que des erreurs de ce genre puissent se produire, il y aura lieu, Monsieur le gouverneur, en cas de similitude ou de concordance des noms des miliciens, d'interroger suffisamment les intéressés, avant de les admettre à l'urne, sur leurs prénoms, ceux de leur père, ainsi que sur les nom et prénoms de leur mère et, au besoin, de les confronter séance tenante.

Je vous prie, Monsieur le gouverneur, de vouloir bien attirer spécialement sur ce point l'attention de MM. les commissaires d'arrondissement et de MM. les délégués chargés de suppléer ces fonctionnaires dans les opérations du tirage au sort.

— *Ordre alphabétique des communes.* — *Application de la loi du 22 mai 1878.* — Circulaire adressée le 2 février 1905 aux gouverneurs de province par M. de Trooz, ministre de l'intérieur, etc. (*Bulletin du ministère de l'intérieur, etc.*, 1905, II, 18.)

D'après l'article 20, A, de la loi sur la milice, l'appel des communes au tirage au sort « se fait suivant l'ordre alphabétique des communes ».

Conformément à l'esprit de la loi du 22 mai 1878 sur l'emploi de la langue flamande, il y a lieu, dans les arrondissements où les avis et communications officiels doivent être rédigés en langue flamande, de déterminer l'ordre alphabétique susdit, non pas d'après l'orthographe française, mais bien d'après l'orthographe flamande des communes.

Je vous prie, Monsieur le gouverneur, de bien vouloir donner les instructions nécessaires afin que cette prescription soit minutieusement observée lors des prochaines opérations du tirage au sort.

Nationalité. — *Répudiation de la qualité de Français.* — *Instructions.* — Circulaire adressée le 15 juillet 1904 aux gouverneurs de province par M. de Trooz, ministre de l'intérieur, etc. (*Bulletin du ministère de l'intérieur, etc.*, 1904, II, 91.)

Aux termes de l'article 8, n° 4, du code civil français est Français « tout individu né en France d'un étranger et qui, *à l'époque de sa majorité est domicilié en France*, à moins que, dans l'année qui suit sa majorité telle qu'elle est réglée par la loi française, il n'ait décliné la qualité de Français et prouve qu'il a conservé la nationalité de ses parents par une attestation en due forme de son gouvernement, laquelle demeurera annexée à la déclaration, et qu'il n'ait en outre produit, s'il y a lieu, un certificat constatant qu'il a répondu à l'appel sous les drapeaux, conformément à la loi militaire de son pays sauf les exceptions prévues aux traités ».

D'après la jurisprudence française, une simple résidence en France au moment de la majorité constitue un domicile et suffit pour qu'un individu soit considéré comme Français, *s'il ne déclare pas vouloir conserver sa qualité de Belge* (voir le renvoi 1 mentionné au *Mémorandum* annexé à la circulaire ministérielle du 28 avril 1896, n°s 15156/19046).

J'ai l'honneur de vous prier, Monsieur le gouverneur, de bien vouloir rappeler, à cette occasion, aux administrations communales les recommandations faites à cet égard à l'avant-dernier de ma circulaire du 28 novembre 1900, n°s 14293-19046-15156.

Celles-ci portent entre autres que, « afin d'éviter que les intéressés ne s'exposent à être éventuellement et contre leur gré astreints au service militaire en France, comme étant devenus irrévocablement Français au regard de la France, il sera toujours bon de leur conseiller la répudiation de la nationalité française, alors même que cet acte ne paraîtrait pas rigoureusement nécessaire à première vue ».

La situation vis-à-vis de la France des militaires nés dans ce pays de parents belges dépend, en effet, d'une question de domicile qu'il est parfois difficile d'élucider, surtout à plusieurs années d'intervalle.

C'est pour cette raison d'ailleurs que, de son côté, le département de la guerre, d'accord avec celui des affaires étrangères, a donné en 1896 d'abord et en 1901 en dernier lieu, des instructions *spéciales* aux autorités militaires en vue de faire répudier la nationalité française par tous les Belges de la catégorie en cause et qui se trouvent déjà sous les armes en notre pays.

Il est du reste à ma connaissance, Monsieur le gouverneur, que les autorités administratives supérieures en France jugent également « qu'il est préférable d'admettre les étrangers à souscrire une déclaration de la répudiation de la nationalité française, même lorsque ceux-ci éprouvent des difficultés pour établir le lieu de leur domicile, à la condition, toutefois, qu'ils se trouvent encore dans l'année de leur majorité et qu'ils soient munis des pièces justificatives exigées par la loi ».

Comme l'a fait remarquer avec raison mon honorable collègue des affaires étrangères, en répudiant la nationalité française, même lorsque cette formalité semble inutile, les intéressés posent un acte conservatoire de la nationalité belge qu'il ne faut pas décourager, et de la plus haute utilité s'ils se proposent, leur service militaire terminé dans le royaume, de rentrer en France avant d'avoir atteint l'âge de 22 ans. L'honorable baron de Favereau a constaté que nombreuses sont les personnes qui viennent se renseigner dans les bureaux de son département, au sujet de l'application du code civil français sous le rapport de la nationalité; il leur est toujours donné le conseil de répudier chaque fois que les pièces produites n'établissent pas *à la dernière évidence* qu'ils sont domiciliés depuis un certain temps ès Belgique avant leur majorité.

Il importe donc, Monsieur le gouverneur, qu'en tout état de cause, les administrations communales prêtent régulièrement leur concours aux intéressés et leur facilitent l'accomplissement des formalités qu'ils ont à remplir pour la répudiation de la nationalité française, en leur délivrant les pièces nécessaires (extrait d'acte de naissance de leurs père et mère ou extrait d'acte de mariage de leurs parents, etc.).

Je vous saurais gré, Monsieur le gouverneur, de vouloir bien donner telles instructions que vous jugerez convenir pour que ces administrations se conforment rigoureusement à l'avenir aux recommandations qui font l'objet de la présente communication.

Engagement volontaire avant 18 ans. — Effet libératif. — Circulaire adressée le 25 février 1905 aux gouverneurs de province par M. de Trooz, ministre de l'intérieur, etc. (*Bulletin du ministère de l'intérieur, etc.*, 1905, II, 22.)

Par arrêt en date du 27 septembre 1904 (*Pasic.*, 1904, 11e livraison, p. 354), la cour de cassation a décidé que le volontaire de carrière, engagé avant l'âge de 18 ans, n'en procure pas moins à la famille une exemption provisoire, du chef de service de frère.

Conformément à cet arrêt et d'accord avec M. le ministre de la guerre, j'ai l'honneur de vous faire savoir qu'en conséquence, à aucun moment, la faculté réservée aux volontaires de carrière, âgés de 18 ans, de résilier leur engagement, n'enlève à celui-ci son caractère libératif.

En effet, le contrat d'engagement est parfait et définitif; de plus, il est d'exécution immédiate : c'est un véritable contrat à condition résolutoire.

Or, aux termes du code civil, les contrats de l'espèce sortent tous leurs effets tant que la condition n'est pas réalisée. Ainsi, le volontaire est payé, il participe à l'avancement; il est passible des lois militaires, et, s'il venait à déserter, il serait justiciable du conseil de guerre.

Dès lors, aucune disposition ne permet d'enlever à cet engagement les conséquences qu'il doit comporter vis-à-vis de la famille.

Je vous prie, Monsieur le gouverneur, de vouloir bien porter cette décision à la connaissance des autorités chargées de l'application de la loi sur la milice.

APPEL. — *Moyen. — Décision. — Avis des médecins.*

N'est pas recevable, le moyen qui vise, non la décision du conseil de revision, mais l'avis des médecins qui ont assisté le conseil.

Le conseil de revision n'est pas lié par l'avis des médecins, qui n'interviennent qu'à titre consultatif. (Loi sur la milice, art. 35.) — Cassation, 26 septembre 1904, *Pasic.*, 1904, I, 344.

CONSEIL DE MILICE. — *Appel. — Délai.*

Le délai fixé dans les quinze jours à partir de la première publication prescrite par l'article 46 de la loi sur la milice, pour interjeter appel des décisions des conseils de milice, ne commence à courir qu'au lendemain du jour où s'est accomplie la formalité qui en fixe le point de départ. (Loi sur la milice, art. 48 et 49.) — Cassation, 25 septembre 1903, *Pasic.*, 1904, I, 14.

— *Appel. — Délai. — Point initial.*

Le délai attribué au milicien pour interjeter appel d'une décision du conseil de milice ne prend cours que le lendemain du jour où celle-ci a été rendue. (Loi sur la milice, art. 48 et 49b.) — Cassation, 27 juin 1904, *Pasic.*, 1904, I, 290.

DISPENSE. — *Condition.*

Le milicien ne peut être dispensé définitivement, du chef de pourvoyance, que s'il n'appartient plus à l'une des quatre dernières levées, en tenant compte non de l'époque du tirage au sort, mais de l'année de l'incorporation. (Loi sur la milice, art. 29.) — Cassation, 6 juin 1904, *Pasic.*, 1904, I, 255.

— *Décès ou infirmités d'un parent après incorporation.*

La dispense de service ne peut être accordée à un milicien incorporé que dans le cas où un membre de sa famille est décédé, ou peut, à raison des infirmités dont il est atteint, être considéré comme perdu pour la famille. (Loi sur la milice, art. 29 et 33.) — Cassation, 21 mars 1904, *Pasic.*, 1904, I, 179.

— *Engagé volontaire. — Intéressé.*

Le milicien qui a contracté un engagement volontaire perd tout droit aux dispenses accordées par l'article 29 de la loi sur la milice. (Loi sur la milice, art. 29.)

N'est pas nominativement en cause devant la cour d'appel, la personne dont le milicien, qui, pour ce motif, demande l'exemption, serait l'indispensable soutien. Il n'y a donc pas lieu de lui signifier le pourvoi en cassation. (Même loi, art. 61.) — Cassation, 11 juillet 1904, *Pasic.*, 1904, I, 329.

— *Exemption. — Emploi d'un terme pour l'autre. — Appréciation de la cour de cassation.*

La cour de cassation peut reconnaître qu'il résulte clairement du dispositif rapproché des motifs d'un arrêt que la cour d'appel a, par une expression impropre, accordé à un milicien une dispense et non une exemption dans le sens légal de ce mot. (Loi sur la milice, art. 29.) — Cassation, 5 août 1904, *Pasic.*, 1904, I, 342.

— Dispense provisoire. — Retrait. — Cour d'appel. — Incompétence.

La cour d'appel est sans compétence pour statuer directement sur la requête d'un milicien qui, après avoir été dispensé provisoirement, demande, sous prétexte qu'il n'est plus l'indispensable soutien de sa mère veuve, à être immédiatement réintégré dans son régiment. (Loi sur la milice, art. 29, 38, 2°, 48 et 49.) — Cassation, 25 janvier 1904, *Pasic.*, 1904, I, 111.

EXEMPTION. — *Appel. — Désignation pour le service. — Réclamation du chef de pourvoyance. — Arrêt de la cour d'appel. — Pourvoi. — Partie en cause. — Défaut de signification. — Déchéance.*

Est nominativement en cause devant la cour d'appel qui statue sur sa réclamation, le milicien qui, déclaré apte au service par le conseil de revision, a immédiatement réclamé du chef de pourvoyance.

En conséquence, le pourvoi formé par le gouverneur contre l'arrêt de la cour d'appel qui a statué sur cette réclamation doit, à peine de déchéance, être signifié à l'intéressé appelant. — Cassation, 25 septembre 1903, *Pasic.*, 1904, I, 12.

— Service de frère. — Désignation définitive du frère aîné.

Lorsque deux frères sont compris dans la même levée, la cour d'appel ne peut exempter le frère puîné à raison de la désignation du frère aîné pour le service, tant qu'il n'est pas certain que cette désignation est définitive. (Loi sur la milice, art. 27, 6°, al. 2, et 82.) — Cassation, 3 août 1903, *Pasic.*, 1904, I, 8.

— Service de frère. — Engagement volontaire. — Intéressé. — Appel. — Recevabilité.

Est recevable, l'appel interjeté par un intéressé contre une décision du conseil de milice qui a exempté du chef de service de frère un milicien de l'année ou ajourné d'une année antérieure qui, après le tirage au sort, a contracté un engagement comme volontaire de carrière. (Loi sur la milice, art. 5 et 83, al. 3.) — Cassation, 25 septembre 1903, *Pasic.*, 1904, I, 13.

— Service de frère. — Engagement volontaire. — Volontaires de carrière. — Déduction du contingent.

Le milicien, exempté pour service de frère, ne peut plus bénéficier de cette exemption lorsqu'il contracte un engagement comme volontaire.

Les volontaires de carrière fournis par le canton ne sont portés en tête de la liste de tirage que lorsqu'ils sont soumis à l'inscription, l'année même de la levée. (Loi sur la milice, art. 5, al. 3 et 15.)

Le volontaire qui, antérieurement exempté du chef de service de frère, vient à perdre, par le fait de son engagement, le bénéfice de cette exemption, doit être rangé parmi les miliciens de l'année où son engagement prend cours ; par suite, il libère en toute hypothèse le dernier appelé du canton qui devrait le suppléer. — Cassation, 18 juillet 1904, *Pasic.*, 1904, I, 339.

— Service de frère. — Frère engagé volontaire avant l'âge de 18 ans.

Le volontaire de carrière, engagé avant l'âge de 18 ans, n'en procure pas moins à la famille une exemption provisoire, du chef de service de frère. (Loi sur la milice, art. 24, 34 et 26 ; loi du 21 mars 1902, art. 2, litt. *B*.) — Cassation, 27 septembre 1904, *Pasic.*, 1904, I, 354. i

POURVOI. — *Désistement par lettre. — Signification.*

Il n'échet pas de statuer sur un désistement par lettre et sans signature légalisée.

En matière de milice, le pourvoi doit, sous peine de déchéance, être signifié à toutes les personnes nominativement en cause. (Loi sur la milice, art. 61*a*.) — Cassation, 27 juin 1904, *Pasic.*, 1904, I, 293.

— Faits contredits par la décision. — Défaut de base.

Manque de base, le pourvoi qui repose sur un fait contredit par la décision attaquée. — Cassation, 25 septembre 1903, *Pasic.*, 1904, I, 14.

— Milicien décédé. — Sans objet.

Doit être rejeté comme étant sans objet, le pourvoi du gouverneur en cause d'un milicien dont le décès est régulièrement constaté. — Cassation, 5 août 1904, *Pasic.*, 1904, I, 342.

QUALITÉ. — *Intéressés.*

En matière de milice, la faculté de se pourvoir en cassation n'est accordée qu'aux intéressés ; n'est donc pas recevable, le pourvoi du demandeur qui ne justifie pas de son intérêt. (Loi sur la milice, art. 58, 4°.) — Cassation, 5 août 1904, *Pasic.*, 1904, I, 341.

RÉFRACTAIRE. — *Excuse. — Milicien de l'article 22. — Assimilation.*

La cour d'appel, qui déclare excusable un milicien régulièrement inscrit au registre des réfractaires, contrevient à l'article 12 de la loi sur la milice, en ne l'assimilant point aux miliciens dont il s'agit à l'article 22. (Loi sur la milice, art. 12 et 22.) — Cassation, 25 janvier 1904, *Pasic.*, 1904, I, 115.

Voy. GARDE CIVIQUE.

N

Nationalité. — Voy. GARDE CIVIQUE. — LOIS ÉLECTORALES. — MILICE.

P

Pensions. — *Copies d'actes délivrées par les administrations communales.* — *Signature manuscrite du bourgmestre.* — *Actes de nomination.* — *Timbre.* — Circulaire adressée le 9 février 1905 aux gouverneurs de province par M. de Trooz, ministre de l'intérieur, etc. (*Bulletin du ministère de l'intérieur, etc.*, 1904, I, 19.)

J'ai constaté que les copies d'actes produites par les membres du personnel enseignant, à l'appui de leur demande de pension, sont souvent certifiées conformes par des fonctionnaires des administrations communales ou au moyen d'une griffe du bourgmestre.

Cette pratique est irrégulière, attendu que le bourgmestre ou l'échevin délégué ont seuls qualité pour donner, par leur signature *manuscrite*, un caractère d'authenticité aux pièces de l'espèce.

Je vous prie, Monsieur le gouverneur, de vouloir bien attirer sur ce point l'attention des administrations communales par la voie du *Mémorial administratif*. A cette occasion, vous leur recommanderez de se conformer strictement aux prescriptions du Code du timbre, notamment en ce qui concerne la délivrance des copies ou d'extraits d'actes de nomination qui ne peuvent être transmis que sur papier timbré de fr. 1,30.

Il ne sera pas inutile d'appeler leur attention sur la disposition de l'article 25 du Code du timbre qui porte qu'une amende de 25 francs peut être prononcée pour chaque contravention.

Pensions de vieillesse. — *Versement annuel.* — Arrêté royal du 10 juillet 1904, contresigné par MM. Francotte, ministre de l'industrie, etc., et Liebaert, ministre des chemins de fer, etc. (*Moniteur* du 20 juillet.)

Vu la loi du 10 mai 1900 sur les pensions de vieillesse et spécialement les articles 9, 10 et 14 de cette loi;

Vu nos arrêtés du 13 juin 1901 et du 30 décembre 1902;

Considérant que l'expérience a démontré qu'il y a lieu de simplifier et de hâter les opérations du payement des allocations de 65 francs prévues par la loi précitée;

Sur la proposition de nos ministres de l'industrie et du travail et des chemins de fer, postes et télégraphes,

Nous avons arrêté et arrêtons :

ARTICLE PREMIER. — Le payement des allocations de 65 francs, prévues par l'article 9 de la loi du 10 mai 1900, se fera en un versement annuel et aura lieu entre les mains des intéressés ou de leurs fondés de pouvoirs, par l'intermédiaire de l'administration des postes.

ART. 2. — Notre arrêté du 13 juin 1901 et l'article 18, alinéa 3, de notre arrêté du 30 décembre 1902 sont abrogés.

Poids et mesures. — *Jaugeage des futailles.* — *Dépotoirs publics.* — Arrêté royal du 8 décembre 1904, contresigné par M. Francotte, ministre de l'industrie, etc., et par M. de Smet de Naeyer, ministre des finances, etc. (*Moniteur* du 17 décembre.)

Vu la loi du 1er octobre 1855 sur les poids et mesures;

Vu l'article 6 de la loi du budget des voies et moyens pour l'exercice 1898;

Revu l'arrêté royal du 31 mai 1899 relatif au jaugeage des futailles;

Sur la proposition de notre ministre de l'industrie et du travail et de notre ministre des finances et des travaux publics,

Nous avons arrêté et arrêtons :

ARTICLE PREMIER. — Dans les endroits où le jaugeage des futailles est effectué au moyen de récipients, dits dépotoirs, il ne sera permis d'employer que des dépotoirs préalablement vérifiés et poinçonnés.

ART. 2. — Pour être admis au poinçonnage, ces récipients devront être solidement et régulièrement construits.

ART. 3. — Les dépotoirs seront soumis tous les quatre ans à vérification.

ART. 4. — Par analogie à l'arrêté royal du 31 décembre 1897 fixant les taxes à appliquer en matière de poids et mesures, il sera perçu, au profit du trésor, à charge de celui qui aura demandé la vérification, une somme de 20 fr. par dépotoir présenté.

ART. 5. — Par dérogation à l'article 1er de l'arrêté royal du 31 mai 1899 susvisé, le dépôt d'une série de mesures légales ne sera plus obligatoire dans les endroits visés par l'article 1er du présent arrêté.

ART. 6. — Le présent arrêté sera mis en vigueur le 1er avril 1905.

Vérification périodique en 1904. — Arrêté pris le 25 octobre 1904 par M. Francotte, ministre de l'industrie, etc. (*Moniteur* des 2-3 novembre.)

Vu la loi du 1er octobre 1855 sur les poids et mesures;

Vu l'article 22 de l'arrêté royal du 6 octobre 1855, relatif à la vérification périodique des poids et mesures;

Vu l'article 3 de l'arrêté royal du 10 novembre 1900, décidant qu'à partir du 1er janvier 1901 les instruments de pesage seront soumis à des vérifications périodiques ayant lieu :

Tous les deux ans, pour les balances-bascules servant à peser les véhicules et pour celles destinées au pesage du bétail;

Tous les quatre ans pour les autres balances-bascules;

Tous les six ans, pour les balances à bras égaux;

Considérant que le dit article 3 prescrit que les instruments de pesage sur lesquels les empreintes du dernier poinçonnage sont effacées ou devenues illisibles doivent être soumis à une nouvelle vérification, quelle que soit l'année de la vérification antérieure;

Considérant, d'autre part, que l'article 4 de l'arrêté royal du 10 novembre 1900 précité dispose que les vérifications périodiques des instruments de pesage seront comprises parmi les opérations de la vérification périodique des poids et mesures à laquelle les vérificateurs sont tenus de procéder dans leurs ressorts respectifs, en exécution d'arrêtés pris par les députations permanentes des conseils provinciaux;

Vu la loi du 30 juillet 1901, réglementant le mesurage du travail des ouvriers; .

Vu l'arrêté royal du 28 octobre 1901, fixant la date de la mise en vigueur de cette loi et notamment l'article 2, portant :

« Les vérifications périodiques des instruments de mesure légaux, dont il est fait usage pour mesurer le travail des ouvriers en vue de déterminer leur salaire, seront comprises parmi les opérations qui se rattachent à la vérification des poids et mesures à laquelle les vérificateurs doivent procéder, en exécution d'arrêtés pris par les députations permanentes des conseils provinciaux ».

Arrête :

ARTICLE PREMIER. — La députation permanente du conseil provincial, dans chaque province, désignera, pour chacun des ressorts de vérification, les localités dans lesquelles devra se faire la vérification périodique en 1905.

Dans ces localités, les poids et mesures soumis au contrôle des vérificateurs seront, s'il y a lieu, marqués de la lettre ι (iota).

Dans les localités où les opérations ont eu lieu en 1904, les poids et mesures conserveront jusqu'en 1906 la marque de vérification fixée pour l'année 1904; il sera néanmoins permis de faire usage, dans les dites localités, d'instruments portant la nouvelle lettre.

ART. 2. — Les poids et mesures neufs ou remis à neuf, présentés à la vérification première en 1905 et reconnus admissibles, seront marqués de la couronne royale, de la lettre majuscule remplaçant le numéro d'ordre du vérificateur, ainsi que de la lettre ι (iota).

ART. 3. — Les poids et mesures portant la lettre θ (thêta) et qui, dans le courant de l'année 1905, seront transportés dans une localité où la lettre ι (iota) est obligatoire, pour y être employés dans le commerce, devront, préalablement à leur mise en usage, être soumis à une vérification nouvelle et être marqués, s'il y a lieu, de l'empreinte de cette dernière lettre.

ART. 4. — Les instruments de pesage neufs ou remis à neuf, soumis à la vérification première en 1905 et reconnus admissibles, seront marqués du chiffre 05, indépendamment des autres empreintes qui constatent cette vérification.

Ce chiffre sera également apposé :

Sur les balances-bascules servant à peser les véhicules et sur celles destinées au pesage du bétail poinçonnées en 1903 et antérieurement;

Sur les autres balances-bascules poinçonnées en 1901 ou antérieurement;

Sur les balances à bras égaux poinçonnées en 1899 ou antérieurement.

ART. 5. — Les instruments de pesage sur lesquels les empreintes du dernier poinçonnage sont effacées ou devenues illisibles seront soumis à un nouveau contrôle, quelle que soit l'année de la vérification antérieure.

Police communale. — Loi du 29 janvier 1905 complétant les articles 383 et 386 du code pénal. (Moniteur du 4 février.)

ARTICLE PREMIER. — L'article 383 du code pénal est complété par la disposition suivante, qui en formera le deuxième paragraphe :

« Sera puni des mêmes peines quiconque aura chanté, lu, récité, fait entendre ou proféré des obscénités dans les réunions ou lieux publics visés au § 2 de l'article 444. »

ART. 2. — La disposition suivante formera le § 1er de l'article 386 du code pénal :

« Les peines prévues aux articles 383 et 385 pourront être portées au double si le délit a été commis envers des mineurs. »

––––––––––

Nécessité de créer un commissariat de police dans les communes d'au moins 5,000 habitants. — Circulaire adressée le 7 mars 1904 aux gouverneurs de province par M. de Trooz, ministre de l'intérieur, etc. (*Bulletin du ministère de l'intérieur, etc.*, 1904, II, 31.)

Les circulaires de mon département des 25 novembre 1895, 13 février et 10 mai 1897 et 15 mai 1900 ont signalé les diverses mesures que les communes peuvent prendre pour renforcer leur police : institution d'agents de police, augmentation du nombre de gardes champêtres, nomination de gardes champêtres auxiliaires.

Ces mesures, suffisantes pour les petites communes, ne sont pas encore, à elles seules, de nature à assurer une organisation sérieuse de la police dans les villes et communes dont la population atteint 5,000 habitants.

Dans ces localités, en effet, le bourgmestre, chargé de nombreux devoirs administratifs, n'a pas le temps de contrôler d'assez près la façon dont la police s'occupe de ses fonctions. L'augmentation croissante de la population, le développement des affaires industrielles et commerciales nécessitent, dans ces localités, la création de places de commissaires de police; ces agents ont, en effet, en matière de police judiciaire, une compétence bien plus étendue que les gardes champêtres.

La commission instituée par le gouvernement à l'effet d'étudier la réorganisation de la police rurale s'est occupée de la question et a émis le vœu de voir modifier l'article 125 de la loi communale, de façon à permettre au roi de créer d'office des places de commissaire de police dans les communes dont la population, au dernier recensement décennal, atteint 5,000 habitants. En effet, dans l'état actuel de la législation, il faut une loi pour créer d'office des places de l'espèce; le roi ne peut créer des commissariats de police que du consentement du conseil communal.

Désireux de réaliser dès à présent et sans attendre une réforme législative une amélioration de l'organisation de la police dont la nécessité est démontrée, je vous prie, Monsieur le gouverneur, d'inviter les conseils communaux de toutes les localités où il n'existe pas d'emploi de commissaire de police et qui comptaient au dernier recensement décennal 5,000 habitants à délibérer au sujet de la création d'une place de l'espèce.

Chemins de fer vicinaux. — Droit de police du gouvernement. — Droit de police de la commune.

En confiant au gouvernement la police de l'exploitation des chemins de fer vicinaux, la loi n'a pas restreint le droit des corps municipaux de régler tout ce qui touche à la police de la voirie. (Loi des 16-24 août 1790, titre XI, art. 3; loi communale, art. 78; loi du 24 mai 1895, art. 8; arrêté royal du 12 février 1893, art. 14.)

N'est donc point contraire à l'article 14 de l'arrêté royal du 12 février 1893 relatif à la police des chemins de fer vicinaux, le règlement pris par un conseil communal interdisant aux conducteurs des tramways vicinaux de couper une colonne de troupes en marche. (Règlement de police de Liège du 22 décembre 1902.) — Cassation, 4 juillet 1904, *Pasic.*, 1904, I, 325.

Colportage. — Peine. — Légalité.

Est légal, le règlement communal de la ville de Bruxelles, du 13 juillet 1903, sur le colportage, qui commine une amende de 1 à 25 francs ou une peine de un à sept jours de prison pour toute contravention au dit règlement, sans toutefois que l'amende puisse être inférieure à 10 francs pour chaque infraction commise par un colporteur non autorisé.

L'article 551, 6e, du code pénal ne prévoit que les infractions concernant l'état matériel de la petite voirie, non prévues par la loi du 1er février 1844. (Code pénal, art. 551, 6e; loi du 1er février 1844, art. 9.) — Cassation, 20 juin 1904, *Pasic.*, 1904, I, 279.

Voy. CHEMINS DE FER VICINAUX. — HYGIÈNE PUBLIQUE. — RÈGLEMENTS COMMUNAUX.

Police du roulage. — *Automobiles. — Allure. — Ordonnance du bourgmestre. — Légalité.*

En subordonnant à certaines conditions de vitesse la circulation des automobiles, motocycles et motocyclettes, aux endroits indiqués par son ordonnance, le bourgmestre de Bru-

xelles a fait usage de pouvoirs que lui confère l'article 51 du règlement communal, lequel prévoit et autorise implicitement semblable mesure pour le cas où le bourgmestre la jugerait commandée par l'intérêt de la sécurité publique.

En conséquence, en édictant la dite mesure, le bourgmestre n'a pas fait usage d'un pouvoir réglementaire dérivant d'une délégation illégale, mais a uniquement pourvu à l'exécution d'une mesure prise par l'autorité compétente dans le cercle des attributions définies par la loi du 1er août 1899.—Tribunal correctionnel de Bruxelles, 24 octobre 1903, *Pasic.*, 1904, III, 55.

Id.

Le bourgmestre est seul chargé de l'exécution des lois et règlements de police; en conséquence est légale, l'ordonnance prise en exécution de l'article 15 du règlement général, du 4 août 1899, sur la police du roulage et du règlement communal complémentaire pour déterminer, sous les peines édictées par la loi, l'allure à laquelle doit être soumise, dans certaines artères désignées par l'ordonnance, la circulation des automobiles.— Cassation, 21 décembre 1903, *Pasic.*, 1904, I, 90.

Excès de vitesse. — Contravention. — Responsabilité du propriétaire.

En cas de contravention, du chef d'excès de vitesse, le procès-verbal doit être dressé et la poursuite exercée contre le propriétaire de la voiture automobile dont le nom correspond au numéro inscrit sur la plaque, sauf à lui, si la contravention est le fait d'un tiers, à en faire connaître l'auteur. (Loi du 1er août 1899: arrêté royal du 4 août 1899, art. 1er, § 3.) — Cassation, 2 mai 1904, *Pasic.*, 1904, I, 219.

Règlement communal. — Prescriptions autres que celles qui sont prévues par l'arrêté royal du 4 août 1899. — Illégalité.

Est illégale, la disposition d'un règlement communal qui impose aux automobilistes des prescriptions nouvelles, extension ou modification à l'arrêté royal du 4 août 1899, que le texte de celui-ci ne comporte pas.

En conséquence, ne tombe pas sous l'application de la loi, le fait, par le propriétaire d'une voiture automobile, d'avoir omis de placer à l'arrière de celle-ci une plaque en verre opalin, reproduisant le numéro de la dite voiture..., et conformément aux prescriptions et conditions de l'article 26, § 2, du règlement de police de Saint-Gilles du 6 août 1903. — Tribunal correctionnel de Bruxelles, 8 juin 1904, *Pasic.*, 1904, III, 325.

Id.

Est contraire au règlement général sur la police du roulage, pris en exécution de la loi du 1er août 1899, le règlement communal qui prescrit que tout automobile doit porter à l'arrière une lanterne placée à demeure, ayant sur la surface postérieure une plaque en verre opalin reproduisant le numéro du répertoire général du royaume. (Loi du 1ᵉʳ août 1899, art. 1ᵉʳ; arrêté royal du 4 août 1899, art. 1ᵉʳ, nᵒˢ 3 et 4; loi communale du 30 mars 1836, art. 78; Constit., art. 107; règlement communal de la commune de Saint-Gilles du 6 août 1903, art. 26, al. 2.) — Cassation, 10 octobre 1904, *Pasic.*, 1904, I, 365.

Police générale. — *Étrangers.* — *Résidence antérieure en Belgique. — Nouvel établissement dans une commune belge. — Nouveau bulletin à adresser à l'administration de la sûreté publique.* — Circulaire adressée le 28 avril 1904 aux gouverneurs de province par M. Van den Heuvel, ministre de la justice. (*Recueil des circulaires du ministère de la justice*, 1904, p. 255.)

Selon qu'un étranger a acquis la qualité de résidant dans le royaume ou vient directement d'un autre pays se fixer en Belgique, le gouvernement peut avoir à lui appliquer des mesures administratives différentes. Il importe donc que la pièce annonçant un étranger à l'administration de la sûreté publique fournisse toutes les indications nécessaires pour permettre d'apprécier exactement s'il est ou non à considérer comme résidant.

La circulaire du 30 mai 1865 prescrit d'envoyer *un bulletin complet de renseignements* pour l'étranger arrivant directement d'un autre pays; un simple avis suffit pour celui qui vient d'une autre commune belge, muni d'un changement de résidence.

D'autre part, l'article 33 des instructions générales du 1ᵉʳ juin 1901, concernant la tenue des registres de population, prescrit ce qui suit :

« Art. 33. Les personnes revenant de l'étranger doivent s'adresser à l'administration du lieu de leur dernière résidence en Belgique, qui leur délivre le certificat nᵒ 2 et expédie l'avis nᵒ 4 à l'administration de la nouvelle résidence, *en mentionnant, à la colonne d'observations, la durée du séjour hors de Belgique.* »

En réalité, un étranger se fixant dans ces conditions dans une commune belge est à ranger parmi ceux venant directement d'un autre pays et devant être considéré, au point de vue de l'application des lois sur la police des étrangers, comme un *non-résidant.*

A ce titre, il doit faire l'objet d'un *nouveau bulletin*, sa situation, en ce qui concerne l'état civil notamment, pouvant s'être modifiée et sa conduite ainsi que ses antécédents dans le pays d'où il vient devant être vérifiés.

J'ai l'honneur de vous prier, Monsieur le gouverneur, de vouloir appeler l'attention spéciale des services communaux chargés de l'établissement des pièces relatives aux étrangers sur la situation particulière du non-regnicole arrivant dans une commune avec certificat de résidence dressé en la forme prévue à l'article 33.

Je vous prie également de faire insérer vos recommandations à cet égard au *Mémorial administratif.*

—Renvoi à la frontière. — Dépôt momentané dans une prison d'arrondissement. — Remise d'un réquisitoire d'écrou. — Formule. — Circulaire adressée le 3 mai 1904 aux gouverneurs de province par M. Van den Heuvel, ministre de la justice. (*Recueil des circulaires, etc., du ministère de la justice,* 1904, p. 257.)

Aux termes des instructions en vigueur, les étrangers au royaume dépourvus de papiers ou de moyens d'existence, et dont le séjour en Belgique ne peut évidemment être toléré, doivent être arrêtés à la disposition de la gendarmerie, en vue d'être transférés à la frontière.

L'arrestation de ces étrangers, opérée tantôt par la police locale et tantôt par la gendarmerie elle-même, est ordinairement suivie de leur dépôt momentané dans une prison d'arrondissement en attendant le passage de la correspondance cellulaire de chemin de fer.

Or, les directeurs des prisons ne peuvent être obligés à recevoir ces étrangers que si on leur remet un réquisitoire formel d'écrou, à conserver dans les archives de l'établissement.

J'ai l'honneur de vous prier, Monsieur le gouverneur, de rappeler aux autorités communales de votre province, chargées de la police, cette formalité, qui est souvent perdue de vue, et de leur communiquer le modèle de réquisitoire annexé à la présente lettre.

Je vous serais obligé de faire insérer cette instruction au *Mémorial administratif* de la province et de me transmettre la feuille donnant le texte de votre communication.

A M. le général commandant la gendarmerie.

La circulaire nᵒ 102 du 2 septembre 1844 adressée par le chef du corps de la gendarmerie aux majors prescrivait aux commandants de brigade de remettre un réquisitoire formel aux directeurs des prisons pour l'admission des étrangers arrêtés pour défaut de papiers.

Cette formalité est souvent perdue de vue.

J'ai l'honneur de vous prier, Monsieur le général, de rappeler aux officiers et commandants de brigade que les directeurs de prison ont le droit de refuser les étrangers arrêtés pour défaut de papiers ou de moyens d'existence, s'il ne leur est remis en même temps un ordre d'écrou. Celui-ci peut être libellé conformément au modèle ci-annexé.

Le ministre de la justice,
J. Van den Heuvel.

ANNEXE AUX LETTRES DU 3 MAI 1904, N° 74C²⁶, DE LA SÛRETÉ PUBLIQUE.

—

ADMINISTRATION COMMUNALE
de . . . .

POLICE	Réquisitoire.
Signalement	—
—	Nous soussigné . . . .
Agé de.	Invitons M. le directeur de la
Taille	prison de . . . . . à
Cheveux	recevoir en son établissement
Sourcils	le nommé . . . . . . se
Front	disant né à. . . . , étranger
Yeux	au pays, arrêté pour être re-
Nez	conduit à la frontière par les
Bouche	soins de la gendarmerie.
Moustache	
Barbe	. . . . le . . . .
Visage.	
Menton	(Nom.)
Corpulence	(Qualité.)
Signes particuliers. .	(Signature.)

Police sanitaire des animaux domestiques. — *Interdiction d'enfouir les cadavres d'animaux impropres à la consommation pour cause de maladies contagieuses.* — *Territoire de la Flandre orientale, de l'arrondissement de Tournai et des cantons de Frasnes lez-Buissenal et de Flobecq.* — Arrêté pris le 19 octobre 1904 par M. van der Bruggen, ministre de l'agriculture. (*Moniteur* des 24-25 octobre.)

Vu les articles 1ᵉʳ et 5 de l'arrêté royal, en date du 31 décembre 1900, relatif à la destruction des cadavres provenant d'animaux atteints de maladies contagieuses ainsi que l'arrêté ministériel du 19 décembre 1902, qui range la tuberculose porcine et la rage chez les solipèdes, les ruminants et le porc parmi les affections tombant sous l'application du dit arrêté,

Arrête :

ARTICLE PREMIER. — A dater du 15 novembre 1904, il sera interdit d'enfouir les cadavres d'animaux déclarés impropres à la consommation pour cause des maladies indiquées (1) par les arrêtés susvisés, se trouvant sur le territoire de la province de la Flandre orientale, de l'arrondissement de Tournai et des cantons de Frasnes lez-Buissenal et de Flobecq.

ART. 2. — Ces cadavres seront enlevés par le service du clos d'équarrissage établi à Heurne lez-Audenarde, spécialement agréé à cette fin :
A. Dans les vingt-quatre heures en été et dans les trente-six heures en hiver de la réception de l'avis du vétérinaire agréé, lorsqu'il

s'agit de cadavres d'animaux atteints de charbon;
B. Dans les quarante-huit heures de la réception de l'avis, dans les autres cas.
Les heures de nuit ne sont pas défalquées.

———

— *Territoire de la ville de Liége.* — Arrêté pris le 23 décembre 1904 par M. van der Bruggen, ministre de l'agriculture (2). (*Moniteur* du 25 décembre.)

Vu les articles 1ᵉʳ et 5 de l'arrêté royal en date du 31 décembre 1900 (3), relatif à la destruction des cadavres provenant d'animaux atteints de maladies contagieuses, ainsi que l'arrêté ministériel du 19 décembre 1902 (4,, qui range la tuberculose porcine et la rage chez les solipèdes, les ruminants et le porc parmi les affections tombant sous l'application du dit arrêté,

Arrête :

ARTICLE PREMIER. — A dater du 1ᵉʳ janvier 1905, il sera interdit d'enfouir les cadavres d'animaux déclarés impropres à la consommation pour cause des maladies indiquées (5) dans les arrêts susvisés, se trouvant sur le territoire de la ville de Liége.

ART. 2. — Ces cadavres seront enlevés par le service du clos d'équarrissage établi à Châtelet spécialement agréé à cette fin :
A. Dans les vingt-quatre heures en été et dans les trente-six heures en hiver, de la réception de l'avis de l'inspecteur vétérinaire, lorsqu'il s'agit de cadavres d'animaux atteints de charbon;
B. Dans les quarante-huit heures de la réception de l'avis, dans les autres cas.
Les heures de nuit ne sont pas défalquées.

———

— *Le territoire de la ville de Liége.* — Arrêté pris le 10 mai 1905 par M. van der Bruggen, ministre de l'agriculture (6). (*Moniteur* du 21 mai.)

Vu les articles 1ᵉʳ et 5 de l'arrêté royal en date du 31 décembre 1900, relatif à la destruction des cadavres provenant d'animaux atteints de maladies contagieuses, ainsi que l'arrêté ministériel du 19 décembre 1902, qui range la

---

(1) A. *La morve et le farcin,* chez le cheval, l'âne, le mulet et le bardot ;
B. *La pleuropneumonie contagieuse,* chez la bête bovine ;
C. *La peste bovine,* chez les ruminants;
D. *La tuberculose,* chez la bête bovine et le porc ;
E. *Le charbon,* chez la bête bovine, le cheval et le mouton;
F. *La clavelée grave,* chez le mouton;
G. *La rage,* chez les solipèdes, les ruminants et les porcs.

(2) Cet arrêté a été rapporté par l'arrêté ministériel du 1ᵘ mai 1905, reproduit ci-après.
(3) Voy. JOURNAL 1900-1904, p. 128.
(4) Voy. JOURNAL 1902-1903, p. 544.
(5) A. *La morve et le farcin,* chez le cheval, l'âne, le mulet et le bardot ;
B. *La pleuropneumonie contagieuse,* chez la bête bovine ;
C. *La peste bovine,* chez les ruminants ;
D. *La tuberculose,* chez la bête bovine et le porc ;
E. *Le charbon,* chez la bête bovine, le cheval et le mouton;
F. *La clavelée grave,* chez le mouton';
G. *La rage,* chez les solipèdes, les ruminants et le porc.
(6) Cet arrêté a été rapporté par l'arrêté du 1ᴺ mai 1905, reproduit ci-après.

tuberculose porcine et la rage chez les solipèdes, les ruminants et le porc parmi les affections tombant sous l'application du dit arrêté;

Revu l'arrêté ministériel du 23 décembre
1904 interdisant, à partir du 1er janvier 1905,
l'enfouissement des cadavres visés ci-dessus se
trouvant sur le territoire de la ville de Liége
et chargeant le service du clos d'équarrissage
de Châtelet de procéder à leur enlèvement,

Arrête :

ARTICLE UNIQUE. — A dater du 15 juin 1905,
les cadavres dont il est question ci-dessus se
trouvant sur le territoire de la ville de Liége
seront enlevés par le service du clos d'équarrissage de Jemeppe-sur-Meuse.

— Arrêtés pris le 18 mai 1905 par M. van
der Bruggen, ministre de l'agriculture. (*Moniteur* du 1er juin.)

ENLÈVEMENT ET DESTRUCTION DES CADAVRES D'ANI-
MAUX IMPROPRES A LA CONSOMMATION POUR
CAUSE DE MALADIES CONTAGIEUSES SE TROUVANT
DANS LA PROVINCE DE BRABANT.

Le ministre de l'agriculture,

Vu les articles 1 et 5 de l'arrêté royal du
31 décembre 1900, relatif à la destruction des
cadavres provenant d'animaux atteints de maladies contagieuses, ainsi que l'arrêté ministériel
du 19 décembre 1902, qui range la tuberculose
porcine et la rage chez les solipèdes, les ruminants et le porc parmi les affections tombant
sous l'application du dit arrêté;

Revu l'arrêté ministériel du 5 janvier 1903,
interdisant l'enfouissement de cadavres susmentionnés se trouvant dans l'arrondissement
de Bruxelles et dans une partie des arrondissements de Louvain et de Nivelles,

Arrête :

ARTICLE PREMIER. — A compter du 10 juin
1905, il sera interdit d'enfouir les cadavres susvisés se trouvant sur le territoire de la province
de Brabant.

Ces cadavres seront enlevés par le service
du clos d'équarrissage de Jette-Saint-Pierre,
sauf ceux se trouvant dans les communes
situées à l'ouest de la Dyle jusqu'à Louvain et
à l'ouest du chemin de fer de Louvain-Tirle-
mont-Esemael, lesquels seront enlevés par le
service du clos de Deurne lez-Diest (1).

ART. 2. — L'enlèvement aura lieu :

A. Dans les vingt-quatre heures en été et
dans les trente-six heures en hiver de la
réception de l'avis de l'enlèvement, lorsqu'il
s'agit de cadavres d'animaux atteints de charbon;

_____

(1) A. *La morve et le farcin*, chez le cheval, l'âne, le
mulet et le bardot;
B. *La pleuropneumonie contagieuse*, chez la bête
bovine;
C. *La peste bovine*, chez les ruminants;
D. *La tuberculose*, chez la bête bovine et le porc;
E. *Le charbon*, chez la bête bovine, le cheval et le
mouton;
F. *La clavelée grave*, chez le mouton;
G. *La rage*, chez les solipèdes, les ruminants et le
porc.

B. Dans les qurante-huit heures de la
réception de l'avis, dans les autres cas.

Les heures de nuit ne sont pas défalquées.

ART. 3. — L'arrêté du 5 janvier 1903 est rapporté à dater du 10 juin 1905.

ENLÈVEMENT ET DESTRUCTION DES CADAVRES D'A-
NIMAUX IMPROPRES A LA CONSOMMATION POUR
CAUSE DE MALADIES CONTAGIEUSES SE TROUVANT
SUR LE TERRITOIRE DE LA PROVINCE DE LUXEM-
BOURG.

Le ministre de l'agriculture,

Vu les articles 1 et 5 de l'arrêté royal en date
du 31 décembre 1900, relatif à la destruction
des cadavres provenant d'animaux atteints de
maladies contagieuses, ainsi que l'arrêté ministériel du 19 décembre 1902, qui range la tuberculose porcine et la rage chez les solipèdes, les
ruminants et le porc parmi les affections tombant sous l'application du dit arrêté,

Arrête :

ART. 1er. — A dater du 10 juin 1905, il sera
interdit d'enfouir les cadavres d'animaux
déclarés impropres à la consommation pour
cause des maladies dont il est question dans
les arrêtés susvisés, se trouvant sur le territoire
de la province de Luxembourg.

ART. 2. — Ces cadavres seront enlevés par le
service du clos d'équarrissage de Libramont :

A. Dans les vingt-quatre heures en été et
dans les trente-six heures en hiver de la
réception de l'avis d'enlèvement, lorsqu'il
s'agit de cadavres d'animaux atteints de charbon;

B. Dans les quarante-huit heures de la
réception de l'avis dans les autres cas.

Les heures de nuit ne sont pas défalquées.

ENLÈVEMENT ET DESTRUCTION DES CADAVRES
D'ANIMAUX IMPROPRES A LA CONSOMMATION POUR
CAUSE DE MALADIES CONTAGIEUSES SE TROUVANT
SUR LE TERRITOIRE DE L'ARRONDISSEMENT DE
TURNHOUT.

Le ministre de l'agriculture,

Vu les articles 1er et 5 de l'arrêté royal en
date du 31 décembre 1900, relatif à la destruction des cadavres provenant d'animaux atteints
de maladies contagieuses, ainsi que l'arrêté
ministériel du 19 décembre 1902, qui range la
tuberculose porcine et la rage chez les solipèdes, les ruminants et le porc parmi les affections tombant sous l'application du dit arrêté,

Arrête :

ARTICLE PREMIER. — A dater du 10 juin 1905,
il sera interdit d'enfouir les cadavres d'animaux
déclarés impropres à la consommation pour
cause des maladies indiquées dans los arrêtés
susvisés, se trouvant sur le territoire de l'arrondissement de Turnhout, sauf les communes
situées sur la ligne ou à l'ouest de la ligne de
chemin de fer de Weelde-Merxplas-Bouwel
(c'est-à-dire sauf les communes de Meerle,
Meer, Minderhout, Hoogstraeten, Wortel,
Merxplas, Ryckevorsel, Beersse, Vlimmeren,
Vosselaer, Wechelderzande, Gierle, Lille,

Poederlé, Vorsselaer, Bouwel, Turnhout, Thielen, Lichtaert, Herenthals).

ART. 2. Les cadavres seront enlevés par le service du clos d'équarrissage de Deurne lez-Diest :

A. Dans les vingt-quatre heures en été et dans les trente-six heures en hiver de la réception de l'avis d'enlèvement, lorsqu'il s'agit de cadavres d'animaux atteints de charbon;

B. Dans les quarante-huit heures de la réception de l'avis, dans les autres cas.

———

ENLÈVEMENT ET DESTRUCTION DES CADAVRES D'ANIMAUX IMPROPRES A LA CONSOMMATION POUR CAUSE DE MALADIES CONTAGIEUSES SE TROUVANT SUR LE TERRITOIRE DE LA PROVINCE DE NAMUR.

Le ministre de l'agriculture,

Vu les articles 1er et 5 de l'arrêté royal du 31 décembre 1900, relatif à la destruction des cadavres d'animaux atteints de maladies contagieuses, ainsi que l'arrêté ministériel du 19 décembre 1902, qui range la tuberculose porcine et la rage chez les solipèdes, les ruminants et le porc parmi les affections tombant sous l'application du dit arrêté;

Revu l'arrêté ministériel du 5 janvier 1903, interdisant l'enfouissement des cadavres susmentionnés se trouvant dans les communes de la province de Namur situées sur la rive gauche de la Meuse, de Givet à Namur, et à la gauche et sur la ligne du chemin de fer de Namur-Gembloux,

Arrête :

ARTICLE PREMIER. — A compter des dates indiquées à l'article 2, il est interdit d'enfouir les cadavres d'animaux déclarés impropres à la consommation pour cause des maladies indiquées dans les arrêtés susvisés, se trouvant sur le territoire de la province de Namur.

Ces cadavres seront enlevés par le service du clos de Châtelet, sauf : a) ceux se trouvant dans les cantons de Gedinne, Beauraing et Rochefort, lesquels seront enlevés par le service du clos de Libramont, et b) ceux se trouvant dans les cantons d'Andenne, de Ciney et de Barvaux-Condroz, lesquels seront enlevés par le service du clos de Jemeppe-sur-Meuse.

ART. 2. — L'enlèvement par le service du clos de Châtelet et de Libramont se fera à compter du 10 juin prochain, et par le service des clos de Jemeppe à dater du 1er juillet.

Il aura lieu :

A. Dans les vingt-quatre heures en été et dans les trente-six heures en hiver de la réception de l'avis d'enlèvement, lorsqu'il s'agit de cadavres d'animaux atteints de charbon;

B. Dans les quarante-huit heures de la réception de l'avis, dans les autres cas.

Les heures de nuit ne sont pas défalquées.

ART. 3. — L'arrêté du 5 janvier 1903 est rapporté à partir du 10 juin 1905.

———

ENLÈVEMENT ET DESTRUCTION DES CADAVRES D'ANIMAUX IMPROPRES A LA CONSOMMATION POUR CAUSE DE MALADIES CONTAGIEUSES SE TROUVANT SUR LE TERRITOIRE DE LA PROVINCE DE LIÉGE.

Le ministre de l'agriculture,

Vu les articles 1er et 5 de l'arrêté royal, en date du 31 décembre 1900, relatif à la destruction des cadavres provenant d'animaux atteints de maladies contagieuses, ainsi que l'arrêté ministériel du 19 décembre 1902, qui range la tuberculose porcine et la rage chez les solipèdes, les ruminants et le porc parmi les affections tombant sous l'application du dit arrêté;

Revu les arrêtés ministériels du 23 décembre 1904 et du 10 mai 1905, relatif à l'enlèvement et à la destruction des cadavres susvisés se trouvant sur le territoire de la ville de Liége,

Arrête :

ARTICLE PREMIER. — A dater du 1er juillet 1905, il sera interdit d'enfouir les cadavres d'animaux déclarés impropres à la consommation pour cause des maladies indiquées dans les arrêtés susvisés, se trouvant sur le territoire de la province de Liége.

Ces cadavres seront enlevés par le service du clos d'équarrissage de Jemeppe-sur-Meuse, sauf ceux se trouvant sur le territoire des communes de Basse-Bodeux, Bra, Lierneux, Wanne, Fosse et Trois-Ponts, lesquels seront enlevés par le clos de Libramont.

ART. 2. — L'enlèvement devra se faire :

A. Dans les vingt-quatre heures en été et dans les trente-six heures en hiver de la réception de l'avis d'enlèvement, lorsqu'il s'agit de cadavres d'animaux atteints de charbon;

B. Dans les quarante-huit heures de la réception de l'avis, dans les autres cas.

Les heures de nuit ne sont pas défalquées.

ART. 3. — Les arrêtés ministériels du 23 décembre 1904 et du 10 mai 1905 sont rapportés.

———

ENLÈVEMENT ET DESTRUCTION DES CADAVRES D'ANIMAUX IMPROPRES A LA CONSOMMATION POUR CAUSE DE MALADIES CONTAGIEUSES SE TROUVANT SUR LE TERRITOIRE DE LA PROVINCE DE LIMBOURG.

Le ministre de l'agriculture,

Vu les articles 1er et 5 de l'arrêté royal en date du 31 décembre 1900, relatif à la destruction des cadavres provenant d'animaux atteints de maladies contagieuses, ainsi que l'arrêté ministériel du 19 septembre 1902, qui range la tuberculose porcine et la rage chez les solipèdes, les ruminants et le porc parmi les affections tombant sous l'application du dit arrêté.

Arrête :

ARTICLE PREMIER. — A compter des dates indiquées ci-après, il sera interdit d'enfouir les cadavres d'animaux déclarés impropres à la consommation pour cause des maladies indiquées dans les arrêtés susvisés, se trouvant sur le territoire de la province de Limbourg.

Les cadavres se trouvant dans les communes situées au nord de la ligne de chemin de fer de Wilderen-Saint-Trond-Tongres-Vroenhoven seront enlevés par le service des clos de Deurne lez-Diest, à dater du 10 juin 1905, et ceux se trouvant dans les communes situées sur cette ligne et au sud par le service des clos de Jemeppe-sur-Meuse, à dater du 1er juillet suivant.

ART. 2. — L'enlèvement se fera :

A. Dans les vingt-quatre heures en été et dans les trente-six heures en hiver de la réception de l'avis d'enlèvement, lorsqu'il s'agit do cadavres d'animaux atteints de charbon;

B. Dans les quarante-huit heures de la réception de l'avis, dans les autres cas.

Les heures de nuit ne sont pas défalquées.

Liste des communes desservies par le clos de Deurne.

A. — Arrondissement administratif de Turnhout.

Arendonck.	Nordewyck.	Vieux-Turn-hout.	Ramsel.
Desschel.	Oolen.	Westerloo.	Tongerloo.
Poppel.	Baerle-Duc.	Eynthout.	Vaerendonck.
Raevels.	Moll.	Hersselt.	Veerle
Rethy.	Baelen.	Houtvenne.	Vorst.
Weelde.	Gheel.	Hulshout.	Westmeer-beek.
Casterlé.	Meerhout.	Morckhoven.	Zoerle-Par-wys.
Herenthout.	Olmen.	Oevel.	

B. — Arrondissement administratif de Maeseyck.

Achel.	Hechtel.	Ellicum.	Dilsen.
Cautille.	Helchteren.	Gerdingen.	Eelen.
Hamont.	Houthaelen.	Gruitrode.	Kessenich.
Lille-Saint-Hubert.	Lommel.	Meeuwen.	Kinroy.
Neerpelt.	Petit-Brogel.	Opitter.	Molen-Beersel
Overpelt.	Wychmael.	Reppel.	Neeroeteren.
Peer.	Brée.	Tongerloo.	Ophoven.
Exel.	Beeck.	Wyshagen.	Opoeteren.
Grand-Brogel.	Bocholt.	Maeseyck.	Rothem

C — Arrondissement administratif de Hasselt.

Beeringen.	Pael.	Diepenbeek.	Haelen.
Beverloo.	Quaedmechelen.	Herck-Saint-Lambert.	Kermpt.
Bourg-Léopold.	Stockroye.	Wimmertingen.	Linckhout.
Coursel.	Tessenderloo.	Zonhoven.	Loxbergen.
Heppen.	Zolder.	Herck-la-Ville.	Lummen.
Heusden.	Hasselt.	Berbroek.	Meldert.
Oostham.	Curange.	Donck.	Schuelen.
Spalbeek.	Cosen.	Runckelen.	Asch.
Stevoort.	Duras.	Zepperen.	Neerglabbeek.
Weyer.	Gorssum.	Genck.	Niel près d'Asch.
Zeethem.	Nieuwerkerken.	Sutendael.	Opglabbeek.
Binderveld.			

D. — Arrondissement administratif de Tongres.

Bilsen.	Waltwilder.	Vliermael.	Opgrimby.
Beverst.	Alken.	Vliermael-roodt.	Reckheim.
Eygenbilsen.	Berlingen.	Wellen.	Stockheim.
Gellick.	Cortessem.	Werm.	Uykhoven.
Grand-Spauwen.	Cottecoven.	Wintershoven.	Vucht.
Hoelbeek.	Gors-op-Leeuw.	Mechelen.	Vlytingen.
Hoessell.	Guygoven.	Boorsheim.	Henis.
Martenslinde.	Hern-Saint-Hubert.	Eysden.	Membruggen.
Mopertingen.	Herten.	Lanklaer.	Neerrepen.
Munsterbilsen.	Marline.	Leuth.	Overrepen.
Petit-Spauwen.	Romershoven.	Meeswyck.	Rixingen.
Rosmeer.	Schalkhoven.	Neerharen.	'S Heeren-Elderen.
Ryckhoven.	Ulbeek.		

E. — Arrondissement administratif de Louvain.

1o Canton judiciaire d'Aerschot.

2o — — de Diest.

3o — — de Glabbeek.

4o Communes du canton de Louvain :

Kessel-Loo.	Pellenberg.	Corbeek-Loo.	Lovenjoul.
Linden.			

5o Canton judiciaire de Léau.

6o Communes du canton de Tirlemont :

Bautersem.	Esemael.	Hautem-Ste-Marguerite.	Oplinter.
Cumptich.	Haekendoever		Wommersom.

7o Communes du canton de Haecht :

Bael.	Keerbergen.	Tremeloo.	Wesemael.
Holsbeek.	Rotselaer.		

Liste des communes de la province de Limbourg desservies par le clos de Jemeppe-s/Meuse.

Saint-Trond.	Niel-Saint-Trond.	Mettecoven.	Bommershoven.
Aelst.	Ordingen.	Opheers.	Freeren.
Borloo.	Velm.	Petit-Jamine.	Genoels-Elderen.
Bouckhout.	Wilderen.	Roclenge-Looz.	Herderen.
Brusthem.	Hees.	Ryckel.	Herstappe.
Buvingen.	Veldwezelt.	Voordt.	Heur-le-Tiexhe.
Corswarem.	Looz.	Lanaeken.	Hex.
Corthys.	Basheers.	Sichen-Sussen-Bolré.	Koninxheim.
Engelmanshoven.	Broeckom.	Bassenge.	Lowaige.
Fresin.	Fologne.	Canne.	Mall.
Gelinden.	Gossoncourt.	Eben-Emael.	Millen.
Gingelom.	Gothem.	Fall-Mheer.	Nederheim.
Goyer.	Grand-Looz.	Lanaye.	Otrange.
Grand-Jamine.	Heers.	Reimpst.	Pirange.
Halmael.	Hendrieken.	Roclenge-sur-Geer.	Russon.
Kerckom.	Horpmael.	Vroenhoven.	Sluse.
Mielen-sur-Aelst.	Houppertingen.	Wonck.	Vechmael.
Montenaeken.	Jesseren.	Tongres.	Widoye.
Muysen.	Kerniel.	Berg.	

Espèce bovine. — Contrôle des vaches, génisses et taureaux à l'importation. — Arrêté pris le 19 janvier 1905 par M. van der Bruggen, ministre de l'agriculture. (Moniteur du 26 janvier.)

Vu le règlement sur la tuberculose bovine et notamment l'article 5, prescrivant au ministre de l'agriculture et des travaux publics « de prendre, aux risques et périls des importateurs, telles dispositions que de besoin pour soumettre les animaux qu'il désigne à l'épreuve de la tuberculine lors de leur entrée dans le pays, épreuve qui est faite aux frais des intéressés » ;

Revu les instructions ministérielles en date du 4 octobre 1898, relatives à la tuberculination du bétail à la frontière et l'arrêté ministériel de la même date, concernant l'usage des locaux dans lesquels se fait la tuberculination;

Vu les avis du service de l'inspection vétérinaire et du service de contrôle à la frontière,

Arrête :

ARTICLE PREMIER. — *A partir du 1er février* 1905, les bovidés ci-après désignés sont soumis à l'épreuve de la tuberculine :

A. Les taureaux;
B. Les vaches laitières, et
C. Les génisses ayant quatre dents d'adulte au moins et présentant les signes évidents de la gestation.

Il n'est fait exception à cette règle que pour les animaux destinés à être livrés immédiatement à la boucherie.

L'épreuve de la tuberculine se fait conformément aux dispositions des articles 9 et 14 ci-après.

A. — Usage des locaux de quarantaine.

ART. 2. — Aussitôt après la visite sanitaire ordinaire, les animaux qui doivent subir l'épreuve de la tuberculine et qui ne présentent aucun symptôme de tuberculose ou des maladies contagieuses déterminées par l'arrêté royal du 15 septembre 1883 sont conduits par les soins des importateurs dans les locaux spécialement aménagés à cet effet.

Ils y sont placés dans l'ordre indiqué par le vétérinaire de contrôle.

ART. 3. — Les animaux ne peuvent quitter les dits locaux que sur l'autorisation expresse du vétérinaire.

ART. 4. — Leur entretien et le nettoyage journalier des locaux occupés par eux ont lieu par les soins des importateurs

ART. 5. — Les personnes chargées de leur donner des soins peuvent avoir accès aux locaux, trois fois par jour, aux heures indiquées par le vétérinaire de contrôle.

En dehors de ces heures, tout accès aux locaux est interdit, sauf dans le cas de maladie ou d'accident du bétail. Le vétérinaire de contrôle donne les autorisations que comportent ces exceptions.

ART. 6. — Les locaux sont nettoyés et désinfectés avant l'admission de nouveaux animaux d'après les instructions du vétérinaire de contrôle, par des ouvriers placés sous ses ordres et payés sur les fonds provenant du produit de la taxe de contrôle.

ART. 7. — Il est dû, par les importateurs, une taxe de 2 francs pour toute visite devant subir l'épreuve de la tuberculine.

Cette taxe est perçue au moment de la visite ordinaire avant l'admission dans les locaux; elle ne peut être remboursée dans aucun cas.

ART. 8. — Aussitôt après avoir été amenés dans les locaux de quarantaine, où ils doivent rester séquestrés dix jours pleins, les animaux sont marqués d'un numéro d'ordre provisoire appliqué au moyen d'encre d'aniline, à un endroit où la marque peut facilement être observée. Ces numéros correspondent à ceux d'un carnet spécial (form. n° 32), sur lequel le vétérinaire de contrôle indiquera les résultats de tuberculination.

B. — Tuberculination.

ART. 9. — A partir du jour de l'importation, le vétérinaire de contrôle relève la température des animaux, une fois par jour, à des heures différentes jusqu'au jour de la tuberculination, exclusivement.

Le jour de la tuberculination (qui, sauf circonstances imprévues, se fera au plus tôt le troisième jour), la température sera relevée le matin avant d'abreuver les animaux, et aussi le soir immédiatement avant la tuberculination. Celle-ci aura lieu, de préférence, à 6 heures de relevée.

Dans tous les cas, le vétérinaire de contrôle avertit l'administration de l'agriculture ainsi que l'inspecteur vingt-quatre heures d'avance de l'heure de la tuberculination.

ART. 10. — Il appartient au vétérinaire de contrôle de s'assurer, avant l'injection, s'il n'a pas affaire à un animal fiévreux ou présentant un autre état anormal (troubles de la digestion de la gestation, chaleurs, etc.), pouvant influencer les résultats de l'opération. Lorsque ce cas se présente, la tuberculination est retardée. Cette dernière épreuve se fera également, de préférence, à 6 heures de relevée.

Est également retardée, la tuberculination de tout animal dont la température, prise au moment de l'injection, dépasse 39°5.

ART. 11. — La tuberculination supposée faite à 6 heures de relevée, le vétérinaire de contrôle relève la température à la quatrième heure qui suit. Cette température sera comparée à celle prise au moment de la tuberculination. Les températures consécutives constatées de deux en deux heures, jusqu'à la douzième heure incluse, et celles relevées à la quinzième heure et à la dix-huitième heure (1) seront comparées à celles prises le matin du jour de la tuberculination. Ces diverses cons-

---

(1) Il est constaté parfois qu'une bête présente à la dix-huitième heure une augmentation de température inférieure à celle de la suspicion, mais s'en approchant. Dans ce cas, la température devra encore être relevée à la vingt et unième heure. Cette dernière température sera comparée à celle prise la veille immédiatement avant la tuberculination.

N. B. Les températures relevées après la tuberculination depuis 11 heures du soir à midi seront, d'une manière générale, comparées à la température prise le matin du jour de la tuberculination, tandis que les températures relevées depuis 1 heure de l'après-midi à 10 heures du soir seront comparées à la température constatée dans le courant de l'après-midi au moment de la tuberculination.

tatations sont consignées dans le carnet spécial (form. n° 32) où le numéro provisoire des animaux est déjà mentionné.

ART. 12. — Les animaux reconnus *atteints* de tuberculose (1°2 au moins) ou suspects d'être atteints (0°8 au moins) sont refoulés vers le pays d'origine, à moins que le propriétaire ne préfère les faire abattre sur place ou les expédier, pour y être sacrifiés, vers l'un des abattoirs autorisés à recevoir du bétail de boucherie expédié de l'étranger.

L'animal qui, avec une température de 39°3, 39°4, 39°5, donne une augmentation thermique atteignant 40° sera considéré comme ayant donné une réaction de suspicion et doit également être refoulé.

Les animaux atteints ou suspects *sont marqués d'une marque indélébile* consistant dans l'enlèvement, à l'oreille droite, au moyen de la pince emporte-pièce, de deux rondelles du cartiage.

L'une de ces *rondelles* doit être enlevée à l'endroit où se place la marque métallique, chez la bête admise dans le pays, et la seconde à 5 centimètres au-dessus et dans le même plan médian.

ART. 13. — Il est fait mention, par le vétérinaire de contrôle, dans la colonne d'observations du carnet spécial (form. n° 32), du nom et du domicile des propriétaires des animaux refoulés ou abattus, ainsi que de la date du refoulement ou de l'abatage.

ART. 14. — Les animaux qui n'ont pas réagi sont admis à l'intérieur du pays, après avoir reçu la marque réglementaire.

ART. 15. — A moins d'une autorisation du vétérinaire de contrôle, il est interdit d'introduire, dans les locaux et les dépendances des locaux ou séjournent les animaux, des seringues, des thermomètres ou des produits chimiques ou pharmaceutiques.

Toute infraction à cette disposition ou toute manœuvre frauduleuse commise dans les locaux entraîne l'exclusion immédiate de son auteur et éventuellement de celui dont il relève de tous les locaux de quarantaine du pays dont il est question à l'article 2.

ART. 16. — Les infractions aux articles 2, 3, 5 et 12 sont passibles des peines comminées par la loi du 30 décembre 1882.

Rage canine. — Mesures de prophylaxie. — Arrêté royal du 11 mai 1905, contresigné par M. van der Bruggen, ministre de l'agriculture. (*Moniteur* des 2-3 juin.)

RAPPORT AU ROI.

Sire,

J'ai l'honneur de soumettre à la signature de votre majesté le projet d'arrêté ci-joint, ayant pour objet de modifier, en certains points, les mesures de précaution contre la rage canine.

L'expérience a prouvé que les prescriptions de l'arrêté royal du 16 juin 1891 ne sont pas suffisantes pour atteindre leur but. Tel est l'avis exprimé par les gouverneurs de province, les députations permanentes et le conseil supérieur d'hygiène publique.

Il y a donc lieu de modifier quelques-unes

des dispositions en vigueur, afin de rendre plus efficaces les moyens destinés à combattre l'extension de la maladie.

A cet effet, le projet d'arrêté contient notamment les stipulations suivantes :

1° Les mesures relatives au port obligatoire de la muselière doivent être prises non seulement lorsqu'un cas de rage a été constaté, mais aussi lorsqu'il s'agit d'un cas suspect de rage ;

2° La zone dans laquelle ces mesures doivent être appliquées est portée de 4 à 5 kilomètres et le gouverneur de la province peut étendre cette zone jusqu'à la limite maximum de 15 kilomètres, si la situation lui paraît suffisamment grave ;

3° Lorsque des cas de rage ou des cas suspect de rage sont constatés dans plusieurs communes de la province, le gouverneur peut ordonner le port obligatoire de la muselière dans une circonscription à déterminer par lui ;

4° Outre la police locale, la gendarmerie, les douaniers, les agents forestiers, les cantonniers de l'Etat seront chargés de veiller à l'exécution des mesures prescrites ;

5° Les gouverneurs pourront, d'autre part, réduire le délai de trois mois pendant lequel ces mesures doivent être maintenues, s'ils estiment, après enquête, que les circonstances le permettent.

Je suis,

Sire, etc.

Règlement général relatif aux mesures de précaution contre la rage canine.

Léopold II, etc. Vu la loi du 30 décembre 1882 sur la police sanitaire des animaux domestiques, dont l'article 1er autorise le gouvernement à prescrire, par arrêté royal, les mesures que la crainte de l'invasion ou l'existence de maladies contagieuses des animaux domestiques peut rendre nécessaires ;

Revu l'arrêté royal du 16 juin 1891 qui prescrit certaines mesures de précaution contre la rage canine ;

Considérant que l'expérience a prouvé que les dispositions actuelles ne sont pas suffisantes pour atteindre leur but et qu'il y a lieu de les rendre plus sévères ;

Vu l'avis des gouverneurs et des députations permanentes des provinces, ainsi que du conseil supérieur d'hygiène publique ;

Sur la proposition de notre ministre de l'agriculture,

Nous avons arrêté et arrêtons :

ARTICLE PREMIER. — L'arrêté royal du 16 juin 1891 est abrogé et remplacé par les dispositions suivantes :

I. Tout chien se trouvant sur la voie publique ou dans un lieu public doit, en tout temps, être porteur d'une médaille attachée au cou, sur laquelle se trouvent inscrits le nom de la commune habitée par le propriétaire et un numéro d'ordre permettant de retrouver, au moyen d'un registre tenu par la commune, le nom et l'adresse de ce propriétaire.

La médaille est fournie par l'administration communale ; elle est conforme à l'un des modèles adoptés par le gouvernement.

II. Dès qu'un cas de rage ou un cas suspect de rage aura été constaté dans une commune, le bourgmestre en informera immédiatement ses administrés par voie d'affiches.

Il en donnera, en même temps, avis aux bourgmestres des localités environnantes, à une distance de 5 kilomètres des limites de sa commune, en recourant au mode d'information le plus rapide.

Les bourgmestres voisins, ainsi prévenus, publieront également, par voie d'affiches, que la rage a été constatée dans telle commune.

A partir du moment de l'affichage, aucun chien ne pourra, dans ces diverses communes, se trouver sur la voie publique ou dans un lieu public, sans être tenu en laisse ou sans être muni d'une muselière conforme à l'un des modèles adoptés par le gouvernement.

La muselière sera reliée au collier par une forte courroie appropriée.

Ces mesures resteront appliquées pendant trois mois après le dernier cas de rage ou suspect de rage constaté et publié. Toutefois, le gouverneur peut réduire ce délai, lorsqu'il estime, après enquête, que les circonstances le permettent. Les affiches reproduiront les termes des prescriptions énoncées aux deux alinéas qui précèdent.

Le gouverneur de la province est autorisé à suppléer à l'inaction des bourgmestres quant à la publication des avis annonçant qu'un cas de rage ou suspect de rage a été constaté et que le port de la muselière est obligatoire.

Si la situation paraît suffisamment grave au gouverneur, il peut étendre la distance de 5 kilomètres jusqu'à la limite maximum de 15 kilomètres.

Le gouverneur avise immédiatement de sa décision les bourgmestres des communes comprises dans le rayon déterminé par lui. L'affichage de cette décision a lieu dans toutes ces communes, dans les conditions stipulées au présent § II.

III. Lorsque des cas de rage ou des cas suspects de rage sont constatés dans plusieurs communes de la province, le gouverneur peut ordonner le port obligatoire de la muselière dans une circonscription à déterminer par lui.

L'affichage de la décision a lieu dans toutes les communes de cette circonscription.

Les affiches énoncent les indications stipulées par celles qui émanent des bourgmestres.

IV. L'obligation de faire porter une muselière n'est pas applicable aux chiens de chasse ou à ceux qui sont préposés à la garde d'un troupeau, pendant le temps qu'ils sont employés comme tels.

V. Tout chien qui sera trouvé sur la voie publique ou dans un lieu public sans être porteur de la médaille prescrite et, dans le cas déterminé par les nos II et III ci-dessus, d'une muselière conforme à l'un des modèles adoptés par le gouvernement sera saisi, mis en fourrière et abattu, s'il n'est pas réclamé endéans les trois jours.

Le propriétaire ne pourra rentrer en possession de son chien qu'à la condition de payer les frais de capture et de fourrière.

Procès-verbal sera dressé, dans tous les cas, à la charge du propriétaire.

La police locale, la gendarmerie, ainsi que tous les autres agents chargés de veiller à l'exécution du présent arrêté, notamment les douaniers, les agents forestiers, les cantonniers de l'Etat, pourront effectuer l'abatage sur place de tout chien non muni de la muselière obligatoire, lorsqu'il sera impossible de saisir l'animal.

VI. Lorsqu'un cas de rage ou un cas suspect de rage a été constaté, la police locale procédera immédiatement à une enquête dans le but d'établir si des chiens ont été contaminés, c'est-à-dire se sont trouvés dans des conditions telles que la contamination est probable.

Tout animal contaminé doit être sacrifié au même titre que l'animal atteint de rage.

VII. Le médecin vétérinaire agréé qui a constaté un cas de rage ou un cas suspect de rage doit en avertir d'urgence l'inspecteur vétérinaire de la circonscription et le bourgmestre.

Tout cas de rage ou suspect de rage doit être notifié dans les vingt-quatre heures par le bourgmestre au gouverneur de la province ainsi qu'au vétérinaire agréé.

Le gouverneur porte le fait à la connaissance de toutes les administrations communales de la province par la voie la plus rapide.

La même information est donnée par lui aux gouverneurs des provinces limitrophes, si la zone de 15 kilomètres prévue au no II ci-dessus s'étend à l'une de ces provinces.

VIII. Il est interdit de vendre en détail toute muselière non exactement conforme à l'un des modèles adoptés par le gouvernement.

IX. Les infractions aux dispositions du présent arrêté seront punies conformément aux articles 4, 6 et 7 de la loi du 30 décembre 1882.

ART. 2. — Notre ministre de l'agriculture est chargé de l'exécution du présent arrêté qui entrera en vigueur le 15 juillet 1905.

———

— *Muselières*. — *Médailles*. — Arrêté pris le 6 juin 1905 par M. van der Bruggen, ministre de l'agriculture. (*Moniteur* du 16 juin.)

Vu l'arrêté royal du 11 mai 1905 portant règlement relatif aux mesures de précaution contre la rage canine et notamment les prescriptions suivantes :

« Tout chien se trouvant sur la voie publique ou dans un lieu public doit, en tout temps, être porteur d'une médaille attachée au cou, sur laquelle se trouvent inscrits le nom de la commune habitée par le propriétaire et un numéro d'ordre permettant de retrouver, au moyen d'un registre tenu par la commune, le nom et l'adresse de ce propriétaire.

« La médaille sera fournie par l'administration communale; elle sera conforme à l'un des modèles adoptés par le gouvernement.

« Dès qu'un cas de rage ou un cas suspect de rage aura été constaté dans une commune, le bourgmestre en informera immédiatement ses administrés par voie d'affiches. Il en donnera, en même temps, avis aux bourgmestres des localités environnantes à une distance de 5 kilomètres des limites de sa commune, en recourant au mode d'information le plus rapide.

« Les bourgmestres voisins, ainsi prévenus, publieront également par voie d'affiches que la rage a été constatée dans telle commune. A partir du moment de l'affichage, aucun chien ne pourra, dans ces diverses communes, se trouver sur la voie publique ou dans un lieu public sans être tenu en laisse ou sans être muni d'une muselière conforme à l'un des modèles adoptés par le gouvernement. La muselière sera reliée au collier par une forte courroie appropriée.

« Lorsque des cas de rage ou des cas suspects de rage sont constatés dans plusieurs communes de la province, le gouverneur peut ordonner le port obligatoire de la muselière dans une circonscription à déterminer par lui.

« L'affichage de la décision a lieu dans toutes les communes de cette circonscription. »

Voulant, en vue de satisfaire à ces dispositions, déterminer les modèles de médailles et les types de muselières qui seront obligatoires à partir de la date de la mise en vigueur du règlement du 11 mai 1905 précité,

Arrête :

ARTICLE PREMIER. — Les médailles dont sont porteurs, en tout temps, les chiens se trouvant sur la voie publique ou dans un lieu public devront être faites en cuivre, en fer-blanc ou en alliage de cuivre et de zinc.

Les médailles auront 2 centimètres au moins pour les petits chiens et 3 centimètres pour les chiens de grandes races.

Les médailles porteront un numéro d'ordre et le nom de la commune habitée par le propriétaire du chien. Les communes pourront, en outre, y inscrire les indications qu'elles jugeront nécessaires.

ART. 2. — Les modèles de muselières adoptés par le gouvernement sont ceux reproduits et décrits dans le tableau annexé au présent arrêté.

Règlement sur la tuberculose bovine. — Avertissement à donner aux propriétaires d'animaux abattus par ordre de l'autorité avec ou sans conditions restrictives. — Circulaire adressée le 20 avril 1904 aux inspecteurs vétérinaires du gouvernement. (*Bulletin du service de la police sanitaire des animaux domestiques,* 1904, p. 38.)

Les articles 11 et 12 du règlement sur la tuberculose bovine règlent l'abatage, par ordre de l'autorité, des animaux atteints ou suspects d'être atteints de cette affection, abatage qui doit avoir lieu dans les huit jours de la constatation.

Bien que le diagnostic de la tuberculose puisse aujourd'hui être établi avec sûreté, il peut se présenter, cependant, des cas où la tuberculine ne donne pas une réaction caractéristique. Dans ces cas, très rares, il est vrai, les circulaires ministérielles du 20 août 1897 et du 28 février 1898 prescrivent néanmoins l'abatage de tels animaux, par ordre de l'autorité, à la condition de ne pas allouer d'indemnité si l'existence de la tuberculose n'est pas reconnue à l'autopsie. Si la tuberculose, au contraire, est constatée, l'indemnité est réglée comme si l'abatage avait été requis sans restriction (art. 25, litt. *a* ou litt. *b*).

L'abatage, dans ces conditions, se fait de commun accord avec le propriétaire, qui n'a, d'ailleurs, aucun intérêt à conserver un animal se trouvant dans de telles conditions.

Comme il est arrivé que certains propriétaires se sont mépris sur les termes de l'accord ainsi intervenu ou en ont constaté l'existence, je vous prie, Monsieur l'inspecteur, d'envoyer à l'avenir, à tout propriétaire d'un animal abattu conditionnellement, un avis indiquant les conditions dans lesquelles l'abatage sera requis ; cet avis énoncera également les bases de calcul de l'indemnité.

En procédant ainsi, il sera apporté un terme à des réclamations formulées souvent sans fondement dans le but d'obtenir une indemnité, ou, tout au moins, la majoration de celle-ci.

Vous recevrez, en même temps que la présente, un certain nombre de ces avis (formulaire n° 60).

Jusqu'ici, les animaux chez lesquels la maladie était arrivée à son dernier stade n'étaient pas sacrifiés par ordre de l'autorité. On laissait au propriétaire le soin de s'en défaire, le plus tôt possible, pour la boucherie.

Cette manière de procéder pouvant amener parfois la conservation d'animaux fort dangereux dans l'étable, où ils risquent de contaminer des sujets sains, j'ai décidé qu'il y a lieu de provoquer désormais leur abatage, sous le bénéfice de l'article 25, littéra *b*.

Dans ces cas, les propriétaires devront recevoir un avis (form. n° 61) déterminant les conditions réglementaires de l'abatage ; l'indemnité sera de 50 p. c. de la valeur de la viande si l'animal est déclaré totalement impropre à la consommation et de 25 p. c. dans le cas contraire.

De même, Monsieur l'inspecteur, il y aura lieu d'adresser, dorénavant, un formulaire n° 61 au propriétaire de toute autre animal sacrifié par ordre de l'autorité, sauf à y spécifier, s'il s'agit d'un bovidé normalement livré à l'élevage ou non, qu'il doit être sacrifié comme cliniquement atteint ou comme cliniquement suspect.

En règle générale, vous aurez aussi à avertir, *par écrit*, les bourgmestres appelés à faire procéder à l'abatage, et, à cette fin, vous aurez à vous servir du formulaire n° 59, qui devra également être modifié selon les circonstances.

Les formulaires n°s 60 et 61 seront envoyés par la poste *sous pli recommandé.*

Le ministre,
B°ⁿ M. VAN DER BRUGGEN.

—

Annexes à la circulaire du 20 avril 1904.
FORM. N° 59.

Monsieur le bourgmestre,

Je vous prie de vouloir bien faire procéder à l'abatage d'une vache, de race..., sous poil..., âgée de... ans, appartenant à M..., habitant votre commune.

Cet animal est cliniquement atteint (1), suspect d'être atteint de tuberculose et a réagi à la tuberculine (1).

L'abatage devra avoir lieu dans les huit jours.

D'accord avec l'intéressé, l'abatage est fait conditionnellement, c'est-à-dire que l'indem-

---

(1) A biffer selon le cas.

nité ne sera pas allouée si, à l'autopsie, l'animal ne présente pas de lésions tuberculeuses (1).

Le propriétaire a été informé de cette mesure.

L'expert vétérinaire qui fonctionne dans votre commune ou le vétérinaire qui a éventuellement donné ses soins à l'animal sera requis en temps utile pour examiner la viande et les issues.

L'inspecteur vétérinaire.

— *Instructions à l'usage des propriétaires d'animaux tuberculeux* (2). (*Bulletin du service de la police sanitaire des animaux domestiques,* 1904, p. 45.)

§ 1er. — LA TUBERCULOSE OU PHTISIE TUBERCULEUSE. — SIGNES AUXQUELS ON PEUT LA RECONNAITRE. — COMMENT SE PROPAGE-T-ELLE ?

La tuberculose bovine, vulgairement appelée *poquettes,* se propage essentiellement par *contagion.*

Il en résulte qu'il faut absolument faire disparaître les animaux atteints de la maladie. Cependant, il convient d'établir une distinction entre ceux qui ne présentent pas de signes de l'affection, tout en étant atteints, et ceux qui, au contraire, offrent de tels signes.

Il importe de se défaire, *le plus tôt possible,* de ces derniers, parce qu'ils sont une cause certaine de la propagation du mal. C'est pour ce motif que le règlement sur la tuberculose bovine prescrit que les inspecteurs vétérinaires et les médecins vétérinaires agréés doivent requérir de l'autorité communale l'abatage des bêtes bovines qui présentent des signes dénotant l'existence de la tuberculose (art. 11).

Comment peut-on reconnaître cette maladie ?

On pourra soupçonner la présence du mal chez une bête maigre qui tousse, expectore et ne respire pas comme une bête saine. Ce soupçon sera confirmé si on constate, en outre, la présence de glandes assez développées (ganglions lymphatiques engorgés), par exemple au niveau de la gorge, au devant de l'articulation de l'épaule, au-dessus et en arrière du pis ou encore dans le flanc.

Mais l'existence de la tuberculose est presque certaine chez un animal qui présente les particularités précitées et qui s'est trouvé à l'étable à côté d'un autre animal reconnu tuberculeux à l'autopsie. Le médecin vétérinaire pourra, au surplus, par l'exploration de la bête, reconnaître encore d'autres symptômes justifiant les premiers soupçons.

Comment se fait la transmission de la maladie ?

Les animaux s'infectent à la longue en ingérant, soit seules, soit mêlées aux aliments, les expectorations des bêtes malades, ou encore et surtout en respirant les poussières chargées de microbes provenant de ces expectorations.

Indépendamment des animaux manifeste-

ment malades qui doivent être sacrifiés sans retard, il est des bêtes tuberculeuses dont l'abatage ne s'impose pas sur l'heure : ce sont celles chez qui la maladie est limitée et localisée dans des organes situés profondément.

Dans tous les cas, ainsi qu'il est dit plus loin, il y a lieu de séparer ces derniers animaux de ceux qui sont sains, tout en les engraissant ou en les utilisant pour la reproduction ou le travail.

Par de simples mesures de précaution, il est possible de purger les étables de la tuberculose, sans même recourir à des abatages en masse et à l'achat de nouvelles bêtes. Il peut suffire, en effet, d'élever les veaux avec du lait provenant de vaches saines ou avec du lait provenant d'animaux tuberculeux, qui a été préalablement bouilli ; de les séparer d'une manière permanente des animaux malades et de sacrifier ceux-ci au fur et à mesure que les élèves grandissent et deviennent capables de les remplacer.

§ 2. — A PROPOS DE LA TUBERCULINE.

Comment peut-on reconnaître les animaux tuberculeux chez lesquels rien à l'extérieur ne permet de soupçonner l'existence du mal ?

Autrefois, cela était fort difficile, sinon impossible. Aujourd'hui, cette difficulté n'existe plus, grâce à l'emploi de la *tuberculine.*

D'après des expériences, répétées des milliers de fois, il est prouvé que l'injection de tuberculine, faite sous la peau des bêtes tuberculeuses, même lorsque la maladie est très peu avancée, provoque un état fiévreux qui se caractérise particulièrement par une augmentation de la température.

Quel que soit son état d'embonpoint, l'animal qui réagit à la tuberculine présente toujours des lésions tuberculeuses. Quand on ne les constate pas à l'autopsie, c'est que celle-ci a été faite incomplètement.

Si une bête bovine présente la réaction caractéristique de la tuberculine et des signes faisant soupçonner l'existence de la tuberculose, l'article 11 du règlement sur la tuberculose prescrit que l'inspecteur vétérinaire ou le vétérinaire agréé doit requérir son abatage de l'autorité locale.

Si elle a réagi sans présenter ces signes cliniques, le propriétaire doit la faire abattre dans les trois années qui suivent la tuberculination, s'il désire conserver la faculté d'obtenir les indemnités prévues par l'article 26 du règlement.

§3.— EMPLOI RÉGLEMENTAIRE DE LA TUBERCULINE.

Dans la grande majorité des cas, le cultivateur ne se doute pas que la tuberculose existe dans son étable. Ce n'est que lorsqu'une de ses bêtes a été reconnue tuberculeuse, à l'abatage de la boucherie, que son attention est éveillée.

Dans ce cas, quelle est la conduite à tenir ?

Le règlement sur la tuberculose prescrit que lorsque cette maladie est constatée à l'abatage, l'inspecteur vétérinaire, s'il le juge nécessaire, requiert un médecin vétérinaire agréé pour visiter tout le bétail de l'exploitation ; c'est notamment le cas lorsque celui-ci est employé à la reproduction. Lorsque le médecin vétérinaire trouve des animaux cliniquement atteints

---

(1) Ce paragraphe sera biffé le cas échéant.

(2) Un exemplaire de ces instructions doit être remis au propriétaire de tout bovidé qu'il y a lieu de faire abattre par ordre de l'autorité ou qu'il y a lieu de soumettre à l'épreuve de la tuberculine.

ou cliniquement suspects d'être atteints de tuberculose, il en donne connaissance à l'inspecteur vétérinaire, qui se rend sur les lieux pour contrôler le diagnostic. Les bêtes cliniquement atteintes sont abattues ; les bêtes cliniquement suspectes le sont également si, à l'épreuve de la tuberculine, elles donnent la réaction caractéristique (art. 13, § 2).

Cette visite, qui se fait aux frais de l'Etat, n'aura pas lieu si on a affaire à des animaux soumis à l'engraissement (art. 13, § 3).

Le propriétaire est tenu de faire connaître, dans les cinq jours, à l'inspecteur vétérinaire, ou à l'expert vétérinaire, la provenance exacte de la bête reconnue tuberculeuse à l'autopsie et, le cas échéant, le nom et le domicile de celui qui a droit à l'indemnité prévue par l'article 24 du règlement.

Il doit également indiquer l'usage qu'il fait de son bétail (art. 13, § 1er).

Si, à la suite de la constatation de la tuberculose chez un de ses animaux, le propriétaire désire faire tuberculiner son bétail, il s'adresse au médecin vétérinaire agréé qu'il désire charger de la tuberculination. Celui-ci fait parvenir la demande à l'inspecteur vétérinaire qui, à son tour, la transmet au ministre après enquête et avec son avis motivé (art. 15, § 1er).

La demande étant agréée par le ministre, le médecin vétérinaire qui a procédé à la tuberculination consigne, dans un inventaire (form n° 22), les résultats de l'opération et remet copie de cet inventaire au propriétaire. Celui-ci est tenu d'y renseigner toute mutation (vêlage, mort ou vente) survenant parmi les animaux qui ont réagi à la tuberculine (art. 15, § 3).

La tuberculination, dans ce cas, se fait aux frais de l'Etat.

Tout propriétaire peut être autorisé à faire éprouver ses animaux à la tuberculine, de l'avis conforme de l'inspecteur vétérinaire ; mais, il y a lieu de faire remarquer que cette opération se fait à ses frais lorsqu'il n'y a pas eu de cas de tuberculose constaté dans l'exploitation (art. 14).

Les bêtes à l'engraissement ne sont pas soumises à l'épreuve.

Celles qui seront soumises à l'engraissement durant la période de la lactation, ou à la fin de cette période les bœufs et bouvillons, taureaux et taurillons, ainsi que les vaches, génisses et vêles non employées ou non destinées à la reproduction, peuvent être tuberculinés, mais le propriétaire ne pourra pas bénéficier d'une augmentation d'indemnité parce que la tuberculination aurait eu lieu (art. 14, § 4).

Les animaux qui ont réagi à la tuberculine sont immédiatement isolés dans un local distinct de ceux qui n'ont pas réagi.

La tuberculination est refusée si l'isolement ainsi compris ne peut pas se faire.

Tout propriétaire d'animaux tuberculinés qui ont réagi est tenu de se conformer aux dispositions du règlement. Ces animaux ne peuvent être vendus que pour la boucherie et, dans le cas de vente, leur abatage doit s'effectuer au plus tard dans les huit jours de la livraison (art. 17, § 1er).

En cas de vente de ces animaux, le propriétaire est tenu de prévenir l'inspecteur vétérinaire huit jours au moins avant la livraison, l'abatage ou l'exposition en vente. Il se sert, à cet effet, des cartes de correspondance qui lui sont remises par l'inspecteur. Ces cartes doivent être affranchies par le propriétaire.

En cas d'infraction à la disposition rappelée ci-dessus (art. 17, § 1er), l'inspecteur vétérinaire est en droit de requérir du bourgmestre l'abatage immédiat des animaux vendus sans indemnité pour le propriétaire (art. 17, § 4).

§ 4. — DESTINATION A DONNER AUX ANIMAUX RECONNUS TUBERCULEUX AU MOYEN DE LA TUBERCULINE.

Le propriétaire n'est pas obligé de se défaire immédiatement des animaux reconnus tuberculeux pour avoir réagi à la tuberculine. Il peut continuer à les utiliser soit pour la reproduction, soit pour le travail, aussi longtemps qu'ils ne présentent pas de symptômes de la maladie et moyennant d'observer les prescriptions énoncées à l'article 19 du règlement, dont il importe que tout propriétaire prenne connaissance (1).

Il y a lieu toutefois de faire remarquer que lorsque l'abatage ne s'opère pas endéans les trois ans qui suivent la tuberculination, comme il est dit plus haut, le propriétaire ne jouit pas de l'indemnité supplémentaire accordée du fait de la tuberculination.

Les frais d'abatage, de destruction des cadavres, de transport, de quarantaine, de séquestration, de désinfection et tous autres frais occasionnés par l'exécution du règlement sur la tuberculose sont à charge des propriétaires ou des détenteurs des animaux.

En cas de refus de se conformer aux ordres de l'autorité, ceux-ci sont exécutés par les soins de l'administration communale et aux frais du propriétaire ou détenteur.

§ 5. — DÉSINFECTION D'UN LOCAL QUI A ÉTÉ OCCUPÉ PAR UNE BÊTE TUBERCULEUSE.

Comme il a été rappelé déjà, un animal tuberculeux expectore des matières qui renferment le principe virulent de la maladie.

Ces matières qui se répandent, soit sur les parois de l'étable, soit dans la crèche, soit sur le sol, se dessèchent et conservent, sous cet état, leur virulence. Il faut donc détruire ces

---

(1) Voici le texte de l'article 19 :

« Le propriétaire qui s'est conformé aux prescriptions des articles précédents peut continuer à utiliser, sous les conditions ci-après déterminées, les animaux qui ont réagi, à moins qu'il ne les vende pour la boucherie sous les conditions de l'article 17 :

« A. Laisser pratiquer, aux frais du gouvernement, des injections de tuberculine, aux animaux de l'exploitation, lorsque le ministre ou l'inspecteur vétérinaire en reconnaît la nécessité ;

« B. Veiller à ce que des aliments souillés par les animaux malades ne se trouvent pas à la portée des animaux sains ;

« C. Éloigner, des mères qui ont réagi, leurs veaux, dès la mise-bas ;

« D. N'introduire, dans l'étable où séjournent les animaux n'ayant pas réagi, des animaux nouveaux qu'après avoir été visités par un médecin vétérinaire agréé et reconnus exempts de tout signe clinique de tuberculose ou reconnus sains, à l'épreuve de la tuberculine, faite aux frais du propriétaire.

« Ces mesures resteront en vigueur jusqu'à la disparition du dernier cas de tuberculose. »

matières, et pour arriver à ce résultat, il y a lieu d'observer les prescriptions suivantes :

1º *Gratter convenablement tous les endroits qui peuvent avoir été souillés par les matières expectorées provenant des animaux malades ;*

2º *Laver ces endroits, une première fois, à l'aide d'une solution de carbonate de soude (soude du commerce) dans l'eau bouillante, dans la proportion de 50 grammes de soude par litre d'eau bouillante ;*

3º *Les laver, une seconde fois, avec une solution de sulfate de cuivre (vitriol bleu de commerce) dans l'eau chaude, dans la proportion de 100 grammes par litre d'eau ou avec une solution d'un autre désinfectant à 8 p. c.;*

4º *Recrépir les murs et les crèches ;*

5º *Blanchir l'étable à la chaux contenant du chlorure de chaux ;*

6º *Projeter sur le sol de la chaux vive d'abord, et de l'eau ensuite, pour faire pénétrer la chaux dans le sol ;*

7º *Aérer convenablement le local.*

§ 6. — INDEMNITÉS.

L'indemnité est refusée dans le cas d'infraction au règlement. Elle est refusée, en tout ou en partie, dans les cas de l'enlèvement de tout ou d'une partie quelconque (sauf la peau) du cadavre déclaré impropre à la consommation. Elle est refusée dans le cas où, par suite de manque de précautions, de la part du propriétaire, l'animal déclaré impropre serait déterré. Elle peut également être refusée sur la proposition de l'inspecteur vétérinaire, lorsqu'il est constaté que l'étable d'où proviennent les bêtes tuberculeuses est notoirement insalubre par la faute du propriétaire des animaux.

Il n'est accordé aucune indemnité pour les animaux morts à la suite de tuberculose, même si la mort survient dans le délai réglementaire prévu pour l'abatage.

L'indemnité est réglée comme suit dans les divers cas :

(ARTICLE 24 DU RÈGLEMENT.)

A.—*Pour les bêtes bovines reconnues impropres à la consommation à l'abatage pour la boucherie.*

50 p. c. de la valeur de la viande (quatre quartiers), la peau exceptée, des animaux reconnus atteints de tuberculose lors de leur abatage pour la boucherie et déclarés totalement impropres à la consommation pour cause de cette affection.

(ARTICLE 25 DU RÈGLEMENT.)

B. — *Pour les bêtes bovines abattues par ordre de l'autorité comme cliniquement atteintes ou comme cliniquement suspectes et ayant réagi à la tuberculine.*

a) *Vaches normalement utilisées pour la reproduction* (1) *et génisses pleines :*
70 p. c. de la valeur des animaux estimés comme sains, au moment de l'abatage, lorsque

---

(1) Le mot *reproduction* doit être compris ici dans le sens *d'élevage.*

la viande est déclarée totalement impropre à la consommation pour cause de tuberculose. L'indemnité ne pourra, toutefois, pas dépasser 420 francs.

25 p. c. de la même valeur, lorsque la viande peut être livrée à la consommation. L'indemnité ne pourra pas dépasser 150 francs.

b) *Animaux autres que ceux dont il est question au littéra a, c'est-à-dire les bœufs, bouvillons, taureaux, taurillons, vaches monses* c *génisses vides :*

50 p. c. de la valeur de la viande (quatre quartiers), la peau exceptée, lorsque la viande est déclarée totalement impropre à la consommation.

25 p. c. de la même valeur, lorsque la viande peut être livrée à la consommation.

(ARTICLE 26 DU RÈGLEMENT.)

C. — *Animaux abattus par la volonté du propriétaire, dans les conditions déterminées par l'article 21 (c'est-à-dire les animaux qui ont réagi à la tuberculine et qui ne présentent pas de signes cliniques) :*

a) *Vaches normalement utilisées à la reproduction et génisses pleines :*

79 p. c. de la valeur de la viande (quatre quartiers), la peau exceptée, lorsque les animaux sont reconnus totalement impropres à la consommation pour cause de tuberculose, lors de leur abatage.

15 p. c. de la valeur de la viande (quatre quartiers), la peau exceptée, lorsque la viande peut être livrée à la consommation.

Les indemnités, dont il est question au littéra a ci-dessus, cessent d'être allouées pour les animaux qui ne sont pas abattus dans les trois années qui suivent la tuberculination.

b) *Animaux autres (taureaux, taurillons, bœufs, bouvillons, etc.).* L'indemnité est la même que celle accordée pour les animaux dont il est question au littéra A.

(ARTICLE 27 DU RÈGLEMENT.)

Pour avoir droit à l'indemnité prévue aux articles 24, 25, littéra b, et 26, le propriétaire de l'animal doit produire :

1º Un certificat d'expertise de la viande. Ce certificat mentionnera si la viande a été déclarée propre ou impropre à la consommation et indiquera le poids exact (sur balance ou bascule) des quatre quartiers, ainsi que la valeur du kilogramme de viande, bête abattue (peau non comprise).

Ce certificat peut être remplacé par une attestation de l'inspecteur vétérinaire, indiquant la valeur de la bête sur pied d'après le certificat de la pesée, délivré par un peseur juré (non comprise la valeur approximative de la peau);

2º Une déclaration de l'autorité locale certifiant que la viande a été stérilisée, conformément aux prescriptions de l'arrêté ministériel du 30 septembre 1895, ou bien dénaturée ou enfouie, ou bien encore dénaturée et détruite par la chaleur ou les agents chimiques, dans un clos d'équarrissage dûment autorisé;

3º La preuve que l'animal se trouve dans le pays depuis au moins six mois.

Ce délai peut être augmenté par décision ministérielle.

Pour avoir droit à l'une des indemnités prévues à l'article 25, le propriétaire de l'animal doit produire, outre les certificats ou déclarations dont il est question à l'article 27, l'ordre d'abatage délivré par le bourgmestre.

En ce qui concerne les animaux visés au littéra *a* de l'article 25, le certificat dont il est question au 1° de l'article 27 est remplacé par un procès-verbal d'estimation énonçant la valeur de l'animal estimé comme sain, au moment de l'abatage, par le vétérinaire agréé, qui a provoqué cette mesure, ou par le vétérinaire agréé que l'inspecteur vétérinaire aura désigné pour faire l'estimation.

Le propriétaire d'une bête reconnue tuberculeuse a la suite d'une injection de tuberculine et déclarée propre à la consommation est tenu de prendre les mesures nécessaires pour que les quatre quartiers de la viande soient pesés dans les conditions prévues pour les bêtes tuberculeuses déclarées insalubres.

Cette formalité est indispensable pour l'obtention de l'indemnité.

Les demandes d'indemnités, dont des formules sont gratuitement mises à la disposition des intéressés, doivent être adressées à l'inspecteur vétérinaire de la circonscription dans laquelle l'évaluation a été faite, *au plus tard dans les quarante jours* qui suivent l'abatage.

Annexe à la circulaire du 20 avril 1904.

FORM. N° 60

MINISTÈRE DE L'AGRICULTURE

Police sanitaire des animaux domestiques. — Règlement sur la tuberculose bovine

AVIS TRÈS IMPORTANT

Bête bovine à abattre conditionnellement, par ordre de l'autorité, le diagnostic de la tuberculose étant incertain

Nom et domicile du propriétaire :

M.., à.......................... .

SIGNALEMENT DE L'ANIMAL	Catégorie.................., race..........
	Age........................ , poil..........

Je soussigné, inspecteur vétérinaire du gouvernement à.........................., déclare avoir requis, à la date ci-dessous indiquée, du bourgmestre de la commune prédésignée, l'abatage de l'animal dont le signalement précède.

Son abatage aura lieu dans les huit jours, soit avant le.............................. .

Aucune indemnité ne sera allouée au propriétaire si, à l'autopsie, l'animal est reconnu indemne de lésions tuberculeuses.

Dans le cas contraire, c'est-à-dire si l'autopsie révèle l'existence de la tuberculose, l'indemnité sera calculée d'après :

L'article 25, littéra *a* (bêtes d'élevage) (1) ;

L'article 25, littéra *b* (1) (bêtes autres), du règlement sur la tuberculose bovine, dont un extrait a été remis à l'intéressé.

L'intéressé m'a déclaré accepter ces conditions.

.................., le.............................. 190 .

L'INSPECTEUR VÉTÉRINAIRE,

(1) Biffer selon le cas.

P. S. Aucune indemnité ne sera allouée si l'animal vient à mourir de la tuberculose dans le délai fixé pour l'abatage. — L'indemnité est refusée lorsque, par suite de manque de précautions de la part du propriétaire, le cadavre de l'animal déclaré impropre à la consommation est déterré en tout ou en partie. — Elle est refusée totalement ou partiellement dans le cas de l'enlèvement de tout ou d'une partie quelconque du cadavre (sauf la peau) déclaré impropre à la consommation.

Expertise de la viande provenant de l'animal dont il est question ci-contre. — Tout animal abattu par ordre de l'autorité ou non doit être expertisé par l'expert vétérinaire de la commune ou par le vétérinaire qui a donné éventuellement ses soins à l'animal. — Cette expertise doit se faire dans les vingt-quatre heures de l'abatage et de l'avertissement de l'expert. — A cet effet, il est de l'intérêt du propriétaire de prévenir le vétérinaire du jour et de l'heure de l'abatage. Si l'animal doit être détruit dans un enclos d'équarrisage, l'enlèvement doit être opéré par le service du clos dans les deux jours de l'avis donné à celui-ci par l'inspecteur. — Il est expressément interdit au propriétaire d'enfouir ou de laisser enfouir l'animal avant que celui-ci ait été expertisé et avant que l'inspecteur ou son délégué ait contrôlé la saisie. — La viande est laissée à la disposition de l'inspecteur, en été, pendant les deux jours et, en hiver, pendant les trois jours qui suivent la visite de l'expert. — Les organes malades de l'animal doivent être conservés dans une solution fortement salée et être tenus à la disposition de l'inspecteur pendant quatre jours.

Annexe à la circulaire du 20 avril 1904.

FORM. Nº 61

MINISTÈRE DE L'AGRICULTURE

Police sanitaire des animaux domestiques. — Règlement sur la tuberculose bovine

AVIS TRÈS IMPORTANT

Bête bovine abattue par ordre de l'autorité

Nom et domicile du propriétaire :

     M ...., *à* ....

SIGNALEMENT DE L'ANIMAL	Catégorie................, race ....
	Age ...., poil..................

Je soussigné, inspecteur vétérinaire du gouvernement à ...., déclare avoir requis, à la date ci-dessous indiquée, du bourgmestre de la commune prédésignée, l'abatage de l'animal dont le signalement précède.

Aux termes du règlement sur la tuberculose bovine, cet animal est (1) ne peut être (1) considéré comme bête d'élevage, ou ne sera considéré comme bête d'élevage que si, à l'autopsie, son état de gestation est dûment constaté (1).

Son abatage aura lieu dans les huit jours, soit avant le .... Si l'animal n'est pas abattu sur place, je devrai être averti, avant le sacrifice, de son transfert vers un abattoir public ou une tuerie privée à me désigner.

L'indemnité à allouer sera calculée d'après le littéra *a* (1) ou le littéra *b* (1) de l'article 25 du dit règlement dont un extrait a été remis à l'intéressé.

J'estime, en vue de l'application du littéra *a* de l'article 25, la valeur de l'animal à fr. ...., eu égard à son état actuel d'embonpoint.

            ...., le .... 190 .

         L'INSPECTEUR VÉTÉRINAIRE,

(1) Biffer selon le cas.

P. S. Aucune indemnité ne sera allouée si l'animal vient à mourir de la tuberculose dans le délai fixé pour l'abatage. — L'indemnité est refusée lorsque, par suite de manque de précautions de la part du propriétaire, le cadavre de l'animal déclaré impropre à la consommation est déterré en tout ou en partie. — Elle est refusée totalement ou partiellement dans le cas de l'enlèvement de tout ou d'une partie quelconque du cadavre (sauf la peau) déclaré impropre à la consommation.

Expertise de la viande provenant de l'animal dont il est question ci-contre. — Tout animal abattu par ordre de l'autorité ou non doit être expertisé par l'expert vétérinaire de la commune ou par le vétérinaire qui a donné éventuellement ses soins à l'animal. — Cette expertise doit se faire dans les vingt-quatre heures de l'abatage et de l'avertissement de l'expert. — A cet effet, il est de l'intérêt du propriétaire de prévenir le vétérinaire du jour et de l'heure de l'abatage.

Si l'animal doit être détruit dans un clos d'équarrissage, l'enlèvement doit être opéré par le service du clos dans les deux jours de l'avis donné à celui-ci par l'inspecteur. — Il est expressément interdit au propriétaire d'enfouir ou de laisser enfouir l'animal avant que celui-ci ait été expertisé et avant que l'inspecteur ou son délégué ait contrôlé la saisie. — La viande est laissée à la disposition de l'inspecteur, en été, pendant les deux jours et, en hiver, pendant les trois jours qui suivent la visite de l'expert. — Les organes malades de l'animal doivent être conservés dans une solution fortement salée et être tenus à la disposition de l'inspecteur pendant quatre jours.

Port d'armes de guerre. — *Bourg-mestre.* — *Autorisation collective.* — *Annulation.* — Arrêté royal du 29 mars 1904. (*Moniteur* du 3 avril.)

Un arrêté royal du 29 mars 1904, contresigné par M. de Trooz, ministre de l'intérieur, etc., annule un arrêté pris par un bourgmestre qui autorisait une société de gymnastique à porter des armes de guerre.

Cet arrêté est ainsi motivé :

Attendu que la loi du 26 mai 1876 et l'arrêté royal du 29 juin suivant, relatifs au port d'armes de guerre, ne permettent pas l'octroi d'autorisations collectives; que, de plus, les autorisations à donner en exécution de ces dispositions ne peuvent s'appliquer d'une façon générale au port de toutes les armes de guerre, mais doivent spécifier l'arme dont le port est autorisé;

Attendu, en conséquence, que l'arrêté pris par M. le bourgmestre de Lessines est doublement illégal;

Vu l'avis de notre ministre de la justice;

Vu la loi du 26 mai 1876, l'arrêté royal du 29 juin 1876 et les articles 86 et 87 de la loi communale...

Prestations militaires. — *Règlement sur les prestations militaires.* — *Remonte de l'armée sur le pied de guerre.* — *Modifications à l'arrêté royal du 31 décembre 1889* (1). — Arrêté royal du 6 octobre 1904, contresigné par M. Cousebant d'Alkemade, ministre de la guerre, par M. de Smet de Naeyer, ministre des finances, etc., par M. Van den Heuvel, ministre de la justice et par M. de Trooz, ministre de l'intérieur, etc. (*Moniteur* du 12 octobre.)

Vu la loi du 14 août 1887, relative au logement des troupes en marche et en cantonnement et aux prestations militaires;

Revu notre arrêté du 31 décembre 1889, n° 9481, réglant l'exécution de la dite loi du 14 août 1887;

Sur la proposition de nos ministres de la guerre; des finances et des travaux publics; de la justice; de l'intérieur et de l'instruction publique,

Nous avons arrêté et arrêtons :

Les modifications suivantes sont apportées au règlement sur les prestations militaires :

a) *L'article 152, 2e alinéa, est remplacé par :* « Les chiffres portés à cet état sont valables pour une période d'un an, qui prend cours le 1er mai de l'année courante et expire le 30 avril de l'année suivante. »

b) A l'article 166, 1er alinéa, *au lieu de :* « Le premier avril de chaque année... » *lire :* « Le premier mai de chaque année... ».

Liquidation des dépenses pour le logement, avec ou sans nourriture, de la troupe chez l'habitant. — *Instructions.* — Circulaire adressée le 21 juin 1904 aux gouverneurs de province par M. de Favereau au nom de M. de Trooz, ministre de l'intérieur, etc., absent. (*Bulletin du ministère de l'intérieur.*, etc., 1904, II, 81.)

J'ai l'honneur de vous faire parvenir un exemplaire de la circulaire que M. le ministre de la guerre a adressée à toutes les autorités militaires, au sujet de la liquidation des dépenses pour le logement, avec ou sans nourriture, de la troupe chez l'habitant.

Je vous prie, Monsieur le gouverneur, de bien vouloir en faire part aux administrations communales par la voie du *Mémorial administratif*.

MINISTÈRE DE LA GUERRE   ANNEXE.

—

1re DIRECTION GÉNÉRALE

Opérations militaires
et
instructions
de l'armée.

1re Direction

1er Bureau

N° 7/4

A toutes les autorités militaires (y compris les commandants de compagnie et de district de gendarmerie) et au président de la cour des comptes.

Bruxelles, le 13 juin 1904.

Messieurs,

La liquidation des dépenses pour le logement et la nourriture des troupes qui ont cantonné chez l'habitant au cours des grandes manœuvres de 1903 a donné lieu à des plaintes nombreuses de la part des administrations communales.

Pour en éviter le retour, j'ai l'honneur de rappeler à nouveau l'obligation de remettre, au collège des bourgmestre et échevins, l'ordre de réquisition, modèle n° 3, prescrit par l'article 23 du règlement sur les prestations militaires. Il importe que l'effectif à indiquer sur cet ordre de réquisition soit exactement celui de l'unité à cantonner, afin de ne pas recevoir plus de billets de logement qu'il n'en faut. Si, nonobstant, des billets restaient sans emploi, ils seraient restitués au bourgmestre ou au receveur communal, par les soins des commandants de détachement, lorsque ceux-ci effectuent, conformément à l'article 36 du règlement précité et contre quittance, modèle n° 5, le payement de l'indemnité pour le logement avec ou sans nourriture de la troupe chez l'habitant. En cas de non-payement avant le départ des troupes, les billets sans emploi seront remis aux conseils d'administration centrale des régiments, pour être annexés à la quittance, modèle n° 5, qu'ils envoient aux administrations communales, en vertu de l'article 39 du règlement déjà rappelé. Mention de la restitution de ces billets sera faite dans la colonne « observations » de l'état imprimé au verso de la quittance susdite.

D'autre part, comme en pratique il peut être difficile de recourir à l'administration communale pour modifier ou remplacer des billets de logement délivrés, ceux-ci pourront, mais seulement en cas de nécessité bien démontrée, être modifiés par les commandants de compagnie, escadron ou batterie, qui parapheront pour « vu » en regard de la correction effectuée. Il importe d'apporter la plus grande attention dans les changements de l'espèce, afin que l'effectif renseigné sur les billets délivrés soit toujours exactement celui réellement logé chez l'habitant.

En vue d'établir les responsabilités en cas de contestations, les billets de logement porteront à l'avenir l'indication du régiment et du numéro de l'unité (bataillon, escadron, compagnie ou batterie). Ces renseignements seront inscrits, sous le contrôle du personnel des commandants de compagnie, escadron ou batterie, avant la distribution des billets dont il s'agit.

Mobilisation de l'armée.—Tenue des registres de classement, modèle n° 19. — Instructions annexées à une circulaire adressée, le 23 novembre 1904, aux gouverneurs de province par M. de Trooz, ministre de l'intérieur, etc.

Le registre de classement comprend quatre séries de numéros d'ordre :

La première est réservée aux chevaux de selle.

La deuxième, aux chevaux de trait se rapprochant du type adopté en temps de paix pour l'artillerie et le train.

La troisième, aux chevaux de trait plus forts que ceux renseignés à la deuxième catégorie, mais qui néanmoins présentent suffisamment de légèreté dans leurs allures pour rendre des services à l'armée.

Éventuellement on renseigne dans les deuxième et troisième séries, sur la page de droite du registre, les voitures attelées par ces chevaux et trouvées aptes au service de l'armée.

Enfin, la quatrième série comprend les voitures trouvées aptes au service, mais dont les attelages ne figurent pas aux registres de classement.

Le nombre de cases à réserver à chacune des quatre séries varie d'après l'importance des ressources de la commune ou de la section de police.

Ces nombres sont déterminés de commun accord avec le commandant du canton militaire ou l'officier chargé du recensement des chevaux de la commune ou de la section de police.

Aux marchands de chevaux, grands loueurs de voitures, etc., mentionnés à l'article 142 du règlement sur les prestations militaires, on réserve un nombre de cases égal au nombre moyen des chevaux de selle ou de trait qu'ils sont appelés à fournir en temps de guerre. Toutefois, en temps de paix, aucune inscription n'est faite dans les colonnes 5, 6, 7 et 8 de ces cases.

R

Rage canine. Voy. Hygiène publique. — Police sanitaire des animaux domestiques.

Receveur communal. — *Application de l'article 121 de la loi communale.* — *Receveurs ayant réciproquement fait des recettes l'un pour l'autre.* — *Déconfiture de l'un d'eux.* — *Responsabilité du déficit.* — Dépêche adressée le 26 avril 1904 à un gouverneur de province par M. de Trooz, ministre de l'intérieur, etc. (*Bulletin du ministère de l'intérieur, etc.*, 1904, II, 55.)

Votre référé du 19 avril 1904 expose la situation suivante :

En vertu de l'article 121 de la loi communale, le receveur communal de G... a encaissé pour le collègue de L... une somme totale de 1,486 fr. 85 c. se rapportant à des impositions de trois exercices. Le receveur communal de L... avait encaissé pour celui de G... des impositions s'élevant à la somme de 532 fr. 36 c. Ce receveur a été révoqué et a laissé un déficit supérieur au montant de son cautionnement.

La question se pose de savoir si le receveur communal de G... peut opposer la compensation pour retenir sur la somme de 1,486 fr. 85 c. dont il est redevable, celle de 532 fr. 36 c., perçue pour lui par son collègue; on se demande finalement qui supportera la perte de 532 fr. 36 résultant de l'insolvabilité du receveur de L...

Pour résoudre cette question, il faut remonter à l'origine de l'article 121 de la loi communale et bien en préciser la portée.

Le receveur communal est chargé seul et sous sa responsabilité des recettes communales; *il n'en résulte pas* cependant que, comme les fermiers des taxes municipales, les receveurs prennent à *forfait* les recettes communales. Ils perçoivent réellement pour compte de la commune et celle-ci a pour devoir d'admettre en cotes irrécouvrables les impositions que le receveur n'a pu recouvrer, s'il prouve avoir fait toutes les diligences nécessaires.

Avant la loi du 7 mai 1877, les receveurs communaux percevaient, à la demande de leurs collègues d'autres communes, les impositions dues à celles-ci par des personnes de leur résidence. C'était là un acte de pure complaisance. Certains receveurs refusant de prêter leur concours, intervint la loi du 7 mai 1877 qui érigea en *obligation* la pratique déjà suivie par la plupart des receveurs.

Les rétroactes de cette disposition législative sont fort bien exposés dans le *Traité des taxes communales* de Bollie, n°s 78 et 79.

Il en résulte qu'après la loi de 1877 comme avant, le receveur qui perçoit pour compte de son collègue d'une autre commune agit comme mandataire de celui-ci, lequel cependant n'est pas personnellement en cause, mais seulement comme receveur chargé de faire les recettes au nom de la commune. Si deux receveurs ont fait réciproquement des recettes pour compte l'un de l'autre, il ne s'établit pas de compensation, car la qualité de créancier et de débiteur ne se confond pas dans la même personne; le receveur n'est pas personnellement créancier de son collègue, c'est la commune pour laquelle il est chargé de faire les recettes qui est créancière.

Appliquant ces principes au cas soulevé, on arrive à cette solution : Le receveur de G... a perçu pour celui de L... *agissant au nom de la commune*, la somme de 1,486 fr. 85 c. Il doit la verser à la commune de L... Le receveur de L... a perçu pour la commune de G..., poursuites et diligences de son receveur, la somme de 532 fr. 36 c. Par suite d'insolvabilité, la somme ne peut être versée; c'est la commune de G... qui doit supporter la perte, à moins que l'administration communale n'établisse qu'il y ait faute de son receveur, par exemple s'il a tardé trop longtemps à réclamer de son collègue de L... le montant des recettes que celui-ci pouvait avoir faites en son lieu et place.

Quant à la question de savoir si la commune de G... a une action en responsabilité contre les administrateurs de L..., c'est là une question qui relève de la compétence du pouvoir judiciaire et qu'il n'appartient pas à l'administration d'apprécier.

Recours en grâce. — *Délits connexes.* — *Instruction des recours.* — Circulaire adressée le 21 septembre 1904 aux chefs de service du département de l'intérieur, etc., par M. Mahiels, directeur général délégué. (*Bulletin du ministère de l'intérieur, etc.*, 1904, II, 108.)

J'ai l'honneur de vous faire parvenir l'exemplaire ci-joint de la circulaire que vient d'adresser M. le ministre de la justice à MM. les procureurs généraux ainsi qu'à M. l'auditeur général près la cour militaire, en ce qui concerne l'instruction des recours en grâce introduits par des individus condamnés pour délits connexes.

ANNEXE

MINISTÈRE
DE LA
JUSTICE

A MM. les procureurs généraux et à M. l'auditeur général près la cour militaire.

Bruxelles, 19 août 1904.

Monsieur le...,

Aux termes des instructions contenues dans ma circulaire du 23 février 1899, chapitre V, § 23, complétée par celle du 23 juillet 1902, chaque département instruit les recours en grâce concernant les peines prononcées pour des infractions à des dispositions spéciales dont l'exécution lui est confiée; s'il s'agit de plusieurs peines dont l'une est prévue par le code pénal, c'est le ministre de la justice qui examine la requête pour le tout.

Ces instructions ne prévoient pas le cas où le pétitionnaire a été condamné exclusivement pour des infractions au sujet desquelles compétence est attribuée à d'autres départements que celui de la justice. D'après les errements suivis, l'on procède alors à autant d'informations qu'il y a de départements intéressés. Il en

résulte des lenteurs et des complications d'écritures qu'il convient d'éviter.

Il a en conséquence été décidé, d'accord avec les autres départements, qu'à l'avenir le ministre de la justice instruira pour le tout les recours en grâce de l'espèce. Cependant, le *statu quo* sera maintenu et la requête sera soumise à chaque département intéressé, si l'une des peines a été infligée pour contravention à la Convention de La Haye du 6 mai 1882, dont l'exécution est confiée au ministère des affaires étrangères, ou bien encore s'il s'agit d'une peine introduite en faveur d'une personne condamnée par un conseil de discipline de la garde civique ou d'un militaire soit par un tribunal militaire, soit par un tribunal civil, en vertu du code pénal militaire, à une peine n'entraînant pas l'exclusion de l'armée.

Les parquets continueront à se conformer aux §§ 25 et 26 de l'instruction générale du 23 février 1899, qui prescrivent l'envoi d'un double du rapport à M. le ministre de l'agriculture et des beaux-arts ou bien à M. le ministre des finances et des travaux publics, lorsqu'il s'agit d'une infraction connexe à un délit forestier ou de pêche ou intéressant la surveillance en matière fiscale.

Je vous prie, Monsieur le..., de vouloir bien donner des instructions dans ce sens à MM. les...

Registres de population. — *Changements de résidence.* — *Formalités.* — *Mesures destinées à les accélérer.* — Circulaire adressée le 21 décembre 1904 aux gouverneurs de province par M. de Trooz, ministre de l'intérieur, etc. (*Bulletin du ministère de l'intérieur, etc.*, 1904, II, 132.)

J'ai l'honneur d'appeler votre attention sur le retard apporté par certaines administrations communales dans l'accomplissement des formalités relatives aux changements de résidence. Il arrive parfois qu'une personne ayant déclaré son départ à l'autorité communale n'est inscrite aux registres de population de sa nouvelle résidence que plusieurs semaines, voire même plusieurs mois après sa déclaration. Or, pour être régulière, la radiation ne peut, sauf certaines exceptions, être effectuée qu'après inscription de l'intéressé aux registres de la population de sa nouvelle résidence (arrêté royal du 30 décembre 1900, art. 14). Si cette inscription est opérée tardivement, l'intéressé continue entre-temps à figurer aux registres de population d'une commune qu'il a quittée déjà depuis assez longtemps. Il est donc censé habiter encore cette localité, bien qu'en fait il n'y réside plus. Cet état de choses n'est pas sans présenter de sérieux inconvénients, notamment au point de vue du domicile de secours.

Pour remédier à cette situation, il importe que les administrations communales apportent la plus grande célérité dans l'accomplissement des formalités relatives aux changements de résidence des habitants. A cet effet, je vous prie, Monsieur le gouverneur, de vouloir bien les inviter à suivre ponctuellement les recommandations suivantes :

Quand une personne se présente pour faire

sa déclaration de changement de résidence, l'administration doit lui remettre le certificat n° 2 et transmettre, *le jour même*, par la poste, à l'autorité communale de la nouvelle résidence, l'avis n° 4, accompagné d'un extrait du casier judiciaire ou d'un certificat négatif. A la réception de l'avis n° 4, *et sans attendre l'expiration du délai de quinzaine* accordé à l'intéressé pour faire sa déclaration (arrêté royal du 30 décembre 1900, art. 2), l'administration de la nouvelle résidence doit inviter celui-ci à se présenter au bureau de la population. S'il ne répond pas à cet appel dans la huitaine, une seconde invitation doit lui être adressée, en le prévenant en même temps des peines qu'il peut encourir s'il néglige ou refuse de faire sa déclaration. S'il laisse s'écouler un délai de quinze jours, à partir de la date de l'avis de changement de résidence, sans faire sa déclaration, il devra être mis en contravention par application de l'article 27 de l'arrêté précité.

Mais si, d'une part, l'administration de la nouvelle résidence doit veiller, avec le plus grand soin, à ce qu'aucun retard ne soit apporté à l'inscription de ses nouveaux administrés, d'autre part, l'administration de la résidence antérieure doit réclamer à la première l'envoi du certificat n° 3 ou de l'avis de non-inscription n° 5, si ces pièces ne lui sont pas transmises dans les délais réglementaires (arrêté royal du 30 décembre 1900, art. 16). Si, malgré deux rappels adressés à cinq jours d'intervalle, elle n'obtient pas satisfaction, elle ne doit pas hésiter à recourir soit à votre intervention, soit à celle de l'autorité supérieure, pour mettre fin à cet état de choses.

Dès que l'intéressé est inscrit — et l'administration doit veiller à ce que cette inscription ait lieu si possible dans la quinzaine — avis doit être donné *le jour même* à l'autorité communale de la résidence précédente, aux fins de radiation.

J'estime, Monsieur le gouverneur, que si ces règles étaient rigoureusement observées par les autorités locales, non seulement bien des contestations en matière d'assistance publique seraient évitées, mais il en résulterait également une meilleure marche des divers services administratifs (police, listes électorales, milice, garde civique, etc.), qui se lient à celui de la population.

Je vous prie, Monsieur le gouverneur, de vouloir bien insérer cette circulaire au *Mémorial administratif* de votre province et inviter les autorités communales de votre ressort à s'y conformer strictement.

Condamnations conditionnelles. — Inscription aux registres et sur l'extrait du casier judiciaire qui accompagne l'avis de changement de résidence. — Circulaire adressée le 13 décembre 1904 aux gouverneurs de province par M. de Trooz, ministre de l'intérieur, etc., (*Bulletin du ministère de l'intérieur, etc.*, 1904, II, 126.)

J'ai l'honneur de vous transmettre copie de la dépêche que je viens d'adresser à un de vos collègues, concernant l'inscription des condamnations *conditionnelles* aux registres de

population et sur l'extrait du casier judiciaire qui doit accompagner l'avis de changement de résidence n° 4.

Je vous prie, Monsieur le gouverneur, de vouloir bien insérer cette dépêche au *Mémorial administratif* de votre province, en y appelant l'attention des administrations communales de votre ressort.

ANNEXE

Par lettre du 27 octobre dernier, 2, division A, n° 122884, vous soulevez la question de savoir si l'extrait du casier judiciaire qui doit accompagner l'avis de changement de résidence n° 4 (instructions générales du 1er juin 1901, art. 16 et 91) doit mentionner les condamnations *conditionnelles*, lorsque *aucune peine nouvelle* n'a été prononcée pendant le délai déterminé par le jugement.

J'estime, Monsieur le gouverneur, que cette question doit être résolue négativement. En effet, aux termes de l'article 9 de la loi du 31 mai 1888 sur la libération conditionnelle, la condamnation est considérée comme non avenue si, pendant ce délai, le condamné n'encourt pas de peine nouvelle pour crime ou délit. C'est pourquoi ces condamnations ne doivent pas figurer sur l'extrait du casier judiciaire qui doit être joint à l'avis de changement de résidence n° 4, ni être reproduites dans la colonne 16 du registre principal de population.

Il en est tout autrement lorsqu'il s'agit de condamnations conditionnelles pour lesquelles *le sursis accordé n'est pas expiré*. Ces peines continuent à subsister jusqu'à ce que le délai fixé par le juge ait été atteint. En conséquence, mention de celles-ci doit être faite sur l'extrait du casier judiciaire ainsi que dans la colonne du registre de population. L'extrait devra indiquer, d'une manière expresse, que la condamnation est conditionnelle et mentionner, d'autre part, le délai déterminé par le jugement.

Si ma circulaire du 27 juin dernier, émargée comme la présente, porte que *toutes* les condamnations indistinctement doivent être annotées dans la colonne 16, il faut entendre par là que les condamnations de simple police, de même que celles prononcées par les tribunaux correctionnels, doivent être consignées dans la dite colonne. Cette explication est du reste donnée dans ma circulaire précitée.

Pour les mentions relatives aux condamnations conditionnelles, il y aura lieu de distinguer ainsi qu'il vient d'être dit, entre celles pour lesquelles le délai est expiré, sans qu'aucune condamnation nouvelle soit intervenue, et celles pour lesquelles le sursis n'est pas écoulé.

Enfant naturelle née à l'étranger et dont l'acte de naissance n'a pas été dressé. — Pièces tenant lieu de l'acte de naissance. — Rectification à apporter à l'inscription de cette enfant. — Dépêche adressée le 3 mars 1904 à un gouverneur de province par M. de Trooz, ministre de l'intérieur, etc. (*Bulletin du ministère de l'intérieur, etc.*, 1904, II, 29.)

Par lettre du 25 mai 1903 faisant suite à la vôtre du 6 avril précédent, je vous ai prié d'inviter l'administration communale de M... à inscrire aux registres de population de cette commune la fille de la dame Th..., tout en mentionnant certaines réserves à raison de l'absence de tout acte de naissance de cette enfant.

J'ai l'honneur de vous adresser la dépêche ci-jointe, en copie, et les actes y annexés que la légation de Belgique, à B..., vient de faire parvenir à M. le ministre des affaires étrangères, à Bruxelles, concernant la naissance de l'enfant Th...

Le procès-verbal dressé par le premier procureur de... et la sentence du tribunal de cette ville peuvent, d'après M. le ministre des affaires étrangères de R..., tenir lieu de l'acte de naissance de cette enfant.

L'inscription de celle-ci aux registres de population de Molenbeek-Saint-Jean ayant dû être faite dans les conditions tracées dans ma lettre précitée du 25 mai 1903, il y a lieu d'y apporter les compléments d'indication et rectification résultant des pièces de régularisation ci-jointes. Cette enfant ayant été inscrite antérieurement sous ses prénoms, il y aura lieu d'y ajouter le nom de sa mère.

Après rectification apportée à l'inscription de l'enfant, il appartiendra à l'administration communale de M... de remettre les pièces ci-annexées à la dame Th..., en lui recommandant de les conserver soigneusement, ces pièces pouvant lui être encore d'une très grande utilité dans l'avenir.

Inscription. — Colporteur habitant, avec son ménage, une chambre unique dans une maison de logement. — Dépêche adressée le 16 avril 1904 à un gouverneur de province par M. de Trooz, ministre de l'intérieur, etc. (*Bulletin du ministère de l'intérieur, etc.*, 1904, II, 50.)

J'ai pris connaissance des pièces ci-jointes concernant un différend existant entre les administrations communales de B... et d'Y..., au sujet de l'inscription, aux registres de population, du nommé D..., colporteur.

Il résulte de ces documents que D... s'est établi à Y..., depuis le 18 décembre dernier, venant de B..., avec son ménage composé de sa femme et de ses trois enfants. Ils habitent à Y... une maison de logement où toute la famille passe la nuit dans une chambre commune L'administration communale d'Y... a refusé d'inscrire ces personnes à ses registres de population, pour le motif qu'elles ne résident pas en cette ville d'une manière effective.

On doit, en effet, en règle générale, considérer le séjour dans une maison de logement comme temporaire et momentané, et, en vertu de ce principe, l'intéressé doit rester inscrit à B..., avec les divers membres de son ménage. Si cependant cette situation se prolongeait encore pendant un certain laps de temps — elle perdure déjà depuis le 18 décembre dernier — l'établissement dans une maison de logement perdrait son caractère instable. On pourrait alors considérer cette résidence comme fixe et inscrire le prénommé et sa famille aux registres de population d'Y... Cette inscription paraîtrait, du reste, conforme à la déclaration faite par l'intéressé dans sa lettre au secrétaire communal de B..., lettre dans laquelle il manifeste l'intention de résider à Y... et d'y louer une maison.

Enfants mineurs. — Changement de résidence. — Interprétation de l'article 19 des instructions générales. — Dépêche adressée le 24 mai 1904 à un gouverneur de province par M. de Trooz, ministre de l'intérieur, etc. (*Bulletin du ministère de l'intérieur, etc.*, 1904, II, 67.)

J'ai pris connaissance du différend existant entre les administrations de M... et de G..., au sujet de l'interprétation de l'article 19 des instructions générales du 1er juin 1901 sur la tenue des registres de population.

Cette disposition prévoit trois hypothèses, suivant qu'il s'agit d'une première inscription d'un enfant mineur ou de changements de résidence subséquents ou encore de l'inscription ou de la radiation d'office du mineur.

Dans le premier cas, c'est-à-dire lorsque le mineur quitte *pour la première fois* la résidence paternelle, il ne peut faire seul la déclaration de changement de résidence prescrite par l'article 15 des instructions générales. Il doit, dit l'article 19, être assisté du chef de ménage pour faire sa déclaration.

Cette assistance n'est pas requise dans la seconde hypothèse qui fait l'objet de votre référé du 10 mai courant.

D'accord avec vous, j'estime, Monsieur le gouverneur, que, dans ce cas, l'administration communale doit notifier au père, à la mère ou au tuteur le départ du mineur et laisser s'écouler un délai de quinze jours à partir de cette notification, avant de transmettre le certificat n° 2 à l'administration de la nouvelle résidence du mineur, à moins que le chef de ménage ne donne suite plus tôt à cette notification.

Il n'y a donc pas lieu, ainsi que la chose se pratique à M..., d'adresser les certificats et avis n° 2 et 4 à l'administration de la commune habitée par le père, la mère ou le tuteur. L'intervention d'une tierce commune chargée, d'une part, de faire signer les certificats et avis n° 2 et 4 par le dépositaire de la puissance paternelle et, d'autre part, de les transmettre, après signature, à l'autorité locale de la nouvelle résidence, n'est pas requise par les dispositions en vigueur. C'est donc avec raison que l'administration de G... refuse de remplir les formalités en usage à M...

Ainsi qu'il vient d'être dit, celles-ci doivent consister dans l'envoi d'une lettre d'information au dépositaire de la puissance paternelle, pour l'aviser du départ du mineur pour une localité déterminée. A l'expiration du délai de quinzaine, ou plus tôt s'il a été répondu à l'avis de l'administration communale, le certificat n° 2 est transmis *directement* à l'administration de la nouvelle résidence du mineur.

Je vous prie, Monsieur le gouverneur, de vouloir bien inviter l'autorité communale de M... à se conformer, à l'avenir, à ces instructions.

— Mention du nom et de l'adresse des tuteurs d'enfants mineurs. — Renseignements à fournir par les juges de paix aux administrations communales. — Circulaire adressée le 3 novembre 1904 aux procureurs généraux près les cours d'appel par M. Van den Heuvel, ministre de la justice. (*Recueil des circulaires, etc., du ministère de la justice,* 1904, p. 327.)

Aux termes de l'article 84 des instructions générales du 1er juin 1901, sur la tenue des registres de population (*Moniteur belge* du 23 juin 1901, p. 279 et suiv.), mention doit être faite, dans la colonne 9 du registre principal, du nom et de l'adresse des tuteurs d'enfants mineurs.

Ces renseignements sont indispensables pour déterminer le domicile légal du mineur et la résidence spéciale requise pour son inscription sur les listes de milice.

D'autre part, lorsqu'un enfant mineur quitte la résidence paternelle, il doit être assisté du chef de ménage pour faire sa déclaration. Pour les changements de résidence subséquents, le certificat de changement de résidence, modèle n° 2, pourra être délivré quinze jours après information du départ du mineur donnée au père, à la mère ou au tuteur. Il résulte également des dispositions en vigueur que la radiation et l'inscription d'office d'un mineur ne peuvent être effectuées avant que l'autorité communale ait informé le chef de ménage (père, mère ou *tuteur*) de la nouvelle résidence du mineur et ait mis ce chef à même de poursuivre la réintégration du mineur par les voies que le code civil autorise (arrêté royal du 30 décembre 1900, art. 8; *Moniteur belge* des 21-22 janvier 1901, p. 282 et suiv., et instructions générales du 1er juin 1901, art. 19, *Moniteur belge* du 23 juin 1901, p. 2796 et suiv.).

Le nom et l'adresse du tuteur sont donc indispensables pour que l'administration communale puisse se conformer aux dispositions précitées.

Si l'autorité locale ne possède pas ces renseignements, elle se trouve dans l'impossibilité de remplir la colonne 9 du registre principal de population et de s'acquitter des devoirs qui lui incombent en cette matière. Cette omission peut également entraîner de graves inconvénients en matière de milice.

Les fonctionnaires chargés de l'inspection des registres de population appellent l'attention de M. le ministre de l'intérieur et de l'instruction publique sur les lacunes qu'ils ont constatées dans la tenue de ces registres, en ce qui concerne le nom et l'adresse des tuteurs.

En vue de remédier à cet état de choses, j'ai l'honneur de vous prier d'inviter MM. les juges de paix de votre ressort à reprendre — de l'état tenu, sous leur surveillance, par leurs greffiers, en exécution de l'article 63 de la loi du 16 décembre 1851 — les noms, prénoms, professions et demeures des tuteurs et à adresser, dans le plus bref délai, ces renseignements aux autorités locales intéressées.

Le même renvoi devra désormais être effectué, par leurs soins, aux administrations communales en cause, au fur et à mesure de l'ouverture des tutelles.

Mentions. — Instructions. — Circulaire adressée le 28 novembre 1904 aux gouverneurs de province par M. de Trooz, ministre de l'intérieur, etc. (*Bulletin du ministère de l'intérieur, etc.,* 1904, II, 119.)

Aux termes de l'articles 84 des instructions générales du 1er juin 1901, sur la tenue des registres de population, mention doit être faite, dans la colonne 9 du registre principal, du nom et de l'adresse des tuteurs d'enfants mineurs.

Ces renseignements sont indispensables pour déterminer le domicile légal du mineur et la résidence spéciale requise pour son inscription sur les listes de milice.

D'autre part, lorsqu'un enfant mineur quitte la résidence paternelle, il doit être assisté du chef de ménage pour faire sa déclaration. Pour les changements de résidence subséquents, le certificat de changement de résidence, modèle n° 2, peut être délivré quinze jours après information du départ du mineur, donnée au père, à la mère ou au tuteur. Il résulte également des dispositions en vigueur que la radiation et l'inscription d'office d'un mineur ne peuvent être effectuées avant que l'autorité communale ait informé le chef de ménage (père, mère ou tuteur) de la nouvelle résidence du mineur et ait mis ce chef à même de poursuivre la réintégration du mineur par les voies que le code civil autorise. (Arrêté royal du 30 décembre 1900, art. 8; instructions générales, art. 19.)

Le nom et l'adresse du tuteur sont donc nécessaires pour que l'administration communale puisse se conformer aux dispositions précitées.

Si l'autorité locale ne possède pas ces renseignements, elle se trouve dans l'impossibilité de remplir la colonne 9 du registre principal de population et de s'acquitter des devoirs qui lui incombent en cette matière. Cette omission peut également entraîner de graves inconvénients en matière de milice.

Les fonctionnaires chargés de l'inspection des registres de population appellent mon attention sur les lacunes qu'ils ont constatées dans la tenue de ces registres, en ce qui concerne le nom et l'adresse des tuteurs.

En vue de remédier à cet état de choses, M. le ministre de la justice a, sur ma demande, adressé une circulaire à MM. les procureurs généraux pour inviter les juges de paix de leur ressort à reprendre — de l'état tenu, sous leur surveillance, par leurs greffiers, en exécution de l'article 63 de la loi du 16 décembre 1851 — les noms, prénoms, profession et demeure des tuteurs et à transmettre, dans le plus bref délai, ces renseignements aux autorités locales intéressées.

Le même envoi devra désormais être effectué par leurs soins, au fur et à mesure de l'ouverture des tutelles, aux administrations communales en cause. Celles-ci seront donc à l'avenir avisées des noms des tuteurs d'enfants et à même de remplir les obligations qui leur incombent à cet égard.

Je vous prie, Monsieur le gouverneur, de bien vouloir porter la présente circulaire à la connaissance des administrations communales par la voie du *Mémorial administratif,* et de les inviter à consigner dans la colonne 9 du registre principal de population *le nom et l'adresse des tuteurs d'enfants mineurs*, ainsi que le prescrit l'article 84 des instructions générales.

Les commissaires d'arrondissement et vos délégués chargés de l'inspection des registres de population devront veiller à ce que cette disposition soit observée et me signaler les autorités locales qui ne s'y conformeraient pas.

Radiation d'office des personnes qui figuraient dans les registres à l'époque du dernier dénombrement des habitants et qui n'ont pas été recensées. — Circulaire adressée le 15 avril 1904 aux gouverneurs de province par M. de Trooz, ministre de l'intérieur, etc. (*Bulletin du ministère de l'intérieur, etc.*, 1904, II, 49.)

J'ai consulté la commission centrale de statistique au sujet de certaines contestations en matière de registres de population, provenant de cette circonstance que des administrations communales n'ont pas procédé à la radiation d'office, dans les registres de population, suivant les règles tracées par l'article 17 de l'arrêté royal du 30 décembre 1900, des personnes qui figuraient dans les registres au moment du dernier recensement général et qui, en vertu de ce recensement, ne font plus partie de la population de la commune

D'accord avec cette commission, j'estime qu'il y a lieu de recommander aux autorités communales de procéder à la radiation d'office, après enquête préalable, des personnes qui, bien que n'ayant plus leur résidence habituelle dans la commune, ont pourtant continué à figurer dans les registres de population antérieurs au recensement opéré le 31 décembre 1900.

Aux termes des instructions sur les recensements et les registres de population, les renseignements recueillis dans les bulletins de ménage doivent être, préalablement à leur transcription sur les nouveaux registres de population, vérifiés et contrôlés avec les données des registres en vigueur au moment du recensement. S'il y a discordance, l'administration doit rechercher de quel côté se trouve l'erreur et rectifier, le cas échéant, le bulletin. Si, au cours de cette vérification, elle constate que des personnes ne sont pas inscrites au registre et que d'autres doivent en être rayées, elle ne pourra procéder à leur inscription sur les nouveaux registres ou les rayer des anciens qu'après avoir accompli les formalités prescrites pour les changements de résidence (loi du 2 juin 1856, art. 3; arrêté royal du 30 décembre 1900, art. 2; instructions générales, art. 2; arrêté ministériel du 1er octobre 1900, art. 12, dernier alinéa) Ces règles existaient également sous l'empire des anciennes instructions. (Voir arrêté royal du 31 octobre 1866, art. 16; instructions générales du 27 décembre 1866, art. 34 et 35, et circulaires ministérielles du 20 juillet 1867 et 30 novembre 1868.)

Ces formalités n'ayant pas été remplies dans plusieurs communes, il en résulte que des personnes continuent à figurer dans les anciens registres, alors qu'elles devraient en être

rayées. Cette situation est de nature à faire naître des difficultés et notamment des contestations en matière de domicile de secours. (Voir sur cet objet la circulaire de M. le ministre de la justice en date du 15 juillet 1902.) Dans l'intérêt des communes, il importe de remédier à cet état de choses dans le plus bref délai possible.

Je vous prie, Monsieur le gouverneur, de vouloir bien insérer les instructions qui précèdent au *Mémorial administratif* de votre province et d'inviter les administrations communales de votre ressort à rayer d'office des anciens registres, en se conformant à l'article 17 de l'arrêté royal du 30 décembre 1900, les personnes qui, bien que figurant encore dans ces registres au moment du dernier dénombrement, n'ont pas été recensées.

Tenue. — *Envoi du casier judiciaire et inscription des condamnations.* — *Exécution des articles 38 et 39 des instructions générales.* — *Radiations d'office.* — *Conservation de certificats et avis de changement de résidence.* — *Emploi de classeurs pour contenir les fiches-index.* — Circulaire adressée le 27 juin 1904 aux gouverneurs de province par M. de Favereau au nom de M. de Trooz, ministre de l'intérieur, etc., absent. (*Bulletin du ministère de l'intérieur, etc.*, 1904, II, 85.)

Les rapports qui me sont adressés sur la tenue des registres de population appellent mon attention sur l'inexécution de plusieurs dispositions essentielles de l'arrêté royal du 30 décembre 1900 et des instructions générales du 1er juin 1901.

Il en est ainsi notamment en ce qui concerne l'envoi du casier judiciaire qui doit accompagner l'avis de changement de résidence n° 4. Aux termes de l'article 16 des instructions générales, l'administration communale, en cas de changement de résidence d'un habitant, est tenue de joindre à l'avis n° 4, sous enveloppe fermée, adressée à l'officier de l'état civil de la nouvelle résidence, un extrait du registre destiné à l'inscription des condamnations ou un certificat négatif. Mention du numéro du casier judiciaire doit, en outre, être faite dans la colonne 16 du registre principal de population (art. 91 des dites instructions).

L'omission de ces formalités entraîne de sérieux inconvénients. Non seulement elle a pour résultat l'inscription sur les listes électorales de condamnés qui ne devraient pas y figurer, mais elle a également pour conséquence de faire perdre la trace de malfaiteurs dangereux. Il importe donc qu'à l'avenir toutes les communes indistinctement se conforment aux articles 16 et 91 précités.

Dans les localités où le service du casier judiciaire est distinct de celui de la population, il est désirable que ces deux services se mettent en rapport constant et se prêtent une aide réciproque. Rien n'empêche, au surplus, les communes de créer des formules spéciales destinées à l'accomplissement de ces formalités.

Certaines communes, en vue de faciliter les recherches, ont remplacé le registre ordinaire

des condamnations par un index sur fiches
classées dans un ordre rigoureusement alphabétique. Cet index contient tous les renseignements demandés, à l'exception du numéro du
folio. Il n'est donc pas possible, dans ces localités, d'inscrire le numéro du folio dans la
colonne 16 du registre de population. A défaut
de ce renseignement, on indiquera le numéro
do l'indicateur. Ainsi, s'il s'agit d'un sieur S .,
condamné, il en sera fait mention dans la
colonne 16 du registre principal, par les mots :
Voir littéra S.... L'attention de l'administration
communale sera ainsi appelée sur ce fait que
la personne visée a un casier judiciaire.

Il ne faut pas perdre de vue, d'autre part,
que toutes les condamnations indistinctement
doivent être annotées, dans la colonne 16, par
l'indication du numéro du folio. Les communes
ne doivent donc pas se borner à mentionner
les condamnations de simple police; elles
doivent également indiquer celles prononcées
par les tribunaux correctionnels.

Il résulte aussi des rapports qui me sont
transmis que l'exécution des articles 38, 39 et
42 des instructions générales laisse à désirer
dans un certain nombre de localités.

Au nombre des mesures propres à assurer
d'une manière permanente la rectification des
données inscrites aux registres de population
(art. 39), je vous prie de recommander aux
autorités locales le système de contrôle périodique exposé dans la circulaire ministérielle
du 24 août 1896 et déjà en usage dans un
certain nombre de communes du pays. Pour les
communes qui ne désireraient pas procéder
annuellement à ce contrôle, elles feraient
chose extrêmement utile en remettant aux
agents de police et gardes champêtres des
carnets contenant les noms des habitants et
destinés à indiquer, pour chaque maison, les
mutations qui surviennent dans la population.
Dans les communes rurales du pays, les gardes
champêtres devraient se rendre périodiquement dans les ménages pour y rechercher les
personnes qui n'auraient pas fait, dans les
délais prescrits, leur déclaration de changement de résidence. On peut encore recommander, comme mesure utile, l'affichage permanent de l'ordonnance de police relative aux
déclarations de résidence et de demeure, ainsi
que la remise aux conjoints d'un livret de mariage contenant les principaux devoirs des
habitants en matière d'inscription aux registres
de population.

Pour l'exécution de l'article 38 relatif à
l'obligation incombant aux propriétaires et
principaux occupants de maisons ou d'appartements de déclarer leurs locataires ainsi que
les domestiques, ouvriers ou employés habitant
chez eux, j'estime qu'il serait désirable de voir
se généraliser le système qui est déjà en
vigueur dans certaines communes populeuses.
A cette fin, celles-ci font usage d'imprimés
ad hoc qui sont mis à la disposition des locataires principaux et propriétaires et au moyen
desquels ils notifient à l'administration l'arrivée ou le départ des locataires. En cas de
négligence réitérée ou de mauvaise volonté de
la part des intéressés à faire les déclarations
prescrites, les autorités communales ne doivent
pas hésiter à recourir à l'application des mesures coercitives prévues à l'article 28 de
l'arrêté royal du 30 décembre 1900.

Toute radiation d'office doit, d'autre part,
faire l'objet d'une enquête préalable par les
soins de la police et d'une décision du collège
échevinal qui doit être inscrite au registre des
actes du collège tenu en exécution de l'article 112 de la loi communale (arrêté royal précité, art. 17, et instructions générales, art. 41 à
43). Il importe de remarquer, en outre, que
toute radiation d'office opérée en dehors des
conditions règlementaires est considérée
comme de nul effet. L'habitation antérieure est
censée continuer, à moins de preuves certaines
du contraire (circulaire de M. le ministre de la
justice du 15 juillet 1902).

Il est, d'autre part, de la plus grande utilité,
pour les administrations locales, de conserver
dans leurs archives les certificats de changement de résidence et les avis d'inscription
(modèles 2, 2bis, 4, 4bis, 3 et 3bis). La conservation de ces documents constitue un excellent
moyen de contrôle des registres de population; c'est un nouvel élément d'appréciation
notamment dans les contestations relatives à
l'acquisition du domicile de secours des indigents et dans celles relatives à l'électorat.

Une dernière observation concerne l'emploi
des classeurs destinés à contenir les fiches-
index (instructions générales, art.110). Dans un
certain nombre de communes, ces fiches ne
sont pas conservées à l'abri de la poussière et
des détériorations. Il a été constaté maintes fois
que les classeurs qui réunissent ces fiches sont
disposés sur des meubles, des tables ou sur le
marbre d'une cheminée, au risque d'incendie.
Les communes dont les ressources sont suffisantes doivent faire l'acquisition de meubles
spéciaux destinés à renfermer ces classeurs.
Pour les autres communes, quelques rayons
protégés par des volets constitueraient un abri
suffisant qui pourrait être établi à peu de frais.

Je vous prie, Monsieur le gouverneur, de
vouloir bien insérer les instructions qui précèdent au Mémorial administratif de votre
province et inviter les administrations communales de votre ressort à s'y conformer
rigoureusement.

Règlement communal. — Balayage. — Force obligatoire. — Etat. — Préposés. — Portée de l'obligation de balayage. — Code pénal, articles 70, 152 et 260.

Le pouvoir communal est complètement
indépendant, aussi longtemps qu'il agit dans le
cercle de ses attributions sous le contrôle de
l'autorité supérieure.

Par suite, les règlements communaux réunissant les conditions légales sont des actes
ayant force de lois, obligatoires pour tous, y
compris l'Etat et ses préposés.

Le balayage, prescrit par les articles 102
à 106 du règlement communal d'Arlon, doit se
faire non seulement sur la partie de rue qui se
trouve devant les bâtiments ou maisons, mais
aussi sur celle qui longe les jardins ou enclos,
ce qui comprend nécessairement toutes les
parties dépendant de la station.

Les articles 70, 152 et 260 du code pénal ne
sont applicables que lorsque, d'une part, le
fait que sert de base à la poursuite est ordonné
par la loi ou commandé par l'autorité, et que,
d'autre part, l'ordre donné à son subordonné

par le supérieur hiérarchique porte sur un objet de son ressort. — Tribunal correctionnel d'Arlon, 31 juillet 1903, *Pasic.*, 1904, III, 31.

Balayage. — Chef de station. — Dépendances de la gare. — Obligation de s'y soumettre. — Fonctionnaire public. — Obéissance hiérarchique. — Cause de justification. — Conditions.

Le chef de station d'un chemin de fer exploité par l'État est soumis, pour toute la partie qui longe les dépendances de la gare, au règlement communal prescrivant l'obligation de balayer la moitié de la largeur de la rue. (Règlement de police de la ville d'Arlon, du 16 février 1883, art. 102, 103 et 106 ; Constit., art. 108 ; décret du 14 décembre 1789, art. 50 ; loi des 16-24 août 1790, tit. XI, art. 3.)
L'article 70 du code pénal n'est applicable que dans le cas où le fait commandé par l'autorité publique est ordonné par la loi.
La cause de justification établie par les articles 152 et 160 du code pénal est subordonnée à la condition que l'ordre contraire à la loi ou à un arrêté royal, donné par le supérieur hiérarchique, se rapporte à un objet du ressort de celui-ci. (Code pén., art. 70, 152 et 260.) — Cassation, 30 novembre 1903, *Pasic.*, 1904, I, 59.

Débits de boissons. — Hygiène et salubrité publiques. — Conditions d'ouverture.

Est légal, le règlement communal qui détermine, sans contrevenir aux règlements d'administration générale ou provinciale, au point de vue de l'hygiène et de la salubrité publiques, les conditions dans lesquelles tous les nouveaux cabarets ou débits de boissons peuvent être ouverts dans la commune. (Décrets des 14 décembre 1789, art. 50 ; 24 août 1790, art. 3 ; loi communale des 30 mars 1836-31 décembre 1887, art. 78 ; Constit., art. 6 et 112 ; code civ., art. 3, 537 et 544.) — Cassation, 14 mars 1904, *Pasic.*, 1904, I, 175.

Disposition générale. — Défense de construire, etc., des bâtiments, maisons ou clôtures sur tout le territoire de la commune sans autorisation. — Illégalité.

Est illégal, un règlement de police portant défense de construire ou de modifier, changer, consolider, réparer ou démolir, et ce sans autorisation, les bâtiments, murs ou clôtures sur tout le territoire de la commune.
Pareille disposition porte atteinte au droit de propriété privée, et excède les limites du droit de police conféré au pouvoir communal, qui ne peut s'exercer que sur la voie publique et dans une zone déterminée le long de la voirie.
En ce qui concerne spécialement les clôtures, semblable défense est en contradiction avec l'article 647 du code civil. — Tribunal

correctionnel de Mons, 9 février 1904, *Pasic.*, 1904, III, 155.

Impôts. — Principe constitutionnel. — Taxe frappant tout cheval entrant dans la commune et y séjournant un temps déterminé. — Octroi déguisé. — Illégalité.

La disposition d'un règlement communal, qui s'applique à tous ceux qui, à partir d'une date indiquée, se placent volontairement dans le cas qu'elle prévoit, ne lèse pas le principe constitutionnel de l'inégalité des citoyens devant l'impôt.
Constitue un droit d'octroi déguisé, et partant illégal, la taxe communale qui frappe tout cheval entrant dans la commune et y séjournant... quarante-huit heures (cas de l'espèce). — Tribunal civil de Louvain, 3 mars 1904, *Pasic.*, 1904, III, 347.

Légalité. — Voie de disposition générale. — Validité. — Mesure d'intérêt public.

La disposition d'un règlement de police, portant que les habitations qui seront construites, reconstruites ou notablement modifiées devront avoir une cour ou un jardin, comporte non pas le fait de construire ou modifier un bâtiment sans y annexer une cour, mais bien le fait que l'habitation modifiée n'a pas de cour ; et cette absence de cour constitue une infraction continue, qui perdure aussi longtemps que perdure la situation illégale précisée et prévue par le dit règlement. En conséquence, la prescription ne peut, dans l'espèce, être utilement invoquée.
N'est pas fondé, le reproche d'illégalité formulé contre l'article prérappelé, et tiré de ce qu'il ne statuerait pas par voie de disposition générale.
Aux termes de l'article 3, 5º, de la loi des 16-24 août 1790, les objets de police confiés à la vigilance et à l'autorité des corps municipaux sont, entre autres, le soin de prévenir, par des précautions convenables, les accidents et fléaux calamiteux, tels que les épidémies. La disposition d'un règlement de police, qui a pour but d'assurer l'hygiène et la salubrité publique de la commune, constitue une mesure d'intérêt communal que la Constitution et la loi de 1836 ont placée dans les attributions du pouvoir communal. — Tribunal correctionnel de Charleroi, 31 juillet 1904, *Pasic.*, 1904, III, 333.

Voy. POLICE DU ROULAGE.

Règlement provincial. — Voy. AGRICULTURE. — ATTELAGES DE CHIENS. — VOIRIE VICINALE.

S

Secrétaire communal. — *Incompatibilité. — Fonctions de receveur d'un chemin de grande communication dans lequel la commune est intéressée. — Dépêche adressée le 1ᵉʳ mars*

1905 à un gouverneur de province par M. de Trooz, ministre de l'intérieur, etc. (*Bulletin du ministère de l'intérieur, etc.*, 1905, II, 23.)

J'ai pris connaissance de votre rapport du 20 février 1905 et à la requête de M L..., secrétaire communal d'Antheit, qui y était annexée.

Les arguments invoqués par M. L... ne sont pas de nature à modifier les décisions contenues dans les dépêches de l'un de mes prédécesseurs de 1891 et 1892 qui ont constaté l'incompatibilité existant entre les fonctions de secrétaire d'une commune et celles de receveur d'un chemin de grande communication dans lequel cette commune est intéressée. La question a été complètement élucidée à cette époque et il n'y a pas lieu d'y revenir L'organisation d'un fonds spécial affecté aux dépenses d'un chemin de grande communication est un organisme administratif sans existence légale distincte de la comptabilité communale ; les recettes et les dépenses pouvant résulter de cette organisation doivent figurer dans la comptabilité de chacune des communes intéressées, pour la part d'intérêt qu'elle a dans l'affaire. Le receveur est donc, pour cette partie, comptable de la commune et ne peut, par conséquent, y exercer en même temps les fonctions de secrétaire communal.

Je vous prie de répondre dans ce sens à M. L...

T

Taxes communales. — *Les communes peuvent établir une taxe sur les prairies irriguées dites* wateringues.— *Mode de taxation.*— Dépêche adressée le 6 janvier 1905 à un gouverneur de province par M. de Trooz, ministre de l'intérieur, etc. (*Bulletin du ministère de l'intérieur, etc.*, 1905, II, 2.)

J'ai pris connaissance de votre lettre du 11 novembre dernier, relative à une délibération du 1er octobre 1904, par laquelle le conseil communal de L... a décidé d'établir une taxe de 1 franc par hectare sur les prairies irriguées, dites wateringues.

Les prairies de wateringues jouissent encore de l'évaluation cadastrale minime des bruyères d'où elles proviennent ; elles échappent, pour ainsi dire complètement, à l'impôt foncier.

Cette situation se présente, il est vrai, non seulement pour les propriétés qui dépendent des wateringues, mais également pour un grand nombre d'autres immeubles. Mais il n'est pas contestable qu'à ce point de vue les wateringues sont particulièrement avantagées et qu'on peut imposer une taxe spéciale sans que, dans l'ensemble, leurs charges fiscales soient rendues plus lourdes que celles d'autres immeubles également avantagés au point de vue du revenu cadastral.

En ce qui concerne spécialement le mode d'imposition adopté dans l'espèce, — la taxe par hectare — mes prédécesseurs, d'accord sur ce point avec le département des finances, ont toujours réprouvé les taxes foncières, fixées uniquement d'après la superficie des propriétés imposées. Ces taxes frappent, en effet, indistinctement toutes les terres, quelle que soit leur valeur, alors que les territoires de la plupart des communes comprennent des terrains de valeur différente et de rendement inégal.

Je ne puis d'ailleurs que me référer aux considérations judicieuses que mon honorable prédécesseur, M. Schollaert, a exposées à la Chambre des représentants du 9 juillet 1895 (*Ann. parl.*, p. 2093 et 2094), pour justifier la jurisprudence du gouvernement, favorable à ce mode de taxation. Toutefois, les inconvénients que présente généralement celui-ci ne semblent pas devoir exister pour les prairies irriguées qui, vraisemblablement, ont à peu près le même rendement à l'hectare.

J'estime, en conséquence, Monsieur le gouverneur, d'accord avec M. le ministre des finances et des travaux publics, que la délibération susvisée du conseil communal de L... est susceptible d'approbation.

Il importe, toutefois, que le conseil communal apporte certaines modifications au règlement de la taxe. L'article 3 de ce règlement dispose, en effet, que le rôle de l'imposition sera formé annuellement par le conseil communal et rendu exécutoire par la députation permanente.

L'intervention du conseil communal dans la formation des rôles ne peut être maintenue. Il ne s'agit pas, en effet, dans l'espèce, d'un impôt de répartition régi par l'article 135 de la loi communale, mais d'une taxe directe de quotité : la formation des rôles de ces dernières impositions est de la compétence exclusive du collège des bourgmestre et échevins, en vertu de l'article 90, 2°, de la loi communale.

Il y a lieu, Monsieur le gouverneur, d'inviter le conseil communal à substituer à l'article 3 la disposition suivante :

« Le rôle de la taxe sera dressé annuellement par le collège des bourgmestre et échevins et il ne sera mis en recouvrement qu'après avoir été rendu exécutoire par la députation permanente du conseil provincial. »

D'autre part, le règlement de la taxe devra être complété par une disposition libellée de la manière suivante :

« Le taxe sera recouvrée conformément à l'article 138, alinéa 1er, de la loi communale combiné avec l'article 8 de la loi du 5 juillet 1871. »

Je vous prie, Monsieur le gouverneur, d'inviter le conseil communal à faire droit aux observations qui précèdent.

Contrainte. — *Commandement.* — *Receveur communal.* — *Loi communale, articles 121 et 90, 9°.*

Il n'est pas nécessaire que la contrainte énonce la délibération du conseil communal et l'arrêté royal autorisant la perception de la taxe. L'efficacité de la contrainte repose sur le titre exécutoire qui en forme la base et qui réside dans le rôle rendu exécutoire par la députation permanente. Il suffit que ce titre soit mentionné dans la contrainte, aucun texte de la loi n'exigeant expressément aucune autre énonciation.

Aux termes de l'article 121 de la loi du 30 mars 1836, le receveur est chargé seul et sous sa responsabilité d'effectuer les recettes communales ; la mission que la loi lui confie et assigne comporte pour lui le pouvoir d'exercer exclusivement, en son nom personnel, tous les actes de recouvrement dont le but est de faciliter ou provoquer la perception des créances ou impôts, en dehors de toutes poursuites judiciaires, tels que avertissement, contrainte, commandement et saisie.

Il n'assume de responsabilité que quant à la validité de forme de ces divers actes. L'intervention de la commune ne devient nécessaire que quand, postérieurement, le contribuable résiste aux moyens de coercition employés contre lui, en contestant la légalité de l'impôt qui lui est réclamé ; alors seulement la commune est appelée à intervenir et à soutenir elle-même le bien-fondé de ses prétentions, soit qu'elle poursuive directement elle-même le contribuable devant les tribunaux, soit qu'elle soit assignée devant eux par le contribuable et par voie d'opposition au commandement. C'est dans ce cas seulement que l'article 90, 9°, de la loi communale trouve son application. — Tribunal civil de Liége, 5 juillet 1904, *Pasic.*, 1904, III, 302.

Décision de la députation permanente. — Acte de pourvoi. — Enregistrement. — Notification.

En matière d'impositions communales, l'acte de pourvoi contre la décision de la députation permanente est exempté des frais, mais non de la formalité même d'enregistrement.

Le pourvoi doit, à peine de déchéance, être notifié dans les dix jours à la partie contre laquelle il est dirigé. (Loi du 22 janvier 1849, art. 4 ; loi du 22 juin 1865, art. 2 ; loi du 22 juin 1877, art. 16, et loi du 22 frimaire an VII, art. 68, § VI, 3°, et 47.) — Cassation, 30 novembre 1903, *Pasic.*, 1904, I, 61.

Egout et pavage. — Immeubles de l'Etat. — Subsides. — Non-attribution d'une part de propriété.

Les taxes d'égout et de pavage, exigées en conformité d'un règlement communal régulièrement approuvé, sont des impositions ayant un caractère rémunératoire et doivent donc s'appliquer aux immeubles appelés à un service public aussi bien qu'à ceux de la Nation même.

L'intervention des pouvoirs publics par voie de subsides (dans l'espèce, une commune allouant un subside à une fabrique d'église pour la construction d'une église paroissiale) ne donne pas naissance à un droit de propriété sur l'œuvre subsidiée ; c'est un abandon, sans retour et sans conditions, des deniers publics pour une œuvre d'intérêt public. L'établissement public, qui gère le bien nouveau et qui, par son administration, exerce tous les droits de la propriété, est celui qui a entrepris la construction et auquel les subsides ont été alloués. — Tribunal civil de Bruxelles, 23 avril 1904, *Pasic.*, 1904, III, 278.

Impôt sur le revenu. — Habitant de la commune.

La cotisation établie par un règlement communal sur le revenu présumé est un impôt personnel qui ne peut atteindre que les habitants de la commune. (Constit., art. 31, 108 et 110.) — Cassation, 2 mai 1904, *Pasic.*, 1904, I, 226.

Taxe indirecte. — Rue particulière. — Pavage. — Egouts. — Autorisation royale. — Défaut.

A le caractère d'un impôt et est, dès lors, subordonnée à l'autorisation royale, l'obligation, imposée par un règlement communal aux propriétaires de rues établies à travers des propriétés particulières, de pourvoir ces rues, dans certaines conditions déterminées par le dit règlement, d'un pavage et d'un égout. (Loi communale, art. 76) — Cassation, 2 novembre 1903, *Pasic.*, 1904, I, 39.

Téléphone. — *Placement de fils sur les maisons. — Servitude d'utilité publique. — Décision de l'autorité compétente.*

Le droit de propriété n'est pas absolu. Il subit des assujettissements sous le nom de servitudes d'utilité publique.

Parmi ces servitudes se trouve l'obligation de souffrir le placement de fils téléphoniques sur le toit des maisons, lorsqu'il a été décrété par l'autorité compétente, c'est-à-dire en vertu d'une ordonnance du bourgmestre rendue ensuite d'une décision du conseil communal, ou même d'office, lorsque ce magistrat estime que la transmission rapide des signaux et avertissements constitue un moyen rapide et efficace pour prévenir et combattre les dangers d'incendie.

La défense violente du droit de propriété n'est légitime qu'en cas d'atteinte de nature à causer un préjudice irréparable. — Cour d'appel de Gand, 20 mai 1903, *Pasic.*, 1904, II, 97.

Travaux publics. — *Mesures spéciales à observer dans l'industrie du bâtiment, les travaux de construction et de terrassement en général.* — Arrêté royal du 31 mars 1905, contresigné par M. Francotte, ministre de l'industrie, etc. (*Moniteur* du 27 avril.)

Vu la loi du 2 juillet 1899, concernant la sécurité et la santé des ouvriers employés dans les entreprises industrielles et commerciales;

Vu le règlement général du 30 mars 1905 prescrivant les mesures à observer en vue de protéger la santé et la sécurité des ouvriers dans les entreprises industrielles et commerciales assujetties à la loi du 24 décembre 1903;

Considérant qu'indépendamment des mesures imposées par ce règlement général il y a lieu de prescrire certaines dispositions complémentaires destinées à prévenir, autant que possible, les accidents auxquels sont spécialement exposés les ouvriers employés dans l'industrie du bâtiment et, en général, dans les travaux de construction et de terrassement;

Vu les avis émis par les sections compétentes des conseils de l'industrie et du travail et les députations permanentes des conseils provinciaux;

Vu l'avis du Conseil supérieur du travail;

Sur la proposition de notre ministre de l'industrie et du travail,

Nous avons arrêté et arrêtons :

Section I. — Mesures imposées aux patrons ou chefs d'entreprise.

Travaux de terrassement.

Article premier. — Les travaux de terrassement, de fouille, d'excavation du sol et de creusement de puits, citernes, bassins ou réservoirs, seront exécutés de manière à éviter les chutes inopinées du terrain.

Au fur et à mesure de l'avancement de ces travaux, les parois des parties déblayées seront, s'il y a lieu, consolidées par des soutènements appropriés à la nature du terrain et du travail.

Art. 2. — Les mesures voulues seront prises en vue d'éviter les accidents qui pourraient résulter de l'éboulement des terres retroussées ou de l'amoncellement des matériaux.

Le matériel, les matériaux pondéreux et les déblais ne pourront être déposés qu'à une distance suffisante du bord des parties déblayées, de façon à éviter les éboulements.

Art. 3. — Pendant toute la durée des travaux, les endroits où la dénivellation du sol pourrait causer des accidents seront, autant que possible, convenablement couverts ou entourés de garde-corps solidement établis.

Travaux sur toitures, clochers, cheminées.

Art. 4. — Lorsque les travaux s'exécutent sur les toitures, clochers, corniches, cheminées et autres endroits analogues, les précautions indiquées par les circonstances seront prises à l'effet d'empêcher la chute du personnel.

Voies de transport.

Art. 5. — Les précautions nécessaires seront prises à l'effet d'éviter les accidents sur les voies ferrées destinées au transport des terres, du matériel ou des matériaux.

Dans les endroits où des accidents pourraient se produire, l'approche des véhicules sera annoncée par un signal pouvant se voir ou s'entendre à une distance suffisante.

Dans les manœuvres par refoulement, le train sera précédé d'un agent surveillant la voie et donnant les signaux nécessaires.

Les rames comprendront un nombre suffisant de véhicules munis de freins, pour permettre d'arrêter le train avec toute la promptitude désirable.

Les véhicules avariés ne pourront être employés.

L'arrêt des véhicules au moyen d'entraves introduites entre les rayons des roues pendant la marche est interdit.

Les véhicules en chargement ou déchargement seront immobilisés.

Il est interdit de mettre en marche, soit directement, soit par choc, sans avertissement préalable, des véhicules sur lesquels ou aux abords desquels le personnel serait occupé.

Installation des échafaudages.

Art. 6. — Le montage et le démontage des échafaudages s'effectueront avec toutes les précautions nécessaires pour assurer la sécurité des ouvriers.

Art. 7. — Les échafaudages et, en général, les installations sur lesquelles le personnel peut être appelé à circuler ou à se tenir présenteront toutes les garanties désirables de solidité, de rigidité et de stabilité.

Les bois ne pourront être mastiqués; ils seront de bonne qualité, en parfait état de conservation, exempts de fentes ou défauts de nature à compromettre leur résistance. L'application d'une peinture ou d'un enduit pour cacher un défaut est interdite.

Les attaches employées pour installer les échafaudages doivent être en parfait état.

Art. 8. — Quand les circonstances le permettront, les montants des échafaudages plantés auront une fiche suffisante pour assurer la parfaite stabilité de l'installation.

Les montants non engagés dans le sol seront maintenus soit au moyen d'un empattement fait en plâtre, soit en les reliant entre eux ou en les fixant au mur de manière à empêcher tout glissement.

Les montants établis sur les gîtages devront reposer sur une semelle en bois suffisamment solide, répartissant l'effort sur trois gîtes au moins et fixée aux gîtes extrêmes. Dans tous les cas, les montants présenteront une surface d'appui plane et reposeront sur un corps plan suffisamment stable et résistant.

Les échelles volantes suspendues seront solidement maintenues à l'aide de crochets et de cordes. Elles seront convenablement attachées aux murs de manière à éviter tout mouvement latéral. L'un des montants portera des marchepieds fortement fixés; toutefois, cette dernière disposition ne sera pas obligatoire en ce qui concerne les échafaudages de plafonneurs.

Art. 9. — Les traverses et les planches présenteront toutes les garanties désirables de solidité; elles seront appuyées, calées et fixées de manière à assurer leur parfaite stabilité.

Les planches gondolées seront rebutées.

Les planches sur lesquelles le personnel est appelé à circuler ou à se tenir seront, en outre, convenablement assemblées; aucun vide dangereux ne pourra exister entre elles.

Art. 10. — Des garde-corps solides établis à hauteur convenable et, autant que possible, des traverses suffisamment résistantes placées en diagonale seront disposés de manière à consolider l'échafaudage, tout en garantissant le personnel contre les accidents.

Les garde-corps des échafaudages sur lesquels le personnel travaille assis comprendront deux lattes, dont l'une sera placée de façon à guider la main de l'ouvrier marchant sur la planche, et l'autre à hauteur de l'épaule de l'ouvrier assis.

L'obligation d'établir des garde-corps s'étend au plancher supérieur de l'échafaudage.

Art. 11. — Il est interdit de faire supporter par les échafaudages des charges dont le poids serait de nature à compromettre la stabilité de l'installation.

Installation des cintres, étançons.
Décintrement.

Art. 12. — Les cintres, les étançons et tous autres engins analogues destinés à soutenir les constructions seront confectionnés et installés de manière à donner toutes les garanties désirables de solidité et de stabilité.

Les travaux de décintrement et l'enlèvement des étançons se pratiqueront dans les conditions voulues et avec toutes les précautions désirables pour éviter les effondrements.

Les mesures de sécurité nécessaires seront prises à l'égard des voûtes, des arches, des arcades et des autres constructions analogues, fraîchement décintrées.

Échelles.

Art. 13. — Les échelles ordinaires ou de pied seront confectionnées en matériaux de bonne qualité, en parfait état de conservation, exempts de fentes et de défauts de nature à compromettre leur résistance. Elles présenteront toutes les garanties désirables de solidité et de rigidité. L'application d'une peinture ou d'un enduit pour cacher un défaut est interdite.

Les échelles auront une longueur telle que le personnel puisse passer en toute sécurité de ces échelles sur les planchers ou installations qu'elles desservent et, inversement, de ces planchers ou installations sur les échelles.

Il est interdit d'employer des échelles auxquelles manquerait un échelon ou qui auraient un échelon brisé, fendu ou mobile.

Art. 14. — Le pied des échelles devra reposer sur une surface suffisamment résistante. Au besoin, les deux montants seront calés pour éviter le glissement.

Il est interdit d'appuyer les échelles sur un de leurs échelons, à moins que celui-ci ne soit d'une résistance suffisante et maintenu dans les montants de façon à ne pouvoir tourner.

Des mesures seront prises en vue d'éviter la chute et le renversement des échelles doubles.

Les échelles suspendues devront être fixées avec tous les soins désirables et de manière à éviter les mouvements de balancement.

Art. 15. — Il sera fait usage, autant que possible, d'échelles distinctes pour donner accès aux planchers de travail et pour en descendre.

Le pied des échelles sera préservé contre tout choc de nature à causer un accident.

La circulation à proximité du pied des échelles sera empêchée dans la mesure du possible.

Chute du personnel et des matériaux.

Art. 16. — Des mesures efficaces seront prises en vue d'éviter la chute du personnel occupé à des travaux de maçonnerie, plafonnage, charpenterie, menuiserie, vitrerie, ferronnerie, peinture ou placement d'échafaudages, de cintres, d'étançons ou montage de machines ou appareils et, en général, à tous travaux de construction, d'installation ou de montage.

Le personnel ouvrier sera garanti, autant que possible, contre les atteintes du matériel ou des matériaux qui tomberaient pendant ces travaux.

Des mesures analogues seront prises à l'effet d'éviter les accidents qui pourraient se produire pendant la démolition des constructions, le démontage des échafaudages, l'enlèvement des cintres, étançons ou autres appareils et, en général, pendant tous les travaux de démolition ou de démontage.

Vérification du matériel.

Art. 17. — Les patrons ou chefs d'entreprise vérifieront ou feront vérifier fréquemment les échafaudages et leurs accessoires, les cintres, les étançons, les appareils de levage, les échelles, les chaînes, les cordes et autres engins analogues, de manière à s'assurer de la solidité et de l'état de conservation du matériel à mettre en œuvre.

Toute pièce jugée mauvaise ou de solidité douteuse sera mise hors service et éloignée de façon à ne pouvoir être remployée.

Les parties des échafaudages ou des échelles qui se briseraient ou se fendraient devront être immédiatement et complètement renouvelées.

SECTION II. — Mesures imposées aux ouvriers.

Art. 18. — Les ouvriers veilleront à ce que les planches sur lesquelles ils sont appelés à circuler soient appuyées, calées, fixées et convenablement assemblées

Ils doivent s'abstenir de circuler et de rester à proximité du pied des échelles, à moins d'y être obligés par leur travail. Dans tous les cas, ils ne peuvent y séjourner pendant le transport de matériaux ou de charges quelconques ni, d'une manière générale, circuler ou se tenir sans nécessité sous les charges en transport ou suspendues.

Il leur est interdit de se servir d'échelles auxquelles manquerait un échelon ou qui auraient un échelon brisé, fendu ou mobile.

Art. 19. — Les ouvriers sont tenus de signaler au patron ou à son délégué toutes les défectuosités qu'ils constateraient dans l'outillage ou le matériel mis à leur disposition.

SECTION III. — Dispositions générales.

Art. 20. — Les patrons ou chefs d'entreprise tiendront à la disposition de leur personnel un exemplaire du présent arrêté et du règlement général.

Il y sera annexé un extrait des articles 2, 3, 4 et 5 de la loi du 5 mai 1888, relative à l'inspection des établissements dangereux, insalubres ou incommodes et à la surveillance des machines et chaudières à vapeur.

Art. 21. — Les inspecteurs du travail et les délégués à l'inspection du travail sont chargés de surveiller l'exécution du présent arrêté.

Art. 22. — La constatation et la répression des infractions aux dispositions du présent arrêté auront lieu conformément à la loi du 5 mai 1888, relative à l'inspection des établissements dangereux, insalubres ou incommodes.

Art. 23. — Le présent arrêté entrera en vigueur le 1er janvier 1906.

Emploi de la céruse dans les travaux de peinture en bâtiment. — *Règlement.* — Arrêté royal du 13 mai 1905, contresigné par M. Francotte, ministre de l'industrie, etc. (*Moniteur* du 21 mai.)

Vu la loi du 2 juillet 1899 concernant la santé et la sécurité des ouvriers employés dans les entreprises industrielles et commerciales;

Considérant qu'il y a lieu de prescrire des mesures en vue de prévenir les dangers que présente pour la santé des ouvriers l'emploi de la céruse dans les travaux de peinture en bâtiment;

Vu les avis émis par les sections compétentes des conseils de l'industrie et du travail et par les députations permanentes des conseils provinciaux;

Vu l'avis du conseil supérieur d'hygiène publique;

Sur la proposition de notre ministre de l'industrie et du travail,

Nous avons arrêté et arrêtons :

ARTICLE PREMIER. — Dans les entreprises de peinture en bâtiment, le malaxage, le broyage, la manipulation et l'emploi de la céruse ainsi que le grattage et le ponçage des surfaces peintes à la céruse sont soumis aux dispositions ci-après :

Mesures imposées aux patrons ou chefs d'entreprise.

ART. 2. — Les patrons ou chefs d'entreprise possédant un outillage pour le malaxage de la céruse seront tenus de faire connaître par écrit à l'inspecteur du travail l'endroit où ils l'utilisent.

Cet avis sera transmis dans les trois mois qui suivront la date de la promulgation du présent arrêté, s'il s'agit d'un outillage déjà en activité à cette date et, dans les autres cas, préalablement à l'utilisation du dit outillage.

ART 3. — Le malaxage de la céruse s'effectuera de manière que les ouvriers ne puissent se trouver en contact avec les poussières résultant de l'opération.

ART. 4. — Le transport de la céruse en poudre se pratiquera à l'aide de récipients fermés; son transvasement s'effectuera avec la lenteur et les précautions nécessaires pour éviter la production des poussières.

Le sol des locaux où s'effectuent ces opérations sera fréquemment arrosé.

ART. 5. — Le broyage et toutes autres manipulations, soit de la céruse en poudre, soit de la céruse malaxée, soit de tout autre composé contenant de la céruse, se pratiqueront de manière à éviter le contact de la matière avec les mains, ainsi que la production d'éclaboussures.

Les patrons ou chefs d'entreprise mettront à la disposition du personnel les objets nécessaires à cet effet.

ART. 6. — Les patrons, chefs d'entreprise ou leurs délégués veilleront à ce que le matériel et l'outillage en général soient proprement tenus.

ART. 7. — Il est interdit de gratter et de poncer à sec les surfaces peintes à la céruse. Sont exceptées, toutefois, les surfaces fraîchement

enduites ainsi que les moulures et les rainures.

ART. 8. — Les patrons, chefs d'entreprise ou leurs délégués veilleront à ce que les ouvriers appelés à effectuer les opérations mentionnées à l'article 1er du présent arrêté portent un vêtement et une coiffure exclusivement réservés au travail.

Les vêtements que les ouvriers ôteront pour travailler seront tenus à l'abri des poussières toxiques.

ART. 9. — Les patrons ou chefs d'entreprise mettront à la disposition de leur personnel, tant sur les chantiers de travail que dans les ateliers, l'eau, les objets et les produits nécessaires pour se rincer la bouche, pour se laver au savon la figure et les mains, ainsi que pour s'essuyer.

Les patrons, chefs d'entreprise ou leurs délégués veilleront à ce que leur personnel procède aux dites opérations avant de consommer des aliments ou des boissons et avant de quitter les ateliers ou les chantiers de travail.

Les aliments introduits dans les ateliers ou portés sur les chantiers seront renfermés dans des boîtes ou enveloppes tenues bien closes jusqu'au moment du repas.

ART. 10. — Les patrons ou chefs d'entreprise feront examiner trimestriellement par un médecin agréé par le ministre de l'industrie et du travail le personnel employé aux opérations mentionnées à l'article 1er du présent arrêté.

Les frais de ces examens, tarifés par arrêté ministériel, incombent aux patrons ou chefs d'entreprise.

Les patrons ou chefs d'entreprise écarteront définitivement des travaux qui exposent à l'empoisonnement les ouvriers atteints de saturnisme chronique et ceux qui présentent les symptômes récidivants d'intoxication aiguë.

Ils écarteront, temporairement, ceux dont l'état de santé général serait mauvais au moment de l'examen.

Ils tiendront un registre spécial, conforme au modèle délivré par l'administration, et sur lequel le médecin agréé consignera les constatations faites au cours de ses examens. Ce registre sera remis aux agents de l'autorité à chaque réquisition.

Les patrons ou chefs d'entreprise n'emploieront pas les ouvriers s'adonnant à l'ivrognerie; ils défendront l'introduction et la consommation des boissons alcooliques distillées dans les ateliers et sur les chantiers de travail.

Mesures imposées aux ouvriers.

ART. 11. — Les ouvriers ne peuvent effectuer le transport de la céruse en poudre qu'après s'être assurés de la bonne fermeture des récipients qui la contiennent.

Ils ne procéderont au transvasement de cette matière qu'avec la lenteur et les précautions nécessaires pour éviter la production des poussières.

ART. 12. — Les ouvriers chargés de manipuler la céruse soit en poudre, soit malaxée, soit sous toute autre forme, opéreront de manière à éviter le contact de la matière avec les mains ainsi que la production d'éclaboussures.

Art. 13. — Il est interdit aux ouvriers de gratter et de poncer à sec les surfaces peintes à la céruse. Sont exceptées, toutefois, les surfaces fraîchement enduites ainsi que les moulures et les rainures.

Art. 14. — Les ouvriers appelés à effectuer les opérations mentionnées à l'article 1er du présent arrêté porteront un vêtement et une coiffure exclusivement réservés au travail; ils les tiendront en bon état de propreté et les enlèveront avant de quitter les ateliers ou les chantiers.

Les ouvriers tiendront à l'abri des poussières toxiques les vêtements qu'ils ôteront pour travailler.

Art 15. — Avant de consommer des aliments ou des boissons et avant de quitter les ateliers ou les chantiers, les ouvriers sont tenus de se rincer la bouche ainsi que de se laver au savon les mains et la figure.

Les aliments introduits dans les ateliers ou portés sur les chantiers seront renfermés dans des boîtes ou enveloppes tenues bien closes jusqu'au moment du repas.

Art. 16. — Les ouvriers entretiendront dans un bon état de propreté le matériel et les outils qui leur sont confiés.

Art. 17. — Il est interdit aux ouvriers d'introduire et de consommer dans les ateliers ou sur les chantiers des boissons alcooliques distillées.

Art. 18. — Les ouvriers sont tenus de se prêter aux examens médicaux prévus à l'article 10 du présent arrêté.

Art. 19. — Les inspecteurs du travail et les délégués à l'inspection du travail veilleront à l'exécution du présent arrêté.

Art. 20. — La constatation et la répression des infractions aux dispositions du présent arrêté auront lieu conformément à la loi du 5 mai 1888 relative à l'inspection des établissements dangereux, insalubres ou incommodes.

Art. 21. — Le présent arrêté entrera en vigueur trois mois après sa promulgation.

V

Vagabondage et mendicité. — *Ecoles de bienfaisance, maisons de refuge et dépôts de mendicité.* — *Prix de la journée d'entretien pendant l'année 1905.* — Arrêté royal du 21 décembre 1904, contresigné par M. Van den Heuvel, ministre de la justice. (*Moniteur* du 29 décembre.)

Article premier. — Le prix de la journée d'entretien, pendant l'année 1905, dans les écoles de bienfaisance, dans les maisons de refuge et dans les dépôts de mendicité, est fixé comme suit :

A. A un franc vingt centimes (fr. 1.20) pour les jeunes gens placés dans les écoles de bienfaisance ;

B. A un franc cinquante centimes (fr. 1.50) pour les individus invalides et dont l'état de santé exige des soins spéciaux, placés dans les maisons de refuge et dans les dépôts de mendicité ;

C. A soixante-dix-huit centimes (fr. 0.78) pour les individus valides et pour les invalides dont l'état de santé n'exige pas de soins spéciaux, placés dans les maisons de refuge, et pour les invalides de passage dans les prisons ;

D. A soixante-six centimes (fr. 0.66) pour les individus valides et pour les invalides dont l'état de santé n'exige pas de soins spéciaux, placés dans les dépôts de mendicité, et pour les valides de passage dans les prisons ;

E. A trente centimes (fr. 0.30) pour les enfants de l'âge de trois mois à douze ans qui accompagnent leur mère.

Art. 2. — En ce qui concerne les communes qui ne sont pas entièrement libérées, au 1er janvier 1905, de ce qu'elles devaient aux dits établissements, à la date du 25 septembre 1904, la quote-part qui leur incombe dans le prix de la journée d'entretien est majorée de quatorze centimes (fr. 0.14).

Art. 3. — Il ne sera compté qu'une journée pour le jour de l'entrée et celui de la sortie.

———

Ecoles de bienfaisance. — *Classification.* — Arrêté royal du 24 novembre 1904, contresigné par M. Van den Heuvel, ministre de la justice. (*Moniteur* du 22 décembre.)

Vu les articles 1er et 29 de la loi du 27 novembre 1891, pour la répression du vagabondage et de la mendicité ;

Sur la proposition de notre ministre de la justice,

Nous avons arrêté et arrêtons :

Article premier. — Les individus mis à la disposition du gouvernement avant l'âge de 18 ans accomplis, en vertu de la loi du 27 novembre 1891 pour la répression du vagabondage et de la mendicité et par application de l'article 72 du code pénal, seront envoyés dans les écoles de bienfaisance de l'Etat, conformément à la répartition ci-après :

AGE au moment du jugement.	PROVINCE dans laquelle est situé le tribunal qui a prononcé le jugement.	ÉCOLE DE BIENFAISANCE destinataire.
I. — GARÇONS.		
Moins de 13 ans accomplis.	Les neuf provinces.	Ruysselede.
13 ans accomplis et moins de 16 ans accomplis.	Brabant. Flandre occidentale. Hainaut.	Ypres (1er quartier).
13 ans accomplis et moins de 16 ans accomplis.	Anvers. Flandre orientale. Namur. Liége. Limbourg. Luxembourg.	Moll.
16 ans accomplis et au-dessus.	Les neuf provinces.	Saint-Hubert.
II. — FILLES.		
Moins de 13 ans accomplis.	Les neuf provinces.	Beernem.
13 ans accomplis et au-dessus.	Id.	Namur.

Les souteneurs de filles publiques, âgés de moins de 18 ans, seront dirigés sur le quartier de la discipline annexé à la prison centrale de Gand.

ART. 2. — Notre ministre de la justice pourra, sur la proposition des directeurs, faire transférer au quartier de discipline annexé à la prison centrale de Gand, pour les garçons, ou au quartier de discipline annexé à l'école de bienfaisance de Namur, pour les filles, les élèves des écoles de bienfaisance vicieux, incorrigibles, ou qui exigent une surveillance spéciale.

ART. 3. — Notre ministre de la justice pourra, de même, faire transférer au quartier spécial qui leur sera réservé à l'école de bienfaisance d'Ypres, les élèves du sexe masculin, réintégrés pour fautes graves après placement en apprentissage ou libération provisoire, mais dont le transfert au quartier de discipline ne sera pas jugé nécessaire.

— *Transfert.* — Arrêté royal du 11 octobre 1904, contresigné par M. Van den Heuvel, ministre de la justice. (*Moniteur* du 20 octobre.)

ARTICLE UNIQUE. — L'école de bienfaisance de l'Etat de Reckheim est transférée à Ypres.

— *Maison de refuge.* — *Etablissement de Reckheim.* — Arrêté royal du 22 octobre 1904, contresigné par M. Van den Heuvel, ministre de la justice. (*Moniteur* du 28 octobre.)

Vu l'article 1er de la loi du 27 novembre 1891, pour la répression du vagabondage et de la mendicité;

Vu notre arrêté, en date du 11 octobre 1904, transférant à Ypres l'école de bienfaisance de l'Etat à Reckheim;

Sur la proposition de notre ministre de la justice,

Nous avons arrêté et arrêtons :

ARTICLE UNIQUE. — L'établissement de Reckheim est érigé en section de la maison de refuge pour hommes.

Voirie. — *Détournement de chemins.* — *Propriété de l'ancienne assiette des chemins.* — Circulaire adressée le 8 août 1904 aux chefs de service des ponts et chaussées par M. de Smet de Naeyer, ministre des finances, etc.

Ma circulaire du 15 février 1898, n° 13/165, vous a fait connaître qu'à défaut de convention spéciale l'ancienne assiette des parties de routes provinciales ou chemins vicinaux détournées aux frais de l'Etat continue à appartenir aux communes ou aux provinces qui l'ont acquise de leurs deniers.

Réciproquement, et par identité de motifs, le fonds des parties de chemins vicinaux ou routes provinciales créées des deniers de l'Etat ne cesse pas d'appartenir à celui-ci, de telle sorte qu'en cas de modifications nouvelles à la voirie, et notamment en cas d'alignement pour bâtisses, le terrain d'assiette de ces parties de chemins dont la destination d'utilité publique viendrait à prendre fin entrerait par le fait dans le domaine privé de l'Etat.

Des raisons identiques, au point de vue du droit, veulent que, si l'Etat remet à une province ou à une commune une partie de route de grande voirie, le fonds de celle-ci n'est pas aliéné et que toute partie de ce fonds désaffecté de sa destination publique rentre dans le domaine privé de l'Etat.

Il va sans dire que des conventions spéciales entre pouvoirs publics intéressés peuvent en décider autrement; mais, cette restriction faite, il faut décider aussi qu'à moins de conventions de l'espèce et comme conséquence de la solution donnée en principe à la question de prépriété soulevée, c'est à l'Etat (administration des ponts et chaussées) et non à la commune ou la province qu'incombe le soin de procéder à l'abornement contradictoire des excédents d'emprises cédés à des particuliers le long des terrains dont le fonds est resté propriété de l'Etat.

Les mêmes dispositions seront appliquées lorsque l'Etat remettra à une province ou à une commune une route ou une section de route de grande voirie et que, par la suite, tout ou partie de cette route deviendrait disponible pour les raisons qui viennent d'être exposées.

_____

Alignement. — Terrain non sujet à recule-ment. — Construction sans autorisation. — Loi du 1ᵉʳ février 1844. — Code pénal, article 551, 6°.

Celui qui construit sans autorisation et sans suivre l'alignement le long de la voirie urbaine alors qu'il n'existe pas de plan général obligeant à reculement n'est passible que des peines établies par l'article 551, 6°, du code pénal.

Les pénalités de l'article 9 de la loi du 1ᵉʳ février 1844, modifiée par la loi du 14 août 1897, ne sont applicables que lorsqu'il s'agit de la création de rues (art. 2) et de terrains destinés à reculement en conformité des plans d'alignement. — Cour d'appel de Gand, 10 décembre 1903, *Pasic.*, 1904, II, 86.

_____

— Droits des riverains. — Atteinte. — Faute. — Réparation.

Les chemins, routes et rues à charge de l'Etat sont des dépendances du domaine public (code civ., art. 538). Comme tels, ils sont hors du commerce, inaliénables, imprescriptibles, ne peuvent être grevés ni de bail ni de servitude, ne peuvent faire l'objet de conventions, mais sont seulement susceptibles de certaines concessions toujours précaires et révocables sans indemnité.

C'est *jure civitatis* et en leur seule qualité de propriétaires riverains que les particuliers jouissent sur la voie publique de l'accès et de la vue, droit inhérent à leur droit de propriété lui-même.

L'alignement donné par l'autorité compétente au propriétaire riverain, qui est légalement obligé de le lui demander, ne constitue ni un contrat ni un quasi-contrat.

C'est une mesure liée à la police de la voirie.

Par l'obtention de l'alignement, la propriété du riverain se détermine et se fixe et, s'étant soumis aux lois et règlements, il a le droit de jouir de son héritage de la manière la plus absolue.

Cette jouissance comprend nécessairement les vues, jours, issues, décharges, moyens d'accès qui en sont les compléments indispensables.

Toute atteinte matérielle à cette jouissance constitue une voie de fait, un acte illicite, dont il est dû réparation et qui se résout en dommages-intérêts, conformément aux disposi-tions des articles 1382 et suivants du code civil. — Cour d'appel de Bruxelles, 14 juillet 1904, *Pasic.*, 1904, II, 241.

_____

Impasse. — Fonds privé. — Destination publique. — Appréciation souveraine. — Droits des riverains. — Construction de clôture.

Le juge du fond constate souverainement qu'une impasse établie sur un fonds privé, mais qui aboutit à une voie publique, doit, en raison des circonstances de fait qu'il relève, être considérée comme affectée à une destination publique.

Cette affectation implique, spécialement en faveur des riverains, les droits de jour, d'accès et de vue qui résultent tant de la destination publique donnée au bien que du droit de cité qui permet à tout riverain d'une voie publique de recueillir les avantages de ce voisinage. (Loi du 1ᵉʳ avril 1844, art. 1ᵉʳ.)

L'article 4 du règlement communal de la ville de Verviers, qui défend de construire, sans autorisation préalable, aucune clôture le long de la voie publique, s'applique aux impasses privées, dépendances de la voie publique. (Règlement communal de la ville de Verviers, du 7 avril 1884, art. 4.) — Cassation, 8 février 1904, *Pasic.*, 1904, I, 126.

_____

Portes et fenêtres. — Absence de servitude. — Droit d'aisance. — Suppression. — Indemnité.

Le propriétaire dont la maison longe la voie publique, à laquelle il a accès par une porte cochère, et qui possède des fenêtres y donnant vue directe, n'a pas une servitude sur la voie publique, mais il jouit d'un droit d'aisance qui ne peut lui être enlevé sans une juste indemnité.

Au cas de suppression de la rue et de la vente d'une partie du terrain sur lequel la rue était assise, l'acquéreur du terrain sur lequel le propriétaire exerçait son droit d'aisance sera tenu, vis-à-vis de ce propriétaire, de payer l'indemnité à ce dernier si, d'après les conditions de la vente avenue entre lui et la ville, l'obligation de payer cette indemnité est mise à sa charge.

En cas de contestation à cet égard, il y aura lieu, pour interpréter l'acte de vente, de rechercher la commune intention des parties, en ayant recours aux actes qui ont précédé la vente, et même en tenant compte de l'interprétation que l'acquéreur lui a donnée. — Cour d'appel de Gand, 19 février 1904, *Pasic.*, 1904, II, 191.

_____

Rues, etc., établies à travers des propriétés particulières. — Bandes le long des dites rues. — Abandon gratuit. — Valeur réclamée à la commune. — Autorité administrative.

En vertu de l'article 1ᵉʳ de la loi du 1ᵉʳ février 1844 sur la police de la voirie, la commune a tout à la fois le droit et le devoir d'intervenir en vue d'exercer les attributions de police municipale que lui confère la loi des 16-24 août 1790, et au nombre desquelles il faut ranger, notamment, l'éclairage de la voie publique, l'établissement, l'entretien et le renouvellement du pavage, le nivellement ou les modifications du niveau des rues, ruelles, passages et impasses, prévus au dit article

On ne peut voir dans le fait de l'intervention de la commune, agissant dans la plénitude de ses attributions et prérogatives administratives, une *expropriation indirecte*, donnant droit au payement de la valeur d'une emprise prétendûment faite, alors que le propriétaire s'est engagé à abandonner gratuitement certaine bande de terrain longeant la voie nouvelle établie par lui sans son propre terrain, sur son initiative privée et celle des propriétaires riverains, dans l'intérêt de leurs propriétés et sans aucune *participation* de l'autorité administrative. — Tribunal civil de Bruxelles, 27 février 1904, *Pasic.*, 1904, III, 275.

Voy. COMMUNES. — RÈGLEMENT COMMUNAL. — TAXES COMMUNALES.

Voirie vicinale. — *Règlement provincial.* — *Brabant.* — *Modification.* — Arrêté royal du 18 septembre 1904. (*Moniteur* du 25 septembre.)

Un arrêté royal du 18 septembre 1904, contresigné par M. van der Bruggen, ministre de l'agriculture, approuve une délibération du conseil provincial du Brabant, en date du 15 juillet 1904, modifiant les articles 9, 10, 11, 12 et 13 du règlement du service technique voyer provincial.

— *Liége.* — *Modifications.* — Arrêté royal du 12 septembre 1904. (*Moniteur* du 22 septembre.)

Un arrêté royal du 12 septembre 1904, contresigné par M. van der Bruggen, ministre de l'agriculture, approuve les délibérations du conseil provincial de Liége en date des 11 et 13 juillet 1904 adoptant :

1º Une modification au règlement provincial sur la voirie vicinale relative à l'établissement de travers, passerelles, chemins de fer industriels et aériens, sous, au-dessus ou le long des chemins vicinaux ;
2º Un nouveau règlement pour le service des cantonniers-gardes champêtres des chemins de grande communication ;
3º La suppression de l'article 16 du règlement relatif à l'entretien des chemins de grande communication, et
4º Une modification à l'article 53 du règlement provincial sur la voirie vicinale.

— *Limbourg.* — *Modifications.* — Arrêté royal du 12 septembre 1904. (*Moniteur* du 22 septembre.)

Un arrêté royal du 12 septembre 1904, con-

tresigné par M. van der Bruggen, ministre de l'agriculture, approuve une délibération en date du 15 juillet 1904 par laquelle le conseil provincial du Limbourg complète le chapitre V du règlement provincial sur les chemins vicinaux par une disposition, faisant l'objet d'un article 69*bis*, relative à l'établissement de viaducs, de passerelles et de chemins de fer industriels sous, au-dessus ou le long des chemins vicinaux.

— *Namur.* — *Modifications.* — Arrêté royal du 4 septembre 1904. (*Moniteur* du 14 septembre.)

Un arrêté royal du 4 septembre 1904, contresigné par M. van der Bruggen, ministre de l'agriculture, approuve une délibération du conseil provincial de Namur, en date du 11 juillet 1904, adoptant des modifications aux articles 2, 53*bis* et 82 du règlement provincial sur les chemins vicinaux.

Travaux d'assainissement. — *Instructions à l'usage des surveillants.* — Circulaire adressée le 20 mai 1905 aux administrations communales du Brabant par le gouverneur de cette province. (*Mémorial administratif du Brabant*, 1905, I, 77.)

Messieurs,

La députation permanente, dans sa séance du 22 mars 1905, a arrêté, à l'usage des surveillants de travaux de voirie vicinale et d'assainissement subsidiés, de nouvelles instructions dont vous trouverez le texte ci-après.

Je vous recommande instamment, Messieurs, de vous inspirer de ces instructions chaque fois que vous aurez à faire exécuter des travaux de l'espèce.

Le gouverneur,
VERGOTE.

Carnet de contrôle et instructions à l'usage des surveillants de travaux de voirie vicinale et d'assainissement subsidiés.

1º Les obligations des entrepreneurs sont définies dans le cahier spécial des charges se rapportant à l'entreprise, ainsi que par le cahier général des charges des travaux publics de l'État, en date du 10 novembre 1890, et de l'annexe de ce document approuvée le 27 novembre 1897 ;
2º Les travaux sont dirigés par l'auteur du projet ou, à son défaut, par tout autre technicien désigné par le collège échevinal, sous réserve d'agréation par la députation permanente ; ils sont soumis à l'inspection et à la surveillance du collège des bourgmestre et échevins, ainsi que du fonctionnaire provincial délégué à cette fin.

Le collège des bourgmestre et échevins ainsi

que le directeur des travaux ont, comme le fonctionnaire provincial, le droit : a d'exiger de l'entrepreneur qu'il renvoie les personnes dont on ne serait pas satisfait; b. de prendre toutes les mesures jugées nécessaires dans l'intérêt des travaux, si ceux-ci languissaient faute de matériaux, d'ouvriers, etc., ou s'il est à craindre qu'ils ne puissent être achevés à l'époque prescrite, ou s'ils ne sont pas complètement achevés dans le délai prescrit.

Ils doivent se concerter, au préalable, avec le fonctionnaire provincial inspecteur pour prendre ces mesures.

Les réceptions provisoires et définitives au cahier spécial des charges se font par un membre du collège des bourgmestre et échevins et le fonctionnaire provincial inspecteur, en présence du directeur des travaux et de l'entrepreneur; l'ingénieur en chef ou son délégué assiste aux réceptions provisoires.

Les procès-verbaux de réception ou de non-réception, tant provisoire que définitive, sont dressés par le fonctionnaire provincial inspecteur, en triple expédition et suivant la formule modèle imprimée; ils sont signés par ce fonctionnaire ainsi que par le délégué communal qui a assisté à la réception;

3° Le surveillant peut être appelé à assister aux réceptions provisoires;

4° Les travaux sont spécialement surveillés par un agent désigné à cette fin, comme il est dit ci-après.

Ce surveillant se trouve constamment sur les travaux pendant les heures de travail et a pour mission de veiller à ce qu'ils s'exécutent conformément aux clauses et conditions du cahier des charges;

5° Le surveillant est désigné sous réserve de son agréation par l'ingénieur en chef, directeur du service technique provincial, par le collège des bourgmestre et échevins, sur une liste dressée par la députation permanente; cette liste est communiquée à l'administration communale par les soins de l'ingénieur en chef aussitôt après l'approbation de l'adjudication des travaux par la députation permanente.

Le choix du surveillant est notifié sans retard par l'administration communale à l'ingénieur en chef;

6° Le salaire du surveillant est fixé par l'ingénieur en chef, payé par la commune et imputé sur les fonds réunis pour l'exécution du travail.

Ce salaire doit être payé par quinzaine.

Outre ce salaire, le surveillant, lorsqu'il sera envoyé aux usines pour la réception de tuyaux en fonte, vannes, ventouses, pièces spéciales, etc., recevra une indemnité à fixer par le collège échevinal, sous réserve d'approbation par l'ingénieur en chef.

En cas d'arrêt soit momentané, soit définitif des travaux, il appartient au fonctionnaire provincial inspecteur de licencier le surveillant.

La députation permanente a décidé que la journée du dimanche pourra être comptée comme journée de travail effectif aux surveillants de travaux communaux subsidiés qui ont à se déplacer à une distance d'au moins quinze kilomètres de la localité qu'ils habitent.

Le surveillant est *spécialement* sous les ordres du fonctionnaire provincial chargé de l'inspection des travaux.

Il tient un carnet dans lequel il est inscrit, jour par jour, les faits intéressant les travaux ainsi que les observations auxquelles leur exécution donnerait lieu.

Il y mentionne notamment les visites faites par le directeur des travaux.

Ce carnet est visé par le fonctionnaire provincial à chacune de ses inspections;

7° La vérification et la réception ou non-réception des matériaux devront se faire à l'intervention du fonctionnaire provincial inspecteur, concurremment avec celle d'un délégué de la commune et du directeur des travaux.

Toutefois, la commune peut se faire représenter par le directeur des travaux, mais, dans ce cas, elle devra en aviser l'ingénieur en chef;

8° Le surveillant doit adresser la correspondance de service directement à son chef immédiat (le fonctionnaire provincial inspecteur), sauf dans des cas exceptionnels, parmi lesquels il y a lieu de comprendre le cas où l'ingénieur en chef ou l'un des ingénieurs du service technique lui auront demandé directement des renseignements.

Le surveillant ne peut prendre aucun congé sans en avoir demandé et obtenu préalablement l'autorisation de l'ingénieur en chef ou du fonctionnaire provincial inspecteur, en cas d'urgence.

Sauf dans des cas exceptionnels, toute demande de congé doit être introduite huit jours avant la date où le congé doit prendre cours;

9° Le surveillant doit être porteur en tout temps :

A. Du cahier des charges général des travaux publics de l'État en date du 10 novembre 1890 et de l'annexe de ce document approuvée le 27 novembre 1897;

B. Du cahier spécial des charges régissant l'entreprise qu'il surveille;

C. Des plans et devis de l'entreprise;

D. D'un décamètre-rouleau;

E. D'un double décimètre;

F. Du présent carnet;

G. D'un poinçon en acier trempé portant les initiales du surveillant.

Il aura à se procurer, à ses frais, les objets spécifiés aux littéras A, D, E et G, objets qui resteront sa propriété.

Le poinçon n'est obligatoire que pour le surveillant de travaux de distribution d'eau;

10° Le surveillant enverra tous les samedis soir un rapport du modèle adopté à l'ingénieur en chef, au fonctionnaire provincial inspecteur et au bourgmestre.

À l'achèvement de chaque travail, le surveillant enverra au fonctionnaire provincial inspecteur le présent carnet, ainsi que le cahier spécial et les plans et devis des travaux.

Dans le cas où il surviendrait quelque chose d'anormal sur les travaux ou que ceux-ci ne seraient pas exécutés suivant les prescriptions du cahier des charges, le surveillant doit en donner immédiatement connaissance au fonctionnaire provincial inspecteur;

11° Le surveillant ne peut être parent, ni allié, ni sous-traitant de l'entrepreneur adjudicataire;

12° Le surveillant ne peut tenir aucune écriture ni dresser aucun compte pour l'entrepreneur; il ne le peut non plus pour le directeur des travaux, à moins que d'y avoir été spécialement autorisé par le fonctionnaire provincial inspecteur.

Il ne peut donner aucun alignement, aucun nivellement, aucun ordre ni à l'entrepreneur ni aux ouvriers; son rôle se borne à surveiller, à contrôler les travaux, à s'assurer que les instructions ou ordres donnés à l'entrepreneur sont exécutés et à rendre immédiatement compte à son chef immédiat des difficultés, irrégularités, malfaçons, etc., qu'il aurait constatées; il aura, à ce sujet, à suivre les ordres ou instructions qui lui auront été donnés;

13¹ Il doit fournir sur place au directeur des travaux tous les renseignements que celui-ci lui demandera au sujet des travaux;

14° Pour les travaux de distribution d'eau, chaque fois qu'une épreuve de conduites en tranchée devra être faite, le surveillant aura à convoquer :

a. M. l'inspecteur général du service de la voirie vicinale et des cours d'eau non navigables ni flottables au ministère de l'agriculture, à Bruxelles;

b. M. l'ingénieur en chef;

c. Le fonctionnaire provincial inspecteur;

d. Le directeur des travaux;

e. Le collège échevinal.

Les convocations seront rédigées sur des cartes du modèle adopté et seront déposées à la poste, au plus tard l'avant-veille au soir du jour fixé pour cette épreuve.

Les épreuves de conduites en tranchée ne pourront, sauf les cas exceptionnels, être faites les jours pairs (mardi, jeudi et samedi).

Ainsi arrêté par la députation permanente en séance du 22 mars 1905.

LA DÉPUTATION PERMANENTE :

Par ordonnance,	Le président,
Le greffier provincial,	VERGOTE.
DESGAINS.	

Année.....

DATE		OBSERVATIONS intéressant les travaux et visa du fonctionnaire inspecteur.
MOIS	JOUR	

Chemin vicinal. — Usurpation. — Droit de la commune, des particuliers.

Si l'usurpation d'un chemin vicinal classé ou non ne peut donner lieu de la part de la commune à une action ayant pour objet de faire respecter le droit de propriété de celle-ci, il appartient à tout particulier qui excipe d'un droit propre sur ce chemin de le faire valoir contre l'usurpateur, et ce alors même que le caractère de voie publique du chemin serait contesté.

L'omission de l'inscription d'un chemin à l'atlas des chemins vicinaux n'emporte pas présomption qu'il n'est pas un chemin communal. — Cour d'appel de Liége, 16 mars 1904, *Pasic.*, 1904, II, 211.

Déplacement de chemins vicinaux. — Pouvoir souverain. — Avis de la commune.

Lorsque, pour la construction d'une gare de chemin de fer, l'Etat, agissant à titre de pouvoir souverain, remplace des chemins vicinaux par un nouveau chemin, il n'est pas obligé de consulter la commune intéressée; il n'y a pas, dans ce cas, une véritable expropriation et le pouvoir judiciaire est incompétent pour connaître des difficultés que soulève cette modification à la voirie, alors surtout que l'Etat n'a pris envers la commune aucun engagement précis de lui fournir en échange un chemin bien empierré. — Cour d'appel de Liége, 11 avril 1903, *Pasic.*, 1904, II, 66.

Règlement provincial. — Bonne foi. — Circonstance atténuante. — Réparation de la contravention. — Absence d'infraction actuelle.

En matière de contravention de voirie, la bonne foi du prévenu et l'absence de réponse à sa demande d'alignement constituent des circonstances atténuantes.

La réparation des contraventions en matière de voirie vicinale étant réglée par l'article 33 de la loi du 10 avril 1841, le règlement provincial est sur ce point sans application.

Les mots *s'il y a lieu* du dit article s'interprètent en ce sens que la démolition ne doit être ordonnée que si le règlement est encore violé au jour du jugement.

Il n'y a pas violation actuelle si un bâtiment a été construit à un endroit où il est permis de bâtir et s'il n'y a infraction que parce qu'il l'a été sans obtention préalable de l'alignement. — Tribunal correctionnel de Turnhout, 26 juin 1903, *Pasic.*, 1904, III, 15 (1).

---

(1) Ce jugement a été cassé par l'arrêt du 12 octobre 1903. Voy. la notice suivante.

Règlement provincial. — Constructions illégales. — Démolition requise. — Refus de l'ordonner. — Cassation d'office sans renvoi.

Le juge de police ne peut se refuser à ordonner la démolition d'un bâtiment illégalement construit à moins de 6 mètres d'un chemin vicinal, lorsqu'un règlement provincial la prescrit. (Règlement provincial d'Anvers du 30 juillet 1886 ; loi du 10 avril 1841, art. 33 ; loi provinciale du 27 novembre 1891, art. 85.)

Les jugements contraires à la loi peuvent être dénoncés à la cour de cassation, sur l'ordre du ministre de la justice, aux fins d'annulation. Dans ce cas, il n'y a pas lieu à renvoi. (Code d'instr. crim., art. 441.) — Cassation, 12 octobre 1903, *Pasic.*, 1904, I, 30.

W

Wateringues. — Voy. TAXES COMMUNALES.

TABLE CHRONOLOGIQUE

1904-1905

TABLE ALPHABÉTIQUE

DES MATIÈRES

1904-1905

L

JOURNAL

DES

ADMINISTRATIONS COMMUNALES

Année 1905-1906

A

Accidents du travail. — *Obligations des sociétés de secours mutuels.* — Dépêche adressée le 25 janvier 1906 à un gouverneur de province par M. Francotte, ministre de l'industrie, etc. (*Mémorial administratif du Brabant*, 1906, I, 39.)

Vous me demandez si la loi sur les accidents du travail peut apporter des changements aux obligations des sociétés de secours mutuels envers leurs membres et dans quelle mesure.

J'ai l'honneur de vous faire savoir que les associations mutualistes qui n'ont pas modifié leurs statuts à la suite de la mise en vigueur de la loi du 24 décembre 1903 sont tenues, comme par le passé, vis-à-vis de leurs membres, à toutes les obligations telles qu'elles sont déterminées par les règlements.

Les sociétés pourraient cependant décider que certains avantages sociaux, notamment les soins médicaux et pharmaceutiques et les indemnités journalières, ne seront plus accordés à l'avenir aux ouvriers victimes d'un accident du travail que le chef d'entreprise est tenu d'indemniser conformément à la loi, et ce durant toute la durée de cette obligation légale.

D'autre part, comme l'indemnité journalière due par le chef d'entreprise ne dépasse dans aucun cas 50 p. c. du salaire quotidien moyen, les sociétés pourraient insérer dans leurs statuts une clause en vertu de laquelle elles s'engageraient à payer l'indemnité statutaire aux membres victimes d'un accident du travail, jusqu'à concurrence d'une partie du salaire perdu. Il n'est pas à conseiller, en effet, de couvrir l'intégralité du risque, cette pratique pouvant donner lieu à des fraudes.

Mais ces différentes dispositions ne pourront recevoir leur application qu'après avoir été homologuées par le gouvernement, conformément aux articles 21 et 5 de la loi du 23 juin 1894.

Action judiciaire. — *Partie civile.* — *Pourvoi.* — *Collège des bourgmestre et échevins.*

Le collège des bourgmestre et échevins est seul recevable à se pourvoir en cassation au nom de la commune. (Loi communale, art. 90, 9e.) — Cassation, 13 février 1905, *Pasic.*, 1905, I, 127.

Agriculture. — *Espèce bovine.* — *Règlement provincial.* — *Brabant.* — Arrêté royal du 5 septembre 1905. (*Moniteur des 2-3 octobre.*)

Un arrêté royal du 5 septembre 1905, contresigné par M. van der Bruggen, ministre de l'agriculture, approuve une délibération du conseil provincial du Brabant, en date du 11 juillet 1905, modifiant le § final de l'article 2 du règlement pour l'amélioration de la race bovine.

———

Espèce chevaline. — *Règlement provincial.* — *Brabant.* — Arrêté royal du 5 septembre 1905. (*Moniteur des 2-3 octobre.*)

Un arrêté royal du 5 septembre 1905, contresigné par M. van der Bruggen, ministre de l'agriculture, approuve une délibération du conseil provincial du Brabant, en date du 6 juillet 1905, modifiant le § 3 du littéra C de l'article 14 du règlement pour l'amélioration de l'espèce chevaline.

———

*Espèce chevaline. — Règlement provincial.
— Liége. — Modifications. — Arrêté royal du
5 septembre 1905. (Moniteur du 22 septembre.)*

Un arrêté royal du 5 septembre 1905, contresigné par M. van der Bruggen, ministre de l'agriculture, approuve une délibération du conseil provincial de Liége, en date du 15 juillet 1905, modifiant l'article 14 (3° du littéra C) du règlement sur l'amélioration de l'espèce chevaline.

————

*Espèce chevaline. — Règlement provincial.
— Luxembourg. — Arrêté royal du 5 septembre 1905. (Moniteur du 27 septembre.)*

Un arrêté royal du 5 septembre 1905, contresigné par M van der Bruggen, ministre de l'agriculture, approuve une délibération du conseil provincial du Luxembourg, en date du 14 juillet 1905, portant adoption du nouveau règlement sur l'amélioration de l'espèce chevaline.

————

*Pommes de terre, pelures, déchets, etc. —
Transport de Belgique vers l'Allemagne. —*
Circulaire adressée le 13 décembre 1905 aux gouverneurs de province par M. van der Bruggen, ministre de l'agriculture.

Dans ces derniers temps, de nombreux transports par chemin de fer de pommes de terre, pelures, déchets, etc., de Belgique vers l'Allemagne, sont restés en souffrance à la frontière parce que ces envois n'étaient pas accompagnés d'un certificat qui en constate la *provenance*.

Cette mesure a été prise, il y a déjà longtemps, afin d'empêcher l'importation en Allemagne d'envois similaires de provenance américaine interdits depuis plusieurs années.

Afin d'obvier aux inconvénients signalés ci-dessus, il y a lieu, pour les expéditeurs, de joindre aux transports en question un certificat d'origine, conforme au modèle ci-joint. Ce document devra être visé par le bourgmestre de la localité d'où proviennent les tubercules, etc., et complété par le chef de station d'expédition par l'indication du numéro du wagon dans lequel ils seront transportés.

J'ai l'honneur de vous prier, Monsieur le gouverneur, de bien vouloir communiquer la présente ainsi que son annexe aux administrations communales ainsi qu'aux journaux agricoles de votre province.

Formulaire n°

CERTIFICAT D'ORIGINE EXIGÉ POUR LES ENVOIS DE POMMES DE TERRE, PELURES, DÉCHETS ET EMBALLAGE DE POMMES DE TERRE EN DESTINATION DE L'ALLEMAGNE.

Le soussigné, bourgmestre de   ,
déclare que les pommes de terre, pelures, déchets de pommes de terre, emballage (1).
destinés à
sont d'origine belge.

Ces pommes de terre, pelures, déchets de pomme de terre, emballage (1) sont transportés par chemin de fer en wagon n°   (2).

Délivré à   le   190   .

(Signature.)

┌──────────┐
│ Sceau   │
│ de la   │
│ commune. │
└──────────┘

(1) Biffer selon le cas.
(2) Numéro à indiquer par le chef de la station d'expédition.

Voy. CHASSE. — DENRÉES ALIMENTAIRES. — ENSEIGNEMENT PRIMAIRE.

Aliénés. — *Aliénés indigents. — Prix de la journée d'entretien pour 1906. —* Arrêté royal du 19 janvier 1906, contresigné par M. Van den Heuvel, ministre de la justice. (*Moniteur* du 27 janvier 1906.)

Vu la loi du 28 décembre 1873-25 janvier 1874 sur le régime des aliénés, et l'article 83 du règlement général et organique, approuvé par arrêté royal du 1er juin 1874;

Vu les projets de tarifs soumis par les députations permanentes des conseils provinciaux, pour la fixation du prix de la journée d'entretien, pendant l'année 1906, des aliénés indigents et des aliénés placés par l'autorité publique dans les asiles d'aliénés et dans les asiles provisoires ou de passage du royaume;

Sur la proposition de notre ministre de la justice,

Nous avons arrêté et arrêtons :

ART. 1er. — Le prix de la journée d'entretien des aliénés dont il s'agit, pendant l'année 1906, est fixé conformément aux tarifs visés par notre ministre de la justice et annexés au présent arrêté.

ART. 2 — Il ne sera compté qu'une journée d'entretien pour le jour de l'entrée et celui de la sortie de chaque aliéné. Cette journée sera celle de l'entrée.

————

ASILES D'ALIÉNÉS. — **Prix de la journée d'entretien en 1906**.

VILLES OU COMMUNES où les ÉTABLISSEMENTS sont situés.	NATURE de L'ÉTABLISSEMENT.	Prix fixé en 1905.	PROPOSITION		Prix fixé par le gouvernement.
			de l'établissement.	de la députation permanente.	

Province d'Anvers.

Gheel.	Colonie libre. { Ordinaires	» 85	1 »	1 »	» 90
	Semi-gâteux	» 99	1 15	1 15	1 05
	Gâteux	1 25	1 35	1 35	1 30
Duffel.	Asile pour femmes	1 22	1 25	1 25	1 22
Mortsel	Asile pour hommes.	1 30	1 40	1 40	1 32
Malines	Id.	1 40	1 40	1 40	1 40

Province de Brabant.

Bruxelles. . . .	Asile-dépôt pour les aliénés des deux sexes annexé à l'hôpital St-Jean	3 18	3 29	3 29	3 29
	Asile pour femmes	1 10	1 10	1 10	1 10
Louvain	Asile Saint-Antoine pour enfants aliénés épileptiques.	1 40	1 40	1 40	1 40
Tirlemont . . .	Asile pour hommes	1 40	1 40	1 40	1 40
Erps-Querbs . . .	Asile pour femmes	1 10	1 10	1 10	1 10
Evere	Asile pour les aliénés des deux sexes . . .	1 40	1 40	1 40	1 40
Ucele.	Asile pour femmes du « Fort Jaco » . . .	1 40	1 60	1 60	1 40

Province de Flandre occidentale.

Bruges	Asile St-Dominique pour aliénés des deux sexes	1 15	1 15	1 15	1 15
	Asile St-Julien pour aliénés des deux sexes .	1 10	1 10	1 10	1 10
Courtrai . . .	Asile Ste-Anne pour aliénés des deux sexes .	1 10	1 10	1 10	1 10
Menin. . . .	Maison des Bénédictines	1 20	1 20	1 20	1 20
Ypres	Maison de santé pour aliénés des deux sexes.	1 15	1 15	1 15	1 15
	Asile du Sacré-Cœur	1 15	1 15	1 15	1 15

Province de Flandre orientale.

Gand	Hospice Guislain	1 25	1 25	1 25	1 25
	Asile des femmes (rue Courte des Violettes).	1 18	1 18	1 18	1 18
	Asile Saint-Joseph pour enfants aliénés . .	1 80	1 32	1 24	1 32
Alost	Asile provisoire et de passage	1 25	1 40	1 25	1 25
Lokeren	Asile pour jeunes filles	1 30	1 30	1 16	1 30
Saint-Nicolas . .	Hospice d'aliéné St-Jérôme, servant en même temps d'asile provisoire et de passage.	1 25	1 30	1 24	1 28
	Hospice des femmes, dit *Ziekhuis*	1 16	1 16	1 16	1 16
Selzaete	Hospice pour hommes.	1 25	1 30	1 24	1 27
Lede	Etablissement pour femmes	1 05	1 15	1 10	1 05
Velsicque-Ruddershove . . .	Id.	1 »	1 »	1 »	1 »
Waesmunster . .	Asile provisoire	1 »	1 »	1 »	1 »

Province de Hainaut.

Mons.	Asile pour femmes	1 40	1 53	1 40	1 40
Tournai . . .	Asile pour hommes.	1 40	1 40	1 40	1 40
	Asile pour femmes et asile de passage . .	1 20	1 20	1 20	1 20
Froidmont . . .	Asile pour hommes.	1 30	1 33	1 30	1 30
Manage . . .	Asile pour garçons	1 32	1 35	1 32	1 34

Province de Liége.

Liége	Hospice des insensés.	1 47	1 61	1 61	1 61
	Hospice des insensées.	1 39	1 37	1 37	1 37
Lierneux. . . .	Colonie libre.	1 50	1 50	1 50	1 50
Verviers. . . .	Dépôt provisoire.	5 91	5 91	5 91	5 91

VILLES OU COMMUNES où les ÉTABLISSEMENTS sont situés.	NATURE de L'ÉTABLISSEMENT.	Prix fixé en 1905.	PROPOSITION de l'établissement	PROPOSITION de la députation permanente.	Prix fixé par le gouvernement.
Province de Limbourg.					
Saint-Trond. . .	Hospice pour hommes	1 24	1 30	1 24	1 27
	Hospice pour femmes	1 20	1 20	1 20	1 20
	Asile provisoire et de passage	1 25	1 25	1 25	1 25
Tongres . .	Id.	1 25	1 25	1 25	1 25
Tessenderloo . .	Asile pour garçons	1 30	1 34	1 30	1 32
Munsterbilsen . .	Asile pour femmes	1 20	1 20	1 20	1 20
Province de Namur.					
Namur . . .	Asile provisoire	3 64	3 64	3 64	3 64
Dave	Asile pour hommes	1 40	1 40	1 40	1 40

Appareils à vapeur. — *Installation.* — *Compétence de la députation permanente.* — Circulaire adressée le 15 juin 1905 aux administrations communales du Brabant par M. Vergote, gouverneur de cette province. (*Mémorial administratif du Brabant*, 1905, I, 85.)

On a soulevé à diverses reprises la question de savoir s'il n'appartient pas aux députations permanentes de statuer sur les demandes en installation des appareils à vapeur dans tous les établissements industriels soumis à leur juridiction.

M. le ministre de l'industrie et du travail a décidé que cette question devait être résolue négativement.

En substituant au régime de l'autorisation préalable celui de la simple déclaration à l'administration communale, valant, sauf en cas d'opposition, autorisation pour l'établissement des appareils à vapeur, les auteurs du règlement de police du 28 mai 1884 se sont inspirés de la nécessité de réduire, dans les limites conciliables avec l'intérêt public, des formalités administratives dont les lenteurs étaient de nature à porter atteinte au développement de l'industrie. Ce serait donc aller manifestement à l'encontre du but de simplification poursuivi par le dit règlement que de rétablir indirectement, pour les nombreux appareils employés dans les établissements classés de 1re classe, les formalités requises, sous l'empire de l'arrêté royal abrogé du 21 avril 1864, pour l'instruction des demandes de l'espèce.

L'article 11 a maintenu, il est vrai, la compétence des députations permanentes dans certains cas particuliers; toutefois, cette disposition, dérogatoire à l'économie générale de l'arrêté de 1884, ne peut se justifier que dans l'hypothèse que prévoit cet article; elle n'a eu également en vue que de simplifier la procédure administrative, en évitant la double instruction à laquelle aurait dû, régulièrement, être soumise une même demande.

En ce qui concerne l'argument tiré par analogie de la circulaire du 27 avril 1899 (*Mémorial administratif*, n° 71), interprétative de l'article 1er de l'arrêté royal du 29 janvier 1863, il est à remarquer qu'un arrêté royal du 29 novembre 1864 a formellement décidé que l'installation des appareils à vapeur cessait de figurer au nombre des établissements dangereux, insalubres ou incommodes; l'arrêté royal du 28 mai 1884 ayant, au surplus, instauré pour les appareils à vapeur un régime essentiellement différent de celui des établissements classés de 1re classe, rien n'autorise l'application, par analogie, de la circulaire invoquée.

Il résulte de ce qui précède que les députations permanentes n'ont à statuer sur les demandes d'installations d'appareils à vapeur que dans les cas prévus aux articles 11 et 23 de l'arrêté royal du 28 mai 1884.

Assistance publique. — *Indigents non aliénés.* — *Prix de la journée d'entretien dans les hospices et hôpitaux pendant l'année 1906.* — Arrêté royal du 22 janvier 1906, contresigné par M. Van den Heuvel, ministre de la justice. (*Moniteur* du 27 janvier.)

Vu les projets de tarifs soumis par les députations permanentes des conseils provinciaux du royaume, pour la fixation du prix de la journée d'entretien, pendant l'année 1906, des indigents non aliénés, recueillis dans les hospices et hôpitaux;

Vu l'article 37 de la loi du 27 novembre 1891 sur l'assistance publique;

Sur la proposition de notre ministre de la justice,

Nous avons arrêté et arrêtons :

Art. 1er. — Le prix de la journée d'entretien

des indigents dont il s'agit, pendant l'année 1906, est fixé conformément aux tarifs visés par notre ministre de la justice et annexés au présent arrêté.

ART. 2. — Le prix de la journée d'entretien des indigents appartenant à des communes qui ne possèdent pas d'hôpital est fixé comme suit :

A. Pour les indigents des communes de 5,000 habitants et plus, à 1 fr. 66 c.;

B. Pour les indigents des communes de moins de 5,000 habitants, à 1 fr. 25 c.

ART. 3. — Il ne sera compté qu'une journée d'entretien pour le jour de l'entrée et celui de la sortie de chaque indigent; cette journée sera celle de l'entrée.

Il ne sera également compté qu'une journée d'entretien pour l'accouchée et son nouveau-né.

LIEUX DE SITUATION des ÉTABLISSEMENTS.	NATURE des ÉTABLISSEMENTS.	Prix fixé en 1905. — Fr. c.	Prix arrêté pour 1906. — Fr. c.

Province d'Anvers.

Anvers . . .	Hôpital	2 83	2 89
Arendonck . .	Hôpital-hospice .	1 36	1 34
Beersse . . .	Id.	1 29	1 32
Beirendrecht .	Id.	1 07	1 07
Berchem. . .	Id.	1 80	1 85
Boom	Id.	1 62	1 62
Borgerhout . .	Hôpital . . .	2 48	2 18
Brasschaet . .	Id	» 85	» 86
Brecht . . .	Hôpital-hospice .	» 76	» 76
Edegem . . .	Id.	1 23	1 30
Gheel . . .	Hôpital . . .	1 34	1 32
Grobbendonck .	Hospice. . . .	» 67	» 68
	Hôpital . . .	1 20	1 20
Héeenthals . .	Id.	1 65	1 65
Hoboken. . .	Hôpital-hospice .	1 30	1 34
Hoogstraeten .	Hôpital . . .	1 21	1 20
Itegem . . .	Id.	1 34	1 34
Lierre. . . .	Id.	1.94	1 94
Linth	Hôpital-hospice .	1 20	1 27
	Hôpital . . .	1 75	1 75
Malines . . .	Salle des accouchements	3 »	3 »
Meerhout . .	Hospice-hôpital	1 07	1 06
Mersem . . .	Id.	1 77	1 74
Oorderen . .	Id.	1 04	1 07
Puers. . . .	Id.	» 83	» 99
Saint Amand .	Id.	1 09	1 07
Schooten. . .	Hospice-hôpital	» 72	» 71
Turnhout . .	Hôpital . . .	1 73	1 73
Wuestwezel .	Hôpital-hospice .	1 23	1 18
Wyneghem . .	Id.	» 70	» 70

Province de Brabant.

Aerschot. . .	Hôpital . . .	1 50	1 50
Anderlecht . .	Id. . . .	2 77	2 79
	Maternité . .	5 »	5 »
Assche . . .	Hôpital . . .	1 50	1 50
Bruxelles . .	A. Enfants séjournant à l'hospice :		
	1° Enfants non sevrés . . .	2 20	2 21
	2° Id. au-dessus de 1 an . . .	1 40	1 41

Province de Brabant (suite).

Bruxelles (suite)	B. Enfants placés à la campagne :		
	1° De 1 jour à 1 an.	» 84	» 86
	2° Id. au-dessus d'un an . .	(1)» 81	» 83
	Hôpitaux et hospice de l'infirmerie. . . .	3 18	3 29
	Maternité . . .	5 62	5 83
	Refuge De l atour de Freins, à Uccle-Verrewinkel	3 18	3 29
Diest	Hôpital . . .	1 87	1 85
Etterbeek . .	Id.	2 10	2 10
Forest . . .	Hospice. . . .	» 80	» 80
Hal . . .	Hospice. . . .	2 69	2 71
Ixelles . . .	Hôpital . . .	1 50	1 51
Jodoigne. . .	Id.	1 88	2 95
Laeken . . .	Id.	1 96	1 95
	Maternité . . .	3 03	3 40
Léau . . .	Maternité . . .	5 07	5 07
Londerzeel . .	Hôpital . . .	1 30	1 30
	Hospice. . . .	1 50	1 50
Louvain . . .	Hôpital . . .	1 47	1 48
	Maternité . . .	6 30	3 »
Merchtem . .	Hospice-hôpital .	1 50	1 50
Molenbeek-St-Jean .	Hôpital . . .	2 12	2 23
	Maternité . . .	5 . .	5 »
	Hospice. . . .	» 83	» 85
Nivelles . . .	Hôpital . . .	1 70	1 73
Opwyck . .	Hôpital et hospice	1 30	1 30
Overyssch . .	Hospice. . . .	1 50	1 50
	Hôpital . . .	1 20	1 20
Saint-Josse-ten-Noode. .	Hôpital civil . .	3 18	3 25
	Maternité . . .	5 »	5 »
Schaerbeek	Hôpital-lazaret .	3 08	3 10
	Maternité . . .	5 »	5 »
Rebecq-Rognon	Hôpital . . .	1 76	1 78
Tirlemont . .	Id	1 75	1 76
Vilvorde. . .	Hôpital, hospice et maternité. .	1 80	1 82
Wavre . . .	Id.	1 52	1 49

Province de Flandre occidentale.

Aertrycke . .	Hospice. . . .	» 50	» 50
Alveringhem .	Id.	» 85	» 85
Aveighem . .	Hôpital . . .	1 25	1 25
Belleghem . .	Hospice. . . .	» 50	» 50
	Hôpital St-Jean .	1 71	1 71
	Maternité . . .	2 89	2 92
Bruges	Salles pour femmes syphilitiques	2 71	2 79
	Hospice des Sœurs de la charité	» 85	» 85
	Hospice des Frères de la charité	» 95	» 95
	Hospice. . . .	» 44	» 44
Clercken.	Hôpital . . .	» 80	» 80
	Incurables. .	1 »	1 »
Comines . .	Hôpital . . .	1 46	1 24
Cortemarcq. .	Hospice. . . .	» 85	» 85
	Orphelinat. . .	» 30	» 30
Couckelaere. .	Hospice. . . .	» 50	» 50
	Hôpital . . .	1 »	1 »
Courtrai .	Id	2 57	2 57
	Maternité . . .	4 30	4 30

(1) Non compris les frais d'instruction.

LIEUX DE SITUATION des ÉTABLISSEMENTS.	NATURE des ÉTABLISSEMENTS.	Prix fixé en 1905. Fr. c.	Prix arrêté pour 1906. Fr. c.

Province de Flandre occidentale (suite).

Cuerne	Hospice	—	» 40
	Hôpital		1 25
Damme	Id.	1 33	1 31
Dentergbem	Hospice	» 85	» 85
	Hôpital	1 25	1 25
Dixmude	Hôpital-hospice	2 02	2 15
Dottignies	Hospice	» 85	» 85
	Hôpital	1 25	1 25
Elverdinghe	Id.	» 85	» 85
	Hospice	1 10	1 10
Furnes	Hôpital St-Jean	1 50	1 50
	Maternité	2 60	2 60
Gheluwe	Hospice	» 55	» 55
	Hôpital	1 »	1 »
Ghistelles	Id.	1 75	1 75
Gits	Hospice	» 85	» 85
	Hôpital	1 25	1 25
Gulleghem	Id.	» 85	» 85
Harlebeke	Hôpital-hospice	1 50	1 50
	Hospice	» 50	» 50
Heule	Hôpital	1 20	1 20
	Orphelinat	» 20	» 20
Hollebeke	Hospice	» 71	» 71
Hooghlede	Id.	» 75	» 75
	Hôpital	1 10	1 10
Hoogstaede	Hospice	1 25	1 25
Hulste	Hôpital	» 85	» 85
Ingelmunster	Hospice	1 10	1 10
	Orphelinat	» 30	» 30
Iseghem	Hospice-hôpital	1 25	1 25
Langemarck	Id. de vieillards	1 10	1 10
Ledeghem	Hospice	» 40	» 40
	Hôpital	1 »	1 »
Lendelede	Hospice	» 75	» 75
Lichtervelde	Id.	1 10	1 10
	Hôpital	1 50	1 50
Lophem	Hospice	» 35	» 35
	Hôpital	1 »	1 »
Menin	Id.	1 44	1 49
Merckem	Id.	» 85	» 85
Moorslede	Id.	1 10	1 10
Mouscron	Hospice	1 10	1 10
	Hôpital	1 50	1 50
Neuve-Eglise	Hospice	» 85	» 85
Nieuport	Hôpital	1 75	1 75
	Maternité	3 12	3 12
Oostnieuwkerke	Hospice	» 85	» 85
Oostroosebeke	Id.	» 44	» 43
	Hôpital	» 87	» 88
Ostende	Hôtel-Dieu	1 77	1 71
	Hôpital St-Jean	2 25	2 19
Passchendaele	Hospice	» 50	» 50
Pitthem	Hôpital	1 50	1 50
Ploegsteert	Id	1 25	1 25
Poperinghe	Hôpital	1 80	1 80
Proven	Id.	1 05	1 08
Rolleghem-Capelle	Hospice	» 50	» 50
	Hôpital	1 »	1 »
Roulors	Hospice	1 10	1 10
	Hôpital	1 50	1 50
Ruddervoorde	Id.	1 25	1 25
Rumbeke	Hospice	1 25	1 25
	Hôpital	1 50	1 50
Saint-André	Id.	1 50	1 50
Staden	Hospice-hôpital	1 »	1 »
Sweveghem	Hôpital	1 »	1 »
	Hospice	1 10	1 10
Swevezeele	Hôpital	1 50	1 50
	Orphelinat	» 25	» 25
Thielt	Hospice-hôpital	» 67	» 66
Thourout	Hospice	1 10	1 10
	Hôpital	1 50	1 50

Province de Flandre occidentale (suite).

Vichte	Hospice	» 80	» 80
Vlamertinghe	Id.	» 69	» 73
Voormezele	Id.	» 85	» 85
Wacken	Id	» 85	» 85
Waereghem	Id.	» 79	» 79
Warneton	Hospice	» 85	» 85
Watou	Id.	» 85	» 85
Wervicq	Hôpital	1 50	1 50
Westcapelle	Hospice	» 50	» 50
Westroosebeke	Id.	» 85	» 85
	Hôpital	1 25	1 25
Wevelghem	Hospice	» 73	» 77
Wyngene	Hospice-hôpital	» 75	» 75
Wytschaete	Hôpital	1 »	1 »
Ypres	Id.	2 20	2 21

Province de Flandre orientale.

Adegem	Hôpital	1 10	1 10
Alost	Id.	1 46	1 46
Audenarde	Id.	1 43	1 43
Basel	Id.	1 20	1 20
Belcele	Id.	1 10	1 10
Berlaere	Id.	1 10	1 10
Beveren	Id.	1 40	1 40
Buggenhout	Id	1 10	1 10
Calcken	Id.	1 »	1 »
Cruybeke	Id.	1 »	1 »
Deftinge	Id.	1 »	1 »
Deynze	Id	1 20	1 20
Evergem	Id.	1 30	1 30
Exaerde	Id.	1 10	1 10
Eyne	Id.	1 24	1 24
Ertvelde	Id.	1 »	1 »
Gand	1° Hôpital de la Biloque	1 56	1 57
	2° Hospice de la maternité	2 08	2 08
	3° Hospice des orphelins et enfants abandonnés	1 10	1 10
Grammont	Hôpital	1 30	1 30
Haesdonck	Id.	1 10	1 10
Hamme	Id.	1 27	1 25
Heusden	Hôpital	» 85	» 85
Laerne	Id.	1 10	1 10
Lebbeke	Id.	1 »	1 »
Lede	Id.	1 30	1 30
		(1)» 80	» 80
Ledeberg	Id.	(2)1 »	1 »
		(3)1 30	1 30
Lokeren	Hôpital	1 25	1 25
Maldegem	Id.	1 14	1 14
Meerdonck	Id.	1 20	1 20
Mont-St-Amand	Id.	1 30	1 30
Nazareth	Id.	1 20	1 20
Nevele	Id.	1 10	1 10
Nieukerken	Id.	1 20	1 20
Ninove	Id.	1 25	1 25
Overmeire	Id.	1 10	1 10
Renaix	Id.	1 50	1 50
Rupelmonde	Id.	1 20	1 20

(1) Moins de 12 ans.
(2) 12 à 18 ans
(3) Au-dessus de 18 ans.

LIEUX DE SITUATION des ÉTABLISSEMENTS.	NATURE des ÉTABLISSEMENTS.	Prix fixé en 1905. Fr. c.	Prix arrêté pour 1906. Fr. c.
Province de Flandre orientale (suite).			
Saint-Gilles-Termonde .	Hôpital . . .	1 »	1 »
St-Gilles-Waes.	Id. . . .	1 25	1 25
Saint-Laurent .	Id . . .	1 20	1 20
Saint-Nicolas .	Id. . . .	1 50	1 50
Schoonserde .	Id. . . .	1 20	1 20
Sottegem. . .	Id. . . .	1 20	1 20
Sinay . . .	Id. . . .	1 »	1 »
Stekene . . .	Id. . . .	1 25	1 25
Tamise . . .	Id. . . .	1 30	1 30
Termonde . .	Id. . . .	1 90	1 90
Waesmunster .	Id. . . .	1 10	1 10
Wetteren. . .	Id. . . .	1 25	1 25
Wichelen. . .	Id. . . .	1 20	1 20
Wondelghem .	Id. . . .	1 »	1 »
Zele . . .	Id. . . .	1 36	1 36
Province de Hainaut.			
Acren (les Deux-). . .	Hôpital . . .	1 15	1 15
Antoing . . .	Hospice . . .	1 04	1 08
Ath . . .	Hôpital . . .	1 85	1 79
Aulne-Gozée .	Hospice. . .	1 02	1 24
Binche . . .	Hôpital . . .	1 95	1 99
Blicquy . . .	Hospice. . .	» 99	1 »
Braine-le-Comte	Hôpital . . .	1 33	1 30
Celles. . . .	Hospice. . .	» 70	» 70
Charleroi. . .	Hôpital . . .	1 90	1 89
Châtelet . . .	Id. . . .	1 85	1 85
Chièvres. . .	Id. . . .	1 20	1 20
Chimay . . .	Id. . . .	1 34	1 34
Écaussines-d'Enghien .	Hospice. . .	1 18	1 20
Enghien. . .	Hôpital . . .	1 52	1 53
Fleurus . . .	Id. . . .	1 50	1 50
Flobecq . . .	Hospice. . .	1 12	1 12
Fontaine-l'Évêque .	Id. . . .	1 70	1 70
Frasnes. . .	Hôpital . . .	1 05	1 05
Gosselies. . .	Hospice . . .	» 97	1 »
Houdeng-Aimeries. .	Hospice . . .	1 76	1 79
Jumet. . .	Id. . . .	1 22	1 20
La Louvière. .	Hôpital . . .	2 58	2 59
Lessines . . .	Id. . . .	1 65	1 70
Leuze . . .	Hospice-hôpital .	1 50	1 50
Marchienne-au-Pont .	Hôpital . . .	1 80	1 80
Monceau-sur-Sambre .	Id. . . .	1 70	1 71
Mons. . . .	Hospice . . .	3 33	3 38
	Maternité . . .	5 »	5 »
Péruwelz. . .	Hospice-hôpital .	1 71	1 65
Pottes. . .	Hospice. . .	» 75	» 75
Rœulx . . .	Hôpital . . .	2 33	2 32
Saint-Ghislain .	Id. . . .	1 62	1 60
Soignies. . .	Id. . . .	2 38	2 40
Templeuve . .	Hospice . . .	» 75	» 75
Thuin. . .	Id. . . .	» 86	» 96
Tournai . . .	Hôpital . . .	2 74	2 71
	Maternité . . .	4 90	5 17
Province de Liége.			
Dison. . .	Hospice. . .	1 46	1 46
	Hôpital . . .	1 83	1 83
Ensival . . .	Hospice . . .	1 »	1 »
	Orphelinat. . .	» 60	» 60

LIEUX DE SITUATION des ÉTABLISSEMENTS.	NATURE des ÉTABLISSEMENTS.	Prix fixé en 1905. Fr. c.	Prix arrêté pour 1906. Fr. c.
Province de Liége (suite).			
Herve. . .	Hôpital . . .	2 01	2 04
Hodimont . .	Hospice. . .	1 78	1 79
	Hôpital . . .	2 31	2 31
Huy . . .	Hospice des incurables. . .	1 03	1 04
	Hôpital . . .	1 78	1 77
	Orphelins et orphelines. .	1 06	1 07
	Hôpital des Anglais	2 99	3 05
	Id. de Bavière	2 81	2 81
	Maternité . . .	2 53	2 58
Liége. . . .	Hospice de la vieillesse. .	» 92	» 91
	Hospice des orphelins .	1 97	1 94
	Hospice des orphelines. .	1 39	1 45
	Hôpital . . .	1 11	1 09
Spa . . .	Orphelinat. . .	» 79	» 80
	Hospice. . .	» 79	» 79
Stavelot . . .	Hôpital . . .	1 32	1 37
	Id. . . .	1 91	1 91
Verviers. . .	Hospice des vieillards. .	» 93	» 96
	Hosp. des orphel.	1 38	1 39
	Hospice des orphelines. . .	1 13	1 15
Province de Limbourg.			
Bilsen-la-Ville .	Hospice. . .	1 10	1 10
Hasselt . . .	Hôpital . . .	1 80	1 80
Looz-la-Ville .	Id. . . .	1 75	1 79
Maeseyck . .	Id. . . .	1 34	1 40
Saint-Trond .	Id. . . .	1 50	1 50
Tongres . . .	Hospice . . .	1 10	1 10
	Hôpital . . .	1 80	1 80
Province de Luxembourg.			
Arlon. . .	Hôpital . . .	2 »	2 »
	Hospice. . .	1 50	1 50
Bastogne. . .	Hôpital . . .	1 50	1 50
	Hospice. . .	1 50	1 50
Bouillon. . .	Hôpital . . .	1 40	1 40
Laroche. . .	Id. . . .	1 50	1 50
Neufchâteau .	Id. . . .	1 50	1 50
Virton. . .	Id. . . .	1 50	1 50
Province de Namur.			
Andenne. . .	Hôpital . . .	1 13	1 09
Dinant. . .	Id. . . .	2 50	2 48
Gembloux .	Hospice. . .	1 25	1 25
	Hôpital . . .	2 50	2 50
Namur . .	Id. . . .	2 06	2 10

Indigents non aliénés. — Prix de la journée d'entretien à l'hôpital de Morlanwelz pendant l'exercice 1906. — Arrêté royal du 5 mai 1906, contresigné par M. Van den Heuvel, ministre de la justice. (*Moniteur des 28-29 mai.*)

Art. 1er. — Le prix de la journée d'entretien des indigents recueillis à l'hôpital de Morlanwelz pendant l'année 1906 est fixé à 2 francs.

Art. 2. — Il ne sera compté qu'une journée d'entretien pour le jour de l'entrée et celui de la sortie de chaque indigent; cette journée sera celle de l'entrée.

Il ne sera également compté qu'une journée d'entretien pour l'accouchée et son nouveau-né.

Journée de travail. — Année 1906. — Prix pour servir à l'application de l'article 8 de la loi du 27 novembre 1891 sur l'assistance publique. — Arrêté royal du 20 décembre 1905, contresigné par M. Van den Heuvel, ministre de la justice. (*Moniteur du 31 décembre.*)

Article unique. — Le tableau ci-après, récapitulatif des arrêtés pris par les députations permanentes des conseils provinciaux pour la fixation du prix de la journée de travail pendant l'année 1906, en vue de l'application de l'article 8 de la loi du 27 novembre 1891 sur l'assistance publique, sera inséré au *Moniteur.*

PROVINCES.	DATE DE L'ARRÊTÉ de la députation permanente.	LOCALITÉS. — PRIX DE LA JOURNÉE de TRAVAIL.	
Anvers . . .	29 sept. 1905.	Anvers . . . . fr.	3 75
		Berchem et Borgerhout	2 50
		Autres communes émancipées	1 88
		Communes des arrondissements d'Anvers et de Malines . .	1 56
		Communes de l'arrondissement de Turnhout	1 47
Brabant. . .	28 août 1905.	Bruxelles, Anderlecht, Ixelles, Laeken, Molenbeek-Saint-Jean, Saint-Gilles, Saint-Josse-ten-Noode et Schaerbeek	3 ·
		Etterbeek	2 75
		Forest, Jette - Saint-Pierre, Uccle et Vilvorde	2 50
		Assche, Koekelberg et Overyssche	2 ·
		Hal	1 80
		Autres communes de l'arrondissement de Bruxelles	1 60
		Louvain	2 60
		Tirlemont	2 ·
		Aerschot et Kessel-Loo.	1 75
		Diest	1 50
		Autres communes de l'arrondissement de Louvain	1 25
		Wavre	2 50
		Nivelles et Braine-l'Alleud	2 ·
		Autres communes de l'arrondissement de Nivelles	1 60
Flandre occid.	25 août 1905.	Localités de moins de 10,000 habitants	1 10
		Localités de 10,000 habitants et au delà. .	1 50

PROVINCES.	DATE DE L'ARRÊTÉ de la députation permanente	LOCALITÉS. — PRIX DE LA JOURNÉE de TRAVAIL.	
Flandre orient.	1er sept. 1905.	Gand	2 30
		Autres localités . . .	1 75
Hainaut. . .	2 août 1905.	Toute la province . .	1 80
Liége. . . .	25 oct. 1905.	Id. . . .	1 50
Limbourg . .	11 août 1905.	Hasselt, Saint-Trond, Tongres et Maeseyck :	
		A. Hommes. . . .	1 90
		B. Femmes. . . .	1 15
		Autres communes ·	
		A. Hommes. . . .	1 50
		B. Femmes. . . .	1 05
Luxembourg .	28 mars 1905.	Toute la province . .	1 50
Namur . .	4 août 1905.	Toute la province :	
		A. Hommes. . . .	2 ·
		B. Femmes. . . .	1 50

Indigent. — Secours fournis par le bureau de bienfaisance. — Remboursement. — Titre. Débiteurs. — Sommes appartenant à l'indigent déposées à la Caisse des consignations. — Opposition. — Légalité.

Le bureau de bienfaisance qui fournit des secours à un indigent accomplit une mission sociale et ne contracte pas comme un simple particulier; il n'a donc pas pour obligation d'exiger un engagement de l'indigent secouru. Le « titre » du bureau de bienfaisance au remboursement résulte et du fait de l'assistance, et de la loi même l'autorisant à poursuivre le remboursement des frais d'assistance à charge de la personne secourue.

Le remboursement des frais d'assistance faits en exécution des dispositions des lois du 14 mars 1876 sur le domicile de secours (art. 20) et du 27 novembre 1891 (art. 30) peut être poursuivi soit à charge des personnes secourues, soit à charge de ceux qui leur doivent des aliments. — Tribunal civil de Bruxelles (référés), 7 avril 1905, *Pasic.*, 1905, III, 179.

Voy. Aliénés.

Attelage des chiens. — *Règlement provincial. — Brabant.* — Arrêté royal du 27 septembre 1905. (*Moniteur des 2-3 octobre.*)

Un arrêté royal du 27 septembre 1905, contresigné par M. van der Bruggen, ministre de l'agriculture, approuve une délibération du 18 juillet 1905 par laquelle le conseil provincial du Brabant adopte le règlement sur l'attelage des chiens, reproduit ci-après :

Art. 1er. — Tout chien attelé doit l'être de manière à pouvoir à tout arrêt s'étendre librement et reposer la tête sur le sol.

Art. 2. — Les chiens ne peuvent être attelés qu'au moyen de traits ayant au minimum 1 mètre de longueur et fixés à un collier convenablement rembourré ou à une bricole souple entièrement doublée de feutre et ayant 5 centimètres de largeur.

Sauf pour les brouettes, les traits doivent être attachés à un palonnier se trouvant à la hauteur du poitrail de l'animal.

Il ne peut être fait usage de charrettes, harnais ou muselières blessant le chien attelé ou lui causant une gêne manifeste.

La muselière doit être conforme à l'un des modèles adoptés par le gouvernement.

ART. 3. — Toute charrette à chien doit être sur ressorts; les essieux doivent être suffisamment graissés en tout temps.

ART. 4. — Pendant tout le stationnement des charrettes sur les marchés ou sur la voie publique par les temps de neige ou de pluie, le conducteur devra étendre sous son chien un sac, un paillasson ou toute autre litière convenable; il devra l'abriter, en hiver, contre le froid au moyen d'une couverture et par le mauvais temps contre la pluie au moyen d'une bâche en toile cirée.

ART. 5. — Les chiens attelés à d'autres véhicules que les brouettes doivent mesurer au moins 50 centimètres de hauteur à l'épaule, sans préjudice à ce qui sera dit ci-après quant aux attelages entre brancards.

ART. 6. — Il est interdit :

A. D'atteler les chiens que la faiblesse, la maladie, les vices ou les infirmités auraient rendus impropres à cet usage et les chiennes pleines ou allaitant des petits, ainsi que les chiennes en folie;

B. De se faire transporter sur une charrette à chien; néanmoins le transport d'une personne seule est toléré à la condition qu'il n'en résulte pas de surcharge et que la charrette soit attelée de plusieurs chiens;

C. D'atteler un ou plusieurs chiens à un véhicule attelé en même temps d'un ou plusieurs animaux d'une autre espèce;

D. De faire stationner au soleil pendant les chaleurs les chiens attelés;

E. De confier la conduite d'un attelage à chiens à un enfant de moins de 14 ans;

F. A toute personne en état d'ivresse de conduire un attelage à chiens;

G. De conduire des attelages à chiens, autres que les brouettes, hors voies et chemins;

H. De surcharger le véhicule; il y a surcharge dès que la traction exige du chien des efforts excessifs;

I. De traîner le chien par le collier d'attache ou de tirer sur ce collier pour retenir le véhicule.

ART. 7. — Lorsque le chien est attelé sous une charrette, celle-ci doit être suffisamment élevée pour ne pas être en contact avec l'animal.

ART. 8. — Indépendamment des dispositions qui précèdent, l'attelage de chien entre brancards doit, en outre, réunir les conditions suivantes :

A. Le chien doit mesurer au moins 55 centimètres de hauteur à l'épaule;

B. La charrette et son contenu doivent être équilibrés de manière à empêcher que le poids de la charge ne pèse sur l'animal ou ne le soulève. La charrette doit être horizontale sur terrain plat;

C. La charrette doit être munie d'un support fonctionnant sans l'intervention du conducteur et permettant au chien de s'étendre librement sur le sol, sans que le poids de la charge ne lui pèse sur le dos;

D. Les brancards doivent avoir une longueur suffisante pour que les chiens ne les dépassent que de la tête. Cette longueur doit être de 1ᵐ25 au moins;

E. Le chien doit être dételé et mis à la chaîne à chaque stationnement prolongé.

ART. 9. — Les contraventions au présent règlement sont punies d'un emprisonnement d'un à huit jours et d'une amende de 5 à 200 fr. ou d'une de ces peines seulement.

Les juges de paix connaissent de ces infractions et peuvent, en cas de circonstances atténuantes, réduire l'amende sans qu'elle puisse être inférieure à 1 franc.

ART. 10. — Sont applicables en matière d'attelages à chiens les articles 2, 4, §§ 3 et 4, 6 et 7 de la loi du 1ᵉʳ août 1899, portant revision de la législation et des règlements sur la police du roulage, et les articles 1ᵉʳ, 3ᵉ et 4ᵉ, 3, 5 à 9, 1ᵉʳ, 10, 12, 14, 15, §§ 1ᵉʳ à 3, 18 à 20 et 30 de l'arrêté royal du 4 août 1899 portant règlement général sur la police du roulage et de la circulation.

ART. 11. — Les agents de la police locale, la gendarmerie nationale et les agents préposés à la grande et à la petite voirie sont chargés de l'exécution du présent règlement.

ART. 12. — Le présent règlement sera, outre son insertion dans le *Mémorial administratif* de la province, publié en français et en flamand, par voie d'affiches placardées dans toutes les communes du Brabant.

Ces affiches porteront dans les deux langues, à la suite du texte du règlement, celui de l'article 561, § 5, du code pénal.

B

Bois et forêts. — *Bois communal.* — *Enlèvement de feuilles mortes.* — *Réglementation par la députation permanente.*   *Droit d'usage.* — *Contravention.*

Les conseils communaux n'ayant l'administration de leurs bois et forêts que sous la surveillance de l'autorité supérieure, et leur consentement au droit d'usage sur les produits superficiels des forêts devant être approuvé par la députation permanente, l'administration forestière entendue, l'enlèvement de feuilles mortes ne peut être considéré comme licite quand il a eu lieu en dehors des conditions fixées par la députation, la commune refusant de s'y soumettre. — Cour d'appel de Liége, 14 juin 1905, *Pasic.*, 1905, II, 257.

Bourgmestre. — *Conseiller communal.* — *Fonctions de médecin et de pharmacien des pauvres.* — *Nomination par le bureau de bienfaisance.* — *Absence d'incompatibilité.* — Arrêté royal du 8 mars 1906, contresigné par M. Van den Heuvel, ministre de la justice. (*Moniteur* des 26-27 mars)

Vu l'arrêté de la députation permanente du conseil provincial du Brabant, en date du 7 février 1906, portant que l'article 3, 3ᵉ section, des dépenses ordinaires du compte de 1904 du bureau de bienfaisance de Léau est réduit de 300 francs à 150 francs et que les articles 1ᵉʳ, 4 et 5 de la 9ᵉ section des mêmes dépenses sont rejetés;

Attendu que ces dépenses constituent le traitement de l'inspecteur des biens des pauvres, le traitement du médecin-chirurgien et le prix des fournitures de médicaments;

Vu le recours pris contre cette décision, auprès du gouvernement, par M. le gouverneur de la province de Brabant, le 7 février 1906, et notifié à la députation permanente du conseil provincial le même jour;

Attendu que la décision de la députation permanente est basée sur ce que les payements ont été faits au profit de M. Caeluwaerts, qui cumule, avec les fonctions de médecin et de pharmacien des pauvres, celles de bourgmestre de la commune, et au profit de l'inspecteur des biens des pauvres, qui cumule, avec ces fonctions, celles de conseiller communal;

Attendu que la nomination du médecin et du pharmacien des pauvres, ainsi que celle de l'inspecteur des biens des pauvres, appartient au bureau de bienfaisance, sauf approbation du conseil communal en ce qui concerne la nomination du médecin des pauvres;

Attendu que le droit de nomination emporte celui de fixation du traitement, dans les limites du budget;

Attendu que la décision précitée de la députation permanente du conseil provincial du Brabant porte atteinte aux droits du bureau de bienfaisance et qu'elle est, dès lors, contraire à la loi;

Attendu que les nominations précitées de médecin, de pharmacien et d'inspecteur des biens des pauvres n'ont pas été annulées par l'autorité supérieure, qu'elles doivent donc sortir leurs pleins et entiers effets;

Attendu, au surplus, qu'aucune disposition de loi ne stipule formellement d'interdiction entre les fonctions de bourgmestre et celles de médecin et de pharmacien des pauvres, ni entre celles de conseiller communal et d'inspecteur des biens des pauvres;

Vu les articles 79 et 84 de la loi communale, 89, 116 et 125 de la loi provinciale;

Sur la proposition de notre ministre de la justice,

Nous avons arrêté et arrêtons :

ART. 1ᵉʳ. — L'arrêté ci-dessus mentionné de la députation permanente du conseil provincial du Brabant, en date du 7 février 1906, est annulé, en tant qu'il réduit de 300 francs à 150 fr. l'article 3, 3ᵉ section, des dépenses ordinaires du compte de 1904 du bureau de bienfaisance de Léau, et qu'il rejette les articles 1ᵉʳ, 4 et 5 de la 9ᵉ section des dépenses.

ART. 2. — Le compte du bureau de bienfaisance de Léau, pour l'exercice 1904, est fixé en dépenses à la somme de 31,941 fr. 36 c. et en recettes à la somme de 30,681 fr. 58 c.

Bourgmestre. — Ordonnance de police. — Motifs. — Communication au conseil. — Ratification par celui-ci.

Il n'appartient pas au tribunal d'apprécier ni même de rechercher les causes qui ont donné lieu à une ordonnance de police prise par le bourgmestre en vertu de l'article 94 de la loi communale, mais il a néanmoins pour devoir de n'appliquer que les ordonnances réunissant les cond t ons nécessaires à leur existence légale. i i

Les termes *dans la plus prochaine séance* du conseil communal désignent la première réunion après l'ordonnance où celui-ci peut valablement délibérer sur cette ordonnance.

La nullité prévue par l'article 94 prérappelé est attachée au défaut de ratification par le conseil à la suite de la communication du bourgmestre. — Tribunal correctionnel de Gand, 28 novembre 1904, *Pasic.*, 1905, III, 87.

Voy. COMMUNES. — CONSEIL COMMUNAL. — POLICE COMMUNALE. — RÈGLEMENT COMMUNAL.

Bureau de bienfaisance. — *Bien celé.*
— *Définition.* — *Conditions.* — *Appréciation du juge du fond.* — *Origine laïque ou ecclésiastique.* — *Absence de prise de possession.* — *Attribution par l'Etat à une fabrique d'église.* — *Légalité.*

Doivent être considérés comme biens celés, des biens inscrits au cadastre comme appartenant à une confrérie, communauté sans existence légale, et que le juge du fond déclare, en fait, n'avoir pas été déclarés, en exécution des décrets de 1790, et ne se trouver point rappelés au registre de la régie des domaines. (Décrets des 6, 11 et 24 août 1790; arrêté du 7 messidor an IX, art. 7; arrêté du 27 frimaire an IX; avis du conseil d'Etat du 30 avril 1807.)

La loi du 4 ventôse et l'arrêté du 9 fructidor an IX n'ont pas investi, de plein droit, les administrations de bienfaisance de tous les biens alors celés au domaine. A défaut d'une prise de possession effective, ces biens sont restés à la disposition de l'Etat, qui peut valablement en disposer au profit des fabriques d'église, et ce sans qu'il y ait lieu de distinguer entre les biens d'origine ecclésiastique et les autres. (Loi du 4 ventôse et arrêtés des 7 messidor et 9 fructidor an IX; arrêté des 7 thermidor an XI, 28 frimaire an XII et 28 messidor an XIII; décret du 30 décembre 1809, art. 36; arrêtés royaux des 19 août 1817 et 7 janvier 1834; Const., art. 67 et 107.) — Cassation, 8 juin 1905, *Pasic.*, 1905, I, 253.

Voy. ASSISTANCE PUBLIQUE. — ENSEIGNEMENT PRIMAIRE.

C

Caisse des veuves et orphelins des professeurs et instituteurs communaux. — *Statuts.* — *Modifications.* — Arrêté royal du 22 juillet 1905, contresigné par M. de Trooz, ministre de l'intérieur, etc. (*Bulletin du ministère de l'intérieur, etc.*, 1905, I, 78.)

Vu les statuts organiques de la caisse des veuves et orphelins des professeurs et instituteurs communaux, approuvés par notre arrêté du 1ᵉʳ janvier 1885;

Vu l'article 1ᵉʳ, § 4, de notre arrêté susvisé, ainsi conçu :

« Les personnes désignées à l'essai et les intérimaires sont exemptés de la participation. Toutefois les services rendus antérieurement à la nomination définitive pourront être régularisés, au point de vue de la pension de la veuve et des orphelins, sans qu'il soit tenu compte du temps de fonction intérimaire inférieur à un mois ».

Considérant qu'il y a lieu de fixer un terme jusqu'à l'expiration duquel ceux qui voudront bénéficier de cette faculté seront autorisés à en faire la demande et de déterminer les obligations qui résulteront de cet engagement pour la partie contractante;

Vu, d'autre part, l'article 12, § 3, de notre arrêté susvisé, ainsi conçu :

« Sont également retenus au profit de la caisse : ...

« 3° Les sommes qui, en vertu des règlements, sont assignées à la caisse pour congés, absences non autorisées ou punitions disciplinaires. Ces retenues ne peuvent excéder un mois de traitement »;

Considérant que, dans les cas de l'espèce, lorsque l'absence dépasse quinze jours, les communes sont parfois obligées, notamment en vertu des dispositions de l'article 11 de la loi organique de l'instruction primaire du 15 septembre 1895, de supporter les frais de la désignation d'un intérimaire;

Considérant que, dans ces conditions, l'obligation résultant de l'application de l'article 12, § 3, de notre arrêté susvisé constitue pour les communes une charge onéreuse dont il convient, en équité, de les dispenser;

Vu l'avis favorable du conseil d'administration de la caisse des veuves et orphelins précitée;

Sur la proposition de notre ministre de l'intérieur et de l'instruction publique,

Nous avons arrêté et arrêtons :

Art. 1ᵉʳ. — L'article 1ᵉʳ, § 4, de notre arrêté susvisé du 1ᵉʳ janvier 1885 est complété de la manière suivante :...

« § 4. Les personnes désignées à l'essai et les intérimaires sont exemptés de la participation. Toutefois, les services rendus antérieurement à la nomination définitive peuvent être régularisés au point de vue de la pension de la veuve et des orphelins, sans qu'il soit tenu compte du temps de fonction intérimaire inférieur à un mois.

« Ceux qui veulent user de cette faculté en feront la déclaration, par écrit, au ministre de l'intérieur et de l'instruction publique, dans un délai de six mois à partir de leur nomination définitive.

« Ils subissent, pendant un temps égal à celui des services précités admis, et indépendamment des retenues ordinaires, même lorsque celles-ci atteindraient le maximum fixé par la loi, une contribution supplémentaire, comprenant toutes les retenues, ordinaires et extraordinaires, statutaires, et calculée sur les traitements, suppléments de traitement, casuel ou émoluments qui leur sont attribués par leur acte de nomination définitive.

« Ils ont toutefois la faculté de verser, au moment où l'engagement est accepté, la totalité de cette contribution supplémentaire.

« Si le droit à la pension sur les fonds de la caisse s'ouvre avant que cette retenue supplémentaire ait été entièrement subie, la caisse ne tient compte que de la durée de ces services pour laquelle la contribution a été régulièrement payée.

« Les années de contribution dont il s'agit ci-dessus sont considérées comme remplissant les conditions exigées par le 1· de l'article 37. »

Art. 2. — Le § 3 de l'article 12 de notre arrêté susvisé du 1ᵉʳ janvier 1885 est remplacé par le paragraphe suivant :

« § 3° Les sommes qui, en vertu des règlements, sont assignées à la caisse pour congés, absences non autorisées ou punitions disciplinaires.

« Lorsque, dans les cas de l'espèce, un intérimaire est désigné, ces retenues ne peuvent excéder la différence existant entre un mois de traitement du titulaire et la rémunération mensuelle de l'intérimaire. »

———

Instituteurs adoptés. — Pièces à fournir. — Obligations des conseils communaux en matière d'agréation. — Circulaire adressée le 6 novembre 1905 aux gouverneurs de province par M. de Trooz, ministre de l'intérieur, etc. *(Bulletin du ministère de l'intérieur, etc.,* 1905, II, 112.)

L'instituteur adopté belge, diplômé et n'appartenant pas à la section des pensions de mon département qu'une seule fois l'extrait de son acte de naissance et la copie de son diplôme. C'est donc à tort que notamment un inspecteur principal de l'enseignement primaire a renouvelé l'envoi de semblables pièces à l'occasion du passage à une autre école adoptée de divers instituteurs qui m'avaient envoyé ces documents lors de leur immatriculation à la caisse des veuves et orphelins.

Pour éviter désormais ces doubles emplois et épargner à l'intéressé une dépense inutile, je vous saurais gré, Monsieur le gouverneur, de vouloir faire observer à MM. les inspecteurs principaux et aux administrations communales de votre province, ainsi qu'aux titulaires d'adoption et à leur personnel enseignant, que l'extrait d'acte de naissance et la copie du diplôme d'un agent adopté ne doivent être transmis qu'une seule fois à la section des pensions de mon département.

La pièce que l'instituteur doit avoir soin de faire parvenir régulièrement à la dite section, directement ou par intermédiaire, même sans y avoir été préalablement invité, c'est l'acte de son agréation ou de l'adoption de son école, dans lequel il est nominativement désigné.

Il semble utile de rappeler, par la même occasion, aux autorités locales et aux inspecteurs scolaires, de même qu'aux chefs d'école et à leurs subordonnés, que la formalité de la justification des services, prévue au § 2 de l'article 7 de la loi du 25 août 1901, doit s'accomplir, sous peine de déchéance de titres en matière de pensions, non seulement lors d'une première nomination définitive, mais aussi à chaque adoption nouvelle ou réadoption d'école, à tout changement de grade, au passage à l'état laïque d'un religieux diplômé ou dispensé de l'examen, à l'obtention du diplôme requis par un agent laïque non dispensé de l'examen et au transfert à une autre école primaire adoptée.

L'acte réclamé confère en réalité sa commission à l'agent en cause ou bien il le rend bénéficiaire de la loi du 25 août 1901. Ce sont les raisons pour lesquelles la production de cette pièce est nécessaire, en exécution du § 2 de l'article 7 de la loi précitée.

Le devoir de justification imposé à l'instituteur adopté dans les divers cas susdits implique obligation pour les conseils communaux de procéder, dans chacune de ces éventualités, à l'agréation de semblable agent par délibération formelle. Toutefois, les autorités locales n'ignorent pas que, lors d'une adoption ou d'une réadoption, l'agréation peut avoir lieu par la désignation nominative du personnel enseignant de l'école, soit dans la délibération qui approuve le contrat d'adoption, soit dans le contrat lui-même, s'il porte la mention : « Vu et approuvé par le conseil communal en séance du . . . . . » (avec indication de la date de la séance).

Vous m'obligeriez, Monsieur le gouverneur, à me faire parvenir un numéro du *Mémorial administratif* qui publiera la présente circulaire.

Chasse. — *Lapins.* — *Dégâts.* - *Base de l'action.* - *Appréciation souveraine.* - *Loi du 4 avril 1900.* — *Double dommage.* - *Convention contraire.* - *Préjudice consommé. Préjudice éventuel.* — *Effet rétroactif.*

Le juge du fond apprécie souverainement que l'action en dommages-intérêts, pour réparation des dégâts causés par les lapins, est uniquement basée sur la violation du contrat de bail de chasse et que celui-ci ne prévoit que la simple réparation. (Code civ., art. 1147.)

La loi du 4 avril 1900 ne dispose que pour l'avenir et ne frappe de nullité que les traités relatifs à des dégâts non encore existants. (Loi du 4 avril 1900, art. 2.) — Cassation, 22 décembre 1904, *Pasic.*, 1905, I, 62.

Lapins. — *Dégâts.* — *Responsabilité du titulaire du droit de chasse.* — *Faute.*

L'article 7bis de la loi du 4 avril 1900 ne rend le titulaire du droit de chasse responsable des dégâts causés par les lapins que si une faute est relevée dans son chef. (Code civ., art. 1382 et 1383; loi du 4 avril 1900, art. 7bis.) — Cassation, 2 mars 1905, *Pasic.*, 1905, I, 150.

Loi du 28 février 1882, art. 8 et 10. — *Applicabilité.* — *Conditions.* - *Engins prohibés.* — *Filet.* — *Confection, aménagement ou installation par le prévenu.* — *Preuve.*

Dans le système de la loi du 28 février 1882, comme dans celui des lois des 26 février 1846 et 21 avril 1873, les filets ne sont prohibés, d'une manière absolue, en matière de chasse,

que lorsqu'ils sont propres, par leur nature, à faciliter la prise du gibier prévue à l'article 10 de la loi du 28 février 1882.

Il résulte notamment de l'article 7 de l'arrêté royal du 14 août 1889, pris en exécution de l'article 31 de la loi sur la chasse, que l'usage des filets destinés à faciliter la prise du menu gibier est permis du 15 septembre au 30 novembre de chaque année.

Il n'y a pas lieu à application de l'article 8 de la loi sur la chasse lorsqu'il n'est pas établi que soit la confection du filet dont le prévenu a fait usage, soit son aménagement ou son installation par le dit prévenu, aurait rendu cet engin apte à faciliter la capture du gibier (perdreaux, dans l'espèce), et que, dans les circonstances où elle a eu lieu, cette capture, loin d'apparaître comme normale, peut être considérée comme un événement exceptionnel et accidentel, et qui, par conséquent, n'est pas dans la nature de l'emploi du filet dont il s'agit. — Tribunal correctionnel de Liége, 26 janvier 1905, *Pasic.*, 1905, III, 110

Garde particulier. — *Délit commis dans l'exercice de ses fonctions.*

Aux termes des articles 17 du code d'instruction criminelle et 24 de la loi du 28 février 1882, le garde-chasse particulier doit être considéré comme un officier de la police judiciaire. Le tribunal correctionnel, par application de l'article 483 du même code, est donc incompétent pour connaître d'un délit commis par lui dans l'exercice de ses fonctions.

La chasse consistant dans la recherche, la poursuite ou l'appréhension du gibier, c'est à l'endroit où celui-ci est recherché, poursuivi ou appréhendé que le fait de chasse s'accomplit.

Le garde particulier est sans mandat ni pouvoir en dehors du territoire pour lequel il est assermenté; il ne peut donc jamais, pour un fait commis en dehors de son triage, « être dans l'exercice de ses fonctions ».

Il importe peu que le prévenu se soit trouvé, au moment où il a tiré, sur le territoire dont il avait la garde et où il pouvait exercer son devoir de surveillance. — Tribunal correctionnel de Dinant, 1er mars 1905, *Pasic.*, 1905, III, 119.

Cloches. — *Sonnerie.* — *Conflit entre le conseil communal et la fabrique de l'église.* — *Juge des référés.* — *Incompétence.* — *Autorité de l'administration supérieure* (1).

Est du ressort de l'autorité administrative supérieure et ne peut donc être tranché par le juge des référés, le conflit existant entre deux administrations : le conseil communal et la fabrique de l'église, au sujet d'une demande de remise, entre les mains du bourgmestre, des clefs de la porte du clocher de l'église, à l'effet de faire procéder à certaines sonneries ordonnées par l'autorité communale « en conformité des usages locaux ». — Tribunal civil de Tournai (référé), 10 janvier 1905, *Pasic.*, III, 98.

(1) Voy. *Pasicrisie*, les observations en note.

Collège des bourgmestre et échevins. - *Attributions.* - *Exécution des décisions du conseil communal.* — *Répartition des élèves des écoles de garçons.* — Arrêté royal du 4 mai 1905, contresigné par M. de Trooz, ministre de l'intérieur, etc. (*Moniteur* du 27 mai.)

Vu la délibération, en date du 22 décembre 1904, parvenue au commissariat d'arrondissement le 16 janvier suivant, par laquelle le conseil communal de Frasnes lez-Gosselies a décidé de faire procéder à une nouvelle répartition des élèves des écoles de garçons et a chargé de cette répartition l'inspecteur communal;

Vu l'arrêté de M. le gouverneur de la province du 10 février 1905, suspendant l'exécution de la délibération susvisée, pour violation de l'article 90, § 2, de la loi communale;

Vu l'arrêté de la députation permanente du conseil provincial du Hainaut du 17 mars dernier, maintenant la suspension prononcée et dont les motifs ont été communiqués au conseil communal, en séance du 30 du même mois;

Attendu que l'article 90, § 2, de la loi communale attribue au collège échevinal la mission d'exécuter les décisions du conseil communal; que le conseil communal de Frasnes lez-Gosselies en chargeant l'inspecteur communal de l'exécution de sa résolution du 22 décembre dernier a méconnu le droit du collège et contrevenu à l'article 90, § 2, susvisé;

Vu les articles 86 et 87 de la loi communale;

Sur la proposition de notre ministre de l'intérieur et de l'instruction publique,

Nous avons arrêté et arrêtons :

La délibération précitée, en date du 22 décembre 1904, du conseil communal de Frasnes lez-Gosselies est annulée.

Mention de cette disposition sera faite au registre des délibérations du conseil, en marge de l'acte annulé.

Arrêté ordonnant la fermeture d'une maison de débauche clandestine. — *Séparation des pouvoirs.* — *Contravention.* — *Preuve.*

Les tribunaux ne peuvent, sans empiéter sur le pouvoir communal, vérifier le fondement d'une décision du collège échevinal qui, en ordonnant la fermeture d'une maison de prostitution clandestine, décide ainsi souverainement que cette maison est un lieu de prostitution.

Dans ces conditions, la contravention au règlement communal, qui punit ceux qui ont ouvert une maison de prostitution clandestine, est suffisamment établie si les prévenus, sans méconnaître qu'ils tenaient et exploitaient l'établissement, se bornent, sans en apporter la preuve qui leur incombait, à invoquer des faits ou des circonstances élisifs de la responsabilité ordinaire. (Loi communale, art. 96; règlement communal de la ville de Gand des 21 décembre 1850-17 mai 1871.) — Cassation, 24 octobre 1904, *Pasic.*, 1905, I, 14.

Inscription d'une personne sur le registre de la prostitution. — *Acte de police administrative échappant au contrôle du pouvoir judiciaire.*

En vertu de l'article 96 de la loi du 30 mars 1836, il entre dans les attributions du collège des bourgmestre et échevins de rechercher quelles sont les personnes notoirement livrées à la débauche. En ordonnant une inscription sur le registre de la prostitution, le collège fait un acte de police administrative rentrant dans les limites de sa compétence et qui échappe au contrôle du pouvoir judiciaire. Il n'appartient donc pas à ce dernier de rechercher si la personne incriminée se livrait ou non à la prostitution sur le territoire de la commune. — Tribunal correctionnel de Bruxelles, 7 novembre 1904, *Pasic.*, 1905, III, 69.

Compétence. — *Fermeture d'un établissement dangereux non autorisé.* — *Pouvoir judiciaire.* — *Incompétence.*

Aux termes de l'article 12 de l'arrêté royal du 29 janvier 1863 (établissements dangereux, insalubres ou incommodes) le collège échevinal peut seul ordonner la fermeture d'un établissement non autorisé (un tir, dans l'espèce). Le pouvoir judiciaire est sans autorité et sans compétence à cette fin. — Tribunal correctionnel d'Arlon, 22 juillet 1904, *Pasic.*, 1905, III, 110.

Voy. ACTION JUDICIAIRE. -- VOIRIE.

Commune. — *Érection de la commune de Harnoncourt (Luxembourg).* — Loi du 14 mai 1906. (*Moniteur* du 19 mai.)

ART. 1er. — Les sections de Harnoncourt et de Rouvroy sont séparées de la commune de Lamorteau (province de Luxembourg) et érigées en commune distincte sous le nom de Harnoncourt.

La limite séparative des deux communes est indiquée au plan annexé à la présente loi par une ligne sinueuse et anguleuse, marquée d'un liséré orange, sous les lettres A, B, C, D, E, F, G, H, I, K, L, M, N, O, P.

ART. 2. — Le nombre des membres du conseil communal est fixé à sept pour Harnoncourt et est maintenu à ce chiffre pour Lamorteau.

ART. 3. — Le nombre des indigents secourus par le bureau de bienfaisance de Lamorteau et inscrits sur la liste des pauvres servira de base au partage des biens de ce bureau de bienfaisance. Toutefois, les fondations faites spécialement en faveur des pauvres de l'une ou l'autre des sections de cette commune ne seront point comprises dans le partage des biens et seront affectées de plein droit à cette section.

En cas de désaccord sur le partage, celui-ci sera réglé conformément à l'avant-dernier paragraphe de l'article 151 de la loi communale.

Érection de la commune de Les Hayons (*Luxembourg*). — Loi du 22 mai 1906. (*Moniteur* du 31 mai.)

ART. 1er. — La section de Les Hayons est séparée de la commune de Dohan (province de Luxembourg) et érigée en commune distincte.

La limite séparative des deux communes est fixée telle qu'elle est indiquée au plan annexé à la présente loi par une ligne sinueuse et anguleuse, marquée d'un liséré orange, sous les lettres A, B, C, D, E, F, G, H.

ART. 2. — Le nombre des membres du conseil communal est fixé à sept pour Les Hayons et est maintenu à ce chiffre pour Dohan.

———

Érection de la commune de Vaux-les-Rosières (*Luxembourg*). — Loi du 14 mai 1906. (*Moniteur* du 19 mai.)

ART. 1er. — La section de Vaux-les-Rosières est séparée de la commune de Nives (province de Luxembourg) et érigée en commune distincte.

La limite séparative des deux communes est indiquée au plan annexé à la présente loi par une ligne sinueuse et anguleuse, marquée d'un liséré orange sous les lettres A, B, C, D, E, F, G, H, I, K.

ART. 2. — Le nombre des membres du conseil communal est fixé à sept pour Vaux-les-Rosières et est réduit de neuf à sept pour Nives.

ART. 3. — La réduction de neuf à sept du nombre des membres du conseil communal de Nives sera réalisée au fur et à mesure des vacances pour chaque série, par application du principe de l'article 5 de la loi du 31 décembre 1902, portant revision du tableau de classification des communes.

ART. 4. — Le nombre des indigents secourus par le bureau de bienfaisance de Nives et inscrits sur la liste des pauvres servira de base au partage des biens de ce bureau de bienfaisance. Toutefois, les fondations faites spécialement en faveur des pauvres de l'une ou de l'autre des sections de cette commune ne seront point comprises dans le partage des biens et seront affectées de plein droit à cette section.

En cas de désaccord sur le partage, celui-ci sera réglé conformément à l'avant-dernier paragraphe de l'article 151 de la loi communale.

———

Délimitation. — Modification des limites séparatives des communes d'Arsimont et de Falisolles (province de Namur). — Loi du 30 août 1905. (*Moniteur* du 9 septembre.)

ARTICLE UNIQUE. — La limite séparative des communes d'Arsimont et de Falisolle est formée par l'axe de la partie modifiée du chemin n° 16 de l'atlas de Falisolle conformément aux indications du plan annexé à la présente loi.

———

Délimitation. — Modification des limites séparatives des communes de Grune et de Nassogne (Luxembourg) — Loi du 30 août 1905. (*Moniteur* du 9 septembre.)

ARTICLE UNIQUE. — La partie du territoire de la commune de Nassogne teintée en orange sur le plan annexé à la présente loi est annexée à la commune de Grune.

———

Délimitation. — Modification des limites séparatives de la ville de Vilvorde et de la commune de Machelen (Brabant). — Loi du 30 août 1905. (*Moniteur* du 9 septembre.)

ART. 1er. — La partie du territoire de la ville de Vilvorde teintée en jaune sur le plan annexé à la présente loi est distraite de cette ville et réunie à la commune de Machelen.

ART. 2. — La partie du territoire de la commune de Machelen teintée en vert sur le plan annexé à la présente loi est distraite de cette commune et réunie à la ville de Vilvorde.

———

Ligne frontière entre les communes belges de l'Escaillère et de Rièzes et les communes françaises de Régniowez et de La Neuville-aux-Tourneurs. — Convention du 8 novembre 1905. (*Moniteur* du 29 décembre.)

Sa Majesté le roi des Belges et le président de la République française, considérant que la description de la limite telle qu'elle résulte de l'article 41. § 2, et l'article 42 du procès-verbal descriptif annexé au Traité de Courtrai du 28 mars 1820 (4e section) n'est plus exacte par suite des redressements opérés à diverses époques au cours de la rivière dite l'Eau-Noire et ayant fait procéder aux études nécessaires. ont résolu de consacrer par une convention les résultats de ces travaux. A cet effet, ils ont nommé pour leurs plénipotentiaires, savoir :

Sa Majesté le roi des Belges,

M. A. Leghait, son envoyé extraordinaire et ministre plénipotentiaire près le président de la République française, et

Le président de la République française,

M. Maurice Rouvier, sénateur, président du conseil, ministre des affaires étrangères de la République française,

Lesquels, après s'être communiqué leurs pleins pouvoirs trouvés en bonne et due forme. sont convenus de ce qui suit :

ARTICLE PREMIER.

Sont approuvés :

1° Le rapport de la Commission internationale nommée pour le rétablissement de la ligne-frontière entre les communes belges de l'Escaillère et de Rièzes et les communes françaises de Régniowez et de La Neuville-aux-Tourneurs;

2° Le plan terrien à l'échelle de 1 à 2,500 m., dressé pour être annexé au dit rapport qui a été signé à Maubert-Fontaine le 15 novembre 1897.

ARTICLE 2.

La présente Convention sera ratifiée et les ratifications seront échangées à Paris, aussitôt que faire se pourra.

Fait à Paris, en double exemplaire, le 8 novembre 1905.

(L. S.) A. LEGHAIT.
(L. S.) ROUVIER.

—

Rapport de la Commission internationale nommée pour le rétablissement de la ligne-frontière entre les communes françaises de Régniowez et de La Neuville-aux-Tourneurs et les communes belges de l'Escaillère et de Rièzes.

Le gouvernement de la République française et le gouvernement belge, considérant que, par suite de la rectification du ruisseau l'Eau-Noire, la limite séparative des deux territoires était devenue incertaine entre les communes désignées ci-dessus et voulant, pour l'avenir, éviter toutes difficultés en fixant cette limite d'une manière indiscutable, se sont mis d'accord pour charger de cette mission une commission internationale composée de :

1° M. Guilmart, Servais, conducteur des ponts et chaussées, domicilié à Mézières;

2° M. Rousseaux, Justin, agent voyer principal, domicilié à Rocroy;

3° M. Dupin, Eugène, cultivateur, maire de la commune de Régniowez;

Tous trois désignés par le gouvernement de la République française;

4° M. Léon Molle (1), en son vivant inspecteur voyer d'arrondissement, domicilié à Charleroi;

5° M. Bernard, Alexandre, commissaire voyer, domicilié à Chimay;

6° M. Legros, cultivateur, échevin faisant fonctions de bourgmestre de la commune de l'Escaillère;

Ces trois derniers désignés par le gouvernement belge.

Les membres de la Commission se réunirent pour la première fois le 26 novembre 1895, au pont de Régniowez, aux confins des communes de l'Escaillère et de Régniowez.

Après échange de leurs pouvoirs et s'être mis d'accord sur l'objet de leur mission, ils procédèrent à une visite générale de la ligne-frontière à rétablir.

Dans cette première visite, il fut constaté que l'ancien lit du cours d'eau présentait de nombreuses lacunes non comblées dans lesquelles il était matériellement impossible de planter des bornes.

Les commissaires délégués remarquèrent également que la rectification de la rivière avait été poussée au delà du territoire de Ré-

(1) Au cours des opérations et après la reconnaissance des lieux, la Commission eut le regret de perdre M. Léon Molle, un de ses membres.

gniowez, sur celui de La Neuville-aux-Tourneurs, jusqu'à la passerelle de Boulant, soit une longueur de 3,500 mètres environ.

Les opérations d'abornement et de reconnaissance devant être longues, difficiles et en tout cas inexécutables pendant la période d'hiver, les parties résolurent de signaler les points soulevés plus haut à leurs gouvernements respectifs, de demander des instructions précises sur le travail à réaliser et de provoquer l'allocation des crédits nécessaires au payement des opérations.

Ces diverses questions firent l'objet de plusieurs rapports aux autorités des deux pays et de correspondances nombreuses entre les commissaires délégués qui, dans l'intervalle, s'occupaient de la copie des plans du cadastre et de la recherche des documents propres à déterminer la position exacte de la ligne à rétablir.

Ce ne fut qu'au mois de mai 1896 que la Commission fut ainsi mise à même de continuer sa mission.

Une seconde réunion fixée au 9 juin 1896 fut employée à l'examen, en commun, des renseignements recueillis dans les deux pays, et à une nouvelle visite générale des lieux dans laquelle furent arrêtées les mesures à prendre pour exécuter les opérations techniques et se procurer le matériel et les ouvriers nécessaires.

Les opérations de reconnaissance furent fixées au 21 juillet 1896 et jours suivants. La limite-frontière fut provisoirement déterminée au moyen de piquets en chêne solidement enfoncés dans le sol. Tous les points douteux furent soigneusement examinés et arrêtés par les commissaires délégués qui se mirent ensuite d'accord sur la forme et la commande des bornes en pierre calcaire destinées à remplacer les piquets et leur approvisionnement à pied-d'œuvre.

La confection des bornes, au nombre de 149, fut confiée au sieur Auguste Pierson, maître de carrières, à Saint-Remy (Belgique), moyennant le prix de 2 fr. 40 c. la pièce rendue au lieu d'emploi.

Ces bornes présentent les dimensions suivantes : hauteur totale 0^m60; dont 0^m20 pour le fût et 0^m40 pour la culasse. L'équarrissage à la tête est de $0^m20 \times 0^m20$ et est terminé, à la partie supérieure, par une pointe de diamant taillé au fin ciseau. Les faces latérales du fût sont bouchardées avec ciselure en encadrement au fin ciseau.

La confection et le placement des bornes furent effectués sous la direction et la surveillance des membres de la Commission et occupèrent les mois d'août et septembre 1896. Les bornes furent placées partout où le comblement de la rivière le permettait; là où le lit est resté ouvert, les points de limite restèrent marqués par le piquet primitif.

Le retour de la saison des pluies ne permit pas de faire en octobre, dans cette vallée humide, le lever et le récolement des bornes, qui furent ainsi reportés au commencement de 1897.

Ces travaux furent exécutés contradictoirement les 4 mai 1897 et jours suivants. La limite fut repérée à l'équerre, à des bases d'opérations fixes suivant les indications du plan ci-joint, reprises au tableau détaillé ci-dessous :

N°s des points bornés.	DÉSIGNATION DES REPÈRES.	Observations.
	Base d'opérations passant par l'ancienne borne de limite entre la province de Hainaut et celle de Namur, à 4 mètres en face du point n° 2 et aboutissant à la borne n° 45 :	
1	Limite nouvelle des deux provinces belges. Abscisse : 22.80. Ordonnée : 4.40.	Piquet.
2	Borne ancienne. Abscisse : 44.30. Ordonnée au Sud : 4.00.	—
3	Abscisse : 66.50. Ordonnée au Nord : 0.40.	Borne placée.
4	Abscisse : 57.20. Abscisse secondaire : 42.70. Ordonnée Ouest : 0.30.	—
5	Abscisse principale : 47.90. Abscisse secondaire : 20.30. Ordonnée Ouest : 1.20.	—
6	Absc. : 47.90. Ord. au Nord : 33.10	—
7	— 57.20. — 35.80	—
8	— 70.60. — 28.00	—
9	Abscisse principale : 70.60. Abscisse secondaire : 10.70. Ordonnée Ouest : 1.80.	—
10	Absc. : 89.20. Ord. au Nord : 4.00	—
11	— 96.80. — 12.10	--
12	Abscisse principale : 106.00 Abscisse secondaire : 26.60. Ordonnée Ouest : 3.00.	—
13	Absc. : 106.00. Ord. au Nord : 42.90	—
14	— 136.80. — 48.50	
15	Abscisse principale : 136.80. Abscisse secondaire : 41.50. Ordonnée Ouest : 5.30.	—
16	Abscisse principale : 136.80. Abscisse secondaire : 23.10. Ordonnée Ouest : 3.90.	—
17	Absc. : 148.00. Ord. au Nord : 45.00	—
18	— 171.40. — 7.00	—
19	— 162.80. — au Sud : 1.20	—
20	— 175.70. — 15.60	Piquet.
21	— 186.60. — 39.30	—
22	— 207.00. — 12.00	Borne placée.
23	— 218.90. — 23.40	—
24	Abscisse principale : 227.40. Abscisse secondaire : 37 50. Ordonnée Est : 3.20.	—
25	Absc. : 211.50. Ord. au Sud : 43.60	Borne placée.
26	— 227.40. — 44.50	—
27	— 249.20. — 37 40	—
28	— 264.00. — 16.80	—
29	— 278.00. — 8.00	Piquet.
30	— 289.00. — 14.60	Borne placée.
31	— 312.40. — 40.40	—
32	— 320.10. — 18.80	—
33	— 324.00. — 8.00	Piquet.
34	— 351.00. — 5 60	—
35	— 356 50. — 13 70	Borne placée.
36	Abscisse principale : 341.50. Abscisse secondaire : 36.20. Ordonnée Ouest : 8.10.	—
37	Abscisse principale : 341.50. Abscisse secondaire : 43.00. Ordonnée Est : 6.30.	—
38	Absc. : 341 50 Ord. au Sud : 59.30	—
39	— 374.80. — 62.40	—
40	— 395.40. — 31.10	—
41	— 4^3.30. — 23.30	—
42	— 444.50. — 37.40	—
43	— 456.90. — 46.30	—
44	— 471.90. — 31.80	—
45	Sur la base : Abscisse : 490.50.	—
46	Absc. : 496.30. Ord. au Sud : 17.30	—
47	— 500.00. — 19.50	Piquet.
48	Absc. : 504.00. Ord. au Sud : 11.50	Borne placée.
49	— 508.60. — 0.40	—
50	— 545.80. — 10 50	—
51	— 562.00. — 14.00	Piquet.
52	— 588.40. — 7.50	Borne placée.
53	— 610.80. — 11.20	—
54	— 634.20. — 13.60	—
55	— 639.00. — 9.00	Piquet.
56	— 642.80. — 13.20	Borne placée.
57	— 656.80. — 33.70	—
58	Abscisse principale : 656.80. Abscisse secondaire : 29.40. Ordonnée Ouest : 12.30.	—
59	Abscisse principale : 656.80 Abscisse secondaire : 11.00. Ordonnée Est : 1.00.	—
60	Absc. : 667.20. Ord. au Sud : 2.90	—
61	— 690.60. — 7.20	Piquet.
	Prolongée vers le Nord, cette ordonnée rencontre, à 37.60 de la base, l'angle S.-O. d'un bâtiment servant de remise au sieur Dagneaux, Léon, de l'Escaillère. L'abscisse : 699.00 est l'origine de la 2e base d'opérations avec rattachement à l'abscisse : 729 00. Ordonnée : 9.00.	
62	1re base : Abscisse : 729.00. Ordonnée au Sud : 19.00.	
	2e base d'opérations prenant son origine à l'abscisse 699.00 de la base précédente et passant par les bornes n°s 71 et 78.	
63	Absc. : 55.00. Ord. au Sud : 16.00	—
64	— 67.00. — 22.00	Borne placée.
65	Abscisse principale : 87.00. Abscisse secondaire : 38.20. Ordonnée Est : 10.00.	
66	Abscisse : 87.00. Ordonnée au Sud : 44.40.	
67	Abscisse principale : 87.00. Abscisse secondaire : 46.60. Ordonnée Ouest : 8.50.	
68	Abscisse principale : 87.00. Abscisse secondaire : 38.20. Ordonnée Ouest :	Piquet.
69	Abs. : 98.00. Ord. au Sud : 23.00	Borne placée.
70	— 102.80. — au Nord : 2.90	—
71	Sur la base : Abscisse : 119.20.	—
72	Absc. : 132.00. Ord. au Sud : 16.20	—
73	— 163.60. — 33.00	—
74	— 178.00. — 25.00	—
75	— 193.20. — 2.70	—
76	— 210.60. — 21.70	—
77	— 226.00. — 0.90	—
78	Sur la base : Abscisse : 248.80.	—
79	Absc. : 265.00. Ord. au Sud : 15.00	—
80	— 293.00. — 8.00	Piquet.
81	Sur la base : Abscisse : 303.50.	—
82	Absc. : 316.80. Ord. au Nord : 4.80	Borne placée.
83	— 330.90. — au Sud : 16.60	—
84	— 348.00. — 16.00	—
85	— 360.60. — 4.50	—
86	— 367.60. — au Nord : 19.80	—
	Cette ordonnée prolongée rencontre à la longueur de 68.90 la 3e base d'opérations.	
	3e base d'opérations prenant son origine à la borne n° 78 et passant par la borne n° 90.	
87	Absc. : 111.50. Ord. au Sud : 6.60	—
88	— 123.00. — 3.90	—
89	— 137.80. — au Sud : 9.70	—
	A l'abscisse 137.40 se trouve le sommet de la perpendiculaire de rattachement.	

Nos des points bornés.	DÉSIGNATION DES REPÈRES.	Observations
90	Sur la base. À l'abscisse : 149.90	Borne placée.
91	Absc. : 161.70. Ord. au Sud : 4.70	—
92	— 173.00. — au Nord : 2.80	—
93	— 194.70. — au Sud : 6.30	—
94	— 220.00. — = 9.00	Piquet.
95	— 232.00. — = 38.40	Borne placée.
96	Abscisse principale : 232.00. Abscisse secondaire : 39.60. Ordonnée Ouest : 10.30.	
97	Absc. : 261.00. Ord. au Sud : 12.20	—
98	— 286.80. — 6.60	Piquet.
99	— 307.50. — 18.00	Borne placée.
100	— 328.00. — 37.00	Piquet.
101	— 349.60. — 26.20	—
102	— 363.00. — 25.20	Borne placée.
	4e base d'opérations prenant son origine à l'abscisse 351.70 de la base précédente et passant par la borne no 102 à 28m40 de ce dernier point.	
103	Absc. : 55.00. Ord. au Sud : 5.70	Piquet.
104	— 71.00. — 3.50	—
105	Sur la base : Abscisse : 78.00.	—
106	Absc. : 81.00. Ord. au Nord : 22.00	—
107	— 97.00 — 17.00	—

Commune de Rièzes.

Nos des points bornés.	DÉSIGNATION DES REPÈRES.	Observations
108	Absc. : 108.40. Ord. au Nord : 9.00	Piquet.
109	— 128.80. — au Sud : 27.00	—
110	— 155.00. — 44.00	—
111	— 182.00. — 28.50	—
112	Sur la base : Abscisse : 207 00.	
	5e base d'opérations partant de l'abscisse 127.70 de la base précédente, se rattachant à la cumulée 184.80 par une perpendiculaire de 34m10, passant ensuite par les bornes nos 131 et 139.	
	Abscisse : 66.40, rencontre de la perpendiculaire de rattachement.	
113	Absc. : 140.00. Ord. au Sud : 28.00	—
114	- 174.00. — 41.50	—
115	— 196 00. — 33.00	—
116	— 234. — 49.50	—
117	— 261. — 46.00	—
118	— 277. — 3.00	—
119	— 304. — 10.00	—
120	— 330. - 10.00	—
121	— 355. — 4.20	—
122	— 400. — 6.40	—
123	— 420. — 17.00	—
124	— 451 — 26.50	—
125	— — 24.80	Borne placée.
126	— 487. — 41.60	—
127	— 521.00. — 26.00	—
128	— 535.00. — 16.00	Piquet.
129	— 574.00. — 18.60	—
130	— 598.80. — 12.80	Borne placée.
131	Sur la base : Abscisse : 624.	—
132	Abscisse principale : 625.20. Abscisse secondaire : 10.50. Ordonnée Ouest : 1.20.	
133	Absc. : 640.40. Ord. au Sud : 20.60	—
134	— 625.20. — 31.70	—
135	— 640.60. — 20.20	—
136	— 664.00. — 17.50	Piquet.
137	— 698.00. — 23.50	—
138	— 718.40. — 13.40	Borne placée.
139	Sur la base : Abscisse : 723.80.	—
140	Abscisse : 740.40. Ordonnée au Nord : 2.10.	—
141	Abscisse principale : 756.40. Abscisse secondaire : 9.70. Ordonnée Est : 4.60.	

Nos des points bornés.	DÉSIGNATION DES REPÈRES.	Observations
142	Abscisse : 756.40. Ordonnée au Sud : 7.70.	Borne placée.
143	Abscisse principale : 756.40. Abscisse secondaire : 1 80. Ordonnée Est : 0.30.	
144	Borne supprimée.	
145	Abscisse principale : 740.40. Abscisse secondaire : 15.20. Ordonnée Ouest : 4.80.	
	6e base d'opérations partant de la borne 145, passant par les bornes nos 147 et 149 et aboutissant à l'extrémité d'une ordonnée de 42m20 prise sur la 5e base à la cumulée 815.60.	
146	Abscisse : 29m10. Ordonnée au Nord : 9.80.	
147	Sur la base : Abscisse : 43.70.	—
148	Abscisse : 50.00. Ordonnée au Sud : 3.00.	Piquet.
149	Sur la base : Abscisse : 56.00.	Borne placée.
150	Abscisse : 63.60. Ordonnée vers le Nord : 13.90.	—
151	5e base d'opérations : Abscisse : 815.60. Ordonnée au Nord : 56.30.	Piquet.
	7e base d'opérations partant du piquet no 151, passant par les bornes nos 152-154-155 et aboutissant à la cumulée 814.10 en un point situé à 29m30 sur le prolongement, vers l'Est, de la façade de la maison Boulant.	
152	Sur la base : Abscisse : 12.80.	Borne placée.
153	Abscisse : 34.30. Ordonnée vers le Nord : 2.90.	
154	Sur la base : Abscisse : 47.30.	—
155	Absc. : 61.50. Ord. vers le Sud : 9.80	—
156	— 70.00. — 11.50	Piquet.
157	— 76.70. — 7.40	Borne placée.
	A la cumulée 81.70. Ordonnée de 20m00 à l'angle de la maison S.-O.	
158	Absc. : 84.00. Ord. vers le Nord : 3.40	—
159	— 103.60. — au Sud : 1.10	—
160	— 120.00. — 3.50	Piquet.
161	— 143.80. — au Nord : 3.20	Borne placée.
162	Abscisse sur la 5e base d'opérations : 977.30. Ordonnée au Nord : 0.50.	
163	7e base d'opérations : Abscisse : 195.70. Ordonnée au Sud : 18.80.	
164	Abscisse : 201.60. Ordonnée au Sud : 15.40.	
165	Sur la base : Abscisse : 213.20.	..
166	Absc. : 221.70. Ord. au Sud : 1.90	Piquet.
167	— 248.00. — 6.50	—
168	— 265.20. — 4.00	Borne placée.
169	— 272.00. — au Nord : 3.80	—
170	— 282.60. — au Sud : 6.50	—
171	— 290 50. — au Nord : 0.20	—
172	— 299.40. — au Sud : 10 60	—
173	— 313.00. — 23.00	Piquet.
174	— 325.60. — 30 30	Borne placée.
175	Abscisse principale : 351.00. Abscisse secondaire : 30.00. Ordonnée Est : 4.20.	
176	Absc. : 351.60. Ord. au Sud : 14.80	—
177	— 358.00. — 52.00	Piquet.
178	— 364.30. — 49.50	Borne placée.
179	Abscisse principale : 365.30. Abscisse secondaire : 31.20. Ordonnée Ouest : 7.00.	
180	Abscisse principale : 335.60. Abscisse secondaire : 35.80. Ordonnée Est : 4 30.	

N⁰ˢ des points bornés.	DÉSIGNATION DES REPÈRES.	Observations.
181	Abscisse : 395.60. Ordonnée au Sud : 62.40.	Borne placée.
	8ᵉ base d'opérations partant de la borne n° 181, passant par la borne n° 191 et aboutissant sur la 7ᵉ base à la cumulée 686.20 de cette base, avec une longueur totale de 297m80.	
182	Abscisse : 42.20. Ordonnée au Sud : 28.50.	Piquet.
	Commune de La Neuville-aux-Tourneurs.	
183	Absc. : 63.00. Ord. au Sud : 30.30	Piquet.
184	— 93.50. — 23.00	Borne placée.
185	— 103.40. — 4.70	—
186	— 122.00. — 18.60	—
187	— 141.00. - 46.40	—
188	— 166.80. — 43.30	—
189	— 216.00. — 17.20	—
190	— 229.00. — 9.80	Piquet.
191	Sur la base : Abscisse : 243.20. Par rapport à la 7ᵉ base d'opérations, la borne 191 est à l'abscisse 683 m. avec une ordonnée de 11m30.	
192	Par rapport à la 7ᵉ base. Abscisse : 644.80. Ordonnée Nord : 1.50.	Borne placée.
193	Par rapport à la 7ᵉ base. Abscisse : 670.00. Ordonnée Nord : 1.70.	—
194	Par rapport à la 8ᵉ base. Abscisse : 280.40. Ordonnée Sud : 12.40.	—
195	Par rapport à la 8ᵉ base. Abscisse : 289.00. Ordonnée Sud : 27.00.	—
196	Par rapport à la 7ᵉ base. Abscisse : 702.20. Ordonnée Sud : 30.20.	—
197	Abscisse principale : 702.20. Abscisse secondaire : 9.00. Ordonnée Est : 1.00.	—
198	7ᵉ base. Abscisse : 714.80. Ordonnée au Sud : 5.00.	Piquet.
199	7ᵉ base. Abscisse : 721.60. Ordonnée au Nord : 1.80.	Borne placée.
200	7ᵉ base. Abscisse : 727.00. Ordonnée au Nord : 14.40.	—
201	7ᵉ base. Abscisse : 755.60. Ordonnée au Nord : 6.20.	—
202	7ᵉ base. Abscisse : 744.00. Ordonnée au Sud : 15.60.	—
203	7ᵉ base. Abscisse : 788.00. Ordonnée au Sud : 23.00.	—
204	7ᵉ base. Abscisse : 798.00. Ordonnée au Sud : 21.20.	Piquet.
205	7ᵉ base. Abscisse : 813.60. Ordonnée au Sud : 18.20.	Borne placée.
	7ᵉ base. Cumulée : 830.00. Ordonnée de 2.80 sur le prolongement de la façade de la maison de Boulant.	
	9ᵉ base d'opérations partant de l'abscisse 790 m. de la 7ᵉ base et passant par l'extrémité d'une ordonnée de 23.10 prise sur la dite base à la cumulée 813.60.	
206	Absc. : 70.60. Ord. au Sud : 5.40	—
207	— 102.00. — 20.40	—
208	— 115.30. — 10.00	··
209	— 129.00. — 10.80	Piquet.
210	— 155.50. — 21.30	—
	Ce dernier point est le milieu d'une passerelle de 6 m. d'ouverture établie lieu dit : Boulant.	

De ces diverses opérations, les commissaires délégués dressèrent le présent procès-verbal en double expédition dont un exemplaire destiné au gouvernement de la République française fut remis à M. Guilmart, conducteur des ponts et chaussées à Mézières, et un autre exemplaire destiné au gouvernement belge fut délivré à M. Bernard, commissaire voyer à Chimay.

Chacun des exemplaires du présent procès-verbal est accompagné d'un exemplaire d'un plan d'abornement également signé par les parties intervenantes.

Fait à Maubert-Fontaine, le 15 novembre 1897.

Rousseaux.   Dupin.

Guilmart.   (Le sceau de la commune de l'Escaillère.)

Bernard.   (Le sceau de la commune de Régniowez.)

L'échange des ratifications a été opéré à Paris, le 6 décembre 1905.

Certifié par le secrétaire général du ministère des affaires étrangères,

Chevʳ van der Elst.

Créanciers. — Action. — Intentement. — Arrêté consulaire du 27 vendémiaire an X. — Abrogation. — Emprunt. — Conditions. — Intérêts. — Taux. — Pouvoir supérieur. — Remboursement. — Poursuite. — Voie d'exécution forcée. — Dépens.

L'arrêté consulaire du 17 vendémiaire an x, aux termes duquel les créanciers des communes ne pouvaient intenter contre celles-ci aucune action qu'après en avoir obtenu la permission par écrit du conseil de préfecture, est abrogé.

Lorsqu'une commune n'a été autorisée à contracter un emprunt que sous la réduction de l'intérêt à 4 p. c., au lieu de 5 p. c. primitivement stipulé, la commune ne peut être tenue que dans les limites de l'obligation autorisée par le pouvoir supérieur.

Si le créancier d'une commune ne peut avoir recours, contre elle, à la voie d'exécution forcée, la dette devant se liquider par la voie administrative, il peut néanmoins réclamer de l'autorité judiciaire un titre de sa créance, et la commune doit être condamnée aux dépens de l'instance. — Tribunal civil d'Arlon, 7 juin 1905, *Pasic.*, 1905, III, 330.

Maison menaçant ruine. — Démolition ordonnée d'office par le bourgmestre. — Frais de démolition. — Remboursement par l'expropriant.

Une commune est fondée à réclamer à l'expropriant les frais de la démolition ordonnée d'office par le bourgmestre, agissant dans les limites de ses attributions, d'une maison menaçant ruine, et ce après la transcription du jugement déclarant remplies les formalités prescrites par la loi pour constater l'utilité

publique relativement à la dite maison. —
Tribunal civil de Bruxelles, 9 décembre 1904,
Pasic, 1905, III, 121.

Receveur communal. — Hypothèque. — Déficit. — Origine. — Gestion du receveur précédent.

L'hypothèque prise au profit d'une commune
pour sûreté de la gestion de son receveur
couvre, à concurrence de la somme pour
laquelle inscription a été prise, le déficit
constaté par la députation permanente, lors
même que ce déficit proviendrait pour partie
de la gestion du receveur précédent, père du
receveur actuel, et auquel celui-ci a succédé
sans apurement préalable de sa gestion. —
Cour d'appel de Bruxelles, 15 juillet 1904,
Pasic, 1905, II, 45.

Responsabilité. — Distribution d'eau. — Organisation. — Chemin rendu moins facilement praticable. — Utilité publique. — Dommages-intérêts. — Non-fondement.

Une commune ne saurait, dans le strict
accomplissement de sa mission publique, et
alors d'ailleurs qu'elle ne lèse aucun droit réel
ni aucun droit quelconque spécialement acquis
à un riverain, être exposée à des dommages-
intérêts pour atteinte à la viabilité d'un chemin.
— Tribunal civil de Verviers, 2 novembre 1904,
Pasic, 1905, III, 61.

Responsabilité. — Eaux d'égout. — Abattoir communal. — Société industrielle. — Exhalaisons malsaines.

Présente un caractère indivisible, l'action
intentée par le riverain d'une rivière à une
ville et à une société industrielle, quand il
attribue au mélange des eaux d'égout et des
détritus de l'abattoir de la première avec les
eaux résiduaires de la seconde les exhalaisons
malsaines dont il se plaint.

La maxime « Le compétent attire l'incompétent » reste sans application à l'égard de la
partie attraite devant la juridiction civile,
quoique son obligation soit commerciale, quand
sa condéfenderesse peut invoquer l'incompétence du pouvoir judiciaire et son irresponsa-
bilité civile du chef du fait incriminé.

Tel est le cas quand la demande est basée
sur le déversement des eaux d'égout d'une
ville dans une rivière, et aussi sur l'évacuation
dans celle-ci de matières provenant d'un abattoir communal. — Cour d'appel de Liége,
1er mars 1905, *Pasic*, 1905, II, 275.

Responsabilité. — Entrepôts publics. — Marchandises. — Avaries.

Les entrepositaires ont, à charge des villes,
propriétaires des entrepôts publics, dont elles
ont la charge d'entretien, une action en réparation du dommage survenu aux marchandises
entreposées et résultant de la défectuosité des
locaux qui les renferment. (Loi du 4 mars 1846,
art. 22 et 35, et arrêté royal du 7 août 1847,
art. 107.)

Ils ne sont tenus, quant aux soins à donner à
ces marchandises, que de ceux requis par la
nature de celles-ci et par leur emballage.
(Même loi, art. 16 et 17, et même arrêté royal,
art. 167.) — Cassation, 20 octobre 1904, *Pasic*,
1905, I, 12.

Responsabilité. — Voirie. — Entretien. — Qualité en laquelle elle agit : comme personne civile ou comme autorité.

Une commune est soumise aux dispositions
des articles 1382 et suivants du code civil toutes
les fois qu'elle agit comme personne civile,
mais elle y échappe lorsqu'elle agit comme
autorité. Dans ce dernier cas, la commune
n'encourant aucune responsabilité civile, le
pouvoir judiciaire est sans qualité pour rechercher si elle n'est pas en faute, soit pour avoir
pris, soit pour s'être abstenue de prendre une
mesure dans la sphère de ses attributions
publiques. — Tribunal civil de Bruxelles
(référé), 4 janvier 1905. *Pasic*, 1905, III, 92.

Responsabilité. — Voirie. — Mauvais état. — Travaux. — Entrepreneur. — Forfait.

La commune n'est pas justiciable des tribunaux à raison du mauvais état de sa voirie;
elle n'est pas civilement responsable des accidents survenus sur la voie publique à raison
d'un obstacle à la circulation.

On ne peut considérer la commune comme
étant le commettant de l'entrepreneur, alors
que celui-ci a accepté à forfait d'exécuter les
travaux nécessaires, sans que la commune ait
le droit de lui donner des ordres ou des instructions. — Tribunal civil de Bruxelles (référé),
28 juillet 1905, *Pasic*, 1905, III, 316.

Voy. BOIS ET FORÊTS. — CONSEILS DES PRUD'-
HOMMES. — COURS D'EAU NON NAVIGABLES NI
FLOTTABLES. — GARDE CIVIQUE.

Comptabilité communale. Voy. RE-
CEVEUR COMMUNAL.

Conseil communal. — *Attributions.* —
Accès de la salle des délibérations. — Peut être réglé par le bourgmestre seul. — Arrêté
royal du 14 août 1905, contresigné par M. de
Trooz, ministre de l'intérieur, etc. (*Moniteur*
du 19 août.)

Vu la délibération du 14 mai 1905, par
laquelle le conseil communal d'Uyckhoven
(province de Limbourg) réglemente l'accès de
la salle des délibérations du conseil communal;

Vu l'arrêté du gouverneur de la province, du
26 mai 1905, suspendant l'exécution de cette
délibération;

Vu l'arrêté de la députation permanente du conseil provincial, du même jour, maintenant la suspension;

Vu la délibération du 9 juillet 1905 par laquelle le conseil communal, en prenant connaissance des motifs de la suspension, décide, en se basant sur des considérations de nature à porter atteinte au prestige du bourgmestre, de maintenir sa résolution du 14 mai précédent;

Attendu qu'en prenant sa délibération du 14 mai, le conseil communal est sorti de ses attributions; qu'en effet, aux termes de l'article 65 de la loi communale, le bourgmestre ou celui qui le remplace préside le conseil; que l'article 72 de la même loi confie au président le droit de prendre vis-à-vis du public les mesures nécessaires pour faire respecter l'ordre et assurer la dignité des réunions du conseil;

Attendu, d'autre part, que, par sa résolution du 9 juillet, le dit conseil maintient sa décision antérieure et lui donne le caractère d'un blâme à l'adresse du bourgmestre;

Vu les articles 86 et 87 de la loi communale;

Sur la proposition de notre ministre de l'intérieur et de l'instruction publique,

Nous avons arrêté et arrêtons :

Les délibérations susmentionnées du conseil communal d'Uyckhoven des 14 mai et 9 juillet 1905 sont annulées.

Mention de cette disposition sera faite au registre des délibérations du dit conseil, en marge des actes annulés.

— *Blâme à un échevin.* — *Annulation.* — Arrêté royal du 30 septembre 1905, contresigné par M. de Trooz, ministre de l'intérieur, etc. (*Moniteur* du 11 octobre.)

Vu la délibération du 9 juillet 1905, par laquelle le conseil communal de Bellecourt (province de Hainaut) a voté un blâme à M. Robertfort, échevin de cette commune;

Vu l'arrêté du gouverneur de la province, du 29 juillet 1905, suspendant l'exécution de cette délibération;

Vu l'arrêté de la députation permanente du conseil provincial, du 2 août, maintenant la suspension, dont les motifs ont été communiqués au conseil communal dans sa séance du 22 du même mois;

Attendu que le conseil communal de Bellecourt, en votant un blâme à un échevin non soumis à son action disciplinaire, est sorti de ses attributions;

Vu les articles 56, 86 et 87 de la loi communale; .

Sur la proposition de notre ministre de l'intérieur et de l'instruction publique,

Nous avons arrêté et arrêtons :

La délibération susmentionnée du conseil communal de Bellecourt, du 9 juillet 1905, est annulée.

Mention de cette disposition sera faite au registre des procès-verbaux du dit conseil, en marge de l'acte annulé.

— *Blâme au bourgmestre.* — *Annulation.* — Arrêté royal du 19 septembre 1905, contresigné par M. de Trooz, ministre de l'intérieur, etc. (*Moniteur* du 22 septembre.)

Vu la délibération du 13 juin 1905, parvenue le 23 juin au gouvernement provincial, par laquelle le conseil communal de Gilly (province de Hainaut) déclare regretter la mesure prise par le bourgmestre à l'occasion d'une manifestation projetée pour le 1er mai et la considérer comme une véritable provocation à la classe ouvrière;

Vu l'arrêté du gouverneur de la province, du 29 juillet 1905, suspendant l'exécution de cette délibération;

Vu la décision du 2 août 1905, par laquelle la députation permanente du conseil provincial refuse de maintenir la suspension, dont les motifs ont été communiqués au conseil communal dans sa séance du 29 du même mois;

Vu l'appel formé le 4 août par le gouverneur de la province contre la décision de la députation permanente;

Attendu que la résolution du conseil communal constitue un blâme à l'égard du bourgmestre; qu'il n'appartient pas à cette assemblée de censurer le bourgmestre, l'action disciplinaire à l'égard de celui-ci étant réservée au Roi seul, par l'article 56 de la loi communale; qu'en prenant cette délibération, le conseil communal est donc sorti de ses attributions;

Vu les articles 86 et 87 de la loi communale;

Sur la proposition de notre ministre de l'intérieur et de l'instruction publique,

Nous avons arrêté et arrêtons :

La délibération susmentionnée du conseil communal de Gilly, du 13 juin 1905, est annulée.

Mention de cette disposition sera faite au registre des délibérations du dit conseil, en marge de l'acte annulé.

— *Protestation contre la nomination du bourgmestre.* — *Annulation.* — Arrêté royal du 14 août 1905, contresigné par M. de Trooz, ministre de l'intérieur, etc. (*Moniteur* du 2 septembre.)

Vu la délibération du 30 avril 1905, par laquelle le conseil communal d'Uyckhoven (province de Limbourg) proteste contre la nomination du bourgmestre de cette localité;

Vu l'arrêté du gouverneur de la province, du 10 mai 1905, suspendant l'exécution de cette délibération;

Vu l'arrêté de la députation permanente du conseil provincial, du 12 mai, maintenant la suspension;

Vu la délibération du 9 juillet 1905, par laquelle le conseil communal, en prenant connaissance des motifs de la suspension, maintient sa délibération du 30 avril précédent;

Attendu que les délibérations précitées ont pour objet de censurer la nomination du bourgmestre faite par nous, en vertu de l'article 2 de la loi communale;

Attendu que de tels actes sortent manifestement des attributions du conseil communal et violent, contrairement à l'intérêt général, les règles de la hiérarchie;

Vu les articles 86 et 87 de la loi communale;

Sur la proposition de notre ministre de l'intérieur et de l'instruction publique,

Nous avons arrêté et arrêtons :

Les délibérations susmentionnées du conseil communal d'Uyckhoven, des 30 avril et 9 juillet 1905, sont annulées.

Mention de cette disposition sera faite au registre des délibérations du dit conseil, en marge des actes annulés.

———

Délibération. — Majorité absolue non atteinte au premier scrutin. — Ballottage nécessaire. — Arrêté royal du 25 avril 1905, contresigné par M. de Trooz, ministre de l'intérieur, etc. (*Moniteur* du 27 mai.)

Vu la délibération du conseil communal de Soye, en date du 15 janvier 1905, parvenue au commissariat d'arrondissement le 18 du même mois, et portant nomination du sieur Pairon (M.) en qualité d'instituteur à l'école primaire de cette localité;

Vu l'arrêté de M. le gouverneur de la province, du 25 février dernier, suspendant l'exécution de la délibération précitée, pour violation de l'article 66 de la loi communale;

Vu l'arrêté de la députation permanente du conseil provincial de Namur, en date du 3 mars 1905, maintenant la suspension prononcée, dont les motifs ont été communiqués au conseil communal en date du 17 du même mois;

Attendu que les votes émis par le conseil communal de Soy pour la nomination d'un instituteur se sont répartis au premier tour de scrutin de la façon suivante : trois au profit du sieur Moreau, trois au profit du sieur Philippot et un au profit du sieur Pairon;

Attendu qu'aucun candidat n'ayant obtenu la majorité absolue, le dit conseil a déclaré nul ce premier tour de scrutin et a décidé de procéder, séance tenante, à un nouveau scrutin entre tous les candidats inscrits;

Attendu qu'à la suite de ce second tour, le sieur Pairon a été élu par quatre voix sur sept votants;

Attendu qu'aux termes de l'article 66 de la loi communale, si la majorité requise n'est pas obtenue au premier tour de scrutin, il est procédé à un scrutin de ballottage entre les candidats qui ont obtenu le plus grand nombre de voix;

Attendu que le conseil communal de Soye, en décidant d'admettre tous les candidats inscrits à un nouveau tour de scrutin, a agi contrairement à la disposition précitée; que, dès lors, la nomination du sieur Pairon est entachée d'illégalité et sujette à annulation;

Attendu que les opérations du premier tour de scrutin étant régulières, leur résultat reste acquis et qu'en conséquence le conseil communal devra procéder à un scrutin de ballottage entre les sieurs Moreau et Philippot, qui ont obtenu chacun trois suffrages au premier tour;

Vu les articles 66, 86 et 87 de la loi communale;

Sur la proposition de notre ministre de l'intérieur et de l'instruction publique,

Nous avons arrêté et arrêtons :

La délibération précitée du conseil communal de Soye est annulée en tant qu'elle décide d'admettre à un nouveau tour de scrutin tous les candidats inscrits et qu'elle proclame le sieur Pairon élu en qualité d'instituteur.

Mention de cette disposition sera faite au registre des délibérations du conseil communal, en marge de la décision annulée.

Dans les dix jours de la publication du présent arrêté au *Moniteur,* le collège des bourgmestre et échevins convoquera le conseil communal, conformément à l'article 62 de la loi communale, aux fins de procéder à un scrutin de ballottage entre MM. Moreau et Philippot.

———

— Nomination d'un instituteur. — Actes de pression. — Annulation. — Arrêté royal du 6 mai 1905, contresigné par M. de Trooz, ministre de l'intérieur, etc. (*Moniteur* du 4 juin.)

Vu la délibération, en date du 30 janvier 1905, parvenue le 4 février suivant au commissariat d'arrondissement, et par laquelle le conseil communal de Merdorp a nommé par six voix contre une le sieur Hovent (Louis) en qualité d'instituteur à l'école primaire de cette localité;

Vu l'arrêté de M. le gouverneur de la province de Liége, du 7 mars dernier, suspendant l'exécution de la délibération susvisée;

Vu l'arrêté de la députation permanente du conseil provincial, en date du 23 mars 1905, maintenant la suspension prononcée, dont les motifs ont été communiqués au conseil communal en sa séance du 4 avril 1905;

Attendu qu'il résulte du procès-verbal de l'enquête à laquelle il a été procédé au sujet d'actes de pression qui ont été commis sur des conseillers communaux à l'occasion de la nomination dont il s'agit que ces actes ont empêché certains membres du conseil de voter avec tout l'esprit d'indépendance nécessaire et qu'ils ont exercé sur leur décision une influence telle que s'ils n'avaient pas été posés, le sieur Hovent n'aurait pas recueilli la majorité des suffrages;

Attendu que, dans ces conditions, la nomination du sieur Hovent ne peut être considérée comme l'expression sincère de la volonté du conseil communal et qu'elle est, dès lors, sujette à annulation;

Vu les articles 86 et 87 de la loi communale;

Sur la proposition de notre ministre de l'intérieur et de l'instruction publique,

Nous avons arrêté et arrêtons :

La délibération précitée du conseil communal de Merdorp, en date du 30 janvier 1905, est annulée.

Mention de cette disposition sera faite au registre des délibérations du dit conseil, en marge de l'acte annulé.

———

— *Suspension d'une institutrice.* — *Huis clos et scrutin secret.* — Arrêté royal du 11 septembre 1905, contresigné par M. de Trooz, ministre de l'intérieur, etc. (*Moniteur* du 8 octobre.)

Vu la délibération en date du 25 avril 1905, parvenue au commissariat d'arrondissement le 15 juin suivant, par laquelle le conseil communal de Frasnes lez-Gosselies a suspendu de ses fonctions, pour une durée de huit jours, sans privation de traitement, la demoiselle B..., institutrice primaire ;

Vu l'arrêté de M. le gouverneur de la province, du 7 juillet 1905, suspendant l'exécution de la dite délibération ;

Vu l'arrêté de la députation permanente du conseil provincial du Hainaut, en date du 14 du même mois, maintenant la suspension prononcée, dont les motifs ont été notifiés au conseil communal en sa séance du 3 août dernier ;

Attendu que l'expédition de cette délibération ne mentionne pas que celle-ci a été prise à huis clos et au scrutin secret, ainsi que le prescrivent les articles 66 et 71 de la loi communale ;

Attendu, en conséquence, que cette délibération est entachée d'illégalité et qu'il y a lieu de l'annuler ;

Vu les articles 86 et 87 de la loi communale ;

Sur la proposition de notre ministre de l'intérieur et de l'instruction publique,

Nous avons arrêté et arrêtons :

La délibération susvisée du conseil communal de Frasnes lez-Gosselies, en date du 25 avril 1905, est annulée.

Mention de cette disposition sera faite au registre des délibérations du dit conseil, en marge de l'acte annulé.

———

Nominations aux emplois. — *Ne peuvent être faites par voie de tirage au sort.* — Arrêté royal du 2 août 1905, contresigné par M. de Trooz, ministre de l'intérieur, etc. (*Moniteur* du 6 août.)

Vu la délibération du 5 mai 1905, parvenue le 9 juin au commissariat de l'arrondissement de Charleroi, par laquelle le conseil communal de Rèves (province de Hainaut) arrête une liste des candidats pour la place de surveillant des travaux à exécuter au cimetière communal et décide que ces candidats seront soumis à un examen préalable à leur nomination ;

Vu la délibération du même conseil, du 21 mai, décidant qu'en présence de l'égalité des aptitudes constatées chez les deux candidats, il sera procédé à un tirage au sort pour fixer la nomination à la place précitée ;

Vu la décision du collège des bourgmestre et échevins, du 28 mai 1904, constatant qu'il a été procédé au tirage au sort entre les deux candidats, conformément à la résolution du conseil et proclamant, en conséquence, la nomination de M. Dumont aux fonctions précitées ;

Vu l'arrêté du gouverneur de la province, du 19 juin 1905, suspendant l'exécution de ces diverses résolutions ;

Vu l'arrêté de la députation permanente du conseil provincial, du 23 juin, maintenant la suspension, dont les motifs ont été communiqués, en séance du 2 juillet, au conseil communal et au collège des bourgmestre et échevins ;

Attendu que le conseil communal était incompétent pour s'occuper de cette affaire, la désignation d'un agent chargé de la mission temporaire de surveiller un travail déterminé rentrant dans les attributions du collège des bourgmestre et échevins ;

Attendu que le collège des bourgmestre et échevins a, d'autre part, violé la loi, en recourant à la voie du tirage au sort pour le choix du surveillant ; que les résolutions doivent faire l'objet d'un vote et que de plus l'article 66 de la loi communale imposait, dans l'espèce, le vote au scrutin secret ;

Vu les articles 86 et 87 de la loi communale ;

Sur la proposition de notre ministre de l'intérieur et de l'instruction publique,

Nous avons arrêté et arrêtons :

Les délibérations susmentionnées du conseil communal de Rèves, des 5 et 21 mai 1905, et du collège des bourmestre et échevins de cette commune, du 28 mai, sont annulées.

Mention de cette disposition sera faite au registre des délibérations de ces autorités, en marge des actes annulés.

———

Ordre du jour. — *Urgence.* — Arrêté royal du 26 avril 1905, contresigné par M. de Trooz, ministre de l'intérieur, etc. (*Moniteur* des 8-9 mai.)

Vu la délibération du conseil communal de Jemeppe-sur-Meuse (province de Liége), du 24 février 1905, parvenue au gouvernement provincial le 19 mars suivant, portant, notamment, nomination d'un inspecteur de police ;

Vu l'arrêté du gouverneur de la province, du 27 mars 1905, suspendant l'exécution de cette délibération ;

Vu l'arrêté de la députation permanente du conseil provincial, du 29 mars, maintenant la suspension ;

Attendu que le conseil communal, par 9 voix contre 3, a décidé de traiter d'urgence cette affaire, qui ne figurait pas à l'ordre du jour ;

Attendu que l'article 63 de la loi communale n'autorise la discussion d'objets étrangers à l'ordre du jour que dans les cas d'urgence ou le moindre retard pourrait occasionner du danger ; qu'il n'est pas allégué ni établi que telle était la situation dans l'espèce ;

Vu les articles 86 et 87 de la loi communale ;

Sur la proposition de notre ministre de l'intérieur et de l'instruction publique.

Nous avons arrêté et arrêtons :

La délibération susmentionnée du conseil communal de Jemeppe-sur-Meuse, du 24 février 1905, est annulée en ce qui concerne la nomination d'un inspecteur de police.

Mention de cette disposition sera faite au registre des délibérations du dit conseil, en marge de l'acte partiellement annulé.

Conseiller communal. — *Déchéance.* — *Domicile.* — *Aiseau.* — Arrêté royal du 5 septembre 1905. (*Moniteur* du 22 septembre.)

Un arrêté royal du 5 septembre 1905, contresigné par M. de Trooz, ministre de l'intérieur, etc., décide qu'avant qu'il soit statué sur le recours formé contre une décision, en date du 2 août 1905, prise par la députation permanente du conseil provincial du Hainaut et prononçant la déchéance de M. Afchain, conseiller communal d'Aiseau, il sera procédé à une instruction complémentaire au sujet du domicile de M. Afchain.

Voy. CLOCHES. — COLLÈGE DES BOURGMESTRE ET ÉCHEVINS. — CONSEILLER COMMUNAL. — GARDES CHAMPÊTRES. — LOI COMMUNALE. — POLICE COMMUNALE. — RÈGLEMENT COMMUNAL.

Déchéance. — *Domicile.* — *Aiseau.* — Arrêté royal du 23 novembre 1905, contresigné par M. de Trooz, ministre de l'intérieur, etc. (*Moniteur* du 2 décembre.)

Vu l'arrêté, en date du 2 août 1905, par lequel la députation permanente du conseil provincial du Hainaut a rejeté une réclamation de M. Afchain (Ernest), conseiller communal, dont la déchéance avait été prononcée par le collège échevinal d'Aiseau;

Vu le recours formé, le 10 du même mois, contre cette décision par le gouverneur de la province;

Revu notre arrêté, du 5 septembre 1905, ordonnant une instruction complémentaire au sujet du domicile de M. Afchain;

Attendu qu'il est établi que, jusqu'en janvier 1902, M. Afchain exerçait les fonctions de directeur de la fabrique de produits chimiques d'Aiseau; qu'à cette époque il a renoncé à ces fonctions pour être nommé ingénieur-conseil rétribué; que, le 20 mars 1902, l'intéressé a quitté la commune d'Aiseau pour aller se fixer à Yvoir, où il possède une habitation; que, depuis lors, il a cessé d'habiter à Aiseau et qu'il a établi son foyer domestique à Yvoir; que c'est également dans cette dernière commune qu'il se trouve cotisé à la contribution personnelle;

Attendu que l'intéressé fait valoir, il est vrai, que ses fonctions d'ingénieur-conseil l'appellent fréquemment à Aiseau, que des appartements sont à sa disposition dans l'habitation affectée par la Société des produits chimiques d'Aiseau au logement des administrateurs et d'une partie du personnel; qu'il a toujours payé, dans la commune d'Aiseau, la patente, comme directeur d'abord, puis comme ingénieur-conseil;

Attendu, toutefois, que les séjours fréquents de M. Afchain à Aiseau, la possibilité pour lui d'y loger dans une habitation appartenant à la Société des produits chimiques et le maintien de son nom sur les rôles de la patente dans cette commune ne sont pas des circonstances à elles seules suffisantes pour établir que M. Afchain aurait conservé son domicile à Aiseau, alors qu'il possède à Yvoir une propriété où il réside d'une façon permanente et qu'il est imposé à la contribution personnelle dans cette localité; qu'un arrêt de la cour d'appel de Bruxelles, du 29 avril 1905, a, d'ailleurs, constaté que M. Afchain ne réside plus à Aiseau;

Attendu, en conséquence, que M. Afchain (Ernest) ayant transféré à Yvoir son principal établissement et partant son domicile, c'est à bon droit que la députation permanente du Hainaut a maintenu la décision du collège échevinal d'Aiseau prononçant la déchéance de l'intéressé en tant que conseiller communal;

Vu les articles 65 et 74, alinéa 2, et 81 de la loi du 12 septembre 1895;

Sur la proposition de notre ministre de l'intérieur et de l'instruction publique,

Nous avons arrêté et arrêtons :

La décision susmentionnée de la députation permanente du conseil provincial du Hainaut, en date du 2 août 1905, est confirmée.

Déchéance. — *Domicile.* — *Ligne.* — Arrêté royal du 29 juillet 1905. (*Moniteur* du 2 août.)

Un arrêté royal du 29 juillet 1905, contresigné par M. de Trooz, ministre de l'intérieur, etc., prescrit une instruction au sujet du domicile de M. Carlier, conseiller communal de Ligne, dont la déchéance avait été prononcée par le collège des bourgmestre et échevins de cette commune, mais qui avait été maintenu dans ses fonctions par la députation permanente du conseil provincial du Hainaut.

Déchéance. — *Domicile.* — *Ligne.* — Arrêté royal du 23 novembre 1905, contresigné par M. de Trooz, ministre de l'intérieur, etc. (*Moniteur* du 2 décembre.)

Vu l'arrêté du 30 juin 1905, par lequel la députation permanente du conseil provincial du Hainaut a déclaré maintenu en fonctions M. Carlier (Charles), conseiller communal et échevin à Ligne, dont la déchéance avait été prononcée par le collège échevinal de cette commune pour perte de la condition de domicile;

Vu le recours formé, le 1er juillet 1905, contre cet arrêté par le gouverneur de la province;

Revu notre arrêté du 29 juillet dernier, ordonnant une instruction complémentaire au sujet du domicile de M. Carlier;

Attendu qu'il est établi que, lors de son mariage en 1898, M. Carlier est venu habiter à Thimougies et qu'il y a fixé son foyer domestique; qu'il a cessé de résider à Ligne, tout au moins d'une façon continue et permanente, et n'y a jamais, depuis lors, établi son foyer domestique; que la maison du comptable de la sucrerie de Ligne dans laquelle M. Carlier prétend occuper un appartement avec sa famille est de dimensions exiguës; que l'établissement de M. Carlier n'y serait nullement en rapport avec sa fortune et avec sa position sociale; qu'au surplus l'intéressé n'a pas fourni la preuve qu'il aurait réellement fixé dans cette maison son principal établissement, le centre de ses relations et de ses affections; qu'il importe peu, dès lors, que l'intéressé n'ait pas quitté sans esprit de retour la commune de Ligne;

Attendu que si M. Carlier possède à Ligne des propriétés immobilières, il est également propriétaire, à Thimougies et à Maulde, d'immeubles d'un revenu cadastral supérieur;

Que, d'autre part, l'intéressé ne figure pas aux rôles de la contribution personnelle de Ligne; qu'il est, au contraire, imposé à cette contribution dans les communes de Thimougies et de Bruxelles;

Attendu que le seul fait que M. Carlier est le directeur et l'un des principaux actionnaires de la sucrerie de Ligne ne suffit pas pour établir, à l'encontre des circonstances spécifiées ci-dessus, qu'il posséderait à Ligne son principal établissement et, partant, son domicile;

Attendu, en conséquence, que M. Carlier ayant cessé d'être domicilié à Ligne, c'est à tort que la députation permanente du conseil provincial du Hainaut n'a pas prononcé sa déchéance;

Vu les articles 65, 3°, 74, alinéa 2, 75, alinéa 1er, et 81 de la loi du 12 septembre 1895;

Sur la proposition de notre ministre de l'intérieur et de l'instruction publique,

Nous avons arrêté et arrêtons :

L'arrêté susmentionné de la députation permanente du conseil provincial du Hainaut est réformé.

M. Carlier (Charles), ayant cessé d'être domicilié à Ligne, est déclaré déchu de ses fonctions de conseiller communal dans cette commune.

Mention de cette disposition sera faite au registre des délibérations de la députation permanente en marge de la décision réformée.

Déchéance. — Domicile. — Rèves. — Arrêté royal du 30 septembre 1905. (*Moniteur* du 20 octobre.)

Un arrêté royal du 30 septembre 1905, contresigné par M. de Trooz, ministre de l'intérieur, etc., décide qu'avant qu'il soit statué sur le recours formé par le gouverneur du Hainaut contre une décision de la députation permanente, en date du 8 septembre 1905, prononçant la déchéance de M. Francotte (P.), conseiller communal à Rèves, pour perte de la condition de domicile, il sera procédé à une instruction complémentaire au sujet du domicile de M. Francotte (P.).

Déchéance. — Domicile. — Rèves. — Arrêté royal du 23 décembre 1905, contresigné par M. de Trooz, ministre de l'intérieur, etc. (*Moniteur* du 30 décembre.)

Vu l'arrêté en date du 8 septembre 1905, par lequel la députation permanente du conseil provincial du Hainaut a prononcé la déchéance de M. P. Francotte, conseiller communal à Rèves, pour perte de la condition de domicile;

Vu le recours formé, le 15 du même mois, contre cette décision par le gouverneur de la province;

Revu notre arrêté du 30 septembre 1905, ordonnant une instruction complémentaire au sujet du domicile de M. Francotte;

Attendu que la décision de la députation permanente est fondée sur ce que M. Francotte se serait établi à Wayaux pour y diriger l'exploitation agricole reprise par son père, M. J.-B. Francotte, en décembre 1904; qu'il se serait attribué la qualité de principal occupant en signant la déclaration à la contribution personnelle; qu'à l'occasion de son départ de Rèves, une société de cette localité, dont il était président, s'est rendue à Wayaux pour manifester en son honneur; qu'il n'a pas nié formellement avoir signé le bail de la ferme de Wayaux;

Attendu qu'il a été constaté que la ferme de Rèves, de même que celle de Wayaux, dont l'importance est à peu près la même, est exploitée en commun par M. Francotte père et ses trois enfants et que les profits sont partagés entre eux; que M. P. Francotte s'occupe plus spécialement de la ferme de Wayaux qu'il a prise à bail solidairement avec son père, et que, depuis décembre 1905, l'intéressé paraît avoir habituellement résidé à Wayaux;

Attendu qu'il semble ressortir de ces diverses circonstances que M. Francotte possède deux établissements, l'un à Rèves, l'autre à Wayaux; qu'à raison de sa durée relativement courte la résidence de l'intéressé à Wayaux ne peut actuellement être considérée comme une indication péremptoire de son intention de fixer dans cette commune son principal établissement, le centre de ses occupations et la profession qui le fait vivre; que le séjour de M. P. Francotte à Wayaux peut, en effet, n'être que temporaire et nécessité momentanément par l'exploitation de la ferme;

Attendu que, en l'absence de circonstances plus caractéristiques, l'intention de M Francotte de fixer à Wayaux son principal établissement ne pourrait résulter que d'un séjour assez prolongé; qu'il existe donc, actuellement tout au moins, un doute sur cette intention, et qu'il y a lieu, en conséquence, de se prononcer en faveur de la conservation de l'ancien domicile;

Vu les articles 65, 74, alinéa 2, et 81 de la loi du 12 septembre 1895;

Sur la proposition de notre ministre de l'intérieur et de l'instruction publique,

Nous avons arrêté et arrêtons :

La décision susmentionnée de la députation permanente du Hainaut, en date du 8 septembre 1895, est réformée;

En conséquence, M. P. Francotte, dont le transfert de domicile à Wayaux n'est pas établi, est maintenu dans ses fonctions de conseiller communal à Rèves.

Mention de cette disposition sera faite au registre des délibérations de la députation permanente, en marge de la décision réformée.

Déchéance. — Domicile. — Wannebecq. — Arrêté royal du 28 avril 1905, contresigné par M. de Trooz, ministre de l'intérieur, etc. (*Moniteur* du 6 mai.)

Vu l'arrêté de la députation permanente du conseil provincial du Hainaut, en date du

24 mars 1905, rejetant une réclamation de MM. Balot et Mariaule, et déclarant M. H. Bonte maintenu dans ses fonctions de conseiller communal à Wannebecq;

Vu le recours formé contre cette décision, le 30 du même mois, par le gouverneur de la province;

Attendu qu'il est établi que M. Bonte exploitait, jusqu'en décembre 1903, un moulin et une ferme à Wannebecq; qu'à cette époque il est allé demeurer à Isières; qu'il a continué d'y habiter depuis lors et d'y cultiver les terres appartenant à sa femme; qu'il n'a conservé à Wannebecq aucune exploitation; qu'il a cessé d'y exercer sa profession et qu'il s'est borné à y louer une partie de maison où il n'a, d'ailleurs, logé que très rarement;

Attendu qu'il ressort de ces diverses circonstances que c'est à Isières que M. Bonte a fixé, depuis plus d'un an, le centre de la profession qui le fait vivre, de ses relations et de ses affections; que c'est donc là aussi que se trouve fixé son principal établissement et, partant, son domicile;

Attendu, en conséquence, que la députation permanente a refusé à tort de prononcer la déchéance de l'intéressé, qui avait cessé de réunir les conditions d'éligibilité requises;

Vu les articles 65, 74, alinéa 2, 75, alinéa 1er, et 81 de la loi du 12 septembre 1895;

Sur la proposition de notre ministre de l'intérieur et de l'instruction publique,

Nous avons arrêté et arrêtons :

L'arrêté susmentionné de la députation permanente du conseil provincial du Hainaut, en date du 24 mars 1905, est réformé;

M. Bonte, ayant cessé d'être domicilié à Wannebecq, est déclaré déchu de ses fonctions de conseiller communal dans cette commune.

Mention de cette disposition sera faite au registre des délibérations de la députation permanente, en marge de la décision réformée.

Changement de série. — Serment. — Mandat d'échevin. — Suppléant. — Principes. — Dépêche adressée le 2 mai 1905 à un gouverneur de province par M. de Trooz, ministre de l'intérieur, etc. (*Bulletin du ministère de l'intérieur, etc.*, 1905, II, 47.)

J'ai l'honneur de vous communiquer la réclamation ci-jointe, en date du 12 avril courant, par laquelle MM. B... et consorts, conseillers communaux à Rumes, signalent une irrégularité qui aurait été commise, à leur avis, lors d'une délibération du conseil communal.

Les faits tels qu'ils sont présentés par les réclamants ne constituent aucune infraction à la loi M. D.., échevin, appartenant comme conseiller communal à la 2e série, devait, ensuite de son élection dans la 1re série, prêter un nouveau serment; d'autre part, son option en faveur du nouveau mandat de conseiller qu'il avait obtenu mettait fin à son mandat antérieur; aux termes de l'article 78 de la loi du 12 septembre 1895, il perdait sa qualité d'échevin au moment même où cessait son mandat de conseiller de la 2e série. Il y avait donc lieu de pourvoir à son remplacement en qualité d'échevin.

En ce qui concerne l'installation des suppléants, la loi ne fixe aucun délai, mais il est évident qu'il doit y être procédé sans retard.

Conseillers suppléants. — Ajournement de l'installation. — Dépêche adressée le 24 août 1905 à un gouverneur de province par M. de Trooz, ministre de l'intérieur, etc. (*Bulletin du ministère de l'intérieur, etc.*, 1905, II, 90.)

Ensuite du référé ci-joint de l'administration communale d'E..., vous m'avez consulté, par dépêche du 2 août courant, sur le point de savoir si la circulaire du 7 décembre 1905 devait encore être observée en tant qu'elle prescrit de laisser écouler un délai de réclamation de dix jours entre le moment où les pouvoirs d'un conseiller communal suppléant ont été vérifiés complémentairement et celui de la prestation du serment.

Pour la solution négative, vous faites remarquer, Monsieur le gouverneur, que la portée de la circulaire n'est pas impérative à cet égard et que l'inobservation du délai ne peut entraîner la nullité de la prestation de serment (conf. dépêche de mon département du 23 février 1900). Vous rappelez, en outre, qu'un arrêté royal d'annulation du 11 mars 1904 est fondé, entre autres, sur ce qu'un suppléant n'avait pas été admis à siéger au conseil avant l'expiration du délai de dix jours, bien qu'il eût réclamé le droit de prêter immédiatement serment.

J'estime, Monsieur le gouverneur, que la jurisprudence établie par ces précédents doit être maintenue. Elle atténue la rigueur apparente des instructions données en 1895 et qui n'avaient, d'ailleurs, que le caractère de conseils justifiés par les circonstances spéciales qui accompagnaient la première application de la loi du 12 septembre 1895.

Voy. BOURGMESTRE.

Conseils de prud'hommes. — *Réunion de communes pour le vote.* — Arrêté royal du 27 janvier 1906, contresigné par M. Francotte, ministre de l'industrie, etc. (*Moniteur* des 5 et 6 février.)

Vu l'article 3 de la loi du 20 novembre 1896, modifiant certaines dispositions de la loi du 31 juillet 1889, organique des conseils des prud'hommes, ainsi conçu :

« Le vote a lieu à la commune. Toutefois, les communes qui comptent moins de trente électeurs pourront être réunies pour former une section de vote à une ou plusieurs communes contiguës. Le groupement de ces communes est opéré par arrêté royal, la députation permanente entendue. L'arrêté indique la commune où il est procédé au vote. »

Considérant que, pour chaque conseil de prud'hommes, il y a lieu d'opérer ce groupement en ce qui concerne l'assemblée des électeurs chefs d'industrie et celle des électeurs ouvriers, ces deux assemblées étant absolument distinctes;

Vu les avis des députations permanentes des conseils provinciaux;

Sur la proposition de notre ministre de l'industrie et du travail,

Nous avons arrêté et arrêtons :

Les électeurs chefs d'industrie ou ouvriers des communes indiquées dans la deuxième colonne du tableau annexé au présent arrêté voteront, pour les élections aux conseils des prud'hommes, dans les communes indiquées en regard dans la troisième colonne de ce tableau.

NUMÉROS d'ordre. 1.	COMMUNES dont les électeurs se rendront dans une commune voisine pour le vote. 2.	COMMUNES où voteront les électeurs des communes indiquées dans la colonne 2. 3.

PROVINCE D'ANVERS.

CONSEIL DES PRUD'HOMMES D'ANVERS.

A. Assemblée des électeurs chefs d'industrie.

1	Austruweel	Anvers.
2	Schelle	Hemixem.
3	Rumpst	Terhaegen.
4	Loenhout. . . . . . . Oostmalle . . . . . . Saint-Léonard . . . . . Westmalle	Brecht.
5	Linth . . . . Waerloos.	Contich.
6	Hove . . . . Vremde	Bouchout.
7	Hoevenen . . . . . . Wilmarsdonck	Eeckeren.
8	Beirendrecht	Santvliet.
9	Broechem . . . . . . Emblehem . . . . . . Halle . . . . Massenhoven . . . . . Pulderbosch. . . . . . Pulle . . . . Viersel . . . . Zoersel	Santhoven.
10	Saint-Job-in-'t Goor . . . Schilde . . . . 's Gravenwezel . . . . Wommelgem	Wyneghem.

B. Assemblée des électeurs ouvriers.

1	Schelle	Hemixem.
2	Loenhout. . . . . . . Oostmalle . . . . . . Westmalle . . . . . . Wuestwezel	Brecht.
3	Linth . . . . Waerloos.	Contich.
4	Hove . . . . Vremde	Bouchout.
5	Hoevenen . . . . . . Wilmarsdonck	Eeckeren.
6	Oorderen.	Lillo.
7	Broechem . . . . . . Emblehem . . . . . . Halle . . . . Massenhoven . . . . . Oeleghem . . . . . . Pulderbosch. . . . . . Pulle . . . . Viersel	Santhoven.

NUMÉROS d'ordre. 1.	COMMUNES dont les électeurs se rendront dans une commune voisine pour le vote. 2.	COMMUNES où voteront les électeurs des communes indiquées dans la colonne 2. 3.
8	Saint-Job-in-'t-Goor . . . 's Gravenwezel . . . . Wommelgem	Wyneghem.

PROVINCE DE BRABANT.

CONSEIL DES PRUD'HOMMES D'IXELLES.

Assemblée des électeurs chefs d'industrie.

	Auderghem	Ixelles.

CONSEIL DES PRUD'HOMMES DE MOLENBEEK-SAINT-JEAN.

A. Assemblée des électeurs chefs d'industrie.

	Dilbeek . . . . Zellick. . . . . Itterbeek . . . . Berchem-Sainte-Agathe . . Bodeghem-Saint-Martin . .	Anderlecht.

B. Assemblée des électeurs ouvriers.

	Dilbeek . . . . Zellick. . . . . Itterbeek . . . . Berchem-Sainte-Agathe . .	Anderlecht.

PROVINCE DE FLANDRE OCCIDENTALE.

CONSEIL DES PRUD'HOMMES DE BRUGES.

A. Assemblée des électeurs chefs d'industrie.

1	Clemskerke . . . . . . Vlisseghem . . . . . . Stalhille . . . . Nieuwmunster . . . . . Meetkerke . . . . . . Zuyenkerke	Houttave.
2	Wenduyne . . . . . . Uytkerke	Blankenberghe.
3	Zerkeghem . . . . . . Snelleghem	Jabbeke.
4	Varssenaere	Saint-André.
5	Zedelghem . . . . . . Waerdamme.	Lophem.
6	Saint-Georges	Beernem.
7	Saint-Michel	Oostcamp.
8	Oedelem . . . . Assebrouck	Sysseele.
9	Moerkerke . . . . . . Lapscheure . . . . . . Oostkerke	Damme.
10	Coolkerke . . . . . . Lisseweghe	Dudzeele.
11	Sainte-Croix.	Bruges.
12	Knocke . . . . Ramscappelle . . . . . Houcke	Westcappelle.

NUMÉROS d'ordre.	COMMUNES dont les électeurs se rendront dans une commune voisine pour le vote.	COMMUNES où voteront les électeurs des communes indiquées dans la colonne 2.
1.	2.	3.

B. *Assemblée des électeurs ouvriers.*

1	Meetkerke / Clemskerke / Vlisseghem / Zuyenkerke / Nieuwmunster / Stalhille	Houttave.
2	Wenduyne / Uytkerke	Blankenberghe.
3	Zerkeghem / Snelleghem	Jabbeke.
4	Waerdamme	Lophem.
5	Sysseele	Oedelem.
6	Saint-Georges	Beernem.
7	Damme / Lapscheure	Moerkerke.
8	Ramscapelle / Coolkerke / Oostkerke / Lisseweghe	Dudzeele.
9	Westcappelle / Houcke	Knocke.
10	Varssenaere / Saint-Michel	Saint-André.

CONSEIL DES PRUD'HOMMES DE COURTRAI.

A. *Assemblée des électeurs chefs d'industrie.*

1	Dadizeele	Ledeghem.
2	Rolleghem-Cappelle	Winckel-Saint-Eloi.
3	Oesselghem / Marckeghem	Wacken.
4	Caeneghem / Denterghem	Aerseele.
5	Vive-Saint-Bavon / Waereghem	Vive-Saint-Eloi.
6	Wielsbeke / Oyghem / Desselghem	Oostroosebeke.
7	Vichte / Ingoyghem / Heestert	Ooteghem.
8	Gulleghem / Cuerne	Heule.
9	Moen / Bossuyt	Autryve.
10	Gyselbrechteghem / Waermaerde / Caster / Kerkhove / Tieghem	Anseghem.

11	Helchin	Saint-Genois.
12	Beveren-s/Lys / Bavichove	Hulste.

B. *Assemblée des électeurs ouvriers.*

1	Dadizeele	Ledeghem.
2	Rolleghem-Cappelle	Winkel-Saint-Eloi.
3	Cuerne	Harlebeke.
4	Vive-Saint-Bavon	Vive-Saint-Eloi.
5	Oesselghem / Markeghem	Wacken.
6	Wielsbeke / Desselghem	Oyghem.
7	Ingoyghem / Heestert	Ooteghem.
8	Bossuyt	Autryve.
9	Helchin	Saint-Genois.
10	Waermaerde / Kerckhove / Gyselbrechteghem	Caster.
11	Vichte	Deerlyck.

CONSEIL DES PRUD'HOMMES DE MOUSCRON

A. *Assemblée des électeurs chefs d'industrie.*

1	Aelbeke / Belleghem	Rolleghem.
2	Luingne / Herseaux	Mouscron.
3	Coyghem / Espierres	Dottignies.

B. *Assemblée des électeurs ouvriers.*

	Coyghem / Espierres	Dottignies.

CONSEIL DES PRUD'HOMMES D'OSTENDE.

A. *Assemblée des électeurs chefs d'industrie.*

	Steene.	Ostende.

B. *Assemblée des électeurs ouvriers.*

	Steene.	Ostende.

CONSEIL DES PRUD'HOMMES DE ROULERS.

Assemblée des électeurs chefs d'industrie.

	Cachtem.	Emelghem.

CONSEIL DES PRUD'HOMMES DE THIELT.

A. *Assemblée des électeurs chefs d'industrie.*

1	Coolscamp	Eeghem.
2	Pitthem / Schuyffers-Cappelle	Thielt.

NUMÉROS d'ordre.	COMMUNES dont les électeurs se rendront dans une commune voisine pour le vote.	COMMUNES où voteront les électeurs des communes indiquées dans la colonne 2.
1.	2.	3.

B. *Assemblée des électeurs ouvriers.*

1	Coolscamp	Eeghem.
2	Pitthem . . . . Schuyffers-Cappelle . . .	} Thielt.

CONSEIL DES PRUD'HOMMES D'YPRES.

A. *Assemblée des électeurs chefs d'industrie.*

1	Reninghelst . . . . . . Locre	} Westoutre.
2	Wulverghem . . . . . Dranoutre	} Neuve-Église.
3	Comines . . . . . . Hollebeke . . . . . . Bas-Warneton	} Houthem.
4	Zonnebebe . . . . . . Westroosebeke. . . . . Oostnieuwkerke . . .	} Passchendaele.
5	Brielen . . . . Boesinghe . . . . . Vlamertinghe . . . . . Woesten	} Elverdinghe.
6	Bixschote	Langemarck.
7	Noordschote . . . . . Oostvleteren . . . . . Zuydschote	} Renninghe.
8	Saint-Jean . . . . . Dickebusch	} Ypres.
9	Zillebeke.	Voormezeele.
10	Becelaere . . . . . . Zandvoorde.	} Gheluwelt.
11	Warneton	Messines.
12	Beveren	Gits.

B. *Assemblée des électeurs ouvriers.*

1	Boesinghe . . . . . . Zuydschoote . . . . . Oostvleteren . . . . . Brielen . . . . Woesten . . . . . . Noordschoote . . . . . Reninghe	} Elverdinghe.
2	Reninghelst . . . . . Westoutre	} Poperinghe.
3	Saint-Jean . . . . . Dickebusch	} Ypres.
4	Locre . . . . Neuve-Église . . . . . Kemmel	} Dranoutre.
5	Wulverghem	Wytschaete.
	Houthem . . . . . . Bas-Warneton	} Comines.

NUMÉROS d'ordre.	COMMUNES dont les électeurs se rendront dans une commune voisine pour le vote.	COMMUNES où voteront les électeurs des communes indiquées dans la colonne 2.
1.	2.	3.

7	Becelaere . . . . . . Zandvoorde	} Gheluwelt.
8	Zonnebeke . . . . . . Moorslede . . . . . . Westroosebeke	} Passchendaele.
9	Voormezelle. . . . . . Hollebeke	} Zillebeke.
10	Bixschote	Langemarck.

PROVINCE DE FLANDRE ORIENTALE.

CONSEIL DES PRUD'HOMMES D'ALOST.

A. *Assemblée des électeurs chefs d'industrie.*

1	Baerdegem . . . . . . Erpe . . . . Erembodegem . . . . . Gysegem. . . . . . Herdersem . . . . . . Hofstade . . . . . . Meldert . . . . . . Moorsel . . . . . . Nieuwerkerken.	} Alost.
2	Baevegem . . . . . Erondegem . . . . . Impe . . . . Oordegem . . . . . . Ottergem. . . . . . Vleckem . . . . . Vlierzele . . . . . Wanzele	} Lede.
3	Kerxken	Haeltert.
4	Aygem . . . . . . Borsbeke . . . . . Burst . . . . Hautem-Saint-Liévin . . . Ressegem . . . . . Woubrechtegem . . . . Zonnegem	} Herzele.
5	Aspelaere . . . . . Denderhautem . . . . . Denderleeuw . . . . . Denderwindeke . . . . Iddergem . . . . . Meerbeke . . . . . Nederhasselt . . . . . Neyghem . . . . . Okegem . . . . . Oultre	} Ninove
6	Elene . . . . . . Erwetegem . . . . . Essche-Saint-Liévin . . . Godverdegem . . . . . Grootenberge . . . . . Oombergen . . . . . Ophasselt . . . . . Steenhuyse-Wynhuyse . .	} Sottegem.

B. *Assemblée des électeurs ouvriers.*

1	Meldert	Baerdegem.
2	Impe . . . . Wanzele	} Smetlede.

NUMÉROS d'ordre.	COMMUNES dont les électeurs se rendront dans une commune voisine pour le vote.	COMMUNES où voteront les électeurs des communes indiquées dans la colonne 2.
1.	2.	3.
3	Ottergem Vleckem	Erondegem.
4	Saint-Antelinckx Woubrechtegem	Herzele.
5	Bambrugge Zonnegem	Burst.
6	Heldergem	Aygem.
7	Welle	Haeltert.
8	Hillegem	Borsbeke.
9	Aspelaere Appelterre-Eychem Nederhasselt	Oultre.
10	Pollaere	Denderwindeke.
11	Neygem	Meerbeke.
12	Okegem	Ninove.
13	Leeuwergem Oombergen	Eiene.
14	Essche-Saint-Liévin Grootenberge Godverdegem	Sottegem.
15	Steenhuyse-Wynhuyse	Ophasselt.

CONSEIL DES PRUD'HOMMES D'AUDENARDE.

A. *Assemblée des électeurs chefs d'industrie.*

1	Berchem Melden	Sulsique.
2	Etichove	Nukerke.
3	Elseghem Mooregem Wortegem	Peteghem.
4	Eename Eyne Maeter	Audenarde
5	Oycke	Bevere.

B. *Assemblée des électeurs ouvriers.*

1	Berchem Melden	Sulsique.
2	Etichove Maercke-Kerkhem	Nukerke.
3	Elseghem Mooregem	Petegem.
4	Oycke	Bevere.

CONSEIL DES PRUD'HOMMES D'EECLOO.

A. *Assemblée des électeurs chefs d'industrie.*

1	Bouchoute Cluysen Ertvelde Selzaete	Assenede.
2	Waterland-Oudeman	Watervliet.
3	Bassevelde Lembeke	Caprycke.
4	Saint-Laurent	Eecloo.
5	Oostwynkel	Waerschoot.

B. *Assemblée des électeurs ouvriers.*

1	Bouchaute Ertvelde Selzaete	Assenede.
2	Waterland-Oudeman	Sainte-Marguerite.
3	Oost-Eecloo	Bassevelde.
4	Lembeke Watervliet	Caprycke.
5	Middelbourg	Maldegem.

CONSEIL DES PRUD'HOMMES DE GAND.

A. *Assemblée des électeurs chefs d'industrie.*

1	Auwegem Huysse Wannegem-Lede	Cruyshautem.
2	Astene Bachte-Maria-Leerne Leerne-Saint-Martin Peteghem Vynckt	Deynze.
3	Gotthem Grammene Machelen Zulte	Olsene.
4	Desteldonck	Oostacker.
5	Wondelgem	Evergem.
6	Tronchiennes Vinderhaute	Mariakerke.
7	Moerbeke-Waes Wachtebeke Winkel-Sainte-Croix	Saffelaere.
8	Seveneeken	Loochristi.
9	Deurle Eecke Laethem-Saint-Martin La Pinte Seevergem	Nazareth.
10	Lootenhulle Poucques	Aeltre.
11	Hansbeke Landegem Meygem Poesele Vosselaere	Nevele.

NUMÉROS d'ordre	COMMUNES dont les électeurs se rendront dans une commune voisine pour le vote.	COMMUNES où voteront les électeurs des communes indiquées dans la colonne 2.	NUMÉROS d'ordre	COMMUNES dont les électeurs se rendront dans une commune voisine pour le vote.	COMMUNES où voteront les électeurs des communes indiquées dans la colonne 2.
1.	2.	3.	1.	2.	3.

12	Baelegem, Bottelaere, Gontrode, Gysenzeele, Landscauter, Moorizeele, Munte, Scheldewindeke	Oosterzeele.		**CONSEIL DES PRUD'HOMMES DE LOKEREN.**	
				A. *Assemblée des électeurs chefs d'industrie.*	
				Dacknam, Exaerde	Lokeren.
13	Lemberge, Swynaerde	Meirelbeke.		**B.** *Assemblée des électeurs ouvriers.*	
				Exaerde	Lokeren.
14	Syngem, Dickelvenne, Asper.	Gavere.		**CONSEIL DES PRUD'HOMMES DE RENAIX.**	
				A. *Assemblée des électeurs chefs d'industrie.*	
15	Melsen, Semmersaeke	Vurste.	1	Elst, Michelbeke, Schoorisse, Segelsem	Hoorebeke - Sainte-Marie.
16	Bellem, Lovendegem, Meerendré, Ronsele	Somergem	2	Rooborst, Strypen, Velsique-Ruddershove	Munckswalm.
17	Ursel	Knesselaere.	3	Audenhove-Sainte-Marie	Nederbrakel.
	B. *Assemblée des électeurs ouvriers.*		4	Orroir, Russeignies.	Amougies.
1	Grammene	Gotthem.	5	Quaremont, Ruyen.	Renaix.
2	Zeveren	Deynze.		**B.** *Assemblée des électeurs ouvriers.*	
3	Afsné	St-Denis-Westrem.	1	Elst, Michelbeke	Segelsem.
4	Meerdonck	Winckel-Ste-Croix.	2	Boucle-Saint-Blaise, Hoorebeke-Saint-Corneille.	Hoorebeke - Sainte-Marie.
5	Poesele	Nevele.	3	Munckswalm, Rooborst, Audenhove-Saint-Géry.	Strypen.
6	Baeygem	Vurste.	4	Amougies, Orroir, Russeignies, Ruyen	Renaix.
7	Gontrode, Lemberge, Moorizele	Landscauter.		**CONSEIL DES PRUD'HOMMES DE SAINT-NICOLAS.**	
	CONSEIL DES PRUD'HOMMES DE GRAMMONT.			**A.** *Assemblée des électeurs chefs d'industrie.*	
	A. *Assemblée des électeurs chefs d'industrie.*		1	Burght	Zwyndrecht.
	Goefferdinge, Idegem, Nederboulaere, Nieuwenhove, Overboulaere, Santbergen, Schendelbeke, Smeerhebbe-Vloersegem, Viane, Voorde	Grammont.	2	Calloo.	Melsele.
			3	Kieldrecht	Meerdonck.
			4	Verrebroeck	Beveren-Waes.
			5	Saint-Paul	Saint-Gilles-Waes.
	B. *Assemblée des électeurs ouvriers.*		6	Thielrode	Tamise.
1	Goefferdinge, Sarlardinge	Overboelaere.		**B.** *Assemblée des électeurs ouvriers.*	
2	Grimminge, Idegem, Smeerhebbe-Vloersegem, Voorde, Waerbeke	Santbergen.	1	La Clinge	Meerdonck.
			2	Kemseke	Stekene.
3	Moerbeke	Viane.	3	Elversele	Thielrode.
4	Schendelbeke	Onkerzele.			

NUMÉROS d'ordre. 1.	COMMUNES dont les électeurs se rendront dans une commune voisine pour le vote. 2.	COMMUNES où voteront les électeurs des communes indiquées dans la colonne 2. 3.

CONSEIL DES PRUD'HOMMES DE TERMONDE.

A. Assemblée des électeurs chefs d'industrie.

1	Baesrode. Saint-Gilles lez-Termonde. Lebbeke. Opdorp. Schoonaerde. Wieze.	Termonde.
2	Calcken. Laerne. Massemen. Westrem.	Wetteren.
3	Berlaere. Grembergen.	Zele.
4	Cherscamp. Overmeire. Wichelen.	Schellebelle.
5	Moerseke.	Hamme.

B. Assemblée des électeurs ouvriers.

1	Opdorp.	Baesrode.
2	Appels. Saint-Gilles lez-Termonde.	Termonde.
3	Schellebelle.	Wichelen.
4	Westrem.	Massemen.
5	Cherscamp.	Wetteren.
6	Berlaere.	Uytbergen.

PROVINCE DE LIÉGE.

CONSEIL DES PRUD'HOMMES DE LIÉGE.

Assemblée des électeurs chefs d'industrie.

1	Glain. Tilleur.	Saint-Nicolas.
2	Jupille.	Grivegnée.

CONSEIL DES PRUD'HOMMES DE VERVIERS.

A. Assemblée des électeurs chefs d'industrie.

1	Heusy.	Verviers.
2	Andrimont. Grand-Rechain.	Dison.
3	Battice. Chaineux. Charneux. Thimister. Clermont-sur-Berwinne.	Herve.
4	Baelen-sur-Vesdre. Bilstain. Moresnet. Montzen.	Limbourg.

5	Cornesse. Pepinster. Wegnez.	Ensival.
6	Polleur. Sart.	Theux.
7	Oîne. Soiron. Xhendelesse.	Lambermont.

B. Assemblée des électeurs ouvriers.

1	Battice. Clermont-sur-Berwinne. Thimister.	Herve.
2	Baelen. Bilstain. Henri-Chapelle. Membach. Montzen. Moresnet.	Limbourg.

Réunion de communes pour le vote. — Arrêté royal du 15 février 1906, contresigné par M. Francotte, ministre de l'industrie, etc. (*Moniteur* du 18 février.)

Vu l'article 3 de la loi du 20 novembre 1896, modifiant certaines dispositions de la loi du 31 juillet 1889, organique des conseils de prud'hommes, ainsi conçu :

« Le vote a lieu à la commune. Toutefois, les communes qui comptent moins de trente électeurs pourront être réunies pour former une section de vote à une ou plusieurs communes contiguës. Le groupement de ces communes est opéré par arrêté royal, la députation permanente entendue. L'arrêté indique la commune où il est procédé au vote. »

Considérant que, pour chaque conseil de prud'hommes, il y a lieu d'opérer ce groupement en ce qui concerne l'assemblée des électeurs chefs d'industrie et celle des électeurs ouvriers, ces deux assemblées étant absolument distinctes;

Vu les avis des députations permanentes des conseils provinciaux;

Sur la proposition de notre ministre de l'industrie et du travail,

Nous avons arrêté et arrêtons :

Les électeurs chefs d'industrie ou ouvriers des communes indiquées dans la deuxième colonne du tableau annexé au présent arrêté voteront, pour les élections aux conseils de prud'hommes, dans les communes indiquées en regard dans la troisième colonne de ce tableau.

NUMÉROS d'ordre.	COMMUNES dont les électeurs se rendront dans une commune voisine pour le vote.	COMMUNES où voteront les électeurs des communes indiquées dans la colonne 2.
1.	2.	3.

PROVINCE DE HAINAUT.

CONSEIL DES PRUD'HOMMES DE DOUR.

A. *Assemblée des électeurs chefs d'industrie.*

1	Fayt-le-Franc	Dour.
2	Hornu. Quaregnon. Saint-Ghislain. Wasmes.	Boussu.

B. *Assemblée des électeurs ouvriers.*

1	Baisieux. Montignies-sur-Roc.	Audregnies.
2	Athis. Erquennes.	Blaugies.
3	Saint-Ghislain.	Hornu (dernière section).
4	Montrœul-sur-Haine.	Thulin.

CONSEIL DES PRUD'HOMMES DE PATURAGES.

A. *Assemblée des électeurs chefs d'industrie.*

1	Frameries	Pâturages.
2	Ciply. Cuesmes. Flénu. Ghlin. Havré. Jemappes. Mesvin.	Mons.

B. *Assemblée des électeurs ouvriers.*

1	Sars-la-Bruyère	Eugies (2e section).
2	Blaregnies. Quévy-le-Petit.	Genly.
3	Asquilles.	Noirchain.
4	Ciply. Hyon. Mesvin.	Mons.

CONSEIL DES PRUD'HOMMES DE TOURNAI.

A. *Assemblée des électeurs chefs d'industrie.*

1	Havinnes. Rumillies. Vaulx. Warchin.	Tournai (2e section).
2	Esplechin. Willemeau.	Froidmont.

3	Froyennes. Orcq.	Marquain.
4	Calonne. Chercq. Péronnes. Maubray.	Antoing.
5	Bléharies. Jollain-Merlin. Laplaigne.	Hollain.
6	Ere. Guignies. Howardies. Rongy. Saint-Maur.	Wez-Welvain.
7	La Glanerie.	Rumes.
8	Anseroeul. Escanaffles. Pottes.	Celles.
9	Mont-Saint-Aubert. Obigies.	Molembaix.
10	Melles. Popuelles.	Quartes.
11	Evregnies.	Estaimpuis.
12	Estaimbourg. Saint-Léger. Warcoing.	Pecq.

B. *Assemblée des électeurs ouvriers.*

1	Willemeau	Froidmont.
2	Esplechin. Hertain.	Lamain.
3	Rongy.	Bléharies.
4	Lesdain. Wez-Velvain.	Jollain-Merlin.
5	Guignies. La Glanerie. Rummes.	Taintignies.
6	Anseroeul. Escanaffles. Molembaix.	Celles.
7	Obigies. Pottes.	Hérinnes.
8	Melle. Mont-Saint-Aubert. Popuelles. Velaines. Quartes.	Mourcourt.
9	Estaimpuis.	Evregnies.
10	Leers (Nord).	Néchin.
11	Saint-Léger.	Pecq.
12	Esquelmes.	Rameguies-Chin.

Cours d'eau non navigables ni flottables. — *Suppression.* — *Détournement ou redressement.* — *Propriété du lit abandonné.* — Dépêche adressée le 5 novembre 1905 à un gouverneur de province par M. de Smet de Naeyer, ministre des finances, etc. (*Mémorial administratif du Brabant*, 1905, I, p. 177.)

M. le ministre de l'agriculture m'a transmis, avec prière d'y répondre directement, votre rapport du 3 juin 1901, n° 613288. — B. 45638, et ses annexes.

J'estime qu'il n'y a pas lieu de subordonner l'octroi des autorisations de supprimer, de détourner ou de rectifier des cours d'eau non navigables ni flottables à la condition que les impétrants souscrivent l'engagement de racheter à l'Etat les terrains d'assiette des tronçons désaffectés. Il est préférable de demander simplement une déclaration conçue dans le sens indiqué au quatrième alinéa de votre dit rapport.

D'autre part, c'est aux agents des domaines qu'il appartient de fixer la valeur de ces tronçons; mais il serait très utile que le service voyer prît pour règle d'en mentionner la contenance sur les plans. Il est à noter, à ce sujet, que, dans le calcul de la surface des anciens lits, il faut avoir égard uniquement à la largeur en crête, et non à la largeur au plafond (code civ., art. 552; Toulouse, 22 juin 1860, *D. P.*, 1860, II, p. 128, et la note).

Quant aux considérations développées aux alinéas 6 et suivants de votre rapport précité, elles m'avaient déjà été présentées, en substance, par M. le ministre de l'agriculture, antérieurement à sa circulaire du 28 mars 1901, n° 1822. Il est exact que mon département n'entend tenir aucun compte à l'auteur du travail de rectification de la valeur des terrains incorporés dans le nouveau lit, mais je pense que cette décision n'apportera pas d'entraves sérieuses aux projets d'amélioration des cours d'eau par les riverains. Les riverains devant désormais payer le prix des tronçons desséchés dont ils désireront disposer réclameront vraisemblablement la valeur des emprises à effectuer dans leurs immeubles pour établir le nouveau tracé; mais cette circonstance ne paraît pas non plus de nature à empêcher l'exécution des travaux dont les autorités compétentes auront constaté l'utilité ou la nécessité. D'ailleurs, du moment que la propriété est reconnue dans le chef de l'Etat, il n'en peut être fait abandon sans l'assentiment de la législature.

J'admets que la faculté pour les communes d'offrir aux riverains la cession, à titre d'échange, des terrains de l'ancien lit tend à faciliter l'acquisition des emprises à incorporer dans le nouveau tracé; mais elles pourront encore le faire à l'avenir, sauf à s'entendre au préalable avec l'Etat. La combinaison se réaliserait par un accord aux termes duquel le particulier céderait à la commune le nouvel emplacement du ruisseau, et recevrait l'assiette de l'ancien lit, que l'Etat abandonnerait contre payement de sa valeur par la caisse communale.

D'autre part, dans le cas où l'acquisition des terrains d'assiette du nouveau tracé imposerait les sacrifices importants à une commune, alors que la revente du tronçon desséché par elle procurerait à l'Etat un bénéfice appréciable, je serais disposé à examiner, de concert avec mon collègue de l'agriculture, l'opportunité d'augmenter le subside que celui-ci accorde généralement pour les travaux de l'espèce.

Au besoin même, je ne me refuserais pas, si les circonstances le comportaient, à demander aux Chambres législatives l'autorisation de céder gratuitement l'ancien lit à la commune.

Vous remarquerez enfin, Monsieur le gouverneur, qu'envisagés comme cours d'eau les tronçons créés dans les conditions visées au dernier alinéa de la circulaire susmentionnée dépendront du domaine public, au même titre que les autres sections, aussi longtemps que l'eau y coulera. Le fait que les terrains affectés au nouveau lit resteront appartenir, grevés de la charge publique, à ceux qui l'auront creusé n'entraînera donc aucun inconvénient pour l'administration provinciale.

Ce n'est qu'au cas où ces tronçons viendraient également à être supprimés que la fixation des droits de propriété respectifs de l'Etat, d'une part, et des provinces, communes ou particuliers, d'autre part, pourra soulever certaines difficultés dont la solution incombera, du reste, au service des domaines.

Je conclus donc qu'il y a lieu, par application de la thèse nouvelle, de revendiquer, dans tous les cas, les parties désaffectées des cours d'eau non navigables ni flottables.

J'ajouterai, Monsieur le gouverneur, que jusqu'ici mon département n'a guère rencontré d'objections dans ses pourparlers avec les riverains.

———

Propriété du lit. — *Droits des riverains.* — *Atteinte à ces droits.* — *Réparation du dommage.* — *Compétence judiciaire.* — *Constructions.* — *Autorisation administrative.* — *Tiers.* — *Droits lésés.*

L'arrêt qui constitue une expertise, aux fins de déterminer dans quelles limites ont été lésés les droits que le riverain d'un cours d'eau non navigable ni flottable tire de ce voisinage, ne tranche pas, au profit de ce riverain, la question de propriété du lit du dit cours d'eau. (Code civ., art. 537 et 538.)

Il appartient au pouvoir judiciaire d'ordonner la réparation du dommage et la démolition des constructions établies au préjudice des droits de tiers, nonobstant la loi sur la police des cours d'eau, qui exige l'autorisation préalable de la députation permanente pour tout ouvrage pouvant influer sur le régime des eaux. (Const., art. 92; loi du 7 mai 1877, art. 23.) — Cassation, 13 octobre 1904, *Pasic.*, 1905, I, 7.

Voy. PÊCHE FLUVIALE.

Culte. — *Placement des chaises et bancs dans l'église.* — *Droit du curé.* — *Contrat avec un paroissien.* — *Manquement.* — *Droit du cocontractant.*

Le curé a seul la police du placement des chaises et bancs dans l'église, à l'exclusion du conseil de fabrique. Ce droit lui est expressément reconnu par l'alinéa 3 de l'article 30 du décret du 30 décembre 1809, édictant « que le placement des bancs ou chaises dans l'église ne pourra être fait que du consentement du curé ou desservant, sauf le recours à l'évêque ».

Est soumis, comme tous les contrats, en vertu de l'article 1107 du code civil, aux règles générales tracées par le titre III du même code, et notamment à l'article 1184, le contrat, intervenu entre le curé et l'un de ses paroissiens, par lequel le curé s'engage, moyennant payement préalable et anticipatif entre ses mains de taxes ou redevances, à laisser placer dans l'église des chaises privées de première classe pendant toute une année.

Si le curé, sans motifs plausibles, manque à ses engagements, le cocontractant est en droit de poursuivre en justice la résolution du contrat avec dommages-intérêts. — Tribunal civil de Huy, 23 mars 1905, *Pasic.*, 1905, III, 302.

Voy. BUREAU DE BIENFAISANCE.

D

Décoration civique. — *Service militaire.* — Circulaire adressée le 14 août 1905 aux ministres par M. de Trooz, ministre de l'intérieur, etc. (*Bulletin du ministère de l'intérieur, etc.*, 1905, II, 83.)

La lettre-circulaire du 23 mai 1885, adressée à MM. les ministres par l'un de mes prédécesseurs, lettre reproduisant les instructions relatives à la décoration civique, élaborées par une commission composée des secrétaires généraux des départements ministériels, porte que « les services militaires entreront, comme en matière de pensions, dans la supputation du nombre d'années requis ».

Cette disposition n'a, paraît-il, pas été interprétée d'une manière uniforme par les différents départements. Dans plusieurs d'entre eux, on a considéré que les services militaires ne sont admissibles, en matière de décoration civique, qu'à partir de l'âge de 19 ans (comme pour les pensions civiles); dans d'autres, à partir de 16 ans (comme pour les pensions militaires).

Cette dernière interprétation me paraît devoir être adoptée à l'exclusion de toute autre.

Ainsi que l'écrivait, sous la date du 31 octobre 1893, M. le ministre de Burlet à son collègue des chemins de fer, postes et télégraphes, « il peut être tenu compte de ces services à partir de l'âge de 16 ans, qui sert de base au département de la guerre pour le calcul des dix années requises des soldats pour pouvoir obtenir soit un chevron, soit la décoration militaire ».

La même lettre rappelait que les années de service au-dessous de 16 ans (pour les volontaires) ne comptent pas pour la décoration militaire et que, *a fortiori*, elles ne peuvent compter pour la décoration civique.

Je rappellerai encore que la disposition de la loi du 24 mai 1838, d'après laquelle le temps passé par les militaires à l'armée mise sur pied de guerre est compté double pour la pension.

n'est pas applicable au calcul des années de service requises pour l'obtention de la décoration civique. Il en est ainsi pour la décoration militaire.

Vous jugerez bon sans doute, Monsieur le ministre, de donner des instructions pour que, dans les propositions à vous soumettre en matière de décoration civique, il soit tenu compte des règles que je viens de rappeler, en vue d'assurer l'unité de jurisprudence.

Denrées alimentaires. — *Règlement concernant la fabrication et le commerce des eaux de vie, des liqueurs alcooliques et des alcools destinés à la consommation.* — Arrêté royal du 22 décembre 1905, contresigné par M. van der Bruggen, ministre de l'agriculture, et M. de Smet de Naeyer, ministre des finances, etc. (*Moniteur* du 29 décembre.)

Vu la loi du 4 août 1890, relative à la falsification des denrées alimentaires;

Vu l'article 147 de la loi du 15 avril 1896, relative à la fabrication et à l'importation des alcools;

Vu les articles 454 à 457, 498, 500 à 503 et 561, 2° et 3°, du code pénal;

Revu notre arrêté du 31 décembre 1902, relatif aux eaux-de-vie, aux liqueurs alcooliques et aux alcools;

Considérant qu'il y a lieu d'apporter quelques modifications aux dispositions de cet arrêté;

Vu l'avis du conseil supérieur d'hygiène publique;

Sur la proposition de nos ministres de l'agriculture et des travaux publics,

Nous avons arrêté et arrêtons :

ART. 1er. — La fabrication et le commerce des eaux-de-vie, des liqueurs alcooliques et des alcools destinés à la consommation sont soumis aux dispositions du présent arrêté, indépendamment de celles contenues dans les arrêtés relatifs aux vases et ustensiles, aux colorants et aux succédanés des sucres.

ART. 2. — Tous les liquides alcooliques préparés par distillation ainsi que les liquides additionnés d'alcool de distillation, destinés à la consommation humaine, tombent sous l'application du présent arrêté dès qu'ils ont sortis des usines de production pour être livrés au commerce.

Il est interdit à tout commerçant en denrées alimentaires de détenir pour la vente aucun produit visé par l'alinéa précédent, destiné à un usage non alimentaire, à moins que ce produit ne soit renfermé dans un récipient muni d'une inscription mentionnant l'espèce du produit et l'usage (industriel ou pharmaceutique) auquel il est destiné.

ART. 3. — Il est défendu de fabriquer, de vendre, d'exposer en vente, de détenir ou de transporter pour la vente des spiritueux contenant, par litre, une proportion d'alcools supérieurs (évalués en alcool amylique), d'aldéhydes (évaluées en aldéhyde éthylique) et d'huiles essentielles qui excède 3 grammes au total. La proportion maximum est réduite à 2 grammes lorsque les spiritueux contiennent de l'absinthe.

Les mêmes défenses s'appliquent aux boissons spiritueuses contenant par litre plus de 1 décigramme d'acide cyanhydrique libre ou combiné.

Notre ministre de l'agriculture pourra déterminer les procédés à employer pour le dosage des corps mentionnés au présent article.

ART. 4. — Sont déclarées nuisibles, par application de l'article 561, 2°, du code pénal (loi du 4 août 1890, art. 5), les eaux-de-vie ou liqueurs alcooliques additionnées, en quelque proportion que ce soit, des substances mentionnées ci-après :

Nitrobenzine (essence de mirbane); aldéhyde salicylique; salicylate méthylique;

Toxiques alcaloïdiques, tels que têtes de pavot et opium, coca, noix vomique et fève de Saint-Ignace, belladone et stamoine, tabac, cévadille;

Substances irritantes ou drastiques, telles que poivres et piments, moutarde, pyrètre, graine de paradis, ivraie enivrante, coque du Levant, cantharides, coloquinte;

Esprit de bois (alcool méthylique) brut ou raffiné, phénols et crésols, bases de pyridine, chloroforme;

Composés minéraux toxiques, tels que ceux de plomb, de zinc, de cuivre, d'aluminium, de baryum;

Acides minéraux et acide oxalique;

Acide salicylique ou autres antiseptiques;

Glucose impur dont la vente pour les usages alimentaires est interdite par le règlement relatif à cette denrée

Il est interdit d'incorporer aux eaux-de-vie et liqueurs alcooliques aucune des substances mentionnées ci-dessus.

ART. 5. — Sauf ce qui est stipulé à l'article 9 du présent arrêté en ce qui concerne les ramassis, il est interdit de détenir dans les débits de boissons à consommer sur place, soit de l'alcool dénaturé, soit du méthylène, de l'alcool méthylique ou des alcools homologues.

ART 6. — Les récipients contenant les extraits, essences, bouquets et autres substances aromatiques ou sapides, vendus ou exposés en vente pour la préparation des eaux-de-vie artificielles et des liqueurs, porteront l'indication du volume de boisson à la préparation duquel ces produits peuvent servir sans lui communiquer des teneurs en alcools supérieurs, huiles essentielles et acide cyanhydrique excédant le maximum fixé à l'article 3.

Ces extraits, essences, etc., ne peuvent contenir aucune des substances visées par l'article 4, ni aucun des principes actifs de ces substances.

ART. 7. — Il est défendu d'appliquer ou de maintenir sur les bouteilles, cruchons ou autres récipients contenant des liquides visés au premier alinéa de l'article 2, des étiquettes portant la mention *sans alcool, exempt du droit de licence*, ou d'autres inscriptions tendant à faire croire à l'absence d'alcool.

ART. 8. — Tous les fûts, bouteilles ou autres récipients dans lesquels seront renfermés, soit pour la vente en gros ou en demi-gros, soit pour l'exposition en vente, même en détail, des eaux-de-vie, des liqueurs alcooliques ou des alcools destinés à la consommation, devront porter en caractères apparents le nom ou la raison sociale ainsi que l'adresse du fabricant ou du marchand, ou tout au moins une marque de fabrique ou de commerce régulièrement déposée.

ART. 9. — Il est défendu aux débitants d'eaux-de-vie ou de liqueurs alcooliques de détenir les ramassis de ces boissons recueillis au fond des verres ou sur les tables et les comptoirs, à moins que ces liquides ne soient dénaturés de façon à ne plus pouvoir être utilisés comme boisson, ni servir à la fabrication du vinaigre.

ART. 10. — Les infractions aux dispositions du présent règlement seront punies des peines prévues par la loi du 4 août 1890, sans préjudice de celles établies par le code pénal.

ART. 11. — Le présent arrêté est applicable à partir du 1er février 1906; toutefois, la date de la mise en vigueur de la disposition de l'article 3 relative à la proportion d'absinthe sera fixée ultérieurement.

ART. 12. — L'arrêté royal du 31 décembre 1902 est rapporté.

Falsification de beurre à l'aide de margarine. — Lois applicables.

L'article 500 du code pénal et l'article 13 de la loi du 16 août 1903 prévoient et punissent deux délits distincts, la première disposition visant l'intention de tromper l'acheteur, alors que la seconde s'applique au seul fait de la connaissance du mélange prohibé par la loi. (Code pén., art. 500; loi du 12 août 1903, art. 13.) — Cassation, 9 octobre 1905, *Pasic.*, 1905, I, 333.

Falsification. — Saccharine. — Loi applicable.

L'article 500 du code pénal a été abrogé par la loi du 21 août 1903, en tant qu'il s'appliquait à la falsification de denrées alimentaires au moyen de la saccharine.

Jusqu'au 1er septembre 1903, la falsification de denrées alimentaires au moyen de la saccharine était punie, par la loi du 9 août 1897, d'une peine moins sévère que celle qui est comminée par la loi du 21 août 1903, abrogeant la loi de 1897.

En conséquence, n'est pas motivé légalement, l'arrêt qui condamne le prévenu à une amende de 200 francs, illégale d'après la loi de 1897, sans préciser la date à laquelle le fait aurait été commis en 1903. — Cassation, 17 octobre 1904, *Pasic.*, 1905, I, 9.

Produits contenant de la saccharine. — Vente. — Détention. — Ministère public. — Poursuite d'office. — Simple faute. — Imputabilité. — Loi du 21 août 1903. — Ignorance. — Peine moindre. — Effet rétroactif.

Sous le régime de la loi du 9 août 1897 le ministère public avait compétence pour poursuivre d'office le fait de la détention et de la vente de produits contenant de la saccharine, en tant que délit de droit commun se rapportant à la falsification de denrées alimentaires.

La loi du 9 août 1897 et la loi du 21 août 1903 ont, l'une et l'autre, érigé en délit le seul fait de la détention de produits contenant de la saccharine, sauf au prévenu à prouver que son ignorance ne provenait pas d'une négligence coupable, mais avec cette différence que la loi du 21 août 1903 réduit la peine applicable à ce délit lorsque le détenteur ignorait la composition du produit détenu.

Il s'ensuit que la loi du 21 août 1903 doit être appliquée avec effet rétroactif. (Loi du 9 août 1897, art. 4 et 12; loi du 21 août 1903, art. 94; code pénal, art. 2.) — Cassation, 27 mars 1905, *Pasic.*, 1905, I, 174.

Saccharine. — Loi du 21 août 1903. — Bonne foi. — Preuve. — Circonstance atténuante légale. — Circonstances atténuantes judiciaires.

Il résulte du texte de l'article 94, §§ 2 et 3, de la loi du 21 août 1903 que le législateur a érigé en délit la fabrication, le transport, la vente et la détention des produits saccharinés, que ces faits fussent le résultat du dol ou de la simple faute; mais la bonne foi du détenteur ou du vendeur est considérée comme une circonstance atténuante qui « oblige » le juge à réduire la peine dans les limites déterminées.

La loi nouvelle n'a rien changé au principe de la responsabilité pénale du vendeur ou du détenteur de produits renfermant de la saccharine; elle a seulement déclaré qu'en ce qui les concerne, la peine serait diminuée s'ils ignoraient la présence dans leurs produits de la substance prohibée.

C'est au prévenu qu'incombe la preuve de l'existence des circonstances atténuantes qu'il invoque. — Tribunal correctionnel de Dinant, 1er mars 1905, *Pasic.*, 1905, III, 120 (1).

Domicile. — *Étranger. — Absence d'autorisation.*

L'étranger peut acquérir en Belgique un véritable domicile, lors même qu'il n'a pas obtenu du gouvernement l'autorisation de s'y fixer. — Tribunal civil de Namur, 3 juillet 1904, *Pasic.*, 1905, III, 8.

Voy. Conseiller communal. — Garde civique. — Lois électorales. — Registres de population.

E

Échevin. — *Trésorier de la fabrique d'église. — Absence d'incompatibilité.* — Dépêche adressée le 11 septembre 1905 à un gouverneur de province par M. de Trooz, ministre de l'intérieur, etc. (*Bulletin du ministère de l'intérieur, etc.*, 1905, II, 98.)

Par lettre du 20 juin dernier, M. P..., curé à B..., a sollicité, en faveur du trésorier de la fabrique d'église, l'autorisation d'exercer ses fonctions cumulativement avec son mandat d'échevin.

Je vous prie de vouloir bien faire connaître au requérant que l'autorisation sollicitée n'aurait pas de raison d'être, le cumul des fonctions susvisées n'étant pas interdit par la loi, à moins que l'échevin ne soit membre de droit du conseil de fabrique à défaut du bourgmestre, non catholique (décret du 30 décembre 1809, art. 4, 2°); mais, dans ce dernier cas, il y aurait incompatibilité absolue.

Toutefois, aux termes de l'article 68, 4°, de la loi communale, l'échevin, trésorier d'une fabrique d'église, ne peut assister à l'examen des comptes de cette fabrique par le conseil communal.

Voy. Conseil communal.

Emplois communaux. — *Pensions. — Instructions.* — Circulaire adressée le 5 octobre 1905 aux administrations des communes, des bureaux de bienfaisance, des hospices et des monts-de-piété du Brabant par M. Vergote, gouverneur de cette province. (*Mémorial administratif du Brabant*, 1905, I, 170.)

A différentes reprises et notamment par mes circulaires du 12 septembre 1888, non insérée au *Mémorial administratif*, du 24 mars 1890, *Mémorial administratif*, n° 63, et du 18 novembre 1897, *Mémorial administratif*, n° 227, j'ai appelé l'attention des communes et des administrations publiques subordonnées aux communes sur la nécessité d'assurer des pensions de retraite à ceux de leurs agents qui en sont actuellement privés et de les engager à faire acte de prévoyance en faveur des veuves et orphelins.

Comme je l'expliquais dans mes circulaires précitées, il est, pour réaliser cette proposition, un moyen simple, pratique et n'exposant à aucun mécompte : ce moyen consiste en l'affiliation des agents à la Caisse générale d'épargne et de retraite.

Ma circulaire du 18 novembre 1897 est accompagnée de modèles de règlement consacrant cette affiliation; ces modèles ont été élaborés dans le but de faciliter la tâche des administrations qui ont recours à ce mode de prévoyance; il importe que lecture de la dite circulaire soit donnée de nouveau, dans leur première séance, aux membres réunis des administrations intéressées.

Il est de règle, dans les administrations publiques, que celles-ci supportent la charge des pensions de retraite, et que les agents sont tenus de faire, au moyen de leur traitement, acte de prévoyance en faveur de leur famille.

Vous trouverez au sujet du montant de la subvention administrative nécessaire pour créer une rente de retraite en rapport avec le traitement, et au sujet du montant des retenues à opérer sur les traitements pour l'acquisition d'un capital déterminé, des renseignements amplement détaillés dans ma circulaire précitée du 18 novembre 1897.

Comme je le faisais remarquer dans ma circulaire du 13 août 1898, *Mémorial administratif*, n° 128, p. 1127, relative aux gardes champêtres,

---

(1) Voy., ci-dessus, cass., 27 mars 1905.

cette remarque s'applique à tous les agents visés par la présente; si les traitements actuels ne suffisent point pour y opérer des retenues sans enlever une part de revenu nécessaire à l'entretien du ménage des agents intéressés, on pourrait leur allouer une légère augmentation.

Comme le porte ma circulaire du 13 août 1898, on peut, préalablement à la nomination des gardes champêtres, réclamer l'adhésion des candidats au principe de l'affiliation; la même marche pourrait être suivie à l'égard des commissaires de police.

Les administrations intéressées peuvent, sous la réserve des approbations requises, voter l'affiliation obligatoire des autres agents nouveaux que la présente concerne; elles ont pour devoir de faire comprendre aux agents en fonctions que leur intérêt leur commande d'assurer l'avenir de leur famille.

Mes instances en ce sens ont, jusqu'à ce jour, eu trop peu de succès; lors de la dernière session du conseil provincial, l'un de ses membres l'a signalé avec raison.

D'accord avec la députation permanente, j'insiste, Messieurs, pour que dorénavant toutes les administrations en retard de le faire prennent des mesures pour organiser l'affiliation à la caisse de retraite de tous leurs agents privés de pension et de leur famille.

Voy. Conseil communal.

Enseignement primaire. — *Loi organique.* — *Modification.* — *Loi du 21 mai 1906.* (*Moniteur* du 23 mai.)

Art. 1er. — Par dérogation aux dispositions combinées des articles 13 et 15, alinéa 1er, de la loi du 15 septembre 1895, les instituteurs, institutrices, sous-instituteurs, sous-institutrices, ayant respectivement seize, vingt et vingt-quatre années de service jouiront, à partir du 1er janvier qui suivra l'année pendant laquelle ils atteindront ces divers termes, de traitements fixés comme suit :

A. Après seize ans, 1,800, 1,700, 1,700, 1,500 francs;

B. Après vingt ans, 1,900, 1,800, 1,800, 1,600 francs;

C. Après vingt-quatre ans, 2,000, 1,900, 1,900, 1,700 francs.

Dans la supputation de ces nombres de seize, vingt et vingt-quatre années seront compris tous les services rendus, à la suite d'une nomination à titre définitif, par les membres du personnel enseignant, dans les écoles primaires communales ou adoptées, en qualité d'instituteur, d'institutrice, de sous-instituteur ou de sous-institutrice.

Les taux de 2,000, 1,900, 1,900, 1,700 francs visés ci-dessus au littéra *C* constituent pour les instituteurs, les institutrices, les sous-instituteurs et les sous-institutrices des 5e et 4e catégories des traitements maxima.

Les membres du personnel enseignant qui auront bénéficié de la disposition contenue sous le littéra *C* de l'alinéa 1er, et qui, en vertu des articles 13 et 15 de la loi du 15 septembre 1905, pourront prétendre à un traitement maximum supérieur à l'un des taux prémentionnés, obtiendront, quatre années après, une nouvelle augmentation obligatoire de 100 francs, et ainsi de suite jusqu'à ce qu'ils aient atteint ce maximum.

Les dispositions contenues dans les paragraphes précédents sont applicables aux instituteurs adoptés, laïcs, diplômés ou dispensés de l'examen; elles ne seront pas à ceux d'entre eux dont le traitement a été fixé, par arrêté royal, en vertu de la dispense prévue par le § 3 de l'article 14 de la loi susvisée du 15 septembre 1895, et ce pendant toute la durée de la dispense.

Art. 2. — La présente loi sortira rétroactivement ses effets à dater du 1er janvier 1906.

———

Avis aux cultivateurs *à distribuer par l'intermédiaire des instituteurs.* — Circulaire adressée le 2 septembre 1905 aux inspecteurs principaux de l'enseignement primaire par M. de Trooz, ministre de l'intérieur, etc. (*Bulletin du ministère de l'intérieur, etc.*, 1905, II, 96.)

Mon honorable collègue de l'agriculture me fait savoir que MM. les ingénieurs cantonaux de l'enseignement primaire recevront prochainement un envoi de quelques exemplaires d' « avis aux cultivateurs » destinés à être distribués par l'intermédiaire des instituteurs.

Veuillez prévenir ces agents de l'envoi en leur donnant à ce sujet quelques instructions spéciales.

Le nombre d'exemplaires qui leur sera adressé leur permettra de remettre environ par école : 2 exemplaires du tract no 26, 3 du tract no 27 et du tract no 30.

L'avis no 26 traite de l'exploitation rationnelle de la volaille et rentre directement dans le programme de l'école primaire : il fournira aux instituteurs l'occasion d'appeler l'attention des élèves de la classe supérieure sur les avantages de l'exploitation rationnelle de la poule et sur la nécessité de développer cet élevage qui peut offrir de grandes ressources, notamment à la petite culture. Cet avis sera remis de préférence aux enfants des cultivateurs qui seraient disposés à entrer dans cette voie.

Le no 27 permettra à l'instituteur ou à l'institutrice d'intéresser vivement les jeunes filles de la classe supérieure à l'enseignement professionnel de la fermière. Ce tract devra être remis de préférence aux parents cultivateurs qui ont des jeunes filles en âge de fréquenter les écoles ménagères agricoles.

Il serait désirable d'habituer de plus en plus les cultivateurs à lire des publications qui traitent de leur profession, à se mettre en rapport avec les agronomes de l'Etat et à puiser à toutes les sources où ils peuvent s'éclairer. Le tract no 30 a été publié pour les renseigner à cet égard. Les élèves de la classe supérieure pourraient, à titre d'exercice, proposer à leurs parents d'écrire pour eux à l'agronome pour obtenir l'un ou l'autre « avis » parmi les derniers de la série, les premiers n'étant pas encore réimprimés.

Les tracts no 28 et no 29 sont d'un caractère trop spécial pour être distribués dans toutes les écoles. Il y aurait lieu de prier les inspecteurs cantonaux de vouloir bien engager les instituteurs dont les élèves sont suffisamment avancés à se procurer directement l'avis n° 28 sur l'alimentation rationnelle du bétail en s'adressant aux agronomes. L'avis n° 29 concernant l'alimentation du cultivateur devrait être conseillé spécialement aux classes ménagères. Les agronomes en fourniront également des exemplaires sur demande.

Certaines questions traitées dans ces avis se prêtent parfaitement, me semble-t-il, à des exercices de calcul, de rédaction, etc. Il serait opportun d'attirer à nouveau la bienveillante attention de MM. les instituteurs sur la possibilité d'augmenter, par ce moyen, l'efficacité de la distribution de ces tracts de vulgarisation. Mon administration seconderait ainsi grandement la mission du département de l'agriculture.

Il me serait agréable de recevoir, vers le mois de janvier 1906, communication des rapports des inspecteurs cantonaux, ou mieux un rapport général sur la manière dont la distribution a été faite et sur les résultats obtenus par ce moyen de vulgarisation.

———

CONCOURS D'AGRICULTURE. — *Observations et recommandations*. — Circulaire adressée le 26 août 1905 aux inspecteurs principaux de l'enseignement primaire par M. de Trooz, ministre de l'intérieur, etc. (*Bulletin du ministère de l'intérieur, etc.*, 1905, II, 91.)

Le jury supérieur chargé de décerner les primes pécuniaires aux membres du corps enseignant des écoles, lauréats du concours en agriculture, année 1905, a exprimé le vœu de voir soumettre à l'inspection scolaire certaines observations et propositions faites par les jurys cantonaux du concours.

Accueillant ce vœu, je viens vous faire part de ses observations et propositions :

I. — *Canton de Turnhout*. — Les élèves devraient travailler, si possible, plus souvent encore au jardin; il serait désirable qu'ils eussent dans le jardin de leurs parents un coin réservé ou une petite pépinière confiée à leurs soins.

II. — *Canton d'Hérenthals*. — Il serait à souhaiter :

A. Que les visites des élèves au jardin de l'instituteur fussent plus fréquentes encore et surtout plus pratiques;

B. Que les cultures expérimentales au moyen des engrais chimiques fussent plus rationnelles; à cet effet, il serait bon pour les instituteurs de recourir fréquemment aux lumières de l'agronome;

C. Que les ouvrages agricoles de l'instituteur fussent mis partout à la disposition des élèves et de leurs parents;

D. Que les bibliothèques restassent à la hauteur des progrès modernes.

III. — *Canton de Neufchâteau*. — On constate que le but des expériences culturales n'est pas toujours compris. Au lieu de montrer l'effet de tel engrais employé isolément sur une culture déterminée, il serait plus avantageux de combiner l'emploi de plusieurs engrais à la fois, en vue de l'analyse du sol par la plante. On néglige aussi de faire envisager le côté pécuniaire de l'emploi des engrais complémentaires.

Certains instituteurs ne cultivent au jardin que les légumes employés dans la contrée, tandis qu'il est désirable qu'ils fassent connaître ceux dont l'introduction dans la localité est recommandable (1).

IV. — *Canton de Dinant*. — Il est à désirer que les concurrents relèvent d'une façon apparente, dans leur rapport, ce qu'ils ont fait de neuf pendant l'année du concours.

V. — *Canton de Mariembourg*. — Quelques instituteurs auraient pu dresser, dans de meilleures conditions, le plan de leur jardin.

Il est désirable que les données nouvelles, à insérer dans l'exposé des titres, soient inscrites d'une manière apparente (emploi d'un type particulier d'écriture ou d'une encre de couleur).

Des jurys cantonaux se sont plu à constater que la plupart des concurrents s'attachent à donner un enseignement agricole pratique s'inspirant dans une large mesure des ressources et des nécessités locales. C'est là un réel progrès.

Le jury cantonal de Virton a signalé que les collections intuitives sont partout à peu près complètes; que les jardins sont de mieux en mieux tenus et que les élèves prennent une part active aux opérations y effectuées; que l'enseignement de l'agriculture a beaucoup d'attrait pour les maîtres et pour les élèves; en un mot, que le programme est généralement bien suivi dans sa lettre et dans son esprit.

Le jury cantonal d'Arlon dit que le concours d'agriculture s'oriente de plus en plus vers les connaissances pratiques, directement utilisables.

Le jury cantonal de Dinant note que le concours agricole favorise la bonne fréquentation des classes.

Je compte sur le zèle des inspecteurs pour que partout l'enseignement des notions d'agriculture soit donné conformément à l'esprit des instructions émanant de l'administration centrale de l'enseignement primaire.

Le but principal de cet enseignement est d'inspirer aux élèves l'amour de la vie des champs; de leur donner des notions utiles directement applicables à l'exploitation du sol et à l'économie du bétail dans la localité qu'ils habitent; de les préparer à suivre avec fruit les conférences et les cours agricoles institués par le gouvernement en faveur des adultes et de contribuer aussi, dans une certaine mesure, à former des travailleurs intelligents.

———

CONFÉRENCES PÉDAGOGIQUES. — *Conférence administrative. — Ordre du jour*. — Circulaire adressée le 30 décembre 1905 aux inspecteurs principaux de l'enseignement primaire par M. de Trooz, ministre de l'inté-

————

(1) Avoir soin de recourir à l'avis de l'agronome de l'État avant d'introduire une nouvelle variété de légumes.

rieur, etc (*Bulletin du ministère de l'intérieur, etc.*, 1905, II, 131.)

D'après l'arrêté royal du 29 décembre 1902, il y a chaque année, dans le courant du premier trimestre, une conférence administrative pour les instituteurs, d'une part, et pour les institutrices, d'autre part.

Le conseil de perfectionnement de l'instruction primaire a pensé — et je me rallie à sa manière de voir — qu'il serait bon que l'inspection scolaire prévint toujours le personnel enseignant des objets qui seront traités à la conférence administrative.

Je vous prie, Monsieur l'inspecteur principal, de vouloir bien veiller à ce que MM. les inspecteurs cantonaux tiennent compte de cette recommandation.

———

— *Sujet de la deuxième conférence de 1906.*
— *Expansion économique mondiale.* — Circulaire adressée le 29 décembre 1905 aux inspecteurs de l'enseignement primaire par M. de Trooz, ministre de l'intérieur, etc. (*Bulletin du ministère de l'intérieur, etc.*, 1905, II, 129.)

Par ma circulaire du 29 mars dernier, j'avais posé aux membres du corps enseignant, en vue du congrès mondial qui devait se tenir à Mons, au mois de septembre suivant, la question de savoir quel pourrait être le rôle de l'école primaire dans l'expansion économique nationale.

Les instituteurs ont répondu à mon appel avec un empressement auquel je me plais à rendre hommage.

Après avoir signalé, en un bel élan patriotique, les progrès marquants réalisés en Belgique pendant les soixante-quinze années de notre indépendance, et tenant compte de l'augmentation progressive de la population dans notre pays, au territoire si restreint, les instituteurs ont généralement conclu à la nécessité de favoriser l'expansion belge.

Quant à l'intervention de l'école primaire dans cette expansion, elle a été diversement envisagée. Mais les opinions n'ont pas été contradictoires. La grande majorité des instituteurs a émis l'avis qu'une interprétation judicieuse des programmes actuels, dans le sens d'une expansion économique bien comprise, pouvait suffire pour faire pénétrer l'idée dans la population et pour développer chez les élèves les qualités physiques, intellectuelles et morales indispensables à !a lutte pour la vie, tant chez nous qu'à l'étranger.

Les conclusions des meilleurs travaux d'instituteurs ont servi de base aux délibérations de la première sous-section du congrès, qui les a toutes adoptées.

C'est un succès pour le corps enseignant belge et une garantie pour l'avenir de notre expansion économique. Aussi est-ce avec une légitime confiance que j'attends la mise en pratique des conclusions de la commission officielle et des vœux du congrès (1).

--- --- --- --- --- ---

(1) Vous recevrez très prochainement un certain nombre d'exemplaires de ces documents destinés aux institu-

A cette fin, j'ai décidé d'inscrire au programme de la deuxième conférence pédagogique d'instituteurs primaires pour l'année 1906 la question suivante :

A. La nécessité de l'expansion économique de notre pays est unanimement reconnue et l'on admet généralement que la préparation à cette expansion doit se faire dès l'école primaire. Dans ce but, l'école s'efforcera de développer chez l'enfant nos qualités nationales, de fortifier sa volonté, d'éveiller en lui l'esprit d'entreprise et de faire naître le goût de l'expansion par un enseignement occasionnel bien compris;

B. Montrez qu'il vous est possible d'approprier votre enseignement à ces vues tout en maintenant ses tendances professionnelles et sans rien lui enlever de son caractère général essentiel;

C. Joignez à votre exposé quelques leçons-types sur chacune des branches du programme ainsi que les meilleurs devoirs d'application, revus et corrigés par le maître et les élèves.

Vous voudrez bien, Monsieur l'inspecteur principal, me faire tenir, avant le 15 septembre prochain, avec votre avis personnel, les rapports des inspecteurs cantonaux transmissifs des meilleurs travaux des membres du personnel enseignant.

Ci-joint des exemplaires de la présente circulaire que vous voudrez bien faire parvenir à MM. les inspecteurs cantonaux.

———

Congrès international d'expansion économique mondiale. (Mons, 1905, section Iʳᵉ. — Enseignement.)

Enseignement primaire.

La préparation à l'expansion économique d'un pays doit-elle se faire dès l'école primaire?

1. Quels sont les moyens les plus efficaces pour développer chez l'enfant l'énergie de la volonté et l'esprit d'entreprise?

(Carrières d'expansion sur lesquelles il faut attirer l'attention des générations présentes; moyens d'imprimer le goût de l'expansion : enseignement spécial et enseignement occasionnel, bibliothèques et conférences, etc.)

2. Quels sont les moyens de préparer la jeunesse à cette expansion, tant à l'école primaire qu'à l'école d'adultes et à l'école professionnelle?

(L'enseignement des langues étrangères; l'initiation aux industries et aux professions manuelles exotiques; les musées scolaires et art professionnel, etc.)

3. Quels sont les moyens d'adapter le personnel enseignant aux besoins nouveaux?

a. La formation à l'école normale.
b. La formation de l'instituteur en fonctions.

RAPPORT.

Le 29 mars 1905, M. le ministre de l'intérieur et de l'instruction publique adressait à MM. les

--- --- --- --- --- ---

teurs de votre ressort. (Voy., ci-après, le texte de ces documents.)

inspecteurs principaux une circulaire par laquelle il leur annonçait l'ouverture du Congrès d'expansion économique mondiale; il déterminait en même temps la question qui devait être l'objet de la troisième conférence d'instituteurs de l'année 1905.

Une commission instituée par l'administration centrale de l'enseignement primaire, présidée par M. J. Corman, directeur général de l'enseignement primaire, et composée de MM. N. Docq, inspecteur des écoles normales; E. Damseaux, inspecteur principal des écoles primaires, à Mons; H-J. Goffart, directeur de l'école normale de l'Etat, à Nivelles; A. Roegiers, directeur de l'école normale de l'Etat, à Gand; A. Campers, professeur à l'école normale, à Gand; L. De Pauw, attaché au ministère de l'intérieur et de l'instruction publique; A. Famenne, professeur à l'école normale de l'Etat, à Verviers, rapporteur, a examiné les meilleurs travaux transmis à M. le ministre. Elle se plaît à exprimer sa joie patriotique de l'entrain, de l'ardeur avec laquelle les instituteurs, émus du solennel avertissement que le roi a donné au pays, se sont attachés à l'étude de la question de l'expansion économique mondiale. Ils ont compris que de nouveaux devoirs allaient s'ajouter à leur tâche déjà si complexe et si lourde, et ils se sont efforcés de les définir avec netteté pour être mieux à même de les accomplir. Aussi, le rôle de la commission a-t-il été de classer et de coordonner les vues du personnel enseignant de l'enseignement primaire, plutôt que d'avoir à lui indiquer les moyens les plus propres de contribuer à conserver à notre pays sa haute renommée industrielle et commerciale et à lui assurer dans le vaste champ ouvert à son activité de nouveaux progrès.

A. — INTRODUCTION.

Quelques mots sur la nécessité de l'expansion. — Quel plus merveilleux épanouissement matériel que le nôtre en soixante-quinze années de liberté et d'indépendance! Partout se sont agrandies, multipliées, implantées les usines et les manufactures; partout, on a fouillé les entrailles de la terre pour lui arracher les richesses qu'elle recèle; partout, à mesure que l'agriculture a dû céder la place à l'industrie, on s'est efforcé de reconquérir sur le sable ou parmi les rochers, sur le sommet aride des collines ou sur les marécages des plaines basses et humides, les espaces perdus pour la moisson; partout on a frayé des routes, construit des chemins de fer, creusé des canaux, canalisé les rivières, agrandi les ports.

L'imagination est presque impuissante à se figurer l'énormité des résultats obtenus : une industrie qui dispose de plus de 1 million de chevaux-vapeur; des houillères d'où l'on extrait chaque année pour plus de 400 millions de francs de combustible; un réseau de voies de communication le plus serré qu'il y ait au monde; un vaste port qui s'étend sans cesse et dont le mouvement s'élève à environ 18 millions de tonnes; plus de 3 milliards de francs engagés dans l'industrie; un commerce d'importation qui se montait en 1900 à 3,594 millions, tandis que nos exportations s'élevaient à 3 milliards 297 millions; une fortune publique qui s'élève à quelque 26 milliards de francs : tel est notre immense patrimoine. Voilà ce qu'il faut que chacun sache, car ce patrimoine est l'œuvre glorieuse de nos communs et incessants efforts, de notre race féconde, énergique et opiniâtre, du travail de la nation tout entière.

Mais ce laborieux édifice de notre étonnante fortune est-il durable? Ne ressemble-t-il pas au colosse aux pieds d'argile dont parle l'Ecriture? Si nous sommes en droit de nous enorgueillir des éloges bien mérités que toutes les nations étrangères nous ont adressés pendant ces jours d'allégresse patriotique où nous venons de célébrer par des fêtes somptueuses le soixante-quinzième anniversaire de notre indépendance, ce serait une grave imprudence de nous reposer sur les lauriers que nous avons conquis au prix des plus rudes travaux. Notre sol s'épuise : il faut faire venir du dehors les minerais de fer et de zinc que transforment nos usines, la laine et le lin que travaillent nos manufactures; nos champs, notre bétail ne suffisent pas à assurer l'alimentation d'une population de 7 millions d'habitants; il nous faut acheter annuellement à l'étranger pour plus de 300 millions de francs de céréales, pour plus de 30 millions de beurre, d'œufs et de viande; environ 83 p. c. de nos produits exportés s'écoulent chez nos voisins immédiats. et ceux-ci menacent de nous fermer leurs frontières; leur activité va sans cesse croissant; ils perfectionnent leur outillage; les trusts augmentent dans d'effroyables proportions la puissance productrice de certains de nos rivaux; nos concurrents se répandent partout dans les pays d'outre-mer, cherchant à accaparer les débouchés, les grandes entreprises de travaux publics, à supplanter leurs devanciers, à prévenir leurs rivaux; quand ce sont nos produits manufacturés qu'ils écoulent, ils les ont parfois revêtus de leur estampille; ce sont leurs vaisseaux qui transportent ce que nous vendons directement aux consommateurs d'au delà des mers ou qui nous amènent les matières premières nécessaires à notre industrie; enfin, unis par la plus étroite solidarité, soutenus par la mère patrie qu'ils entrevoient toujours plus grande, tous menacent de nous arrêter dans la voie de notre expansion économique.

Un arrêt, qu'on y pense bien, c'est un recul: et le recul, c'est la défaite et la ruine.

B. — PRÉPARATION A L'EXPANSION ÉCONOMIQUE MONDIALE.

La préparation à l'expansion économique doit se faire à l'école primaire. — Il n'y a cependant pas à s'effrayer de ces dangers. Le vrai courage voit le péril et l'affronte. Et puisque c'est le patrimoine national, c'est la nation elle-même qui est menacée, il ne suffit pas de laisser à l'élite le soin de veiller à notre prospérité économique; il faut associer plus que jamais le peuple tout entier à l'œuvre de notre expansion et d'une plus grande Belgique.

Les nations, dit l'abbé Lemire, sont comme les forêts : elles se reforment par le pied, non par la tête. L'enfant a une foi invincible dans l'avenir; nulles impressions ne sont plus durables que celles du premier âge. C'est donc l'enfant qu'il faut instruire du grand devoir qu'il aura à remplir envers la patrie, celui de conserver intact l'héritage de ses devanciers et de le rendre encore accru, s'il se peut, à ceux qui viendront après lui. L'école qui lui enseignera ce devoir et le préparera à s'en acquitter dignement, c'est l'école de tous, l'école primaire. Les instituteurs le proclament presque unanimement : la préparation économique doit se faire à l'école primaire.

Il ne s'agit pas de pousser à l'émigration. — Est-ce à dire que l'école doit pousser à l'émigration continuelle et jeter nombre de nos compatriotes dans les hasards d'un exode vers les contrées lointaines? Nullement. Ceux-là que la misère ou les désillusions poussent à tenter fortune dans les aventures que réserve nécessairement toute région qui s'ouvre à l'avidité humaine réussissent rarement à vaincre la rigueur du destin; même quand quelques-uns y parviennent, il en résulte si peu de profit pour la masse de la nation qu'il n'y a pas lieu d'encourager semblable mouvement.

On peut, sans quitter son pays, concourir largement à l'expansion économique. — On peut, d'ailleurs, sans quitter son pays, concourir largement à l'expansion économique. Assécher un marécage, irriguer une lande, défricher un coteau boisé et rocailleux; accroître le rendement des champs, améliorer nos espèces animales ou végétales; inventer ou perfectionner une machine qui donnera des produits plus nombreux, plus solides, plus élégants et meilleur marché; introduire dans notre pays quelque culture ou quelque industrie nouvelle qui diminue le tribut que nous payons à l'étranger; améliorer la santé, la condition matérielle, intellectuelle et morale des travailleurs, n'est-ce pas contribuer à notre supériorité économique, accroître nos chances de succès sur le marché mondial?

L'école pour la vie. — Notre devise actuelle : « l'école pour la vie », par la direction pratique et utilitaire imprimée à notre enseignement, a déjà préparé la voie à l'œuvre de l'expansion par l'application des initiatives individuelles aux nécessités locales. Aussi, comme par le passé, la constante sollicitude des maîtres continuera de s'attacher à éveiller dans l'esprit des enfants la notion claire et précise du devoir, de veiller à ce que les élèves contractent l'habitude de se plier sans effort à ce qui est bien et à ce qu'ils échappent aisément, après le temps de la scolarité, aux suggestions et aux séductions du vice. Comme par le passé, l'école meublera l'esprit des enfants de connaissances solides et durables, éveillera leur curiosité, les habituera à voir juste, à ne penser que par eux-mêmes et à ne se prononcer que lorsqu'ils verront clair. Comme par le passé, les études seront orientées vers les nécessités de la vie; elles éclaireront les enfants sur leur profession, celle de travailleurs manuels pour la plupart; elles lui apprendront à aimer et à l'honorer. Comme par le passé, enfin, l'éducation développera les belles et grandes œuvres de prévoyance, de solidarité et de préservation sociale qui s'appellent l'épargne, la mutualité et la tempérance. Ainsi l'école éveillera partout la claire et juste perception de la vie.

L'éducation de demain sera aussi l'initiation prudente et résolue à la réalité contemporaine. — Mais il faut élargir la route, il faut aller plus avant. Nous ne devons pas limiter notre ambi-

tion aux bornes de notre pays. Il faut avoir des vues plus vastes et entrer résolument en lutte avec tout ce qui tend à restreindre notre champ d'action.

Avec une claire vision du présent et de l'avenir, le prince sage qui préside aux destinées de notre patrie a tracé notre programme.

« Pourquoi », a-t-il dit, « les Belges ne pourraient-ils pas aspirer aux carrières mondiales? Un jeune Belge vaut-il moins qu'un jeune Allemand, un jeune Français, un jeune Anglais?

« Pour réussir, il faut une volonté, un but et une ambition. Encore la volonté ne suffit-elle pas. Elle doit être efficace et avoir des moyens de réalisation. L'expansion de notre activité au dehors exige une *éducation* ou, pour mieux dire, une *formation*. »

Il ajoutait, lors de la pose de la première pierre de l'Institut colonial :

« Pour vivre et prospérer, la Belgique doit s'efforcer de participer, dans les limites de son modeste rôle, à ce remarquable mouvement mondial qui, de nos jours, s'affirme et s'impose de plus en plus impérieusement. »

La tâche de l'école devient donc plus complexe, et l'éducation que réclame notre souverain, c'est l'initiation prudente et résolue à la réalité contemporaine.

Or, sait-on ce que c'est que la réalité contemporaine? Ce n'est plus la lutte pour la conquête du droit et de la liberté, dans laquelle, sans se décourager jamais, dix-huit siècles durant, nos pères ont versé leur sang. C'est la lutte économique, lutte sans trêve ni merci, dans laquelle les grandes nations apportent toute la puissance d'une préparation longue et savante et toutes les énergies des races qui les ont formées. C'est contre tous et contre nous que tous combattent.

C'est l'Angleterre, qui a essaimé dans toutes les parties du monde, qui les a peuplées de ses fils, qui les inonde encore des produits d'une industrie naguère sans rivale, qui garde toutes les grandes voies maritimes, dont les vaisseaux parcourent toutes les mers, et que les câbles télégraphiques mettent en un instant en communication avec tous les points de l'univers.

C'est l'Allemagne, née d'hier à l'unité politique, qui prépare la guerre économique comme elle a préparé ses victoires par l'école, par son enseignement professionnel et technique, par ses investigations prudentes et sûres dans les pays étrangers qu'elle veut vaincre ou bien ouvrir à son activité, par sa discipline méthodique, intelligente et forte, par son patriotisme ardent et fier, par son industrie fondée sur les applications de la science la plus rigoureuse, par l'organisation intelligente de son commerce avisé et renseigné, par l'accroissement continuel de sa marine.

C'est la France, toujours éprise d'idéal, mais qui s'apprête à servir l'idée de son expansion avec toute la cohésion, l'ardeur et l'enthousiasme qu'elle a mis au service de l'humanité et de la civilisation.

Ce sont les Etats-Unis, dont les trusts ont décuplé la puissance productrice, et dont le sang-froid et le réalisme étonnent si fort notre esprit et nos mœurs.

Voilà les plus redoutables de nos rivaux. Nous avons jusqu'ici contre-balancé leurs succès. Nous pouvons envisager l'avenir avec confiance si nous savons élever nos âmes à la hauteur du danger. Le plus sûr moyen de triompher de nos adversaires, n'est-ce pas d'ailleurs de nous servir de leurs armes ?

L'école doit développer les qualités nationales. — Nous avons les qualités de nos concurrents. Issus du mélange des races latines et des races germaniques, nous avons le jugement sûr et prompt, l'enthousiasme des unes, joints au sang-froid, à l'activité et à l'énergie des autres; nous avons, en outre, un grand fonds de droiture, un esprit d'union et de solidarité que ni le temps, ni la diversité du sol, ni la différence des idiomes n'ont pu détruire. C'est à poursuivre la conservation et le développement de ces qualités natives que l'école appliquera d'abord toutes ses ressources.

Elle doit corriger les défauts individuels ou généraux qui contrarient l'œuvre de notre expansion. — Elle s'appliquera en même temps à corriger les défauts individuels ou généraux qui contrarient l'œuvre de notre expansion mondiale. Notre patriotisme est latent : après de longs siècles de luttes, nous nous sommes assoupis dans la quiétude née de la protection internationale. Nos dissensions locales, nos querelles de parti nous poussent au dénigrement, à l'intolérance, au scepticisme. Nous considérons volontiers l'Etat comme une Providence qui doit suppléer à notre initiative. Nous nous figurons qu'il n'y a guère de carrières sûres et lucratives qu'à son service. Il faut quelquefois longtemps à nous décider à appliquer les inventions et les méthodes de travail qu'engendre la recherche du progrès. Notre patrie, pourtant si petite, est un horizon trop vaste, qui nous donne le vertige; nous ne savons relâcher pour quelques années les liens qui nous attachent au sol natal. Dans la famille, la tendresse aveugle des parents prend trop de soin d'écarter des enfants toutes les difficultés, tous les obstacles, et, livrés à eux-mêmes, les jeunes gens sont timides, indécis, sans ressort contre les insuccès et les infortunes.

Ce sont là des faiblesses qu'une éducation attentive, quand elle commence de bonne heure, peut corriger aisément. Qu'on ne se le dissimule pas toutefois : on se heurte ici à de vieilles habitudes, et les résultats seront lents à venir; mais il n'est aucune tâche dont on ne vienne à bout par une action persévérante et tenace : l'eau qui tombe goutte à goutte ne finit-elle pas par creuser le rocher?

Le meilleur moyen de fortifier la volonté, c'est une discipline forte, mais qui laisse entière la liberté de l'enfant de se déterminer. — Nous avons vu tantôt que l'une des supériorités de nos rivaux, c'est qu'ils appliquent à la tâche de la conquête du marché économique une volonté patiente, persévérante, énergique. Il faut donc apprendre aux jeunes Belges à vouloir. Les maîtres, à cet égard, n'ont guère besoin de conseils. Ils savent ce qu'il faut pour développer, pour fortifier la volonté, c'est apporter beaucoup de temps et beaucoup de soin à l'éducation physique; c'est associer l'enfant à leur travail par l'emploi des méthodes actives, l'habituer à l'effort réitéré, le stimuler par l'exemple des individualités puissantes dont l'histoire est toute pleine, l'entraîner par leur propre exemple, exciter son amour-propre, faire appel à sa dignité, à son honneur, le convaincre que

la fermeté des résolutions est le secret de la réussite; en un mot, c'est une discipline forte, mais qui laisse à l'enfant entière liberté de se déterminer.

Pour éveiller l'esprit d'entreprise, il faut exciter la curiosité, montrer la puissance de la coopération, secouer nos habitudes casanières, ouvrir de vastes horizons, éclairer les vocations. — L'action de l'école peut être aussi efficace pour fortifier l'esprit d'entreprise.

Il s'est affirmé hautement dans le passé : les grandes communes flamandes durent leur merveilleux épanouissement et leur richesse à leur industrie et à leur commerce. De nos jours, quelques tentatives malheureuses de colonisation, dont le souvenir s'est d'ailleurs effacé de l'esprit des masses, n'ont pas empêché nos concitoyens d'accroître sans cesse leurs débouchés, de créer à l'étranger de vastes établissement industriels, des exploitations agricoles très prospères, d'y établir des chemins de fer et des tramways, de s'y livrer à l'exploitation des mines. Notre souverain, dont l'œuvre grandiose de la colonisation du Congo sera l'un des plus beaux titres de gloire, a donné à la jeunesse le plus éloquent exemple d'initiative, d'esprit de suite et de résolution calme et opiniâtre.

Nous savons bien que les entreprises belges au dehors sont l'œuvre de quelques-uns, capitalistes et industriels; mais cette élite n'est pas une aristocratie fermée, où l'on ne puisse pas s'élever : elle est issue du peuple lui-même. Aujourd'hui comme autrefois, chacun est fils de ses œuvres, et dans l'immense armée des travailleurs manuels, chaque soldat peut encore aspirer au commandement.

Si donc l'instituteur prend soin d'exciter la curiosité qui va au-devant de l'instruction, s'il amène ses élèves à découvrir les analogies qui existent entre les choses, s'il leur montre les bienfaits de la coopération, il leur facilitera la découverte des moyens de réussir dans leurs entreprises. Et comme notre pays ne suffit pas à absorber les produits de notre activité, c'est à l'école, tout en éclairant le bon sens ennemi à la fois de la routine et des rêves chimériques, de secouer nos habitudes casanières, d'ouvrir de vastes horizons, d'éveiller et d'éclairer les vocations auxquelles s'opposent, souvent invincibles, la tendresse aveugle des parents et leur égoïsme étroit, de chasser les préjugés qui effrayent les imaginations faibles au sujet de l'insécurité des pays étrangers.

L'école primaire n'a pas pour mission de préparer aux carrières coloniales ni d'initier aux industries et aux professions manuelles exotiques. — Si l'école primaire doit éveiller les vocations et ouvrir des horizons plus vastes que ceux que nous sommes habitués à considérer, elle n'a pas cependant pour mission de préparer aux carrières coloniales, ni d'initier aux industries et aux professions manuelles exotiques. Cette tâche incombe aux instituts spéciaux.

La plupart des enfants couleront leurs jours au pays natal. L'école d'aujourd'hui, nous l'avons déjà dit, les prépare aux carrières qu'ils connaissent par le milieu où ils vivent. Il suffira de leur montrer que l'industrie qui les occupe peut se perfectionner et s'étendre, de développer leur initiative et leur énergie, et d'éveiller en eux le désir d'une patrie plus grande, pour qu'ils concourent activement à l'œuvre de l'expansion.

Dans certaines régions, les travailleurs manuels s'en vont en France ou en Allemagne dès qu'arrivent les beaux jours. Cette émigration saisonnière n'est pas la véritable expansion et ne procure qu'un peu plus d'aisance à ceux qui y participent. L'école actuelle, quand son but est bien compris, suffit encore à les préparer à cette exode.

L'école appellera l'attention des enfants sur l'envahissement de l'étranger, à qui nous sommes obligés de confier l'expédition des marchandises à destination d'outre-mer et qui tend à accaparer notre commerce. Nous sommes humiliés de constater que le personnel technique de nos usines, les employés de l'industrie ou du commerce, des agences de transport se recrutent souvent au dehors. C'est là un premier fruit de notre imprévoyance et de notre indolence. On fera comprendre à l'enfant que le remède au mal est dans une solide instruction professionnelle et dans la connaissance des langues étrangères.

A ceux qui pourront participer plus activement à l'expansion mondiale, futurs ingénieurs, conducteurs de travaux, contremaîtres, voyageurs de commerce ou employés, fonctionnaires coloniaux, planteurs, éleveurs, officiers de marine, l'instituteur signalera les carrières expansionnistes qu'offrent l'industrie, le commerce ou l'agriculture, comme des voies nouvelles où chacun pourra trouver le moyen d'arriver à une situation honorable, lucrative et avantageuse aux intérêts de la patrie, quand il est bien armé pour les luttes de la vie. Il ne donnera que des avis prudents, basés sur des renseignements sûrs. Il leur indiquera où ils pourront poursuivre leur éducation professionnelle. Il leur fera comprendre qu'il importe non seulement d'être robuste, intelligent et honnête, mais encore volontaire, patient et tenace; qu'il leur faut un courage qui n'est ni fanfaron ni téméraire, ni emporté, joint à la prudence, à la bonté, à la justice, à la tolérance, à l'humanité.

Les moyens de faire naître le goût de l'expansion, c'est d'en montrer la nécessité et les avantages; c'est le décor suggestif des classes, les lectures, les conférences, les voyages. — Pour faire naître et développer le goût de l'expansion, les maîtres doivent d'en montrer la nécessité et les avantages. Le décor suggestif des classes à l'aide de gravures, de vues, de tableaux, les lectures de relations de voyages, les conférences suivies de projections lumineuses, les visites d'établissements industriels, de musées coloniaux ou d'art professionnel, de curiosités naturelles, de ports, d'expositions sont autant de moyens précieux de provoquer les initiatives et d'ouvrir les horizons.

Les instituteurs en connaissent tous les avantages par l'emploi fréquent et judicieux qu'ils en ont déjà fait et ils y auront recours davantage à mesure que s'accroîtront les modestes ressources dont ils disposent.

L'enseignement sera occasionnel à l'école primaire. — Pénétrer les esprits de la nécessité de l'expansion économique, leur faire connaître les meilleurs moyens d'y concourir dans la sphère d'action réservée à chacun,

fortifier la volonté, éveiller l'esprit d'entreprise : tel est, en résumé, le rôle de l'école. L'enseignement tout entier doit s'inspirer de cette tâche. Pour satisfaire aux nécessités locales et servir les intérêts bien entendus de la patrie, il lui suffit de l'initiative des maîtres et de l'action des inspecteurs, dont la mission est d'éclairer les administrations communales. Il sera occasionnel à l'école primaire, spécial dans les écoles professionnelles, et, dans les écoles d'adultes, il pourra unir ces deux caractères.

Il n'est pas besoin d'étendre les programmes. — Il n'est pas nécessaire d'apporter au programme actuel de profondes modifications; il n'y a qu'à accentuer les tendances pratiques et utilitaires de l'enseignement, en donnant plus d'importance à quelques points spéciaux, et à se conformer aux directions judicieuses qui guident les professeurs des écoles normales dans la formation professionnelle des maîtres et s'appliquent également à la tâche des instituteurs.

Ainsi, dans l'enseignement de la géographie, en renvoyant au degré moyen ce qui a été dit du lieu natal, le maître aura soin d'insister sur les ressources de la commune, sur son industrie; il dira où celle-ci s'alimente de matières premières, où elle écoule ses produits; il dira quel est l'objet du commerce local, quels en sont les avantages et quelle extension il est possible d'y donner; enfin il fera connaître les voies de communication qui mettent en rapport avec les communes voisines.

Il fera le même travail pour le canton.

Il ajoutera aux grands voyages sur mer l'expédition de de Gerlache.

Au degré supérieur, il fera pour la province et pour le pays entier ce qu'il a fait pour la commune et pour le canton. Il insistera sur les relations qui existent entre la Belgique et les pays limitrophes, sur les chiffres de nos importations et de nos exportations. Il montrera comment d'autres contrées peuvent s'ouvrir aussi à notre activité et concourir à l'expansion de notre industrie et de notre commerce. Il ajoutera, en tenant compte des besoins locaux, quelques renseignements sur les industries étrangères, sur les salaires, sur le coût de la vie animale, sur la condition des travailleurs.

Dans des notions très succinctes sur l'Asie, l'Afrique, l'Amérique et l'Océanie, il donnera quelques reliefs aux États où les Belges se sont établis ou à ceux dans lesquels ils peuvent s'établir. Il signalera quelques-unes des entreprises belges dans les divers pays de l'Europe et d'outre-mer, et particulièrement les avantages que nous sommes appelés à recueillir de la colonisation du Congo.

Toutefois, pour que l'enseignement de la géographie produisît tous les fruits qu'on peut en attendre, il conviendrait d'accroître le temps qui lui est assigné au cours supérieur et de le porter à une heure et demie.

Le cours d'histoire concourra, de son côté, à servir la cause de l'expansion en montrant que partout, au cours des âges, se sont affirmées les qualités distinctives de notre race, « la vaillance laborieuse, l'ardeur à la tâche, le travail réfléchi, calme et opiniâtre ». L'industrie et les travaux des Ménapiens, la fondation des monastères, l'organisation des métiers, l'établissement des foires et des marchés, la prospérité des communes, l'institution de la Hanse flamande, la création de la Compagnie des Indes, le progrès des arts et des sciences dans les temps modernes et particulièrement au temps d'Albert et d'Isabelle, l'établissement des premiers chemins de fer, le merveilleux épanouissement de notre industrie à l'époque contemporaine, la création de l'Etat Indépendant du Congo sont des faits éloquents qui, joints aux exemples que l'histoire locale pourra fournir, donneront aux enfants le sentiment du devoir qu'ils auront à remplir, stimuleront toutes les énergies et inspireront la confiance dans l'avenir.

Dans l'enseignement des sciences naturelles et de l'agriculture, les applications de la physique et même de quelques notions de chimie à l'industrie locale, les matières premières nécessaires à nos usines et à nos manufactures, les produits étrangers qui font chez nous l'objet d'importantes transactions commerciales, la comparaison de nos procédés de culture et d'élevage avec ceux des pays voisins, l'utilisation plus complète des produits des jardins et des champs, quelques industries nées d'hier, les progrès de l'horticulture sont des sujets de leçons aussi intéressants que variés et propres à augmenter la contribution de l'école à l'œuvre de l'expansion.

En hygiène, on se bornera à bien convaincre l'enfant que, sous n'importe quel climat, il faut être propre, aérer son habitation, être sobre, se garder des boissons alcooliques et des excès quels qu'ils soient.

Le programme de dessin suffit à préparer l'éducation professionnelle des travailleurs manuels. Les instituteurs, toutefois, ne perdront pas de vue que, comme le dit M. E. Desmoulins, l'art, le goût, le beau sont un des éléments au moyen desquels on maintient à un pays, à une race, la supériorité industrielle et commerciale, et ils donneront au dessin d'ornement et aux exercices d'invention qui s'y rapportent toute l'attention qu'exige l'éducation esthétique.

C'est en vue de celle-ci qu'il convient de voir se généraliser l'enseignement des travaux manuels. Outre que c'est un excellent moyen de cultiver la main, l'œil et le goût, de varier la journée scolaire et d'y faire une part plus large au développement physique des élèves, c'est aussi donner l'occasion à certaines vocations de se révéler.

Pour donner au corps la robustesse et l'endurance que réclament les conditions de la vie moderne, surtout au dehors, c'est évidemment trop peu de deux leçons d'une demi-heure par semaine; aussi importe-t-il au moins de tenir compte rigoureusement de la recommandation de faire exécuter, après chaque heure de leçon, un chant connu ou quelques exercices gymnastiques. C'est à l'instituteur qu'il appartient de faire porter aux leçons de gymnastique les fruits qu'on peut en attendre, non pas en donnant la préférence aux exercices violents, mais à ceux qui exigent un effort continu allié à l'énergie de la volonté et à l'émulation, à ceux qui, en favorisant la libre activité des enfants, provoquent davantage l'entrain et le plaisir.

Une modification plus radicale du programme est réclamée en ce qui concerne la seconde langue, dont on voudrait rendre l'enseignement obligatoire. Les uns, en Wallonie, préconisent le flamand, parce qu'il est notre seconde langue nationale, parce qu'il permet d'aspirer avec plus de chance de succès aux emplois publics, parce qu'il facilite l'étude de l'allemand et de l'anglais. D'autres inclinent pour l'allemand ou l'anglais, parce que le flamand n'ouvre d'autre issue que la Hollande au point de vue de l'expansion mondiale, ou parce que la situation de la commune où ils exercent exige la connaissance de l'une de ces langues étrangères. Quelques-uns émettent le vœu de voir l'étude d'une seconde langue rester facultative, parce qu'une partie du personnel enseignant n'est pas apte à cet enseignement, par crainte de surmenage ou parce que les tentatives antérieures n'ont pas abouti.

Pour nous, nous souhaitons de voir se généraliser l'étude d'une seconde langue. La pratique de la méthode directe bien comprise, à laquelle sont initiés déjà nombre de nos maîtres, a donné des résultats qui doivent inspirer confiance aux timides et entraîner les indécis.

Il n'est pas nécessaire de montrer le parti qu'on peut tirer des leçons de langue maternelle et de calcul, des lectures recommandées, pour les faire servir à l'expansion mondiale. Les maîtres, qui ont donné des preuves éclatantes de ce qu'on peut attendre de leur initiative et en qui l'on peut avoir toute confiance, s'appliqueront à la conception plus vaste de leur enseignement avec le même zèle éclairé qu'ils ont apporté aux œuvres de prévoyance, de mutualité et de tempérance. La patrie réclame de nouveaux efforts : elle ne fera pas appel en vain à leur intelligence et à leur dévouement.

Les écoles de filles doivent concourir aussi à l'expansion. — Les maîtresses aussi ont leur part dans la tâche à accomplir. L'expansion économique dépend aussi de l'éducation familiale. Aux institutrices de former non seulement des jeunes filles instruites et vertueuses, des ménagères actives et prévoyantes, mais des mères dont le cœur soit assez haut placé pour enseigner à leurs enfants l'endurance, le courage et la prévoyance dans les efforts, pour envisager sans frémissement et sans crainte la pensée de la séparation ou pour se déterminer à quitter avec les parents, les frères, les enfants ou l'époux, le pays qui les a vues naître. Quel que soit le lieu où elles soient appelées à se fixer, elles y seront une sauvegarde et un soutien.

D'autres moyens seront utilement mis en œuvre pour rendre plus efficace le rôle de l'école. — 1° La petite bibliothèque sera pourvue de quelques publications spéciales : voyages et découvertes, histoire de l'industrie et du commerce, extraits appropriés des rapports consulaires, petites monographies de pays étrangers, culture des plantes coloniales, etc. Beaucoup de livres de prix auront le même objet.

2° Il est désirable que les élèves visitent, sous la conduite des maîtres, et après un entretien préalable, des exploitations agricoles, des usines diverses, quelques régions de notre pays, nos grands centres industriels, nos grandes villes, leurs musées commerciaux et coloniaux surtout, les expositions, et enfin notre métropole commerciale et son beau port.

3o Il y aura dans toutes les écoles des tableaux et des vues représentant les particularités de notre pays et des contrées étrangères.

4o Il est à souhaiter que se multiplient les installations et les appareils nécessaires aux projections lumineuses.

5o Chaque école aura, si elle ne l'a déjà, son petit musée commercial, industriel et colonial. On y disposera toutes choses, échantillons, diagrammes, dans un ordre raisonné. Ainsi, à l'Exposition de Liège, particulièrement féconde en enseignements de cette nature, voici ce qu'on voit dans un compartiment réservé à l'instruction :

Combustible. — Un tableau très clair mentionnant la houille, la lignite, la tourbe, les briquettes et le bois renvoie aux dérivés et sous-dérivés de chacun de ces produits. Par exemple, la houille donne le coke, le gaz, le goudron, la benzine, le naphte, etc. Une série de sous-produits représente les couleurs dérivées du goudron de houille : jaune, vert, bleu, orange, anilines et sels d'anilines, etc. Le tableau suivant indique la répartition que fait l'industrie belge de ces produits en Europe et dans les autres continents, et marque les grands centres consommateurs.

6o Un autre objet très intéressant et très suggestif, c'est une carte du globe indiquant les endroits où les Belges sont établis dans les diverses parties du monde.

7o Enfin, un autre moyen serait la création d'une vaste et puissante association nationale pour l'expansion, analogue à la Ligue contre l'alcoolisme, à la Société pour la protection de l'enfance, à la Société protectrice des animaux, dont le seul but serait d'encourager par tous les moyens l'œuvre naissante, de lui procurer un complément de ressources, et notamment d'organiser des bureaux de renseignements, de répandre des tracts, d'octroyer des bourses de voyages, etc.

Dans quelques communes, d'ailleurs, des bourses de voyages sont données en prix à la fin des études moyennes. Cette munificence pourrait avantageusement être étendue aux études primaires et professionnelles.

Ecoles primaires, 4e degré. — Il n'y a en Belgique qu'un petit nombre de communes qui ont créé un cours complémentaire (4e degré, 7e année d'études).

Il n'y a pas à innover ici non plus. On y poursuivra l'œuvre de l'éducation d'après les directions qui viennent d'être exposées, à savoir : une préparation de plus en plus directe aux nécessités professionnelles. Il conviendra d'y faire une plus large place à l'étude pratique d'une seconde langue, et quelques causeries sur l'économie politique s'ajouteront avantageusement à l'étude de la géographie et de l'histoire de la Belgique contemporaine.

Ecoles d'adultes. — On se plaint de l'insuffisance de ce genre d'établissements scolaires. Il est à souhaiter qu'ils se multiplient et cessent d'avoir pour objet de suppléer aux écoles primaires.

Dans les grands centres, les écoles d'adultes tendent à devenir une section préparatoire des écoles industrielles. Ailleurs, l'enseignement a un caractère nettement pratique, s'inspirant des besoins des jeunes gens déjà en apprentissage et que des cours spéciaux peuvent encore accentuer. Quelques-uns préconisent, pour les adultes, l'école du dimanche réservée à l'étude pratique d'une langue étrangère. L'initiative est digne d'encouragement.

Ecoles professionnelles. — Ce genre d'établissements ressortissant au ministère de l'industrie et du travail, la question sera traitée ailleurs.

Ecoles normales. — Quels sont les moyens d'adapter le personnel enseignant aux besoins nouveaux pour la formation de l'école normale ?

La question a été soumise à l'examen de tout le personnel enseignant des écoles normales primaires de l'Etat pour instituteurs.

Les échanges de vues auxquels elle a donné lieu, concordants dans les grandes lignes, peuvent se résumer dans les conclusions suivantes :

A. Pas plus que l'école primaire, l'école normale n'a pour mission de préparer immédiatement aux carrières exotiques et d'intervenir directement dans la solution du grave problème de l'expansion économique du pays; c'est la tâche des écoles techniques et des institutions coloniales.

Tout en remplissant sa mission primordiale et essentielle, la culture générale et la formation pédagogique des futurs instituteurs, l'école normale peut et doit, comme elle le fait d'ailleurs pour l'enseignement à tendances professionnelles et les œuvres d'éducation sociale, y préparer les maîtres de demain, les mettre à même de coopérer, par une orientation nouvelle des esprits et une adaptation adéquate des matières de l'enseignement, à la création dans les masses populaires d'un courant favorable à l'expansion mondiale.

Au point de vue qui nous occupe, son rôle ne va pas au delà.

B. A cette fin, pas n'est besoin de modifier sensiblement le programme des écoles normales ni les directions pédagogiques si judicieuses et si précises qui en fixent l'interprétation et la portée. Tel qu'il est, le programme est assez étendu, assez pédagogique et assez utilitaire pour satisfaire aux besoins nouveaux. Il suffira d'une simple mise au point, d'une orientation particulière des études vers l'idée expansionniste, en insistant sur certains points spéciaux et en ajoutant quelques détails nouveaux appropriés au but à atteindre.

Cette orientation sera la résultante des efforts combinés de tous les professeurs, chacun d'eux s'attachant à mettre vivement en lumière tout ce qui peut contribuer à servir la cause de l'expansion mondiale.

Sans donner à son cours le caractère technique que revêt l'enseignement de la géographie dans les écoles commerciales ou consulaires, le professeur de cette spécialité marquera fortement la tendance économique et expansionniste de son enseignement; il renforcera l'étude scientifique de la géographie physique et de ses corollaires économiques, il développera largement la géographie des pays limitrophes et des pays avec lesquels la

Belgique a de nombreuses relations : **France**, **Allemagne**, **Angleterre**, **Hollande**, **Etat Indépendant du Congo**, **Etats-Unis d'Amérique**, **Canada**, **Brésil**, **République Argentine**, **Australie**, etc., etc.; il donnera une connaissance sommaire, mais précise, des systèmes coloniaux; il documentera plus largement ses leçons de renseignements statistiques et de détails utiles puisés à des sources récentes, exactes et autorisées : les rapports consulaires et les rapports des chambres de commerce, par exemple; il illustrera, chaque fois que possible, son enseignement par l'emploi de projections lumineuses et à l'aide d'un musée commercial *ad hoc;* il le confirmera et l'élargira en mettant en lecture des ouvrages appropriés que les élèves pourront trouver à la bibliothèque de l'école normale.

Considérant la grande importance de l'enseignement de la géographie au point de vue spécial de l'expansion économique du pays, d'aucuns ont exprimé le vœu de voir porter de une à deux heures par semaine le temps affecté à l'horaire de cette spécialité.

Sans élever la prétention de tout dire sur l'évolution économique et coloniale à travers les âges, chez tous les peuples et chez nous, le professeur d'histoire peut cependant marquer assez fortement le côté économique des événements pour former, dans l'esprit des élèves, une conviction forte, basée sur la science réelle, positive des faits. Faire l'histoire sommaire, mais précise, de l'industrie et du commerce, de l'expansion ou de l'essaimage des peuples dont on étudie l'histoire, c'est servir la cause de l'expansion mondiale. Tyr, Athènes, Rome, Carthage, dans l'antiquité; Venise et Gênes, dans les temps médiévaux; le Portugal, l'Espagne, la Hollande, l'Angleterre, la France et l'Allemagne, dans les temps les plus rapprochés de nous, nous offrent de lumineux et salutaires exemples de ce que peuvent, sous l'empire de la nécessité ou de l'intérêt, des nations actives, énergiques et persévérantes. Insister sur les premières émigrations de nos ancêtres en Angleterre et ailleurs, sur leur intervention dans les Croisades, sur le rôle de la Hanse flamande, sur l'extraordinaire popularité des foires de Thourout, sur la prospérité médiévale de Bruges, de Gand et d'Anvers, sur l'origine et les destinées de la fameuse Compagnie d'Ostende, c'est montrer que les Belges furent dans le passé un peuple colonisateur et capable d'expansion. Insister sur la fondation de l'Etat Indépendant du Congo, sur le courage, l'énergie et l'héroïsme dont plusieurs de nos compatriotes ont donné ou donnent encore des preuves éclatantes en ce domaine nouveau ouvert à leur activité, c'est montrer que les aptitudes expansionnistes de notre race, contrariées par les événements politiques des derniers siècles, sont encore vivaces et capables de servir les destinées économiques futures de la patrie.

Si le professeur a le talent de rassembler, au moment opportun, tous les documents dont il aura semé la route, de les coordonner dans un cadre général, il lui sera aisé de présenter dans un tableau large et vivant l'évolution économique et coloniale à travers les siècles.

Considéré dans sa connexion intime avec le cours de géographie économique, le programme du cours de commerce est assez complet et conçu dans un esprit assez large pour être aisément adapté aux nécessités présentes

Tout en se conformant au programme actuel, le professeur d'hygiène y rattachera aisément, sans surcharge appréciable, des directions et des conseils relatifs à l'hygiène coloniale : au climat, aux maladies particulières aux pays neufs, à l'habitation, au vêtement, au régime alimentaire, etc.

Les programmes de sciences naturelles et d'agriculture apporteront leur contribution à l'œuvre commune en marquant certains détails de la note expansionniste. Caractériser sobrement, mais exactement, la géologie, la faune et la flore des pays neufs; appeler plus particulièrement l'attention sur les produits des trois règnes qui trouvent ou pourraient trouver emploi dans notre industrie ou dans notre commerce; comparer nos procédés de culture, nos systèmes d'élevage, nos industries agricoles aux pratiques similaires en usage à l'étranger, c'est ouvrir les esprits à l'expansion mondiale et les préparer à en assurer le succès.

Sans modifier le plan général des études en arithmétique, il serait utile, d'une part, de faire connaître les principales unités du système des poids et mesures en usage à l'étranger et, comme corollaire, le calcul des nombres complexes, et, d'autre part, de multiplier les applications d'arithmétique commerciale et les problèmes propres à mettre en lumière les avantages de l'expansion économique du pays.

Dans l'étude des langues, les exercices d'application, les lectures, les dictées, les exercices d'élocution et de rédaction peuvent également, par un choix approprié des sujets, tourner les esprits vers l'objectif nouveau.

Il paraît évident qu'il serait utile de renforcer l'étude de la seconde langue obligatoire, le flamand ou l'allemand dans la région wallonne, le français dans la région flamande ou allemande du pays, en la rendant obligatoire à l'examen d'admission à l'école normale, en y consacrant plus de temps à l'horaire des études, en multipliant les exercices de conversation usuelle, en favorisant la correspondance interscolaire, en encourageant les élèves à suivre des cours de vacances à l'étranger.

Le cours de troisième langue, flamand, allemand ou anglais, prévu par le programme, serait organisé dans toutes les écoles et fait d'une manière absolument pratique, en vue surtout des nécessités commerciales.

De l'avis unanime, il serait utile de donner une base scientifique à la préparation des élèves-instituteurs aux exigences nouvelles de leur future mission en établissant dans les écoles normales un cours d'économie politique, d'ailleurs très sommaire, analogue à celui qui se fait dans la rhétorique des humanités modernes des athénées. Comprendre le mécanisme de la production, de la répartition et de la consommation de la richesse, l'organisation du crédit, les grandes lois économiques, paraît indispensable, en effet, à celui qui doit s'associer, avec science et conviction, à la solution du problème de l'expansion économique du pays. Ce cours pourrait être fait, sans surcharge sensible du programme actuel, sous forme de conférences mensuelles aux élèves de la troisième et de la quatrième année d'études.

Si l'on juge utile à la cause de l'expansion économique du pays de perfectionner davantage la culture des forces physiques et des aptitudes manuelles des classes populaires, il s'impose que l'on doit tout d'abord, à l'école normale, multiplier les exercices corporels et les sports, y accentuer le caractère utilitaire et la valeur pratique des applications en dessin et en travail manuel ; mais une réforme des programmes de ces branches n'est pas nécessaire pour en obtenir le maximum d'effet utile à ce point de vue.

Il serait excessif de rattacher, soit au cours de droit constitutionnel, soit au cours nouveau d'économie politique, comme l'avis en a été exprimé, des notions de droit international et de législation étrangère ou consulaire ; l'école normale n'est pas et ne doit pas être une école des hautes études commerciales et consulaires.

En résumé, l'adaptation des élèves-instituteurs aux besoins nouveaux n'exige ni une refonte des programmes ni une réforme des méthodes actuellement en usage dans les écoles normales. Sauf en ce qui concerne les notions d'économie politique, qui constituent, en effet, un complément au programme, le plan d'études actuel répond, dans l'ensemble, tant dans son esprit que dans sa lettre, aux nécessités de la nouvelle tendance que va prendre l'enseignement primaire belge : il suffira d'en orienter l'interprétation, avec discernement et mesure, dans le sens du courant d'idées, du mouvement expansionniste auquel les instituteurs devront désormais s'associer.

C. Cette orientation nouvelle de l'enseignement à l'école normale se compléterait par les mesures suivantes :

1° La formation dans chaque école normale d'une bibliothèque à l'usage des professeurs et des élèves composée d'ouvrages appropriés : géographie coloniale, rapports consulaires, rapports des chambres de commerce, statistiques, voyages et découvertes, histoire de l'industrie et du commerce, etc.; revues spéciales : *Le Mouvement géographique, Le Congo, La Belgique coloniale, Le Bulletin de la Société d'études coloniales,* etc ;

2° L'aménagement d'une salle de géographie en vue de l'enseignement par l'intuition sensible et par les projections lumineuses ;

3° La formation dans chaque école d'un musée commercial colonial ;

4° L'organisation de conférences sur des sujets qui se rapportent à l'expansion mondiale ;

5° Les visites des musées commerciaux, des expositions coloniales, etc.;

6° L'amélioration du mode actuel de recrutement par la majoration du taux des bourses d'études et par le relèvement du niveau de l'examen d'admission ;

7° L'organisation de la correspondance interscolaire avec les étrangers ;

8° La création de bourses de voyages.

Formation de l'instituteur en fonctions. — Pour arriver rapidement à mettre le personnel enseignant à même de concourir efficacement à l'œuvre d'expansion économique, il conviendrait d'instituer des cours temporaires spéciaux destinés aux inspecteurs cantonaux. Une fois ceux-ci instruits du rôle plus complexe de l'école primaire, ils éclaireraient à leur tour les instituteurs de leur ressort sur leur mission nouvelle et sur les moyens de la bien remplir.

Cette mesure serait complétée par l'organisation de quelques conférences données par des spécialistes, auxquelles les maîtres seraient tenus d'assister, et par l'envoi aux bibliothèques cantonales d'ouvrages de géographie coloniale, d'histoire du commerce et de l'industrie, des publications de l'Office colonial, des rapports consulaires, etc., dont l'analyse pourrait faire l'objet des travaux de conférences.

Le Rapporteur :
A. Famenne.

CONGÉ. — *Samedi, 22 juillet 1905, à l'occasion des fêtes nationales.* — Circulaire adressée le 17 juillet 1905 aux inspecteurs principaux de l'enseignement primaire par M. de Trooz, ministre de l'intérieur, etc. (*Bulletin du ministère de l'intérieur, etc.,* 1905, II, 78.)

Je vous prie de vouloir bien faire connaître, en mon nom, par l'intermédiaire des inspecteurs cantonaux, aux bourgmestres des communes de votre ressort, que l'administration locale est autorisée à donner congé aux écoles le samedi 22 juillet courant, à l'occasion des fêtes nationales.

COURS DE RELIGION. — *Empêchement du titulaire. — Intérimaire.* — Dépêche adressée le 20 février 1906 à un inspecteur diocésain par M. de Trooz, ministre de l'intérieur, etc. (*Bulletin du ministère de l'intérieur, etc.,* 1906, II, 14.)

Par votre lettre du 30 janvier dernier, vous m'avez fait savoir que la dame B..., déléguée du ministre du culte pour donner le cours de religion dans les écoles communales de C..., est empêchée momentanément d'enseigner, et qu'elle propose au collège échevinal, d'accord avec M. le curé doyen, d'agréer comme intérimaire la demoiselle D...

Le collège a répondu à M. le curé doyen qu'à son avis la législation sur l'enseignement religieux n'attribue à aucun des pouvoirs publics le soin d'agréer les intérimaires pour donner le cours de religion en l'absence des titulaires, et qu'en conséquence il est obligé de laisser le cours en suspens pendant le congé de M. B...

Le cours de religion est une des branches obligatoires du programme, et ce cours ne peut être suspendu pour aucune raison.

Si le titulaire chargé de ce cours est momentanément empêché de le donner, il doit être remplacé par un intérimaire au même titre qu'un maître spécial, et il n'est pas nécessaire qu'une disposition légale impose cette prescription.

Qui doit désigner l'intérimaire remplaçant le délégué du ministre du culte?

Il est à remarquer qu'aux termes de l'article 4 de la loi scolaire, l'organisation de l'enseignement de la religion incombe exclusivement au ministre du culte : c'est lui qui peut donner ce cours ou le faire donner, soit par l'instituteur, si celui-ci consent, soit par une autre personne agréée par le conseil communal.

Le ministre du culte est donc l'autorité qui confère le mandat à la personne qu'il a déléguée, et de même que l'instituteur communal qui désire obtenir un congé doit s'adresser à l'autorité de qui il tient sa fonction, c'est-à-dire à l'administration communale, de même le délégué doit solliciter du ministre du culte l'autorisation de s'absenter.

De même aussi que l'administration communale, le ministre du culte doit avoir le pouvoir d'accorder l'autorisation demandée et, partant, le droit de désigner un intérimaire.

En l'espèce donc c'est à M. le curé doyen de C... qu'il appartient de dispenser la dame B... de donner momentanément le cours de religion, d'en prévenir l'autorité locale et de notifier à celle-ci l'intérimaire qu'il aura désignée pour remplacer la dame B... et qui devra être agréée par le conseil communal.

Décès de S. A. R. Mgr le comte de Flandre. — Fermeture des établissements d'enseignement primaire le jour des funérailles. — Circulaire adressée le 18 novembre 1905 aux inspecteurs principaux de l'enseignement primaire par M. de Trooz, ministre de l'intérieur, etc. (*Bulletin du ministère de l'intérieur, etc.*, 1905, II, 117.)

Le roi et la famille royale viennent d'être cruellement éprouvés par la mort aussi brusque qu'inattendue de S. A. R. Mgr le comte de Flandre.

Ce deuil affectera vivement tous les Belges si fidèlement attachés à notre dynastie et particulièrement les membres du personnel enseignant des écoles primaires; maîtres et élèves voudront, en cette triste circonstance, adoucir la douleur du roi et de nos princes en s'associant aux regrets unanimes que provoque cette mort.

Je vous prie, Monsieur l'inspecteur principal, d'engager d'urgence les administrations communales et les directeurs des établissements adoptés et subsidiés à fermer leurs écoles en signe de deuil le jour des funérailles de l'auguste défunt.

Écoles adoptées. — *Adoption. — Retrait non justifié.* — Arrêté royal du 5 septembre 1905, contresigné par M. de Trooz, ministre de l'intérieur, etc. (*Moniteur* du 27 septembre.)

Vu la délibération, en date du 7 juin 1905, parvenue le 23 du même mois au gouvernement provincial de Namur et par laquelle le conseil communal de Havelange a décidé de retirer l'adoption à l'école privée pour filles, avec section gardienne, établie en cette localité;

Attendu que le dit conseil invoque à l'appui de sa décision les considérations suivantes : le désordre règne à l'école dont il s'agit; depuis deux ans, neuf ou dix institutrices s'y sont succédé et ces changements sont préjudiciables à l'enseignement; l'autorité locale n'a jamais été informée de ces mutations dans le personnel enseignant; l'adoption de cette école, qui a été prononcée en séance du 8 février 1902, n'est qu'une proposition qui n'a pas été suivie d'effet, car aucune acceptation n'a été notifiée au conseil et aucune convention écrite n'est intervenue;

Vu l'arrêté de M. le gouverneur de la province de Namur, du 12 juillet dernier, suspendant l'exécution de la délibération précitée;

Vu l'arrêté de la députation permanente du conseil provincial, du 17 du même mois, décidant de maintenir la suspension prononcée, dont les motifs ont été notifiés au conseil communal le 29 suivant;

Attendu qu'il résulte des renseignements fournis par l'inspection scolaire que l'ordre n'a pas cessé un seul instant de régner à l'école privée adoptée de Havelange; que si depuis trois ans des mutations se sont produites dans le personnel enseignant, ces mutations sont dues à des circonstances exceptionnelles et qu'elles n'ont pas nui en aucune façon à l'instruction et à l'éducation des enfants; que la dite école a continué à réunir les conditions prescrites par l'article 19 de la loi scolaire pour bénéficier des avantages de l'adoption;

Attendu que, par résolution du 8 février 1902, le conseil communal a régulièrement réadopté, pour une durée de dix ans, l'école privée pour filles dont il s'agit; qu'aux termes de la loi c'est au conseil qu'il appartient de prononcer l'adoption et qu'il n'a pas de proposition à faire de ce chef; que, d'autre part, il n'est pas prescrit que l'adoption doive être acceptée ou fasse l'objet d'une convention;

Attendu que lorsqu'une adoption a été consentie par la commune pour une durée déterminée, elle ne peut prendre fin avant l'expiration du terme assigné qu'en cas de décès, retraite ou destitution du titulaire sous le nom duquel l'adoption a été consentie;

Attendu qu'en l'occurrence aucun de ces cas ne s'est présenté et que, d'autre part, l'école privée continue à réunir les conditions voulues au point de vue de l'adoption; que, dès lors, le retrait de l'adoption ne se justifie ni en droit ni en fait; que, partant, la délibération susvisée, en date du 7 juin 1905, du conseil communal de Havelange est contraire aux articles 1er et 19 de la loi scolaire et qu'il y a lieu de l'annuler;

Vu les articles 86 et 87 de la loi communale;

Sur la proposition de notre ministre de l'intérieur et de l'instruction publique,

Nous avons arrêté et arrêtons :

La délibération précitée, en date du 7 juin 1905, du conseil communal de Havelange est annulée.

Mention de cette disposition sera faite au registre des délibérations du dit conseil, en marge de l'acte annulé.

---

*— Expiration du terme.—Réadoption.—*Circulaire adressée le 22 décembre 1905 aux gouverneurs de province par M. de Trooz, ministre de l'intérieur, etc. (*Bulletin du ministère de l'intérieur, etc.*, 1905, II, 126.)

Un grand nombre d'adoptions d'écoles privées prononcées par des communes en exécution de loi du 15 septembre 1895 sont arrivées au terme de la période pour laquelle elles ont été consenties ou bien sont près de l'atteindre.

Je vous prie d'appeler sur ce point l'attention des administrations communales intéressées et de leur rappeler qu'au cas où leur intention serait de réadopter les dites écoles, le conseil communal devra être invité à délibérer à ce sujet.

Vous aurez soin de me faire parvenir, en même temps que les pièces prescrites par la circulaire du 1er octobre 1895, une ampliation des délibérations prises par les conseils communaux en matière de réadoption.

Vous voudrez bien surtout ne pas omettre d'indiquer en regard du nom de chacun des membres du personnel enseignant mentionné dans l'annexe A s'il s'agit d'agents laïcs ou religieux.

Ce renseignement. est indispensable pour permettre d'examiner si les agents en cause jouissent des avantages garantis par les articles 13 à 15 de la loi scolaire.

Afin d'éviter toute confusion entre les laïcs et religieux en cas d'adoption nouvelle ou de mutation dans la composition du personnel enseignant des écoles adoptées, il y aura lieu de joindre à votre envoi, comme le prescrivent mes circulaires des 6 décembre 1902, 21 janvier et 1er juillet 1904, n° 16578A, une fiche matricule pour les agents laïcs, diplômés ou dispensés de l'examen, nommés ou promus à un grade supérieur.

— Rapports à fournir par les inspecteurs cantonaux. — Réadoption. — Renseignements complémentaires. — Circulaire adressée le 1er décembre 1905 aux inspecteurs de l'enseignement primaire par M. de Trooz, ministre de l'intérieur, etc. (*Bulletin du ministère de l'intérieur, etc.*, 1905, II, 123.)

Aux termes de la circulaire interprétative de la loi scolaire (1er octobre 1895), les inspecteurs cantonaux sont tenus de visiter les écoles primaires privées que les communes ont adoptées dès qu'ils ont reçu avis de l'adoption de ces institutions.

Ils doivent immédiatement se livrer à une enquête minutieuse et donner leur avis sur chacune des conditions d'adoption énumérées à l'article 19 de la loi scolaire. S'il est certaines conditions qui paraissent faire défaut, ils doivent vous transmettre, en même temps que leurs rapports, les pièces et documents que les bénéficiaires ou les administrations locales leur ont fait parvenir en vue d'indiquer les moyens par lesquels ils comptent compléter les conditions d'adoption.

Malgré ces instructions si précises, je reçois fréquemment des dossiers incomplets et des rapports tellement sommaires qu'il m'est difficile de constater si les conditions d'adoption sont réunies dans l'espèce, ce qui m'oblige à prescrire un complément d'instruction.

De là des retards et des complications d'écritures qu'il importe d'éviter; aussi je vous prie de vouloir bien rappeler aux inspecteurs cantonaux placés sous vos ordres les prescriptions de la circulaire du 1er octobre 1895, et de les inviter à vous adresser des rapports plus complets sur l'existence des conditions légales d'adoption. Vous aurez soin de vous assurer que les dossiers d'adoption qui vous seront transmis comprennent toutes les pièces et documents dont la production est prescrite par la circulaire prérappelée du 1er octobre 1895.

Quand il s'agira de la réadoption d'une école libre, le rapport des inspecteurs cantonaux devra contenir, outre les indications précitées : A. que l'école dont il est question a déjà été adoptée par délibération du . . . . pour une durée de . . . . au bénéfice de . . . . B. que cette adoption, qui a pris cours le . . a cessé le . . . , par suite de . . . .

Cette dernière disposition est nécessaire, parce qu'un grand nombre d'archives de mon département ont été détruites lors de l'incendie survenu dans les locaux de mes bureaux en novembre 1904.

En cas d'adoption comme de réadoption, il importe qu'un exemplaire du modèle A, prévu par la circulaire du 1er octobre 1895, soit annexé au dossier et que le rapport fasse mention de tous les avantages accordés aux bénéficiaires de l'adoption.

Il peut se produire qu'une école privée ne remplisse pas, au moment de son adoption, les conditions requises, mais qu'elle les réunisse dans la suite. Au cas où cette éventualité se présenterait, vous voudrez bien mentionner la date exacte à partir de laquelle la dite école satisfait, à votre avis, aux prescriptions légales.

J'attache la plus grande importance, Monsieur l'inspecteur principal, à ce que les prescriptions de la présente circulaire soient rigoureusement observées.

ÉCOLES D'ADULTES MÉNAGÈRES. — *Une seule classe. — Personnel.* — Circulaire adressée le 13 avril 1905 aux gouverneurs de province par M. de Trooz, ministre de l'intérieur, etc. (*Bulletin du ministère de l'intérieur, etc.*, 1905, II, 35.)

Aux termes de l'article 3, n° 2, du règlement du 21 septembre 1898, toute école d'adultes doit, pour mériter les encouragements pécuniaires de l'Etat, « avoir un personnel enseignant capable et dont la moitié des membres au moins possèdent un diplôme légal pour l'instruction primaire ».

L'école d'adultes d'une seule classe doit donc nécessairement être tenue par un instituteur (institutrice) diplômé.

J'ai été appelé à examiner la question de savoir si, dans les écoles pour jeunes filles adultes où l'on s'occupe spécialement de l'enseignement des travaux du ménage et des travaux à l'aiguille, on pouvait admettre que les cours théoriques fussent donnés par une institutrice diplômée pour l'instruction primaire et les cours pratiques de ménage, de couture, etc., par une maîtresse non munis de pareil diplôme, mais capable néanmoins d'enseigner avec fruit les branches dont elle doit s'occuper spécialement.

Je crois pouvoir, à titre d'essai, consentir à l'adjonction de maîtresses de l'espèce, mais sous la condition que l'institutrice principale diplômée, dont l'influence doit être et rester prépondérante, donne les cours théoriques et, le cas échéant, une partie des cours pratiques, pendant la moitié au moins du nombre d'heures prévu par le n° 5 de l'article 3 et par le dernier alinéa de l'article 10 du règlement susvisé (cinquante heures au moins dans les écoles ouvertes pendant cent heures ou au delà; trente-huit heures au moins dans les écoles dominicales ouvertes pendant soixante-quinze à quatre-vingt-dix-neuf heures).

Les inspecteurs principaux et cantonaux auront soin de veiller à la stricte observation de cette condition. Ils pourront, s'il en est besoin, faire constater la capacité de la maîtresse non diplômée et les résultats de son enseignement par l'inspectrice déléguée pour l'inspection des cours de travail à l'aiguille dans les écoles primaires pour filles ou mixtes.

Il est entendu que, malgré le concours d'une seconde institutrice, les écoles d'adultes ménagères ou à tendances professionnelles d'une seule classe ne pourront obtenir que les subsides indiqués au littéra A ou au dernier alinéa de l'article 10 du règlement.

Des exemplaires de la présente circulaire seront envoyés, par mes soins, aux divers membres de l'inspection scolaire. Veuillez, de votre côté, Monsieur le gouverneur, la faire insérer au *Mémorial administratif de la province.*

Enseignement d'une seconde langue dans la partie wallonne du pays. — Circulaire adressée le 8 juillet 1905 aux gouverneurs de province par M. de Trooz, ministre de l'intérieur, etc. (*Bulletin du ministère de l'intérieur*, etc., 1905, II, 66.)

J'ai l'honneur de vous adresser un exemplaire de la lettre de l'administration communale de Liége au sujet des mesures prises pour l'enseignement d'une seconde langue dans les écoles primaires de la ville.

J'estime qu'il serait désirable que pareilles mesures fussent prises par les administrations communales des villes de la partie wallonne du pays qui, jusqu'à présent, ont négligé d'organiser cet enseignement, inscrit au programme commun aux écoles primaires et aux sections préparatoires des écoles moyennes. Ainsi disparaîtrait la principale cause de faiblesse des cours de langues modernes de nos établissements d'enseignement moyen, et l'enseignement primaire ne pourrait que tirer avantage de cette amélioration de l'enseignement public.

Je vous saurais gré, Monsieur le gouverneur, d'intervenir auprès des autorités locales que la chose peut intéresser et de me faire connaître l'accueil qui aura été réservé à votre invitation.

Le collège des bourgmestre et échevins à M. l'inspecteur cantonal de l'enseignement primaire à Liége.

Monsieur l'inspecteur,

Sous renvoi des pièces qui accompagnaient votre apostille du 30 mars dernier, nous avons l'honneur de vous faire connaître que notre administration a organisé, à titre d'essai, pendant l'année scolaire 1898-1899 et les suivantes, des cours de flamand et d'allemand à l'usage des élèves de la 6e année de nos écoles primaires qui se préparaient aux études moyennes.

Cet enseignement ayant donné de bons résultats, le conseil communal a décidé, le 28 juillet 1903, de l'instituer à titre définitif. Afin de le rendre plus fructueux, deux sections ont été créées : la première est destinée aux élèves de 5e année et la seconde à ceux de 6e année.

Au 31 décembre dernier, il existait 10 cours de flamand comprenant 359 élèves et 8 d'allemand comptant 269 élèves.

Les leçons se donnent trois fois par semaine, les lundi, mercredi et vendredi, de 5 à 6 h. 1⁄4 du soir. Elles sont faites par des membres du personnel de nos écoles qui possèdent les connaissances requises pour donner l'enseignement avec fruit.

M. Kuntziger, professeur de langues à l'athénée royal, a bien voulu inspecter ces cours l'an dernier et il a constaté de sérieux progrès chez les élèves.

Malheureusement, un certain nombre d'enfants qui ont l'intention de poursuivre leurs études ne profitent pas des avantages que nous leur offrons. C'est ainsi que sur 148 élèves de la ville admis à notre école moyenne au mois d'octobre dernier, 70 ont déclaré ne pas avoir suivi ces cours. Nous attribuons cette abstention à l'indifférence que certains parents montrent à l'égard de l'étude des langues et, peut-être aussi, à l'insuffisance de propagande faite dans les écoles primaires en faveur de ces cours. Nous avons attiré l'attention de nos directeurs sur ce point et nous les avons priés d'engager les élèves des 4e et 5e années à suivre ces leçons. Une notice donnant quelques renseignements à ce sujet sera distribuée aux parents.

Un assez grand nombre d'enfants étrangers à la ville fréquentent notre école moyenne. Sur 82 élèves de cette catégorie admis en octobre dernier, 15 seulement connaissaient un peu d'allemand ou de flamand. Pour que l'enseignement des langues puisse donner de bons résultats à cet établissement, il est indispensable que les communes environnantes organisent aussi des cours préparatoires de langues. Nous vous serions obligés de demander au gouvernement d'engager les administrations de ces localités à entrer dans cette voie.

Agréez, Monsieur l'inspecteur, l'assurance de notre considération distinguée.

Par le collège :

Le secrétaire,   *Le bourgmestre,*
(s.) RIGO.   (s.) G. KLEYER.

ÉCOLES PRIMAIRES

Programme des cours de langues allemande et flamande destinés aux élèves de la 5° et de la 6° années d'études des écoles primaires de garçons qui se préparent aux études moyennes.

PROGRAMME DU COURS D'ALLEMAND.

Cours inférieur.

1. — Construction de la proposition principale : le verbe est à un temps simple, à un temps composé.
2. — Article défini et déterminatifs à désinences.
Article indéfini et déterminatifs sans désinences.
3. — Noms communs. Formation du pluriel. Règles générales. Idée générale de la déclinaison. Déclinaisons.
4. — Qualificatifs. Degrés de comparaison, formation régulière.
5. — Verbes. — *a.* Conjugaison d'un verbe faible aux temps : présent, imparfait, passé indéfini, plus-que-parfait, futur, impératif.
b. Les trois auxiliaires de temps.
Occasionnellement, présent des verbes forts.
6. — Nombres cardinaux et ordinaux jusque 100.
7. — Morceaux de lecture et de mémoire en application des données grammaticales.
8. — Écriture allemande.
9. — Exercices pratiques (voir plus loin).

Cours supérieur.

(Grammaire occasionnelle.)

1. — Construction directe. Cas d'inversion.
2. — Les trois genres. Déterminatifs à et sans désinences.
3. — Emploi des cas. Déclinaison des articles et déterminatifs.
4. — Formation du pluriel du nom.
5. — Déclinaisons faible et forte du nom.
6. — Déclinaison des prénoms.
7. — Adjectifs numéraux, ordinaux et cardinaux.
8. — Qualificatifs. Déclinaison. Degrés de comparaison.
9. — Conjugaison faible. Voix passive. Verbes réfléchis.
Notions générales sur la conjugaison forte. Temps primitifs de quelques verbes forts.

Exercices pratiques.

1. — Analyse des gravures: les quatre saisons. Étude approfondie d'une saison (le printemps).
2. — L'école. La salle d'école, le mobilier scolaire, les objets classiques : la table, le pupitre, le cahier, la mallette, la chaise. L'élève et l'instituteur.
3. — La maison. Les meubles. Comparaison entre deux chambres.
4. — La famille. Le manger. A table.
5. — Le jardin. Les fruits, fleurs, arbres. Description d'une plante, d'un arbre.
6. — Le corps humain. Les vêtements.
7. — La ville. Les artisans, les outils.

8. — Le village. Les animaux domestiques, le chien, le cheval, la vache. La ferme. Les champs, arbres de la forêt, quelques minéraux.
9. — Le temps. Année, mois, jours L'heure.
10. — Liége. La Belgique, bornes, fleuves, provinces, langues, etc. Questions de géographie.
11. — Quelques problèmes sur les monnaies.
12. — Lettres.
13. — Morceaux de lecture. Mémoire.
14. — Écriture. Dictées.

Observations. — 1° Le cours sera exclusivement pratique. Il faut amener l'élève à exprimer le plus correctement possible sa pensée en allemand.

2° Chaque leçon commencera par la récitation individuelle et simultanée des vocabulaires précédents, inscrits dans un carnet réservé spécialement à l'inscription des mots nouveaux et des règles de grammaire.

3° Les devoirs à domicile ne sont pas à conseiller.

PROGRAMME DU COURS DE FLAMAND.

Cours inférieur.

1. — Dénomination des choses qui se trouvent dans la sphère d'observation des enfants: mobilier de l'école, objets classiques, vêtements, maison paternelle, animaux, arbres, fruits, légumes, etc., etc.
2. — Étude des expressions usuelles permettant aux élèves d'utiliser le vocabulaire ci-dessous détaillé dans de petites conversations.
3. Connaissance des couleurs, des parties du corps, des métiers, de la division du temps, des noms et des prénoms, des nombres et des quatre opérations fondamentales.
4. — Conjugaison aux trois temps principaux des verbes les plus usités.
Enseignement occasionnel des règles essentielles de grammaire.

Exercices pratiques et conversations pour les deux cours.

1. — Analyse de gravures.
2. — L'école, la maison, la ville, la patrie.
3. — Les vêtements, les artisans.
4. — Les animaux domestiques.
5. — L'heure.
6. — Le voyage.

Cours supérieur.

Grammaire (occasionnelle).

1. — Construction directe. Cas d'inversion.
2. — Formation du pluriel du nom.
3. — Trois temps étudiés en première année. Conditionnel et impératif des verbes réguliers et principaux verbes irréguliers. Verbes réfléchis. Voix passive.
4. — Degrés des comparaison des qualificatifs.
5. — Formes des déterminatifs. Pronoms.
6. — Analyse grammaticale de vive voix.
N. B. — L'enseignement de la grammaire est essentiellement occasionnel. L'élève tiendra note, dans un carnet *ad hoc*, des règles de grammaire qui lui seront enseignées.

EXERCICES PRATIQUES.

1. — Analyse de gravures : les quatre saisons.
Etude approfondie d'une saison.
2. — L'école : les personnes, les parties de l'école, le mobilier scolaire, les objets classiques. Les autorités scolaires. Conduite de l'écolier à l'école, dans la rue, à la maison.
3. — La maison : les parties de la maison, les meubles, les habitants. Comparaison entre deux maisons, deux chambres.
4. — La famille : le manger, à table.
5. — Le jardin : les arbres, les fruits, les fleurs. Parties d'un arbre, d'une plante.
6. — Les métaux. Nom de matières.
7. — Le corps humain, les vêtements, les sens.
8. — La ville : les artisans, leurs outils.
9. — Le village : les animaux domestiques. Description d'une ferme.
10. — Le temps, l'heure, le jour, les mois, l'année, les saisons, les fêtes, l'avenir.
11. — Géographie. Liége, population, situation, industrie. La Belgique : bornes, fleuves, provinces, langues.
12. — Quelques voyages : à la station, à l'hôtel, visite de la ville.
13 — Rédaction : billets et lettres faciles.
14. — Morceaux de lecture, résumés, mémoires, dictées.

OBSERVATIONS GÉNÉRALES.

1. — Aucun livre ne doit être mis entre les mains des élèves; l'instituteur s'efforcera de les faire parler le plus souvent possible et d'étendre leur vocabulaire.
2. — Les instituteurs insisteront sur la prononciation et ceux qui enseignent l'allemand veilleront spécialement à l'écriture.
3. — A la fin de chaque année scolaire, chaque instituteur dressera une liste des élèves, en mentionnant une appréciation en regard du nom de chacun d'eux.
Adopté en séance du conseil communal du 25 juillet 1904.

Par le conseil:

Le secrétaire,   Le bourgmestre-président,
(s.) J. RIGO.   (s.) G. KLEYER.

—

VILLE DE LIÉGE.

ÉCOLES PRIMAIRES DE GARÇONS.

COURS PRÉPARATOIRES
DE LANGUES FLAMANDE ET ALLEMANDE.

Avis aux parents.

Depuis plusieurs années, l'administration communale a organisé des cours préparatoires de langues flamande et allemande en faveur des élèves des écoles primaires qui se préparent aux études moyennes. Ces cours se donnent trois fois par semaine: les lundi, mercredi et vendredi, de 5 à 6 heures 1/4 du soir. Ils comprennent deux sections; la première est destinée aux élèves de la 5e année d'étude et la seconde à ceux de la 6e année. Les leçons sont faites par des membres du personnel qui possèdent les connaissances requises pour donner cet enseignement avec fruit.
L'administration attire tout spécialement l'attention des parents sur l'utilité de ces cours.
Ils sont nécessaires non seulement aux élèves qui se rendront à l'école moyenne ou à l'athénée royal, mais aussi à ceux qui ont l'intention de fréquenter les écoles supérieures d'adultes.
Ces cours sont gratuits.
Les inscriptions sont reçues par MM. les chefs des écoles primaires à la rentrée des classes.

—

INSTRUCTION GRATUITE. — *Frais d'écolage.* — *Intervention des bureaux de bienfaisance.* — Dépêche adressée le 22 septembre 1905 à un gouverneur de province par M. de Trooz, ministre de l'intérieur, etc. (*Bulletin du ministère de l'intérieur, etc.*, 1905, II, 100.)

Vous m'apprenez, par lettre du 2 septembre courant, que les dispositions de l'article 3. dernier alinéa, de la loi organique de l'instruction primaire, relatives au mode de fixation de la cotisation scolaire du bureau de bienfaisance et à la répartition de cette cotisation entre les écoles communales, les écoles adoptées et les écoles adoptables, ne sont pas observées dans votre province et vous me demandez si, en l'absence de réclamation des écoles adoptables, il y a lieu à l'application des prescriptions légales susvisées et des articles 6 et 7 de l'arrêté royal du 31 juillet 1887.
La réponse à cette question ne saurait être qu'affirmative. Il va de soi, en effet, que la loi et les arrêtés qui en règlent l'exécution doivent être appliqués intégralement dans tout le royaume.
Je vous prie, Monsieur le Gouverneur, d'inviter les communes où le bureau de bienfaisance intervient dans les dépenses de l'enseignement primaire à faire déterminer annuellement par la députation permanente le montant de la cotisation scolaire de ce bureau et de veiller à ce que, le cas échéant, ce montant soit, comme le veut la loi, réparti entre les écoles communales, les écoles adoptées et les écoles adoptables, au prorata du nombre des enfants ayant droit à l'instruction gratuite qui les fréquentent régulièrement.
Vous voudrez bien faire inscrire dorénavant, dans la 11e colonne du tableau D et dans la 2e colonne du tableau G des états de renseignements que votre administration doit adresser, chaque année, à mon département, en vue de la rédaction du compte rendu détaillé de l'emploi des fonds de l'enseignement primaire, les sommes effectivement payées : d'une part, aux écoles communales et adoptées; d'autre part, aux écoles adoptables.

—

LOCAUX SCOLAIRES. — *Affichage sur les murs des écoles de réclames pour des ouvrages de moralité douteuse.* — Circulaire adressée le 24 janvier 1906 aux inspecteurs principaux de l'enseignement primaire par M. de Trooz, ministre de l'intérieur, etc. (1). (*Bulletin du ministère de l'intérieur, etc.*, 1906, II, 6.)

A propos de certains tableaux antialcooliques appendus aux murs des classes, un inspecteur principal a écrit ce qui suit dans son dernier rapport général sur l'état de l'enseignement primaire : « Qu'on évite de mettre sous les yeux des élèves les horreurs du vice. La vue fréquente du vice nous habitue, nous familiarise avec le mal et trop souvent, malhereuusement, nous pousse vers le mal. On perd de vue que l'exemple du vice est contagieux et que trop de personnes se complaisent dans sa peinture. Chez la généralité des hommes, le vice, à première vue, produit un sentiment d'horreur, puis la curiosité l'emporte sur l'horreur et prépare la voie à l'indifférence, parfois à une sympathie maladive. »

Dans le même ordre d'idées, le conseil de perfectionnement de l'instruction primaire, dans sa dernière session, a exprimé le regret de voir, sur les murs des écoles, des affiches-réclames pour toutes sortes d'ouvrages de moralité douteuse, annoncés au public à grand renfort de gravures très suggestives.

Il estime que le gouvernement devrait résolument défendre d'afficher sur les murs des écoles ; il en a le droit, dit-il, puisque, par voie de subsides, il a coopéré à la construction de ces établissements.

Je partage les vues et les considérations qui viennent d'être exposées.

Aussi vous saurais-je gré, Monsieur l'Inspecteur principal, d'user de votre influence auprès des administrations communales et du personnel enseignant pour que, sous ce rapport, rien ne laisse à désirer dorénavant.

J'aime à croire que, par voie de conseil et de persuasion, on atteindra le but poursuivi.

Si, néanmoins, des abus persistaient, vous auriez pour devoir de me les signaler et l'autorité supérieure aviserait.

MAITRESSE D'OUVROIR. — *Mise en disponibilité pour cause de suppression d'emploi.* — Dépêche adressée le 9 août 1905 à un gouverneur de province par M. de Trooz, ministre de l'intérieur, etc. (*Bulletin du ministère de l'intérieur, etc.*, 1905, II, 82.)

Comme suite à votre lettre du 24 juillet dernier, j'ai l'honneur de vous faire remarquer que la mise en disponibilité des maîtresses d'ouvroir pour cause de suppression d'emploi est régie par l'article 3 de la loi du 31 mars 1884 et l'arrêté royal du 21 septembre de la même année.

La loi du 4 janvier 1892, qui est relative au

1. Cette circulaire a été communiquée le 6 février 1906 aux gouverneurs de province et aux inspecteurs de l'enseignement libre.

traitement d'attente des instituteurs communaux, ne leur est pas applicable.

Aux termes de l'article 3 de la loi du 31 mars 1884, c'est au ministre de l'instruction publique qu'il appartient de mettre en disponibilité les maîtresses d'ouvroir, soit sur la proposition du conseil communal, soit d'office, le conseil communal entendu.

Je vous prie de remarquer en outre que les maîtresses d'ouvroir qui peuvent être placées dans la position de disponibilité sont celles dont l'emploi a été supprimé par suite de la création d'une école pour filles et non pas suspendu à cause de l'absence d'élèves du sexe féminin.

PENSION. — *Instituteurs adoptés.* — *Justification des services admissibles.* — *Point de départ du délai de six mois prévu au § 2 de l'article 7 de la loi du 25 août 1901.* — Circulaire adressée le 20 février 1906 aux gouverneurs de province par M. de Trooz, ministre de l'intérieur, etc. (*Bulletin du ministère de l'intérieur, etc.*, 1906, II, 13.)

Le § 2 de l'article 7 de la loi du 25 août 1901 prescrit que l'instituteur adopté doit, pour les rendre admissibles en matière de pensions, justifier de ses services « dans les six mois de la date » de l'acte d'adoption ou de l'acte d'agréation, c'est-à-dire de la délibération par laquelle le conseil communal vote l'adoption, la réadoption ou l'agréation.

Cette disposition est nécessairement d'application chaque fois qu'il s'agit de services effectivement rendus dans une école ayant le caractère légal d' « adoptée ». Mais les effets de l'adoption peuvent prendre cours à une date assez éloignée de celle de la délibération qui la prononce, soit :

1° Parce que le gouvernement, constatant que les conditions légales ne sont pas réunies, suspend les effets de la résolution, ou

2° Parce que le conseil communal les postpose à une date déterminée.

Dans ces deux cas, il n'y a pas de services effectivement rendus dans une école adoptée pendant la période intermédiaire, et alors se pose la question de savoir s'il est juste et conforme à l'esprit de la loi de maintenir la rigueur du principe énoncé ci-dessus.

La réponse, à mon avis, doit être négative. En effet, au primo, l'adoption est inexistante pendant la durée de la suspension et, par cela, les services accomplis à l'école, dans l'intervalle, sont inadmissibles pour la pension.

De même, au secundo, les services adoptés à justifier ne commenceront qu'à une date ultérieure.

Or, en accordant un délai de six mois à partir de la délibération du conseil communal portant adoption ou agréation, le législateur doit avoir voulu laisser aux instituteurs adoptés, pour accomplir les formalités qu'il prescrivait, un certain laps de temps après le commencement des services réclamant ces formalités. Et il ne paraît pas juste de diminuer un délai, jugé nécessaire, des jours pendant lesquels la fonction n'a pas son caractère de validité légale.

Aussi, dans les deux éventualités dont il s'agit, est-il rationnel de reporter le point de départ de la période de six mois prévue à l'article 7 précité au jour à partir duquel l'acte d'adoption ou l'acte d'agréation sort ses effets, date qui, suivant le cas, est mentionnée dans l'acte ou fixée par le gouvernement.

Je vous saurais gré, Monsieur le gouverneur, de bien vouloir informer de ce qui précède les administrations communales et Messieurs les inspecteurs de l'enseignement primaire de votre province et les inviter à faire connaître ces instructions à MM. les directeurs chefs d'écoles adoptées et à leurs subordonnés visés dans l'article 4 de la loi du 25 août 1901.

Vous m'obligeriez, Monsieur le gouverneur, en me transmettant un numéro du *Mémorial administratif* dans lequel la présente se trouvera publiée.

———

— *Instituteurs adoptés.* — *Services non justifiés dans les délais requis.* — *Obligations des chefs d'écoles adoptées.* — Dépêche adressée le 24 juin 1905 à un gouverneur de province par M. de Trooz, ministre de l'intérieur, etc. (*Bulletin du ministère de l'intérieur, etc.*, 1905, II, 63.)

Par requête parvenue à mon département le..., MM. B..., R... et C..., instituteurs adoptés à N..., demandant d'obtenir la validité, pour la pension éventuelle de retraite, des services qu'ils ont rendus depuis le 3 août 1903 jusqu'au .., période pour laquelle, comme j'ai eu l'honneur de vous l'écrire par dépêche du..., émargée ci-contre, les intéressés ont été frappés de déchéance au regard de la pension, à cause d'inobservance du § 2 de l'article 7 de la loi du 25 août 1901.

A l'appui de leur sollicitation, ils font valoir que, pendant la période contestée, ils ont continué leur participation à la Caisse des veuves et orphelins et que, d'ailleurs, l'omission qui leur est reprochée est involontaire, puisqu'ils n'ont pas été informés de la réadoption votée le 3 août 1903, dont ils auraient dû envoyer copie à mon département dans la forme et le délai prévus; cette dernière déclaration est confirmée en quelque sorte par MM. le bourgmestre et le nouveau titulaire d'adoption de l'école, en ce sens qu'ils ont apostillé, sans observation, la requête précitée.

MM. B..., R... et C... perdent de vue que la continuation de participation à la Caisse des veuves et orphelins n'implique pas l'existence de titres à une pension de retraite. Cette participation, qui, en tout cas, ne peut profiter qu'aux veuves et orphelins de l'affilié, subsiste malgré la démission de celui-ci s'il se conforme à l'article 20 des statuts. Elle est nulle, au contraire, lorsque, comme dans le cas de Messieurs les prénommés, l'engagement prévu au dit article n'a pas été souscrit. En l'espèce, il y a eu seulement continuation abusive de versements que la Caisse des veuves remboursera et qu'elle n'a d'ailleurs acceptés que parce qu'elle-même ignorait, à cette époque, la déchéance encourue par les participants.

Quant à la question de savoir si les intéres-

sés ont volontairement ou non manqué d'observer les dispositions du § 2 de l'article 7, sa solution est sans intérêt, car l'application de la pénalité prévue au dit paragraphe n'est pas subordonnée à cette solution : la déchéance frappe, sans tenir compte d'aucune circonstance atténuante, l'instituteur adopté qui ne transmet pas, dans le délai légal, l'acte désigné par la loi.

Je ne puis donc, bien à regret, accueillir favorablement la requête de MM. les instituteurs prérappelés. Ceux-ci ne peuvent guère se plaindre de leur situation qu'au titulaire actuel de l'adoption et à son prédécesseur. Il va de soi qu'ayant nommé le personnel, ces titulaires ne pouvaient lui laisser ignorer ni la durée pour laquelle ils avaient le droit de le revêtir du caractère « adopté » auquel sont attachés des avantages spéciaux, lesquels disparaissent avec ce titre, ni les éventualités de perte de cette qualité, ni même le renouvellement de l'adoption qui rend le dit personnel apte à conserver ou à recouvrer les droits qu'engendre ce caractère.

Mais une partie de la responsabilité retombe sur MM. B..., R... et C... eux-mêmes, qui sont censés savoir notamment qu'une adoption d'école cesse par le décès, la retraite ou la destitution du titulaire au profit de qui elle est consentie et qu'elle ne reprend son cours qu'en vertu d'une nouvelle délibération du conseil communal. Or, les intéressés ont dû s'apercevoir du remplacement de M. D..., l'ancien directeur, par M. M..., le chef actuel de l'école. Et ce changement n'aurait pas dû les laisser indifférents au point de négliger de s'enquérir de l'accomplissement de la réadoption au profit de M. M...

Cette enquête leur eût permis de connaître l'existence de la réadoption et, en temps voulu, de se conformer à la loi.

Je vous saurais gré, Monsieur le gouverneur, de bien vouloir informer les agents précités de la présente et d'inviter toutes les administrations communales de votre province, par la voie du *Mémorial administratif*, ainsi que les inspections scolaires, à faire observer aux directeurs d'écoles primaires adoptées, dont le personnel enseignant comprend des agents appelés au bénéfice de la loi du 25 août 1901, que les intérêts de ces subalternes, en matière de pensions, ne peuvent leur être étrangers et qu'ils ont l'obligation, tout au moins morale, de communiquer à leurs subordonnés, à leur entrée et pendant l'exercice de leurs fonctions, les clauses du contrat d'adoption de l'école relatives à la durée et à la résiliation éventuelle, de même que de leur notifier la cessation et le renouvellement de l'adoption, comme tous autres faits qui peuvent les intéresser. C'est un devoir inhérent à la charge de titulaire d'adoption d'école.

———

SUBSIDES SCOLAIRES. — *Ne peuvent être accordés qu'en faveur des écoles qui réunissent les conditions indiquées dans le règlement du 21 septembre 1898.* — Dépêche adressée le 14 juillet 1905 à un gouverneur de province par M. de Trooz, ministre de l'intérieur, etc. (*Bul-*

letin du ministère de l'intérieur, etc., 1905, II, 74.)

Je vous prie de répondre à la lettre ci-jointe en copie de M. V..., membre du comité des écoles libres, à N..., que les communes ont la faculté de créer ou d'adopter tel nombre d'écoles ou de classes gardiennes qu'elles jugent utile et d'en régler l'organisation, en vertu des pouvoirs que leur confère l'article 2, dernier alinéa, de la loi organique de l'instruction primaire, mais que l'Etat n'intervient dans la dépense que pour autant que les écoles réunissent les conditions énoncées dans l'article 2 et dans l'article 8, 4e alinéa, du règlement du 21 septembre 1898, notamment qu'elles soient accessibles sans frais aux enfants de 3 à 6 ans des personnes non aisées et que le nombre des enfants admis à fréquenter les écoles ne soit pas excessif.

Si la commune de N... s'est exposée au retrait des subsides du gouvernement, ce n'est pas pour le motif que les écoles gardiennes dont les dépenses sont comprises au budget scolaire seraient insuffisantes pour recevoir tous les enfants de 3 à 6 ans qui demandent à les fréquenter, mais bien parce que l'autorité locale a organisé ou a laissé organiser ces mêmes écoles contrairement aux prescriptions réglementaires susvisées, en décidant spécialement qu'on n'y admettrait les enfants qu'à partir de l'âge de 4 ans 1/2, alors qu'il était si simple de continuer à recevoir, jusqu'à concurrence des places disponibles, tous les enfants se trouvant dans les conditions voulues...

TRAITEMENTS. — *Augmentations obligatoires.* — *Liquidation de la part de l'État.* — Circulaire adressée le 27 octobre 1905 aux gouverneurs de province par M. de Trooz, ministre de l'intérieur, etc. (*Bulletin du ministère de l'intérieur, etc.*, 1905, II, 109.)

Le moment sera bientôt venu de faire dresser le tableau de vos propositions en vue de la liquidation de la part de l'Etat dans les augmentations obligatoires de traitement qui ont été allouées à des instituteurs des écoles primaires communales et adoptées, pour l'exercice budgétaire 1905.

Le modèle de tableau suivi l'année dernière pour la rédaction de vos propositions devra, afin de pouvoir servir pour l'année 1905, subir certaine modification.

Comme il n'est pas désirable que le format en soit agrandi et que, d'autre part, il y aurait inconvénient à serrer davantage les colonnes 5 à 18, il y aura lieu de supprimer la quatrième colonne indiquant la catégorie à laquelle appartient l'école.

Ce renseignement pourra être utilement consigné dans la deuxième colonne, dont l'entête devra porter désormais : Noms des communes et des sections de commune. Désignation de la catégorie à laquelle appartient l'école.

En ce qui concerne la cinquième colonne du tableau actuel, certains de vos collègues, au lieu d'y consigner le nombre total des services admissibles que comptent les instituteurs, y renseignent le nombre de ceux qu'ils comptaient au 1er janvier 1896.

Cette façon de procéder facilite beaucoup le travail de vérification de vos propositions, attendu qu'il permet de constater sans effort les droits des instituteurs aux augmentations de traitement prévues par les lois du 15 septembre 1895, du 22 juin 1899, du 14 août 1903 et du 5 mai 1904.

Quand l'instituteur a été nommé postérieurement à la date du 1er janvier 1896, la susdite colonne indiquera l'année à partir de laquelle a commencé la première période quatriennale, précédée du nombre d'années de services qu'il compte au 1er janvier 1905.

Ainsi, pour un instituteur nommé le 15 septembre 1900, on renseignera dans la colonne *ad hoc* l'année 1901, précédée du chiffre 4 qui indiquera le nombre des années de services admissibles au 1er janvier 1905.

Quant aux changements de position survenus dans la carrière d'un instituteur, depuis le 1er janvier 1896, soit par suite de promotion, de changement de commune ou autrement, il est indispensable qu'ils soient renseignés, avec leurs dates, dans la colonne d'observations.

Les instructions contenues dans la circulaire ministérielle du 8 janvier 1900, n° 16599, 1re section, portent que les tableaux de propositions dont il s'agit doivent parvenir à mon département dans la première quinzaine du mois de février.

Afin de permettre à mon département de remplir les formalités d'ordonnancement des sommes dues aux communes, avant le premier lundi du mois de mai de chaque année, date à laquelle, dans les communes placées sous les attributions des commissaires d'arrondissement, le conseil communal doit procéder au règlement provisoire des comptes de l'exercice précédent, je vous recommande instamment, Monsieur le gouverneur, de me faire parvenir vos propositions au plus tard le 15 janvier de chaque année.

— *Augmentations quatriennales.* — *Agents nommés le 2 janvier.* — Dépêche adressée le 14 février 1906 à un gouverneur de province par M. de Trooz, ministre de l'intérieur, etc. (*Bulletin du ministère de l'intérieur, etc.*, 1906, II, 12.)

Il résulte des renseignements qui me sont fournis par M. le bourgmestre de V. que, le 2 janvier 1886, le conseil communal de cette localité a adopté l'école privée libre dirigée par Mlle P..., laquelle a été nommée institutrice communale le 26 novembre suivant.

Cette personne a occupé son emploi à V... jusqu'au 31 mars 1894, date correspondant à son entrée en fonctions comme institutrice à G.., où elle exerce encore en ce moment.

Comme le 1er janvier est un jour férié légal, il semblerait excessif de prendre le texte de l'article 15 à la lettre en excluant du bénéfice des augmentations quatriennales, pour l'année de leur nomination, les agents qui ont été nommés le 2 janvier.

Dans ces conditions, j'estime qu'on peut admettre qu'au 1er janvier 1896 Mlle P... comptait dix années de services admissibles pour lui donner droit à une double augmentation de 100 francs.

Elle a donc pu prétendre à 1,400 francs en 1896, 1,500 francs en 1900 et 1,600 francs en 1904.

Je vous prie d'inviter le conseil communal de G... à fixer pour les exercices clos le traitement de l'intéressée aux taux susvisés et à porter par rappel au prochain budget les sommes nécessaires pour lui payer le montant des arriérés lui revenant.

— Fixation. — Taux supérieur au minimum. — Intervention de la députation permanente. — Dépêche adressée le 11 septembre 1905 à un gouverneur de province par M. de Trooz, ministre de l'intérieur, etc. (*Bulletin du ministère de l'intérieur, etc.*, 1905, II, 99.)

Par délibération en date du 2 décembre 1903, le conseil communal de B... a nommé le sieur V... en qualité de sous-instituteur aux écoles primaires de cette commune et a fixé son traitement à la somme de 1,400 francs, supérieure de 300 francs au taux obligatoire.

Avant de statuer sur cette dépense, la députation permanente a décidé que le conseil communal serait entendu sur le point de savoir s'il y avait lieu de maintenir ce revenu au profit de l'instituteur en cause.

Le conseil s'étant prononcé pour la négative, la députation n'approuva pas la délibération précitée du 2 décembre 1903 et le traitement du sieur V... fut fixé au taux obligatoire de 1,100 francs.

La procédure suivie par la députation permanente est en tous points conforme à la loi.

En matière de dépenses, la commune est une mineure, qui ne peut rien faire sans l'approbation de la députation ou celle du roi, en cas de recours contre le refus de ce collège. Toutes les dépenses communales doivent figurer au budget (loi comm., art. 144) et être approuvées par la députation.

Il n'en est pas autrement en matière scolaire. Le conseil communal fixe les traitements des instituteurs conformément aux articles 13 et 15 de la loi organique et peut les majorer le montant au delà du taux prévu par ces dispositions; mais ces majorations constituent des dépenses facultatives également soumises à l'approbation de la députation permanente. Certes, ce collège ne pourrait, sans violer la loi, refuser son approbation en se fondant sur ce que l'instituteur ne mérite pas d'augmentation, que le traitement dont il jouit est déjà suffisant ou pour d'autres considérations se rattachant au service de l'enseignement. Mais il est entièrement fondé à décider, sauf recours au roi, que la dépense facultative dont il s'agit est hors de proportion avec les ressources de la commune, que l'équilibre budgétaire nécessite la réduction ou la suppression de cette dépense.

M. Giron, dans son *Dictionnaire de droit administratif*, dit : « Le contrôle tutélaire de la députation permanente s'exerce de la façon la plus efficace à l'égard des dépenses facul-

tatives. Le conseil communal propose ces dépenses et la députation les accepte, les réduit ou les rejette ».

Les dispositions des articles 13 et 15 de la loi scolaire doivent être combinées avec celles de la loi communale relatives à l'approbation des dépenses communales, et rien ne peut faire supposer que le législateur de 1895 ait voulu soustraire au contrôle budgétaire de la députation permanente les dépenses relatives aux traitements des instituteurs.

Pour ces motifs, j'estime que la délibération du conseil communal de B.., fixant le traitement du sieur V... à 1,100 francs, peut sortir ses effets.

Je vous prie, Monsieur le gouverneur, d'écrire dans ce sens à l'administration communale intéressée.

Vacances. — *Abus en matière de congé.* — Circulaire adressée le 12 avril 1905 aux gouverneurs de province par M. de Trooz, ministre de l'intérieur, etc. (*Bulletin du ministère de l'intérieur, etc.*, 1905, II, 34.)

La durée des vacances d'été a été fixée du 1er septembre au 1er octobre à l'article 35 du règlement-type arrêté par le gouvernement pour le service des écoles primaires.

Un grand nombre de communes m'ont été signalées comme ayant modifié cette disposition en décrétant le chômage des classes du 15 août au 1er lundi d'octobre, de manière que les dites vacances se prolongent parfois au delà de six semaines. Les communes ont, il est vrai, la direction des écoles primaires communales, mais leur droit de réglementation en cette matière n'est pas absolu et il est limité par les obligations que la loi scolaire leur impose.

Or, une des principales obligations des communes est d'assurer l'exécution complète du programme des branches reconnues obligatoires par l'article 4.

Si donc il était constaté que, par suite de la prolongation démesurée des vacances, l'enseignement ne peut être donné aux enfants avec tous les développements que comporte l'article 4 susvisé, la loi ne serait pas exécutée en tous points et des mesures devraient être prises en vue de mettre fin à ces abus.

Les administrations communales ont eu à diverses reprises leur attention attirée sur ce point et c'est un devoir pour moi de les engager vivement, une fois de plus, à ne pas dépasser, pour ce qui concerne la durée des vacances, les limites fixées par l'article 35 du règlement.

Certes, des circonstances spéciales peuvent justifier des dérogations à cette disposition, mais, je le répète, en aucun cas il n'est permis d'aller jusqu'à l'abus. D'une manière générale, cinq semaines constituent des vacances trop longues; dépasser six semaines, ce serait méconnaître l'intérêt supérieur de la bonne instruction et de l'éducation des enfants; le gouvernement est décidé à ne pas le tolérer.

Traitement d'attente. — *Lois du 20 septembre 1884 et du 4 janvier 1892.* — *Caractère.* — *Suppression ou réduction.* — *Pouvoir du gouvernement.* — *Pouvoir judiciaire.* — *Contrôle.*

Le traitement d'attente accordé aux instituteurs communaux par les lois du 20 septembre 1884 et du 4 janvier 1892 a tous les caractères d'une pension alimentaire, que le gouvernement doit pouvoir supprimer ou réduire lorsque, au cours de la jouissance de ce traitement, l'instituteur acquiert des ressources qui le rendent inutile, soit en totalité, soit en partie.

L'arrêté du 17 janvier 1892, pris par le ministre compétent, est motivé au vœu de la loi : en constatant que le demandeur dirigeait une école libre payante bien fréquentée, il a statué dans les limites de la loi. Semblable constatation échappe au contrôle du pouvoir judiciaire. — Tribunal civil de Bruxelles, 24 mars 1905, *Pasic.*, 1905, III, 152.

Voy. CAISSE DES VEUVES ET ORPHELINS DES PROFESSEURS ET INSTITUTEURS COMMUNAUX. — CONSEIL COMMUNAL. — MILICE.

Établissement public. — *Assignation.* — *Notification.*

Lorsqu'une assignation est donnée à une administration ou établissement public, au siège où ils résident, c'est-à-dire là où ils ont leur principal établissement, il suffit qu'elle soit notifiée en leurs bureaux, sans qu'il y ait lieu d'avoir égard à la qualité de la personne à laquelle la copie est remise. Ce n'est que dans le cas où l'assignation est faite en dehors de ce siège que la loi, par mesure de précaution, exige que ce soit le préposé de l'établissement qui la reçoive en personne et dans ses bureaux. — Tribunal civil de Bruxelles, 16 juin 1904, *Pasic.*, 1905, III, 81.

Établissements dangereux, insalubres ou incommodes. — *Établissements où l'on distille la glycérine.* — *Classement.* — Arrêté royal du 9 octobre 1905, contresigné par M. Francotte, ministre de l'industrie, etc. (*Moniteur du 13 octobre.*)

Vu la rubrique *Glycérine (Extraction de la) des huiles et graisses* de la nomenclature des établissements dangereux, insalubres ou incommodes;

Considérant que les établissements où l'on distille la glycérine ne tombent pas sous l'application de cette rubrique, mais qu'il convient de les classer expressément à raison des inconvénients qu'ils présentent pour la salubrité ou la commodité publique;

Vu l'avis du service central de l'inspection du travail, chargée de la surveillance des établissements dangereux, insalubres ou incommodes;

Vu les arrêtés royaux du 29 janvier 1863, du 27 décembre 1886 et du 31 mai 1887, concernant la police des établissements précités;

Sur la proposition de notre ministre de l'industrie et du travail,

Nous avons arrêté et arrêtons :

Les établissements où l'on distille la glycérine sont classés parmi les établissements dangereux, insalubres ou incommodes.

Ils sont rangés dans la liste annexée à l'arrêté royal du 31 mai 1887 sous la rubrique suivante :

Désignation.	*Classe.*	*Inconvénients.*
Glycérine (distillation de la).	I B	Buées; odeur désagréable; résidus pouvant contaminer la nappe d'eau souterraine.

Établissements où l'on extrait la nicotine du tabac. — *Classement.* — Arrêté royal du 8 juillet 1905, contresigné par M. Francotte, ministre de l'industrie, etc. (*Moniteur du 15 juillet.*)

Vu la rubrique *Matières minérales et végétales (Dépôt, manipulation ou mélange en grand de) pouvant donner des poussières, des fumées ou des odeurs nuisibles ou incommodes, classe 2* de la nomenclature des établissements dangereux, insalubres ou incommodes;

Considérant que les établissements où l'on extrait la nicotine du tabac tombent actuellement sous l'application de cette rubrique, mais qu'il convient de les classer expressément en vue de les soumettre à un régime d'autorisation plus sévère, à raison des inconvénients qu'ils présentent pour la santé des ouvriers et la salubrité publique;

Vu l'avis du service central de l'inspection du travail chargée de la surveillance des établissements dangereux, insalubres ou incommodes;

Revu les arrêtés royaux du 29 janvier 1863, du 27 décembre 1886 et du 31 mai 1887 concernant la police des établissements précités;

Sur la proposition de notre ministre de l'industrie et du travail,

Nous avons arrêté et arrêtons :

Les établissements où l'on extrait la nicotine du tabac sont classés parmi les établissements réputés dangereux, insalubres ou incommodes.

Ils sont rangés dans la liste annexée à l'arrêté royal du 31 mai 1887 sous la rubrique suivante :

Désignation.	*Classe.*	*Inconvénients*
Tabac (Extraction de la nicotine du).	I B	Emanations désagréables. Danger d'intoxication pour les ouvriers.

Fabrication et emmagasinage des gaz combustibles. — *Classement.* — Arrêté royal du 4 juillet 1905, contresigné par M. Francotte, ministre de l'industrie, etc. (*Moniteur du 12 juillet.*)

Vu les rubriques : *Fabrication du gaz pour l'éclairage et le chauffage* et *Fabrication du gaz*

destiné à être consommé par celui qui le fabrique
de la nomenclature des établissements dangereux, insalubres ou incommodes;

Attendu que les rubriques précitées s'appliquent uniquement à la production du gaz d'éclairage et de chauffage par la distillation en vase clos de la houille ou de matières qui peuvent être considérées comme des succédanés de la houille;

Considérant que la fabrication du gaz, par distillation, en vue de la production exclusive de la force motrice, de même que la fabrication de certains gaz combustibles par des procédés autres que la distillation peuvent être des causes de danger, d'insalubrité ou d'incommodité publiques;

Considérant, en outre, que l'emmagasinage de ces divers gaz dans ces gazomètres est de nature à présenter des nuisances;

Vu l'avis du service central de l'inspection du travail, chargé de la surveillance des établissements dangereux, insalubres ou incommodes;

Revu les arrêtés royaux du 29 janvier 1863, du 27 décembre 1886 et du 31 mai 1887 concernant la police des établissements précités;

Sur la proposition de notre ministre de l'industrie et du travail,

Nous avons arrêté et arrêtons :

ART. 1er. — La rédaction de la rubrique *Fabrication du gaz pour l'éclairage et le chauffage* de la nomenclature des établissements classés est modifiée comme suit :

Désignation.	Classe.	Inconvénients.
Gaz (Fabrication du) pour l'éclairage, le chauffage ou la production de la force motrice, par distillation en vase clos.	1 A	Fumée, noir de fumée, poussière de houille et de coke; produits et résidus exhalant une forte odeur d'œufs pourris et de goudron de houille, qu'ils communiquent à l'air et à l'eau, dont ils altèrent la salubrité, et au sol, dont ils détruisent la fertilité; danger d'explosion et d'incendie; danger d'intoxication par infiltration du gaz.

ART. 2. — La rubrique *Fabrication du gaz destiné à être consommé par celui qui le fabrique* est supprimée.

ART 3. — Les rubriques suivantes sont ajoutées à la nomenclature précitée des établissements dangereux, insalubres ou incommodes :

Désignation.	Classe.	Inconvénients.
Gaz de gazogène à l'eau ou gaz pauvre (Production du) en procédant par aspiration.	2 ⊙	Fumée, odeur sulfhydrique et goudronneuse. Danger d'explosion.
Gaz de gazogène (Production du) ou du gaz de gazogène à l'eau par tout procédé autre que l'aspiration.	1 B	Fumée, poussière, odeur sulfhydrique et goudronneuse. Danger d'explosion et d'intoxication.

Désignation.	Classe.	Inconvénients.
Gazomètres renfermant un gaz combustible et pouvant contenir : 1,000 à 10,000 litres de gaz; Plus de 10,000 litres de gaz.	2 ⊙ / 1 B	Danger d'incendie et d'explosion.
Moteurs à gaz carburé comprenant un appareil carburateur pouvant contenir : *a.* jusque 150 litres de liquide carburant; *b.* plus de 150 litres jusque 300 litres de liquide carburant; *c.* plus de 300 litres de liquide carburant.	2 ⊙ / 1 B / 1 A	Bruit, trépidation; danger d'incendie et d'explosion.

Fabrique de cidre. — Classement. — Arrêté royal du 20 janvier 1906, contresigné par M. Francotte, ministre de l'industrie, etc. (*Moniteur* du 3 février.)

Considérant que les fabriques de cidre ne sont pas mentionnées parmi les établissements dangereux, insalubres ou incommodes;

Revu les arrêtés royaux du 29 janvier 1863 et du 27 décembre 1886, ainsi que la liste des établissements dangereux, insalubres ou incommodes annexée à l'arrêté royal du 31 mai 1887;

Vu l'avis du service central de l'inspection du travail chargée de la surveillance des établissements dangereux, insalubres ou incommodes;

Attendu que la fabrication du cidre présente des inconvénients pour la salubrité publique;

Sur la proposition de notre ministre de l'industrie et du travail,

Nous avons arrêté et arrêtons :

Les fabriques de cidre sont classées parmi les établissements réputés dangereux, insalubres ou incommodes.

Elles sont rangées dans la liste annexée à l'arrêté royal du 31 mai 1887 sous la rubrique suivante :

Désignation.	Classe.	Inconvénients.
Cidre (Fabrication du)	2 ⊙	Résidus fermentescibles et putrescibles de nature à contaminer la nappe d'eau souterraine.

Fabriques de levure avec distillation d'alcool. — *Classement.* — Arrêté royal du 11 mai 1906, contresigné par M. Francotte, ministre de l'industrie, etc. (*Moniteur* du 18 mai.)

Considérant que les fabriques de levure avec distillation d'alcool ne sont pas mentionnées parmi les établissements dangereux, insalubres ou incommodes;

Revu les arrêtés royaux du 29 janvier 1863 et du 27 décembre 1886, ainsi que la liste des établissements dangereux, insalubres ou incommodes annexée à l'arrêté royal du 31 mai 1887;

Vu l'avis du service central de l'inspection du travail chargée de la surveillance des établissements dangereux, insalubres ou incommodes;

Considérant que les fabriques de levure avec distillation d'alcool présentent des inconvénients pour la salubrité ou la commodité publiques;

Sur la proposition de notre ministre de l'industrie et du travail,

Nous avons arrêté et arrêtons :

Les fabriques de levure avec distillation d'alcool sont classées parmi les établissements dangereux, insalubres ou incommodes.

Elles sont rangées dans la liste annexée à l'arrêté royal du 31 mai 1887 sous la rubrique suivante :

Désignation.	Classe.	Inconvénients.
Levure (Fabriques de) avec distillation d'alcool.	I B	Produits résiduaires pouvant contaminer la nappe d'eau souterraine et les cours d'eau du voisinage. Odeurs nauséabondes.

Lampisteries et autres locaux dépendant des mines, où l'on manipule des essences inflammables. — Arrêté royal du 5 septembre 1905, contresigné par M. Francotte, ministre de l'industrie, etc. (*Moniteur* du 30 septembre.)

Considérant que les lampisteries et autres locaux dépendant des mines et des autres exploitations souterraines, où l'on manipule des essences inflammables, présentent des dangers, tant pour le personnel ouvrier que pour le voisinage, et qu'il y a conséquemment lieu de les soumettre à une autorisation administrative;

Vu les arrêtés royaux du 29 janvier 1863, du 27 décembre 1886 et du 31 mai 1887, ainsi que les articles 4 et suivants de l'arrêté royal du 22 octobre 1895, concernant les établissements dangereux, insalubres et incommodes;

Vu la loi du 5 mai 1888 relative à l'inspection des dits établissements;

Sur la proposition de notre ministre de l'industrie et du travail,

Nous avons arrêté et arrêtons :

ART. 1er. — Les lampisteries et autres locaux dépendant des mines et des autres exploitations souterraines, où l'on manipule des essences inflammables, sont classés parmi les établissements réputés dangereux, insalubres ou incommodes et rangés dans la liste annexée à l'arrêté royal du 31 mai 1887 sous la rubrique suivante :

Désignation.	Classe.	Inconvénients.
Lampisteries et autres locaux dépendant des mines et des autres exploitations souterraines où l'on manipule des essences inflammables.	I B	Danger d'incendie.

ART. 2. — Ces locaux sont placés sous la surveillance des ingénieurs du corps des mines, lesquels ont en outre à exercer à leur égard les autres attributions définies aux articles 4 et suivants de l'arrêté royal du 22 octobre 1895.

Moteurs ou machines réceptrices électriques. — *Classement.* — Arrêté royal du 5 septembre 1905, contresigné par M. Francotte, ministre de l'industrie, etc. (*Moniteur* du 16 septembre.)

Vu la liste des établissements réputés dangereux, insalubres ou incommodes, annexée à l'arrêté royal du 31 mai 1887, et spécialement la rubrique *Electricité (dynamos génératrices, réceptrices et transformateurs)*, prévue par notre arrêté du 20 mars 1905;

Considérant qu'il y a lieu d'admettre en faveur des moteurs ou machines réceptrices de puissance réduite le régime simplifié d'autorisation prévu par l'arrêté royal du 31 mai 1887;

Vu l'avis du service central de l'inspection du travail chargée de la surveillance des établissements dangereux, insalubres ou incommodes;

Revu les arrêtés royaux du 29 janvier 1863, du 27 décembre 1886 et du 31 mai 1887 concernant la police des dits établissements;

Sur la proposition de notre ministre de l'industrie et du travail,

Nous avons arrêté et arrêtons :

La rubrique :

Désignation.	Classe.	Inconvénients.
Electricité (dynamos génératrices, réceptrices et transformateurs).	I B'	Danger d'incendie, danger pour les ouvriers.

de la liste annexée à l'arrêté royal du 31 mai 1887, susvisé, est modifiée comme suit :

Désignation.	Classe.	Inconvénients.
Electricité :		
1° Dynamos génératrices et transformateurs;	I B'	
2° Moteurs ou machines réceptrices :		
a. d'une puissance ne dépassant pas quatre kilowatts;	2 ☉	Danger d'incendie, danger pour les ouvriers.
b. d'une puissance dépassant quatre kilowatts.	I B'	

Voy. APPAREILS A VAPEUR.

État civil. — *Acte de naissance.* — *Naissance à l'étranger.* — *Absence d'acte.* — *Rectification d'office.*

Lorsqu'un enfant est né dans un pays où l'état civil n'est pas organisé comme en Belgique, il y a lieu, en l'absence d'acte de naissance, de provoquer un jugement qui, régulièrement transcrit dans les registres de l'état civil, tiendra lieu d'acte de naissance.

Le tribunal compétent est celui dans le

ressort duquel se trouve la commune sur les
registres de laquelle l'acte de naissance aurait
pu être transcrit s'il avait été régulièrement
dressé. L'acte de naissance peut être transcrit
sur les registres de la commune où la mère
était domiciliée lors de l'accouchement

L'ordre public est directement et principalement intéressé à ce que tout Belge ait un état
civil. — Tribunal civil de Charleroi, 6 juillet
1905, *Pasic.*, 1905, III, 311.

Amende. — Caractère.

L'amende comminée par l'article 50 du code
civil constitue une véritable peine. Elle conserve ce caractère, quoiqu'elle soit prononcée
par les tribunaux civils. — Tribunal civil de
Bruxelles, 29 juillet 1904, *Pasic.*, 1905, III, 9.

Voy. MARIAGE. — NATIONALITÉ.

Expropriation pour cause d'utilité publique. — *Procédure administrative. — Cadastre. — Personnes y figurant. — Procédure judiciaire. — Propriétaire réel.*

Si la procédure administrative, préalable à
l'expropriation, peut être dirigée contre les
personnes qui, au moment où elle s'exerce,
figurent au cadastre comme propriétaires,
c'est, au contraire, contre le propriétaire réel
que doit se poursuivre l'instance judiciaire.
(Loi du 17 avril 1835, art. 8; loi du 27 mai 1890,
art. 2.) — Cassation, 1er décembre 1904, *Pasic.*,
1905, I, 47.

---

*Travaux effectués par l'expropriant. —
Indemnité fixée en conséquence. — Cassation
en matière civile. — Moyen nouveau.*

Manque de base, le moyen tiré de ce que
l'arrêt attaqué substitue, à l'indemnité pécuniaire et préalable due à raison de l'expropriation du canal alimentaire d'une chute d'eau
nécessaire à la force motrice d'un moulin un
prétendu engagement de l'expropriant de faire
certains travaux, alors que l'arrêt se borne à
constater qu'à raison des travaux effectués par
l'expropriant cette force motrice sera con-
servée; que, par suite, l'excédent des emprises
ne subit pas de dépréciation. (Const., art. 11;
code civ., art. 544 et 546; loi du 17 avril 1835,
art. 11 à 22.)

N'est pas recevable pour la première fois
devant la cour de cassation, le moyen tiré de la
nullité de certains engagements pris au nom de
l'Etat par la société expropriante, alors que
cette nullité n'a pas été soumise au juge du
fond. — Cassation, 18 mai 1905, *Pasic.*, 1905, I,
230.

---

*Indemnité préalable. — Partie emprise. —
Travaux à y faire. — Objet même de l'expropriation. — Dommages causés à la partie restante.*

L'exproprié peut, dans l'instance en expropriation, réclamer, outre la valeur vénale de
l'emprise, la réparation du préjudice qui,

d'après les constatations du juge du fond,
résulte, pour la partie restante, des travaux à
effectuer sur l'emprise qui forment l'objet de
l'expropriation et sont destinés à la réaliser.
(Constit., art. 11; loi du 27 mars 1870, art. 2.)

Manque de base le moyen tiré de ce que le
juge du fond aurait décidé que les riverains,
sans avoir demandé et obtenu l'autorisation de
bâtir, ont sur la route un droit civil qui ne
peut leur être enlevé sans une préalable indemnité, alors que la décision attaquée se borne à
statuer sur la réparation du dommage résultant, pour la partie restante, d'une suppression
d'accès à raison de travaux effectués sur l'emprise sans modification au régime de la voirie.
Cassation, 22 juin 1905, *Pasic.*, 1905, I, 271.

---

*Emprise. — Bâtiments. — Démolition et
reconstruction. — Indemnité.*

En cas d'expropriation pour cause d'utilité
publique, si, par l'effet de l'emprise, les dépendances d'un immeuble ont dû être démolies,
l'exproprié a droit à une indemnité du chef de
ces reconstructions.

Il n'est pas permis à l'expropriant, pour
échapper à cette obligation, de rechercher
quelle destination l'exproprié donnera à l'indemnité qui lui sera allouée de ce chef. —
Cour d'appel de Gand, 12 février 1903, *Pasic.*,
1905, II, 91.

---

*Accomplissement des formalités légales. —
Arrêt infirmatif. — Compétence d'attribution.*

L'expropriation pour cause d'utilité publique,
si elle est autorisée par une loi, n'est soumise
à aucune condition de forme ou de termes
solennels. (Loi du 27 mai 1870, art. 1er.)

Par décret d'expropriation, il faut entendre
tout acte du pouvoir législatif ou exécutif
décrétant l'utilité publique d'un travail ou
l'exécution d'un travail d'utilité publique qui
nécessité l'incorporation de propriétés privées
dans le domaine public.

Les dispositions budgétaires, accordant des
crédits pour travaux et expropriations du canal
de Gand à Terneuzen, mises en rapport avec
les votes et documents parlementaires qui les
accompagnent, les précédent et avec lesquels
elles se relient indivisiblement, constituent
une déclaration d'utilité publique suffisamment
précise et formelle pour tenir lieu d'arrêté
royal.

Les tribunaux sont sans compétence pour
contrôler si le législateur s'est conformé fidèlement au vœu de la loi de 1870.

Quand le dépôt du plan parcellaire au greffe
du tribunal de première instance n'a pas été
fait dans le délai prescrit, l'exproprié est sans
grief si, comme dans l'espèce, l'omission a été
réparée avant la clôture des débats et si l'exproprié a été régulièrement averti du dépôt du
plan à la maison communale.

En matière d'expropriation pour cause d'utilité publique, l'indication du tribunal de première instance du lieu de la situation est
attributive de juridiction exclusive. — Cour
d'appel de Gand, 17 juin 1903, *Pasic.*, 1905, II,
95.

Indemnité. — Travaux diminuant le préjudice. — Moulins. — Cours d'eau. — Canal d'adduction.

Si, en cas d'expropriation pour cause d'utilité publique, l'indemnité doit être pécuniaire, les tribunaux, en la fixant, ont à tenir compte des travaux ou ouvrages portés au plan d'expropriation et qui, faisant normalement partie de l'entreprise d'utilité publique, sont de nature à atténuer le préjudice subi par l'exproprié.

L'expropriation du lit d'un canal d'adduction d'eau n'emporte pas expropriation du coup d'eau lui-même, lorsque le plan d'expropriation prévoit la construction sur le terrain à exproprier d'un autre canal pour mener les eaux au moulin qu'elles actionnaient et qui n'est pas exproprié. — Cour d'appel de Liége, 16 mars 1904, *Pasic.*, 1905, II, 5.

Excédents. — Dépréciation. — Taxe d'ouverture de rues. — Impôts. — Indemnité. — Prohibition. — Taxe. — Droit d'abandon du terrain grevé. — Disposition exceptionnelle. — Loi du 3 frimaire an VII, art. 66.

Aucun recours ne peut être exercé, ni directement ni indirectement, contre l'acte du pouvoir qui, usant de ces prérogatives souveraines, a décrété l'établissement, l'assiette et la répartition d'une taxe fiscale.

L'indemnité due en cas d'expropriation ne saurait comprendre la réparation d'un préjudice qui n'est que la lésion d'un intérêt ou qui ne procède pas directement de l'expropriation.

Il s'ensuit qu'aucune indemnité n'est due à l'exproprié, du chef de la dépréciation des excédents, à raison d'une taxe d'ouverture de rue frappant ces excédents qui sont devenus riverains de la rue nouvelle.

Le propriétaire qui veut s'exonérer du payement d'une taxe n'a pas la faculté d'abandon pur et simple du terrain grevé.

La disposition de l'article 66 de la loi du 3 frimaire an VII est exceptionnelle et ne peut être étendue à des hypothèses autres que celles qu'elle vise expressément. — Cour d'appel de Gand, 21 mai 1904, *Pasic.*, 1905, II, 250.

Emprise. — Partie restante. — Propriétaire. — Droits envers l'expropriant. — Obligation envers le locataire. — Locataire. — Droits envers l'expropriant et envers le propriétaire, bailleur. — Distinction.

L'expropriant doit payer au locataire intervenant les indemnités que celui-ci ne pourrait réclamer au bailleur, en vertu de l'article 1722 du code civil.

Aux termes de cet article, le locataire peut obtenir du bailleur une réduction de loyer proportionnelle à la contenance des emprises; mais il ne saurait lui réclamer une réduction du chef de la dépréciation des parties non emprises.

En conséquence, le dommage que cette dépréciation inflige au locataire doit être réparé par l'expropriant.

Pareille indemnité ne fait pas double emploi avec celle qu'a reçue le propriétaire, bailleur, du chef de la dépréciation des excédents. — Cour d'appel de Gand, 21 mai 1904, *Pasic.*, 1905, II, 261.

But. — Construction d'une passerelle au-dessus de la voie ferrée. — Remblai. — Emprise. — Partie restante. — Dépréciation. — Préjudice certain. — Exproprié. — Indemnité actuelle. — Droit.

En cas d'expropriation pour cause d'utilité publique des terrains nécessaires pour la construction d'une passerelle au-dessus de la voie ferrée, l'exproprié a droit à une indemnité pour le préjudice que causera le remblai à la partie restante de son immeuble.

La demande d'indemnité de ce chef ne saurait être considérée comme une action *ad futurum*.

Ce préjudice est certain, actuel; il est la conséquence directe, nécessaire de l'expropriation; il enlève ou diminue, dans une large mesure, le droit réservé à tout riverain d'user de la voie publique dans les conditions où elle existait lorsque sa maison y a été élevée, et aussi longtemps que le domaine conserve sa destination de voie publique. — Cour d'appel de Gand, 19 juillet 1904, *Pasic.*, 1905, II, 99.

Indemnité. — Plus-value résultant de l'expropriation.

Au cas d'expropriation pour cause d'utilité publique, il n'y a pas lieu, pour déterminer l'indemnité due, de tenir compte du changement de valeur du bien résultant de la procédure administrative en expropriation, même si, à raison d'une nullité commise, elle a dû être recommencée, ni des travaux exécutés pour l'exécution du projet en vue duquel l'expropriation se poursuit. — Cour d'appel de Bruxelles, 18 novembre 1904, *Pasic.*, 1905, II, 322.

Préjudice résultant de l'application d'un règlement de police.

Au cas où l'expropriation pour cause d'utilité publique nécessite l'emprise d'une maison sans étage, l'exproprié n'est pas fondé à réclamer une indemnité spéciale, en se basant sur ce que le règlement communal n'autorise la reconstruction de la maison qu'avec un étage.

Ce règlement communal est illégal quant à cette interdiction, en tant qu'il n'a en vue que l'embellissement d'une partie de la ville et non l'intérêt de la salubrité publique.

L'Etat belge, expropriant, aussi bien que tout citoyen, a qualité pour invoquer, dans son intérêt, cette illégalité.

Au surplus, cette disposition du règlement communal fût-elle légale, elle ne justifierait pas la réclamation d'une indemnité, par le motif que chacun est obligé de se soumettre aux défenses inscrites dans un règlement communal dont l'application ne peut donner ouverture, de la part de celui qui se trouverait lésé, au droit de demander la réparation du préjudice subi.

Ce dommage n'est donc pas une conséquence directe de l'expropriation. — Cour d'appel de Gand, 14 janvier 1905, *Pasic.*, 1905, II, 341.

Digue établie du consentement du propriétaire riverain. — Evaluation. — Intérêts à allouer en prévision du retard de payement ou de consignation de l'indemnité.

Quand le riverain d'un fleuve a permis de donner à une bande de terrain contiguë une affectation qui en a fait, en réalité, une digue, sur laquelle s'exerce le halage, cette partie de sa propriété ne peut, en cas d'expropriation pour cause d'utilité publique, être évaluée comme terrain à bâtir, l'ordonnance de 1669 empêchant de l'utiliser à cet effet par suite de la modification qu'a subie l'assiette de la servitude de halage.

Etant sujet à l'effet de toutes les variations du régime du fleuve, l'excédent de terrain, que l'établissement de cette digue rejette vers l'eau, n'a aucune valeur appréciable de réalisation.

L'expropriant, ne pouvant, à son gré, retarder arbitrairement son envoi en possession, doit être condamné au payement ou à la consignation de l'indemnité dans un délai déterminé, avec allocation d'intérêts à partir de l'expiration de ce délai. — Cour d'appel de Liége, 1er février 1905, *Pasic.*, 1905, II, 224.

Route. — Droits des riverains. — Travaux. — Préjudice. — Indemnité.

Les pouvoirs publics, en créant des routes, prennent envers les riverains l'engagement tacite de ne pas porter atteinte, sans indemnité, aux droits que la riveraineté fait naître; ces droits préexistent à l'alignement ou à l'autorisation de bâtir. — Tribunal civil de Gand, 24 février 1904, *Pasic.*, 1905, III, 38.

Valeur vénale d'une maison. — Loyer. — Elément ou base d'appréciation.

Le loyer d'une maison ne peut constituer qu'un des éléments d'appréciation de la valeur vénale de celle-ci; il faut donc écarter une appréciation qui aurait pour base unique le loyer que la maison aurait dû donner, mais il faut cependant aussi avoir égard à cette considération que le loyer était, à raison de circonstances particulières, inférieur à la valeur locative réelle de l'immeuble. — Tribunal civil de Bruxelles, 4 novembre 1904, *Pasic.*, 1905, III, 191.

Jugement. — Désignation de la parcelle expropriée. — Erreur dans la contenance. — Plan. — Taxes, frais d'établissement des trottoirs et clôtures. — Indemnité.

Lorsque le jugement, en désignant la parcelle expropriée par son numéro cadastral et

en visant le plan d'expropriation qui délimite l'emprise, lui attribue une contenance moindre ou plus forte qu'elle ne l'est suivant le plan lui-même, l'objet de l'expropriation étant bien déterminé, c'est au plan qu'il faut se référer pour apprécier la portée du jugement, et le plus ou moins de contenance donnée par erreur n'a que la valeur d'une énonciation secondaire.

Il est de la nature des impôts, autant que des limitations normales du droit de la propriété, d'être dus sans dédommagement compensatoire. Les charges résultant des taxes ou des frais d'établissement des trottoirs et clôtures ne peuvent donc pas donner lieu à indemnité. — Tribunal civil de Bruxelles, 6 janvier 1905, *Pasic.*, 1905, III, 143.

Nécessité ou utilité pour l'exproprié de se réinstaller dans le même quartier. — Difficulté et augmentation des loyers par suite du grand nombre d'expropriations y poursuivies. — Indemnité de ce chef.

Il y a lieu de tenir compte à l'exproprié, dont le genre de commerce et la clientèle spéciale demandent qu'il continue à demeurer dans le même quartier, de la difficulté qu'il rencontrera, à cet égard, à raison du grand nombre d'expropriations qui s'y sont poursuivies et de l'augmentation des loyers qui en est résultée. — Tribunal civil de Bruxelles, 30 décembre 1904, *Pasic.*, 1905, III, 175.

Valeur vénale. — Points de comparaison. — Prix atteint par la propriété expropriée lors d'une adjudication publique récente.

Le point de comparaison le plus sûr auquel on puisse recourir, en matière d'expropriation pour cause d'utilité publique, doit être, en général, tiré du prix qu'a atteint, lors d'une adjudication publique récente, la propriété expropriée elle-même. Allouer à l'exproprié, sans motif certain, une indemnité inférieure à ce prix serait lui faire subir une perte injustifiée, et sortir, par conséquent, des limites d'une équitable réparation. — Tribunal civil de Bruxelles, 30 décembre 1904, *Pasic.*, 1905, III, 79.

Taxe extraordinaire de bâtisse. — Exonération en échange et comme condition de la cession de la partie de terrain. — Taxe d'égout. — Partie non utilisée désormais. — Droits acquis. — Indemnités spéciales.

L'avantage résultant, pour un propriétaire, de l'exonération de la taxe extraordinaire de bâtisse comme condition de la cession de terrain consenti pour l'élargissement d'une rue constitue pour le propriétaire un droit acquis dont il est privé par le fait de l'expropriation. Une indemnité spéciale lui est donc due de ce chef, si les experts n'en ont pas tenu compte en établissant la valeur vénale de l'emprise. Il doit en être de même pour la taxe d'égout : l'exproprié a droit à une indemnité calculée à raison de l'étendue de l'égout (à front de la rue) qu'il ne pourra plus utiliser par suite de l'expropriation. — Tribunal civil de Bruxelles, 6 janvier 1905, *Pasic.*, 1905, III, 185.

Taxe d'égout. — Payement par l'exproprié. — Indemnité spéciale.

Il y a lieu d'indemniser l'exproprié de la perte de la plus-value spéciale acquise à sa propriété par le payement de la taxe d'égout. Cette perte, suite directe de l'expropriation, est équivalente à la somme payée par lui du chef de la dite taxe. — Tribunal civil de Bruxelles, 6 janvier 1905, *Pasic.*, 1905, III, 187.

Indemnités à allouer à l'exproprié. — Réparation de tout le préjudice à résulter pour lui de l'expropriation. — Convention entre parties pour fixer la valeur de la propriété. — Interprétation et application. — Non-dérogation au principe.

L'exproprié a droit à la réparation de tout le préjudice qui lui sera causé par suite de l'expropriation. Un acte avenu entre parties contenant vente du bien à exproprier moyennant un prix à fixer par experts, le dit acte fait expressément en vue de l'expropriation (en admettant qu'il soit valable), n'implique pas que celles-ci aient voulu déroger à ce principe. — Tribunal civil de Bruxelles, 3 février 1905, *Pasic.*, 1905, III, 162.

Demande incidentelle. — Rapport des experts et enquêtes. — Formalités prescrites par le code de procédure civile. — Non-applicabilité. — Visite des lieux. — Droits des parties. — Loi du 17 avril 1835, article 9.

Aux termes de l'article 10 de la loi du 17 avril 1835, relative aux expropriations pour cause d'utilité publique, aucune des formalités prescrites par le code de procédure, pour le rapport des experts et les enquêtes, n'est applicable aux opérations et informations dont il s'agit en l'article 9 de la même loi; il ne peut donc y avoir lieu de faire état de l'article 252 du code de procédure civile.

Pendant les opérations et informations visées dans les articles 9 et 10 de la loi précitée, et en dehors des productions amiables et renseignements officieux, les parties n'ont d'autres droits que ceux qui leur sont réservés expressément par l'article 9 et exclusivement au moment de la visite des lieux. — Tribunal civil de Bruxelles, 2 mars 1905, *Pasic.*, 1905, III, 221.

F

Fabrique d'église. — *Décret impérial de 1809, art. 36. — Biens et rentes celés au domaine. — Possession. — Autorisation du pouvoir exécutif. — Validité. — Non-distinction quant à l'origine des dits biens.*

L'article 36 du décret impérial de 1809, concernant les fabriques des églises, attribue les biens et rentes « celés au domaine », dont le pouvoir exécutif les a autorisées ou les autoriserait à se mettre en possession, sans distinction quant à leur origine. — Tribunal civil de Charleroi, 28 avril 1904, *Pasic.*, 1905, III, 86.

Dépense extraordinaire. — Payement. — Exigibilité. — Condition. — Délibération du conseil de fabrique et exécution de celle-ci par le bureau des marguilliers. — Décret du 30 décembre 1809. — Curé. — Qualité. — Objets se trouvant dans l'église. — Propriété.

Pour qu'une action en payement de fournitures faites à une fabrique d'église puisse être accueillie (dans l'espèce, deux confessionnaux), le demandeur doit établir que cette dépense extraordinaire a été autorisée par une délibération du conseil de fabrique, conformément à l'article 12, § 4, du décret du 30 décembre 1809, et que le bureau des marguilliers a été chargé de l'exécution de cette délibération, conformément à l'article 24 du même décret.

Le curé d'une paroisse, bien que membre du conseil de fabrique et du bureau des marguilliers, n'a pas qualité pour engager ceux-ci.

Si tout ce qui se trouve dans une église appartient au conseil chargé de gérer les biens, c'est à la condition que ceux-ci s'y trouvent légalement. — Tribunal civil de Liège, 31 mai 1905, *Pasic.*, 1905, III, 322.

Voy. CLOCHES. — ÉCHEVIN.

Fêtes nationales. — *75e anniversaire de l'indépendance de la Belgique. — Fête patriotique.* — Circulaire adressée le 15 juillet 1905 aux gouverneurs de province, par M. de Trooz, ministre de l'intérieur, etc. (*Bulletin du ministère de l'intérieur, etc.*, 1905, II, 75.)

Le *Moniteur* des 10/11 de ce mois publie, aux pages 3475 et suivantes, le programme de la fête patriotique du 21 juillet 1905.

Je vous prie de vouloir bien appeler l'attention de MM. les bourgmestres de votre province et de MM. les échevins et secrétaires communaux du chef-lieu sur les dispositions qui les concernent et d'y appeler également l'attention des députés permanents ainsi que des membres du bureau du conseil provincial.

Les bourgmestres et les délégués porteurs des drapeaux d'honneur décernés en 1832 aux communes devront se trouver à midi au Parc de Bruxelles. Ils entreront par la rue de la Loi, coin de la rue Royale, et seront reçus par le comité spécial institué par le gouvernement à cette fin.

Ils se rendront aux emplacements marqués par des cartels aux armes de la province, dans l'allée du Parc qui longe la rue Royale.

Ainsi qu'il est dit au n° 10 du programme du 1er juillet, les députations des communes se formeront en dix groupes.

Le premier comprendra les bourgmestres et échevins de Bruxelles et des communes de l'agglomération bruxelloise ainsi que les conseils communaux de Bruxelles et de Laeken.

Chacun des neuf autres groupes, classés selon l'ordre alphabétique des provinces, comprendra, en tête, le collège échevinal du chef-lieu de la province et les bourgmestres des chefs-lieux de canton, puis les autres bourg-mestres de la province.

Chaque groupe sera précédé d'un cartel aux armes de la province, entouré des drapeaux d'honneur décernés en 1832 aux communes de cette province. Les drapeaux des gildes et so-ciétés ayant pris part au concours du 20 juillet formeront une haie mobile accompagnant de chaque côté le cortège des délégations com-munales.

Le cortège se mettra en mouvement à midi et demi, se dirigeant vers la place Poelaert. Arrivées à cet endroit, les délégations des communes prendront place, en tournant à gauche, dans les tribunes adossées aux jardins de l'hôtel de Mérode. Elles y auront accès par des escaliers portant l'indication de la province à laquelle appartient chacun des groupes. Dans chaque tribune, les premières rangées de chaises sont réservées au collège échevinal du chef-lieu de la province et aux bourgmestres des chefs-lieux de canton.

Les députations provinciales se rendront au Parc, également à midi, par l'entrée située en face de la rue Zinner, dans l'allée conduisant du grand bassin à la grille située à l'angle de la place des Palais et de la rue Royale. Un cartel, placé à proximité de cette grille, indi-quera l'emplacement qu'elles doivent occuper. Elles se rangeront dans l'ordre alphabétique des provinces et suivront, au moment de la mise en marche du cortège, le groupe des délé-gations communales.

Arrivées à la place Poelaert, les députations provinciales occuperont la première des tri-bunes adossées aux jardins de l'hôtel de Merode.

Immédiatement après les discours des Cham-bres législatives, les délégations provinciales, précédées des drapeaux d'honneur de 1832, se dirigeront, par la droite, vers la tribune royale. Les drapeaux d'honneur s'aligneront contre le parterre central, face à cette tribune. Les dé-putations provinciales, après la lecture de l'adresse de la magistrature, se grouperont au pied du trône et le président de l'un des con-seils provinciaux présentera une adresse à Sa Majesté.

Viendront ensuite les députations commu-nales. Le premier groupe de ces députations, suivi de neuf groupes comprenant, par pro-vince, le collège échevinal du chef-lieu de la province et les bourgmestres des chef-lieux de canton, se dirigeront vers la tribune royale et s'arrêteront au pied de cette tribune, dont les députations des provinces se seront un peu écartées. Le bourgmestre de Bruxelles présen-tera une adresse au roi.

Après la lecture de cette adresse, le cortège des députations provinciales et communales, continuant le tour de la place, viendra re-prendre sa place dans les estrades, tandis que les drapeaux d'honneur, précédant leur groupe, se placeront au fond de celles-ci.

Pendant ce retour, les chœurs et l'orchestre exécuteront la marche chantée, musique de M. Gilson, paroles de M. Auguste Vierset.

Lorsque la cérémonie sera terminée et que le cortège royal, des députations de la garde civique et de l'armée et les Chambres légis-latives auront quitté la place Poelaert, les membres des députations communales autres que les bourgmestres se reformeront en cor-tège pour se rendre, par le même itinéraire qu'à l'arrivée, au Parc, où ils se disloqueront. Ils seront précédés par les drapeaux des gildes et sociétés ; le groupe des drapeaux d'honneur les suivra, précédant les députations des pro-vinces, suivies elles-mêmes du cortège des hauts fonctionnaires des départements minis-tériels.

Les bourgmestres ne quitteront leur tribune qu'après le départ des différents cortèges et se rendront directement, accompagnés de MM. les commissaires d'arrondissement, qui seront ve-nus les rejoindre, au Palais de Justice, où ils entreront par la porte centrale en bronze, en contournant la tribune royale. (Modification aux instructions que MM. les bourgmestres ont reçues antérieurement.)

Les bourgmestres devront porter l'écharpe, insigne de leurs fonctions.

Il importe d'autant plus de signaler aux membres des députations des provinces et des communes ces diverses dispositions qu'elles s'écartent en quelques points de détail du pro-gramme publié au *Moniteur* des 10/11 juillet courant. Contrairement au n° 29 de ce pro-gramme, les corps et délégations (Chambres législatives, magistrature, conseils provin-ciaux) qui se sont successivement approchés du trône pour assister à la lecture des adresses les concernant respectivement ne regagneront les estrades qu'après la lecture de la dernière adresse, et c'est pendant qu'ils retourneront vers les tribunes que s'exécutera la marche chantée.

Il en résulte que les délégations communales devront se diriger vers la tribune royale immé-diatement après les députations provinciales, qui, de leur côté, se seront mises en marche assez à temps pour se trouver auprès du trône avant la fin de la lecture de l'adresse présentée par la magistrature.

Voy. MÉDAILLE COMMÉMORATIVE. — RECOURS EN GRACE.

Franchises postales. — *Sanatorium provincial de Borgoumont (La Gleize). — Déci-sion ministérielle du 30 décembre 1905.*

Aux termes d'un ordre spécial de l'admi-nistration des postes, en date du 30 décembre 1905, la franchise postale réciproque est accor-dée pour la correspondance échangée entre le directeur du sanatorium provincial de Bor-goumont (La Gleize) et les bourgmestres, prési-dents des bureaux de bienfaisance et prési-dents des commissions administratives des hospices civils du royaume.

Cette correspondance peut, au besoin, être envoyée sous pli fermé.

— ·· —

G

Garde champêtre. — *Emplois privés.*
— *Le conseil communal ne peut en interdire
l'exercice.* — Arrêté royal du 13 juin 1905,
contresigné par M. de Trooz, ministre de l'intérieur, etc. (*Moniteur* du 13 juillet.)

Vu la délibération du 28 mars 1905, par
laquelle le conseil communal de Wilsele (province de Brabant) fait défense au garde champêtre Vandevelde, de cette localité, de continuer à tenir un commerce d'épiceries;

Vu l'arrêté du gouverneur de la province, du
25 avril 1905, suspendant l'exécution de cette
délibération ;

Vu l'arrêté de la députation permanente du
conseil provincial du 26 avril, maintenant la
suspension, dont les motifs ont été communiqués au conseil communal dans sa séance du
4 mai ;

Attendu que l'article 60 du code rural, qui
déclare l'emploi de garde champêtre incompatible avec toutes autres fonctions, sauf autorisation de la députation permanente, se rapporte exclusivement au cumul de fonctions
publiques; qu'il en résulte que les gardes
champêtres peuvent, sans aucune autorisation,
exercer tous emplois privés;

Attendu que les intérêts de la police sont
d'ailleurs sauvegardés puisque le conseil communal est armé du pouvoir de suspendre et de
révoquer, sous l'approbation de la députation
permanente, les gardes champêtres qui négligeraient leurs fonctions;

Attendu, en conséquence, que le conseil
communal, en prenant sa délibération du
28 mars dernier, a violé la loi;

Vu les articles 86 et 87 de la loi communale ;
Sur la proposition de notre ministre de
l'instruction publique,

Nous avons arrêté et arrêtons :

La délibération susmentionée du conseil
communal de Wilsele, du 28 mars 1905, est
annulée.

Mention de cette disposition sera faite au
registre des délibérations du dit conseil, en
marge de l'acte annulé.

Garde civique. — *Groupement de communes pour la formation d'une même garde.*
— Arrêté royal du 5 mai 1905, contresigné
par M. de Trooz, ministre de l'intérieur, etc.
(*Moniteur* du 14 mai.)

Vu l'article 3 de la loi du 9 septembre 1897 ;
Revu nos arrêtés du 18 décembre 1897 et du
23 décembre 1904;
Sur la proposition de notre ministre de
l'intérieur et de l'instruction publique,

Nous avons arrêté et arrêtons :

ART. 1ᵉʳ. Les gardes civiques actives des
communes désignées ci-après sont organisées
par groupe de deux ou plusieurs communes,
ainsi qu'il suit :
Boom et Willebroeck ;

Gand, Ledeberg, Mont-Saint-Amand et Gent-
brugge ;
Mons et Jemappes ;
Boussu et Dour ;
Chapelle lez-Herlaimont et Trazegnies ;
La Louvière, Haine-Saint-Pierre, Haine-
Saint-Paul, Houdeng-Goegnies et Houdeng-
Aimeries ;
Marchienne-au-Pont, Monceau-sur-Sambre
et Mont-sur-Marchienne ;
Montigny-sur-Sambre et Couillet ;
Liége, Bressoux, Grivegnée et Herstal ;
Seraing, Jemeppe, Ougrée et Tilleur ;
Verviers,Hodimont, Ensival, Heusy et Dison.
ART. 2. Lorsque des communes sont grou-
pées pour la formation d'une garde civique, la
commune portée en tête du groupe donne son
nom à la garde et est le siège du conseil de
revision ainsi que du conseil de discipline.

Le conseil de revision et le conseil de discipline de la garde civique formée d'un groupe
de communes transportent leur siège dans les
diverses communes du ressort, si les besoins
du service l'exigent.

———

Id. — Arrêté royal du 22 octobre 1905, contresigné par M. de Trooz, ministre de l'intérieur, etc. (*Moniteur* des 30-31 octobre.)

Vu l'article 3 de la loi du 9 septembre 1897;
Revu nos arrêtés du 18 décembre 1897, 23 décembre 1904 et 5 mai 1905;
Vu l'avis du comité de législation en date du
7 juin 1905;
Sur la proposition de notre ministre de l'intérieur et de l'instruction publique,

Nous avons arrêté et arrêtons :

Subsidiairement à notre arrêté du 5 mai 1905,
les gardes civiques des communes désignées
dans la première colonne ci-après sont groupées avec celles mentionnées en regard, dans
la seconde colonne, lesquelles donneront leur
nom aux gardes ainsi formées :

Hoboken.	Borgerhout(groupe).
Menin.	Courtrai.
Lokeren.	Termonde.
Renaix.	Grammont.
Lessines.	Ath.
Soignies.	Mons.

———

— *Instructions.* — Circulaire adressée le
6 juin 1905 à divers gouverneurs de province par
M. de Trooz, ministre de l'intérieur, etc. (*Bulletin du ministère de l'intérieur, etc.*, 1905,
II, 53.)

Un arrêté royal du 23 décembre 1904 (1), que
vous trouverez ci-joint en copie, a appelé la
garde civique à l'activité dans différentes communes de votre province.

———

(1) Voy. JOURNAL, 1904-1905, p. 99.

17

Un second arrêté, du 5 mai dernier (1), dont une copie est également ci-annexée, a organisé plusieurs des gardes appelées à l'activité par groupe de communes.

En notifiant ces premières mesures d'exécution aux administrations communales intéressées, vous voudrez bien, Monsieur le gouverneur, leur indiquer, d'une manière précise, les devoirs que les collèges échevinaux ont à remplir pour l'établissement des listes des inscrits.

Une disposition transitoire qui fait l'objet de l'article 2 de l'arrêté royal précité n'appelle au service actif que les classes postérieures à celles de 1901. Il en résulte que les listes d'inscription ne devront comprendre que les jeunes gens nés à partir de 1881.

Afin d'éviter le surcroît de travail que nécessiterait la formation de listes distinctes pour chacune des classes appelées à l'activité, il ne sera dressé qu'un seul relevé des jeunes gens en âge de servir, au moment de la mise en vigueur des nouvelles prescriptions. (Annexe II.)

Conformément à l'article 12 de la loi du 9 septembre 1897, les habitants astreints au service de la garde seront invités par affiche (annexe Ire), dès le 1er octobre, à se faire inscrire avant le 15 du même mois et à faire valoir, le cas échéant, leurs motifs d'exemption ou de dispense avec les pièces justificatives à l'appui.

Les administrations communales veilleront à ce qu'aucune personne tombant sous l'application de la loi n'omette de se faire inscrire. Celles qui négligeront de se conformer à cette prescription devront être portées d'office au registre et, le cas échéant, il pourra être dressé à leur charge un procès-verbal de poursuites devant le conseil de discipline. (Annexe III.)

Pour procéder à l'inscription, les autorités communales consulteront utilement, outre les registres de population, les listes d'inscription de la milice.

Les collèges échevinaux statueront, avant le 31 octobre, sur toutes les réclamations qui leur seront adressées. Ils prononceront l'exclusion de ceux qui se trouveraient dans les conditions d'indignité prévues à l'article 44 de la loi et ils accorderont d'office les exemptions et les dispenses basées sur des droits notoires ou établis par des documents officiels.

Le 31 octobre au plus tard, ils formeront, au moyen de registres dont le modèle est ci-joint (annexe IV) : 1° la liste des personnes désignées pour le service; 2° la liste des exemptés, des dispensés ou des exclus, avec mention des motifs de la décision intervenue. (Annexe V.)

Une copie de ces listes arrêtées par le collège sera envoyée, avec pièces justificatives à l'appui, dès le 5 novembre, au président du conseil civique de revision compétent.

La liste des personnes désignées pour le service sera mise à la disposition du public, au secrétariat communal, à partir du 8 novembre.

Du 5 au 8 novembre, les personnes désignées pour le service seront informées de cette décision par voie administrative. (Annexe VI.)

Pour la formation de la liste des inscrits, il

ne devra pas être perdu de vue que les militaires accomplissant ou ayant accompli un terme complet de service personnel dans l'armée sont dispensés de tout service dans la milice citoyenne; que, d'autre part, les étrangers justifiant d'une nationalité déterminée jouissent de la même faveur, par suite du régime conventionnel de notre pays.

L'attention des autorités intéressées devra également être appelée sur l'article 11 de la loi qui prescrit l'inscription pour le service de la garde dans la commune de la résidence réelle et, en cas de résidences multiples, dans la commune la plus populeuse.

Vous voudrez bien aussi, Monsieur le gouverneur, rappeler aux communes dont la garde est appelée à l'activité les prescriptions de l'arrêté royal du 8 août 1900 relatives au changement de résidence des personnes soumises au service de la garde. Je vous adresse à cette fin des exemplaires de l'arrêté dont il s'agit.

Enfin, en attendant que les nouvelles gardes soient dotées d'un budget régulièrement dressé, les administrations communales devront s'assurer, par voie de crédits spéciaux, les fonds nécessaires pour faire face aux premiers frais de l'organisation.

Organisation. — Instruction. — Circulaire adressée le 30 octobre 1905 à diverses autorités de la garde par M. de Trooz, ministre de l'intérieur, etc. (*Bulletin officiel de la garde civique*, 1905, I, p. 208.)

Un arrêté royal du 23 décembre 1904, que vous trouverez ci-joint en copie, a appelé la garde civique à l'activité dans différentes communes de votre commandement supérieur.

Un second arrêté du 5 mai 1905, complété par celui du 22 octobre 1905, dont une copie est également ci-annexée, a organisé plusieurs de ces gardes par groupes de communes.

Aux termes de l'article 96 de la loi du 9 septembre 1897, les classes incorporées en exécution de l'arrêté royal prérappelé devront rester groupées, pendant la première année, dans leur peloton d'instruction.

Le peloton d'instruction de chacune des gardes appelées à l'activité sera placé sous le commandement d'un officier instructeur qui sera chargé en même temps de la tenue du contrôle conformément aux dispositions de l'article 118 du règlement sur le service intérieur.

Cet officier sera secondé par un ou plusieurs sous-officiers instructeurs, à raison d'un titulaire par vingt-cinq gardes. Ces sous-officiers auront droit à une indemnité de 5 francs par séance; l'allocation à porter de ce chef au budget ne pourra toutefois, aux termes de la circulaire ministérielle du 26 février 1901, être supérieure à 200 francs par sous-officier instructeur.

Ces sous-officiers instructeurs ne pourront être désignés qu'à titre provisoire, attendu que le nombre de recrues à instruire chaque année sera réduit après l'année 1906.

Les chefs de garde s'adresseront, en cas de besoin, aux commandants des régiments d'infanterie de l'armée stationnés dans le voisinage et qui sont autorisés par M. le ministre de la guerre (circulaire du 2 février 1899) à déférer aux demandes qui leur seraient présentées à ce sujet.

Il sera procédé par mes soins à l'organisation des états-majors et des unités; des instructions ultérieures détermineront la date à laquelle il pourra être procédé à l'élection des cadres.

MM. les lieutenants généraux commandants supérieurs m'adresseront des propositions, avant le 1er décembre prochain, pour la nomination :

1° D'un chef de garde au sein des gardes civiques des communes ci-après désignées :

ANVERS-BRABANT : Hal, Vilvorde;

HAINAUT-NAMUR : *Boussu* et Dour formant groupe;

Chapelle lez-Herlaimont et Trazegnies formant groupe;

LIÉGE-LIMBOURG et LUXEMBOURG : *Seraing*, Jemeppe, Ougrée et Tilleur formant groupe;

2° Des officiers à joindre à l'état-major du chef de la garde;

3° Des officiers instructeurs;

4° Des médecins à raison d'un par commune.

Vous voudrez bien, Messieurs, m'adresser également d'urgence, et après entente avec M. le gouverneur de la province, des propositions pour la formation du conseil civique de revision dans les gardes appelées à l'activité qui ne sont pas rattachées à une garde active.

Ainsi que je le recommandais dans ma circulaire du 31 juillet 1902, il conviendra de ne proposer pour les divers emplois à conférer que des candidats capables, dévoués à l'institution de la garde civique et présentant toutes les garanties au point de vue d'une application saine et impartiale de la loi.

J'appelle notamment votre attention toute spéciale sur le choix du secrétaire-rapporteur du conseil civique de revision qui doit être un homme actif et entendu.

Armement et équipement. — Valeur des objets et prix des réparations. — Arrêté royal du 24 novembre 1905, contresigné par M. de Trooz, ministre de l'intérieur, etc. (*Moniteur* du 8 décembre.)

Considérant qu'il est nécessaire de reviser et de compléter les tarifs en vigueur dans la garde civique pour les objets d'armement et d'équipement ainsi que pour les réparations à ces objets;

Revu notre arrêté du 28 janvier 1885;

Sur la proposition de notre ministre de l'intérieur et de l'instruction publique,

Nous avons arrêté et arrêtons :

ART. 1er. — Sont approuvés les tarifs ci-annexés fixant à nouveau la valeur des objets d'armement et d'équipement à l'usage de la garde civique, ainsi que le prix des réparations pour ces objets.

ART. 2. — Toutes les dispositions antérieures sur la matière sont abrogées.

Lettres de série affectées au numérotage des armes distribuées par le Magasin central du matériel de la Garde civique.

A	Anvers.	**AA**	Boussu.	**BA**	Jemelle (Pompiers).	**CA**	Disponible.
B	Malines.	**AB**	Termonde.	**BB**	Borgerhout (Pompiers)	**CB**	Id.
C	Morlanwelz.	**AC**	Ath.	**BC**	Boom.	**CC**	Id.
D	Anderlecht. (Groupe de Saint-Gilles.)	**AD**	Charleroi.	**BD**	Jumet.	**CD**	Id.
				BD	Dampremy. } Groupe de Jumet.		
				BD	Roux.		
E	Bruxelles.	**AE**	Mons et Jemappes.	**BE**	La Louvière.	**CE**	Id.
				BE	Haine-Saint-Pierre.		
				BE	Haine-Saint-Paul.		
				BE	Houdeng-Aimeries. } Groupe de La Louvière.		
				BE	Houdeng-Goegnies.		
F	Etterbeek. } Groupe d'Ixelles.	**AF**	Tournai.	**BF**	Borgerhout.	**CF**	Id.
				BF	Berchem. } Groupe de Borger-hout.		
				BF	Deurne.		
				BF	Merxem.		
G	Ixelles.	**AG**	Huy.	**BG**	Courcelles.	**CG**	Id.
H	Laeken. (Gr. de Schaer-beek.)	**AH**	Liége, Bressoux et Grivegnée.	**BH**	Châtelineau. (Groupe de Châtelet.)	**CH**	Id.
—	Louvain.	**AI**	Verviers.	**BI**	Saint-Trond.	**CI**	Id.
		AI	Dison.				
		AI	Ensival } Groupe de Verviers.				
		AI	Heusy.				
		AI	Hodimont.				
—	Tirlemont.	**AJ**	Lokeren. (Groupe de Termonde.)	**BJ**	Willebroeck. (Groupe de Boom.)	**CJ**	Id.
K	Molenbeek-St-Jean. } Gr. de St-Gilles.	**AK**	Hasselt.	**BK**	Disponible.	**CK**	Id.
L	Saint-Gilles.	**AL**	Arlon.	**BL**	Grammont.	**CL**	Id.
M	Saint-Josse-t.-Noode. } Gr. de Schaer-beek.	**AM**	Dinant.	**BM**	Turnhout.	**CM**	Id.
N	Schaerbeek.	**AN**	Namur.	**BN**	Montigny.	**CN**	Id.
		AN	Jambes. } Groupe de Namur.				
		AN	Saint-Servais.				
O	Vilvorde.	**AO**	Eecloo.	**BO**	Mont-sur-Marchienne. (Gr. de Marchienne.)	**CO**	Id.
P	Bruges.	**AP**	Roulers.	**BP**	Seraing, Ougrée, Je-meppe, Tilleur.	**CP**	Id.
Q	Menin. } Groupe de Courtrai.	**AQ**	Lessines. (Gr. d'Ath.)	**BQ**	Disponible.	**CQ**	Id.
R	Courtrai.	**AR**	Nivelles.	**BR**	Châtelet.	**CR**	Id.
S	Lierre.	**AS**	Gilly.	**BS**	Chapelle lez-Herlaimont.	**CS**	Id.
T	Ostende.	**AT**	Marchienne-au-Pont. } Groupe de Mar-chienne.	**BT**	Gosselies.	**CT**	Id.
		AT	Monceau-sur-Sambre.				
U	Ypres.	**AU**	Soignies.(Gr.de Mons.)	**BU**	Disponible.	**CU**	Id.
V	Alost.	**AV**	Wetteren.	**BV**	Lodelinsart.	**CV**	Id.
W	Binche.	**AW**	Herstal. (Gr. de Liége.)	**BW**	Hoboken. (Groupe de Borgerhout.)	**CW**	Id.
X	Gand.	**AX**	Marcinelle.	**BX**	Renaix. (Gr. de Gram-mont.)	**CX**	Id.
XA	Gentbrugge. } Groupe de Gand.						
XB	Ledeberg.						
XC	Mont-St-Amand.						
Y	Hal.	**AY**	Dour. (Gr. de Boussu.)	**BY**	Couillet. (Gr. de Mon-tigny.)	**CY**	Id.
Z	Saint-Nicolas.	**AZ**	Mouscron.	**BZ**	Trazegnies. (Groupe de Chapelle lez-Herlai-mont.)	**CZ**	Id.

Tarif indiquant les prix des objets d'armie-ment, d'équipement et de harnachement en usage dans la garde civique.

—

Fusil « Mauser », sans baïonnette ni fourreau.	62 00
Baïonnette id	7 70
Fourreau id	2 30
Trousse complète d'accessoires	2 06
Bouchon de canon.	0 30
Chargeur.	0 03
Cartouche d'exercice	0 08
Monte-ressort	1 56
Nomenclature de l'arme « Mauser »	0 50
Bretelle de fusil	1 00
Cartouchière ⎱ NM de l'armée	4 00
Porte-baïonnette ⎰	1 00
Ceinturon	2 00
Plaque de ceinturon ⎱ Infanterie (NM).	0 75
⎰ Chasseurs	0 75
Artillerie	0 75
Ceinturon en cuir verni	5 50
Sabre d'artillerie sans fourreau	19 50
Fourreau de sabre d'artillerie	10 50
Havresac (sans courroies)	20 00
Courroie ⎱ de suspension	0 40
⎰ de capote.	0 40
de marmite	0 40
Écusson pour cartouchière NM	0 25
Couronne id.	0 05
Numéro id.	0 05
Mousqueton « Mauser » sans baïonnette ni fourreau	90 00
Baïonnette id.	7 70
Fourreau id.	2 30
Fusil « Comblain » modèle 1882 sans baïonnette ni fourreau .	63 00
Baïonnette modèle 1882	7 00
Fourreau id.	2 00
Tourne-vis id.	0 43
Monte-ressort id.	3 00
Nomenclature de l'arme « Comblain »	0 10
Bretelle de fusil.	1 00
Cartouchière	1 50
Porte-baïonnette ⎱ Modèle 1882	0 30
Ceinturon ⎰	0 75
Plaque de ceinturon (infanterie AM)	0 50
Fusil « Comblain » modèle 1871	12 00
Yatagan id.	2 00
Fourreau de yatagan id.	1 00
Nécessaire d'armes id.	0 25
Monte-ressort id.	0 25
Bretelle de fusil (AM).	0 75
Cartouchière avec banderole	2 00
Porte-yatagan	0 30
Ceinturon-courroie.	0 20
Sabre de cavalerie.	57 50
Fourreau de sabre de cavalerie	5 75
Revolver « Nagant »	53 00
Baguette-lavoir ⎱ pour revolver	1 00
Tourne-vis ⎰	0 50
Sacoche d'ambulance.	69 00
Trompette.	12 00

	NM.	AM.
Cordon de trompette pour sous-officier.		16 50
id. pour troupe.		7 00
Canne de sergent-tambour		48 00
id. de caporal-tambour		28 00
Caisse de tambour.	30 00	20 00
Bretelle de caisse.	1 75	1 00
Collier de tambour.	4 20	3 50
Porte-baguettes.	0 75	0 50
Cuissière.	3 50	2 00
Paire de baguettes.	2 00	2 00
Peau ⎱ de batterie		3 00
⎰ de timbre		3 00
Cercle ⎱ de batterie		3 00
⎰ de timbre		3 00
d'enroulement		0 25
Corde ⎱ de tension		1 00
⎰ de timbre.		0 30
Clef de timbre.		1 50
Tirant de caisse.		0 20
Clairon.		13 00
Bretelle de clairon.		1 25
Épée-baïonnette.		7 00
Fourreau d'épée-baïonnette.		2 00
Sac d'ambulance.		67 00
Appareil « Marga ».		25 00
Chevalet « Tollen ».		25 00
Id.. « Damry ».		37 00
Jambières (paire de)		3 00
Besace.		2 40
Gourde.		3 50
Passant ⎱ modèles types		0 10
Marmite		3 70
Chapeau garni		5 00
Plumet.		2 00
Bride de cheval de selle.		20 00
Étrivières ⎱ Paire de		
Étriers ⎰		6 50
Sangle à ficelles.		7 00
Siège de selle.		20 00
Arçon complet.		20 00
Graine porte-sabre.		2 50
Couverture de cheval.		14 00
Couvre-sacoche pour harnais de selle.		10 00
Croupelin id. id.		15 00
Bride de cheval porteur.		18 00
Id. sous verge.		12 00
Étrivière porte-fourreau.		2 25
Paire de sacoches.		20 00
Porte-manteau.		7 50
Genouillère.		4 50
Dossière pour attelage de devant.		5 00
Id. id. de derrière.		3 00
Croupière porte-traits.		7 50
Collier complet.		45 00
Bricole avec contre sanglon.		19 00
Paire de traits pour attelage de devant.		28 50
Id. id. de derrière.		31 50
Avaloire avec ganses.		9 00
Courroie de timon.		9 00
Plate-longe avec anneau.		20 00
Ganse porte-traits.		1 00
Porte-timon.		12 50
Fouet.		3 00

Tarif des réparations au fusil Mauser modèle 1889.

DÉSIGNATION DES RÉPARATIONS.	PRIX DES RÉPARATIONS.			DEGRÉ D'AVANCEMENT DES PIÈCES DE RECHANGE.
	Pièces de rechange.	Travail de l'armurier.	TOTAL.	
CANON.				
* Remplacer le canon	»	»	8 56	
* Redresser le canon.	»	0 25	0 25	
* Repolir l'âme et la chambre du canon fortement rouillé	»	0 50	0 50	
* Rafraîchir les rayures au crochet	»	0 50	0 50	
* Repolir l'âme et la chambre du canon rouillé ou éraflé (d'après la gravité des dégradations).	»	»	»	
Refraiser la bouche du canon	»	0 08	0 08	
* Réparer la tranche du tonnerre	»	0 15	15	
Nettoyer l'âme et la chambre du canon	»	0 15	0 15	
Rellmer et polir le canon rouillé	»	0 15	0 15	
* Rajuster le canon sur le verrou et remettre au cran de repère.	»	0 65	0 65	
* Refraiser la chambre	»	0 15	0 15	
* Refileter le canon et l'ajuster sur le verrou, remettre le cran de repère et refraiser la chambre.	»	1 05	1 05	
HAUSSE.				
* Remplacer la hausse	»	»	5 36	
* Ressouder la hausse	»	0 30	0 30	
Remplacer le curseur	0 82	0 10	0 92	Bleui.
Retremper le curseur et le bleuir	»	0 10	0 10	
Remplacer le montant avec tête, curseur et goupille.	»	»	3 08	
Remplacer le montant.	1 53	0 20	1 73	Bronzé.
Redresser et réparer le montant	»	0 10	0 10	
* Remplacer le pied	»	»	2 18	
Réparer le pied	»	0 10	0 10	
Remplacer la goupille et faire marcher le montant . .	0 01	0 10	0 11	Fil d'acier.
Remplacer le ressort	0 51	0 05	0 56	Bleui.
Retremper le ressort et le bleuir	»	0 10	0 10	
Remplacer la tête du montant	0 61	0 05	0 66	Bronzée.
Remplacer la vis de ressort	0 04	0 03	0 07	Bleuie.
Remplacer la vis de tête de montant	0 03	0 03	0 06	Filetée.
MANCHON.				
* Remplacer le manchon	»	»	7 01	Bronzage compris.
Remandriner le manchon faussé ou bossué légèrement.	»	0 20	0 20	
* Remplacer la bague	»	»	1 42	Bronzage compris.
* Remplacer le guidon	0 51	0 15	0 66	Achevé.
Réparer l'assise du guidon	»	0 05	0 05	
Réparer le guidon et le bleuir	»	0 10	0 10	
Dessouder ou ressouder le guidon.	»	0 05	0 05	
* Remplacer le gros bout	»	»	2 28	Bronzage compris.
Réparer le petit bout	»	0 10	0 10	
* Remplacer le petit bout	»	»	0 81	Bronzage compris.
* Remplacer le tenon	0 02	0 10	0 12	Achevé.
* Réparer l'écrou du manchon.	»	0 15	0 15	
Relimer, repolir et rebronzer le manchon rouillé. . .	»	0 35	0 35	
Nettoyer l'intérieur du manchon	»	0 10	0 10	
* Remplacer une vis d'assemblage sans tête	»	»	0 07	
MÉCANISME.				
* Remplacer la boîte de culasse	»	»	8 64	Bronzage compris.
* Réparer la boîte mutilée fortement (d'après la gravité des dégradations).	»	»	»	
Réparer la boîte mutilée légèrement	»	0 15	0 15	
Nettoyer la boîte de culasse.	»	0 10	0 10	
Réparer un écrou	»	0 10	0 10	
Remplacer le verrou complet	»	»	9 32	
Remplacer le verrou proprement dit	»	»	3 21	

Les réparations marquées d'un astérisque sont faites au magasin central de la garde civique.

DÉSIGNATION DES RÉPARATIONS.	PRIX DES RÉPARATIONS.			DEGRÉ D'AVANCEMENT DES PIÈCES DE RECHANGE.
	Pièces de rechange.	Travail de l'armurier.	TOTAL.	
Réparer le verrou mutilé	»	0 15	0 15	
Nettoyer le verrou et faire marcher le percuteur . . .	»	0 15	0 15	
Remplacer l'extracteur	0 51	0 05	0 56	Achevé et poli.
Réparer et retremper l'extracteur.	»	0 10	0 10	
Remplacer le percuteur	1 17	0 10	1 27	Achevé.
Réparer le percuteur	»	0 10	0 10	
Remplacer le ressort à boudin du percuteur . . .	0 11	0 05	0 16	Id.
Remplacer la noix.	0 92	0 10	1 02	Achevée et polie.
Réparer et retremper la noix	»	0 10	0 10	
Remplacer le manchon porte-sûreté	2 04	0 15	2 19	Achevé et poli.
Réparer et retremper le manchon porte-sûreté . .	»	0 15	0 15	
Remplacer la sûreté complète	1 37	0 10	1 47	Achevée et polie.
Réparer et faire marcher la sûreté.	»	0 10	0 10	
Remplacer la sûreté proprement dite.	1 28	0 10	1 38	Id.
Remplacer la broche-arrêt	0 05	0 05	0 10	Achevée.
Remplacer le ressort à boudin de broche-arrêt . .	0 06	0 05	0 11	Achevé.
Remplacer le bouchon fileté.	0 04	0 05	0 09	Id.
Remplacer l'arrêtoir complet du verrou	2 99	0 15	3 14	Achevé et bleui.
Remplacer le corps d'arrêtoir du verrou et le bleuir .	2 04	0 20	2 24	Achevé.
Remplacer le couvercle-ressort.	0 41	0 05	0 46	Achevé et bleui.
Retremper le couvercle-ressort et le bleuir. . . .	»	0 10	0 10	
Remplacer le ressort de l'éjecteur	0 26	0 05	0 31	Trempé.
Remplacer la vis du couvercle-ressort	0 03	0 05	0 08	Bleuie.
Remplacer la goupille-pivot de l'arrêtoir du verrou .	0 01	0 05	0 06	Trempée.
Remplacer l'éjecteur	0 26	0 10	0 36	Id.
Réparer l'éjecteur	»	0 10	0 10	
Réparer le corps d'arrêtoir du verrou et le bleuir .	»	0 15	0 15	
Régler le départ.	»	0 15	0 15	
Remplacer le corps de l'appareil de détente . . .	1 28	0 15	1 43	Achevé et trempé.
Nettoyer et faire marcher l'arrêtoir du verrou. . .	»	0 10	0 10	
Remplacer l'appareil de détente.	2 83	0 15	2 98	Id.
Remplacer la gâchette.	0 66	0 15	0 81	Achevée et trempée.
Remplacer la détente	0 82	0 10	0 92	Achevée et bleuie.
Remplacer la goupille-pivot de gâchette ou de corps de détente	0 01	0 10	0 11	Trempée.
Remplacer la goupille de détente	0 01	0 10	0 11	Id.
Remplacer le ressort du corps de l'appareil de détente.	0 06	0 08	0 14	Id.
MAGASIN.				
Remplacer le magasin complet.	7 99	0 10	8 09	Bronzé.
Remplacer le magasin.	»	»	5 97	Bronzage compris.
Remplacer le fond mobile.	»	»	1 68	
Remplacer l'appareil transporteur.	2 43	5 10	2 53	Bleui.
Réparer le fond mobile.	»	0 05	0 05	
Remplacer le ressort du levier transporteur . . .	0 41	0 05	0 46	Trempé et poli.
Remplacer la face antérieure courbe.	»	»	1 83	
Remplacer la face postérieure plane.	»	»	1 63	
Remplacer une des parois latérales	»	»	0 96	
Remplacer un des rivets des parois	»	»	0 06	
Remplacer la goupille-pivot noyée ou rivée . . .	»	»	0 06	
Remplacer le levier du transporteur	1 02	0 10	1 12	Achevé et bleui.
Augmenter la force du ressort du levier du transporteur	»	0 10	0 10	
Réparer le levier du transporteur.	»	0 10	0 10	
Remplacer le transporteur.	0 61	0 10	0 71	Id.
Réparer le transporteur	»	0 10	0 10	
Remplacer le ressort du transporteur	0 36	0 10	0 46	Trempé et poli.
Augmenter la force du ressort du transporteur . .	»	0 10	0 10	
Remplacer la goupille-pivot du transporteur . . .	0 01	0 05	0 06	Trempée.
Remplacer la vis-boulon d'assemblage	0 06	0 05	0 11	Trempée et bleue.
Nettoyer et faire marcher l'appareil transporteur .	»	0 15	0 15	
Réparer une des parois du magasin et remplacer les rivets et goupilles	»	»	0 55	Bronzée.
Réparer les lèvres du magasin	»	0 10	0 10	
Remandriner le magasin	»	0 15	0 15	
GARNITURES.				
Remplacer la plaque de couche	0 82	0 11	0 93	Polie.
Réparer et relimer la plaque de couche	»	0 10	0 10	

DÉSIGNATION DES RÉPARATIONS.	PRIX DES RÉPARATIONS.			DEGRÉ D'AVANCEMENT DES PIÈCES DE RECHANGE
	Pièces de rechange	Travail de l'armurier	TOTAL.	
Remplacer le battant de crosse	0 77	0 10	0 87	Bleui.
Remplacer la goupille	0 04	0 05	0 06	
Remplacer l'anneau du battant de crosse	»	»	0 51	Id.
Redresser, réparer et bleuir l'anneau du battant de crosse	»	0 05	0 05	
Remplacer la sous-garde	4 59	0 15	4 74	Bronzée.
Réparer la sous-garde mutilée	»	0 10	0 10	
Remplacer l'arrêtoir du magasin	0 41	0 10	0 51	Bleui.
Réparer et retremper l'arrêtoir du magasin	»	0 15	0 15	
Remplacer le ressort à boudin de l'arrêtoir du magasin	0 06	0 05	0 11	Achevé.
Remplacer la grenadière et son battant	1 69	0 10	1 79	Bleui.
Remplacer la grenadière	1 02	0 15	1 17	Id.
Remplacer le battant de grenadière	0 61	0 15	0 76	Id.
Remplacer la vis avec rondelle de la grenadière	0 07	0 15	0 22	Id.
Remplacer la rondelle	0 05	0 05	0 10	
Remplacer la goupille-pivot de l'arrêtoir du magasin	0 04	0 05	0 06	Achevée.
Redresser, réparer et bleuir le battant de grenadière	»	0 10	0 10	
Remplacer le ressort de grenadière	0 71	0 05	0 76	Trempé et poli.
Réparer et faire marcher le ressort de grenadière	»	0 05	0 05	
Remplacer l'embouchoir	1 53	0 10	1 63	Bleui.
Réparer le tenon de la baïonnette	»	0 15	0 15	
Remplacer le ressort d'embouchoir	0 61	0 10	0 71	Id.
Réparer, retremper le ressort d'embouchoir et le bleuir	»	0 15	0 15	
Remplacer une vis de plaque de couche	0 08	0 03	0 11	Bleuie.
Remplacer une vis de battant de crosse	0 08	0 03	0 11	Id.
Remplacer la vis postérieure de sous-garde	0 12	0 03	0 15	Id.
Remplacer la vis antérieure de sous-garde	0 09	0 03	0 12	Id.
Réparer une vis et la bleuir	»	0 05	0 05	
Extraire une vis cassée dans son écrou	»	0 10	0 10	
Nettoyer le fusil	»	0 50	0 50	
*Remettre l'arme à neuf	»	2 40	2 40	
MONTURE.				
*Remplacer le bois, réparer et polir toutes les pièces y compris la baguette, la baïonnette, bronzage et bleuissage	»	»	13 30	
*Remplacer le bois et nettoyer les pièces métalliques	»	»	11 60	
Encastrer une pièce au bois	»	0 25	0 25	
Oter du bois dans un encastrement	»	0 10	0 10	
Nettoyer le canal de la baguette	»	0 10	0 10	
Coller une fente	»	0 10	0 10	
Remplacer l'armature du tenon du manchon	0 03	0 08	0 11	Achevée.
Remplacer l'armature de la vis postérieure de sous-garde	0 12	0 08	0 20	Id.
Mettre une pièce à queue d'aronde à la crosse	0 26	0 80	1 06	Débitée.
Coller et visser le bois cassé ou fendu	»	0 20	0 20	
Nettoyer le bois	»	0 25	0 25	
Oter les cavités du bois	»	0 10	0 10	
*Mettre une enture et remettre le bois à neuf	»	»	3 09	
BAGUETTE.				
Remplacer la baguette et la numéroter	0 87	0 08	0 95	Achevée et polie.
Refourbir la baguette	»	0 10	0 10	
Redresser la baguette	»	0 10	0 10	
Réparer le bout fileté de la baguette	»	0 05	0 05	
Réparer la tête de la baguette	»	0 05	0 05	
Rebraser la tête de la baguette	»	0 10	0 10	
BAÏONNETTE.				
*Remplacer la poignée	»	»	2 44	
*Remplacer la baïonnette	7 70	»	7 70	Achevée.
Remplacer la lame	2 81	0 20	3 01	Polie et trempée.
Redresser, retremper et polir la lame	»	0 30	0 30	
Refourbir la lame rouillée	»	0 15	0 15	
Réparer la pointe	»	0 15	0 15	
Oter les entailles du tranchant ou du dos	»	0 15	0 15	

DÉSIGNATION DES RÉPARATIONS.	PRIX DES RÉPARATIONS.			DEGRÉ D'AVANCEMENT DES PIÈCES DE RECHANGE.
	Pièces de rechange.	Travail de l'armurier.	TOTAL.	
* Donner le fil au tranchant (par ordre ministériel) . .	»	0 15	0 15	
* Oter le fil au tranchant (par ordre ministériel) . . .	»	0 10	0 10	
Remplacer la goupille de la soie	0 01	0 10	0 11	Achevée.
Remplacer la carcasse	3 26	0 20	3 46	Id.
Réparer la rainure du tenon et rajuster la baïonnette au canon	»	0 15	0 15	
* Remplacer la croisière	»	»	1 17	
Réparer la croisière dégradée ou déformée	»	0 10	0 10	
Réparer et repolir la baïonnette rouillée	»	0 25	0 25	
Remplacer une goupille d'assemblage rivée	0 01	0 10	0 11	Fil d'acier.
Remplacer le bouton du poussoir	0 14	0 05	0 19	Achevé.
Remplacer le ressort à boudin du poussoir.	0 06	0 05	0 11	Achevé et bleui.
Remplacer l'arrêt du tenon d'embouchoir	0 41	0 10	0 51	Id.
Remplacer une plaquette.	0 31	0 15	0 46	Achevée.
Nettoyer la baïonnette.	»	0 10	0 10	
Remplacer une rosette fraisée	0 05	0 05	0 10	. Id.
Remplacer une rosette taraudée	0 05	0 05	0 10	Id.
Remplacer une vis de plaquette	0 08	0 05	0 13	Filetée.
Remplacer le poussoir	0 61	0 05	0 66	Achevé.

FOURREAU DE BAÏONNETTE.

* Remplacer le fourreau	2 30	»	2 30	Achevé et bronzé.
Relever les enfoncements du fourreau	»	0 15	0 15	
Remplacer la cuvette.	0 45	0 20	0 65	Achevée et bronzée.
Retremper les ressorts de cuvette	»	0 10	0 10	
Remplacer une vis de cuvette	0 05	0 03	0 08	Bleuie.
Remplacer le bouton	0 09	0 35	0 44	Bronzage compris.
Remplacer le crochet	0 56	0 35	0 91	Id.
Rebraser le crochet	»	0 40	0 40	Id.
Rebraser le fourreau	»	0 40	0 40	Id.

BRONZAGE.

Réparer le bronzage de la boîte de culasse	»	0 15	0 15	
Bronzer le manchon	»	0 25	0 25	
Bronzer la boîte de culasse	»	0 20	0 20	
Bronzer la sous-garde.	»	0 05	0 05	
Réparer et bleuir la grenadière	»	0 05	0 05	
Réparer et bleuir l'embouchoir	»	0 05	0 05	
Réparer le bleuissage de l'embouchoir ou de la grenadière	»	0 05	0 05	
Bronzer le magasin	»	0 15	0 15	
Bronzer le fourreau de la baïonnette.	»	0 10	0 10	
Bronzer la cuvette	»	0 05	0 05	
Bleuir l'arrêtoir du verrou	»	0 05	0 05	
Bleuir le battant de la crosse	»	0 05	0 05	

NUMÉROTAGE (1).

* Mettre le numéro et la marque.	»	0 03	0 03	
* Enlever le numéro et la marque	»	0 05	0 05	

MONTE-RESSORT.

* Remplacer le monte-ressort.	1 56	»	1 56	Achevé.
* Remplacer le corps du monte-ressort	0 88	0 05	0 93	Id.
Remplacer la vis de pression du monte-ressort . . .	0 72	0 10	0 82	Id.
Réparer les tire-extracteurs du monte-ressort. . . .	»	0 30	0 30	
Nettoyer le monte-ressort	»	0 05	0 05	

ACCESSOIRES.

* Remplacer le manche de tournevis complet	0 28	»	0 28	
* Remplacer le bois du manche de tournevis	0 06	0 10	0 16	Tourné et pans fraisés.
* Remplacer la virole du manche de tournevis	0 12	0 05	0 17	Tournée.
* Remplacer la lame de tournevis.	0 09	»	0 09	Trempée.

(1) Pour chaque pièce.

DÉSIGNATION DES RÉPARATIONS.	PRIX DES RÉPARATIONS.			DEGRÉ D'AVANCEMENT DES PIÈCES DE RECHANGE.
	Pièces de rechange.	Travail de l'armurier.	TOTAL.	
* Remplacer la vis de pression de tournevis.	0 03	0 03	0 06	Achevée.
* Remplacer la goupille du manche de tournevis . . .	0 01	0 04	0 05	Fil d'acier.
* Remplacer le lavoir de la chambre	0 15	»	0 15	Achevée.
Réparer le lavoir de la chambre	»	0 04	0 04	
* Remplacer le lavoir de l'âme du canon	0 26	»	0 26	Id.
* Remplacer le corps mobile du lavoir.	0 08	0 06	0 14	Id.
* Remplacer la partie antérieure de la douille avec rivets.	0 09	0 06	0 15	Id.
* Remplacer la partie postérieure de la douille avec rivets.	0 09	0 06	0 15	Id.
* Remplacer un rivet du lavoir	0 04	0 03	0 04	Id.
Réparer le lavoir de l'âme du canon	»	0 05	0 05	
* Remplacer la brosse-boîte à graisse.	0 25	»	0 25	Id.
* Remplacer la boîte à graisse.	0 10	0 03	0 13	Id.
* Remplacer la brosse	0 15	0 03	0 18	Id.
* Remplacer les soies de la brosse	»	»	0 09	
* Remplacer la rondelle en fibre vulcanisée	»	»	0 03	
* Remplacer le bouchon de canon	0 30	»	0 30	Achevé.
* Remplacer la tige avec tenon du bouchon de canon. .	»	»	0 20	
Remplacer le ressort à boudin de la tige du bouchon de canon.	0 04	0 03	0 07	⸱ Id.
Replacer le ressort à boudin de la tige du bouchon de canon	»	0 03	0 03	
Ressouder la tige du bouchon de canon.	»	0 05	0 05	
Réparer le chapeau ou bouchon de canon	»	0 08	0 08	
Remplacer la baguette en laiton.	0 50	»	0 50	
Trousse en toile imperméable	»	»	0 97	

Tarif des réparations au mousqueton Mauser.

DÉSIGNATION DES RÉPARATIONS.	PRIX DES RÉPARATIONS.			DEGRÉ D'AVANCEMENT DES PIÈCES DE RECHANGE.
	Pièces de rechange.	Travail de l'armurier.	TOTAL.	
CANON.				
* Remplacer le canon	10 00	1 50	11 50	Épreuve 0.50.
* Remplacer le guidon	0 45	0 15	0 60	
* Remplacer la bague du guidon.	0 75	0 52	1 27	
* Remplacer la bague pied de hausse	1 50	1 00	2 50	
Remplacer le ressort du pied de hausse. . .	0 95	0 05	1 00	
Remplacer le montant de hausse	1 50	0 20	1 70	
Remplacer le ressort du curseur } Curseur complet . .	1 25	0 10	1 35	
Remplacer le curseur . . . . }				
* Remplacer la boîte de culasse	14 00	1 25	15 25	
Remplacer le verrou	5 30	0 25	5 55	
Remplacer le porte-sûreté	3 00	0 10	3 10	
Remplacer la sûreté	1 25	0 05	1 30	
Remplacer le percuteur.	1 50	0 10	1 60	
Remplacer la noix	1 75	0 10	1 85	
Remplacer l'extracteur	2 00	0 10	2 10	
Remplacer la bague d'extracteur	0 60	0 10	0 70	
Remplacer l'arrêtoir	2 00	0 25	2 25	
Remplacer l'éjecteur	0 45	0 10	0 25	
Remplacer la détente	0 85	0 10	0 95	

* Les réparations marquées d'un astérisque sont faites au magasin central de la garde civique.

DÉSIGNATION DES RÉPARATIONS.	PRIX DES RÉPARATIONS.			DEGRÉ D'AVANCEMENT DES PIÈCES DE RECHANGE.
	Pièces de rechange.	Travail de l'armurier.	TOTAL.	
Remplacer le corps de détente	1 45	0 10	1 55	
Remplacer la sous-garde	6 00	0 15	6 15	
Remplacer le fond du magasin	1 50	0 05	1 55	
Remplacer le transporteur	1 45	0 05	1 50	
Remplacer le ressort du transporteur.	0 65	0 05	0 70	
Remplacer l'arrêt du fond du magasin	0 10	0 05	0 15	
Remplacer l'entretoise de sous-garde.	0 40	0 25	0 65	
Remplacer la plaque chapiteau du bois	0 40	0 03	0 45	
Remplacer l'embouchoir	0 90	0 10	1 00	
Remplacer le ressort d'embouchoir	0 65	0 10	0 75	
Remplacer le battant de crosse avec embase	0 90	0 10	1 00	
Remplacer la plaque de couche	0 65	0 05	0 70	
Remplacer la baguette.	0 90	0 05	0 95	
* Remplacer le bois	15 00	0 50	15 50	

VIS.

Remplacer la vis d'entretoise	0 10	0 03	0 13	
Remplacer la vis de sous-garde	0 07	0 03	0 10	
Remplacer la vis d'arrêtoir	0 06	0 03	0 09	
Remplacer la vis du ressort de hausse	0 03	0 05	0 08	
Remplacer la vis d'arrêt du curseur	0 03	0 03	0 06	
Remplacer la vis à bois pour plaque de couche et embase du battant de crosse	0 06	0 03	0 09	

GOUPILLES ET PIVOTS.

Remplacer la goupille du chapiteau	0 02	0 05	0 07	
Remplacer la goupille de sous-garde	0 01	0 05	0 06	
Remplacer le pivot du corps de détente	0 01	0 05	0 06	
Remplacer le pivot de détente	0 01	0 05	0 06	
Remplacer le pivot de hausse	»	»	»	

RESSORTS A BOUDIN.

Remplacer le ressort du percuteur	0 35	0 05	0 40	
Remplacer le ressort de sous-garde	0 05	0 05	0 10	
Remplacer le ressort du corps de détente	0 05	0 08	0 13	

N. B. — Pour les autres réparations au mousqueton, il sera fait application du tarif des réparations au fusil Mauser, modèle 1889.

Tarif des réparations au fusil Comblain (modèle 1882).

DÉSIGNATION DES RÉPARATIONS.	PRIX DES RÉPARATIONS.			DEGRÉ D'AVANCEMENT DES PIÈCES DE RECHANGE.
	Pièces de rechange.	Travail de l'armurier.	TOTAL.	
CANON.				
* Remplacer le canon y compris l'enculassage, l'ajustage de l'extracteur, soudage de la hausse, perçage du tenon, ajustage de la baïonnette, finissage de la chambre, polissage et bronzage du canon	10 00	5 50	15 50	Canon adouci, rayé, chambre ébauchée, tenon et guidon limés.
Réparer la bouche du canon.	»	0 40	0 40	
* Redresser le canon { sans bronzage.	»	0 80	0 80	
{ avec —	»	1 40	1 40	
* Relever un enfoncement au canon.	»	1 25	1 25	
* Repolir l'âme et la chambre du canon fortement rouillé.	»	1 50	1 50	
Relimer et adoucir le canon et le rebronzer. . . .	»	0 75	0 75	
* Repolir l'âme et la chambre du canon légèrement rouillé.	»	0 60	0 60	
Nettoyer l'âme et la chambre du canon	»	0 20	0 20	
* Remplacer le guidon et rebronzer le canon. . . .	0 05	1 50	1 55	Forgé.
Réparer le guidon et le rebronzer	»	0 20	0 20	
* Remplacer le tenon et rebronzer le canon	0 05	1 95	2 00	Id.
Rebronzer le canon.	»	0 60	0 60	
Réparer le logement du bourrelet	»	0 40	0 40	
HAUSSE.				
* Remplacer la hausse (ressouder et rebrunir) . . .	4 50	1 50	6 00	Ajustée et graduée.
* Ressouder la hausse, polir et rebronzer le canon. . .	»	1 50	1 50	
Remplacer le curseur et le bleuir	0 45	0 25	0 70	Limé.
Retremper le curseur et le bleuir	»	0 15	0 15	
Remplacer le montant simple	2 00	0 65	2 65	Limé et gradué.
Redresser le montant	»	0 15	0 15	
* Remplacer le pied limé (bronzage compris). . . .	1 00	2 25	3 25	Limé et numéroté.
Numéroter le pied	»	0 05	0 05	
Réparer le pied mutilé et le rebronzer	»	0 25	0 25	
Remplacer la goupille, faire marcher le montant et le ressort	0 04	0 20	0 24	Fil d'acier.
Remplacer le ressort et bleuir	0 24	0 40	0 64	Limé et trempé.
Retremper le ressort, polir et bleuir	»	0 15	0 15	
Remplacer la vis du ressort.	0 04	0 16	0 20	Rodée et filetée.
Remplacer la tête du montant	0 20	0 30	0 50	Limée.
Remplacer la vis de tête du montant.	0 04	0 16	0 20	Rodée et filetée.
MÉCANISME.				
* Remplacer la boîte de culasse, polir et rebronzer . .	10 45	5 00	15 45	Filetée et limée.
Réparer la boîte de culasse mutilée et rebronzer. . .	»	0 50	0 50	
* Remplacer le levier de sous-garde, polir et bleuir . .	4 40	2 50	6 90	Limé.
Réparer le levier mutilé, polir et bleuir	»	0 50	0 50	
* Remplacer la culasse mobile, polir et bleuir . . .	2 37	3 50	5 87	Limée.
Réparer la culasse mobile mutilée, polir et bleuir . .	»	0 50	0 50	
* Remplacer le chien sans chaînette.	2 20	1 00	3 20	Limé.
* Remplacer le percuteur du chien	0 12	0 50	0 62	Tourné.
Remplacer la chaînette	0 30	0 20	0 50	
Remplacer le ressort du chien	0 70	0 30	1 00	Limé et trempé.
Augmenter la force du ressort du chien et polir . . .	»	0 15	0 15	
Relimer les crans du chien et régler la force du départ.	»	0 40	0 40	
Réparer et rajuster le percuteur du chien	»	0 15	0 15	
Remplacer la vis du percuteur du chien	0 05	0 15	0 20	Rodée et filetée.
* Remplacer la détente	0 66	0 40	1 06	Limée.
Relimer et rajuster la détente	»	0 20	0 20	
* Remplacer l'extracteur	0 60	0 75	1 35	Limé.
Relimer et rajuster l'extracteur	»	0 20	0 20	
Remplacer l'arrêt du levier de sous-garde	0 25	0 35	0 60	Id.
Rajuster l'arrêt du levier de sous-garde.	»	0 20	0 20	
Remplacer le ressort d'arrêt	0 15	0 10	0 25	Limé et trempé.
Remplacer la vis de ressort d'arrêt	0 05	0 15	0 20	
Relimer et retremper le ressort d'arrêt	»	0 15	0 15	

* Les réparations marquées d'un astérisque sont faites au magasin central de la garde civique.

DÉSIGNATION DES RÉPARATIONS.	PRIX DES RÉPARATIONS.			DEGRÉ D'AVANCEMENT DES PIÈCES DE RECHANGE.
	Pièces de rechange.	Travail de l'armurier.	TOTAL.	
Remplacer la goupille d'arrêt du levier de sous-garde .	0 04	0 10	0 14	Fil d'acier.
Remplacer la vis du levier de sous-garde	0 12	0 30	0 42	Rodée et filetée.
Remplacer la vis du chien	0 08	0 30	0 38	Id.
Remplacer la contre-vis de la vis du chien	0 05	0 20	0 25	Id.
Remplacer la vis d'extracteur	0 12	0 20	0 32	Id.
Remplacer la vis de détente.	0 05	0 15	0 20	Id.
Réparer et retremper une vis	»	0 05	0 05	
Nettoyer le mécanisme	»	0 25	0 25	
Extraire une vis cassée dans son écrou	»	0 10	0 10	
GARNITURES.				
Remplacer le bout de fût et bleuir.	0 55	0 25	0	Limé.
Réparer, polir et bleuir le bout de fût	»	0 20	0 80	
Remplacer la vis du bout de fût.	0 05	0 10	0 25	Rodée et filetée.
Remplacer la boucle porte-tenon de baïonnette, polir et bleuir	1 50	0 75	2 25	Limée.
Réparer, polir et bleuir la boucle porte-baïonnette . .	»	0 30	0 30	
Remplacer la goupille de la boucle porte-baïonnette. .	0 05	0 20	0 25	Tournée.
Réparer et retremper la goupille	»	0 05	0 05	
Remplacer la vis de la boucle porte-baïonnette . . .	0 05	0 20	0 25	Rodée et filetée.
Remplacer la grenadière et bleuir.	1 10	0 25	1 35	Limée.
Réparer et bleuir la grenadière	»	0 20	0 20	
Remplacer le battant de grenadière et bleuir . . .	0 20	0 15	0 35	Limé.
Redresser le battant de grenadière, le réparer et bleuir.	»	0 10	0 10	
Remplacer la goupille de grenadière.	0 05	0 10	0 15	Fil d'acier.
Remplacer la vis de grenadière et bleuir	0 10	0 20	0 30	Rodée et filetée.
Remplacer la rosette de la vis de grenadière et bleuir .	0 05	0 15	0 20	Tournée et filetée.
Remplacer une rosette de fût et tremper	0 125	0 145	0 27	Limée.
Remplacer la vis d'attache de fût, tremper et bleuir .	0 14	0 20	0 34	Rodée et filetée.
Remplacer la vis de culasse	0 14	0 20	0 34	Id.
Remplacer une vis à bois de queue de boîte et tremper.	0 07	0 15	0 22	Id.
Remplacer le pied du battant de crosse et bleuir . .	0 25	0 15	0 40	Limé.
Remplacer le battant de crosse et bleuir	0 50	0 15	0 65	Id.
Remplacer le rivet du battant de crosse et bleuir. . .	0 04	0 15	0 19	Fil d'acier.
Remplacer une vis du battant de crosse et bleuir. . .	0 07	0 15	0 22	Rodée et filetée.
Remplacer une vis à bois de plaque de couche . . .	0 10	0 15	0 25	Id.
Nettoyer le fusil.	»	1 00	1 00	
*Nettoyer le fusil fortement rouillé y compris le bronzage et le bleuissage	»	3 00	3 00	
Remplacer la plaque de couche, polir et tremper. . .	0 90	0 40	1 30	Limée.
Relimer, polir et retremper la plaque de couche . . .	»	0 40	0 40	
MONTURE.				
*Remplacer le bois, réparer, bronzer et bleuir toutes les pièces	4 45	5 25	9 70	Ébauché aux machines.
*Remplacer la crosse	2 00	2 50	4 50	Id.
*Remplacer le fût	2 45	2 75	5 20	Id.
Encastrer une pièce au bois.	»	0 30	0 30	
Ôter les cavités du bois	»	0 25	0 25	
Élargir le canal de la baguette	»	0 10	0 10	
BAGUETTE.				
Remplacer la baguette	1 00	0 05	1 05	Finie.
Redresser et refourbir la baguette	»	0 20	0 20	
Réparer le bout fileté	»	0 10	0 10	
Refileter la baguette dont le bout est cassé. . . .	»	0 20	0 20	
Réparer la tête	»	0 10	0 10	
Réparer l'écrou de la baguette	»	0 10	0 10	
BAÏONNETTE ET ÉPÉE-BAÏONNETTE.				
*Baïonnette, épée-baïonnette complète sans fourreau. .	6 70	0 30	7 00	Finie.
*Remplacer la lame trempée et polie	2 50	1 50	4 00	Id.
*Remplacer la poignée limée	3 90	1 10	5 00	Limée et rodée
Remplacer la goupille et la river	0 04	0 15	0 19	Fil d'acier.
Remplacer un rivet	0 02	0 30	0 32	Id.

DÉSIGNATION DES RÉPARATIONS.	PRIX DES RÉPARATIONS.			DEGRÉ D'AVANCEMENT DES PIÈCES DE RECHANGE.
	Pièces de rechange.	Travail de l'armurier.	TOTAL.	
Remplacer une rosette	0 05	0 10	0 15	Limée.
Remplacer la vis du ressort.	0 05	0 10	0 15	Rodée et filetée.
Remplacer le ressort de la poignée	0 18	0 25	0 43	Limé et trempé.
Remplacer le poussoir.	0 27	0 40	0 67	Tourné et limé.
Remplacer la rosette du poussoir	0 05	0 10	0 15	Tournée.
Remplacer une plaquette en bois à la poignée . . .	0 05	0 40	0 45	Brute.
Redresser, retremper, polir la lame	»	0 75	0 75	
Réparer la pointe	»	0 10	0 10	
Remplacer une vis-rivet de poignée	0 05	0 15	0 20	
Réparer et rajuster la poignée de la baïonnette au canon	»	0 25	0 25	
Relimer et repolir la baïonnette fortement rouillée . .	»	0 60	0 60	
Relimer et repolir la baïonnette légèrement rouillée. .	»	0 30	0 30	
Oter les entailles du tranchant ou du dos	»	0 20	0 20	
Retremper et rajuster le ressort et le poussoir . . .	»	0 20	0 20	
* Donner le fil au tranchant (par ordre ministériel) . .	»	0 15	0 15	
* Oter le fil tranchant (par ordre ministériel). . . .	»	0 10	0 10	
FOURREAU.				
* Remplacer le fourreau bronzé	2 00	»	2 00	Fini.
Remplacer la cuvette, y compris les rivets.	0 35	0 30	0 65	Limée et trempée.
Remplacer un rivet	0 10	0 10	0 20	Fil d'acier.
Remplacer le bouton et rebronzer le fourreau. . . .	0 40	0 40	0 80	Limé.
Rebraser le bouton et rebronzer le fourreau. . . .	»	0 40	0 40	
Remplacer le bout et rebronzer le fourreau	0 40	0 40	0 80	Id.
Rebraser le bout et rebronzer le fourreau	»	0 40	0 40	
Relever un enfoncement au fourreau	»	0 75	0 75	
Rebraser le fourreau et rebronzer.	»	0 40	0 40	
Rebronzer le fourreau.	»	0 20	0 20	
Rebraser le taquet de cuvette	»	0 50	0 50	
NUMÉROTAGE.				
* Mettre le numéro et la marque	»	0 05	0 05	
* Enlever le numéro et la marque	»	0 05	0 05	
* Remplacer le manche du tourne-vis	0 28	»	0 28	
* Remplacer la lame du tourne-vis	0 09	»	0 09	Trempée.
* Remplacer la vis de pression du tourne-vis	0 03	0 03	0 06	Achevée.

Tarif des réparations à l'armement de la cavalerie et de l'artillerie.

DÉSIGNATION DES RÉPARATIONS.	PRIX DES RÉPARATIONS.		
	Pièces de rechange.	Travail de l'ouvrier.	TOTAL.

SABRE.

* Remplacer une lame (montage et démontage compris)	12 02	0 50	12 52
* Remplacer la soie et l'ajuster (démontage et remontage compris)	0 15	0 60	0 75
Allonger la soie et l'ajuster (démontage et remontage compris)	»	0 40	0 40
River la soie	»	0 10	0 10
Redresser la lame	»	0 30	0 30
Réparer la pointe de la lame	»	0 10	0 10
Oter les entailles du tranchant	»	0 30	0 30
* Donner le fil au tranchant (par ordre ministériel)	»	0 25	0 25
* Oter le fil au tranchant (par ordre ministériel)	»	0 10	0 10
Nettoyer la lame légèrement rouillée	»	0 25	0 25
Nettoyer la lame fortement rouillée	»	0 75	0 75

MONTURE.

* Remplacer une monture complète	5 57	0 75	6 32
* Remplacer une garde	3 64	0 50	4 14
Relimer et adoucir la garde	»	0 30	0 30
Redresser une garde déformée	»	0 30	0 30
* Remplacer une calotte	0 85	0 50	1 35
Relimer la calotte	»	0 10	0 10
* Remplacer une poignée	0 80	0 50	1 30
Remplacer une basane	0 25	0 40	•0 65
Remplacer un filigrane en laiton	0 25	0 40	0 65

FOURREAU.

* Remplacer un fourreau	10 50	»	10 50
Remplacer une cuvette	0 75	0 30	1 05
Remplacer une vis de cuvette	0 05	0 15	0 20
* Remplacer un dard en acier	0 40	1 10	1 50
Rebraser le dard	»	0 40	0 40
Braser une pièce au dard	»	0 60	0 60
Remplacer un bracelet sans anneau	0 32	1 48	1 80
Remplacer un bracelet avec anneau	0 46	1 48	1 94
Rebraser un bracelet	»	0 40	0 40
Remplacer un piton à vis et le braser au bracelet	0 20	0 55	0 75
Remplacer un anneau de bracelet	0 06	0 32	0 38
Rebraser un anneau	»	0 20	0 20
Remplacer un fût en bois	0 25	0 15	0 40
Relimer les enfoncements du fourreau . . .	»	0 50	0 50
Nettoyer un fourreau légèrement rouillé . . .	»	0 25	0 25
Nettoyer un fourreau fortement rouillé . . .	»	0 60	0 60

* Les réparations marquées d'un astérisque sont faites au magasin central de la garde civique.

Tarif des réparations au revolver « Nagant ».

DÉSIGNATION DES RÉPARATIONS.	PRIX DES RÉPARATIONS.			DEGRÉ D'AVANCEMENT DES PIÈCES DE RECHANGE.
	Pièces de rechange.	Travail de l'armurier.	TOTAL.	
CANON.				
* Remplacer le canon (1)	5 51	0 70	6 21	
Réparer la bouche du canon	»	0 10	0 10	
Redresser le canon (d'après la gravité des dégradations)				N. B. Le bronzage est compris dans le remplacement des pièces.
* Relever un enfoncement dans le canon (d'après la gravité des dégradations)				
* Réparer le canon mutilé (d'après la gravité des dégradations).				
* Repolir l'âme et la chambre du canon rouillé (d'après la gravité des dégradations)				
Relimer et adoucir le canon rouillé ou légèrement dégradé à l'extérieur et rebronzer	»	0 50	0 50	
Rebronzer le canon	»	0 35	0 35	
Nettoyer l'âme et la chambre du canon	»	0 10	0 10	
* Remplacer le guidon et rebronzer le canon	0 03	0 82	0 85	Brasé.
Réparer le guidon et rebronzer le canon	»	0 40	0 40	
BARILLET.				
* Remplacer le barillet	4 08	0 30	4 38	
Repolir et rebronzer le barillet	»	0 25	0 25	
* Réaléser les chambres du barillet	»	0 07	0 07	Par chambre.
* Repolir les chambres du barillet	»	0 05	0 05	Id.
CARCASSE.				
* Remplacer la carcasse	15 30	3 70	19 00	Contre-platine repolie et rebronzée en même temps.
Repolir et rebronzer la carcasse	»	0 70	0 70	Y compris la contre-platine.
* Remplacer un pivot	»	0 21	0 21	
PLATINE.				
* Extraire une vis cassée	»	0 10	0 10	
* Remplacer la détente	1 43	0 70	2 13	
Réparer, repolir et rebleuir la détente	»	0 15	0 15	
* Remplacer le ressort de détente	0 50	0 10	0 90	
* Remplacer la barrette	0 41	0 35	0 76	
* Remplacer la barrette avec ressort	1 10	0 35	1 45	
* Remplacer le ressort de barrette	0 25	0 25	0 50	
* Remplacer le chien	2 66	1 00	3 66	
Réparer, repolir et rebleuir le chien	»	0 15	0 15	
* Remplacer la languette du chien	0 30	0 20	0 50	
* Remplacer le ressort de languette du chien	0 15	0 10	0 25	
* Remplacer la vis-pivot de languette	0 07	0 10	0 17	
* Remplacer la chainette	0 25	0 10	0 35	
* Remplacer la vis-pivot de chainette	0 07	0 10	0 17	
* Remplacer la gâchette	0 50	0 50	1 00	
* Remplacer le ressort de gâchette	0 45	0 10	0 55	
* Remplacer la vis du ressort de gâchette	0 08	0 10	0 18	
* Remplacer le ressort de platine	1 28	0 12	1 40	
Retremper et repolir un ressort	»	0 15	0 15	
Réparer le percuteur	»	0 10	0 10	
* Remplacer la sous-garde	2 70	1 25	3 95	
* Remplacer le boulon de sous-garde	0 12	0 09	0 21	
Repolir et rebronzer la sous-garde	»	0 30	0 30	

(1) Les réparations marquées d'un astérisque sont faites au magasin central de la garde civique.
N. B. Si parmi les réparations constatées, il s'en trouve qui nécessitent l'envoi du revolver au magasin central, l'armurier n'y fait aucune réparation; l'arme est envoyée telle quelle à cet établissement qui la répare.

DÉSIGNATION DES RÉPARATIONS.	PRIX DES RÉPARATIONS.			DEGRÉ D'AVANCEMENT DES PIÈCES DE RECHANGE.
	Pièces de rechange.	Travail de l'armurier.	TOTAL.	
CONTRE-PLATINE.				
* Remplacer la contre-platine.	3 57	4 00	7 57	Carcasse repolie et re-
* Remplacer la vis de contre-platine	0 15	0 05	0 20	bronzée en même temps.
GARNITURES.				
* Remplacer le porte-baguette	1 28	0 70	1 98	
* Remplacer le ressort de porte-baguette.	0 26	0 10	0 36	
Réparer, repolir et retremper le ressort de porte-				
baguette ou de portière	»	0 15	0 15	
* Remplacer la vis du ressort de porte-baguette . . .	0 09	0 08	0 17	
* Remplacer la vis-arrêtoir de porte-baguette	0 07	0 05	0 12	
* Remplacer la baguette	0 71	0 15	0 86	
Réparer, repolir et rebleuir la baguette.	»	0 10	0 10	
* Remplacer l'axe du barillet.	1 84	0 15	1 99	
* Remplacer le ressort de l'axe du barillet	0 20	0 15	0 35	
Réparer, repolir et rebleuir l'axe du barillet . . .	»	0 10	0 10	
* Remplacer la fermeture de l'axe du barillet . . .	0 25	0 15	0 40	
* Remplacer le ressort de fermeture de l'axe du barillet .	0 20	0 10	0 30	
* Remplacer la vis de fermeture de l'axe du barillet .	0 07	0 10	0 17	
* Remplacer la portière.	0 92	0 35	1 27	
Réparer, repolir et rebleuir la portière	»	0 15	0 15	
* Remplacer le boulon de charnière de portière . . .	0 12	0 08	0 20	
* Remplacer le ressort de portière	0 55	0 15	0 70	
* Remplacer la vis du ressort de portière.	0 12	0 08	0 20	
* Remplacer l'anneau de calotte.	0 54	0 10	0 64	
* Remplacer la vis de pivot d'anneau de calotte . . .	0 05	0 08	0 13	
Réparer une pièce mutilée (par mutilation)	»	0 10	0 10	
Réparer, repolir, rebleuir et rebronzer le revolver . .	»	1 50	1 50	
Nettoyer et faire marcher le revolver	»	0 30	0 30	
MONTURE.				
* Remplacer une plaque de poignée (en noyer)	»	0 90	0 90	
* Remplacer une rosette	0 10	0 10	0 20	
* Remplacer une vis de rosette	0 12	0 08	0 20	
Réparer et rebleuir une vis ou une rosette. . . .	»	0 05	0 05	
* Remplacer la plaque intermédiaire de la poignée (en				
noyer)	»	0 75	0 75	
* Remplacer la vis de plaque intermédiaire de la poignée	0 14	0 08	0 22	
Réparer et requadriller une plaque de poignée . . .	»	0 25	0 25	
ACCESSOIRES.				
Remplacer la baguette	0 25	»	0 25	
Remplacer la lame de tournevis	0 21	»	0 21	
Réparer et retremper la lame de tournevis.	»	0 08	0 08	
Remplacer le manche de tournevis	0 50	»	0 50	
Remplacer la rondelle en cuir	0 01	0 02	0 03	
Remplacer la spatule	0 17	»	0 17	Limée et taraudée.
Redresser la tige de la spatule.	»	0 01	0 01	
Remplacer l'huilier	0 28	»	0 28	
Réparer l'huilier	»	0 08	0 08	
Remplacer l'étui	0 99	»	0 99	
Remandriner l'étui et l'adoucir.	»	0 10	0 10	
Rebraser l'étui	»	0 20	0 20	
Ajuster et braser un fond neuf à l'étui	»	0 35	0 35	
Ajuster et braser un renfort neuf	»	0 40	0 40	
Remplacer le nécessaire complet	1 66	»	1 66	
Nettoyer le nécessaire rouillé	»	0 10	0 10	
NUMÉROTAGE (1).				
Mettre le numéro et la marque.	»	0 03	0 03	
Enlever le numéro et la marque	»	0 05	0 05	

(1) Pour chaque pièce.

Tarif des réparations à l'équipement nouveau modèle de l'armée.

NUMÉROS D'ORDRE.	DÉTAIL DES RÉPARATIONS.	PRIX		TOTAL.	OBSERVATIONS.
		DES FOURNITURES.	DE LA MAIN-D'ŒUVRE.		
	BRETELLE DE FUSIL.				
1	Un bouton à deux têtes nouveau modèle	0 12	»	0 12	
2	Une boucle et placement	0 12	0 05	0 17	
3	Recoudre la boucle	»	0 03	0 03	
4	Une languette	0 04	0 03	0 07	
5	Recoudre la languette	»	0 03	0 03	
6	Un bouton à deux têtes ancien modèle	0 07	»	0 07	
	CARTOUCHIÈRE.				
1	Une pattelette	0 91	0 32	1 23	
2	Un soufflet complet y compris les pièces supérieures.	0 69	0 45	1 14	
3	Un soufflet complet non compris les pièces supérieures.	0 59	0 45	1 04	
4	Pièce de derrière	0 71	0 47	1 18	
5	Un passant	0 11	0 09	0 20	
6	Une valve intérieure	0 25	0 13	0 38	
7	Un crochet en cuivre avec trois rivets	0 21	0 08	0 29	
8	Un œillet	0 02	0 02	0 04	
9	Un piton en cuivre avec rondelle en zinc	0 11	0 03	0 14	
10	Un rivet	0 02	0 01	0 03	
11	Une rondelle en zinc	0 02	0 03	0 05	
12	Une couture (par décimètre)	»	0 03	0 03	
13	Une pièce reliant le soufflet à la pattelette. . . .	0 10	0 09	0 19	
14	Une pièce au soufflet	0 09	0 08	0 17	
	PORTE-BAÏONNETTE.				
1	Une bague d'attache	0 04	0 02	0 06	
2	Recoudre la bague d'attache	»	0 02	0 02	
3	Renouveler le gousset	0 15	0 10	0 25	
4	Une couture (par 2 centimètres)	»	0 02	0 02	
	CEINTURON.				
1	Un porte-agrafe	0 07	0 03	0 10	
2	Recoudre le porte-agrafe	»	0 04	0 04	
3	Une soudure à la plaque.	»	0 07	0 07	
4	Une couture (par 2 centimètres)	»	0 02	0 02	
5	Une goupille.	»	0 14	0 14	
6	Un ardillon	0 10	0 04	0 14	
7	Débosseler la plaque	»	0 08	0 08	

Tarif des réparations aux havresacs.

NUMÉROS D'ORDRE.	DÉTAIL DES RÉPARATIONS.	PRIX DES FOURNITURES.	PRIX DE LA MAIN-D'ŒUVRE.	TOTAL.	OBSERVATIONS.
1	Une pattelette avec doublure	3 30	0 28	3 58	Sans doubl. fr. 0.35 en moins.
2	Une bretelle fixe	0 55	0 04	0 59	
3	Une brete e d'attache articulée sans boucle ni anneau . ll	0 34	0 03	0 37	
4	Une bretelle d'attache de gauche	0 34	0 03	0 37	
5	Une boucle	0 10	0 05	0 15	
6	Un bouton à deux têtes	0 08	»	0 08	
7	Face postérieure en peau de veau	3 00	0 80	3 80	— 0.15 —
8	Face supérieure en peau de veau	1 39	0 76	2 15	— 0.05 —
9	Demi-dos, pièce supérieure, en veau	1 67	0 43	2 10	— 0.04 —
10	Demi-dos, pièce inférieure, en veau	1 94	0 63	2 57	— 0.04 —
11	Pièce de renfort intérieure en cuir	0 69	0 21	0 90	
12	Pièce de renfort extérieure cuir fauve . . .	0 25	0 10	0 35	
13	Bande intérieure en peau velue	0 58	0 25	0 83	— 0.06 —
14	Bande inférieure avec doublure	0 44	0 20	0 64	— 0.03 —
15	Bande supérieure avec doublure	0 40	0 25	0 65	— 0.03 —
16	Rideau en toile avec contre-sanglons	0 36	0 28	0 64	
17	Rideau avec boucles et chapes	0 36	0 28	0 64	
18	Crochet de bretelle d'attache avec chape . . .	0 14	0 06	0 20	
19	Un côté de sac avec deux passants et doublure .	1 42	0 50	1 92	
20	Un étrier	0 17	»	0 17	
21	Pochette à cartouches complète	0 91	0 21	1 12	
22	Pochette en toile à voile noire	0 22	0 13	0 35	
23	Cassette mobile en rotin avec cases à vivres en toile brune	2 10	0 10	2 20	
24	Cassettes en rotin sans cases à vivres	1 75	0 10	1 85	
25	Renouveler la toile brune imperméabilisée de la case à vivres	0 20	0 15	0 35	
26	Un jonc transversal avec enchapure en cuir . .	0 16	0 02	0 18	
27	Pièce de séparation en jonc à la case à vivres .	0 08	0 02	0 10	
28	Jonc entier avec ligatures entre une face latérale	0 48	0 07	0 25	
29	Pièce de veau velue de 0m05 de côté	0 10	0 10	0 20	
30	Pièce de veau velue de 0m10 de côté	0 20	0 12	0 32	
31	Pièce de veau velue de 0m15 de côté	0 30	0 15	0 45	
32	Recoudre les bretelles		0 15	0 15	
33	Bordure de 1 à 10 centimètres	0 10	0 10	0 20	
34	Nettoyer, noircir et cirer les objets d'équipement .	»	»	0 25	
35	Nettoyer, noircir et cirer le havresac et ses courroies	»	»	0 25	

N. B. — En règle générale, les réparations à effectuer aux objets d'équipement et aux havresacs doivent être faites dans les gardes.

Les havresacs dont les réparations exigeraient le renvoi au magasin central ne pourront y être expédiés qu'une fois par an, dans le courant de la première quinzaine de janvier.

Dispense de service. — Agents militarisés. —
Circulaire adressée le 2 février 1906 à diverses
autorités de la garde civique par M. de Trooz,
ministre de l'intérieur, etc. (*Bulletin du ministère de l'intérieur, etc.*, 1906, II, 7.)

Mon département a été saisi de la question
de savoir si les agents militarisés des établissements de l'armée peuvent être dispensés du
service de la garde civique, par application de
l'article 8 de la loi du 9 septembre 1897.
J'ai l'honneur de vous faire connaître que
cette question doit être résolue affirmativement.
En effet, aux termes de l'article 100, littéra S,
de la loi sur la milice, les intéressés acquièrent
la qualité de militaire par le fait de leur entrée
au service et de la lecture qui leur est donnée
des lois militaires.
Ils rentrent dès lors dans la catégorie des
militaires en activité de service, que l'article 8
précité de la loi sur la garde civique dispense
du service.

— *Huit années de service. — Premier ban. —
Cadres recomposés d'après la nouvelle loi. —*
Dépêche adressée le 6 octobre 1905 à un commandant supérieur de la garde par M. de Trooz,
ministre de l'intérieur, etc. (*Bulletin officiel de
la garde civique*, 1905, II, p. 33.)

Par lettre du 11 août dernier, n° 299 M³, vous
avez bien voulu me consulter au sujet de l'octroi
de la dispense du service prévue à l'article 40,
littéra D, de la loi du 9 septembre 1897, en
faveur notamment des gardes qui, ayant terminé leur temps de service dans le premier ban,
justifient d'au moins huit années de grade.
J'ai l'honneur de vous faire connaître qu'aux
termes de la jurisprudence de la cour de cassation, pour avoir droit à la dispense dont il
s'agit, il faut avoir occupé un grade pendant
huit ans dans les cadres recomposés par application de la loi nouvelle. (Cass., 23 février 1903,
Bull. off., 1903, p. 9.)
La période de huit années ne peut donc prendre cours qu'à partir de l'élection qui a assuré
la reconstitution de ces cadres.
Quant à la question de savoir si le terme de
huit années de grade peut être parfait par
l'occupation d'un grade dans le second ban, le
rapport de la section centrale l'a résolue négativement, en disposant que les huit années de
grade devaient avoir été accomplies dans le
premier ban, pour procurer l'exemption de
service dans le second ban.
Il va de soi, Monsieur le lieutenant général,
qu'en émettant cet avis, je n'entends préjuger
en rien la décision que rendraient, le cas
échéant, les autorités contentieuses qui ont
reçu du législateur la mission de statuer sur
les demandes de dispense en matière de garde
civique et de trancher, par conséquent, les
questions d'interprétation que ces demandes
pourraient soulever.

*Exemption. — Anciens corps spéciaux. —
Nouvel engagement. —* Dépêche adressée le
15 décembre 1905 au président d'un conseil
civique de revision par M. de Trooz, ministre
de l'intérieur, etc. (*Bulletin officiel de la garde
civique*, 1905, II, p. 39.)

Par lettre du 19 novembre dernier, vous me
posez la question de savoir si un garde ayant
fait partie des *anciens* corps spéciaux et qui a
contracté un engagement jusqu'à l'âge de
35 ans dans un corps créé conformément à
l'article 50 de la loi du 7 septembre 1897, a droit
à l'exemption définitive du service lorsqu'il a
atteint cet âge.
J'ai l'honneur de vous faire connaître que
l'affirmative n'est pas douteuse en présence des
termes de l'article 143, qui dispose : « Par dérogation aux articles 40, littéra D, 2°, et 50, les
gardes des anciens corps spéciaux qui contrac-
teront dans l'un des corps à créer conformément à l'article 50 un engagement jusqu'à l'âge
de 35 ans accompli seront à leur demande
définitivement libérés du service lorsqu'ils
auront atteint cet âge ».
Cette disposition eût été un non-sens si elle
n'avait dû être applicable qu'au moment de la
réorganisation de la garde.

*Gardes civiques non actives. — Élections. —
Instructions. —* Dépêche adressée le 4 décembre
1905 à un gouverneur de province par M. de
Trooz, ministre de l'intérieur, etc. (*Bulletin
officiel de la garde civique*, 1905, I, p. 221.)

En réponse à votre lettre du 14 du mois dernier, 2ᵉ division A, n° 3552 e, j'ai l'honneur de
vous faire connaître que je me rallie à votre
manière de voir en ce qui concerne les mesures
à prendre pour régulariser les élections de la
garde civique non active qui contreviennent
d'une façon expresse aux dispositions de la loi
du 9 septembre 1897.
En prescrivant à ces communes des élections
nouvelles, vous voudrez bien, Monsieur le gouverneur, ainsi que je vous le demandais dans
ma dépêche du 8 du mois écoulé, émargée
comme la présente, recommander à MM. les
bourgmestres de veiller désormais à ce que les
élections dans les gardes civiques non actives
se fassent correctement et à les engager à
déférer immédiatement au conseil civique de
revision compétent celles qui ne seraient pas
régulières, afin de mettre cette autorité contentieuse à même de prononcer leur annulation
le cas échéant.

— *Recrutement. —* Circulaire adressée le
3 octobre 1905 aux gouverneurs de province par
M. de Trooz, ministre de l'intérieur, etc. (1)
(*Bulletin du ministère de l'intérieur, etc.*, 1905,
II, 105.)

Il me revient que certaines communes, interprétant d'une façon erronée les instructions
données en la matière, reportent, sur la liste
d'inscription qui est formée chaque année pour

_____

(1) Cette circulaire a été communiquée le 28 octobre
1905 aux présidents des conseils civiques de revision.

le service de la garde civique non active, tous les citoyens des levées antérieures ainsi que les exemptés, les dispensés et les exclus depuis la première application de la loi.

Pour mettre fin à ces errements qui entraînent une besogne considérable et inutile, j'ai l'honneur de vous prier de rappeler aux administrations communales de votre province que la liste dont il s'agit doit comprendre exclusivement les personnes qui, ayant atteint l'âge de 20 ans dans le courant de l'année, se trouvent dans les conditions d'âge exigées pour faire partie de la garde au 1er janvier suivant.

Seuls les citoyens jouissant d'une dispense ou d'une exemption temporaire accordée précédemment doivent être indiqués pour mémoire dans la liste modèle 4 des exemptés, dispensés et exclus de l'année, afin de mettre le conseil de revision en mesure de statuer à nouveau sur le cas des intéressés.

Il conviendra de veiller également à ce que les listes relatives à la garde civique non active soient formées et transmises à l'autorité contentieuse, dans les délais prévus par la loi, c'est-à-dire avant le 5 novembre de chaque année.

Les conseils de revision devant maintenir l'effectif de chaque garde non active dans les limites fixées par l'instruction générale du 29 avril 1901, les administrations communales renseigneront à cette occasion, lors de l'envoi des listes dont il s'agit, l'effectif de la garde à ce moment, déduction faite des vides qui se seraient produits par décès ou changements de résidence.

— *Recrutement. — Instructions.* — Dépêche adressée le 23 décembre 1905 à un gouverneur de province par M. de Trooz, ministre de l'intérieur, etc. (*Bulletin officiel de la garde civique*, 1905, I, p. 266.)

Comme suite à votre lettre du 13 de ce mois, 2e direction C, no 3553c, j'ai l'honneur de vous faire connaître que les dispensés du service de la garde civique *non active*, par application des articles 88 et 89 de la loi, ne doivent pas être reportés, chaque année, sur la liste modèle 4.

Les prescriptions de la circulaire du 30 octobre dernier ne s'appliquent qu'aux exemptions prévues par l'article 41 et aux dispenses que les conseils de revision prononcent pour une durée *déterminée*, en prévision d'un changement dans la situation des intéressés.

Vous estimerez sans doute utile, Monsieur le gouverneur, d'appeler sur ce point l'attention des administrations communales intéressées.

Funérailles de S. A. R. Mgr le comte de Flandre. — Circulaire adressée le 18 novembre 1905 à diverses autorités de la garde civique par M. de Trooz, ministre de l'intérieur, etc. (*Bulletin du ministère de l'intérieur, etc.*, 1905, II, 115.)

J'ai l'honneur de vous prier de bien vouloir assister, en grande tenue de service, aux funérailles de S. A. R. Mgr le comte de Flandre, qui seront célébrées en l'église collégiale des SS. Michel et Gudule, le mercredi 22 courant, à 11 heures.

MM. les lieutenants généraux seront accompagnés de leur état-major, les généraux-majors chefs de garde de leur chef d'état-major et de deux officiers aides de camp.

MM. les officiers supérieurs chefs de garde ne seront point accompagnés.

La réunion aura lieu à 10 heures, aux abords du palais du comte de Flandre, où la place à prendre dans le cortège vous sera indiquée.

Interdiction de couper les colonnes de troupes en marche. — Atténuation. — Instructions. — Circulaire adressée le 6 janvier 1906 à diverses autorités de la garde civique par M. de Trooz, ministre de l'intérieur, etc. (*Bulletin du ministère de l'intérieur, etc.*, 1906, II, 1.)

En exécution des règles admises, les colonnes de troupes en marche ne peuvent pas se laisser couper par les passants, véhicules, etc., sauf l'exception prévue pour les voitures postales, comme conséquence de l'article 159, 1o, de l'arrêté royal du 30 juillet 1845.

Toutefois, à moins qu'il ne s'agisse de cérémonies importantes organisées avec le concours des autorités civiles (revues, défilés, services d'honneur ou services d'ordre), il est à remarquer que les régiments en marche n'interceptent jamais la circulation que pour très peu de temps, le passage par les intervalles des bataillons, escadrons ou batteries ayant toujours été toléré tant pour les véhicules que pour les piétons.

D'ailleurs, comme les bataillons, escadrons et batteries n'ont généralement pas plus de 100 mètres de profondeur, l'arrêt provenant de la rencontre d'une colonne de troupes ne peut être que d'une minute.

Néanmoins, dans le but de faciliter autant que possible le passage latéral et le passage transversal des piétons et des attelages obligés de s'arrêter pour laisser s'écouler la colonne, j'ai l'honneur de vous faire savoir que, par analogie avec les dispositions en vigueur dans l'armée, les troupes en marche se conformeront à l'avenir aux instructions ci-après :

1o Pour ne pas empêcher la circulation *latérale*, les troupes utilisant des voies publiques où la circulation est intense prendront une formation telle que la *moitié* de la largeur de la voie reste libre (les troupes à pied auront quatre rangs ou par le flanc ; les troupes à cheval « par quatre », l'artillerie et les colonnes de voitures par pièce ou par voiture) ;

2o Afin de faciliter le passage des cavaliers, cyclistes, cochers et conducteurs de véhicules quelconques, y compris les trains des chemins de fer vicinaux, au travers des colonnes de troupes par les espaces laissés libres entre les bataillons, escadrons et batteries, les commandants des colonnes et, au besoin, les commandants de bataillon ou de groupe pourront, lorsqu'ils le jugeront nécessaire, augmenter jusqu'au double la distance entre les bataillons, et jusqu'au quadruple celle qui existe entre les groupes d'escadrons ou de batteries attelées. Toutefois, cette dernière mesure ne pourra jamais avoir pour conséquence de compromettre la discipline de marche et la régularité des allures de la troupe par l'intercalation, dans ces intervalles, du public (piétons et attelages) marchant dans le même sens que la troupe.

Médaille commémorative. — Garde civique active. — Années de service admissibles comme appoint. — Circulaire adressée le 30 novembre 1905 aux gouverneurs de province et à diverses autorités de la garde civique par M. de Trooz, ministre de l'intérieur, etc. (*Bulletin du ministère de l'intérieur, etc.*, 1905, II, 121.)

Un arrêté royal du 21 juillet dernier a institué une médaille commémorative du règne de S. M. Léopold II, à décerner à ceux qui, dans la période de 1865 à 1905, ont rendu, pendant vingt années, de bons et loyaux services au pays et qui se trouvent, pour le surplus, dans les conditions requises par les arrêtés organiques relatifs à la décoration civique.

Les arrêtés royaux antérieurs à 1902 exigeaient, pour l'obtention de la décoration civique, de bons et loyaux services rendus en qualité de gradé.

Il en résulte que tous les membres de la garde civique et des corps de sapeurs-pompiers qui, sous l'empire de ces dispositions, ont occupé un grade avec zèle et dévouement pendant vingt années peuvent aspirer à la médaille commémorative.

Jusqu'en 1902, les membres non gradés de la milice citoyenne ne pouvaient en aucun cas obtenir, en cette qualité, la décoration civique.

Un arrêté royal, en date du 21 juillet 1902, a décidé que la médaille de 2ᵉ classe pourrait dorénavant être décernée aux gardes non gradés ayant vingt-cinq années de bons et loyaux services.

Dans le rapport soumis au roi en vue d'obtenir, pour la garde, cette nouvelle faveur de Sa Majesté, je précisais ainsi les motifs justificatifs de cette disposition :

« Le gouvernement verrait avec faveur les hommes non gradés de la milice citoyenne, ayant fait preuve de zèle dans le service, prolonger celui-ci de quelques années après le terme fixé par la loi, de manière à accroître les effectifs et à assurer la solide cohésion des unités tactiques. »

Par application du principe consacré par l'article 2 de l'arrêté royal prérappelé, tous les membres de la garde, gradés ou non gradés, en activité de service, faisant preuve de zèle et de dévouement, pourront être portés sur les états de propositions si, depuis plus de vingt années, ils sont inscrits sur les contrôles de la garde civique.

Par voie de conséquence, les années de service volontaire passées en qualité de garde non gradé dans la milice citoyenne, depuis le 21 juillet 1902, en dehors de celles exigées par la loi, pourront être ajoutées comme appoint à d'autres services admissibles, en vue de parfaire le terme de vingt années, terme nécessaire pour obtenir la médaille commémorative du règne.

Ceux qui ont occupé un grade dans la milice citoyenne pendant une période de vingt années et qui ne sont plus sur les contrôles peuvent

être proposés, s'ils en sont jugés dignes, par les autorités compétentes de la garde.

D'une manière générale, il est à remarquer que les vingt années de grade ou de service ne doivent pas nécessairement être consécutives.

Pour parfaire ce terme de vingt années, il pourra être tenu compte aux intéressés du temps pendant lequel ils auront été en activité de service à l'armée, ainsi que des services rendus dans des fonctions publiques, avant leur entrée dans la garde ou dans un corps de sapeurs-pompiers communaux armés.

Les services militaires et les services civils devront être établis respectivement par un extrait de la matricule du corps et par un certificat de l'autorité compétente.

J'ai l'honneur de vous prier, Messieurs, de me faire parvenir, aussitôt que possible, des états de propositions en faveur des membres du corps placé sous vos ordres qui, d'après ces données, se trouveraient dans les conditions exigées pour prétendre à la médaille commémorative.

Pour la formation de ces états, vous voudrez bien faire usage des imprimés ci-annexés.

En vue de permettre la vérification du travail, chacune des personnes proposées pour la distinction dont il s'agit devra faire l'objet d'une fiche du modèle ci-annexé. Il conviendra donc de me faire connaître la quantité de fiches qui vous sera nécessaire à cette fin.

Comme il importe que les propositions de décorations puissent être soumises au roi le plus tôt possible, vous voudrez bien, Messieurs, faire les diligences nécessaires pour qu'aucun retard ne soit apporté dans l'envoi des propositions et des fiches.

Les propositions émanant de la garde civique me seront adressées par l'intermédiaire des commandants supérieurs, à mesure qu'elles seront établies par garde; celles relatives aux corps des sapeurs-pompiers communaux armés me parviendront par l'entremise des administrations communales et des gouverneurs de province.

Il va de soi que celles concernant des anciens membres de la garde appartenant actuellement à une administration civile doivent être établies par cette administration.

Afin d'éviter toute confusion, il y aura lieu d'indiquer en tête de chaque état de propositions le corps de garde civique ou de sapeurs-pompiers communaux armés dont il émanera.

Organisation. — Infanterie. — Modification à l'arrêté royal du 11 novembre 1900. — Arrêté royal du 15 décembre 1905, contresigné par M. de Trooz, ministre de l'intérieur, etc. (*Moniteur* du 22 décembre.)

Vu les articles 3, 48, 49 et 96 de la loi du 9 septembre 1897;

Revu notre arrêté du 11 novembre 1900;

Considérant qu'il y a lieu de mettre l'organisation de certaines gardes en rapport avec les effectifs;

Sur la proposition de notre ministre de l'intérieur et de l'instruction publique,

Nous avons arrêté et arrêtons :

L'organisation des gardes civiques désignées ci-après est déterminée comme suit :

DÉSIGNATION DES GARDES.		demi-régiments.	bataillons du 1er ban.	bataillons du 2e ban.	compagnies du 1er ban.	compagnies du 2e ban.	Observations.
			NOMBRE DE				
Garde civique de Boom (groupe).	Boom . . .	»	1/2	»	2	»	Les compagnies dont l'effectif contrôlé est inférieur à 100 hommes peuvent être formées à 2 pelotons par le général commandant supérieur.
	Willebroeck .	»	»	»	»	»	
Garde civique de Borgerhout (groupe).	Borgerhout. .	»	1	»	3	»	L'organisation de la garde civique à Willebroeck, Hoboken et Couillet ne comprendra, provisoirement, qu'un peloton d'instruction.
	Berchem . .	»	1/2	»	2	»	
	Deurne . .	»	»	»	1	»	
	Merxem . .	»	»	»	1	»	
	Hoboken . .	»	»	»	1	»	
Garde civique de Montigny-sur-Sambre (groupe).	Montigny-sur-Sambre . .	»		1	2	2	
	Couillet . . .	»	»	»	»	»	

Prix des munitions. — Circulaire adressée le 12 mai 1905 à diverses autorités de la garde civique au nom de M. de Trooz, ministre de l'intérieur, etc., par M. le directeur général Wouters. (*Bulletin officiel de la garde civique,* 1905, I, p. 135.)

J'ai l'honneur de vous faire savoir qu'en suite d'une décision de M. le ministre de la guerre, le prix des munitions a été fixé comme suit :

Cartouche à balle pour
- fusil et carabine modèle 1889 . . . . . . fr. 0 12
- fusil de 11 millimètres . 0 09
- revolver 0 06
- pistolet modèle 1900 . . 0 06

Chargeur pour fusil et carabine modèle 1889 . . . . 0 01
Cartouche de sûreté pour fusil et carabine modèle 1889. . . . . 0 12
Cartouche de sûreté pour fusil de 11 millimètres 0 08

J'indique, en outre, ci-après, les sommes à rembourser pour douilles et chargeurs restitués par les gardes s'exerçant volontairement au tir en dehors du service, ou à payer par les corps pour les objets de même espèce manquants :

Douilles de cartouches à balle pour
- fusil et carabine modèle 1889 . . . . . . fr. 0 06
- fusil de 11 millimètres . 0 04
- revolver 0 004
- pistolet 0 003

Chargeur pour fusil et carabine modèle 1889 . . . . 0 005

Douilles de cartouches à blanc pour
- fusil et carabine modèle 1889 . . . . 0 06
- fusil de 11 millimètres . 0 02
- revolver 0 003

Douilles pour tir réduit
- pour fusil et carabine modèle 1889 . . . . 0 075
- pour fusil de 11 millimètres, en métal plein ou non 0 35

Les dispositions des nos 37 et 39 du règlement sur l'armement et l'équipement seront modifiées conformément aux indications qui précèdent.

Uniforme. — *Description pour les divers corps et états-majors.* — Arrêté ministériel du 21 janvier 1905 pris par M. de Trooz, ministre de l'intérieur, etc. (*Bulletin officiel de la garde civique,* 1905, I, p. 3.)

Le ministre de l'intérieur et de l'instruction publique,

Vu l'article 12 de l'arrêté royal du 15 octobre 1904, prescrivant la codification des dispositions des divers arrêtés royaux relatifs à l'uniforme de la garde civique;

Arrête :

ARTICLE PREMIER. — L'uniforme de la garde civique est décrit à nouveau dans la brochure ci-annexée (1).
ART. 2. — L'uniforme des divers corps et les signes distinctifs des grades étant déterminés par le roi, il est strictement interdit d'y apporter des modifications ou compléments non approuvés au préalable par arrêté royal.
ART. 3. — Il est interdit également de porter

(1) Voy. *Bulletin officiel de la garde civique,* I, p. 5 et suiv.

d'une façon apparente tout objet qui ne fait pas partie de la tenue réglementaire.

Art. 4. — En uniforme, les membres de la garde civique ne peuvent porter que les croix et médailles octroyées par le gouvernement, et, en ce qui concerne les ordres étrangers, les décorations dont le port aura été autorisé par arrêté royal.

Art. 5. — MM. les lieutenants-généraux, les chefs de garde et les chefs de corps veilleront d'une façon particulière à ce que ces prescriptions soient scrupuleusement observées.

Il leur appartient de réprimer sévèrement toutes les infractions constatées en cette matière.

Art. 6. — MM. les lieutenants-généraux me rendront compte annuellement, dans les rapports d'inspection, des infractions qui auront été constatées.

_____

— *Port de l'uniforme pour les divers services.* — Arrêté ministériel pris le 7 juin 1905 par M. de Trooz, ministre de l'intérieur, etc. (*Bulletin officiel de la garde civique*, 1905, I, p. 141.)

Le ministre de l'intérieur et de l'instruction publique,

Vu les arrêtés royaux déterminant l'uniforme de la garde civique,

Arrête :

Art. 1er. — La tenue de la garde civique est réglée, pour les divers services, conformément aux indications contenues dans les tableaux ci-annexés (1).

Art. 2. — MM. les lieutenants-généraux, les chefs de garde et les chefs de corps sont chargés de l'exécution du présent arrêté.

_____

— *Insignes des aspirants-officiers.* — Circulaire adressée le 2 mars 1905 à diverses autorités de la garde civique par M. de Trooz, ministre de l'intérieur, etc. (*Bulletin officiel de la garde civique*, 1905, I, p. 184.)

Comme suite à une demande de renseignements parvenue à mon département, j'ai l'honneur de vous faire connaître que les dispositions relatives au port des palmes d'aspirant-officier sont applicables aux anciens officiers et sous-officiers de l'armée qui remplissent les conditions d'éligibilité exigées par l'article 56 de la loi du 9 septembre 1897.

Le modèle de cet insigne est inséré dans la brochure codifiant les dispositions en vigueur relatives à l'uniforme, transmise par ma circulaire du 30 janvier dernier, n° 16.

_____

(1) Voy. ces tableaux *Bulletin officiel de la garde civique*, 1905, I, p. 143 et suiv.

— *Port du pantalon de toile.* — Circulaire adressée le 17 avril 1905 à diverses autorités de la garde par M. de Trooz, ministre de l'intérieur, etc. (*Bulletin officiel de la garde civique*, 1905, I, p. 133.)

Aux termes de l'arrêté royal du 15 octobre dernier, les corps d'infanterie et d'artillerie peuvent être autorisés à porter le pantalon de toile.

En vue de régler l'exécution de cette disposition, j'ai l'honneur de vous prier de bien vouloir me faire connaître, par la voie hiérarchique et au plus tard le 15 mai prochain, votre avis motivé au sujet de la couleur qu'il convient d'adopter pour ce vêtement.

Afin d'éclairer la question, je crois utile de signaler que les corps de chasseurs à pied de la garde civique font usage du pantalon de toile blanche. Le corps d'Anvers préconise un pantalon léger semblable au pantalon de drap d'uniforme, mais avec un passepoil sans bande.

Les chefs des corps volontaires d'artillerie peuvent, d'autre part, autoriser l'usage du pantalon de toile blanche pour la tenue de route et la tenue d'exercice d'infanterie, et de toile bleue pour la tenue d'exercice d'artillerie.

Quant à l'infanterie de l'armée, elle a remplacé le pantalon de toile blanche par un pantalon de toile bleue.

La toile blanche présente l'avantage d'un aspect uniforme et plus élégant, mais elle a l'inconvénient d'être visible, même aux grandes distances, ce qui en a fait rejeter l'emploi par l'armée. La toile bleue a des nuances variées par suite du lavage ; elle déteint souvent quand elle n'est pas de bonne qualité. On évite ce défaut dans l'armée en exigeant des garanties des fournisseurs, ce qui est impossible dans la garde civique.

_____

— *Signes distinctifs des grades.* — *Interdiction d'y apporter des modifications ou des compléments quelconques.* — Circulaire adressée le 20 janvier 1906 à diverses autorités de la garde civique, au nom de M. de Trooz, ministre de l'intérieur, etc., par M. le directeur général Wouters. (*Bulletin du ministère de l'intérieur, etc.*, 1906, II, p. 3.)

Mon arrêté en date du 21 janvier 1905, transmis par circulaire du 30 du même mois, a codifié les dispositions des divers arrêtés royaux relatifs à l'uniforme de la garde civique.

L'article 2 de l'arrêté susdit prescrit que l'uniforme des divers corps et des signes distinctifs des grades étant déterminé par le roi, il est strictement interdit d'y apporter des modifications ou compléments quelconques.

J'ai l'honneur de vous prier, Messieurs, de bien vouloir veiller à ce que ces prescriptions ne soient pas perdues de vue, notamment en ce qui concerne l'habillement des gardes nouvellement appelés à l'activité.

JURISPRUDENCE.

Conseil civique de revision. — *Appréciation souveraine.* — *Aptitude physique.*

Le conseil civique de revision décide souverainement, sur l'avis des médecins, de l'aptitude physique des réclamants. — Cassation, 9 janvier 1905, *Pasic.*, 1905, I, 75, et 13 février 1905, *Pasic.*, 1905, I, 126.

— *Appréciation souveraine.* — *Domicile.*

Le conseil civique de revision apprécie souverainement le domicile réel du garde qu'il inscrit sur les contrôles. — Cassation, 23 janvier 1905, *Pasic.*, 1905, I, 108, et 13 février 1905, *Pasic.*, 1905, I, 126.

— *Appréciation souveraine.* — *Moyen de s'équiper.*

Le conseil civique de revision apprécie souverainement si un garde a les moyens de se pourvoir de l'uniforme. — Cassation, 16 janvier 1905, *Pasic.*, 1905, I, 99, et 30 janvier 1905, *Pasic.*, 1905, I, 115.

— *Causes d'exemption.* — *Défaut de justification.* — *Appréciation souveraine.* — *Pièces nouvelles.*

Le conseil civique de revision apprécie souverainement qu'un garde n'a pas justifié de la cause d'exemption en vertu de laquelle il réclame une dispense de service.

Est inopérante, la production devant la cour de cassation de pièces qui n'ont pas été soumises au juge du fond. — Cassation, 23 janvier 1905, *Pasic.*, 1905, I, 103.

— *Inscription.* — *Réclamation.* — *Avis par lettre recommandée.* — *Refus de la recevoir.*

Celui qui régulièrement convoqué par une lettre recommandée à la poste, et au moins huit jours d'avance, à se présenter devant le conseil civique de revision pour entendre statuer sur la réclamation qu'il a formulée contre son inscription ne peut se plaindre d'avoir été inscrit, s'il est constaté qu'il a refusé de recevoir la lettre recommandée qui lui a été présentée, et alors que le pourvoi n'est fondé que sur des considérations de fait. (Loi du 9 septembre 1897, art. 25.) — Cassation, 20 février 1905, *Pasic.*, 1905, I, 140.

— *Pourvoi.* — *Défaut de base.*

Manque de base le moyen qui repose sur des faits contredits par la décision attaquée. — Cassation, 27 février 1905, *Pasic.*, 1905, I, 149.

— *Pourvoi.* — *Prétendue insuffisance de l'examen médical.* — *Moyen nouveau.* — *Non-recevabilité.*

N'est pas recevable, un moyen présenté pour la première fois devant la cour de cassation ou contredit par les constatations de la décision attaquée. — Cassation, 26 décembre 1904, *Pasic.*, 1905, I, 69, et 17 avril 1905, *Pasic.*, 1905, I, 195.

— *Président suppléant.* — *Pas d'exemption.*

N'est pas exempté du service de la garde, le président suppléant du conseil civique de revision. (Loi du 9 septembre 1897, art. 37 et 20.) — Cassation, 30 janvier 1905, *Pasic.*, 1905, I, 115.

Conseil de discipline. — *Acquittement.* — *Faits constatés.* — *Abus de pouvoir.*

Commet un abus de pouvoir et contrevient à l'article 122 de la loi sur la garde civique, le conseil de discipline qui, tout en déclarant établis les faits mis à charge du prévenu, refuse d'appliquer la peine comminée par la loi, par le motif qu'à la suite du fait dont le garde s'est rendu coupable il a été, sur l'ordre du capitaine, écroué pour quelques heures au dépôt communal. (Loi sur la garde civique, art. 122.) — Cassation, 17 octobre 1904, *Pasic.*, 1905, I, 10.

— *Ambulanciers.* — *Cours.* — *Fonction.* — *Acceptation préalable.*

L'assistance à un cours d'ambulanciers ne peut être imposée à un garde qui ne s'est pas volontairement engagé à remplir cette fonction. (Loi du 9 septembre 1897, art. 59, 103, § 2, et 107.) — Cassation, 19 décembre 1904, *Pasic.*, 1905, I, 59.

— *Appréciation souveraine.* — *Faits d'indiscipline ou d'insubordination grave.*

Le conseil de discipline apprécie souverainement si les faits reprochés à un garde constituent des faits d'indiscipline et non d'insubordination grave. — Cassation, 17 octobre 1904, *Pasic.*, 1905, I, 11, et 16 janvier 1905, *Pasic.*, 1905, I, 100.

— I. *Convocations.* — *Un seul et même billet.* — *Divers exercices.* — II. *Gardes du second ban.* — *Période d'instruction.* — *Défaut de dispense.* — *Dix exercices.* — *Absence.* — *Exercices complémentaires.* — *Vingt-six peines.* — *Jugement visant l'article 100.* — *Motifs suffisants.* — III. *Service obligatoire.* — *Année de l'incorporation.* — IV. *Pourvoi.* — *Défaut de base. — Pièces non produites devant le juge du fond.*

Aucune disposition de la loi ne s'oppose à ce que les gardes soient convoqués par un seul billet pour les divers exercices, même complémentaires, de l'année.

Le garde du second ban, qui n'a pas été dispensé de la période d'instruction, est tenu a dix exercices ordinaires et, en cas de manquement, à autant d'exercices complémentaires. Le service peut être exigé aussi longtemps qu'il n'a pas été rempli; par suite, en condamnant un garde à vingt-six peines distinctes du chef d'autant d'absences à des exercices « prévus par l'article 100 de la loi », le conseil de discipline motive suffisamment sa décision et répond implicitement aux conclusions par lesquelles le garde soutenait ne pouvoir être astreint aux trente exercices complémentaires imposés par l'article 96. (Loi du 9 septembre 1897, art. 100, § 2, et 142, § 2.)

Le garde du second ban qui n'a pas fait partie du premier ban est assujetti à dix exercices dans un peloton d'instruction après l'année de l'incorporation si, par son fait, il n'a pas accompli ce service au cours de cette année. (Loi du 9 septembre 1897, art. 100, § 2.)

Manque de base, le moyen contredit par les pièces de la procédure ou fondé sur des pièces non produites devant le juge du fond. — Cassation, 23 janvier 1905, *Pasic.*, 1905, I, 109.

— Exercices complémentaires. — Réclamations. — Incompétence. — Condamnation solidaire aux frais. — Pourvoi. — Jugement susceptible d'opposition.

Le conseil de discipline est sans compétence pour apprécier les réclamations que des gardes, ayant manqué à des exercices complémentaires auxquels ils avaient été obligatoirement convoqués à titre de peine, se prétendent en droit de formuler contre ces convocations. (Loi du 9 septembre 1897, art. 107.)

Les prévenus ne sont tenus solidairement des frais que s'ils sont condamnés pour la même infraction.

N'est pas recevable, le pourvoi formé contre un jugement par défaut et susceptible d'opposition. — Cassation, 10 juillet 1905, *Pasic.*, 1905, I, 294.

— Infractions distinctes.

Le conseil de discipline, en constatant deux faits d'indiscipline distincts, doit prononcer une peine pour chaque fait. (Loi du 9 septembre 1897, art. 122.) — Cassation, 17 octobre 1904, *Pasic.*, 1905, I, 11.

Inscription sur les contrôles. — Vérification de la légalité. — Incompétence. — Absence non justifiée. — Armes. — Uniforme. — Défaut de dispense.

Les conseils de discipline de la garde civique sont sans pouvoir pour statuer sur la légalité ou la régularité des inscriptions sur les contrôles, ou pour accueillir un motif de dispense tiré de ce qu'un garde a été convoqué pour assister à des exercices sans savoir été préalablement avisé qu'il avait à retirer ses armes et à se pourvoir d'un uniforme, s'il n'est pas constaté que ce motif a été admis par le chef de la garde. — Cassation, 7 novembre 1904, *Pasic.*, 1905, I, 28.

— I. Jugement statuant sur opposition. — Nouvelle opposition. — Non-recevabilité. — II. Prescription. — Faits remontant à plus d'un an. — III. Pourvoi. — Moyen. — Défaut de base. — Nouveau. - IV. Président du conseil. — Condamné. — Pourvoi en cassation. — Délai. — Information non prescrite.

Le jugement qui statue sur l'opposition formée contre un jugement par défaut est définitif et n'est pas susceptible d'être attaqué à nouveau par la voie de l'opposition. (Code d'instr. crim., art. 150 et 151.)

Les infractions disciplinaires remontant à plus d'un an à la date du jugement sont définitivement couvertes par la prescription.

Est non recevable, le pourvoi basé sur un moyen nouveau ou contredit par la décision attaquée.

Aucun texte de loi n'impose au président du conseil de discipline l'obligation de faire connaître au condamné qu'il a huit jours francs pour se pourvoir en cassation. — Cassation, 29 mai 1905, *Pasic.*, 1905, I, 245.

— Motifs des jugements. — Acquittement. — Prévention non établie. — Insuffisance.

N'est pas légalement motivé, le jugement du conseil de discipline qui acquitte des gardes prévenus de manquement à des exercices obligatoires, par le seul motif « que la prévention n'est pas établie », par suite, sans constater que les absences avaient une cause légitime. (Const., art. 97; loi du 9 septembre 1897, art. 109 et 112.) — Cassation, 24 octobre 1904, *Pasic.*, 1905, I, 18.

— Prévention non établie. — Appréciation souveraine.

Le conseil de discipline apprécie souverainement qu'il résulte de l'audition des témoins entendus que la prévention n'est pas établie. — Cassation, 30 janvier 1904, *Pasic.*, 1905, I, 115.

— Procès-verbaux. — Absence non justifiée. — Acquittement. — Défaut de motifs.

Les procès-verbaux constatant l'absence non justifiée d'un garde à des exercices obligatoires font foi jusqu'à preuve contraire, et le jugement acquittant ce garde, par le seul motif que la prévention n'est pas établie, n'est pas suffisamment motivé. (Const., art. 97; loi du 9 septembre 1897, art. 119 et 120.) — Cassation, 26 juin 1905, *Pasic.*, 1905, I, 272.)

———

— *Refus de restituer les armes.* — *Compétence.*

Le refus de restituer les armes, puni de peines correctionnelles par l'article 124 de la loi sur la garde civique, peut aussi, suivant les circonstances, n'être considéré que comme une contravention à l'article 84, § 3, et, par suite, être puni, conformément à l'article 119, de peines disciplinaires. (Loi du 9 septembre 1897, art. 124, 84, § 3, et 119.) — Cassation, 24 octobre 1904, *Pasic.*, 1905, I, 20.

———

— *Volontaire.* — *Cotisation.* — *Refus de payer.* — *Acte d'indiscipline.* — *Appréciation souveraine.* — *Compétence.*

Le conseil de discipline apprécie souverainement, d'après les faits de la cause, que le volontaire qui refuse de payer la cotisation prévue aux articles 49 et 50 de l'arrêté royal du 16 février 1900 commet un acte d'indiscipline.

En conséquence, il peut lui faire application d'une des peines comminées par l'article 122 de la loi du 9 septembre 1897. (Loi sur la garde civique du 9 septembre 1897, art. 111, 112, 119 et 122; arrêté royal du 16 février 1900, art. 49 et 50.) — Cassation, 5 décembre 1904, *Pasic.*, 1905, I, 49.

———

Élection. — *Garde du premier ban.* — *Officier dans le second ban.* — *Annulation.*

Un garde astreint au service dans le premier ban ne peut pas être valablement élu en qualité d'officier dans le second ban. — Décision du conseil civique de revision de Bruges. — *Bulletin officiel de la garde civique*, 1905, II, 1.

———

Exemption de service. — *Anciens corps spéciaux.* — *Nouvel engagement.*

N'a pas droit à l'exemption prévue par l'article 143 de la loi du 9 septembre 1897 un garde né le 5 mai 1870 qui, ayant servi dans un ancien corps spécial, n'a contracté que le 5 mai 1899 un premier engagement de trois ans dans un nouveau corps spécial. — Décision du conseil civique de revision de Liége. — *Bulletin officiel de la garde civique*, 1905, II, 39.

———

— *Huit années de grade.* — *Loi nouvelle.*

Il faut, pour avoir droit à l'exemption, huit années de grade dans les cadres récomposés ensuite de la loi nouvelle. (Loi du 9 septembre 1897, art. 40.) — Cassation, 20 mars 1905, *Pasic.*, 1905, I, 165.

Pourvoi. — *Absence de signification à l'intéressé.* — *Non-recevabilité.*

Est non recevable, le pourvoi du chef de la garde qui n'a pas été notifié à l'intéressé. (Loi du 9 septembre 1897, art. 35.) — Cassation, 13 février 1905, *Pasic.*, 1905, I, 126, et 29 mai 1905, *Pasic.*, 1905, I, 243.

———

— *Conseil de discipline.* — *Expiration du délai de huit jours.* — *Non-recevabilité.*

N'est pas recevable, le pourvoi qui n'est pas formé contre un jugement contradictoire du conseil de discipline, dans les huit jours du prononcé. (Loi du 9 septembre 1897.) — Cassation, 17 avril 1905, *Pasic.*, 1905, I, 198, et 17 juillet 1905, *Pasic.*, 1905, I, 309.

———

— *Conseil de discipline.* — *Mesure d'instruction.* — *Non-recevabilité.*

Est non recevable, le pourvoi formé contre une décision du conseil de discipline qui se borne à ordonner dans son dispositif une simple mesure d'instruction. (Code d'inst. crim., art. 416.) — Cassation, 28 novembre 1904, *Pasic.*, 1905, I, 45.

———

— *Expiration du délai.* — *Non-recevabilité.*

Doit être rejeté, le pourvoi formé contre une décision du conseil civique de revision plus de quinze jours après la notification. (Loi du 9 septembre 1897, art. 33.) — Cassation, 23 janvier 1905, *Pasic.*, 1905, I, 103, et 20 février 1905, *Pasic.*, 1905, I, 140.

———

— *Jugement par défaut non signifié.* — *Non-recevabilité.*

Est non recevable, le pourvoi formé contre un jugement par défaut non encore signifié. — Cassation, 17 octobre 1904, *Pasic.*, 1905, I, 11.

———

— *Lettre.* — *Non-recevabilité.*

N'est pas recevable, le pourvoi formé par lettre adressée soit au président, soit au secrétaire du conseil civique de revision. (Loi du 9 septembre 1897, art. 34.) — Cassation, 17 octobre 1904, *Pasic.*, 1905, I, 10, 9 janvier 1905, *Pasic.*, 1905, I, 79, 16 janvier 1905, *Pasic.*, 1905, I, 99, 20 février 1905, *Pasic.*, 1905, I, 141, 27 février 1905, *Pasic.*, 1905, I, 149, 15 mai 1905, *Pasic.*, 1905, I, 222, et 17 juillet 1905, *Pasic.*, 1905, I, 310.

H

Hygiène publique. — *Rage canine.* — *Convention avec les Pays-Bas.* — Circulaire adressée le 14 février 1906 par M. van der Bruggen, ministre de l'agriculture, aux gouverneurs des provinces de Flandre occidentale, de Flandre orientale, d'Anvers, de Limbourg et de Liége. (*Moniteur* du 28 février.)

Le gouvernement belge et le gouvernement des Pays-Bas se sont mis d'accord pour la revision de l'entente conclue, en 1891, en vue de combattre la rage canine dans les communes limitrophes de la Belgique et des Pays-Bas.

Voici les points arrêtés dans la nouvelle convention :

1º Chaque fois qu'un cas ou un cas suspect de rage canine aura été constaté dans une commune néerlandaise limitrophe ou située à une distance de moins de cinq kilomètres du royaume de Belgique, le bourgmestre de cette commune en donnera immédiatement avis aux bourgmestres de chaque commune belge située à une distance de moins de cinq kilomètres des limites de sa commune;

2º Chaque fois qu'un cas ou un cas suspect de rage canine aura été constaté dans une commune belge limitrophe ou située à une distance de moins de cinq kilomètres du royaume des Pays-Bas, le bourgmestre de cette commune en donnera immédiatement avis aux bourgmestres de chaque commune néerlandaise située à une distance de moins de cinq kilomètres des limites de sa commune.

Par les distances mentionnées *sub* 1º et 2º il est entendu des distances en ligne directe;

3º Il est bien entendu d'ailleurs que les dispositions législatives en vigueur dans chacun des deux Etats, par rapport aux mesures à prendre pour prévenir la rage canine, devront être strictement observées dans les communes limitrophes.

L'entrée en vigueur du présent arrangement est fixée au 1er mars prochain.

Vous trouverez ci-joint la traduction flamande officielle de ce document.

La nouvelle convention constitue, en réalité, une extension au delà de la frontière des dispositions contre la rage édictées par le règlement général du 11 mai 1905.

Il résulte de là que toutes les stipulations de ce règlement sont applicables en cas d'information par les chefs des communes néerlandaises aux bourgmestres des localités belges comprises dans les limites tracées par l'entente en question.

Les informations doivent donc se faire non seulement lorsqu'il s'agit d'un cas de rage, mais encore lorsqu'il s'agit d'un cas suspect de rage, et ce dans un rayon de cinq kilomètres.

Je vous prie, Monsieur le gouverneur, de vouloir bien transmettre le texte de la convention dont il s'agit aux bourgmestres des communes de votre province dont le territoire confine à la frontière hollandaise ou dont les limites en sont éloignées de moins de cinq kilomètres. Les chefs des administrations locales intéressées devront se conformer scrupuleusement aux prescriptions formulées dans l'arrangement international qui entre en vigueur le 1er mars prochain.

I

Incompatibilité. — Voy. BOURGMESTRE.

L

Loi communale. — *Modifications.* — *Conseil communal.* — *Délibérations.* — *Nombre requis de suffrages.* — *Loi du 30 avril 1905.* (*Moniteur* du 11 mai.)

ART. 1er. — Le 3e alinéa de l'article 65 de la loi communale est remplacé par la disposition suivante :

Les résolutions sont prises à la majorité absolue des suffrages; en cas de partage, la proposition est rejetée.

ART. 2. — Les mots : *des membres présents*, qui terminent le premier alinéa de l'article 66 de la dite loi sont supprimés et remplacés par les mots : *des suffrages.*

Conseil communal. —*Délibérations.*—*Nombre requis de suffrages.* — *Loi du 30 avril 1905.* — *Instructions.* — Circulaire adressée le 18 mai 1905 aux gouverneurs de province par M. de Trooz, ministre de l'intérieur, etc. (*Bulletin du ministère de l'intérieur, etc.*, 1905, II, 48.)

Le *Moniteur* du 11 mai courant (p. 2314) a publié la loi du 30 avril 1905, modifiant les articles 65 et 66 de la loi communale.

Les dispositions nouvelles qui entreront en vigueur le 21 de ce mois ont pour portée de faire abstraction des conseillers qui s'abstiennent dans le calcul de la majorité requise pour le vote des résolutions par les conseils communaux.

De quelque façon que l'abstention se produise, que ce soit sous forme de refus de voter ou de déclaration d'abstention — ce qui est le cas pour les votes à haute voix ou sous forme de bulletin blanc, en cas de scrutin secret — le membre qui s'abstient n'entrera plus en ligne de compte pour le calcul du chiffre de voix requis, pour que la proposition soit adoptée ou pour qu'une nomination soit valablement faite.

Les dispositions nouvelles s'appliquent aussi à l'élection des échevins, régie par l'article 2 de la même loi. Comme je l'ai constaté à la séance de la Chambre des représentants du 2 mars dernier et au Sénat le 12 avril suivant, la jurisprudence administrative a décidé que l'article 2 qui parle de « majorité absolue », sans plus, devait être interprété par relation avec l'article 66; j'ai ajouté que l'article 66 étant modifié, l'interprétation de l'article 2 devrait se faire en tenant compte de la nouvelle disposition de l'article 66. L'élection des échevins aura donc lieu, comme les autres nominations à faire par le conseil communal, à la majorité absolue des suffrages.

La loi n'a apporté aucune autre modification à la loi communale.

Il en résulte :

1º Que les membres qui s'abstiennent au vote continuent, encore que leur présence n'entre plus en ligne de compte pour établir la majorité lors du vote, à concourir à former la majorité des membres en fonctions dont la présence est requise pour que le conseil puisse prendre une résolution. Bien que refusant de prendre part au vote, ils sont présents;

2° Que l'urgence prévue à l'article 63, § 3, pour que le conseil puisse discuter un objet non porté à l'ordre du jour, devra, comme par le passé, être déclarée par les deux tiers des membres présents. Il faudra donc tenir compte des membres qui s'abstiennent pour fixer cette majorité;

3° Que dans les deux cas où l'article 71 parle des deux tiers des membres présents dont le vote est nécessaire pour interdire (§ 8) ou pour ordonner (§ 11) la publicité de la séance, cette majorité s'établira en comptant tous les membres présents, même ceux qui refuseraient de prendre part au vote.

Je me suis expliqué sur ces deux derniers points à la séance du Sénat du 12 avril 1905. (*Ann. parl.*, p. 284.)

Je vous prie, Monsieur le gouverneur, de faire reproduire la présente instruction au *Mémorial administratif* de votre province et d'y appeler tout spécialement l'attention de la députation permanente et des administrations communales.

Lois électorales. — *Code électoral.* — *Modification à l'article 249.* — *Loi du 12 mai 1906.* (*Moniteur* du 16 mai.)

ARTICLE UNIQUE. — Les mots : *le premier dimanche du mois de juillet,* figurant à l'article 249 du code électoral sont remplacés par : *à la date fixée par l'article 153 pour la réunion ordinaire des collèges électoraux appelés à pourvoir au remplacement des représentants et sénateurs sortants.*

Listes électorales. — *Revision.* — *Conclusions déposées, sans acte de recours, dans les bureaux du commissaire d'arrondissement.* — *Compétence exclusive de l'autorité judiciaire pour se prononcer au sujet de la validité.* — Dépêche adressée le 11 janvier 1906 à un commissaire d'arrondissement par M. de Trooz, ministre de l'intérieur, etc. (*Bulletin du ministère de l'intérieur, etc.,* 1906, II, 3.)

En réponse à votre lettre du 3 janvier courant, je vous prie de vouloir bien, conformément à la circulaire de mon département du 15 décembre 1883, rappelée entre autres par celle du 23 décembre 1885, en référer à M. le premier président de la cour d'appel sur le point de savoir si les conclusions déposées dans vos bureaux, le 30 décembre dernier, sans acte de recours, doivent être considérées comme inexistantes, ou s'il y a lieu d'en transmettre le dossier à la cour d'appel, à qui il appartiendrait d'en prononcer la nullité.

— — *Instructions.* — Circulaire adressée le 12 juillet 1905 aux gouverneurs de province par M. de Trooz, ministre de l'intérieur, etc.

(*Bulletin du ministère de l'intérieur, etc.,* 1905, II, 72.)

Des plaintes nombreuses et répétées ont été formulées au sujet de la négligence avec laquelle certaines administrations communales procèdent au travail, si important, de la confection des listes électorales provisoires.

Une proposition de loi, soumise aux délibérations du Sénat, tend à inscrire dans le code électoral une série de dispositions pénales dirigées contre les membres des collèges des bourgmestre et échevins ou contre les agents communaux qui méconnaissent leurs devoirs en matière de revision des listes électorales. Le rapport fait au nom de la commission compétente constate la réalité des lacunes et des incorrections signalées.

Je vous ai prié à diverses reprises, Monsieur le gouverneur, de rappeler aux administrations communales les devoirs impérieux que leur impose le code électoral, et j'ai invité MM. les commissaires d'arrondissement à vérifier, au moyen des exemplaires des listes qui leur sont transmises, si les listes provisoires contiennent toutes les énonciations exigées par la loi.

Le rapport de la commission du Sénat expose les mesures prises par le gouvernement et engage celui-ci « à tenir la main à l'exécution rigoureuse de ses instructions et, au besoin, s'il n'est pas suffisamment armé, à prendre des mesures propres à en assurer une plus stricte exécution ».

Quelle que soit la décision que prendra la haute assemblée au sujet de la proposition qui lui est soumise, l'action des autorités administratives ne s'en trouvera pas modifiée. Des plaintes récentes et les constatations faites par le rapport de la commission du Sénat tendent à faire croire que le contrôle prescrit par ma circulaire du 31 juillet 1901 n'a pas été exercé avec un soin suffisant. J'aurai soin d'appeler sur ce point l'attention de MM. les commissaires d'arrondissement.

Quant aux collèges des bourgmestre et échevins, il faudra leur rappeler leurs obligations et veiller à ce qu'ils se conforment strictement aux prescriptions légales et exigent de leurs agents que ceux-ci effectuent avec soin le travail préparatoire de la revision des listes.

Veuillez, Monsieur le gouverneur, faire publier dans le plus bref délai possible la présente circulaire, en rappelant la circulaire que je vous ai transmise le 19 juillet 1901 et celle que j'ai adressée le 31 du même mois à MM. les commissaires d'arrondissement. Si ces circulaires n'avaient pas été insérées dans le *Mémorial* de votre province, il y aurait lieu d'en reproduire le texte à la suite de votre communication.

Il me serait agréable, Monsieur le gouverneur, de recevoir un exemplaire de la feuille du *Mémorial* reproduisant la présente circulaire.

— *Retard dans la délivrance des extraits demandés.* — *Responsabilité.* — Circulaire adressée le 25 novembre 1905 aux gouverneurs de province par M. de Trooz, ministre de l'intérieur, etc. (*Bulletin du ministère de l'intérieur, etc.*, 1905, II, 120.)

J'ai l'honneur de vous communiquer l'extrait suivant d'une dépêche adressée à l'un de vos collègues et qui contient des observations auxquelles vous pourrez utilement vous référer, le cas échéant : ...

« La plupart des administrations communales en faute, pour expliquer le retard qu'elles ont apporté à délivrer les exemplaires demandés des listes électorales provisoires, font valoir que l'imprimeur qu'elles avaient chargé du travail ne leur a pas fourni les exemplaires nécessaires en temps voulu.

« Je vous prie de faire remarquer à ces administrations communales que c'est elles que la loi a chargées d'assurer à la date fixée la délivrance des exemplaires des listes électorales et qu'elles sont responsables du fait des imprimeurs, avec lesquels elles ont traité librement et auxquels elles devaient imposer les conditions nécessaires pour que le travail prescrit fût effectué dans le délai voulu. »

Sénateurs provinciaux. — Élections extraordinaires pendant la session ordinaire du conseil provincial. — Absence de convocation spéciale du conseil. — Dépêche adressée le 13 juillet 1905 à un gouverneur de province par M. de Trooz, ministre de l'intérieur, etc. (*Bulletin du ministère de l'intérieur, etc.*, 1905, II, 73.)

Dans votre lettre du 6 juillet courant, vous soulevez la question de savoir si, en présence du texte de l'article 224 du code électoral, l'intervention du roi n'est pas nécessaire, en cas de vacance d'un siège de sénateur provincial, pour ordonner une élection extraordinaire ou, tout au moins, pour convoquer le conseil provincial en tant que le collège électoral.

J'estime, Monsieur le gouverneur, qu'un arrêté royal serait surabondant dans l'espèce. Le code électoral charge les conseils provinciaux, sans convocation spéciale, de procéder, le troisième mardi de juillet, à l'élection de sénateurs provinciaux lors du renouvellement ordinaire du Sénat. Cet article ajoute que, « en cas de dissolution ou de vacance, ils sont convoqués par arrêté royal endéans les quatre jours ».

Il résulte de ce contexte que la convocation par arrêté royal, en cas d'élection extraordinaire, n'est prescrite que parce que, dans la généralité des cas, les conseils provinciaux ne sont pas réunis lorsqu'il s'agit de pourvoir à une vacance et que ces assemblées n'ont pas le droit de se réunir spontanément.

Lorsqu'un conseil provincial est réuni au moment où il y a lieu de remplacer un sénateur nommé par lui, une convocation spéciale constituerait une formalité superflue. Il puise dans la loi même le droit de procéder au scrutin et, à défaut de toute autre notification, une communication du gouverneur de la province suffit pour saisir valablement l'assemblée. (Loi provinciale, art. 123.)

Quant au caractère spécial que prendrait le conseil provincial nommant des sénateurs provinciaux, j'estime qu'il n'existe pas juridiquement. L'élection d'un certain nombre de membres du Sénat fait partie des attributions ordinaires des conseils provinciaux et, sauf des règles de simple procédure, aucune disposition particulière n'établit pour ces élections un régime différent de celui qui concerne les autres attributions du conseil.

Je vous prie en conséquence, Monsieur le gouverneur, de bien vouloir, comme vous en manifestez l'intention dans votre dépêche précitée du 6 juillet, proposer au conseil provincial de votre province de porter à l'ordre du jour de la session en cours la nomination d'un sénateur provincial en remplacement de M.....

JURISPRUDENCE JUDICIAIRE.

APPRÉCIATION SOUVERAINE. — *Extrait du rôle. — Portée.*

La cour constate souverainement, par une interprétation non contraire à son texte, que l'extrait du rôle, produit par le demandeur pour établir qu'il y a contradiction entre la liste et le rôle, n'est pas celui qui est visé à la liste électorale. — Cassation, 29 mai 1905. *Pasic.*, 1905, I, 234.

— Faits.

Le juge du fond apprécie souverainement la pertinence des faits dont la preuve est offerte. (Code civ., art. 1317 à 1320.) — Cassation, 22 mai 1905, *Pasic.*, 1905, I, 231.

— Pièces produites.

La présomption étant détruite, la cour d'appel apprécie souverainement, par une interprétation non contraire à leur texte, que les pièces produites par le défendeur justifient son droit au vote contesté. — Cassation, 5 juin 1905. *Pasic.*, 1905, I, 251.

DOMICILE. — *Absence momentanée. — Appréciation souveraine.*

N'est pas recevable, le pourvoi du chef de méconnaissance de la foi due à un acte authentique à défaut d'invocation de l'article 1319 du code civil.

La cour d'appel décide souverainement qu'une absence momentanée dans une autre commune ne fait pas perdre à un citoyen son domicile électoral. — Cassation, 29 mai 1905, *Pasic.*, 1905, I, 235.

— *Contestation par un tiers.* — *Registre de la population.* — *Preuve par toutes voies de droit.*

En cas de contestation, par un tiers, de l'exactitude des énonciations du registre de la population, la preuve est ouverte à toutes les parties par toutes voies de droit. (Code élect., art. 58.) — Cassation, 8 mai 1905, *Pasic.*, 1905, I, 211.

— *Inscription sur la liste.* — *Présomption.* — *Changement de domicile.* — *Preuve.*

La présomption résultant de l'inscription sur la liste électorale n'est pas détruite par la production d'un certificat constatant que l'électeur « a quitté la commune le 24 juin de l'année précédente », s'il n'est établi ni que cet électeur a été rayé du registre de la population, ni qu'il a fait une déclaration de transfert de son domicile, ni qu'il a réellement transféré sa résidence dans une autre commune. (Loi élect., art. 58 et 83.) — Cassation, 5 juin 1905, *Pasic.*, 1905, I, 252.

— *Résidences multiples.* — *Mandat électif.* — *Présomption résultant de l'inscription.*

Le domicile électoral du citoyen ayant plusieurs résidences habituelles est dans la commune où il est investi d'un mandat électif communal.

A défaut de preuve contraire, l'électeur inscrit reste couvert par la présomption de l'article 83, le collège échevinal ayant dû rechercher si l'électeur a réellement, pendant le temps légal voulu, eu une résidence habituelle dans celle des communes où il est inscrit.

Le demandeur invoquerait vainement devant la cour de cassation la violation soit des articles 63 et 83 de la loi électorale, soit de l'article 1319 du code civil, si ces articles ne sont pas visés au pourvoi. — Cassation, 15 mai 1905, *Pasic.*, 1905, I, 228.

FOI DUE. — *Conclusions.* — *Appréciation souveraine.* — *Documents.*

Viole la foi due aux conclusions et statue *ultra petita*, l'arrêt qui ordonne l'inscription d'un électeur sur la liste des électeurs communaux, alors que cette inscription n'était pas demandée et que les défendeurs reconnaissaient n'y avoir pas droit.

Dans ce cas, la cour casse sans renvoi.

La cour d'appel apprécie souverainement la portée de documents régulièrement versés aux débats, pour en déduire, par une interprétation non contraire aux textes, qu'un citoyen a justifié des conditions de l'électorat qui lui étaient contestées.

Doit être rejeté le pourvoi qui indique comme violées des dispositions légales sans rapport avec l'exposé sommaire du moyen ou n'indiquant pas en quoi les articles visés ont été violés. — Cassation, 8 mai 1905, *Pasic.*, 1905, I, 211.

— *Conclusions.* — *Liste.*

Lorsque, pour établir que la présomption est détruite, à défaut de concordance entre la liste et le rôle, le demandeur invoque le double des rôles (1re espèce) ou la liste électorale (2e et 3e espèces) déposés au greffe, la cour doit y consulter ces pièces, et l'arrêt qui rejette une réclamation légalement requise d'après les pièces déposées au greffe viole la foi due aux conclusions ou à la liste. (Loi élect., art. 101; code civ., art. 1317 et 1319.) — Cassation, 29 mai 1905, *Pasic.*, 1905, I, 238.

— *Conclusions.* — *Moyen.* — *Défaut de base.*

Viole la foi due aux conclusions, l'arrêt qui, au lieu de statuer sur les conclusions prises en appel par le défendeur, en réponse à l'appel du demandeur, applique exclusivement au défendeur des conclusions prises par une tierce personne et versées par erreur au dossier (1re et 2e espèces).

Manque de base, le moyen fondé sur un fait qui ne résulte pas de l'arrêt attaqué (2e espèce). — Cassation, 29 mai 1905, *Pasic.*, 1905, I, 241.

— *Conclusions.* — *Pièces du dossier.* — *Certificat du conservateur des hypothèques.* — *Relevé des mutations.*

Viole la foi due aux conclusions et aux pièces du dossier, l'arrêt qui rejette une réclamation fondée sur ce que « s'il résulte d'un extrait délivré par le conservateur des hypothèques qu'un électeur inscrit a aliéné des immeubles dont le revenu cadastral lui donnait droit à un vote supplémentaire, l'identité de ceux-ci n'est pas établie », alors, au contraire, que cette identité était établie par le relevé des mutations déposé au greffe et que le demandeur invoquait expressément dans ses conclusions. — Cassation, 5 juin 1905, *Pasic.*, 1905, I, 250.

— *Liste.*

Viole la foi due à la liste, l'arrêt qui attribue à un électeur pour la commune un vote supplémentaire par le motif que, réunissant les autres conditions prescrites par la loi, il est âgé de 35 ans, alors que des mentions de la liste il résulte, au contraire, qu'il n'a pas 35 ans accomplis. — Cassation, 29 mai 1905, *Pasic.*, 1905, I, 240.

MAINTIEN PENDANT UN AN SUR LA LISTE. — *Inscription irrégulière.* — *Age non requis.*

L'électeur qui a régulièrement transféré son domicile dans une autre commune avant le 1er juillet et depuis moins d'un an conserve son droit électoral dans la commune où il a été inscrit l'année précédente, même irrégulièrement, n'ayant pas, au moment de son inscription, l'âge de 25 ans. — Cassation, 13 juin 1905, *Pasic.*, 1905, I, 265.

MOTIFS DES ARRÊTS. — *Motifs contradictoires.* — *Contrat judiciaire.* — *Conclusions.* — *Moyen non rencontré.* — *Violation.*

L'arrêt fondé sur des motifs contradictoires n'est pas motivé.

Viole, en outre, le contrat judiciaire l'arrêt qui ordonne la suppression d'un vote supplémentaire sans rencontrer le moyen sur lequel se fondait le demandeur. — Cassation, 13 juin 1905, *Pasic.*, 1905, I, 261.

NATIONALITÉ. — *Annexion de territoire.* — *Traité des 30 mai 1814 et 20 novembre 1815.* — *Délai de six ans.* — *Droit d'émigration.*

Le droit concédé par les traités de 1814 à 1815, aux habitants des communes cédées à la Prusse, de se retirer dans un délai de six ans dans tel pays qu'il leur plaira de choisir est sans rapport avec les questions de nationalité et leur concède uniquement le droit d'émigration sans devoir payer des droits fiscaux. (Traités des 30 mai 1814, art. 17, et 20 novembre 1815, art. 7.) — Cassation, 15 mai 1905, *Pasic.*, 1905, I, 229.

— *Naissance sous l'ancien droit.* — *Lieu de la naissance.* — *Registres de l'état civil disparus.* — *Preuve.* — *Domicile des parents.* — *Nationalité.* — *Cession de territoire.* — *Habitants se rattachant par filiation.* — *Période transitoire de 1830 à 1839.*

Le juge du fond constate souverainement par une interprétation non contraire au texte des pièces produites, aux fins d'en déduire la nationalité d'une personne née sous l'ancien droit : 1o le lieu de la naissance lorsque les registres de l'état civil ont disparu ; 2o le domicile des parents. (Code civ., art. 46.)

La règle d'après laquelle la cession d'un territoire n'atteint pas, au point de vue de leur nationalité, ceux qui se rattachent au territoire cédé par filiation s'applique à ceux qui sont nés dans la partie cédée du grand-duché de Luxembourg pendant la période transitoire de 1830 au 19 avril 1839. (Loi du 1er juin 1878.) — Cassation, 15 mai 1905, *Pasic.*, 1905, I, 226.

POURVOI. — *Arrêt non définitif.* — *Non-recevabilité.*

Est inopérant, le désistement non notifié au défendeur.

N'est pas recevable, comme prématuré, le pourvoi dirigé contre un arrêt qui, sans statuer sur la compétence, ne termine pas le litige. (Loi électorale, art. 115.) — Cassation, 8 mai 1905, *Pasic.*, 1905, I, 210.

— *Délai.* — *Jour férié.*

N'est pas recevable le pourvoi qui n'a été remis au greffe que le seizième jour après le prononcé de l'arrêt. — Il n'importe que le dernier jour utile soit un jour férié, alors surtout que le demandeur ne justifie d'aucun événement de force majeure qui l'aurait empêché d'agir. — Cassation, 13 juin 1905, *Pasic.*, 1905, I, 261.

— *Question indivisible.* — *Intéressé et intervenant.* — *Signification.*

Le recours en cassation dirigé contre un arrêt tranchant une question indivisible, intéressant tout à la fois celui dont l'inscription est demandée et un intervenant, doit leur être signifié à tous deux. — Cassation, 25 septembre 1905, *Pasic.*, 1905, I, 326.

PRÉSOMPTION RÉSULTANT DE L'INSCRIPTION. — *Liste.* — *Extrait du rôle.* — *Manque de concordance.* — *Erreur matérielle.* — *Présomption détruite.*

La présomption est détruite à défaut, même par le fait d'une erreur matérielle, de concordance entre la liste et l'extrait du rôle des contributions. Dans ce cas, il incombe au défendeur d'établir son droit au vote. (Code élect., art. 83 ; loi du 11 avril 1895, art. 7, § 8.) — Cassation, 19 juin 1905, *Pasic.*, 1905, I, 270.

— *Père usufruitier légal.* — *Enfant.* — *Prénom omis.*

Lorsque la présomption est détruite, il appartient au défendeur de justifier de la condition contestée. S'il ne répond pas, la cour ne peut le maintenir, notamment en lui attribuant dans un revenu global figurant aux rôles au nom de l'intéressé « et enfants » la part comme usufruitier d'un enfant dont la liste n'indique pas le prénom. (Loi élect., art. 5, 46 et 83.) — Cassation, 5 juin 1905, *Pasic.*, 1905, I, 252.

— *Prescription.* — *Imposition collective.* — *Acquêt de communauté.*

La présomption est détruite lorsque la liste attribue à un électeur la totalité du revenu cadastral porté à la matrice en son nom et au nom de ses enfants, ceux-ci étant majeurs. A défaut par l'inscrit de justifier de son droit, la cour ne peut le maintenir sous prétexte qu'il y a présomption que l'immeuble est un acquêt de communauté, alors qu'il n'est pas établi que cet immeuble était en possession des époux au moment de la dissolution de la communauté. (Code élect., art. 83, 5 ; code civ., art. 1402.) — Cassation, 13 juin 1905, *Pasic.*, 1905, I, 262.

— Revenu cadastral. — Inscription au nom d'un tiers. — Présomption détruite.

La présomption est détruite lorsque le revenu cadastral dont la liste attribue une part à l'intéressé figure au nom d'un tiers et que les rôles ne révèlent aucun lien entre le tiers et l'électeur.

Dans ce cas, il appartient à l'intéressé d'apporter la preuve qu'il peut s'attribuer le revenu contesté. (Code élect., art. 68 et 83.) — Cassation, 29 mai 1905, *Pasic.*, 1905, I, 234.

PREUVE. — *Liste provisoire. — Radiation. — Conditions de l'électorat.*

L'électeur rayé de la liste provisoire et demandeur en inscription doit prouver qu'il possède toutes les conditions de l'électorat. (Code élect., art. 68 et 83.) — Cassation, 5 juin 1905, *Pasic.*, 1905, I, 249.

RECOURS. — *Avocat signataire. — Absence de mandat spécial. — Nullité.*

Le recours à la cour d'appel, tendant à l'inscription d'un citoyen sur les listes électorales et signé par un avocat, est nul s'il n'est justifié d'un mandat spécial. Si l'avocat, signataire du recours, doit être considéré comme tiers, le recours est encore nul à défaut d'avoir été signifié à l'intéressé. (Loi élect., art. 93 et 107.) — Cassation, 10 juillet 1905, *Pasic.*, 1905, I, 293.

— Conclusions signées par un avocat. — Absence de procuration. — Non-recevabilité.

Des conclusions ne remplissent pas tous les éléments constitutifs d'un recours et ne peuvent tenir lieu de requête d'appel si elles sont signées au nom de l'intéressé par son avocat sans qu'il soit justifié d'une procuration spéciale. (Code élect., art. 93 et 107.) — Cassation, 13 juin 1905, *Pasic.*, 1905, I, 259.

— Requête. — Notification en abrégé. — Non-recevabilité.

Le recours n'est pas recevable si la requête n'a été notifiée qu'en abrégé. (Code élect., art. 93.) — Cassation, 13 juin 1905, *Pasic.*, 1905, I, 260.

— Signification. — Enregistrement.

Les exploits de signification du recours devant la cour d'appel (1re espèce) et du pourvoi en cassation (2e espèce) doivent être enregistrés, sauf dispense du payement des droits. — Cassation, 25 septembre 1905, *Pasic.*, 1905, I, 321.

VOTE SUPPLÉMENTAIRE. — *Propriété. — Fonds emphytéotique. — Constructions. — Appréciation souveraine.*

La cour d'appel apprécie souverainement qu'il résulte de l'extrait de la matrice cadastrale que l'électeur y figure comme propriétaire de constructions élevées sur un fonds emphytéotique d'un revenu cadastral supérieur à 48 fr. — Cassation, 13 juin 1905, *Pasic.*, 1905, I, 264.

— — Liste électorale. — Double des rôles. — Contradiction. — Extrait du cadastre.

Lorsqu'il y a contradiction entre la liste électorale qui attribue au défendeur des votes supplémentaires comme propriétaire d'immeubles, alors que le double des rôles le renseigne comme usufruitier, la cour décide à bon droit que le défendeur a prouvé sa qualité de propriétaire par la production d'un extrait du cadastre qui, servant à la confection du rôle, doit faire foi. — Cassation, 29 mai 1905, *Pasic.*, 1905, I, 238.

— — Liste. — Vente. — Preuve. — Certificat du conservateur des hypothèques.

L'attribution d'un vote supplémentaire du chef de la propriété n'est pas infirmée par la production d'un certificat du conservateur des hypothèques, s'il n'en résulte pas que la vente y mentionnée concerne les biens du chef desquels le vote a été attribué. — Cassation, 29 mai 1905, *Pasic.*, 1905, I, 236.

— — Vente. — Identité des biens vendus.

La cour d'appel décide souverainement que l'attribution d'un vote supplémentaire du chef de la propriété n'est pas infirmée par la preuve que l'inscrit a vendu ses biens. Il doit être établi, en outre, que cette vente concerne les biens du chef desquels le dit vote a été attribué. — Cassation, 13 juin 1905, *Pasic.*, 1905, I, 263.

Voy. CONSEILLER COMMUNAL.

M

Mariage. — *Époux divorcés. — Modification à l'article 295 du code civil. — Loi du 8 février 1906. (Monit. du 22 février.)*

ARTICLE UNIQUE. L'article 295 du code civil est remplacé par la disposition suivante :

« Art. 295. Les époux divorcés pourront se réunir en faisant célébrer de nouveau leur mariage, sans être tenus d'observer ni le délai de trois ans fixé par l'article 297, ni le même délai fixé par les articles 228 et 296, si l'épouse n'a pas contracté dans l'intervalle un autre mariage dont la dissolution remonte à moins de dix mois.

« Dans l'acte de mariage, on énoncera le lieu et la date de leur première union.

« Les articles 1098, 1496 et 1527 ne seront applicables que s'il existe des enfants issus d'un mariage contracté entre les deux unions.»

Voy. NATIONALITÉ.

Médaille commémorative du règne de S. M. Léopold II. — Arrêté royal du 21 juillet 1905. (Moniteur du 22 juillet.)

RAPPORT AU ROI.

Sire,

A l'occasion du vingt-cinquième anniversaire de son règne, le roi Léopold Ier a daigné instituer une décoration commémorative destinée à la garde civique et à l'armée. D'autre part, il a plu à Votre Majesté, en vue de la célébration du cinquantième anniversaire de l'indépendance nationale, de créer la croix commémorative des combattants de 1830.

Si 1905 marque pour le pays le LXXVe anniversaire de son émancipation, il lui rappelle aussi que voici quarante années que Votre Majesté règne sur la Belgique.

Le gouvernement a pensé, Sire, qu'à l'occasion d'un événement aussi rare dans l'histoire, il était désirable de voir conférer un signe distinctif à tous ceux qui, pendant vingt ans au moins, au cours du règne de Votre Majesté, ont rendu de bons et loyaux services au pays.

Si le roi daigne faire droit à ce vœu, je le prie respectueusement de vouloir bien revêtir de sa signature l'arrêté royal annexé à ce rapport.

Je suis,
Sire,
de Votre Majesté,
le très humble, très fidèle et très obéissant
serviteur,
Le ministre de l'intérieur, etc.,
J. DE TROOZ.

—

Léopold II, etc., Voulant, à l'occasion du quarantième anniversaire de notre règne, décorer d'un signe commémoratif ceux qui, pendant vingt ans au moins, au cours de cette période, ont rendu au pays de bons et loyaux services ;

Sur la proposition de notre ministre de l'intérieur et de l'instruction publique et de l'avis de notre conseil des ministres,

Nous avons arrêté et arrêtons :

ART. 1er. Une décoration commémorative, dont le modèle est joint au présent arrêté, est décernée à ceux qui, pendant vingt années, de 1865 à 1905, ont rendu au pays de bons et loyaux services et qui se trouvent dans les conditions requises par les arrêtés organiques relatifs à la décoration civique.

ART. 2. Nos ministres sont chargés, chacun en ce qui le concerne, de l'exécution du présent arrêté.

Voy. GARDE CIVIQUE.

Milice. — Contingent de l'armée pour l'année 1906. — Loi du 31 décembre 1905. (Moniteur des 1, 2 et 3 janvier 1906.)

ART. 1er. Le contingent de l'armée sur pied de paix, pour 1906, est fixé à cent mille (100.000) hommes au maximum.

ART. 2. Le contingent de la levée de milice, pour 1906, est fixé à treize mille trois cents (13.300) hommes.

—

Contingent de la levée de 1906. — Répartition. — Arrêté royal du 23 avril 1906, contresigné par M. de Trooz, ministre de l'intérieur, etc. (Monit. des 30 avril-1er mai.)

Vu l'article 5 de la loi de milice ;
Vu la loi du 31 décembre 1905, fixant le contingent pour la levée de 1906;
Sur la proposition de notre ministre de l'intérieur et de l'instruction publique,

Nous avons arrêté et arrêtons :

ART. 1er. Le contingent de la levée de 1906 est réparti entre les provinces ainsi qu'il suit :

Provinces.	Hommes.
Anvers.	1.671
Brabant	2.466
Flandre occidentale	1.691
Flandre orientale	2.057
Hainaut	2.198
Liège	1.615
Limbourg.	505
Luxembourg.	446
Namur.	651
Total.	13.300

ART. 2. Le contingent assigné à chaque province sera réparti entre les cantons par le gouverneur, conformément à l'art. 5 de la loi.

—

Prix du remplacement par le département de la guerre. — Rémunération allouée aux volontaires avec prime. — Arrêté royal du 18 septembre 1905, contresigné par M. Cousebant d'Alkemade, ministre de la guerre. (Moniteur du 21 septembre.)

Vu les articles 2, 12, 64bis, 64ter, 72, 72bis, 75, le § 2 de l'article 75bis, les articles 75ter, 78, 85 et 100 de la loi sur la milice, et la loi du 27 décembre 1885 ;

Vu nos arrêtés du 4 octobre 1873, n° 3160, et du 30 septembre 1904, n° 14943 ;

Sur la proposition de notre ministre de la guerre,

Nous avons arrêté et arrêtons :

ART. 1er. — Le prix du remplacement par le département de la guerre est fixé, pour l'exercice 1905-1906, à seize cents francs (1.600 fr.).

ART. 2. — La rémunération allouée aux volontaires avec prime est fixée comme suit, pour l'exercice 1905-1906, commençant le 1er octobre 1905 et finissant le 30 septembre 1906 :

Ceux qui, à dater du 1er octobre prochain, s'engageront pour un terme de milice prenant cours le 1er octobre 1906, recevront :

Dix-sept cents francs (1.700 fr.), s'ils sont admis dans la cavalerie ou dans l'artillerie à cheval ;

Seize cents francs (1.600 fr.), s'ils sont admis dans l'artillerie montée ou dans le train ;

Quinze cent cinquante francs (1.550 fr.), s'ils sont admis dans le bataillon d'administration ;

Quinze cent vingt-cinq francs (1.525 fr.), s'ils sont admis dans l'artillerie de forteresse, dans les compagnies spéciales d'artillerie ou dans le génie ;

Quinze cents francs (1.500 fr.), s'ils sont admis dans l'infanterie.

Ceux qui prendront la place ou achèveront le terme d'hommes appartenant :

A la levée de 1905, recevront, suivant l'arme, la somme ci-dessus diminuée de 100 francs ;

A la levée de 1904, recevront, suivant l'arme, la somme ci-dessus diminuée de 200 francs ;

A la levée de 1903, recevront, suivant l'arme, la somme ci-dessus diminuée de 300 francs;

A la levée de 1902, recevront, suivant l'arme, la somme ci-dessus diminuée de 400 francs;

A la levée de 1901, recevront, suivant l'arme, la somme ci-dessus diminuée de 500 francs;

A la levée de 1900, recevront, suivant l'arme, la somme ci-dessus diminuée de 600 francs;

A la levée de 1899, recevront, suivant l'arme, la somme ci-dessus diminuée de 700 francs;

A la levée de 1898, recevront, suivant l'arme, la somme ci-dessus diminuée de 800 francs;

A la levée de 1897, recevront, suivant l'arme, la somme ci-dessus diminuée de 900 francs;

A la levée de 1896, recevront, suivant l'arme, la somme ci-dessus diminuée de 1,000 francs;

Aux classes antérieures, recevront, suivant l'arme, la somme ci-dessus diminuée de 1,100 fr.

ART. 3. — La prime dont il s'agit à l'article précédent sera payable de la manière suivante :

1o Lors de l'homologation de l'engagement : Quatre cents francs (400 fr.) si le volontaire avec prime est admis dans la cavalerie ou dans l'artillerie à cheval;

Trois cents francs (300 fr.) s'il est admis dans l'artillerie montée ou dans le train;

Deux cent cinquante francs (250 fr.) s'il est admis dans le bataillon d'administration;

Deux cent vingt-cinq francs (225 fr.) s'il est admis dans l'artillerie de forteresse, dans les compagnies spéciales d'artillerie ou dans le génie ;

Deux cents francs (200 fr.) s'il est admis dans l'infanterie;

2o Après le 30 septembre 1907 (expiration de l'année de service prenant cours le 1er octobre 1906) et après l'accomplissement de chacune des années suivantes du terme de milice, cent francs (100 fr.).

Les sommes dont le payement échoit avant que le bénéficiaire ait obtenu un congé illimité en vertu de l'article 85 de la loi sur la milice sont inscrites au nom du volontaire avec prime, dans un livret de la Caisse générale d'épargne. Le titulaire du livret en disposera de la manière qui sera réglée par notre ministre de la guerre.

ART. 4. — Notre ministre de la guerre peut faire payer anticipativement aux ayants droit, qui en font la demande, les sommes délaissées par les volontaires avec prime décédés. Ces avances sont escomptées par la caisse de remplacement au taux de 3 p. c. l'an.

ART. 5. — Des prêts, à 3 p. c. l'an, peuvent être faits, au moyen des fonds disponibles de la caisse de remplacement, aux volontaires avec primes qui désirent construire ou acheter une maison destinée à leur servir d'habitation. Le montant d'un prêt n'excédera pas la somme que le volontaire doit encore recevoir sur sa rémunération.

Le but de l'opération sera attesté par un certificat du comité de patronage de l'arrondissement (loi du 9 août 1889).

Notre ministre de la guerre détermine les garanties à fournir par les emprunteurs.

ART. 6. — Le milicien qui obtient l'autorisation de se faire remplacer ou de faire suppléer son remplaçant par le département de la guerre doit, en se conformant aux prescriptions de la loi, verser dans la caisse du receveur de l'enregistrement :

Seize cents francs (1,600 fr.), s'il appartient à la levée de 1905;

Quinze cents francs (1,500 fr.), s'il appartient à la levée de 1904 ;

Quatorze cents francs (1,400 fr.), s'il appartient à la levée de 1903 ;

Treize cents francs (1,300 fr.), s'il appartient à la levée de 1902 ;

Douze cents francs (1,200 fr.), s'il appartient à la levée de 1901 ;

Onze cents francs (1,100 fr.), s'il appartient à la levée de 1900;

Mille francs (1,000 fr.), s'il appartient à la levée de 1899;

Neuf cents francs (900 fr.), s'il appartient à la levée de 1898 ;

Huit cents francs (800 fr.), s'il appartient à la levée de 1897 ;

Sept cents francs (700 fr.), s'il appartient à la levée de 1896 ;

Six cents francs (600 fr.), s'il appartient à la levée de 1895 ;

Cinq cents francs (500 fr.), s'il appartient à une levée antérieure.

ART. 7. — Les dispositions énoncées aux articles 4 et 5 ci-dessus sont applicables aux volontaires avec prime de toutes les classes non congédiées.

ART. 8. — Notre ministre de la guerre est chargé de l'exécution du présent arrêté, qui sera obligatoire à partir du 1er octobre 1905.

Mobilisation. — Rappel des 14e et 15e classes. — Mesures à prendre par les administrations communales. — Circulaire adressée le 7 février 1906 aux gouverneurs de province par M. de Trooz, ministre de l'intérieur, etc. (*Bulletin du ministère de l'intérieur, etc.*, 1906, II, 8.)

Aux termes de l'article 3 de la loi sur la milice, le roi peut, dans certaines circonstances, rappeler à l'activité tel nombre de classes congédiées qu'il juge utile, en commençant par la classe la plus récemment congédiée.

Afin de faciliter l'application éventuelle de cette mesure, le département de la guerre a prescrit aux autorités militaires et à la gendarmerie de réinscrire provisoirement les hommes congédiés des 14ᵉ et 15ᵉ classes de milice dans les différents registres et contrôles. Des instructions ont également été données pour qu'à l'avenir les militaires de ces deux classes fussent maintenus sur les registres et contrôles, après leur congédiement, sans toutefois être astreints aux formalités exigées des militaires en congé.

Mais, pour que l'exécution de l'article 3 prérappelé puisse, le cas échéant, être assurée d'une façon complète, il importe que les administrations communales maintiennent, dorénavant, dans leurs registres, modèle B, les noms des hommes congédiés appartenant aux 14ᵉ et 15ᵉ classes, et que les mutations d'état civil; ainsi que les changements de résidence dont ces militaires feront l'objet, continuent d'être signalés aux commandants de district, dans la même forme que pour les militaires non congédiés.

J'ai donc l'honneur de vous prier, Monsieur le gouverneur, d'inviter les administrations communales de votre province à prendre des mesures pour que les noms des hommes dont il s'agit ne soient plus biffés, à l'avenir, du registre modèle B, après le congédiement de ces derniers, et pour que les mutations d'état civil et les changements de résidence concernant les intéressés soient notifiés, comme par le passé, aux commandants de district.

Il y aura lieu également, pour les autorités communales, de porter, à l'encre rouge, la mention « maintenu » en regard des noms des militaires qui font actuellement partie des 14ᵉ et 15ᵉ classes, noms qui ont été biffés des registres par application de l'article 20, § 8, du règlement pour les militaires en congé.

Les mutations survenues dans l'état civil et la résidence de ces militaires, postérieurement à la radiation de leurs noms des registres prérappelés, devront être signalées, aussitôt que possible, aux commandants de district.

Vous voudrez bien, Monsieur le gouverneur, tenir la main à ce que ces instructions soient ponctuellement observées dans les différentes communes de votre province.

———

— *Opérations.* — *Instructions.* — Circulaire adressée le 20 novembre 1905 aux administrations provinciales du Brabant par M. Vergote, gouverneur de cette province. (*Mémorial administratif du Brabant*, 1905, I, 183.)

L'inscription des Belges et des étrangers appelés à participer au tirage au sort pour la levée de 1906 doit, conformément à l'article 13 de la loi sur la milice, avoir lieu du 1ᵉʳ au 31 décembre prochain.

Les administrations communales recevront prochainement, par l'intermédiaire de MM. les commissaires d'arrondissement :

1° Les imprimés dont elles auront besoin pour la formation des registres d'inscription, pour la confection de la liste à afficher conformément aux prescriptions de l'article 13 précité et pour la rédaction de la liste alphabétique dont il s'agit à l'article 14;

2° Une affiche avertissant les habitants de l'ouverture et de la clôture du registre destiné à recevoir les inscriptions.

Par circulaire du 18 décembre 1899, insérée au *Mémorial administratif* sous le n° 283, je vous ai signalé qu'il était contraire à la loi de fixer un jour unique pour l'inscription des miliciens.

Les miliciens doivent pouvoir se faire inscrire tous les jours du mois de décembre, sauf les dimanches et jours de fête; ces jours-là le registre d'inscription n'est pas ouvert.

En vue d'éviter l'inscription des jeunes gens qui n'ont pas encore atteint ou qui ont dépassé l'âge de la milice, il y a lieu de s'assurer, au moyen des registres de l'état civil, que les miliciens se trouvent dans les conditions d'âge requises, et de faire produire, pour ceux qui sont nés hors de la commune, un extrait de leur acte de naissance, au lieu de s'en rapporter, par exemple, aux indications d'un carnet de mariage des parents ou d'un simple livret, lesquels ne présentent pas toujours des garanties suffisantes d'exactitude. (*Mémorial administratif* du 22 septembre 1876, n° 142.)

En vertu d'instructions insérées au *Mémorial administratif* (15 octobre 1896, n° 237), les bourgmestres, au moment de l'inscription, doivent interroger individuellement chaque milicien sur le point de savoir s'il a ou non des motifs d'exemption à faire valoir, soit pour une des causes prévues aux §§ 3 à 5 de l'article 27 de la loi de milice ou du chef de service de frère, soit pour l'obtention d'une dispense de service en temps de paix en vertu de l'article 28. Ils leur donneront verbalement tous les renseignements désirables quant aux formalités à remplir en vue de leur exemption. Ils ont l'obligation morale de suppléer, dans la mesure du possible, à l'ignorance ou à la négligence de leurs administrés.

La déclaration du milicien doit être actée et signée par le bourgmestre, qui la communique, le jour du tirage au sort, au commissaire d'arrondissement chargé d'en faire rapport au conseil de milice.

En ce qui concerne les miliciens des classes antérieures portés aux listes des dispensés et des ajournés, il y aura également lieu de leur rappeler, en temps utile, les formalités qu'ils auront à remplir pour le maintien de leur exemption ou de leur dispense.

Il ne serait pas inutile de signaler aux miliciens que le versement de la somme de 200 fr. en vue de leur remplacement éventuel n'est de nature à influencer en rien la décision à prendre par les juridictions contentieuses, qui doivent toujours ignorer si ce versement a eu lieu ou non.

Il serait également bon de leur rappeler qu'aucun délai ne peut être accordé pour le versement de la dite somme, et que tout milicien qui n'en aurait pas effectué le payement avant le 1ᵉʳ février serait déchu du droit de se faire remplacer.

Un individu a été condamné récemment à dix mois de prison et 130 francs d'amende pour manœuvres frauduleuses en matière de remplacement.

Il conviendra de saisir toutes les occasions pour recommander aux miliciens de ne jamais s'adresser pour quoi que ce soit en matière de milice à ces soi-disant agents de remplacement dont l'intervention est toujours nuisible. (*Mé-*

morial administratif des 9 décembre 1903, n° 97, 20 février 1904, n° 9, et 5 février 1905, n° 15.)

L'article 20a de la loi porte que l'appel pour le tirage au sort se fait suivant l'ordre alphabétique des communes et dans chaque commune suivant l'ordre alphabétique de ses inscrits.

Conformément à l'esprit de la loi du 22 mai 1878, relative à l'emploi de la langue flamande en matière administrative, les listes alphabétiques destinées à l'appel des miliciens et des communes au tirage au sort doivent, dans l'arrondissement de Louvain, être dressées en flamand; pour les établir, il y a lieu, par conséquent, de tenir compte de l'orthographe flamande des prénoms des miliciens ainsi que de l'appellation flamande des communes de cet arrondissement.

Il est recommandé aux administrations communales d'observer l'ordre alphabétique dans toute sa rigueur, c'est-à-dire jusqu'aux dernières lettres des prénoms, s'il y a lieu.

Aux termes de la circulaire de M. le ministre de l'intérieur et de l'instruction publique du 4 octobre 1894 (*Mémorial administratif* du 13 novembre, n° 242), lorsque deux frères sont appelés à comparaître en même temps devant le conseil de milice, l'administration communale doit en avertir spécialement M. le commissaire d'arrondissement et lui transmettre, s'il y a lieu, avec les autres pièces, un certificat du modèle n° 26.

Malgré les recommandations chaque année rappelées, il a encore été constaté en 1905 que des miliciens avaient été incorporés alors qu'ils avaient droit à une exemption du chef de service de frère, ou, tout au moins, à une désignation conditionnelle basée sur le retrait éventuel de l'ajournement accordé antérieurement à un frère.

Ensuite des prescriptions qui font l'objet de la circulaire ministérielle du 27 novembre 1900, rappelée dans celle du 3 août 1903, insérée au *Mémorial administratif* du 14 du même mois, n° 64, 1re partie, et des modifications apportées aux modèles n° 1 et 2, les administrations communales sont désormais en mesure de connaître à l'époque de l'inscription la situation réelle des miliciens, et de dresser, en temps utile, l'état modèle n° 26 permettant au conseil de milice de statuer à bon escient sur l'exemption d'un milicien du chef de service de frère (art. 26, n° 3; 27, n° 6, et 31 de la loi).

Comme le disait M. le ministre de l'intérieur et de l'instruction publique dans sa circulaire du 9 décembre 1903, insérée au *Mémorial administratif* du 26, n° 102, la saine et régulière application des instructions prérappelées permettra de réduire le nombre des erreurs auxquelles fait allusion l'article 49, littéra *F*, de la loi du 21 mars 1902 et qui ont donné lieu aux nombreux recours dont le département de l'intérieur a dû saisir les cours d'appel par application de la susdite disposition légale.

Les miliciens ajournés à une deuxième ou à une troisième session du conseil de milice doivent être reconvoqués régulièrement, sans information de la part du commissaire d'arrondissement. (*Mémorial administratif* du 23 juillet 1901, 2e partie, n° 62.)

Aux termes des articles 48 et suivants de la loi, toutes les décisions du conseil de milice sont susceptibles d'appel de la part des intéressés.

Un seul et même acte d'appel ne peut être dirigé contre plus de dix inscrits, mais le même milicien a le droit d'appeler de toutes les décisions du conseil de milice qui lui paraissent mal fondées et qu'il a intérêt à voir réformer. Il suffit, pour que l'appel soit valable, de ne pas faire figurer plus de dix noms sur chacun des actes d'appel et de se conformer, pour le surplus, aux prescriptions suivantes :

1° Indiquer d'une manière suffisante celui qui interjette l'appel et ceux contre lesquels il est dirigé (noms, prénoms, communes, numéros de tirage, ainsi que la nature et la date des décisions attaquées);

2° Adresser l'appel au gouverneur et le faire remettre au gouvernement provincial dans les quinze jours de la date de la première publication de la liste des exemptés et des exclus (cette liste est à la disposition des intéressés à la maison communale);

3° Faire légaliser la signature de l'appelant ou la marque qui en tient lieu, apposée sur chaque acte d'appel.

Pour la légalisation, il doit être fait usage de la formule insérée à l'*Instruction générale* (art. 1094).

Les membres des collèges échevinaux ne peuvent se refuser à l'accomplissement de la formalité de la légalisation.

L'appel d'un milicien contre une décision qui l'a désigné pour le service doit être remis, à peine de nullité, dans les huit jours à partir de la décision.

Les décisions de la cour d'appel et du conseil de revision sont sans appel.

Il m'est revenu que certaines administrations communales s'abstiennent de faire présenter les miliciens au conseil de milice par un de leurs membres.

L'article 39 de la loi exige que les inscrits et les ajournés soient présentés au conseil par un membre de l'administration communale, accompagné du secrétaire, porteur de la liste alphabétique et des récépissés.

MM. les commissaires d'arrondissement ont été invités à me signaler les administrations communales qui ne se conformeraient pas à cette disposition légale.

Par circulaire du 14 décembre 1889, insérée au *Mémorial administratif* sous le n° 260, j'ai invité MM. les bourgmestres à tenir la main à ce que les miliciens de leur commune, qui ont acquis des droits à la dispense prévue à l'article 29 de la loi, les fassent valoir avant l'incorporation.

Je leur rappelle qu'ils peuvent, s'il y a lieu, surseoir à la transmission des ordres de départ destinés aux miliciens intéressés, en ayant soin de me prévenir sans retard du motif qui justifie cette manière d'agir.

L'article 1151 de l'*Instruction générale* prescrit aux autorités communales de fournir à MM. les commissaires d'arrondissement, chaque fois que le cas se présente, et, au plus tard, le 5 janvier, un bulletin de renseignements en triple, et même, autant que possible, en quadruple expédition, concernant les miliciens inscrits par les bourgmestres, par application de l'article 6, § 2, et de l'article 7 de la loi.

Lorsque l'autorité communale a la certitude

que les parents des jeunes gens nés à l'étranger sont Belges par la naissance ou par la naturalisation acquise avant la naissance de ceux-ci, la production du bulletin de renseignements n'est pas exigée.

Le bulletin dont il s'agit ne doit pas davantage être fourni pour l'inscription de ceux qui ont fait, pendant leur minorité, la déclaration d'option prévue à l'article 9 du code civil belge, modifié par la loi du 16 juillet 1889.

Il doit pourtant être fait exception à cette règle en ce qui concerne les jeunes gens nés en France de parents belges, afin de permettre à l'autorité supérieure de s'assurer si les dispositions de la convention militaire franco-belge du 30 juillet 1891 et les instructions ministérielles y relatives ont été régulièrement observées.

Je crois utile d'attirer votre attention sur la circulaire ministérielle du 28 avril 1896 (*Mémorial administratif* de 1896, n° 138), qui recommande de rappeler aux jeunes gens tombant sous l'application de la convention franco-belge les formalités à remplir pour pouvoir utilement faire la déclaration de la nationalité française, conformément aux articles 8, § 4, 12, § 3, et 18 du code civil français, et à l'article 8, § 3, du dit code, modifié par la loi du 22 juillet 1893.

Il importe aussi que les administrations communales ne négligent pas de joindre à l'avertissement du modèle n° 8 annexé à l'arrêté royal du 25 août 1873, modifié par celui du 20 octobre 1902 (convocation pour le tirage au sort), un exemplaire du *memorandum* prescrit par la dite circulaire, chaque fois qu'il s'agit d'un Belge ayant à répudier la nationalité française.

D'après la jurisprudence en vigueur en France, une simple résidence au moment de la majorité constitue un domicile, dans le sens des articles 8, §§ 3 et 4, 12, § 3, etc., du code civil français.

Dans ces conditions, et afin d'éviter que les intéressés s'exposent à être éventuellement, et contre leur gré, astreints au service militaire en France, comme étant devenus irrévocablement Français au regard de la France, il sera toujours bon de leur conseiller la répudiation de la nationalité française, alors même que cet acte ne paraîtrait pas rigoureusement nécessaire à première vue. (Circ. min. du 28 novembre 1900, n° 41264. — C. 6185.)

Il est, en outre, indispensable que l'on observe scrupuleusement les prescriptions de la circulaire insérée au *Mémorial administratif* du 16 septembre 1898, n° 140, relative à l'inscription demandée par des jeunes gens nés les uns en Belgique, les autres en France, de parents belges, qui ont obtenu la naturalisation en France, conformément à l'article 12, § 3, du dit code civil français.

Aux termes de cette circulaire, les administrations communales doivent, avant de procéder à l'inscription pour la milice des jeunes gens de la catégorie dont il s'agit, s'assurer préalablement si cette inscription n'est pas contraire aux dispositions de la convention franco-belge et si leur père n'a pas déjà renoncé pour eux à la faculté de répudiation, en vertu de l'article 11 du décret français du 13 août 1889.

Dans le cas où leur père aurait renoncé pour eux à cette faculté, ils pourraient être réclamés pour le service militaire en France, alors qu'ils auraient déjà satisfait à la milice en notre pays.

En présence de la jurisprudence créée par les arrêts de la cour d'appel de Bruxelles des 8 février et 31 mai 1900, de la cour d'appel de Liége du 28 juin 1899, de la cour d'appel de Gand du 13 juin 1901, il y a lieu de s'abstenir d'inscrire pour la milice les Néerlandais d'origine qui produisent un certificat émanant d'un agent diplomatique néerlandais établissant que les intéressés sont reconnus comme Néerlandais dans leur pays. (*Mémorial administratif* du 13 janvier 1902, n° 1, 1re partie.)

Les décisions prises par l'autorité supérieure relativement à des jeunes gens d'origine étrangère doivent être communiquées aux intéressés immédiatement après leur réception et non le jour du tirage au sort.

Je ne saurais assez insister sur la nécessité, pour les administrations communales, de dresser toujours un bulletin de renseignements lorsqu'il s'agit d'une inscription d'étranger. Elles dégagent ainsi leur responsabilité, qui n'est pas sans gravité dans l'espèce, car une erreur d'interprétation peut amener des conséquences très préjudiciables aux intéressés.

Service militaire. — Convention avec l'Allemagne. — Exemption réciproque. — Circulaire adressée le 30 septembre 1905 aux gouverneurs de province par M. de Trooz, ministre de l'intérieur, etc. (*Bulletin du ministère de l'intérieur, etc.*, 1905, II, 104.)

Comme suite à la circulaire ministérielle du 10 décembre 1895, n° 13877, je crois devoir, dès avant le commencement des opérations relatives à l'inscription des Belges et des étrangers pour la prochaine levée de milice, attirer votre attention sur la loi du 16 juin 1905 (*Moniteur* du 28 juillet 1905, n° 209), approuvant le traité additionnel au traité de commerce du 6 décembre 1891, conclu le 22 juin 1904 entre la Belgique et l'Allemagne.

Aux termes de l'article 1er, I, de ce traité, « les ressortissants de chacune des parties contractantes seront exempts, sur le territoire de l'autre, de tout service militaire, aussi bien dans l'armée régulière et la marine que dans la milice et la garde civique.

Ils ne seront astreints en temps de paix et en temps de guerre qu'aux prestations et aux réquisitions militaires imposées aux nationaux, et ils auront réciproquement droit aux indemnités établies en faveur des nationaux par les lois en vigueur dans les deux pays ».

J'ai l'honneur de vous prier, Monsieur le gouverneur, de bien vouloir veiller à ce que la disposition spéciale précitée du susdit traité ne soit pas perdue de vue, notamment en ce qui concerne l'application des articles 6 et 7 de la loi sur la milice.

— *Convention franco-belge du 30 juillet 1896.*
— *Instruction du 18 décembre 1905 coordonnant les différentes circulaires ministérielles réglant l'application de la convention francobelge.* (*Jurisprudence en matière de milice*, 1905, p. 12.)

A. — Texte de la Convention franco-belge du 30 juillet 1891.

ARTICLE PREMIER.

Ne seront pas inscrits d'office, avant l'âge de 22 ans accomplis, sur les listes de recrutement militaire belge :
1° Les individus nés en France d'un Belge et domiciliés sur le territoire français, qui tombent sous l'application de l'article 8, § 4, du code civil français ;
2° Les individus nés en France d'un Belge, qui peuvent invoquer l'article 9, § 1er, du code civil français ;
3° Les individus nés d'un Belge naturalisé Français pendant leur minorité et ceux nés d'un ancien Français réintégré dans cette qualité pendant leur minorité, qui tombent respectivement sous l'application des articles 12, § 3, et 18 du code civil français.

ART. 2.

Ne sont pas inscrits d'office, avant l'âge de 22 ans accomplis, sur les listes du recrutement militaire français :
1° Les individus nés en Belgique d'un Français qui peuvent invoquer l'article 9 du code civil belge;
2° Les individus nés d'un Français naturalisé Belge pendant leur minorité, lesquels peuvent acquérir la nationalité belge conformément à l'article 4, § 1er, de la loi belge du 6 août 1881 ;
3° Les individus qui peuvent décliner la nationalité française conformément aux articles 8, § 4, 12, § 3, et 18 du code civil français, à moins que pendant leur minorité il y ait eu renonciation à leur droit d'option conformément à l'article 11 du règlement d'administration publique français du 13 août 1889.

ART. 3.

Les individus qui auront changé de nationalité, soit durant leur minorité, soit dans l'année qui aura suivi leur majorité, conformément aux dispositions légales visées dans les articles 1er et 2 de la présente convention, seront dégagés de tout service militaire dans le pays auquel ils appartenaient antérieurement et astreints aux obligations militaires des jeunes gens de leur âge dans le pays auquel ils sont désormais rattachés.

ART. 4.

Les jeunes gens nés en France de parents belges qui eux-mêmes y sont nés ne seront pas appelés au service militaire en Belgique (1).

(1) Voy. note du § VIII (Convention, art. 4), p. 26.

ART. 5.

Les enfants d'agents diplomatiques ou de consuls envoyés conservent la nationalité de leurs parents, à moins qu'ils ne réclament le bénéfice des lois des pays où ils sont nés.

ART. 6.

Ne pourront être considérés comme étant de nationalité indéterminée, par application de l'article 7 de la loi belge du 3 juin 1870, les individus qui produiront un certificat émané d'un agent diplomatique français et duquel il résultera qu'ils sont reconnus comme Français.

ART. 7.

Les deux gouvernements se communiqueront réciproquement, et dans le plus bref délai possible, les actes reçus par leurs autorités respectives dans les cas visés par la présente convention.
Ils se signaleront, en outre, les individus qui se seront soustraits au service militaire dans l'un des deux pays, en excipant de la qualité de nationaux de l'autre.

ART. 8.

Les individus qui, avant la mise en vigueur de la présente convention, ont satisfait à la loi militaire dans l'un des deux pays sont dégagés du service militaire dans l'autre.

ART. 9.

La présente Convention est conclue pour cinq ans, à partir de l'échange des ratifications. Dans le cas où aucune des hautes parties contractantes n'aurait notifié, une année avant l'expiration de ce terme, son intention d'en faire cesser les effets, la Convention continuera d'être obligatoire encore une année, à compter du jour où l'une des parties l'aura dénoncée.
En foi de quoi les plénipotentiaires respectifs ont signé la présente Convention, qu'ils ont revêtue de leurs cachets.

—

B. — Instructions.

I. — *Belges tombant sous l'application de la Convention. — Inscription d'office. — Inscription sur demande expresse. — Questions à poser aux miliciens.*

L'article 1er de la Convention porte : « Ne seront pas inscrits d'office avant l'âge de vingt-deux ans accomplis sur les listes de recrutement militaire belge :
« 1° Les individus nés en France d'un Belge et domiciliés sur le territoire français, qui tombent sous l'application de l'article 8, n° 4, du code civil français (2);
« 2° Les individus nés en France d'un Belge

(2) Art. 8, n° 4. — Est français :
« Tout individu né en France d'un étranger et qui, à l'époque de sa majorité, est domicilié en France, à moins que dans l'année qui suit sa majorité, telle qu'elle est réglée par la loi française, il n'ait décliné la qualité de

qui peuvent invoquer l'article 9, § 1er, du code
civil français (1);

« 3° Les individus nés d'un Belge naturalisé
Français pendant leur minorité, et ceux nés
d'un ancien Français réintégré dans cette
qualité pendant leur minorité, qui tombent
respectivement sous l'application des articles 12, § 3 (2), et 18 (3) du code civil
français. »

L'attention spéciale de MM. les bourgmestres doit être appelée sur ces dispositions.
Ces magistrats sont invités à s'abstenir rigoureusement d'opérer d'office l'inscription pour
la milice des jeunes gens de chacune des trois

Français et prouvé qu'il a conservé la nationalité de ses
parents par une attestation en due forme de son gouvernement, laquelle demeurera annexée à la déclaration, et
qu'il n'ait en outre produit, s'il y a lieu, un certificat
constatant qu'il a répondu à l'appel sous les drapeaux,
conformément à la loi militaire de son pays, sauf les
exceptions prévues aux traités. »

N. B. — Il ne faut pas perdre de vue que par suite de
la loi française du 22 juillet 1893, interprétative de l'article 8, § 3, du code civil français, les formalités relatives à la déclaration de répudiation de la qualité de
Français visées à l'article 8, n° 4, ci-dessus reproduit,
doivent être également remplies par les jeunes gens nés
en France d'un père belge né en Belgique, si leur mère
est née en France.

Cette loi (postérieure à la Convention de 1891) porte
que : « Est Français, tout individu né en France de
parents étrangers dont l'un y est lui-même né, sauf la
faculté pour lui, si c'est la mère qui est née en France,
de décliner la qualité de Français en se conformant aux
dispositions du n° 4 ci-après :

« ... à moins que dans l'année qui suit sa majorité
telle qu'elle est réglée par la loi française, il n'ait décliné
la qualité de Français et prouvé qu'il a conservé la
nationalité de ses parents par une attestation en due
forme de son gouvernement, laquelle demeurera annexée
à la déclaration, et qu'il n'ait en outre produit, s'il y a
lieu, un certificat constatant qu'il a répondu à l'appel
sous les drapeaux, conformément à la loi militaire de
son pays, sauf les exceptions prévues aux traités. »

Il en résulte que les jeunes gens nés en France, et
dont la mère y est également née, sont considérés
comme Français, alors même qu'ils seraient domiciliés
en Belgique à l'époque de leur majorité (*), et astreints
comme tels au service militaire en France, s'ils négligent
de faire l'acte de répudiation de la nationalité française
prévue par la loi française du 22 juillet 1893, rappelée
ci-dessus.

(1) Art. 9, § 1er. — Tout individu né en France d'un
étranger, et qui n'y est pas domicilié à l'époque de sa
majorité, pourra, jusqu'à l'âge de vingt-deux ans accomplis, faire sa soumission de fixer en France son domicile,
et, s'il s'y établit dans l'année à compter de l'acte de
soumission, réclamer la qualité de Français par une
déclaration qui sera enregistrée au ministère de la
justice.

(2) Art. 12, § 3. — Deviennent Français, les enfants
mineurs d'un père ou d'une mère survivant qui se font
naturaliser Français, à moins que, dans l'année qui suit
leur majorité, ils ne déclinent cette qualité en se conformant aux dispositions de l'article 8, n° 4.

(3) Art. 18. — Le Français qui a perdu sa qualité de
Français peut la recouvrer, pourvu qu'il réside en
France, en obtenant sa réintégration par décret. La
qualité de Français pourra être accordée par le même
décret à la femme et aux enfants majeurs, s'ils en font
la demande. Les enfants mineurs du père ou de la mère
réintégrés deviennent Français, à moins que, dans
l'année qui suivra leur majorité, ils ne déclinent cette
qualité en se conformant aux dispositions de l'article 8,
n° 4.

(*) Une simple résidence en France, au moment de la majorité,
constitue un domicile et suffit pour qu'un individu soit considéré comme Français, s'il ne déclare pas vouloir conserver sa
qualité de Belge.

---

catégories visées à l'article 1er de la Convention, c'est-à-dire de tous ceux qui tombent sous
l'application des articles 8, n°s 3 et 4, 9, § 1er,
12, § 3, et 18 du code civil français.

Les jeunes gens dont il s'agit peuvent, lorsqu'ils en font expressément la demande, être
inscrits à l'âge fixé par la loi de milice.

Dans ce cas, les administrations communales
doivent interroger les intéressés sur le point
de savoir si leur inscription est réellement
requise dans le but de pouvoir décliner ultérieurement la qualité de Français.

L'inscription n'est opérée qu'après due constatation d'une réponse affirmative.

Avant de procéder à l'inscription pour la
milice des jeunes gens visés par l'article 1er de
la Convention franco-belge, l'administration
communale leur demande si leur père n'a pas
renoncé en leur nom à leur droit de répudier
la nationalité française.

Dans l'affirmative, l'inscription est refusée.

II. — Répudiation de la qualité de Français. — Faculté de s'engager. — Devoirs des autorités.

Le Belge qui, aux termes des diverses dispositions des lois françaises sur la nationalité,
doit, pour conserver sa qualité originaire,
faire acte de répudiation en France peut
néanmoins s'engager en Belgique à dix-neuf
ans.

L'autorité lui signale dans ce cas les inconvénients qu'il y aurait pour lui à ne point faire
cette déclaration dans le délai prescrit.

III. — Répudiation. — Instructions à donner aux intéressés par les autorités communales.

L'attention des intéressés est spécialement
attirée sur la déclaration à faire dès l'âge de
leur majorité, soit devant le juge de paix compétent en France, soit devant les agents diplomatiques et consulaires français à l'étranger,
conformément aux instructions sur la matière :

1° Par les Belges qui, tombant sous l'application de la loi française du 26 juin 1889 modifiant le code civil français, veulent répudier la
nationalité française conformément à l'article 8, n° 4, de cette loi;

2° Par les Belges nés en France dont la
mère est également née en France, alors même
que les intéressés seraient domiciliés en Belgique à l'époque de leur majorité (voy. la loi
française du 22 juillet 1893, rappelée au nota
bene inséré à la page 16 de la présente instruction);

3° Par les Belges qui veulent décliner la
qualité de Français que l'article 12, § 3, de la
loi française précitée attribue aux enfants
mineurs d'un père ou d'une mère survivant
qui se font naturaliser Français;

4° Par les Belges, mineurs, nés d'un ancien
Français réintégré par décret dans sa qualité
de Français pendant leur minorité, et qui
désirent décliner la dite qualité conformément
à l'article 18, dernier alinéa, de la loi française
du 26 juin 1889.

Les communes devront toujours avoir soin
de joindre à l'avertissement modèle n° 8
annexé à l'arrêté royal du 25 octobre 1873,
modifié par celui du 20 octobre 1902, un docu-

ment conforme au modèle ci-après, chaque fois qu'il s'agit d'un Belge ayant à répudier ultérieurement la nationalité française.

MILICE.

Memorandum-annexe à l'avertissement modèle n° 8.

L'Administration communale de . . . . . rappelle au sieur . . . . , milicien de la levée de . . . . . , qu'aux termes des lois françaises sur la nationalité (1), il est considéré comme Français et peut, en conséquence, être appelé au service militaire en France.

Pour échapper à cette obligation et conserver la qualité de Belge, il est indispensable que, dans l'année où il aura 21 ans accomplis, le sieur... décline formellement la qualité de Français par une déclaration officielle devant les autorités compétentes.

La légation de Belgique à Paris fournira aux intéressés tous les renseignements nécessaires quant aux formalités à remplir et aux documents à produire pour la déclaration dont il s'agit.

---

(1) Code civil français (loi du 26 juin 1889).
Art. 8, § 3 (modifié par la loi du 22 juillet 1893) :
Est Français :
« Tout individu né en France de parents étrangers dont l'un y est lui-même né, sauf la faculté pour lui, si c'est la mère qui est née en France, de décliner dans l'année qui suivra sa majorité la qualité de Français en se conformant aux dispositions du § 4 ci-après.
« L'enfant naturel pourra, aux mêmes conditions que l'enfant légitime, décliner la qualité de Français quand le parent qui est né en France n'est pas celui dont il devrait, aux termes du § 1er, deuxième alinéa, suivre la nationalité. »
Art. 8, § 4 :
« Tout individu né en France d'un étranger et qui, à l'époque de sa majorité, est domicilié (*) en France, à moins que dans l'année qui suit sa majorité, telle qu'elle est réglée par la loi française, il n'ait décliné la qualité de Français et prouvé qu'il a conservé la nationalité de ses parents par une attestation en due forme de son gouvernement, laquelle demeurera annexée à la déclaration, et qu'il n'ait en outre produit, s'il y a lieu, un certificat constatant qu'il a répondu à l'appel sous les drapeaux, conformément à la loi militaire de son pays, sauf les exceptions prévues aux traités. »
Art. 12, § 3 :
« Deviennent Français les enfants mineurs d'un père ou d'une mère survivant qui se font naturaliser Français, à moins que, dans l'année qui suivra leur majorité, ils ne déclinent cette qualité en se conformant aux dispositions de l'article 8, § 4 ».
Art. 18 :
« Le Français qui a perdu sa qualité de Français peut la recouvrer, pourvu qu'il réside en France, en obtenant sa réintégration par décret. La qualité de Français pourra être accordée par le même décret à la femme et aux enfants majeurs s'ils en font la demande. Les enfants mineurs du père ou de la mère réintégrés deviennent Français, à moins que, dans l'année qui suivra leur majorité, ils ne déclinent cette qualité en se conformant aux dispositions de l'article 8, § 4. »

(*) D'après la jurisprudence française une simple résidence en France, au moment de la majorité, constitue un domicile et suffit pour qu'un individu soit considéré comme Français, s'il ne déclare pas vouloir conserver sa qualité de Belge.
N. B. — Ensuite de la loi française du 22 juillet 1893, rappelée à la page 16 au nota bene sous le § I, toutes les recommandations énoncées aux §§ I, II, IV, V, dernier alinéa, VI et VII sont également observées en ce qui concerne les jeunes gens nés en France d'un père né en Belgique et d'une mère née en France.

Il importe donc que le sieur... se mette immédiatement en relation avec la dite légation, soit directement, soit par l'intermédiaire d'un agent consulaire belge.

Par ordonnance :   *Le bourgmestre,*
Le secrétaire communal,

IV. — *Bulletins de renseignements. — Indications à donner en ce qui concerne les individus nés en France d'un père belge et d'une mère née dans ce pays.*

Lorsqu'il s'agit d'une demande d'inscription pour la milice relative à un jeune homme né en France d'un père belge né en Belgique, mais d'une mère née en France, l'administration communale doit toujours avoir soin de signaler ce fait dans les bulletins de renseignements qu'elle dresse conformément aux instructions sur la matière, afin qu'il ne puisse être perdu de vue que l'on se trouve en présence d'un cas d'application de l'article 8, n° 3, du code civil français, modifié par la loi française du 22 juillet 1893, dont il est parlé au *nota bene* de la page 16.

Il suffira de renseigner au susdit bulletin le lieu de naissance de la mère, soit en Belgique, soit en France.

V. — *Répudiation. — Cas dans lesquels elle doit être conseillée à des Belges résidant en Belgique.*

D'après la jurisprudence en vigueur en France, une simple résidence au moment de la majorité constitue un domicile, dans le sens de l'article 8, n° 4, du code civil français.

Afin d'éviter que les intéressés ne s'exposent à être éventuellement et contre leur gré astreints au service militaire en France, comme étant devenus irrévocablement Français, la répudiation de la nationalité française doit leur être conseillée alors même que cet acte ne paraîtrait pas rigoureusement nécessaire à première vue.

Par application de ce principe, l'administration communale doit notamment conseiller spécialement la répudiation dans les deux cas ci-après :

A. Lorsque les intéressés demeurent en Belgique à l'époque de leur majorité, mais que leurs parents sont domiciliés en France;

B. Lorsque ces jeunes gens vont fixer leur domicile ou résider en France dans l'année qui suit leur majorité.

Les administrations communales ont, du reste, pour devoir de prêter régulièrement, en tout état de cause, un concours bienveillant aux intéressés et de leur faciliter l'accomplissement des formalités qu'ils ont à remplir pour la répudiation de la nationalité française, en leur délivrant les pièces nécessaires énumérées sous le § VII de la présente instruction.

VI. — *Individus tombant sous l'application de la Convention. — Inscription pour la milice. — Instructions à donner aux intéressés.*

Pour pouvoir souscrire utilement la déclaration de répudiation de la nationalité française, les jeunes gens tombant sous l'application des articles 8, nos 3 et 4, 12, § 3, et 18 du code civil français doivent avant tout requérir leur inscription pour la milice en Belgique (1).

S'ils n'étaient pas en mesure à l'âge de majorité de justifier qu'ils sont en règle sous ce rapport vis-à-vis de la Belgique, ces jeunes gens se verraient privés du droit de faire valablement la déclaration de répudiation et deviendraient inévitablement Français et, comme tels, passibles du service militaire en France.

Lorsque des jeunes gens de la dite catégorie, résidant depuis leur naissance en France, peu soucieux de l'époque à laquelle ils doivent requérir leur inscription pour le tirage au sort en Belgique, omettent de le faire dans le délai prescrit (1er au 31 décembre de chaque année), l'administration de la commune du dernier domicile en Belgique du Belge marié à l'étranger dans vingt ans devrait, s'il est possible, avertir avant le 1er décembre de chaque année les pères de famille des obligations auxquelles sont astreints leurs fils âgés de 19 ans accomplis, en vertu de l'article 6, § 1er, de la loi sur la milice (2).

L'attention des jeunes gens nés à l'étranger de parents y domiciliés qui ont spontanément requis leur inscription en Belgique, pour la levée à laquelle ils appartiennent, doit également être attirée, chaque année au moment de l'inscription pour le tirage au sort, ou lors de leur convocation ou de leur comparution devant le conseil de milice ou de revision, sur les obligations qu'ils ont à remplir pour que leur nationalité belge ne soit pas contestée par la suite en France.

L'attention des intéressés est alors attirée tout spécialement sur ce fait que le service de la milice qu'ils auraient accompli ou accomplissent en Belgique ne les dispenserait pas de l'appel au service militaire en France s'ils optaient ultérieurement pour la nationalité française, par application de l'article 9, § 1er, du code civil français.

VII. — *Répudiation. — Pièces à produire. — Autorités compétentes pour recevoir la déclaration.*

Aux termes d'un décret du gouvernement de la République portant règlement d'administration publique pour l'exécution de la loi française du 26 juin 1889 sur la nationalité, les déclarations souscrites par les personnes résidant en France sont reçues par le juge de paix du canton dans lequel réside le déclarant. Elles peuvent être faites par procuration spéciale ou authentique. Elles sont dressées, en double exemplaire, sur papier timbré.

Le déclarant est assisté de deux témoins qui certifient son identité; il doit produire à l'appui de sa déclaration toutes les pièces justificatives ci-après :

1° Un certificat de nationalité délivré par le ministre de Belgique à Paris, contre le verse-

ment de la somme de 1 franc, exigée par le gouvernement français pour frais de légalisation;

2° Un certificat de milice belge;

3° Un extrait de son acte de naissance;

4° S'il s'agit d'un enfant naturel :
    Un extrait de l'acte de naissance du père, si le père l'a reconnu;
    Un extrait d'acte de naissance de la mère, si l'enfant a été reconnu par la mère seulement.

S'il s'agit d'un enfant légitime :
    Un extrait de l'acte de mariage qui constate et la légitimité et la filiation des père et mère de l'intéressé;
    Un extrait de l'acte de naissance de son père;
    Un extrait de l'acte de naissance de sa mère.

Les actes de l'état civil belge doivent être revêtus de la légalisation du juge de paix belge compétent, puis de celle du consul de France le plus voisin.

Toutes les pièces doivent être soumises en France à la formalité du timbre. Si elles sont rédigées en langue étrangère, une traduction y sera jointe.

Il est rappelé annuellement aux miliciens que la chose concerne que la déclaration qu'ils désireraient faire pour décliner la qualité de Français peut, lorsque les intéressés résident à l'étranger, être reçue par les agents diplomatiques et consulaires français.

Pour l'obtention du certificat de nationalité dont parlent les articles 8, n°s 3 et 4, § 3, et 18 de la loi française du 26 juin 1889, les intéressés doivent s'adresser à notre ministre à Paris.

VIII. — *Article 4 de la Convention. — Obligation d'observer rigoureusement cette prescription.*

Les administrations communales doivent observer rigoureusement la prescription de l'article 4 de la Convention, portant : « Les jeunes gens nés en France de parents belges, qui eux-mêmes y sont nés, ne seront pas appelés au service militaire en Belgique » (3).

---

(1) Cette inscription peut être requise à toute époque de l'année. L'intéressé sera admis à un tirage au sort supplémentaire, si son ajournement au tirage au sort ordinaire est de nature à compromettre ses intérêts.

(2) « Article 6, § 1er, de la loi sur la milice :

« Tout Belge est tenu, dans l'année où il a 19 ans accomplis, de se faire inscrire à l'effet de concourir au tirage au sort pour la levée du contingent de l'année suivante ».

(3) L'article 4 de la Convention a été adopté en présence de la disposition qui fait l'objet de l'article 8, n° 3, de la loi française sur la nationalité du 26 juin 1889, aux termes duquel est Français tout individu né en France d'un étranger qui lui-même y est né.

Mais il est à remarquer qu'une loi française du 22 juillet 1893 a interprété l'article 8, n° 3, de la loi française du 26 juin 1889, visé ci-dessus, en ce sens que le mot *étranger*, figurant dans ledit article, s'applique à la mère aussi bien qu'au père de l'individu né en France.

L'article 8, n° 3, de la loi française sur la nationalité prérappelée a été, en conséquence, modifié comme suit par la loi française du 22 juillet 1893 précitée :

« Est Français tout individu né en France de parents étrangers dont l'un y est lui-même né, sauf la faculté pour lui, si c'est la mère qui est née en France, de décliner la qualité de Français en se conformant aux dispositions du § 4 ci-après. Ce paragraphe porte : A moins que dans l'année qui suit sa majorité, telle qu'elle est réglée par la loi française, il n'ait décliné la qualité de Français et prouvé qu'il a conservé la nationalité de ses parents par une attestation en due forme de son gouvernement, laquelle demeurera annexée à la déclaration, et qu'il n'ait, en outre, produit, s'il y a lieu, un extrait constatant qu'il a répondu à l'appel sous les drapeaux conformément à la

Les individus auxquels l'article 4 est applicable n'ont pas à justifier en Belgique de l'accomplissement de leurs obligations de milice dans les cas prévus par les articles 103, 104 et 105 de notre loi de milice (1).

IX. — *Nationalité indéterminée. — Inscription des intéressés. — Certificat de nationalité.*

L'article 6 de la Convention porte :
« Ne pourront être considérés comme étant de nationalité indéterminée, par application de l'article 7 de la loi belge du 3 juin 1870 (2), les individus qui produiront un certificat émané d'un agent diplomatique français et duquel il résultera qu'ils sont reconnus comme Français ».

Avant d'inscrire un étranger pour la milice à

---

loi militaire de son pays, sauf les exceptions prévues aux traités ».
Ainsi que le porte le paragraphe final du *nota bene* à la page 16 de la présente instruction, les jeunes gens nés en France d'une mère également née dans ce pays sont considérés comme Français en France alors même qu'ils ne résideraient pas en France à l'époque de leur majorité, et astreints comme tels au service militaire en France, s'ils négligent de faire en temps utile l'acte de répudiation de la nationalité française prévu par la loi française du 22 juillet 1893, rappelée plus haut.

(1) Articles 103, 104 et 105 de la loi sur la milice :
« 103. Les individus soumis aux obligations de la présente loi et âgés de 19 à 28 ans accomplis ne peuvent être mariés que sur la production d'un certificat constatant qu'ils ont satisfait aux obligations imposées, soit par les lois antérieures sur la milice, soit par la présente loi. Il est défendu, dans ce cas, à tout officier de l'état civil de procéder aux publications de mariage, sous peine d'une amende correctionnelle de 300 à 800 francs.
« 104. Les mêmes individus ne peuvent obtenir une patente ou un passeport pour l'étranger qu'après avoir fourni la preuve qu'ils ont satisfait aux lois sur la milice.
« Néanmoins, les militaires en congé illimité peuvent obtenir une patente en exhibant leur congé, et un passeport à l'étranger en produisant l'autorisation du département de la guerre.
« 105. Nul ne peut être admis à un emploi salarié sur les fonds de l'État, de la province ou de la commune qu'après avoir fourni la preuve qu'il a satisfait aux lois sur la milice ».

(2) Art. 7. — Les étrangers résidant en Belgique sont soumis à l'inscription :
1° S'ils sont nés en Belgique pendant que leurs parents y résidaient ;
2° Si leur famille réside en Belgique depuis plus de trois ans.
Les étrangers qui ne justifient d'aucune nationalité déterminée doivent se faire inscrire dans l'année où ils ont 19 ans accomplis.
Les étrangers qui justifient d'une nationalité déterminée ne doivent se faire inscrire que dans l'année qui suit celle où la loi de recrutement de leur pays leur impose une obligation à laquelle ils n'ont pas satisfait ; ils n'y sont pas tenus si, n'étant pas nés en Belgique pendant que leurs parents y résidaient, ils appartiennent à une nation qui dispense les Belges du service militaire.
Les étrangers ne sont pas tenus à l'inscription si l'obligation n'est pas née avant l'expiration de l'année dans laquelle ils ont 28 ans révolus.

---

l'âge de 19 ans, comme n'ayant pas de nationalité déterminée, le bourgmestre met celui-ci en demeure de produire, s'il se dit d'origine française, et avant la clôture de la liste d'inscription, une attestation d'un agent diplomatique français, constatant qu'il est reconnu Français.

Ceux-là seuls qui, après avoir excipé de leur qualité de Français, ne pourraient pas produire un certificat de nationalité française sont inscrits à 19 ans accomplis pour la milice en Belgique, conformément aux n°° 1 et 2 de l'article 7 de la loi, comme n'ayant pas de nationalité déterminée.

X. — *Actes reçus par les autorités dans les cas visés par la Convention. — Communication réciproque.*

La circulaire du département de la justice du 1er septembre 1893 prescrit aux administrations communales d'adresser directement au département des affaires étrangères les pièces à transmettre au gouvernement français, par application de l'article 7, § 1er, de la Convention.

XI. — *Individus excipant de la qualité de Français. — Signalement des intéressés.*

Le § 2 de l'article 7 susvisé de la Convention prescrit, entre autres, aux deux gouvernements de se signaler les individus qui se seront soustraits au service militaire dans l'un des deux pays en excipant de la qualité de nationaux de l'autre.

Pour l'application de cette disposition, MM. les gouverneurs provinciaux signalent au ministre de l'intérieur, au moyen d'un bulletin conforme au modèle ci-contre, les jeunes gens (d'origine française) de la catégorie dont il s'agit.

À cette fin, les administrations communales de chaque province adressent régulièrement au gouverneur un semblable bulletin en ce qui concerne chaque individu d'origine française qui, lors de l'inscription annuelle pour la nouvelle levée de milice, a excipé de sa qualité de Français pour ne pas être astreint au service militaire dans notre pays. Les administrations communales adressent également le bulletin dont il s'agit pour les Français dont la nationalité est reconnue autrement que par un certificat de nationalité, et qui, n'ayant pas fait à 22 ans accomplis la déclaration d'option pour la qualité de Belge, sont passibles, comme il a été établi plus haut, d'obligations de recrutement en France.

Ces bulletins sont ensuite envoyés à mesure de leur réception, par le gouverneur, au ministre de l'intérieur, qui les transmet à son collègue des affaires étrangères, chargé de signaler, par la voie diplomatique, ces individus au gouvernement de la République.

Province d. .

—

INSCRIPTION
pour
la milice nationale.

—

LEVÉE DE. . .

AVIS

—

Signalement :

Taille : 1 m...mill.
Cheveux . . . . .
Front . . . . .
Sourcils . . . . .
Yeux . . . . . .
Nez . . . .
Bouche . . . . .
Menton . . . . .
Visage . . . . . .
Teint . . . . . .

COMMUNE D. . : . . . . . .
. .ᵉ CANTON DE MILICE.

—

Le nommé . . . .
résidant à . . . . . rue . . . ,
nᵒ. . , né à . . . .
le . . . .
fils de . . . .
et de . . . .
domicilié à . . . .
faisant profession de . . . . . ,
n'a pas été inscrit en Belgique
pour la levée de milice de . . . .
de la commune de . . . . . .
comme étant le fils d'un sujet
Français n'ayant pas opté pour la
qualité de Belge et non naturalisé
Belge.

**Le dernier domicile en
FRANCE des parents du
prénommé AVANT leur ré-
sidence en Belgique est la
commune de . . . . . .**

A . . . . . , le . . . . 189 .

LE BOURGMESTRE.

A Monsieur le Gouverneur de la province de . . . . . .

———

— *Convention franco-belge.* — *Conservation
de la nationalité belge.* — Circulaire adressée
le 26 février 1906 aux gouverneurs de province
par M. de Trooz, ministre de l'intérieur, etc.
(*Bulletin du ministère de l'intérieur, etc.,* 1906,
II, 15.)

Chaque année, l'attention des administrations
communales est appelée sur les devoirs qu'elles
ont à remplir vis-à-vis des jeunes gens tombant
sous l'application de la convention franco-belge
du 30 juillet 1891.

Des faits récents m'ont démontré que, malgré les instructions publiées sur cette matière,
des fonctionnaires communaux donnent encore
aux miliciens de fausses indications sur les
formalités qu'ils ont à remplir pour répudier
la nationalité de Français, ou négligent de
leur renseigner la voie à suivre dans l'occurrence.

Cet état de choses est de nature à compromettre gravement les intérêts des gens jouissant d'une double nationalité.

Il m'est signalé par M. le ministre des affaires étrangères, à l'occasion du cas d'un jeune
homme devenu Français à raison de l'ignorance d'une administration communale qui ne
lui a pas indiqué les formalités à remplir pour
conserver sa nationalité belge. Mon collègue

estime que, pour éviter le retour de faits aussi
regrettables, il convient de tenir plus que
jamais la main à ce que les instructions rappelées en dernier lieu par ma circulaire du
18 décembre 1905 soient scrupuleusement suivies, et de vulgariser l'emploi du manuel de
MM. Donet et Jacquemain traitant de la nationalité au point de vue militaire.

Les autorités communales doivent aussi en
référer à votre administration chaque fois
qu'elles éprouvent le moindre doute sur la voie
à suivre dans un cas déterminé.

La situation constatée en ce qui concerne les
miliciens tombant sous l'application de la convention franco-belge se fait sentir également
pour les jeunes gens qui peuvent être réclamés
tant par la Hollande que par l'Allemagne, alors
qu'ils sont tenus au service militaire en Belgique et, à ce point de vue, la consultation d'un
bon manuel sur ces questions de nationalité
est indispensable.

Je me plais à espérer, Monsieur le gouverneur, que les communes de votre province
prendront des mesures pour sauvegarder les
intérêts de leurs administrés.

———

— *Jeunes gens d'origine néerlandaise ayant
la faculté d'opter pour la nationalité belge.* —
*Mesures à prendre pour éviter qu'ils ne soient
astreints au service dans les deux pays.* —
Circulaire adressée le 19 avril 1905 aux gouverneurs de province par M. de Trooz, ministre
de l'intérieur, etc. (*Bulletin du ministère de
l'intérieur, etc.,* 1905, II, 36.)

Aux termes de la loi du 16 juillet 1889, les
étrangers nés en Belgique peuvent opter pour
la qualité de Belge, conformément à l'article 9
du code civil, dès qu'ils ont atteint l'âge de
18 ans accomplis

Les jeunes gens qui usent de cette faculté
avant d'avoir atteint l'âge de 19 ans accomplis
sont astreints, comme les Belges de naissance,
à l'inscription pour la milice dans notre pays,
en exécution de l'article 6, littéra A, de la loi
sur la milice.

Or, nonobstant son inscription en Belgique,
l'optant possédant la nationalité néerlandaise
sera réclamé pour le service militaire en Hollande si sa déclaration d'option a été faite à une
époque où il était déjà saisi par la loi de recrutement des Pays-Bas.

Il importe donc, Monsieur le gouverneur,
pour mettre les intéressés en garde contre
l'éventualité d'une double inscription, de leur
renseigner exactement l'âge auquel les obligations de milice incombent aux Néerlandais
dans leur pays.

Aux termes des articles 16 et 20 de la loi
néerlandaise du 17 septembre 1901, dont vous
trouverez ci-joint un extrait en langue française, la déclaration pour l'inscription doit être
faite, en Hollande, du 1ᵉʳ au 31 janvier de
l'année qui suit celle pendant laquelle l'intéressé a atteint l'âge de 18 ans accomplis. Toutefois, elle peut encore être opérée jusqu'au
31 août de la même année, époque de la clôture définitive du registre d'inscription.

Comme vous pouvez le remarquer, Monsieur
le gouverneur, le moment où l'obligation de

milice naît dans les **Pays-Bas** coïncide avec l'âge fixé par notre législation pour les déclarations d'option.

Les jeunes gens d'origine néerlandaise désireux d'acquérir la nationalité belge ont donc tout intérêt à remplir les formalités requises, à cette fin, dès qu'ils ont atteint l'âge de 18 ans accomplis et avant le 1ᵉʳ janvier de l'année suivante.

Toutefois, ceux qui, au 1ᵉʳ janvier de l'année pendant laquelle ils atteignent l'âge de 19 ans accomplis, n'auraient pu acquérir la qualité de Belge pourront encore faire utilement acte d'option avant le 31 août de la même année, date de la clôture définitive de la liste d'inscription pour la milice en Hollande.

En effet, aux termes d'une communication faite à mon collègue des affaires étrangères par le gouvernement néerlandais, les jeunes gens qui acquièrent la qualité de Belge avant le 31 août de l'année au cours de laquelle ils ont 19 ans accomplis peuvent demander au commissaire de la reine, dans la province où ils ont été inscrits, que leur nom soit rayé du registre d'inscription de la milice. Leur demande doit être introduite avant le 5 octobre, conformément aux articles 23 et 24 de la loi de recrutement néerlandaise, et être appuyée d'un document officiel constatant qu'ils ont acquis la nationalité belge.

Les individus qui feraient acte d'option après le 31 août ne pourraient plus que réclamer une faveur spéciale de S. M. la reine pour être dispensés du service militaire en Hollande.

La requête qu'ils adresseraient à cette fin devrait également être accompagnée d'un certificat constatant qu'ils ont acquis la qualité de Belge.

Vous voudrez bien, Monsieur le gouverneur, porter ces instructions à la connaissance des autorités compétentes.

———

ANNEXE.

**Loi militaire néerlandaise
du 17 septembre 1901.**

———

CHAPITRE II. — DE L'INSCRIPTION
POUR LA MILICE.

ART. 13 (15). — Est inscrit pour la milice :

1° Tout Néerlandais mâle, mineur, résidant dans le royaume, dans l'empire d'Allemagne ou le royaume de Belgique ;

2° Tout Néerlandais mâle, mineur, dont le père, la mère ou le tuteur est domicilié dans le royaume, dans l'empire d'Allemagne ou le royaume de Belgique ;

3° Tout Néerlandais mâle, majeur, domicilié dans le royaume, dans l'empire d'Allemagne ou le royaume de Belgique ;

4° Tout résident mâle non Néerlandais, si au 1ᵉʳ janvier de l'année courante il était entré dans sa 19ᵉ année, et s'il ne se trouve pas dans l'un des cas prévus à l'article 15.

Pour l'application de la disposition *sub* 4°, ci-dessus, est réputé résident :

A. Le non Néerlandais, mineur, ayant sa résidence dans le royaume :

a. Dont le père, la mère, ou le tuteur a son domicile dans le royaume et l'a eu pendant les dix-huit mois précédents dans le royaume ou dans les colonies ou possessions du royaume dans d'autres parties du monde ;

b. Dont le survivant des père et mère se trouvait au moment du décès de son conjoint dans le cas prévu *sub* littéra *a* ci-dessus, bien que son tuteur ne se trouve point dans ce cas ou réside à l'étranger.

c. Qui est abandonné par ses père, mère ou tuteur, qui est orphelin ou qui, au sens légal, n'a ni père ni mère et à qui l'on ne connaît pas de tuteur, s'il a résidé dans le royaume pendant les dix-huit mois précédents ;

B. Le non Néerlandais, majeur, ayant son domicile dans le royaume et l'ayant eu, pendant les dix-huit mois précédents, dans le royaume ou dans les colonies ou possessions du royaume dans d'autres parties du monde.

Est mineur, pour l'application des dispositions A ci-dessus, celui qui est mineur au sens de la loi néerlandaise. Est majeur, pour l'application de ce qui est dit *sub* B ci-dessus, celui qui est majeur au sens de la même loi.

ART. 14 (16). — L'inscription se fait :

1° Pour celui désigné par l'article 13, au 1° :

S'il a sa résidence dans le royaume et si ses père, mère ou tuteur y sont domiciliés, dans la commune où les père, mère ou tuteur ont leur domicile ;

S'il a sa résidence dans le royaume et si ses père, mère ou tuteur ont leur domicile ailleurs que dans le royaume, dans la commune où il a sa résidence ;

S'il est abandonné par ses père et mère ou tuteur, s'il est orphelin ou s'il n'a pas de père ou de mère au sens légal du mot et si on ne lui connaît pas de tuteur, dans la commune où il a sa résidence ;

S'il a sa résidence dans l'empire d'Allemagne, dans la commune d'Amsterdam ;

S'il a sa résidence dans le royaume de Belgique, dans la commune de Rotterdam ; ·

2° Pour celui désigné à l'article 13, au 2° :

Si ses père, mère ou tuteur sont domiciliés dans le royaume, dans la commune du domicile des père, mère ou tuteur ;

Les père, mère ou tuteur sont-ils domiciliés dans l'empire d'Allemagne, dans la commune d'Amsterdam ;

Le sont-ils dans le royaume de Belgique, dans la commune de Rotterdam ;

3° Pour celui désigné à l'article 13, au 3° :

S'il est domicilié dans le royaume, dans la commune où il est domicilié ;

S'il est domicilié dans l'empire d'Allemagne, dans la commune d'Amsterdam ;

S'il est domicilié dans le royaume de Belgique, dans la commune de Rotterdam ;

4° A. Pour celui désigné à l'article 13, au 4°, s'il est mineur :

S'il se trouve dans le cas mentionné *sub* A *a* de cet article, dans la commune où ses père, mère ou tuteur ont leur domicile ;

S'il se trouve dans le cas mentionné *sub* A *b*, dans la commune où son tuteur a son domicile ; ce dernier a-t-il son domicile à l'étranger, l'inscription se fera dans la commune où le mineur a sa résidence ;

S'il se trouve dans l'un des cas mentionnés *sub* A *c*, dans la commune où il a sa résidence ;

B. Pour celui désigné à l'article 13, au 4°, s'il est majeur : dans la commune où il a son domicile ; la commune désignée à l'article précédent comme lieu d'inscription est celle où la résidence ou le domicile est ou était fixé au 1er janvier de l'année qui suit celle pendant laquelle la personne à inscrire a accompli sa 18e année, à moins qu'il ne s'agisse de quelqu'un dont l'inscription doit se faire à Amsterdam ou à Rotterdam, respectivement du chef de résidence ou de domicile dans l'empire d'Allemagne ou le royaume de Belgique.

ART. 15 (17). — N'est pas inscrit pour la milice ;

1° Le résident non Néerlandais qui prouve qu'il appartient à un Etat où les Néerlandais ne sont pas soumis au service militaire obligatoire ou dans lequel, en matière de service militaire, le principe de la réciprocité a été admis ;

2° Celui qui prouve avoir sa résidence ou son domicile dans les colonies ou les possessions du royaume dans d'autres parties du monde, bien que ses père, mère, tuteur ou curateur aient leur domicile dans le royaume.

ART. 16 (18). — Celui qui, suivant l'article 13, doit être inscrit est tenu d'en faire la déclaration aux bourgmestre et échevins de la commune où, d'après l'article 14, l'inscription doit avoir lieu entre les 1er et 31 janvier de l'année qui suit celle pendant laquelle il a accompli sa 18e année.

En cas de maladie ou d'absence de celui qui doit faire sa déclaration d'inscription, ainsi que dans l'un des cas prévus au quatrième paragraphe ci-après, l'obligation de faire la déclaration d'inscription incombe :

S'il s'agit d'un mineur, à ses père, mère ou tuteur ;

S'il s'agit d'un majeur sous curatelle, à son curateur. L'obligation de la déclaration n'incombe toutefois aux père, mère ou tuteur que pour autant qu'ils aient leur domicile dans le royaume, dans l'empire d'Allemagne ou le royaume de Belgique.

Sauf les exceptions prévues au paragraphe suivant, l'obligation de la déclaration incombe exclusivement au mineur soumis à l'inscription :

Si ses père, mère ou tuteur ne sont pas domiciliés dans le royaume, dans l'empire d'Allemagne ou le royaume de Belgique ;

Si ses père ou mère, ou tous les deux, sont privés de la puissance paternelle ;

S'il est abandonné par ses père, mère ou tuteur ; ou s'il est orphelin ou n'a ni père ni mère au sens légal du mot et qu'on ne lui connaît pas de tuteur.

Celui pour qui la déclaration doit être faite par les directeurs dont il est question à l'article 22, ou qui fait du service dans l'armée de mer, dans la réserve marine ou le corps des mariniers qui y est compris, dans l'armée de terre ou les troupes coloniales, n'est pas tenu de faire la déclaration (d'inscription).

Celui ou celle qui est tenu de faire la déclaration peut déléguer un tiers à cette fin par procuration écrite. La procuration reposera entre les mains des bourgmestre et échevins.

La manière dont la preuve de la déclaration sera faite sera arrêtée par nous.

ART. 17 (19). — Chaque année, dans le courant du mois de décembre, les bourgmestre et échevins rappellent, au moins à deux reprises, par avis publics, l'obligation de faire la déclaration au mois de janvier suivant.

ART. 18 (20). — Est aussi inscrit pour la milice ou est réinscrit :

1° Tout Néerlandais mâle, mineur, qui, après le 1er janvier de l'année qui suit celle dans laquelle il a accompli sa dix-huitième année et avant d'entrer dans sa vingt et unième année, a fixé sa résidence dans le royaume, l'empire d'Allemagne ou le royaume de Belgique ;

2° Tout Néerlandais mâle, mineur, dont les père, mère ou tuteur ont fixé leur domicile dans le royaume, l'empire d'Allemagne ou le royaume de Belgique, après le 1er janvier de l'année qui suit celle dans laquelle le mineur a accompli sa dix-huitième année et qu'il soit entré dans sa vingt et unième année ;

3° Tout mâle, mineur, qui, après le 1er janvier de l'année qui suit celle dans laquelle il a accompli sa dix-huitième année et avant d'entrer dans sa vingt et unième année, est devenu ou redevenu Néerlandais, s'il se trouve dans l'un des cas mentionnés sub 1° ci-dessus, ou dont les père, mère ou tuteur se trouve dans l'un des cas mentionnés sub 2° ci-dessus ;

4° Tout Néerlandais mâle, majeur, qui, après le 1er janvier de l'année qui suit celle dans laquelle il a accompli sa dix-huitième et avant d'entrer dans sa vingt et unième année, a fixé son domicile dans le royaume, l'empire d'Allemagne ou le royaume de Belgique, ou y a acquis domicile ;

5° Tout mâle, majeur, qui, après le 1er janvier de l'année qui suit celle dans laquelle il a accompli sa dix-huitième année et avant d'entrer dans sa vingt et unième année, est devenu ou redevenu Néerlandais, s'il se trouve dans l'un des cas mentionnés sub 4° ci-dessus ;

6° Tout non Néerlandais mâle, qui, après le 1er janvier de l'année qui suit celle dans laquelle il a accompli sa dix-huitième année et avant d'entrer dans sa vingt et unième année, est devenu ou redevenu résident dans le sens du deuxième paragraphe de l'article 13.

Le dernier paragraphe de cet article et l'article 15 sont ici d'application.

En ce qui concerne la commune où l'inscription ou la réinscription doit se faire et l'obligation de faire la déclaration d'inscription ou de réinscription, le premier paragraphe de l'article 14 et les cinq derniers paragraphes de l'article 16 sont d'application.

La déclaration d'inscription ou de réinscription de celui qui doit être inscrit d'après le premier paragraphe de cet article doit se faire dans les trente jours qui suivent l'acquisition ou la récupération, si après avoir été inscrit jadis il a été rayé du registre, de la qualité de Néerlandais ou de résident, ou dans les trente jours après qu'il a fixé sa résidence ou son domicile ou acquis domicile dans le royaume, l'empire d'Allemagne ou le royaume de Belgique.

L'inscription se fait dans le registre concernant la levée de l'année à laquelle appartient, d'après son âge, la personne désignée au premier paragraphe de cet article.

ART. 19 (21). — Celui dont la déclaration d'inscription a été négligée sera inscrit d'office par les bourgmestres et échevins, s'ils découvrent le fait. Ils en donnant immédiatement connaissance à lui ou à ses père, mère, tuteur ou curateur.

ART. 20 (22). — Celui qui fait sa déclaration

d'inscription après le 31 janvier, mais avant le 31 août, sera encore inscrit.

Art. 21 (23). — Celui qui est inscrit à bon droit dans une commune continue à appartenir aux inscrits pour la milice de cette commune, même s'il change de domicile ou de résidence, sous réserve de ce qui est dit au troisième paragraphe de l'article 23.

Art. 22 (24). — Sans préjudice des dispositions de l'article 16, les directeurs d'établissements d'aliénés, de sourds-muets et d'aveugles ainsi que ceux des colonies de bienfaisance, des prisons, d'établissements de travail et d'écoles de réforme de l'Etat dressent chaque année une liste des personnes mâles qui y sont recueillies et qui, au 1er janvier, sont entrées dans leur dix-neuvième année, et la font parvenir, avant le 10 janvier, à notre commissaire dans la province dans laquelle l'inscription pour la milice de ces personnes doit avoir lieu.

Cette liste sera dressée dans la forme à déterminer par nous.

Art. 23 (25). — Le registre d'inscription est clôturé chaque année, provisoirement le 31 janvier et définitivement le 31 août, chaque jour à 4 heures de relevée.

Après la clôture, qui sera mentionnée dans le registre et confirmée par les signatures des bourgmestre et secrétaire, il ne sera plus procédé à aucune inscription, sauf celles dont il est question à l'article 18.

Celui qui prouve que, postérieurement à son inscription et avant la clôture définitive du registre, il a cessé d'être Néerlandais, sans être résident, ou qu'il a cessé d'être résident, ou qu'il tombe sous l'application de l'un des cas prévus à l'article 15, sera rayé du registre s'il en fait la demande avant l'expiration du délai fixé au dernier paragraphe de l'article 24.

Art. 24 (26). — Le registre, accompagné d'une liste alphabétique des noms qui y figurent, est adressé par le bourgmestre, avant le 7 septembre de l'année de l'inscription, à notre commissaire dans la province, qui examine ces pièces, les rectifie au besoin et les renvoie au bourgmestre avant le 22 septembre.

Après quoi le registre et la liste sont déposés au plus tard le 27 septembre au secrétariat, où ils resteront pendant huit jours au moins à la disposition de quiconque veut les consulter.

Ce dépôt est porté à la connaissance du public.

Pendant la période de dépôt, des réclamations peuvent être introduites, de la manière prévue à l'article 83, contre le registre ou la liste auprès de notre commissaire dans la province, qui statue au plus tôt à ce sujet.

Art. 83. — Les réclamations sont introduites auprès des Etats députés au moyen d'une requête accompagnée des pièces justificatives requises et signées par celui ou celle qui l'introduit.

Le pétitionnaire remet sa requête, contre accusé de réception, au bourgmestre de la commune dans laquelle le milicien est inscrit et qui la transmet immédiatement aux Etats députés.

Le commissaire de milice introduit les réclamations par une lettre adressée aux Etats députés.

Art. 112. — L'incorporé dans l'armée de terre qui, après avoir accompli la première période d'exercice, désire rester sous les armes ou prendre les armes pour un terme à fixer par le ministre de la guerre du royaume des Pays-Bas et sans s'engager comme volontaire y sera autorisé.

Art. 113. — Dispense du service actif est accordée par la reine de Hollande, sur leur demande, chaque fois pour un an, ou, si le temps de service restant à faire est inférieur à un an, pour cette partie du temps de service, aux prêtres, aux ministres du culte, aux missionnaires-professeurs et aux frères-diacres d'une association religieuse, ainsi qu'aux étudiants en théologie et aux élèves-missionnaires qui se préparent dans un établissement d'instruction pour devenir prêtre, ministre du culte ou missionnaire-professeur, aux frères novices qui se préparent pour devenir frères-diacres d'une association religieuse et aux frères d'un ordre religieux catholique romain qui appartiennent à un établissement conventuel fixé dans le royaume.

Un règlement d'administration générale désignera les établissements d'instruction dont il est question dans le paragraphe précédent et fixera, en même temps, qui, au point de vue de l'application de ce paragraphe, est considéré comme prêtre, ministre du culte, missionnaire-professeur, frère-diacre, étudiant en théologie, élève missionnaire, frère novice ou frère d'un ordre religieux catholique romain.

Dispense du service actif peut également, dans d'autres cas spéciaux, être accordée par la reine aux autres incorporés dans la milice. Pareille dispense sera, pour chaque cas, publiée dans le *Staatscourant*, avec indication des motifs qui y ont donné lieu.

Parmi les cas particuliers visés dans le paragraphe précédent, il faut ranger le cas de l'incorporé dans la milice qui est considéré comme étant indispensable, soit à la famille à laquelle il appartient ou qui l'a recueilli, soit à des personnes à la subsistance desquelles il pourvoyait.

Aussi longtemps que la famille ou la personne peut, sans sa présence, pourvoir à sa subsistance, il n'est pas considéré comme lui étant indispensable.

Si la dispense n'est pas renouvelée et si l'incorporé n'a pas encore accompli sa première période d'exercice, conformément à l'article 107, il y est encore tenu.

Si, conformément à l'article 49, par suite de la dispense, un frère de celui qui l'a obtenue était incorporé dans la milice, ce frère, s'il le désire, est libéré de la milice aussitôt que la dispense n'est pas renouvelée.

Dans le cas où l'incorporé dans la milice visé dans le quatrième paragraphe n'obtiendrait pas de dispense ou si la dispense lui accordée n'était pas renouvelée, il est accordé à la famille dont question dans ce paragraphe ou aux personnes visées dans ce paragraphe, pour autant que cette famille ou ces personnes ne peuvent, sans sa présence, subvenir à leur subsistance, et ce d'après les règles à fixer par la reine, pour chaque période de trente jours au moins qu'il doit passer sous les armes, conformément aux articles 107, 109 à 111 ou en service actif conformément à l'article 141 ou l'article 142.

Il est accordé, sur leur demande, une indemnité sur la caisse de l'Etat dont l'import sera fixé par la reine. La liquidation se fera d'après les instructions du ministre de la guerre si l'incorporé appartient à l'armée de terre et du ministre de la marine s'il appartient à l'armée de mer.

ART. 147. — Celui qui aura négligé de se faire inscrire pour la milice, dans la commune où cette inscription aurait dû se faire, endéans le délai fixé dans le premier paragraphe de l'article 16 ou dans l'article 20, ou, dans l'un des cas définis dans l'article 18, endéans le délai fixé dans l'avant-dernier paragraphe, devra comparaître, aussitôt que la chose est découverte, devant les Etats députés de la province dans laquelle l'inscription aurait dû avoir lieu.

Les Etats députés examinent le cas et prononcent sans délai.

Si la personne visée dans le premier paragraphe de cet article est privée temporairement du droit de servir dans la force armée ou comme employé militaire, l'examen de l'affaire est remis jusqu'après expiration du terme pour lequel l'interdiction a été prononcée.

JURISPRUDENCE

APPEL — *Conseil de revision.* — *Désignation pour le service.* — *Exemption pour cause morale.* — *Réclamation tardive.*

Le milicien déclaré apte au service par le conseil de revision et qui, au moment de sa désignation ou antérieurement, ne s'est pas prévalu d'une cause morale d'exemption, n'est plus recevable à réclamer de ce chef, alors même qu'il se trouve encore dans le délai d'appel de l'article 49, 3°, de la loi de milice. (Loi sur la milice, art. 49 et 50.) — Cassation, 25 septembre 1905, *Pasic.*, 1905, I, 318.

— *Délai.* — *Point de départ.*

Le délai de huit jours à partir de la décision, dans lequel l'appel, dirigé, par le commissaire d'arrondissement, contre une décision du conseil de milice, doit être déposé au gouvernement provincial, ne commence à courir que le lendemain de la décision. (Loi sur la milice, art. 49.) — Cassation, 10 juillet 1905, *Pasic.*, 1905, I, 293.

— *Id.* — *Id.*

L'appel interjeté par le commissaire d'arrondissement réunit les conditions requises pour sa recevabilité, lorsqu'il est introduit dans les huit jours à partir du lendemain de la décision. — Cour d'appel de Bruxelles, 28 septembre 1905, *Jurisprudence en matière de milice*, 1905, 75.

— *Id.* — *Id.*

L'appel doit, à peine de nullité, être introduit dans les huit jours à partir de la décision, lorsqu'il est interjeté par le commissaire d'arrondissement. — Cour d'appel de Gand, 11 mai 1905, *Jurisprudence en matière de milice*, 1905, 73.

CONSEIL DE REVISION. — *Décision.* — *Aptitude.* — *Chose jugée.* — *Renvoi en vertu de l'article 82.* — *Illégalité.*

L'autorité militaire ne peut renvoyer au conseil de revision un milicien dont l'aptitude a déjà été reconnue. (Loi sur la milice, art. 82, litt. *B.*) — Cassation, 17 juillet 1905, *Pasic.*, 1905, I, 309, et 7 août 1905, *Pasic.*, 1905, I, 312.

DISPENSE. — *Composition de la famille.* — *Infirmité.* — *Analogie.* — *Illégalité.*

Les causes de dispense limitativement prévues par l'article 33 de la loi sur la milice et l'arrêté royal du 2 décembre 1873 ne peuvent être étendues par analogie.

En conséquence est illégale la dispense uniquement fondée sur ce que le père du milicien « est atteint de troubles sérieux et incurables des organes de la respiration, ayant pour conséquence une gêne de la respiration sous l'influence de la marche et du moindre travail ». (Loi sur la milice, art. 23 et 33; arrêté royal du 2 décembre 1873.) — Cassation, 10 avril 1905, *Pasic.*, 1905, I, 184.

— *Décès du père.*

N'a pas droit à la dispense du service le milicien incorporé dont le père est décédé, lorsque, nonobstant ce décès, la famille du milicien possède des ressources suffisantes pour subvenir à sa subsistance.

Pour déterminer l'état des ressources de la famille, il peut être tenu compte de la rémunération du milicien. — Cour d'appel de Liége, 8 mars 1905, *Jurisprudence en matière de milice*, 1905, 67.

— *Délai de deux ans.*

La commission provinciale doit examiner la situation du milicien telle qu'elle existe au moment où l'affaire lui est soumise.

Dès lors, le milicien qui est attaché à une école soumise à l'inspection de l'Etat, au moment où la commission provinciale statue sur son cas, doit être dispensé du service en cette qualité et non parce qu'il se trouve encore dans le délai de deux ans imparti par l'article 28. — Cour d'appel de Bruxelles, 3 janvier 1906, *Jurisprudence en matière de milice*, 1906, 65.

— *Dispense du chef de pourvoyance.* — *Instituteur dispensé.*

Le conseil de milice est compétent pour *renouveler* une dispense accordée antérieurement à un milicien par application de l'article 29 de la loi, mais il ne peut accorder pour la première fois semblable dispense. La cour d'appel seule est compétente dans l'espèce. — Cour d'appel de Liége, 17 juin 1905, *Jurisprudence en matière de milice*, 1905, 69.

— Enfant naturel reconnu.

N'a pas droit à la dispense de service prévue à l'article 29 de la loi l'enfant naturel reconnu d'une personne qui a d'autres enfants naturels reconnus et des enfants légitimes. — Cour d'appel de Gand, 14 décembre 1905, *Jurisprudence en matière de milice*, 1905, 68.

— Instituteur.

N'a pas droit à la dispense du service en temps de paix, l'instituteur attaché à une école soumise à l'inspection de l'Etat, mais qui n'a pas obtenu son diplôme après avoir passé par une école normale de l'Etat ou par un établissement normal soumis à l'inspection de l'Etat. — Cour d'appel de Gand, 4 mai 1905, *Jurisprudence en matière de milice*, 1905, 57.

— Mariage de frère. — Dispense de l'article 29.

Le mariage d'un frère de milicien, depuis l'incorporation de ce dernier, ne donne pas ouverture à dispense, sur pied de l'article 29 de la loi de milice. (Loi sur la milice, art. 29.) — Cassation, 25 septembre 1905, *Pasic.*, 1905, I, 319.

— Position de la famille.

Ne peut être considérée comme se trouvant dans l'aisance, au point de vue de la dispense de service prévue à l'article 28, la famille dont le père et la mère gagnent ensemble 9 600 francs, lorsqu'elle ne possède aucun avoir et qu'elle a, à sa charge, quatre enfants dont deux en bas âge et deux qui suivent les cours de l'école normale, ainsi que le père de la femme et une sœur âgée. — Cour d'appel de Bruxelles, 24 mai 1905, *Jurisprudence en matière de milice*, 1905, 64.

— Volontaire.

Le bénéfice de l'article 29 de la loi ne s'applique qu'aux miliciens; il ne peut être appliqué aux volontaires — Cour d'appel de Gand, 25 mai 1905, *Jurisprudence en matière de milice*, 1905, 71.

EXEMPTION. *— Changement de corps. — Renonciation aux congés pendant quarante mois. — Article 29 applicable.*

Le milicien régulièrement incorporé et autorisé à changer de corps, à condition de renoncer aux congés pendant un terme de quarante mois, ne peut être assimilé à un volontaire ayant perdu le droit d'invoquer, au cours de son engagement, les motifs de dispense et d'exemption que la loi réserve aux miliciens.

(Loi sur la milice, art. 29.) — Cassation, 20 mars 1905, *Pasic.*, 1905, I, 168.

— Dispense. — Erreur dans le dispositif.

La cour de cassation peut reconnaître qu'il résulte clairement du dispositif d'un arrêt que la cour d'appel a, par une expression impropre, accordé à un milicien une dispense et non une exemption dans le sens légal de ce mot. (Loi sur la milice, art. 29.) — Cassation, 9 janvier 1905, *Pasic.*, 1905, I, 71.

— Indispensable soutien.

Le milicien ne peut être considéré comme indispensable soutien de sa mère lorsque celle-ci habite avec une fille mariée et que d'autres enfants mariés peuvent également lui venir en aide. — Cour d'appel de Liège, 18 mars 1905, *Jurisprudence en matière de milice*, 1905, 55.

— Id.

La mise à la disposition du gouvernement dans la colonie de bienfaisance de Wortel du père d'un milicien ne crée pas à ce dernier des titres à l'exemption du chef de pourvoyance. — Cour d'appel de Bruxelles, 5 juillet 1905, *Jurisprudence en matière de milice*, 1905, 56.

— Milicien dispensé du service en temps de paix. — Exemption de frère.

Procure une exemption à sa famille, le milicien dispensé du service en temps de paix qui, étant assujetti au service actif normal par suite du retrait de la dispense dont il jouissait, est censé, par l'effet de son remplacement par le département de la guerre, avoir accompli le terme de service (terme de milice) de huit années, visé aux articles 26 et 27.

L'appel sous les drapeaux, dont il est question à l'article 25, ne se produit, pour le milicien dispensé du service en temps de paix, qu'au moment de sa mise en activité (1). — Cour d'appel de Gand, 11 mai 1905, *Jurisprudence en matière de milice*, 1905, 59.

— Pourvoyance. — Milicien désigné pour le service. — Mariage du frère. — Deuxième exemption. — Membre de la famille décédé ou perdu pour elle.

Un milicien désigné pour le service ne peut, par suite du mariage de son frère, procurer à sa famille une seconde exemption que s'il est constaté que depuis sa désignation un membre de sa famille est décédé ou doit être considéré

_____

(1) Voir notes au bas de cet arrêt.

comme perdu pour elle dans un des cas prévus par l'article 33. (Loi sur la milice, art. 29, 30, litt. *B*, et 33.) — Cassation, 21 novembre 1904, *Pasic.*, 1905, I, 42.

— *Service de frère.*

Dans une famille composée de quatre fils, le milicien n'a pas droit à l'exemption du chef de service de frère lorsqu'un de ses frères seulement a accompli un terme de service comme volontaire, alors même qu'il servirait encore comme officier. — Arrêt de la cour d'appel de Bruxelles, 15 mai 1905, *Jurisprudence en matière de milice*, 1905, 72.

— — *Déserteur amnistié.*

Doit être exempté du chef de service de frère, le milicien dont le frère a déserté l'armée après avoir accompli un terme de huit années de service. — Cour d'appel de Gand, 13 juin 1905, *Jurisprudence en matière de milice*, 1905, 52.

— — *Déserteur amnistié. — Terme de service non accompli.*

Le milicien de 1892, déserteur, réincorporé en 1902 puis amnistié et immédiatement versé à la réserve sans avoir pu accomplir le terme de service actif exigé par la loi de milice en vigueur pour les militaires de sa classe, ne peut procurer une exemption du chef de service de frère. (Loi sur la milice de 1870, art. 85; loi sur la milice de 1902, art. 85 et 113*b*; loi du 31 décembre 1900.) — Cassation, 25 septembre 1905, *Pasic.*, 1905, I, 317..

— — *Id. — Id.*

N'a pas accompli un terme complet de service et ne peut procurer exemption du chef de service de frère, le déserteur amnistié appartenant à un contingent de milice postérieur à 1887, si, devant être traité comme les hommes du contingent auquel il appartient. il a été libéré au moment de sa réincorporation et, par suite. n'a pu passer effectivement au service actif le temps fixé par l'article 85 des lois coordonnées de milice.

Il n'importe, dans ce cas, qu'il n'ait pas été absent du corps plus de neuf mois dans le cours des deux premières années à dater de l'appel sous les drapeaux (Loi du 31 décembre 1900, art. 6, § 2; loi sur la milice, art. 26, n° 3°, et 85.) — Cassation, 7 août 1905, *Pasic.*, 1905, I, 311 (1).

---

(1) Cet arrêt casse un arrêt de la cour d'appel de Liége du 25 mai 1905, reproduit dans la *Jurisprudence en matière de milice*, 1905, 47.

— — *Déserteur amnistié. — Terme de service non accompli.*

N'a pas accompli un terme de huit années de service et ne peut procurer une exemption du chef de service de frère, le déserteur qui, appartenant aux contingents de 1887 ou des années antérieures, a été libéré et amnistié en exécution de la loi du 31 décembre 1900. (Loi du 31 décembre 1900; loi sur la milice, art. 23, n° 3.) — Cassation, 10 juillet 1905, *Pasic.*, 1905, I, 288 (2).

— — *Id. — Id.*

Le militaire déserteur, amnistié par la loi du 31 décembre 1900, n'a pas accompli un terme de huit années de service et ne peut dès lors procurer à son frère l'exemption de service. — Cour d'appel de Bruxelles, 22 août 1905, *Jurisprudence en matière de milice*, 1905, 50.

— — *Dispense en temps de paix. — Service non libératif.*

Ne procure pas le droit à l'exemption du chef de service de frère, le milicien dispensé du service en temps de paix. — Cour d'appel de Liége, 17 mai 1905, *Jurisprudence en matière de milice*, 1905, 62.

— *Unique descendant légitime. — Parents divorcés.*

Le divorce prononcé entre les parents ne fait pas obstacle à l'exemption de l'unique descendant légitime, si, d'ailleurs, les parents ne se trouvent pas dans l'aisance. — Cour d'appel de Bruxelles, 26 mai 1905, *Jurisprudence en matière de milice*, 1905, p. 53.

INSCRIPTION. — *Mineur de 21 ans né en France de parents belges. — Inscription requise. — Tirage au sort. — Réclamation ultérieure. — Ajournement.*

Si celui qui est né à Paris de parents belges a requis son inscription sur les listes de recrutement en Belgique avant d'avoir atteint l'âge de 21 ans accomplis, sa participation au tirage au sort est régulière et légale.

S'il réclame ultérieurement après avoir été compris dans le tirage, la cour d'appel, appréciant les faits tels qu'ils existent au moment de son examen, doit non pas l'exempter, mais l'ajourner. (Loi sur la milice, art. 10 et 50, litt. *B*; Convention franco-belge du 30 juillet 1891, art. 1er.) — Cassation, 26 juin 1905, *Pasic.*, 1905, I, 273.

---

(2) Cet arrêt casse un arrêt de la cour d'appel de Gand du 18 mai 1905, reproduit dans la *Jurisprudence en matière de milice*, 1905, 49.

MILITAIRE. — *Congé illimité.* — *Compétence.*

Les miliciens de la nouvelle levée qui, après leur incorporation, rentrent dans leurs foyers en attendant leur service actif sont en congé illimité et soumis, dès lors, pour un délit de droit commun, à la juridiction ordinaire. (Arrêté royal du 1er avril 1903; loi du 15 juin 1899, art. 21.) — Cassation, 18 janvier 1904, *Jurisprudence en matière de milice*, 1905, 99.

MOYENS. — *Affaire affichée au greffe et remise* sine die. — *Obligation du demandeur.*

Dès qu'une affaire de milice est affichée au greffe de la cour pour une audience déterminée, si, à cette date, elle est remise *sine die*, il appartient au demandeur, s'il n'est pas intervenu de décision préparatoire, de suivre la cause pendant les trente jours endéans lesquels, à partir de la remise de l'acte d'appel, il doit être statué. (Loi sur la milice, art. 49³, 49⁴, 49¹¹ et 50.) — Cassation, 26 juin 1905, *Pasic.*, 1905, I, 273.

NATIONALITÉ. — *Belge né en France.* — *Convention franco-belge.*

Doit être ajourné à un an, l'individu qui, tombant sous l'application de la convention du 31 juillet 1891, réclame contre son inscription près le conseil de milice, après avoir demandé lui-même d'être porté sur la liste. — Cour d'appel de Liége, 20 et 26 juillet 1905, *Jurisprudence en matière de milice*, 1905, 35 et 38.

— *Hollandais.* — *Option.* — *Inscription.*

L'individu, hollandais d'origine, qui a opté pour la qualité de Belge avant d'avoir satisfait aux obligations de milice en Hollande doit le service en Belgique par application de l'article 6, § 1er, alors même qu'il aurait été inscrit pour la milice en Hollande, postérieurement à son option en Belgique. — Cour d'appel de Liége, 4 août 1905, *Jurisprudence en matière de milice*, 1905, 33.

— *Luxembourgeois.*

Ne peut être considéré comme se trouvant sans nationalité déterminée, le fils d'un Luxembourgeois, parce que, postérieurement à l'époque de la naissance de l'intéressé, le père a accompli certains actes dont on peut inférer qu'il a quitté son pays sans esprit de retour. — Cour d'appel de Liége, 8 mai 1905, *Jurisprudence en matière de milice*, 1905, 45.

— *Nationalité indéterminée.* — *Inscription.*

Doit être considéré comme se trouvant sans nationalité déterminée, l'individu né en Belgique d'un père d'origine hollandaise, mais qui, à l'époque de la naissance de son fils, n'avait pas cessé de résider en Belgique.

L'inscription pour la milice en Belgique doit donc être opérée, d'autant que le représentant des Pays-Bas à Bruxelles déclare l'intéressé de nationalité belge. — Cour d'appel de Gand, 20 avril 1905, *Jurisprudence en matière de milice*, 1905, 40.

— *Néerlandais.* — *Certificat de nationalité.* — *Exemption.*

Doit être exempté du service, le milicien, Néerlandais d'origine, qui produit des certificats des autorités compétentes constatant qu'il a conservé sa nationalité.

Il importe peu, dans ce cas, que le père du milicien ait résidé en Belgique pendant neuf ans avant la naissance de l'enfant, car l'absence d'esprit de retour à ce moment ne peut se présumer. — Cour d'appel de Bruxelles, 16 juin 1905, *Jurisprudence en matière de milice*, 1905, 43.

POURVOI. — *Lettre au greffier.* — *Irrecevabilité.*

Est non recevable le pourvoi contre un arrêt de la cour d'appel, en matière de milice, sous forme d'une lettre adressée au greffier de la cour d'appel. (Loi sur la milice, art. 59.) — Cassation, 13 juin 1905, *Pasic.*, 1905, I, 267.

RÉCLAMATION. — *Exemption sur pied de l'article 29.* — *Signature.* — *Légalisation.*

N'est pas soumise à la formalité de légalisation de la signature la réclamation aux fins d'exemption prévue par l'article 29 de la loi de milice. (Loi sur la milice, art. 29.) — Cassation, 25 septembre 1905, *Pasic.*, 1905, I, 316.

RECOURS DU MINISTRE DE L'INTÉRIEUR. — *Milicien non encore appelé à l'activité.* — *Recevabilité après le 1er octobre.*

Le recours prévu à l'article 49⁷ de la loi est recevable après le 30 septembre, date de la clôture du contingent, lorsqu'il est formé en faveur d'un milicien qui, au moment où le recours est introduit, n'a pas encore reçu son ordre d'appel à l'activité. — Cour d'appel de Bruxelles, 17 novembre 1905, *Jurisprudence en matière de milice*, 1905, 76.

RÉFRACTAIRE. — *Inscription au registre.* — *Radiation et assimilation aux miliciens dont s'agit à l'article 22.* — *Décision contradictoire.*

La cour d'appel ne peut à la fois ordonner la radiation du registre des réfractaires d'un milicien qu'elle connaît y avoir été régulièrement inscrit et, sous prétexte de bonne foi, l'assimiler à ceux dont s'agit à l'article 22 de la loi sur la milice. (Loi sur la milice, art. 12.) — Cassation, 20 mars 1905, *Pasic.*, 1905, I, 166.

N

Nationalité. — *Femme belge.* — *Mariage avec un étranger.* — *Dissolution du mariage.* — *Résidence en Belgique.*

La femme belge qui, depuis son mariage avec un Français, n'a cessé d'habiter la Belgique et qui résidait en Belgique à l'époque de la dissolution du mariage redevient Belge, de plein droit, sans condition aucune. — Tribunal civil de Namur, 18 juillet 1904, *Pasic.*, 1905, III, 8.

Voy. LOIS ÉLECTORALES. — MILICE.

P

Pêche fluviale. — *Pêche à l'aide des boîtes à anguilles.* — Arrêté royal du 2 octobre 1905, contresigné par M. van der Bruggen, ministre de l'agriculture. (*Moniteur* du 8 octobre.)

Revu notre arrêté en date du 17 juillet 1899 pour l'exécution des lois sur la pêche fluviale;

Considérant que la pêche de l'anguille au moyen des engins dits *boîtes à anguilles* se ferme avant la descente de ce poisson vers la mer;

Sur la proposition de notre ministre de l'agriculture,

Nous avons arrêté et arrêtons :

Le paragraphe final de l'article 10 de notre arrêté susvisé est complété comme suit :

« Toutefois, dans les cours d'eau navigables et flottables, ainsi que dans la partie de la Semois en amont du moulin Deleau, l'usage des boîtes à anguilles (pêcheries) à parois simples reste autorisé jusqu'au dernier lundi de novembre exclu. »

Cours d'eau et canaux navigables ou flottables. — *Droits des particuliers.* — *Concessions de l'autorité compétente.* — *Permis de 10 francs.* — *Engins autorisés.* — *Usage.* — *Conditions.*

Le droit de pêche s'exerçant au profit de l'État dans les cours d'eau et les canaux navigables ou flottables, le droit des particuliers ne peut exister qu'en vertu de concessions de

l'autorité compétente et dans les limites de celle-ci.

Est passible des peines édictées par la loi, le porteur d'un permis de 10 francs qui pêche, au moyen de lignes de fond ou cordeaux, dans les cantonnements réservés à la pêche à la ligne à main. Il n'aurait le droit de pêcher au moyen de tous les engins autorisés, et aussi celui de laisser ses engins à l'eau pendant la nuit, que s'il était adjudicataire d'un cantonnement de pêche, permissionnaire ou porteur de licence. (Arrêté royal du 7 juillet 1899, art. 23, n°ˢ 1 et 14, § 3.) — Tribunal correctionnel de Dinant, 30 novembre 1904, *Pasic.*, 1905, III, 136.

Engins et appareils prohibés. — *Crochets.* — *Gaffes.* — *Transport hors du domicile.*

Aux termes de l'article 16 de l'arrêté royal du 7 juillet 1899, modifié par celui du 31 décembre 1900, sont interdits les modes, engins et appareils de pêche quelconques, à l'exception de ceux énumérés à cet article.

Les crochets qui, par leur nature et leurs dimensions, sont propres à capturer le poisson en liberté, ne figurant pas dans l'énumération de l'article 16 susdit, constituent, en principe, des engins prohibés. Il en serait autrement s'il s'agissait uniquement des appareils connus dans le monde des pêcheurs sous le nom de *gaffes*, à condition que ceux-ci soient conditionnés de façon à ne pouvoir servir qu'à retirer de l'eau les poissons déjà attachés à l'hameçon d'une ligne, ou pris dans un filet, et non à prendre le poisson en liberté sans l'aide d'un engin permis.

Aux termes de l'article 14 de la loi du 19 janvier 1883, le transport, hors du domicile, d'un engin prohibé est interdit, à moins que celui-ci ne soit destiné qu'à la pêche dans les étangs ou réservoirs; mais c'est au prévenu qui veut se prévaloir d'un tel système de défense d'en administrer la preuve. — Tribunal correctionnel de Liège, 27 janvier 1905, *Pasic.*, 1905, III, 114.

Fossé. — *Communication exceptionnelle avec une rivière.*

La loi sur la pêche fluviale n'est pas applicable à un fossé, propriété privée, qui n'est en communication avec une rivière que dans des circonstances extraordinaires, telles qu'une crue exceptionnelle des eaux. — Cour d'appel de Bruxelles, 16 décembre 1904, *Pasic.*, 1905, II, 98.

Wateringue. — *Permis de pêche.*

L'obligation du permis de pêche s'applique-t-elle à la pêche dans les fossés des wateringues?

En tout cas, cette obligation n'existe pas pour celui qui pêche dans le fossé d'une wateringue, établi de telle façon que la circulation du poisson entre ce fossé et les cours d'eau ou la mer soit impossible. (Loi du 5 juillet 1899, art. 1ᵉʳ.) — Cour d'appel de Gand, 5 décembre 1904, *Pasic.*, 1905, II, 323.

Pension de vieillesse. — Voy. RE-
GISTRES DE POPULATION.

Pensions. — Voy. CAISSE DES VEUVES ET
ORPHELINS DES PROFESSEURS ET INSTITUTEURS
COMMUNAUX. — EMPLOIS COMMUNAUX. — ENSEI-
GNEMENT PRIMAIRE.

Poids et mesures. — *Types des poids.*
— *Poids à anneaux et lacets.* — Arrêté royal
du 10 novembre 1905, contresigné par M. Francotte, ministre de l'industrie, etc. (*Moniteur* du
22 novembre.)

Vu la loi du 1er octobre 1855 sur les poids et
mesures;

Revu le règlement, section II, A, approuvé
par l'arrêté royal du 13 novembre 1858 et
déterminant la forme et la composition des
poids et mesures;

Revu les arrêtés royaux du 27 mai 1865 et
du 20 mars 1867 modifiant le règlement précité;

Vu l'avis de la commission consultative des
poids et mesures;

Sur la proposition de notre ministre de l'industrie et du travail,

Nous avons arrêté et arrêtons :

ART. 1er. — A partir du 1er janvier 1906, les
poids à anneau et lacet de 2, 1 et 1/2 kilogramme ne seront plus admis à la vérification.

Les poids de l'espèce fabriqués jusqu'à cette
date pourront toutefois continuer à être poinçonnés aussi longtemps que leur état ne nécessitera pas le remplacement de l'anneau ou
du lacet.

ART. 2. — A partir de la même date, les
poids en fer compris entre 2 kilogrammes et
1/2 hectogramme pourront être établis en forme
de pyramide tronquée à base hexagonale, sans
anneau ni lacet.

A la surface supérieure devront figurer en
relief, et comme parties intégrantes du corps
du poids, la marque du fabricant et les dénominations abréviatives correspondantes à la
valeur.

Ces poids auront au centre de la base une
cavité cylindrique, terminée en forme de tronc
de cône, dans laquelle sera fixé avec solidité
le plomb destiné à l'ajustage et aux rajustages
successifs.

La série de ces poids, les dénominations
abréviatives que chacun d'eux devra porter à
sa surface supérieure, les erreurs tolérables
dans leur justesse ainsi que leurs principales
dimensions sont indiquées dans le tableau suivant :

NOMS DES POIDS.	Dénominations abréviatives.	Erreurs tolérables.	Hauteur ou épaisseur.	Rayon ou côté de l'hexagone.		Dimensions de la cavité à la base des poids.			
				Base.	Face supérieure.	Partie cylindrique.		Partie tron-conique.	
						Diamètre.	Profondeur.	Diamètre de la base.	Profondeur.
		gr.	m/m	m/m	m/m	m/m	m/m	m/m	m/m
Double kilogramme . . .	2 kilog.	2.0	55	48	44	30	35	50	40
Kilogramme	1 kilog.	1.0	43	38	35	25	24.5	43	9
Demi-kilogramme	500 gram.	0.5	34	30.5	27.5	20	19	34	7
Double hectogramme . . .	200 gram.	0.3	25	23	20	45	13	27	6
Hectogramme	100 gram.	0.2	21	17	46	12	10	22	5
Demi-hectogramme . . .	50 gram.	0.1	18	13	12	10	8	18	4

ART. 3. — Les conditions stipulées à l'article 9, section II, A, du règlement susvisé,
pour la réception des poids en fer, sont applicables aux poids dont il est question à l'article 2 précédent, en tant qu'elles ne sont pas
contraires aux dispositions du dit article 2.

Peseurs-mesureurs jurés. — *Exercice de
la profession.* — *Règlement communal.* —

Contravention. — *Circonstances élisives de l'infraction.*

Le fait punissable, prévu par l'article 78 du
règlement communal du Gand du 21 mars 1893,
consiste dans l'exercice de la profession de
peseur-mesureur, à savoir dans le pesage pour
un tiers moyennant salaire, dans le port de
Gand, sans être assermenté.

Suivant les instructions du collège échevinal
de Gand, en date du 18 juillet 1895, le courtier

ou stevedore qui pèse ou laisse peser, par lui-même ou par ses préposés, pour compte de ses clients, exerce la profession de peseur-mesureur, au mépris du règlement communal prérappelé, et il lui incombe de prouver la situation exceptionnelle ou spéciale alléguée par lui et qui serait élisive de la contravention.

D'après l'article 4 de l'arrêté du 7 brumaire an IX, qui est la source du règlement communal du 21 mars 1893, la défense contenue dans l'arrêté prérappelé est applicable non seulement à différents faits constitutifs de l'habitude. mais encore à un fait isolé dont la répétition constitue l'exercice de la profession du peseur-mesureur. — Tribunal correctionnel de Gand, 15 juin 1904, *Pasic.*, 1905, III, 6.

Peseurs-mesureurs jurés. — Exercice de la profession. — Règlement communal. — Contravention. — Conditions élisives de l'infraction.

Le règlement communal de la ville de Gand, des 21 mars 1893-13 octobre 1902, d'après lequel « aucune autre personne que les peseurs-mesureurs jurés ne peut exercer dans le port la profession de peseur-mesureur », n'est pas applicable au cas où le propriétaire de la marchandise la pèse lui-même ou par des gens à son service exclusif, ou si le pesage se fait uniquement en vue de vérifier le poids vis-à-vis de l'administration des douanes ou des chemins de fer. (Règlement communal de la ville de Gand des 21 mars 1893-13 octobre 1902; arrêté du 7 brumaire an IX, art. 4.)

Lorsque le fait matériel du pesago par une personne qui n'est pas à ce qualifiée est constaté, il appartient au prévenu de prouver les circonstances qu'il invoque comme élisives de l'infraction. — Cassation, 24 octobre 1904, *Pasic.*, 1905, I, 23.

Vérification périodique. — But. — Loi du 1er octobre 1855, article 8. — Poids neufs exposés en vente ou vendus par un quincaillier. — Mise en usage. — Exemption. — Applicabilité.

La vérification périodique des poids et mesures n'est ordonnée, aux termes de l'article 8 de la loi du 1er octobre 1855, que pour les poids et mesures mis en usage dans le but de contrôler si cet usage n'en a pas altéré l'exactitude.

Des poids neufs, simplement exposés en vente ou vendus par un quincaillier, ne peuvent être considérés, par ce fait seul, comme mis en usage. Cette mise en usage n'est que l'œuvre de l'acheteur, à qui incombe seul l'obligation de les soumettre à la vérification périodique, s'il se propose de les employer pour l'exercice d'un commerce. En conséquence, l'exemption de l'article 8, alinéa 2, de la loi doit s'appliquer aux poids et mesures prérappelés. — Tribunal correctionnel de Liége, 31 mai 1905, *Pasic.*, 1905, III, 279.

Police communale. — *Bourgmestre.* — *Ordonnance. — Conseil communal. — Commu-*nication. — Confirmation. — Première séance utile. — Loi communale, articles 62 et 64. — Possibilité d'une déclaration valable.

L'article 94 de la loi communale, en imposant au bourgmestre l'obligation de communiquer sur-le-champ au conseil communal et de faire confirmer dans la plus prochaine séance les règlements et ordonnances qu'il est autorisé à prendre dans certains cas urgents, ne vise pas deux dates différentes, mais prescrit simplement que l'un et l'autre doivent se faire lors de la première séance où le conseil pourrait, à l'égard de l'ordonnance, prendre une délibération valable.

Par suite, lorsque le conseil, convoqué, deux fois de suite, à la demande d'un tiers de ses membres, conformément à l'article 62 de la loi communale, ne se trouve pas en nombre à la troisième séance, la communication et la confirmation ne peuvent se faire à cette séance, au cours de laquelle le conseil ne peut valablement délibérer que sur les objets qui se trouvent pour la troisième fois à son ordre du jour. (Loi comm., art. 94, 62 et 64.) — Cassation, 30 janvier 1905, *Pasic.*, 1905, I, 111.

Voy. RÈGLEMENT COMMUNAL.

Police du roulage. — *Accotement réservé aux cyclistes et piétons. — Circulation interdite aux motocycles. — Arrêté royal du 4 août 1899. — Non-applicabilité aux motocyclettes.*

Le mot *motocycle*, loin d'être un terme générique, sert, dans le langage technique, à désigner le tricycle à moteur mécanique; il existe des différences importantes entre le motocycle et la motocyclette.

En conséquence, l'article 10 de l'arrêté royal du 4 août 1899, qui interdit aux motocycles l'accès de l'accotement réservé aux cyclistes et piétons, n'est pas applicable aux motocyclettes, lesquelles n'étaient pas connues lors de la promulgation du dit arrêté royal, et les dispositions pénales ne peuvent, d'autre part, être étendues par analogie. — Jugement de la justice de paix d'Ixelles, 21 décembre 1904, *Pasic.*, 1905, III, 37.

Automobile. — Plaque détériorée. — Numéro illisible.

Le fait de circuler avec une voiture automobile portant une plaque détériorée de façon à rendre illisible son numéro d'ordre tombe sous l'application de l'article 1er de l'arrêté royal du 4 août 1899. (Arrêté royal du 4 août 1899, art. 1er.) — Cassation, 3 avril 1905, *Pasic.*, 1905, I, 182.

R

Receveur communal. — *Obligation de poursuivre imposée par l'article 121, § 3, de la loi communale même à la demande de receveurs particuliers d'une autre commune, comme, par* *exemple, le fermier des droits de place.* — Dépêche adressée le 22 janvier 1906 à un gouverneur de province par M. de Trooz, ministre de l'intérieur, etc. (*Bulletin du ministère de l'intérieur, etc.,* 1906, II, p. 4.)

J'ai pris connaissance de votre rapport du 12 courant, relatif à la question de savoir si le fermier des droits de place de la ville de Liége peut revendiquer le bénéfice de l'article 121, alinéa 3, de la loi communale ainsi conçu :

« Le receveur est tenu de poursuivre à la demande des receveurs des autres communes, contre les contribuables domiciliés dans la localité où il exerce ses fonctions, le recouvrement des impositions dues à ces communes. Les poursuites sont exercées par le porteur de contraintes communal ou, à son défaut, par celui de l'Etat. »

L'affirmative, Monsieur le gouverneur, est admise par la *Revue de l'administration,* 1905, p. 286; elle ne me paraît pas douteuse.

Un arrêt de la cour de cassation du 20 novembre 1899 constate que les communes peuvent affirmer la perception de leurs impositions et proclame que le fermier de ces taxes a qualité pour les recouvrer.

M. Van Schoor, procureur général à la cour de cassation a établi, dans les conclusions qui ont précédé l'arrêt précité, que le contrat de bail avenu entre une commune et l'adjudicataire de la perception d'une imposition communale a pour effet d'attribuer à cet adjudicataire la qualité de représentant ou de préposé de la commune et de le substituer au receveur communal pour percevoir la taxe au lieu et place de la commune au nom de laquelle il fait la recette.

Il a invoqué, à l'appui de sa manière de voir, un arrêt de la cour de cassation dont un considérant porte « que les administrations communales, et par conséquent leurs fermiers, en cas de location des taxes, ont intérêt et qualité pour poursuivre la condamnation à l'amende... et qu'ils ont aussi le droit de se pourvoir en appel contre le jugement d'acquittement ».

Il a cité également un arrêt de la cour de cassation de France du 14 août 1840 (*Journ. du pal.,* 1840, 2, 533), qui a consacré un principe identique en décidant que le fermier d'une taxe municipale se rend coupable d'une concussion lorsqu'il perçoit des droits supérieurs à ceux qui ont été régulièrement établis. « Substitué par son adjudication », porte cet arrêt, « aux droits qu'aurait exercés le receveur communal, il jouit à l'égard des redevables des mêmes droits et privilèges ». (*Pasic.,* 1873, I, 202.)

Il s'est basé aussi sur un jugement du tribunal correctionnel de Gand, en date du 14 décembre 1855, annoté par CLOES et BONJEAN (t. V, p. 767), constatant que le fermier des droits de place établis sur les têtes de bétail se rendant au marché, bien qu'il reçoive le produit de ces droits pour son compte personnel, le perçoit néanmoins en qualité de préposé de l'administration.

Il a signalé enfin que c'est dans le même sens que se sont prononcés les auteurs de la loi du 24 avril 1819 eux-mêmes.

« Une section a demandé », lit-on dans la *Pasinomie,* « ce qui aurait lieu en cas de ferme. »

Elle a pensé qu'il faudrait alors que le fermier reçût la part de la commune dans les amendes et confiscations. On répond qu'en thèse générale le fermier est au lieu et place de la commune au nom de laquelle il fait la recette, et rien n'empêche que la partie des amendes attribuée à la commune ne soit reçue par lui; cela dépend au surplus des termes du contrat ».

Pour contester l'assimilation au receveur communal du fermier d'une imposition communale, vous faites état, Monsieur le gouverneur, du passage suivant d'une décision de M. le ministre des finances du 16 décembre 1871, publiée dans le *Traité des impôts communaux* de M. DUPONT, p. 653 : « Lorsque la loi dit qu'un impôt communal sera recouvré conformément aux règles établies par l'Etat, cela signifie que les recouvrements auront lieu par la voie privilégiée du rôle exécutoire et de la contrainte, abstraction faite des agents qui seront investis du mandat de receveur et de porteur de contrainte ».

Je ne saisis pas la portée de cette objection, la décision invoquée n'ayant aucun rapport avec la question que vous m'avez soumise. Il s'agissait, dans l'espèce sur laquelle M. le ministre des finances s'est prononcé, du point de savoir si le receveur des contributions directes était qualifié pour recouvrer des impositions communales établies en conformité de la loi du 19 mars 1866. La question a été résolue négativement par la raison que les receveurs de l'Etat ne peuvent s'immiscer dans les affaires communales, si ce n'est en vertu d'un mandat spécial ou d'une disposition expresse de la loi; et c'est à ce dernier point de vue que la décision constate que l'article 138 de la loi communale, portant que les impositions directes des communes sont recouvrées conformément aux règles établies pour la perception des impôts au profit de l'Etat, ne vise que la procédure en recouvrement, abstraction faite du personnel chargé de ce recouvrement.

Cette décision porte, il est vrai, que les impositions établies en vertu de la loi du 19 mars 1866 sont des taxes communales et qu'il appartient, en conséquence, au receveur communal, chargé d'en faire la recette, d'exercer les poursuites nécessaires pour les recouvrer.

Mais elle n'a visé que le cas, le plus général, d'une commune n'ayant pas de receveurs particuliers pour certaines recettes. Le droit des conseils communaux d'instituer les agents spéciaux de l'espèce, droit qui résultait déjà, pour les impositions communales, de l'article 1er de la loi du 29 avril 1819, leur a été expressément reconnu par la loi du 30 décembre 1897, article 38.

Vous vous basez également, Monsieur le gouverneur, pour combattre l'assimilation du fermier d'une taxe locale au receveur communal, sur l'extrait ci-dessous de la circulaire ministérielle du 3 février 1887, publiée à sa date au *Bulletin* de mon département :

« Il ne peut y avoir dans chaque commune qu'un receveur dont les attributions essentielles ne comportent aucune restriction (articles 121 et 138 de la loi communale combinés avec l'art. 1er de la loi du 29 avril 1819).

« Le receveur doit, au besoin, décerner des contraintes pour le recouvrement des impositions communales, tant directes qu'indirectes, à charge des percepteurs, régisseurs ou fermiers de ces impositions; l'inexécution de ce devoir engagerait gravement sa responsabilité personnelle; et il doit, en conséquence, veiller à ce que les fonds non perçus par lui-même soient régulièrement versés dans la caisse communale, et à ce que les poursuites nécessaires pour la rentrée des sommes restées en souffrance soient exercées à charge des contribuables par le percepteur ou régisseur ».

Je ne saisis pas davantage la portée de cette objection, le passage invoqué établissant précisément l'assimilation complète faite par l'article 1er de la loi du 29 avril 1819 entre le receveur communal et le régisseur des impositions, au point de vue du recouvrement de celles-ci; or, cette disposition met sur la même ligne, à ce point de vue, le régisseur et le fermier des taxes communales.

Je ne puis, en terminant, Monsieur le gouverneur, me dispenser de vous signaler que c'est à tort que vous estimez que l'obligation imposée au receveur communal par l'article 121, alinéa 3, de la loi communale manque de sanction; celle-ci se trouve dans l'article 88 de la loi précitée qui est applicable aux receveurs communaux ainsi que le constate la décision de l'un de mes prédécesseurs du 17 décembre 1879, publiée par la *Revue de l'administration*, 1880, p. 166.

Voy. COMMUNES.

Recours en grâce. — *Remise de peines à l'occasion du 75e anniversaire de l'indépendance de la Belgique.* — *Instructions.* — Circulaire adressée le 29 juillet 1905 aux gouverneurs de province par M. de Trooz, ministre de l'intérieur, etc. (*Bulletin du ministère de l'intérieur, etc.*, 1905, II, 80.)

J'ai l'honneur d'appeler votre attention sur l'arrêté royal du 21 juillet 1905, publié au *Moniteur* du même jour, accordant des remises de peines.

L'article premier accorde remise de toutes peines d'emprisonnement principal ne dépassant pas quinze jours et d'amende ne dépassant pas 50 francs, prononcées, soit ensemble, soit séparément, par les cours et tribunaux.

L'article 2 accorde des remises plus étendues aux personnes n'ayant jamais subi antérieurement de condamnation correctionnelle ou criminelle et n'ayant pas subi, depuis le 21 juillet 1900, de condamnation de police.

L'article 3 accorde remise des peines plus fortes qui auraient été réduites aux taux fixés par les articles 1er et 2, en vertu d'arrêtés de grâce antérieurs, et des amendes supérieures à 50 ou 500 francs, en lesquelles auraient été commuées des peines d'emprisonnement principal ne dépassant pas quinze jours ou trois mois.

Enfin, l'article 4 dispose que les peines encourues du chef de plusieurs infractions et cumulées par le même jugement sont considérées pour l'application de l'arrêté comme constituant une peine unique.

Lorsque l'arrêté de grâce sera applicable à des peines prononcées avant le 21 juillet et dont la remise ou la réduction serait deman-

dée, il n'y aura donc plus lieu, Monsieur le gouverneur, de me transmettre de propositions.

Il convient, en conséquence, d'examiner toutes les requêtes relevant de l'administration des affaires provinciales et communales qui seraient actuellement en instruction dans vos bureaux ou que, vous auriez communiquées pour renseignements et avis aux administrations communales ou aux officiers du ministère public près les tribunaux de police. Si le montant des condamnations prononcées par un même jugement ne dépasse pas 50 francs d'amende ou quinze jours de prison, le condamné obtient remise de plein droit, en vertu de l'article 1er, sans aucune condition. Il y aura lieu de ne pas perdre de vue, Monsieur le gouverneur, que l'ensemble des condamnations auxquelles se rapporte une enquête ne doit pas être pris en considération, mais uniquement le montant des condamnations objet d'un même jugement. Ainsi, une personne condamnée par un seul jugement à deux amendes de 30 francs ne se trouve pas dans les conditions pour bénéficier de l'article 1er, tandis qu'une autre personne condamnée par trois jugements séparés à des amendes de 40, 45 et 50 francs obtient de plein droit remise de ces trois amendes.

Pour les personnes condamnées à des amendes supérieures à 50 francs mais ne dépassant pas 500 francs, ou à un emprisonnement principal d'une durée de plus de quinze jours sans qu'il dépasse trois mois, un examen complémentaire est indispensable; il faut s'assurer, par les renseignements que fournira l'officier du ministère public, si l'intéressé n'a jamais subi de condamnation criminelle ou correctionnelle et si, depuis le 21 juillet 1900, il n'a pas subi de condamnation de police.

Vous voudrez bien, Monsieur le gouverneur, me signaler par des états collectifs, numérotés 1 et 2, les requêtes actuellement en instruction qui deviennent sans objet, par l'application respective des articles 1er et 2 précités.

De mon côté, je m'abstiendrai de vous communiquer les requêtes des condamnés qui seraient manifestement appelés à bénéficier de ces mesures de clémence. Il ne sera fait exception à cette règle que pour les requêtes qui ne mentionneraient pas avec clarté suffisante les renseignements nécessaires pour permettre d'apprécier si les condamnés sont appelés à bénéficier de la grâce.

Pour les affaires déjà instruites, je vous retournerai les dossiers des condamnés pouvant tomber sous l'application de l'article 2 de l'arrêté, pour lesquels les renseignements relatifs aux condamnations antérieures ne seraient pas mentionnés.

Je vous prie, Monsieur le gouverneur, de signaler la présente instruction aux officiers du ministère public près les tribunaux de police, pour direction en ce qui concerne l'examen des requêtes relevant de l'administration des affaires provinciales et communales.

*Remise de peines à l'occasion du 75e anniver-
saire de l'indépendance de la Belgique.* —
Circulaire adressée le 19 août 1905 à différentes
autorités de la garde civique par M. de Trooz,
ministre de l'intérieur, etc. (*Bulletin du ministère de l'intérieur, etc.*, 1905, II, p. 87.)

J'ai l'honneur de vous faire savoir qu'à l'occasion de la célébration du 75e anniversaire de
l'indépendance nationale, S. M. le roi, par
arrêté du 21 juillet 1905, dont vous trouverez
une copie ci-jointe, a accordé des remises de
peines.

L'article 1er fait remise de toutes peines
d'emprisonnement principal ne dépassant pas
15 jours et d'amende ne dépassant pas 50 francs,
prononcées soit ensemble, soit séparément par
les conseils de discipline de la garde civique.

L'article 2 accorde des remises plus étendues
aux personnes n'ayant jamais subi antérieurement de condamnation correctionnelle ou criminelle et n'ayant pas subi, depuis le 21 juillet 1900, de condamnation de police.

L'article 3 accorde remise des peines plus
fortes qui auraient été réduites aux taux fixés
par les articles 1er et 2 en vertu d'arrêtés de
grâce antérieurs, et des amendes supérieures à
50 ou 500 francs en lesquelles auraient été commuées des peines d'emprisonnement principal
ne dépassant pas 15 jours ou 3 mois.

Enfin, l'article 4 dispose que les peines encourues du chef de plusieurs infractions et cumulées par le même jugement sont considérées,
pour l'application de l'arrêté, comme constituant une peine unique.

Lorsque l'arrêté de grâce sera applicable à
des peines prononcées avant le 21 juillet et
dont la remise ou la réduction serait demandée,
il n'y aura donc plus lieu, Messieurs, de me
transmettre des propositions.

Il convient, en conséquence, d'examiner à ce
point de vue toutes les requêtes relevant de
l'administration de la garde civique qui seraient
actuellement en instruction dans vos bureaux
ou que vous auriez communiquées pour renseignements et avis à MM. les gouverneurs, aux
administrations communales ou aux officiers
rapporteurs près les conseils de discipline.

Si le montant des condamnations prononcées
par un même jugement ne dépasse pas 50 francs
d'amende ou 15 jours de prison, le condamné
obtient remise de plein droit en vertu de l'article 1er, sans aucune condition.

Il y aura lieu de ne pas perdre de vue,
Messieurs, que l'ensemble des condamnations
auxquelles se rapporte un recours ne doit pas
être pris en considération, mais uniquement le
montant des condamnations faisant l'objet d'un
même jugement. Ainsi, un garde condamné par
un seul jugement à deux amendes de 30 francs
ne se trouve pas dans les conditions pour bénéficier de l'article 1er, tandis qu'un autre garde
condamné par trois jugements séparés à des
amendes de 40, 45 et 50 francs obtient de plein
droit remise de ces amendes.

Pour les gardes condamnés à des amendes
supérieures à 50 francs, mais ne dépassant pas
500 francs, ou à un emprisonnement principal
d'une durée de plus de 15 jours, sans qu'il
dépasse 3 mois, un examen complémentaire est
indispensable ; il faut s'assurer, par les renseignements que fournira l'officier rapporteur

près le conseil de discipline, si l'intéressé n'a
jamais subi de condamnation criminelle ou
correctionnelle et si, depuis le 21 juillet 1900,
il n'a pas subi de condamnation de police.

Vous voudrez bien, Messieurs, laisser sans
suite tous les recours en grâce concernant des
peines tombant sous l'application de l'article 1er.

De mon côté, je m'abstiendrai de vous communiquer les requêtes des condamnés qui
seraient manifestement appelés à bénéficier des
mesures de clémence prévues au même article.

Il ne sera fait exception à cette règle que
pour les requêtes qui ne mentionneraient pas
avec une clarté suffisante les renseignements
nécessaires pour permettre d'apprécier si les
condamnés sont appelés à bénéficier de la grâce.

D'autre part, je vous renverrai les dossiers
des condamnés pouvant tomber sous l'application de l'article 2 de l'arrêté et pour lesquels
les renseignements relatifs aux condamnations
antérieures n'auraient pas été donnés lors de
l'instruction de leur requête.

En présence de l'acte de clémence de Sa
Majesté à l'égard des condamnés, vous jugerez
sans doute convenable, Messieurs, de n'exercer
aucune poursuite pour les absences aux prises
d'armes et les autres infractions ne revêtant
aucun caractère de gravité qui seraient antérieures au 31 juillet 1905.

Je vous prie, Messieurs, de communiquer ces
instructions aux officiers rapporteurs près les
conseils de discipline, pour direction en ce qui
les concerne.

Registres de population. — *Consuls et
vice-consuls étrangers établis en Belgique.* —
*Obligation de se conformer aux lois et règle-
ments concernant les registres de population et
les déclarations de changement de résidence.* —
Dépêche adressée le 14 juin 1905 à M. de Favereau, ministre des affaires étrangères, par
M. de Trooz, ministre de l'intérieur, etc. (*Bulletin du ministère de l'intérieur, etc.*, 1905,
II, 57.)

Par votre dépêche du 14 avril dernier, vous
me soumettez une note par laquelle la légation
d....., à Bruxelles, demande que les consuls et
vice-consuls de... soient exemptés des formalités prescrites par la loi du 2 juin 1856 en ce qui
concerne l'inscription aux registres de population et les déclarations de changement de résidence.

Je regrette, Monsieur le ministre, de ne pouvoir satisfaire à cette demande. Les consuls
étrangers, sans distinction de titres, ne font
point partie du corps diplomatique et ne
jouissent d'aucune immunité. Il n'est donc pas
possible de les assimiler aux agents diplomatiques, en ce qui concerne l'inscription aux
registres de population et les recensements.

Si des mesures spéciales ont été prises en
faveur de ces derniers agents, c'est en vertu
d'un droit qui leur est reconnu partout, l'exter-
ritorialité, droit qui les fait considérer comme
n'appartenant ni à la population de droit, ni à
la population de fait du pays où ils exercent
leurs fonctions. Les consuls ne bénéficiant pas
de ce droit, il serait impossible d'appliquer à
leur cas la fiction à laquelle on a eu recours en
ce qui concerne le personnel diplomatique.

Une telle mesure, même limitée aux agents consulaires n'exerçant ni commerce, ni industrie, ni profession quelconque, se heurterait, du reste, à de très grandes difficultés d'application.

Il y aurait lieu, en effet, d'établir parmi ces agents une distinction entre les « agents de carrière » et les « agents honoraires ».

Or, ainsi que vous le faites remarquer, si l'on en excepte la..., la plupart des puissances s'abstiennent de faire connaître la catégorie à laquelle appartient le consul en faveur duquel l'exequatur est demandé. Cette difficulté se trouverait encore accrue par la nécessité qu'il y aurait de prévoir, pour certains agents réunissant à leur arrivée dans le pays les conditions prescrites pour la dispense, le cas où ils devraient être contraints à se soumettre à la loi. On voit donc que l'assimilation des consuls aux agents diplomatiques, en ce qui concerne les changements de résidence, rencontrerait de sérieuses difficultés d'application.

D'autre part, ainsi que vous le faites ressortir, la Belgique étant liée avec la grande majorité des Etats par des traités garantissant aux consuls le traitement de la nation la plus favorisée, les immunités accordées aux agents d'un pays devraient être étendues à la plupart de leurs collègues des autres puissances.

Quant à la raison de réciprocité invoquée par la légation d..., j'estime qu'il n'y a pas lieu de la prendre en considération. Les obligations résultant pour les étrangers — à l'exception des membres du corps diplomatique et consulaire — du décret du 2 octobre 1888 et de la loi du 8 août 1893 ne peuvent, en effet, être assimilées aux déclarations de résidence auxquelles sont astreints, en Belgique, tous les habitants indistinctement. Ce décret prescrit aux étrangers seulement, non admis à domicile, résidant en... ou venant s'y fixer, l'obligation de faire au maire de leur commune une déclaration d'identité et de nationalité. Si l'étranger exerce un commerce, une profession ou une industrie, il doit en outre remplir les formalités édictées par la loi du 8 août 1893, même dans le cas où il ne résiderait pas dans ce pays. Cette loi, qui est relative au séjour des étrangers en... et à la protection du travail national, a été prise dans un but de sécurité publique et en vue de constituer un état civil aux étrangers qui exercent une profession. (Circulaire aux préfets, du 24 octobre 1893.) On comprend donc parfaitement qu'en....., on exempte de l'application d'un régime exceptionnel, visant un but de sécurité, les membres du corps consulaire.

En Belgique, la situation est toute différente : tous les habitants, Belges et étrangers, sont tenus de se faire inscrire aux registres de population et de déclarer leur changement de résidence Ces formalités ne sont pas prescrites, comme en..., uniquement dans un but de police, mais surtout dans un intérêt statistique et, notamment, en vue d'établir le chiffre annuel de la population.

Les raisons de courtoisie et de réciprocité internationales ne peuvent donc pas être invoquées pour exonérer, en Belgique, le corps consulaire d'une formalité qui est imposée à tous les habitants indistinctement. Il n'y a pas d'assimilation possible entre le traitement appliqué aux étrangers en... et les obligations qui leur incombent en Belgique, en ce qui concerne l'inscription aux registres de population — organisme qui n'existe pas en... — et les déclarations de résidence.

Pour ces divers motifs, j'estime, Monsieur le ministre, qu'il n'est pas possible d'entrer dans la voie indiquée dans la note de la légation d..., à Bruxelles.

Id. — Dépêche adressée le 12 février 1906 à M. de Favereau, ministre des affaires étrangères, par M. de Trooz, ministre de l'intérieur, etc. (*Bulletin du ministère de l'intérieur, etc.*, 1906, II, 10.)

Par votre dépêche du 23 janvier dernier, vous me transmettez une note par laquelle la légation de... demande que les consuls établis en Belgique ne soient pas astreints à se présenter en personne au siège de l'administration communale pour y faire leur déclaration de résidence. Elle exprime le désir que des instructions soient données par mon département aux agents des administrations locales pour qu'ils se rendent au domicile des consuls afin d'y recueillir leur déclaration.

Je regrette, Monsieur le ministre, de ne pouvoir accéder à cette demande. Les articles 7 et 11 de l'arrêté royal du 30 décembre 1900 pris en exécution de la loi du 2 juin 1856 prescrivent à tous les habitants indistinctement qui changent de résidence à en faire la déclaration au siège de l'administration. Il est à remarquer, d'autre part, qu'une mesure d'exception ne pourrait être prise à l'égard des agents consulaires... demeurant en Belgique sans étendre également le bénéfice de cette disposition aux consuls des autres pays. Une telle mesure me paraît d'autant moins justifiée que les consuls ne font point partie du corps diplomatique et ne jouissent d'aucune immunité. Il ne m'appartient donc pas de prendre à leur égard des mesures d'exception qui constitueraient une dérogation aux lois et règlements d'administration générale.

Quant à la question de réciprocité invoquée dans la note de la légation de..., il n'y a pas lieu de la prendre en considération pour les motifs déjà indiqués dans ma dépêche du 14 juin dernier, émargée comme la présente. Au surplus, les registres de population n'existant pas en..., les étrangers établis dans ce pays n'ont pas à remplir les formalités auxquelles sont astreintes, en Belgique, toutes les personnes qui changent de résidence.

Extraits du casier judiciaire joints à l'avis de changement de résidence. — Condamnations conditionnelles non avenues par expiration du délai. — Non-inscription. — Dépêche adressée le 1er mai 1905 à un gouverneur de province par M. de Trooz, ministre de l'intérieur, etc. (*Bulletin du ministère de l'intérieur, etc.*, 1905, II, 46.)

J'ai consulté M. le ministre de la justice sur l'objet de votre lettre du 18 février dernier. D'accord avec ce haut fonctionnaire, j'estime qu'il n'y a pas lieu de modifier la circulaire de mon département du 1er-13 décembre dernier, laquelle se trouve être entièrement conforme à l'esprit de la loi du 31 mai 1888.

Au point de vue spécial auquel se place M. le commissaire de police en chef de la ville de B... dans la note que je vous restitue ci-jointe, la mention des condamnations conditionnelles, non avenues par expiration de sursis, dans les extraits qui doivent accompagner l'avis de changement de résidence, ne peut présenter aucune utilité réelle, car ces condamnations sont indiquées dans l'extrait du casier judiciaire central qui doit être joint à la procédure en réhabilitation (Art. 3, § 2°, de la loi.)

D'autre part, la mention de ces condamnations dans les documents délivrés par l'autorité administrative aurait, d'une manière générale, comme résultat préjudiciable pour l'intéressé, de faire revivre indéfiniment une condamnation considérée comme non avenue, en ce sens notamment qu'il ne peut plus en être tenu compte pour apprécier la moralité et fournir des renseignements à cet égard.

C'est dans cet esprit qu'a été prise la circulaire de mon département du 27 novembre 1889 (*Bulletin du ministère de l'intérieur*, 1889, II, p. 123 et 124) et qu'étaient conçues les dépêches de M. le ministre de la justice, en date des 31 octobre 1894, n° 422L, et 31 octobre 1898, n° 12593B.

Inscription d'une personne qui habite, avec sa famille, une baraque fixée au sol et située dans un terrain vague. — Dépêche adressée le 30 août 1905 à un gouverneur de province par M. de Trooz, ministre de l'intérieur, etc. (*Bulletin du ministère de l'intérieur, etc.*, 1905, II, 93.)

Par lettre du 12 août courant, vous me soumettez un référé concernant l'inscription, d'une personne qui habite, avec sa famille, une baraque située dans un terrain vague qui n'est ni marché ni place publique. Cette baraque reste sur place et ne diffère des autres habitations de la commune que parce qu'elle est construite en bois et non en briques. Dans ces conditions, j'estime avec vous, Monsieur le gouverneur, que les personnes qui l'habitent doivent être inscrites dans la localité sur le territoire de laquelle elle se trouve. Cette habitation étant fixée au sol doit, en effet, être considérée comme une demeure permanente de la commune.

Il en serait autrement si cette baraque, au lieu d'être fixée au sol, pouvait être transportée d'une commune à une autre. A cause de son caractère instable, elle pourrait alors être assimilée à une voiture foraine et, dans ce cas, ses occupants tomberaient sous l'application de l'article 21 de l'arrêté royal du 30 décembre 1900.

Inscription. — *Personnes qui habitent une demeure flottante servant d'établissement de natation et séjournant tous les ans sur le territoire de deux communes.* — Dépêche adressée le 5 juin 1905 à un gouverneur de province par M. de Trooz, ministre de l'intérieur, etc. (*Bulletin du ministère de l'intérieur, etc.*, 1905, II, 52.)

J'ai soumis à la commission centrale de statistique le référé qui fait l'objet de votre lettre du 10 septembre dernier, concernant l'inscription aux registres de population du nommé H..., directeur de l'établissement de natation amarré pendant six mois (de mai à octobre) à J..., et pendant le reste de l'année à B..., commune voisine. L'intéressé et sa famille habitent cette demeure flottante d'une manière permanente.

D'accord avec cette commission, j'estime, Monsieur le gouverneur, que les demeures non fixées au sol et destinées par leur nature à être déplacées ne peuvent être considérées comme étant le siège de la résidence habituelle des personnes qui y séjournent. En fait, le préposé de l'école de natation de N... réside continuellement dans une demeure non incorporée au sol de la commune, essentiellement instable de sa nature et qui se déplace effectivement tous les six mois. Installé à J... pendant la belle saison, l'intéressé, l'automne venu, quitte le quai de J... pour amarrer son habitation flottante au port de refuge de B..., aménagé pour le recevoir et où sa place est réservée.

Est-ce parce que le bateau ne fait habituellement qu'un voyage par an que l'on pourrait lui dénier son caractère d'habitation ambulante, incontestable cependant, et considérer ses habitants comme des résidents de l'une des communes où leur demeure vient s'amarrer? Une telle solution ne se justifierait que par le désir de rattacher certains habitants au lieu où ils ont leur principal établissement, sans s'inquiéter des éléments constitutifs de la résidence habituelle.

Je ne pourrais davantage conclure à une inscription simultanée sur les registres de population de J... et de B..., par application des articles 4 de l'arrêté royal du 30 décembre 1900 et 5 des instructions générales. La double inscription ne peut s'appliquer qu'aux personnes qui ont deux demeures fixes où elles séjournent alternativement, par exemple celles qui, visées par l'article 5 des instructions générales, ont une habitation d'hiver en ville et une habitation d'été à la campagne. Or, tel n'est pas le cas. Le préposé de l'école de natation n'a qu'une seule et même demeure; il l'emmène avec lui dans les deux localités qu'il habite successivement et il suffit qu'il ait quitté l'une pour avoir rompu avec elle toute attache constitutive d'une seconde résidence habituelle.

Toutes ces solutions ont le grave inconvénient de faire abstraction du caractère des demeures non fixées au sol, lequel contient précisément la justification de la règle exceptionnelle énoncée aux articles 21 de l'arrêté royal du 30 décembre 1900 et 9 des instructions générales. J'estime que ce principe doit être appliqué, quelles que soient les circonstances de fait invoquées, à tout habitant d'une demeure instable par nature dont les déplacements, rares ou fréquents, sont établis.

En conséquence, je suis d'avis que le nommé H... et sa famille doivent rester inscrits à N..., siège de leur dernière résidence habituelle.

Je vous prie, Monsieur le gouverneur, de vouloir bien notifier ma décision aux administrations communales que la chose concerne.

Interprétation des articles 12. § 3, de l'arrêté royal du 30 décembre 1900 et 33 des instructions générales du 1er juin 1901. — Dépêche adressée le 5 juillet 1905 à un bourgmestre par M. de Trooz, ministre de l'intérieur, etc. (*Bulletin du ministère de l'intérieur, etc.*, 1905, II, 65.)

J'ai l'honneur de vous faire connaître que les articles 12. § 3, de l'arrêté royal du 30 décembre 1900 et 33 des instructions générales du 1er juin 1901 doivent être interprétés en ce sens qu'ils s'appliquent indistinctement aux *Belges* et aux *étrangers* ayant été inscrits antérieurement aux registres de population.

Les mots *les personnes revenant de l'étranger* inscrits dans ces articles ont remplacé les mots *les regnicoles* qui figuraient dans les articles 11 de l'arrêté royal du 31 octobre 1866 et 29 des instructions du 27 décembre 1866, actuellement abrogés. Cette modification a été introduite en vue de rattacher le nouveau séjour à l'ancien, non seulement en ce qui concerne les Belges, mais également les étrangers. Il appartient donc aux administrations communales de M... et de K... de délivrer à votre administration les certificats et avis de changement de résidence concernant des étrangers ayant habité antérieurement ces communes, en indiquant, dans la colonne d'observations, la durée du séjour hors de Belgique...

Pensions de vieillesse. — Mention à faire dans la colonne des observations du registre principal de population des certificats et avis de changement de résidence. — Absence de caractère légal. — Circulaire adressée le 9 novembre 1905 aux gouverneurs de province par M. de Trooz, ministre de l'intérieur, etc. (*Bulletin du ministère de l'intérieur, etc.*, 1905, II, 113.)

Aux termes des dispositions en vigueur, les bénéficiaires des pensions de vieillesse qui changent de résidence doivent adresser une nouvelle demande de pension à l'administration communale de leur nouvelle résidence. Les intéressés ignorent généralement qu'ils ont à remplir cette formalité. D'autre part, l'administration de la nouvelle résidence ne sait pas quelles sont, parmi les personnes nouvellement établies dans la commune, celles qui jouissent de la pension. Il en résulte nécessairement des retards dans le règlement de ces pensions.

En vue de faciliter aux ayants droit qui changent de résidence le payement des pensions de vieillesse, je vous prie, Monsieur le gouverneur, de vouloir bien inviter les administrations communales de votre ressort à faire, à l'avenir, mention de ces pensions dans la colonne d'observations des certificats et avis de changement de résidence, nos 2 et 4, ainsi que dans la colonne 17 du registre principal de population. Cette indication sera faite par les mots *Pension de vieillesse* ou par la notation abrégée *P. de V.* Cette mention, dépourvue de caractère légal, ne figurera aux registres de population qu'à titre indicatif.

Je vous prie, Monsieur le gouverneur, de vouloir bien insérer la présente dans le *Mémorial administratif* de votre province et inviter les administrations communales de votre ressort à s'y conformer.

Transfert de résidence. — Mention du domicile légal dans les certificats et avis de changement de résidence. — Personnes ne rentrant pas dans une des catégories prévues par les articles 107 à 109 du code civil. — Dépêche adressée le 21 décembre 1905 à un collège des bourgmestre et échevins par M. de Trooz, ministre de l'intérieur, etc. (*Bulletin du ministère de l'intérieur, etc.*, 1905, II, 125.)

Par lettre ci-jointe, M. B..., religieux, m'avise qu'étant sur le point de partir pour les Indes anglaises il s'est rendu à l'administration communale de I....(bureau de la population) où il a déclaré vouloir établir son domicile à l'étranger. Votre administration, dit-il, s'est refusé de lui donner acte de cette déclaration, en invoquant le code civil et la nécessité de conserver son domicile légal en Belgique.

Aucune mesure réglementaire n'impose aux administrations communales l'obligation de donner acte de semblable déclaration concernant le transfert du domicile. Rien ne les empêche, d'autre part, de faire mention de cette déclaration dans la colonne d'observations du certificat de changement de résidence, lorsque l'intéressé en exprime le désir.

Mais, par contre, il n'y a pas lieu d'inscrire une mention quelconque dans la colonne « domicile légal » de ce certificat, lorsqu'il ne s'agit pas d'une personne rentrant dans une des catégories prévues par les articles 107 à 109 du code civil, c'est-à-dire les fonctionnaires nommés à vie, les mineurs non émancipés et les interdits, les femmes mariées et les gens de service.

En règle générale, cette colonne doit donc rester en blanc, le domicile *légal*, qu'il ne faut pas confondre avec le domicile élu, ne se présentant qu'à titre exceptionnel.

En dehors des cas qui viennent d'être rappelés, on ne peut attribuer aux citoyens un domicile en Belgique, alors qu'ils déclarent formellement avoir l'intention d'établir leur domicile à l'étranger.

Je vous prie donc, Messieurs, de vouloir bien faire biffer, sur le certificat ci-joint, les mots *L..., du chef de sa nationalité* qui figurent dans la colonne *domicile légal*. Vous pourrez faire mention, si vous le voulez bien, dans la colonne d'observations de la déclaration faite par l'intéressé, qu'il a l'intention d'établir son domicile à l'étranger.

Il en est de même pour le certificat nº 1562 ci-joint délivré au sieur D...

Vous voudrez bien, Messieurs, me renvoyer les deux certificats après y avoir apporté les rectifications indiquées.

Règlement communal. — *Constructions illégales.* — *Réparation de la contravention.* — *Architecte-entrepreneur.*

La disposition d'un règlement communal, qui punit tant le propriétaire que les architectes, maçons, entrepreneurs qui contreviennent aux conditions imposées dans une autorisation de bâtir, et ajoute que le tribunal prononcera, en outre, la réparation par la démolition des ouvrages illégalement exécutés, ne peut s'entendre en ce sens que la démolition pourrait être imposée à l'architecte ou à l'entrepreneur sans pouvoirs pour démolir la chose d'autrui. (Règlement communal d'Anvers du 18 décembre 1851, art. 38.) — Cassation, 13 février 1905, *Pasic.*, 1905, I, 127.

Droit de police. — *Pouvoir des conseils communaux.* — *Inapplicabilité.* — *Prescription de la loi ou d'un règlement général ou provincial.* — *Police du roulage.* — *Colonne de troupes en marche.* — *Chemins de fer vicinaux.*

L'article 1er du règlement communal de Liège en date du 22 décembre 1902 qui prescrit : « Il est interdit aux conducteurs de véhicules de toute espèce (voitures, charrettes, trams, automobiles, etc.), comme aussi aux cavaliers, vélocipédistes et piétons, de couper des colonnes de troupes en marche », comprend les chemins de fer vicinaux.

Si les conseils communaux puisent dans les décrets du 14 décembre 1879, 16-24 août 1790, et dans l'article 78 de la loi communale le pouvoir de prendre des règlements de police communale, ceux-ci ne peuvent, aux termes de ce même article 78, être contraires aux lois ni aux règlements d'administration générale ou provinciale.

Pour qu'une mesure de police communale soit de ce chef inapplicable, et pour que les tribunaux doivent lui refuser toute sanction il faut et il suffit qu'elle soit contraire à une prescription de la loi ou d'un règlement général ou provincial, sans qu'il soit nécessaire que l'administration communale ait été expressément et complètement destituée de son droit de police.

Les prescriptions de l'article 14, alinéas 4 et 5, de l'arrêté royal du 12 février 1893, formulées d'une façon absolue et générale, doivent s'appliquer aux colonnes de troupes en marche comme à tout piéton, comme à tout cavalier, aucune exception n'étant faite en leur faveur. — Tribunal correctionnel de Namur, 15 décembre 1904, *Pasic.*, 1905, III, 34.

Id. — *Id.*

L'article 8 de la loi du 24 juin 1885, d'après lequel le gouvernement règle la police des chemins de fer vicinaux, concerne exclusivement la police de l'exploitation et n'a pas enlevé au pouvoir communal le droit de réglementer la police de la voirie, que celle-ci dépende de la province ou de l'État.

L'article 8, alinéa 7, de l'arrêté royal du 12 février 1893, en ordonnant à l'exploitant de ralentir le mouvement du train ou même de l'arrêter en cas d'encombrement de la route, ne vise que l'exploitant, et le règlement de police communale de la ville de Liège du 22 décembre 1902, qui, se plaçant au point de vue de la voirie, défend au conducteur d'un tramway vicinal de couper un corps de troupe en marche, n'est pas illégal comme contraire à cet arrêté royal.

S'il est constaté par le juge du fond que la voie du tram vicinal était encombrée par la troupe au moment où elle a été coupée, il peut y avoir concours idéal d'infractions et la peine la plus forte doit alors être prononcée. (Décret du 14 décembre 1789; loi des 16-24 août 1790, art. 3; loi comm., art. 78; loi du 24 juin 1885, art. 8; arrêté royal du 12 février 1903, art. 8, al. 7.) — Cassation, 16 février 1905, *Pasic.*, 1905, I, 132.

Infractions. — *Constatation.* — *Gendarmerie.* — *Réquisition du bourgmestre.* — *Dispense d'exécution.* — *Nullité.*

La recherche des infractions à la loi pénale, quelles qu'elles soient, est un acte répressif rentrant dans les attributions de la police judiciaire, et, à ce titre, elle peut être effectuée par tout officier de police judiciaire ou tous agents auxquels la loi a confié ce soin.

Aux termes du règlement du 30 janvier 1815, organisant la gendarmerie, celle-ci a expressément dans ses attributions la recherche et la poursuite des infractions aux lois pénales.

En conséquence, aucune réquisition du bourgmestre n'est nécessaire pour que les gendarmes puissent constater une infraction à un règlement communal.

La mission du bourgmestre de veiller à l'exécution des règlements communaux ne lui confère pas le droit de prendre, de sa seule autorité, des mesures qui auraient pour conséquence la transgression formelle de ceux-ci.

Ne peut donc constituer une « justification » et, partant, est inopérante, l'autorisation accordée par le bourgmestre à un cabaretier de laisser exceptionnellement son cabaret ouvert après l'heure réglementaire de fermeture, alors, d'ailleurs, que semblable dérogation ne lui est reconnue par aucune disposition du dit règlement. — Tribunal correctionnel de Liège, 19 novembre 1904, *Pasic.*, 1905, III, 71.

Maison de débauche clandestine. — *Règlement communal de la ville de Liège du 23 juillet 1863.* — *Applicabilité.* — *Filles non inscrites sur les registres de la prostitution.*

L'article 12 du règlement communal de Liège du 24 juillet 1863, modifié les 11 juillet 1879 et 29 novembre 1886, vise l'établissement, sans autorisation, de toute maison de prostitution; les termes généraux de cette prohibition, édictée dans un but de moralité et de salubrité publiques, ne permettent pas de restreindre la défense au cas où le tenancier ne recevrait chez lui que des femmes publiques appartenant à l'une des catégories mentionnées à l'article 1er du dit règlement. Le fait de la non-inscription des femmes sur les registres de la prostitution importe peu au point de vue de la prévention d'avoir établi une maison de débauche clandestine. — Tribunal correctionnel de Liége, 18 février 1905, *Pasic.*, 1905, III, 193.

Maison de débauche clandestine. — Règlement communal de Liége du 23 juillet 1863. — Filles non inscrites sur les registres de la prostitution.

Aux termes du règlement communal de la ville de Liége sur la prostitution, la contravention d'avoir tenu une maison de débauche clandestine n'est pas subordonnée à la condition que le tenant maison aurait reçu chez lui des filles inscrites au registre de la prostitution. (Règlement communal de Liége du 24 juillet 1863, modifié les 11 juillet 1879 et 29 novembre 1886, art. 1er, 2, 12, 14 et 39.) — Cassation, 27 mars 1905, *Pasic.*, 1905, I, 171.

Maison occupée par une personne notoirement livrée à la débauche. — Débit de boisson. — Interdiction. — Contravention. — Imputabilité.

Lorsque l'administration communale interdit tout débit de boissons dans une maison occupée par une personne notoirement livrée à la débauche, la contravention à cet arrêté peut être commise par une personne autre que celle à raison de laquelle la prohibition est décrétée. (Loi du 16 août 1887, art. 14.) — Cassation, 22 mai 1905, *Pasic.*, 1905, I, 231.

Publication. — Preuve. — Attestation du bourgmestre. — Non contresigné par le secrétaire communal. — Appréciation souveraine.

En l'absence d'arrêté royal pr s en exécution de l'article 21 de la loi du 30 décembre 1887, le fait et la date de la publication des règlements communaux peuvent être établis par tous moyens de droit, même par présomptions.

Par suite, le juge du fond apprécie souverainement si la preuve du fait et de la date de la publication résulte à suffisance d'une attestation écrite, signée du bourgmestre, bien que celle-ci ne soit contresignée par le secrétaire communal. (Loi communale, art. 101; loi du 30 décembre 1887, art. 21; arrêté royal du 12 novembre 1849.) — Cassation, 8 mai 1905, *Pasic.*, 1905, I, 216.

Règlement de Braine-l'Alleud concernant l'exercice de la profession de guide ou d'interprète. — Courrier attaché à un hôtel. — Non-applicabilité.

Ne tombe pas sous l'application du règlement communal de Braine-l'Alleul, du 3 mai 1900, celui qui, exerçant la profession de courrier et d'interprète dans un hôtel (à Bruxelles, dans l'espèce), se borne à accompagner, en cette qualité, mais sans être muni de plaque et sans s'être préalablement soumis au règlement communal prérappelé, à accompagner, au monument de Waterloo ou ailleurs, les clients du dit hôtel, qui croient devoir recourir à ses services, s'abstenant toutefois de se mettre à la disposition des passants à Braine-l'Alleud et ailleurs. — Tribunal correctionnel de Nivelles, 25 mars 1905, *Pasic.*, 1905, III, 152.

Responsabilité des préposés. — Amendes. — Incompétence du pouvoir communal.

La responsabilité civile des maîtres et commettants ne s'étend pas aux amendes, peines strictement personnelles, prononcées contre les préposés; il ne pourrait en être autrement qu'à raison d'une disposition expresse de la loi. Les conseils communaux sont dénués de tout pouvoir pour l'imposer. — Tribunal correctionnel de Namur, 15 décembre 1904, *Pasic.*, 1905, III, 34.

Sanction. — Peines de police. — Exagération. — Conséquences.

Les administrations communales ont la faculté de fixer elles-mêmes des peines comme sanction de leurs règlements, mais à la condition qu'elles n'excèdent pas celles de police.

Il incombe au juge ayant à réprimer une infraction à un règlement communal comminant des peines dont le maximum excède ses pouvoirs de n'en faire l'application que dans les limites légales, alors qu'une loi a elle-même directement comminé ces peines pour ces infractions, et que le règlement n'a fait, en somme, que répéter, en l'exagérant, la sanction de la loi. Il ne peut en être de même quand, en l'absence de peine comminée directement par la loi, celle qu'il s'agit d'appliquer ne pourrait trouver de justification que dans le règlement lui-même entaché d'illégalité. La peine ainsi fixée au delà des pouvoirs de l'administration communale, loin d'être établie en vertu de la loi, l'est contrairement à ses prescriptions formelles. Il ne pourrait, en pareil cas, appartenir au juge de scinder une seule et même disposition, en son ensemble contraire à la loi, et de la déclarer légale pour partie, illégale pour le surplus. — Tribunal correctionnel de Namur, 15 décembre 1904, *Pasic.*, 1905, III, 34.

Id. — Id.

N'est pas illégal, le règlement de police communale qui édicte une peine dont le minimum n'est pas supérieur aux peines de police, mais dont le maximum atteint le taux des peines correctionnelles. La peine étant légale jusqu'à concurrence des peines de police, le règlement doit être appliqué dans la mesure où il est conforme aux lois. (Const., art. 107.) — Cassation, 16 février 1905, *Pasic.*, 1905, I, 132.

Roulage. — Police. — Défense de couper un corps de troupes en marche.

L'article 8, alinéa 7, de l'arrêté royal du 12 février 1893, en ordonnant à l'exploitant de ralentir le mouvement du train ou même de l'arrêter en cas d'encombrement de la route, ne vise que l'exploitant, et le règlement de police communale de la ville de Liége du 22 décembre 1902, qui, se plaçant au point de vue de la voirie, défend au conducteur d'un tramway vicinal de couper un corps de troupe en marche, n'est pas illégal comme contraire à cet arrêté royal. — Cassation, 16 février 1905, *Pasic.*, 1905, I, 132.

Voy. BOURGMESTRE. — POIDS ET MESURES. — TAXES COMMUNALES.

Règlement de police. — Voy. BOURG-
MESTRE. — COLLÉGE DES BOURGMESTRE ET ÉCHEVINS. — EXPROPRIATION POUR CAUSE D'UTILITÉ PUBLIQUE. — RÈGLEMENT COMMUNAL.

Règlement provincial. — *Amende correctionnelle. — Emprisonnement de un à cinq jours. — Légalité.*

Est légal, le règlement provincial de la province de Liége qui, pour assurer la perception d'une imposition provinciale, commine contre les contrevenants, en cas de non-payement de l'amende dépassant le taux des amendes de police, un emprisonnement subsidiaire de un à cinq jours.(Règlement provincial de la province de Liége du 26 décembre 1895, art. 6, litt. *A ;* code pénal, art. 100 et 40; loi du 5 juillet 1875, art. 13.) — Cassation, 22 mai 1905, *Pasic.*, 1905, I, 233.

Voy. AGRICULTURE. — ATTELAGE DE CHIENS. — SOCIÉTÉS MUTUALISTES. — VOIRIE VICINALE.

Repos dominical. — *Repos du dimanche dans les entreprises industrielles et commerciales. — Loi du 17 juillet 1905. (Moniteur du 26 juillet.)*

ART. 1er. — Sont soumises au régime de la présente loi les entreprises industrielles et commerciales, à l'exclusion :

1° Des entreprises de transport par eau ;
2° Des entreprises de pêche ;
3° Des entreprises foraines.

ART. 2. — Il est interdit d'employer au travail plus de six jours par semaine des personnes autres que les membres de la famille du chef d'entreprise habitant avec lui et ses domestiques ou gens de la maison.

Cette disposition vise le travail effectué sous l'autorité, la direction et la surveillance du chef d'entreprise.

Le jour du repos hebdomadaire est le dimanche.

Les prescriptions qui précèdent comportent les exceptions et dispenses prévues ci-après.

ART. 3. — L'interdiction édictée dans le premier alinéa de l'article précédent ne s'applique pas :

1° Aux travaux urgents commandés par un cas de force majeure ou de nécessité sortant des prévisions normales de l'entreprise ;

2° A la surveillance des locaux affectés à l'entreprise ;

3° Aux travaux de nettoyage, de réparation et de conservation nécessaires à la continuation régulière de l'exploitation, ni aux travaux, autres que ceux de la production, dont dépend la reprise régulière de l'exploitation le jour suivant ;

4° Aux travaux nécessaires pour empêcher la détérioration des matières premières ou des produits.

Les travaux prévus au présent article peuvent être effectués soit par les ouvriers de l'entreprise où ils sont exécutés, soit par ceux d'une entreprise étrangère.

Ils ne sont autorisés que pour autant que l'exploitation normale de l'entreprise ne permette pas de les exécuter un autre jour de la semaine.

ART. 4. — Les ouvriers et employés peuvent être occupés au travail treize jours sur quatorze ou six jours et demi sur sept dans les catégories d'entreprises désignées ci-après :

1° Les industries alimentaires dont les produits sont destinés à être livrés immédiatement à la consommation ;

2° Les entreprises ayant pour objet la vente au détail de comestibles ou denrées alimentaires ;

3° Les hôtels, restaurants et débits de boissons ;

4° Les débits de tabacs et les magasins de fleurs naturelles ;

5° Les pharmacies, drogueries et magasins d'appareils médicaux et chirurgicaux ;

6° Les établissements de bains publics ;

7° Les entreprises de journaux et de spectacles publics ;

8° Les entreprises de location de livres, de chaises, de moyens de locomotion ;

9° Les entreprises d'éclairage et de distribution d'eau ou de force motrice ;

10° Les entreprises de transport par terre, les travaux de chargement et de déchargement dans les ports, débarcadères et stations ;

11° Les bureaux de placement et les agences d'information ;

12° Les industries dans lesquelles le travail, en raison de sa nature, ne souffre ni interruption ni retard.

Le jour ou les deux demi-jours consacrés au repos par quinzaine ne doivent pas être nécessairement fixés au dimanche, ni être les mêmes pour tous les ouvriers et employés d'une entreprise.

Le demi-jour de repos doit être pris soit avant, soit après 1 heure de l'après-midi ; la durée du travail ne pourra excéder cinq heures.

ART. 5. — Le roi peut étendre le régime établi à l'article précédent à toutes autres catégories d'entreprises industrielles ou commerciales qui, soit pour des motifs d'utilité publique, soit à raison de nécessité locales ou autres, comportent habituellement le travail pendant tout ou partie de la journée du dimanche.

Il peut aussi autoriser les chefs des entreprises où les ouvriers travaillent par équipes successives à prolonger le travail de l'équipe de nuit jusqu'au dimanche matin, à 6 heures.

Dans ce cas, le travail des ouvriers composant cette équipe ne peut être repris avant le lundi matin à la même heure.

ART. 6. — Les ouvriers et employés peuvent être occupés au travail le septième jour, douze fois par année, dans les entreprises où il est fait usage du vent ou de l'eau comme moteur exclusif ou principal.

Le roi peut étendre la même faculté pour le même nombre de semaines au plus ;

1º Aux industries qui s'exercent seulement pendant une partie de l'année ou qui sont exploitées d'une manière plus intense en certaines saisons ;

2º Aux industries qui s'exercent en plein air et dans lesquelles le travail peut être entravé par les intempéries.

Le chef d'entreprise qui use de la faculté prévue au présent article est tenu d'en informer, dans les vingt-quatre heures, l'inspecteur du travail ou le commissaire d'arrondissement.

En aucun cas, il ne peut être fait usage de cette faculté plus de quatre semaines consécutivement.

ART. 7. — Les ouvriers et employés des magasins de détail autres que ceux visés à l'article 4, ainsi que les garçons coiffeurs, peuvent être occupés au travail le dimanche de 8 heures du matin à midi.

Cette faculté peut être supprimée ou le nombre d'heures ainsi fixé peut être réduit par des arrêtés royaux s'appliquant aux magasins de détail et aux coiffeurs d'une commune déterminée ou d'un groupe de communes, ou à ces magasins seulement.

Un arrêté royal peut, à raison de nécessités particulières, autoriser les magasins de détail et les coiffeurs d'une commune déterminée ou d'un groupe de communes à employer leur personnel au travail le dimanche, soit à d'autres heures, soit pendant un plus grand nombre d'heures.

Cette dernière autorisation ne peut être accordée que pour six semaines au plus par année.

ART. 8. — Les chefs d'entreprise sont obligés d'afficher les tableaux et de tenir les registres qui seront reconnus nécessaires au contrôle.

Ils doivent se conformer à toutes autres prescriptions établies par arrêté royal.

Les chefs des entreprises soumises à la loi du 15 juin 1896 sont tenus d'indiquer dans leurs règlements d'atelier les conditions du repos prévu par la présente loi.

ART. 9. — Les exceptions et dispenses prévues ci-dessus ne s'appliquent pas aux enfants et aux adolescents de moins de 16 ans, ni aux filles et aux femmes âgées de plus de 16 ans et de moins de 21 ans, qui sont employés dans les industries soumises à la loi du 13 décembre 1889.

Néanmoins, en ce qui concerne celles de ces industries où le travail, à raison de sa nature, ne souffre ni interruption ni retard, le roi peut autoriser l'emploi des enfants de plus de 14 ans, ainsi que des filles ou des femmes âgées de moins de 21 ans, pendant les sept jours de la semaine, soit habituellement, soit pour un certain temps, soit conditionnellement.

Les arrêtés pris en vertu de l'alinéa précédent leur assureront, dans tous les cas, le temps nécessaire pour vaquer, une fois par semaine, aux actes de leur culte, ainsi qu'un demi-jour

de repos sur sept jours ou un jour complet de repos sur quatorze.

ART. 10. — Les enfants et les adolescents de moins de 16 ans, ainsi que les filles et les femmes âgées de plus de 16 ans et de moins de 21 ans, employés au travail dans des entreprises non visées par la loi du 13 décembre 1889, jouiront en tout cas du bénéfice des dispositions prévues au troisième alinéa de l'article précédent.

ART. 11. — Les dispositions de la présente loi sont applicables aux entreprises exploitées par l'Etat, les provinces ou les communes, dans les conditions où elles s'appliquent aux entreprises privées.

Toutefois, dans les entreprises exploitées par l'Etat, l'organisation des repos prescrits sera fixée par les règlements.

Cette dernière disposition est également applicable aux entreprises de chemins de fer concédés ou de chemins de fer vicinaux, pour autant que le règlement organisant les repos soit approuvé par le ministre des chemins de fer, postes et télégraphes.

ART. 12. — Pour exercer les attributions qui lui sont conférées par les articles 5, 6 et 7, le roi prend l'avis :

1º Des sections compétentes des conseils de l'industrie et du travail ;

2º Du conseil supérieur de l'hygiène publique ;

3º Du conseil supérieur du travail ;

4º Du conseil supérieur de l'industrie et du commerce.

Ces divers collèges transmettent leur avis dans les deux mois de la demande qui leur en est faite, à défaut de quoi il est passé outre.

Le gouvernement peut en tout temps, soit d'office, soit à la demande d'un des collèges dont l'avis est réclamé, procéder à une nouvelle consultation et modifier ou retirer l'autorisation accordée.

ART 13. — Les délégués du gouvernement pour l'inspection du travail ont la libre entrée des locaux affectés aux entreprises assujetties à la présente loi. Ils surveillent l'exécution de celle-ci et constatent les infractions par des procès-verbaux faisant foi jusqu'à preuve contraire.

Une copie du procès-verbal sera, dans les quarante-huit heures, remise au contrevenant à peine de nullité.

ART. 14. — Les chefs d'entreprise qui auront contrevenu aux prescriptions de l'article 8, alinéas 1er et 3, ou aux arrêtés pris en exécution de l'article 8, alinéa 2, seront punis d'une amende de 26 francs à 100 francs.

Les chefs d'entreprise ou leurs préposés qui auront contrevenu aux autres prescriptions de la présente loi et des arrêtés relatifs à son exécution seront punis :

D'une amende de 26 francs à 100 francs, si le nombre des personnes employées en contravention à la loi ou aux arrêtés ne dépasse pas dix ;

D'une amende de 101 francs à 1,000 francs, si le nombre de ces personnes est supérieur à dix sans dépasser cent ;

D'une amende de 1,001 francs à 5,000 francs, s'il y en a davantage.

ART. 15. — Les chefs d'entreprise ou leurs préposés qui auront mis obstacle à la surveillance organisée en vertu de la présente loi seront punis d'une amende de 26 francs à

100 francs, sans préjudice, s'il y a lieu, à l'application des peines édictées par les articles 269 à 274 du code pénal.

ART. 16. — En cas de récidive dans les cinq ans qui suivent une condamnation encourue en vertu de la présente loi, les peines établies par les deux articles précédents pourront être portées au double.

ART. 17. — Seront punis d'une amende de 1 franc à 25 francs les père, mère ou tuteur qui auront fait ou laissé travailler leur enfant ou pupille mineur contrairement aux prescriptions de la présente loi.

En cas de récidive dans les douze mois à partir de la condamnation antérieure, l'amende pourra être portée au double.

ART. 18. — Le chapitre VII et l'article 85 du livre 1er du code pénal sont applicables aux infractions prévues par la présente loi.

ART. 19. — L'action publique résultant d'une infraction à la présente loi se prescrit par un an à partir du jour où l'infraction a été commise.

ART. 20. — Les tribunaux de police connaissent, même en cas de récidive, des infractions à l'article 17 de la présente loi.

ART. 21. — La présente loi entrera en vigueur un an après sa publication.

Disposition additionnelle.

ART. 22. — L'article 7 de la loi du 13 décembre 1889 est abrogé.

Réquisition de la force armée. —
Instructions à suivre par les autorités civiles. — Circulaire adressée le 17 juin 1905 aux gouverneurs de province par M. de Trooz, ministre de l'intérieur, etc. (*Bulletin du ministère de l'intérieur, etc.*, 1905, II, 59.)

M. le ministre de la guerre appelle mon attention sur la procédure suivie par certaines autorités civiles qui ont eu à requérir l'intervention de la force armée lors de troubles qui se produisaient dans certaines parties du pays.

Certaines réquisitions précisaient la nature et l'effectif des troupes réclamées pour assurer le maintien de l'ordre; des autorités civiles se sont adressées directement et immédiatement au ministre de la guerre au lieu de recourir à l'autorité militaire territoriale ou au commandant des troupes de la zone occupée : d'autres, enfin, ont cru pouvoir critiquer les dispositions prises par des commandants de troupes.

Cette manière de procéder est contraire tant au décret des 26 et 27 juillet-3 août 1791 qu'aux instructions arrêtées de commun accord entre les départements de la justice, de la guerre et le mien. (Ces instructions ont fait l'objet d'une dépêche de M. le ministre de la guerre, du 6 décembre 1857, et d'une lettre adressée par M. Rogier, alors ministre de l'intérieur, au bourgmestre de Gand, le 25 décembre 1857, reproduites au *Bulletin du ministère de l'intérieur*, 1857, p. 524 et 525.)

L'article 22 du décret des 26, 27 juillet-3 août 1791 réglemente la formule de la réquisition. Sans aller jusqu'à soutenir que les termes de cette formule soient sacramentels et imposés à peine de nullité, on ne peut contester que le législateur a entendu exclure dans la réquisition

toute indication de la nature et de l'effectif de la force réclamée par l'autorité civile; la réquisition doit se borner à la mention de la force requise : armée, gendarmerie ou garde civique.

Une fois que l'autorité civile a adressé ses réquisitions, elle ne peut s'immiscer en aucune façon dans les opérations militaires : le nombre des troupes, le choix des armes, leur emplacement et leurs mouvements sont abandonnés à l'officier commandant, sous sa responsabilité. (Circulaire du 6 décembre 1857.)

L'autorité civile peut s'entendre avec l'autorité militaire pour prendre, de concert avec elle, des mesures en cas d'attroupements qui se manifestent ou qui sont à prévoir. Il s'établit alors entre ces autorités un concert préalable; mais, une fois la réquisition faite, l'autorité militaire est seule juge des dispositions à prendre. (Circulaire du 6 décembre 1857 et dépêche du 25 décembre de la même année.)

L'observation de ces principes permettra d'éviter des difficultés toujours regrettables entre l'autorité civile et l'autorité militaire.

Je vous prie, Monsieur le gouverneur, de tenir bonne note de ces observations et d'y appeler l'attention toute spéciale de MM. les commissaires d'arrondissement et de MM. les bourgmestres des communes de votre province.

S

Sociétés mutualistes. — *Crédits provinciaux en faveur de l'affiliation à la Caisse de retraite sous la garantie de l'État. — Règlement provincial du Brabant.* — Circulaire adressée le 15 septembre 1905 aux administrations communales et aux sociétés mutualistes du Brabant par M. Vergote, gouverneur de cette province. (*Mémorial administratif du Brabant*, 1905, I, 121.)

Le règlement concernant la répartition des crédits provinciaux en faveur de la mutualité, dont le texte a été porté à votre connaissance par mes circulaires des 20 avril 1889, nᵒ 56; 30 juin 1901, nᵒ 55; 31 août 1902, nᵒ 59, et 24 août 1904, nᵒ 59, a été modifié par le conseil provincial dans sa dernière session ordinaire.

Voici le texte du règlement modifié :

CHAPITRE II. — SUBSIDES POUR ENCOURAGER L'AFFILIATION A LA CAISSE DE RETRAITE.

ART. 1er. — Des primes annuelles d'encouragement sont accordées par la province de Brabant, dans les conditions déterminées ci-après, aux personnes de nationalité belge domiciliées dans la province qui, soit directement, soit par l'intermédiaire d'une société mutualiste, sont assurées à la Caisse générale de retraite sous la garantie de l'État.

ART. 2. — Ces primes sont calculées sur le montant des versements effectués au cours de l'année précédant l'exercice budgétaire, soit par l'assuré, soit par des tiers, à capital abandonné, ou à capital réservé au profit de l'assuré, de son conjoint ou de ses héritiers.

Les primes provinciales sont toujours versées à capital abandonné.

ART. 3. — Pour la répartition du crédit provincial, il est accordé sur les 6 premiers francs versés :

4 points par franc aux affiliés nés avant le 1er janvier 1850 ;

3 points par franc aux affiliés nés de 1850 à 1854 ;

2 points par franc aux affiliés nés de 1855 à 1859 ;

1 point par franc aux affiliés nés après 1859 ;

Le crédit provincial est réparti entre les affiliés au prorata des points ainsi obtenus.

ART. 4. — Sont exclus de la répartition des primes provinciales :

1º Les titulaires de livrets renseignant des versements, effectués par eux, au cours de l'année, à plus de 60 francs, s'ils paient en impôts directs, patentes comprises, au profit de l'Etat, une somme d'au moins :

50 francs dans les communes d'une population inférieure à 10,000 habitants ;

60 francs dans les communes de 10,000 à 25,000 habitants ;

70 francs dans les communes de 25,000 à 50,000 habitants ;

80 francs dans les communes de 50,000 habitants et plus ;

2º Les fonctionnaires, agents, employés et toutes personnes salariées par les pouvoirs publics qui ont droit à une pension de retraite ;

3º Les titulaires d'un livret contenant un ensemble d'inscriptions suffisant pour constituer une rente annuelle et viagère de 360 francs.

Pour établir ce maximum, les versements à capital réservé sont censés avoir été faits à capital abandonné et l'entrée en jouissance des rentes est réputée avoir été fixée uniformément à 65 ans.

Toutefois, les rentes acquises au moyen des sommes versées avant le 1er janvier 1900 sont prises en considération à leur moment réel, quels que soient le mode de versement et l'âge d'entrée en jouissance.

ART. 5. — Les versements effectués au moyen de subsides des pouvoirs publics ne sont pas pris en considération pour le calcul des primes.

Les dispositions de la loi du 10 mai 1900, relatives à l'entrée en jouissance des rentes, sont rendues applicables à celles constituées avec le concours des primes provinciales.

ART 6. — Les assurés qui désirent participer à la répartition de la prime provinciale en feront la demande à l'administration communale, qui la transmettra à la députation permanente avant le 1er mai de chaque année. — Toute demande tardive sera considérée comme non avenue.

Les sommes allouées seront ordonnancées au nom de M. le directeur général de la caisse d'épargne et de retraite, pour être, par ses soins, inscrites au livret des assurés, conformément au tableau de répartition arrêté par la députation permanente.

IV. — *Dispositions générales.*

Les demandes de subsides devront être adressées à la députation permanente avant le 1er mai de chaque année ; passé ce délai, elles seront considérées comme tardives, et il n'en sera pas tenu compte lors de la répartition de ces crédits.

Les associations mutualistes et les particuliers qui, à l'appui de leur demande, auraient produit de fausses déclarations seront écartés pour trois ans.

Vous remarquerez, Messieurs, que la province accorde des primes annuelles d'encouragement aux personnes de nationalité belge domiciliées dans la province qui, *soit directement*, soit par l'intermédiaire d'une société mutualiste, sont affiliées à la Caisse générale de l'Etat et se trouvent dans les conditions déterminées par le nouveau règlement.

Je vous prie, Messieurs, de donner à ce règlement la plus grande publicité et de vous conformer ponctuellement aux dispositions qui en font l'objet.

•

Voy. ACCIDENTS DU TRAVAIL.

T

Taxes communales. — *Contraventions.* — *Sanction.* — Dépêche adressée le 9 février 1906 à un gouverneur de province par M. de Trooz, ministre de l'intérieur, etc. (*Bulletin du ministère de l'intérieur, etc.*, 1906, II, 9.)

L'article 10 du règlement de la taxe sur les débits de boissons alcooliques et de tabacs adopté par le conseil communal de B..., et qui a fait l'objet de l'avis de la députation permanente du 26 janvier dernier, porte que les débitants qui refuseraient aux fonctionnaires ou agents de la police locale l'accès de la partie de leur habitation accessible au public, ainsi que ceux qui auront négligé de faire la déclaration prescrite ou qui auront fait une déclaration incomplète ou inexacte, seront condamnés, indépendamment du droit dû et des frais, à une amende égale au double de ce droit.

Ainsi que l'a constaté un arrêt de la cour de cassation du 12 août 1905 (*Pasic.*, 1905, I, 206), les tribunaux chargés d'appliquer les pénalités prévues par les règlements fiscaux des communes ne sont pas compétents pour trancher la question de la débition des taxes directes ; la solution de cette question est de la compétence exclusive des autorités administratives.

La disposition précitée, tout en ne méconnaissant pas formellement ces principes, est cependant de nature à provoquer une confusion regrettable entre deux ordres d'idées essentiellement différents ; elle paraît, en effet, reconnaître aux tribunaux le droit de condamner les contribuables contrevenants à l'amende et au payement du droit.

En vue de prévenir cette interprétation, qui étendrait la compétence des tribunaux à des objets ne rentrant pas dans leurs attributions, il conviendrait de remanier l'article 10 de la manière suivante :

« Les débitants qui refuseront ... seront condamnés à une amende égale au double de ce droit. En cas de récidive dans l'année, l'amende sera doublée.

La condamnation à l'amende ne dispense pas du payement de la taxe ».

Je vous prie, Monsieur le gouverneur, d'inviter le conseil communal à prendre une délibération dans ce sens.

Alignement. — Élargissement de la rue.

Le règlement-taxe de bâtisse d'Ixelles du 4 novembre 1895 s'applique aux propriétés bâties ou clôturées en cas de nouveau tracé ou d'élargissement de la rue, même lorsque leur alignement n'est pas modifié. (Règlement de la commune d'Ixelles du 4 novembre 1895, art. 13, al. 2.) — Cassation, 21 novembre 1904, *Pasic.*, 1905, I, 41.

———

Boissons alcooliques et tabacs. — Impôt direct. — Rôle. — Incompétence du pouvoir judiciaire. — Peine. — Illégalité.

La taxe communale, à charge des débitants en détail de boissons alcooliques et des débitants de tabacs, établie par le règlement de la ville de Bruxelles, approuvé par arrêté royal du 25 janvier 1904, constitue un impôt direct.

A défaut de rôle dûment arrêté, le pouvoir judiciaire n'a aucune compétence pour déclarer qu'elle est due par un contribuable.

Le conseil communal ne peut légalement sanctionner par une peine le défaut de déclaration du commerce donnant ouverture à cette taxe. — Cour d'appel de Bruxelles, 30 janvier 1905, *Pasic.*, 1905, II, 172.

———

Décision de la députation permanente. — Pourvoi. — Notification.

Le pourvoi contre une décision de la députation permanente en fait de taxes communales doit, à peine de déchéance, être notifié dans les dix jours à la partie contre laquelle il est dirigé. (Loi du 22 juin 1849, art. 4.) — Cassation, 21 novembre 1904, *Pasic.*, 1905, I, 40.

———

Décision de la députation permanente. — Pourvoi. — Notification. — Défaut. — Non-recevabilité.

Le pourvoi contre une décision de la députation permanente en matière d'impositions communales doit, à peine de déchéance, être notifié dans les dix jours à la partie contre laquelle il est dirigé. (Loi du 22 juin 1849, art. 4.) — Cassation, 17 avril 1905, *Pasic.*, 1905, I, 197.

———

Taxes directes. — Fraude. — Règlement communal. — Pénalités.

L'article 138 de la loi communale, en disant que le recouvrement des impositions indirectes sera poursuivi conformément à la loi du 29 avril 1819, n'a pas enlevé aux conseils communaux le droit de comminer des peines en cas de fraude en matière de contributions directes.

Est illégal, le règlement communal qui déclare que ceux qui auront fait une fausse déclaration en matière d'impositions directes seront, outre l'amende, *passibles du payement*

de la taxe (résolu par le ministère public). (Loi comm., art. 138; loi du 29 avril 1819, art. 7, § 2, 8 et 9 ; règlement-taxe de la ville de Bruxelles en date du 21 décembre 1903.) — Cassation, 8 mai 1905, *Pasic.*, 1905, I, 206.

———

Mines de houille. — Produits exploités. — Répartition. — Rôle de cotisation. — Impôt direct. — Compétence.

D'après la définition de la contribution directe donnée par l'assemblée constituante dans l'instruction du 8 janvier 1790, faisant suite au décret du 22 décembre 1789, un impôt est considéré comme impôt direct quand il réunit les trois conditions suivantes : 1° être assis directement sur les fonds de terre ou sur les personnes; 2° se lever par les voies du cadastre ou des rôles de cotisation; 3° passer immédiatement du contribuable cotisé au percepteur chargé d'en recouvrer le produit.

N'est pas un octroi déguisé, mais un impôt direct, la taxe de … 19,600 francs créée par une commune pour un terme de deux ans à répartir entre les trois sociétés charbonnières exploitant sous son territoire au prorata de la quantité des produits exploités sous ce territoire, la répartition étant faite sur les données de l'année précédente…, soit 1901 pour 1902, 1902 pour 1903.

La députation permanente est seule compétente pour apprécier la légalité d'un impôt direct établi par une commune. — Tribunal civil de Liége, 20 janvier 1905, *Pasic.*, 1905, III, 106.

———

Ouverture d'un cabaret. — Déclaration préalable. — Peine maxima.

Il appartient au pouvoir réglementaire du conseil communal, en vue de la perception d'une taxe, d'ordonner à toute personne qui veut ouvrir un cabaret d'en faire la déclaration préalable, sous la sanction d'une amende dont le maximum peut atteindre le double ou le sextuplé de la taxe. (Loi du 29 avril 1819, art. 9.) — Cour d'appel de Gand, 28 novembre 1904, *Pasic.*, 1905, II, 321.

———

Règlement-taxe de la commune d'Ixelles sur les propriétés non raccordées à l'égout. — Immeuble situé à l'angle de deux rues. — Raccordement d'un côté. — Débition de la taxe pour l'autre côté.

Le règlement-taxe de la commune d'Ixelles du 8 décembre 1899, établissant une taxe sur toutes les propriétés situées à front de la voie publique dont l'égout collecteur et le pavage ont été exécutés aux frais de la commune, s'applique aux immeubles situés à l'angle de deux rues et déjà raccordés à l'égout d'une des deux rues. (Règlement-taxe de la commune d'Ixelles, en date du 8 décembre 1899, approuvé par arrêté royal du 16 janvier 1900.) — Cassation, 15 mai 1905, *Pasic.*, 1905, I, 223.

Taxe de voirie. — Exemption. — Biens affectés à un service public d'utilité générale. — Improductifs. — Taxe de remboursement. — Caractères.

Les biens appartenant au domaine privé de la commune et affectés à un service d'utilité publique doivent être considérés comme improductifs tant que dure cette affectation. Par suite, ils échappent à tout impôt n'ayant pas le caractère d'une taxe rémunératoire.

Ne constitue pas une taxe rémunératoire, l'impôt établi par le règlement-tarif de la commune d'Ixelles, du 10 novembre 1899-2 mars 1900, créant une taxe de voirie sur les propriétés situées à front des rues pavées et éclairées, la dite imposition étant calculée, non à proportion de la dépense faite par la commune ou d'un service rendu, mais de manière à être mise en harmonie avec les ressources pécuniaires des contribuables dont, en réalité, elle frappe les propriétés dans le but de les faire contribuer aux dépenses générales de la commune. (Règlement-tarif de la commune d'Ixelles du 10 novembre 1899-2 mars 1900; loi du 3-4 frimaire an VII et du 28 juin 1822; arrêté royal du 26 juillet 1877, art. 116.) — Cassation, 16 janvier 1905, *Pasic.*, 1905, I, 83.

Territoire. — Voy. COMMUNES.

Transport par chemin de fer des documents et matériel. — *Instructions.* — Circulaire adressée le 16 août 1905 aux gouverneurs de province par M. de Trooz, ministre de l'intérieur, etc. (*Bulletin du ministère de l'intérieur, etc.*, 1905, II, 84.)

J'ai l'honneur de vous faire connaître que M. le ministre des chemins de fer, confirmant sa décision du 14 décembre 1904, n° 313E, a maintenu la faculté d'expédition avec réduction de 50 p. c. pour les envois de documents et de matériel entre les gouverneurs de province, les commissaires d'arrondissement, les administrations communales et les établissements ou agents ressortissant au département, ainsi qu'aux envois analogues effectués pour et par les receveurs des contributions.

Comme il ne peut être question de faire supporter par le département de l'intérieur les dépenses qui en résulteront, dépenses qui incombent aux expéditeurs, ni de faire servir ce même département d'intermédiaire entre l'administration des chemins de fer et les autorités en cause pour assurer la liquidation de ces dépenses, il a été entendu que ces dernières seraient réglées directement sur place entre les expéditeurs qui ont délivré les réquisitoires afférents à ces transports et les chefs des gares de départ.

Les envois devront être présentés avec un réquisitoire régulier permettant de discerner l'imputation de la dépense et établi conformément au modèle ci-dessous :

DÉSIGNATION DE L'ADMINISTRATION OU DE L'ÉTABLISSEMENT QUI EFFECTUE L'ENVOI.

—

Le soussigné (nom et qualité et désignation de la localité siège de l'administration ou de l'établissement) prie M. le Chef de station de .... de faire expédier franco, avec réduction de 50 %, par premier train, le (désignation du colis) ci-joint à l'adresse de M................ , à .... et contenant ....

Date et signature.

Il va de soi que les frais entraînés par les envois que la loi ou les règlements mettent à charge du département de l'intérieur et de l'instruction publique seront remboursés aux expéditeurs, qui auront à produire une déclaration appuyée des réquisitoires y afférents.

Travaux publics. — *Emploi de la céruse dans les travaux de peinture en bâtiment. — Arrêté royal du 13 mai 1905, article 10, alinéas 1 et 2 (1). — Honoraires des médecins. —* Arrêté pris le 1er août 1905 par M. Francotte, ministre de l'industrie, etc. (*Moniteur* du 13 août.)

ARTICLE UNIQUE. — Les honoraires dus aux médecins agréés chargés des constatations et déclarations médicales prescrites par l'article 10 de l'arrêté royal du 13 mai 1905 seront calculés d'après le tarif suivant :

5 francs par examen périodique réglementaire de la première dizaine d'ouvriers;

1 franc pour l'examen de chaque dizaine ou fraction de dizaine suivante.

Emploi de la céruse dans les travaux de peinture en bâtiment. — Arrêté royal du 13 mai 1905, article 10, alinéa 5 (1). — Arrêté pris le 1er août 1905 par M. Francotte, ministre de l'industrie, etc. (*Moniteur* du 13 août.)

Le registre prescrit par l'article 10, alinéa 5, sera conforme au modèle ci-annexé.

---

(1) Voy. JOURNAL 1904-1905, p. 165.

Voy. Repos dominical.

Firme et adresse.................

Nom et prénoms du propriétaire ou gérant.................

REGISTRE MÉDICAL PRESCRIT PAR L'ARRÊTÉ ROYAL DU 13 MAI 1905.

NOM, PRÉNOMS ET ADRESSE DES OUVRIERS.	ÂGE.	ÂGE au début de la profession.	CONSTATATIONS FAITES AU COURS DES VISITES TRIMESTRIELLES, ANNÉE 19				NATURE PRÉCISE de l'occupation actuelle.	PROFESSIONS exercées antérieurement.
			1er TRIMESTRE.	2e TRIMESTRE.	3e TRIMESTRE.	4e TRIMESTRE.		

V

Vagabondage et mendicité. — *Écoles de bienfaisance.* — *Maisons de refuge et dépôts de mendicité.* — *Prix de la journée d'entretien pendant l'année 1906.* — Arrêté royal du 12 janvier 1906, contresigné par M. Van den Heuvel, ministre de la justice. (*Moniteur* du 20 janvier.)

Vu l'article 37 de la loi du 27 novembre 1891 pour la répression du vagabondage et de la mendicité;

Sur la proposition de notre ministre de la justice,

Nous avons arrêté et arrêtons :

ART. 1er. — Le prix de la journée d'entretien, pendant l'année 1906, dans les écoles de bienfaisance, dans les maisons de refuge et dans les dépôts de mendicité, est fixé comme suit :

A. À un franc vingt centimes (fr. 1.20) pour les jeunes gens placés dans les écoles de bienfaisance;

B. À un franc cinquante centimes (fr. 1.50) pour les individus invalides et dont l'état de santé exige des soins spéciaux, placés dans les maisons de refuge et dans les dépôt de mendicité;

C. À soixante-dix-huit centimes (fr. 0.78) pour les individus valides et pour les invalides dont l'état de santé n'exige pas de soins spéciaux, placés dans les maisons de refuge, et pour les invalides de passage dans les prisons;

D. À soixante-six centimes (fr. 0.66) pour les individus valides et pour les invalides dont l'état de santé n'exige pas de soins spéciaux, placés dans les dépôts de mendicité, et pour les valides de passage dans les prisons;

E. À trente centimes (fr. 0.30) pour les enfants de l'âge de trois mois à deux ans qui accompagnent leur mère.

ART. 2. — En ce qui concerne les communes qui ne se sont pas entièrement libérées, au 1er janvier 1906, de ce qu'elles devaient aux dits établissements, à la date du 25 septembre 1905, la quote-part qui leur incombe dans le prix de la journée d'entretien est majorée de quatorze centimes (fr. 0.14).

ART. 3. — Il ne sera compté qu'une journée pour le jour de l'entrée et celui de la sortie.

Voirie urbaine. — *Construction à front de la rue.* — *Défaut d'autorisation.* — *Condamnation.* — *Réparation de la contravention.* — *Intérêt public.* — *Séparation des pouvoirs.* — *Loi du 1er février 1844.* — *Faculté.* — *Caractère exceptionnel.*

Le juge, en condamnant, sur pied de l'article 551, 6°, du code pénal, celui qui, sans autorisation, a élevé une construction à front de la voirie urbaine dans la partie agglomérée d'une commune, doit, s'il est constaté par l'autorité administrative que cette construction est contraire à l'ordre public, ordonner la démolition requise, au nom de la commune, des ouvrages illégalement exécutés. (Code pén., art. 551, 6°; code d'inst. crim., art. 161.)

L'article 10 de la loi du 1er février 1844, qui laisse au juge la faculté d'ordonner la réparation de la contravention, n'est applicable qu'aux cas expressément prévus par cette loi. (Loi du 1er février 1844, art. 4 et 10.) — Cassation, 14 novembre 1904, *Pasic.*, 1905, I, 33.

Construction à front de la rue. — Défaut d'autorisation du collège échevinal. — Sanction. — Construction contraire à l'intérêt général. — Déclaration du collège. — Démolition requise. — Tribunal. — Refus. — Excès de pouvoir.

Est contraire à la loi et tombe sous l'application de l'article 551, 6e, du code pénal, le fait d'avoir construit le long de la voirie urbaine sans avoir préalablement demandé au collège échevinal l'alignement ou, dans la partie agglomérée de la commune, l'approbation des plans de bâtisse. (Code pénal, art. 551, 6e; loi comm., art. 90, nos 7 et 8.)

Lorsqu'il est constaté par une déclaration expresse du collège échevinal que la construction élevée dans ces conditions blesse l'intérêt général et l'ordre public, le tribunal, légalement requis, ne peut, sans excès de pouvoir, s'abstenir d'en ordonner la démolition. (Code d'inst. crim., art. 161.) — Cassation, 9 février 1905, *Pasic.*, 1905, I, 124.

Dégradations ou détériorations. — Code rural, article 88, 9e. — Applicabilité. — Rue établie sur un fonds privé. — Affectation publique. — Droits des riverains.

L'article 88, 9e, du code rural vise à la fois les dégradations et détériorations de la grande voirie, de la voirie urbaine et de la voirie vicinale. (Code rural, art. 88, 9e; loi du 1er février 1844, art. 1er.)

Lorsque la peine prononcée est justifiée de plusieurs chefs, le condamné est non recevable, à défaut d'intérêt, à n'en critiquer qu'un.

Lorsqu'il est constaté qu'une rue établie sur un fonds privé et aboutissant à la voie publique est affectée à une destination publique, les riverains sont en droit de recueillir tous les avantages qui découlent de l'incorporation de ce chemin dans la voirie urbaine. — Cassation, 16 janvier 1905, *Pasic.*, 1905, I, 96.

Délit instantané. — Empiétement. — Trappes et ouvertures de caves. — Prescription. — Point de départ. — Construction achevée. — Autorisation de bâtir. — Députation permanente. — Autorisation subséquente. — Commune partie civile. — Demande de réparation de la contravention. — Refus par le juge du fond. — Défaut de motifs.

Le fait d'empiéter sur la voie publique constitue une infraction instantanée. La prescription de cette contravention ne commence

à courir que lorsque la construction est achevée et complète (1re espèce).

Il en est de même de la contravention consistant à avoir, sans l'autorisation préalable requise par un règlement communal. établi, lors de la construction d'un immeuble, des trappes et entrées de caves (2e et 3e espèces). (Règlement communal de la ville d'Anvers du 29 septembre 1838, art. 1er et 2; du 18 décembre 1851, art. 5 et 38; loi du 17 avril 1878; code pénal, art. 4, 23, 25, 26 et 551.)

Lorsque la députation permanente, statuant en degré d'appel, permet à celui qui, sans autorisation préalable du collège échevinal, avait établi des entrées de caves de les conserver à la condition de se conformer au règlement communal, il n'importe, en l'absence de pourvoi du ministère public, de rechercher si cette autorisation subséquente a pu faire disparaître la contravention; mais, sur le pourvoi de la commune partie civile, qui demandait devant le juge du fond la réparation de la contravention, le jugement qui refuse d'ordonner cette réparation, en s'abstenant d'examiner si les entrées de caves sont établies conformément au règlement, doit être cassé (2e et 3e espèces). — Cassation, 13 février 1905, *Pasic.*, 1905, I, 127.

Loi du 1er février 1844. — Infraction. — Compétence. — Construction élevée sans autorisation. — Terrain sujet à reculement. — Partie du terrain non réservée à la voie publique. — Règlements communaux et provinciaux. — Concours d'infractions.

Les infractions aux dispositions de la loi du 1er février 1844 sur la voirie urbaine sont de la compétence des tribunaux correctionnels. (Loi du 1er février 1841, art. 4.)

Il n'importe, au point de vue de la compétence :

Ni que la construction soit placée sur le terrain qui restera au propriétaire après l'achèvement de la rue, ou qu'elle soit établie sur le sol destiné à être incorporé à la voie publique;

Ni que le fait constitue en même temps une contravention à un règlement communal qui défend d'établir des bâtiments en matériaux. placés à l'extérieur, qui peuvent prendre feu, et à un règlement provincial qui exige l'autorisation de l'administration communale pour pouvoir construire à une certaine distance d'un chemin vicinal (2e espèce). (Code pénal, art. 65.) — Cassation, 3 avril 1905, *Pasic.*, 1905, I, 179.

Voy. COMMUNES. — EXPROPRIATION POUR CAUSE D'UTILITÉ PUBLIQUE. — TAXES COMMUNALES.

Voirie vicinale. - *Règlement provincial. — Brabant. — Modification. — Arrêté royal du 5 septembre 1905. (Moniteur du 13 septembre.)*

Un arrêté royal du 5 septembre 1905, contresigné par M. Van den Heuvel pour M. van der Bruggen, ministre de l'agriculture, approuve une délibération du conseil provincial du

Brabant, en date du 7 juillet 1905, modifiant le premier alinéa de l'article 15, titre II, du règlement provincial sur les chemins vicinaux.

Règlement provincial. — Limbourg. — Arrêté royal du 27 septembre 1905. (Moniteur des 2-3 octobre.)

Un arrêté royal du 27 septembre 1905, contresigné par M. van der Bruggen, ministre de l'agriculture, approuve une délibération du conseil provincial du Limbourg, en date du 11 juillet 1905, adoptant une modification à l'article 66 du règlement provincial sur les chemins vicinaux. (Hauteur maxima des haies bordant les chemins de grande communication.)

Règlement provincial. — Limbourg. — Arrêté royal du 12 mars 1906. (Moniteur des 26-27 mars.)

Un arrêté royal du 12 mars 1906, contresigné par M. van der Bruggen, ministre de l'agriculture, approuve une délibération du conseil provincial du Limbourg, en date du 13 juillet 1905, adoptant un règlement pour l'entretien des chemins de grande communication.

Règlement provincial. — Luxembourg. — Service technique provincial. — Arrêté royal du 23 septembre 1905. (Moniteur du 1er octobre.)

Un arrêté royal du 23 septembre 1905, contresigné par M. van der Bruggen, ministre de l'agriculture, approuve une délibération, en date du 19 juillet 1905, par laquelle le conseil provincial du Luxembourg adopte un règlement ayant entre autres pour objet le service de la voirie vicinale et l'organisation d'un service technique provincial des travaux publics.

Atteinte à la vicinalité. — Conditions. — Usage public. — Travaux empiétant sur l'assiette d'un chemin provisoire. — Contravention. — Infraction permanente. — Prescription. — Point de départ.

Des travaux empiétant sur l'assiette d'un chemin « provisoire » ne peuvent être considérés comme une atteinte à la vicinalité, celle-ci n'étant acquise à la commune que par un des moyens consacrés par la loi. Il en doit être ainsi alors qu'il n'est pas démontré que la commune ait acquis régulièrement l'usage public du chemin à l'endroit où les faits critiqués ont été commis : il ne peut y avoir infraction, même par simple embarras de la voie, que pour autant que celle-ci soit régulièrement affectée à l'usage public.

La contravention visée par l'article 551, n° 4, du code pénal constitue une infraction permanente, dont la prescription ne commence à courir que lorsque l'embarras de la voie a cessé. — Tribunal correctionnel de Liége, 28 janvier 1905, *Pasic.*, 1905, III, 128.

Chemin rural. — Circulation. — Jure civitatis.

Un sentier rural est, aussi bien qu'un chemin vicinal, accessible non seulement aux habitants de la commune sur le territoire de laquelle il est situé, mais encore aux étrangers de cette commune.

Les habitants d'une commune qui prétendent, dans l'exploit introductif d'instance, avoir sur un chemin un droit de circulation dont ils seraient personnellement titulaires à raison d'une prescription acquise au profit de leur commune peuvent, en prosécution de cause, sans formuler de demande nouvelle, invoquer la prescription acquise au profit d'une commune voisine.

Ceux qui réclament le droit personnel d'user, *jure civitatis*, d'un chemin public n'ont pas besoin, pour intenter cette action, de l'autorisation imposée par l'article 150 de la loi communale. — Cour d'appel de Liége, 27 juillet 1904, *Pasic.*, 1905, II, 131.

Chemin vicinal déclassé. — Cession. — Droit des riverains.

La disposition de l'article 29 de la loi du 10 avril 1841, donnant aux riverains le droit d'acquérir, à des conditions déterminées, l'emplacement d'un chemin déclassé, constitue, en leur faveur, un privilège exceptionnel, qui doit s'interpréter strictement.

Ce droit ne peut s'appliquer qu'au sol même du chemin, et non à des emplacements libres, pouvant exister dans le voisinage immédiat de ce chemin, et qui appartiendraient également à la commune, faisant partie de son domaine ou public ou privé.

Il ne pourrait en être autrement que si ces espaces libres avaient été, à un moment donné, incorporés au dit chemin, plus tard déclassé, de façon à en faire partie intégrante.

Chacun des deux riverains a un droit égal au partage par moitié, le long de sa propriété, du chemin déclassé. — Cour d'appel de Liége, 11 juin 1904, *Pasic.*, 1905, II, 110.

Compétence. — Chemin de servitude vicinal. — Contestation sur la valeur du titre de vicinalité et l'étendue de la charge à supporter par le fonds servant. — Rectification à l'atlas. — Pouvoir administratif.
Voirie. — Inscription au plan. — Limites. — Particuliers ou riverains. — Faculté de

réclamer. — Conditions. — Communes. — Prescription acquisitive. — Juste titre.
Enquêtes. — Témoins. — Reproche. — Usage d'un chemin. — Utilité personnelle. — Intérêt au litige. — Non-fondement.

S'il est vrai qu'en l'absence de toute contestation relativement à l'assiette des chemins vicinaux, en tant que ressortissant du domaine communal, tout débat relatif à leur vicinalité, leur largeur ou leur étendue est de la compétence exclusive du pouvoir administratif, il n'en saurait être ainsi lorsque, la contestation ayant pour objet un chemin de servitude vicinal, c'est la valeur même du titre de vicinalité et l'étendue de la charge à supporter par le fonds servant qui se trouvent mises en cause.

Si le pouvoir judiciaire est compétent pour connaître d'une action tendante à faire déterminer la portée de l'inscription d'un chemin à l'atlas vicinal dans ses rapports avec le droit de propriété dans le chef d'une des parties en cause, il ne l'est pas pour ordonner ou faire être une rectification à l'atlas vicinal.

D'après la loi du 10 avril 1841 sur les chemins vicinaux, notamment l'article 10, il appartient aux particuliers et aux riverains qui se prétendraient lésés, par suite d'une indication inexacte des limites assignées par le plan à un chemin, de réclamer, le cas échéant, contre l'inscription du dit chemin, son tracé ou les dimensions lui attribuées; mais le plan, arrêté après décision au besoin par l'autorité compétente sur les réclamations intervenues, la dite inscription constitue, au profit de la commune, un juste titre conduisant à la prescription acquisitive. D'autre part, aux termes de l'article 12, ce même chemin vicinal, « tel qu'il est reconnu et maintenu par les plans généraux d'alignement et de délimitation, cessant d'être dans le commerce, devient, dès lors, imprescriptible de la part des particuliers, aussi

longtemps qu'il sert à l'usage public, sans préjudice aux droits acquis antérieurement à la présente loi ».

On ne peut considérer comme *ayant un intérêt au litige*, susceptibles donc d'être *reprochés*, les témoins appelés à déposer sur des faits de passage qui leur sont personnellement utiles, à raison de l'usage qu'ils ont fait du chemin litigieux pour leur exploitation agricole. — Tribunal civil de Tongres, 6 mai 1903, *Pasic.*, 1905, III, 215.

Usurpation. — Autorisation à titre précaire. — Absence de contravention.

Ne peut être condamné pour avoir construit sans autorisation de l'autorité compétente, celui qui a élevé, en vertu d'une autorisation du collège des bourgmestre et échevins donnée à titre précaire et non rapportée par l'autorité supérieure au moment où les travaux ont été effectués, une construction faisant saillie sur un chemin vicinal. (Règlement provincial du Brabant sur les chemins vicinaux du 26 juillet 1893, art. 22 et 27.) — Cassation, 14 novembre 1904, *Pasic.*, 1905, I, 32.

Usurpation. — Réparation de la contravention.

En cas d'usurpation sur la largeur d'un chemin vicinal, le juge, en constatant la contravention, doit, outre la pénalité, prononcer la réparation de la contravention, conformément aux lois relatives à la voirie. (Code rural, art. 88, 9°.) — Cassation, 24 octobre 1904, *Pasic.*, 1905, I, 17.

TABLE CHRONOLOGIQUE

ANNÉES 1904-1905 et 1905-1906

TABLE ALPHABÉTIQUE

DES MATIÈRES

ANNÉES 1904-1905 et 1905-1906

TABLE ALPHABÉTIQUE

DES MATIÈRES

ANNÉES 1904-1905 et 1905-1906

F

A

Accidents du travail. — *Convention relative à la réparation des dommages résultant des accidents du travail, conclue le 21 février 1906 entre la Belgique et la France.* — *Approbation.* — Loi du 31 mars 1906. (*Moniteur* du 14 juin.)

ARTICLE UNIQUE. La Convention relative à la réparation des dommages résultant des accidents du travail, conclue le 21 février 1906 entre la Belgique et la France, sortira son plein et entier effet.

—

CONVENTION.

Sa Majesté le roi des Belges et le président de la République française, également animés du désir d'assurer à leurs nationaux respectifs le bénéfice réciproque de la législation en vigueur sur la réparation des dommages résultant des accidents du travail, ont résolu de conclure, à cet effet, une convention et ont nommé pour leurs plénipotentiaires, savoir :

Sa Majesté le roi des Belges :

M. Alfred Leghait. son envoyé extraordinaire et ministre plénipotentiaire près le président de la République française, et

Le président de la République française :

M. Maurice Rouvier, sénateur, président du conseil, ministre des affaires étrangères,

Lesquels, après s'être communiqué leurs pleins pouvoirs, trouvés en bonne et due forme, sont convenus des articles suivants :

ARTICLE PREMIER.

Les sujets belges victimes d'accidents du travail en France, ainsi que leurs ayants droit, seront admis au bénéfice des indemnités et des garanties attribuées aux citoyens français par la législation en vigueur sur les responsabilités des accidents du travail.

Par réciprocité, les citoyens français victimes d'accidents du travail en Belgique, ainsi que leurs ayants droit, seront admis au bénéfice des indemnités et de garanties attribuées aux sujets belges par la législation en vigueur sur la réparation des dommages résultant des accidents du travail.

ART. 2.

Il sera toutefois fait exception à cette règle lorsqu'il s'agira de personnes détachées à titre temporaire et occupées depuis moins de six mois sur le territoire de celui des deux Etats contractants où l'accident est survenu, mais faisant partie d'une entreprise établie sur le territoire de l'autre Etat. Dans ce cas, les intéressés n'auront droit qu'aux indemnités et garanties prévues par la législation de ce dernier Etat.

Il en sera de même pour les personnes attachées à des entreprises de transports et occupées de façon intermittente, même habituelle, dans le pays autre que celui où les entreprises ont leur siège.

ART. 3.

Les exemptions prononcées en matière de timbre, de greffe et d'enregistrement et la délivrance gratuite stipulée par la législation belge sur les accidents du travail sont étendues aux actes, certificats et documents visés par cette législation qui seront passés ou délivrés aux fins d'exécution de la loi française.

Réciproquement, les exemptions prononcées et la délivrance gratuite stipulée par la législation française sont étendues aux actes, certificats et documents visés par cette législation qui seront passés ou délivrés aux fins d'exécution de la loi belge.

Art. 4.

Les autorités belges et françaises se prêteront mutuellement leurs bons offices en vue de faciliter de part et d'autre l'exécution des lois relatives aux accidents du travail.

Art. 5.

La présente Convention sera ratifiée et les ratifications seront échangées à Paris le plus tôt possible.

Elle entrera en vigueur en Belgique et en France un mois après qu'elle aura été publiée dans les deux pays, suivant les formes prescrites par leur législation respective.

Elle demeurera obligatoire jusqu'à l'expiration d'une année à partir du jour où l'une ou l'autre des parties contractantes l'aura dénoncée.

En foi de quoi les plénipotentiaires respectifs ont signé la présente Convention et y ont apposé leurs cachets.

Fait en double exemplaire, à Paris, le 21 février 1906.

(L. S.) A. LEGHAIT.
(L. S.) ROUVIER.

L'échange des ratifications a lieu à Paris le 7 juin 1906.

Actions judiciaires. — *Demande en justice.* — *Collège échevinal.* — *Autorisation.* — *Litige.* — *Evaluation.* — *Loi du 31 décembre 1887.* — *Expropriation.* — *Arrêté royal.* — *Autorisation implicite.* — *Valeur supérieure au taux du dernier ressort.* — *Acte conservatoire.*

Sous l'empire de la loi du 31 décembre 1887 qui a modifié l'article 148 de la loi communale, la commune peut ester en justice sans devoir, à cet effet, être autorisée par la députation permanente. Elle est partie en cause, représentée en justice par le collège des bourgmestre et échevins.

Si le collège avait besoin d'une autorisation pour ester en justice, il la trouverait, en matière d'expropriation, dans l'arrêté royal qui autorise l'expropriation des immeubles dont l'emprise est nécessaire pour l'exécution des travaux d'utilité publique.

Le collège, agissant valablement en justice, a qualité pour évaluer le litige.

A supposer que le collège dût être pourvu d'une autorisation spéciale aux fins d'évaluer le litige, l'évaluation qu'il en aurait faite sans y être spécialement autorisé serait valable si elle excède le taux du dernier ressort, parce que 1° il aurait empêché ainsi la renonciation anticipative au droit d'appel; 2° il aurait simplement fait un acte conservatoire en réservant éventuellement à la commune le droit d'appel. — Cour d'appel de Gand, 11 février 1905, *Pasic.*, 1906, II, 8.

Vente d'un chemin vicinal. — *Action en annulation poursuivie en justice par des habitants de la commune pour non-accomplissement des formalités requises.* — *Action récursoire de l'acheteur.* — *Procédure.*

Lorsque des habitants d'une commune, conformément à l'article 150 de la loi communale, poursuivent en justice l'annulation d'une vente d'un chemin vicinal, à défaut des formalités requises pour pareille vente, l'action récursoire de l'acheteur, qui prétend que la commune ne peut faire annuler cette vente qu'à peine de dommages-intérêts en raison d'un quasi-délit inhérent à l'annulabilité du contrat, doit être dictée à la commune en la personne de ses organes légaux et non en la personne de ses mandataires, autorisés à intenter en son nom l'action principale. — Tribunal civil de Verviers, 11 avril 1906, *Pasic.*, 1906, III, 226.

Voy. COLLÈGE DES BOURGMESTRE ET ÉCHEVINS.

Affouage. — *Droit des habitants d'une commune aux produits de la forêt.* — *Incompétence des tribunaux.*

Si le droit d'affouage compétant aux habitants d'une commune, *ut universi*, est un droit civil de la compétence de l'autorité judiciaire en cas de contestation, il en est autrement du droit individuel de ses habitants aux produits de la forêt communale. Pareil droit, qui est incessible, imprescriptible, variable dans son mode d'exercice et son étendue, doit être considéré comme purement administratif, n'importe si la contestation est relative aux qualités de l'affouager, et que l'une ou l'autre de ces qualités doive dériver de la propriété ou de l'occupation d'un immeuble. — Cour d'appel de Liége, 31 décembre 1904, *Pasic.*, 1906, II, 350.

Agriculture. — *Espèce bovine.* — *Règlement provincial.* — *Hainaut.* — Arrêté royal du 21 août 1906. (*Moniteur* des 3-4 septembre.)

Un arrêté royal du 21 août 1906, contresigné par M. van der Bruggen, ministre de l'agriculture, approuve une délibération du 13 juillet 1906, par laquelle le conseil provincial du Hainaut modifie les articles 12, alinéa 3, 17, alinéa 3, 23, § 4, et 36 du règlement provincial sur l'espèce bovine en date du 13 novembre 1903.

Espèce chevaline. — *Règlement provincial.* — *Anvers.* — Arrêté royal du 15 août 1906. (*Moniteur* du 23 août.)

Un arrêté royal du 15 août 1906, contresigné par M. van der Bruggen, ministre de l'agriculture, approuve une délibération du 20 juillet 1906, par laquelle le conseil provincial d'Anvers modifie le 3° du littéra C de l'article 14 du règlement relatif à l'amélioration de l'espèce chevaline.

Espèce chevaline. — Règlement provincial. — Hainaut. — Modification. — Arrêté royal du 5 septembre 1906. (*Moniteur* des 1-2 octobre.)

Un arrêté royal du 5 septembre 1906, contre-signé par M. van der Bruggen, ministre de l'agriculture, approuve une délibération en date du 28 juillet 1906, par laquelle le conseil provincial du Hainaut modifie divers articles du règlement provincial sur l'espèce chevaline du 23 juillet 1901.

Voy. ENSEIGNEMENT PRIMAIRE. — RECENSEMENT AGRICOLE.

Aliénés. — *Aliénés indigents. — Prix de la journée d'entretien pour* 1907. — Arrêté royal du 6 février 1907, contresigné par M. Van den Heuvel, ministre de la justice. (*Moniteur* du 14 février.)

Vu la loi du 28 décembre 1873-25 janvier 1874, sur le régime des aliénés, et l'article 83 du règlement général et organique, approuvé par arrêté royal du 1er juin 1874;

Vu les projets de tarifs soumis par les députations permanentes des conseils provinciaux, pour la fixation du prix de la journée d'entretien, pendant l'année 1907, des aliénés indigents et des aliénés placés par l'autorité publique dans les asiles d'aliénés et dans les asiles provisoires ou de passage du royaume;

Sur la proposition de notre ministre de la justice,

Nous avons arrêté et arrêtons :

ART. 1er. — Le prix de la journée d'entretien des aliénés dont il s'agit, pendant l'année 1907, est fixé conformément aux tarifs visés par notre ministre de la justice et annexés au présent arrêté.

ART. 2. — Il ne sera compté qu'une journée d'entretien pour le jour de l'entrée et celui de la sortie de chaque aliéné. Cette journée sera celle de l'entrée.

ASILES D'ALIÉNÉS. — Prix de la journée d'entretien en 1907.

VILLES ou COMMUNES où les ÉTABLISSEMENTS sont situés.	NATURE de L'ÉTABLISSEMENT.	Prix fixé en 1906.	PROPOSITION de l'établissement.	PROPOSITION de la députation permanente.	Prix fixé par le gouvernement.
Province d'Anvers.					
Gheel . . . . . Colonie libre.	Ordinaires	» 90	1 »	1 »	» 90
	Semi-gâteux	1 05	1 15	1 15	1 05
	Gâteux	1 30	1 35	1 35	1 30
Duffel . . . . . Asile pour femmes		1 22	1 30	1 30	1 22
Mortsel . . . . Asile pour hommes		1 32	1 40	1 40	1 32
Malines . . . . Id.		1 40	1 40	1 40	1 40
Province de Brabant.					
Bruxelles . . . . Asile-dépôt pour les aliénés des deux sexes annexé à l'hôpital St-Jean		3 29	3 37	3 37	3 29
	Asile pour femmes	1 10	1 15	1 15	1 15
Louvain . . . . Asile Saint-Antoine pour enfants aliénés épileptiques		1 40	1 40	1 40	1 40
Tirlemont . . . Asile pour hommes		1 40	1 40	1 40	1 40
Erps-Querbs . . Asile pour femmes		1 10	1 10	1 10	1 10
Evere . . . . . Asile pour les aliénés des deux sexes . . .		1 40	1 40	1 40	1 40
Uccle . . . . . Asile pour femmes du « Fort Jaco » . . .		1 40	1 60	1 60	1 40
Province de Flandre occidentale.					
Bruges . . . . Asile St-Dominique pour aliénés des deux sexes		1 15	1 15	1 15	1 15
	Asile St-Julien pour aliénés des deux sexes .	1 10	1 10	1 10	1 10
Courtrai . . . . Asile Ste-Anne pour aliénés des deux sexes .		1 10	1 15	1 15	1 15
Menin . . . . Maison des Bénédictines		1 20	1 30	1 25	1 22
Ypres . . . . Maison de santé pour aliénés des deux sexes.		1 15	1 15	1 15	1 15
	Asile du Sacré-Cœur	1 15	1 15	1 15	1 15

VILLES OU COMMUNES où les ÉTABLISSEMENTS sont situés.	NATURE de L'ÉTABLISSEMENT.	Prix fixé en 1905.	PROPOSITION		Prix fixé par le gouvernement.
			de l'établissement	de la députation permanente.	
Province de Flandre orientale.					
Gand	Hospice Guislain	1 25	1 30	1 27	1 27
	Asile des femmes (rue Courte des Violettes).	1 18	1 23	1 20	1 18
	Asile Saint-Joseph pour enfants aliénés . .	1 32	1 32	1 23	1 32
Alost	Asile provisoire et de passage . . .	1 25	1 40	1 25	1 25
Lokeren	Asile pour jeunes filles	1 30	1 30	1 16	1 30
Saint-Nicolas	Hospice d'aliénés St-Jérôme, servant en même temps d'asile provisoire et de passage.	1 28	1 40	1 24	1 28
	Hospice des femmes, dit *Ziekhuis* . . .	1 16	1 25	1 18	1 20
Selzaete	Hospice pour hommes.	1 27	1 30	1 20	1 27
Lede	Etablissement pour femmes	1 05	1 30	1 10	1 12
Velsicque-Ruddershove	Id.	1 »	1 »	1 »	1 »
Waesmunster	Asile provisoire	1 »	1 »	1 »	1 »
Province de Hainaut.					
Mons	Asile pour femmes	1 40	1 52	1 40	1 40
Tournai	Asile pour hommes.	1 40	1 40	1 40	1 40
	Asile pour femmes et asile de passage . .	1 20	1 20	1 20	1 20
Froidmont	Asile pour hommes.	1 30	1 33	1 30	1 30
Manage	Asile pour garçons	1 34	1 34	1 34	1 34
Province de Liége.					
Liége	Hospice des insensés.	1 64	1 55	1 55	1 55
	Hospice des insensées.	1 37	1 34	1 34	1 34
Lierneux	Colonie libre.	1 50	1 50	1 50	1 50
Verviers	Dépôt provisoire.	5 94	5 94	5 94	5 94
Province de Limbourg.					
Saint-Trond	Hospice pour hommes. . . .	1 27	1 30	1 27	1 27
	Hospice pour femmes	1 20	1 20	1 20	1 20
	Asile provisoire et de passage . .	1 25	1 25	1 25	1 25
Tongres	Id.	1 25	1 25	1 25	1 25
Tessenderloo	Asile pour garçons	1 32	1 34	1 32	1 32
Munsterbilsen	Asile pour femmes	1 20	1 25	1 20	1 22
Province de Namur.					
Namur	Asile provisoire.	3 64	3 64	3 64	3 64
Dave	Asile pour hommes.	1 40	1 40	1 40	1 40

Asile. — Asile Saint-Antoine à Louvain. — Population. — Arrêté royal du 29 août 1905. (*Moniteur* du 6 septembre.)

Un arrêté royal du 29 août 1905, contresigné par M. Van den Heuvel, ministre de la justice, fixe le chiffre de la population que l'asile Saint-Antoine, pour enfants aliénés épileptiques, à Louvain, est autorisé à recevoir, à 172 malades indigents.

Asile. — Saint-Michel lez-Bruges. — Erection. — Arrêté royal du 31 mars 1906. (*Moniteur* du 15 avril.)

Un arrêté royal du 31 mars 1906, contresigné par M. Van den Heuvel, ministre de la justice, autorise les dames Van Laere et consorts, sœurs de la Miséricorde de Jésus, à Bruges, à ériger à Saint-Michel lez-Bruges un asile pour femmes aliénées indigentes et pensionnaires.

Asile. — Ziekeren lez-Saint-Trond. — Population. — Arrêté royal du 31 mars 1906. (*Moniteur* du 14 avril.)

Un arrêté royal du 31 mars 1906, contresigné par M. Van den Heuvel, ministre de la justice, porte à 730 malades (pensionnaires, 100; indigentes, 630) le chiffre de la population que l'asile d'aliénés de Ziekeren lez-Saint-Trond est autorisé à recevoir.

Asile. — Mortsel lez-Anvers. — Population. — Arrêté royal du 11 septembre 1906. (*Moniteur* du 30 septembre.)

Un arrêté royal du 11 septembre 1906, contresigné par M. Van den Heuvel, ministre de la justice, décide que le chiffre de la population que l'asile Saint-Amédée, pour aliénés indigents, à Mortsel lez-Anvers, est autorisé à recevoir est porté de 600 à 657 malades.

Asile. — Asile Sainte-Agathe à Liége. — Population. — Arrêté ministériel du 15 mai 1906. (*Moniteur* des 27-28 mai.)

Un arrêté pris le 15 mai 1906 par M. Van den Heuvel, ministre de la justice, porte à 230 malades (185 indigentes et 45 pensionnaires) le chiffre de la population que l'asile d'aliénés Sainte-Agathe, à Liége, est autorisé à recevoir.

Asiles. — Ypres. — Population. — Arrêté ministériel du 3 août 1906. (*Moniteur* du 11 août.)

Un arrêté pris le 3 août 1906 par M. Van den Heuvel, ministre de la justice, fixe le chiffre de la population que l'asile d'aliénés des hospices civils à Ypres est autorisé à recevoir à 300 malades, savoir : 275 indigents et 25 pensionnaires.

Asile. — Uccle (Fort Jaco). — Population. — Arrêté ministériel du 3 septembre 1906. (*Moniteur* des 10-11 septembre.)

Un arrêté pris le 3 septembre 1906 par M. Van den Heuvel, ministre de la justice, fixe le chiffre de la population que l'asile pour femmes aliénées, au « Fort Jaco » à Uccle, est autorisé à recevoir à 320 malades, savoir : 270 indigentes et 50 pensionnaires.

Application de l'article 10 de la loi sur le régime des aliénés. — Circulaire adressée le 11 juillet 1906 aux gouverneurs de province par M. Van den Heuvel, ministre de la justice. (*Recueil des circulaires du ministère de la justice*, 1906, p. 515.)

J'ai l'honneur de vous faire connaître que j'ai décidé de rapporter les instructions contenues dans ma dépêche du 21 février 1902, émargée comme la présente, et en vertu desquelles l'avis prescrit par le dernier paragraphe de l'article 10 de la loi sur le régime des aliénés doit être donné aux intéressés verbalement par le bourgmestre ou par son délégué.

L'avis dont il s'agit devra à l'avenir être donné par écrit et être remis aux intéressés sous pli fermé et personnel, par le messager de l'administration communale ou un agent de la police, qui en retirera récépissé Ce récépissé sera transmis ensuite au procureur du roi. Je vous prie, Monsieur le gouverneur, de vouloir bien transmettre les présentes instructions aux administrations communales de votre province et tenir la main à leur exécution.

Les frais occasionnés par l'examen de l'état mental d'une personne aliénée sont à la charge de la commune, si cette personne est indigente. — Dépêche adressée le 20 novembre 1906 à un gouverneur de province par M. de Trooz, ministre de l'intérieur, etc. (*Bulletin du ministère de l'intérieur, etc.*, 1906, II, 73.)

J'ai l'honneur de vous transmettre la requête ci-jointe de M. le docteur L..., de T..., relative au retard apporté au payement d'une somme de 80 francs qui lui est due à raison de l'examen de l'état mental d'une aliénée, Mlle W...

Il résulte d'un avis du comité de législation du 15 mai 1905 que les frais de l'espèce incombent uniquement à la commune en cas d'indigence de l'aliéné.

Les corps municipaux, dit le décret du 14 décembre 1789, ont deux espèces de fonctions à remplir : les unes propres au pouvoir municipal, les autres propres à l'administration générale de l'Etat. Les premières s'exercent sous la surveillance et l'inspection de l'administration supérieure. Les autres sont déléguées aux municipalités pour les exercer sous l'autorité de l'administration.

Dans laquelle de ces deux catégories rentre la police des insensés?

Dans la première évidemment. En effet, la loi des 16-24 août 1790, titre XI, article 3, n° 6, confie à la vigilance et l'autorité des corps municipaux le soin d'obvier ou de remédier aux événements fâcheux qui pourraient être occasionnés par les insensés ou les furieux laissés en liberté.

La loi communale, article 95, répète ce principe à peu près dans les mêmes termes : « Le collège des bourgmestre et échevins est chargé du soin d'obvier et de remédier aux événements fâcheux qui pourraient être occasionnés par les insensés et les furieux laissés en liberté. S'il y a nécessité de déposer la personne de l'insensé ou du furieux dans un hospice, maison de santé ou de sécurité, il y sera pourvu par le collège. »

La loi du 25 janvier 1874 sur le régime des aliénés dit à son tour que le chef d'un établissement d'aliénés peut recevoir une personne atteinte d'aliénation mentale sur une demande d'admission de l'autorité locale ou en vertu d'un arrêté de collocation pris en exécution de l'article 95 de la loi communale. Elle ajoute que l'internement peut avoir lieu sur une demande d'admission de toute personne intéressée, en indiquant, le cas échéant, le degré de parenté qui existe entre elle et l'aliéné. Mais dans ce cas, qui est celui de l'espèce actuelle, la demande doit être revêtue du visa du bourgmestre de la commune où se trouve l'aliéné.

La séquestration des aliénés constitue donc une fonction propre au pouvoir municipal, et non l'exercice d'une fonction exercée par délégation de l'autorité supérieure. C'est pour cette raison que la loi communale, article 131, n° 16, mettait à la charge des communes la totalité des frais d'entretien et de traitement des aliénés indigents.

Des lois subséquentes ont allégé cette charge, et finalement la loi du 27 novembre 1891, article 16, a disposé que les frais de l'entretien et du traitement des indigents atteints d'aliénation mentale ne seront plus désormais supportés qu'à concurrence de moitié par les communes.

Le fonds commun formé dans chaque province au moyen des versements auxquels contribuent toutes les communes du ressort supporte cette moitié, et le surplus se répartit par moitié entre la province et l'État.

Si la demoiselle W... qui, suivant certains renseignements, serait indigente, avait été l'objet d'un arrêté de collocation, les frais de son entretien auraient donc été à la charge du fonds commun de la province et de l'État.

Faut-il admettre, par voie de conséquence, que les frais de l'examen préliminaire auquel s'est livré le docteur L... doivent être également supportés, à concurrence de moitié par le fonds commun, à concurrence d'un quart par la province et à concurrence d'un quart par l'État ?

Cette conséquence serait exagérée. Le coût de l'examen préliminaire auquel s'est livré le médecin commis par l'autorité publique ne se confond pas avec les frais d'entretien ou de traitement dont l'État et la province ont assumé la moitié.

Cet examen préliminaire constitue en réalité une mesure de police dont les frais doivent incomber à la caisse communale, en vertu de l'article 131, n° 11, de la loi communale, portant que le conseil communal est tenu de porter à son budget les dépenses relatives à la police de sûreté et de salubrité locales.

On objecterait en vain que, dans l'espèce, cet examen préliminaire a été ordonné non par le collège échevinal, mais par la députation permanente. Le sieur W... père ayant sollicité l'internement de sa fille, le bourgmestre de M... a refusé d'approuver et de viser sa demande. W... père a réclamé contre cette décision, et la députation permanente, agissant en vertu de l'article 7, n° 6, de la loi du 18 juin 1850, a délégué le docteur L... pour examiner l'état mental de L. W... Ce collège

n'a pas agi, dans l'espèce, en qualité de délégué du pouvoir central.

Quand les administrations locales restent en défaut de remplir les obligations qui leur sont imposées par la loi, l'autorité supérieure a le droit de suppléer à leur inaction. Aucune entrave ne peut jamais être apportée à l'exercice régulier du pouvoir, et l'administration supérieure doit être à même de suppléer, le cas échéant, à l'inertie des administrations secondaires.

Ce principe est consacré par des textes formels. L'article 88 de la loi communale autorise la députation permanente à déléguer des commissaires pour mettre à exécution les mesures prescrites par les lois, quand les autorités sont en retard de les exécuter elles-mêmes.

La députation permanente est donc la tutrice des autorités communales. Elle exerce sur ces autorités récalcitrantes ou négligentes un droit de coaction qu'elle puise directement dans la loi et non dans une délégation du pouvoir central.

L'article 7, n° 6, de la loi du 25 janvier 1874 n'est autre chose qu'une application de ce principe. Après avoir dit que l'internement d'un aliéné peut avoir lieu sur la demande d'admission d'une personne intéressée, moyennant que cette demande soit visée par le bourgmestre, elle ajoute que dans le même cas l'internement peut avoir lieu en vertu d'un arrêté de la députation permanente.

C'est le cas de l'espèce actuelle. La députation permanente, sollicitée d'agir en raison de l'inaction de l'autorité locale, a chargé le docteur L... de vérifier l'état mental de la demoiselle W...

Elle s'est substituée à la commune de M... en vertu de la tutelle administrative qu'elle exerce sur elle et non par délégation du pouvoir central.

Si le sieur W... père était dans l'aisance, les frais de la mesure qu'il a provoquée sans nécessité devraient retomber à sa charge. S'il est indigent, comme on l'affirme, les frais résultant de cette mesure de police doivent être supportés par la caisse communale.

En conséquence, si Mlle W... n'est pas indigente, le docteur L... devra s'adresser à la famille pour le payement de la somme qu'il réclame. Si, au contraire, l'indigence est établie, il y aura lieu, Monsieur le gouverneur, d'inviter le conseil communal de M... à prendre les mesures nécessaires pour que cette dépense soit portée au budget de la commune et liquidée.

En cas de refus, la députation permanente devra user des moyens que la loi a mis à sa disposition aux articles 133 et 147 de la loi communale pour obliger la commune à payer sa dette.

Voy. Assistance publique.

Art de guérir. — *Vente des substances médicamenteuses.* — Circulaire adressée le 8 juin 1906 aux gouverneurs de province par M. van der Bruggen, ministre de l'agriculture. (*Bulletin du service de santé et de l'hygiène*, 1906, 167.)

L'enquête faite au début de 1905 dans le but de dresser la liste des commerçants qui vendent des substances médicamenteuses employées également dans les arts, l'industrie et l'économie domestique, les rapports des inspecteurs des pharmacies et des commissions médicales provinciales ont établi que des commerçants non diplômés débitent des substances qui n'ont d'autre usage que l'usage médical.

Il existe de nombreux abus dans cet ordre d'idées; mais beaucoup de ces vendeurs étant de bonne foi, il paraît indiqué de leur rappeler les dispositions légales plutôt que de provoquer des poursuites.

C'est ainsi que des marchands de couleurs et des épiciers croient qu'ils peuvent vendre certains médicaments destinés à l'usage externe, d'autres s'imaginent que les dispositions légales établissent une différence entre les produits employés dans la médecine humaine et ceux employés dans la médecine vétérinaire, la vente de ces derniers étant, croient-ils, permise à tous.

Ce n'est pas seulement au sujet du débit des drogues simples que les abus se multiplient; des spécialités pharmaceutiques et des médicaments composés sont également offerts en vente par des personnes non qualifiées.

En présence de ces faits, je vous prie, Monsieur le gouverneur, de charger les administrations communales de votre province de communiquer aux épiciers, marchands de couleurs, négociants en produits destinés à la photographie, etc., la note ci-jointe qui résume les dispositions réglementaires essentielles relatives à la vente des substances médicamenteuses. Elle attire spécialement l'attention sur les drogues simples et sur les médicaments composés dont le débit donne lieu à de nombreuses infractions.

Je tiens à votre disposition le nombre d'exemplaires français et flamands de cette note que vous voudrez bien me demander.

Annexe.

Résumé des dispositions légales et réglementaires essentielles relatives à la vente des substances médicamenteuses.

1. — Il est interdit aux commerçants qui ne possèdent ni le grade de pharmacien, ni le certificat de capacité de droguiste, de vendre des drogues simples uniquement employées en médecine.

Entrent, notamment, dans cette catégorie de produits : le sulfate de magnésie (sel anglais), l'huile de ricin, l'huile de foie de morue, les feuilles et les follicules de séné, les capsules ou têtes de pavot, la semence cachou, les fruits de coloquinte, etc.

2. — Les pharmaciens seuls peuvent vendre et exposer en vente les médicaments composés et les spécialités pharmaceutiques; toutefois, les médecins autorisés à tenir un dépôt de médicaments peuvent fournir ces produits à leurs malades.

Parmi les médicaments composés, il faut compter : les pilules purgatives diverses, les pastilles vermifuges à la santonine, les pastilles pectorales médicamenteuses, les espèces purgatives (thé de Saint-Germain, thé de Saint-Joseph, etc.), l'eau de mélisse des carmes

(véritable ou imitée), les comprimés médicamenteux, notamment ceux au chlorate de potasse et ceux au sublimé corrosif, les ouates imprégnées de substances médicamenteuses (ouates révulsives, ouates antiseptiques), etc.

3. — Est considéré comme médicament tout produit employé pour remédier à un état de maladie, qu'il soit destiné à l'usage externe ou interne, à la médecine humaine ou vétérinaire.

4. — Les commerçants non diplômés peuvent vendre : les produits chimiques destinés aux arts, à l'industrie et aux usages domestiques, les substances végétales ou animales destinées aux mêmes usages, notamment les plantes qui entrent dans la fabrication des liqueurs et des tisanes non médicamenteuses.

Assistance publique. — *Indigents non aliénés.* — *Prix de la journée d'entretien dans les hospices et hôpitaux pendant l'année* 1907. — Arrêté royal du 3 février 1907, contresigné par M. Van den Heuvel, ministre de la justice. (*Moniteur* du 15 février.)

Vu les projets de tarifs soumis par les députations permanentes des conseils provinciaux du royaume, pour la fixation du prix de la journée d'entretien, pendant l'année 1907, des indigents non aliénés, recueillis dans les hospices et hôpitaux;

Vu l'article 37 de la loi du 27 novembre 1891 sur l'assistance publique;

Sur la proposition de notre ministre de la justice,

Nous avons arrêté et arrêtons :

Art. 1er. — Le prix de la journée d'entretien des indigents dont il s'agit, pendant l'année 1907, est fixé conformément aux tarifs visés par notre ministre de la justice et annexés au présent arrêté.

Art. 2. — Le prix de la journée d'entretien des indigents appartenant à des communes qui ne possèdent pas d'hôpital est fixé comme suit :

A. Pour les indigents des communes de 5,000 habitants et plus, à 1 fr. 63 c.;

B. Pour les indigents des communes de moins de 5,000 habitants, à 1 fr. 25 c.;

Art. 3. — Il ne sera compté qu'une journée d'entretien pour le jour de l'entrée et celui de la sortie de chaque indigent; cette journée sera celle de l'entrée.

Il ne sera également compté qu'une journée d'entretien pour l'accouchée et son nouveau-né.

LIEUX DE SITUATION des ÉTABLISSEMENTS.	NATURE des ÉTABLISSEMENTS.	Prix fixé en 1906. Fr. c.	Prix arrêté pour 1907. Fr. c.
Province d'Anvers.			
Anvers	Hôpital	2 89	2 99
Arendonck	Hôpital-hospice	1 34	1 36
Beersse	Id.	1 32	1 32
Beirendrecht	Id.	1 07	1 07

LIEUX DE SITUATION des ÉTABLISSEMENTS.	NATURE des ÉTABLISSEMENTS.	Prix fixé en 1906. Fr. c.	Prix arrêté pour 1907. Fr. c.

Province d'Anvers (suite).

Berchem. . .	Hôpital-hospice .	1 85	1 99
Boom. . . .	Id. . .	1 62	1 64
Borgerhout. .	Hôpital . . .	2 18	2 18
Brasschaet . .	Id. . .	» 86	» 86
Brecht . . .	Hôpital-hospice .	» 76	» 69
Edegem . . .	Id. . .	1 30	1 30
Gheel . . .	Hôpital . . .	1 32	1 32
Grobbendonck .	Hospice . .	» 68	» 70
	Hôpital . .	1 20	1 20
Hérenthals . .	Id. . .	1 65	1 65
Hoboken. . .	Hôpital-hospice .	1 34	1 34
Hoogstraeten .	Hôpital . .	1 20	1 19
Itegem . . .	Id. . .	1 34	1 28
Lierre. . . .	Id. . .	1 91	1 92
Linth . . .	Hôpital-hospice .	1 27	1 »
	Hôpital . .	1 75	1 75
Malines . . .	Salle des accouchements	3 »	3 »
Meerhout . .	Hospice-hôpital	1 06	1 05
Merxem . .	Id. . .	1 74	1 63
Oorderen . .	Id. . .	1 07	1 06
Puers. . . .	Id. . .	» 99	1 »
Saint-Amand .	Id. . .	1 07	1 05
Schooten. . .	Hospice-hôpital .	» 74	» 74
Turnhout . .	Hôpital . .	1 73	1 73
Wuestwezel . .	Hôpital-hospice .	1 48	1 43
Wyneghem . .	Id. . .	» 70	» 70

Province de Brabant.

Aerschot . .	Hôpital . . .	1 50	1 50
Anderlecht . .	Id. . .	2 79	2 79
	Maternité . .	5 »	5 »
Assche . . .	Hôpital . . .	1 50	1 50
Bruxelles . .	A. Enfants séjournant à l'hospice:		
	1° Enfants non sevrés . .	2 21	2 20
	2° Id. au-dessus de 1 an . .	1 41	1 42
	B. Enfants placés à la campagne :		
	1° De 1 jour à 1 an.	» 86	» 88
	2° Id. au-dessus d'un an . .	(1)» 8 1	» 85
	Hôpitaux et hospice de l'infirmerie.	3 29	3 29
	Maternité . .	5 83	5 83
	Refuge De Latour de Freins, à Uccle-Verrewinkel	3 29	3 29
Diest	Hôpital . . .	1 85	1 84
Etterbeek . .	Id. . .	2 10	2 10
	Hospice . . .	» 80	» 80
Forest . . .	Hospice . . .	2 72	2 72
Hal	Hôpital . . .	1 51	1 51
Ixelles . . .	Id. . .	2 95	2 95
Jodoigne. . .	Id. . .	1 95	2 05
Laeken . . .	Id. . .	3 10	3 15
	Maternité . .	5 07	5 07
Léau . . .	Hôpital . . .	1 30	1 30
Londerzeel . .	Hospice. . .	1 50	1 50
Louvain . . .	Hôpital . . .	1 48	1 48
	Maternité . .	3 »	3 »
Merchtem . .	Hospice-hôpital	1 50	1 50

(1) Non compris les frais d'instruction.

Province de Brabant (suite).

Molenbeek-St-Jean	Hôpital . . .	2 23	2 31
	Maternité . .	5 .	5 »
	Hospice. . .	» 85	» 86
Nivelles . . .	Hôpital . . .	1 73	1 75
Opwyck . . .	Hôpital et hospice	1 30	1 30
Overyssche . .	Hôpital . .	1 50	1 50
	Hospice. . .	1 20	1 20
Saint-Josse-ten-Noode . .	Hôpital civil .	3 25	3 25
	Maternité . .	5 »	5 »
Schaerbeek. .	Hôpital-lazaret .	3 10	3 10
	Maternité . .	5 »	5 »
Rebecq-Rognon	Hôpital . .	1 78	1 80
Tirlemont . .	Id. . .	1 76	1 77
Vilvorde. . .	Hôpital, hospice et maternité.	1 82	1 81
Wavre . . .	Id. . . .	1 49	1 47

Province de Flandre occidentale.

Aertrycke . .	Hospice. . .	» 50	» 50
Alveringhem .	Id. . .	» 85	» 85
Avelghem . .	Hôpital . .	1 25	1 25
Belleghem . .	Hospice . .	» 50	» 50
	Hôpital St-Jean	1 71	1 76
	Maternité . .	2 92	2 98
Bruges . . .	Salles pour femmes syphilitiques	2 79	3 06
	Hospice des Sœurs de la charité	» 85	» 88
	Hospice des Frères de la charité	» 95	» 96
	Hospice . .	» 44	» 44
Clercken. . .	Hôpital . . .	» 80	» 80
	Incurables . .	1 »	1 »
Comines . .	Hôpital.. . .	1 21	1 21
Cortemarcq . .	Hospice. . .	» 85	» 85
	Orphelinat . .	» 30	» 30
Couckelaere. .	Hospice. . .	» 50	» 50
	Hôpital . .	1 »	1 »
Courtrai . .	Id. . .	2 57	2 60
	Maternité . .	4 30	4 30
Cuerne . . .	Hospice . .	» 40	» 40
Damme . . .	Hôpital . .	1 25	1 25
	Id. . .	1 34	1 34
Denterghem. .	Hospice . .	» 85	» 85
	Hôpital . .	1 25	1 25
Dixmude. . .	Hôpital-hospice	2 15	2 24
Dottignies . .	Hospice . .	» 85	» 85
	Hôpital . .	1 25	1 25
Elverdinghe .	Id. . .	» 85	» 85
	Hospice . .	1 10	1 10
Furnes . . .	Hôpital St-Jean	1 50	1 50
	Maternité . .	2 60	2 60
Gheluwe. . .	Hospice. . .	» 55	» 55
	Hôpital . .	1 »	1 »
Ghistelles . .	Id. . .	1 75	1 75
Gits	Hospice . .	» 85	» 85
	Hôpital . .	1 25	1 25
Gulleghem . .	Hospice . .	» 85	» 85
Harlebeke . .	Hôpital-hospice	1 50	1 50
	Hospice. . .	» 50	» 50
Heule. . . .	Hôpital . .	» 20	» 20
	Orphelinat. .	» 20	» 20
Hollebeke . .	Hospice. . .	» 71	» 71
Hooghlede . .	Id. . .	» 75	» 75
	Hôpital . .	1 10	1 10
Hoogstaede . .	Hospice. . .	1 25	1 25
Hulste . . .	Hôpital . .	» 85	» 85
Ingelmunster .	Hospice . .	1 10	1 10
	Orphelinat. .	» 30	» 30

Province de Flandre occidentale (suite).

LIEUX DE SITUATION des ÉTABLISSEMENTS.	NATURE des ÉTABLISSEMENTS.	Prix fixé en 1906. Fr. c.	Prix arrêté pour 1907. Fr. c.
Iseghem	Hospice-hôpital	1 »	1 25
Langemarck	Id. de vieillards	1 30	1 10
Ledeghem	Hospice	» 30	» 40
	Hôpital	1 »	1 »
Lendelede	Hospice	» 75	» 75
Lichtervelde	Id.	1 10	1 10
	Hôpital	1 50	1 50
Lophem	Hospice	» 35	» 35
	Hôpital	1 »	1 »
Menin	Id.	1 49	1 52
Merckem	Id.	» 55	» 55
Moorslede	Id.	1 10	1 10
Mouscron	Hospice	1 10	1 10
	Hôpital	1 50	1 50
Neuve-Eglise	Hospice	» 85	» 85
Nieuport	Hôpital	1 75	1 75
	Maternité	3 12	3 12
Oostnieuwkerk	Hospice	» 85	» 85
Oostroosebeke	Hospice	» 45	» 45
	Hôpital	» 86	» 84
Ostende	Hôtel-Dieu	1 74	1 69
	Hôpital St-Jean	2 19	2 16
Passchendaele	Hospice	» 50	» 50
Pitthem	Hôpital	1 50	1 50
Ploegsteert	Id	1 25	1 25
Poperinghe	Hôpital	1 80	1 80
Proven	Id.	1 08	1 09
Rolleghem-Capelle	Hospice	» 50	» 50
	Hôpital	1 »	1 »
Roulers	Hospice	1 10	1 10
	Hôpital	1 50	1 50
Ruddervoorde	Id.	1 25	1 25
Rumbeke	Hospice	1 25	1 25
	Id.	1 50	1 50
Saint-André	Id.	1 50	1 50
Staden	Hospice-hôpital	1 »	1 »
Sweveghem	Hôpital	1 »	1 »
	Hospice	1 10	1 10
Swevezeele	Hôpital	1 50	1 50
	Orphelinat	» 25	» 25
Thielt	Hospice-hôpital	» 66	» 59
Thourout	Hospice	1 10	1 10
	Hôpital	1 50	1 50
Vichte	Hospice	» 80	» 80
Vlamertinghe	Id.	» 73	» 77
Voormezele	Id.	» 85	» 85
Wacken	Id.	» 85	» 85
Waereghem	Id.	» 79	» 79
Warneton	Hospice	» 85	» 85
Watou	Id.	» 85	» 85
Wervicq	Hôpital	1 50	1 50
Westcapelle	Hospice	» 50	» 50
Westroosebeke	Id.	» 85	» 85
	Hôpital	1 25	1 25
Wevelghem	Hospice	» 77	» 79
Wyngene	Hospice-hôpital	» 75	» 75
Wytschaete	Hôpital	1 »	? »
Ypres	Id.	2 21	2 21

Province de Flandre orientale.

LIEUX	NATURE	Prix fixé 1906	Prix arrêté 1907
Adegem	Hôpital	1 10	1 10
Alost	Id.	1 46	1 46
Audenarde	Id.	1 43	1 43
Basel	Id.	1 20	1 20
Belcele	Id.	1 10	1 10
Berlaere	Id.	1 10	1 10
Beveren	Id.	1 40	1 40
Buggenhout	Id.	1 10	1 10
Calcken	Id.	1 »	1 »
Cruybeke	Id.	1 »	1 »
Deftinge	Id.	1 »	1 »

Province de Flandre orientale (suite).

LIEUX	NATURE	Prix fixé 1906	Prix arrêté 1907
Deynze	Hôpital	1 20	1 20
Evergem	Id.	1 30	1 30
Exaerde	Id.	1 10	1 10
Eyne	Id.	1 24	1 24
Ertvelde	Id.	1 »	1 »
Gand	1° Hôpital de la Biloque	1 59	1 57
	2° Hospice de la maternité	2 08	2 02
	3° Hospice des orphelins et enfants abandonnés	1 10	1 10
Grammont	Hôpital	1 30	1 30
Haesdonck	Id.	1 10	1 10
Hamme	Id.	1 25	1 27
Heusden	Hôpital	» 85	» 85
Laerne	Id.	1 10	1 10
Lebbeke	Id.	1 »	1 »
Lede	Id.	1 20	1 20
Ledeberg	Id.	» 80	(1)» 80
		1 »	(2)1 »
		1 30	(3)1 30
Lokeren	Hôpital	1 25	1 25
Maldegem	Id.	1 11	1 11
Meerdonck	Id.	1 20	1 20
Mont-St-Amand	Id.	1 30	1 30
Nazareth	Id.	1 20	1 20
Nevele	Id.	1 10	1 10
Nieukerken	Id.	1 20	1 20
Ninove	Id.	1 25	1 25
Overmeire	Id.	1 10	1 10
Renaix	Id.	1 50	1 50
Rupelmonde	Id.	1 20	1 20
Saint-Gilles-Termonde	Hôpital	1 »	1 »
St-Gilles-Waes	Id.	1 25	1 25
Saint-Laurent	Id.	1 20	1 20
Saint-Nicolas	Id.	1 50	1 50
Schoonaerde	Id.	1 20	1 20
Sottegem	Id.	1 20	1 20
Sinay	Id.	1 »	1 »
Stekene	Id.	1 25	1 25
Tamise	Id.	1 30	1 30
Termonde	Id.	1 90	1 90
Waesmunster	Id.	1 10	1 10
Wetteren	Id.	1 25	1 25
Wichelen	Id.	1 20	1 20
Wondelghem	Id.	1 »	1 »
	Id.	1 36	1 36
Zele	Institut chirurgical Saint-Vincent de Paul	»	1 50

Province de Hainaut.

LIEUX	NATURE	Prix fixé 1906	Prix arrêté 1907
Acren (les Deux-)	Hôpital	1 15	1 15
Antoing	Hospice	1 08	1 07
Ath	Hôpital	1 79	1 56
Aulne-Gozée	Hospice	1 24	1 27
Binche	Hôpital	1 99	2 02
Blicquy	Hospice	1 »	1 »
Braine-le-Comte	Hôpital	1 30	1 14
Celles	Hospice	» 70	» 75
Charleroi	Hôpital	1 89	1 88
Châtelet	Id.	1 85	1 85

(1) Moins de 12 ans.
(2) 12 à 18 ans.
(3) Au-dessus de 18 ans.

LIEUX DE SITUATION des ÉTABLISSEMENTS.	NATURE des ÉTABLISSEMENTS.	Prix fixé en 1906. Fr. c.	Prix arrêté pour 1907. Fr. c.

Province de Hainaut (suite).

Chièvres . . .	Hôpital	1 20	1 20
Chimay . . .	Id.	1 34	1 54
Écaussines-d'Enghien .	Hospice . . .	1 20	1 10
Enghien . . .	Hôpital . . .	1 53	1 53
Fleurus . . .	Id. . . .	1 50	1 50
Flobecq . . .	Hospice . . .	1 12	1 07
Fontaine-l'Évêque . .	Hospice . . .	1 70	1 70
Frasnes lez Buissenal.	Hôpital . . .	1 05	1 05
Gosselies. . .	Hospice . . .	1 »	1 02
Houdeng-Aimeries. . .	Hospice . . .	1 79	1 78
Jumet. . .	Id. . . .	1 20	1 09
La Louvière. .	Hôpital . . .	2 59	2 69
Lessines . .	Id. . . .	1 70	1 80
Leuze. . . .	Hospice-hôpital	1 50	2 »
Marchienne-au-Pont . .	Hôpital . . .	1 80	1 80
Monceau-sur-Sambre .	Id. . . .	1 71	1 72
Mons. . . .	Hospice. . . .	3 38	3 46
	Maternité . . .	5 »	5 »
Morlanwelz. .	Hôpital . . .	2 »	2 »
Péruwelz. . .	Hospice-hôpital	1 65	1 59
Pottes. . . .	Hospice. . . .	» 75	» 75
Roeulx . . .	Hôpital	2 32	2 21
Saint-Ghislain.	Id. . . .	1 60	1 53
Soignies . . .	Id. . . .	2 40	2 40
Templeuve . .	Hospice. . .	» 75	» 75
Thuin. . . .	Id. . . .	» 96	» 88
Tournai . . .	Hôpital . . .	2 71	2 72
	Maternité . . .	5 17	5 17

Province de Liége.

Dison. . . .	Hospice . . .	1 46	1 47
	Hôpital . . .	1 83	1 83
Ensival . . .	Hospice . . .	1 »	1 04
	Orphelinat. . .	» 60	» 61
Herve. . . .	Hôpital . . .	2 04	2 02
Hodimont . .	Hospice . . .	1 79	1 79
	Hôpital . . .	2 31	2 31
Huy . . .	Hospice des incurables. . . .	1 07	1 07
	Hôpital . . .	1 77	1 78
	Orphelins et orphelines . .	1 04	1 05
Liége. . . .	Hôpital des Anglais	3 05	3 14
	Id. de Bavière	2 81	2 82
	Maternité	2 58	2 74
	Hospice de la vieillesse. . .	» 94	» 95
	Hospice des orphelins . . .	1 94	1 91
	Hospice des orphelines . . .	1 45	1 49
Spa . . .	Hôpital . . .	1 09	1 08
	Orphelinat. . .	» 80	» 83
Stavelot . . .	Hospice. . .	» 79	» 79
	Hôpital . . .	1 37	1 40
	Id. . . .	1 91	1 93
Verviers. . .	Hospice des vieillards. . .	» 96	» 98
	Hosp. des orphel.	1 39	1 41
	Hospice des orphelines . . .	1 15	1 18

LIEUX DE SITUATION des ÉTABLISSEMENTS.	NATURE des ÉTABLISSEMENTS.	Prix fixé en 1906. Fr. c.	Prix arrêté pour 1907. Fr. c.

Province de Limbourg.

Bilsen-la-Ville .	Hospice	1 40	1 40
Hasselt . . .	Hôpital	1 80	1 80
Looz-la-Ville .	Id. . . .	1 79	1 82
Maeseyck . .	Id. . . .	1 40	1 40
Saint-Trond . .	Id. . . .	1 50	1 50
Tongres . .	Hospice . . .	1 40	1 05
	Hôpital . . .	1 80	1 80

Province de Luxembourg.

Arlon. . . .	Hôpital . . .	2 »	2 »
	Hospice . . .	1 50	1 50
Bastogne. . .	Hôpital . . .	1 50	1 50
	Hospice . . .	1 50	1 50
Bouillon. . .	Hôpital . . .	1 40	1 40
Laroche . . .	Id. . . .	1 50	1 50
Neufchâteau .	Id. . . .	1 50	1 50
Virton . . .	Id. . . .	1 50	1 50

Province de Namur.

Andenne. . .	Hôpital . . .	1 09	1 08
Dinant . . .	Id. . . .	2 48	2 44
Gembloux . .	Hospice . . .	1 25	1 25
	Hôpital . . .	2 50	2 50
Namur . . .	Id. . . .	2 40	2 24

Journée de travail. — Année 1907. — Prix pour servir à l'application de l'article 8 de la loi du 27 novembre 1891 sur l'assistance publique. — Arrêté royal du 21 décembre 1906, contresigné par M. Van den Heuvel, ministre de la justice. (*Moniteur* des 30-31 décembre.)

ARTICLE UNIQUE. — Le tableau ci-après, récapitulatif des arrêtés pris par les députations permanentes des conseils provinciaux pour la fixation du prix de la journée de travail pendant l'année 1907, en vue de l'application de l'article 8 de la loi du 27 novembre 1891 sur l'assistance publique, sera inséré au *Moniteur*.

PROVINCES.	Date de l'arrêté de la députation permanente du conseil provincial.	LOCALITÉS. PRIX DE LA JOURNÉE DE TRAVAIL.	
Anvers . . .	31 août 1906.	Anvers . . . . . fr.	3 75
		Berchem	2 50
		Borgerhout . . .	2 50
		Lierre	2 »
		Autres communes émancipées . .	1 88
		Communes des arrondissements d'Anvers et de Malines	1 56
		Communes de l'arrondissement de Turnhout	1 47

PROVINCES.	Date de l'arrêté de la députation permanente du conseil provincial.	LOCALITÉS. — PRIX DE LA JOURNÉE DE TRAVAIL.	
Brabant. . .	19 sept. 1906.	Bruxelles, Anderlecht, Etterbeek, Ixelles, Laeken, Molenbeek-Saint-Jean, Saint-Gilles, Saint-Josse-ten-Noode et Schaerbeek . . .	3 »
		Forest, Jette-Saint-Pierre, Uccle, Vilvorde et Woluwe-Saint-Lambert. . .	2 50
		Assche, Koekelberg et Overyssche	2 »
		Hal	1 80
		Autres communes de l'arrondissement de Bruxelles . . .	1 60
		Louvain	3 60
		Tirlemont, Diest et Kessel-Loo . . .	2 »
		Aerschot et Hérent . .	1 75
		Autres communes de l'arrondissement de Louvain . . .	1 25
		Nivelles, Wavre et Braine-l'Alleud .	2 »
		Autres communes de l'arrondissement de Nivelles . . .	1 60
Flandre occid.	30 nov. 1906.	Toute la province .	1 50
Flandre orient.	21 sept. 1906.	Gand. . . .	2 50
		Autres localités . . .	1 75
Hainaut. . .	7 sept. 1906.	Toute la province .	1 80
Liége. . . .	15 oct. 1906.	1e Communes de 100,000 habitants et plus :	
		A. Hommes. . . .	3 50
		B. Femmes. . . .	2 25
		2e Communes de 50,000 habitants et plus :	
		A. Hommes. . . .	3 »
		B. Femmes. . . .	2 »
		3e Communes de 20,000 habitants et plus :	
		A. Hommes. . . .	2 50
		B. Femmes. . . .	1 75
		4e Communes de 5,000 habitants et plus :	
		A. Hommes. . . .	2 »
		B. Femmes. . . .	1 50
		5e Communes de moins de 5,000 habitants :	
		A. Hommes. . . .	1 50
		B. Femmes. . . .	1 25
Limbourg . .	3 août 1906.	Hasselt, Saint-Trond, Tongres et Maeseyck :	
		A. Hommes. . . .	1 90
		B. Femmes. . . .	1 15
		Autres communes :	
		A. Hommes. . . .	1 50
		B. Femmes. . . .	1 05
Luxembourg	27 fév. 1906.	Toute la province :	1 50
Namur . . .	27 juill. 1906.	Toute la province :	
		A. Hommes. . . .	2 »
		B. Femmes. . . .	1 50

Hospice-hôpital intercommunal à Peer. — *Création.* — *Communes de Grand-Brogel, de Peer et de Petit-Brogel.* — Arrêté royal du 18 septembre 1906. (*Moniteur* du 5 octobre.)

Un arrêté royal du 18 septembre 1906, contresigné par M. Van den Heuvel, ministre de la justice, autorise les communes de Grand-Brogel, de Peer et de Petit-Brogel à s'unir pour fonder et entretenir un hospice-hôpital, à Peer, conformément à l'acte d'union intervenu entre elles.

Domicile de secours. — *Détermination.* — *Présomption résultant des inscriptions aux registres de population.* — *Changement de jurisprudence.* — Circulaire adressée le 22 avril 1905 aux gouverneurs de province par M. Van den Heuvel, ministre de la justice. (*Recueil des circulaires du ministère de la justice*, 1905, p. 46.)

D'après la jurisprudence suivie actuellement dans l'examen des contestations en matière de domicile de secours, en ce qui concerne la présomption d'habitation résultant de l'inscription aux registres de population, c'est la date de l'inscription qui est prise comme date de l'entrée d'un individu dans une commune.

Or, il s'écoule toujours un certain intervalle entre la date de la déclaration du départ d'une commune et celle où l'intéressé est inscrit aux registres de sa nouvelle résidence. Celui-ci habite, en fait, cette localité depuis un certain temps déjà quand cette inscription a lieu. Dans la réalité, le départ coïncide avec la déclaration de sortie et la précède même parfois.

L'habitation de trois années qui sert de base à l'acquisition du domicile de secours est souvent fort difficile à prouver par des faits précis et il faut recourir à la présomption résultant de l'inscription aux registres de la population; il importe donc que cette présomption légale soit le plus possible en rapport avec la réalité. J'ai décidé, dès lors, de modifier sur ce point la jurisprudence actuellement en vigueur. Dorénavant il y aura lieu de considérer comme *date exacte du départ*, non plus la date de l'inscription dans la nouvelle résidence, mais *bien celle de la déclaration de sortie* de l'ancienne résidence. Cette date, qui est celle du certificat de changement de résidence modèle n° 2, est indiquée dans la colonne 12 du registre principal de population de la commune que quitte l'intéressé et dans la colonne 7 du registre de la nouvelle résidence (art. 82, 2°, et 87 des instructions générales du 1er juin 1901 du ministère de l'intérieur et de l'instruction publique).

Ce système n'est que l'application de celui qui est en usage dans l'examen des questions relatives à l'acquisition du domicile électoral des citoyens. En effet, aux termes de l'article 57, alinéa 2, du code électoral, l'acquisition de ce domicile dans la nouvelle résidence remonte au jour où l'intéressé a fait sa déclaration de sortie à l'administration communale de son ancienne résidence.

Il reste, toutefois, bien entendu que la présomption d'habitation résultant de cette inscription ne constitue, comme par le passé, qu'une présomption *juris tantum*, susceptible d'être renversée par la preuve contraire.

Je vous prie, Monsieur le gouverneur, de vouloir bien insérer dans un bref délai la présente circulaire au *Mémorial administratif* de votre province.

JURISPRUDENCE ADMINISTRATIVE. — *Aliénés guéris quittant les asiles.* — *Secours de route.* — *Remboursement.* — Arrêté royal du 6 mai 1905, contresigné par M. Van den Heuvel, ministre de la justice. (*Recueil des circulaires du ministère de la justice*, 1905, p. 50.)

Vu les avis des députations permanentes des conseils provinciaux de Liége et du Hainaut sur la contestation qui s'est élevée entre la commune de Fléron et la commission administrative des hospices civils de Froidmont sur le point de savoir à qui incombe la charge du secours de route de 15 francs alloué par les dits hospices civils au nommé I... J... J... B..., aliéné sorti guéri de l'asile Saint-Charles, à Froidmont, pour lui permettre de se rendre dans sa famille;

Attendu que les secours accordés à un aliéné à sa sortie de l'asile pour lui permettre de rentrer dans sa famille ou de se rendre dans une localité pour y trouver du travail ne sauraient être considérés comme des frais accessoires des frais d'entretien et de traitement du dit aliéné;

Attendu, en effet, que l'aliéné étant guéri, sa présence dans un établissement spécial ne se justifie plus, le but de son placement dans cet établissement, sa guérison, étant atteint; que, dès lors, il ne saurait plus être question des frais de son entretien et de son traitement;

Attendu, en conséquence, que les dits secours de route ne peuvent tomber sous l'application de l'article 16 de la loi du 27 novembre 1891 sur l'assistance publique, modifié par la loi du 30 juin 1896, qui vise la charge des frais de l'entretien et du traitement des indigents atteints d'aliénation mentale;

Attendu, d'autre part, que les dits secours de route ne rentrent dans aucune des catégories de frais d'assistance dont le remboursement est prévu par l'article 2 de la loi précitée;

Attendu, dès lors, qu'ils incombent à la commune sur le territoire de laquelle le besoin d'assistance a pris naissance;

Attendu que la présence de l'aliéné sur le territoire de la commune où est situé l'asile est la conséquence de sa collocation; qu'elle n'est donc pas volontaire; que cette commune ne peut, dès lors, être tenue de la charge des frais susvisés; que le besoin d'assistance doit, en conséquence, être considéré comme ayant pris naissance sur le territoire de la commune où se trouvait l'indigent au moment de sa collocation;

Attendu, en l'espèce, que I... J... J... B... était, au moment de sa collocation, détenu au dépôt de mendicité de Merxplas en vertu d'un jugement du tribunal de simple police de Fléron en date du 13 octobre 1903;

Attendu que c'est sur le territoire de la commune de Fléron qu'il avait été arrêté et traduit en justice; que c'est donc à Fléron que le besoin d'assistance du dit I... J... J... B... doit être considéré comme ayant pris naissance;

Vu les articles 1er, 2, 16 et 33 de la loi du 27 novembre 1891 sur l'assistance publique;

Sur la proposition de notre ministre de la justice,

Nous avons arrêté et arrêtons :

ARTICLE UNIQUE. — La commune de Fléron est tenue de rembourser à la commission administrative des hospices civils de Froidmont le secours de route de 15 francs alloué par cette dernière au nommé I... J... J... B...

Bureaux de bienfaisance et hospices civils. — Subsides en faveur de l'œuvre de la soupe scolaire. — Délibérations. — Annulation. — Approbation du conseil communal. — Annulation. — Arrêté royal du 15 août 1905, contresigné par M. Van den Heuvel, ministre de la justice. (*Moniteur* du 31 août.)

Vu les délibérations, en date du 23 septembre et du 22 décembre 1904, par lesquelles le bureau de bienfaisance et la commission administrative des hospices civils de Tirlemont arrêtent respectivement leurs budgets, lesquels comportent chacun un subside de 2,000 francs en faveur de l'œuvre de la soupe scolaire (art. 15 des dépenses du budget du bureau de bienfaisance, art. 44 du budget des hospices civils);

Vu la délibération, en date du 14 janvier 1905, par laquelle le conseil communal de Tirlemont approuve les budgets précités du bureau de bienfaisance et des hospices civils de cette localité; ...

Attendu que les attributions des bureaux de bienfaisance et des commissions administratives des hospices civils ont été nettement déterminées par les lois y relatives et que ces attributions ne comprennent que la distribution des secours à domicile et l'hospitalisation des indigents;

Attendu que l'œuvre de la soupe scolaire ne rentre pas dans ces attributions; qu'en effet les distributions de soupe n'ont pas un caractère absolument charitable; qu'elles ne sont pas faites à raison de l'état d'indigence des élèves, état qui, d'ailleurs, ne se présente pas pour tous;

Attendu que ces distributions doivent être considérées comme étant instituées principalement dans l'intérêt de l'enseignement primaire et qu'à ce titre elles font partie du service de l'enseignement public, service qui rentre dans les attributions de la commune;

Attendu qu'il s'ensuit que ni les bureaux de bienfaisance ni les commissions administratives d'hospices civils ne peuvent consacrer une partie de leur dotation à organiser le service de la soupe scolaire, étranger à leurs attributions, ni, par conséquent, subsidier de telles œuvres;

Attendu qu'il en résulte que les délibérations précitées sont contraires à la loi;

Vu les articles 86 et 87 de la loi communale;

Sur la proposition de notre ministre de la justice,

Nous avons arrêté et arrêtons :

ART. 1er. — Les délibérations ci-dessus mentionnées du bureau de bienfaisance, de la commission administrative des hospices civils et du conseil communal de Tirlemont, respectivement datées des 23 septembre, 22 décembre 1904 et 14 janvier 1905, sont annulées.

Mentions de cette annulation seront faites sur les registres aux délibérations en marge des délibérations annulées.

ART. 2. — L'article 15 des dépenses du budget du bureau de bienfaisance de Tirlemont et l'article 44 du budget des hospices civils de Tirlemont sont supprimés.

Commune ne possédant pas d'hôpital. —
Envoi du malade dans l'hôpital d'une autre
localité. — *Taux du remboursement des frais.*
— Arrêté royal du 5 octobre 1906, contresigné par M. Van den Heuvel, ministre de la
justice. (*Moniteur* du 31 octobre.)

Vu le recours formé par la commune d'Etterbeek contre l'arrêté de la députation permanente du conseil provincial du Brabant, en date
du 10 janvier 1906, portant que cette commune
est tenue de rembourser à celle de Saint-Gilles,
au taux de 3 fr. 18 c. prix de la
journée d'entretien fixé par arrêté royal pour
les hôpitaux de Bruxelles en 1905 — les frais
d'entretien et de traitement du nommé J.-B.T...,
admis à l'hôpital Saint-Pierre à Bruxelles, le
23 janvier 1905, sur réquisitoire de la commune
de Saint-Gilles;

Attendu que la commune d'Etterbeek, domicile de secours non contesté, prétend que celle
de Saint-Gilles n'a droit au remboursement de
ses avances qu'au taux de 1 fr. 66 c. par jour,
prix moyen de la journée d'entretien des indigents à l'hôpital, en 1905, pour les communes
de 5,000 habitants et plus, qui ne possèdent pas
d'hôpital;

Attendu qu'il résulte du texte et de l'esprit
de la loi sur l'assistance publique et de la loi
sur l'assistance médicale gratuite que les communes sont tenues de secourir les indigents
sur leur territoire ou dans leurs établissements;

Attendu que, par application de ce principe,
une jurisprudence constante décide qu'une commune possédant un hôpital et envoyant un indigent malade dans l'hôpital d'une autre localité
n'est pas en droit d'exiger le prix fixé pour ce
dernier établissement et qu'elle ne peut réclamer au domicile de secours un prix supérieur
à celui établi pour son propre hôpital;

Attendu qu'il y a lieu de décider de la même
façon lorsque la commune secourante ne possède pas d'hôpital; qu'il ne serait pas équitable
en effet qu'une commune qui se trouve dans ce
cas obtînt la restitution totale des sommes
payées pour l'hospitalisation d'indigents dans
une autre localité, alors qu'une commune, qui
aurait un hôpital, n'obtiendrait pas ce remboursement intégral;

Attendu qu'en l'absence d'hôpital dans la
commune secourante, il convient de déterminer
un prix maximum à rembourser par le domicile
de secours pour la restitution des frais payés à
l'hôpital d'une autre localité; qu'il y a lieu
d'adopter en cette occurrence le prix moyen de
la journée d'entretien à l'hôpital des indigents
pour les communes de 5,000 habitants et plus
ou pour les communes de moins de 5,000 habitants qui ne possèdent pas d'hôpital (en 1905,
1 fr. 66 c. ou 1 fr. 24 c.);

Attendu, d'ailleurs, que ce prix moyen est
établi d'après le prix de la journée d'entretien
dans les hospices et les hôpitaux fixés dans
l'arrêté royal pris annuellement en exécution
de l'article 37, § 1er, de la loi du 27 novembre
1891 sur l'assistance publique;

Attendu que le fait que l'indigent n'habitait
pas Saint-Gilles depuis plus d'un mois au
moment de son admission à l'hôpital, de même
que la circonstance qu'Etterbeek forme agglomération avec Bruxelles, sont indifférents dans
l'espèce;

Attendu que le fait essentiel est que le
malade a été envoyé par la commune de Saint-
Gilles dans l'hôpital d'une autre localité;

Vu les articles 1er, 3 et 37, § 1er, de la loi du
27 novembre 1891 sur l'assistance publique,
ainsi que la loi de la même date sur l'assistance
médicale gratuite;

Sur la proposition de notre ministre de la
justice,

Nous avons arrêté et arrêtons :

ART. 1er. — L'arrêté de la députation permanente du conseil provincial du Brabant, en date
du 10 janvier 1906, ci-dessus mentionné est
annulé.

ART. 2. — La commune d'Etterbeek n'est
tenue de rembourser à celle de Saint-Gilles
qu'au taux de 1 fr. 66 c. par jour les frais de
l'entretien et du traitement du nommé J.-B.T...,
admis à l'hôpital Saint-Pierre à Bruxelles, le
23 janvier 1905.

Commune ne possédant pas d'hôpital. —
Convention avec un établissement public hospi-
talier. — *Envoi d'un malade dans cet établis-*
sement. — *Taux du remboursement des frais*
par le domicile de secours. — Arrêté royal du
27 novembre 1906, contresigné par M. Van den
Heuvel, ministre de la justice. (*Moniteur* des
26-27 décembre.)

Vu le recours formé par la ville de Bruxelles
contre l'arrêté de la députation permanente du
conseil provincial du Brabant, en date du
19 septembre 1906, portant que cette ville est
tenue de rembourser à la commune de Koekelberg, à partir de la 11e journée et au taux de
2 fr. 12 c. par jour, les frais d'entretien et de
traitement de la nommée Th... V..., épouse
divorcée F..., admise le 23 juin 1905 à l'hôpital
de Molenbeek-Saint-Jean sur réquisitoire de
la commune de Koekelberg;

Attendu que la ville de Bruxelles, domicile
de secours non contesté, prétend que la commune de Koekelberg n'a droit au remboursement de ses avances qu'au taux de 1 fr. 66 c.
par jour, prix moyen de la journée d'entretien
des indigents à l'hôpital, en 1905, pour les communes de 5,000 habitants et plus, qui ne possèdent pas d'hôpital;

Attendu que cette commune a conclu avec
l'administration des hospices civils de Molenbeek-Saint-Jean la convention prévue par les
articles 1er et 2 de la loi du 27 novembre 1891
sur l'assistance médicale gratuite; qu'elle s'est
ainsi assuré un établissement hospitalier pour
y faire admettre ses malades, qu'elle ne
saurait, dans ces conditions, être assimilée à la
commune qui ne possède pas d'hôpital;

Attendu qu'en ce qui concerne le remboursement des frais, l'hôpital de Molenbeek-Saint-
Jean peut être considéré comme étant le sien,
et qu'elle a donc le droit de réclamer au domicile de secours le prix de 2 fr. 12 c., établi pour
l'hôpital de Molenbeek-Saint-Jean par l'arrêté
royal du 5 janvier 1905, fixant le prix de la
journée d'entretien dans les hospices et les
hôpitaux;

Attendu que l'arrêté de la députation permanente du conseil provincial du Brabant bien qu'erroné dans ses considérants est exact dans son dispositif;

Vu les articles 1er, 2, 33 et 37, § 1er, de la loi du 27 novembre 1891 sur l'assistance publique, ainsi que la loi de la même date sur l'assistance médicale gratuite ;

Sur la proposition de notre ministre de la justice,

Nous avons arrêté et arrêtons :

ARTICLE UNIQUE. — Le recours formé par la ville de Bruxelles contre l'arrêté de la députation permanente du conseil provincial du Brabant, en date du 19 septembre 1906, prémentionné, est déclaré non fondé.

Domicile de secours. — Jugement en désaveu de paternité. — Effet rétroactif. — Arrêté royal du 22 octobre 1906, contresigné par M. Van den Heuvel, ministre de la justice. (*Moniteur* des 19-20 novembre.)

Vu le recours formé par la commune de Schaerbeek contre l'arrêté de la députation permanente du conseil provincial du Brabant, en date du 9 juin 1906, portant que cette localité était, au 27 juillet 1905 et jusqu'au 29 octobre suivant, le domicile de secours de l'enfant, admise à l'hôpital Saint-Pierre, à Bruxelles, le 27 juillet 1905, sous le nom — qui était alors le sien — de T... B...;

Attendu qu'un jugement du tribunal de première instance de Bruxelles, en date du 29 octobre 1905, a accueilli l'action en désaveu de paternité, introduite contre cette enfant par le sieur A... B...;

Attendu que la décision de la députation permanente est basée sur ce que ce jugement ne peut avoir d'effet rétroactif, au point de vue de la loi sur l'assistance publique; qu'à cet égard il ne peut recevoir d'application qu'à partir de sa date; que ce n'est donc qu'à compter du 29 octobre 1905 que l'enfant cessera de suivre le domicile de secours d'A... B..., pour suivre celui de sa mère J.-T. R..., épouse en secondes noces du sieur J... D.. B..., et qu'enfin les frais d'assistance, occasionnés par l'indigente antérieurement au 29 octobre 1905, doivent rester une charge du domicile de secours d'A... B... et ne peuvent être mis au compte du domicile de secours de la mère;

Attendu que ces conclusions sont inconciliables avec les effets que les principes de la matière attachent à un jugement admettant une action en désaveu de paternité;

Attendu qu'une telle décision agit rétroactivement; que les effets en remontent jusqu'au jour de la naissance de l'enfant; qu'en d'autres termes, dans un tel jugement, il n'est pas dit qu'à compter du moment où il est intervenu, une personne cessera d'être réputée l'enfant d'un individu déterminé, mais qu'il est déclaré qu'à aucun moment cette personne n'a été l'enfant de l'individu en question;

Attendu qu'il est donc constaté, par le jugement du 29 octobre 1905, que l'enfant qui a porté le nom d'A...B... a, en réalité, été toujours étrangère à celui-ci;

Attendu, par conséquent, que le domicile de secours du dit A... B .. ne peut plus, même pour la période antérieure au 29 octobre 1905, être attribué à l'enfant;

Attendu que c'est le domicile de secours de sa mère qui doit lui être attribué;

Attendu que cette dernière possède, du chef de son second mari, son domicile de secours non contesté à Bruxelles;

Vu les articles 3 et 33 de la loi du 27 novembre 1891 sur l'assistance publique;

Sur la proposition de notre ministre de la justice,

Nous avons arrêté et arrêtons :

ART. 1er. — L'arrêté de la députation permanente du conseil provincial du Brabant, en date du 9 juin 1906, prémentionné, est annulé.

ART. 2. — L'enfant admise à l'hôpital Saint-Pierre à Bruxelles, le 27 juillet 1905, sous le nom de T... B..., possédait, à cette date, son domicile de secours en cette ville.

Indigent sans domicile de secours. — Commune ne possédant pas d'hôpital. — Envoi du malade dans l'hôpital d'une autre localité. — Taux du remboursement des frais. — Arrêté royal du 12 août 1906, contresigné par M. Van den Heuvel, ministre de la justice. (*Moniteur* du 31 août.)

Vu l'avis de la députation permanente du conseil provincial du Brabant sur la contestation qui s'est élevée entre l'Etat et la commune de Saint-Gilles au sujet du point de savoir à quel taux seront remboursés les frais d'entretien et de traitement du nommé A.-E. L..., indigent sans domicile de secours, admis le 20 septembre 1905 à l'hôpital Saint-Jean, à Bruxelles, à la demande de la commune de Saint-Gilles;

Attendu qu'il s'agit de déterminer à quel taux la commune, qui envoie un indigent malade dans l'hôpital d'une autre localité, peut se faire rembourser, par l'Etat, les frais d'entretien et de traitement;

Attendu qu'il résulte du texte et de l'esprit de la loi sur l'assistance publique et de la loi sur l'assistance médicale gratuite que les communes sont tenues de secourir les indigents sur leurs territoires ou dans leurs établissements;

Attendu que, par application de ce principe, une jurisprudence constante décide qu'une commune possédant un hôpital et envoyant un indigent malade dans l'hôpital d'une autre localité n'est pas en droit d'exiger le prix fixé pour ce dernier établissement et qu'elle ne peut réclamer au domicile de secours ou à l'Etat un prix supérieur à celui établi pour son propre hôpital;

Attendu qu'il y a lieu de décider de la même façon lorsque la commune secourante ne possède pas d'hôpital; qu'il ne serait pas équitable, en effet, qu'une commune qui se trouve dans ce cas obtînt la restitution totale des sommes payées pour l'hospitalisation d'indigents dans une autre localité, alors qu'une commune qui aurait un hôpital n'obtiendrait pas ce remboursement intégral;

Attendu qu'en l'absence' d'hôpital dans la commune secourante, il convient de déterminer un prix maximum à rembourser par le domicile de secours ou par l'Etat pour la restitution des frais payés à l'hôpital d'une autre localité, qu'il y a lieu d'adopter, en cette occurrence, le prix moyen de la journée d'entretien à l'hôpital des indigents pour les communes de 5,000 habitants et plus, ou pour les communes de moins de 5,000 habitants (en 1905, 1 fr. 66 c. ou 1 fr. 24 c.);

Attendu d'ailleurs que ce prix moyen est établi d'après les prix de la journée d'entretien dans les hospices et les hôpitaux fixés dans l'arrêté royal pris annuellement, en exécution de l'article 37, § 1er, de la loi du 27 novembre 1891 sur l'assistance publique;

Attendu que le fait que l'indigent n'habitait pas à Saint-Gilles depuis plus d'un mois au moment de son admission à l'hôpital est indifférent dans l'espèce;

Attendu que le fait essentiel est que le malade a été envoyé par la commune de Saint-Gilles dans l'hôpital d'une autre localité;

Vu les articles 1er, 2 et 37, § 1er, de la loi du 27 novembre 1891 sur l'assistance publique, ainsi que la loi de la même date sur l'assistance médicale gratuite;

Sur la proposition de notre ministre de la justice,

Nous avons arrêté et arrêtons :

ARTICLE UNIQUE. — L'Etat n'est tenu de rembourser à la commune de Saint-Gilles qu'au taux de 1 fr. 66 c. par jour les frais de l'entretien et du traitement du nommé A.-E. L..., admis à l'hôpital Saint-Jean, à Bruxelles, à la date du 20 septembre 1905.

Voy. ALIÉNÉS. — DONATIONS ET LEGS. — VAGABONDAGE ET MENDICITÉ.

Attelage de chiens. — *Règlement provincial.* — *Liége.* — Arrêté royal du 19 août 1906, contresigné par M. van der Bruggen, ministre de l'agriculture. (*Moniteur* du 15 septembre.)

Vu les délibérations des 12 et 14 juillet 1906 du conseil provincial de Liége, adoptant les dispositions d'un nouveau règlement sur l'attelage des chiens;

Vu l'article 86 de la loi provinciale;

Sur la proposition de notre ministre de l'agriculture,

Nous avons arrêté et arrêtons :

ART. 1er. — Est approuvé, tel qu'il est annexé au présent arrêté, le règlement sur l'attelage des chiens, adopté par le conseil provincial dans les séances des 12 et 14 juillet 1906.

Extrait du procès-verbal officiel de la séance du conseil provincial du 14 juillet 1906.

Présidence de M. Gony, vice-président.
La séance est ouverte à 15 heures 10 minutes.
MM. Laruth et Gendebien siègent au bureau en qualité de secrétaires.

. . . .

M. Laruth donne lecture des décisions prises à la dernière séance ainsi que de la délibération suivante à prendre en exécution de la résolution votée à la séance du 12 juillet concernant les modifications au règlement provincial sur l'attelage des chiens;

Le conseil provincial de Liége,

Vu l'article 85 de la loi du 30 avril 1836,

Arrête :

ART. 1er. Tout chien attelé doit l'être de manière à pouvoir, à tout arrêt, s'étendre librement et reposer la tête sur le sol, sans que le poids de la charge lui pèse sur le dos.

ART 2. Pendant tout le stationnement des charrettes sur les marchés et sur la voie publique par les temps de neige ou de pluie, le conducteur devra étendre sous son chien un sac, un paillasson ou toute litière convenable; il devra l'abriter, en hiver, contre le froid, au moyen de couverture et, par le mauvais temps, contre la pluie, au moyen d'une bâche en toile cirée.

ART. 3. Les chiens attelés doivent mesurer au moins 50 centimètres de hauteur à l'épaule, sans préjudice à ce qui sera dit ci-après quant aux attelages entre brancards.

ART. 4. Il est interdit :

A. D'atteler les chiens que la faiblesse, la maladie, les vices ou les infirmités auraient rendus impropres à cet usage et les chiennes pleines et allaitant des petits, ainsi que les chiennes en folie;

B. De se faire traîner dans sa charrette ou d'y laisser monter d'autres personnes;

C. D'atteler un ou plusieurs chiens à un véhicule attelé, en même temps qu'un ou plusieurs animaux d'une autre espèce;

D. A toute personne en état d'ivresse, de conduire un attelage à chiens;

E. De conduire des attelages à chiens, autres que des brouettes, hors voies et chemins;

F. De surcharger le véhicule; il y a surcharge dès que la traction exige du chien des efforts excessifs;

G. De traîner le chien par le collier d'attache ou de tirer sur ce collier pour retenir le véhicule;

H. De confier la conduite d'un attelage à chiens à un enfant de moins de 14 ans.

ART. 5. Lorsque le chien est attelé sous une charrette, celle-ci doit être suffisamment élevée pour ne pas être en contact avec l'animal.

B

Barrière. — *Immondices et boues de ville.* — *Transfert.* — *Exemption du droit.* — *Refus de consignation non punissable.*

Les immondices et boues de ville sont, de par leur nature même, complètement exemptées des droits de barrière, sans qu'il soit même nécessaire que ces immondices ou boues, pour jouir de l'exemption, soient immédiatement affectées à l'usage spécial de l'agriculture.

Si la consignation du droit est toujours obligatoire, il n'en est pas moins vrai que, du moment où aucun droit n'est exigible, l'amende n'existe pas, la raison d'être de sa débition disparaît, et le refus de consignation d'un droit inexistant, donc nul, n'est pas punissable. — Tribunal correctionnel de Liège, 29 juillet 1905, *Pasic.*, 1906, III, 152.

Perception exercée à plus de vingt mètres de distance du poteau. — Illégalité. — Loi du 18 mars 1833, art. 3.

Aux termes de l'article 3 de la loi du 18 mars 1833, toute perception exercée à plus de vingt mètres de distance du poteau est illégale. On ne peut donc commettre d'infraction en refusant de s'y soumettre. — Tribunal correctionnel de Liège, 6 février 1906, *Pasic.*, 1906, III, 275.

Biens communaux. — *Partage.* — *Bâtiments affectés à un service d'utilité publique.*

Les biens communaux dont le partage est visé dans l'article 151 de la loi communale ne peuvent comprendre que les biens productifs de revenus et non les bâtiments et édifices affectés à un service public ou d'utilité publique, tels qu'école, église, presbytère et cimetière. — Cour d'appel de Liège, 14 décembre 1904, *Pasic.*, 1906, II, 348.

Bourgmestre. — Voy. Collège des bourgmestre et échevins. — Conseil communal. — Police sanitaire des animaux domestiques.

Bureau de bienfaisance. — *Nomination. — Ballottage. — Irrégularité.* — Arrêté royal du 24 mars 1906. (*Moniteur* du 14 avril.)

Un arrêté royal du 24 mars 1906, contresigné par M. Van den Heuvel, ministre de la justice, annule la délibération du 8 janvier 1906 par laquelle le conseil communal de Warquignies nomme le sieur C. E... membre du bureau de bienfaisance de cette localité.

Cette décision est basée sur ce que la nomination dont il s'agit a été faite après un scrutin de ballottage auquel ont été soumis quatre candidats; que le premier scrutin ayant attribué un même nombre de voix à chacun des candidats, le conseil communal aurait dû procéder à un ballottage entre les deux candidats les plus âgés, puisqu'il n'y avait qu'un membre à élire; qu'il en résulte que la délibération précitée du conseil communal de Warquignies est contraire à la loi.

— *Révocation déguisée.* — Arrêté royal du 31 mars 1906. (*Moniteur* du 21 avril.)

Un arrêté royal du 31 mars 1906, contresigné par M. Van den Heuvel, ministre de la justice,

annule la délibération, en date du 27 janvier 1906, par laquelle le conseil communal de Mozet approuve la délibération du bureau de bienfaisance de la même localité, nommant M. H... en qualité de médecin des pauvres en remplacement de M. O...

Cet arrêté est basé sur ce que la délibération du bureau de bienfaisance équivalait à la révocation du sieur C..., puisque aucun terme n'avait été fixé aux fonctions de ce dernier et que celui-ci n'avait pas donné sa démission; que cette révocation devait figurer à l'ordre du jour et faire l'objet d'un vote au scrutin secret dans une séance à huis clos; qu'aucune de ces formalités n'avait été observée; qu'il s'ensuit que la délibération du bureau de bienfaisance, de même que celle du conseil communal approuvant la première, est contraire à la loi.

———

Secours fournis par un établissement public à un indigent qui n'y avait pas droit. — Recours. — Admissibilité. — Conditions. — Personnes tenues. — Commune du domicile de secours. — Communauté conjugale. — Décès de la femme assistée. — Recours contre ses héritiers.

L'établissement public charitable exerce utilement son droit de recours dès qu'il est prouvé que l'indigent a reçu des secours auxquels il n'avait pas droit, peu importe qu'il y ait eu ou non des manœuvres frauduleuses pour obtenir l'assistance.

Le recours peut être exercé par la commune du domicile de secours ou ses établissements publics, si ces derniers ont dû rembourser à une autre commune les frais d'assistance : ce recours est exercé comme mandant et non comme cessionnaire des droits de la commune assistante.

La commune du domicile de secours ne peut, en aucun cas, refuser le remboursement des frais d'assistance à la commune qui les a prestés.

Mais le recours ne peut être exercé qu'après le payement effectif de la commune assistante. Il constitue une action *sui generis* et ne peut être exercé que contre le prétendu indigent ou ceux qui lui doivent des aliments. En cas de séparation de fait, il ne peut être dirigé contre le mari du chef de la communauté et des obligations qui lui incombent en vertu de l'article 1409, 5°, si la communauté possède des biens suffisants.

Pendant le cours de la communauté, la commune du domicile de secours ne pourrait donc exercer contre le mari que l'action en secours alimentaires, et, cette action venant à disparaître par le décès de la femme, la dite commune est non recevable à agir contre le mari : elle ne peut plus recourir contre les héritiers de la femme. — Tribunal civil de Furnes, 17 juin 1905, *Pasic.*, 1906, III, 86.

———

Exploit. — Absence de bureaux. — Receveur. — Assignation. — Validité.

Lorsqu'un bureau de bienfaisance n'a pas de local et tient ses séances à la maison communale, une assignation lui est valablement donnée à la personne et au domicile de son receveur. — Tribunal civil de Huy (référés), 12 octobre 1905, *Pasic.*, 1906, III, 173.

Voy. ASSISTANCE PUBLIQUE. — CONSEIL COMMUNAL. — DONATIONS ET LEGS.

C

Chasse. — *Fermeture. — Instructions.* — Circulaire adressée le 11 décembre 1906 aux gouverneurs de province par M. van der Bruggen, ministre de l'agriculture.

Aux termes de l'arrêté ministériel du 15 août 1906, la chasse à la grousse d'Ecosse, à la caille et à la perdrix est fermée actuellement; celle aux lièvres, faisans, gélinottes, râles de campagne ou de genêts et coqs de bruyère, ainsi que celle à l'aide de chien lévrier, cessera d'être permise après le 31 décembre prochain; celle aux chevreuils, cerfs et daims après le 31 janvier 1907, et celle aux gibiers d'eau, tels que les canards sauvages, vanneaux, bécassines, jaquets, pluviers, etc., après le 30 avril suivant.

La chasse à tir au lapin avec ou sans furets en battues ou à l'aide du chien d'arrêt ou du petit chien dit « roquet », dans les bois ainsi que dans les dunes et celle au moyen de bourses et de furets, peuvent se pratiquer toute l'année.

En temps de neige, il est défendu de chasser en plaine, quelle que soit la quantité de neige qui recouvre la terre; la chasse reste autorisée dans les bois, ainsi qu'aux gibiers d'eau, sur les bords de la mer, dans les marais, sur les fleuves et les rivières.

Aux termes de l'article 10 de la loi du 28 février 1882, après le troisième jour qui suit la date de la fermeture de la chasse à un gibier, il est défendu d'exposer en vente, de vendre, d'acheter, de transporter ou de colporter ce gibier.

Cependant, le trafic et le transport de certains gibiers qui ne se multiplient pas dans le royaume et que le commerce reçoit de l'étranger sont toujours autorisés; parmi ces gibiers doivent être rangés. notamment, le renne, le lièvre blanc de Russie, la bécasse, le lagopède ou perdrix blanche, la poule de prairie d'Amérique, le tétras Urogalle ou grand coq de bruyère, la perdrix rouge, la perdrix de Virginie, les colins d'Amérique, ainsi que les oiseaux exotiques de collection et de volière, tels que le faisan Lady Amherst, le faisan doré, le faisan argenté et tous les autres oiseaux qui ne vivent pas à l'état sauvage en Belgique.

Je saisis cette occasion pour vous faire remarquer de nouveau qu'en vertu de l'arrêté ministériel du 15 août dernier, l'usage du chien courant, pour la chasse à tir, n'est autorisé que jusqu'au 31 décembre; après cette date, les chiens de cette race ne peuvent être employés qu'en meute et sans armes à feu, pour la chasse

à courre, laquelle n'est plus permise après le 15 avril 1907 dans toute l'étendue du royaume, sauf pour le canton de Viel-Salm où elle reste autorisée jusqu'au 30 du dit mois inclus.

Je vous prie, Monsieur le gouverneur, de rappeler aux habitants de votre province les dispositions qui précèdent et d'inviter les autorités locales, le commandant de la gendarmerie de votre province, ainsi que les autres agents chargés de constater les infractions à la loi sur la chasse, à faire exécuter rigoureusement ces dispositions.

Garde particulier. — Délit de chasse. — Peine double.

La cour d'appel, en constatant que le prévenu exerçait les fonctions de garde particulier lorsqu'il a commis le délit de chasse pour lequel il a été condamné, doit prononcer une peine double. (Loi du 28 février 1882, art. 16.) — Cassation, 5 février 1906, *Pasic.*, 1906, I, 123.

Titulaire du droit de chasse. — Garde particulier. — Terres ensemencées. — Passage interdit.

Le propriétaire de la terre et le titulaire du droit de chasse sur celle-ci ne peuvent pas, sans s'être mis d'accord avec le locataire, y passer ou y faire passer leurs préposés lorsqu'elle est ensemencée ou chargée de récoltes. (Code pén., art. 552, n° 6, et 556, n° 6.) — Cassation, 25 juin 1906, *Pasic.*, 1906, I, 323.

Contravention. — Poursuite. — Jugement. — Appel. — Forme et délai. — Procès-verbal. — Garde-chasse. — Affirmation. — Omission. — Nullité. — Preuve. — Terrain d'autrui. — Titre concurrent. — Date certaine.

Les règles ordinaires quant à l'appel des jugements sont applicables en matière de chasse.

Est nul le procès-verbal dressé par un garde-chasse, s'il n'est pas affirmé au vœu de la loi; néanmoins, la contravention peut être établie par tous moyens de preuve, comme dans toute poursuite répressive.

Le prévenu d'un délit de chasse sur le terrain d'autrui n'est pas recevable à se prévaloir de l'absence de date dans l'acte de cession en vertu duquel agit la partie civile s'il ne possède pas un titre concurrent lui attribuant un droit personnel de chasse sur le terrain où la contravention à sa charge a été constatée. — Cour d'appel de Gand, 8 mars 1906, *Pasic.*, 1906, II, 304.

Lapins. — Lisière d'un bois. — Sapinière. — Chasse. — Non-applicabilité de la loi.

Ne tombe pas sous l'application de la loi le fait de tirer le lapin sur la lisière d'un bois, alors surtout que celui-ci est une sapinière plus ou moins touffue et que, partant, ce genre de chasse y est difficile, sinon impossible. — Tribunal correctionnel d'Arlon, 18 novembre 1904, *Pasic.*, 1906, III, 69.

————

Bricoles. — Placement sur le territoire de divers pays. — Délit unique. — Condamnation du prévenu dans l'un des pays. — Renvoi des poursuites dans les autres pays.

Lorsqu'un braconnier a placé des bricoles à la fois sur le territoire belge, sur le territoire neutre de Moresnet et sur le territoire allemand, tous ces faits de chasse constituent un délit unique. Si donc le prévenu a été puni en Allemagne pour ce fait de chasse, il y a lieu, conformément au principe qui a motivé l'article 13, § 2, de notre loi sur la procédure pénale, de renvoyer le prévenu des poursuites. — Tribunal correctionnel de Verviers, 8 juin 1905, *Pasic.*, 1906, III, 136.

Voy. OISEAUX INSECTIVORES.

Chemin de fer. *— Transport à prix réduit. — Abonnements scolaires. — Instructions.* — Circulaire adressée le 18 janvier 1907 aux gouverneurs de province par M. Ramaeckers, secrét aire général du ministère des chemins de fer, etc., au nom du ministre.

Mon arrêté du 10 courant approuve, pour être mis en vigueur à partir du 1er février prochain, le 3e supplément aux conditions réglementaires et prix pour le transport des voyageurs et des bagages en service intérieur de l'Etat.

Ce supplément règle, notamment, la forme des certificats à produire, par le bourgmestre ou le commissaire de police, pour l'obtention des abonnements scolaires.

L'annexe à la présente reproduit le modèle de ce formulaire.

J'ai l'honneur de vous prier, Monsieur le gouverneur, de vouloir bien donner, par la voie du *Mémorial administratif*, des instructions aux administrations communales pour qu'elles fassent usage de ce formulaire à l'exclusion de tous autres.

A ce propos, je crois devoir rappeler :

1° Que le certificat dont il s'agit est soumis au droit de timbre de dimension;

2° Que les certificats signés sous la formule :

Pour le bourgmestre,
L'échevin délégué,

sont considérés comme valables par l'administration des chemins de fer.

Il serait utile d'appeler, par la même voie, l'attention des administrations communales sur certaines irrégularités commises en matière de délivrance de certificats pour l'obtention de billets à prix réduit réservés aux ouvriers allant travailler temporairement hors frontières.

Aux termes des règlements, ces billets sont exclusivement à l'usage des ouvriers ou apprentis se l'offrant, en sous-ordre, à des travaux

essentiellement manuels et payés à la journée ou à la pièce.

Il a été constaté que des administrations communales délivrent des certificats à des personnes qui ne réunissent pas ces conditions, à des ménagères, par exemple, ou encore à des voyageurs allant rendre visite à des parents ou s'expatriant sans esprit de retour.

Cette façon de procéder favorisant les abus, je vous prie, Monsieur le gouverneur, de vouloir bien adresser aux administrations communales de votre province les recommandations les plus pressantes.

Au nom du ministre des chemins de fer, postes et télégraphes :

Le secrétaire général,
RAMAECKERS.

Demandes. — Les demandes d'abonnement ou de renouvellement d'abonnement doivent être déposées, dans les stations ou haltes, au moins huit jours d'avance et être accompagnées, indépendamment du portrait prévu a l'article 38 :

1° D'un certificat d'inscription délivré par le chef de l'établissement fréquenté ou son délégué, et indiquant les dates d'ouverture et de clôture des cours, ainsi que les jours de la semaine auxquels ils se donnent;

2° D'un certificat de résidence délivré par le bourgmestre ou le commissaire de police, et établi sur formulaire du modèle ci-après.

Ces deux certificats sont assujettis au droit de timbre de dimension.

——

Administration
communale de......

Certificat pour l'obtention d'un abonnement scolaire au chemin de fer de l'Etat.

Le soussigné { *bourgmestre* / *commissaire de police* } de la commune de......, certifie que le nommé......... né à......, le........, et exerçant la profession d........, réside en cette commune, rue......, n°....

Le présent certificat lui est délivré pour servir a l'obtention d'un abonnement scolaire au chemin de fer de l'Etat.

Délivré à......, le.....19...

Le { *bourgmestre,* / *commissaire de police,* }

Cimetières. *— Concessions de sépultures. — Droit exclusif des administrations communales. — Délibération d'un conseil de fabrique. — Annulation.* — Arrêté royal du 5 septembre 1905, contresigné par M. Van den Heuvel, ministre de la justice. (*Recueil des circulaires du ministère de la justice*, 1905, p. 109.)

Vu la délibération, en date du 28 mai 1905, par laquelle le conseil de fabrique de l'église de Saint-Séverin accorde au sieur Jacquet-

Dinier, de Boncelles, une concession de sépulture au cimetière de Saint-Séverin;

Vu l'avis du conseil communal de Saint-Séverin, en date du 24 juin 1905;

Vu l'arrêté du 24 juillet 1905 par lequel le gouverneur de la province de Liége suspend l'exécution de la délibération précitée, et l'arrêté, en date du 29 juillet 1905, par lequel la députation permanente du conseil provincial de Liége maintient la dite suspension;

Considérant qu'aux termes de l'article 16 du décret du 23 prairial an XII les lieux de sépulture, soit qu'ils appartiennent aux communes, soit qu'ils appartiennent aux particuliers, seront soumis à l'autorité, police et surveillance des administrations communales;

Considérant que ce droit d'autorité, police et surveillance attribué au pouvoir communal comprend le droit de régler l'usage du cimetière et, en conséquence, celui d'accorder des concessions de sépulture conformément aux articles 10 et 11 du même décret;

Considérant que la fabrique de l'église de Saint-Séverin, en accordant elle-même la concession dont il s'agit, a empiété sur les droits de l'administration communale, contrairement à l'article 16 du dit décret; que, dès lors, sa délibération est contraire à la loi;

Vu les articles 67 de la Constitution, 86 et 87 de la loi communale;

Sur la proposition de notre ministre de la justice,

Nous avons arrêté et arrêtons :

ARTICLE UNIQUE. — La délibération précitée du conseil de fabrique de l'église de Saint-Séverin, en date du 28 mai 1905, est annulée. Mention de cette annulation sera faite en marge de la dite délibération.

Code forestier. — *Bois soumis au régime forestier. — Balivage et martelage. — Modification à l'arrêté royal du 20 décembre 1854.* — Arrêté royal du 31 décembre 1906, contresigné par M. van der Bruggen, ministre de l'agriculture. (*Moniteur* des 28-29 janvier 1907.)

Vu les articles 19 et 54 du code forestier, 48, 49 et 50 de l'arrêté royal du 20 décembre 1854;

Considérant qu'il importe parfois de permettre l'abatage par dessouchement des arbres à exploiter dans les coupes martelées en jardinant;

Considérant qu'il peut être utile de remplacer par une autre désignation la marque à la racine, prescrite par l'article 50 de l'arrêté précité;

Sur la proposition de notre ministre de l'agriculture,

Nous avons arrêté et arrêtons :

ART. 1er. — L'article 50 de l'arrêté royal du 20 décembre 1854 est complété ainsi qu'il suit :

« Toutefois, la marque à la racine peut être remplacée par la désignation d'arbres témoins, de la façon qui sera prescrite par l'administration; dans ce cas, forment la réserve, les sujets non marqués ainsi que les arbres témoins. »

Adjudicataire. — *Infractions commises dans leurs coupes. — Responsabilité pénale.*

Les adjudicataires sont responsables des amendes et restitutions encourues pour délits et contraventions commis, soit dans la vente, soit à l'ouïe de la cognée, par ceux qu'ils emploient, sans que la responsabilité pénale de ces derniers doive être préalablement établie. (Code forest., art. 67.) — Cassation, 16 octobre 1905, *Pasic.*, 1906, I, 13.

Bois communaux. — *Enlèvement de feuilles mortes. — Autorisation de la députation permanente. — Droits d'usage ou de propriété. — Contravention.*

La conservation des forêts touchant à l'ordre public et pouvant être mise en péril par des usages contraires, l'enlèvement des feuilles mortes et autres produits superficiels n'est autorisé dans les bois des communes qu'avec le consentement de celles-ci et avec l'approbation de la députation permanente, l'administration forestière entendue.

A défaut par une administration communale, en conflit avec l'autorité supérieure, de fixer jour pour l'enlèvement des feuilles mortes, celui-ci est interdit.

Il n'importe, dans ce cas, que le prévenu demande le renvoi à fins civiles dans le but d'établir un prétendu droit d'usage ou de propriété, puisque l'exercice devrait toujours en être subordonné aux mesures de conservation et de police édictées par le code forestier. (Code forest., art. 107 et 143; loi du 17 avril 1878, art. 17 et 18.) — Cassation, 16 octobre 1905, *Pasic.*, 1906, I, 19.

Collectes. — *Interdiction. — Caractère général.*

L'arrêté du roi Guillaume, qui interdit toute collecte pour adoucir des calamités ou des malheurs, vise toutes les collectes faites à domicile dans un but de charité, à l'exclusion de celles qui ont un objet scientifique, littéraire, politique, philosophique ou religieux. (Arrêté royal du 22 septembre 1823.)

La nature d'une peine se déterminant par son maximum et non par son minimum, les infractions punissables des peines comminées par l'article 1er de la loi du 6 mars 1818 sont de la compétence des tribunaux correctionnels. (Loi du 6 mars 1818, art. 1er.) — Cassation, 16 octobre 1905, *Pasic.*, 1906, I, 25.

Mendicité. — *Grève.*

Ne constitue pas un fait de mendicité tombant sous l'application de l'article 342 du code pénal, mais une infraction à l'arrêté royal du 22 septembre 1823, la collecte à domicile de secours pour des ouvriers grévistes que la cessation de travail rend nécessiteux. — Cour d'appel de Liége, 13 décembre 1905, *Pasic.*, 1906, II, 75.

But charitable. — Appréciation souveraine.

Il appartient au juge du fond de constater souverainement qu'une collecte faite par des ouvriers grévistes avait pour but d'adoucir les conséquences rigoureuses et malheureuses de la grève, et, par suite, était soumise à l'autorisation préalable. (Arr. roy. du 22 septembre 1823.) — Cassation, 5 février 1906, *Pasic* , 1906, I, 125.

Collège des bourgmestre et échevins. — *Attributions.* — *Actions judiciaires de la commune.* — *Désistement.* — *Compétence du conseil communal.* — Arrêté royal du 3 décembre 1906, contresigné par M. de Trooz, ministre de l'intérieur, etc. (*Moniteur* du 5 décembre.)

Vu la résolution du 6 novembre 1906, par laquelle le collège échevinal de Romsée, province de Liége, décide « qu'il n'y a pas lieu de se défendre à l'instance provoquée par M. l'échevin Serexhe, appelant du jugement rendu par le juge de paix du canton de Héron, le 30 mai 1906 » ;

Attendu que le collège des bourgmestre et échevins avait, avec l'autorisation du conseil communal, intenté devant la dite justice de paix à M. l'échevin Serexhe une instance qui a abouti à un jugement consacrant les droits de la commune ;

Attendu que, si le collège est chargé de répondre aux actions intentées à la commune, il ne peut, sans l'autorisation du conseil communal, renoncer à cette défense ; qu'une telle décision aboutirait finalement à un acquiescement aux prétentions de l'appelant et la renonciation aux droits de la commune ;

Attendu que l'abandon des droits de la commune ne peut être consenti que par le conseil communal et qu'en se substituant à celui-ci le collège est sorti de ses attributions ;

Attendu que, dans l'espèce, la violation de la loi revêt un caractère particulier de gravité par la double circonstance que la décision judiciaire en première instance avait déjà admis les prétentions de la commune et que l'abandon de la défense en appel a été décidé par les deux échevins, dont l'un est adversaire de la commune dans la contestation dont il s'agit ;

Vu les articles 87 et 148 de la loi communale ;

Sur la proposition de notre ministre de l'intérieur et de l'instruction publique,

Nous avons arrêté et arrêtons :

La résolution susmentionnée du collège échevinal de Romsée, du 6 novembre 1906, est annulée.

Mention de cette disposition sera faite au registre des délibérations du dit collège, en marge de l'acte annulé.

— *Instructions au garde champêtre.* — *Compétence du bourgmestre.* — Arrêté royal du 30 juillet 1906, contresigné par M. de Trooz, ministre de l'intérieur, etc. (*Moniteur* du 3 août.)

Vu la délibération du 18 avril 1906, entrée au commissariat de l'arrondissement de Hasselt-Maeseyck le 9 mai, par laquelle le collège échevinal de Montenaeken (Limbourg) : 1° fait défense au garde champêtre de porter la correspondance administrative et charge de ce soin le garde cantonnier, tout en laissant la liberté au bourgmestre de se faire apporter les correspondances chez lui par une autre personne qu'il pourra choisir, à l'exclusion du garde champêtre ; 2° renouvelle la défense faite antérieurement au garde champêtre de passer la grille de la demeure des échevins, lui en défendant donc complètement l'entrée ;

Vu l'arrêté du gouverneur de la province, du 23 mai 1906, suspendant l'exécution de cette délibération ;

Vu l'arrêté de la députation permanente du conseil provincial du 1er juin maintenant la suspension dont les motifs ont été communiqués au collège échevinal dans sa séance du 20 juin ;

Vu l'appel formé auprès de nous, le 5 juillet, par les échevins, contre la suspension de leur délibération ;

Attendu que le bourgmestre étant chargé de recevoir et de signer la correspondance administrative a qualité pour désigner la personne de confiance à qui il veut confier, sous sa responsabilité, le soin de la porter ; qu'il n'appartient pas aux échevins de lui imposer à cet égard une règle quelconque ni de substituer leur volonté à la sienne ;

Attendu qu'en vertu de l'article 90, paragraphe dernier, de la loi communale, le bourgmestre seul est appelé à surveiller les agents de la police locale et à régler leur service ;

Attendu qu'il est sans intérêt d'examiner si les échevins pris individuellement peuvent se prévaloir de l'inviolabilité du domicile pour empêcher l'accès de leurs demeures aux personnes chargées par le bourgmestre de leur apporter des communications intéressant les services communaux ; qu'il semble bien qu'en acceptant les fonctions de conseiller communal et d'échevin ils ont dû s'engager à se plier aux nécessités administratives, notamment quant aux convocations pour les séances du collège et du conseil, lesquelles sont remises contre récépissé ; qu'en tout état de cause il n'appartient pas au collège des bourgmestre et échevins d'édicter collectivement une défense qui, à la supposer admissible, ne pourrait émaner que de ses membres pris isolément ; qu'en conséquence le dit collège est sorti manifestement de ses attributions ;

Vu les articles 86 et 87 de la loi communale ;

Sur la proposition de notre ministre de l'intérieur et de l'instruction publique,

Nous avons arrêté et arrêtons :

L'appel précité n'est pas accueilli. En conséquence, la délibération susmentionnée du collège échevinal de Montenaeken, du 18 avril 1906, est annulée.

Mention de cette disposition sera faite au registre des délibérations du dit collège, en marge de l'acte annulé.

— Nomination d'une commission de fêtes. — Compétence du conseil communal. — Arrêté royal du 16 août 1906, contresigné par M. de Trooz, ministro de l'intérieur, etc. (*Moniteur* du 18 août.)

Vu la délibération du 8 juin 1906 parvenue au gouvernement provincial le 12 du même mois, par laquelle le collège échevinal de Chimay (Hainaut) décide de nommer une commission chargée d'élaborer le programme des fêtes de 1906 et de l'exécuter ensuite;

Vu l'arrêté du gouverneur de la province, du 13 juin 1906, suspendant l'exécution de cette délibération;

Vu la décision du 29 juin 1906, par laquelle la députation permanente du conseil provincial refuse de maintenir la suspension dont les motifs ont été communiqués au collège échevinal, dans sa séance du 10 juillet;

Vu l'appel formé le 30 juin par le gouverneur de la province contre la décision de la députation permanente;

Attendu que le droit de nommer une commission de l'espèce appartient au conseil communal, en vertu de l'article 84, § 3, de la loi communale; que c'est seulement dans le cas où le conseil aurait négligé d'user de ce droit que le collège échevinal eût pu répartir lui-même le crédit des fêtes ou instituer une commission chargée de cette mission;

Attendu que le 19 mars 1906, le conseil communal, en statuant sur le budget, n'avait alloué le crédit pour les fêtes qu'en se réservant formellement la nomination de la commission chargée de les organiser et de répartir l'allocation portée au budget; que, dans ces conditions, la décision du conseil communal du 21 mai nommant la commission est absolument régulière; qu'au contraire celle du collège est illégale, comme constituant un empiétement sur une mission que le conseil communal s'était réservée; que le dit collège était uniquement appelé à ordonnancer les dépenses et à délivrer les mandats, après que la commission nommée par le conseil aurait terminé sa répartition;

Vu la délibération du 14 juin 1906, parvenue au gouvernement provincial le 20 du même mois, par laquelle le collège échevinal de Chimay a arrêté le programme des fêtes communales de juillet;

Vu l'arrêté du gouverneur de la province du 21 juin 1906 suspendant l'exécution de cette délibération;

Vu l'arrêté du 29 juin par lequel la députation permanente du conseil provincial maintient cette suspension, dont les motifs ont été communiqués au collège échevinal dans sa séance du 10 juillet 1906;

Attendu que la séance du 14 juin a eu lieu ensuite d'une convocation émanant des échevins;

Attendu que le droit de convocation du collège constitue l'une des attributions essentielles du bourgmestre en sa qualité de président de cette assemblée; que, par conséquent, la décision prise par les échevins dans une séance non convoquée par lui est irrégulière;

Attendu, d'ailleurs, que, pour les motifs exposés ci-dessus, le collège échevinal n'avait pas compétence pour arrêter le programme des fêtes communales;

Vu les articles 3, 86, 87 et 89 de la loi communale;

Sur la proposition de notre ministre de l'intérieur et de l'instruction publique,

Nous avons arrêté et arrêtons :

Les délibérations susmentionnées du collège échevinal de Chimay, des 8 et 14 juin 1906, sont annulées.

Mention de cette disposition sera faite au registre des délibérations du dit collège, en marge des actes annulés.

Voy. ACTIONS JUDICIAIRES.

Communes. *— Création de la commune de Froidfontaine (province de Namur). —* Loi du 10 avril 1906. (*Moniteur* des 23-24 avril.)

ART. 1er. — La section de Froidfontaine est séparée de la commune de Vonêche et érigée en commune distincte.

La limite séparative des deux communes est fixée telle qu'elle est indiquée au plan annexé à la présente loi par un liséré rose sous les lettres *C, D, E, F, G.*

ART. 2. — Le nombre des membres du conseil communal est fixé à sept pour Froidfontaine et est maintenu à ce chiffre pour Vonêche.

———

Délimitations. — Modification des limites séparatives de la ville d'Anvers et de la commune de Merxem. — Loi du 10 avril 1906. (*Moniteur* des 23-24 avril.)

ART. 1er. — La partie du territoire de la ville d'Anvers teintée en jaune sur le plan annexé à la présente loi est incorporée au territoire de la commune de Merxem.

ART. 2. — La commune de Merxem payera à la ville d'Anvers une indemnité qui, à défaut d'entente entre les conseils communaux intéressés, sera fixée d'après les règles inscrites à l'article 151, alinéa 4, de la loi communale.

ART. 3. — La partie du territoire de la ville d'Anvers qui, en vertu de la présente loi et suivant les indications du plan y annexé, est réunie au territoire de la commune de Merxem est distraite du premier canton judiciaire d'Anvers et incorporée au canton judiciaire de Borgerhout.

Disposition transitoire.

ART. 4. — Les causes régulièrement introduites avant que la présente loi soit obligatoire seront continuées devant le juge de paix qui s'en trouvera saisi.

———

Contrat avec l'Etat. — Travaux publics. — Droits. — Inexécution. — Indemnité.

Lorsque l'Etat et une commune, agissant d'ailleurs dans l'intérêt public, font des contrats pour l'exécution de travaux, stipulent ou promettent des payements de sommes d'argent ou des prestations d'avantages appréciables à prix d'argent, ces conventions constituent des contrats de droit privé dont les tribunaux peuvent connaître.

L'engagement pris par l'Etat dans un tel contrat d'exécuter un travail de voirie (un pont) constitue un droit acquis vis-à-vis de son cocontractant, qui ne peut en être privé, même pour cause d'utilité publique, sans une juste indemnité.

Les tribunaux, qui ne peuvent apprécier la mesure administrative d'utilité publique, ont compétence pour condamner au payement de l'indemnité. — Cour d'appel de Bruxelles, 31 mai 1906, *Pasic.*, 1906, II, 222.

Eaux affectées par une commune aux besoins de ses habitants. — *Imprescriptibilité et inaliénabilité.* — *Affectation réelle à un service public.* — *Convention.* — *Objet.* — *Approvisionnement d'eau à un propriétaire pour l'exploitation de son industrie.* — *Etablissement d'un canal à travers la propriété de celui-ci.* — *Servitude d'aqueduc.* — *Prises d'eau.* — *Suppression.* — *Dommages-intérêts.* — *Contrat de droit civil.*

Les eaux affectées par une commune aux besoins de ses habitants font, avec leurs canaux d'amenée, partie du domaine public communal et se présentent, à ce titre, comme imprescriptibles et inaliénables. Ce n'est pas la destination publique qui leur est réservée, mais leur affectation réelle à un usage public, qui imprime aux choses le sceau du domaine public.

Est un contrat de droit civil, obligatoire en son entier pour les parties, l'engagement pris par une commune d'approvisionner d'eau le propriétaire d'un terrain en compensation et prix d'une servitude d'aqueduc, consentie par lui au profit de la dite commune, et consistant dans l'établissement, à travers cette propriété, d'un canal destiné à amener l'eau nécessaire à l'alimentation de fontaines publiques. — Tribunal civil de Verviers, 5 juillet 1905, *Pasic.*, 1906, III, 334.

Responsabilité. — *Loi du 10 vendémiaire an IV.* — *Attroupement.* — *Gendarme.* — *Rébellion.* — *Enquête.*

Le décret du 10 vendémiaire an IV, qui rend les communes responsables des délits commis, à force ouverte ou par violence, sur leur territoire, par suite de rassemblements ou attroupements, ne fait aucune distinction basée sur la nature des délits commis, la profession de la victime ou la mission qu'elle remplissait au moment des faits constatés. Elle s'applique donc à la réparation du dommage causé par la mort d'un gendarme tué au cours d'une rébellion en bande, provoquée par une enquête à laquelle il procédait. — Cassation, 22 mars 1906, *Pasic.*, 1906, I, 174.

Id.

Une commune est responsable, par application de la loi du 10 vendémiaire an IV, du préjudice causé à la veuve d'un agent de la force publique par la mort de celui-ci, tué, au cours d'une scène de rébellion, dans un attroupement de huit personnes, sur un terrain auquel le public avait accès près de la voie publique, et menaçant la sécurité des particuliers.— Cour d'appel de Bruxelles, 2 mai 1905, *Pasic.*, 1906, II, 27.

Responsabilité. — *Eaux d'égout.* — *Ruisseau.* — *Etang particulier.* — *Responsabilité.*

Est de la compétence du pouvoir judiciaire et doit donner lieu à réparation civile, le fait, par une commune, de déverser les eaux provenant de ses égouts dans un ruisseau qui alimente l'étang d'un particulier.

Il importe peu que ce ruisseau soit inscrit à l'état descriptif des cours d'eau non navigables ni flottables, le fait incriminé ne constituant pas un défaut de curage, mais un acte positif préjudiciable, accompli par la commune, dans son intérêt, en dehors de la mission dont la loi du 7 mai 1877 l'a chargée. — Cour d'appel de Liége, 5 juillet 1905, *Pasic.*, 1906, II, 39.

Responsabilité. — *Garde-corps.* — *Brèche.*

Le défaut de réparer une brèche pratiquée dans un garde-corps placé sur la voie publique ne rend pas une commune civilement responsable d'un accident attribué à cet état de choses. — Cour d'appel de Liége, 23 mai 1906, *Pasic.*, 1906, II, 309.

Responsabilité. — *Loi du 10 vendémiaire an IV.* — *Attentat prévu par les articles 1er et 4 du titre IV.* — *Caractère.*

Des faits tels que ceux rappelés au jugement, accomplis par violence et par un rassemblement, constituent l'attentat prévu par les articles 1er et 4, titre IV, de la loi du 10 vendémiaire an IV.

Tous les délits ou délits de fait commis à force ouverte ou par violence par tous attroupements ou rassemblements tombent sous l'application des dispositions de la dite loi, quel que soit, d'ailleurs, le but ou la cause de leur formation. — Tribunal civil d'Arlon, 8 février 1905, *Pasic.*, 1906, III, 53.

Conseil communal. — *Attributions.* — *Blâme infligé à un instituteur.* — *Annulation.* — Arrêté royal du 12 mai 1906, contresigné par M. de Trooz, ministre de l'intérieur, etc. (*Moniteur* du 7 juin.)

Vu la délibération du 9 février 1906, parvenue au commissariat de l'arrondissement de Namur le 19 du même mois, par laquelle le conseil communal de F... a notamment décidé d'infliger un blâme à M. H..., instituteur à l'école primaire de cette localité;

Vu l'arrêté du 10 mars dernier, du gouverneur de la province, suspendant l'exécution de la décision précitée, ainsi que celui de la députation permanente, en date du 16 du dit mois, maintenant la suspension prononcée;

Attendu qu'en recevant, le 8 avril écoulé, communication des motifs de cette suspension, le conseil communal n'a pas rapporté sa résolution dont il s'agit;

Attendu que la loi organique de l'instruction primaire (art. 10) détermine limitativement les peines disciplinaires qui peuvent être appliquées aux membres du personnel enseignant des écoles communales; que le blâme ne figurant pas parmi ces peines, le conseil communal de F... est sorti de ses attributions en prenant la décision susmentionnée;

Vu les articles 86 et 87 de la loi communale;

Sur la proposition de notre ministre de l'intérieur et de l'instruction publique,

Nous avons arrêté et arrêtons :

La décision susvisée du conseil communal de F..., en date du 9 février 1906, infligeant un blâme à M. H..., préqualifié, est annulée.

Mention de cette disposition sera faite dans le registre aux délibérations du dit collège, en marge de l'acte dont il s'agit.

— *Blâme infligé à un membre du personnel enseignant.* — *Annulation.* — Arrêté royal du 7 mars 1906, contresigné par M. de Trooz, ministre de l'intérieur, etc. (*Moniteur* du 6 avril.)

Vu la délibération du 28 octobre 1905, parvenue le 7 décembre au commissariat de l'arrondissement de Namur, et par laquelle le conseil communal de Saint-Martin a infligé un blâme à M. B..., sous-instituteur primaire en cette localité;

Attendu que la loi du 20 septembre 1884-15 septembre 1895 (art. 10) détermine limitativement les peines disciplinaires qui peuvent être appliquées aux membres du personnel enseignant des écoles primaires communales; que le blâme ne figurant pas parmi ces peines, le conseil communal de Saint-Martin est sorti de ses attributions en prenant la délibération prémentionnée;

Vu l'arrêt du 11 janvier 1906 du gouverneur de la province de Namur, suspendant l'exécution de cette délibération, ainsi que la décision du lendemain, par laquelle la députation permanente a maintenu cette suspension, dont les motifs ont été communiqués au conseil communal dans sa séance du 27 du même mois;

Vu les articles 86 et 87 de la loi communale;

Sur la proposition de notre ministre de l'intérieur et de l'instruction publique,

Nous avons arrêté et arrêtons :

La délibération susvisée du conseil communal de Saint-Martin, en date du 28 octobre 1905, est annulée.

Mention de cette disposition sera faite dans le registre aux délibérations de ce collège, en marge de l'acte dont il s'agit.

— *Choix des artisans à charger d'un travail pour compte de la commune.* — *Compétence du collège des bourgmestre et échevins.* — Arrêté royal du 12 juin 1906, contresigné par M. de Trooz, ministre de l'intérieur, etc. (*Moniteur* du 14 juin.)

Vu la délibération du 1er avril 1906, par laquelle le conseil communal de Houffalize, province de Luxembourg, a fait choix des personnes qui seront chargées d'exécuter les travaux de serrurerie et d'impression pour le compte de sa commune;

Vu la protestation du collège des bourgmestre et échevins;

Vu l'arrêté du gouverneur de la province, du 9 mai 1906, suspendant l'exécution de cette délibération;

Vu l'arrêté de la députation permanente du conseil provincial du 10 mai, maintenant la suspension, dont les motifs ont été communiqués au conseil communal dans sa séance du 20 mai;

Attendu qu'en l'absence d'un contrat passé avec des particuliers en vue de l'exécution des travaux de serrurerie et d'impression à faire pour la commune, il appartient au collège des bourgmestre et échevins de choisir les personnes auxquelles doivent être remises les commandes; que ce droit découle pour lui de l'article 90, 2°, 6° et 10°, de la loi communale;

Sur la proposition de notre ministre de l'intérieur et de l'instruction publique,

Nous avons arrêté et arrêtons :

La délibération susmentionnée du conseil communal de Houffalize, du 1er avril 1906, est annulée.

Mention de cette disposition sera faite au registre des délibérations du dit conseil, en marge de l'acte annulé.

— *Désignation du chef-lieu de la commune.* — *Compétence exclusive du pouvoir législatif.* — Arrêté royal du 26 mars 1906, contresigné par M. de Trooz, ministre de l'intérieur, etc. (*Moniteur* des 23-24 avril.)

Vu la délibération du 2 septembre 1905, par laquelle le conseil communal de Saint-Georges (province de Liége) a décidé la construction d'une nouvelle maison communale au hameau de Stockay;

Vu l'arrêté du 14 février 1906, par lequel la députation permanente a approuvé cette délibération;

Attendu que la maison communale doit se trouver au chef-lieu de la commune et qu'il appartient au législateur seul de transférer le chef-lieu; que ce droit résulte des articles 3 de la Constitution et 83 de la loi provinciale; qu'il ne se comprendrait pas notamment que le conseil provincial eût à donner son avis sur les changements proposés pour la circonscription des communes et la désignation des chefs-lieux, si le conseil communal pouvait, de sa seule autorité, procéder à cette désignation ou modifier celle qui existe;

Attendu qu'il est logique de reconnaître au

seul pouvoir qui ait qualité pour modifier les circonscriptions des communes le droit d'en désigner les chefs-lieux;

Attendu que la résolution du conseil communal de Saint-Georges décidant la construction de la maison communale dans la section de Stockay a pour effet de transférer le chef-lieu de la commune dans ce hameau; que le conseil communal, en prenant cette décision, est sorti de ses attributions et a empiété sur celles du pouvoir législatif;

Vu les articles 86 et 87 de la loi communale;

Sur la proposition de notre ministre de l'intérieur et de l'instruction publique,

Nous avons arrêté et arrêtons :

La résolution susmentionnée du conseil communal de Saint-Georges du 2 septembre 1905 est annulée.

Mention de cette disposition sera faite au registre des délibérations du dit conseil, en marge de l'acte annulé.

— *Installation de forains.* — *Autorisation à donner par une commission.* — *Atteinte aux droits de police du bourgmestre.* — *Annulation.* — Arrêté royal du 28 août 1906, contresigné par M. de Trooz, ministre de l'intérieur, etc. (*Moniteur du 30 août.*)

Vu la délibération du 24 mai 1906, parvenue au commissariat de l'arrondissement de Charleroi, le 2 juin 1906, par laquelle le conseil communal de Viesville (Hainaut) a décidé de laisser aux membres du comité de la fête communale le soin d'autoriser l'installation sur la place publique, lors de la célébration de cette fête, de tous les forains qu'ils jugeront convenable;

Vu l'arrêté du gouverneur de la province du 21 juin 1906, suspendant l'exécution de cette délibération;

Vu l'arrêté de la députation permanente du conseil provincial du 29 juin, maintenant la suspension, dont les motifs ont été communiqués au conseil communal dans sa séance du 26 juillet 1906;

Attendu que la délibération précitée, en enlevant au bourgmestre la police de la voirie dont il a la charge et la responsabilité, méconnaît les droits que ce magistrat tient de l'article 90 de la loi communale;

Vu les articles 86 et 87 de la loi communale;

Sur la proposition de notre ministre de l'intérieur et de l'instruction publique,

Nous avons arrêté et arrêtons :

La délibération susmentionnée du conseil communal de Viesville, du 24 mai 1906, est annulée.

Mention de cette disposition sera faite au registre des délibérations du dit conseil, en marge de l'acte annulé.

— *Médecin des pauvres.* — *Nomination.* — *Annulation.* — Arrêté royal du 12 juin 1906. (*Moniteur du 8 juillet.*)

Un arrêté royal du 12 juin 1906, contresigné par M. Van den Heuvel, ministre de la justice, annule diverses délibérations d'un conseil communal concernant la nomination d'un médecin des pauvres et la cessation de ses fonctions.

Cet arrêté est basé sur ce que le droit de nomination du médecin des pauvres est attribué au bureau de bienfaisance sous l'approbation du conseil communal, et qu'en procédant à une semblable nomination le conseil communal est sorti de ses attributions.

— *Publication d'un tarif diocésain.* — *Annulation.* — Arrêté royal du 1er février 1907, contresigné par M. Van den Heuvel, ministre de la justice, et par M. de Trooz, ministre de l'intérieur, etc. (*Moniteur du 9 février.*)

Vu la délibération, en date du 13 octobre 1906, par laquelle le conseil communal d'Heppignies décide de faire imprimer sous forme d'affiches 500 exemplaires reproduisant :

1o L'extrait du *Mémorial administratif* de la province de Hainaut (supplément du no 64 de 1878) relatif aux frais de funérailles, lequel reproduit un extrait du tarif de Roquelaure arrêté pour le diocèse de Malines;

2o Les tarifs des honoraires des services religieux institués dans le diocèse de Tournai, approuvés par arrêté royal du 12 mars 1880;

Vu l'arrêté, en date du 7 décembre 1906, par lequel le gouverneur du Hainaut suspend l'exécution de la dite délibération en tant qu'elle se rapporte à la publication du tarif de Roquelaure inséré au no 64 du *Mémorial administratif* de la province, année 1878;

Vu l'arrêté de la députation permanente du conseil provincial du Hainaut, en date du 14 décembre 1906, maintenant cette suspension;

Vu le procès-verbal de la séance du 5 janvier 1907, au cours de laquelle le conseil communal d'Heppignies a pris connaissance des motifs de la suspension;

Considérant que le tarif de Roquelaure est absolument étranger au diocèse de Tournai; qu'en en ordonnant la publication comme s'il était en vigueur dans ce diocèse, le conseil communal d'Heppignies est sorti de ses attributions, puisqu'il n'a pas à établir de son chef un tarif des oblations; que la délibération qu'il a prise à cet égard blesse l'intérêt général, puisqu'elle est de nature à induire le public en erreur et à provoquer sans juste cause des conflits avec la fabrique de l'église;

Vu les articles 86 et 87 de la loi communale;

Sur la proposition de notre ministre de la justice et de notre ministre de l'intérieur et de l'instruction publique,

Nous avons arrêté et arrêtons :

ARTICLE UNIQUE. — La délibération prémentionnée du conseil communal d'Heppignies est annulée, en tant qu'elle se rapporte à la publication du tarif de Roquelaure.

— Retrait de l'autorisation de cumuler les fonctions de garde champêtre avec celles de garde particulier. — Arrêté royal du 5 mars 1906, contresigné par M. de Trooz, ministre de l'intérieur, etc. (*Moniteur* du 10 mars.)

Vu la délibération du 27 décembre 1905, par laquelle le conseil communal de Villers-Sainte-Gertrude, province de Luxembourg, retire à M. Leboutte (Moïse) l'autorisation de cumuler avec ses fonctions de garde champêtre celles de garde particulier;

Vu l'arrêté du gouverneur de la province, du 17 janvier 1906, suspendant l'exécution de cette délibération;

Vu l'arrêté de la députation permanente maintenant la suspension;

Vu la délibération du 28 janvier 1906, par laquelle le conseil communal, en prenant connaissance des motifs de la suspension, maintient sa délibération du 27 décembre précédent;

Attendu qu'aux termes de l'article 60 du code rural, il appartient exclusivement à la députation permanente d'autoriser le cumul des fonctions de garde champêtre avec d'autres emplois publics, tels que celui de garde particulier;

Attendu, en conséquence, qu'en décidant le retrait de cette autorisation le conseil communal est sorti de ses attributions;

Vu les articles 86 et 87 de la loi communale;

Sur la proposition de notre ministre de l'intérieur et de l'instruction publique,

Nous avons arrêté et arrêtons :

Les délibérations susmentionnées du conseil communal de Villers-Sainte-Gertrude, des 27 décembre 1905 et 28 janvier 1906, sont annulées.

Mention de cette disposition sera faite au registre des délibérations du dit conseil, en marge des actes annulés.

Délibération. — Retrait. — Nomination d'un membre du bureau de bienfaisance. — Annulation. — Arrêté royal du 12 juin 1906. (*Moniteur* des 25-26 juin.)

Un arrêté royal du 12 juin 1906, contresigné par M. Van den Heuvel, ministre de la justice, annule la délibération en date du 17 février 1906, par laquelle le conseil communal de Robechies rapporte une délibération du 16 décembre 1905 et nomme le sieur L... membre du bureau de bienfaisance de cette commune;

Cette décision est basée sur ce que la délibération du 11 décembre 1905, qui nommait le sieur G... membre du bureau de bienfaisance et qui conférait donc des droits à un tiers, ne pouvait être rapportée par le conseil communal et qu'elle est devenue définitive; qu'il s'ensuit que la délibération du 17 février 1906 est contraire à la loi.

Nominations. — Ballottage. — Admission de trois candidats. — Annulation. — Arrêté royal du 5 septembre 1906, contresigné par M. de Favereau, ministre des affaires étrangères, pour M. de Trooz, ministre de l'intérieur, etc., absent. (*Moniteur* du 9 septembre.)

Vu la délibération du 11 juin 1906, parvenue au gouvernement provincial le 26 du même mois, par laquelle le conseil communal de Dampremy, province de Hainaut, a nommé M. Hénocq (E.) aux fonctions de fontainier, après un scrutin de ballottage entre trois candidats, dont l'un avait obtenu 3 voix et les deux autres chacun 2 voix au premier tour de scrutin;

Vu l'arrêté du gouverneur de la province, du 2 juillet, suspendant l'exécution de cette délibération;

Vu l'arrêté de la députation permanente du conseil provincial, du 13 juillet, maintenant la suspension, dont les motifs ont été communiqués au conseil communal dans sa séance du 28 juillet 1906;

Attendu qu'en procédant à un ballottage entre trois candidats qui avaient obtenu des voix au premier tour de scrutin, le conseil communal a violé l'article 66 de la loi communale; qu'aux termes de cette disposition, le ballottage doit avoir lieu entre les deux candidats ayant obtenu le plus de voix et qu'il est de jurisprudence constante qu'en cas de parité de voix la préférence résultant de l'âge doit servir aussi bien à désigner les candidats à soumettre au ballottage qu'à décider du résultat du ballottage lui-même;

Vu les articles 86 et 87 de la loi communale;

Sur la proposition de notre ministre de l'intérieur et de l'instruction publique,

Nous avons arrêté et arrêtons :

La délibération susmentionnée du conseil communal de Dampremy, du 11 juin 1906, est annulée en ce qui concerne le scrutin de ballottage et la nomination de M. Hénocq aux fonctions de fontainier.

Mention de cette disposition sera faite au registre des délibérations du dit conseil, en marge de l'acte partiellement annulé.

Dans les vingt jours de la publication du présent arrêté au *Moniteur*, le collège des bourgmestre et échevins convoquera le conseil communal, conformément à l'article 62 de la loi communale, pour procéder à un scrutin de ballottage entre M. Melchior (A.), qui a obtenu 3 voix, et le plus âgé des deux candidats, MM. Hénocq (E.) et Jumet (F.), qui ont obtenu chacun 2 voix au premier tour de scrutin.

— Désignation insuffisante de l'élu. — Prohibition résultant de la parenté. — Scrutin secret et huis clos. — Arrêté royal du 12 juin 1906, contresigné par M. de Trooz, ministre de l'intérieur, etc. (*Moniteur* du 14 juin.)

Vu la délibération du 21 avril 1906, par laquelle le conseil communal de Bellefontaine (province de Luxembourg) a nommé M. Saussu (Joseph) aux fonctions de receveur communal par trois voix contre deux attribuées à un autre candidat;

Vu l'arrêté du gouverneur de la province, du 3 mai 1906, suspendant l'exécution de cette délibération;

Vu l'arrêté de la députation permanente du conseil provincial, du même jour, maintenant la suspension, dont les motifs ont été communiqués au conseil communal dans sa séance du 12 mai;

Attendu qu'il existe à Bellefontaine deux personnes du nom de Saussu (Joseph) et que, sur interpellation, les membres du conseil n'ont pas su dire pour lequel des deux ils avaient voté;

Attendu, dans ces conditions, que le vote du conseil est équivoque, en ce qu'il ne précise pas suffisamment la personnalité de l'élu et qu'il est dès lors matériellement impossible de déclarer légalement lequel des deux Saussu (Joseph) est proclamé receveur communal;

Attendu, il est vrai, qu'il paraît avéré aujourd'hui que le conseil a entendu choisir M. Saussu (Joseph), beau-père de l'un des conseillers;

Attendu que cette précision de la personnalité de l'élu faite postérieurement au vote serait inopérante; que, d'ailleurs, elle a pour résultat de révéler une violation de la loi, un conseiller communal, gendre de l'élu, ayant pris part au vote en contravention de l'article 68, 1º, de la loi communale; que l'absence de ce conseiller eût pu modifier le choix du conseil, M. Saussu (Joseph) n'ayant été nommé qu'à la majorité absolue;

Attendu qu'il résulte de la prestation d'un échevin, consignée dans la délibération du 21 avril, que cette délibération n'a pas été prise au scrutin secret et à huis clos;

Attendu qu'à raison de ces irrégularités il est nécessaire de recourir à l'annulation de la nomination faite par le conseil communal de Bellefontaine; qu'en effet la députation permanente ayant antérieurement improuvé par deux fois les choix faits par le dit conseil pour la place de receveur communal, la nomination de cet agent n'est plus soumise à l'approbation du dit collège; qu'il n'existe dès lors pas d'autres moyens que l'annulation pour anéantir la décision prise illégalement;

Vu les articles 86 et 87 de la loi communale;

Sur la proposition de notre ministre de l'intérieur et de l'instruction publique,

Nous avons arrêté et arrêtons :

La délibération susmentionnée du conseil communal de Bellefontaine, du 21 avril 1906, est annulée.

Mention de cette disposition sera faite au registre des délibérations du dit conseil, en marge de l'acte annulé.

_____

— *Membre du bureau de bienfaisance.* — *Liste du bureau de bienfaisance irrégulière.* — *Annulation.* — Arrêté royal du 22 juillet 1906. (*Moniteur* du 15 août.)

Un arrêté royal en date du 22 juillet 1906, contresigné par M. Van den Heuvel, ministre de la justice, annule la délibération du 11 janvier 1906, par laquelle le conseil communal d'Anderlues nomme le sieur B. O... membre du bureau de bienfaisance de cette localité.

Cette décision est basée sur ce que, contrairement aux prescriptions de l'article 71 de la loi communale, la délibération par laquelle le bureau de bienfaisance d'Anderlues a présenté une liste double de candidats n'a pas été prise à huis clos; qu'il en résulte que l'une des deux listes doubles de présentation de candidats, exigées par la loi, a fait défaut; que, dès lors, la délibération précitée du conseil communal d'Anderlues est contraire à la loi.

_____

— *Participation au scrutin d'un conseiller parent du candidat nommé.* — *Annulation.* — Arrêté royal du 23 octobre 1906, contresigné par M. de Trooz, ministre de l'intérieur, etc. (*Moniteur* du 25 octobre.)

Vu la délibération du 26 septembre 1906, par laquelle le conseil communal de Bellefontaine, province de Luxembourg, a nommé M. Saussu-Gardien aux fonctions de receveur communal, par quatre voix contre trois;

Vu l'arrêté du gouverneur de la province, du 4 octobre 1906, suspendant l'exécution de cette délibération et l'arrêté de la députation permanente du conseil provincial, du même jour, maintenant la suspension;

Attendu que M. Saussu est le beau-père de M. Michel, conseiller communal, qui a pris part au vote, contrairement à l'article 68, 1º, de la loi communale;

Attendu que le candidat élu n'ayant obtenu que quatre suffrages sur sept, la participation au vote du conseiller Michel a pu exercer sur le résultat du scrutin une influence prépondérante;

Vu les articles 86 et 87 de la loi communale;

Sur la proposition de notre ministre de l'intérieur et de l'instruction publique,

Nous avons arrêté et arrêtons :

La délibération susmentionnée du conseil communal de Bellefontaine, du 26 septembre 1906, est annulée.

Mention de cette disposition sera faite au registre des délibérations du dit conseil, en marge de l'acte annulé.

_____

Jetons de présence. — *Séances des sections.* — *Conseillers communaux et secrétaire communal.* — Dépêche adressée le 9 mars 1906 à un gouverneur de province par M. de Trooz, ministre de l'intérieur, etc. (*Bulletin du ministère de l'intérieur, etc.*, 1906, II, 18.)

J'ai pris connaissance de votre rapport du 19 février courant, relatif à la question de savoir si des jetons de présence peuvent être accordés aux membres du conseil communal et aux secrétaires communaux pour leur participation aux commissions chargées de l'examen préalable des affaires qui sont soumises aux conseils communaux.

A première vue, on peut soutenir, comme le fait votre rapport, que l'article 74 de la loi communale ne vise l'allocation de jetons de présence aux conseillers que pour leur assistance aux séances du conseil. Mais il y a lieu de remarquer qu'aux termes de l'article 73 de la loi communale, les conseils communaux peuvent faire des règlements d'ordre et de service intérieur et que c'est en vertu de cette prérogative que les règlements de l'espèce prévoient parfois la division du conseil en sections.

Rien, dès lors, ne s'oppose à ce que ces règlements stipulent que des jetons de présence seront accordés, sous l'approbation de la députation permanente, aux conseillers autres que les bourgmestres et échevins, qui feront partie des sections chargées d'élaborer le travail préparatoire aux séances du conseil.

Quant au secrétaire communal, l'article 74 de la loi communale ne vise que l'allocation de jetons de présence aux conseillers. Le secrétaire jouit d'un traitement fixe destiné à rémunérer tous ses travaux. Cet agent peut donc être forcé d'assister même aux séances des sections; l'article 113 de la même loi l'oblige, en effet, à se conformer aux instructions qui lui sont données soit par le collège, soit par le bourgmestre.

Il n'y a pas d'obstacle, toutefois, à ce que le conseil communal décide qu'une indemnité spéciale sera allouée au secrétaire pour son assistance à ces séances. Peu importe, d'ailleurs, la forme sous laquelle cette indemnité lui est accordée, jetons de présence ou indemnité fixe.

___

Receveur communal. — Nomination. — Le conseil communal ne nomme librement le receveur que si les deux refus d'approbation antérieurs de la députation permanente ont eu pour effet d'écarter deux candidats choisis par le conseil. — Dépêche adressée le 16 mars 1906 à un gouverneur de province par M. de Trooz, ministre de l'intérieur, etc. (*Bulletin du ministère de l'intérieur, etc.,* 1906, II, 19.)

J'ai l'honneur de répondre à votre lettre du 9 mars 1906, relative à la nomination d'un receveur communal à B...

Le conseil communal ayant à deux reprises nommé M. B... aux dites fonctions, la députation permanente a improuvé par deux fois le choix du conseil.

Le rapport de M. le commissaire de l'arrondissement d'A... et votre communication précitée en concluent que l'on se trouve dans le cas du § 3 de l'article 114 de la loi communale qui permet au conseil de nommer librement, c'est-à-dire sans le contrôle de la députation.

Il y a, dans l'espèce, fausse interprétation de cette disposition. Celle-ci porte : « Après deux refus successifs d'approbation, le conseil nomme librement le receveur, pourvu que son choix ne porte sur aucun des candidats écartés par la députation ».

Ce texte a été copié sur l'article 109, § 3, de la même loi, sauf qu'on y a omis, non intentionnellement, un mot qui en précise tout à fait

la portée. L'article 109 dit, en effet : « pourvu que son choix ne porte sur aucun *des deux* candidats écartés par la députation ».

S'il existait d'ailleurs un doute sur ce point, le passage suivant, emprunté au rapport de la section centrale chargée de l'examen de la loi du 30 décembre 1887, trancherait la question :

« Nous demandons, en outre, que, après deux refus successifs d'approbation, le conseil nomme librement le secrétaire, pourvu que son choix ne porte sur aucun des deux candidats écartés par la députation. Il paraît impossible, en effet, que le conseil fasse successivement trois nominations qui ne puissent être approuvées.

« Si donc la députation avait refusé deux fois son approbation, on serait fondé à voir dans ce double refus un parti pris de sa part. Veut-on qu'il n'en serait pas toujours ainsi ?

« L'interdiction faite au conseil communal de porter le troisième fois ses suffrages sur l'un ou l'autre des candidats écartés tient suffisamment compte de l'objection. » (*Doc. parl.,* Chambre, 1882-1883, p. 385 et 386.)

Il est donc bien nettement établi qu'il ne suffit pas de deux refus quelconques d'approbation par la députation pour que le conseil puisse librement nommer un secrétaire ou un receveur; il faut que ces refus d'approbation aient eu en vue le choix fait par le conseil et aient ainsi écarté deux candidats. Tel n'est pas le cas lorsque, comme à B..., le refus d'approbation est basé sur ce que le conseil nomme une seconde fois un candidat déjà écarté antérieurement par la députation; tel ne serait pas le cas non plus si la députation, sans se prononcer sur le candidat nommé, improuvait à raison d'irrégularités de forme du scrutin. (Conf. arrêté royal du 3 mars 1890, *Moniteur* du 31 mars; *Bulletin* du département, 1890, I, p. 45.)

La députation permanente est donc appelée à statuer sur la nomination de M. H... aux fonctions de receveur communal à B...

Vous retrouverez ci-joint, Monsieur le gouverneur, le rapport de M. le commissaire d'arrondissement d'A... et les trois requêtes qui y étaient annexées.

___

Délibération. — Bourgmestre intéressé présent. — Nullité relative. — Pouvoir royal. — Incompétence des tribunaux.

S'il est interdit à un bourgmestre d'être présent à une délibération du conseil communal sur des objets auxquels il a un intérêt direct, il n'appartient qu'au roi d'apprécier si, pour des motifs d'ordre général ou de moralité administrative, il échet d'annuler cette délibération irrégulière. (Loi communale, art. 68 et 87.)

Les tribunaux sont donc incompétents pour rechercher l'intérêt que le bourgmestre pouvait avoir à cette délibération, et, par suite, ils ne peuvent se refuser à l'appliquer, alors qu'elle a été prise dans les limites de la compétence du conseil et avec l'observation des formes légales. (Const., art. 107.) — Cassation, 29 janvier 1906, *Pasic.,* 1906, I, 114.

Voy. COLLÈGE DES BOURGMESTRE ET ÉCHEVINS. — GARDE CHAMPÊTRE.

Conseiller communal. — *Inspecteur des propriétés des hospices civils.* — *Absence d'incompatibilité.* — Arrêté royal du 5 octobre 1906, contresigné par M. Van den Heuvel, ministre de la justice. (*Moniteur* du 20 octobre.)

Vu l'arrêté de la députation permanente du conseil provincial du Brabant, en date du 19 septembre 1906, portant que l'article 3 de la 3e section des dépenses ordinaires du compte de 1905 des hospices civils de Léau est réduit de 465 à 265 francs;

Attendu que cette réduction de 200 francs concerne le traitement de l'inspecteur des propriétés des hospices civils;

Vu le recours pris contre cette décision auprès du gouvernement par M. le gouverneur de la province de Brabant, le 19 septembre 1906, et notifié le même jour à la députation permanente du conseil provincial;

Attendu que la décision de la députation permanente est basée sur ce que le payement de cette somme de 200 francs a été fait au profit de l'inspecteur des propriétés qui cumule avec ces fonctions celles de conseiller communal;

Attendu que la nomination de l'inspecteur des propriétés appartient à la commission administrative des hospices civils;

Attendu que le droit de nomination comporte celui de fixation de traitement dans les limites du budget;

Attendu que la décision précitée de la députation permanente du conseil provincial du Brabant porte atteinte aux droits de la commission administrative des hospices civils et qu'elle est, dès lors, contraire à la loi;

Attendu que la nomination de l'inspecteur des propriétés n'a pas été annulée par l'autorité supérieure, qu'elle doit donc sortir ses pleins et entiers effets;

Attendu, au surplus, qu'aucune disposition légale ne stipule d'incompatibilité entre les fonctions de conseiller communal et celles d'inspecteur des propriétés des hospices civils;

Vu les articles 7 de la loi du 16 messidor an VII, 79 de la loi communale, 89, 116 à 125 de la loi provinciale;

Sur la proposition de notre ministre de la justice,

Nous avons arrêté et arrêtons :

ART. 1er. — L'arrêté précité de la députation permanente du conseil provincial du Brabant, en date du 19 septembre 1906, est annulé en tant qu'il concerne la somme de 200 francs, montant du traitement de l'inspecteur des propriétés des hospices civils de Léau.

ART. 2. — L'article 3 de la 3e section des dépenses ordinaires du compte de 1905 des hospices civils de Léau est fixé à la somme de 465 francs.

Conseillers suppléants. — *Installation.* — *Les conditions d'éligibilité doivent avoir subsisté, sans interruption, depuis le jour de l'élection jusqu'au jour de l'installation.* — Dépêche adressée le 26 novembre 1906 à un gouverneur de province par M. de Trooz,

ministre de l'intérieur, etc. (*Bulletin du ministère de l'intérieur*, 1906, II, 76.)

Par sa lettre ci-jointe, en communication, le bourgmestre de la commune d'Assesse demande mon avis sur la question suivante :

Un conseiller communal suppléant qui a cessé, après sa désignation, de posséder la condition de domicile, mais qui, avant que se soit produite la vacance qui l'appelle à siéger, a récupéré cette condition, peut-il être valablement installé ?

J'estime, Monsieur le gouverneur, que cette question doit être résolue négativement. L'article 83 de la loi du 12 septembre 1895 porte que le suppléant entre en fonctions « après vérification de ses pouvoirs par le conseil communal », et l'exposé des motifs qui explique cette disjonction spécifie que la vérification des pouvoirs d'un suppléant par le conseil communal consistera en l'examen du point de savoir si le suppléant « continue à réunir les conditions d'éligibilité requises ».

D'autre part, l'article 73 de la dite loi stipule que « la députation permanente du conseil provincial statue sur la validité des élections communales et sur les pouvoirs des membres élus, titulaires et suppléants ». L'exposé des motifs dit à ce sujet : « Les suppléants sont éventuellement appelés à remplir les fonctions de titulaires, et la vérification des pouvoirs, à laquelle il sera de nouveau procédé à ce moment, portera essentiellement sur le point de savoir si, depuis l'élection, les conditions d'éligibilité n'ont pas cessé d'être réunies ».

Il résulte clairement des dispositions rappelées ci-dessus et des explications sous le bénéfice desquelles elles ont été votées que la possession des conditions d'éligibilité doit avoir été continue pour que le suppléant puisse être installé.

J'ajouterai que l'article 30 de la loi du 22 avril 1898, qui contient, en ce qui concerne les conseillers provinciaux, une disposition analogue à celle qui règle la vérification complémentaire des pouvoirs des conseillers communaux suppléants, a fait l'objet, dans l'exposé des motifs, d'une observation qui tranche en termes formels la question soulevée dans le sens indiqué ci-dessus. Cette observation est ainsi conçue :

« On ne pourrait plus, lors de la vérification complémentaire des pouvoirs du suppléant, prétendre que le jour de l'élection l'une de ces conditions lui faisait défaut, même si le conseil n'a pas été amené à se prononcer spécialement sur ce point, mais on pourrait constater qu'à une époque ultérieure quelconque l'une de ces conditions présumée existante à la date de l'élection a fait défaut, et cette seule constatation ferait définitivement écarter le suppléant. »

Je vous prie, Monsieur le gouverneur, de répondre en ce sens au bourgmestre de la commune d'A...

Conseils de l'industrie et du travail. — *Élection.* — *Présentation des candidats.* — *Irrégularités.* — *Validation.* — Arrêté royal du 25 juin 1906, contresigné par M. Francotte, ministre de l'industrie, etc. (*Moniteur* du 27 juin.)

Vu la loi du 16 août 1887 relative aux conseils de l'industrie et du travail et l'arrêté royal du 10 mars 1893 concernant la désignation des membres de ces collèges;

Vu la décision de la députation permanente du conseil provincial de Liége, en date du 28 mai 1906, annulant, pour cause d'irrégularité grave, les décisions en date du 23 avril 1906, par lesquelles les bureaux principaux du collège électoral des chefs d'industrie et du collège électoral des ouvriers, constitués à l'occasion du renouvellement triennal des mandats des membres du conseil de l'industrie et du travail de Dalhem, ont proclamé élus les candidats repris à la liste unique présentée par chacun de ces collèges électoraux;

Vu le recours du gouverneur de la province contre cette décision de la députation permanente;

Attendu que s'il est établi que l'observation des formalités préliminaires à la présentation des candidatures n'a pas été complète, cette omission partielle n'a pas, cependant, empêché des électeurs chefs d'industrie et des électeurs ouvriers de présenter chacun régulièrement et en temps voulu une liste complète de candidats qui ont été proclamés élus à défaut de compétition;

Considérant que, dans ces conditions, l'irrégularité commise ne paraît pas suffisamment grave pour justifier l'annulation des opérations électorales;

Sur la proposition de notre ministre de l'industrie et du travail,

Nous avons arrêté et arrêtons :

La décision susmentionnée de la députation permanente du conseil provincial de Liége est annulée.

Conseils de prud'hommes. — *Ressort.* — *Conseil de prud'hommes de Huy.* — *Modification.* — Loi du 25 mai 1906. (*Moniteur* du 13 juin.)

ARTICLE UNIQUE. — Outre les communes énumérées dans la loi du 11 avril 1896, établissant un conseil de prud'hommes à Huy, le ressort de ce conseil comprend les communes de : Amay, Ampsin, Bas-Oha, Ben-Ahin, Couthuin, Flône, Hermalle-sous-Huy, Neuville-sous-Huy, Seilles et Tihange.

Conseil de prud'hommes de Verviers. — *Composition.* — *Modification.* — Arrêté royal du 15 janvier 1906, contresigné par M. Francotte, ministre de l'industrie, etc. (*Moniteur* du 21 janvier.)

ART. 1er. — Le conseil de prud'hommes de Verviers sera formé, non compris le président et le vice-président s'ils sont choisis en dehors du conseil, de dix-huit membres effectifs et de quatorze membres suppléants.

ART. 2. — Les membres effectifs seront choisis, savoir :

A. Huit, dont quatre chefs d'industrie et quatre ouvriers, parmi les éligibles appartenant aux industries suivantes : industries des fabricants de fils et tissus de laine, industries des apprêts, blanchiment, impression, teinture de fils et de tissus et industries accessoires;

B. Deux, dont un chef d'industrie et un ouvrier, parmi les éligibles appartenant aux industries de la grosse et de la petite construction mécanique;

C. Deux, dont un chef d'industrie et un ouvrier, parmi les éligibles appartenant aux industries des mines et carrières;

D. Deux, dont un chef d'industrie et un ouvrier, parmi les éligibles appartenant aux industries du bâtiment, du mobilier, des industries accessoires du bâtiment;

E. Deux, dont un chef d'industrie et un ouvrier, parmi les éligibles appartenant aux industries des peaux et cuirs;

F. Deux, dont un chef d'industrie et un ouvrier, parmi les éligibles appartenant aux industries autres que celles énumérées ci-dessus.

ART. 3. — Les membres suppléants seront choisis, savoir :

A. Quatre, dont deux chefs d'industrie et deux ouvriers, parmi les éligibles mentionnés au littéra A de l'article 2;

B. Deux, dont un chef d'industrie et un ouvrier, parmi les éligibles mentionnés au littéra B de l'article 2;

C. Deux, dont un chef d'industrie et un ouvrier, parmi les éligibles mentionnés au littéra C de l'article 2;

D. Deux, dont un chef d'industrie et un ouvrier, parmi les éligibles mentionnés au littéra D de l'article 2;

E. Deux, dont un chef d'industrie et un ouvrier, parmi les éligibles mentionnés au littéra E de l'article 2;

F. Deux, dont un chef d'industrie et un ouvrier, parmi les éligibles mentionnés au littéra F de l'article 2.

ART. 4. — Les modifications apportées par le présent arrêté à la composition du conseil entreront en vigueur lors de son prochain renouvellement.

Réunion des communes pour le vote. — Arrêté royal du 4 février 1907, contresigné par M. Francotte, ministre de l'industrie, etc. (*Moniteur* du 10 février.)

Vu l'article 3 de la loi du 20 novembre 1896 modifiant certaines dispositions de la loi du 31 juillet 1899, organique des conseils de prud'hommes, ainsi conçu :

« Le vote a lieu à la commune. Toutefois, les communes qui comptent moins de trente électeurs pourront être réunies pour former une section de vote à une ou plusieurs communes contiguës. Le groupement de ces communes est opéré par arrêté royal, la députation permanente entendue. L'arrêté indique la commune où il est procédé au vote. »

Considérant que, pour chaque conseil de prud'hommes, il y a lieu d'opérer ce groupement en ce qui concerne l'assemblée des électeurs chefs d'industrie et celle des électeurs ouvriers, ces deux assemblées étant absolument distinctes;

Vu les avis des députations permanentes des conseils provinciaux;

Sur la proposition de notre ministre de l'industrie et du travail,

Nous avons arrêté et arrêtons :

Les électeurs chefs d'industrie ou ouvriers des communes indiquées dans la deuxième colonne du tableau annexé au présent arrêté voteront, pour les élections aux conseils de prud'hommes, dans les communes indiquées en regard dans la troisième colonne de ce tableau.

Tableau des communes réunies pour le vote lors des élections aux conseils de prud'hommes.

NUMÉROS d'ordre.	COMMUNES dont les électeurs se rendront dans une commune voisine pour le vote.	COMMUNES où voteront les électeurs des communes indiquées dans la colonne 2.
1.	2.	3.

PROVINCE DE BRABANT.
CONSEIL DE PRUD'HOMMES DE SCHAERBEEK.

A. Assemblée des électeurs chefs d'industrie.

1	Dieghem . . . . . Saventhem . . . . . Steynockerzeel . . . Nosseghem.	Evere.

B. Assemblée des électeurs ouvriers.

1	Nosseghem	Steynockerzeel.

PROVINCE DE HAINAUT.
CONSEIL DE PRUD'HOMMES DE CHARLEROY.

A. Assemblée des électeurs chefs d'industrie.

1	Mont-sur-Marchienne .	Charleroy (Sud).
2	Acoz . . . . Aiseau . . . . . . Bouffioulx . . . . . Couillet . . . . . . Farciennes. . . . . Gerpinnes . . . . . Gougnies . . . . . Joncret . . . . . . Lambusart . . . . . Pont-de-Loup . . . . Presles	Châtelet.
3	Forchies-la-Marche . Goutroux . . . . . Souvret	Fontaine-l'Evêque.
4	Courcelles . . . . . Trazegnies.	Chapelle lez-Herlaimont.
5	Monceau-sur-Sambre . Montignies-le-Tilleul .	Marchienne-au-Pont.
6	Frasnes lez-Gosselies . Ransart.	Gosselies.
7	Wanfercée-Baulet . .	Fleurus.
8	Roux.	Jumet.

NUMÉROS d'ordre.	COMMUNES dont les électeurs se rendront dans une commune voisine pour le vote.	COMMUNES où voteront les électeurs des communes indiquées dans la colonne 2.
1.	2.	3.

B. Assemblée des électeurs ouvriers.

1	Presles	Aiseau.
2	Lambusart	Farciennes.
3	Goutroux	Leernes.
4	Frasnes lez-Gosselies .	Gosselies.

CONSEIL DE PRUD'HOMMES DE LA LOUVIÈRE.

A. Assemblée des électeurs chefs d'industrie.

1	Haine-Saint-Paul . . .	La Louvière.
2	Maurage. . . . . . Péronnes lez-Binche . Strépy	Houdeng-Aimeries.
3	Haine-Saint-Pierre . . Ressaix.	Morlanwelz.
4	Bois-d'Haine . . . . Fayt lez-Seneffe . . . La Hestre . . . . . Manage.	Seneffe.

B. Assemblée des électeurs ouvriers.

1	Fayt lez-Seneffe . . .	Manage.

CONSEIL DE PRUD'HOMMES DE SOIGNIES.

A. Assemblée des électeurs chefs d'industrie.

1	Horrues. . . . . . Naast.	Soignies.
2	Hennuyères	Braine-le-Comte.
3	Henripont . . . . . Marche lez-Ecaussines . Mignault . . . . . Ronquières.	Écaussines - d'Enghien.
4	Arquennes	Feluy.

B. Assemblée des électeurs ouvriers.

1	Horrues.	Soignies.
	Henripont	Ronquières.

PROVINCE DE LIÉGE.
CONSEIL DE PRUD'HOMMES DE HUY.

Assemblée des électeurs chefs d'industrie.

1	Antheit . . . . . . Huccorgne . . . . . Moha.	Wanze.
2	Les Avins . . . . . Marchin. . . . . . Strée. . . . . . . Vierset-Barse . . . . Vyle-Tharoul	Modave.

NUMÉROS d'ordre.	COMMUNES dont les électeurs se rendront dans une commune voisine pour le vote.	COMMUNES où voteront les électeurs des communes indiquées dans la colonne 2.
1.	2.	3.

PROVINCE DE NAMUR.

CONSEIL DE PRUD'HOMMES D'AUVELAIS.

Assemblée des électeurs chefs d'industrie

| 1 | Floreffe . . . . . .
Ham-sur-Sambre . . .
Jemeppe-sur-Sambre .
Mornimont . . . . .
Saint-Martin . . . . | } Auvelais. |
| 2 | Aisemont . . . . .
Arsimont . . . . .
Falisolle . . . . . | } Tamines. |

Formation des listes. — Electeurs patrons. — Caractère industriel de l'établissement.

La cour d'appel, en maintenant sur la liste des électeurs patrons le nom d'un blanchisseur de linge, doit constater le caractère industriel de l'établissement de celui-ci. (Loi du 31 juillet 1889, art. 2 et 7.) — Cassation, 27 novembre 1905, *Pasic.*, 1906, I, 50.

Formation des listes. — Inscription. — Pièces justificatives. — Documents en la possession du collège. — Article 75 du code électoral. — Non-applicabilité.

L'article 75 de la loi du 12 avril 1894, qui dispense le requérant de produire, en matière électorale, devant le collège des bourgmestre et échevins, une copie des pièces officielles qui se trouvent en la possession de ce collège, lorsqu'elles sont invoquées dans la requête et que les éléments de fait qu'elles sont destinées à établir sont précisés, ne vise que la formation des listes électorales pour les Chambres, la province et la commune et n'est pas applicable à la revision des listes électorales pour les conseils de prud'hommes. (Loi du 31 juillet 1889, art. 7, n° 4, et 22, al. 3; loi du 12 avril 1894; code électoral, art. 75.) — Cassation, 11 décembre 1905, *Pasic.*, 1906, I, 58.

Réclamation contre l'élection. — Délai de l'introduction. — Absence du greffier provincial. — Nullité.

Toute réclamation contre l'élection de prud'hommes doit être formée et remise par écrit au greffier provincial dans les dix jours de la date du procès-verbal. Si elle a été transmise dans ce délai et n'est parvenue qu'après son expiration à ce fonctionnaire, même par suite d'absence de celui-ci, elle est nulle et sans effet. — Cour d'appel de Liége, 11 avril 1906, *Pasic.*, 1906, II, 251.

Contributions directes. — *Décharges ou réductions, remises ou modérations en matière de contribution foncière.* — Instructions données le 20 septembre 1906 par M. de Smet de Naeyer, ministre des finances, etc. (*Recueil administratif des contributions directes, douanes et accises*, n° 2826.)

La présente instruction a pour objet de coordonner les dispositions relatives aux décharges ou réductions ainsi qu'aux remises ou modérations en matière de contribution foncière. Ces dégrèvements sont prévus par l'article 84 de la loi du 3 frimaire an VII, par les articles 37 et 38 de la loi du 15 septembre 1807 et par l'article 5 de la loi du 6 septembre 1895, R. 2329, dont les textes sont imprimés en annexe à la présente.

§ 1er. — Le dégrèvement d'une cote foncière entachée de surtaxe (1), c'est-à-dire dénuée de base en tout ou en partie à la date du 1er janvier de l'année de l'imposition, est qualifié décharge ou réduction selon qu'il s'applique à la totalité ou à une partie de la cotisation.

Le dégrèvement est qualifié remise ou modération lorsque, s'appliquant à une cote justement établie dans le principe, il est accordé pour cause de perte totale ou partielle du revenu au cours de l'année de l'imposition.

Il est recommandé aux fonctionnaires d'employer dans leurs avis, rapports et décisions, l'expression propre à l'espèce d'après les distinctions qui précèdent.

I. — Décharges ou réductions.

§ 2 — Il y a lieu à décharge quand un contribuable est imposé :

A. Du chef d'un immeuble bâti ou non bâti dont il n'est pas propriétaire (voir toutefois le § 4);

B. Du chef d'un bâtiment qui, au 1er janvier de l'année de l'imposition, était totalement détruit, démoli, tombé en ruine, ou pour lequel une exemption temporaire ou permanente était acquise à cette date.

§ 3. — Il y a lieu à réduction quand un contribuable est imposé :

A. A raison d'un revenu cadastral supérieur à celui attribué à son immeuble ou qu'une erreur de calcul s'est produite dans l'établissement de son imposition;

B. A raison de l'ancien revenu d'un bâtiment qui, au 1er janvier de l'année de l'imposition, était partiellement détruit ou démoli ou avait subi une diminution de revenu soit par suppression de machines à vapeur ou autres appareils maçonnés au sol, soit par diminution de la force motrice de ces machines ou appareils;

C. A raison d'un revenu cadastral entaché d'exagération par suite d'une erreur matérielle dans l'expertise.

§ 4. — Aucune décharge n'est due à l'ancien propriétaire qui continue à être porté au rôle du chef d'un immeuble vendu, cédé ou passé en d'autres mains de toute autre manière et

---

(1) Le mot *surtaxe* doit être entendu non dans un sens étroit répondant aux espèces les plus fréquentes, mais dans son acception générale, embrassant tous les cas où le contribuable est imposé pour ce qu'il ne doit pas (Cour d'appel de Bruxelles, arrêt du 13 février 1888).

dont la mutation n'est pas faite au cadastre : l'article 36 de la loi du 3 frimaire an VII stipule, en effet, qu'en pareil cas l'ancien propriétaire doit continuer à être imposé et que lui ou ses héritiers peuvent être contraints au payement de la contribution foncière, sauf leur recours contre le nouveau propriétaire.

§ 5. — La décharge ou la réduction pour cause de destruction ou de démolition d'un immeuble imposé doit toujours être accordée, même d'office, aussi longtemps que la mutation cadastrale n'en est pas opérée, sans qu'il y ait lieu d'avoir égard éventuellement à la reconstruction, les bâtiments reconstruits n'étant imposables qu'à partir du 1er janvier de la seconde année qui suit leur occupation.

§ 6. — Les réclamations contre les surtaxes résultant d'erreurs commises par les propriétaires dans les déclarations souscrites en exécution de l'article 4 de la loi du 5 juillet 1871, R. 1322, doivent être adressées au directeur des contributions, à peine de déchéance, dans le délai de six mois à dater de la délivrance de l'avertissement-extrait du rôle. (Loi du 6 septembre 1895, R. 2329, art. 5.)

Quant aux autres surtaxes provenant d'omissions ou de négligences des administrations communales, des agents du cadastre, des receveurs des contributions, etc., les réclamations sont recevables jusqu'au 31 octobre de la seconde année de l'exercice (art 5 précité, 3e alinéa).

§ 7. — Après avoir entendu l'administration communale et le contrôleur divisionnaire, le directeur statue par décision motivée sur la réclamation. Cette décision est susceptible de recours devant la cour d'appel.

§ 8. — Les décharges ou réductions prononcées soit par les directeurs, soit par les cours d'appel, font l'objet d'ordonnances de non-valeurs n° 182.

II. — Remises ou modérations.

A. — INHABITATION DE MAISONS OU INACTIVITÉ DE FABRIQUES ET USINES.

§ 9. — Il résulte de la combinaison des articles 84 de la loi du 3 frimaire an VII, 38 de la loi du 15 septembre 1807 (Code, p. 39 et 52) et 5 de la loi du 6 septembre 1895, R. 2329, qu'il peut être accordé remise de la contribution foncière afférente aux maisons inhabitées et aux fabriques et aux usines inactives lorsque l'inhabitation ou l'inactivité a été continue du 1er janvier au 31 décembre.

§ 10. — La remise d'impôt se justifiant par le fait seul de l'inhabitation, il importe peu que la maison soit ou non meublée, ou qu'éventuellement le locataire qui l'a quittée avant l'expiration de son bail reste tenu du loyer ou doive payer une indemnité au propriétaire.

§ 11. — Le fait de l'installation d'une tombola ou d'une « fancy-fair », au profit d'une œuvre de bienfaisance, dans une maison restée inhabitée du 1er janvier au 31 décembre n'est pas un obstacle à la remise de l'impôt du chef d'inhabitation.

§ 12. — Lorsque deux maisons sont inscrites au cadastre sous un même numéro parce qu'elles sont en communication intérieure, l'inhabitation de l'une — l'autre restant occu-pée — ne peut donner lieu à une remise d'impôt.

§ 13. — Si une maison inhabitée a des dépendances occupées (écuries, remises, etc.) et qu'il n'existe entre la maison et ses dépendances aucune communication intérieure, il peut être accordé une modération calculée sur le revenu cadastral afférent à la maison.

§ 14. — Lorsqu'une maison inhabitée depuis le commencement de l'année vient à être divisée et qu'une ou plusieurs habitations provenant de la division restent inoccupées jusqu'au 31 décembre. il peut être accordé une modération proportionnelle à la différence entre le revenu de l'immeuble avant la division et celui attribué aux parties habitées après la division.

§ 15. — Au sujet des maisons non habitées par les maîtres, mais en partie occupées par un gardien ou un concierge, les distinctions suivantes sont à observer :

1° Aucun dégrèvement n'est consenti dans les deux cas suivants :

A. Si, pendant une partie quelconque de l'année, la maison a contenu du mobilier à l'usage des maîtres;

B. Si la partie occupée par le gardien ou le concierge représente un revenu cadastral excédant le quart du revenu bâti total et que l'occupation par le préposé ait duré au moins trois mois;

2° Lorsque la maison n'a pas contenu de mobilier à l'usage des maîtres et que le revenu cadastral de la partie occupée par le gardien ou le concierge pendant au moins trois mois ne dépasse pas le quart du revenu total, il est accordé une modération proportionnelle à la différence entre le revenu total de l'immeuble et celui afférent à la partie habitée par le gardien ou le concierge;

3° Quand le séjour du gardien ou du concierge dans une maison ne contenant pas de mobilier à l'usage des maîtres a duré moins de trois mois, il est accordé remise totale même si la partie que le préposé a occupée représente un revenu cadastral dépassant le quart du revenu total.

§ 16. — En ce qui concerne les fabriques et les usines, le chômage — qu'il soit la conséquence d'un ordre de l'autorité ou qu'il résulte de toute autre cause, l'événement calamiteux excepté — ne peut justifier un dégrèvement lorsqu'il n'a pas duré sans interruption du 1er janvier au 31 décembre, condition sine qua non de la remise

§ 17. — Tout dégrèvement est également refusé en cas d'utilisation, même momentanée. de la partie d'une fabrique ou usine ayant communication intérieure avec l'autre partie restée inactive.

Cependant s'il arrive que des parties d'un établissement industriel soient inoccupées pendant toute l'année, elles peuvent, pour autant qu'elles soient isolées ou dépourvues de communication intérieure avec des parties utilisées, être considérées comme des établissements distincts pour lesquels une modération est admise au prorata de leur revenu cadastral.

§ 18. — Lorsqu'un établissement industriel comprenant des machines à vapeur et autres appareils fixés au sol par maçonnerie a été utilisé comme magasin, les bâtiments doivent néanmoins supporter l'impôt; mais une modération peut être consentie proportionnellement au revenu des machines à vapeur et des autres appareils restés inactifs pendant toute l'année.

§ 19. — La remise ou la modération pour cause d'inhabitation de maisons ou d'inactivité de fabriques et usines se calcule sur le revenu bâti à l'exclusion du revenu non bâti. Ces dégrèvements ne s'appliquent donc pas, par exemple, aux terrains faisant partie d'une blanchisserie restée inactive.

§ 20. — Les demandes en remise de la contribution foncière pour cause d'inhabitation de maisons et d'inactivité de fabriques ou usines doivent, à peine de déchéance, être adressées au directeur des contributions avant le 1er avril qui suit immédiatement l'année de l'inhabitation ou de l'inactivité. (Loi du 6 septembre 1895, R. 2329, art. 5.)

Toutefois, dans le cas de démolition d'une maison inhabitée depuis le 1er janvier ou d'une fabrique ou usine inactive depuis la même date, la demande peut être présentée immédiatement après la démolition ; si elle est introduite du 1er avril au 31 octobre de l'année suivante (voir § 38), elle est recevable seulement en ce qui concerne la période s'étendant du jour de la démolition au 31 décembre.

§ 21. — Les demandes en remise ou modération pour cause d'inhabitation de maisons et d'inactivité de fabriques et usines sont soumises à l'administration communale et au contrôleur divisionnaire, qui émettent leur avis sur une formule conforme au modèle J annexé à l'instruction R. 1990.

Le directeur statue par décisions motivées.

Les remises et modérations font l'objet d'ordonnances de non-valeurs n° 183.

B. — ÉVÉNEMENTS EXTRAORDINAIRES. (PERTES DE REVENU DES PROPRIÉTÉS BATIES ET NON BATIES.)

Propriétés non bâties.

§ 22. — L'article 37 de la loi du 15 septembre 1807, autorisant la remise ou la modération en cas de perte de la totalité ou d'une partie du revenu par le fait de grêles, gelées, inondations, etc., ne vise point le cas de simple diminution du revenu par suite de la moins-value de la récolte, mais bien la perte du revenu, c'est-à-dire la destruction de la récolte soit sur la totalité, soit sur une partie du fonds.

§ 23. — Dans un système d'interprétation bienveillante comme aussi en vue d'assurer une application uniforme, tout en simplifiant les formalités de l'expertise, il a été décidé que l'on considérera comme perte de revenu tout dommage atteignant au moins 80 p. c. de la valeur de la récolte soit sur une parcelle entière, soit, en cas de division d'une parcelle en plusieurs lots entre différents occupants ou pour diverses cultures, sur la totalité d'un de ces lots.

Il est accordé : dans le premier cas, remise de l'impôt afférent à la parcelle entière ; dans le second cas, une modération proportionnelle à la superficie du lot atteint par la perte.

§ 24. — Pour l'application des dispositions du § 23, il n'est tenu compte que de la récolte principale, abstraction faite des produits accessoires d'arrière-saison tels que navets, etc., qui peuvent être obtenus sur la même parcelle

ou partie de parcelle après l'enlèvement de la récolte détruite.

Ne sont pas considérés comme produits accessoires les secondes coupes de fourrages ni les betteraves, les blés de mars, etc., obtenus en remplacement de céréales d'hiver détruites par des gelées, inondations ou autres événements calamiteux.

§ 25. — Aucune remise ou modération d'impôt n'est accordée pour les fonds de terre dont les récoltes, engrangées ou mises en meules, ont été détruites par un incendie ou autrement, ni pour ceux qui sont restés incultes.

§ 26. — Les demandes en remise ou modération sont faites au receveur des contributions soit directement et individuellement par les intéressés, soit en leur nom et collectivement par le bourgmestre de la commune où les biens sont situés.

A la réception des demandes, le receveur adresse un imprimé n° 179 au bourgmestre, qui en remplit les colonnes 1 à 11.

Dès qu'il apprend qu'un événement calamiteux pouvant donner lieu à l'application de l'article 37 s'est produit dans une commune de son ressort, le receveur prend l'initiative de l'instruction par l'envoi de l'imprimé n° 179 au bourgmestre.

§ 27. — Les demandes dont il est question au premier alinéa du paragraphe qui précède ne sont plus recevables si elles sont introduites tardivement, de telle sorte que la réalité et l'étendue de la perte ne puissent plus être constatées.

§ 28. — Le receveur fixe sans retard au bourgmestre le jour et l'heure où il se rendra dans la commune pour procéder à l'estimation des pertes avec l'assistance d'un expert à désigner par l'autorité communale (1). Si celle-ci refuse ou néglige de désigner un expert, le receveur opère seul sous la surveillance du contrôleur divisionnaire ; le fait est mentionné sur l'état n° 179.

§ 29. — Dans le cas de division d'une parcelle en plusieurs lots entre différents occupants ou pour diverses cultures (voir § 23), l'estimation consiste à déterminer la quotité de la superficie à exonérer de l'impôt, c'est-à-dire le pour cent de la superficie atteinte par rapport à la superficie totale de la parcelle cadastrale ; ce pour cent correspond à celui du revenu cadastral frappé de perte comparativement au revenu total de la parcelle.

Les estimations des pertes sont inscrites à l'état n° 179 par parcelle et par contribuable intéressé ; le receveur y consigne éventuellement les divergences d'opinion.

§ 30. — L'état n° 179, accompagné des demandes, est transmis sans retard au directeur des contributions, qui est chargé de statuer. (Arrêté ministériel du 8 juin 1869, R. 1219, pris en exécution de l'arrêté royal du 7 du même mois, R. 1218.)

§ 31. — La remise ou modération est accordée à celui qui paye l'impôt soit à titre de propriétaire inscrit au rôle, soit à titre de locataire figurant au registre de sous-répartition.

Ces dégrèvements portent à la fois sur le principal et sur les centimes additionnels pro-

---

(1) Aucune indemnité n'est allouée par l'État à cet expert.

vinciaux et communaux; ils ne sont liquidés que s'ils atteignent, en principal et additionnels, au moins 1 franc par contribuable.

En aucun cas, le dégrèvement ne peut dépasser le montant de l'impôt (principal et additionnels) afférent aux propriétés endommagées.

§ 32. — Les remises et modérations font l'objet d'une seule ordonnance de non-valeurs nº 183 par état nº 179.

§ 33. — En adressant au receveur l'ordonnance collective nº 183, le directeur lui fait connaître, le cas échéant, les motifs des modifications apportées aux propositions soumises.

Propriétés bâties.

§ 34. — L'article 38 de la loi du 16 septembre 1807 permet d'accorder aux propriétaires d'immeubles bâtis une modération de l'impôt foncier en cas de perte totale ou partielle du revenu d'une année.

Cette perte peut résulter :

A. De la destruction totale ou partielle d'un bâtiment par un événement calamiteux (incendie, inondation, ouragan, effondrement, etc.);

B. De la démolition totale par un acte volontaire.

La démolition partielle ne donne lieu à aucun dégrèvement pour l'année pendant laquelle elle est effectuée; mais une expertise cadastrale doit être faite, le cas échéant, aux fins de déterminer la surtaxe qui pourrait exister dans l'imposition pour l'année suivante (voir § 3, litt. *b*).

§ 35. — La modération est consentie lors même que les bâtiments détruits ou démolis ont été immédiatement reconstruits ou restaurés et réoccupés dans l'année de la destruction ou de la démolition (voir en outre le § 5).

§ 36. — Le montant de la modération est calculé au prorata de la partie de l'année restant à courir depuis le lendemain de la destruction totale ou partielle ou depuis le lendemain du jour où la démolition totale est achevée.

En cas de destruction partielle, ce calcul est basé sur la différence entre le revenu cadastral de la propriété et celui de la partie utilisable restée debout.

§ 37. — Les §§ 26, 28 et 30 à 33 sont applicables aux modérations concernant les propriétés bâties.

Toutefois, en cas de destruction partielle, le revenu de la partie utilisable restée debout est déterminé par le contrôleur divisionnaire assisté de l'indicateur-expert du cadastre; leur estimation est consignée dans la colonne *ad hoc* de l'état nº 179.

§ 38. — Les demandes en modération d'impôt ne sont plus recevables dès qu'il n'est plus possible de constater la quotité de la perte de revenu et, en tout état de chose, après le 31 octobre de la seconde année de l'exercice.

III. — Dispositions générales.

§ 39. — En principe, les décharges ou réductions ainsi que les remises ou modérations sont ordonnancées au nom des personnes figurant dans les rôles.

Exception à cette règle est faite :

1º En cas de division de la cote foncière : l'ordonnance est émise au nom des locataires inscrits au registre de sous-répartition;

2º Si une veuve remariée figure au rôle sous le nom de son premier mari suivi des mots *la veuve* ou *la veuve et les enfants :* l'ordonnance est émise au nom du second mari, avec l'une des mentions suivantes, selon le cas : *agissant pour compte de la veuve X...,* ou *agissant pour compte de la veuve X... et de ses enfants ;*

3º Si le dégrèvement porte sur un bien qu'un contribuable possède en propre et qui, avec d'autres qu'il possède par indivis, est repris sous un seul article de la matrice cadastrale sous son nom suivi des mots *et les enfants :* l'ordonnance est émise au nom exclusif du dit contribuable;

4º Si le dégrèvement porte sur un bien ayant changé de propriétaire et dont la mutation n'est pas encore faite au cadastre, et que l'impôt ait été payé par le nouveau propriétaire : l'ordonnance est émise au nom de ce dernier.

§ 40. — Le receveur ou le contrôleur des contributions, le géomètre ou le contrôleur du cadastre qui constate qu'une cotisation est erronément établie ou qu'un contribuable se trouve dans le cas de pouvoir obtenir une remise ou modération d'impôt foncier, est tenu d'en informer l'intéressé et de l'inviter à adresser une réclamation ou une demande en temps utile.

On ne perdra pas de vue, à ce sujet, que la déchéance encourue pour défaut de réclamation ou de demande dans le délai légal (loi du 6 septembre 1895, art. 5) consiste dans la perte irrévocable du droit lui-même. Cette déchéance, qui équivaut à la prescription, est d'ordre public et l'administration n'a pas le pouvoir d'en relever le contribuable.

§ 41. — Sont rapportés les §§ 291 et 298 a 307 de l'Instruction R. 1990, ainsi que toutes autres dispositions, contenues dans des circulaires ou décisions sur la matière, qui ne se concilient pas avec la présente.

Annexe à l'Instruction R. 2826.

Loi du 3 frimaire an VII.

ART. 84. — Les maisons qui auront été inhabitées pendant toute l'année, à partir du 1er vendémiaire, seront cotisées seulement à raison du terrain qu'elles enlèvent à la culture, évalué sur le pied des meilleures terres labourables de la commune.

Loi du 15 septembre 1807.

ART. 37. — Les propriétaires compris dans le rôle cadastral pour les propriétés non bâties ne seront plus dans le cas de se pourvoir en surtaxe, à moins que, par un événement extraordinaire, leurs propriétés ne vinssent à disparaître : il y serait pourvu alors par une remise extraordinaire; mais ceux d'entre eux qui, par des grêles, gelées, inondations ou autres intempéries, perdraient la totalité ou une partie de leur revenu pourront se pourvoir, comme par le passé, en remise totale ou en modération partielle de leur cote de l'année dans laquelle ils ont éprouvé cette perte ...

ART. 38. — Les propriétaires des propriétés bâties continueront d'être admis à se pourvoir en décharge ou réduction, dans le cas de surtaxe ou de destruction totale ou partielle de leurs bâtiments, et en remise ou modération, dans le cas de la perte totale ou partielle de leur revenu d'une année ...

Loi du 6 septembre 1895, R. 2329.

ART. 5. — Les directeurs provinciaux des contributions directes statuent, par décision motivée, sur les réclamations relatives à l'application des lois en matière de contributions directes et de redevances sur les mines, en ce qui concerne tant l'impôt au profit de l'Etat que les centimes additionnels provinciaux et communaux compris aux rôles qu'ils ont rendus exécutoires.

Ces réclamations leur sont adressées, à peine de déchéance, savoir :

Les réclamations contre les surtaxes, dans le délai de six mois à dater de la délivrance de l'avertissement-extrait du rôle. Toutefois, ce délai est prolongé jusqu'au 31 octobre de la seconde année de l'exercice pour les impositions indues résultant de doubles emplois ou d'erreurs imputables aux agents des contributions directes;

Les demandes en remise de la contribution foncière pour cause d'inhabitation de maisons ou d'inactivité de fabriques et d'usines, avant le 1er avril qui suit immédiatement l'année de l'inhabitation ou de l'inactivité;...

Le réclamant ne doit pas justifier du payement des termes échus.

Dans tous les cas, un reçu est délivré au réclamant par le fonctionnaire qui reçoit la réclamation.

Cours d'eau non navigables ni flottables. — *Canal artificiel. — Cours d'eau non navigables ni flottables. — Ville. — Concession ancienne. — Abolition de la féodalité. — Effets. — Irrigation des fonds riverains. — Prescription.*

La concession accordée sous l'ancien régime, au profit d'un seigneur et de ses sujets, d'une prise d'eau dans une rivière non navigable ni flottable n'est pas destituée d'effet par les lois abolitives de la féodalité. Elle constitue un titre spécial que ces lois ont laissé subsister.

L'article 644 du code civil ne concernant pas les cours d'eau artificiels, les riverains d'un canal privé, qui est la propriété d'une ville, ne peuvent en dériver l'eau pour l'irrigation de leurs héritages, alors même que cette appropriation ne serait pas dommageable pour elle.

La ville, bénéficiaire de l'octroi, peut avoir acquis par prescription, sous l'ancien droit, un volume d'eau dépassant celui de sa concession primitive, parce qu'autrefois les petites rivières étaient dans le commerce et n'appartenaient aux seigneurs que sauf titre ou possession contraire.

Alors même qu'un canal artificiel est repris à l'atlas des cours d'eau non navigables ni flottables, cette inscription n'altère en rien les droits du propriétaire. — Cour d'appel de Liége, 20 décembre 1905, *Pasic.*, 1906, II, 79.

Fossé. — Nature. — Eau courante. — Simple tranchée. — Contestation. — Pouvoir judiciaire. — Règlement provincial. — Travaux à effectuer dans un fossé.

En cas de contestation sur la nature d'un fossé, le pouvoir judiciaire est compétent pour constater si le fossé est un cours d'eau ou une propriété privée; les décisions administratives relatives à des cours d'eau non classés sont sans effet sur les droits éventuels des riverains.

La nature du fossé peut être déterminée par une expertise.

Il n'échet pas de statuer sur la question de légalité d'un règlement provincial qui a ordonné d'effectuer certains travaux au fossé litigieux, avant que le juge ait pu constater, au besoin à l'aide d'une expertise, si ce fossé a ou n'a pas le caractère de cours d'eau, dans le sens légal du mot. — Cour d'appel de Gand, 9 mars 1906, *Pasic.*, 1906, II, 259.

Voy. VOIRIE.

Cultes. — *Presbytère. — Changement de destination. — Obligation de fournir préalablement à la désaffectation un logement convenable ou une indemnité suffisante. —* Arrêté royal du 30 juin 1906, contresigné par MM. de Favereau, ministre des affaires étrangères, pour M. de Trooz, ministre de l'intérieur, etc., absent, et Van den Heuvel, ministre de la justice. (*Moniteur* du 6 juillet.)

Vu la délibération, en date du 13 janvier 1906, approuvée le 1er juin par la députation permanente du conseil provincial du Hainaut, par laquelle le conseil communal de Ciply décide de démolir le presbytère de cette commune et de mettre à la disposition du desservant le logement actuel de l'institutrice, après qu'il aura été approprié;

Vu l'arrêté du gouverneur de la province, du 7 juin, suspendant l'exécution de cette délibération;

Vu l'arrêté du 15 juin par lequel la députation permanente décide de ne pas maintenir la suspension;

Vu l'appel formé auprès de nous, le 16 juin, par le gouverneur de la province;

Vu l'article 92, 3°, du décret du 30 décembre 1809, en vertu duquel les communes sont tenues notamment de « fournir au curé ou desservant un presbytère, ou, à défaut de presbytère, un logement, ou, à défaut de presbytère et de logement, une indemnité pécuniaire »;

Vu également l'article 131, 13°, de la loi communale, d'après lequel le conseil communal est tenu de porter annuellement au budget des dépenses toutes celles que les lois mettent à la charge de la commune et spécialement, entre autres, « l'indemnité de logement des ministres des cultes, conformément aux dispositions existantes, lorsque le logement n'est pas fourni en nature »;

Considérant que le presbytère de Ciply appartient à la commune, que le conseil communal peut donc légalement changer la destination de cet immeuble sous l'approbation de la députation permanente;

Considérant toutefois qu'il résulte des articles prémentionnés du décret du 30 décembre 1809 et de la loi communale que les communes ne peuvent obliger les curés et desservants à quitter les immeubles servant de presbytères qu'à la condition de fournir en même temps à ces ministres du culte un autre logement convenable ou de mettre à leur disposition, par voie d'inscription au budget, une indemnité suffisante ;

Considérant qu'il résulte du rapport du gouverneur que le logement mis par la commune à la disposition du desservant ne convient pas à sa destination et que, même après réalisation des appropriations projetées, il ne constituera pas encore un logement convenable ;

Attendu que, dès lors, le conseil communal de Ciply n'a pas rempli les conditions requises pour pouvoir, moyennant l'approbation prévue par l'article 77, 1º, de la loi communale, changer la destination de l'immeuble qui a servi jusqu'ici de presbytère ;

Vu les articles 86 et 87 de la loi communale ;

Sur la proposition de notre ministre de l'intérieur et de l'instruction publique et de notre ministre de la justice,

Nous avons arrêté et arrêtons :

La délibération précitée du conseil communal de Ciply, du 13 janvier 1906, est annulée.

Mention de cette disposition sera faite au registre des délibérations du dit conseil, en marge de l'acte annulé.

Presbytère. — Droit du curé. — Curé ayant perdu sa qualité par décision de l'évêque. — Occupation du presbytère sans titre ni droit. — Déguerpissement. — Juge des référés. — Compétence. — Ordonnances épiscopales nommant ou révoquant les ministres du culte. — Caractère. — Incompétence du pouvoir judiciaire.

Le droit du curé sur le presbytère est un droit *sui generis*, différent de ceux définis par le code civil, et attaché à sa qualité de curé.

Le curé n'ayant sur le presbytère aucun droit réel, ni à titre d'usufruit ni à quelque autre titre, s'il perd sa qualité, sinon de prêtre, tout au moins celle de curé de la commune, par décision de l'évêque, il occupe désormais le presbytère sans titre ni droit, et le juge des référés est compétent pour ordonner son déguerpissement.

Les ordonnances épiscopales qui nomment ou révoquent les ministres inférieurs du culte sont des actes purement spirituels, placés au dessus du contrôle du gouvernement et des tribunaux. — Tribunal civil de Huy (référés), 16 novembre 1905, *Pasic.*, 1906, III, 73.

D

Décoration industrielle. — *Gens de service et de maison. — Octroi.* — Arrêté royal du 15 juin 1906, contresigné par M. Francotte, ministre de l'industrie, etc. (*Moniteur du 24 juin.*)

Revu nos arrêtés du 7 novembre 1847 et du 28 février 1861, instituant une décoration à deux degrés pour les ouvriers et artisans, ainsi que pour les patrons de chaloupes de pêche et les pêcheurs, qui à une habileté reconnue joignent une conduite irréprochable ;

Vu notre arrêté du 9 mars 1863, déterminant la forme de cette distinction ;

Sur la proposition de notre ministre de l'industrie et du travail,

Nous avons arrêté et arrêtons :

La seconde classe de la décoration instituée par les arrêtés royaux du 7 novembre 1847 et du 28 février 1861 pourra être décernée aux gens de service et de maison d'une conduite irréprochable et qui, pendant une période ininterrompue de vingt-cinq ans au moins, auront servi avec fidélité et dévouement chez le même maître ou dans la même famille.

— Application de l'arrêté royal du 15 juin 1906. — Circulaire adressée le 25 juin 1906 aux gouverneurs de province par M. Francotte, ministre de l'industrie, etc. (*Mémorial administratif du Brabant*, 1906, I, 91.)

Les gens de service et de maison étant exclus de toute distinction honorifique, il a paru équitable de combler cette lacune et de reconnaître, par une récompense publique, le mérite moral des vieux serviteurs attachés à la même famille pendant de longues années.

L'arrêté royal en date du 15 juin 1906, et dont ci-joint un exemplaire, permet d'appliquer aux gens de service et de maison le bénéfice des arrêtés royaux du 7 novembre 1847 et du 28 février 1861.

La décoration industrielle de 2e classe leur sera accordée comme seule et unique récompense.

Suivant les dispositions de l'arrêté royal précité, ne pourront être admis à la collation de cette récompense que les gens de service et de maison justifiant d'un terme minimum de vingt-cinq ans de services ininterrompus chez un même maître ou dans la même famille.

Les candidats doivent être âgés de 45 ans au moins.

La présentation est à faire par les maîtres ou un des membres de leurs familles.

Il est nécessaire que la demande indique les nom, prénoms et domicile, la date exacte de l'entrée en service, la conduite et éventuellement les actes particuliers de dévouement.

Les administrations provinciales et communales auront à contrôler aussi complètement que possible la durée des services et à s'enquérir de la moralité des candidats.

— Confusion à éviter avec la décoration accordée aux travailleurs agricoles. — Circulaire adressée le 24 août 1906 aux gouverneurs de province par M. Francotte, ministre de l'industrie, etc.

Faute de temps, il n'a pu être fait, à l'occasion des fêtes nationales de cette année, qu'une application restreinte de l'arrêté royal du

15 juin 1906 permettant de conférer la décoration industrielle aux gens de service et de maison.

En vue de satisfaire au grand nombre de demandes qu'il n'a pas été possible de comprendre dans le travail du 21 juillet, j'ai l'intention de soumettre à la signature royale un arrêté complémentaire vers la fin de l'année. A cet effet, je vous prie, Monsieur le gouverneur, de vouloir bien inviter les administrations communales de votre province à instruire sans retard les demandes déjà reçues, ou qui leur seront transmises ultérieurement, de façon que les dossiers, pourvus de tous les renseignements indispensables, me parviennent pour le 15 novembre prochain, date extrême.

J'attire votre attention sur ce fait que plusieurs requêtes qui me sont adressées concernent non pas des gens de service et de maison, mais des gardes-chasse, des jardiniers, des ouvriers de ferme et autres personnes rangées dans la catégorie des travailleurs agricoles.

Dans ce cas, c'est la décoration agricole et non la décoration des gens de service et de maison qu'il s'agit de conférer éventuellement, et c'est au département de l'agriculture qu'il appartient de statuer.

Il est à remarquer que les dispositions de l'arrêté du 15 juin visent uniquement les gens de service et de maison, en d'autres termes le personnel domestique spécialement attaché à la maison du maître, vivant et domicilié chez lui et ne travaillant que pour lui.

Denrées alimentaires. — *Margarine. — Emballage et récipients. — Mentions prohibées. — Raison sociale.*

Le fabricant ou le vendeur de margarine ne peut indiquer sur les récipients ou sur les emballages une raison sociale comprenant les mots *lait, beurre* ou *crème,* ou un de leurs dérivés (creameries). (Arrêté royal du 20 octobre 1903, art. 3, § 3, et 5.) — Cassation, 27 décembre 1905, *Pasic.*, 1906, I, 70.

Falsification. — Délits. — Constatation. — Règles ordinaires.

Les infractions prévues par la loi du 4 août 1890 peuvent se prouver par l'instruction à laquelle il a été procédé à l'audience, conformément aux principes généraux du code d'instruction criminelle. (Code pén., art. 500; loi du 4 août 1890, art. 2 et 3; arrêté royal du 28 février 1891, art. 3; code d'instr. crim., art. 154 et 189.) — Cassation, 15 janvier 1906, *Pasic.*, 1906, I, 85.

Produits saccharinés. — Loi du 9 août 1897, article 4, § 1ᵉʳ. — Poursuite. — Ministère public. — Débit. — Contravention. — Prévenu. — Bonne foi. — Acquittement. — Détention. — Contravention. — Peine applicable. — Loi du 21 août 1903.

Le ministère public est recevable à exercer une poursuite du chef de contravention à la loi du 9 août 1897, article 4, § 1ᵉʳ, qui a pour but, en ordre subsidiaire, d'empêcher et de réprimer les falsifications de denrées alimentaires.

Le prévenu ne peut être condamné du chef de falsification de denrées alimentaires s'il a ignoré la présence de saccharine dans le tonneau de bière trouvé chez lui et destiné à être débité.

Mais la seule détention de produits saccharinés est punissable, sans distinguer si le prévenu a été de bonne ou de mauvaise foi. (Loi du 9 août 1897, art. 4, § 1ᵉʳ, et 12.)

La loi du 21 août 1903 a abrogé celle du 8 août 1897 quant à la peine à appliquer. — Cour d'appel de Gand, 28 février 1906, *Pasic.*, 1906, II, 184.

Loi du 12 août 1903. — Cocoline. — Non-application.

L'huile consistante de coco ou cocoline n'est pas une substance alimentaire soumise aux prescriptions de la loi du 12 août 1903. — Justice de paix de Liége, 26 juillet 1905, *Pasic.*, 1906, III, 32.

Donations et legs. — *Affectation particulière donnée à des locaux par un acte de fondation antérieur à la loi du 16 vendémiaire an v. — Légalité. — Dérogations aux actes de fondation. — Nécessité de l'autorisation du gouvernement.* — Arrêté royal du 11 septembre 1906, contresigné par M. Van den Heuvel, ministre de la justice. (*Recueil des circulaires, etc., du ministère de la justice*, 1906, p. 531.) (1)

Vu la délibération, en date du 18 décembre 1905, parvenue au gouvernement provincial du Hainaut, le 11 août 1906, par laquelle la commission administrative des hospices civils de Tournai décide :

1° De transférer à l'hospice des vieillards les pauvres, anciens prêtres, qui se trouveraient dans les conditions d'indigence et de domicile de secours pour y jouir du même traitement et être soumis au même règlement que les autres indigents à charge de l'administration des hospices;

2° De supprimer l'affectation particulière qu'avaient reçue les locaux de la maison dite *des anciens prêtres;*

Vu l'arrêté du gouverneur du Hainaut en date du 16 août 1906 suspendant l'exécution de cette délibération;

Vu l'arrêté de la députation permanente du conseil provincial du Hainaut, en date du 17 août 1906, décidant que la suspension prononcée par le gouverneur n'est pas maintenue;

Vu l'appel dirigé le même jour par le gouverneur contre cet arrêté de la députation permanente;

Considérant que l'établissement hospitalier appelé *la maison des anciens prêtres* constitue une fondation établie par Walter de Marvis,

---

(1) Publié par extrait au *Moniteur* des 17-18 septembre 1906.

évêque de Tournai. par un acte daté de 1251, afin de mettre les vieux prêtres à l'abri de la mendicité ;

Considérant que cette fondation hospitalière a été remise à la commission administrative des hospices civils de Tournai, par application de la loi du 16 vendémiaire an v;

Considérant que cette loi organique des commissions d'hospices n'a pas eu pour but ni pour effet la suppression radicale des fondations hospitalières existantes ; qu'elle n'a supprimé dans ces fondations que les administrations spéciales qui les avaient régies jusqu'alors et qu'elle en a confié la gestion aux organismes nouvellement créés ; que la portée limitée de la dite loi est démontrée par une instruction du ministre de l'intérieur du 18 prairial an v, relative à l'exécution de la loi du 16 vendémiaire (HUYGHE, Recueil des lois, t. XV, p. 431); qu'elle est attestée, en outre, par une série d'arrêtés et d'instructions postérieurs qui marquent nettement que le législateur n'avait pas l'intention de changer l'affectation des fondations : tels l'arrêté du 19 nivôse an VI, la loi du 5 frimaire an VI, la circulaire du ministre de l'intérieur du 9 vendémiaire an IX, les arrêtés du 28 fructidor an X. du 16 fructidor an XI et le décret du 31 juillet 1806 :

Considérant qu'il résulte, d'autre part, de l'ensemble des dispositions législatives et administratives que la volonté du législateur a été de respecter les fondations dans ce qu'elles ont d'essentiel, leur but, la destination que leur a assignée leur auteur ; que cette conclusion se rencontre dans un arrêt de la cour de cassation du 6 juin 1873 (Pasic., 1874, I, 278);

Considérant, dès lors, que la délibération prise le 18 décembre 1905 par la commission administrative des hospices civils de Tournai ne se justifie pas en droit; qu'elle est, en outre, illégale à un autre point de vue ; qu'elle dépasse, en effet, la portée d'un acte d'administration et aurait dû, pour ce motif et en toute autre hypothèse, être soumise à notre approbation, en vertu du principe général exprimé dans les articles 14 et 45 de la loi du 19 décembre 1864, d'où il résulte que les dérogations aux actes de fondation sont subordonnées à l'autorisation du gouvernement, principe énoncé explicitement, en ce qui concerne les hospices, dans l'instruction précitée du ministre de l'intérieur, du 18 prairial an v;

Vu les articles 86 et 87 de la loi communale ;

Sur la proposition de notre ministre de la justice,

Nous avons arrêté et arrêtons :

ARTICLE UNIQUE. — La délibération susvisée de la commission administrative des hospices civils de Tournai, en date du 18 décembre 1905, est annulée.

Mention de cette annulation sera faite dans le registre des procès-verbaux de cette commission, en marge de la dite délibération.

Célébration de messes. — Droit de disposition accordé à l'exécuteur testamentaire. — Clause réputée non écrite. — Arrêté royal du 11 octo-

bre 1905, contresigné par M. Van den Heuvel. ministre de la justice. (*Moniteur* du 18 octobre.)

Vu l'expédition du testament reçu, le 5 décembre 1901, par le notaire Robert, de résidence à Virton, et par lequel Mme Marie-Catherine Léonard, sans profession, veuve de M. François Pierre, demeurant à Willancourt, commune de Musson, a disposé notamment comme suit :

« Je lègue à la fabrique de l'église de Willancourt tous les immeubles en nature, champs et prés qui composeront ma succession au jour de mon décès, à charge d'en consacrer les revenus à la célébration de grand'messes du Saint-Sacrement et autres grand'messes, chaque année, à concurrence des revenus annuels pour le repos de mon âme, ainsi que celles de mon père, ma mère, mon frère et mes deux sœurs, dont une déjà défunte.

« Pour veiller à l'exécution du présent legs et remplir toutes les formalités qu'il nécessitera, je nomme pour mon exécuteur testamentaire M..., lequel conviendra avec la dite fabrique du nombre des messes à célébrer en se basant sur l'importance des revenus des biens légués et les tarifs en usage ; il est bien entendu que toutes ces messes devront être annoncées au prône le dimanche qui en précédera la célébration et que M... sera seul maître de les faire exécuter comme bon lui semblera ».

En ce qui concerne la clause du testament portant que l'exécuteur testamentaire sera seul maître de faire exécuter les messes comme bon lui semblera :

Considérant que si cette clause devait avoir pour but d'étendre les pouvoirs accordés à l'exécuteur testamentaire par le même testament, quant à l'exécution des messes, au point d'empiéter sur les attributions légales de la fabrique ou du desservant en cette matière, elle devrait être déclarée non écrite, en vertu de l'article 900 du code civil ;

Vu les articles 900, 910 et 937 du code civil, 50 du décret du 30 décembre 1809, 76, 3°, et paragraphes derniers de la loi communale, ainsi que le tarif du diocèse de Namur, approuvé par nous, le 18 mai 1880;

Sur la proposition de notre ministre de la justice,

Nous avons arrêté et arrêtons :

ARTICLE UNIQUE. — La fabrique de l'église de Willancourt, commune de Musson, est autorisée à accepter le legs prémentionné aux conditions prescrites, en tant qu'elles ne sont pas contraires aux lois.

Distributions charitables. — Obligation pour les indigents d'assister à des services religieux. — Condition légale. — Arrêté royal du 28 septembre 1905, contresigné par M. Van den Heuvel, ministre de la justice. (*Moniteur* du 8 octobre.)

Vu l'expédition du testament reçu le 9 décembre 1896 par le notaire Deljute, de résidence à Montignies-sur-Roc, et par lequel

Mme Sophie Parent, veuve de M. Constant Manesse, propriétaire à Roisin, a disposé notamment comme suit :

... « Je donne et lègue au bureau de bienfaisance de la commune de Roisin mes parcelles de terre ci-dessous désignées situées en cette commune : ...

« Je fais ce dernier legs à charge par le dit bureau de bienfaisance de payer à perpétuité à la fabrique de l'église de Saint-Brice, à Roisin, une rente annuelle et perpétuelle de 45 francs, laquelle prendra cours du jour de mon décès et sera payable pour la première fois un an après, en espèces d'argent coursables, en mains et au domicile du receveur de la dite fabrique à Roisin. Et, pour assurer à toujours le payement annuel de cette rente, je veux que mes parcelles de terre ici léguées au dit bureau de bienfaisance de Roisin soient et demeurent affectées en hypothèque spéciale au profit de la dite fabrique pour une somme de 1,800 fr., capital moyennant lequel seulement le remboursement de cette rente pourra être effectué ; et je veux qu'il soit pris après mon décès, en vertu de mon testament, une inscription pour le dit capital en garantie de cette rente sur les dits biens affectés ;

« Je fais ce don à la dite fabrique, à charge par elle de faire célébrer chaque année à perpétuité dans la dite église, à compter du jour de mon décès, quatre obits chantés pour le repos de mon âme et de celle de mon mari, Constant Manesse, un obit chanté pour le repos de l'âme de mon frère, Florent Parent, et un pour le repos de l'âme de mon frère, Martial Parent, suivant le nouveau tarif du diocèse ;

« Je veux que le dit bureau de bienfaisance fasse distribuer à l'issue de chacun de ces obits, à perpétuité, une somme de 25 francs aux pauvres qui y auront assisté ».

Vu les délibérations, en date des 17 octobre 1903, 13 février et 5 juin 1904, par lesquelles le bureau de bienfaisance de Roisin, se basant sur ce que les revenus des biens légués par la dame Parent, veuve Manesse, seront insuffisants pour acquitter intégralement les charges pieuses et charitables grevant le legs, a sollicité l'autorisation d'accepter ce legs, mais à la condition que la rente à servir à la fabrique de l'église de Roisin ainsi que le capital de l'inscription hypothécaire qui lui sert de garantie soient réduits dans la mesure déterminée par le dit bureau de bienfaisance ;

Vu les délibérations du bureau des marguilliers de l'église de Roisin, en date des 5 juillet 1903 et 3 janvier 1904, tendant à pouvoir accepter la rente léguée à la dite église par la dame Parent, veuve Manesse, à charge du bureau de bienfaisance de Roisin, aux conditions attachées à ce legs, sous réserve toutefois de la réduction qui pourrait être imposée par l'autorité supérieure ;

Vu les délibérations, en date des 29 avril et 1er mai 1905, par lesquelles le bureau de bienfaisance et le bureau des marguilliers susdits ont consenti au partage des revenus nets des biens légués par la testatrice prénommée, à raison de dix treizièmes pour le bureau de bienfaisance et de trois treizièmes pour la fabrique de l'église, les administrations charitable et fabricienne intéressées se réservant d'examiner avant le renouvellement des baux

relatifs aux biens dont il s'agit si la vente de ceux-ci peut être faite dans des conditions avantageuses, de manière à permettre un partage définitif ;

Vu les avis ...;

Considérant que, par certaines de ses délibérations susvisées, le bureau de bienfaisance de Roisin a manifesté l'intention de faire participer tous les pauvres de la commune indistinctement aux distributions charitables prescrites par la testatrice malgré la clause du testament restreignant le bénéfice de ces distributions aux pauvres qui auront assisté aux obits fondés par la disposante ;

Considérant que si l'article 15 de la Constitution interdit de contraindre personne à concourir aux actes et cérémonies d'un culte, il ne s'oppose ni par son texte ni par son esprit à ce qu'un testateur fasse dépendre la participation à ses libéralités de l'assistance à certains services religieux ; que les indigents, n'ayant aucun droit à ces libéralités, ne peuvent se plaindre de ce que des conditions y soient jointes ; qu'ils restent libres de ne pas assister aux services religieux fondés ; que, seulement dans ce cas, ils perdent le droit de prendre part aux distributions charitables ; qu'ainsi la liberté de chacun, du testateur comme des gratifiés, est sauvegardée ;

Vu les articles 910 et 937 du code civil, 59 du décret du 30 décembre 1809, 76, 3°, et paragraphes derniers de la loi communale, ainsi que le tarif du diocèse de Tournai, approuvé par nous le 12 mars 1880 ;

Sur la proposition de notre ministre de la justice,

Nous avons arrêté et arrêtons :

ART. 1er. — Le bureau de bienfaisance de Roisin est autorisé à accepter le legs prémentionné, aux conditions prescrites, pour autant que l'exécution de celles-ci n'entraîne pas une dépense supérieure au revenu net des biens légués et à charge notamment de remettre chaque année à la fabrique de l'église de la localité les trois treizièmes du dit revenu, sans que la somme à payer de ce chef puisse dépasser le chiffre de 45 francs, fixé par la testatrice.

ART. 2. — La fabrique de l'église de Roisin est autorisée à accepter la rente qui devra lui être servie en vertu de l'article précédent pour la célébration des services religieux fondés par la disposante

---

Distribution de pains à un endroit déterminé. — Distribution de la fourniture, par parts égales, entre tous les boulangers de la commune. — Arrêté royal du 11 avril 1906. (*Moniteur* du 20 avril.)

Un arrêté royal du 11 avril 1906, contresigné par M. Van den Heuvel, ministre de la justice, autorise un bureau de bienfaisance à accepter un legs fait dans les termes suivants :

« Après ma mort, je dois être enterré dans mon caveau, à mon village natal à Eename, messe basse doit être chantée le jour de mon enterrement ; après cette cérémonie, une distribution de pains sera faite aux pauvres de la commune, à la maison communale, par les soins du bureau de bienfaisance (et sans distinction d'opinion). La dépense pour cette distribution sera de cent francs. Tous les boulangers de la commune doivent avoir leur part égale pour la fabrication du pain. Tous les dons seront faits au nom de Marie-Catherine Pirlot et de Edmond De Bock, soussigné. Cette distribution devra avoir lieu tous les ans et à perpétuité. Je donne au bureau de bienfaisance de ma commune natale la somme de quatre mille francs; les intérêts de cette somme serviront pour couvrir les frais ... »

Cet arrêté contient, en ce qui concerne les conditions du legs, les observations suivantes :

En ce qui concerne la clause prescrivant que les distributions de pains prémentionnées seront faites à la maison communale d'Eename :

Considérant qu'en vertu de la loi du 7 frimaire an v il appartient exclusivement aux bureaux de bienfaisance de déterminer où se feront les distributions charitables ordonnées par les particuliers ; que, dès lors, la clause prémentionnée doit être réputée non écrite, par application de l'article 900 du code civil;

En ce qui concerne la clause portant que tous les boulangers de la commune d'Eename doivent avoir part égale dans la fabrication du pain destiné aux distributions prescrites par le testateur :

Considérant qu'en vertu également de la loi du 7 frimaire an v précitée, les bureaux de bienfaisance sont seuls chargés de régler tout ce qui concerne les fournitures, marchés et adjudications nécessaires pour assurer le service qui leur est confié; que, par suite, la disposition dont il s'agit renfermerait une clause illégale, à réputer non écrite, si elle devait être interprétée comme impliquant, pour le bureau de bienfaisance, l'obligation de commander à chacun des boulangers de la commune d'Eename une partie des pains à distribuer ...

Etablissement de bienfaisance étranger. — Autorisation de l'exécution d'un legs. — Arrêté royal du 8 février 1907, contresigné par M. Van den Heuvel, ministre de la justice. (*Moniteur* du 16 février.)

Vu l'expédition du testament reçu, le 10 août 1901, par le notaire Damiens, de résidence à Bruxelles, et par lequel M. P. G., sans profession, demeurant à Bruxelles, a institué l'établissement de bienfaisance dénommé « Ste-Marien-Hospital », établi à Cologne, son légataire universel sous diverses conditions indiquées dans le dit acte de dernière volonté ;

Vu l'expédition de l'arrêté, en date du 20 août 1906, par lequel Sa Majesté Guillaume, roi de Prusse, a autorisé l'établissement de bienfaisance prémentionné à accepter le legs universel qui lui est fait;

Vu la requête par laquelle l'hôpital Sainte-Marie, de Cologne, sollicite l'autorisation nécessaire à l'exécution du legs dont il s'agit;

Vu les articles 910 et 937 du code civil;

Sur la proposition de notre ministre de la justice,

Nous avons arrêté et arrêtons :

ARTICLE UNIQUE. — L'exécution du legs prémentionné est autorisée.

Fondation de lits. — Privilège attribué aux membres d'une famille. — Arrêté royal du 31 mars 1906. (*Moniteur* du 19 avril.)

Un arrêté royal du 31 mars 1906, contresigné par M. Van den Heuvel, ministre de la justice, autorise la commission administrative d'un hospice civil et un bureau de bienfaisance à accepter un legs fait dans les termes suivants:

« Je déclare léguer : à l'hospice civil de Dison, la somme de 16,000 francs; à l'hospice civil de Herve, la somme de 14,000 francs, à charge par chacun de ces établissements de bienfaisance de fonder, à perpétuité, un lit et d'y admettre, de préférence à toute autre personne, mes parents dans les conditions exigées par le règlement de l'hospice ».

Cet arrêté contient toutefois les considérants ci-après :

En ce qui concerne la clause par laquelle le testateur réserve à ses parents, se trouvant dans les conditions exigées par les règlements des hospices civils avantagés, un droit de préférence pour l'occupation des lits qu'il fonde :

Considérant qu'en vertu de l'article 900 du code civil cette clause ne doit être observée que pour autant que les personnes appelées à en profiter se trouvent dans les conditions requises par la loi sur l'assistance publique pour pouvoir participer aux secours publics à Dison ou à Herve;

Vu les articles 900, 910 et 937 du code civil, 76, 3°, et paragraphes derniers de la loi communale, ainsi que la loi du 27 novembre 1891 sur l'assistance publique.

Fondation de services religieux dans la chapelle des hospices civils. — Légalité. — Arrêté royal du 6 juillet 1905, contresigné par M. Van den Heuvel, ministre de la justice. (*Moniteur* du 15 juillet.)

Vu l'expédition délivrée par le notaire Van Olmen, de résidence à Brecht, du testament olographe, en date du 4 mai 1900, par lequel M. François Kerckx, sans profession, demeurant à Brecht, dispose notamment comme suit :

... Je donne et lègue l'autre moitié de mes biens à ... et, d'autre part, je laisse la nue propriété du susdit hôpital de Brecht pour l'entretien des orphelins; je veux qu'immédiatement après ma mort l'on célèbre dans leur chapelle 200 messes : je lègue à cette fin 500 fr., et mensuellement à perpétuité dans leur chapelle une messe, c'est-à-dire 12 messes par an : je lègue pour cela 1,000 francs.

Vu les délibérations en date des 4 avril 1902, 5 juillet et 2 décembre 1904 par lesquelles les commissions administratives des hospices civils de Brecht et d'Anvers sollicitent l'autorisation d'accepter ces legs, chacune en ce qui la concerne;

Vu les délibérations en date des 2 novembre 1902 et 8 novembre 1903, par lesquelles le bureau des marguilliers de l'église de Brecht : 1° ...; 2° demande que la fabrique de l'église de Brecht soit chargée de l'exonération des messes qui, aux termes du testament précité, doivent être célébrées dans la chapelle des hospices civils de cette localité;

Vu les avis des conseils communaux de Brecht et d'Anvers, de M. l'archevêque de Malines et de la députation permanente du conseil provincial d'Anvers en date des 22 avril 1902, 5 et 19 mars 1903, 4 février, 6 juillet et 3 septembre 1904, 6 février et 3 mars 1905; ...

En ce qui concerne la demande du bureau des marguilliers de l'église de Brecht, mentionnée sous le n° 2 ci-dessus :

Considérant que les commissions des hospices civils ont le droit d'accepter des donations et des legs pour la célébration de services religieux dans les chapelles et oratoires de leurs établissements; que ce droit résulte des dispositions de la loi du 16 messidor an VII et de l'arrêté du 11 fructidor an XI, en vertu desquelles les administrations hospitalières ont le pouvoir d'organiser le service du culte dans les dits établissements pour les personnes qui y sont recueillies, et leur est formellement reconnu par la circulaire du ministre de l'intérieur, du 27 fructidor an XI, commentant l'arrêté précité du 11 du même mois;

Vu les articles 910 et 937 du code civil, 59 du décret du 30 décembre 1809, 76, 3°, et paragraphes derniers de la loi communale, ainsi que le tarif du diocèse de Malines, approuvé par nous le 16 janvier 1880 ;

Sur la proposition de notre ministre de la justice,

Nous avons arrêté et arrêtons :

Les commissions administratives des hospices civils de Brecht et d'Anvers sont autorisées à accepter les legs susvisés aux conditions imposées, chacune en ce qui la concerne.

Legs à un particulier pour l'entretien d'orphelins. — Incompétence de la commission administrative des hospices civils. — Arrêté royal du 7 mars 1905, contresigné par M. Van den Heuvel, ministre de la justice. (*Moniteur* des 13-14 mars.)

Vu l'expédition délivrée par le notaire Van Assche, de résidence à Gand, du testament olographe, en date du 11 décembre 1901, par lequel M. Edmond Schockeel, sans profession, en la dite ville, a disposé notamment comme suit :

« Je soussigné Edm. Schockeel ... donne et lègue ..., libre de tous droits de succession :

« ... 12° 15,000 francs au bureau de bienfaisance de Gand.

« Je veux qu'il soit aussi payé :

« 1° Quinze mille francs à la sœur supérieure de Saint-Vincent de Paul, rue du Limbourg, à

Gand, de laquelle somme l'intérêt doit servir à entretenir annuellement des orphelins. »

Vu la délibération, en date du 28 avril 1904, par laquelle le bureau de bienfaisance de Gand sollicite l'autorisation d'accepter le legs repris ci-dessus, *sub* 12° ;

Vu la délibération, en date du 29 août 1904, par laquelle la commission administrative des hospices civils de Gand demande à pouvoir accepter le legs précité fait à la supérieure des sœurs de Saint-Vincent de Paul, à Gand, pour l'entretien d'orphelins, en se basant sur ce que les orphelins sont représentés par les hospices civils seuls habiles à recueillir des libéralités en faveur des indigents de cette catégorie;

Vu les avis du conseil communal de Gand et de la députation permanente du conseil provincial de la Flandre orientale, en date des 31 mai, 24 juin, 5 et 30 décembre 1904;

En ce qui concerne la disposition par laquelle le défunt affecte un capital de 15,000 francs à l'entretien d'orphelins :

Considérant que le testateur, en instituant la supérieure des sœurs de Saint-Vincent de Paul, rue du Limbourg, à Gand, a clairement manifesté son intention de ne pas gratifier le service public de la bienfaisance, représenté par la commission administrative des hospices civils de Gand; que l'attribution du legs dont il s'agit à la dite commission serait, dès lors, contraire à la volonté du disposant;

Vu les articles 910 et 937 du code civil, 76, 3°, et paragraphes derniers de la loi communale;

Sur la proposition de notre ministre de la justice,

Nous avons arrêté et arrêtons :

ART. 1er. — Le bureau de bienfaisance de Gand est autorisé à accepter le legs prémentionné qui lui est fait.

ART. 2. — La commission administrative des hospices civils de Gand n'est pas autorisée à accepter le legs fait à la supérieure des Sœurs de Saint-Vincent de Paul.

Legs grevé, au profit d'incapables, de charges qui en absorbent la totalité. — Libéralité sans objet. — Refus d'autorisation. — Arrêté royal du 21 juin 1906, contresigné par MM. Van den Heuvel, ministre de la justice, de Trooz, ministre de l'intérieur, etc., et Francotte, ministre de l'industrie, etc. (*Moniteur* du 29 juin.)

Vu l'expédition, délivrée par le notaire Pâque, de résidence à Liége, du testament olographe, en date du 16 juillet 1903, par lequel Mlle Eléonore Schorn, sans profession, demeurant à Liége, dispose notamment comme suit :

« Je lègue 25,000 francs à la Caisse de prévoyance et de secours aux accidents du travail, dont le siège est à Bruxelles, au nom de mes trois frères Antoine, Auguste et Gustave.

« Je lègue à la ville de Liége, 25,000 francs à charge d'en distribuer le capital aux œuvres désignées plus bas et réparti comme suit : 15,000 francs aux chauffoirs publics et bouchée de pain, 3,000 francs aux sourds-muets, 3,000 francs aux convalescents, 2,000 francs au vestiaire libéral, 2,000 francs aux enfants martyrs et 2,000 francs aux condamnés libérés et l'enfance abandonnée, toutes ces œuvres siégeant à Liége. Comme je m'aperçois que le montant du legs à la ville est dépassé, je le majore et le porte à 27,000 francs.

« ... Je donne 1,500 francs au bureau de bienfaisance, à charge d'en remettre tout de suite 500 au comité de charité de la paroisse Saint-Jacques.

« Je donne encore 2,000 francs aux hospices civils de Liége pour compléter les frais de mes funérailles et faire célébrer une seule messe anniversaire. »

Considérant que la ville de Liége n'est appelée, dans les intentions de la disposante, à recueillir aucun avantage de l'institution dont elle est l'objet ;

Vu la requête, en date du 28 juillet 1905, par laquelle un héritier légal de la testatrice réclame contre le legs fait aux hospices civils de Liége;

Considérant que la somme de 2,000 francs léguée aux hospices civils de Liége est destinée uniquement au payement des frais des funérailles de la testatrice et d'une seule messe anniversaire ; que les frais des funérailles, s'élevant à 848 fr. 40 c.,ont été payés au moyen de la somme de 1,000 francs affectée à cette dépense par la *de cujus* dans la donation qu'elle a faite aux dits hospices et dont l'acceptation a été autorisée par notre arrêté du 13 septembre 1902 (*Moniteur*, n° 264); que, dès lors, le legs de 2,000 francs est sans objet, l'obligation imposée de faire célébrer une messe anniversaire constituant une simple charge d'hérédité;

Vu les articles 910, 911 et 937 du code civil, 76, 3°, et paragraphes derniers de la loi communale, la loi du 21 juillet 1890 et notre arrêté du 21 février 1891 (*Moniteur*, n° 67);

Sur la proposition de notre ministre de la justice, de notre ministre de l'intérieur et de l'instruction publique et de notre ministre de l'industrie et du travail,

Nous avons arrêté et arrêtons :

Art. 1er. — La réclamation susvisée est accueillie.

Art. 2. — Le conseil communal et la commission administrative des hospices civils de Liége ne sont pas autorisés à accepter les legs qui leur sont faits.

Art. 3. — Le bureau de bienfaisance de Liége et la Caisse de prévoyance et de secours en faveur des victimes des accidents du travail sont autorisés à accepter les legs susvisés qui les concernent, aux conditions imposées.

Obligation de rendre compte aux héritiers. — *Clause réputée non écrite.* — Arrêté royal du 12 janvier 1906. (*Moniteur* du 28 janvier.)

Un arrêté royal du 12 janvier 1906, contresigné par MM. Van den Heuvel, ministre de la justice, Francotte, ministre de l'industrie, etc., et de Trooz, ministre de l'intérieur, etc., autorise les bureaux de bienfaisance de diverses communes à accepter des legs faits dans les termes suivants : « Je lègue ...

« Ces trois sommes de 5,000, 2,500 et 2,500 fr. seront versées par mes héritiers dans les six mois de la date de mon décès, sans intérêt jusque-là, aux bureaux de bienfaisance des trois communes susdites; elles seront placées par ces bureaux d'une manière sûre et légale, sous leur responsabilité et l'obligation de rendre compte de leur emploi à mes héritiers, pour les intérêts en être distribués chaque année aux légataires, comme il est dit ci-dessus. »

Cet arrêté contient toutefois les attendus suivants :

En ce qui concerne la clause prescrivant aux bureaux de bienfaisance de Ben-Ahin, de Perwez lez-Andenne et de Clermont-sous-Huy de rendre compte aux héritiers du testateur de l'emploi des sommes léguées à ces établissements de bienfaisance :

Considérant que les bureaux de bienfaisance sont exclusivement appelés à gérer, sous le seul contrôle prévu par la loi, les dotations affectée au service des secours à domicile et qu'il est contraire aux lois du 7 frimaire an v et du 3 juin 1859 d'admettre l'intervention de tiers dans cette gestion; que la clause précitée doit donc être considérée comme non écrite par application de l'article 900 du code civil ...

E

Employés communaux. — *Décisions judiciaires en matière répressive concernant les fonctionnaires et employés communaux.* — *Copies à adresser par les parquets au ministre de l'intérieur et de l'instruction publique, aux gouverneurs et aux administrations communales.* — Circulaire adressée le 17 mars 1905 aux procureurs généraux près les cours d'appel par M. Van den Heuvel, ministre de la justice. (*Recueil des circulaires, etc.. du ministère de la justice*, 1905, p. 35.)

La circulaire de mon département du 19 septembre 1885 vous priait de bien vouloir transmettre directement au département de l'intérieur et de l'instruction publique copie des décisions judiciaires en matière répressive concernant les fonctionnaires et employés communaux.

Afin de satisfaire à la demande que m'a faite M. le ministre de l'intérieur et de l'instruction publique, je vous prie de n'adresser désormais copie à son département que des seules décisions judiciaires, passées en force de chose jugée, concernant les bourgmestres et des commissaires de police.

N'étant pas appelé à se prononcer sur la suite administrative que comportent les décisions judiciaires relatives aux autres fonctionnaires et employés communaux, M. le ministre de l'intérieur et de l'instruction publique a exprimé le désir qu'à l'avenir les décisions judiciaires rendues à charge d'échevins fussent

adressées en copie au gouverneur compétent,
comme le sont, en vertu de ma circulaire du
5 avril 1897, celles concernant les gardes champêtres, et que les décisions relatives aux autres
fonctionnaires et employés communaux fussent
transmises en copie à l'administration communale intéressée, en l'invitant à en saisir le
conseil communal.

Enseignement moyen communal.

— *Tableau annuel du personnel enseignant
des établissements communaux d'enseignement
moyen.* — Circulaire adressée le 14 janvier
1907 à divers collèges de bourgmestre et
échevins par M. de Trooz, ministre de l'intérieur, etc. (*Bulletin du ministère de l'intérieur, etc.*, 1907, II, 4.)

Afin d'être à même de m'assurer si les prescriptions établies par la loi organique de l'enseignement moyen, du 1er juin 1850, modifiée
par les lois des 15 juin 1881, 6 février 1887 et
10 avril 1890-3 juillet 1891, sont observées en ce
qui concerne les établissements communaux
d'instruction moyenne, j'ai l'honneur de vous
prier de me transmettre, entre le 15 et le 30 janvier de chaque année, la liste du personnel
enseignant de votre ...

Ce document, établi avec soin, devra être
dressé dans la forme du tableau ci-annexé.

Veuillez remarquer, Messieurs, que la présente circulaire n'annule pas celle du 13 avril
1888, notamment en ce qui concerne les renseignements qui doivent être fournis à mon
département, aussitôt qu'il se produit une
mutation ou qu'il est procédé à une nouvelle
nomination dans le personnel attaché à votre
établissement.

ANNEXE.
—

PROVINCE D

Commune d

Liste du personnel enseignant d

Certifié sincère et véritable à la date du

*Le Collège des Bourgmestre
et Echevins.*

Le Secrétaire communal,

NOMS et PRÉNOMS.	I. — Lieu et date de naissance. II. — Nationalité. III. — État civil (marié, veuf, célibataire).	DIPLOMES ET CERTIFICATS.		Fonctions (principales et accessoires et en détail) exercées à l'établissement.	NOMBRE D'HEURES par semaine, par branche d'enseignement.	TRAITEMENT.	DATE de la NOMINATION : a) provisoire; b) définitive.	DATE de L'AGRÉATION par le GOUVERNEMENT.	FONCTIONS exercées en dehors de l'établissement.	Observations.
		NATURE.	Indication de l'année et du jury qui les a délivrés.							

Enseignement primaire. — Loi organique. — *Modification.* — Loi du 21 mai 1906.
(*Moniteur* du 23 mai.)

Art. 1er. — Par dérogation aux dispositions
combinées des articles 13 et 15, alinéa 1er, de
la loi du 15 septembre 1895, les instituteurs,
institutrices, sous-instituteurs, sous-institutrices, ayant respectivement seize, vingt et
vingt-quatre années de service, jouiront, à
partir du 1er janvier qui suivra l'année pendant
laquelle ils atteindront ces divers termes, de
traitements fixés comme suit :

« A. Après seize ans, 1,800, 1,700, 1,700,
1,500 francs ;

« B. Après vingt ans, 1,900, 1,800, 1,800,
1,600 francs ;

« Après vingt-quatre ans, 2,000, 1,900, 1,900,
1,700 francs.

« Dans la supputation de ces nombre de seize,
vingt et vingt-quatre années seront compris
tous les services rendus, à la suite d'une nomination à titre définitif, par les membres du personnel enseignant, dans les écoles primaires
communales ou adoptées, en qualité d'instituteur, institutrice, de sous-instituteur ou de sous-
institutrice.

« Les taux de 2,000, 1,900, 1,900, 1,700 francs
visés ci-dessus au littéra C constituent pour les
instituteurs, les institutrices, les sous-instituteurs et les sous-institutrices des 5e et 4e catégories des traitements maxima.

« Les membres du personnel enseignant qui
auront bénéficié de la disposition contenue sous
le littéra C de l'alinéa 1er et qui, en vertu des
articles 13 et 15 de la loi du 15 septembre 1905,
pourront prétendre à un traitement maximum
supérieur à l'un des taux prémentionnés,
obtiendront, quatre années après, une nouvelle
augmentation obligatoire de 100 francs, et ainsi
de suite jusqu'à ce qu'ils aient atteint ce maximum.

« Les dispositions contenues dans les paragraphes précédents sont applicables aux instituteurs adoptés, laïcs, diplômés ou dispensés
de l'examen ; elles ne le seront pas à ceux
d'entre eux dont le traitement a été fixé, par
arrêté royal, en vertu de la dispense prévue
par le § 3 de l'article 14 de la loi susvisée du
15 septembre 1895, et ce pendant toute la durée
de la dispense. »

Art. 2. — La présente loi sortira rétroactivement ses effets à dater du 1er janvier 1906.

———

— *Exécution de la loi du 21 mai 1906 modifiant les articles 13 et 15 de la loi scolaire.* —
Circulaire adressée le 1er juin 1906 aux gouverneurs de province par M. de Trooz, ministre de l'intérieur, etc. (*Bulletin du ministère de l'intérieur, etc.*, 1906, II, 32.)

La loi du 21 mai 1906, modifiant les articles 13
et 15 de la loi organique de l'enseignement primaire, a été promulguée et publiée au *Moniteur
belge* du 23 mai dernier.

Je vous prie de porter le texte de cette loi
ainsi que la présente circulaire à la connaissance des communes par la voie du *Mémorial
administratif* de votre province.

La loi du 21 mai admet la rétroactivité des
services pour tous les membres du personnel
enseignant : instituteurs, institutrices, sous-
instituteurs et sous-institutrices, qui, au 1er janvier 1906, avaient respectivement de 16, 20 ou
24 années au moins de fonctions dans l'enseignement communal ou adopté.

Tous les services rendus, à la suite d'une
nomination *à titre définitif* dans cet enseignement, doivent donc entrer en ligne de compte
pour parfaire le nombre d'années prescrit : il
n'est pas nécessaire que les fonctions aient été
exercées d'une façon consécutive ; les fractions
d'années peuvent s'additionner pour établir le
nombre voulu.

Mais il est entendu que peuvent seules être
prises en considération les années pendant
lesquelles les agents étaient pourvus de diplôme
requis ou légalement dispensés de l'examen ;
ne seront pas non plus admis les services rendus en qualité d'intérimaire, de moniteur,
d'assistant ou d'instituteur provisoire.

Comme la loi sort ses effets à dater du
1er janvier 1906, il importe que des mesures
soient prises dès à présent pour permettre aux
conseils communaux de fixer les traitements
des membres du personnel enseignant se trouvant dans les conditions pour bénéficier des
avantages garantis par la loi nouvelle.

En vue d'assurer la complète exécution de
cette loi, il est indispensable de connaître
exactement le nombre des années de service
admissibles pour le calcul des augmentations
accordées. A cet effet, je vous adresserai très
prochainement des exemplaires d'un relevé
que vous voudrez bien envoyer à tous les
membres du personnel enseignant de votre
province nommés antérieurement à 1896.

Ces agents auront à remplir ces relevés en y
mentionnant d'une façon *très précise* toutes les
fonctions qu'ils ont successivement exercées à
titre définitif avant la dite année 1896 dans l'enseignement communal et adopté, à n'importe
quel titre (instituteur ou sous-instituteur).

A ces relevés, qui devront être certifiés sin-
cères et véritables, les intéressés annexeront
une copie, déclarée conforme, de l'acte de leur
nomination dans les divers postes qu'ils ont
occupés et du chef desquels ils peuvent prétendre à la majoration de traitement garantie
par la loi du 21 mai 1906.

Lorsque je serai en possession de tous les
relevés et documents à l'appui, mes bureaux
dresseront une liste générale, par province, de
tous les agents réunissant les conditions
requises et vous aurez à inviter les conseils
communaux à fixer d'après cette liste les traitements qui leur sont dus.

Les dits conseils devront à cet effet prendre
une délibération spéciale, qui sera considérée
comme une annexe au budget, qui devra partant être approuvée par la députation permanente et m'être ensuite envoyée en double
expédition.

Les autorités locales payeront ensuite les
ayants droit, à partir du 1er janvier 1906,
d'après les traitements fixés et elles devront
faire l'avance de la part de l'Etat dans les
augmentations, part qui sera déterminée d'après
les bases établies par l'article 15 de la loi scolaire (1/2 ou 2/3 suivant le cas) et qui leur sera
remboursée à la fin de l'exercice budgétaire.

La loi nouvelle stipule que pour les agents

des 5e et 4e catégories les taux de 2,000, 1,900, 1,900 et 1,700 francs constituent des maxima. Il est loisible aux conseils communaux d'accorder des revenus supérieurs à ces maxima, mais il est bien entendu que l'Etat ne contribuera dans ces traitements que jusqu'à concurrence des sommes prémentionnées.

Je crois utile d'ajouter que la loi du 21 mai n'a rien modifié aux prescriptions de l'article 15 de la loi du 15 septembre 1895, relative à la déchéance et à la privation des augmentations. La disposition que les augmentations accordées facultativement peuvent être déduites des augmentations obligatoires reste également en vigueur.

Il n'est pas non plus sans intérêt de remarquer que la loi nouvelle n'est pas applicable aux agents dont le traitement a été fixé par arrêté royal, en vertu de la dispense prévue par le § 3 de l'article 14 de la loi du 15 septembre 1895.

Je vous prie, Monsieur le gouverneur, d'insister auprès des instituteurs pour qu'ils dressent les relevés réclamés avec la plus grande exactitude, afin d'éviter des erreurs qui seraient préjudiciables aux finances publiques ou à eux-mêmes.

Vous voudrez bien également inviter les administrations communales à fournir le plus tôt possible aux membres du personnel enseignant les pièces que ces derniers pourraient leur réclamer pour établir leurs droits aux augmentations.

Je désire que les relevés à dresser par les instituteurs me parviennent pour *la fin de ce mois.*

———

— *Exécution de la loi du 21 mai 1906 modifiant les articles 13 et 15 de la loi scolaire.* — Circulaire adressée le 15 juin 1906 aux inspecteurs principaux de l'enseignement primaire par M. de Trooz, ministre de l'intérieur, etc. (*Bulletin du ministère de l'intérieur, etc.,* 1906, II, 37.)

La loi du 21 mai 1906 a pour effet de majorer le traitement des membres du personnel enseignant des écoles primaires comptant de 16 et moins de 20, de 20 et moins de 24 et au delà de 24 années de services.

Mon administration fait dresser en ce moment par les agents nommés avant 1896 un relevé des services qu'ils ont rendus *à titre définitif* dans l'enseignement *primaire* communal ou adopté.

Ce relevé est destiné à compléter la matricule tenue dans mes bureaux, laquelle était organisée en vue de l'exécution de l'article 15 de la loi scolaire et qui, par conséquent, ne devait pas mentionner tous les services antérieurs à 1896.

Afin de pouvoir assurer la prompte exécution de la loi du 21 mai 1906, il est indispensable que je reçoive une liste nominative, dressée dans la forme du modèle ci-joint, par canton scolaire, des instituteurs qui comptent, au 1er janvier 1906, 16 et plus de 16 années de services.

Ces services ne doivent pas avoir été consécutifs; les fractions d'années peuvent s'additionner pour établir le nombre voulu.

Mais il est nécessaire de porter sur la liste tous les agents dont le nombre d'années de services est égal ou supérieur à seize, alors même que ces agents jouiraient d'un traitement supérieur à celui qui leur est garanti par la loi du 21 mai 1906, l'Etat pouvant être appelé à contribuer dans des augmentations qui, de facultatives qu'elles étaient antérieurement au 1er janvier 1906, sont devenues obligatoires par suite de la mise à exécution de la loi nouvelle.

Comme la matricule complétée au moyen des relevés dressés par les instituteurs me renseignera au sujet de tous les services rendus par les intéressés, il suffira de me faire connaître *le nombre exact ou total de tous les services rendus à titre définitif.*

Vous voudrez bien dresser les listes demandées en ayant soin de grouper les agents en trois catégories, savoir :

A. — Agents comptant de 16 à moins de 20 années de services.

B. — Agents comptant de 20 à moins de 24 années de services.

C. — Agents comptant de 24 à plus de 24 années de services.

Je crois enfin utile de vous rappeler que peuvent seules être prises en considération les années pendant lesquelles les agents étaient pourvus du diplôme requis ou légalement dispensés de l'examen.

Les services rendus en qualité d'intérimaire, d'instituteur provisoire, de moniteur ou d'assistant ne seront donc pas comptés, mais il y aura lieu de tenir compte des années passées dans la position de disponibilité pour maladie ou par suppression d'emploi, si les agents placés dans cette position ont été rappelés à l'activité.

Je désire recevoir les relevés dûment remplis pour le 15 juillet au plus tard.

Ci-joint six exemplaires de la présente dépêche pour MM. les inspecteurs cantonaux de votre ressort ainsi que des modèles de l'état à dresser par ces fonctionnaires.

———

— *Exécution de la loi du 21 mai 1906.* — *L'instituteur frappé d'une peine disciplinaire après le 1er janvier 1906 a droit aux augmentations de traitement garanties par la loi du 21 mai 1906.* — Dépêche adressée le 17 octobre 1906 à un gouverneur de province par M. de Trooz, ministre de l'intérieur, etc. (*Bulletin du ministère de l'intérieur, etc.,* 1906, II, 65.)

Le sieur B..., sous-instituteur à W..., comptait plus de seize années de service au 1er janvier dernier; il se trouvait donc à ce moment dans les conditions voulues pour bénéficier de la loi du 21 mai 1906.

En séance du 7 février dernier, le conseil communal a prononcé la révocation de cet agent, qui est fugitif du pays.

Vous posez la question de savoir si le sieur B... a droit au 1er janvier dernier à l'augmentation de traitement garantie par la loi précitée du 20 mai dernier.

Cette loi agit avec effet rétroactif au 1er janvier 1906 et tous les agents en activité de service à ce moment et réunissant les conditions requises peuvent prétendre aux avantages y stipulés. Les majorations de traitement qu'elle prévoit sont dues à raison des services antérieurs à cette date, et les peines disciplinaires prononcées postérieurement au 1ᵉʳ janvier dernier ne peuvent affecter le droit à ces majorations.

Le sieur B... n'ayant été dépossédé de son emploi que dans le courant de février dernier doit donc être payé pour les mois de janvier et février sur le pied du traitement, tel qu'il résulte de l'application des articles 13 et 15 de la loi scolaire, modifiés par la loi du 21 mai dernier.

Je vous prie, en conséquence, d'inviter le conseil communal de W... à se conformer aux prescriptions de ces lois en prévoyant au budget scolaire de l'exercice en cours le crédit nécessaire pour assurer le payement au sieur B... des arriérés de traitement dus pour les mois précités.

ACQUISITION DU DRAPEAU NATIONAL. — Circulaire adressée le 19 mars 1906 aux gouverneurs de province par M. de Trooz, ministre de l'intérieur, etc. (*Bulletin du ministère de l'intérieur, etc.*, 1906, II, 20.)

Il a été constaté que des écoles primaires ne possèdent pas le drapeau national.

Les enfants doivent apprendre, dès leur jeune âge, à le vénérer et à l'aimer comme la patrie elle-même.

Aussi, je vous prie, Monsieur le gouverneur, d'engager vivement les communes de votre province, ainsi que les comités directeurs des écoles adoptées et subsidiées, à se pourvoir d'un drapeau national, pour être arboré aux locaux scolaires aux jours qui commémorent les grands faits de la Belgique indépendante.

AUTOMOBILES. — *Dangers.* — *Recommandations à faire aux élèves.* — Circulaire adressée le 15 juin 1906 aux inspecteurs principaux de l'enseignement primaire par M. de Trooz, ministre de l'intérieur, etc. (*Bulletin du ministère de l'intérieur, etc.*, 1906, II, 38.)

Depuis quelque temps, les accidents d'automobile se multiplient d'une manière effrayante. Si dans bien des cas ils sont imputables aux chauffeurs, il arrive cependant qu'ils sont dus à l'imprudence des piétons.

Les autorités et le public se sont émus de cette situation. Nos grandes sociétés sportives font pourtant de louables efforts pour obtenir de leurs adhérents une meilleure observance des règlements.

Je crois utile d'inviter les instituteurs à prémunir les jeunes élèves contre les dangers que présentent ces véhicules ultra rapides. On a vu des écoliers se précipiter à la rencontre d'automobiles lancées à toute vitesse ou se camper au milieu de la route et ne se garer qu'à la dernière minute, au risque d'être écrasés lamentablement.

J'estime que les instituteurs pourraient rendre de grands services à la circulation, en attirant de temps à autre l'attention des enfants sur les préceptes suivants :

1° Éviter de traverser la rue ou la route en courant devant un véhicule qui arrive à allure plus ou moins rapide;

2° Avant de traverser la voie publique, regarder si elle est libre;

3° Éviter de lire des journaux ou des livres en se promenant sur la chaussée des rues ou des routes.

De plus, il a été constaté que, dans certaines localités, des enfants jettent des projectiles, quelquefois lourds, dans la direction des automobiles; les instituteurs pourraient utilement montrer à leurs élèves que ceux-ci, en agissant de la sorte, risquent de blesser leurs semblables et qu'en outre ils s'exposent à des poursuites sévères et justifiées.

Je vous prie, Monsieur l'inspecteur principal, de profiter des visites de classe et des conférences pour faire des recommandations dans ce sens aux membres du personnel enseignant.

Vous trouverez ci-jointes des copies de la présente circulaire destinées à MM. les inspecteurs cantonaux de votre ressort.

BIBLIOTHÈQUES PÉDAGOGIQUES POUR LES INSTITUTEURS. — *Récolement triennal.* — Circulaire adressée le 2 octobre 1906 aux inspecteurs principaux de l'enseignement primaire par M. de Trooz, ministre de l'intérieur, etc. (*Bulletin du ministère de l'intérieur, etc.*, 1906, II, 59.)

Aux termes de l'article 31 du règlement relatif aux conférences d'instituteurs (29 décembre 1902), les inspecteurs principaux règlent tout ce qui concerne le service des bibliothèques et des collections établies dans leurs ressorts.

Le règlement prescrit les mesures à prendre en cas de cessation des fonctions du bibliothécaire et en cas de décès du titulaire.

Avec le conseil de perfectionnement de l'enseignement primaire, j'estime qu'il serait utile d'obliger le bibliothécaire à faire, dans le courant du dernier trimestre de chaque période triennale, et sous le contrôle de l'inspecteur cantonal, le récolement de tout ce que possède la bibliothèque.

Une expédition de ce récolement serait transmise à l'inspecteur principal; l'original serait déposé dans la bibliothèque. Pareille mesure pourrait être prise par l'inspection scolaire en vertu de l'article 31 du règlement précité.

Le récolement triennal constituerait une garantie de la marche régulière du service des bibliothèques cantonales. Il permettrait, notamment, à l'inspection scolaire de consigner, dans le rapport de la dernière année de chaque période, des renseignements précis que l'on pourrait consulter utilement en cas de contestation, soit avec le bibliothécaire, soit avec ses héritiers.

BOÎTES DE SECOURS. — *Usage.* — Circulaire adressée le 2 octobre 1906 aux inspecteurs principaux de l'enseignement primaire par M. de Trooz, ministre de l'intérieur, etc.

(Bulletin du ministère de l'intérieur, etc., 1906, II, 60.)

Mon honorable prédécesseur, M. Schollaert, a recommandé aux communes de doter leurs écoles d'une petite pharmacie ou boîte de secours.

Il a été tenu compte de cette recommandation. Actuellement, il y a environ 2,000 écoles primaires dans lesquelles existe une boîte de secours.

J'estime qu'au cours de l'interprétation du programme d'hygiène il convient de faire connaître aux élèves des classes supérieures les propriétés des produits pharmaceutiques renfermés dans la boîte de secours et de leur montrer intuitivement la façon de s'en servir en cas d'accidents.

Je vous prie, Monsieur l'inspecteur principal, de vouloir bien donner, par l'entremise de MM. les inspecteurs cantonaux, les instructions nécessaires à cet égard aux membres du corps enseignant que la chose concerne.

Concours d'agriculture pour les instituteurs primaires. — *Modifications au règlement.* — Arrêté pris le 3 octobre 1906 par MM. de Trooz, ministre de l'intérieur, etc., et van der Bruggen, ministre de l'agriculture. *(Bulletin du ministère de l'intérieur, etc.,* 1906, I, 104.)

Revu l'arrêté ministériel du 5 mai 1899 concernant le concours spécial en agriculture pour les écoles et les instituteurs primaires;

Considérant qu'il y a lieu d'apporter des modifications à cet arrêté;

Vu les rapports des inspecteurs principaux de l'enseignement primaire;

Vu l'avis du jury supérieur du dit concours;

Arrêtent :

Art. 1er. — Les articles 2 et 4 de l'arrêté ministériel précité sont modifiés comme suit :

Art. 2. — Du 1er juin au 15 juillet, l'inspecteur cantonal et un agronome de l'Etat ou, à défaut de celui-ci, un professeur d'agronomie visitent ensemble l'école et le jardin de chaque instituteur concurrent et déterminent en commun le nombre des points à lui attribuer sur les diverses bases ci-après, à l'exception du littéra *A* :

A. Valeur et résultats de l'enseignement général   100
B. Préparation antérieure au concours (diplômes et certificats, 10 points); travaux personnels, publications, conférences, etc., pendant les deux années qui ont précédé l'année du concours (10 points)   20
C. Valeur et résultats de son enseignement agricole   70
D. Collections formées par l'instituteur   15
E. Cahiers (10 points) et collections (10 points) des élèves   20
F. Tenue générale du jardin   20
G. Usage du jardin comme moyen d'enseignement, ou bien moyens employés pour suppléer au manque de jardin . .   20

H. Cultures démonstratives spéciales .   10
I. Excursions scolaires agricoles. . .   10
J. Protection des animaux utiles à l'agriculture   5
K. Protection des arbres et plantations.   5
L. Bibliothèque agricole.   5

Total. . . .   300

Les points exprimant la valeur de l'enseignement général (litt. *A*) sont attribués par l'inspecteur principal et l'inspecteur cantonal. En cas de désaccord, la moyenne des deux cotes est acquise au concurrent.

En cas de dissentiment entre l'inspecteur cantonal et l'agronome sur les autres éléments d'appréciation (litt. *B* à *L* inclus), ces fonctionnaires en informent immédiatement l'inspecteur principal, qui visite, s'il le juge nécessaire, l'école et le jardin sur la valeur desquels il y a désaccord.

Art. 3. — L'inspecteur principal adresse au ministre de l'intérieur et de l'instruction publique, avant le 15 août, avec les procès-verbaux des séances du jury, les tableaux modèles *A* et *B* annexés au présent règlement. Il y joint, pour chaque école, un extrait du journal de classe de l'instituteur et au moins deux cahiers d'élèves contenant les résumés des leçons et les exercices relatifs à l'enseignement de l'agriculture.

— *Etablissements admis à y participer.* — Circulaire adressée le 23 juin 1906 aux inspecteurs principaux de l'enseignement primaire par M. de Favereau, ministre des affaires étrangères, pour M. de Trooz, ministre de l'intérieur, etc., absent. *(Bulletin du ministère de l'intérieur, etc.,* 1906, II, 40.)

Un crédit de 30,000 francs est porté au budget de mon département, exercice 1906, pour couvrir les frais du concours spécial en agriculture entre les instituteurs des écoles primaires.

Le nombre des concurrents augmente chaque année, et le crédit déjà si élevé ne permet cependant pas de récompenser tous les instituteurs et sous-instituteurs, toutes les institutrices et sous-institutrices qui se distinguent particulièrement au concours.

Il est évident que le concours a été institué surtout pour les écoles primaires de garçons et pour les écoles primaires mixtes dans lesquelles les notions d'agriculture sont enseignées obligatoirement (loi de 1884-1895, art. 4). C'est spécialement aux personnes préposées à la tenue de ces écoles que la susdite allocation budgétaire est destinée.

Dès lors, j'ai décidé de n'autoriser, désormais, à participer à l'obtention des primes pécuniaires que les membres du personnel enseignant de cette catégorie d'écoles.

Donc, dans aucun cas, les instituteurs ou les institutrices des écoles primaires dans lesquelles les notions d'agriculture sont données facultativement ne pourront concourir pour l'obtention d'une prime en argent. Mais ces écoles pourront concourir pour l'obtention d'un diplôme d'honneur.

Un duplicata du diplôme d'honneur est remis par le jury cantonal au chef de l'école qui a obtenu cette récompense. D'autre part, le jury peut, le cas échéant, décerner un diplôme de collaboration aux sous-instituteurs attachés à cette école. .

Dans la colonne d'observations des relevés *A* et *B* (résultats du concours), vous aurez soin de souligner à l'encre rouge les noms des écoles qui n'enseignent pas obligatoirement les notions d'agriculture et qui auront pris part au concours.

— *Jardin à mettre à la disposition des sous-instituteurs.* — Circulaire adressée le 31 août 1906 aux gouverneurs de province par M. de Trooz, ministre de l'intérieur, etc. (*Bulletin du ministère de l'intérieur, etc.*, 1906, II, 56.)

A propos du concours en agriculture entre les écoles primaires, on a émis le vœu de voir réserver une partie du jardin de l'école à chaque sous-instituteur pour les cultures expérimentales que comporte le programme de sa classe.

Le jury supérieur du concours appuie ce vœu; il estime qu'il serait même préférable que les sous-instituteurs pussent disposer d'un petit jardin distinct, lequel serait mis en rapport avec l'enseignement qu'ils donnent en classe.

Tel est également mon avis.

Je vous prie donc, Monsieur le gouverneur, d'user de votre influence auprès des administrations locales que la chose concerne pour les amener à s'imposer ce léger sacrifice, dans l'intérêt bien entendu de l'agriculture.

Il est désirable, à plusieurs points de vue, que l'enseignement agricole soit renforcé et rendu de plus en plus pratique : les leçons données au jardin sont les meilleures.

Il me serait agréable, Monsieur le gouverneur, d'être instruit de la suite qui interviendra.

— *Modifications au règlement.* — Circulaire adressée le 24 octobre 1906 aux inspecteurs principaux de l'enseignement primaire par M. de Trooz, ministre de l'intérieur, etc. (*Bulletin du ministère de l'intérieur, etc.*, 1906, II, 67.)

Des inspecteurs de l'enseignement primaire ont exprimé le désir de voir apporter des modifications à l'arrêté ministériel du 5 mai 1899 relatif au concours spécial en agriculture pour les écoles et les instituteurs primaires.

L'article 2 de cet arrêté porte que « dans le courant du mois de juin, l'inspecteur cantonal et un agronome de l'Etat ou, à défaut de celui-ci, un aide agronome temporaire visitent ensemble l'école et le jardin de chaque instituteur concurrent ».

A cause du nombre toujours croissant de participants au concours, on a demandé que la visite des écoles et des jardins puisse se faire du 1er juin au 15 juillet.

D'autre part, pour empêcher que les instituteurs ne s'occupent trop d'agriculture au détri-

ment des autres branches obligatoires de l'école primaire, on a proposé d'élever de 70 à 100 le nombre des points pour la valeur et les résultats de l'enseignement général.

Le conseil de perfectionnement de l'instruction primaire s'est rallié à cette manière de voir.

Cette modification devait nécessairement entraîner le remaniement des cotes de points relatives aux autres postes du programme.

Enfin, on a demandé que, pour l'envoi au ministère des pièces relatives au concours, le délai soit prorogé d'un mois (jusqu'au 15 août au lieu du 15 juillet).

Dans l'intérêt de l'enseignement primaire en général et de l'enseignement de l'agriculture en particulier, comme aussi dans l'intérêt de la bonne organisation du concours agricole, nous avons cru devoir, mon honorable collègue de l'agriculture et moi, réserver un accueil favorable aux propositions dont il s'agit.

Vous trouverez ci-joints des exemplaires de l'arrêté ministériel du 3 octobre 1906 portant modification au règlement sur la tenue du concours spécial en agriculture entre les écoles d'une part et entre les instituteurs d'autre part.

— *Recommandations.* — Circulaire adressée le 5 septembre 1906 aux inspecteurs principaux de l'enseignement primaire par M. de Trooz, ministre de l'intérieur, etc. (*Bulletin du ministère de l'intérieur, etc.*, 1906, II, 57.)

Le jury supérieur du concours agricole entre les écoles primaires, année 1906, estime, avec raison, que, dans l'intérêt bien entendu de l'enseignement des notions d'agriculture et dans le but de mieux organiser encore les concours ultérieurs, il importerait d'appeler l'attention de l'inspection scolaire sur les vœux suivants, émis par des jurys cantonaux agricoles :

1° Voir installer les cultures expérimentales dans les conditions voulues afin d'en faire ressortir nettement les résultats. Parfois, les parcelles sont trop réduites; parfois, elles ne sont pas bien séparées les unes des autres; parfois encore, les engrais appliqués ne répondent pas suffisamment à la nature du terrain soumis à l'expérience ou aux besoins des cultures, etc. Il serait donc opportun pour l'instituteur de consulter le service des agronomes avant d'établir le plan de ses essais comparatifs de manière à les rendre plus conformes aux principes raisonnés de la science agronomique;

2° Rendre plus fréquentes les excursions scolaires, les promenades au champ, les visites des fermes et des champs de démonstration: ces dernières devraient se faire régulièrement et les élèves seraient tenus d'inscrire dans un cahier spécial les constatations faites à l'occasion de ces visites;

3° Habituer les élèves à faire des observations météorologiques et les obliger à en consigner très sommairement les résultats au cahier spécial;

4° Faire en sorte que l'enseignement agricole s'inspire encore davantage des nécessités et des ressources locales et du principe expansionniste;

5° Adopter pour les herbiers un classement pratique, s'en tenir à l'étude des plantes dont la connaissance est nécessaire aux cultivateurs, et indiquer, sur étiquettes spéciales, tout ce qui est relatif aux usages, à la valeur nutritive, aux prix moyens d'achat des plantes utiles et aux moyens de destruction des plantes nuisibles. Procéder d'une manière analogue dans la composition des collections d'insectes.

D'autre part, on a demandé à voir établir, pour chaque culture démonstrative, une comptabilité bien conçue tenant compte non seulement de la production totale, mais aussi des dépenses d'établissement, du prix de revient, etc.

A ce propos, le jury supérieur pense que, pour ne pas consacrer à l'agriculture un temps exagéré, on devrait se borner à quelques cultures démonstratives pour lesquelles serait tenue une comptabilité aussi complète que possible.

Enfin, des jurys cantonaux désireraient voir disparaître des collections de l'école les animaux empaillés ; ils demandent que les instituteurs soient invités à s'abstenir désormais de ce mode d'intuition qui va à l'encontre de l'enseignement protectif des animaux.

Le jury supérieur pense qu'il ne faut pas, à cet égard, se montrer si absolu. Dans l'intérêt de l'agriculture, il importe que les élèves voient en classe, empaillés, les petits mammifères et les oiseaux utiles ou nuisibles. C'est le meilleur moyen pour l'instituteur de faire, dans ses leçons ou causeries spéciales, distinguer à l'élève les premiers des seconds, et de l'amener à détruire ceux-ci et à protéger ceux-là.

Satisfaisant au désir exprimé par le jury supérieur, je vous invite, Monsieur l'inspecteur principal, ainsi que Messieurs les inspecteurs cantonaux que la chose concerne, à faire, lors de la visite des écoles ou de la tenue des conférences trimestrielles, des observations ou recommandations au sujet des faits relevés ou des remarques présentées par les jurys régionaux et rappelés dans cette circulaire.

CONFÉRENCES D'INSTITUTEURS. — *Conférences sur l'agriculture.* — *Agronomes de l'Etat.* — Circulaire adressée le 9 octobre 1906 aux inspecteurs principaux de l'enseignement primaire par M. de Trooz, ministre de l'intérieur, etc. (*Bulletin du ministère de l'intérieur, etc.*, 1906, II, 62.)

Le jury supérieur du concours spécial en agriculture entre les écoles, d'une part, et entre les instituteurs primaires, d'autre part, année 1906, a émis l'avis qu'il serait désirable que les agronomes de l'Etat fussent invités à donner, de loin en loin, à l'occasion de la tenue des réunions pédagogiques, des conférences ayant pour but principal de préparer les instituteurs à faire, avec plus de chance de succès, les démonstrations agricoles aux trois degrés de l'école primaire rurale.

Me ralliant à cette manière de voir, j'ai prié M. le ministre de l'agriculture de vouloir bien examiner ce qui pourrait être fait dans cet ordre d'idées.

Mon honorable collègue vient de m'écrire qu'il approuve la proposition soumise par le jury supérieur du concours en agriculture.

La mesure peut être appliquée dès cette année.

Il vous appartient, Monsieur l'inspecteur principal, de juger de l'opportunité des conférences à faire par les agronomes de l'Etat.

Mon honorable collègue estime qu'il convient de laisser à MM. les inspecteurs scolaires la faculté de se mettre en rapport direct avec les agronomes pour fixer, de commun accord, l'époque et le sujet de chaque conférence spéciale. Il a donné aux agronomes des instructions dans ce sens.

Les exemplaires ci-joints de la présente circulaire sont destinés à MM. les inspecteurs cantonaux de votre ressort.

— *Les conférences administratives de l'année 1907 seront consacrées à l'étude de l'économie politique appliquée à l'expansion mondiale de la Belgique.* — Circulaire adressée le 10 décembre 1906 aux inspecteurs principaux de l'enseignement primaire par M. de Trooz, ministre de l'intérieur, etc. (*Bulletin du ministère de l'intérieur, etc.*, 1906, II, 79.)

Comme suite à ma circulaire du 29 décembre 1905, j'ai décidé que les conférences administratives de l'année 1907 seraient consacrées à l'étude de l'économie politique appliquée à l'expansion mondiale de la Belgique.

MM. les inspecteurs cantonaux qui ont suivi les cours de vacances à l'université de Liége, au mois d'août dernier, sont tout désignés pour faire ces leçons aux instituteurs.

Leur tâche consistera principalement à les mettre sur la voie d'un enseignement occasionnel à tendances professionnelles et expansionnistes bien compris.

Ils ne se borneront pas à répéter l'enseignement qu'ils ont reçu ; ils en feront un résumé succinct mais vivant et complet, qui comprendra, comme le cours même, les quatre points suivants : *a.* la production ; *b.* la circulation ; *c.* la répartition, et *d.* la consommation des biens.

Ils insisteront particulièrement sur les parties de ces matières plus accessibles à l'école primaire ; ils montreront, par de nombreux exemples, dans quelle mesure et sous quelle forme ces notions s'appliquent à l'expansion économique du pays en général et de ses différentes régions en particulier.

Vous aurez soin, Monsieur l'inspecteur principal, de mettre le personnel enseignant en garde contre la tendance à l'exagération qui se produit presque chaque fois qu'il s'agit d'innover en un domaine quelconque.

Il ne faut jamais perdre de vue que l'école primaire doit, avant tout, s'attacher au développement intégral de l'enfant et mettre celui-ci à même soit de poursuivre avec fruit ses études, soit de se perfectionner dans la profession manuelle qu'il aura choisie.

Quoique l'économie politique appliquée soit à la base de l'enseignement relatif à l'expansion mondiale, il n'est pas nécessaire que cette science figure à notre programme scolaire ; il suffit que l'instituteur en possède les principes fondamentaux et qu'il en pénètre profondément son enseignement.

Au cours de ses leçons, l'instituteur trouvera de nombreuses occasions de familiariser ses élèves avec les richesses de notre pays. Qu'il en profite pour faire connaître, d'une façon pratique, les moyens de production et d'échange et pour mettre en lumière les lois de la répartition et de la consommation normale des biens.

Les petits exercices que l'enfant fera dans cet ordre d'idées, à l'aide des matériaux qui l'entourent, et des moyens dont il disposera, grâce à l'initiative d'un maître avisé, lui donneront peu à peu l'intelligence des grands principes économiques qui régissent les destinées de la Belgique.

La pratique de l'épargne scolaire et des œuvres de la tempérance et de prévoyance, qu'on ne saurait trop encourager, initiera les enfants au mécanisme des caisses de retraite, des sociétés de secours mutuels, des assurances, du crédit, peut-être même des banques, et complétera leur éducation économique.

Ainsi le programme ne comprend aucune matière nouvelle, mais il comporte une interprétation nouvelle dans le sens d'une orientation intelligente de l'école primaire vers des besoins nouveaux.

Assurément, cette manière nouvelle d'envisager le programme ne dépasse ni la compétence des maîtres ni la puissance de conception des élèves. Elle s'impose si l'école primaire doit continuer à mériter son titre d' « Ecole pour la vie ».

Je désire également, Monsieur l'inspecteur principal, que les conférences pédagogiques de l'année 1907 soient consacrées à l'étude pratique de l'économie politique dans ses rapports avec notre expansion mondiale.

Cette étude s'appliquera surtout aux branches du programme qui se prêtent aux tendances nouvelles; il conviendra de rechercher dans quelle mesure et de quelle manière chacune d'elles peut contribuer au succès de l'œuvre expansionniste.

Il me paraît que, de cette façon, le rôle modeste, mais réel, de l'école primaire dans la solution de cette question vitale pourra être pratiquement et judicieusement fixé.

Vous voudrez bien, Monsieur l'inspecteur principal, élaborer le programme de vos conférences pour l'année 1907 dans le sens indiqué par la présente circulaire et me faire parvenir, à la fin du dit exercice, avec votre avis, les rapports des inspecteurs cantonaux accompagnés des meilleurs travaux des instituteurs.

Cours de religion. — *Formules imprimées relatives à la dispense de suivre les cours.* — *Distribution aux élèves.* — Dépêche adressée le 19 janvier 1907 à un gouverneur de province par M. de Trooz, ministre de l'intérieur, etc. (*Bulletin du ministère de l'intérieur, etc.*, 1907, II, 8.)

Il résulte de renseignements fournis par l'inspection scolaire que M. l'échevin de l'instruction publique de N... a invité les chefs des écoles communales de cette ville à faire distribuer aux élèves des formules imprimées relatives à la dispense de suivre le cours de religion.

Différentes circulaires et dépêches ministérielles déclarent cette pratique contraire à l'esprit de la loi.

Ni l'autorité communale ni l'instituteur ne sont autorisés à ouvrir une enquête pour s'assurer des intentions des parents à l'égard de l'enseignement religieux; l'initiative en matière de dispense appartient uniquement aux parents et tuteurs. (Circulaire du 1er octobre 1895.)

Il n'est pas non plus permis aux instituteurs de remettre aux élèves des bulletins imprimés pour qu'ils les soumettent à la signature de leurs parents. (Exposé des motifs du projet de loi de 1895.)

Il est incontestable que la remise aux élèves par les instituteurs de formules imprimées de dispense est une véritable enquête dont le but est de s'assurer des dispositions des parents à l'égard de l'enseignement religieux. Bien rares, en effet, seront ceux qui ne considéreront pas la formule remise à leurs enfants par les instituteurs comme une invitation à signer la demande de dispense; beaucoup même croiront y être obligés.

La dépêche du 30 novembre 1896 dit en termes exprès : « Il (le gouvernement) ne pourrait tolérer non plus que l'administration communale, par l'envoi de circulaires, cherche à exercer une pression sur les parents des élèves pour les amener à dispenser leurs enfants de la fréquentation du cours de religion ». La dépêche du 28 septembre 1897 n'est pas moins catégorique à cet égard : elle considère la distribution de circulaires et de formules de dispense par les administrations communales ou par les instituteurs comme une pratique absolument contraire à l'esprit de la loi organique de l'enseignement primaire.

La liberté la plus absolue doit être laissée aux parents dans la question de savoir s'ils ont à dispenser ou non leurs enfants du cours de religion.

Telle est la vraie interprétation de la loi.

M. l'échevin de l'instruction publique de N... a donc contrevenu aux dispositions prérappelées, et en sollicitant la collaboration des instituteurs pour faire remise aux élèves des formules dont il s'agit, il a incité ces agents à violer les dites instructions.

Quant aux demandes de dispense qui ont été obtenues à la suite de la distribution d'imprimés aux parents, elles ne présentent pas de garanties suffisantes de sincérité et il y a lieu de les considérer comme non avenues.

Ces parents devront formuler une nouvelle demande régulière s'ils désirent que leurs enfants soient dispensés du cours de religion.

Je vous prie, Monsieur le gouverneur. d'écrire dans ce sens à l'administration communale de N... et de porter la présente à la connaissance des autorités locales de votre province par la voie du *Mémorial administratif.*

Vous voudrez bien me faire connaître la suite qui interviendra.

DESTRUCTION DES HANNETONS. — *Suppression des subsides alloués par l'Etat.* — Circulaire adressée le 13 avril 1906 aux inspecteurs principaux de l'enseignement primaire par M. de Trooz, ministre de l'intérieur, etc. (*Bulletin du ministère de l'intérieur, etc.*, 1906, II, 24.)

M. le ministre de l'agriculture vient de me faire savoir qu'il a soumis à la liquidation les primes allouées aux élèves (garçons) des écoles primaires publiques ayant le plus contribué à la destruction des hannetons en 1905.

Mon honorable collègue ajoute :

« Dans plusieurs assemblées agricoles et conseils provinciaux, dans la presse même, l'on s'est élevé contre le système de hannetonnage pratiqué par les enfants des écoles. On a prétendu qu'il développait leur esprit de cruauté et leur instinct de destruction; qu'en outre il les incitait à la destruction des nids d'oiseaux et au maraudage.

« Il y a là un danger réel au point de vue de la protection des oiseaux insectivores, vers laquelle le gouvernement devrait plutôt diriger ses efforts.

« Vous estimerez sans doute avec moi qu'il n'y a plus lieu d'intervenir par voie de subsides pour encourager une pratique dont l'exercice a démontré les effets plutôt nuisibles et qui est si peu en rapport avec les principes d'éducation de l'enfance ».

Je partage cette manière de voir.

Veuillez, Monsieur l'inspecteur principal, porter ce qui précède à la connaissance des instituteurs.

———

ÉCOLES ADOPTÉES. — *Expiration du terme.* — *Réadoption.* — Circulaire adressée le 30 mai 1906 aux gouverneurs de province par M. de Trooz, ministre de l'intérieur, etc. (*Bulletin du ministère de l'intérieur, etc.*, 1906, II, 31.)

J'ai eu l'occasion de constater que beaucoup de communes négligent de se prononcer en temps voulu sur la réadoption d'écoles dont le terme d'adoption est venu à expirer; de là des interruptions très préjudiciables aux intérêts des instituteurs, en ce sens que du jour de la cessation de l'adoption à celui de la réadoption l'école a perdu son caractère d'établissement adopté et que, dès lors, les services rendus dans l'intervalle sont inadmissibles en matière de pension et pour la formation de la période quatriennale donnant droit à une augmentation de revenu.

Je vous prie, Monsieur le gouverneur, de vouloir bien insister vivement auprès des administrations communales pour qu'elles n'attendent pas que l'adoption soit arrivée à son terme pour réadopter l'école privée, si telle est leur intention; il conviendrait qu'il fût statué sur ce point un mois au moins avant l'expiration du contrat d'adoption.

En cas de cessation de l'adoption par suite du décès, de la retraite ou de la destitution du bénéficiaire, les conseils communaux ne doivent pas négliger de réadopter l'établissement avec effet rétroactif jusqu'au jour où l'adoption a cessé par le fait d'une des trois circonstances rappelées ci-dessus.

L'inspection scolaire voudra bien veiller à ce que l'école ne perde pas son caractère d'école adoptée et signaler immédiatement à l'autorité supérieure les cas de cessation qui seraient parvenus à sa connaissance, en vue d'amener promptement la régularisation de la situation.

———

— *Directrice.* — *Fixation du nombre d'agents diplômés.* Dépêche adressée le 21 novembre 1906 à un gouverneur de province par M. de Trooz, ministre de l'intérieur, etc. (*Bulletin du ministère de l'intérieur, etc.*, 1906, II, 76.)

Ainsi que je l'ai exposé antérieurement, la directrice d'une école adoptée, lorsqu'elle donne l'enseignement, fait partie du personnel enseignant et compte, comme membre de ce personnel, pour la fixation du nombre d'agents diplômés.

Si elle n'enseigne pas, elle n'est pas comprise dans ce personnel.

Cette jurisprudence a été établie dans l'intérêt de l'instruction, en vue d'augmenter le nombre d'instituteurs diplômés tenant classe.

———

— *Maîtresse d'ouvroir.* — *Indemnité.* — *Payement.* — Dépêche adressée le 7 septembre 1906 à un gouverneur de province par M. de Favereau, ministre des affaires étrangères, pour M. de Trooz, ministre de l'intérieur, etc., absent. (*Bulletin du ministère de l'intérieur, etc.*, 1906, II, 58.)

Le sieur G..., domicilié à G..., demande, par sa lettre ci-jointe, à qui incombe le payement de l'indemnité à allouer à la personne chargée de l'enseignement des travaux à l'aiguille aux filles fréquentant une école adoptée mixte.

La loi scolaire met à charge des communes les traitements des instituteurs seuls attachés aux écoles adoptées, et les maîtres spéciaux qui exercent à ces écoles ne peuvent être classés sous la dénomination d'instituteur.

Si la commune ne s'est pas assumé cette dépense par une clause du contrat d'adoption, le payement de l'indemnité incombe à la direction de l'établissement, et cette indemnité ne peut être prélevée sur le revenu de l'instituteur, dont le droit au traitement tel qu'il est garanti par la loi n'est susceptible d'aucun amoindrissement.

———

— *Subsides.* — *Obligations de la commune.* — Dépêche adressée le 4 février 1907 à un gouverneur de province par M. de Trooz, ministre de l'intérieur, etc. (*Bulletin du ministère de l'intérieur, etc.*, 1907, II, 11.)

Par lettre en date du 17 janvier dernier, vous m'avez signalé que la commune de W... n'accorde pour toute subvention à l'école adoptée que le montant des subsides de l'Etat et de la province.

Vous me posez à ce sujet la question de savoir s'il ne convient pas d'inviter la commune à majorer le crédit alloué à la dite école du chef de l'adoption, comme cela a été fait pour certaines communes (dépêche du 18 septembre 1906).

La délibération adoptant la 3e classe de la dite école n'alloue aucune subvention spéciale sur les fonds communaux en faveur de cette classe.

Dès lors, la commune n'est tenue que de se conformer strictement aux obligations que la loi lui impose.

Si le montant des subsides alloués par l'État et par la province est suffisant : 1° pour payer le traitement du personnel enseignant ; 2° pour accorder aux élèves les fournitures classiques et les matières premières nécessaires aux travaux manuels ; 3° pour pourvoir au chauffage, au nettoyage et à l'entretien des classes, on ne peut contraindre la commune à majorer son allocation.

Ce n'est que dans le cas où le montant des dits subsides serait insuffisant pour faire face aux dépenses dont il est question ci-dessus que l'autorité locale serait tenue de pourvoir à l'insuffisance des crédits par des allocations supplémentaires, l'article 7 de la loi scolaire portant que les frais résultant de l'adoption d'écoles privées sont à la charge des communes.

L'inspection scolaire déclarant dans ses rapports que l'école privée de W... continue à réunir les conditions exigées par l'article 19 de la loi scolaire pour bénéficier des avantages de l'adoption, j'estime, Monsieur le gouverneur, que la délibération du 13 octobre 1906 par laquelle le conseil communal de W... a adopté une 3e classe à la dite école peut sortir ses effets.

Écoles d'adultes. — *Durée de l'adoption.* — Dépêche adressée le 27 juin 1906 à un gouverneur de province par M. Liebaert, ministre des chemins de fer, pour M. de Trooz, ministre de l'intérieur, etc., absent. (*Bulletin du ministère de l'intérieur*, 1906, II, 44.)

Il a été décidé, par la dépêche ministérielle du 12 novembre 1903, insérée à sa date au *Bulletin* de mon département, qu'en vertu de la disposition finale de l'article 2 de la loi organique de l'instruction primaire, latitude complète est laissée aux communes pour adopter des institutions privées gardiennes, dans des conditions et pour une durée à déterminer par elles.

Cette décision s'applique, par analogie, aux écoles d'adultes dont s'occupe la même disposition légale ...

Inspection communale. — *Attributions.* — Dépêche adressée le 9 octobre 1906 à un gouverneur de province par M. de Trooz, ministre de l'intérieur, etc. (*Bulletin du ministère de l'intérieur, etc.*, 1906, II, 61.)

J'ai pris connaissance de votre rapport du 17 juillet dernier, relatif à la nomination de M. A... en qualité d'inspecteur des écoles communales de T...

Le règlement que le conseil communal a arrêté pour déterminer les attributions de cet inspecteur porte notamment que celui-ci interroge les enfants et que, le cas échéant, il présentera, par écrit ou verbalement, des observations à l'instituteur.

Si le conseil communal a la faculté, en vertu du pouvoir de direction que lui attribue l'article 2 de la loi scolaire, de nommer un inspecteur des écoles communales, il ne peut toutefois conférer à cet agent des droits plus étendus que ceux qu'il possède lui-même.

Or, le conseil communal n'a pas le droit d'inspection comportant l'interrogatoire direct des élèves. Aux termes de l'article 20 de la dite loi, ce droit est exercé par l'État par l'intermédiaire d'inspecteurs principaux et cantonaux, que, seul, le règlement général du 21 septembre 1884, pris en exécution de cet article 20, investit de la mission d'interroger les élèves.

L'inspecteur communal nommé par le conseil communal de T... ne peut donc sous ce rapport empiéter sur les attributions de l'inspection de l'État et il ne pourra qu'inviter l'instituteur à interroger les élèves en sa présence.

Il devra s'abstenir également d'adresser des observations au personnel enseignant et recourir aux inspecteurs du gouvernement, s'il croit utile d'appeler l'attention de ce fonctionnaire sur la manière dont l'enseignement est donné dans les écoles de la commune.

Inspection ecclésiastique. — *Création d'une place d'inspecteur dans les provinces d'Anvers, de Brabant et de Flandre occidentale.* — Arrêté royal du 15 juin 1906, contresigné par M. de Trooz, ministre de l'intérieur, etc. (*Moniteur* du 7 juillet.)

Vu les articles 4, 5 et 23 de la loi organique de l'instruction primaire (20 septembre 1884-15 septembre 1895) relatifs à l'enseignement de la religion et de la morale ainsi qu'à l'inspection de cet enseignement dans les écoles primaires et dans les écoles normales primaires ;

Revu l'article 1er de notre arrêté du 12 décembre 1895 portant organisation de l'inspection religieuse (culte catholique romain) des écoles primaires et des écoles normales primaires, article ainsi conçu :

« Il y a dans chaque province un inspecteur ecclésiastique en chef portant le titre d'inspecteur diocésain principal et dans chaque ressort d'inspection principale un inspecteur ecclésiastique portant le titre d'inspecteur diocésain » ;

Revu également notre arrêté du 14 août 1897 complétant celui du 12 décembre 1895 précité ;

Considérant que la nécessité a été démontrée de créer une nouvelle place d'inspecteur ecclésiastique dans chacune des provinces d'Anvers, de Brabant et de Flandre occidentale et que les Chambres législatives ont inscrit au budget du ministère de l'intérieur et de l'instruction publique, exercice 1906, les fonds nécessaires pour couvrir la dépense à en résulter ;

Sur la proposition de notre ministre de l'intérieur et de l'instruction publique,

Nous avons arrêté et arrêtons :

Art. 1er. — Une nouvelle place d'inspecteur diocésain est créée dans chacune des provinces d'Anvers, de Brabant et de Flandre occidentale.

Le traitement annuel de l'inspecteur diocésain est fixé à 3,300 francs Aucune indemnité de frais de route et de séjour n'est allouée aux inspecteurs ecclésiastiques. (Arrêté royal du 12 décembre 1895, art. 3.)

Art. 2. — Le ministre de l'intérieur et de l'instruction publique, d'accord avec l'autorité diocésaine, procédera au remaniement des groupes ou ressorts d'inspection ecclésiastique actuellement existants dans ces provinces et déterminera la circonscription des trois nouveaux ressorts résultant de l'article 1er du présent arrêté.

Il aura soin de donner connaissance aux autorités administratives et aux instituteurs, que la chose concerne, des changements apportés au nombre et à la composition de ces groupes ou ressorts d'inspection.

PENSION. — *Certificat de capacité pour l'enseignement du dessin ou de la gymnastique. — Ordonnance pour le règlement des pensions des instituteurs pensionnés.* — Circulaire adressée le 25 mai 1906 aux inspecteurs principaux de l'enseignement primaire par M. de Trooz, ministre de l'intérieur, etc. (*Bulletin du ministère de l'intérieur, etc.*, 1906, II, 31.)

Plusieurs demandes de revision de pensions m'ont été adressées par d'anciens instituteurs porteurs du certificat de capacité pour l'enseignement du dessin ou de la gymnastique et dont ils n'avaient pas fait état lors de leur admission à la retraite. Ils étaient alors dans la pensée qu'ils ne pouvaient se prévaloir de cette preuve de capacité parce qu'il est de principe que, pour qu'un membre du personnel puisse faire compter un diplôme spécial, il faut qu'il ait été régulièrement chargé par l'autorité compétente, avec jouissance d'un traitement, de faire le cours correspondant à ce diplôme.

La jurisprudence actuelle autorise les instituteurs des écoles primaires à se prévaloir de leurs certificats de capacité pour l'enseignement du dessin ou de la gymnastique, alors même qu'ils ne touchent pas d'indemnité pour faire ces cours.

Cette exception se justifie parce que les lois sur l'enseignement primaire ont inscrit ces matières au nombre des branches obligatoires du programme des écoles primaires.

Je vous prie, Monsieur l'inspecteur principal, de vouloir bien charger MM. les inspecteurs cantonaux de votre ressort de donner connaissance de ce qui précède aux membres du personnel enseignant à la plus prochaine conférence. Les instituteurs en instance d'obtenir leur pension devront joindre à leur demande l'original ou une copie, certifiée conforme par M. le bourgmestre, des certificats prémentionnés dont ils seraient porteurs.

— *Instituteur adopté.* — *Logement gratuit. — Emolument admissible uniquement dans le cas où le logement est fourni gratuitement par la commune.* — Dépêche adressée le 12 janvier 1907 à un instituteur par M. de Trooz, ministre de l'intérieur, etc. (*Bulletin du ministère de l'intérieur, etc.*, 1907, II, 3.)

Comme suite à votre lettre du 22 décembre dernier, j'ai l'honneur de vous faire observer que les conditions dans lesquelles vous disposez gratuitement d'un logement ne répondent pas aux prescriptions légales qui régissent l'admissibilité de pareil avantage en matière de pensions.

En effet, aux termes de l'article 9 de la loi du 25 août 1901, la jouissance d'une habitation ne constitue un émolument à ajouter au traitement principal que lorsqu'elle est fournie gratuitement par la commune, c'est-à-dire quand il y a libéralité de la part de l'administration communale.

Or, telle n'est pas la situation en ce qui concerne votre logement, car en échange de votre occupation gratuite la caisse communale reçoit annuellement une indemnité du comité scolaire. Celui-ci reste seul à accomplir la libéralité dont vous profitez. L'intervention de la caisse communale est absolument nulle.

Je ne puis donc, bien à regret, M..., accueillir favorablement votre requête tendant à vous laisser participer à la caisse des veuves, du chef du dit logement.

— *Instituteurs adoptés.* — *Le traitement servant de base aux retenues est fixé exclusivement d'après la loi organique des 20 septembre 1884-15 septembre 1895.* — Dépêche adressée le 14 janvier 1907 à un collège de bourgmestre et échevins. (*Bulletin du ministère de l'intérieur, etc.*, 1907, II, 3.)

Comme suite à votre lettre du 4 de ce mois, j'ai l'honneur de vous faire observer qu'aux termes de l'article 8 de la loi du 25 août 1901, le traitement qui sert de base au calcul des redevances des instituteurs adoptés à la caisse des veuves et orphelins est celui auquel ils ont droit par application des articles 14 et 15 de la loi scolaire des 20 septembre 1884-15 septembre 1895.

Votre instituteur adopté, M. C..., ne peut donc contribuer à la dite caisse que d'après un revenu fictif établi selon les règles tracées par cette loi, règles qui ont été observées, notamment, lors de la confection de l'état nominatif de 1906.

Dès lors, Messieurs, il n'y a pas lieu pour mon département de dresser un relevé de retenues extraordinaires à charge du prénommé, du chef d'augmentation de traitement qu'il aurait obtenue en vertu de lois postérieures à celle de 1895.

PERSONNEL ENSEIGNANT. — *Nomination.* — *Violation du secret du vote.* — *Annulation.* — Arrêté royal du 20 octobre 1906, contresigné par M. de Trooz, ministre de l'intérieur, etc. (*Moniteur* du 8 novembre.)

Vu la délibération, en date du 15 juillet 1906, par laquelle le conseil communal de Moustier-sur-Sambre a nommé par trois voix contre trois bulletins blancs le sieur Seumois en qualité de professeur de musique aux écoles primaires de cette localité;

Vu la réclamation à laquelle cette nomination a donné lieu;

Vu l'arrêté de M. le gouverneur de la province, du 23 août dernier, suspendant l'exécution de la délibération précitée;

Vu l'arrêté de la députation permanente du conseil provincial de Namur, du 24 du dit mois, décidant de ne pas maintenir la suspension prononcée;

Vu le recours introduit le 8 octobre 1906 auprès de nous contre cette décision par M. le gouverneur de la province;

Attendu qu'il résulte de renseignements fournis que deux bulletins, l'un blanc et l'autre au nom du sieur Seumois, ont été remis avant le vote à chacun des conseillers; que cette procédure est de nature à violer le secret du scrutin, car rien n'est plus facile que de contrôler le vote, en demandant aux conseillers sur qui on a de l'influence, de rapporter, suivant le cas, le bulletin blanc ou le bulletin sur lequel est inscrit le nom du candidat; que, dans ces conditions, la loi, qui, pour assurer la liberté, a prescrit le scrutin secret, n'a pas été observée en l'occurrence; que, partant, la délibération susvisée du 17 juillet dernier doit être considérée comme entachée d'illégalité et est susceptible d'annulation;

Attendu que le conseil communal a reçu, en sa séance du 12 septembre dernier, notification de l'arrêté de suspension de M. le gouverneur;

Vu les articles 86 et 87 de la loi communale;

Sur la proposition de notre ministre de l'intérieur et de l'instruction publique,

Nous avons arrêté et arrêtons :

Le recours de M. le gouverneur de Namur est accueilli. En conséquence, la délibération précitée du conseil communal de Moustier-sur-Sambre, en date du 15 juillet 1906, est annulée.

Mention de cette annulation sera faite au registre des délibérations, en marge de l'acte annulé.

———

— *Nationalité.* — *Nomination d'un étranger.* — *Annulation.* — Arrêté royal du 15 octobre 1906, contresigné par M. de Trooz, ministre de l'intérieur, etc. (*Moniteur* du 8 novembre.)

Vu la délibération, en date du 18 juillet 1906, parvenue dans les bureaux de l'administration provinciale de Liége, le 7 septembre suivant, par laquelle le conseil communal de Seraing a nommé la demoiselle Gilson en qualité d'institutrice aux écoles gardiennes de cette commune;

Attendu qu'il résulte des renseignements fournis par M. le gouverneur de Liége que cette personne ne possède pas la nationalité belge;

Attendu qu'aux termes de l'article 6 de la Constitution belge, seuls les Belges sont admissibles aux emplois civils et militaires, sauf les exceptions qui peuvent être établies par une loi pour des cas particuliers;

Attendu que, dans ces conditions, la nomination de la demoiselle Gilson a été faite contrairement à l'article 6 précité et qu'elle est, dès lors, sujette à annulation;

Vu la circulaire de notre ministre de l'intérieur et de l'instruction publique en date du 8 avril 1903 (Administration de l'enseignement primaire, 1re section, n° 882);

Vu l'article 87 de la loi communale;

Sur la proposition de notre ministre de l'intérieur et de l'instruction publique,

Nous avons arrêté et arrêtons :

La délibération susvisée du conseil communal de Seraing est annulée.

Mention de cette disposition sera faite aux registres des délibérations du dit conseil, en marge de l'acte annulé.

———

SOCIÉTÉS SCOLAIRES DE TEMPÉRANCE. — *Encouragements.* — Circulaire adressée le 3 octobre 1906 aux gouverneurs de province par M. de Trooz, ministre de l'intérieur, etc. (*Bulletin du ministère de l'intérieur*, etc. 1906, II, 60.)

Il résulte de la statistique officielle qu'à la fin de l'année 1905 il y avait 5,193 cercles de tempérance dans les écoles primaires et d'adultes soumises au contrôle de l'Etat avec un contingent de 120,101 élèves-sociétaires.

C'est là une situation des plus favorables : depuis la fondation de l'œuvre, plus de 400,000 élèves ont pris l'engagement d'abstinence. Ce qui porte à croire que bon nombre d'entre eux respectent leur engagement, c'est le fait que voici :

En 1895, la consommation de l'alcool était de 10 l. 62 par habitant; en 1905, elle était tombée à 5 l. 78.

Nul doute que l'enseignement antialcoolique donné à l'école et l'existence des cercles scolaires de tempérance n'aient contribué puissamment au succès qu'accuse la statistique.

En vue de voir progresser encore cette œuvre éminemment moralisatrice et préservatrice, je vous prie, Monsieur le gouverneur, d'intervenir auprès des communes pour qu'elles inscrivent, à leur budget annuel, une petite subvention qui servirait à l'achat de diplômes, brochures, journaux, revues, albums de propagande; elle servirait aussi à organiser de petites fêtes antialcooliques.

Eu égard au but poursuivi, j'aime à croire que les communes ne resteront pas sourdes à votre appel.

Je vous saurais gré, Monsieur le gouverneur, de me faire connaître la suite qui interviendra.

Subsides scolaires. — *Etat de répartition à fournir en triple expédition.* — Circulaire adressée le 7 février 1907 aux gouverneurs de province par M. de Trooz, ministre de l'intérieur, etc. (*Bulletin du ministère de l'intérieur, etc.*, 1907, II, 13.)

La cour des comptes vient de me faire connaître qu'elle a liquidé les ordonnances de paiement émises, dans le courant du mois de janvier dernier, au nom de M. le directeur général de la Caisse d'épargne, à titre d'acomptes sur les subsides alloués par l'Etat aux communes pour le service, en 1907, de l'enseignement primaire. A cette occasion, elle a demandé que je lui fasse parvenir, pour ses archives une nouvelle copie des états de répartition qui accompagnaient les mandats.

Veuillez, Monsieur le gouverneur, pour me mettre en mesure de satisfaire à cette demande, m'adresser un troisième exemplaire des états de répartition de subsides provisoires destinés au service ordinaire pendant l'année courante, des écoles primaires communales et adoptées, que vous m'avez envoyés le dernier.

La cour a, en outre, exprimé le désir de voir joindre dorénavant, à chaque mandat de l'espèce, non plus une, mais deux copies des états de répartition. Or, une autre copie de ces documents est indispensable pour mon administration. Je vous prie donc, Monsieur le gouverneur, de faire dresser et de m'envoyer à l'avenir, en triple expédition, tous les états collectifs de répartition de subsides scolaires.

Vous aurez soin, Monsieur le gouverneur, de faire prendre bonne note de cette instruction et d'en assurer l'exécution.

— *Subsides provisoires. — Liquidation. — Envoi d'états collectifs.* — Circulaire adressée le 8 novembre 1906 aux gouverneurs de province par M. de Trooz, ministre de l'intérieur, etc. (*Bulletin du ministère de l'intérieur, etc.*, 1906, II, 70.)

Je vous prie de m'envoyer, avant le 25 décembre prochain, des états collectifs destinés à la liquidation, au profit des communes de votre province, de subsides provisoires pour le service ordinaire, pendant l'exercice 1907, des écoles primaires communales et des écoles primaires adoptées. Ces états seront dressés, en double expédition, d'après la formule dont vous trouverez ci-joints trois exemplaires. Cette formule est conforme à celle qui était annexée à ma circulaire du 6 novembre 1901, n°s 591/1020F, sauf que, pour satisfaire à une demande qui m'a été adressée tout récemment par M. le ministre des finances et des travaux publics, j'y ai fait ajouter quatre colonnes qui concernent exclusivement le service des agents du Trésor.

La somme à attribuer à chaque commune peut s'élever (en chiffres ronds) aux 4/5 ou 80 p. c. environ du subside réglementaire de l'année prochaine, pour les localités dont votre administration connaîtra, en temps utile, les besoins et l'organisation scolaires avec une précision et une certitude suffisantes pour que la liquidation, en leur faveur, d'une subvention relativement importante ne puisse présenter aucun inconvénient.

Pour les autres communes, le subside provisoire ne doit pas, en règle générale, dépasser les 3/5 ou 60 p. c. du subside réglementaire de l'année 1906.

Je vous recommande, Monsieur le gouverneur, de veiller à ce que les évaluations de subsides provisoires soient faites avec assez de prudence pour qu'en aucun cas on ne fasse mandater une somme supérieure au montant du subside définitif et à ce que l'on continue à observer, en tant qu'il n'y est pas dérogé ci-dessus, pour les quotités à liquider, les instructions générales contenues dans la circulaire du 20 novembre 1896, insérée à sa date au *Bulletin* de mon département.

P. S. — Si votre administration possédait encore des formules imprimées d'états collectifs conformes au modèle annexé à ma circulaire susvisée du 6 novembre 1901, il lui serait loisible de continuer à s'en servir provisoirement, mais uniquement pour la liquidation des subsides réglementaires et complémentaires destinés au service des écoles primaires communales et adoptées, subsides qui se paient par l'intermédiaire de la Caisse générale d'épargne et de retraite.

PROVINCE
de
—

Agence du Trésor
d —

Annexe.
—

ÉTAT *de répartition d'une somme de allouée aux communes désignées ci-après, à titre de subsides de l'Etat, pour le service ordinaire des écoles communales et adoptées, pendant l'exercice 190 .*

NUMÉROS D'ORDRE.	DÉSIGNATION DES COMMUNES.	SOMME destinée à chacune d'elles.	ÉMARGEMENT pour QUITTANCE.	VISA de l'agent du Trésor.	DATE du PAYEMENT.	SOMMES non payées lors du renvoi de l'ordonnance.
	Total. . fr.					

— *Répartition.* — *Application de l'article 8 du règlement général du 20 septembre 1898.* — Dépêche adressée le 22 mai 1906 à un gouverneur de province par M. de Trooz, ministre de l'intérieur, etc. (*Bulletin du ministère de l'intérieur, etc.*, 1906, II, 19.)

Le bénéfice de l'article 8 du règlement général du 20 septembre 1898 n'est acquis au directeur d'une école primaire de plus de cinq classes que pour autant que celui-ci n'exerce aucune profession.

Or, il résulte de votre lettre du 11 mai courant que M. C..., directeur de l'école primaire communale pour garçons d'A..., exerce, cumulativement avec ses fonctions principales, les autres fonctions rétribuées de professeur à l'école industrielle.

Dans ces conditions, je vous prie de faire connaître à l'administration communale intéressée, par l'intermédiaire de l'inspection scolaire, qu'il ne peut y avoir lieu, pour le calcul des subsides scolaires, à application de l'article 8 du règlement susvisé.

TRAITEMENT. — *Augmentations quatriennales.* — *Instituteur adopté.* — *Privation à la suite d'une peine disciplinaire.* — Circulaire adressée le 2 avril 1906 aux gouverneurs de province par M. de Trooz, ministre de l'intérieur, etc. (*Bulletin du ministère de l'intérieur, etc.*, 1906, II, 21.)

M. l'inspecteur principal du ressort scolaire de G... m'a fait savoir que le sieur D. ., instituteur à l'école adoptée de R..., a été suspendu de ses fonctions pour une durée de quinze jours avec privation de traitement.

Il me soumet à cette occasion la question de savoir si l'application de cette mesure entraîne, conformément à l'article 15 de la loi scolaire, privation pour l'intéressé de l'augmentation de traitement afférente à la période au cours de laquelle la peine a été prononcée, ainsi que perception au profit de la Caisse des veuves et orphelins de la partie du revenu correspondante à la durée de la suspension.

J'estime que, par analogie, les mêmes principes doivent être appliqués à l'instituteur adopté, sinon ce serait créer pour celui-ci un régime d'exception et enlever à la mesure disciplinaire prononcée sa principale sanction.

L'instituteur adopté sera donc privé de l'augmentation dont il s'agit et la somme retenue sur son traitement devra être versée à la dite caisse.

Toutefois, comme le temps de la suspension ne compte pas pour le calcul de la pension éventuelle et que le début et la fin des services admissibles en cette matière doivent être fixés par un acte émanant du conseil communal, vous voudrez bien inviter le conseil communal de R... à prendre acte de la suspension infligée au sieur D... et me faire parvenir deux expéditions de la délibération qui aura été prise à ce sujet.

— *Augmentations quatriennales.* — *Services rendus en qualité d'instituteur aux écoles annexées aux orphelinats communaux.* — Dépêche adressée le 25 juin 1906 à un gouverneur de province par M. Liebaert, ministre des chemins de fer, etc., pour M. de Trooz, ministre de l'intérieur, etc., absent. (*Bulletin du ministère de l'intérieur, etc.*, 1906, II, 43.)

Les sieurs V... et S..., sous-instituteurs respectivement aux écoles primaires communales de B... et d'Y..., demandent par leurs requêtes ci-jointes que les services qu'ils ont rendus à l'école annexée à l'orphelinat communal d'Y... puissent entrer en ligne de compte pour le calcul de la période quatriennale donnant droit aux augmentations de traitement garanties par l'article 15 de la loi scolaire.

L'orphelinat pour garçons établi dans la dite ville dépend de la commission des hospices civils; les instituteurs en cause ont été nommés par cette commission et leurs traitements ont été payés sur les fonds de celle-ci.

Le comité de législation a émis l'avis qu'en organisant des écoles l'administration des hospices n'agit et ne peut agir que comme agent du pouvoir communal, qu'elle accomplit un service nécessairement public, à titre de suppléant et de substitut de la commune, dont elle acquitte la dette, à l'aide de deniers incontestablement publics, sous l'obligation d'en rendre compte. Les classes annexées aux orphelinats sont donc des écoles communales dont elles représentent une variété; elles rentrent dans la généralité de cette appellation symbolique.

J'estime, en conséquence, que les années pendant lesquelles les instituteurs en cause ont exercé à l'orphelinat d'Y... peuvent être admises pour le calcul des augmentations de traitement prévues à l'article 15 de la loi scolaire.

— *Sous-instituteur promu instituteur en chef au cours d'une année scolaire.* — *Droit au traitement attaché au nouveau grade dès le moment de la promotion.* — Dépêche adressée le 27 octobre 1906 à un gouverneur de province par M. de Trooz, ministre de l'intérieur, etc. (*Bulletin du ministère de l'intérieur, etc.*, 1906, II, 68.)

Le sieur D..., qui, au 1er janvier dernier, comptait vingt ans et deux mois de service en qualité de sous-instituteur primaire communal à A..., et avait droit comme tel à 1,800 francs de traitement, a été promu le 27 du dit mois au grade d'instituteur.

Vous estimez que cet agent ne pourra prétendre qu'au 1er janvier 1907 au revenu de 1,900 francs garanti aux instituteurs chefs d'écoles ayant de vingt à vingt-quatre années de services.

Je ne puis me rallier à cet avis.

Le sous-instituteur qui, au cours d'une année scolaire, est promu instituteur en chef a droit, dès le moment de sa promotion, au traitement attaché à son nouveau grade; or, le revenu d'instituteur comptant vingt années de services au moins est fixé à 1,900 francs d'après la loi du 21 mai 1906.

Veuillez, en conséquence, inviter le conseil communal d'A... à porter à ce taux, à partir du 1ᵉʳ février dernier, le revenu du sieur D... et me faire parvenir une copie de la résolution qui aura été prise à ce sujet.

Voy. CONSEIL COMMUNAL. — HOSPICES CIVILS.

Établissements dangereux, insalubres ou incommodes. — *Fabriques de beurre. — Classement.* — Arrêté royal du 16 juin 1906, contresigné par M. Francotte, ministre de l'industrie, etc. (*Moniteur* du 24 juin.)

Vu la rubrique *Beurre(locaux où l'on manipule au moins 1,000 litres de lait par jour pour produire du beurre)* de la nomenclature des établissements dangereux, insalubres ou incommodes, annexée à l'arrêté royal du 31 mai 1887;

Considérant qu'il y a lieu de modifier la rédaction de cette rubrique de façon à comprendre également la manipulation de la crème;

Vu l'avis du service central de l'inspection du travail chargée de la surveillance des établissements dangereux, insalubres ou incommodes;

Vu l'avis du conseil supérieur d'hygiène publique;

Vu les arrêtés royaux du 29 janvier 1863, du 27 décembre 1886 et du 31 mai 1887 concernant la police des dits établissements;

Sur la proposition de notre ministre de l'industrie et du travail,

Nous avons arrêté et arrêtons :

La rubrique *Beurre(locaux où l'on manipule au moins 1,000 litres de lait par jour pour produire du beurre)* de la nomenclature des établissements dangereux, insalubres ou incommodes est modifiée comme suit :

Désignation.	Classe.	Inconvénients.
Beurre (Locaux où l'on manipule au moins 1,000 litres de lait ou de creme par jour pour produire du).	I B	*Pour les locaux où l'on manipule la crème :* Liquides résiduaires et eaux de lavage putrescibles pouvant contaminer les cours d'eau et la nappe souterraine. *Pour les locaux où l'on manipule le lait :* Mêmes inconvénients, plus les boues résiduaires putrescibles et le bruit.

Fabriques de caoutchouc. — Classement. — Arrêté royal du 26 novembre 1906, contresigné par M. Francotte, ministre de l'industrie, etc. (*Moniteur* du 30 novembre.)

Vu les rubriques :

« Caoutchouc (Fabriques où l'on travaille le) pour son épuration et la confection des objets et des tissus en caoutchouc »;

« Caoutchouc (Fabriques où l'on opère la vulcanisation du) par le procédé du trempage dans le soufre fondu »;

« Caoutchouc (Fabriques où l'on opère la vulcanisation du) en vase clos »;

« Tissus imperméables au moyen du caoutchouc (Fabrication de) », de la nomenclature des établissements dangereux, insalubres ou incommodes;

Considérant qu'il y a lieu de modifier et de compléter les diverses rubriques de façon à les mettre mieux en harmonie avec les conditions dans lesquelles s'exerce actuellement l'industrie du caoutchouc;

Vu l'avis du service central de l'inspection du travail chargée de la surveillance des établissements dangereux, insalubres ou incommodes;

Vu l'avis du conseil supérieur d'hygiène publique;

Revu les arrêtés royaux du 29 janvier 1863, du 27 décembre 1886 et du 31 mai 1887, concernant la police des dits établissements;

Sur la proposition de notre ministre de l'industrie et du travail,

Nous avons arrêté et arrêtons :

Les rubriques :

« Caoutchouc (Fabriques où l'on travaille le) pour son épuration et la confection des objets et des tissus en caoutchouc »;

« Caoutchouc (Fabriques où l'on opère la vulcanisation du) par le procédé du trempage dans le soufre fondu) »;

« Caoutchouc (Fabriques où l'on opère la vulcanisation du) en vase clos »;

« Tissus imperméables au moyen du caoutchouc (Fabrication de) », de la nomenclature des établissements classés sont modifiées et complétées comme suit :

Désignation.	Classe.	Inconvénients.
Caoutchouc (Fabriques où l'on vulcanise le) par trempage dans le soufre fondu.	2 ⊙	Faible production d'anhydride sulfureux. Léger danger d'incendie.
Caoutchouc (Fabriques où l'on vulcanise le) par le procédé dit en vase clos.	1 B	Fumées et poussières. Vapeurs sulfureuses et sulfhydriques. Buées. Danger d'explosion.
Caoutchouc (Fabriques où, soit pour vulcaniser ou confectionner ou réparer des objets en) on emploie des huiles essentielles (naphte, benzine, térébenthine) ou du sulfure de carbone.	1 A	Fumées et poussières. Vapeurs très désagréables et délétères de sulfure de carbone et d'huiles essentielles. Grand danger d'incendie et d'explosion.

Tirs pour armes à feu. — Classement. — Arrêté royal du 9 juillet 1906, contresigné par M. Francotte, ministre de l'industrie, etc. (*Moniteur* du 14 juillet.)

Vu les rubriques *Tirs pour armes à feu, classe I, A*, et *Tirs permanents au pistolet et à la carabine Flobert ou armes analogues, classe 2* de la nomenclature des établissements dangereux, insalubres ou incommodes, annexée à l'arrêté royal du 31 mai 1887;

Considérant qu'il y a lieu de modifier cette classification des tirs, de façon à la rendre plus précise et plus complète;

Vu l'avis du service central de l'inspection du travail chargée de la surveillance des établissements dangereux, insalubres ou incommodes;

Vu les arrêtés royaux du 29 janvier 1863, du 27 décembre 1886 et du 31 mai 1887 concernant la police des dits établissements;

Sur la proposition de notre ministre de l'industrie et du travail,

Nous avons arrêté et arrêtons :

Les rubriques *Tirs pour armes à feu* et *Tirs permanents au pistolet et à la carabine Flobert ou armes analogues* de la nomenclature des établissements dangereux, insalubres ou incommodes sont supprimées et remplacées par les suivantes :

Désignation.	Classe.	Inconvénients.
Tirs pour armes de chasse ou de guerre à charge normale, sauf les tirs pour revolvers et pistolets.	1 A	Danger des projectiles. Bruit de la détonation. Fumées âcres.
Tirs pour armes de chasse ou de guerre à charge réduite. Tirs pour revolvers et pistolets.	1 B	Id.
Tirs pour carabines et pistolets Flobert ou armes à air comprimé.	2 ⊙	Danger des projectiles.

Briqueteries. — Carrière à ciel ouvert. — Autorisation préalable. — Circulaire adressée le 15 juin 1906 aux administrations communales du Brabant par M. Beco, gouverneur de cette province. (*Mémorial administratif du Brabant*, 1906, I, 81.)

Aux termes de l'arrêté royal du 16 janvier 1899, quiconque se propose d'entreprendre l'exploitation d'une carrière à ciel ouvert est tenu de produire une déclaration à cet effet en double expédition, ainsi qu'un extrait du plan cadastral, également en double, précisant l'emplacement de l'exploitation.

La production de ces documents doit précéder la mise en exploitation de l'argile nécessaire à la confection des briques, et l'on ne peut justifier l'octroi d'une autorisation de cuire des briques sans exiger au préalable que les intéressés satisfassent aux prescriptions de l'arrêté royal précité.

Il est en outre à remarquer que le plan annexé à la déclaration est indispensable à l'inspecteur du travail pour lui permettre d'assurer un contrôle sérieux de cette partie de son service.

J'insiste donc vivement, Messieurs, pour que vous veilliez à ce que les briqueteries ne soient mises en exploitation que lorsque les intéressés auront produit les pièces dont il est question dans l'arrêté royal du 16 janvier 1899.

État civil. — *Actes de mariage.* — *Sujets allemands.* — *Communication au département des affaires étrangères.* — Circulaire adressée le 31 mars 1906 aux gouverneurs de province par M. de Favereau, ministre des affaires étrangères. (*Mémorial administratif du Brabant*, 1906, I, 69.)

Par ma dépêche du 13 décembre 1904 (*Mémorial administratif*, n° 79), j'ai eu l'honneur de vous prier, conformément à la loi du 27 juin précédent et en exécution de l'article 5, 4° alinéa, de la Convention internationale de La Haye du 12 juin 1902 pour régler les conflits de lois en matière de mariage, de vouloir bien adresser périodiquement à mon département, du 5 au 15 janvier et du 5 au 15 juillet de chaque année, les actes de mariage dressés dans votre province durant le semestre écoulé et se rapportant à des personnes ressortissant à ceux des Etats contractants qui ont ratifié le traité en question.

Je vous serais obligé, Monsieur le gouverneur, de prendre les dispositions nécessaires pour que les documents de l'espèce concernant deux époux allemands possédant chacun, sur le territoire de l'empire, un domicile légal différent me parviennent à l'avenir en double expédition.

Acte de baptême. — Norvège. — Filiation. — Nom d'un tiers. — Défense de le porter. — Décret de fructidor an II. — Acte de naissance erroné ou illégal. — Droit des intéressés.

D'après la loi norvégienne, l'acte de baptême dressé par un prêtre catholique fait foi de la naissance de l'enfant, mais non de sa filiation; celle-ci ne peut être établie que par les voies ordinaires.

Celui qui a obtenu une décision de justice défendant à un tiers de se traiter comme son fils illégitime et ordonnant que cette filiation sera déclarée légalement inexistante et non exprimée dans un acte déterminé est recevable à postuler des décisions et des rectifications identiques chaque fois que pareille dénomination est assignée à ce tiers, sans être obligé de faire, au préalable, rectifier l'acte invoqué par celui-ci comme étant son acte de naissance.

L'article 1er du décret de fructidor an II ne vise que l'acte de naissance valable; il ne défend pas aux intéressés de faire reconnaître en justice que certaines mentions d'un acte de naissance sont erronées ou illégales.—Cour d'appel de Bruxelles, 28 mai 1906, *Pasic.*, 1906, II, 278.

Acte de baptême. — Norvège. — Simple attestation. — Naissance illégitime. — Mention du père. — Irrégularité. — Reconnaissance.

Un acte qualifié acte de baptême dressé par le pasteur de l'église catholique de Christiania n'est pas un acte de l'état civil : il n'est qu'une attestation de baptême (*testimonium baptismi*) qui est même entachée d'irrégularité lorsqu'il mentionne une naissance illégitime en désignant le nom du père.

En ce cas, il ne peut valoir non plus comme une reconnaissance de l'enfant, la loi du pays où il a été dressé exigeant, pour ce, une déclaration publiée à l'audience du tribunal et inscrite sur les registres du greffe. — Cour d'appel de Bruxelles, 24 janvier 1906, *Pasic.*, 1906, II, 194.

Acte de mariage. — Reconnaissance d'enfant naturel donnant à celui-ci une filiation adultérine. — Récupération poursuivie d'office. — Recevabilité.

L'ordre public est intéressé et, par conséquent, le ministère public est recevable à poursuivre d'office, par voie d'action principale, la rectification d'un acte de mariage par l'annulation de l'énonciation que contient cet acte de la reconnaissance d'un enfant naturel, alors que cette reconnaissance donne à l'enfant une filiation adultérine.—Tribunal civil de Bruges, 23 novembre 1903, *Pasic.*,1906, III, 29.

Divorce. — Prononciation. — Officier de l'état civil compétent.

Le divorce doit être prononcé par l'officier de l'état civil du domicile du mari au moment de l'intentement de l'action. — Tribunal civil de Liége (référés), 28 septembre 1905, *Pasic.*, 1906, III, 151.

— Prononciation par un officier d'état civil incompétent. — Validité.

En prescrivant que le divorce sera prononcé par l' « officier » de l'état civil, le législateur a visé l'officier du lieu même où tous les actes précédents se seront accomplis, c'est-à-dire l'officier de la commune où était domicilié l'époux, donc les conjoints, au début de l'action.

La prononciation du divorce ne peut être considérée comme un « acte de procédure judiciaire », et l'incompétence de l'officier de l'état civil qui a procédé à cette formalité n'a pas pour conséquence d'entraîner la nullité de celle-ci. — Tribunal civil de Bruges, 28 mars 1906, *Pasic.*,1906, III, 177

Nom patronymique. — Appellation. — Fief. — Partie intégrante. — Rappel ou omission dans certains actes. — Tiers. — Tolérance. — Irrelevance.

Lorsque, dans une feuille, une appellation fait partie intégrante du nom patronymique et rappelle le souvenir d'un fief, la circonstance que l'un de ses membres, qui était propriétaire de ce fief, a inséré ou laissé insérer, en certains actes, les mots *toparcha, seigneur* ou *dame* devant cette appellation n'infirme en rien la relevance des énonciations concordantes qui,

dans les autres documents de la famille, établissent que la dite appellation constitue bien l'un des éléments du nom originaire; il en est de même de la circonstance que, depuis la publication en Belgique du décret du 6 fructidor an II, deux membres de la famille auraient négligé d'ajouter l'appellation à leur nom originaire ou même auraient toléré qu'un tiers l'usurpât.

Dans les matières qui intéressent l'ordre public, l'on ne peut invoquer ni une renonciation ni une reconnaissance, au profit de tiers, de droits qui seraient contraires à la loi. — Cour d'appel de Bruxelles, 16 mai 1906,*Pasic.*, 1906, II, 270·

Expropriation pour cause d'utilité publique. — Clôture. — Démolition. — Indemnité. — Frais de remploi.

Les frais de remploi sont dus sur l'indemnité allouée, en cas d'expropriation pour cause d'utilité publique, pour une clôture remplaçant celle dont l'expropriation entraîne la démolition. — Tribunal civil de Gand, 26 avril 1905, *Pasic.*, 1906, III, 200.

Construction d'un chemin de fer vicinal. — Excédent. - Dépréciation. — Route. — Usage des accotements. — Tolérance. — Indemnité.

Au point de vue de la dépréciation subie par l'excédent d'une parcelle expropriée pour l'établissement d'un chemin de fer vicinal, il faut tenir compte des larges tolérances de l'État au sujet de l'usage des accotements des routes occupées par les chemins de fer vicinaux, tout comme on tient compte, en sens contraire, au point de vue de la fixation de la valeur des biens à exproprier, des tolérances dont jouissent ces biens.—Tribunal civil de Gand, 17 mai 1905, *Pasic.*, 1906, III, 197.

Droits reportés sur le prix. — Obligation de délivrer l'indemnité consignée.

Aux termes des articles 21 et 22 de la loi du 17 avril 1835, les droits des intéressés sont reportés sur le prix, et, sur le vu du jugement et du certificat hypothécaire négatif, le préposé à la Caisse des consignations doit remettre l'indemnité adjugée, en l'absence de saisie-arrêt ou opposition. Il ne peut se soustraire à cette obligation sous prétexte de sauvegarder des droits que les intéressés eux-mêmes négligent ou refusent de faire valoir. — Cour d'appel de Bruxelles, 16 juin 1906, *Pasic.*, 1906, II, 345.

Excédent. — Dépréciation. — Indemnité. — Accès à la route devenu plus difficile.

Il y a lieu d'allouer à l'exproprié une indemnité de dépréciation de la partie restante si, à la suite de l'emprise, l'accès de l'excédent à la route devient plus difficile. — Tribunal civil de Gand, 31 mai 1905, *Pasic.*, 1906, III, 199.

Indemnité. — Nature et étendue. — Droit d'accès dans une gare. — Offre d'un travail faite par l'exspropriant. — Refus de la part de l'exproprié.

Il est de principe que l'exproprié a droit à une indemnité pécuniaire. Ce droit exclut la faculté pour l'exspropriant de réduire les proportions de l'indemnité en offrant un travail qui ne dérive pas expressément ou par voie de conséquence des plans mêmes de l'expropriation. Une offre de ce genre, faite uniquement pour diminuer le montant de l'indemnité pécuniaire (celle-ci réclamée, dans l'espèce, à raison de l'expropriation d'un droit d'accès direct dans une gare pour transports par chemin de fer), n'est pas pertinente, et l'exproprié n'est pas tenu de l'accepter, l'indemnité devant d'ailleurs être complète et représenter la valeur du droit exproprié. — Tribunal civil de Hasselt, 25 avril 1906, *Pasic.*, 1906, III, 207.

Indemnité. — Travaux projetés connus ou inconnus. — Valeur vénale. — Date à laquelle l'indemnité doit être fixée. — Événement postérieur.

En matière d'expropriation pour cause d'utilité publique, de simples projets de travaux de transformation d'un quartier, connus ou seulement prévus au moment de l'arrêté royal décrétant les formalités accomplies, sont de nature à influencer favorablement la valeur vénale du bien, de laquelle l'exspropriant doit compte à l'exproprié. L'indemnité due à l'exproprié doit être fixée par le juge, en se reportant à la date de l'arrêté royal d'expropriation et sans qu'il soit légalement possible d'attendre la réalisation d'événements postérieurs de nature à en influencer le taux. — Cour d'appel de Bruxelles, 4 juillet 1906, *Pasic.*, 1906, II, 303.

Indemnité principale. — Fixation. — Éléments. — Valeur locative. — Intervenant. — Prorogation du bail. — Époque et circonstances. — Non-indemnité de ce chef. — Conditions.

La valeur locative d'un immeuble n'est que l'un des facteurs qui concourent à la fixation de l'indemnité principale; elle doit être mise en rapport avec tous les autres éléments dont la connaissance est de nature à déterminer la conviction du juge.

La prorogation du bail, intervenue même à une époque où les études préliminaires aux fins d'expropriation, en vue et à raison du caractère imminent de celle-ci, ne peut justifier la contestation du droit du locataire, intervenant, à une indemnité de ce chef, « que pour autant que l'exspropriant établisse que la dite prorogation serait entachée de fraude ». — Tribunal civil de Bruxelles, 22 juin 1906, *Pasic.*, 1906, III, 250.

Jugement. — Effet jusqu'à l'ordonnance d'envoi en possession. — Transformations à l'immeuble par l'exspropriant. — Voie de fait. — Référés. — Compétence.

S'il est vrai, en matière d'expropriation pour cause d'utilité publique, qu'à dater du jugement d'expropriation l'emprise est frappée d'indisponibilité, de telle manière que le propriétaire ne pourrait plus en disposer, l'aliéner, la grever de servitudes, il n'en est pas moins admis que l'exspropriant n'acquerra le droit absolu d'en disposer qu'après avoir obtenu l'ordonnance d'envoi en possession; jusqu'à ce moment, l'exproprié en conserve la possession.

Cette possession attribue au propriétaire le droit de continuer à jouir des fruits de l'immeuble, d'en percevoir les loyers et d'exercer toute action possessoire tant contre l'exspropriant que contre tous autres tiers qui troubleraient sa possession.

L'article 11 de la loi du 27 mai 1870, lequel a remplacé l'article 20 de la loi du 17 avril 1835, porte que la transcription du jugement décidant que les formalités prescrites par la loi ont été remplies, produit à l'égard des tiers et non à l'égard de l'exproprié, les mêmes effets que la transcription d'un acte de cession.

Lors donc qu'il n'existe point de jugement envoyant l'exspropriant en possession de l'immeuble exproprié ni de convention émanant de l'exproprié permettant à l'exspropriant d'en disposer, si celui-ci fait subir à l'immeuble des transformations, le juge des référés est compétent pour lui ordonner de délaisser l'immeuble dont il s'est mis en possession sans titre ni droit. — Tribunal civil de Bruxelles (référés), 16 décembre 1905, *Pasic.*, 1906, III, 44.

Jugement déclarant accomplies les formalités préalables à l'expropriation. — Effets. — Transfert de la propriété. — Transcription. — Tiers. — Vente ou cession ultérieure. — Nullité.

Le jugement qui déclare accomplies les formalités préalables à l'expropriation opère, dans les limites qu'il trace, le transfert, dans le chef de l'exspropriant, de la propriété de l'immeuble exproprié. La transcription de ce jugement a pour effet de frapper d'indisponibilité le dit immeuble. Il ne peut donc plus en être disposé, et toute cession qui en serait consentie par l'exproprié au profit d'un tiers serait nulle et sans valeur. — Tribunal civil de Bruxelles, 1er juin 1906, *Pasic.*, 1906, III, 247.

Maisons abandonnées à la suite de l'annonce de l'expropriation. — Loyers perdus. — Préjudice. — Indemnité.

Il y a lieu d'accorder une indemnité, pour cause d'expropriation d'utilité publique, au propriétaire dont les maisons ont été abandonnées par leurs locataires à la suite de l'annonce de l'expropriation et de diverses mesures prises par les préposés de l'exspropriant. Cette indemnité doit être payée à raison des loyers perdus jusqu'au jour de l'envoi en possession. Mais la demande à cette fin doit être rejetée comme prématurée, alors qu'elle tend à obtenir une indemnité pour les maisons non encore abandonnées, mais qui pourraient l'être dans l'avenir. — Tribunal civil de Gand, 8 février 1905, *Pasic.* 1906, III, 72.

Taxe de voirie frappant les parties restantes.

La dépréciation à résulter de la taxe de voirie, dont, en cas d'expropriation pour cause d'utilité publique, seront éventuellement frappées, au profit de la commune expropriante, les parties restantes de l'immeuble exproprié, ne doit point entrer en ligne de compte pour la détermination de l'indemnité d'expropriation. — Cour d'appel de Bruxelles, 1er juillet 1905, *Pasic.*, 1906, II, 64.

F

Fabrique d'église. — *Construction d'une église.* — *Travaux supplémentaires.* — *Architecte dirigeant.* — *Tutelle administrative.* — *Autorisation gouvernementale implicite.*

Le conseil de fabrique qui a investi de pleins pouvoirs l'architecte dirigeant des travaux de construction d'une église, pour modifier éventuellement le mode d'établissement des fondations, n'a pas à approuver préalablement les ordres de son délégué.

Il ne peut davantage exciper de la tutelle administrative à laquelle il est soumis et qui n'empêche pas d'apporter des changements au plan quand le cahier des charges qui les prévoit a été virtuellement approuvé par le gouvernement. — Cour d'appel de Liége, 7 février 1906, *Pasic.*, 1906, II, 161.

Donation. — *Rente annuelle et perpétuelle à charge de faire dire une seconde messe les dimanches et jours de fêtes chômées.* — *Défaut de notification au donateur, de son vivant, de l'acceptation par la fabrique donataire.* — *Conséquence.* — *Non-nullité.* — *Obligation incombant à la fabrique.*

N'est pas nulle pour défaut de notification au donateur, de son vivant, de l'acceptation, par la fabrique d'église donataire, d'une donation faite à son profit, à charge, par elle, de faire célébrer à perpétuité, dans l'église paroissiale, tous les dimanches et jours de fêtes chômées, une seconde messe consistant en une messe basse à dire ..., alors que l'acte de donation porte *in terminis*, après mention d'acceptation par le trésorier de la fabrique d'église, « lequel, en sa dite qualité, déclare, au nom de cette fabrique, accepter la donation mentionnée en dernier lieu, avec promesse d'exécuter les charges imposées. Et les donateurs ont consi-

déré comme leur étant dûment notifiée par la présente l'acceptation de leur donation. Cet acte sera seulement définitif après son approbation par l'autorité compétente », et que cette dernière approbation résulte d'un arrêté royal dûment publié au *Moniteur*.

Il appartient à la fabrique d'église d'assurer la célébration d'une seconde messe dans les termes de la fondation et d'affecter les revenus de celle-ci à leur destination, sans qu'ils puissent en être détournés. — Tribunal civil de Tongres, 3 mars 1903, *Pasic.*, 1906, III, 16.

Fonds communal. — *Fonds communal et fonds spécial.* — *Répartition.* — Loi du 29 septembre 1906. (*Moniteur* des 15-16 octobre.)

ART. 1er, § 1er. — L'article 15 de la loi du 30 décembre 1896, modifiant l'article 15 de la loi du 19 août 1889 sur le fonds spécial des communes, est abrogé.

§ 2. L'article 15 de la loi du 19 août 1889, visée au § 1er, est remplacé par les dispositions suivantes :

Art. 15, § 1er. La population mentionnée aux articles 1er et 5 s'entend de la population de droit telle qu'elle est constatée par le recensement décennal publié avant le 1er janvier.

§ 2. Lorsque, au cours d'une période décennale, le chiffre de la population d'une commune au 31 décembre de l'année qui précède celle de la répartition dépasse de plus de 10 p. c. le nombre d'habitants constaté par le dernier recensement décennal, ce chiffre est pris pour base de la répartition. Toutefois, s'il est supérieur à un chiffre de population calculé d'après une progression constante résultant de la comparaison des chiffres des deux derniers recensements décennaux, le chiffre de population ainsi calculé sera pris pour base de la répartition.

En aucun cas les dispositions de l'alinéa qui précède ne sont applicables aux communes dont la population n'a pas augmenté de plus de 10 p. c. au cours de la précédente période décennale.

S'il résulte du recensement décennal qui suit la répartition que la population d'une commune ayant bénéficié des dispositions du premier alinéa ci-dessus n'a pas augmenté de plus de 10 p. c. au cours de la période décennale, les sommes attribuées à cette commune au delà de ce qui était dû sur la base de la précédente population de droit seront restituées par elle et versées au fonds communal.

ART. 2. — L'article 3 de la loi du 26 décembre 1904 est remplacé par les dispositions suivantes :

§ 1er. A partir de l'année 1906, la partie des revenus du fonds communal distribuée aux communes ne pourra être inférieure à la somme répartie en 1905, augmentée suivant une progression annuelle calculée, à raison de 10 centimes par habitant, sur la base d'un chiffre de population déterminé conformément aux règles de l'article 1er, § 2, de la présente loi.

§ 2. La somme éventuellement nécessaire pour parfaire le minimum garanti par le § 1er sera prélevée sur la réserve établie par l'article 2, § 2, de la loi du 20 décembre 1862, sans que les prélèvements puissent abaisser la réserve au-dessus du chiffre de 10 millions de francs. Si les prélèvements effectués dans cette limite ne suffisaient pas à parfaire le minimum susdit, le manquant serait prélevé sur les ressources générales du Trésor.

§ 3. Les dispositions faisant l'objet du présent article cesseront leurs effets à partir du 1er janvier 1914.

ART. 3. — Les dispositions légales concernant respectivement le fonds communal et le fonds spécial communal seront coordonnées et publiées au *Moniteur*.

ART. 4. — Les dispositions de l'article 1er de la présente loi n'entreront en vigueur que le 1er janvier 1907.

———

— *Coordination des dispositions légales y relatives.* — Arrêté royal du 22 octobre 1906, contresigné par M. de Smet de Naeyer, ministre des finances, etc. (*Moniteur* du 1er novembre.)

Vu l'article 3 de la loi du 29 septembre 1906 (*Moniteur*, nos 288-289) ainsi conçu :

« Les dispositions légales concernant respectivement le fonds communal et le fonds spécial communal seront coordonnées et publiées au *Moniteur* ».

Sur la proposition de notre ministre des finances et des travaux publics,

Nous avons arrêté et arrêtons :

ARTICLE UNIQUE. — Notre ministre des finances et des travaux publics fera publier le recueil ci-joint, renfermant les textes coordonnés, dans les deux langues, des lois du 18 juillet 1860, du 20 décembre 1862, du 4 janvier 1864, du 30 mai 1879 (*a*), du 11 juin 1887, du 19 août 1889, du 28 décembre 1892, du 15 avril 1896, du 17 juin 1896, du 30 décembre 1896, du 5 juillet 1899, du 21 août 1903, du 26 décembre 1904 et du 29 septembre 1906, ainsi que des arrêtés royaux du 2 août 1860 et du 27 novembre 1866 concernant le fonds communal et le fonds spécial des communes.

Recueil coordonné des lois et des arrêtés royaux concernant le fonds communal et le fonds spécial des communes (1).

TITRE 1er. — FONDS COMMUNAL (2).

CHAPITRE Ier. — *Revenu du fonds communal.*

Art. 1er. — Il est attribué au fonds communal :

1° Une part de 41 p. c. dans le produit brut

———

(1) Lois du 18 juillet 1860, du 20 décembre 1862, du 4 janvier 1864, du 30 mai 1879 (*a*), du 11 juin 1887, du 19 août 1889, du 28 décembre 1892, du 15 avril 1896, du 17 juin 1896, du 30 décembre 1896, du 5 juillet 1899, du 21 août 1903, du 26 décembre 1904 et du 29 septembre 1906; arrêtés royaux du 2 août 1860 et du 27 novembre 1866.

(2) Le fonds communal a été institué lors de l'abolition des impositions communales indirectes connues sous le nom d'octrois (loi du 18 juillet 1860, art. 1er).

(*a*) Texte rectifié conformément à l'erratum publié au *Moniteur* du 6 décembre 1900.

des recettes du service des postes (loi du 18 juillet 1860, art. 2; loi du 20 décembre 1862, art. 2, § 1er), à l'exception du produit des taxes suivantes, lequel demeure acquis à l'Etat :

A. Droits perçus du chef de l'encaissement des effets de commerce et de leur présentation à l'acceptation (*a*) (loi du 30 mai 1879, art. 60):

B. Taxe d'abonnement aux journaux et ouvrages périodiques (loi du 28 décembre 1892, art. 1er);

C. Taxe d'encaissement du coût des permis de pêche (loi du 5 juillet 1899, art. 4).

2° Une part de 35 p. c. dans le produit des droits suivants :

A. Droit d'accise sur les vins provenant de l'étranger (loi du 18 juillet 1860, art. 2; loi du 20 décembre 1862, art. 2, § 1er);

B. Droits d'entrée et d'accise sur les bières et les vinaigres (loi du 18 juillet 1860, art. 2; loi du 20 décembre 1862, art. 2, § 1er; loi du 4 janvier 1864, art. 2), sur l'acide acétique (loi du 11 juin 1887, art. 9), sur les sucres et les sirops (loi du 18 juillet 1860, art. 2; loi du 20 décembre 1862, art. 2, § 1er; loi du 21 août 1903, art. 102);

C. Droit d'entrée sur les mélasses (loi du 21 août 1903, art. 102);

D. Droits d'entrée et d'accise sur les eaux-de-vie (loi du 18 juillet 1860, art. 2; loi du 20 décembre 1862, art. 2, § 1er).

Toutefois, dans la répartition entre l'Etat et le fonds communal du produit annuel des droits mentionnés au littéra *D*, la quote-part de l'Etat est fixée à 25,175,000 francs au minimum, sauf à déduire de cette somme la part de l'Etat dans le produit des droits d'entrée sur le vinaigre et l'acide acétique et de l'accise sur les vinaigres de bière (loi du 15 avril 1896, art. 90); d'autre part, la quote-part du fonds communal dans la répartition susvisée ne peut dépasser 13 millions 750,000 francs (loi du 17 juin 1896, art. 5; loi du 26 décembre 1904, art. 2).

CHAPITRE II. — *Réserve du fonds communal.*

Art. 2, § 1er. — Une retenue équivalente de 1 p. c. du montant des produits dont une part est attribuée au fonds communal est opérée annuellement pour servir à la formation d'une réserve, sans que cependant les sommes à répartir entre les communes puissent descendre de ce chef au-dessous de la moyenne des sommes réparties pendant les trois dernières années (loi du 20 décembre 1862, art. 2, §§ 1er et 2).

§ 2. Le montant de la réserve ne peut dépasser le tiers de cette moyenne (loi du 20 décembre 1862, art. 2, § 3).

§ 3. Chaque fois que, par suite d'une réduction dans les produits, le revenu annuel du fonds communal est inférieur à la moyenne indiquée au § 1er, un prélèvement est effectué au profit des communes sur la réserve, à concurrence du montant du déficit (loi du 20 décembre 1862, art. 2, § 4).

Art. 3. — Les sommes attribuées à la réserve du fonds communal sont placées soit en fonds publics nationaux ou en bons du Trésor, soit à la Caisse générale d'épargne et de retraite, soit à la Caisse des dépôts et consignations à titre de dépôt volontaire (arrêté royal du 27 novembre 1866, art. 1er).

Chapitre III. — *Répartition du fonds communal.*

Art. 4, § 1ᵉʳ. — Il est attribué à chaque commune, à titre de minimum de quote-part, dans la répartition annuelle du fonds communal, une somme égale à la quote-part qu'elle a touchée pendant l'année 1895 (loi du 30 décembre 1896, art. 16).

§ 2. L'excédent des recettes sur le total des sommes attribuées à titre de minimum de quote-part, déduction faite éventuellement de la retenue au profit de la réserve, est réparti entre les communes d'après le chiffre de leur population (loi du 30 décembre 1896, art. 18; loi du 19 août 1889, art. 1ᵉʳ).

Art. 5 (1), § 1ᵉʳ. — La population mentionnée au § 2 de l'article 4 s'entend de la population de droit telle qu'elle est constatée par le recensement décennal publié avant le 1ᵉʳ janvier (2) (loi du 19 août 1889, art. 15, modifié par la loi du 29 septembre 1906, art. 1ᵉʳ).

§ 2. Lorsque, au cours d'une période décennale, le chiffre de la population d'une commune au 31 décembre de l'année qui précède celle de la répartition dépasse de plus de 10 p. c. le nombre d'habitants constaté par le dernier recensement décennal, ce chiffre est pris pour base de la répartition. Toutefois, s'il est supérieur à un chiffre de population calculé d'après une progression constante résultant de la comparaison des chiffres des deux derniers recensements décennaux, le chiffre de population ainsi calculé sera pris pour base de la répartition (loi du 19 août 1889, art. 15, modifié par la loi du 29 septembre 1906, art. 1ᵉʳ).

§ 3. En aucun cas les dispositions du § 2 ne sont applicables aux communes dont la population n'a pas augmenté de plus de 10 p. c. au cours de la précédente période décennale (loi du 19 août 1889, art. 15, modifié par la loi du 29 septembre 1906, art. 1ᵉʳ).

Art. 6, § 1ᵉʳ. — Une somme égale au quart du minimum de sa quote-part dans la répartition annuelle est versée à chaque commune, à titre d'acompte, au commencement du deuxième, du troisième et du quatrième trimestre de l'année à laquelle se rapporte la répartition et au commencement du premier trimestre de l'année suivante (loi du 18 juillet 1860, art. 3, § 2; loi du 30 décembre 1896, art. 18).

§ 2. Le solde du décompte (3) de l'année est payé aux communes après l'achèvement de la répartition définitive, dans les premiers mois de l'année suivante (loi du 18 juillet 1860, art. 3, § 4; loi du 30 décembre 1896, art. 18).

§ 3. Le ministre des finances détermine le mode de payement des sommes attribuées aux communes (arrêté royal du 2 août 1860, art. 11).

Art. 7 (4). — S'il résulte du recensement

1; Les dispositions de la loi du 29 septembre 1906 qui modifient la détermination de la population servant de base à la répartition n'entreront en vigueur que le 1ᵉʳ janvier 1907 (loi susdite, art. 4).

2 Il s'agit du dernier recensement décennal publié avant le 1ᵉʳ janvier de l'année de la répartition.

3. Afin de permettre aux communes de disposer plus tôt d'une partie de l'excédent, il leur est avancé trimestriellement, outre le quart au minimum, une somme de 20 centimes par habitant d'après la population de droit constatée par le dernier recensement décennal. (Décision du ministre des finances du 27 mars 1905.)

4; Voir note (1) sous l'article 5.

---

décennal qui suit la répartition que la population d'une commune ayant bénéficié des dispositions du § 2 de l'article 5 n'a pas augmenté de plus de 10 p. c. au cours de la période décennale, les sommes attribuées à cette commune au delà de ce qui était dû sur la base de la précédente population de droit seront restituées par elles et versées au fonds communal (loi du 19 août 1889, art. 15, modifié par la loi du 29 septembre 1906, art. 1ᵉʳ).

Art. 8. — Chaque année il est rendu compte aux Chambres de la situation du fonds communal et de sa répartition (loi du 18 juillet 1860, art. 17).

TITRE II. — Fonds spécial des communes (5).

Chapitre Iᵉʳ. — *Revenus du fonds spécial.*

Art. 9, § 1ᵉʳ. — Sont attribués au fonds spécial :

1° Le produit du droit de licence sur les débits en détail de boissons alcooliques;

2° Le produit des droits d'entrée sur le bétail et sur les viandes.

§ 2. Tant que le produit des impôts mentionnés au § 1ᵉʳ n'atteindra pas un chiffre suffisant pour allouer aux communes une quote-part calculée à raison d'un franc par habitant, la somme nécessaire pour parfaire ce chiffre sera prélevée sur le produit des droits d'entrée (loi du 19 août 1889, art. 2).

Chapitre II. — *Répartition du fonds spécial.*

Art. 10, § 1ᵉʳ. — Le fonds spécial est réparti entre les communes d'après le chiffre de leur population (loi du 19 août 1889, art. 1ᵉʳ).

§ 2. Les dispositions de l'article 5 déterminant la population qui sert de base à la répartition du fonds communal sont applicables à la répartition du fonds spécial (loi du 19 août 1889, art. 3; loi du 30 décembre 1896, art. 18; loi du 29 septembre 1906).

Art. 11. — La quote-part revenant à chaque commune est liquidée semestriellement d'après le mode suivi pour la répartition du fonds communal (loi du 19 août 1889, art. 3 (6).

Art. 12. — Les dispositions de l'article 7 sont applicables aux sommes qui auraient été attribuées en trop dans la répartition du fonds spécial (loi du 19 août 1889, art. 15 modifié par la loi du 29 septembre 1906, art. 1ᵉʳ).

TITRE III. — Dispositions temporaires relatives au fonds communal.

Art 13, § 1ᵉʳ. — A partir de l'année 1906 jusqu'en 1913 inclusivement, la partie des revenus du fonds communal distribuée aux communes

---

(5) Le fonds spécial a été créé en vue d'augmenter les ressources des communes (loi du 19 août 1889, art. 1ᵉʳ).

(6) En pratique, il est avancé semestriellement à chaque commune une somme calculée a raison de 50 centimes par habitant, d'après la population accusée par le dernier recensement décennal (circulaire du ministre des finances du 27 janvier 1897); le supplément de quote-part, le cas échéant, est liquidé en même temps que le solde du fonds communal (loi du 30 décembre 1896, art. 18).

ne pourra être inférieure à la somme répartie en 1905, augmentée suivant une progression annuelle calculée, à raison de 10 centimes par habitant, sur la base d'un chiffre de population déterminé conformément aux règles de l'article 5 (loi du 29 septembre 1906, art. 2, §§ 1er et 3).

§ 2. La somme éventuellement nécessaire pour parfaire le minimum garanti par le § 1er sera prélevée sur la réserve, sans que les prélèvements puissent abaisser celle-ci au-dessous du chiffre de 10 millions de francs. Si les prélèvements effectués dans cette limite ne suffisaient pas à parfaire le minimum susdit, le manquant serait prélevé sur les ressources générales du Trésor (loi du 29 septembre 1906, art 2, § 2).

G

Garde champêtre. — *Le conseil communal a le droit de fixer l'âge minimum et l'âge maximum que devront avoir les candidats à une place de garde champêtre.* — Dépêche adressée le 29 décembre 1906 à un gouverneur de province par M. de Trooz, ministre de l'intérieur, etc. (*Bulletin du ministère de l'intérieur, etc.*, 1906, II, 90.)

J'ai pris connaissance de votre référé du 19 décembre 1906 relatif à une délibération par laquelle le conseil communal de V... décide que les demandes en obtention des emplois cumulés de cantonnier et de garde champêtre vacants en cette commune ne seront admises que si elles émanent de postulants âgés de 25 ans au minimum et de 40 ans au plus.

D'accord avec vous, j'estime, Monsieur le gouverneur, que la délibération dont il s'agit n'a rien d'illégal. Il résulte, en effet, de l'article 129 de la loi communale que les gardes champêtres sont nommés par le gouverneur sur une liste double de candidats présentés par le conseil communal. Rien ne s'oppose à ce que le conseil communal détermine les conditions auxquelles il entend subordonner ses présentations. En agissant ainsi, il se trace à lui-même des règles qu'il lui est loisible de réviser quand il le juge convenir; le conseil communal n'a fait dans l'espèce que régler d'une façon précise son droit de présentation Sa résolution ne porte aucune atteinte au droit de nomination réservé au gouverneur, puisque là-même n'a déjà limité ce droit en ne permettant de choisir que parmi les candidats présentés par le conseil communal. Le gouverneur reste, d'ailleurs, libre de nommer ou de ne pas nommer le candidat présenté par le conseil communal.

Voy. COLLÈGE DES BOURGMESTRE ET ÉCHEVINS. — CONSEIL COMMUNAL.

Garde civique. — *Appel à l'activité.* — *Groupement.* — Arrêté royal du 9 février 1907, contresigné par M. de Trooz, ministre de l'intérieur, etc. (*Moniteur* du 20 février.)

Vu les articles 3 et 4 de la loi du 9 septembre 1897;

Considérant que l'intérêt de l'ordre et de la sécurité publique justifie l'appel à l'activité de la garde civique dans les communes ci-après désignées;

Revu nos arrêtés des 5 mai 1905 et 31 décembre 1906 déterminant les gardes civiques qui sont organisées par groupe de communes;

Sur la proposition de notre ministre de l'intérieur et de l'instruction publique,

· Nous avons arrêté et arrêtons :

ART. 1er. — La garde civique est appelée à l'activité dans les communes de Carnières et de La Hestre.

ART. 2. — Les gardes civiques de Carnières et de La Hestre sont groupées avec la garde civique de Morlanwelz.

ART. 3. — Par mesure transitoire, les six dernières classes dans ces deux communes sont seules appelées à l'activité, c'est-à-dire celles formées des jeunes gens nés en 1881, 1882, 1883, 1884, 1885 et 1886.

Les deux bans de la garde civique seront organisés dans ces localités à mesure de l'incorporation de nouvelles levées.

ART. 4. — Notre ministre de l'intérieur et de l'instruction publique est autorisé à organiser progressivement les unités que les appels ultérieurs rendront nécessaires.

———

Organisation. — *Garde civique de Lokeren.* — Arrêté royal du 26 avril 1906, contresigne par M. de Trooz, ministre de l'intérieur, etc. (*Moniteur* du 25 mai.)

Vu l'article 3 de la loi du 9 septembre 1897;

Revu notre arrêté du 23 décembre 1904 appelant à l'activité la garde civique de Lokeren;

Revu également notre arrêté du 22 octobre 1905;

Sur la proposition de notre ministre de l'intérieur et de l'instruction publique,

Nous avons arrêté et arrêtons :

ART. 1er. — La garde civique de Lokeren formera une garde autonome.

ART. 2. — Notre ministre de l'intérieur et de l'instruction publique est chargé de l'exécution du présent arrêté.

———

— *Gardes civiques appelées à l'activité par l'arrêté royal du 23 décembre 1904.* — Arrêté royal du 20 décembre 1906, contresigné par M. de Trooz, ministre de l'intérieur, etc. (*Moniteur* du 23 décembre.)

Vu les articles 3, 48, 49 et 65 de la loi du 9 septembre 1897;

Considérant qu'il y a lieu de procéder à l'organisation des unités dans les gardes civiques appelées à l'activité par notre arrêté du 23 décembre 1904 et de procéder à l'élection des cadres;

Sur la proposition de notre ministre de l'intérieur et de l'instruction publique,

Nous avons arrêté et arrêtons :

ART. 1er. — La garde civique des villes et communes désignées ci-après sera organisée comme suit :

DÉSIGNATION DES LOCALITÉS.	ORGANISATION.	OBSERVATIONS.
Garde civique :		
de Menin	Un peloton.	Fait partie du groupe de Courtrai.
de Ledeberg	Deux pelotons	Id. Gand.
de Gentbrugge . . .	Id.	Id.
de Mont-Saint-Amand	Un peloton.	Id.
de Renaix	Une compagnie à deux pelotons.	Id. Grammont.
de Willebroeck . . .	Un peloton.	Id. Boom.
de Hoboken	Id.	Id. Borgerhout.
de Hal	Une compagnie à deux pelotons.	
de Vilvorde	Id.	
de Lessines	Id.	Id. Ath.
de Haine-St-Pierre .	Un peloton.	Font partie du groupe de La Louvière.
de Haine-Saint-Paul.	Id.	
de Houdeng-Aimeries	Id.	
de Houdeng-Gœgnies	Id.	
de Mont-sur-Marchienne . .	Id.	Fait partie du groupe de Marchienne-au-Pont.
de Couillet . . .	Une compagnie à deux pelotons.	Id. Montigny-sur-Sambre.
de Jemappes. . . .	Un peloton.	Id. Mons.
de Soignies	Une compagnie à deux pelotons.	Id.
de Boussu . . .	Un peloton. (Réunis en une compagnie.)	Font partie du groupe de Boussu.
de Dour . . .	Id.	
de Binche. . . .	Une compagnie à deux pelotons.	
de Bressoux	Un peloton.	Font partie du groupe de Liége.
de Grivegnée . . .	Id.	
de Herstal	Id.	
de Hodimont. . . .	Les gardes de cette commune seront versés à la 1re compagnie du 1er bataillon de Verviers.	
de Ensival	Un peloton.	Font partie du groupe de Verviers.
de Heusy	Les gardes de cette commune seront versés à la 4e compagnie du 1er bataillon de Verviers.	
de Dison	Une compagnie à deux pelotons.	
de Seraing	Id.	Font partie du groupe de Seraing.
de Jemeppe	Un peloton.	
de Ougrée	Id.	
de Tilleur.	Id.	

ART. 2. — Les compagnies dont l'effectif contrôlé atteindra ultérieurement plus de 100 hommes pourront être formées à trois

pelotons par le lieutenant général commandant supérieur.

ART. 3. — Dans les gardes qui ont à leur disposition des aspirants officiers en nombre suffisant il pourra être procédé à l'élection d'un sous-lieutenant par peloton et à celle du cadre inférieur.

Dans les autres gardes, il sera organisé, sans retard, par les soins des lieutenants généraux commandants supérieurs, des cours d'aspirants officiers pour conférer, dans le délai de trois mois, les grades vacants.

ART. 4. — Les pelotons constitués dans les gardes de Ledeberg, Gentbrugge, Renaix, Hal, Vilvorde, Lessines, Couillet, Soignies, Boussu (groupe), Binche, Dison et Seraing seront réunis en compagnie à la date à fixer par notre ministre de l'intérieur, et il sera procédé ensuite à l'élection pour les grades de capitaine, de lieutenant et de médecin de compagnie.

— *Gardes civiques de Chapelle lez-Herlaimont et de Trazegnies.* — Arrêté royal du 31 décembre 1906, contresigné par M. de Trooz, ministre de l'intérieur, etc. (*Moniteur* du 4 janvier 1907.)

Vu l'article 3 de la loi du 9 septembre 1897 ;
Vu notre arrêté du 23 décembre 1904 appelant la garde civique à l'activité dans les communes de Chapelle-lez-Herlaimont et de Trazegnies ;
Revu notre arrêté du 5 mai 1905 ;
Sur la proposition de notre ministre de l'intérieur et de l'instruction publique,

Nous avons arrêté et arrêtons :

ART. 1er. — Les gardes civiques de Chapelle-lez-Herlaimont et de Trazegnies sont groupées avec la garde civique de Morlanwelz.

ART. 2. — La commune de Morlanwelz donnera son nom à la garde ainsi organisée et sera le siège du conseil de revision ainsi que du conseil de discipline.

Le conseil de revision et le conseil de discipline pourront, toutefois, transporter leur siège dans les diverses communes du ressort, si les besoins du service l'exigent.

— *Emploi de chef du service administratif.* — *Création.* — Arrêté royal du 1er décembre 1906. (*Moniteur* du 6 décembre.)

Un arrêté royal, contresigné par M. de Trooz, ministre de l'intérieur, etc., crée dans chacune des gardes de Gand (groupe), Anvers, Bruxelles, Liége (groupe) un emploi de chef du service administratif, auquel sont dévolues les attributions déterminées par les officiers quartiersmaîtres par l'article 13 du règlement sur le service intérieur, la police et la discipline de la garde civique et porte que le titulaire de cet emploi aura le grade de major.

Absence à un exercice. — Certificat de présence dans une autre localité. — Circulaire adressée le 21 novembre 1906 à diverses autorités de la garde civique par M. de Trooz, ministre de l'intérieur, etc. (*Bulletin du ministère de l'intérieur, etc.*, 1906, II, 75.)

Il est de règle d'excuser les gardes civiques de leur absence à une prises d'armes, lorsqu'ils justifient de leur présence dans une commune quelque peu éloignée, par la production d'un certificat de l'autorité locale.

Cette pratique peut donner lieu à des abus. Il est possible, en effet, à des personnes inconnues des autorités de se présenter en lieu et place d'un membre de la milice citoyenne et de réclamer un certificat de présence dans la localité au nom de ce dernier.

En vue de déjouer toute tentative de fraude, j'ai l'honneur de prier Messieurs les gouverneurs de province d'inviter les administrations communales qui seraient appelées, à l'avenir, à délivrer des certificats de l'espèce à faire signer le document par la personne réclamant la constatation de sa présence dans la localité, et à mentionner que la signature a bien été apposée en sa présence.

De leur côté, les chefs de garde ne prendront plus en considération les certificats dont il s'agit, si ces certificats ne portent pas la signature de l'intéressé avec la mention que cette signature a été apposée en présence de l'autorité compétente.

Cette mesure devra être portée à la connaissance des membres de la garde, par ordre du jour; il en sera également fait mention dans les convocations aux différentes prises d'armes.

Anciens militaires. — Demande d'extraits de matricule. — Transfert de l'administration centrale des corps de l'armée à l'état-major des régiments. — Circulaire adressée le 18 janvier 1907 à diverses autorités de la garde civique, au nom de M. de Trooz, ministre de l'intérieur, etc., par M. Wouters, directeur général. (*Bulletin du ministère de l'intérieur, etc.*, 1906, II, 8.)

J'ai l'honneur de vous faire savoir que, depuis le 1er octobre dernier, l'administration centrale des corps de l'armée fonctionne à l'état-major de chaque régiment, et non plus au siège du commandement des dépôts. Cette mesure a modifié l'état de choses existant pour les 12 régiments de ligne, le régiment des carabiniers, celui des grenadiers, les 1er, 2e et 3e chasseurs à pied, les 1er et 2e chasseurs à cheval, les 3e et 4e lanciers.

MM. les chefs de garde voudront bien tenir note de ce qui précède, en ce qui concerne les demandes d'extraits de matricule dont ils auraient besoin pour les aspirants-officiers ou pour les membres de l'institution, anciens militaires, proposés pour une distinction honorifique.

Pour gouverne, le siège de l'état-major des divers régiments est renseigné au tableau publié au *Moniteur* des 18 et 19 juin 1906.

Id. — Circulaire adressée le 6 février 1907 aux gouverneurs de province par M. de Trooz, ministre de l'intérieur, etc. (*Bulletin du ministère de l'intérieur, etc.*, 1907, II, 12.)

Par circulaire du 6 février 1907, M. de Trooz, ministre de l'intérieur, etc., notifie aux gouverneurs de province la mesure rappelée ci-dessus et les prie d'inviter les administrations communales à ne plus réclamer aux commandants de dépôts les extraits de matricule qui leur sont nécessaires, mais à adresser directement aux chefs de corps les demandes de documents de l'espèce.

Conseils de discipline. — Libellé des jugements et des feuilles d'audience. — Circulaire adressée le 7 novembre 1906 à diverses autorités de la garde civique par M. de Trooz, ministre de l'intérieur, etc. (*Bulletin du ministère de l'intérieur, etc.*, 1906, II, 69.)

A différentes reprises, et tout récemment encore, par arrêt du 2 juillet 1906, la cour de cassation a été amenée à casser des jugements des conseils de discipline parce qu'ils ne faisaient mention ni de la qualité ni du grade des juges qui composaient le siège, alors que ces indications sont d'ordre public.

J'ai l'honneur de vous prier de veiller d'une façon spéciale à ce que les jugements dont il s'agit constatent suffisamment, à l'avenir, que les membres du conseil de discipline avaient la qualité requise pour siéger aux termes de l'article 114 de la loi du 9 septembre 1897.

Par membres du conseil de discipline il faut entendre non seulement le président et les membres, mais aussi l'officier-rapporteur et le quartier-maître remplissant les fonctions de greffier, lesquels font également partie du siège auquel ils sont attachés.

Pour être régulièrement dressés, les jugements et les feuilles d'audience, dont les modèles figurent sous les nos 9, 10 et 16 de l'instruction générale du 23 décembre 1904, devront être libellés comme suit :

Présents :

MM. A . . juge de paix, président;
B . . (grade)   membre;
C . . (grade)   id.;
D . . sous-officier id.;
E . . caporal   id.;
F . . (grade) rapporteur;
G . . (grade) quartier-maître, greffier.

Dispense du service. — Inspecteurs du travail. — Circulaire adressée le 8 janvier 1907 à diverses autorités de la garde civique, au nom de M. de Trooz, ministre de l'intérieur, etc., par M. Wouters, directeur général. (*Bulletin du ministère de l'intérieur, etc.*, 1907, II, 1.)

M. le ministre de l'industrie et du travail me signale que les inspecteurs et les inspecteurs adjoints du travail ainsi que les délégués à cette inspection sont amenés, par la nature de leurs attributions, à devoir s'absenter de certaines prises d'armes de la garde civique.

Afin de n'apporter aucune entrave à ce service, qui a notamment pour mission de surveiller l'application de la loi sur le repos dominical, j'ai l'honneur de vous prier d'user du droit de dispense que vous confère l'article 43 de la loi du 9 septembre 1897 à l'égard des fonctionnaires dont il s'agit qui vous notifieront leur empêchement de se présenter à une prise d'armes.

Les intéressés devront, à l'instar des autres gardes qui bénéficieront de la même mesure, être appelés à des exercices complémentaires en semaine, de manière à satisfaire, dans la mesure du possible, aux obligations que la loi impose à la généralité des citoyens.

— *Substituts des procureurs du roi.* — Circulaire adressée le 10 avril 1906 à diverses autorités de la garde civique par M. de Trooz, ministre de l'intérieur, etc. (*Bulletin du ministère de l'intérieur, etc.*, 1906, II, 22.)

Au nombre des personnes qui peuvent être dispensées du service de la garde civique, par application de l'article 38 de la loi du 9 septembre 1897, ne sont pas compris les substituts des procureurs du roi.

Cependant, par la nature de leurs fonctions, les intéressés peuvent être légitimement empêchés d'assister à certaines prises d'armes, notamment quand ils sont appelés à remplir des devoirs urgents en lieu et place du procureur du roi.

Afin que les exercices de la garde civique ne puissent entraver le service des parquets, j'ai l'honneur de prier MM. les chefs de garde de faire usage, à l'égard des substituts, du droit de dispense que leur confère l'article 43 de la loi.

Il va de soi que ces magistrats seront tenus d'informer leur chef de garde de la cause qui les empêche de répondre à la convocation.

Ils ne pourront toutefois être poursuivis pour absence, s'il est établi que l'urgence des devoirs à accomplir ne leur a pas permis d'aviser, en temps opportun, les autorités de la garde.

Exercices au camp de Beverloo. — *Force et composition des détachements.* — Circulaire adressée le 16 février 1907 à diverses autorités de la garde civique par M. de Trooz, ministre de l'intérieur, etc. (*Bulletin du ministère de l'intérieur, etc.*, 1907, II, 16.)

J'ai l'honneur de vous prier de bien vouloir me faire connaître par la voie hiérarchique, avant le 31 mars prochain, la force et la composition des détachements qui sollicitent l'autorisation de se rendre au camp de Beverloo pendant les fêtes de la Pentecôte.

Afin de régler avec ordre et méthode l'installation de la troupe et l'exécution des différentes parties du service, les détachements seront dirigés sur le camp le samedi 18 mai; ils le quitteront le lundi 20 ou le mardi 21 mai, à leur choix.

Les lignes de tir utilisables étant au nombre de soixante et l'effectif des pelotons pouvant parcourir utilement les différentes parties du programme de tir ne dépassant pas 25 hommes, la force totale de la garde civique campée, du 18 au 21 mai, sera nécessairement limitée à 1.500 hommes. La préférence sera donnée, le cas échéant :

1° Aux corps dont aucun détachement ne s'est encore rendu au camp;

2° Aux corps qui n'ont pas fourni de détachement l'année dernière.

Si d'autres détachements manifestaient le désir de se rendre à Beverloo en dehors de la période précitée, il serait indispensable de m'en aviser au moins deux mois à l'avance, afin de pouvoir examiner, de concert avec M. le ministre de la guerre, la possibilité de réserver un accueil favorable à leur demande.

Formation de trois catégories de tireurs. — *Création d'un insigne-prix de tir.* — Circulaire adressée le 19 janvier 1907 à diverses autorités de la garde civique, au nom de M. de Trooz, ministre de l'intérieur, etc., par M. Wouters, directeur général. (*Bulletin du ministère de l'intérieur, etc.*, 1907, II, 10.)

J'ai l'honneur de vous faire parvenir ci-joint, pour information, copie d'un arrêté ministériel en date du 20 courant, qui forme au sein de la garde civique et des corps armés de sapeurs-pompiers trois catégories de tireurs dénommés de première, de deuxième et de troisième classe.

Le même arrêté institue pour les membres respectifs de ces catégories un insigne-prix de tir en vermeil, en argent ou en bronze, qui est cousu sur la manche gauche des vêtements d'uniforme, à égale distance entre le coude et l'épaule.

L'insigne de maître-tireur décerné à la suite du concours d'honneur est porté sur la poitrine, suspendu à un ruban du modèle décrit.

Les dispositions du présent arrêté seront appliquées pour la première fois lors du prochain grand concours de tir organisé à Bruxelles.

Instructeurs d'artillerie. — Circulaire adressée le 15 octobre 1906 à diverses autorités de la garde civique par M. de Trooz, ministre de l'intérieur, etc. (*Bulletin du ministère de l'intérieur, etc.*, 1906, II, 64.)

Dans certaines gardes civiques organisées en compagnies d'artillerie, il a été proposé de doter chacune de ces unités à la fois d'un instructeur d'infanterie et d'un instructeur d'artillerie; subsidiairement, de porter au budget des gardes dont il s'agit les crédits nécessaires pour payer les indemnités revenant à ces instructeurs.

Comme suite à cette proposition, j'ai l'honneur de vous prier de bien vouloir remarquer,

Messieurs, que ma circulaire du 26 février 1901, relative à la formation des budgets, n'attribue pas les sous-officiers instructeurs aux compagnies, mais qu'elle se borne à établir le dénombrement de ces gradés en raison de l'importance de la garde; elle laisse donc ces sous-officiers à l'état-major de la garde, en conformité de l'article 47 de la loi et de l'arrêté royal organique du 2 avril 1900.

Il ne saurait être question, dans ces conditions, d'avoir à la fois un instructeur d'infanterie et un instructeur d'artillerie dans chaque compagnie.

Ma circulaire en date du 9 octobre 1899, rappelée encore par celle du 20 février 1904 (*Bull. off.*, p. 9), a déterminé le programme des connaissances à enseigner aux recrues. En raison de son importance et du nombre restreint de séances qu'il est permis de consacrer légalement à son exécution, ce programme ne comprend pas l'instruction d'artillerie, qui doit se donner, pour les quatre dernières levées, lors des exercices d'ensemble prévus par l'article 98 de la loi, et pour l'effectif complet des compagnies d'artillerie, au cours des quatre exercices annuels au canon prévus par ma circulaire du 20 février prérappelée. Chaque membre des compagnies d'artillerie reçoit ainsi trente-six leçons, en ne tablant que sur les quatre premières années de son incorporation.

Pour l'exécution des exercices d'ensemble visés à l'article 98, il peut être fait appel à des sous-officiers instructeurs appartenant au service actif de l'armée, à raison d'un instructeur par compagnie d'artillerie du premier ban existante. Cet instructeur a droit, à charge de l'État, à une indemnité de 5 francs par séance.

Il en sera de même pour les sous-officiers instructeurs de l'armée qui seraient nécessaires aux batteries d'artillerie pendant ces exercices.

Organisation. — Gardes civiques de Boom et de Borgerhout. — Dépêche adressée le 14 juin 1906 au commandant supérieur de la garde civique des provinces d'Anvers et de Brabant par M. de Trooz, ministre de l'intérieur, etc. (*Bulletin officiel de la garde civique*, 1906, p. 43.)

Par application de l'arrêté royal du 11 novembre 1900, dont l'article 4 porte : « Dans les communes où le premier ban seul a été appelé à l'activité, notre ministre de l'intérieur est autorisé à organiser le second ban, à mesure du passage, au vœu de la loi, des gardes du premier dans le second ban », j'ai l'honneur de vous faire savoir que les gardes du second ban de Borgerhout et de Berchem seront réunis, dans chacune de ces localités, en une compagnie distincte.

Les gardes du second ban de Merxem et de Deurne continueront à former un troisième peloton dans la compagnie à laquelle ils appartiennent.

Je vous prie, Monsieur le lieutenant général, de bien vouloir assurer l'exécution de ces dispositions et de me faire parvenir un état de propositions pour nommer, ainsi que vous le demandez, un major à Berchem, qui exercera en même temps son action sur la garde d'Ho-

boken, le chef de la garde civique de Borgerhout (groupe) conservant dans son commandement direct les unités organisées dans les autres localités du groupe.

— Gardes nouvellement appelées à l'activité. *— Élections.* — Circulaire adressée le 23 décembre 1906 à diverses autorités de la garde civique par M. de Trooz, ministre de l'intérieur, etc. (*Bulletin officiel de la garde civique*, 1906, I, 81.)

J'ai l'honneur de vous faire parvenir ci-joint, pour exécution en ce qui vous concerne, un exemplaire de l'arrêté royal, en date du 20 décembre 1906, déterminant l'organisation à donner aux gardes civiques qui y sont énumérées et prescrivant de procéder à l'élection des cadres.

Les instructions tracées par ma circulaire du 14 novembre 1900 (*Bulletin officiel*, p. 88), qui jette les bases de l'organisation dans les gardes groupées, ont également présidé à la constitution des nouvelles unités.

Il n'y a été dérogé qu'en ce qui concerne la garde civique des communes de Hodimont et de Heusy, qui, à défaut d'effectifs suffisants pour être réunis en pelotons, ont dû être versées dans les compagnies les plus voisines, celles de la garde civique de Verviers.

Je crois opportun de rappeler également que plusieurs des services que la loi réclame de la milice citoyenne peuvent avantageusement s'accomplir dans chaque commune d'un même groupe.

Il en est ainsi notamment des exercices de détail, pour lesquels il convient de permettre aux unités de s'exercer à proximité de leur lieu de réunion.

De même, il est avantageux, pour éviter de longs et inutiles déplacements aux gardes, de constituer un dépôt d'armes dans chacune des communes faisant partie d'un groupe.

Au point de vue du maintien de l'ordre, l'organisation en unités distinctes donnée à la fraction constituée dans chacune des communes d'un groupe permettra, lors de la réquisition faite par l'autorité communale, de laisser ces unités sur leur propre territoire. Néanmoins, le chef de la garde conserve la faculté de faire appuyer la force locale par celle des autres communes du groupe, si les circonstances venaient à commander cette mesure.

Plusieurs fois, enfin, j'ai appelé l'attention de MM. les chefs de garde sur la nécessité d'installer un tir réduit au moins, dans toute commune possédant une garde civique active. L'organisation en unités distinctes de la garde civique de chacune des localités groupées aidera puissamment à réaliser, dans ce but, le concours indispensable des administrations intéressées.

∗∗*

Quant aux élections, les articles 3 et 4 de l'arrêté royal ci-annexé règlent les dispositions à prendre à ce sujet.

L'ajournement à une date ultérieure de l'organisation des compagnies permettra de détacher aux pelotons d'instruction tous les sous-lieutenants nouvellement élus, afin de seconder les officiers instructeurs dans le commandement des recrues et de se préparer pratiquement à exercer éventuellement le commandement de la compagnie, si les suffrages des gardes les appellent ensuite à exercer ces fonctions.

A cette fin, les vingt premiers exercices des recrues, dans les gardes dont il s'agit, devront autant que possible être terminés avant le 31 mars 1907, et les exercices des gardes versés dans les pelotons ne commenceront qu'ensuite.

Etant donné que, dans le début, l'expérience fera défaut aux cadres entièrement nouveaux, MM. les chefs de garde jugeront sans doute avantageux de faire exécuter, en commun cette année, les dix derniers exercices des recrues et les dix prises d'armes ordinaires des gardes versés dans les pelotons, de manière à pouvoir s'assurer, jusqu'à la fin de la période d'instruction, le concours dévoué des officiers et sous-officiers instructeurs.

Lors de la constitution des compagnies, après le 31 mars 1907, il sera pourvu, par de nouvelles élections, aux grades de capitaine, de lieutenant et de médecin de compagnie. Jusqu'à ce moment, les contrôles actuellement existants pour les cinq classes déjà incorporées seront tenus par les officiers instructeurs, indépendamment des nouveaux contrôles à établir pour les pelotons d'instruction de 1907, par application de l'article 118 du règlement sur le service intérieur.

Uniforme. — Capote réglementaire. — Second ban. — Arrêté royal du 10 septembre 1906, contresigné par M. de Favereau, ministre des affaires étrangères, pour M. de Trooz, ministre de l'intérieur, etc., absent. (*Moniteur* du 12 octobre.)

Vu l'article 82 de la loi du 9 septembre 1897;

Revu nos arrêtés relatifs à l'uniforme de la garde civique;

Vu notre arrêté du 21 mars 1901, prescrivant que, lors de leur passage au second ban, les gradés et gardes du premier ban doivent rester pourvus de la capote réglementaire;

Considérant que le port de la capote s'impose également pour les gardes incorporés directement au second ban;

Sur la proposition de notre ministre de l'intérieur et de l'instruction publique,

Nous avons arrêté et arrêtons :

L'uniforme des gradés et gardes incorporés au second ban, postérieurement au 21 mars 1901, comprend la capote réglementaire prescrite pour le premier ban.

Id. — Circulaire adressée le 20 octobre 1906 à diverses autorités de la garde civique, au nom de M. de Trooz, ministre de l'intérieur, etc., par M. Wouters, directeur général. (*Bulletin du ministère de l'intérieur, etc.*, 1906, II, 65.)

J'ai l'honneur de vous faire parvenir ci-joint, pour information en ce qui vous concerne, copie d'un arrêté royal en date du 10 septembre 1906, complétant l'arrêté royal du 21 mars 1901, relatif au port de la capote par les gardes du second ban.

L'arrêté royal du 21 mars 1901 ayant été appliqué pour la première fois aux gardes qui atteignaient l'âge de 32 ans au cours de l'année susdite, tous les hommes du second ban nés en 1870 ou postérieurement doivent, désormais, être pourvus de cet objet d'uniforme.

DÉCISIONS JUDICIAIRES.

CONSEIL CIVIQUE DE REVISION. — *Absence de maladies ou d'infirmités. — Appréciation souveraine.*

Le conseil civique de revision apprécie souverainement, par le rapport des médecins, qu'un garde n'est atteint d'aucune des maladies ou infirmités donnant droit à exemption. — Cassation, 27 décembre 1905, *Pasic.*, 1906, I, 69; 29 janvier 1906, *Pasic.*, 1906, I, 112 ; 12 février 1906, *Pasic.*, 1906, I, 126; 19 février 1906, *Pasic.*, 1906, I, 140 et 141; et 30 avril 1906, *Pasic.*, 1906, I, 206.

— *Aptitude physique. — Appréciation souveraine. — Décisions contradictoires.*

Le conseil civique de revision, appréciant souverainement, au jour de la comparution, les aptitudes du garde qu'il inscrit sur les contrôles, ne peut être en contradiction avec une décision de l'année précédente accordant exemption. (Loi du 9 septembre 1897, art. 41.) — Cassation, 15 janvier 1906, *Pasic.*, 1906, I, 84.

— *Domicile réel. — Appréciation souveraine.*

Le conseil civique de revision apprécie souverainement le domicile réel du garde qu'il inscrit sur les contrôles. (Loi du 9 septembre 1897, art. 11.) — Cassation, 16 juillet 1906, *Pasic.*, 1906, I, 359.

— *Moyens de s'équiper. — Appréciation souveraine.*

Le conseil civique de revision apprécie souverainement si un garde a les moyens de se pourvoir d'un uniforme. (Loi du 9 septembre 1897, art. 26.) — Cassation, 15 janvier 1906, *Pasic.*, 1906, I, 84; 12 février 1906, *Pasic.*, 1906, I, 127; 19 février 1906, *Pasic.*, 1906, I, 140, et 26 février 1906, *Pasic.*, 1906, I, 144.

CONSEIL DE DISCIPLINE. — *Absences illégales.* — *Changement de résidence.* — *État mensuel constatant ce changement.* — *Jugement.* — *Poursuites prématurées.* — *Pourvoi en cassation.* — *Non-recevabilité.*

La décision d'un conseil de discipline qui déclare prématurées et, partant, non recevables des poursuites dirigées contre un garde, du chef d'absences à des exercices, alors que le prévenu ayant régulièrement changé de résidence alléguait qu'il n'était pas constaté jusqu'ores que son nom figurât sur l'état mensuel à transmettre au chef de la garde, n'est pas définitive et, dès lors, non susceptible d'un recours en cassation. (Code d'instr. crim., art. 416; loi du 9 septembre 1897, art. 18, et règlement de service intérieur du 15 janvier 1900, art. 123.) — Cassation, 6 août 1906, *Pasic.*, 1906, I, 360.

— *Composition du siège.* — *Officier quartier-maître.* — *Grade.* — *Qualité.* — *Omission.*

Doit être cassée la décision du conseil de discipline qui omet de constater le grade ou la qualité légale du membre du siège remplissant les fonctions de greffier. (Loi du 9 septembre 1897, art. 114 et 118.) — Cassation, 2 juillet 1906, *Pasic.*, 1906, I, 329.

— *Jugement.* — *Motifs.*

N'est pas motivé, le jugement d'un conseil de discipline qui condamne un garde pour n'avoir pas retiré ses objets d'armement à une date qu'il précise, alors qu'il n'est pas constaté que cette date avait été déterminée par le chef de la garde. (Loi du 9 septembre 1897, art. 84.)

Le juge saisi d'une opposition à un jugement par défaut ne peut aggraver la peine prononcée contre le prévenu opposant. (Code d'instr. crim., art. 151; loi du 17 avril 1878, art. 1er.) — Cassation, 6 août 1906, *Pasic.*, 1906, I, 361.

— *Rébellion.* — *Insubordination grave.* — *Appréciation souveraine.*

Le conseil de discipline apprécie souverainement que les faits qualifiés de rébellion dans la citation constituent, en réalité, des faits d'insubordination grave. — Cassation, 2 juillet 1906, *Pasic.*, 1906, I, 336.

EXCLUSION. — *Vagabondage simple.*

Le vagabondage simple, qui a cessé d'être une infraction pénale, ne peut servir de base à l'exclusion de la garde civique. (Loi du 27 novembre 1891, art. 13; loi du 9 septembre 1897, art. 37, § 1er, et 44B.) — Cassation, 23 avril 1906, *Pasic.*, 1906, I, 201.

EXEMPTION. — *Affection de l'œil droit.*

Le décollement de la rétine à l'œil droit équivaut à la perte de l'usage absolu de cet organe. En tenant compte de l'usage exclusif à faire de cet œil pour les exercices de tir, l'infirmité se caractérise comme constitutive de la cécité. — Conseil de revision de Seraing, 11 avril 1906, *Bulletin officiel de la garde civique*, 1906, II, 1.

— *Huit années de grade.* — *Loi nouvelle.*

Pour avoir droit à l'exemption, il faut huit années de grade dans les cadres recomposés ensuite de la loi nouvelle. (Loi du 9 septembre 1897, art. 40.) — Cassation, 5 février 1906, *Pasic.*, 1906, I, 125, et 12 février 1906, *Pasic.*, 1906, I, 127.

— *Substitut du procureur du roi.* — *Système de défense non rencontré.* — *Composition du siège.* — *Qualité légale.* — *Greffier.* — *Emprisonnement subsidiaire.* — *Texte légal.* — *Omission.*

N'est pas motivé le jugement qui condamne, pour absence à un service obligatoire, un garde exerçant les fonctions de substitut du procureur du roi, par le seul motif que les substituts du procureur du roi ne sont pas exemptés, alors que le prévenu alléguait, en conclusions, qu'il s'était trouvé légitimement empêché par l'exercice de ses fonctions. (Loi du 9 septembre 1897, art. 38; Const , art. 97.)

Le jugement du conseil de discipline doit, à peine de nullité, renseigner la qualité légale de la personne qui remplit les fonctions de greffier (Loi du 9 septembre 1897, art. 118.)

Le texte de l'article 125 de la loi sur la garde civique ne peut être considéré comme inséré dans le jugement qui prononce un emprisonnement subsidiaire s'il n'a pas été expressément visé par le président au moment de la lecture du jugement dans lequel se trouvent insérés un grand nombre d'articles pouvant, suivant les circonstances, être appliqués par les conseils de discipline. (Code d'instr. crim., art. 163; loi sur la garde civique, art. 125.) — Cassation, 15 janvier 1906, *Pasic.*, 1906, I, 83.

INSCRIPTION. — *Changement de résidence.* — *Communes du même groupe.*

Doit être rayé des contrôles de la commune où il avait sa résidence, le garde qui a quitté cette commune pour s'établir dans une autre faisant partie du même groupe, et il ne doit pas le service dans cette dernière si les citoyens de son âge n'y ont pas été appelés à l'activité. (Loi du 9 septembre 1897, art. 11, 17 et 48, § 4.) — Cassation, 19 février 1906, *Pasic.*, 1906, I, 139.

POURVOI. — *Absence de moyen.* — *Rejet.*

Doit être rejeté le pourvoi à l'appui duquel le demandeur n'invoque aucun moyen. — Cassation, 29 janvier 1906, *Pasic.*, 1906, I, 112.

— *Moyen nouveau.*

N'est pas recevable le moyen non produit devant le juge du fond. — Cassation, 25 juin 1906, *Pasic.*, 1906, I, 320.

— *Secrétaire du conseil de revision.*

Est non recevable le pourvoi formé par lettre adressée au secrétaire du conseil civique de revision. (Loi du 9 septembre 1897, art. 34.) — Cassation, 18 décembre 1905, *Pasic.*, 1906, I, 62; 27 décembre 1905, *Pasic.*, 1906, I, 69; 15 janvier 1906, *Pasic.*, 1906, I, 84; 12 février 1906, *Pasic.*, 1906, I, 126; 19 février 1906, *Pasic.*, 1906, I, 140, et 11 juin 1906, *Pasic.*, 1906, I, 301.

SERVICE. — *Exercices.* — *Caractère obligatoire.*

Sont obligatoires, quoique non prescrits par l'article 98 de la loi sur la garde civique, les exercices ordonnés en vertu de l'article 37 du règlement organique pour les corps de volontaires. Conseil de discipline de Liége, 2 octobre 1906, *Bulletin officiel de la garde civique*, 1906, II, 9.

— *Réunions extraordinaires obligatoires.* — *Funérailles d'un officier.* — *Service commandé.* — *Obéissance.*

Les réunions extraordinaires pour rendre les honneurs funèbres à un officier du corps sont obligatoires quoique n'ayant pas fait l'objet d'un ordre spécial du ministre de l'intérieur.

Ces réunions étant prévues par le règlement sur le service intérieur, approuvé, par arrêté royal, sur la proposition du ministre de l'intérieur, doivent être considérées comme ordonnées par celui-ci. (Loi du 9 septembre 1897, art. 103, § 2; règlement sur le service intérieur du 15 janvier 1900, art. 62.)

Tout garde requis pour un service doit obéir, sauf à réclamer ensuite par la voie hiérarchique. (Loi du 9 septembre 1897, art. 107.) — Cassation, 9 octobre 1905, *Pasic.*, 1906, I, 9.

Voy. REGISTRES DE POPULATION.

H

Hospices civils. — *Attributions.* — *Assistance de personnes non hospitalisées.* — *Attribution exclusive du bureau de bienfaisance.* — Arrêté royal du 17 janvier 1906,

contresigné par M. Van den Heuvel, ministre de la justice. (*Moniteur* du 25 janvier.)

Vu la délibération, en date du 25 novembre 1905, par laquelle le conseil communal de Diest approuve le budget des hospices civils de cette localité pour l'année 1906;

Vu l'arrêté de M. le gouverneur du Brabant, en date du 13 décembre 1905, suspendant l'exécution de cette délibération et l'arrêté de la députation permanente du conseil provincial du Brabant en date du même jour refusant de maintenir cette suspension;

Vu l'appel au roi formé contre cette dernière décision par M. le gouverneur du Brabant, le 13 décembre 1905;

Attendu que les motifs de la suspension précitée ont été communiqués au conseil communal de Diest, le 21 décembre 1905;

Attendu que le budget précité contient sous le n° 1 de la 13e section des dépenses ordinaires un crédit de 32,800 francs destiné « aux pensions et secours accordés aux invalides et aux vieillards secourus dans la commune »;

Attendu que les attributions des bureaux de bienfaisance et des commissions administratives des hospices civils ont été nettement déterminées par les lois y relatives et que ces attributions comprennent pour les bureaux de bienfaisance la distribution des secours à domicile et pour les hospices civils l'entretien et le traitement des indigents dans les établissements hospitaliers : hospices, hôpitaux, orphelinats;

Attendu qu'il en résulte que la distribution de pensions ou de secours aux invalides et aux vieillards non hospitalisés ne rentre pas dans les attributions des hospices civils, mais exclusivement dans celles du bureau de bienfaisance;

Attendu dès lors qu'en portant un crédit à son budget pour de telles distributions la commission administrative des hospices civils de Diest est sortie de ses attributions et a posé un acte contraire à la loi;

Attendu que le conseil communal de Diest, en approuvant le budget précité dans ces conditions, a également posé un acte contraire à la loi;

Vu les articles 86 et 87 de la loi communale;

Sur la proposition de notre ministre de la justice,

Nous avons arrêté et arrêtons :

ART. 1er. — La délibération ci-dessus mentionnée du conseil communal de Diest, en date du 25 novembre 1905, est annulée en tant qu'elle concerne l'article 1er de la 13e section des dépenses ordinaires du budget des hospices civils de Diest pour 1906.

ART. 2. — Le crédit de 32,800 francs porté à cet article est supprimé; en conséquence le dit budget est fixé en recettes à la somme de 110,870 fr. 30 c. et en dépenses à la somme de 78,070 fr. 30 c.

— *Subsides à des écoles gardiennes.* — *Incompétence.* — Arrêté royal du 12 avril 1906, contresigné par M. Van den Heuvel, ministre de la justice. (*Moniteur* du 6 mai.)

Vu le budget des hospices civils de Tirlemont pour l'exercice 1906, portant à l'article 49, chapitre Ier, dépenses ordinaires, une somme de 3,300 francs en faveur des écoles gardiennes;

Vu la délibération du conseil communal de Tirlemont en date du 30 décembre 1905, approuvant ce budget ; ...

Attendu que les hospices civils sont des établissements publics créés dans un but spécial et que leur mission doit se renfermer dans les limites assignées à leur compétence; qu'ils n'ont d'autre capacité que celle formellement indiquée par la loi;

Attendu que d'après la législation actuellement en vigueur leur compétence se borne à l'hospitalisation des indigents;

Attendu que l'organisation et le fonctionnement des écoles gardiennes ne rentrent à aucun titre dans les attributions des commissions administratives des hospices civils;

Attendu que le patrimoine des hospices civils ne peut être affecté au fonctionnement d'un service qui ne rentre pas dans leurs attributions;

Attendu qu'il en résulte que l'allocation d'une somme de 3,300 francs en faveur des écoles gardiennes est contraire à la loi;

Vu les articles 86 et 87 de la loi communale;

Sur la proposition de notre ministre de la justice,

Nous avons arrêté et arrêtons :

ART. 1er. — La délibération ci-dessus mentionnée du conseil communal de Tirlemont, en date du 30 décembre 1905, est annulée.

ART. 2. — Le budget des hospices civils de Tirlemont pour l'exercice 1906 est fixé en recettes à la somme de cent soixante-huit mille cent douze francs quatre-vingt-quatre centimes (168,112 fr. 84 c.) et en dépenses à la somme de cent soixante-quatre mille huit cent douze fr. et quatre-vingt-quatre centimes (164.812 fr. 84 c.).

Délit commis collectivement par des membres d'un corps administratif agissant dans l'exercice de leurs fonctions. — *Loi pénale.* — *Applicabilité.* — *Abus en matière scolaire.* — *Portée et étendue de l'article 1er de la loi du 7 mai 1888.*

Un délit n'est pas soustrait à l'application des lois pénales pour le motif qu'il a été commis collectivement par des membres d'un corps administratif agissant dans l'exercice de leurs fonctions. La responsabilité pénale retombe, en ce cas, sur ceux qui, par leur vote, ont participé à la mesure incriminée.

L'article 1er de la loi du 7 mai 1888 n'exclut pas, dans son texte, le fait, par une administration charitable, d'avoir pris et exécuté des décisions ayant pour objet les actes qu'il interdit. Le but poursuivi par le législateur indique que de tels faits y sont compris ; cette disposition ne vise donc pas uniquement des actes

individuels de contrainte. — Tribunal correctionnel de Tournai, 18 novembre 1905, *Pasic.*, 1906, III, 42 (1).

Employés. — *Nomination.* — *Révocation.* — *Pension.*

Les employés des hospices civils, à l'exception des médecins, chirurgiens et employés du service sanitaire, sont nommés et révoqués par le conseil d'administration, sans intervention du conseil communal. (Loi du 16 messidor an VII, art. 7.)

L'employé légalement révoqué et privé, par le règlement de la caisse des pensions, du droit à une pension est non recevable à en réclamer une en justice. — Cour d'appel de Bruxelles, 2 janvier 1906, *Pasic.*, 1906, II, 177.

Voy. ASSISTANCE PUBLIQUE. — CONSEILLER COMMUNAL. — DONATIONS ET LEGS. — HYGIÈNE PUBLIQUE.

Hygiène publique. — *Interdiction de la fabrication, de l'importation, du transport, de la vente, ainsi que de la détention et la vente des liqueurs dites absinthes.* — Loi du 25 septembre 1906. (*Moniteur* du 27 septembre.)

ART. 1er. — La fabrication, le transport, la vente ainsi que la détention pour la vente des absinthes sont interdits sous peine d'une amende de 26 à 500 francs et d'un emprisonnement de huit jours à six mois, ou d'une de ces peines seulement.

Les produits faisant l'objet de contraventions aux défenses édictées par le présent article seront saisis et confisqués.

ART. 2. — L'importation des absinthes est prohibée. Cette prohibition ne s'applique pas aux expéditions en transit direct sous surveillance douanière.

ART. 3. — La présente loi ne sera exécutoire que dix mois après le jour de sa publication, sauf en ce qui concerne l'interdiction de la fabrication et la prohibition de l'importation.

Epidémies. — *Mesures de prophylaxie.* — Circulaire adressée le 14 mars 1907 aux gouverneurs de province par M. Van der Bruggen, ministre de l'agriculture.

Des cas graves de variole ayant été constatés à l'étranger, des mesures spéciales de prophylaxie s'imposent pour empêcher la propagation de la maladie au territoire belge.

Il convient, notamment, d'engager les administrations communales : 1° à hâter l'organisation des séances publiques de vaccination et de revaccination qui se tiennent au printemps de chaque année; 2° à recommander au personnel

---

(1) Ce jugement a été mis au néant par un arrêt de la cour d'appel de Bruxelles du 7 février 1906. (*Pasic.*, 1906, II, 153.)

enseignant de n'admettre en classe que des écoliers ayant été vaccinés au cours de ces dix dernières années ou ayant eu la variole ; 3° à inviter les bureaux de bienfaisance à veiller à la vaccination des enfants appartenant aux familles indigentes qu'ils secourent.

Il y a lieu de recommander aussi, aux dites administrations, pour le cas où la variole apparaîtrait sur le territoire de leur commune : 1° d'avertir immédiatement le président de la commission médicale provinciale du ressort; 2° de faire vacciner à domicile toutes les personnes habitant le voisinage du foyer infectieux ; 3 · de surveiller l'isolement des malades et des convalescents jusqu'à décrustation complète; 4° de faire désinfecter avec le plus grand soin les habitations contaminées.

Je communique la présente circulaire à MM. les présidents des commissions médicales provinciales que je charge de surveiller — avec le concours des membres correspondants locaux — l'exécution par les administrations communales des dites mesures de prophylaxie.

Dans l'éventualité où les foyers signalés à l'étranger et à proximité de nos frontières prendraient une extension plus grande, je demanderais à M. le ministre des chemins de fer de faire exercer une surveillance sur les voyageurs venant des centres contaminés par les voies de pénétration qu'il y aurait lieu de viser spécialement. Ceci indépendamment des mesures habituellement prises aux différents ports.

Précautions à prendre à la suite des inondations. — Instructions. (*Bulletin du service de santé et de l'hygiène*, 1906, 155.)

Instructions sur les mesures hygiéniques à prendre dans les localités atteintes par l'inondation.

Ces mesures sont de deux ordres :
A. Celles qui incombent à l'autorité;
B. Celles qui doivent être prises par les particuliers.
Elles sont relatives :

I. A l'assainissement des localités;
II. A l'assainissement des habitations;
III. A la purification des eaux alimentaires.

I. — *Assainissement des localités.*

1° Un des premiers soins des administrations locales est de veiller à l'assèchement du sol. Elles prescriront, en conséquence, les mesures nécessaires pour procurer aux eaux restées stagnantes un écoulement aussi complet et aussi prompt que possible, à l'aide d'épuisement, drainage, rigoles, tranchées, etc.;

2° Dans les parties agglomérées des communes, les matières limoneuses déposées sur les chemins seront promptement enlevées et transportées sur les terres cultivées;

3° Les cadavres d'animaux, y compris ceux des petits fouisseurs, tels que taupes, rats, mulots, etc., restés sur le sol après l'écoulement des eaux, seront immédiatement enfouis après avoir été complètement recouverts d'une couche de chaux vive;

4° Les foins et autres végétaux herbacés qui ont été submergés et avariés devront être transformés en compost, d'après les procédés usuels

Les fourrages et autres végétaux qui auraient été simplement mouillés pourront être desséchés et utilisés en litière, mais, dans aucun cas, ils ne devront être employés à l'alimentation des animaux.

II. — *Assainissement des habitations.*

5° Les habitations qui auront été envahies par les eaux doivent, après épuisement des sous-sols, être débarrassées de la vase qui y est déposée, puis nettoyées aussi complètement que possible;

6° Elles seront ensuite asséchées par une ventilation énergique et en y entretenant de grands feux allumés surtout dans les sous-sols et aux rez-de-chaussée.

On pourra utiliser, à cet effet, les foyers existants, ou mieux des réchauds à coke placés au milieu des pièces à sécher.

On aura soin, tout en chauffant, de maintenir ouverts les soupiraux des caves, les portes et les fenêtres;

7° Pour hâter l'assèchement des bâtiments dépourvus de sous-sol, on établira autour de ces constructions des rigoles de drainage partout où l'écoulement naturel des eaux sera facilement réalisable;

8° Dans les bâtiments où il n'y a ni plancher ni carrelage, on enlèvera la vase et le sol sera arrosé au lait de chaux (1);

9° Etant donné le caractère des précautions à prendre, qui ont en vue plutôt un nettoyage qu'une désinfection, on devra, dans les chambres planchéiées, nettoyer en brossant énergiquement les joints avec une solution très chaude de sel de soude.

Cette solution sera préparée en faisant dissoudre 2 kilogrammes de cristaux de soude dans un seau contenant 10 litres d'eau.

On peut également employer une solution concentrée de savon noir.

Dans les localités où les eaux d'inondation auraient entraîné et dispersé les matières des fosses d'aisances, il sera de la plus haute importance, si le nettoyage et le lavage des planchers ne faisaient pas disparaître toute odeur, d'enlever ces planchers, de curer le dessous et de répandre sur le sol un mélange de sable sec, de chaux éteinte en poudre, de poussier de coke ou de cendres, avant de remettre les planches en place;

10° Dans les parties des habitations où des eaux ont eu accès, les murs non tapissés seront grattés et badigeonnés au lait de chaux. Les papiers de tenture endommagés seront enlevés et les murs grattés à vif;

11° Les différents procédés d'assainissement indiqués aux n°ˢ 5 à 8 et 10 (grattage des murs

---

(1) On prépare le lait de chaux *à mesure des besoins.* Dans un seau en bois, on met un litre de *chaux grasse* vive, de bonne qualité, concassée en petits morceaux, et on l'arrose lentement de la quantité d'eau qu'elle peut absorber; quand elle est éteinte complètement, *on y ajoute encore de l'eau jusqu'à remplir à peu près le seau.* On remue le liquide épais ainsi obtenu. C'est le lait de chaux à 20 p. c.

et badigeonnage au lait de chaux) devront être appliqués à tous les locaux servant au logement des animaux (écuries, étables, porcheries, etc.);

12° Il importe de ne rentrer dans les habitations qu'après leur asséchement.

On habitera d'abord, de préférence, les étages supérieurs et on n'utilisera les objets mobiliers que lorsqu'ils auront été bien nettoyés;

13° Les administrations communales veilleront à ce que tous les locaux affectés à des services publics, notamment les hôpitaux, les églises, les écoles, etc., ne soient rendus à leur usage qu'après avoir fait l'objet des procédés d'assainissement ci-dessus indiqués.

III. — *Eaux alimentaires.*

14° Les puits qui auraient été envahis par l'inondation seront vidés autant que possible et curés à vif fond.

Les parois seront grattées et badigeonnées à la chaux, ce qui permettra de constater les infiltrations ultérieures;

15° L'eau des puits qui se seront trouvés dans la zone d'inondation devra, pendant une période de plusieurs mois, n'être utilisée qu'après avoir subi une franche ébullition, non seulement pour la boisson, mais aussi pour le lavage des aliments qui doivent être consommés crus, tels que salade, etc.

Les infusions de café, de chicorée, de thé, etc., sont conseillées pour la boisson.

———

Séances de vaccination et de revaccination. — *Tenue.* — Circulaire adressée le 16 avril 1907 aux gouverneurs de province par M. Van der Bruggen, ministre de l'agriculture. (*Mémorial administratif du Brabant*, 1907, I, 34.)

J'ai l'honneur de vous transmettre, en annexe à la présente dépêche, la liste des communes de votre province d'où des demandes de vaccin étaient parvenues à l'office vaccinogène de l'Etat à la date du 31 mars dernier.

Cette communication fait suite à ma circulaire du 14 du même mois par laquelle je vous priais d'engager les administrations communales à hâter l'organisation des séances publiques de vaccination et de revaccination qui se tiennent au printemps de chaque année. Elle établit que, jusqu'ici, peu de communes ont suivi cette recommandation.

Il est, en effet, probable que si le vaccin fourni aux médecins établis dans certaines localités rurales doit servir aux séances de vaccination qui se tiennent dans plusieurs communes voisines, une partie de la substance immunisante distribuée à d'autres praticiens est uniquement destinée aux besoins de leur clientèle.

Je vous prie donc, Monsieur le gouverneur, de vouloir bien insister auprès des administrations communales pour que les séances dont il s'agit soient tenues sans aucun retard et annoncées par une publicité suffisante. Les affiches et circulaires relatives à cet objet devraient signaler en même temps que l'efficacité de la vaccination son absolue innocuité. Elles pour-

raient aussi rappeler, utilement, la nécessité de la revaccination au bout de dix ans, l'immunité conférée par la vaccine ne se prolongeant pas au delà de ce terme.

Au surplus, il paraît indiqué de surveiller de près l'application des règlements provinciaux sur la vaccine par les administrations communales, car, malgré les incontestables progrès accomplis, il est établi que des défaillances se produisent quelquefois encore en cette matière.

———

Travaux relatifs aux hospices et hôpitaux. — *Instructions.* — Circulaire adressée le 28 septembre 1906 aux gouverneurs de province par M. Van der Bruggen, ministre de l'agriculture. (*Bulletin du service de santé et de l'hygiène*, 1906, 220.)

Les projets de travaux relatifs aux hospices et hôpitaux pour lesquels des subsides sont demandés sur les fonds de l'Etat donnent généralement lieu de la part de mon département ou du conseil supérieur d'hygiène publique à de nombreuses observations. Il a été malheureusement constaté parfois que les plans primitifs étaient suivis sans avoir égard à ces observations ou que les projets approuvés étaient modifiés au cours de l'exécution des travaux. Parfois encore les matériaux employés étaient défectueux ou mis en œuvre contrairement aux règles de l'art.

Afin d'éviter les inconvénients graves qui peuvent résulter de ces pratiques, M. le ministre de la justice vient de décider, sur ma proposition, que la liquidation des subsides alloués sur les fonds de son département sera désormais subordonnée à l'intervention d'un fonctionnaire de l'administration du service de santé et de l'hygiène dans la réception provisoire des travaux, comme cela se pratique pour les travaux d'hygiène entrepris par les communes et subsidiés par mon département.

Je vous prie, Monsieur le gouverneur, de donner connaissance de ce qui précède aux administrations publiques de charité existant dans votre province. Celles-ci devront, par votre intermédiaire, m'aviser de l'époque à laquelle on entamera les travaux et de celle à laquelle ils seront achevés, de façon que je puisse éventuellement déléguer un fonctionnaire de mon département pour en contrôler la bonne exécution et assister à leur réception.

Voy. POLICE SANITAIRE DES ANIMAUX DOMESTIQUES.

I

Immeubles provinciaux et communaux. — *Contribution foncière.* — *Loi du 24 décembre* 1906. (*Moniteur* du 29 décembre.)

. . . .

ART. 2. Sans préjudice des exemptions déterminées par la loi en ce qui concerne les services publics d'utilité générale, sont assujettis à la contribution foncière les immeubles appartenant aux provinces et aux communes qui sont affectés à des services non gratuits.

. . . .

L

Langue flamande. — *Emploi en matière administrative.* — *Arrêté royal.* — *Notification en français à une commune flamande.* — *Nullité relative.*

Manque de base en fait le moyen tiré de ce qu'un arrêté royal n'a été pris et rédigé qu'en langue française, alors que le contraire résulte du *Moniteur* et de la décision attaquée.

L'arrêté royal qui soumet une commune au régime de la loi sur la police de la voirie ne concerne pas la généralité des citoyens et devient obligatoire à partir de sa notification à la commune intéressée. (Loi du 1er février 1844, art. 1er; loi du 18 avril 1898, art. 6.)

La nullité de cette notification, faite en langue française seulement, à une commune flamande, en dehors des cas autorisés par la loi, ne peut être poursuivie que par la commune en faveur de laquelle la disposition ordonnant l'emploi de la langue flamande a été introduite. (Loi du 22 mai 1878, art. 1er)

Les chemins privés livrés à la circulation publique et faisant partie de la voirie urbaine sont régis par les règlements et les dispositions du code pénal relatifs à la voirie. (Loi du 1er février 1844, modifiée par la loi du 15 août 1897, art. 1er; code pén., art. 551, 4°.) — Cassation, 29 janvier 1906, *Pasic.*, 1906, I, 112.

Lois électorales. — *Bulletins de vote.* — *Elections législatives.* — *Dimensions.* — Arrêté royal du 6 mai 1906, contresigné par M. de Trooz, ministre de l'intérieur, etc. (*Moniteur* des 14-15 mai.)

Vu l'article 195 du code électoral;
Revu nos arrêtés du 12 septembre 1895 et du 3 mai 1898;
Attendu qu'il y a lieu de prévoir le cas où, à raison du nombre des listes de candidats régulièrement présentées, les dimensions fixées par les arrêtés précités pour les bulletins de vote seraient insuffisantes et où une mesure spéciale s'imposerait d'urgence;
Sur la proposition de notre ministre de l'intérieur et de l'instruction publique,

Nous avons arrêté et arrêtons :

Nos arrêtés, en date du 12 septembre 1895 et du 3 mai 1898, déterminant les dimensions des bulletins de vote pour les élections communales et pour les élections législatives et provinciales, sont complétés par un article additionnel ainsi conçu :

« Dans le cas où, à raison du nombre des listes de candidats régulièrement présentées, la disposition de ces listes sur le bulletin du format indiqué ci-dessus présenterait des difficultés, le ministre de l'intérieur et de l'instruction publique pourra prescrire l'emploi, pour l'élection, de bulletins dont il déterminera les dimensions sans que celles-ci puissent dépasser le double du format indiqué plus haut. »

Id. — Arrêté pris le 14 mai 1906 par M. de Trooz, ministre de l'intérieur, etc. (*Moniteur* des 14-15 mai.)

Vu l'arrêté royal du 6 mai 1906;
Attendu que, à raison du nombre des listes de candidats, le bureau principal du collège électoral de l'arrondissement de Bruxelles se trouve dans l'impossibilité matérielle d'utiliser le bulletin dont les dimensions sont déterminées par l'arrêté royal du 3 mai 1898,

Arrête :

ARTICLE UNIQUE. — Il sera fait usage pour l'élection législative du 27 mai 1906 dans l'arrondissement de Bruxelles de bulletins de vote mesurant 34 centimètres de hauteur sur 34 centimètres de largeur.

————

Elections communales. — *Présentation des candidats fixée à une date où les listes électorales devant servir à l'élection ne sont pas entrées en vigueur.* — *Les électeurs présentants doivent figurer sur les anciennes listes.* — Dépêche adressée le 15 mai 1906 à un gouverneur de province par M. de Trooz, ministre de l'intérieur, etc. (*Bulletin du ministère de l'intérieur, etc.*, 1906, II, 27.)

En réponse à votre dépêche du 11 mai courant, j'ai l'honneur de vous faire connaître qu'à mon avis la question soulevée ne peut être douteuse; les signataires d'une liste de candidats conseillers communaux doivent être portés sur les listes électorales en vigueur au moment où expire le délai de présentation.

Par conséquent, les signataires d'une candidature présentée pour une élection fixée au 13 mai courant, qui ne figureraient pas sur la liste électorale en vigueur au 28 avril dernier, ne pourraient être comptés parmi les électeurs ayant pu valablement signer l'acte de présentation.

————

Elections législatives. — *Renouvellement partiel de la Chambre en 1906.* — *Convocation des électeurs.* — Arrêté royal du 4 mai 1906, contresigné par M. de Trooz, ministre de l'intérieur, etc. (*Moniteur* des 7-8 mai.)

Vu l'article 51 de la Constitution;
Vu les articles 153, 163, 173, 247, 250 et 252 du code électoral;
Sur la proposition de notre ministre de l'intérieur et de l'instruction publique,

Nous avons arrêté et arrêtons :

ART. 1er. — Sous réserve de l'application éventuelle de l'article 4 ci-après, les collèges électoraux des arrondissements appartenant aux provinces d'Anvers, de Brabant, de la Flandre occidentale, de Luxembourg et de Namur (première série) sont convoqués pour le dimanche 27 mai prochain, entre 8 heures du matin et 1 heure de l'après-midi, à l'effet d'élire respectivement le nombre de représentants indiqué dans l'état annexé au présent arrêté.

Art. 2. — Les candidats devront être présentés avant le dimanche 13 mai. La présentation doit être signée par cent électeurs au moins.

Art. 3. — Le président du bureau principal de l'élection fera connaître, par un avis publié au plus tard le lundi 7 mai, les lieux, jours et heures auxquels il recevra les présentations de candidats et les désignations de témoins, en se conformant à l'article 163 du code électoral.

L'avis rappellera les dispositions de l'article 254 et les deux premiers alinéas des articles 255 et 256 de ce code.

Art. 4. — Si dans un ou plusieurs arrondissements il n'est présenté qu'une seule liste de candidats, ou si, plusieurs listes étant régulièrement présentées, le nombre total des candidats effectifs et celui des candidats suppléants ne dépassent pas, réunis, le nombre des mandats effectifs à conférer, le bureau principal procédera, immédiatement après l'expiration du terme fixé pour l'arrêté définitif des listes de candidats (code élect., art. 255), à la proclamation des élus et, s'il y a lieu, à la désignation des suppléants, conformément à l'article 257 du code électoral et, dans ce cas, la réunion du collège des électeurs, ordonnée par l'article 1er du présent arrêté, n'aura pas lieu.

Répartition du nombre des représentants à élire le 27 mai 1906.

PROVINCES.	ARRONDISSEMENTS ÉLECTORAUX.	NOMBRE des représentants à élire.
Anvers. . .	Anvers.	13
	Malines.	4
	Turnhout	3
Brabant . .	Bruxelles	21
	Louvain.	6
	Nivelles.	4
Flandre occidentale.	Bruges.	4
	Ypres	3
	Courtrai.	5
	Roulers-Thielt.	4
	Furnes-Dixmude-Ostende.	4
Luxembourg.	Arlon-Marche-Bastogne.	3
	Neufchâteau-Virton.	2
Namur. . .	Namur.	5
	Dinant-Philippeville	4

— *Dépouillement.* — *Indication des résultats dans le tableau transmis au bureau principal.* — Circulaire adressée le 22 mai 1906 aux présidents des bureaux de dépouillement par M. de Trooz, ministre de l'intérieur, etc. (*Bulletin du ministère de l'intérieur, etc.*, 1906, II, 28.)

Lors des élections législatives antérieures on a signalé, dans le tableau transmis au président du bureau principal (formule V*bis*), des erreurs qui n'existaient pas dans les tableaux annexés au procès-verbal du bureau de dépouillement.

Afin de prévenir ces erreurs qui pourraient compromettre l'exactitude des résultats du scrutin, je vous prie d'observer avec soin les règles contenues dans les n°s 45 et suivants des instructions dont un exemplaire vous a été remis.

Il ne doit pas être perdu de vue que le tableau V*bis* n'est qu'un extrait des tableaux annexés au procès-verbal. (Voy. n° 61 des instructions.)

Ce tableau X contient pour chaque liste trois catégories d'indications :

1° *Votes de liste.* C'est la reproduction du total des votes de liste inscrit au procès-verbal, c'est-à-dire non seulement le nombre des bulletins qui, pour chaque liste, portent un vote en tête, mais aussi de ceux qui donnent un vote nominatif en faveur d'un suppléant sans donner un vote en faveur d'un candidat titulaire.

2° *Votes nominatifs pour les candidats titulaires.* C'est le total, pour chaque candidat titulaire, de tous les votes nominatifs qui lui ont été attribués soit dans des bulletins qui ne portent qu'un vote pour un titulaire seul, soit dans des bulletins qui portent, en même temps, un vote pour un candidat titulaire et pour un candidat suppléant. Aucun de ces bulletins ne peut être compté dans le 1°.

3° *Votes nominatifs pour les candidats à la suppléance.* C'est le total, pour chaque candidat suppléant, des votes nominatifs qui lui ont été attribués soit dans un bulletin qui porte un vote uniquement pour un candidat suppléant (et qui a déjà été indiqué au 1°), soit en faveur d'un candidat titulaire et d'un candidat à la suppléance (et qui a déjà, en ce qui concerne le titulaire, été indiqué dans le 2°).

— *Opérations préliminaires.* — *Extraits ou copies des listes électorales transmis au président du 1er bureau du canton.* — Dépêche adressée le 23 mai 1906 à un gouverneur de province par M. de Trooz, ministre de l'intérieur, etc. (*Bulletin du ministère de l'intérieur, etc.*, 1906, II, 29.)

Il semble ressortir des pièces jointes à votre référé du 17 courant que l'erreur signalée par l'administration communale de B... dans les extraits ou copies des listes électorales transmis au président du premier bureau du canton pour les prochaines élections législatives (code élect., art. 141) est une simple erreur de transcription ou copie qui ne se trouve pas reproduite dans les listes soumises aux juridictions électorales. Par conséquent, le nom de l'électeur en cause figurerait avec deux voix sur les listes déposées à l'inspection du public lors de la révision.

Dans ces conditions, Monsieur le gouverneur, je pense que l'erreur matérielle commise dans les extraits adressés au président du premier bureau du canton pourrait être rectifiée par l'envoi, au président de la section dans laquelle l'intéressé doit voter, d'une attestation de l'administration communale portant que le nom de l'électeur figure réellement avec deux voix sur les listes électorales dressées par le collège échevinal et transmises à la cour d'appel.

Listes électorales. — Délivrance d'exemplaires. — Retard. — Réclamation à l'autorité supérieure. — Absence de prorogation de délai. — Dépêche adressée le 29 janvier 1907 à un gouverneur de province par M. de Trooz, ministre de l'intérieur, etc. (*Bulletin du ministère de l'intérieur, etc.*, 1907, II, 10.)

J'ai l'honneur de vous faire connaître que je me rallie à la manière de voir exposée dans votre dépêche du 19 courant, au sujet de la requête de M B.... de S..., tendant à obtenir la prorogation du délai de recours en ce qui concerne les listes électorales de cette commune.

Si le réclamant avait fait diligence dès la réception de l'exemplaire des listes qui lui avait été envoyé, et si, ensuite du refus du secrétaire communal de lui délivrer une copie plus complète, il s'était immédiatement adressé soit à vous, Monsieur le gouverneur, soit au bourgmestre de S..., il aurait pu disposer encore d'un laps de temps suffisant pour réunir les pièces nécessaires et pour déposer ses recours.

La requête qu'il vous a adressée, le 27 décembre dernier, ne peut donc être accueillie.

— Examen des listes au secrétariat communal. — La loi sur le repos dominical n'est pas applicable. — Dépêche adressée le 12 octobre 1906 à un gouverneur de province par M. de Trooz, ministre de l'intérieur, etc. (*Bulletin du ministère de l'intérieur, etc.*, 1906, II, 63.)

Par votre lettre du 1er octobre courant, vous me soumettez la question de savoir si, en présence de la loi du 17 juillet 1905 sur le repos du dimanche, il n'y avait pas lieu de modifier les instructions de la circulaire du 14 août 1894, qui porte que dans les communes de plus de 5,000 habitants les locaux où sont déposées les listes électorales doivent être ouverts au public tous les jours, y compris les dimanches, pendant une heure au moins.

J'estime, Monsieur le gouverneur, que le vote de la loi du 17 juillet 1905 ne doit faire modifier en rien les instructions traçant aux administrations communales les règles a observer pour l'exécution des lois électorales.

L'administration communale agit, en cette matière, comme pouvoir public, et la loi sur le repos du dimanche, aux termes de son article premier, ne s'applique qu'aux entreprises industrielles et commerciales.

Si l'on examine, d'autre part, les motifs qui ont inspiré le législateur de 1905 lorsqu'il a prescrit le repos hebdomadaire des travailleurs et le législateur de 1894 lorsqu'il a réglé les conditions dans lesquelles les listes électorales seraient revisées, on constate qu'il n'existe aucune raison pour dispenser les administrations communales de soumettre les listes des électeurs à l'inspection du public le dimanche, qui, pour de nombreuses catégories de citoyens, est le seul jour de la semaine où ils peuvent examiner ces listes.

— Incapacités électorales. — Suspension des droits électoraux ensuite de condamnations. — Compétence. — Dépêche adressée le 23 mai 1906 à un gouverneur de province par M. de Trooz, ministre de l'intérieur, etc. (*Bulletin du ministère de l'intérieur, etc.*, 1906, II, 30.)

... Vous me transmettez une lettre de l'administration communale de F... demandant si la suspension des droits électoraux prévus à l'article 21, 3°, du code électoral est applicable à une personne condamnée, pour le même fait, à quinze jours d'emprisonnement pour violation de domicile et à quinze jours d'emprisonnement pour coups et blessures.

Le texte de la loi portant simplement « ceux qui ont été condamnés à une peine d'emprisonnement d'un mois au moins », la question de savoir si l'emprisonnement d'un mois prononcé par un seul jugement, mais résultant du concours de plusieurs délits entraînant chacun des peines inférieures à ce taux, tombe sous l'application du texte est une question d'interprétation qu'il n'appartient pas au gouvernement de trancher.

Seules les juridictions électorales créées par la loi sont compétentes pour juger souverainement les contestations soulevées en matière d'inscription sur les listes électorales.

D'autre part, en vertu du § 7 de l'article 173 du code électoral, le bureau électoral sera seul compétent pour apprécier si les conditions exigées par la loi sont réunies pour lui permettre de refuser à un électeur l'admission au vote.

Veuillez, je vous prie, Monsieur le gouverneur, répondre dans ce sens à l'administration communale de F...

— Listes des électeurs appelés à élire les conseillers communaux supplémentaires. — Listes des électeurs aux conseils de prud'hommes et listes spéciales. — Notifications à faire aux commissaires d'arrondissement en ce qui concerne ces listes. — Dépêche adressée le 5 novembre 1906 à un gouverneur de province par M. de Trooz, ministre de l'intérieur, etc. (*Bulletin du ministère de l'intérieur, etc.*, 1906, II, 68.)

Par votre lettre du 26 octobre dernier, vous me soumettez la question de savoir s'il ne conviendrait pas de charger les greffes des cours d'appel de faire aux commissaires d'arrondissement, en ce qui concerne les listes des électeurs aux conseils de prud'hommes et les listes spéciales prévues par l'article 3 de l'arrêté royal du 10 mai 1895, des notifications analogues à celles qui sont prescrites par l'article 127 du code électoral.

J'estime, Monsieur le gouverneur, que les dispositions existantes rendent la mesure inutile.

En exécution de l'article 36 de la loi du 31 juillet 1889 et de l'article 3, § 6, de l'arrêté royal du 10 mai 1895, le gouverneur reçoit communication des arrêts concernant les listes des électeurs aux conseils de prud'hommes et les listes spéciales.

L'autorité administrative est donc en possession des indications nécessaires pour compléter ou pour rectifier ces listes.

En ce qui concerne les listes spéciales, elles sont envoyées au commissaire d'arrondissement par le gouverneur en exécution du septième alinéa de l'article 3 de l'arrêté royal de 1895, et les modifications qu'il y aurait lieu d'y apporter ensuite d'arrêts notifiés après le 1er décembre devraient être signalées par le gouverneur en vertu de la même disposition.

Quant aux listes des électeurs aux conseils de prud'hommes, elles sont en la possession des commissaires d'arrondissement qui les reçoivent en vertu de l'article 19 de la loi du 31 juillet 1889, et il appartient au gouverneur, comme vous l'avez fait d'ailleurs ainsi qu'il résulte de votre lettre précitée, de faire connaître aux commissaires d'arrondissement les modifications qui doivent être apportées à ces listes en vue de l'application de l'article 4 de l'arrêté royal du 10 mai 1895.

A cet effet, le gouverneur peut se borner à transmettre au commissaire d'arrondissement un état des changements à apporter aux listes en ce qui concerne les électeurs domiciliés dans les communes de 20,000 habitants au moins.

— Revision. — Contrôle. — Instructions. — Circulaire adressée le 30 juillet 1906 aux commissaires d'arrondissement par M. de Trooz, ministre de l'intérieur, etc. (Bulletin du ministère de l'intérieur, etc., 1906, II, 49.)

En me référant à ma circulaire du 31 juillet 1901, je crois devoir, comme les années précédentes, attirer spécialement votre attention sur la nécessité de contrôler, avec la plus grande diligence, la manière dont les listes électorales sont dressées. Il vous appartient surtout de vérifier très attentivement les listes provisoires, dont deux copies vous sont adressées en vertu de l'article 69 du code électoral, et de vous assurer si toutes les mentions exigées par l'article 68 du même code y ont bien été portées; il importe, en effet, avant tout, que les listes contiennent, d'une manière aussi complète que possible, toutes les énonciations que le législateur a estimé nécessaire d'y faire figurer.

Je vous prie donc, Monsieur le commissaire, de ne négliger aucun effort, dans les limites des pouvoirs que la loi vous assigne, pour assurer l'entière et complète exécution des prescriptions du code électoral en matière de revision des listes électorales.

— — Instructions générales. — Circulaire adressée le 28 juillet 1906 aux gouverneurs de province par M. de Trooz, ministre de l'intérieur, etc. (Bulletin du ministère de l'intérieur, etc., 1906, II, 49.)

J'ai l'honneur de vous rappeler, en vue de la revision des listes électorales pour l'année 1907-1908, les instructions antérieures relatives à cet objet et, notamment, les circulaires des 18 septembre 1896, 19 et 31 juillet 1901, 11 février 1903 et 12 juillet 1905.

Je vous prie d'appeler spécialement l'attention des administrations communales de votre province sur les obligations que la loi leur impose en cette matière, en insistant sur la nécessité de n'omettre aucune des mentions prescrites par l'article 68 du code électoral.

— Suspension du droit de vote des militaires. — Exception en faveur des agents assimilés aux sous-officiers. — Nomenclature. — Circulaire adressée le 9 juin 1906 aux gouverneurs de province par M. de Trooz, ministre de l'intérieur, etc. (Bulletin du ministère de l'intérieur, etc., 1906, II, 34.)

Une circulaire de mon département, en date du 14 août 1894, a énuméré les diverses catégories de membres du personnel du service des secours et d'employés de l'armée non soumis au service actif, et simplement assimilés aux sous-officiers, dont les droits électoraux ne sont point suspendus en vertu de l'article 61 du code électoral.

Afin de mettre cette instruction en concordance avec l'arrêté royal du 24 novembre 1902, portant organisation de l'armée sur pied de paix, il y aura lieu de modifier comme suit la nomenclature :

1° Membres du personnel technique du service des secours porteurs d'un diplôme de docteur en médecine, de pharmacien ou de vétérinaire;

2° Employés de l'armée non soumis au service actif et seulement assimilés aux sous-officiers. Ces derniers (indépendamment des médecins, pharmaciens et vétérinaires, suppléants, ainsi que des auxiliaires des sections des hôpitaux et des infirmeries vétérinaires, porteurs du diplôme de fins d'études, et déjà compris dans le 1° sont les suivants:

A. Les commis de parquet (section du service judiciaire du bataillon d'administration);

B. Les secrétaires-archivistes (section des secrétaires archivistes du bataillon d'administration);

C. Les commis aux écritures du bataillon d'administration;

D. Les maîtres armuriers;

E. Les maîtres ouvriers armuriers;

F. Les maîtres ouvriers tailleurs;

G. Les maîtres ouvriers cordonniers;

H. Les maîtres ouvriers bottiers et selliers;

I. Les adjudants de matériel;

J. Les maîtres artificiers;

K. Les sergents-majors du bataillon d'administration;

L. Les portiers du bataillon d'administration ;
M. Les cuisiniers du bataillon d'administration;
N. Les tisaniers du bataillon d'administration;
O. Les sergents du bataillon d'administration.

———

— — *Il n'y a pas lieu de faire de distinction entre les miliciens, d'une part, et les volontaires et remplaçants, d'autre part.* — Dépêche adressée le 20 août 1906 à un gouverneur de province par M. de Trooz, ministre de l'intérieur, etc. (*Bulletin du ministère de l'intérieur, etc.*, 1906, II, 52.)

Par dépêche du 4 août 1906, vous me demandez si, pour l'application de l'article 61 du code électoral, il ne doit être fait de distinction entre les officiers et les militaires qui ont contracté un engagement.

J'estime, Monsieur le gouverneur, qu'aucune différence ne peut être établie entre les deux catégories de militaires. L'article 61 de la loi du 12 avril 1894 dispose d'une manière générale et sans distinction que le droit de vote des « sous-officiers, caporaux et « soldats » est suspendu tant qu'ils sont sous les drapeaux, et que ceux qui ont droit au congé illimité ou définitif avant le 1er mai qui suit la revision des listes électorales sont inscrits, comme électeurs, dans la commune où ils avaient, au moment de l'incorporation, leur dernière résidence d'un an au moins s'ils n'ont acquis dans la commune où ils le demandent leur inscription une résidence d'un an.

L'article 10, § 4, des instructions générales du 1er juin 1901, pour la constatation des changements de résidence et pour la tenue des registres de population, fait, il est vrai, une distinction entre les militaires qui ont contracté un engagement volontaire et les remplaçants, d'une part, et les miliciens, d'autre part : les premiers doivent être inscrits dans la localité siège de l'établissement où ils séjournent, parce qu'ils sont considérés comme exerçant une profession volontairement choisie, tandis que les seconds, considérés comme temporairement absents par obligation légale, restent inscrits dans la commune où ils ont leur résidence habituelle. Mais cette disposition ne vise exclusivement que la tenue des registres de population, et l'inscription sur ces registres ne concorde pas nécessairement avec les inscriptions sur les listes électorales. Le domicile électoral du citoyen est au lieu de sa résidence habituelle, réelle et effective, mais la résidence ne crée ce domicile qu'à la condition d'avoir eu une durée d'un an au moins. Or, le droit de vote est suspendu pour les soldats tant qu'ils sont sous les drapeaux, ils ne peuvent, dans cet intervalle, acquérir un domicile électoral nouveau : le législateur, par son article 61, leur a assuré l'exercice de leurs droits électoraux aussitôt l'expiration de leur service, en les maintenant sur les listes de la commune où ils avaient, au moment de leur incorporation, c'est-à-dire au moment de la suspension de leurs droits, leur dernière résidence d'un an au moins.

C'est tellement vrai que si un milicien, après avoir acquis le droit à l'inscription sur les listes électorales du lieu de sa nouvelle résidence, est rappelé sous les drapeaux, ce droit acquis tombe et disparaît, et lorsqu'il sera envoyé de nouveau en congé illimité ou définitif, ce sera dans la commune où il était domicilié lors de son incorporation qu'il sera réinscrit.

Il y a lieu, au surplus, de remarquer que lors de la discussion de la loi au Sénat, un de mes prédécesseurs, M. de Burlet, a formellement déclaré que la disposition de l'article 61 du code électoral s'appliquerait aux gendarmes (*Ann. parl.*, p. 281), et cependant, au point de vue de la tenue des registres de population, ces derniers ont été logiquement assimilés aux volontaires et aux remplaçants, par l'article 4, § 10, des instructions générales que vous me signalez.

La disposition de l'article 61 est donc une disposition générale prise pour tous les soldats, et l'on ne pourrait guère l'interpréter restrictivement. S'il en était autrement, les volontaires pourraient se trouver dans une situation inférieure aux miliciens, n'ayant pu, au moment de l'expiration de leur service, acquérir un domicile électoral nouveau et, d'autre part, ayant perdu le bénéfice du domicile électoral qui, dans cette hypothèse, ne serait plus conservé par l'article 61 qu'aux seuls miliciens.

———

— *Vote supplémentaire.* — *Carnet de rente.* — *Indication du numéro du livret d'épargne.* — Circulaire adressée le 9 juin 1906 aux gouverneurs de province par M. de Trooz, ministre de l'intérieur, etc. (*Bulletin du ministère de l'intérieur, etc.*, 1906, II, 35.)

Afin de faciliter et de rendre plus sûr le contrôle qu'en vertu de l'article 70 du code électoral le directeur général de la Caisse générale d'épargne et de retraite doit exercer sur les listes électorales au point de vue de l'attribution d'un vote supplémentaire à raison de la possession d'un carnet de rente belge, je vous prie d'inviter les administrations communales de votre province à inscrire dans la huitième colonne de la liste électorale, à la suite de l'indication du carnet de rente, le numéro du livret d'épargne dans lequel le dit carnet se trouve intercalé.

Il appartiendra aux administrations communales qui ne sont plus en possession des documents où se trouve cette indication de réclamer directement des titulaires d'une rente mentionnée dans les listes électorales le renseignement en question.

Les autorités locales qui négligeraient de compléter dans le sens indiqué les listes électorales provisoires seront invitées à fournir d'urgence les renseignements manquants par les commissaires d'arrondissement qui ont reçu à cet égard des instructions spéciales.

Je vous prie, Monsieur le gouverneur, d'attirer l'attention particulière des administrations communales de votre province sur les recommandations qui précèdent

———

Transport gratuit des électeurs. — *Récla-*
mations postérieures au scrutin. — *Instruction.*
— Circulaire adressée le 4 septembre 1906 aux
gouverneurs de province par M. de Trooz,
ministre de l'intérieur, etc. (*Bulletin du minis-*
tère de l'intérieur, etc., 1906, II, 56.)

J'ai l'honneur de vous faire savoir que je me
suis mis d'accord avec M. le ministre des chemins de fer pour confier, dans l'avenir, à son
département, l'instruction des réclamations
émanant d'électeurs qui, n'ayant pu être mis
en possession du bon de transport gratuit avant
les élections, demandent le remboursement des
frais de parcours qu'ils ont dû acquitter pour
se rendre au scrutin. Je crois, en conséquence,
devoir vous signaler que, tout en maintenant
dans leur intégralité, pour le surplus, les
instructions qui vous ont été communiquées
par circulaire en date du 30 août 1899, ce sera
désormais le département des chemins de fer
qui statuera, sans intervention de ma part, sur
les réclamations qui vous parviendront. Vous
voudrez bien faire tenir directement, le cas
échéant, à ce département, le résultat des
enquêtes dirigées par vous.

Je profite de l'occasion pour vous prier
encore de veiller à ce que les administrations
communales prennent toutes les mesures
nécessaires pour que la délivrance des bons de
transport se fasse avec la plus grande régularité et de façon à ce qu'ils parviennent sans
retard aux intéressés.

CONTRAT JUDICIAIRE. — *Décision* ultra petita.
— *Revenu cadastral contesté.* — *Suppression*
du vote supplémentaire du chef de famille.

Statue *ultra petita* et viole le contrat judiciaire l'arrêt qui ordonne la suppression de
deux votes supplémentaires à un électeur
inscrit à la liste électorale avec trois voix et
dont le vote, du chef du revenu cadastral, était
seul contesté. (Code élect., art. 4; code civ.,
art. 1319.) — Cassation, 11 juin 1906, *Pasic.*,
1906, I, 298.

DÉLIT POLITIQUE. — *Faux témoignage dans*
les enquêtes relatives à la revision des listes
des électeurs aux conseils de prud'hommes. —
Electeurs appelés à nommer les conseillers com-
munaux supplémentaires. — *But politique.* —
Tribunal correctionnel. — *Incompétence.*

Le caractère politique ou non politique d'un
délit de droit commun est déterminé non
seulement par sa nature, mais aussi par le but
et le mobile de son auteur.

L'objet direct d'infractions consistant en des
faux témoignages intervenus dans des enquêtes
tenues dans certaines procédures concernant
la revision des listes des électeurs au conseil
de prud'hommes ne présente point un caractère politique, à moins, toutefois, qu'il ne
résulte des circonstances de la cause que le

prévenu aurait eu principalement pour but de
vicier la composition de la liste des électeurs
aux places de conseillers communaux ... supplémentaires. Le tribunal correctionnel est
alors incompétent pour connaître des dites
infractions ; la circonstance qu'il s'agit de conseillers supplémentaires élus en vertu de l'article 4 de la loi du 11 avril 1895 est indifférente
à cet égard. — Tribunal correctionnel de Tournai, 20 juillet 1906, *Pasic.*, 1906, III, 291 (1).

DOMICILE. — *Contestation.* — *Transfert.* —
Enquête. — *Déclaration tardive.* — *Moyen*
nouveau.

Le réclamant qui s'est borné dans ses premières conclusions à affirmer, avec offre de
preuve, qu'un électeur avait quitté la commune
sur les listes de laquelle il est inscrit, avant le
1er juillet de l'année précédente, n'est plus
recevable, après l'enquête, à prétendre que la
déclaration de transfert de domicile a été tardive. (Code élect., art. 55 à 58.) — Cassation,
18 juin 1906, *Pasic.*, 1906, I, 302, et 2 juillet 1906,
Pasic., 1906, I, 334.

— *Cour d'appel.* — *Appréciation souveraine.*

La cour d'appel apprécie souverainement,
d'après les pièces produites, le défaut de pertinence des faits cotés, aux fins d'établir que
celui dont on demandait la radiation des listes
électorales d'une commune n'y était pas domicilié au 1er juillet. — Cassation, 15 mai 1906,
Pasic., 1906, I, 246.

— *Demande reconventionnelle.* — *Domicile.*
— *Inscription depuis plus d'un an.*

L'électeur qui demande reconventionnellement son inscription sur les listes électorales
d'une autre commune ne peut y être porté que
s'il figure aux registres de population de celle-
ci depuis un an avant le 1er juillet. (Code élect.,
art. 99.) — Cassation, 22 mai 1906, *Pasic.*, 1906,
I, 255.

— *Fonctionnaire amovible.* — *Changement*
de résidence. — *Maintien.* — *Mutations suc-*
cessives.

Les fonctionnaires amovibles ou révocables
ne peuvent être maintenus, en vertu de l'article 59, sur les listes électorales de la commune où ils étaient inscrits que si, par le fait
de mutations successives, ils n'ont pu acquérir
un domicile d'un an au moins dans une autre
commune. (Code élect., art. 59; Const., art. 97.)
— Cassation, 22 mai 1906, *Pasic.*, 1906, I, 261.

(1) Ce jugement a été réformé par arrêt de la cour
d'appel de Bruxelles, Chambre des vacations, en date du
28 août 1906. Cet arrêt décide qu'il s'agit d'un délit de
droit commun et non d'un délit politique.

— — *Mutations successives. — Défaut de déclaration à l'administration communale du lieu de l'inscription sur la liste.*

Le fonctionnaire amovible ou révocable, qui, par suite de mutations successives, n'a pu acquérir un nouveau domicile d'un an au moins, est tenu de faire la déclaration de transfert de résidence à l'administration communale de sa dernière résidence d'un an, pour être maintenu sur les listes électorales de cette résidence. (Code élect., art. 55, 57 et 59.) — Cassation, 22 mai 1906, *Pasic.*, 1906, I, 257 (1).

— — *Transfert. — Double déclaration. — Appréciation souveraine.*

La cour d'appel décide souverainement qu'un douanier a régulièrement transféré son domicile d'une commune dans une autre et a fait, en temps utile, la double déclaration constatant ce changement de domicile. (Code élect., art. 56 et 57.) — Cassation, 14 mai 1906, *Pasic.*, 1906, I, 234.

— *Maintien pendant un an. — Déclaration. — Sens des mots :* moment du départ.

Il suffit pour être maintenu, en vertu de l'article 55 de la loi électorale, sur la liste de la commune que l'on quitte que les déclarations nécessaires pour le transfert de domicile soient faites dans le mois du changement effectif de résidence. (Code élect., art. 55 à 57.) — Cassation, 25 juin 1906, *Pasic.*, 1906, I, 320.

— *Preuve. — Registre de population.*

Est fondée la décision par laquelle une cour d'appel, se basant sur un extrait du registre de population et à défaut de preuve contraire, maintient un électeur, alors même qu'elle a antérieurement autorisé le réclamant à prouver par témoins que cet électeur n'habite pas à l'adresse qui figure sur les listes. (Code élect., art. 55, 56 et 68.) — Cassation, 18 juin 1906, *Pasic.*, 1906, I, 303.

— — *Registre de population. — Contestation.*

Doit être cassé l'arrêt qui se fonde uniquement sur un extrait du registre de population pour en déduire la preuve de la date d'un transfert de domicile, alors qu'un tiers demandait à prouver par témoins que cette date était erronée. (Code élect., art. 58.) — Cassation, 5 juin 1906, *Pasic.*, 1906, I, 285.

---

(1) Voy., en sens contraire, l'arrêt de cassation du 28 avril 1902 (JOURNAL, 1902-1903, p. 484). Par arrêt du 30 juin 1906, la cour d'appel de Gand a statué dans le sens de l'ancienne jurisprudence et sa décision n'a pas fait l'objet d'un pourvoi.

— *Résidence transitoire. — Présomption non détruite.*

La présomption résultant, quant au domicile électoral, de l'inscription sur les listes électorales d'une commune n'est pas détruite lorsqu'il est constaté que l'intéressé (officier) a conservé son domicile dans cette commune et n'a eu pendant quelque temps, dans une autre garnison, qu'une résidence transitoire. (Code élect., art. 55 à 57.) — Cassation, 25 juin 1906, *Pasic.*, 1906, I, 319.

— *Transfert. — Déclaration. — Sens des mots :* moment du départ.

L'expression *moment du départ* dont se sert la loi à propos des déclarations de changement de domicile doit être entendue en ce sens qu'il suffit que ces déclarations soient faites dans le mois du changement effectif de résidence. (Code élect., art. 57.) — Cassation, 18 juin 1906, *Pasic.*, 1906, I, 304.

— — *Offre de preuve. — Appréciation souveraine.*

Il appartient à la cour d'appel de déclarer qu'une offre de preuve tendant à établir qu'un électeur a établi son domicile dans une commune à la date du 1er juillet, alors que la liste mentionne la date du 24 août, est irrelevante parce que cette offre de preuve ne tend pas à établir que la déclaration de transfert de domicile en date du 24 août aurait été tardive. (Code élect., art. 55 à 57.) — Cassation, 14 mai 1906, *Pasic.*, 1906, I, 234.

FOI DUE. — *Conclusions.*

Lorsque l'extrait du rôle des contributions dont l'article est visé à la liste est au nom de la femme et des enfants qu'elle a retenus d'un précédent mariage, viole la foi due aux conclusions l'arrêt qui attribue à l'intéressé la totalité du revenu sans rencontrer les conclusions qui lui contestaient le droit de s'attribuer, dans ce revenu collectif, la part afférant aux enfants de sa femme issus d'un premier mariage. (Code civ., art. 1319 et 1320.) — Cassation, 28 mai 1906, *Pasic.*, 1906, I, 272.

— — *Demande reconventionnelle. — Omission de statuer.*

Méconnaît la foi due aux conclusions des parties l'arrêt qui se borne à rejeter la réclamation dirigée contre l'inscription d'un électeur et qui omet de statuer sur la demande reconventionnelle de celui-ci. (Const., art. 97; code civ., art. 1317 et 1319; code élect., art. 99.) — Cassation, 30 avril 1906, *Pasic.*, 1906, I, 210.

27

— — Rôle. — Extrait.

Lorsque, à l'appui de la réclamation tendant à la suppression d'un vote supplémentaire, à défaut de payement de la contribution pour l'année antérieure, le demandeur invoque expressément le double des rôles déposé au greffe, portant la mention R. P. (rien payé), viole la foi due aux conclusions l'arrêt qui rejette la demande en se basant exclusivement sur la copie erronée du rôle, versée au dossier. — Cassation, 5 juin 1906, *Pasic.*, 1906, I, 282.

— Liste. — Conclusions. — Domicile. — Notification du recours.

Viole la foi due à la liste et aux conclusions l'arrêt qui déclare nul un recours, sous prétexte qu'il aurait été notifié à l'intéressé à Dilbeek, tandis qu'il résulterait de la liste et du recours que celui-ci est domicilié à Itterbeek, alors, au contraire, qu'il résulte de la liste électorale de Dilbeek, dont on voulait le faire rayer, que l'intéressé y est renseigné comme demeurant à Dilbeek. — Cassation, 15 mai 1906, *Pasic.*, 1906, I, 244.

— — Conclusions. — Extrait erroné. — Liste déposée au greffe.

Méconnaît la foi due à la liste et aux conclusions l'arrêt qui, se basant sur l'extrait erroné, délivré par le commissaire d'arrondissement, rejette une demande tendant à la réduction à une de deux voix supplémentaires, par le seul motif que l'électeur, objet de cette réclamation, ne figure à la liste qu'avec une voix supplémentaire. — Cassation, 28 mai 1906, *Pasic.*, 1906, I, 278, et 5 juin 1906, *Pasic.*, 1906, I, 283.

INCAPACITÉS. — *Condamnation. — Demande en inscription. — Absence d'intervention. — Rejet d'office.*

Il appartient à la cour d'appel, même en l'absence de toute intervention et de toute contestation, de rejeter la demande en inscription formée par celui qui a été rayé des listes provisoires pour cause de suspension du droit de vote, à la suite d'une condamnation, alors qu'il est simplement allégué que la suspension du droit de vote aurait pris fin. (Code élect., art. 21.) — Cassation, 5 juin 1906, *Pasic.*, 1906, I, 281.

— Radiation. — Preuve de l'expiration du terme d'incapacité. — Appréciation souveraine.

Le juge du fond décide souverainement que celui qui demande l'inscription d'un électeur rayé des listes, du chef d'une condamnation, n'a pas prouvé, notamment par la production d'un extrait du jugement de condamnation, que le terme de la suspension des droits électoraux a pris fin. (Code élect., art. 72.) — Cassation, 11 juin 1906, *Pasic.*, 1906, I, 295.

LISTES ÉLECTORALES. — *Liste provisoire. — Erreur matérielle. — Rectification d'office. — Illégalité.*

Le collège échevinal ne peut, même sous prétexte de réparer une erreur matérielle, modifier les listes provisoires après qu'elles ont été soumises à l'inspection du public, sans observer les formalités prescrites par la loi. (Code élect., art. 74, 79 et 82.) — Cassation, 5 juin 1906, *Pasic.*, 1906, I, 283.

MILITAIRES. — *Suspension du droit de vote. — Commis attachés à un parquet militaire.*

Le droit de vote n'est pas suspendu pour les commis attachés à un parquet militaire, avec rang de sergent-major faisant partie du bataillon d'administration. (Code élect., art. 61.) — Cassation, 21 mai 1906, *Pasic.*, 1906, I, 252.

— — Adjudant de matériel d'artillerie.

Le droit de vote des adjudants de matériel d'artillerie n'est pas suspendu. (Code élect., art. 61.) — Cassation, 21 mai 1906, *Pasic.*, 1906, I, 253.

MOTIFS. — *Conclusions non rencontrées. — Offre de preuve. — Rejet non motivé.*

N'est pas motivé l'arrêt qui, sans rencontrer les conclusions du demandeur, rejette sa réclamation sans statuer sur une offre de preuve. (Const., art. 97.) — Cassation, 22 mai 1906, *Pasic.*, 1906, I, 254.

— Contradiction.

Est contradictoire et non motivé l'arrêt qui, refusant l'attribution d'une quatrième voix demandée du chef de l'électorat communal, par un électeur déjà inscrit sur les listes avec deux voix supplémentaires en vertu de l'article 6 du code électoral, lui reconnaît, en plus, le droit de se compter un revenu cadastral et d'invoquer l'article 5. — Cassation, 15 mai 1906, *Pasic.*, 1906, I, 241.

NATIONALITÉ. — *Absence de l'indication de la date de naissance. — Présomption de l'article 76.*

Lorsque la liste n'indique pas la date de la naissance, la présomption est détruite; dès lors, l'électeur qui était inscrit devient demandeur en inscription et il peut, pour établir sa nationalité, se prévaloir de l'article 76 en prouvant qu'il est né en Belgique d'un père né lui-même en Belgique. (Code élect., art. 76 et 83.) — Cassation, 21 mai 1906, *Pasic.*, 1906, I, 251.

— *Actes.* — *Appréciation souveraine.*

Le juge du fond apprécie souverainement, d'après les actes produits, par une interprétation non contraire à leurs termes, la nationalité. — Cassation, 15 mai 1906, *Pasic.*, 1906, I, 240.

————

. — *Annexion de territoire.* — *Traités des 30 mai 1814 et 20 novembre 1815.* — *Délai de six ans.* — *Droit d'émigration.*

Le droit concédé par les traités de 1814 et de 1815 aux habitants des communes cédées à la Prusse de se retirer dans un délai de six ans dans tel pays qu'il leur plaira de choisir est sans rapport avec les questions de nationalité et leur concède uniquement le droit d'émigration sans devoir payer des droits fiscaux. (Traités des 30 mai 1814, art. 17, et 20 novembre 1815, art. 7.) — Cassation, 22 mai 1906, *Pasic.*, 1906, I, 266 et 267.

————

— *Inscription sur les listes.* — *Présomption.* — *Preuve contraire.*

L'électeur inscrit sur les listes définitives est couvert par la présomption et présumé Belge aussi longtemps que le demandeur en radiation n'a pas fait la preuve contraire. (Code élect., art. 76 et 83.) — Cassation, 15 mai 1906, *Pasic.*, 1906, I, 241.

————

— *Lieu de naissance.* — *Preuve.*

Il appartient au juge du fond de décider, pour en déduire la nationalité de l'intéressé né en Belgique, que la naissance du père en Belgique est établie par une copie certifiée conforme par le greffier du tribunal de première instance, d'un acte de baptême dressé en 1805 et par un extrait régulier de son acte de mariage constatant la naissance à cette date. (Code civ., art. 76; code élect., art. 76.) — Cassation, 14 mai 1906, *Pasic.*, 1906, I, 237.

————

— *Loi fondamentale.* — *Naissance sur le sol.* — *Parents étrangers à l'ancien royaume des Pays-Bas.*

Est Belge en vertu de l'article 8 de la loi fondamentale du 24 août 1815, celui qui est né à Anvers sous le régime de cette loi d'un père étranger à l'ancien royaume des Pays-Bas, domicilié à Anvers au moment de la naissance de son fils. (Loi fondamentale du 24 août 1815, art 8.) — Cassation, 22 mai 1906, *Pasic.*, 1906, I, 260.

— — *Naissance sur le sol.* — *Parents non hollandais.*

L'article 8 de la loi fondamentale n'est applicable qu'à ceux qui sont nés en Belgique de parents étrangers aux Pays-Bas; il ne suffit donc pas de prouver, pour en déduire la qualité de Belge, la naissance en Belgique d'un père « non Hollandais ». (Loi fondam. du 24 août 1815, art. 8.) — Cassation, 22 mai 1906, *Pasic.*, 1906, I, 265.

————

— *Naissance à Moresnet.* — *Territoire neutre.* — *Preuve.*

Celui dont l'indigénat est contesté doit prouver que son aïeul, né à Moresnet sous l'ancien droit, est né dans la partie du territoire de cette commune considérée comme neutre par les traités des limites du 26 juin 1816. (Loi élect. du 12 avril 1894, art. 66, litt. F; code civ., art. 10 et 45, § 2.) — Cassation, 22 mai 1906, *Pasic.*, 1906, I, 267.

————

— *Naissance en Hollande en 1806.* — *Parents originaires.* — *Promulgation du code civil en Belgique et en Hollande.*

Est étranger par filiation au regard du code civil, promulgué en Belgique en 1803, celui qui est né sur le territoire des Pays-Bas, de parents originaires, en 1896, avant que le code civil n'y fût promulgué. (Code civ., art. 10.) — Cassation, 15 mai 1906, *Pasic.*, 1906, I, 242.

————

— *Naturels de la principauté de Stavelot.* — *Français par l'annexion.* — *Résidence dans une des communes cédées en 1815 au royaume des Pays-Bas, attribuées à la Belgique après la séparation.*

Les naturels de la principauté de Stavelot sont devenus Français par l'annexion à la France, en vertu des décrets de 1793-1795.

Etablis dans une des communes de cette principauté au moment de leur réunion au royaume des Pays-Bas en 1815, mais cédés à la Belgique après la séparation, ils sont Belges. — Cassation, 22 mai 1906, *Pasic.*, 1906, I, 268.

————

— *Présomption légale.* — *Naissance de l'aïeul à l'étranger.* — *Maintien.*

La présomption résultant de l'inscription sur la liste n'est pas détruite par le seul fait que l'aïeul de l'intéressé est né à l'étranger. (Code civ., art. 10.) — Cassation, 15 mai 1906, *Pasic.*, 1906, I, 246.

————

— — *Option de patrie faite par le père.* — *Appréciation souveraine.*

Il appartient au juge du fond de décider, d'après les circonstances de la cause, que la présomption légale de nationalité en faveur d'un électeur, né en Belgique d'un père né lui-même en Belgique, n'est pas détruite par une déclaration d'option de patrie faite par le dit père. (Code élect., art. 76.) — Cassation, 28 mai 1906, *Pasic.*, 1906, I, 274.

— — *Preuve du lieu de naissance du père.* — *Acte de naissance de l'intéressé.* — *Absence de preuve.*

Ne peut invoquer la présomption de l'article 76 celui qui, pour établir la naissance en Belgique de son père, se borne à produire son propre acte de naissance, portant que son père est né en Belgique. (Code élect., art. 76 ; code civ., art. 34, 35 et 57.) — Cassation, 21 mai 1906, *Pasic.*, 1906, I, 250.

— — *Registres de population.* — *Défaut de force probante.*

Les mentions d'un registre de population concernant la nationalité ne sauraient, à elles seules, renverser la présomption légale de nationalité établie par la loi en faveur de celui qui est né en Belgique d'un père né lui-même en Belgique. (Code élect., art. 76.)

La cour d'appel constate souverainement, sur le vu d'un extrait du registre de population, qu'un électeur a, dans une commune, sa résidence habituelle constitutive de son domicile électoral. (Code élect., art. 56.) — Cassation, 30 avril 1906, *Pasic.*, 1906, I, 210.

— *Présomption résultant de l'inscription.* — *Présomption basée sur la naissance en Belgique d'un père né en Belgique.*

Le défendeur en radiation né en Belgique, et obligé de prouver sa nationalité lorsque la présomption créée par l'article 83 est détruite, peut invoquer à son profit la présomption légale résultant de la circonstance que son père est également né en Belgique. (Code élect., art. 76.) — Cassation, 30 avril 1906, *Pasic.*, 1906, I, 208.

— *Preuve.* — *Appréciation souveraine.*

La preuve de la nationalité n'étant pas soumise à la production de certaines pièces déterminées, il appartient au juge du fond d'apprécier souverainement, par une interprétation non contraire à leur texte, que l'extranéité résulte des pièces produites. — Cassation, 15 mai 1906, *Pasic.*, 1906, I, 247.

PIÈCES JUSTIFICATIVES. — *Production.* — *Pouvoir discrétionnaire.*

La cour d'appel saisie d'une demande en radiation peut, « si elle le juge convenable », ordonner la production de pièces sans devoir pour cela, et à peine de nullité, invoquer la force majeure. (Code élect., art 102.) — Cassation, 30 avril 1906, *Pasic.*, 1906, I, 208.

POURVOI. — *Erreur dans un extrait du rôle.* — *Moyen nouveau.* — *Non-recevabilité.*

Le moyen tiré de ce qu'un extrait du rôle, pour la contribution personnelle, pour 1904, porte, par une erreur du receveur dont l'électeur ne saurait être responsable, le millésime de 1905 est nouveau et, partant, non recevable si la méprise n'a pas été signalée au juge du fond. — Cassation, 14 mai 1906, *Pasic.*, 1906, I, 237.

— *Expédition de l'arrêt attaqué.* — *Non signée par le greffier.*

Une expédition régulière de l'arrêt attaqué doit, à peine de déchéance, être remise au greffe de la cour d'appel dans les quinze jours de l'arrêt attaqué. (Code élect., art. 116.) — Cassation, 21 mai 1906, *Pasic.*, 1906, I, 251.

— *Moyen.* — *Disposition violée non indiquée.* — *Non-recevabilité.*

Est non recevable le moyen tiré de la violation de l'article 83 du code électoral, alors que le pourvoi ne mentionne pas cette disposition au nombre de celles dont il accuse la violation. (Code élect., art. 116.) — Cassation, 15 mai 1906, *Pasic.*, 1906, I, 240.

— — *Mutation d'immeubles.* — *Manque de base.*

Manque de base, en fait, le moyen tiré de l'aliénation d'immeubles, à raison desquels un vote supplémentaire a été attribué, alors que l'électeur à qui on l'oppose n'est pas la personne dont le nom figure sur le relevé des mutations produit à l'appui du pourvoi. — Cassation, 28 mai 1906, *Pasic.*, 1906, I, 279.

— *Rôle non communiqué.* — *Moyen nouveau.* — *Non-recevabilité.*

Est nouveau et, partant, non recevable, le moyen tiré de la violation de la foi due à un rôle des contributions qui n'a été ni produit en extrait ni invoqué en conclusions devant le juge du fond. — Cassation, 14 mai 1906, *Pasic.*, 1906, I, 232.

— Signification. — Erreur de prénom. — Procuration. — Moyen nouveau. — Ordre public. — Action populaire. — Arrondissement électoral composé de plusieurs arrondissements administratifs.

Une erreur de prénom dans la signification d'un recours en cassation est sans importance, alors qu'aucun préjudice n'est allégué, que la notification a été faite à personne et qu'il a été répondu au pourvoi.

Une procuration aux fins de représenter une partie devant la cour d'appel et, le cas échéant, devant la cour de cassation est suffisante. (1re espèce.)

Manque de base en fait le moyen tiré de ce qu'une procuration aurait été retirée du dossier, alors qu'elle s'y retrouve sans que rien ne démontre qu'elle en aurait été, à certain moment, distraite. (Code élect., art. 100, § 3.) (2e espèce.)

Le moyen relatif à l'étendue de l'action populaire touche à l'ordre public et peut être produit, pour la première fois, devant la cour de cassation.

Tout individu jouissant de ses droits civils et politiques peut exercer l'action populaire dans l' « arrondissement électoral » dans lequel il a sa résidence habituelle, sans qu'il y ait lieu de distinguer si cet arrondissement électoral renferme un ou plusieurs arrondissements administratifs. (Code élect., art. 91; loi du 29 décembre 1899, art. 1er.)— Cassation, 14 mai 1906, *Pasic.*, 1906, I, 226.

— Tardiveté.

Est tardif le pourvoi déposé, le 30 avril, au greffe de la cour d'appel contre un arrêt rendu, en matière électorale, le 14 du dit mois. (Code élect., art. 116, § 2.) — Cassation, 28 mai 1906, *Pasic.*, 1906, I, 276.

PRÉSOMPTION RÉSULTANT DE L'INSCRIPTION. — *Le collège échevinal est censé avoir constaté les conditions.*

L'inscription sur les listes fait présumer que le collège, sur le vu des pièces produites et tous autres documents en sa possession, a constaté que l'inscrit possédait les conditions de l'électorat avec le nombre de voix pour lequel il l'a inscrit. — Cassation, 28 mai 1906, *Pasic.*, 1906, I, 274.

— Liste. — Extrait du rôle. — Prénoms différents. — Présomption détruite. — Appréciation souveraine.

Lorsque celui qui est inscrit sur la liste y figure avec un prénom différent de celui qui lui est attribué par l'extrait du rôle des contributions, la cour d'appel apprécie souverainement : 1o que la présomption est détruite ; 2o qu'il n'est point établi que le demandeur peut s'attribuer cette contribution pour obtenir un vote supplémentaire. (Code élect., art. 83.) — Cassation, 14 mai 1906, *Pasic.*, 1906, I, 239.

— Mentions relatives au domicile. — Appréciation souveraine.

La cour d'appel apprécie souverainement : 1o que la présomption est détruite à défaut par la liste d'indiquer le domicile d'une façon suffisamment précise ; 2o la valeur probante des pièces produites. — Cassation, 15 mai 1906, *Pasic.*, 1906, I, 245.

— Voix supplémentaire du chef de la propriété seule contestée. — Suppression de deux voix supplémentaires.

L'arrêt qui ordonne qu'un électeur inscrit sur la liste avec trois voix n'y figurera plus qu'avec une voix, alors que sa qualité de propriétaire était seule en contestation, méconnaît la présomption attachée aux énonciations de la liste. (Code élect., art. 83.) — Cassation, 14 mai 1906, *Pasic.*, 1906, I, 232.

PREUVE. — *Électeur inscrit. — Personne décédée. — Identité non prouvée. — Appréciation souveraine.*

La cour d'appel décide souverainement que l'identité entre un électeur décédé et un autre, dont on poursuit la radiation, n'est pas établie. — Cassation, 28 mai 1906, *Pasic.*, 1906, I, 277.

— Liste provisoire. — Radiation. — Conditions de l'électorat.

Celui qui, rayé de la liste provisoire, demande son inscription sur la liste définitive ne peut invoquer le principe de la permanence des listes et doit, pour être inscrit sur la liste définitive, justifier de toutes les conditions de l'électorat. — Cassation, 15 mai 1906, *Pasic.*, 1906, I, 248.

— Radiation pour condamnation. — Nécessité de prouver l'absence de condamnation entraînant l'incapacité.

Il appartient au juge du fond de rejeter une demande d'inscription, alors que le collège ayant rayé l'intéressé sous prétexte qu'il est privé de ses droits électoraux à la suite d'une condamnation, le demandeur, intervenant, s'abstient d'établir que l'intéressé n'a pas subi de condamnation autre que celle qu'il reconnaissait avoir encourue en 1891 et qui aurait été conditionnelle. (Code élect., art. 20, 21 et 64, litt. E.) — Cassation, 22 mai 1906, *Pasic.*, 1906, I, 255.

RÉCLAMATION. — *Absence de réclamation écrite. — Preuve à fournir par le défendeur de son existence.*

Il incombe au défendeur dont la radiation de la liste définitive est demandée par le motif que n'étant pas porté sur la liste provisoire il a été inscrit par le collège, en l'absence de toute réclamation écrite jointe au dossier, d'établir l'existence de pareille réclamation. (Code élect., art. 74 et 77.) — Cassation, 11 juin 1906, *Pasic.*, 1906, I, 296.

RECOURS. — *Classement erroné de pièces dans un autre dossier. — Jonction des affaires. — Connexité. — Commissaire d'arrondissement. — Absence de faute de sa part. — Tardiveté.*

Lorsque les pièces qui doivent être produites dans le premier délai pour justifier le recours ont par erreur été versées dans un autre dossier, le demandeur ne peut, en demandant à la cour la jonction des affaires qui, du reste, ne peut être ordonnée qu'à raison de la connexité, les invoquer sans qu'il soit établi que l'erreur de classement est imputable au commissaire d'arrondissement. (Code élect., art. 97, 100 et 106.) — Cassation, 30 avril 1906, *Pasic.*, 1906, I, 211.

— *Défendeur. — Mémoire en réponse. — Dépôt. — Greffe de la cour d'appel.*

C'est au greffe de la cour d'appel que le défendeur doit, dans les huit jours, déposer ses mémoires et pièces en réponse. (Code élect., art. 116.) — Cassation, 22 mai 1906, *Pasic.*, 1906, I, 255.

— *Demande en inscription. — Réclamation préalable devant le collège échevinal. — Radiation des listes provisoires. — Recevabilité.*

La cour d'appel peut ordonner l'inscription d'un électeur sur les listes électorales, alors même que celle-ci n'a pas été demandée à l'autorité communale, si l'intéressé inscrit sur la liste provisoire a été rayé des listes à la suite de la revision supplémentaire de celles-ci. (Code élect., art. 90, § 2, 70 à 72.) — Cassation, 11 juin 1906, *Pasic.*, 1906, I, 299.

— *Objet. — Intérêt. — Absence. — Non-recevabilité.*

Le droit de réclamation de l'intéressé, comme de celui qui exerce l'action populaire, est limité aux cas où la capacité électorale est en jeu.

Par suite n'est pas recevable le recours tendant à faire rectifier sur la liste l'indication de la demeure de l'électeur inscrit. (Code élect., art. 90.) — Cassation, 5 juin 1906, *Pasic.*, 1906, I, 286.

— *Radiation. — Défendeur. — Date de la production des pièces.*

Le défendeur sur une demande en radiation ou en réduction de votes doit produire ses pièces et conclusions au plus tard le 31 janvier. (Code élect., art. 97.) — Cassation, 28 mai 1906, *Pasic.*, 1906, I, 276.

— *Requête. — Notification. — Exposé sommaire des moyens. — Absence. — Recevabilité.*

Est régulier le recours fait par requête déposée et signifiée conformément à l'article 93 du code électoral qui n'exige pas, comme l'article 61 du code de procédure civile, qu'elle contienne un exposé sommaire des moyens. (Code élect., art. 93.) — Cassation, 21 mai 1906, *Pasic.*, 1906, I, 252 et 253.

VOTES SUPPLÉMENTAIRES. — *Capacité. — Instituteur. — Durée de l'exercice des fonctions. — Mentions de la liste.*

Le droit aux votes supplémentaires n'étant acquis à celui qui est porteur d'un diplôme d'instituteur que s'il a exercé ces fonctions pendant cinq ans au moins, la mention relative à l'exercice des dites fonctions doit résulter de la liste électorale et ne saurait être présumée. (Code élect., art. 19, § 16, et 83) — Cassation, 5 juin 1906, *Pasic.*, 1906, I, 289.

— — *Instituteur. — Suppression de la voix du père de famille. — Maintien des deux votes supplémentaires.*

Doit être cassé l'arrêt qui, supprimant à un instituteur muni du diplôme légal et ayant plus de cinq ans de fonctions la voix, seule contestée, du reste, du chef de la contribution personnelle de la maison qu'il occupe avec son père, dit qu'il ne restera inscrit qu'avec deux voix pour les Chambres et la province et trois pour la commune. (Code élect., art. 19.) — Cassation, 11 juin 1906, *Pasic.*, 1906, I, 297.

— — *Médecin vétérinaire. — Preuve. — Diplôme. — Certificats insuffisants.*

Des certificats délivrés par le directeur de l'école vétérinaire et par le ministre de l'agriculture ne peuvent tenir lieu d'un diplôme de médecin vétérinaire non produit. (Code élect., art. 17.) — Cassation, 11 juin 1906, *Pasic.*, 1906, I, 298.

— — *Pièces produites.* — *Non spécifiées et non en possession du collège.* — *Instituteur communal.* — *Instituteur de l'Etat.*

Les pièces dont peut résulter la preuve de l'électorat, qui se trouvent, en original ou en copie, en possession de l'administration communale, ne doivent pas être produites à condition d'être suffisamment spécifiées; la cour ne peut inscrire, avec un vote supplémentaire, celui dont le collège a rejeté la demande, par le motif qu'il ne justifiait pas de l'exercice de la fonction pendant cinq ans, en se basant sur un certificat constatant qu'il a exercé, pendant ce délai, les fonctions d'instituteur dans une école moyenne de l'Etat. (Code élect., art. 75, § 3.) — Cassation, 15 mai 1906, *Pasic.*, 1906, I, 244.

— — *Professeur.* — *Diplôme.*

Celui qui a exercé la profession de pharmacien antérieurement au 1er juillet, ou l'exerce à cette date, est couvert par la présomption de capacité et dispensé de produire son diplôme. (Const., art. 47; code élect., art. 17a et 19, 8°.) — Cassation, 14 mai 1906, *Pasic.*, 1906, I, 238.

— *Chef de famille.* — *Contribution personnelle.* — *Payement partiel.* — *Imputation.*

La question de savoir si un payement à valoir sur des contributions personnelles portées au rôle au profit de l'Etat, de la province et de la commune éteint la dette du contribuable envers l'Etat, de préférence à celles envers la province et la commune, est une question d'imputation de payements soumise aux règles du droit commun et du domaine exclusif du juge du fond. (Code civ., art. 1253 et suiv.) — Cassation, 14 mai 1906, *Pasic.*, 1906, I, 235.

— — *Contribution personnelle.* — *Présomption détruite.* — *Preuve.*

Il incombe à l'électeur inscrit sur la liste avec une mention erronée, et la présomption étant ainsi détruite, d'établir, dans le premier délai, qu'il a été utilement cotisé pour l'année courante et pour l'année antérieure. — Cassation, 5 juin 1906, *Pasic.*, 1906, I, 287.

— — *Contribution personnelle.* — *Principal occupant.* — *Père installé temporairement chez son fils.*

Le père installé temporairement chez un de ses fils n'a pas le droit de se compter le montant de la contribution personnelle pour laquelle ce fils est imposé. Il appartient à la cour d'appel d'apprécier souverainement les conditions de cette cohabitation et aux fins d'en déduire si le père a droit ou non au bénéfice de l'article 16 du code électoral. (Code élect., art. 16.) — Cassation, 14 mai 1906, *Pasic.*, 1906, I, 236.

— — *Contribution personnelle au nom de la femme.* — *Date du mariage.*

C'est à partir du jour de la célébration du mariage, et non à compter du premier du mois qui suit cette date, que les contributions de la femme comptent au mari. (Code élect., art. 16.) — Cassation, 5 juin 1906, *Pasic.*, 1906, I, 285.

— — *Contribution personnelle au nom d'un tiers.* — *Erreur.* — *Preuve testimoniale.*

Lorsque la contribution personnelle est indûment portée au nom d'un tiers et alors même que celui-ci a fait la déclaration et en a payé le montant, la preuve de l'erreur peut être fournie devant les juridictions électorales par tous moyens de droit. (Code élect., art. 14.) — Cassation, 15 mai 1906, *Pasic.*, 1906, I, 242.

— *Propriété.* — *Article de la matrice cadastrale.* — *Erreur.* — *Indication des articles concernant l'électeur.*

La présomption étant détruite, les articles de la matrice cadastrale renseignés à la liste figurant au nom d'un tiers, la cour décide à bon droit que l'intéressé a justifié de son droit en invoquant, dans ses premières conclusions, les numéros de la matrice cadastrale le concernant réellement et mentionnés au double des rôles déposé au greffe et qui font partie du dossier. — Cassation, 22 mai 1906, *Pasic.*, 1906, I, 262.

— — *Article de la matrice cadastrale au nom du père décédé.* — *Attribution d'une part dans le revenu.* — *Présomption non détruite.*

Lorsque la liste attribue à l'intéressé une part dans un revenu qui figure encore à la matrice cadastrale sous le nom du père de l'intéressé, dont la liste rappelle le décès, la cour apprécie souverainement que la présomption n'est pas détruite. (Code élect., art. 68 et 83.) — Cassation, 28 mai 1906, *Pasic.*, 1906, I, 271.

— — *Déclaration de succession.* — *Portée.* — *Appréciation souveraine.*

La cour d'appel apprécie souverainement la portée d'une déclaration de succession pour en déduire que l'inexactitude d'une mention de la liste n'étant pas démontrée, la présomption subsiste. (Code élect., art. 83.) — Cassation, 5 juin 1906, *Pasic.*, 1906, I, 284.

— — *Immeubles achetés en commun revenant au dernier survivant.* — *Interprétation souveraine.*

La cour d'appel apprécie souverainement' par une interprétation non contraire au texte de l'acte, qu'une vente consentie aux six acquéreurs y dénommés, avec stipulation que l'acquisition est faite au profit du survivant, doit être entendue en ce sens que les immeubles achetés en commun resteront la propriété du survivant d'eux, et qu'actuellement les acquéreurs en sont les propriétaires. — Cassation, 5 juin 1906, *Pasic.*, 1906, I, 289.

— — *Immeubles vendus.* — *Extrait délivré par le conservateur des hypothèques.* — *Appréciation souveraine.*

La cour d'appel apprécie souverainement, par une interprétation non contraire à son texte, qu'il résulte d'un extrait délivré par le conservateur des hypothèques que les biens du chef desquels un vote supplémentaire était attribué à un électeur inscrit ne lui appartiennent plus. — Cassation, 22 mai 1906, *Pasic.*, 1906, I, 257.

— — *Imposition collective.* — *Mère et enfants.* — *Qualité d'enfant de l'électeur.*

Lorsque la liste contenant les indications prescrites par l'article 68 du code électoral attribue à l'électeur inscrit une part dans un revenu collectif, figurant au nom de la mère veuve et enfants, la cour apprécie souverainement que l'intéressé est un des enfants. (Code élect., art. 83.)—Cassation, 22 mai 1906, *Pasic.*, 1906, I, 263.

— — *Imposition collective.* — *Père et enfants.* — *Enfants seuls.* — *Présomption non détruite.*

La présomption n'est pas détruite si le collège attribué à l'électeur, qu'il inscrit en se conformant aux indications de l'article 68, une part dans un revenu collectif, alors que ce revenu est inscrit au rôle des contributions, non comme la liste le porte par erreur « l'intéressé *et* les enfants », mais « les enfants ». (Code élect., art. 83.)—Cassation, 22 mai 1906, *Pasic.*, 1906, I, 264.

— — *Imposition collective.* — *Part.* — *Pouvoirs du collège.*

Celui qui réclame devant le collège son inscription sur les listes électorales, du chef d'un revenu cadastral porté aux rôles de la commune, n'a pas à fournir un extrait de ces rôles, lesquels se trouvent en possession de l'administration communale. (Code élect., art. 64a et 75.)

Il appartient au collège de puiser, quant à la part revenant à l'électeur dans une cotisation collective, sa conviction dans toutes les pièces et dans tous les éléments de preuve se trouvant à sa disposition. (Code élect., art. 14.) — Cassation, 28 mai 1906, *Pasic.*, 1906, I, 278.

— — *Imposition collective.* — *Preuve.* — *Appréciation souveraine.*

La cour d'appel décide souverainement que le demandeur n'a pas prouvé que l'électeur inscrit pour une part dans un revenu collectif ne peut s'attribuer pareille quotité. (Code élect., art. 83.)— Cassation, 22 mai 1906, *Pasic.*, 1906, I, 262.

— — *Imposition collective.* — *Quotité déterminée.* — *Appréciation souveraine.*

Le juge du fond décide souverainement que la présomption n'est pas détruite alors que la liste n'attribue à l'électeur qu'une quotité déterminée dans une imposition collective figurant « au nom de la mère de l'électeur et enfants ». — Cassation, 15 mai 1906, *Pasic.*, 1906, I, 247.

— — *Présomption renversée.* — *Double des rôles.* — *Conclusions.* — *Vérification par la cour.*

Lorsque, à défaut par la liste d'indiquer le numéro du rôle de la contribution foncière, la présomption est renversée, il appartient à la cour, en vérifiant le double des rôles déposé au greffe, expressément invoqué par l'intéressé dans ses conclusions, de décider que ce dernier est en droit de se prévaloir du revenu cadastral que la liste lui attribue. — Cassation, 5 juin 1906, *Pasic.*, 1906, I, 281.

— — *Revenu cadastral.* — *Deux articles.* — *Revenus suffisants d'après l'un.*

Il n'importe que la liste renvoie à deux articles du rôle dont l'un n'attribue aucun revenu à l'intéressé, si l'autre comporte un revenu suffisant pour justifier la part excédant 48 francs, attribuée à l'inscrit. (Code élect., art. 68.) — Cassation, 28 mai 1906, *Pasic.*, 1906, I, 270.

— — *Revenu cadastral collectif.* — *Part.* — *Appréciation souveraine.*

Il appartient à la cour, alors même que la présomption serait détruite, de constater, d'après les pièces produites par le demandeur en radiation, que l'électeur peut s'attribuer dans un revenu collectif porté au cadastre au nom de ses enfants, à raison de la minorité de plusieurs de ceux-ci, une part de 48 francs au moins. (Code élect., art. 5 et 83.) — Cassation, 14 mai 1906, *Pasic.*, 1906, I, 235.

— — *Revenu cadastral.* — *Part.* — *Appréciation souveraine.*

La cour d'appel décide souverainement, par une interprétation des pièces qui lui sont soumises, non contraire à leur contenu, qu'un électeur a droit à la part d'un revenu cadastral lui attribué par la liste électorale. — Cassation, 28 mai 1906, *Pasic.*, 1906, I, 277.

— — *Revenu cadastral.* — *Propriété annale.* — *Héritier.* — *Succession ouverte après le* 1er *juillet de l'année de la revision.*

L'héritier qui succède à une personne décédée après le 1er juillet de l'année de la revision des listes ne peut s'attribuer, pour cette année, le revenu cadastral afférant aux immeubles de cette succession. (Code élect., art. 8 et 15.) — Cassation, 28 mai 1906, *Pasic.*, 1906, I, 271.

— — *Revenu cadastral.* — *Propriété bâtie.* — *Fonds seul cadastré.* — *Achèvement de l'immeuble avant le* 1er *juillet.* — *Preuve.*

Lorsque la liste attribue à l'électeur un vote supplémentaire du chef d'un revenu cadastral supérieur à 48 francs à raison du fonds et des constructions, la présomption est détruite si l'extrait du rôle ne renseigne que le revenu cadastral inférieur à 48 francs pour le fonds.
Dans ce cas, il incombe à l'intéressé de prouver que la construction était achevée avant le 1er juillet. (Code élect., art. 5 et 83; loi du 5 juillet 1871, art. 3 et 4.) — Cassation, 22 mai 1906, *Pasic.*, 1906, I, 264.

— — *Revenu cadastral au nom de la femme et des enfants d'un précédent mariage.* — *Part attribuée à l'électeur.* — *Présomption non détruite.*

La présomption n'est pas détruite lorsque la liste attribue à l'électeur inscrit une part dans le revenu collectif cotisé au nom de la femme veuve et des enfants qu'elle a retenus d'un précédent mariage. (Code élect., art. 19, § 16.) — Cassation, 5 juin 1906, *Pasic.*, 1906, I, 283.

— — *Revenu cadastral au nom de la femme et des enfants d'un précédent mariage.* — *Présomption détruite.* — *Preuve.*

La présomption est détruite lorsque la liste attribue à un électeur le revenu cadastral de biens qui figurent au nom de sa femme et des enfants qu'elle a retenus d'un précédent mariage. (Code élect., art. 16 et 83.) — Cassation, 5 juin 1906, *Pasic.*, 1906, I, 287.

— — *Revenu cadastral attribué pour la totalité.* — *Imposition collective.* — *Enfants mineurs.* — *Preuve.*

Lorsqu'il résulte des rôles qu'un revenu cadastral attribué, par la liste électorale, à un électeur pour la totalité compète, en réalité, à celui-ci et à ses enfants, la présomption est renversée et il incombe au défendeur, demandeur en inscription, de prouver que ses enfants sont encore mineurs. (Code élect., art. 16 et 83.) — Cassation, 28 mai 1906, *Pasic.*, 1906, I, 275.

— *Demande en radiation.* — *Demande reconventionnelle.* — *Recevabilité.*

Le défendeur sur une demande en radiation peut, si la possession des votes supplémentaires qui lui sont attribués par la liste électorale de la commune où il est inscrit lui est contestée, justifier, dans les délais qui lui sont réservés pour conclure, de ses droits à des votes supplémentaires non indiqués sur la liste et solliciter, par demande reconventionnelle, l'attribution des votes dont il est justifié. (Code élect., art. 99.) — Cassation, 28 mai 1906, *Pasic.*, 1906, I, 272.

— *Domicile.* — *Demande en radiation.* — *Demande reconventionnelle.*

Sur une demande en radiation basée sur le défaut de domicile depuis plus d'un an avant le 1er juillet, le défendeur en radiation, dont l'inscription sur les listes électorales d'une autre commune n'est pas contestée, peut demander reconventionnellement l'attribution sur les listes électorales de cette commune des votes supplémentaires dont il justifie. (Code élect., art. 99.) — Cassation, 28 mai 1906, *Pasic.*, 1906, I, 273.

M

Mariage. — *Indigents.* — *Exemption de l'enregistrement et des droits de greffe.* — Loi du 24 décembre 1906. (*Moniteur* du 29 décembre.)

. . . .

Art. 12. — Sont exempts de la formalité de l'enregistrement et de tout droit de greffe les actes et pièces nécessaires au mariage des personnes dont l'indigence est constatée par un certificat du bourgmestre de leur résidence.

Conflits des lois. — *Convention internationale du 12 juin 1902.* — *Application de l'article 4 aux sujets suisses.* — Circulaire adressée le 24 novembre 1905 aux procureurs généraux près les cours d'appel par M. Van den Heuvel, ministre de la justice. (*Recueil des circu-*

laires, etc., du ministère de la justice, 1905, p. 233.)

J'ai l'honneur de vous prier de bien vouloir porter à la connaissance de MM. les officiers de l'état civil de votre ressort les renseignements qui suivent concernant l'application aux sujets suisses de l'article 4 de la Convention de La Haye du 12 juin 1902 sur le mariage, approuvée par la loi du 27 juin 1904 (*Moniteur* du 10 juillet 1904).

Cet article est sans application aux sujets suisses dans tous les cas où ceux-ci, usant de la faculté que leur confère l'article 25 de la loi fédérale suisse du 24 décembre 1874, se marient en Belgique conformément à notre législation. Mais il en est autrement lorsque les Suisses qui veulent contracter mariage en Belgique préfèrent invoquer les dispositions de leur loi nationale, par exemple quand celles-ci sont plus favorables que celles de la loi belge en ce qui concerne l'âge requis pour contracter mariage, l'autorisation des parents, etc.

En pareille hypothèse, il y a lieu d'exiger des sujets helvétiques la justification prévue à l'article 4.

Quant au mode suivant lequel les sujets suisses auront à établir qu'ils remplissent les conditions nécessaires d'après leur loi nationale, il résulte d'une communication du Conseil fédéral suisse que « les officiers d'état civil suisses sont compétents pour fournir cette preuve après que la publication des promesses de mariage a eu lieu sans soulever d'opposition. »

A cet effet l'officier d'état civil attestera au dos de l'acte de publication « qu'il a, sans qu'aucune opposition ait été notifiée, procédé aux publications de mariage ... et que rien ne s'oppose en conformité des lois suisses à la célébration du dit mariage ».

Ce mode de justification indiqué par le Conseil fédéral suisse sera considéré comme suffisant en Belgique.

Opposition. — Jugement de mainlevée. — Exécution provisoire. — Référé.

Les dispositions qui régissent le mariage sont d'ordre public. Le jugement qui donne mainlevée d'une opposition à mariage ne peut pas être déclaré exécutoire par provision nonobstant appel.

L'officier de l'état civil ne peut procéder à la célébration du mariage que si le jugement de mainlevée d'opposition a acquis force de chose jugée. — Tribunal civil de Bruxelles (référés), 3 janvier 1906, *Pasic.*, 1906, III, 60.

Voy. ÉTAT CIVIL.

Milice. — *Contingent de l'armée pour l'année 1907. — Loi du 24 décembre 1906.* (*Moniteur* des 24-25 décembre.)

ART. 1er. — Le contingent de l'armée sur pied de paix, pour 1907, est fixé à cent mille (100,000) hommes au maximum.

ART. 2. — Le contingent de la levée de milice, pour 1907, est fixé à treize mille trois cents (13,300) hommes.

Contingent pour la levée de 1907. — Répartition. — Arrêté royal du 26 avril 1907 contresigné par M. de Trooz, ministre de l'intérieur, etc. (*Moniteur* du 1er mai.)

Vu l'article 5 de la loi de milice;
Vu la loi du 24 décembre 1906 fixant le contingent pour la levée de 1907;
Sur la proposition de notre ministre de l'intérieur et de l'instruction publique,

Nous avons arrêté et arrêtons :

ART. 1er. — Le contingent de la levée de 1907 est réparti entre les provinces ainsi qu'il suit :

Provinces.	Hommes.
	—
Anvers	1,647
Brabant	2,470
Flandre occidentale. . .	1,675
Flandre orientale . . .	2,096
Hainaut	2,192
Liége	1,601
Limbourg	521
Luxembourg	448
Namur	650
Total. . .	13,300

ART. 2. — Le contingent assigné à chaque province sera réparti entre les cantons par le gouverneur, conformément à l'article 5 de la loi.

Prix du remplacement par le département de la guerre. — Rémunération allouée aux volontaires avec prime. — Arrêté royal du 22 septembre 1906, contresigné par M. Cousebant d'Alkemade, ministre de la guerre. (*Moniteur* du 27 septembre.)

Vu les articles 2, 12, 64*bis*, 64*ter*, 72, 72*bis*, 75, le § 2 de l'article 75*bis*, les articles 75*ter*, 78, 85 et 100 de la loi sur la milice, et la loi du 27 décembre 1885;
Vu nos arrêtés du 4 octobre 1873, n° 3160, et du 18 septembre 1905, n° 15264;
Sur la proposition de notre ministre de la guerre,

Nous avons arrêté et arrêtons :

ART. 1er. — Le prix du remplacement par le département de la guerre est fixé à seize cents francs (fr. 1,600) pour l'exercice 1906-1907, commençant le 1er octobre 1906 et finissant le 30 septembre 1907.

ART. 2. — La rémunération allouée aux volontaires avec prime est fixée comme suit, pour l'exercice 1906-1907 :

Celui qui, à dater du 2 octobre prochain, s'engagera pour un terme de milice prenant cours le 1er octobre 1907 recevra seize cents francs (fr. 1,600).

Celui qui prendra la place ou achèvera le terme d'un homme appartenant :

A la levée de 1906, recevra quinze cents francs;
	1905,	—	quatorze cents fr.;
	1904,	—	treize cents francs;
	1903,	—	douze cents francs;
	1902,	—	onze cents francs;
	1901,	—	mille francs;
	1900,	—	neuf cents francs;
	1899,	—	huit cents francs;
	1898,	—	sept cents francs;
	1897,	—	six cents francs;

A une classe antérieure recevra cinq cents francs.

Les volontaires mentionnés au présent article recevront une prime complémentaire de dix francs par mois de service actif; le payement de cette prime complémentaire est soumis aux règles tracées par l'article 3; l'article 4, 4°, 5°, 6°, 7°, 9°; les articles 5 et 6 de notre arrêté du 12 septembre 1902, n° 14286.

ART. 3. — La prime dont il s'agit au 2° et au 3° alinéas de l'article précédent sera payable de la manière suivante :

1° Lors de l'homologation de l'engagement, trois cents francs (fr. 300);

2° Après le 30 septembre 1908 (expiration de l'année de service prenant cours le 1er octobre 1907) et après l'accomplissement de chacune des années suivantes du terme de milice, cent francs (fr. 100).

La somme mentionnée au dernier alinéa de l'article précédent sera liquidée trimestriellement.

Les sommes dont le payement échoit avant que le bénéficiaire ait obtenu un congé illimité en vertu de l'article 85 de la loi sur la milice sont inscrites au nom du volontaire avec prime dans un livret de la Caisse générale d'épargne. Le titulaire du livret en disposera de la manière qui sera réglée par notre ministre de la guerre.

ART. 4. — Notre ministre de la guerre peut faire payer anticipativement aux ayants droit, qui en font la demande, les sommes délaissées par les volontaires avec prime décédés. Ces avances sont escomptées par la caisse de remplacement au taux de 3 p. c l'an.

Dans des cas exceptionnels, notre ministre de la guerre pourra aussi payer par anticipation, au même taux d'escompte, une partie des sommes mentionnées au § 2° de l'article 3 ci-dessus. Ces avances devront être motivées par des raisons d'humanité.

ART. 5. — Des prêts, a 3 p. c. l'an, pourront être faits, au moyen des fonds disponibles de la caisse de remplacement, aux volontaires avec prime qui désirent construire ou acheter une maison destinée à leur servir d'habitation. Le montant d'un prêt n'excédera pas la somme que le volontaire doit encore recevoir sur sa rémunération.

Le but de l'opération sera attesté par un certificat du comité de patronage de l'arrondissement (loi du 9 août 1889).

Notre ministre de la guerre déterminera les garanties à fournir par les emprunteurs.

ART. 6. — Le milicien qui obtient l'autorisation de se faire remplacer ou de faire suppléer son remplaçant par le département de la guerre doit, en se conformant aux prescriptions de la loi, verser dans la caisse du receveur de l'enregistrement :

Seize cents francs (fr. 1,600), s'il appartient à la levée de 1906;

Quinze cents francs (fr. 1,500), s'il appartient à la levée de 1905;

Quatorze cents francs (fr. 1,400), s'il appartient à la levée de 1904;

Treize cents francs (fr. 1,300), s'il appartient à la levée de 1903;

Douze cents francs (fr. 1,200), s'il appartient à la levée de 1902;

Onze cents francs (fr. 1,100), s'il appartient à la levée de 1901;

Mille francs (fr. 1,000), s'il appartient à la levée de 1900;

Neuf cents francs (fr. 900), s'il appartient à la levée de 1899;

Huit cents francs (fr. 800), s'il appartient à la levée de 1898;

Sept cents francs (fr. 700), s'il appartient à la levée de 1897;

Six cents francs (fr. 600), s'il appartient à la levée de 1896;

Cinq cents francs (fr. 500), s'il appartient à une levée antérieure.

ART. 7. — Les dispositions énoncées aux articles 4 et 5 ci-dessus sont applicables aux volontaires avec prime de toutes les classes non expédiées.

ART. 8. — Notre ministre de la guerre est chargé de l'exécution du présent arrêté, qui sera obligatoire à partir du 2 octobre 1906.

Engagements volontaires après le tirage au sort. — Certificat à produire. — Effets. — Circulaire adressée le 28 avril 1906 aux gouverneurs de province par M. de Trooz, ministre de l'intérieur, etc. (*Bulletin du ministère de l'intérieur, etc.*, 1906, II, 26.)

Chaque année, nombre de miliciens, après avoir obtenu au tirage au sort un numéro compris dans le contingent, s'enrôlent comme volontaires de carrière, mus par le désir de servir dans le corps de leur choix.

Ces engagements pouvant contrarier le bon recrutement des diverses armes, le ministre de la guerre a décidé de modifier comme suit le § 2 de l'instruction générale du 25 septembre 1902, n° 65357 :

« Le chef de corps s'assure de la régularité des pièces présentées. S'il admet le candidat, il lui fait signer l'engagement pour un terme de milice.

« S'il ne l'admet pas, il l'informe qu'il a le droit d'en appeler au ministre de la guerre. Le cas échéant, il transmet directement la réclamation accompagnée de ses considérations et avis.

« Celui qui se présente après avoir tiré au sort ne pourra s'enrôler que sur la production d'un certificat de milice portant que le numéro qui lui est échu ne sera très probablement pas atteint pour la formation du contingent.

« Il sera, en outre, prévenu que si son numéro était compris dans le contingent, il serait immatriculé comme milicien sans voir, au surplus, revivre les droits à l'exemption qu'il aurait pu invoquer, et que cette mesure entraînerait la résiliation de l'engagement, en même temps que la rémunération due aux volontaires de carrière cesserait de lui être attribuée à dater du jour de l'entrée au service actif des miliciens de sa classe.

« Les dispositions des deux derniers alinéas ci-dessus ne sont pas applicables aux candidats admis dans le personnel technique du service des secours (section des hôpitaux et section des infirmeries vétérinaires). »

Je vous prie, Monsieur le gouverneur, de vouloir bien, par la voie du *Mémorial administratif*, porter ces nouvelles instructions à la connaissance des intéressés et leur faire savoir, en même temps, que les certificats de milice du modèle n° 59 peuvent être employés pour établir la position des candidats volontaires se présentant après avoir tiré au sort.

Volontaires de carrière. — Engagement des ajournés. — Circulaire adressée le 22 décembre 1906 aux gouverneurs de province au nom de M. de Trooz, ministre de l'intérieur, etc., par M. Wouters, directeur général. (*Bulletin du ministère de l'intérieur, etc.*, 1906, II, 88.)

Les instructions du département de la guerre qui ont fait l'objet de ma circulaire du 28 avril dernier, n° 17538, ont prescrit, en termes généraux, de ne plus admettre à l'enrôlement les miliciens qui se présenteraient comme volontaires de carrière après avoir pris, au tirage au sort, un numéro atteint pour la formation du contingent, les engagements de l'espèce étant de nature à contrarier le bon recrutement des diverses armes.

J'ai l'honneur de vous faire savoir que cette prohibition englobe nécessairement les ajournés. Il est, en effet, incontestable que leur numéro a été atteint pour la formation du contingent (loi sur la milice, art. 15) D'autre part, ils sont de droit compris dans le contingent de l'année suivante, puisque l'article 19, *B*, de la loi leur attribue d'office les plus bas numéros sur la liste du tirage.

Cette situation serait d'autant plus caractérisée, en cas d'admission à l'engagement, que, par le seul fait de celui-ci, le droit au renouvellement de l'exemption serait éteint.

Il n'y a donc pas lieu, en principe, de délivrer un certificat de milice en vue de l'engagement de volontaire de carrière aux jeunes gens qui doivent être reportés sur la liste des ajournés au prochain tirage, à moins qu'il ne s'agisse d'un engagement dans le personnel technique du service des secours.

Rien ne s'oppose, d'ailleurs, à ce qu'un milicien exempté provisoirement se présente, dès le 1er octobre, en qualité de volontaire du contingent.

Certains exemptés peuvent, toutefois, se trouver dans une situation spéciale, notamment ceux qui auraient vu cesser la cause d'exemption dont ils se réclamaient et auraient, dès lors, le ferme désir de s'enrôler. Il peut se faire également que l'engagement de volontaire du contingent ne réponde pas au vœu des intéressés.

M. le ministre de la guerre est tout disposé à examiner les cas de l'espèce qui se présenteraient. A cette fin, lorsqu'un ajourné solliciterait un certificat de milice dans le but de servir comme volontaire de carrière, M. le gouverneur de province devrait adresser au département de la guerre un référé exposant les causes d'exemption admises en faveur de l'intéressé, les raisons pour lesquelles ce dernier désire renoncer à cette exemption et le régiment où il voudrait entrer.

Au préalable, il serait utile de prévenir le requérant que, s'il est admis à s'enrôler, il sera désigné pour le service par le conseil de milice et, par voie de conséquence, incorporé sur pièces comme milicien de la prochaine levée. Dès l'appel sous les drapeaux de cette levée, il se verra résilier son engagement et sera, à partir de ce moment, traité comme les miliciens de sa classe, notamment au point de vue du service actif à accomplir, lequel, aux termes de l'article 85 de la loi, prendra cours seulement lors de l'appel au service actif de son contingent.

Service militaire. —Convention franco-belge. — Répudiation de la nationalité française. — Circulaire adressée le 5 mars 1906 aux gouverneurs de province, au nom de M. de Trooz, ministre de l'intérieur, etc., par M. Wouters, directeur général. (*Bulletin du ministère de l'intérieur, etc.*, 1906, II, 17.)

Aux termes de la loi française du 22 juillet 1893 interprétative de l'article 8, n° 3, du code civil français, les formalités relatives à la déclaration de répudiation de la qualité de Français visées au n° 4 du dit article doivent être remplies à l'âge de la majorité par les jeunes gens nés en France d'un père Belge né en Belgique, si leur mère est née en France.

D'autre part, les susdites formalités doivent également être accomplies au même âge, par les jeunes gens dont s'occupe l'article 12, § 3, du même code, c'est-à-dire par les enfants mineurs d'un père ou d'une mère survivant qui se font naturaliser Français.

Des doutes se sont élevés sur le point de savoir si les individus d'origine belge qui sont devenus Français par suite des dispositions qui font l'objet des articles 8, n°s 3 et 12, § 3, précités du code civil français sont tenus de répudier la nationalité française alors même qu'ils ne seraient pas domiciliés en France à leur majorité.

J'ai l'honneur de vous faire savoir que cette question doit être résolue affirmativement.

En effet, les dispositions dont il s'agit du code civil français ne distinguent pas entre les personnes qui sont domiciliées en France et celles qui ne le sont pas.

Je vous prie, en conséquence, Monsieur le gouverneur, de vouloir bien tenir la main à ce que tous les jeunes gens d'origine belge, auxquels la France attribue la qualité de Français par application des articles 8, n°s 3 et 12, § 3, de son code civil, aient toujours dé-ormais leur attention attirée, en temps utile, sur l'obligation qu'ils ont de remplir, à l'âge de leur majorité, les formalités prévues à l'article 8, n° 4, du susdit code, s'ils désirent répudier la nationalité française.

Inscription des Allemands d'origine. — *Instructions.* — Circulaire adressée le 20 décembre 1906 aux gouverneurs de province par M. de Trooz, ministre de l'intérieur, etc. (*Bulletin du ministère de l'intérieur, etc.*, 1906, II, 87.)

Aux termes de l'article 7, *B*, de la loi sur la milice, les étrangers qui ne justifient d'aucune nationalité déterminée doivent se faire inscrire dans l'année où ils ont 19 ans accompli.

Comme la loi allemande sur la perte de la nationalité a été souvent différemment interprétée dans les deux pays, M. le ministre des affaires étrangères a jugé prudent, avant de procéder à l'inscription des jeunes gens d'origine allemande, de s'assurer si les intéressés étaient réellement dénaturalisés aux yeux du gouvernement impérial.

Cette mesure ayant donné de bons résultats depuis son adoption en 1904, il paraît utile d'en poursuivre encore l'application. Toutefois, afin de ne pas tenir trop longtemps en suspens les décisions relatives au maintien ou à la radiation sur les listes de milice des individus de cette catégorie, j'ai adopté les mesures suivantes :

Les bulletins de renseignements concernant les Allemands d'origine, dont l'inscription sera proposée, feront l'objet d'un premier examen à mon département et vous seront renvoyés sans retard avec mon avis.

Le département des affaires étrangères consultera néanmoins le gouvernement impérial sur la nationalité des intéressés, et le résultat de cette enquête sera immédiatement porté à votre connaissance.

Les jeunes gens qui seront réclamés comme nationaux par le gouvernement impérial et au sujet desquels les renseignements ne seraient pas encore parvenus devront être avertis, s'ils ont déjà pris part aux opérations du tirage au sort, de la nécessité de réclamer au conseil de milice leur radiation, pour le cas où des obligations militaires leur incomberaient en Allemagne.

Le commissaire d'arrondissement devra aider les intéressés dans la procédure à suivre pour obtenir de ce conseil l'ajournement ou l'exemption définitive prévus à l'article 10 de la loi sur la milice.

Pour que le retard dans l'envoi des renseignements réclamés au gouvernement allemand n'ait pas de conséquences au point de vue de la marche des opérations de la milice, vous voudrez bien, Monsieur le gouverneur, faire ajourner à la dernière session du conseil de milice toutes les décisions concernant les jeunes gens d'origine allemande au sujet desquels les renseignements relatifs à la nationalité feraient encore défaut.

A cet effet, la troisième session des conseils de milice devra être fixée à une date aussi reculée que possible.

Je saisis cette occasion, Monsieur le gouverneur, pour attirer votre attention sur un autre point qui intéresse les Allemands.

Certains jeunes gens d'origine allemande nés en Belgique se croyant dénaturalisés optent fréquemment pour la qualité de Belge, conformément à l'article 8 du code civil modifié par la loi du 16 juillet 1889, et sont par ce fait soumis à l'inscription pour la milice dans notre pays.

Or, à défaut d'une convention spéciale, l'Allemagne n'est nullement obligée de tenir compte de pareilles options et celles-ci n'exonèrent point les sujets allemands des obligations militaires auxquelles les intéressés sont soumis dans leur pays.

Je vous prie, Monsieur le gouverneur, de bien vouloir prendre les mesures nécessaires pour que les recommandations qui font l'objet de la présente circulaire soient régulièrement observées.

Notice concernant l'inscription pour la milice en Belgique des étrangers qui ne justifient d'aucune nationalité déterminée. (Notice publiée dans le recueil de la *Jurisprudence en matière de milice*, 1906, p. 5.)

Aux termes de l'article 7 de la loi sur la milice, les étrangers résidant en Belgique qui ne justifient d'aucune nationalité déterminée doivent se faire inscrire pour la milice, dans l'année où ils ont 19 ans accomplis, lorsqu'ils sont nés en Belgique pendant que leurs parents y résidaient, ou lorsque leur famille réside en Belgique depuis plus de trois ans.

Pour l'application de cette disposition, l'autorité administrative et les autorités contentieuses sont amenées à recourir, dans chaque cas particulier, à l'interprétation des lois sur l'indigénat en vigueur dans le pays d'origine, pour rechercher si l'intéressé se trouve ou non sans nationalité déterminée.

On peut se demander, et la question s'est posée souvent dans ces dernières années, si de l'examen des causes de la perte de la nationalité dans les pays étrangers il est possible de conclure à l'inscription d'un jeune homme, nonobstant la production par l'intéressé d'un certificat de l'autorité compétente attestant qu'il est encore reconnu comme national par le pays dont il est originaire.

Des divergences d'opinion se sont produites au sujet de la solution que comporte cette question. Cette année la cour d'appel de Liége prononçait la radiation d'un étranger parce qu'il produisait un certificat en due forme constatant qu'il avait conservé sa nationalité (1), tandis que le conseil de milice de l'arrondissement de Liége maintenait, par une décision longuement motivée, l'inscription d'un Néerlandais, alors qu'il était porteur d'un certificat analogue, et qu'il avait satisfait à ses obligations militaires dans son pays d'origine.

De son côté, l'autorité administrative semble se préoccuper aujourd'hui, plus qu'elle ne l'a fait jadis, de la manière de voir du pays d'origine, au sujet du statut personnel des étrangers dont l'inscription est réclamée, à défaut de nationalité. Une circulaire ministérielle du 13 janvier 1902 a recommandé, en effet, de ne pas inscrire pour la milice, comme se trouvant sans natio-

---

(1) Tout en tenant compte du certificat, la cour d'appel de Liége examine cependant la position de l'intéressé sous le rapport de la nationalité et prend soin de constater que « les circonstances ne sont pas concluantes pour la perte de la nationalité ».

nalité déterminée, les jeunes gens d'origine néerlandaise qui produisent un certificat d'un agent diplomatique des Pays-Bas, établissant que les intéressés sont reconnus comme nationaux dans ce pays. Et, tout récemment encore, une circulaire du 20 décembre 1906 a fait connaître aux autorités administratives que le gouvernement impérial continuerait (1) à être consulté au sujet de la nationalité des jeunes gens d'origine allemande dont l'inscription pour la milice serait demandée.

En présence des hésitations qui se manifestent dans l'application de notre loi sur la milice aux étrangers résidant en Belgique, il nous a paru intéressant de rechercher les règles qui doivent guider les autorités en cette matière.

Ces règles résulteront de la combinaison des dispositions de l'article 7 de la loi sur la milice avec les principes du droit international.

Le droit des gens nous enseigne qu'un Etat ne peut astreindre au service militaire des individus appartenant à un pays étranger (2).

« Le service militaire, dit Bluntschli dans sa remarquable codification du droit international, est de son essence une obligation civique et politique; on ne peut donc la séparer de la qualité de citoyen de l'Etat. Si l'on contraignait des individus à servir sous les drapeaux d'un Etat étranger, ils pourraient se voir forcés de verser leur sang pour une cause qui leur est indifférente, ou pour des intérêts opposés à ceux de leur patrie. »

Ces considérations n'ont pas été perdues de vue par les auteurs de notre loi sur la milice. Le libellé de l'article 7 et les documents parlementaires nous révèlent, en effet, une préoccupation constante chez le législateur de ne porter aucune atteinte aux droits des nations.

C'est ainsi que l'article 7 vise exclusivement deux catégories d'étrangers : les étrangers n'appartenant plus à aucun pays et ceux qui, jouissant encore de leur nationalité originaire, ne remplissent pas leurs devoirs vis-à-vis de la mère-patrie.

Les étrangers de la première catégorie ne sont réclamés par aucun Etat; ce sont des gens sans patrie et qui ne doivent le service dans aucun pays. La loi pouvait donc les astreindre à la milice en Belgique, sans infraction au droit international, et aucun gouvernement ne devait se plaindre de cette mesure qui est conforme à l'intérêt de tous.

On peut même regretter que la loi en astreignant ces étrangers à l'inscription pour la milice ne leur ait pas conféré ipso facto la qualité de Belge, car, comme le portent les commentaires de Bluntschli, ces gens font exception à la règle que tous les hommes sont citoyens d'un Etat et « les gens sans patrie sont un danger pour la société ».

Quant aux étrangers établis en Belgique qui appartiennent encore à un Etat, ils ne sont astreints au service militaire que s'ils n'ont pas satisfait à leurs obligations dans leur patrie. Encore faut-il, s'ils ne sont pas nés en Belgique, que la législation de leur pays d'origine soumette également les Belges au service militaire.

Cette prescription nous indique, elle aussi, la volonté chez les auteurs de la loi de respecter le droit qui régit les rapports entre les nations. De l'exception qu'elle consacre résulte, en effet, le principe qu'aucun étranger relevant d'un pays ne doit être astreint à des obligations de milice en Belgique.

Quant à l'exception, elle ne peut susciter de réclamation de la part de la nation intéressée, car, d'une part, elle est de nature à rappeler aux étrangers leurs devoirs envers la mère-patrie, et, d'autre part, elle se borne à créer, par réciprocité, à ceux qui ne sont pas nés en Belgique, des obligations que leur gouvernement impose également à nos nationaux.

Si un doute pouvait encore planer sur la portée de l'article 7, il suffirait de jeter les yeux sur les documents parlementaires pour se rendre compte de l'esprit qui a présidé à l'élaboration des dispositions qu'il contient.

« L'imposition du service militaire à certaines catégories d'étrangers doit se concilier, dit le rapport de la section centrale, avec les bonnes relations internationales qu'un intérêt commun conseille au gouvernement d'entretenir entre eux. »

Plus loin il ajoute : « Au point de vue de l'équité, un jeune homme ne pouvant être obligé de participer au service militaire dans plus d'un pays doit être soustrait à cette éventualité. La priorité du droit de contrainte doit appartenir à sa patrie ».

Si l'on ne veut méconnaître la volonté du législateur, l'application de l'article 7 de la loi sur la milice doit donc être animée du même désir de respecter les principes du droit des gens.

Or, le droit international nous dénie toute qualité pour contester à un gouvernement étranger l'interprétation qu'il donne à sa propre législation en matière d'indigénat. Chaque Etat est libre, en effet, de régler à sa guise les formalités et les conditions dont il fait dépendre la perte de la qualité de national, et nous ne pourrions nous immiscer en cette matière sans porter atteinte au principe de la souveraineté interne des Etats.

Le respect que se doivent les nations commande, d'autre part, que nous ajoutions pleine foi aux communications qui émanent des autorités étrangères en matière d'indigénat, pourvu que la compétence de ces autorités et l'authenticité de l'acte ne soient pas contestées (3).

Cette interprétation des devoirs que nous impose la loi sur la milice vis-à-vis des étrangers établis en Belgique ne peut que raffermir nos bonnes relations internationales; elle ne contrarie en rien l'application de l'article 7, puisque, par étrangers sans nationalité déterminée, le législateur a entendu viser les individus qui ne sont reconnus comme nationaux dans aucun pays.

Mais, les principes étant ainsi établis relati-

---

(1) Ce système a été instauré dès 1901, d'un commun accord entre le département des affaires étrangères et le département de l'intérieur.
Voy. le texte de la circulaire du 20 décembre 1906, p. 417.
(2) Cette règle ne souffre d'exception pour les étrangers établis dans le pays que s'il s'agit du maintien de l'ordre.

(3) Voy. HEFFTER, Le Droit international de l'Europe, p. 69.

vement à l'inscription des étrangers, on peut se demander si le bourgmestre ou le commissaire d'arrondissement ne pourraient pas, usant du droit que leur confèrent les articles 13 et 16 de la loi sur la milice, maintenir l'inscription d'un étranger, nonobstant la déclaration de nationalité délivrée à ce dernier par l'autorité compétente de son pays d'origine.

La solution négative ne paraît pas douteuse pour l'observateur qui ne s'arrête pas à un examen superficiel de la question.

Sans doute, le commissaire d'arrondissement tient de la loi la faculté de se prononcer en matière d'inscription, mais il est incompétent *ratione materiæ* pour décider la question préjudicielle à l'inscription d'un étranger, à savoir que l'intéressé a perdu sa nationalité d'origine.

En vertu du principe de la souveraineté interne des Etats, le pays étranger est, en effet, seul compétent pour connaître de l'effet de ses lois sur la nationalité de ses ressortissants.

D'autre part, le gouvernement peut seul édicter les règles à suivre en matière de milice, à l'égard des étrangers éventuellement soumis à l'inscription, parce qu'il s'agit de questions touchant à la souveraineté des Etats, et qu'en cas de conflit il appartiendrait à lui seul de régler le différend par la voie diplomatique.

A raison de ce même principe de la souveraineté et de l'autonomie des Etats, nous n'hésitons pas à dénier même aux juridictions contentieuses en matière de milice toute compétence pour déclarer qu'un étranger a perdu sa nationalité en vertu de la législation de son pays d'origine, alors qu'il est porteur d'une déclaration de nationalité en due forme, délivrée par son gouvernement.

En statuant dans ce sens, les juridictions contentieuses s'ingéreraient, en effet, d'une manière directe et contrairement aux principes du droit des gens, dans l'exercice de la souveraineté interne de l'Etat étranger.

Cette manière de voir est confirmée par un jugement célèbre du tribunal de Charleroi, prononcé le 3 janvier 1880.

Comme la validité de la naturalisation acquise par l'une des parties dans le duché de Saxe-Altenbourg était contestée, le tribunal motiva son jugement comme suit :

« Attendu que la naturalisation conférée à la défenderesse par le duché de Saxe-Altenbourg est un acte de l'autorité souveraine de ce pays; que, selon les principes du droit public, aucun pouvoir en dehors de cette autorité ne peut ni en discuter la validité ni en modifier les effets; que le duché de Saxe-Altenbourg était seul compétent pour décider si la défenderesse réunissait les conditions pour que sa demande de naturalisation lui fût octroyée. »

« Attendu que le pouvoir judiciaire n'a pas qualité pour contrôler cette procédure émanant de l'autorité d'un pays étranger; que l'opinion contraire, admettant la revision des actes d'un autre gouvernement, consacrerait un système qui violerait évidemment tous les principes du droit des gens. »

En résumé, nous pensons que les juridictions contentieuses et les autorités administratives ne peuvent, sans méconnaître les principes du droit des gens, considérer comme se trouvant sans nationalité déterminée un étranger porteur d'un certificat de nationalité par lequel son pays d'origine atteste qu'il le reconnaît comme national; que les bourgmestres et les commissaires d'arrondissements investis par la loi sur la milice du droit de statuer en matière d'inscription n'ont pas compétence pour trancher, préalablement à l'inscription d'un étranger, le point de savoir si l'intéressé a ou n'a pas conservé sa nationalité; que le gouvernement a seul le droit d'intervenir dans l'occurrence, parce qu'il s'agit d'une question touchant à la souveraineté des Etats et qu'en cas de conflit il n'appartiendrait qu'à lui de trancher le différend par la voie diplomatique.

—

De la renonciation par les parents à la faculté pour l'enfant de décliner la qualité de Français. — Convention franco-belge du 30 juillet 1891. (Notice publiée dans la *Jurisprudence en matière de milice*, 1906, p. 14.)

Les articles 8 (3 et 4), 12 et 18 du code civil français modifié par les lois du 26 juin 1889 et du 22 juillet 1893 déclarent Français :

1° Les enfants nés en France de parents étrangers dont l'un y est lui-même né;

2° Les enfants nés en France d'un étranger et qui, à l'époque de sa majorité, est domicilié en France;

3° Les enfants mineurs d'un père ou d'une mère survivant qui se fait naturaliser Français;

4° Les enfants mineurs du père ou de la mère réintégrés dans leur qualité de Français.

Mais, dans ces différents cas, les mêmes dispositions reconnaissent aux intéressés le droit de décliner la qualité de Français dans l'année qui suit leur majorité.

S'armant de l'article 5 de la loi du 26 juin 1889 qui laisse à un règlement d'administration publique le soin de déterminer notamment les formalités à remplir pour la renonciation à la qualité de Français, le gouvernement de la République accorda, par décret du 13 août 1889, aux représentants légaux du mineur, le droit de renoncer, au nom de ce dernier, à la faculté de décliner, à sa majorité, la qualité de Français, faculté que lui reconnaît le code civil.

La cour de cassation de France, par arrêt du 26 juillet 1905 (1), a déclaré cette disposition illégale et a considéré comme nulle et non avenue la renonciation faite par le père au nom de son enfant mineur.

La cour de cassation constate que le décret du 13 août 1889, en consacrant au profit des représentants légaux du mineur une faculté contraire au droit commun, avait excédé les pouvoirs que la loi du 26 juin 1889 avait délégués au pouvoir exécutif.

Elle ajoute qu'on ne saurait se prévaloir contre le jeune homme ni de la renonciation faite par le père, ni du fait que l'intéressé a pris part aux opérations de recrutement, sans manifester la volonté de répudier la qualité de Français, attendu qu'il a accompli ces actes à une époque où il n'était pas encore majeur et à

_____

(1) Voy. *Gazette des tribunaux*, numéro du 28 juillet 1905.

la suite d'une convocation faite en violation de la loi.

Un jugement du tribunal civil de la Seine, en date du 23 janvier 1906, dénie également toute valeur légale à l'article 11 du décret du 13 août 1889 autorisant les représentants du mineur à renoncer pour lui à la faculté de répudier la nationalité française (1).

Mais, dès le 15 janvier 1906, le gouvernement français, ému de la portée de l'arrêt du 26 juillet 1905, avait déposé à la Chambre des députés un projet de loi à l'effet de transformer en disposition légale l'article 11 du décret prérappelé.

« La pratique suivie jusqu'à présent », dit l'exposé des motifs, « était fondée sur des motifs trop sérieux pour que le gouvernement ne demandât pas au Parlement de les sanctionner par une loi. On ne saurait admettre, en effet, que dans les articles 9, § 10, et 10 du code civil, le législateur eût permis au père ou au représentant légal du mineur de réclamer au nom de celui-ci la qualité de Français qu'il n'a pas encore et qu'il se refusât à accorder aux mêmes personnes le droit d'assurer à cet enfant notre nationalité lorsque celui-ci la possède déjà; on ne comprendrait pas surtout que dans l'article 19 du code civil il eût conféré à la mère veuve le pouvoir de faire attribuer par décret la nationalité française aux enfants mineurs issus de son mariage avec un étranger.

« D'ailleurs, le Parlement a donné, à deux reprises, sa sanction aux dispositions de l'article 11 du décret du 13 août 1889 ainsi qu'à la pratique administrative : d'abord, par la ratification de la convention franco-belge du 30 juillet 1891, qui permet de considérer comme définitivement Français les mineurs au nom desquels il a été renoncé à la faculté de répudiation que la loi leur accordait; enfin, par le vote de la loi du 21 mars 1905 sur le recrutement de l'armée, qui attribue également un effet précis à ces déclarations et considère les mineurs qui en ont été l'objet comme irrévocablement Français.

« Les conséquences de l'arrêt du 26 juillet 1905 sont préjudiciables aux intérêts des mineurs français sous condition résolutoire pour n'avoir pas appelé notre attention.

« Il est indispensable, en effet, que la nationalité française puisse être définitivement assurée à ces mineurs. S'il en était autrement, ils se trouveraient privés du droit de contracter des engagements militaires, d'entrer dans les grandes écoles de l'Etat ou de concourir pour obtenir des bourses dans les divers établissements d'instruction supérieure ou spéciale, où la qualité de Français est exigée; enfin, ils verraient reculer d'une année la date de leur incorporation dans notre armée. Leur situation serait donc inférieure à celle des autres mineurs qui ont une vocation moindre à la qualité de Français et auxquels les articles 9, § 10, et 10 du code civil permettent d'acquérir notre nationalité. »

Hâtons-nous d'ajouter que la portée de l'arrêt du 26 juillet 1905, dont le projet de loi visé ci-dessus tend à corriger les effets, ne peut guère avoir d'influence au point de vue de l'application de notre loi sur la milice.

---

(1) Voy. *Revue de Droit international privé*, 1906. nᵒˢ 4 et 5, juillet-octobre, p. 756.

En effet, par la convention du 30 juillet 1891, le gouvernement belge a admis implicitement la légalité de l'article 11 du décret français du 13 août 1889 et a reconnu, au gouvernement de la République, le droit d'inscrire pour le service militaire tous les individus d'origine belge déclarés Français et pour lesquels il y aurait eu renonciation à la faculté de décliner cette nationalité.

Toutefois, si un individu d'origine belge avait été exonéré du service militaire en France, à la suite d'un jugement déclarant valable sa répudiation de la nationalité française, nonobstant la renonciation faite par le père pendant la minorité de l'intéressé, le gouvernement belge pourrait lui rendre applicables les dispositions de notre loi sur la milice, sans contrevenir à la convention franco-belge du 30 juillet 1891.

Levée de 1907. — *Instructions.* — Circulaire adressée le 10 novembre 1906 aux administrations communales du Brabant par M. Beco, gouverneur de cette province. (*Mémorial administratif du Brabant*, 1906, I, 157.)

L'inscription des Belges et des étrangers appelés à participer au tirage au sort pour la levée de 1907 doit, conformément à l'article 13 de la loi sur la milice, avoir lieu du 1ᵉʳ au 31 décembre prochain.

Les administrations communales recevront donc prochainement, par l'intermédiaire de MM. les commissaires d'arrondissement :

1° Les imprimés dont elles auront besoin pour la formation des registres d'inscription, pour la confection de la liste à afficher conformément aux prescriptions de l'article 13 précité et pour la rédaction de la liste alphabétique dont il s'agit à l'article 14 ;

2° Une affiche avertissant les habitants de l'ouverture et de la clôture du registre destiné à recevoir les inscriptions.

***

Par circulaire du 18 décembre 1899, insérée au *Mémorial administratif* sous le nᵒ 283, je vous ai signalé qu'il était contraire à la loi de fixer un jour unique pour l'inscription des miliciens.

Les miliciens doivent pouvoir se faire inscrire tous les jours du mois de décembre, *sauf les dimanches et jours de fête;* ces jours-là le registre d'inscription n'est pas ouvert.

***

En vue d'éviter l'inscription des jeunes gens qui n'ont pas encore atteint ou qui ont dépassé l'âge de la milice, il y a lieu de s'assurer, au moyen des registres de l'état civil, que les miliciens se trouvent dans les conditions d'âge requises, et de se faire produire, pour ceux qui sont nés hors de la commune, un extrait de leur acte de naissance, au lieu de s'en rapporter, par exemple, aux indications d'un carnet de mariage des parents ou d'un simple livret, lesquels ne présentent pas toujours des garanties suffisantes d'exactitude. (*Mémorial administratif* du 22 septembre 1876, n° 142.)

* * *

En vertu d'instructions insérées au *Mémorial administratif* (15 octobre 1896, n° 237), les bourgmestres, au moment de l'inscription, doivent interroger *individuellement* chaque milicien sur le point de savoir s'il a ou non des motifs d'exemption à faire valoir, soit pour une des causes prévues aux §§ 3 à 5 de l'article 27 de la loi de milice ou du chef de service de frère, soit pour l'obtention d'une dispense de service en temps de paix en vertu de l'article 28. Ils leur donneront verbalement tous les renseignements désirables quant aux formalités à remplir en vue de leur exemption. Ils ont l'obligation morale de suppléer, dans la mesure du possible, à l'ignorance ou à la négligence de leurs administrés.

La déclaration du milicien doit être actée et signée par le bourgmestre, qui la communique, le jour du tirage au sort, au commissaire d'arrondissement chargé d'en faire rapport au conseil de milice.

En ce qui concerne les miliciens des classes antérieures portés aux listes des dispensés et des ajournés, il y aura également lieu de leur rappeler, en temps utile, les formalités qu'ils auront à remplir pour le maintien de leur exemption ou de leur dispense.

* * *

Il ne serait pas inutile de signaler aux miliciens que le versement de la somme de 200 francs, en vue de leur remplacement éventuel, n'est de nature à influencer en rien la décision à prendre par les juridictions contentieuses, qui doivent toujours ignorer si ce versement a eu lieu ou non.

« Il serait également bon de leur rappeler qu'aucun délai ne peut être accordé pour le versement de la dite somme, et que tout milicien qui n'en aurait pas effectué le payement avant le 1er février serait déchu du droit de se faire remplacer. »

Un individu a été condamné dernièrement à dix mois de prison et 100 francs d'amende pour manœuvres frauduleuses en matière de remplacement.

Il conviendra de saisir toutes les occasions pour recommander aux miliciens de ne jamais s'adresser pour quoi que ce soit en matière de milice à ces soi-disant agents de remplacement, dont l'intervention est toujours nuisible. (*Mémorial administratif* des 9 décembre 1903, n° 97, 20 février 1904, n° 9, et 5 février 1905, n° 15.)

* * *

L'article 20A de la loi porte que l'appel pour le tirage au sort se fait suivant l'ordre alphabétique des communes et dans chaque commune suivant l'ordre alphabétique de ses inscrits.

Conformément à l'esprit de la loi du 22 mai 1878 relative à l'emploi de la langue flamande en matière administrative, les listes alphabétiques destinées à l'appel des miliciens et des communes au tirage au sort doivent, dans l'arrondissement de Louvain, être dressées en flamand ; pour les établir, il y a lieu, par conséquent, de tenir compte de l'orthographe flamande des prénoms des miliciens ainsi que de l'appellation flamande des communes de cet arrondissement.

Il est recommandé aux administrations communales d'observer l'ordre alphabétique dans toute sa rigueur, c'est-à-dire jusqu'aux dernières lettres des prénoms, s'il y a lieu.

* * *

Aux termes de la circulaire de M. le ministre de l'intérieur et de l'instruction publique du 4 octobre 1894 (*Mémorial administratif* du 13 novembre, n° 242), lorsque deux frères sont appelés à comparaître en même temps devant le conseil de milice, l'administration communale doit en avertir *spécialement* M. le commissaire d'arrondissement et lui transmettre, le cas échéant, avec les autres pièces, un certificat du modèle n° 26.

Malgré les recommandations chaque année rappelées, il a encore été constaté en 1906 que des miliciens avaient été incorporés alors qu'ils avaient droit à une exemption du chef de service de frère, ou, tout au moins, à une désignation conditionnelle basée sur le retrait éventuel de l'ajournement accordé antérieurement à un frère.

Ensuite des prescriptions qui font l'objet de la circulaire ministérielle du 27 novembre 1900, rappelée dans celle du 3 août 1903, insérée au *Mémorial administratif* du 14 du même mois, n° 64, 1re partie, et des modifications apportées aux modèles n°s 1 et 2, les administrations communales sont désormais en mesure de connaître, à l'époque de l'inscription, la situation réelle des miliciens, et de dresser, en temps utile, l'état modèle n° 26 permettant au conseil de milice de statuer à bon escient sur l'exemption d'un milicien du chef de service de frère (articles 26, n° 3; 27, n° 6, et 31 de la loi).

Comme le disait M. le ministre de l'intérieur et de l'instruction publique dans sa circulaire du 9 décembre 1903, insérée au *Mémorial administratif* du 26, n° 102, la saine et régulière application des instructions prérappelées permettra de réduire le nombre des erreurs auxquelles fait allusion l'article 49, littera F, de la loi du 21 mars 1902 et qui ont donné lieu aux nombreux recours dont le département de l'intérieur a dû saisir les cours d'appel par application de la susdite disposition légale.

* * *

Les miliciens ajournés à une deuxième ou à une troisième session du conseil de milice doivent être reconvoqués régulièrement, sans information de la part du commissaire d'arrondissement. (*Mémorial administratif* du 23 juillet 1901, 2e partie, n° 62.)

* * *

Aux termes des articles 48 et suivants de la loi, toutes les décisions du conseil de milice sont susceptibles d'appel de la part des intéressés.

Un seul et même acte d'appel ne peut être dirigé contre plus de dix inscrits, mais le même milicien a le droit d'appeler de toutes les décisions du conseil de milice qui lui paraissent mal fondées et qu'il a intérêt à voir réformer. Il suffit, pour que l'appel soit valable, de ne pas faire figurer plus de dix noms sur chacun des actes d'appel et de se conformer, pour le surplus, aux prescriptions suivantes :

1º Indiquer d'une manière suffisante celui qui interjette l'appel et ceux contre lesquels il est dirigé (noms, prénoms, numéros de tirage, ainsi que la nature et la date des décisions attaquées);

2º Adresser l'appel au gouverneur et le faire remettre au gouvernement provincial dans les quinze jours de la date de la première publication de la liste des exemptés et des exclus (cette liste est à la disposition des intéressés à la maison communale);

3º Faire légaliser la signature de l'appelant ou la marque qui en tient lieu, apposée sur chaque acte d'appel.

Pour la légalisation, il doit être fait usage de la formule insérée à l'*Instruction générale* (art. 1094).

Les membres des collèges échevinaux ne peuvent se refuser à l'accomplissement de la formalité de la légalisation.

L'appel d'un milicien contre une décision qui l'a désigné pour le service doit être remis, à peine de nullité, dans les huit jours à partir de la decision.

Les décisions de la cour d'appel et du conseil de revision sont sans appel.

***

Il m'est revenu que certaines administrations communales s'abstiennent de faire présenter les miliciens au conseil de milice par un de leurs membres.

L'article 39 de la loi exige que les inscrits et les ajournés soient présentés au conseil par un membre de l'administration communale, accompagné du secrétaire, porteur de la liste alphabétique et des récépissés.

MM. les commissaires d'arrondissement ont été invités à me signaler les administrations communales qui ne se conformeraient pas à cette disposition légale.

***

Par circulaire du 14 décembre 1889, insérée au *Mémorial administratif* sous le nº 260, j'ai invité MM. les bourgmestres à tenir la main à ce que les miliciens de leur commune, qui ont acquis des droits à la dispense prévue à l'article 29 de la loi, les fassent valoir avant l'incorporation.

Je leur rappelle qu'ils peuvent, s'il y a lieu, surseoir à la transmission des ordres de départ destinés aux miliciens intéressés, en ayant soin de me prévenir sans retard du motif qui justifie cette manière d'agir.

***

L'article 1151 de l'*Instruction générale* prescrit aux autorités communales de fournir à MM. les commissaires d'arrondissement, chaque fois

que le cas se présente, et, au plus tard, le 5 janvier, un bulletin de renseignements en triple et même, autant que possible, en quadruple expédition, concernant les miliciens inscrits par les bourgmestres, par application de l'article 6, § 2, et de l'article 7 de la loi.

Lorsque l'autorité communale a la certitude que les parents des jeunes gens nés à l'étranger sont Belges par la naissance ou par la naturalisation acquise avant la naissance de ceux-ci, la production du bulletin de renseignements n'est pas exigée.

Le bulletin dont il s'agit ne doit pas davantage être fourni pour l'inscription de ceux qui ont fait, pendant leur minorité, la déclaration d'option prévue à l'article 9 du code civil belge, modifié par la loi du 16 juillet 1889.

Il doit pourtant être fait exception à cette règle en ce qui concerne les jeunes gens nés en France de parents belges, afin de permettre à l'autorité supérieure de s'assurer si les dispositions de la convention militaire franco-belge du 30 juillet 1891 et les instructions ministérielles y relatives ont été régulièrement observées.

Je crois utile d'attirer votre attention sur la circulaire ministérielle du 28 avril 1896 (*Mémorial administratif* de 1896, nº 138), qui recommande de rappeler aux jeunes gens tombant sous l'application de la convention franco-belge les formalités à remplir pour pouvoir utilement faire la déclaration de répudiation de la nationalité française, conformément aux articles 8, § 4, 12, § 3, et 18 du code civil français et à l'article 8, § 3, du dit code modifié par la loi du 22 juillet 1893.

Il importe aussi que les administrations communales ne négligent pas de joindre à l'avertissement du modèle nº 8 annexé à l'arrêté royal du 25 août 1873, modifié par celui du 20 octobre 1902 (convocation pour le tirage au sort), un exemplaire du *memorandum* prescrit par la dite circulaire, chaque fois qu'il s'agit d'un Belge ayant à répudier la nationalité française.

D'après la jurisprudence en vigueur en France, une *simple résidence* au moment de la majorité constitue *un domicile*, dans le sens des articles 8, §§ 3 et 4, 12, § 3, etc., du code civil français.

Dans ces conditions, et afin d'éviter que les intéressés s'exposent à être éventuellement, et contre leur gré, astreints au service militaire en France, comme étant devenus irrévocablement Français au regard de la France, il sera toujours bon de leur conseiller la répudiation de la nationalité française, alors même que cet acte ne paraîtrait pas rigoureusement nécessaire à première vue. (Circulaire ministérielle du 28 novembre 1900, nº 41264. — C. 6185.)

Il est, en outre, indispensable que l'on observe *scrupuleusement* les prescriptions de la circulaire insérée au *Mémorial administratif* du 16 septembre 1898, nº 140, relative à l'inscription demandée par des jeunes gens nés les uns en Belgique, les autres en France, de parents belges, qui ont obtenu la naturalisation en France, conformément à l'article 12, § 3, du dit code civil français.

Aux termes de cette circulaire, les administrations communales doivent, avant de procéder à l'inscription pour la milice des jeunes gens de la catégorie dont il s'agit, s'assurer préalablement si cette inscription n'est pas contraire aux dispositions de la convention franco-belge et si leur père n'a pas déjà renoncé pour eux à la faculté de répudiation, en vertu de l'article 11 du décret français du 13 août 1889.

Dans le cas où le père aurait renoncé pour eux à cette faculté, ils pourraient être réclamés pour le service militaire en France, alors qu'ils auraient déjà satisfait à la milice en notre pays.

En présence de la jurisprudence créée par les arrêts de la cour d'appel de Bruxelles des 8 février et 31 mai 1900, de la cour d'appel de Liège du 28 juin 1899, de la cour d'appel de Gand du 13 juin 1901, il y a lieu de s'abstenir d'inscrire pour la milice les Néerlandais d'origine qui produisent un certificat émanant d'un agent diplomatique néerlandais établissant que les intéressés sont reconnus comme Néerlandais dans leur pays. (*Mémorial administratif* du 13 janvier 1902, n° 1, 1re partie.)

Les décisions prises par l'autorité supérieure relativement à des jeunes gens d'origine étrangère doivent être communiquées aux intéressés immédiatement après leur réception et non le jour du tirage au sort.

Je ne saurais assez insister sur la nécessité, pour les administrations communales, de dresser toujours un bulletin de renseignements lorsqu'il s'agit d'une inscription d'étranger. Elles dégagent ainsi leur responsabilité, qui n'est pas sans gravité dans l'espèce, car une erreur d'interprétation peut amener des conséquences très préjudiciables aux intéressés.

Trafic des exemptions. — Instructions. — Circulaire adressée le 6 août 1906 aux administrations communales du Brabant par M. Beco, gouverneur de cette province. (*Mémorial administratif du Brabant*, 1906, I, 93.)

Par circulaire du 20 février 1904, insérée au *Mémorial administratif*, sous le n° 9, première partie, j'ai signalé aux administrations communales les manœuvres malhonnêtes auxquelles se livraient certains agents d'affaires en matière de milice.

Or, j'apprends que, depuis lors, des miliciens ont encore été victimes d'agissements analogues.

Je vous prie instamment, Messieurs, de m'informer d'urgence de toutes les tentatives d'escroquerie de ce genre qui seraient à votre connaissance.

J'ai également constaté que des administrations communales se font les inconscientes complices de ces individus en réclamant, sous l'un ou l'autre prétexte, en faveur de miliciens exemptés qui se sont adressés à eux, des certificats de milice, destinés en réalité à être produits à l'appui de demandes d'argent en récompense de prétendues démarches faites en vue d'obtenir leur exemption.

J'insiste de nouveau pour que les administrations communales, avant de réclamer un certificat de milice, s'assurent de la nécessité qu'il y a pour le milicien de le posséder.

AMNISTIE. — *Loi du 31 décembre 1900. — Ignorance des délais. — Appréciation. — Juridiction compétente.*

La cour d'appel dans le ressort de laquelle le milicien s'est trouvé en garnison est incompétente pour apprécier les causes d'ignorance des délais institués par la loi d'amnistie du 31 décembre 1900.

Ces causes d'ignorance doivent être jugées valables par la cour d'appel dans le ressort de laquelle le milicien a tiré au sort, le séjour à l'armée ne faisant pas perdre à l'intéressé le domicile qu'il avait à l'époque de son entrée au service actif. — Cour d'appel de Bruxelles, 14 avril 1906, *Jurisprudence en matière de milice*, 1906, p. 76.

APPEL. — *Délai. — Date initiale.*

Le délai d'appel du milicien ne court qu'à partir du jour où il a eu connaissance de sa désignation pour le service. — Cour d'appel de Gand, 26 avril 1906, *Jurisprudence en matière de milice*, 1906, p. 70.

— *Mentions suffisantes. — Recevabilité.*

Satisfait au prescrit de l'article 49b et peut être déclaré recevable, l'appel qui se borne à invoquer les noms du milicien contre lequel on réclame, ainsi que le numéro qu'il a obtenu au tirage, sans mentionner la classe de milice, la commune du tirage, ni enfin les motifs à l'appui du recours. — Cour d'appel de Bruxelles, 1er juin 1906, *Jurisprudence en matière de milice*, 1906, p. 72.

— *Renonciation à l'exemption. — Milicien mineur. — Consentement du père.*

L'appel dirigé par un milicien contre une décision du conseil de milice qui l'exempte comme enfant unique de ses père et mère vivants et non dans l'aisance comporte une renonciation à l'exemption. Dès lors, si le milicien est mineur, appel ne peut être formulé sans l'assentiment du père. — Cour d'appel de Bruxelles, 30 mai 1906, *Jurisprudence en matière de milice*, 1906, p. 43.

— *de la mère. — Non-recevabilité.*

Le droit d'appel contre une décision du conseil de milice n'appartient pas simultanément au père et à la mère du milicien intéressé. N'est pas recevable l'appel interjeté par la mère lorsque le père est encore en vie et que rien n'établit son incapacité. — Cour d'appel de Bruxelles, 7 juillet 1906, *Jurisprudence en matière de milice*, 1906, p. 69.

CONSEIL DE REVISION. — *Liste du tirage.* — *Foi due.* — *Copie erronée.*

Viole la foi due à un acte authentique la décision du conseil de revision qui déclare le recours d'un milicien non recevable, à défaut d'intérêt, parce que celui portant un numéro précédent, et contre lequel la réclamation était dirigée, aurait été désigné pour le service, alors qu'il est établi, contrairement à la copie erronée sur le vu de laquelle le conseil avait statué, que le milicien avait été exempté définitivement. (Loi sur la milice, art. 48 et 49.) — Cassation, 11 juin 1906, *Pasic.*, 1906, I, 300.

DISPENSE. — *Arrêté royal du 2 décembre 1873.* — *Affection non prévue.* — *Rejet.*

Quelque grave que soit l'affection ou l'infirmité que révèle l'examen médical, elle ne peut faire considérer la personne qui en est atteinte comme perdue pour la famille, si elle ne rentre ni dans les termes de l'article 33, 1°, de la loi, ni dans ceux de l'arrêté royal du 2 décembre 1873. — Cour d'appel de Bruxelles, 14 avril 1906, *Jurisprudence en matière de milice*, 1906, p. 63.

— *Désignation pour le service.* — *Événement postérieur.*

Un milicien ne peut être dispensé après sa désignation pour le service que pour autant que l'événement qui justifie la dispense soit postérieur à sa désignation. — Cour d'appel de Gand, 29 mars 1906, *Jurisprudence en matière de milice*, 1906, p. 49.

— *Diplôme délivré par le jury central.*

La dispense du service en temps de paix s'applique aux miliciens qui, n'appartenant pas à une famille dans l'aisance et étant munis d'un diplôme de capacité délivré par le jury organisé en vertu de l'article 9 de la loi du 15 septembre 1895, sont attachés à l'un des établissements d'instruction désignés par la loi de milice (1). — Cour d'appel de Gand, 7 juin 1906, *Jurisprudence en matière de milice*, 1906, p. 58.

— *Enfant reconnu postérieurement au mariage.*

La reconnaissance postérieure au mariage ne peut suppléer à celle rigoureusement requise par l'article 331 du code civil pour qu'il y ait légitimation.
L'enfant naturel, alors même qu'il se trouverait dans les conditions requises par l'ar-

(1) Cet arrêt a été cassé par arrêt de la cour de cassation en date du 24 septembre 1906. Voir ci-après.

ticle 27, 7°, n'a pas de titre légal à la dispense du service militaire en vertu de l'article 29 de la loi, attendu que cette dispense s'applique exclusivement dans les cas prévus par les n°s 3 à 5 de l'article 27. — Cour d'appel de Bruxelles, 14 décembre 1906, *Jurisprudence en matière de milice*, 1906, p. 39.

— *Engagé volontaire.* — *Rejet.*

Le milicien qui a contracté un engagement volontaire perd sa qualité de milicien et ne peut plus réclamer la dispense prévue à l'article 29 de la loi.
Les parents du milicien majeur ne sont pas recevables à réclamer cette dispense qui est personnelle au milicien. — Cour d'appel de Gand, 15 mars 1906, *Jurisprudence en matière de milice*, 1906, p. 64.

— *Instituteur.*

Le milicien qui, en sa qualité d'instituteur, a été dispensé huit fois du service militaire en temps de paix n'a pas l'obligation de réclamer une neuvième dispense. (Loi sur la milice, art. 28, litt. C.) — Cassation, 24 septembre 1906, *Pasic.*, 1906, I, 366.

— *Instituteur.* — *Diplôme.* — *Jury central.*

L'instituteur primaire muni d'un diplôme délivré par le jury central, institué en conformité de la loi du 15 septembre 1895, n'a pas droit à la dispense du service en temps de paix. (Loi sur la milice, art. 28, litt. B, 3°.) — Cassation, 24 septembre 1906, *Pasic.*, 1906, I, 367.

— *Nombre de justifications annuelles.*

Les miliciens dispensés du service en temps de paix, par application de l'article 28 de la loi, ne sont tenus qu'à huit justifications annuelles de leurs droits à la dispense.
La liste des dispensés annexée à la liste de tirage ne doit donc comprendre que les miliciens de cette catégorie appartenant aux sept dernières classes (2). — Cour d'appel de Liége, 4 juillet 1906, *Jurisprudence en matière de milice*, 1906, p. 50.

(2) La question de savoir si les miliciens dispensés du service en temps de paix et appartenant à la 8e classe doivent encore être reportés sur la liste des dispensés a fait l'objet de longues controverses. Déjà, dans un rapport du 13 décembre 1892, le comité de législation, donnant raison à l'opinion du ministère de l'intérieur, avait émis l'avis que l'annexe à la liste de tirage devait comprendre uniquement les dispensés des sept dernières classes. Mais dans un arrêt du 13 juin 1896 la cour d'appel de Liége décida en sens contraire. En présence de cet arrêt, le département de l'intérieur estima qu'il

— Position de la famille. — Appréciation de l'aisance. — Publication des appels. — Intervention des tiers intéressés.

La publication prescrite par l'article 49*bis*, § *B*, a pour but de permettre à ceux qui sont intéressés à faire rejeter un appel de fournir tous renseignements utiles à cette fin. Le tiers qui transmet semblables renseignements ne peut être considéré comme *appelant* ni comme *intervenant;* on ne peut que tenir compte des éclaircissements par lui donnés sur le fond de l'affaire, sans qu'il y ait lieu de statuer sur la validité ou le bien-fondé de sa requête.

L'aisance dont parle l'article 27, 3°, de la loi sur la milice doit être bien constatée et perdurer même après le remplacement du milicien.

Un avoir de 17,300 francs et un revenu de 2,590 francs ne peuvent être considérés comme constituant l'aisance. — Cour d'appel de Liége, 16 juin 1906, *Jurisprudence en matière de milice*, 1906, p. 45.

— Position de la famille. — Enfant unique. — Appréciation de l'aisance.

Un revenu de 6,000 francs par an dû au travail du chef de famille ne constitue point l'aisance dans le sens de l'article 27, 3°, de la loi sur la milice. — Cour d'appel de Bruxelles, 11 mai 1906, *Jurisprudence en matière de milice*, 1906, p. 42.

— Signature du réclamant. — Non légalisée. — Régularité.

L'article 29 de la loi de milice n'exige pas que la signature de celui qui sollicite la dispense du service soit légalisée. (Loi sur la milice, art. 29.) — Cassation, 23 octobre 1905, *Pasic.*, 1906, I, 28.

- - - - -   -----------

ne pouvait aller à l'encontre de la manière de voir de l'autorité contentieuse, seule compétente en la matière, et profita de la revision des modèles en matière de milice pour prescrire aux autorités administratives de renseigner à l'annexe de la liste de tirage les dispensés des huit dernières levées.

Regrettant autant que l'administration centrale cet abandon d'une interprétation qu'il considérait comme seule fondée en droit, le distingué commissaire d'arrondissement de Liége résolut de provoquer un nouvel examen de la question par les différentes juridictions en matière de milice.

Après avoir obtenu du conseil de milice des décisions conformes aux conclusions de son long et savant rapport, M. Demarteau n'hésita pas à déférer ces décisions à la cour d'appel qui, par l'arrêt ci-dessus, se rallie à la manière de voir des autorités administratives. Saisie de cette affaire par un pourvoi de M. le gouverneur de la province, la cour de cassation s'est prononcée dans le même sens que le conseil de milice et que la cour d'appel de Liége. (Voy., ci-après, arrêt du 24 septembre 1906.)

EXEMPTION. *— Composition de la famille.*

Les frères consanguins du premier lit ne peuvent intervenir pour déterminer la composition de la famille formée par les enfants issus du remariage de leur père avec ceux issus du remariage de la seconde femme de leur père. — Cour d'appel de Bruxelles, 28 août 1906, *Jurisprudence en matière de milice*, 1906, p. 37.

— — Exemption de frère. — Frères déserteurs.

N'a pas droit à l'exemption du chef de service de frère, le cinquième fils d'une famille de cinq fils dont l'aîné réputé déserteur a été amnistié et licencié en vertu de l'article 2 de la loi du 31 décembre 1900, dont le deuxième est décédé, alors qu'il était réputé déserteur, dont le troisième déserteur a été repris de force le 26 juillet 1904 et a été mis à la réserve le 12 novembre 1904. — Cour d'appel de Gand, 25 mai 1906, *Jurisprudence en matière de milice*, 1906, p. 41.

— — Fils de nationalité étrangère. — Nombre de services dus à l'Etat.

Une famille de quatre fils dont l'aîné a rempli un terme de huit années de service, dont le deuxième a été exempté du service militaire en France et dont le troisième n'a pas encore été inscrit pour le service de la milice, à raison de la convention franco-belge, n'a pas encore fourni à l'Etat le nombre d'hommes qui lui est dû. Dès lors, le quatrième fils n'a pas droit à l'exemption du chef de service de frère. — Cour d'appel de Gand, 21 septembre 1906, *Jurisprudence en matière de milice*, 1906, p. 65.

— — Service de frère.

Une famille de cinq fils dont l'aîné seul est arrivé en âge de milice ne doit qu'un service à l'armée.

En conséquence, ce fils aîné doit être exempté si le service est prêté par le quatrième fils, en qualité de volontaire de carrière. — Cour d'appel de Liége, 7 septembre 1906, *Jurisprudence en matière de milice*, 1906, p. 47.

Id.

Il y a lieu d'avoir égard au service accompli par le frère consanguin du premier lit, alors même qu'il s'agit de déterminer les droits à l'exemption d'un enfant issu du remariage de la deuxième femme du père et qu'il n'existe aucun lien de parenté entre ces deux personnes.

Le service de l'enfant du premier lit du père a produit un effet utile pour son frère consanguin qui est le frère utérin des enfants issus du remariage de la mère (1). — Cour d'appel de Liége, 13 juin 1906. *Jurisprudence en matière de milice*, 1906, p. 34.

—

— — *Frères germains, consanguins ou utérins du milicien.*

Les frères consanguins ou utérins de ceux dont l'inscrit est lui-même le demi-frère ne peuvent entrer dans la composition de la famille lorsqu'il s'agit de statuer sur le sort d'un des fils né d'un autre mariage. (Loi sur la milice, art. 23 *B*, 26, n° 3, et 31 *C*.) — Cassation, 6 août 1906, *Pasic.*, 1906, I, 259.

—

— *Indispensable soutien.* — *Rejet.* — *Appel.* — *Père du milicien majeur.*

Le père du milicien majeur est recevable, comme intéressé, à appeler de la décision du conseil de milice qui a refusé l'exemption sollicitée par ce milicien, comme indispensable soutien de ses parents. — Cour d'appel de Bruxelles, 6 juin 1902, *Pasic.*, 1906, II, 40.

—

— *Inscription indue.* — *Compétence.* — *Effet dévolutif de l'appel.*

Le conseil de milice n'a pas compétence pour prononcer d'office l'exemption pour cause d'inscription indue. Pareille exemption ne peut être prononcée que sur réclamation présentée par l'intéressé lui-même ou par son mandataire.

Par suite de l'effet dévolutif de l'appel, la cour d'appel peut examiner les motifs d'exemption invoqués par l'intéressé devant le conseil de milice et au sujet desquels ce conseil a omis de se prononcer. — Cour d'appel de Liége, 11 juillet 1906, *Jurisprudence en matière de milice*, 1906, p. 31.

---

(1) Cet arrêt a été cassé par l'arrêt de la cour de cassation, en date du 6 août 1906 (voir ci-après). La cour d'appel de Bruxelles a, sur renvoi, statué en sens contraire (voir ci-après).

La composition de cette famille s'établit comme suit :

A	b		A	C		d	C
1		2	3		4	5	6

Les n°s 1, 2 et 3 sont des frères consanguins comme issus du même père A.

Les n°s 2, 3, 4, 5 et 6 sont des frères utérins comme issus de la même mère C.

Le n° 1 ayant accompli un terme de service procurait des droits à l'exemption à ses frères consanguins 2 et 3 comme appartenant à la même famille A.

Mais les n°s 2, 3 et 3 constituant avec leurs frères utérins 4, 5 et 6 une seconde famille C ne pouvaient bénéficier de l'exemption résultant du service de leur frère consanguin n° 1, parce qu'ils formaient la première série de la famille C composée de cinq fils et que cette série devait un service à l'armée. Le n° 4 formant avec le n° 5 la seconde série devait également le service en vertu du droit de priorité de l'Etat.

— *Milicien incorporé.* — *Décès d'un membre de la famille.* — *Indispensable soutien.* — *Infirmité du père.*

Il suffit pour que le milicien désigné pour le service puisse acquérir, même après l'incorporation, un titre à l'exemption qu'il soit devenu l'indispensable soutien de ses père et mère ou de l'un d'eux, sans qu'il y ait lieu de rechercher si ceux-ci ou l'un d'eux sont soit perdus pour la famille, soit atteints d'une des infirmités prévues par l'article 33 de la loi sur la milice ou par l'arrêté royal du 2 décembre 1873. (Loi sur la milice, art. 27, 29 et 33.) — Cassation, 18 juin 1906, *Pasic.*, 1906, I, 315.

— *Pourvoyance.* — *Déchéance.* — *Circonstance exceptionnelle.*

Est de nature à relever un milicien de la déchéance la circonstance résultant de ce que le milicien était établi à l'étranger avec ses parents et qu'il ignorait vraisemblablement les formalités qu'il avait à remplir en vue de son exemption du chef de pourvoyance. — Cour d'appel de Liége, 19 mai 1906, *Jurisprudence en matière de milice*, 1906, p. 74.

MILICIEN RÉFRACTAIRE. — *Erreur sur l'âge.* — *Assimilation.*

Le milicien réfractaire peut être excusé et assimilé aux miliciens dont il s'agit à l'article 22 de la loi, s'il résulte des circonstances qu'il a pu légitimement se tromper sur l'année de sa naissance. — Cour d'appel de Bruxelles, 19 janvier 1906, *Jurisprudence en matière de milice*, 1906, p. 33.

NATIONALITÉ. — *Belge naturalisé en France.*

La qualité de Belge se perd par la naturalisation obtenue à l'étranger.

Aux termes de l'article 10 du code civil français, le Français qui a perdu sa nationalité par l'effet d'un traité qui a séparé son lieu d'origine du territoire français recouvre cette qualité en la réclamant par une déclaration faite devant le juge de paix de son domicile.

Aux termes de l'article 12 du code civil français, l'enfant majeur d'un père qui recouvre ainsi la qualité de Français est admis à l'acquérir à son tour par l'effet d'un décret de naturalisation.

A perdu la qualité de Belge, par application de l'article 17, 3°, du code civil, le Belge qui a quitté la Belgique depuis longtemps sans y reparaître, pour s'établir, sans esprit de retour, à l'étranger où il se marie, est naturalisé, fût-ce en dehors des conditions légales, et fait son service militaire. — Cour d'appel de Bruxelles, 31 mars 1906, *Jurisprudence en matière de milice*, 1906, p. 23.

— Hollandais. — Certificat de nationalité.
— Inscription.

Un certificat non motivé de la légation des Pays-Bas ne saurait prévaloir contre des faits constants, desquels il résulte avec certitude qu'au moment de la conception du milicien, son père avait perdu sa nationalité d'origine.

Le milicien né en Belgique d'un Néerlandais qui, avant la naissance ou la conception de ce fils, a perdu sa nationalité doit le service militaire en Belgique. — Conseil de milice de l'arrondissement de Liége, 31 mai 1906, *Jurisprudence en matière de milice*, 1906, p. 19.

— Hollandais. — Certificat de nationalité. —
Non-inscription.

Il faut s'abstenir d'inscrire pour la milice, comme se trouvant sans nationalité déterminée, les Néerlandais qui produisent un certificat constatant qu'ils sont reconnus comme Néerlandais dans leur pays, alors surtout qu'il n'est nullement établi que les parents ont quitté la Hollande sans esprit de retour.

Le recours du commissaire d'arrondissement en matière d'inscription pour la milice n'est pas recevable; l'article 10 n'ouvre de droit de réclamation qu'au milicien porté sur la liste de tirage. — Cour d'appel de Liége, 11 juillet 1906, *Jurisprudence en matière de milice*, 1906, p. 28.

— Luxembourgeois. — Inscription.

Ne peut être inscrit pour la milice en Belgique le jeune homme d'origine luxembourgeoise, lorsqu'il n'est pas établi qu'à l'époque de sa naissance les parents avaient quitté leur pays sans esprit de retour. — Cour d'appel de Liége, 23 mai 1906, *Jurisprudence en matière de milice*, 1906, p. 21.

Pourvoi. — Arrêt attaqué. — Notification par la poste. — Gouverneur. — Délai.

Le délai de quinze jours à partir de la notification endéans lequel le gouverneur peut se pourvoir contre l'arrêt de la cour d'appel court du jour de la remise par l'huissier à la poste de la copie de l'exploit de notification et de celle de l'arrêt. (Loi sur la milice, art. 58, n° 2, et 49, n° 13.) — Cassation, 5 février 1906, *Pasic.*, 1906, I, 123.

— Signification. — Personnes en cause. — Délai.

En matière de milice le pourvoi en cassation doit, à peine de déchéance, être signifié à toute personne nominativement en cause, et ce dans les dix jours de la déclaration. (Loi sur la milice, art. 61.) — Cassation, 14 mai 1906, *Pasic.*, 1906, I, 225.

Recours du ministre de l'intérieur. — Fondement.

Le recours du ministre de l'intérieur est fondé quand, dans une famille de trois fils, le deuxième et le troisième faisant partie de la même levée, par suite d'exemption antérieure, ont été tous deux désignés pour le service. — Cour d'appel de Gand, 26 août 1906, *Jurisprudence en matière de milice*, 1906, p. 73.

Mutualités. — *Subsides. — Instructions.*
Circulaire adressée le 22 décembre 1906 aux gouverneurs de province par M. Francotte, ministre de l'industrie, etc.

J'ai décidé d'intervenir, à titre d'essai, dans les dépenses de fonctionnement des caisses fédérales de réassurance, légalement reconnues, qui ont pour but d'accorder à leurs membres des indemnités en cas de maladie chronique ou d'invalidité prématurée ne résultant pas d'accidents du travail prévus par la loi du 24 décembre 1903.

J'ai arrêté à cet effet le règlement provisoire suivant :

I. — Le montant du subside de l'Etat sera déterminé proportionnellement au total des cotisations versées par les membres effectifs pendant l'année précédant l'exercice budgétaire sur lequel les subventions sont imputées, savoir :

a. Pour les associations qui accordent à leurs membres des indemnités, dites *de réassurance*, pendant deux ans au plus : 20 centimes par franc;

b. Pour les associations qui accordent ces indemnités pendant plus de deux ans et jusque cinq ans au maximum : 40 centimes par franc;

c. Pour les associations qui allouent les mêmes indemnités pendant plus de cinq ans jusqu'à la guérison et, en cas d'invalidité permanente, jusqu'à l'âge de 65 ans : 60 centimes par franc.

II. — Seront admises au bénéfice des subsides de l'Etat les associations qui réunissent les conditions suivantes :

1° Etre reconnues par le gouvernement comme fédérations mutualistes ou être affiliées à une fédération mutualiste reconnue;

2° Avoir pour but la réassurance mutualiste : les engagements que ces associations prennent vis-à-vis de leurs membres doivent assurer à ceux-ci « le droit » à des allocations pécuniaires dont le taux est déterminé par les statuts, et qui constituent la continuation d'indemnités temporaires accordées pendant au moins trois mois par des « mutualités reconnues »;

3° Avoir fourni au gouvernement tous les renseignements relatifs à leur gestion et avoir justifié notamment que l'incapacité de travail des bénéficiaires est l'objet d'un contrôle régulier;

4° Constituer des réserves par l'établissement d'un rapport convenable entre les recettes et les dépenses; à cet effet, les cotisations payées par les membres effectifs pendant l'année précédant l'exercice budgétaire sur lequel les subsides seront imputés devront avoir atteint au moins 75 p. c. des indemnités accordées pendant la même année.

Toutefois, des subsides pourront être accordés, mais sous réduction d'un tiers, à raison des opérations de 1905, aux caisses fédérales où le total des cotisations n'atteint que 50 à 75 p. c. des dites indemnités et, sous réduction des deux tiers, à celles où le total des cotisations n'atteint pas 50 p. c.

S'il y a lieu, cette disposition transitoire pourra être étendue aux opérations de 1906.

III. — Si les indemnités accordées par les caisses de réassurance dépassent 1 franc par jour, le subside de l'Etat ne sera alloué que sur la partie des cotisations correspondant à 1 franc d'indemnité journalière.

Telles sont les règles tracées à titre provisoire ; si, comme je l'espère, le résultat est favorable, mon département élaborera un règlement définitif, en tenant compte des propositions suggérées par l'expérience.

Il convient d'ailleurs de faire remarquer que le taux des subsides pourra varier suivant le montant des allocations inscrites au budget ; enfin, je me réserve de fixer ultérieurement une limite d'exclusion pour les associations dont l'actif viendrait à dépasser notablement la valeur de leurs engagements.

Je vous serais obligé, Monsieur le Gouverneur, de vouloir bien faire paraître au *Mémorial administratif* la présente circulaire, dont j'adresse un exemplaire aux caisses de réassurance reconnues.

N

Nationalité. — *Perte de la qualité de Belge.* — *Naturalisation en France.* — *Preuve et conditions requises.* — *Abandon de la Belgique.*

La qualité de Belge se perd par la naturalisation obtenue à l'étranger.

Celle-ci résulte du décret étranger reproduit, en résumé, au recueil officiel du pays dont il émane.

Aux termes de l'article 10 du code civil français, le Français qui a perdu sa nationalité par l'effet d'un traité qui a séparé son lieu d'origine du territoire français recouvre cette qualité en la réclamant par une déclaration faite devant le juge de paix de son domicile.

Aux termes de l'article 12 du code civil français, l'enfant majeur d'un père qui recouvre ainsi la qualité de Français est admis à l'acquérir à son tour par l'effet d'un décret de naturalisation.

A perdu la qualité de Belge, par application de l'article 17, 3°, du code civil, le Belge qui a quitté la Belgique depuis longtemps, sans y reparaître, pour s'établir, sans esprit de retour, à l'étranger où il se marie, est naturalisé, fût-ce en dehors des conditions légales, et fait son service militaire. — Cour d'appel de Bruxelles, 31 mars 1906, *Pasic.*, 1906, II, 228.

Voy. ENSEIGNEMENT PRIMAIRE. — LOIS ÉLECTORALES. — MILICE.

O

Oiseaux insectivores. — *Protection.* — *Convention internationale signée à Paris, le 19 mars 1902, en vue d'assurer la protection des oiseaux utiles à l'agriculture.* (*Moniteur du 7 février 1906.*)

Sa Majesté le roi des Belges ; Sa Majesté l'empereur d'Allemagne, roi de Prusse, au nom de l'empire allemand ; Sa Majesté l'empereur d'Autriche, roi de Bohême, etc., et roi apostolique de Hongrie, agissant également au nom de Son Altesse le prince de Lichtenstein ; Sa Majesté le roi d'Espagne et, en son nom, Sa Majesté la reine régente du royaume ; le président de la République française ; Sa Majesté le roi des Hellènes ; Son Altesse royale le grand-duc de Luxembourg ; Son Altesse sérénissime le prince de Monaco ; Sa Majesté le roi de Portugal et des Algarves ; Sa Majesté le roi de Suède et de Norvège, au nom de la Suède, et le Conseil fédéral Suisse, reconnaissant l'opportunité d'une action commune dans les différents pays pour la conservation des oiseaux utiles à l'agriculture, ont résolu de conclure une Convention à cet effet et ont nommé pour leurs plénipotentiaires, savoir :...;

Lesquels, après s'être communiqué leurs pleins pouvoirs, trouvés en bonne et due forme, sont convenus des articles suivants :

ARTICLE PREMIER.

Les oiseaux utiles à l'agriculture, spécialement les insectivores et notamment les oiseaux énumérés dans la liste n° 1 annexée à la présente Convention, laquelle sera susceptible d'additions par la législation de chaque pays, jouiront d'une protection absolue, de façon qu'il soit interdit de les tuer en tout temps et de quelque manière que ce soit, d'en détruire les nids, œufs et couvées.

En attendant que ce résultat soit atteint partout, dans son ensemble, les hautes parties contractantes s'engagent à prendre ou à proposer à leurs législatures respectives les dispositions nécessaires pour assurer l'exécution des mesures comprises dans les articles ci-après.

ARTICLE 2.

Il sera défendu d'enlever les nids, de prendre les œufs, de capturer et de détruire les couvées en tout temps et par des moyens quelconques.

L'importation et le transit, le transport, le colportage, la mise en vente, la vente et l'achat de ces nids, œufs et couvées seront interdits.

Cette interdiction ne s'étendra pas à la destruction, par le propriétaire, usufruitier ou leur mandataire, des nids que des oiseaux auront construits dans ou contre les maisons d'habitation ou les bâtiments en général et dans l'intérieur des cours. Il pourra de plus être dérogé, à titre exceptionnel, aux dispositions du présent article, en ce qui concerne les œufs de vanneau et de mouette.

ARTICLE 3.

Seront prohibés la pose et l'emploi des pièges, cages, filets, lacets, gluaux, et de tous autres moyens quelconques ayant pour objet de faciliter la capture ou la destruction en masse des oiseaux.

ARTICLE 4.

Dans le cas où les hautes parties contractantes ne se trouveraient pas en mesure d'appliquer immédiatement et dans leur intégralité les dispositions prohibitives de l'article qui précède, elles pourront apporter des atténuations jugées nécessaires aux dites prohibitions, mais elles s'engagent à restreindre l'emploi des méthodes, engins et moyens de capture et de destruction, de façon à parvenir à réaliser peu à peu les mesures de protection mentionnées dans l'article 3.

ARTICLE 5.

Outre les défenses générales formulées à l'article 3, il est interdit de prendre ou de tuer, du 1er mars au 15 septembre de chaque année, les oiseaux utiles énumérés dans la liste n° 1 annexée à la Convention.

La vente et la mise en vente en seront interdites également pendant la même période.

Les hautes parties contractantes s'engagent, dans la mesure où leur législation le permet, à prohiber l'entrée et le transit desdits oiseaux et leur transport du 1er mars au 15 septembre.

La durée de l'interdiction prévue dans le présent article pourra, toutefois, être modifiée dans les pays septentrionaux.

ARTICLE 6.

Les autorités compétentes pourront accorder exceptionnellement aux propriétaires ou exploitants de vignobles, vergers et jardins, de pépinières, de champs plantés ou ensemencés, ainsi qu'aux agents préposés à leur surveillance, le droit temporaire de tirer à l'arme à feu sur les oiseaux dont la présence serait nuisible et causerait un réel dommage.

Il restera toutefois interdit de mettre en vente et de vendre les oiseaux tués dans ces conditions.

ARTICLE 7.

Des exceptions aux dispositions de cette Convention pourront être accordées dans un intérêt scientifique ou de repeuplement par les autorités compétentes, suivant les cas et en prenant toutes les précautions nécessaires pour éviter les abus.

Pourront encore être permises, avec les mêmes conditions de précaution, la capture, la vente et la détention des oiseaux destinés à être tenus en cage. Les permissions devront être accordées par les autorités compétentes.

ARTICLE 8.

Les dispositions de la présente Convention ne seront pas applicables aux oiseaux de basse-cour, ainsi qu'aux oiseaux-gibier existant dans les chasses réservées et désignés comme tels par la législation du pays.

Partout ailleurs la destruction des oiseaux-gibier ne sera autorisée qu'au moyen des armes à feu et à des époques déterminées par la loi.

Les Etats contractants sont invités à interdire la vente, le transport et le transit des oiseaux-gibier dont la chasse est défendue sur leur territoire, durant la période de cette interdiction.

ARTICLE 9.

Chacune des parties contractantes pourra faire des exceptions aux dispositions de la présente Convention :

1° Pour les oiseaux que la législation du pays permet de tirer ou de tuer comme étant nuisibles à la chasse ou à la pêche;

2° Pour les oiseaux que la législation du pays aura désignés comme nuisibles à l'agriculture locale.

A défaut d'une liste officielle dressée par la législation du pays, le 2° du présent article sera appliqué aux oiseaux désignés dans la liste n° 2 annexée à la présente Convention.

ARTICLE 10.

Les hautes parties contractantes prendront les mesures propres à mettre leur législation en accord avec les dispositions de la présente Convention dans un délai de trois ans à partir du jour de la signature de la Convention.

ARTICLE 11.

Les hautes parties contractantes se communiqueront, par l'intermédiaire du gouvernement français, les lois et les décisions administratives qui auraient déjà été rendues ou qui viendraient à l'être dans leurs Etats, relativement à l'objet de la présente Convention.

ARTICLE 12.

Lorsque cela sera jugé nécessaire, les hautes parties contractantes se feront représenter à une réunion internationale chargée d'examiner les questions que soulève l'exécution de la Convention et de proposer les modifications dont l'expérience aura démontré l'utilité.

ARTICLE 13.

Les Etats qui n'ont pas pris part à la présente Convention sont admis à y adhérer sur leur demande. Cette adhésion sera notifiée par la voie diplomatique au gouvernement de la République française et par celui-ci aux autres gouvernements signataires.

ARTICLE 14.

La présente Convention sera mise en vigueur dans un délai maximum d'un an à dater du jour de l'échange des ratifications.

Elle restera en vigueur indéfiniment entre toutes les puissances signataires. Dans le cas où l'une d'elles dénoncerait la Convention, cette dénonciation n'aurait d'effet qu'à son égard et seulement une année après le jour où cette dénonciation aura été notifiée aux autres Etats contractants.

ARTICLE 15.

La présente Convention sera ratifiée, et les ratifications seront échangées à Paris dans le plus bref délai possible.

ARTICLE 16.

La disposition du deuxième alinéa de l'article 8 de la présente Convention pourra, exceptionnellement, ne pas être appliquée dans les provinces septentrionales de la Suède, en raison des conditions climatologiques toutes spéciales où elles se trouvent.

En foi de quoi les plénipotentiaires respectifs l'ont signée et y ont apposé leurs cachets.

Fait à Paris, le 19 mars 1902.

. . . .

—

LISTE No 1.

—

Oiseaux utiles.

Rapaces nocturnes :

Chevêches (*Athene*) et Chevêchettes (*Glaucidium*).
Chouettes (*Surnia*).
Hulottes ou Chats-Huants (*Syrnium*).
Effraie commune (*Strix flammea* L.).
Hiboux brachyotte et Moyen-Duc (*Otus*).
Scops d'Aldrovande ou Petit-Duc (*Scops giu* Scop).

Grimpeurs :

Pics (*Picus, Gecinus*, etc.); toutes les espèces.

Syndactyles :

Rollier ordinaire (*Coracias garrula* L.).
Guêpiers (*Merops*).

Passereaux ordinaires :

Huppe vulgaire (*Upupa epops*).
Grimpereaux, Tichodromes et Sittelles (*Certhia, Tichodroma, Sitta*).
Martinets (*Cypselus*).
Engoulevents (*Caprimulgus*).
Rossignols (*Luscinia*).
Gorges-Bleues (*Cyanecula*).
Rouges-Queues (*Ruticilla*).
Rouges-Gorges (*Rubecula*).
Traquets (*Pratincola* et *Saxicola*).
Accenteurs (*Accentor*).

Fauvettes de toutes sortes, telles que :

Fauvettes ordinaires (*Sylvia*).
Fauvettes babillardes (*Curruca*).
Fauvettes ictérines (*Hypolais*).
Fauvettes aquatiques, Rousserolles, Phrag-

mites, Locustelles (*Acrocephalus, Calamodyta Locustella*, etc.).
Fauvettes cisticoles (*Cisticola*).
Pouillots (*Phylloscopus*).
Roitelets (*Regulus*) et Troglodytes (*Troglodytes*).
Mésanges de toutes sortes (*Parus, Panurus. Orites*, etc.).
Gobe-Mouches (*Muscicapa*).
Hirondelles de toutes sortes (*Hirundo, Chelidon, Cotyle*).
Lavandières et Bergeronnettes (*Motacilla, Budytes*).
Pipits (*Anthus, Corydala*).
Becs-Croisés (*Loxia*).
Venturons et Serins (*Citrinella* et *Serinus*).
Chardonnerets et Tarins (*Carduelis* et *Chrysomitris*).
Etourneaux ordinaires et Martins (*Sturnus. Pastor*, etc.).

Echassiers :

Cigognes blanche et noire (*Ciconia*).

—

LISTE No 2.

—

Oiseaux nuisibles.

Rapaces diurnes :

Gypaète barbu (*Gypaetus barbatus* L.).
Aigles (*Aquila, Nisaetus*); toutes les espèces.
Pygargues (*Haliaetus*); toutes les espèces.
Balbuzard fluviatile (*Pandion haliaetus*).
Milans, Elanions et Nauclers (*Milvus, Elanus. Nauclerus*); toutes les espèces.
Faucons : Gerfauts, Pèlerins, Hobereaux, Emerillons (*Falco*); toutes les espèces, à l'exception des faucons Kobez, Cresserelle et Cresserine.
Autour ordinaire (*Astur palumbarius* L.).
Eperviers (*Accipiter*).
Busards (*Circus*).

Rapaces nocturnes :

Grand-Duc vulgaire (*Bubo maximus* Flem.).

Passereaux ordinaires :

Grand Corbeau (*Corvus corax* L.).
Pie voleuse (*Pica rustica* Scop.).
Geai glandivore (*Garrulus glandarius* L.).

Echassiers :

Hérons cendré et pourpré (*Ardea*).
Butors et Bihoreaux (*Bautorus* et *Nycticorax*).

Palmipèdes :

Pélicans (*Pelecanus*).
Cormorans (*Phalacrocorax* ou *Graculus*).
Harles (*Mergus*).
Plongeons (*Colymbus*).

L'échange des ratifications a eu lieu à Paris le 6 décembre 1905.

————

Exécution de l'article 31 de la loi sur la chasse du 28 février 1882. — Arrêté royal du 15 août 1906, contresigné par M. Van der Bruggen, ministre de l'agriculture, etc. (*Moniteur* du 24 août.)

Vu la loi du 28 février 1882 sur la chasse et notamment l'article 31 qui autorise le gouvernement à prévenir, par un règlement d'administration générale, la destruction des oiseaux insectivores;

Vu l'article 67 de la Constitution;

Sur la proposition de notre ministre de l'agriculture,

Nous avons arrêté et arrêtons :

Art. 1er. — Il est défendu de prendre, de tuer ou de détruire, d'exposer en vente, de vendre, d'acheter, de colporter, de transporter, même en transit, les oiseaux insectivores, ainsi que leurs œufs ou couvées.

Art. 2. — Sont considérés comme oiseaux insectivores :

1° *En tout temps*, les espèces désignées ci-après :

L'Accenteur mouchet ou Traîne - buisson (*Accentor modularis*);
Le Coucou (*Cuculus canorus*);
L'Engoulevent (*Caprimulgus europœus*);
Les Fauvettes (*Sylvia*);
Les Gobe-mouches (*Muscicapa, Butalis*);
Les Gorges-bleues (*Cyanecula*);
Le Grimpereau (*Certhia familiaris*);
L'Hypolaïs ou Contrefaisant (*Hypolais icterina*);
Les Hirondelles (*Hirundo, Chelidon, Cotyle*);
Les Hochequeues : Lavandière et Bergeronnette (*Motacilla*);
La Huppe (*Upupa epops*);
Le Martinet (*Cypselus apus*);
Les Mésanges (*Parus, Lophophanes* et *Acredula*);
Les Pics (*Picus Gecinus*);
Les Pouillots ou Becs-fins (*Philloscopus*);
Les Roitelets (*Regulus*);
Le Rossignol (*Aëdon luscinia*);
Le Rouge-gorge (*Erithacus rubecula*);
Les Rouges-queues : Titys et Rossignol de muraille (*Ruticilla*);
Les Rousserolles (*Acrocephalus, Locustella*);
La Sittelle ou Torche-pot (*Sitta cœsia*);
Le Torcol (*Yunx torquilla*);
Les Traquets et Motteux (*Pratincola, Saxicola*);
Le Troglodyte (*Anorthura troglodytes*);

2° *Excepté du 15 septembre inclus au 15 novembre exclu*, toutes autres espèces d'oiseaux à l'état sauvage, sauf ceux spécifiés à l'article 6.

Toutefois, par dérogation au 2° qui précède, il est permis :

A. *Jusqu'au 30 novembre inclus*, d'exposer en vente, de vendre, d'acheter, de transporter ou de colporter les oiseaux vivants dont il s'agit;

B. *En tout temps*, de transporter des linottes et des pinsons vivants destinés à figurer dans les concours.

Cette faculté ne peut être exercée, excepté du 15 septembre au 30 novembre, que par les personnes munies d'un certificat de l'autorité locale constatant que ces oiseaux sont la propriété des détenteurs.

Ce certificat, dont la formule est déterminée par notre ministre de l'agriculture, n'est valable que pour un délai qui ne dépasse pas quinze jours : il indique le lieu et la date du concours pour lequel il est uniquement délivré.

Art. 3. — Il est défendu de prendre, de tuer ou de détruire, en quelque temps et de quelque manière que ce soit, des oiseaux à l'état sauvage sur le terrain d'autrui, sans le consentement du propriétaire ou de ses ayants droit.

Art. 4. — Il est interdit en tout temps, pour prendre, tuer ou détruire les oiseaux, d'employer la chouette, le hibou ou autres oiseaux de proie nocturnes, de se servir d'engins enduits de glu ou de matières analogues et de placer des lacets sur le sol ou autrement.

Il est néanmoins permis, pour prendre les grives, de faire usage, du 15 septembre au 15 novembre exclu, de lacets placés sur le sol ou attachés aux brins de taillis, à au moins 1 mètre de terre. Toutefois, les lacets placés sur le sol seront formés d'un seul crin de cheval ployé en deux; ils pourront, avec l'autorisation écrite du titulaire du droit de chasse, être formés de deux crins de cheval au plus, ployés en deux, excepté dans une zone de 50 mètres pour les bois de 10 à 20 hectares, et 100 mètres pour les bois de plus de 20 hectares, à partir de la lisière. Les lacets devront être enlevés ou tout au moins défendus pour le 20 novembre au plus tard.

La chasse à tir, le trafic et le transport de la grive litorne (*Turdus pilaris*) et de la grive draine (*Turdus viscivorus*) sont autorisés jusqu'à la date de la fermeture générale de la chasse.

Art. 5. — Par exception aux dispositions qui précèdent, le propriétaire ou le possesseur peut détruire ou faire détruire, en tout temps, les oiseaux, les œufs ou couvées dans ou contre ses bâtiments, dans les cours, les jardins, les vergers ou enclos y attenant.

Toutefois, il ne pourra y être fait usage, pour prendre les oiseaux, des modes prohibés par l'article 4, ni, excepté du 15 septembre inclus au 15 novembre exclu, de filets, appâts, lacets, cages et autres engins analogues.

Art. 6. — Les dispositions du présent règlement ne s'appliquent pas aux oiseaux de proie diurnes, au grand-duc, au geai, à la pie, au grand corbeau, à la corbine ou corneille noire, à la corneille mantelée, lesquels peuvent être détruits en tout temps, même au moyen d'armes à feu.

Elles ne sont pas applicables non plus aux oiseaux exotiques, ni aux oiseaux d'eau et de rivage, ni à ceux mentionnés aux articles 6, 9 et 10 de la loi du 28 février 1882.

Art. 7. — Notre ministre de l'agriculture pourra, dans un but scientifique ou d'utilité régionale ou locale, autoriser certaines dérogations aux dispositions du présent règlement.

Les décisions à ce sujet fixeront la durée de l'autorisation et détermineront, d'après les circonstances, les engins dont il pourra être fait usage.

Art. 8. — Sans préjudice à l'application des peines comminées par les articles 4, 6, 8 et 14 de la loi du 28 février 1882, sont punies d'une amende de 5 à 25 francs, les contraventions aux dispositions des articles 1er à 4 du présent règlement.

En cas de récidive, l'amende sera élevée au maximum, avec faculté pour le tribunal de prononcer, indépendamment de l'amende, un emprisonnement de trois à sept jours.

Les filets, lacets, appâts et autres engins qui auront servi à perpétrer la contravention seront saisis et confisqués.

Art. 9. — Les oiseaux tués ou capturés, exposés en vente, colportés, détenus ou employés contrairement aux dispositions du présent règlement seront saisis; ceux qui sont vivants seront mis immédiatement en liberté, à moins qu'ils ne soient pas en état de voler, auquel cas il en sera disposé au mieux; les oiseaux morts seront déposés chez le bourgmestre de la commune, qui les remettra à l'hospice le plus rapproché.

Art. 10. — Seront punis des peines comminées à l'article 8, celui qui sera trouvé porteur des engins mentionnés à l'article 4 ci-dessus et celui qui, excepté du 15 septembre au 15 novembre exclu, sera trouvé muni ou porteur de filets, appâts, lacets ou autres engins propres à prendre ou à détruire les oiseaux.

Art. 11. — Les contraventions au présent règlement seront constatées, prouvées et poursuivies conformément aux articles 23 à 26 de la loi du 28 février 1882 sur la chasse.

Art. 12. — Les arrêtés royaux des 14 août et 5 septembre 1889, 28 avril 1891, 6 septembre 1896, 6 juin 1904 et 16 janvier 1906 sont rapportés.

———

Conservation. — Instructions. — Circulaire adressée aux gouverneurs de province par M. Van der Bruggen, ministre de l'agriculture, le 18 avril 1906. (*Mémorial administratif du Brabant*, 1906, I, 75.)

Au point de vue de la conservation et de la protection des petits oiseaux, c'est surtout à l'époque des couvées qu'une surveillance active devrait être exercée non seulement dans les bois, mais encore dans les boqueteaux et les haies des clos et des jardins.

A cet effet, je vous prie d'inviter les agents de l'autorité spécifiés à l'article 24 de la loi du 28 février 1882 à rechercher activement les infractions au règlement sur les oiseaux insectivores.

En ce qui concerne les enfants âgés de moins de 16 ans, que le juge peut ne pas condamner, ces agents feront chose utile en les signalant à l'instituteur, qui croira sans doute devoir leur adresser telle admonestation qu'il jugera convenir.

———

Destruction. — Interdiction. — Exécution de l'arrêté royal du 15 août 1906. — Instructions. — Circulaire adressée le 16 août 1906 aux gouverneurs de province par M. Van der Bruggen, ministre de l'agriculture. (*Moniteur* du 21 août.)

J'ai l'honneur de vous adresser le texte de l'arrêté royal, en date du 15 août 1906, pris,

pour la protection et la conservation des oiseaux insectivores, en exécution de l'article 31 de la loi sur la chasse du 28 février 1882.

Dans l'élaboration de ce document, le gouvernement s'est inspiré des prescriptions de la Convention internationale, signée à Paris le 19 mars 1902 (1), ainsi que des conclusions du rapport de la commission chargée, par mon arrêté du 19 septembre 1903, de rechercher et de proposer les modifications à apporter aux dispositions réglementaires en vigueur.

Le nouvel arrêté maintient, dans leurs grandes lignes, les principes déjà posés par notre premier règlement sur la matière (21 avril 1873). Celui-ci a toujours été considéré, avec raison, comme un des plus restrictifs parmi ceux des différents Etats de l'Europe. En effet, alors que dans la plupart de ces Etats les oiseaux insectivores proprement dits, pas plus que les autres, n'ont jamais joui d'aucune protection pendant une grande partie de l'année, voilà plus de trente ans que nos règlements prohibent, d'une manière absolue et en tout temps, la destruction des premiers et ne permettent de prendre ou de tuer les autres que pendant moins de trois mois de chaque année, au moment des migrations d'automne.

Actuellement encore, les oiseaux réputés utiles ne sont pas protégés davantage par la Convention internationale, car celle-ci en permet la capture et la destruction du 15 septembre au 1er mars suivant, soit pendant une période annuelle de cinq mois et demi. Il est vrai de dire que les hautes parties contractantes ont pris l'engagement de restreindre, peu à peu, l'emploi des méthodes, engins et moyens de capture et de destruction. Mais que feront-elles dans ce sens? Nul ne le sait.

En attendant, le gouvernement a jugé utile de ne pas supprimer la tenderie telle qu'elle s'est toujours pratiquée.

Quelques explications me paraissent nécessaires, tant pour justifier les principales dispositions nouvelles que pour en préciser le sens et la portée.

Art. 2. — 1° Me conformant à un vœu émis au Congrès ornithologique international, réuni en 1900 à Paris, j'ai fait procéder à des recherches sur le régime alimentaire des oiseaux, en vue d'établir scientifiquement l'utilité respective de ceux-ci, aux points de vue de l'agriculture et de la sylviculture. Ces recherches ont fourni quelques données positives sur la valeur économique de certaines espèces d'oiseaux. Mais la question appelle de nouvelles études, qui pourront s'effectuer dans une autre direction.

Lorsque ces études seront terminées, la liste des insectivores protégés en tout temps pourra donc être modifiée en conséquence. Quoi qu'il en soit, l'ancienne liste a été augmentée de quelques espèces et concorde sensiblement avec celle qui figure dans la Convention internationale.

2° La disposition nouvelle restreint à deux mois la période pendant laquelle on pourra désormais prendre, tuer, etc., les oiseaux autres que ceux énumérés au 1° de l'article 2.

———

(1) Voir cette convention au *Moniteur belge* du 7 février 1906.

Toutefois, la vente, l'achat, etc., des oiseaux vivants restent permis jusqu'au 30 novembre inclus, de manière à permettre aux marchands d'écouler leur stock dont ils ne peuvent toujours se défaire immédiatement.

De même, le transport des linottes et des pinsons destinés à figurer dans des concours pourra se faire comme antérieurement.

A ce sujet, j'ai reçu de nombreuses pétitions réclamant l'interdiction, en tout temps, du transport des oiseaux aveugles. Mais cette question sort du cadre de celles que le gouvernement a le droit de réglementer, en vertu de l'article 31 de la loi sur la chasse.

ART. 4. — Les dispositions nouvelles remplacent celles qui faisaient l'objet de l'article 5 de l'arrêté royal du 14 août 1889 et des arrêtés royaux des 5 septembre 1889 et 6 septembre 1896.

Une innovation y a été introduite : l'obligation d'enlever ou de détendre les lacets pour le 20 novembre au plus tard, dans le but de mettre fin à certains abus.

Quant à la mise en place des lacets et des amorces (baies de sorbier), aucune date n'est fixée pour y procéder ; mais il va de soi qu'en ce qui concerne les premiers, les nœuds coulants ne pourront être formés qu'à partir du 15 septembre, jour de l'ouverture de la tenderie aux grives.

Le dernier paragraphe de l'article 4 établit une distinction entre les différentes grives et permet la chasse à tir de la draine et de la litorne après la clôture de la tenderie. On sait, en effet, que ces espèces errantes ne passent en grand nombre chez nous que plus tard, après la migration de leurs congénères.

ART. 5. — Il remplace l'article 7 ancien et s'inspire des dispositions inscrites dans la Convention internationale.

ART. 6. — Le premier alinéa vise exclusivement les espèces qui sont connues comme s'attaquant aux oiseaux insectivores, ainsi qu'à leurs œufs ou couvées. C'est pourquoi la nouvelle nomenclature ne comprend plus le corbeau freux, ni le corbeau choucas, ni le pigeon ramier.

Je crois utile de rappeler que le droit de détruire les oiseaux nuisibles, même au moyen d'armes à feu, ne doit pas dégénérer en abus et servir de prétexte au braconnage.

Le deuxième alinéa, tout en étant à peu près identique à l'ancien texte, précise davantage les espèces qu'il convient de ranger parmi le gibier à plumes. Il est mis fin à toute controverse à ce sujet.

ART. 7. — En vertu de cet article, mon département peut, comme par le passé, autoriser certaines dérogations au présent règlement. soit pour la capture des oiseaux dans un but scientifique, soit pour la tenderie aux ortolans qui se pratique, sous certaines conditions, dans une partie du territoire.

Mon département pourra en agir de même en ce qui concerne la destruction momentanée de certains oiseaux, tels que les moineaux, les étourneaux, les pigeons ramiers, les corbeaux freux, etc., lorsque la présence d'un grand nombre de ces espèces deviendra localement un danger pour les jardins, les vergers ou les champs. C'est là une mesure préventive utile à prendre quelque temps avant la maturité des fruits ou des récoltes ou lors de l'ensemen-

cement des campagnes, par exemple. Les personnes qui désireraient recourir à cette mesure devront m'adresser une demande motivée, avec indication de la durée de l'autorisation sollicitée et des moyens de destruction à employer.

J'aurai soin, Monsieur le gouverneur, de vous communiquer toutes les demandes de l'espèce, que vous voudrez bien me renvoyer sans retard, après y avoir annexé les avis des administrations communales que la chose concerne.

Il va de soi que les oiseaux capturés ou tués avec l'autorisation du gouvernement ne peuvent être vendus ni mis en vente.

ART. 8, 9 et 10. — Ceux-ci ne sont guère que la reproduction des articles 10, 11 et 12 du règlement de 1889.

Il est recommandé aux agents de l'autorité d'être très réservés dans la constatation des infractions à l'article 10. En effet, le port d'engins, filets, lacets, appâts, etc., n'est illicite que lorsque le but atteint ou à atteindre est la capture ou la destruction des oiseaux insectivores.

ART. 11. — Jusqu'à présent, il y a eu controverse sur le point de savoir si les articles 21 et 28 de la loi sur la chasse étaient applicables aux contraventions prévues par le règlement sur les oiseaux. Mais l'affirmative ne paraît pas douteuse en présence de l'article 31 de la loi du 28 février 1882.

Vous remarquerez que la défense édictée par l'article 6 de l'ancien règlement n'a pas été reproduite. J'ai jugé qu'elle était maintenant sans importance étant donné que le 2° de l'article 2 du nouvel arrêté réduit sensiblement la durée de la capture et de la destruction des oiseaux.

Je vous prie, Monsieur le gouverneur, de vouloir bien donner des instructions pour l'exécution de l'arrêté royal du 15 août 1906 et de la présente circulaire et de les faire insérer au *Mémorial administratif*.

Règlement. — Application de l'arrêté royal du 15 août 1906. — Instructions. — Circulaire adressée le 13 novembre 1906 aux gouverneurs de province par M. van der Bruggen, ministre de l'agriculture.

L'arrêté royal du 15 août 1906 restreint à deux mois (du 15 septembre inclus au 15 novembre exclu) la période pendant laquelle on peut désormais prendre, tuer ou détruire, exposer en vente, vendre, acheter, colporter, transporter, etc., toutes espèces d'oiseaux à l'état sauvage, sauf ceux spécifiés aux articles 2, 1°, et 6 du dit arrêté.

Toutefois, il est permis, jusqu'au 30 novembre inclus, d'exposer en vente, de vendre, d'acheter, de transporter ou de colporter les oiseaux vivants dont il s'agit. D'autre part, la chasse à tir, le trafic et le transport de la grive litorne et de la grive draine sont autorisés jusqu'à la date de la fermeture générale de la chasse (31 décembre 1906).

Je vous prie, Monsieur le gouverneur, de rappeler les dispositions qui précèdent aux habitants de votre province, ainsi qu'aux agents chargés de constater les infractions au règlement sur les oiseaux insectivores.

P

Pêche fluviale. — *Réglementation.* — *Modification aux arrêtés royaux d'exécution.* — Arrêté royal du 25 août 1906, contresigné par M. van der Bruggen, ministre de l'agriculture. (*Moniteur* du 25 août.)

Vu la loi du 9 janvier 1883 et celle du 5 juillet 1899 sur la pêche fluviale;

Revu nos arrêtés des 7 juillet 1899, 31 décembre 1900, 26 août 1901 et 2 octobre 1905 pour l'exécution de ces lois;

Vu l'avis de la commission de pisciculture;

Sur la proposition de notre ministre de l'agriculture,

Nous avons arrêté et arrêtons :

ART. 1er. — Le 1° de l'article 4 de notre arrêté du 7 juillet 1899 est modifié comme suit :

« 1° A tout habitant du royaume de Belgique qui voudra pêcher dans l'Escaut depuis l'écluse de Gentbrugge jusqu'aux limites du royaume avec la Hollande, dans le Rupel et dans la Nèthe inférieure, depuis l'écluse de Lierre jusqu'à l'embouchure du Rupel, ainsi que dans la Durme, depuis son embouchure jusqu'au pont de Lokeren, dit « Vieux-Pont ».

ART. 2. — L'article 8 de notre arrêté précité du 7 juillet revisé par l'article 2 de celui du 31 décembre 1900 est modifié comme suit :

« Il est établi onze classes de licences, dont les prix sont fixés comme suit :

« La licence de 1re classe, permettant l'usage de la senne et des nasses à anguilles et à éperlans, 45 francs;

« Celle de 2e classe, permettant l'usage du tramail et des nasses à anguilles et à éperlans, 30 francs;

« Celle de 3e classe, permettant l'usage du chalut pour la pêche des crevettes et autres salicoques, ainsi que les nasses à anguilles et à éperlans, 15 francs;

« Celle de 4e classe, permettant l'usage de l'engin dit *poer*, avec nacelle, des crochets ou lignes dormantes et des nasses à anguilles et à éperlans, 12 francs;

« Celle de 5e classe, permettant l'usage des lignes dormantes ou crochets et des nasses à anguilles et à éperlans, 6 francs;

« Celle de 6e classe, permettant l'usage de la grande trouble, 6 francs;

« Celle de 7e classe, permettant l'usage de l'épervier, 5 francs;

« Celle de 8e classe, permettant l'usage de l'échiquier, 4 francs;

« Celle de 9e classe, permettant l'usage du palet (rets transversants), 4 francs;

« Celle de 10e classe, permettant l'usage du *poer* ou *peur* avec nacelle, 4 francs;

« Celle de 11e classe, permettant l'usage de l'engin dit *poer*, avec cuvelle, au bord de l'eau, 1 franc.

« Le porteur d'une licence ne peut pêcher que dans les eaux situées en aval de Tamise ou dans celles qui se trouvent en amont, selon les indications de son permis.

« Une double licence est exigée pour l'exer-

cice de la pêche dans toute l'étendue des eaux dont s'occupe l'article 4. »

ART. 3. — L'article 10 de notre arrêté du 7 juillet 1899, modifié par les arrêtés des 26 août 1901 et 2 octobre 1905, est remplacé par la disposition suivante :

« Toute espèce de pêche est interdite à 30 mètres en amont et en aval des barrages munis d'échelles à poissons

« La pêche autrement qu'à la ligne à main est interdite, sur la même distance, en aval des écluses, barrages, pertuis et coursiers d'usines.

« Sur la même distance, en aval des barrages de la Meuse et de l'Ourthe, la ligne à main ne peut être munie d'amorces artificielles, la mouche sans lest ni annexes exceptée. Cette défense est étendue : 1° à tous les barrages indistinctement : *a*) pendant les périodes d'interdiction; *b*) durant le chômage de la navigation; 2° aux confluents de cours d'eau non navigables ni flottables de la rive droite de la Sambre et de la Meuse.

« La distance de 30 mètres, où la pêche a la ligne à main non munie d'amorces artificielles est seule autorisée, est étendue à 100 mètres à l'aval des barrages de la Meuse et de l'Ourthe présentant momentanément plusieurs ouvertures libres entre les fermettes, pour l'écoulement des eaux de crue.

« Toutefois, en se conformant aux dispositions des articles 14, 15 et 19, il est permis d'adapter et de maintenir à toute époque aux barrages industriels des boîtes à anguilles (pêcheries) à parois simples, pourvu que l'usage n'en ait lieu que du 1er juillet inclusivement au deuxième lundi d'octobre exclusivement.

« Dans les cours d'eau navigables et flottables, dans les affluents de l'Escaut, ainsi que dans la partie de la Semois en amont du moulin Deleau, l'usage des boîtes à anguilles reste autorisé jusqu'au dernier lundi de novembre exclusivement. »

ART. 4. — L'article 11 de notre arrêté du 7 juillet 1899 est modifié comme suit :

« Les temps de frai, pendant lesquels les poissons et écrevisses ne peuvent être pêchés et doivent être rejetés dans l'eau, sont fixés comme il suit :

« 1° Du deuxième lundi d'octobre inclusivement au troisième dimanche de mars exclusivement, pour le saumon et les truites;

« 2° Du troisième lundi de mars inclusivement au premier dimanche de juin exclusivement, pour toutes les autres espèces de poissons et pour l'écrevisse. »

ART. 5. — L'article 12 de notre arrêté du 7 juillet 1899, revisé par celui du 26 août 1901, est modifié comme suit :

« La pêche est interdite :

« 1° Du deuxième lundi d'octobre inclusivement au troisième dimanche de mars exclusivement dans tous les canaux et cours d'eau non navigables ni flottables de la rive droite de la Sambre et de la Meuse, à l'exception de la Semois, depuis sa source jusqu'au moulin Deleau, de la Vire et du Viroin;

« 2° Du troisième lundi de mars inclusivement au premier dimanche de juin exclusivement, dans tous les autres cours d'eau et canaux. »

ART. 6. — L'article 13 de notre arrêté du 7 juillet, modifié par celui du 31 décembre 1900, est remplacé par le suivant :

« Les interdictions prescrites par les deux articles précédents s'appliquent à tous les procédés de pêche, même à la ligne à main.

« Toutefois :

« 1º Pendant la période d'interdiction du troisième lundi de mars inclusivement au premier dimanche de juin exclusivement, la pêche à une seule ligne à main manœuvrée du bord de l'eau, sans l'aide de l'épuisette, reste autorisée les dimanches et jours de fête légale;

« 2º La pêche à l'anguille peut avoir lieu à toute époque :

« a. Dans tous les cours d'eau, avec l'engin dit *poer* ou *peur* (pêche à la pelotte, vermée ou vermille);

« b. Dans les eaux désignées à l'article 4, avec les nasses et les crochets ou lignes dormantes;

« 3º Pendant les périodes d'interdiction visées aux articles 11 et 12, la pêche du saumon et de la truite de mer est autorisée les lundi, mercredi et vendredi de chaque semaine, dans les cours d'eau mentionnés à l'article 2 de la loi du 19 janvier 1883, fréquentés par le saumon, au moyen de l'échiquier et de la ligne à main, que l'amorce soit naturelle ou artificielle, morte ou vivante;

« 4º Pendant la période d'interdiction du troisième lundi de mars au premier dimanche de juin, la pêche aux aloses peut se pratiquer à l'aide de la senne dans la Meuse, en aval du barrage de Visé, suivant les conditions du cahier des charges;

« 5º Dans les eaux désignées à l'article 4 de l'arrêté royal du 7 juillet prérappelé, modifié conformément à l'article 1er ci-dessus, il est permis de pêcher pendant la période d'interdiction du troisième lundi de mars au premier dimanche de juin aux aloses, flets, plies, soles, éperlans et salicoques, à l'aide de la senne, du tramail, de l'échiquier, de la grande trouble et du chalut.

« Toutefois, dans la partie de l'Escaut entre Wetteren et dans la Durme, entre Lokeren et Hamme, l'usage de la senne à maille de 1 centimètre et demi reste interdite;

« 6º Pendant la période d'interdiction du deuxième lundi d'octobre inclusivement au troisième dimanche de mars exclusivement, la pêche à une seule ligne à main, sans l'aide de l'épuisette, restera permise le dimanche et les jours de fête légale dans le lac de la Gileppe;

« 7º Pendant la période d'interdiction du troisième lundi de mars inclusivement au premier dimanche de juin exclusivement, la pêche à la mouche sans leat ni annexes et sans le secours de l'épuisette est autorisée dans la partie navigable et flottable des cours d'eau suivants : la Semois, la Lesse, l'Amblève et l'Ourthe, en amont du confluent de l'Amblève. »

Art. 7. — L'article 14 de notre arrêté prérappelé du 7 juillet est modifié comme suit :

« La pêche n'est permise que depuis le lever jusqu'au coucher du soleil.

« Les filets et engins autorisés, la ligne à main exceptée, peuvent toujours être laissés dans l'eau, sauf pendant les périodes d'interdiction et dans les circonstances déterminées aux articles 10, 11, 12 et 15, sans préjudice à l'exception de l'article 10, paragraphe final; ils ne peuvent, toutefois, être placés, relevés ou manœuvrés qu'en dehors du temps pendant lequel la pêche est défendue par le premier alinéa du présent article.

« Exceptions :

« 1º La pêche à l'anguille pratiquée avec l'engin « poer » ou « peur » est autorisée à toute heure;

« 2º Du 1er avril inclusivement au 1er octobre exclusivement on pourra pêcher une demi-heure avant le lever et une demi-heure après le coucher du soleil;

« 3º Dans les eaux désignées à l'article 4 de notre arrêté du 7 juillet 1899, modifié conformément à l'article 1er du présent arrêté, la pêche est permise à toute heure, sauf que, pendant la période d'interdiction du troisième lundi de mars inclusivement au premier dimanche de juin exclusivement, la pêche des aloses, au moyen de la senne, du tramail et de la grande trouble, reste seule autorisée la nuit. »

Art. 8. — L'article 15 de notre arrêté susvisé du 7 juillet est modifié comme suit :

« Il est interdit de pêcher :

« a. Autrement qu'à la ligne à main manœuvrée au bord de l'eau, dans les parties des canaux ou cours d'eau dont le niveau serait accidentellement abaissé, soit pour y opérer des curages ou travaux quelconques, soit par suite du chômage des usines ou de la navigation;

« b. Jusqu'à disposition ultérieure, dans les parties des cours d'eau non navigables ni flottables qui traversent les bois soumis au régime forestier;

« c. A l'écrevisse, dans les cours d'eau non navigables ni flottables de la rive droite de la Sambre et de la Meuse, sauf dans les suivants, où la pêche au moyen de baguettes ou pinces à écrevisses et de balances est autorisée du 1er août inclus au deuxième lundi d'octobre exclu :

« R. de Lisbelle (Marcour-Beffe-Soy-Hampteau) et affluents, R. de Quartes ou des Zécartes ou R. du Bois-Maya (Marcour) et affluents : R. du Chanteur et R. Doneux, R. de Vyle (Hoyoux).

« R. Thyria (Morialmé-Berzée), le Biran (Rochefort), R. des Cresses (Chevetogne), Ry d'Ave (Ave et Auffe).

« R. des Allennes (Auby), R. de Fays-les-Veneurs, R. de Petit-Voir (Tournai), R. de Grand-Voir, R. du Gué-de-Rossart (Grand-Voir), R. de Gerailavie (Grand-Voir), R. de Tournai, R. de Grand-Vivier (Tournai-Neufchâteau), R. de Blanc-Caillou, R. de Lamouline (Saint-Pierre), R. de Respelt (Longlier), R. de Neufchâteau, R. de Longlier, R. de Lavaux (Assenois), R. de Léglise, R. de Marbay (Assenois), la Sûre et affluents (Gives), la Wiltz et affluents (Bastogne et Benonchamps).

« R. de Hoursinne, R. du Pont-le-Prêtre et affluents (Izier), R. Laid-Loiseau et affluents (Harre).

« R. de Vresse et affluents. »

Art. 9. — L'article 16 de notre arrêté du 7 juillet 1899, modifié par celui du 31 décembre 1900, est remplacé par les dispositions suivantes :

« Sont interdits les modes, engins et appareils de pêche quelconques, à l'exception des suivants : les lignes; l'épuisette et le crochet ou gaffe, mais seulement pour enlever le poisson pris à la ligne; les échiquiers (carrés, carrelets ou avrules), montés sur croisillons, sans ailes et non traînés; le petit épervier jeté à la main, non traîné et manœuvré par un seul homme ; le verveux, la nasse et la bouteille à goujons à une seule entrée, sans ailes ni annexes de quelque nature que ce soit ; la boîte à anguilles, le *poer* ou *peur* vermée ou vermille ; les baguettes ou pinces à écrevisses, les balances (raquettes, suchettes ou plateaux), le fagot d'épines.

« Toutefois :

« 1° Le grand épervier, gile ou grand cotrai et la nasse avec ailes sont autorisés pour la pêche dans la Meuse et dans les eaux visées à l'article 4 de notre arrêté du 7 juillet 1899, modifié conformément à l'article 1er ci-dessus, ainsi que dans le canal de Terneuzen et la basse Lys, en aval du barrage d'Astene ;

« 2° La senne est autorisée dans les mêmes eaux, excepté :

« *A*. Dans la Meuse, où elle n'est permise que dans la partie formant frontière entre la Belgique et la Hollande ;

« *B*. Dans la partie de l'Escaut entre Wetteren et Termonde et dans la Durme, entre Lokeren et Hamme, où l'usage de la senne à 1 1/2 centimètre est défendu ;

« 3° L'emploi du tramail, de la grande trouble et du palet (rets transversants) est permis dans les eaux mentionnées à l'article 4 de notre arrêté du 7 juillet prérappelé, modifié conformément à l'article 1er ci-dessus, où la pêche au chalut, fixe ou mobile, est également autorisée, excepté du 1er novembre inclusivement au 1er mars exclusivement ;

« 4° Dans la partie navigable de la Semois, de la Lesse, de l'Ourthe et de l'Amblève, l'usage de l'épervier est interdit du 1er juillet inclus au deuxième lundi d'octobre exclu ;

« 5° Dans les parties des cours d'eau mentionnées ci-après, l'usage de l'épervier est interdit en tout temps :

DÉSIGNATION des cours d'eau.	LIMITE AVAL.	LIMITE AMONT.
		Confluent :
1. Amblève . . .	Pont de Remouchamps.	De la Lienne.
2. Lesse	Barrage d'Anseremme.	De la Lhomme (Eprave).
3. Marche . . .	Frontière française.	Du ruisseau de Williers (Orval).
4. Semois . . .	Moulin Deleau (Herbeumont).	Pont de Villers-Tortru (Vance) en aval du confluent du R. de la Tortru.
5. Vierre	Embouchure.	Du ruisseau de Neufchâteau (Straimont).
6. Viroin. . . .	Embouchure.	Rencontre de l'Eau-Blanche et de l'Eau-Noire.

« 6° Dans tout le restant des cours d'eau désignés au 5° et dans les autres cours d'eau non navigables ni flottables de la rive droite de la Sambre et de la Meuse, il n'est permis de pêcher qu'au moyen de lignes et de boîtes à anguilles ;

« 7° Dans les cours d'eau et canaux navigables ou flottables, appartenant ou non à l'État, toute pêche autre que celle à la ligne à main manœuvrée du bord de l'eau est interdite les dimanches et jours de fête légale. »

ART. 10. — L'article 17 de l'arrêté royal prérappelé du 7 juillet, revisé par celui du 26 août 1901, est modifié comme suit :

« Les mailles des filets mouillées, mesurées de chaque côté, l'espacement des verges des nasses, les clayonnages des boîtes à anguilles ou le diamètre des ouvertures de celles-ci doivent avoir les dimensions suivantes :

« 1° L'échiquier ou carrelet employé à la pêche du saumon et de la truite de mer, 5 centimètres ;

« 2° L'échiquier employé à la pêche de poissons autres que le saumon et la truite de mer ;

« *a*. Dans les cours d'eau en général, 2 centimètres ;

« *b*. Dans les eaux désignées à l'article 4 de l'arrêté royal du 7 juillet, modifié conformément à l'article 1er ci-dessus, et dans la basse

Lys, jusqu'en aval du barrage d'Astene, 1 centimètre ;

« 3° L'échiquier goujonnier manœuvré sur le bord de l'eau, pour la capture des poissons autres que ceux pour lesquels une mesure est prescrite à l'article 21, 1 mètre de côté, 30 centimètres de profondeur de sac au plus et 1 centimètre de maille. Il ne peut être utilisé que le vendredi de chaque semaine et seulement dans les cours d'eau et canaux navigables ou flottables, que leur entretien incombe à l'État ou non ;

« 4° Le chalut, fixe ou non, pour la pêche des crevettes et autres salicoques, 8 millimètres exactement. Il ne peut avoir, à l'ouverture, que 3 mètres de large et 1m50 de haut ; la longueur totale, depuis l'ouverture jusqu'à l'extrémité du filet, ne peut dépasser 7 mètres ;

« 5° Le grand épervier, le petit épervier, la grande trouble, le tramail et le palet (rets transversants), 3 centimètres au moins ;

« 6° La senne pour la pêche de l'éperlan, 1 centimètre et demi, et pour toute autre pêche autorisée, 3 centimètres au moins ;

« 7° La nasse et le verveux, 3 centimètres au moins ;

« 8° La nasse pour la pêche des anguilles et des éperlans et la nasse à goujons, 1/2 centimètre au moins et 1 centimètre au plus. Les bouteilles et nasses à goujons ne peuvent avoir qu'une longueur, d'une extrémité à l'autre, de 60 centimètres au plus ;

« 9° La balance, la petite nasse et le petit verveux (vervotin) employés à la pêche de l'écrevisse, 2 centimètres exactement ;

« 10° Les boîtes à anguilles, 2 centimètres au moins ;

« 11° L'épuisette servant à recevoir le poisson pris à la ligne, au plus, 40 centimètres de diamètre à l'ouverture et 50 centimètres de profondeur de sac. Le crochet ou gaffe servant au même usage, 1 1/2 mètre de long au plus. »

ART. 11. — L'article 23 de notre arrêté du 7 juillet prérappelé, revisé par les arrêtés des 31 décembre 1900 et 26 août 1901, est modifié comme suit :

« Le prix des permis est fixé :

« 1° A 10 francs, pour la pêche à tous les engins autorisés ;

« 2° A 8 francs, pour la pêche aux lignes, baguettes, fagots d'épines, balances à écrevisses, verveux et nasses, avec ou sans ailes, boîtes à anguilles ou pêcheries ;

« 3° A 2 francs, pour la pêche au « poer » ou à la ligne à main ;

« 4° A 1 franc, pour la pêche à la ligne à main, les dimanches et jours de fête légale seulement ;

« 5° A 2 francs, pour la pêche à deux lignes à main ; ce permis n'est valable que les dimanches et jours de fête légale seulement, dans les cours d'eaux navigables ou flottables appartenant ou non à l'Etat ;

« 6° A 4 francs, pour la pêche à deux lignes à main dans les eaux visées au 5° ci-dessus. Ce permis est valable les dimanches et jours de fête légale, ainsi que les jours ouvrables en temps non interdit.

« Toutefois, dans les cours d'eau navigables ou flottables, où le droit de pêche appartient à l'Etat ou à ses ayants cause, le pêcheur à la ligne à main ne pourra se servir d'une embarcation que s'il est muni du permis de 10 francs. Le même permis sera exigé de ceux qui pêchent le saumon, en semaine, à la ligne, durant les périodes de frai.

« Les porteurs des licences prévues à l'article 8 sont dispensés de tout autre permis, mais seulement pour la pêche dans les eaux dont il s'agit à l'article 4. »

ART. 24. — Le tableau des fleuves, des rivières et des canaux navigables et flottables, annexé à notre arrêté du 7 juillet 1899, est complété comme suit :

Ajouter après le n° 14 : a. les maîtresses rigoles depuis la limite des communes d'Autryve et d'Avelghem jusqu'à l'Escaut (Eindriesch-Audenarde), 12,873 mètres ; b. la maîtresse rigole de Synghem à Eecke, 8,630 mètres ; c. la maîtresse rigole de Zwijnaerde, 858 mètres.

Ajouter au n° 47, col. n° 6 : y compris la noue dite des Illions ;

Ajouter après le n° 82 : 82bis Crique de Nieuwendam, depuis l'écluse de Nieuwendam jusqu'à l'écluse de chasse de Nieuport, 3,600 mètres.

Réglementation. — *Modification aux arrêtés royaux d'exécution.* — Arrêté royal du 10 novembre 1906, contresigné par **M.** van der Bruggen. ministre de l'agriculture. (*Moniteur* des 19-20 novembre.)

Revu l'article 16 de notre arrêté du 7 juillet 1899, modifié par l'article 9 de celui du 25 août 1906 ;

Considérant qu'il y a lieu de surseoir, jusqu'à disposition ultérieure, à la défense de se servir, le dimanche, d'une embarcation pour la pêche à la ligne à main en temps non interdit ;

Sur la proposition de notre ministre de l'agriculture,

Nous avons arrêté et arrêtons :

ART. 1er. — Le 7° de l'article 16 prérappelé est modifié comme suit :

« Dans les cours d'eau et canaux navigables ou flottables appartenant ou non à l'Etat, toute pêche autre que celle à la ligne à la main est interdite ·les dimanches et jours de fête légale. »

Police générale. — *Traite des blanches. Arrangement international.* — *Exécution.* — Circulaire adressée le 23 mai 1906 aux bourgmestres de diverses communes, au nom de M. Van den Heuvel, ministre de la justice, par M. J. De Rode, directeur général délégué. (*Recueil des circulaires, etc., du ministère de la justice,* 1906, 480.)

La loi du 21 juin 1905 a approuvé l'arrangement international, signé à Paris, le 18 mai 1904, concernant la *Traite des Blanches.* Vous trouverez ci-joint le texte de cet arrangement (1).

---

(1) Sa Majesté le roi des Belges ; Sa Majesté l'empereur d'Allemagne, roi de Prusse, au nom de l'empire allemand ; Sa Majesté le roi de Danemark ; Sa Majesté le roi d'Espagne ; le président de la République Française ; Sa Majesté le roi du Royaume-Uni de la Grande-Bretagne et d'Irlande et des Possessions Britanniques au delà des mers, empereur des Indes ; Sa Majesté le roi d'Italie ; Sa Majesté la reine des Pays-Bas ; Sa Majesté le roi de Portugal et des Algarves ; Sa Majesté l'empereur de toutes les Russies Sa Majesté le roi de Suède et de Norvège et le Conseil Fédéral Suisse, désireux d'assurer aux femmes majeures, abusées ou contraintes, comme aux femmes et filles mineures, une protection efficace contre le trafic criminel connu sous le nom de *Traite des Blanches,* ont résolu de conclure un arrangement à l'effet de concerter des mesures propres à atteindre ce but, et ont nommé pour leurs plénipotentiaires, savoir :...;

Lesquels, ayant échangé leurs pleins pouvoirs trouvés en bonne et due forme, sont convenus des dispositions suivantes :

ART. 1er. — Chacun des gouvernements contractants s'engage à établir ou à désigner une autorité chargée de centraliser tous les renseignements sur l'embauchage des femmes et filles en vue de la débauche à l'étranger ; cette autorité aura la faculté de correspondre directement avec le service similaire établi dans chacun des autres Etats contractants.

ART. 2. — Chacun des gouvernements s'engage à faire exercer une surveillance en vue de rechercher, particulierement dans les gares, les ports d'embarquement et en cours de voyage, les conducteurs de femmes et filles

Pour la Belgique, l'autorité chargée par application de l'article 1er, de centraliser tous les renseignements sur l'embauchage des

---

destinées à la débauche. Des instructions seront adressées dans ce but aux fonctionnaires ou à toutes autres personnes ayant qualité à cet effet, pour procurer, dans les limites légales, tous renseignements de nature à mettre sur la trace d'un trafic criminel.

L'arrivée de personnes paraissant évidemment être les auteurs, les complices ou les victimes d'un tel trafic sera signalée, le cas échéant, soit aux autorités du lieu de destination, soit aux agents diplomatiques ou consulaires intéressés, soit à toutes autres autorités compétentes.

Art. 3. — Les gouvernements s'engagent à faire recevoir, le cas échéant et dans les limites légales, les déclarations des femmes ou filles de nationalité étrangère qui se livrent à la prostitution, en vue d'établir leur identité et leur état civil, et de rechercher qui les a déterminées à quitter leur pays. Les renseignements recueillis seront communiqués aux autorités du pays d'origine des dites femmes ou filles, en vue de leur rapatriement éventuel.

Les gouvernements s'engagent, dans les limites légales et autant que faire se peut, à confier, à titre provisoire et en vue d'un rapatriement éventuel, les victimes d'un trafic criminel, lorsqu'elles sont dépourvues de ressources, à des institutions d'assistance publique ou privée ou à des particuliers offrant les garanties nécessaires.

Les gouvernements s'engagent aussi, dans les limites légales et autant que possible, à renvoyer dans leur pays d'origine celles de ces femmes ou filles qui demandent leur rapatriement ou qui seraient réclamées par des personnes ayant autorité sur elles. Le rapatriement ne sera effectué qu'après entente sur l'identité et la nationalité, ainsi que sur le lieu et la date de l'arrivée aux frontières. Chacun des pays contractants facilitera le transit sur son territoire.

La correspondance relative aux rapatriements se fera, autant que possible, par la voie directe.

Art. 4. — Au cas où la femme ou la fille à rapatrier ne pourrait rembourser elle-même les frais de son transfert et où elle n'aurait ni mari, ni parents, ni tuteur qui payeraient pour elle, les frais occasionnés par le rapatriement seront à la charge du pays sur le territoire duquel elle réside, jusqu'à la prochaine frontière ou port d'embarquement dans la direction du pays d'origine, et à la charge du pays d'origine pour le reste.

Art. 5. — Il n'est pas dérogé, par les dispositions des articles 3 et 4 ci-dessus, aux conventions particulières qui pourraient exister entre les gouvernements contractants.

Art. 6. — Les gouvernements contractants s'engagent, dans les limites légales, à exercer, autant que possible, une surveillance sur les bureaux ou agences qui s'occupent du placement de femmes ou filles à l'étranger.

Art. 7. — Les États non signataires seront admis à adhérer au présent arrangement. A cet effet ils notifieront leur intention, par voie diplomatique, au gouvernement français qui en donnera connaissance à tous les États contractants.

Art. 8. — Le présent arrangement entrera en vigueur six mois après la date de l'échange des ratifications. Dans le cas où l'une des parties contractantes le dénoncerait, cette dénonciation n'aurait d'effet qu'à l'égard de cette partie, et cela douze mois seulement à dater du jour de la dite dénonciation.

Art. 9. — Le présent arrangement sera ratifié et les ratifications seront échangées à Paris, dans le plus bref délai possible.

En foi de quoi, les plénipotentiaires respectifs ont signé le présent arrangement et y ont apposé leurs cachets.

Fait à Paris, le 18 mai 1904, en un seul exemplaire qui sera déposé dans les archives du ministère des affaires étrangères de la République française, et dont une copie, certifiée conforme, sera remise à chaque puissance contractante.

(Suivent les signatures.)

---

femmes et filles en vue de la débauche à l'étranger est la Direction générale de la Sûreté publique dont les bureaux sont établis, 2, rue Ducale, à Bruxelles.

L'article 2 indique le but de l'entente intervenue qui est de rechercher les conducteurs de femmes et filles destinées à la débauche, de réunir tous renseignements de nature à mettre sur la trace d'un trafic criminel. Il s'agit d'arriver, par tous les moyens légaux, à empêcher que les victimes parviennent au terme de leur voyage, c'est-à-dire aux pays où elles doivent être livrées à la débauche.

Le rôle des polices communales devra donc consister avant tout à établir une surveillance attentive sur tous les établissements où se réunissent des individus des deux sexes et de mœurs équivoques, d'y suivre les démarches des individus notés dans la localité comme entremetteurs, placeurs de serveuses dans des établissements suspects, d'y observer les allées et venues d'étrangers de passage sollicitant les femmes ou filles d'émigrer.

Il y aura lieu, le cas échéant, de dresser rapport immédiat de ces constatations pour les porter à la connaissance de l'administration de la Sûreté publique où déjà les individus surveillés peuvent être connus. Dans les cas urgents, indépendamment de ce rapport, l'administration de la Sûreté publique, il pourra être utile d'adresser à la police d'autres villes belges un avis télégraphique signalant l'arrivée prochaine sur le territoire de ces villes de proxénètes accompagnés ou non de jeunes filles.

L'article 2 ne parle que de surveillance et de recherches, mais il va de soi que l'arrangement conclu n'exclut nullement l'application des dispositions légales qui permettent de mettre la main sur les trafiquants visés par la convention. Lorsque les agents de la police communale se trouveront en présence d'un proxénète avéré, ils devront examiner immédiatement si l'ensemble des faits constatés ne revêt pas le caractère d'une infraction prévue par la loi pénale. A cet égard, l'attention doit se porter sur les délits visés par les articles 379 et suivants (prostitution et corruption de la jeunesse), 368 et suivants (enlèvement de mineurs), 434 et suivants (détention illégale et arbitraire), 231 du code pénal (port de faux nom). Il y aurait lieu, le cas échéant, de saisir immédiatement le parquet, sans préjudice aux rapports à transmettre à l'office central organisé par l'article 1er.

Si ces proxénètes sont de nationalité étrangère et non pas de résidence dans le pays (ils y passent le plus souvent comme voyageurs), il y aura lieu de s'assurer s'ils possèdent des ressources et des papiers de légitimation. Même, dans l'affirmative, il sera utile, lorsqu'on se trouvera en présence d'un cas nettement caractérisé, d'en référer par voie télégraphique à l'administration de la Sûreté publique et de garder à vue au bureau de police les étrangers découverts dans ces conditions jusqu'à décision de l'administration centrale. Si ces étrangers sont sans ressources, il y aura lieu de les mettre à la disposition du gouvernement pour être conduits hors du royaume.

Si, par l'effet d'une mesure judiciaire ou administrative, on arrive à séparer de l'exploitant les jeunes filles qu'il se proposait d'entraîner, il y aura lieu de se préoccuper des mesures à prendre à l'égard des victimes. Celles-ci se trouveront le plus souvent sans ressources, sans relations dans le royaume, sans appui. S'il s'agissait de filles de nationalité belge, il y aurait lieu de prévenir immédiatement les autorités communales de leur domicile ou de celui des personnes sous la garde desquelles elles se trouvent.

Les étrangères pourront, à leur première demande, être mises en relation avec le consul de leur pays. Si elles ne réclament pas l'assistance de cet agent consulaire, elles peuvent être confiées à des institutions d'assistance publique ou privée ou même à des particuliers offrant les garanties nécessaires. Leur placement se trouvera facilité en certains cas par l'assurance que les frais de pension seront, le cas échéant, remboursés par application de l'article 4 de l'arrangement. Dès que le placement aura pu être effectué, il y aura lieu d'en informer le département de la justice en lui adressant un rapport complet des constatations faites et des renseignements recueillis, de manière à lui permettre d'aviser au rapatriement de l'étrangère provisoirement secourue.

Il ne devrait être songé à mettre les femmes ou filles dont il s'agit à la disposition de l'officier du ministère public près le tribunal de police comme vagabondes ou à la disposition de l'administration de la Sûreté publique en vertu de l'article 10 de la loi du 21 novembre 1891 pour la répression du vagabondage que si, ayant refusé d'accepter le secours et l'intervention de la bienfaisance officielle ou privée, elles tombaient dans la prostitution ou le vagabondage caractérisé.

Il importe de ne pas perdre de vue que les mesures de protection dont il vient d'être parlé ne sont applicables qu'aux victimes du trafic connu sous le nom de *Traite des Blanches.*

Depuis plusieurs années, les administrations communales des localités où des étrangères viennent de préférence provoquer le public à la débauche ont reçu des instructions prescrivant de les signaler par rapport urgent et, dans certaines circonstances, de les mettre à la disposition du gouvernement comme étrangères sans résidence et sans aveu.

L'exécution de l'arrangement de Paris ne doit modifier en rien ces instructions, tant qu'il ne résulte pas des circonstances que les étrangères en question seraient les victimes de proxénètes à la suggestion desquels elles se prostituent momentanément en attendant leur départ pour des pays éloignés.

Les filles de mauvaises mœurs qui vivent seules comme celles qui se font assister d'un souteneur pour exercer à moindre risque leur métier de prostituées ne rentrent pas dans les termes de l'arrangement de Paris.

Toutefois, et afin de rencontrer la pensée qui a dicté l'entente intervenue, il y aura lieu dorénavant, lorsque la police aura été amenée à interroger la fille étrangère signalée à raison de son immoralité à l'administration de la Sûreté publique, de poser toujours la question de savoir « qui l'a déterminée à quitter son pays », le cas échéant, « où se trouve l'individu qui l'a engagée à s'expatrier ».

Conformément à l'article 6 de l'arrangement de Paris, les polices communales devront porter leur attention spéciale sur l'existence en leur ville de bureaux ou agences s'occupant du placement de femmes ou filles à l'étranger et sur la façon dont ils fonctionnent.

Vous voudrez bien relever, dès maintenant, la liste des bureaux de placement établis en votre ville et rentrant dans cette catégorie. Il me sera utile de recevoir cette liste qui devra être tenue au courant. Il conviendra d'y mentionner l'adresse de chaque bureau, l'identité et la nationalité de son directeur et la réputation dont il jouit ainsi que, dans la mesure du possible, les pays avec lesquels il entretient des relations.

Des rapports spéciaux devront être adressés chaque fois qu'auront été relevés des indices permettant de croire que des filles vont être ou ont été envoyées à l'étranger dans le but d'y être placées dans des maisons mal famées.

Police du roulage. — *Automobile.* — *Règlement communal.* — *Lanterne.* — *Dispositif différent de celui de l'arrêté général sur la police du roulage.* — *Motocycle a deux roues.* — *Portée générale de la loi.* — *Applicabilité.*

Est contraire au règlement général sur la police du roulage le règlement communal d'Anvers qui prescrit que les automobiles et motocyclettes à deux roues porteront, dès la chute du jour, par devant et par derrière, une lanterne garnie de verres bien transparents avec, sur les trois côtés visibles, le numéro de la plaque de la voiture. (Loi du 1er août 1899, art. 1er, et arrêté royal du 4 août 1899, art. 1er, nos 3 et 4.)

La loi et le règlement général sur la police du roulage ont une portée générale et s'appliquent au motocycle à deux roues, l'une suivant l'autre, bien que ce dispositif ne fût pas employé à l'époque où le dit règlement a été pris. (Mêmes dispositions.) — Cassation, 30 avril 1906, *Pasic.*, 1906, I, 206.

Automobile. — *Lanterne d'arrière.*

L'arrêté royal du 4 août 1899 impose à tout propriétaire d'automobile la double obligation de pourvoir l'arrière de leur véhicule d'une plaque numérotée et de le munir, depuis la chute du jour jusqu'au matin, d'une lanterne éclairée.

L'absence de plaque, qu'elle soit volontaire ou la suite d'une force majeure, ne dispense pas de la lanterne. — Cassation, 7 mai 1906, *Pasic.*, 1906, I, 218.

Établissement d'un service de messageries sans autorisation. — *Loi du 14 juillet 1893.*

Si la loi du 14 juillet 1893 semble soumettre à une autorisation administrative les services de transport, elle ne commine aucune peine contre celui qui établirait un service de ce genre sans autorisation. — Tribunal correctionnel d'Arlon, 27 octobre 1905, *Pasic.*, 1906, III, 180.

Loi du 1ᵉʳ août 1899. — Infraction. — Constatation. — Défaut de procès-verbal régulier. — Modes ordinaires de preuve. — Commissaire de police, partie poursuivante, témoin.

Aux termes de l'article 4, § 2, de la loi du 1ᵉʳ août 1899, une copie du procès-verbal constatant les infractions aux lois et règlements sur la police du roulage doit être remise aux délinquants dans les quarante-huit heures.

Cette remise est une des conditions dans lesquelles les procès-verbaux font foi jusqu'à preuve contraire.

A défaut de procès-verbal régulier, l'infraction peut être établie par toutes voies de droit, notamment par témoins.

Le commissaire de police, faisant fonctions de ministère public, partie poursuivante, ne peut, en même temps, dans la même cause, être entendu comme témoin. — Tribunal correctionnel de Namur, 3 février 1906, *Pasic.*, 1906, III, 135.

———

Copie du procès-verbal non envoyée au contrevenant, conformément aux prescriptions de l'article 4 de la loi du 1ᵉʳ août 1899. — Recevabilité de la poursuite.

Le fait que le contrevenant n'aurait pas reçu la copie du procès-verbal, conformément aux prescriptions de l'article 4 de la loi du 1ᵉʳ août 1899, ne rend pas la poursuite non recevable.

Aux termes de l'article 154 du code d'instruction criminelle, les contraventions sont prouvées par témoins à défaut de procès-verbaux. — Tribunal correctionnel de Nivelles, 19 mai 1906, *Pasic.*, 1906, III, 297.

Police sanitaire des animaux domestiques. — *Rage canine. — Règlement général du 11 mai 1905. — Modification. —* Arrêté royal du 2 juin 1906, contresigné par M. van der Bruggen, ministre de l'agriculture. (*Moniteur* du 14 juin.)

Vu l'arrêté royal du 11 mai 1905 relatif aux mesures de précaution à prendre contre la rage canine ;

Considérant que les chiens de meute ne peuvent chasser au fourré avec un collier au cou auquel est attachée la médaille réglementaire, sans risquer de rester accrochés dans les buissons ;

Sur la proposition de notre ministre de l'agriculture,

Nous avons arrêté et arrêtons :

Art. 1ᵉʳ. — L'alinéa suivant est ajouté à l'article 1ᵉʳ, IV, de l'arrêté susvisé .

« L'obligation d'avoir le collier auquel est attachée la médaille n'est pas applicable aux chiens de meute pendant le temps qu'ils chassent au fourré, pourvu qu'ils portent une marque particulière et distinctive ne laissant aucun doute sur le nom de leur propriétaire. »

———

Tuberculose bovine. — Règlement du 10 août 1897. — Modification. — Arrêté royal du 10 décembre 1906, contresigné par M. van der Bruggen, ministre de l'agriculture. (*Moniteur* du 19 décembre.)

Vu la loi du 30 décembre 1882 sur la police sanitaire des animaux domestiques ;

Revu le règlement du 10 août 1897 sur la tuberculose bovine et notamment l'article 26 réglant les indemnités à allouer dans le cas d'abatage volontaire de bêtes ayant réagi à l'épreuve de la tuberculine ;

Vu l'avis du service de l'inspection vétérinaire ;

Sur la proposition de notre ministre de l'agriculture,

Nous avons arrêté et arrêtons :

Art. 1ᵉʳ. — Le paragraphe final du littéra A de l'article 26 du règlement susvisé du 10 août 1897 est rapporté.

Art. 2. — Les indemnités prévues au littéra A de l'article 26 susvisé pourront être allouées pour les animaux ayant réagi à l'épreuve de la tuberculine faite avant la date de la publication du présent arrêté, quel que soit le moment où ces animaux seront abattus.

———

Interdiction d'enfouir les cadavres d'animaux impropres à la consommation pour cause de maladies contagieuses. — Enlèvement et destruction. — Province d'Anvers. — Arrêté pris le 16 juin 1906 par M. Van der Bruggen, ministre de l'agriculture. (*Moniteur* des 9-10 juillet.)

Le ministre de l'agriculture,

Vu les articles 1ᵉʳ et 5 de l'arrêté royal en date du 31 décembre 1900 relatif à la destruction des cadavres provenant d'animaux atteints de maladies contagieuses, ainsi que l'arrêté ministériel du 19 décembre 1902 qui range la tuberculose porcine et la rage chez les solipèdes, les ruminants et le porc parmi les affections tombant sous l'application du dit arrêté ;

Vu l'arrêté ministériel du 18 mai 1905 interdisant l'enfouissement des cadavres des animaux, dont il s'agit ci-dessus, dans une partie de l'arrondissement de Turnhout et leur destruction dans le clos d'équarrissage de Deurne-lez-Diest ;

Revu l'arrêté ministériel du 5 janvier 1903 prescrivant l'enlèvement et la destruction des animaux susvisés, se trouvant sur le territoire de la ville de Malines, par le service du clos d'équarrissage de Jette,

Arrête :

Art. 1ᵉʳ. — A dater du 15 juillet 1906, il sera interdit d'enfouir les cadavres d'animaux déclarés impropres à la consommation pour cause des maladies indiquées dans les arrêts susvisés (1), se trouvant sur le territoire de toute la province d'Anvers.

Les cadavres se trouvant sur le territoire des communes figurant sur la liste, annexe A, seront enlevés et détruits par le service du clos établi à Schooten lez-Anvers et les cadavres se trouvant sur le territoire des communes figurant sur la liste B continueront à être enlevés et détruits par le service du clos de Deurne lez-Diest.

ART. 2. — L'enlèvement se fera suivant les règles et dans les délais prescrits par les instructions ministérielles en date du 15 juin 1906.

ART. 3. — L'arrêté ministériel du 5 janvier 1903 susvisé est rapporté.

—

ANNEXE A. — A L'ARRÊTÉ MINISTÉRIEL DU 16 JUIN 1906.

Communes desservies par le clos de Schooten.

A. — Arrondissement administratif d'Anvers.

Aertselaer, Anvers, Austruweel, Berchem, Berendrecht, Boom, Borgerhout, Borsbeek, Bouchout, Brasschaet, Brecht, Broechem, Calmpthout, Cappellen, Contich, Deurne, Edeghem, Eeckeren, Emblehem, Esschen, Halle, Hemixem, Hoboken, Hoevenen, Hove, Lillo, Linth, Loenhout, Massenhoven, Merxem, Mortsel, Niel, Oelegem, Oorderen, Oostmalle, Pulderbosch, Pulle, Ranst, Reeth, Rumpst, Saint-Job in 't Goor, Saint-Léonard, Santhoven, Santvliet, Schelle, Schilde, Schooten, 's Gravenwezel, Stabroeck, Terhaegen, Viersel, Vremde, Waerloos, Westmalle, Wilmarsdonk, Wilrijck, Wommelghem, Wuestwezel, Wyneghem, Zoersel.

B. — Arrondissement administratif de Malines.

Beersel, Berlaer, Bevel, Blaesveld, Boisschot, Bonheyden, Bornhem, Breendonck, Duffel, Gestel, Hallaer, Heffen, Heyndonck, Heyst-op-den-Berg, Hingene, Hombeek, Iteghem, Kessel, Koningshoyck, Leest, Lierre, Liezele, Lippeloo, Malines, Mariakerke, Nylen, Oppuers, Puers, Putte, Ruysbroeck, Rymenam, Saint-Amand, Schrieck, Thisselt, Waelhem, Wavre-Notre-Dame, Wavre-Sainte-Catherine, Weert, Wiekevorst, Willebroeck.

C. — Arrondissement administratif de Turnhout.

Beerse, Bouwel, Gierle, Grobbendonck, Hérenthals, Hoogstraeten, Lichtaert, Lille, Meer, Meerle, Merxplas, Minderhout, Poederlé, Ryckevorsel, Thielen, Turnhout, Vlimmeren, Vorsselaer, Vosselaer, Wechelderzande, Wortel.

---

(1) A. *La morve et le farcin*, chez le cheval, l'âne, le mulet et le bardot ;
    B. *La pleuropneumonie contagieuse*, chez la bête bovine ;
    C. *La peste bovine*, chez les ruminants ;
    D. *La tuberculose*, chez la bête bovine et le porc ;
    E. *Le charbon*, chez la bête bovine, le cheval et le mouton ;
    F. *La clavelée grave*, chez le mouton ;
    G. *La rage*, chez les solipèdes, les ruminants et le porc.

ANNEXE B.

Communes desservies par le clos de Deurne.

Arrondissement administratif de Turnhout.

Arendonck, Desschel, Poppel, Ravels, Rethy, Weelde, Casterlée, Hérenthout, Norderwyck, Oolen, Baerle-Duc, Moll, Baelen, Gheel, Meerhout, Olmen, Vieux-Turnhout, Westerloo, Eynthout, Hersselt, Houtvenne, Hulshout, Morckhoven, Oevel, Ramsel, Tongerloo, Vaerendonck, Veerle, Vorst, Westmeerbeck, Zoerle-Parwys.

———

Maladies transmissibles ou pouvant devenir épidémiques. — *Obligation pour le bourgmestre d'avertir la commission médicale.* — Circulaire adressée le 17 juillet 1906 aux gouverneurs de province par M. van der Bruggen, ministre de l'agriculture. (*Mémorial administratif du Brabant*, 1906, I, 94.)

La commission médicale provinciale de Bruxelles m'a signalé que les bourgmestres de l'arrondissement négligeaient fréquemment de l'avertir de l'apparition de maladies transmissibles ou pouvant devenir épidémiques sur le territoire de la commune qu'ils administrent.

De très sérieux inconvénients peuvent résulter, au point de vue de la santé publique, de cette négligence. Il arrive, en effet, dans les communes où il n'existe pas de service d'hygiène, que les mesures prophylactiques sont complètement négligées ou prises d'une manière irrationnelle qui, en matière de désinfection, par exemple, les rendent plus dangereuses qu'utiles en créant une fausse sécurité. Quant aux communes qui possèdent un service de l'hygiène, en n'avertissant pas la commission médicale provinciale, elles négligent de faire appel à l'autorité dont le rôle consiste à prévenir la propagation des maladies transmissibles, non seulement dans les communes où elles apparaissent, mais aussi dans les communes voisines.

De plus, la commission médicale provinciale n'étant pas avertie de l'existence d'une épidémie, son président ne saurait rendre compte immédiatement à mon département, comme le lui prescrit l'article 24 de l'arrêté royal du 31 mai 1880, de la nature de l'affection dont il s'agit et des mesures proposées ou adoptées pour en arrêter le progrès. Le fonctionnement des services, tant techniques qu'administratifs, de l'hygiène publique est ainsi entravé.

Je vous prie donc, Monsieur le Gouverneur, de bien vouloir rappeler à MM. les bourgmestres de l'arrondissement de Bruxelles, voire même à ceux de toute la province, si vous le jugez opportun, le texte de l'article 23 de l'arrêté royal prémentionné qui trace la ligne de conduite qu'ils doivent suivre en cas d'apparition de maladies transmissibles ou pouvant devenir épidémiques sur le territoire de leur commune.

———

Tuberculose. — Bêtes bovines atteintes ou suspectes. — Prohibition. — Arrêté royal du 10 août 1897, article 2. — Exceptions. — Bêtes destinées à être abattues immédiatement pour la boucherie. — Preuve. — Objet. — Preuve respectivement à charge de l'une et l'autre des parties.

Aux termes de l'article 2 de l'arrêté royal du 10 août 1897, la vente des bêtes bovines atteintes ou suspectes d'être atteintes de tuberculose est prohibée d'une façon absolue et générale; il est fait exception, toutefois, par le même arrêté royal, dans certains cas et moyennant l'observation de diverses prescriptions, pour des animaux atteints ou suspects d'être atteints de la susdite maladie s'ils sont destinés à être abattus immédiatement pour la boucherie. L'inaliénabilité est donc la règle et l'aliénabilité l'exception.

Le demandeur en nullité de pareille vente a justifié le fondement de son action lorsqu'il établit que l'animal vendu était atteint de tuberculose au moment de la vente, et c'est au défendeur à établir que l'animal vendu était destiné à l'abatage immédiat pour la boucherie. — Tribunal civil de Bruges, 25 janvier 1905, *Pasic.*, 1906, III, 193.

R

Recensement agricole. — *Recensement annuel. — Instructions.* — Circulaire adressée le 5 octobre 1906 aux administrations communales du Brabant par M. Beco, gouverneur de cette province. (*Mémorial administratif du Brabant*, 1906, II, 293.)

Vous recevrez prochainement un exemplaire des instructions aux agents recenseurs, contenant, à la page 16, l'arrêté royal du 4 octobre 1900 traçant la marche à suivre pour procéder au recensement agricole annuel.

Comme par le passé, les renseignements chiffrés seront recueillis au moyen des bulletins nos 1 et 2.

Les bulletins no 1 seront remplis par les chefs d'exploitations de 1 hectare et plus, tandis que les bulletins no 2 seront dressés par les administrations communales qui prendront, au préalable, l'avis du plus grand nombre possible de cultivateurs compétents de la commune.

M. le ministre de l'agriculture me charge d'attirer votre attention sur la nécessité de rédiger le bulletin no 2 avec le plus grand soin.

Vous voudrez bien, Messieurs, me faire parvenir, avant le 10 novembre prochain, la liste mentionnant les noms et les titres des agents recenseurs dont vous aurez confirmé le mandat, ainsi que les mêmes renseignements en ce qui concerne les personnes chargées de cette même mission à partir de 1906.

Bien qu'il soit désirable de confier de préférence les fonctions d'agent recenseur aux secrétaires communaux, aux instituteurs et sous-instituteurs, comme le stipule l'article 3

de l'arrêté royal du 4 octobre 1900, rien ne s'oppose à ce que les conférenciers agricoles et les cultivateurs possédant une bonne instruction primaire, sachant convenablement écrire et calculer, soient chargés de ce travail.

Les administrations communales voudront bien remettre aux agents recenseurs un brevet de nomination devant leur servir de certificat d'identité auprès des déclarants.

Le travail des agents recenseurs continuera d'être rémunéré à raison de 25 centimes par bulletin individuel convenablement rempli et exactement reporté sur le bulletin no 4 (modèles A et B).

M. le ministre me charge également d'engager les administrations communales à continuer aux agents recenseurs les subsides qu'elles leur allouaient par le passé et, pour celles qui ne sont pas encore entrées dans cette voie, à examiner si elles ne pourraient pas également intervenir dans les frais du recensement. Cette intervention se justifie dans beaucoup de cas par les difficultés spéciales que les agents rencontrent dans l'exécution de leur tâche.

La liquidation des indemnités allouées par l'État s'effectuera au fur et à mesure de la vérification des dossiers.

Les administrations communales doivent se montrer sévères dans le choix des agents recenseurs et exiger de ceux-ci un travail parfait. Elles veilleront notamment à ce que le recensement s'effectue dans les conditions prescrites : l'agent recenseur est tenu de se rendre en personne au domicile de tous les déclarants et de recueillir de leur bouche les renseignements demandés, s'ils ne sont pas capables de remplir eux-mêmes le bulletin individuel. Les administrations communales auraient le devoir de révoquer et de pourvoir immédiatement au remplacement des agents qui se permettraient de procéder autrement à la rédaction des bulletins individuels; ceux-ci doivent d'ailleurs porter la signature des déclarants.

Je crois devoir attirer tout spécialement l'attention des administrations communales sur ces points.

Des mesures seront prises, en vertu de la loi, si elles abusaient de la confiance que le pouvoir central est en droit de mettre en elles, en ne veillant pas à la stricte observation des règles tracées pour l'exécution du recensement agricole.

Vous recevrez, Messieurs, en temps utile, les pièces ci-après :

1o Des bulletins nos 1 à 4 (modèles A et B);

2o Des instructions par les agents recenseurs;

3o Des enveloppes destinées à contenir le dossier lors de son renvoi au service central (arrêté royal du 4 octobre 1900, art. 8).

Vous voudrez bien, Messieurs, vous adresser directement au service de la statistique agricole, rue Beynert, 3, à Bruxelles, pour obtenir la solution des difficultés qui surgiraient au cours du travail ou pour réclamer l'envoi de bulletins supplémentaires.

Receveur communal. — Voy. CONSEIL COMMUNAL.

Registres de population. — *Changement de résidence des personnes tombant sous l'application de la loi sur la garde civique.* —*Enquête.*—Circulaire adressée le 9 août 1906 aux gouverneurs de province par M. de Trooz, ministre de l'intérieur, etc. (*Bulletin du ministère de l'intérieur, etc.*, 1906, II, 51.)

On appelle mon attention sur les changements de résidence fictifs auxquels ont parfois recours certaines personnes en vue de se soustraire au service de la garde civique. Il a été constaté, en effet, à diverses reprises, que des gardes nouvellement désignés mais non encore équipés quittent, en apparence, leur famille ou ménage, alors qu'en fait ils y conservent leur logement, pour aller soi-disant résider dans une commune où la garde civique n'est pas organisée. Les résidences dont il s'agit sont établies, règle générale, dans de petites localités éloignées des villes, où les gardes en cause possèdent soit des parents, soit des connaissances qui consentent à affirmer que ces résidences sont réelles.

Afin de remédier à cet état de choses, préjudiciable tant à la bonne tenue des registres de population qu'au recrutement de la garde civique, j'ai décidé de prescrire aux communes dans lesquelles la garde civique n'est pas active de procéder à une enquête sérieuse préalablement à l'inscription aux registres de population, lorsque celle-ci sera demandée par une personne tombant sous l'application de la loi sur la garde civique, dans le but d'établir si la résidence est réelle ou non. Cette enquête concernera donc exclusivement les célibataires et les hommes mariés de 20 à 32 ans qui viennent d'une localité où la garde civique est active et changent seuls de résidence. S'ils sont accompagnés de leur famille ou ménage, cette enquête n'aura donc pas lieu. Par contre, il y sera procédé s'ils déclarent prendre pour eux seuls une résidence nouvelle distincte de celle que conservent les autres membres de leur famille ou ménage.

Cette enquête portera notamment sur le point de savoir si l'intéressé habite tout ou partie de maison dans la localité où il demande l'inscription, s'il y loge habituellement, s'il y a transporté un mobilier, s'il existe un bail ou une convention verbale en tenant lieu, s'il y paye un loyer, etc. Cette enquête pourrait se prolonger pendant un certain temps, dans le cas où l'intéressé ne logerait pas régulièrement à sa nouvelle résidence. Des renseignements sur ces divers points devront être demandés non seulement aux gardes en cause, mais également aux propriétaires et aux locataires principaux des maisons ou chambres données en location.

S'il est constaté que la résidence est réelle et effective, l'administration communale inscrira l'intéressé à ses registres de population. Si elle a des raisons de supposer qu'il s'agit d'une résidence fictive, elle ne l'inscrira pas ou tout au moins attendra, avant de se prononcer définitivement, qu'elle ait recueilli d'autres éléments d'appréciation.

Cette enquête ne s'appliquera qu'aux seules personnes désignées ci-dessus ; les autres continueront, comme par le passé, à être inscrites sur le vu du certificat n° 2, sans que leur déclaration soit confirmée par voie d'enquête spéciale.

Je vous prie, Monsieur le gouverneur, de vouloir bien insérer la présente circulaire au *Mémorial administratif* de votre province et inviter les communes de votre ressort, dans lesquelles la garde civique n'est pas active, à vouloir bien s'y conformer.

Inscription des étrangers. — *Remise aux intéressés des passeports, certificats d'identité, etc., qui ont servi à leur inscription.* — *Mention de ces documents dans la colonne d'observations du registre principal.*—Dépêche adressée le 5 avril 1906 à un gouverneur de province par M. de Trooz, ministre de l'intérieur, etc. (*Bulletin du ministère de l'intérieur, etc.*, 1906, II, 22.)

Je vous prie de vouloir bien inviter l'autorité communale de C... à remettre au nommé L..., sujet étranger, le livret militaire qui a servi à cette administration pour procéder à l'inscription de l'intéressé à ses registres de population. Mention de cette pièce devra être faite dans la colonne d'observations (col. 17) du registre principal de population.

Il résulte, en effet, d'une décision ministérielle du 6 septembre 1901 qu'il y a lieu de restituer aux intéressés les passeports, certificats d'identité, livrets de mariage, livrets d'ouvrier, livrets militaires et autres pièces qui ont servi à leur inscription aux registres de population. Pour satisfaire à votre lettre du 26 mars dernier, j'annexe à la présente copie de la dépêche précitée.

Maison située sur le territoire de deux communes. — *Double entrée.* — *Importance du terrain afférent à chaque commune.* — Dépêche adressée le 12 juin 1906 à un gouverneur de province par M. de Trooz, ministre de l'intérieur, etc. (*Bulletin du ministère de l'intérieur, etc.*, 1906, II, 36.)

J'ai pris connaissance des pièces ci-jointes relatives au différend existant entre les administrations communales de F... et de S..., au sujet de l'inscription, aux registres de population, des habitants d'une maison située sur la limite de ces deux communes.

Après examen de cette affaire, j'estime, Monsieur le Gouverneur, qu'il y a lieu de considérer la porte du magasin comme servant habituellement à l'entrée et à la sortie des clients — usage auquel elle est, du reste, destinée — et de considérer comme entrée principale de l'habitation celle qui donne accès aux étages. C'est, en effet, au point de vue de l'habitation, et non de l'exploitation commerciale, qu'il faut envisager la question. Or, la plupart des habitants de cet immeuble logent aux étages (il y en a trois, outre les mansardes), et c'est par la porte située sur S... qu'ils ont accès à leur appartement.

Il est à remarquer, en outre, que si l'on en excepte un petit triangle situé sur F..., cet immeuble se trouve sur S... Or, si la porte principale d'entrée est un élément essentiel de la question, l'importance respective du terrain afférent à chaque commune n'en constitue pas moins, dans le cas présent, un élément sérieux d'appréciation. (Voy. *Pand. belges*, t. XXXII, vº *Domicile*, nº 16.)

Pour ces motifs, je suis d'avis qu'il y a lieu d'inscrire les habitants de cet immeuble aux registres de population de S... Je vous prie de vouloir bien en aviser les administrations communales intéressées ..

Inscription. — Domicile. — Preuve.

L'inscription au registre de la population est une simple mesure de police et n'implique, par elle-même, aucun transfert de domicile au lieu où cette inscription a été faite. — Tribunal civil de Gand, 1ᵉʳ mai 1905, *Pasic.*, 1906, III, 98.

Voy. Assistance publique.

Règlement communal. — *Débit de boisson. — Ouverture. — Déclaration préalable. — Omission. — Contravention. — Peine.*

Est valable et doit sortir ses effets le règlement communal, dûment approuvé, qui oblige celui qui veut ouvrir un cabaret à en faire la déclaration préalable à l'administration communale, et qui commine contre le contrevenant une amende fiscale s'élevant même au sextuple de la taxe.

L'article 9 de la loi du 29 avril 1819 autorise le conseil communal à commine des amendes en matière de taxe communale.

La loi du 30 mars 1836, article 78, § 5, ne s'applique pas à la perception de ces taxes. — Cour d'appel de Gand, 28 novembre 1904, *Pasic.*, 1906, II, 270.

Ouverture d'un cabaret. — Autorisation préalable. — Constatation de la superficie. — Infraction continue. — Prescription.

Le règlement communal qui interdit d'ouvrir un nouveau cabaret, si la place où se trouve le comptoir n'a pas une superficie déterminée, ne fait pas de la constatation de cette superficie une condition préalable aux poursuites en cas de contravention.

Le fait d'ouvrir un nouveau cabaret sans autorisation est une infraction continue (Règlement communal de Wetteren du 2 septembre 1902.) — Cassation, 25 juin 1906, *Pasic.*, 1906, I, 324.

Presse. — Vente. — Voie publique. — Conditions. — Absence de condamnation.

Il est au pouvoir de la police locale d'imposer à ceux qui veulent vendre des journaux ou autres imprimés sur la voie publique d'être

porteurs d'un certificat du **bourgmestre** de leur commune, attestant l'absence de condamnation du chef de crime ou de délit. (Décret du 14 décembre 1789, art. 50; loi des 2-17 mars 1791, art. 7; loi du 21 mai 1819, art. 2; décret des 19-22 juillet 1791, art. 50; règlement communal d'Oost-Roosbeke, art. 1ᵉʳ; règlement communal de Wacken, art. 1ᵉʳ.) — Cassation, 18 juin 1906, *Pasic.*, 1906, I, 311.

Responsabilité civile. — Amendes. — Illégalité.

Est illégale la disposition d'un règlement communal qui étend la responsabilité civile des maîtres aux amendes encourues par leurs domestiques. (Constitution, art. 107; loi communale, art. 78; code civ., art. 1384.) — Cassation, 19 mars 1906, *Pasic.*, 1906, I, 173.

Taxes communales indirectes. — Fraude. — Peine excédant le taux des peines de police. — Légalité. — Recouvrement. — Voie de contrainte. — Prescription contraire. — Illégalité.

Est légal le règlement communal qui, pour assurer la perception d'une taxe basée sur la tenue des bals publics, commine une des peines prévues par les articles 8 et 9 de la loi du 29 avril 1819 contre ceux qui donnent un bal public sans en avoir fait la déclaration préalable au receveur communal.

Est illégal le règlement communal qui, établissant une taxe communale indirecte, en prescrit le payement immédiat entre les mains du receveur communal et sur sa première réquisition, alors que le recouvrement de pareille taxe ne peut se faire que par voie de contrainte ou d'assignation. (Loi communale, art. 138; loi du 29 avril 1819, art. 1ᵉʳ à 9; règlement communal de Donck du 26 mars 1904.) — Cassation, 30 octobre 1905, *Pasic.*, 1906, I, 35.

Voy. Taxes communales. — Voirie.

Règlement provincial. — *Contravention. — Amende excédant 200 francs. — Illégalité.*

Est illégal le règlement provincial qui commine, en cas de contravention à ses prescriptions, une peine excédant 200 francs. Mais la peine étant légale jusqu'à concurrence de ce taux, le règlement doit être appliqué dans la mesure où il est conforme aux lois.

Dans ce cas, la cour casse sans renvoi. (Loi provinciale, art. 85, § 4; loi du 1ᵉʳ mai 1849, art. 2; loi du 5 juillet 1871, art. 13.) — Cassation, 9 juillet 1906, *Pasic.*, 1906, I, 343.

Voy. Agriculture. — Attelage des chiens. — Taxes provinciales.

Repos dominical. — *Repos du dimanche dans les entreprises industrielles et commerciales. — Régime applicable à certaines caté-*

gories d'ouvriers protégés par la loi du 13 décembre 1889. — *Glacerie, cristallerie, gobeleterie, verrerie à vitres.* — Arrêté royal du 28 juillet 1906, contresigné par M. Francotte, ministre de l'industrie, etc.

Vu la loi du 17 juillet 1905 sur le repos du dimanche dans les entreprises industrielles et commerciales ;

Vu la loi du 13 décembre 1889 sur le travail des femmes, des adolescents et des enfants dans les établissements industriels et spécialement l'ancien article 7, qui interdisait d'employer ces catégories d'ouvriers plus de six jours par semaine, mais nous permettait d'autoriser l'emploi des enfants de plus de 14 ans ainsi que des filles ou des femmes âgées de moins de 21 ans pendant sept jours par semaine dans les industries où le travail, à raison de sa nature, ne souffre ni interruption ni retard;

Revu les arrêtés pris par nous en exécution de la loi du 13 décembre 1889 et notamment les dispositions édictées en vertu de l'article 7;

Considérant que l'article 22 de la loi sur le repos du dimanche, en abrogeant l'article 7 de la loi du 13 décembre 1889, a rendu caduques ces dispositions;

Vu l'article 9 de la loi sur le repos du dimanche, qui nous confère des pouvoirs analogues à ceux que nous attribuait l'article 7 de la loi du 13 décembre 1889;

Attendu qu'il y a lieu de maintenir les dispenses octroyées en vertu de l'article 7 de la loi du 13 décembre 1889, tout en mettant le texte qui les consacre en harmonie avec les prescriptions nouvelles sur le repos du dimanche;

Sur la proposition de notre ministre de l'industrie et du travail,

Nous avons arrêté et arrêtons :

Art. 1er. — Dans la fabrication des glaces, les garçons de 14 à 16 ans peuvent être employés le septième jour, une semaine sur deux, au travail de la coulée des glaces; ce jour-là, la durée de leur travail effectif ne peut dépasser six heures coupées par un repos d'une demi-heure au moins.

Les garçons de 14 à 16 ans peuvent aussi être employés au même travail le septième jour de chaque semaine, à la condition que ce jour-là leur travail ne se prolonge pas pendant plus de quatre heures et qu'il ait lieu soit avant soit après 1 heure de l'après-midi.

Dans tous les cas, le temps nécessaire leur sera laissé pour vaquer une fois par semaine aux actes de leur culte.

Le jour ou les deux demi-jours consacrés au repos par quinzaine ne doivent pas être nécessairement fixés au dimanche ni, dans chaque entreprise, être les mêmes pour tous les ouvriers visés ci-dessus.

Art. 2. — Dans la cristallerie et la gobeleterie, les adolescents âgés de 14 à 16 ans peuvent être employés le septième jour, une semaine sur deux, à la fabrication des tuiles en verre et autres travaux analogues qui nécessitent du verre reposé.

Ce jour-là, la durée de leur travail effectif ne peut dépasser six heures, coupées par un repos d'une demi-heure au moins, et le temps

nécessaire leur sera laissé pour vaquer aux actes de leur culte.

Art. 3. — Dans la fabrication du verre à vitre, aux fours à bassins, aux étenderies et aux fours à pots, les adolescents de 14 à 16 ans ainsi que les filles et les femmes âgées de plus de 16 ans et de moins de 21 ans peuvent être employés au travail treize jours sur quatorze ou six jours et demi sur sept.

Le jour ou les deux demi-jours consacrés au repos par quinzaine ne doivent pas être nécessairement fixés au dimanche ni, dans chaque entreprise, être les mêmes pour tous les ouvriers et ouvrières dont il s'agit.

Le demi-jour de repos doit être pris soit avant soit après 1 heure de l'après-midi; la durée du travail ne pourra excéder cinq heures coupées par un repos d'un quart d'heure au moins.

Une fois par semaine, les ouvriers et les ouvrières visés à l'alinéa 1er du précédent article disposeront du temps nécessaire pour vaquer aux actes de leur culte.

Repos du dimanche dans les entreprises industrielles et commerciales. — *Magasins de détail : autorisations accordées pour l'année 1906, en application de l'article 7 de la loi du 17 juillet 1905.* — Arrêté royal du 22 novembre 1906, contresigné par M. Francotte, ministre de l'industrie, etc. (*Moniteur du 23 novembre.*)

Vu la loi du 17 juillet 1905 sur le repos du dimanche dans les entreprises industrielles et commerciales, notamment la disposition de l'article 7 aux termes de laquelle un arrêté royal peut autoriser, pour six dimanches au plus par année, la prorogation de la durée du travail du personnel employé dans les magasins de détail;

Vu les demandes introduites par divers exploitants de magasins de détail des communes de : Anvers, Arlon, Ath, Binche, Bruges, Bruxelles (agglomération), Charleroi, Châtelet, Châtelineau, Chimay, Ciney, Courtrai, Dinant, Gand, Grammont, Hannut, Huy, Liége, Marchienne-au-Pont, Malines, Menin, Mons, Namur, Nivelles, Ostende, Quiévrain, Saint-Nicolas, Seraing, Soignies, Verviers, Walcourt et Wavre, à l'effet de pouvoir employer leur personnel au travail pendant un plus grand nombre d'heures, certains dimanches et notamment ceux qui précèdent la Saint-Nicolas, la Noël et le jour de l'an;

Considérant qu'il y a lieu d'admettre, dans une certaine mesure, le bien fondé des nécessités particulières invoquées en ce qui concerne ces jours de fête, mais qu'il convient de ne prendre que des mesures provisoires, l'influence progressive de la nouvelle loi devant amener des réformes dans les habitudes des acheteurs;

Vu les avis émis à ce jour par le conseil supérieur d'hygiène publique, le conseil supérieur du travail et le conseil supérieur de l'industrie et du commerce, consultés en conformité de l'article 12 de la loi susvisée;

Sur la proposition de notre ministre de l'industrie et du travail,

Il a été constaté à plusieurs reprises que cette date n'a pu être établie d'une manière certaine, faute de preuve écrite. Il en est résulté des difficultés pour l'application du principe qu'une forclusion ne peut être invoquée comme moyen devant le juge s'il y a preuve du fait qui la constitue.

Pour parer à cet inconvénient, la députation vient de décider, dans sa séance du 30 mai dernier, de recommander aux administrations communales de ne plus délivrer à l'avenir les avertissements en question que contre récépissé attestant la date de leur remise. Cette remise se ferait dans une forme analogue à celle en usage pour la remise des convocations électorales; le redevable lui-même ou la personne qui a reçu l'avertissement en son nom signerait pour décharge sur un tableau présenté par un agent de la commune et conforme au modèle suivant :

TAXE DE

Rôle de 19 . . .

		En cas d'absence ou de refus de signer, ou d'impossibilité de le faire, indication de la personne à qui la lettre a été remise et du motif allégué.
RÉCÉPISSÉ		
DATE DE REMISE de l'avertissement au domicile du redevable.	SIGNATURE du redevable à qui l'avertissement a été remis.	
.		

En procédant de cette manière, les administrations communales ne feraient qu'étendre et généraliser le mode de contrôle déjà existant actuellement pour les impositions aux rôles de curage des cours d'eau.

Les administrations locales se trouveraient par ce moyen en état de fournir à la députation permanente date certaine des remises d'avertissement en cas de réclamation.

J'appelle, Messieurs, toute votre attention sur ces recommandations de nature à garantir sérieusement les intérêts des communes dans les contestations dont il s'agit.

Égout. — Constructions riveraines. — Règlement communal. — Abrogation.

Ne porte pas atteinte aux droits acquis par une commune et ne viole pas le principe de la non-rétroactivité des lois inscrit dans l'article 2 du code civil, le jugement qui déclare inapplicable une taxe d'égout créée par un règlement communal et frappant « les propriétaires des terrains bâtis ou sur lesquels il sera bâti dans la suite », lorsqu'un second règlement, postérieur à la création de l'égout, mais antérieur à l'érection des bâtiments riverains, a abrogé le premier. (Code civ., art. 2.) — Cassation, 2 novembre 1905, *Pasic.*, 1906, I, 38.

Nature. — Impositions directes et indirectes. — Mode de perception. — Impositions directes. — Recouvrement. — Contrainte. — Opposition. — Pouvoir judiciaire. — Incompétence.

On doit envisager comme impositions « directes » celles qui, prélevées sans intermédiaire sur le citoyen appelé à en supporter la charge, saisissant périodiquement une partie de son revenu, s'appliquent à une situation durable et permanente, sont portées à un rôle annuel et réglées par exercice, à l'exemple de la contribution foncière ou personnelle due à l'Etat, et il faut considérer comme impositions « indirectes » celles qui sont perçues à l'occasion de faits accidentels et passagers, à l'exemple des impôts de consommation, d'enregistrement, de timbre, etc.

La distinction entre les impositions « directes » et « indirectes » repose entre autres sur le mode de perception des charges publiques.

Le tribunal est incompétent pour statuer sur le mérite d'une opposition à contrainte tendant au recouvrement d'impositions communales « directes ». — Tribunal civil de Bruxelles, 15 janvier 1906, *Pasic.*, 1906, III, 276.

Pavage et égout. — Terrain à front de rue. — Profondeur minimum. — Incorporation à un terrain situé sur une autre commune. — Applicabilité.

Le règlement de la commune d'Ixelles qui frappe d'une taxe toutes les propriétés situées à front des voies publiques dont l'égout et le pavage ont été exécutés aux frais de la commune, lorsque ces propriétés ont une profondeur minima de 8 mètres, est applicable aux terrains ayant une profondeur inférieure à 8 mètres, mais faisant partie de terrains plus profonds s'étendant sur une autre commune. Cette imposition ne viole pas le principe de la territorialité de l'impôt. (Règlement communal d'Ixelles du 22 février 1899, modifié les 8 décembre 1899, 20 décembre 1901 et 14 janvier 1902, approuvé par arrêté royal du 9 mars 1902.) — Cassation, 30 octobre 1905, *Pasic.*, 1906, I, 37.

Recouvrement. — Contrainte. — Validité de celle-ci. — Règles de l'article 61, 3°, du code de procédure civile. — Moyen de nullité. — Recevabilité. — Conditions. — Taxe de voirie. — Taxe sur la bâtisse et taxe sur la reconstruction. — Impôts indirects. — Règlement communal de la ville d'Anvers.

La règle édictée par l'article 61, 3°, du code de procédure civile pour la validité d'un exploit d'ajournement est applicable à la contrainte tendante au payement de taxes communales. Celle-ci doit donc, comme l'exploit d'ajournement, pour être valable, être libellée de façon à ce que les redevables puissent se rendre compte de la demande et en examiner le fondement.

Mais le moyen de nullité tiré de l'irrégularité de la contrainte, des lacunes de son libellé notamment, n'est recevable que pour autant qu'il ait été présenté avant toute conclusion au fond (in limine litis). (Code de proc. civ., art. 173.)

Dans les taxes de voirie il faut comprendre la taxe sur la bâtisse et celle sur la reconstruction. Elles sont des impôts communaux indirects. — Tribunal civil d'Anvers, 29 avril 1905, *Pasic.*, 1906, III, 345.

Taxe annuelle de pavage. — Recouvrement. — Poursuites. — Incompétence du pouvoir judiciaire.

Une taxe communale de pavage, établie à raison du développement à la rue d'un terrain non couvert de constructions et de la largeur de la partie pavée, est une imposition directe dont le recouvrement ne peut être poursuivi par la voie judiciaire. (Loi comm., art. 138; loi du 30 juillet 1881, art. 40; règlement de la commune de Schaerbeek du 22 juillet 1898.) — Cassation, 21 décembre 1905, *Pasic.*, 1906, I, 65.

Taxe de curage. — Impôt direct communal. — Légalité. — Contestation. — Compétence. — Loi du 7 mai 1877. — Députation permanente.

La taxe de curage est un impôt direct communal.

Loin de déroger aux principes généraux en matière de taxe relative au curage, la loi du 7 mai 1877 reconnaît formellement que les recours doivent être portés devant la députation permanente, et le tribunal civil doit se déclarer incompétent pour connaître de la légalité de l'impôt contesté. — Tribunal civil de Verviers, 17 mai 1905, *Pasic.*, 1906, III, 93.

Voy. Règlement communal.

Taxes provinciales. — *Centimes additionnels à la contribution foncière. — Bois et forêts nationaux. — Loi du 24 décembre 1906.* (Moniteur du 29 décembre.)

Art. 1er. — Par modification à l'article 1er de la loi du 19 ventôse an IX, les bois et forêts nationaux sont assujettis aux centimes additionnels à la contribution foncière établis par les provinces et par les communes ...

Art. 5. — Indépendamment des agents désignés par l'article 14 de la loi du 5 juillet 1871 apportant des modifications aux lois d'impôts, les agents assermentés des provinces ont qualité pour constater les contraventions aux règlements concernant les impositions provinciales.

Art. 18. — La présente loi sera obligatoire le 1er janvier 1907.

Règlement. — Chien. — Fausse déclaration. — Appréciation souveraine. — Base de l'impôt. — Action pénale. — Prescription. — Bonne foi. — Décision motivée.

Le juge du fond constate souverainement qu'un chien croisé lévrier a été déclaré comme chien ordinaire; il en déduit à bon droit que le propriétaire de ce chien ayant fait une déclaration non conforme à la réalité tombe sous l'application du règlement qui punit pareil fait. (Règlement provincial de Namur du 11 janvier 1838.)

Manque de base le moyen fondé sur un fait contredit par la décision attaquée.

Aucune disposition légale ne déroge, en matière de fausses déclarations pouvant être contrôlées par les agents du fisc, aux principes qui régissent la prescription de l'action publique.

En attestant qu'un inculpé est resté en défaut de déclarer son chien, le juge motive suffisamment sa décision et répond au moyen tiré de l'absence de mauvaise foi dans le chef du délinquant. — Cassation, 9 avril 1906, *Pasic.*, 1906, I, 192.

Règlement provincial du Brabant. — Voiture automobile. — Payement de la taxe. — Signe distinctif. — Délai de tolérance. — Usage sur la voie publique.

Le règlement provincial du Brabant, qui défend de faire usage, sur la voie publique, d'une voiture automobile non munie du signe distinctif constatant le payement de la taxe établie sur ce genre de voitures, donne à celui qui acquiert une machine nouvelle un délai de quinze jours pour en faire la déclaration et, pendant ce délai, n'interdit pas l'usage de la machine non déclarée. (Règlement provincial du Brabant du 25 juillet 1902, modifié par résolution du conseil provincial du 18 juillet 1905, art. 1er, 2, 7 et 13.) — Cassation, 2 juillet 1906, *Pasic.*, 1906, I, 327.

Vélocipèdes. — Agents voyers. — Propriété de l'État. — Usage privé. — Applicabilité.

La propriété mobilière de l'État étant susceptible d'impôt quand elle est affectée à un usage privé, les vélocipèdes mis par lui à la disposition de ses agents voyers, pour leur service, sont soumis aux taxes provinciales frappant l'usage de ces objets. (Loi du 28 juin 1822, art. 27 et 38; règlement provincial du Hainaut des 25 juillet 1902-27 février 1903.) — Cassation, 16 octobre 1905, *Pasic.*, 1906, I, 14.

V

Vagabondage et mendicité. — *Écoles de bienfaisance, maisons de refuge et dépôts de mendicité. — Prix de la journée d'entretien pendant l'année 1907. —* Arrêté royal du 18 janvier 1907, contresigné par M. Van den Heuvel, ministre de la justice. (*Moniteur* du 31 janvier.)

ART. 1er. — Le prix de la journée d'entretien, pendant l'année 1907, dans les écoles de bienfaisance, dans les maisons de refuge et dans les dépôts de mendicité est fixé comme suit :

A. À un franc vingt centimes (fr. 1.20) pour les jeunes gens placés dans les écoles de bienfaisance;

B. À un franc cinquante centimes (fr. 1.50) pour les individus invalides et dont l'état de santé exige des soins spéciaux, placés dans les maisons de refuge et dans les dépôts de mendicité;

C. A soixante-dix-huit centimes (fr. 0.78) pour les individus valides et pour les invalides dont l'état de santé n'exige pas de soins spéciaux, placés dans les maisons de refuge, et pour les invalides de passage dans les prisons;

D. A soixante-six centimes (fr. 0.66) pour les individus valides et pour les invalides dont l'état de santé n'exige pas de soins spéciaux, placés dans les dépôts de mendicité, et pour les valides de passage dans les prisons;

E. A trente centimes (fr. 0.30) pour les enfants de l'âge de trois mois à deux ans qui accompagnent leur mère.

ART. 2. — En ce qui concerne les communes qui ne se sont pas entièrement libérées, au 1er janvier 1907, de ce qu'elles devaient aux dits établissements, à la date du 25 septembre 1906, la quote-part qui leur incombe dans le prix de la journée d'entretien est majorée de quatorze centimes (fr. 0.14).

ART. 3. — Il ne sera compté qu'une journée pour le jour de l'entrée et celui de la sortie.

Voirie. — *Plans d'alignement. — Projets d'amélioration de la voirie communale et des cours d'eau non navigables ni flottables. — Instructions.* — Circulaire adressée le 30 mars 1907 aux gouverneurs de province par M. van der Bruggen, ministre de l'agriculture. (*Mémorial administratif du Brabant*, 1907, I, 37.)

J'ai l'honneur de vous transmettre ci-après du nouvelles instructions relatives à la confection des plans d'alignement, des projets d'amélioration de la voirie communale et des cours d'eau non navigables ni flottables et d'établissement de wateringues. Elles complètent ou remplacent celles qui ont pu être données jusqu'à ce jour. Elles ne sont pas applicables aux affaires présentées par le service de l'hydraulique agricole et de l'assainissement des fanges.

Je vous prie, Monsieur le gouverneur, d'inviter les agents compétents de vos services à veiller à ce que tous les nouveaux projets qui me seront soumis dorénavant soient rédigés conformément à ces instructions, que vous voudrez bien porter à la connaissance des communes par la voie du *Mémorial administratif*.

———

Indications générales.

Tous les projets d'amélioration de cours d'eau et de voirie communale, y compris ceux de réfection extraordinaire, ou d'établissement de wateringues, qui seront à l'avenir soumis à mon approbation devront être entièrement achevés, dressés dans leur forme définitive et conçus conformément aux indications ci-après détaillées.

Mon administration se refusera désormais à examiner les avant-projets qui lui seraient transmis, pour avis, ou les projets incomplets. Tous les plans seront dessinés sur toile-calque; les projets sur papier fort ne pourront donc plus être présentés.

Exception est faite à cette règle générale, quand il sera fourni des reproductions héliographiques. Dans ce dernier cas, le papier ou la toile employé devra être solide et résistant et les inscriptions seront claires et très lisibles. Les photographies blanc sur fond bleu, qui laissent souvent beaucoup à désirer, seront notamment proscrites. Tous les plans devront être pliés d'après la méthode dite en accordéon, à paravent ou à soufflets, de manière que les feuillets aient 20 centimètres de largeur et 34 centimètres de hauteur. En conséquence, si, par suite de circonstances exceptionnelles, le plan présentait une hauteur plus grande, celle-ci devrait être ramenée à la dimension de 0m34 en pliant le dessin dans le sens de la longueur. Le cas échéant, le pliage en hauteur devra généralement précéder le pliage en longueur. Les collages des calques doivent être évités.

Les différentes pièces du projet seront dressées sur des feuilles séparées et fixées dans des fardes, en papier fort, qui devront avoir les dimensions du format « pro patria », c'est-à-dire 0m215 × 0m345.

Elles porteront, du côté extérieur, les inscriptions qui, pour la farde devant contenir le plan terrier, pourraient, par exemple, être les suivantes :

VOIRIE COMMUNALE
———

Province d . . . .
———

Arrondissement d . . . .
ou Ressort d . . . .

Commune d . . . .

Projet d . . . .

PLAN TERRIER

—

Echelle et signes conventionnels.

. . . .

Vu par :   Dressé par :

. . . .

—

Approuvé par le Conseil communal en séance.
Le Secrétaire,   Le Bourgmestre,

—

Projet d'amélioration de voirie vicinale.

Des titres analogues seront composés pour tous les documents du dossier.

Celui-ci, pour un projet de travaux d'amélioration de voirie, devra comprendre entre autres pièces :

1° Un extrait colorié de la carte d'état-major à l'échelle de $\frac{1}{20000}$ indiquant, par un signe conventionnel, l'emplacement exact du travail à exécuter.

Cet extrait, qui sera conservé dans les archives de l'administration centrale, comprendra une étendue suffisante pour permettre de se rendre parfaitement compte de la façon dont le chemin à améliorer se relie au réseau général des voies de communication existantes.

Pour les projets comportant une modification de l'assiette de la voirie, un extrait des plans de détail de l'atlas des chemins vicinaux sera joint aux pièces soumises à l'enquête prévue par la loi sur les chemins vicinaux.

2° Un plan terrier d'après un levé fait sur le terrain et reproduit à l'échelle de 0^m002 par mètre pour les parties situées dans les agglomérations et de 0^m001 par mètre pour les autres sections.

Ce plan portera une flèche d'orientation et indiquera notamment :

A. Les numéros du cadastre et les noms des propriétaires des parcelles dans lesquelles des emprises sont prévues.

B. Les numéros des chemins, sentiers et cours d'eau traversés ou aboutissants.

C. L'axe du nouveau chemin avec les angles, tangentes, rayons des courbes, etc.

Cet axe sera repéré de manière à pouvoir être retrouvé facilement sur le terrain.

D. La ligne des bordures de la nouvelle chaussée.

E. La direction dans laquelle se fera l'écoulement des eaux.

F. Les constructions et ouvrages d'art quelconques existants ou à établir.

G. Les limites du chemin.

Un trait noir continu indiquera les limites du chemin avant l'amélioration, un trait rouge continu celles qui sont à réaliser.

H. Pour les projets de pavage, des teintes spéciales seront employées pour figurer la surface à améliorer en matériaux neufs et celle à paver en matériaux vieux.

En outre, seront figurés sur le plan les raccordements de toutes les voies de communication au chemin dont on projette l'amélioration. Ces raccordements seront levés exactement sur le terrain et on fournira les profils en long suivant les axes et les bordures, de manière à permettre à l'autorité supérieure de se rendre compte si la jonction se fait convenablement et si l'écoulement de l'eau est assuré dans de bonnes conditions.

3° Un profil en long qui sera dressé à l'échelle de 0^m001 par mètre pour les longueurs et de 0^m01 par mètre pour les hauteurs.

Il sera toujours possible de maintenir le dessin dans la limite fixée ci-avant, soit 0^m34 pour les hauteurs.

Le profil en long sera rapporté au plan de comparaison de l'état-major. A la partie inférieure on indiquera, et dans l'ordre suivant, les :

Numéros des piquets;
Distances { partielles;
          { cumulées;
Côtes du terrain;
Côtes du projet;
Pentes et rampes;
Alignements et courbes.

On aura soin de figurer sur le profil en long tous les seuils des maisons longeant le chemin, les aqueducs et autres ouvrages d'art existants ou à établir, les fossés, les drains, etc.

Les rampes et les pentes seront raccordées entre elles par des courbes verticales dont on déterminera les éléments principaux, tangentes, flèches, etc. Pour l'évaluation du cube des terrassements, on tiendra compte de l'augmentation ou de la diminution du remblai ou du déblai que ces raccordements pourraient occasionner.

Sur le profil les remblais seront teintés en carmin, les déblais en jaune.

4° Des profils en travers en nombre suffisant et dessinés à l'échelle de 0^m01 par mètre.

On y indiquera l'emplacement et le niveau des constructions, aqueducs, etc.

Un profil en travers sera pris au droit de tous les ouvrages d'art servant à l'écoulement transversal des eaux. Ce profil se prolongera sur 10 mètres au moins à l'aval et à l'amont de ces ouvrages.

Pour les changements de forme de la chaussée, il sera fourni un profil type détaillé, à l'échelle de 0^m02 par mètre.

5° Les plans des ouvrages d'art dessinés à l'échelle de 0^m02 par mètre. Pour les points de sujétion, tels qu'assemblages de poutres, etc., l'échelle sera de 0^m10 par mètre. Au plan de détail des ponceaux et aqueducs, on indiquera clairement l'aménagement des abords et, s'il y a lieu, le mode de construction et de consolidation des talus de la chaussée et du lit du cours d'eau traversé.

6° L'évaluation du cube des terrassements.

Ce travail comprend :

A. L'épure du mouvement des terres qui sera dessinée à l'échelle de 0^m001 par mètre pour les abscisses et d'au moins 0^m002 par mètre carré pour les ordonnées.

B. Le tableau des cubes des terrassements qui donnera les indications suivantes :

Numéros des profils;
Distances entre les profils;
Surface des profils :
  a. En déblai;
  b. En remblai;

Surfaces moyennes des profils :
  a. En déblai;
  b. En remblai;
Cubes des *a.* déblais;
         b. remblais;
Excès, correspondant à chaque entre profil, des cubes des :
  a. Déblais sur remblais;
  b. Remblais sur déblais;
Indication des lieux :
  a. D'extraction des emprunts;
  b. D'emploi ou de dépôt des déblais en excès.
7° Le tableau des emprises qui indiquera les :
Numéros d'ordre;
Noms, prénoms et domiciles des propriétaires;
Indications cadastrales } Sections; Numéros;
Nature du terrain à emprendre;
Évaluation par hectare;
Contenances cadastrales des parcelles;
Surfaces exactes des emprises;
Sommes à payer pour :
  a. Emprises;
  b. Indemnités diverses;
Sommes totales par parcelle;
Rétrocessions : *a.* Contenance;
                b. Valeur;
Observations.
8° Un tableau donnant les renseignements suivants :
Numéros des chemins à améliorer;
Communes traversées;
Communes demandant le subside;
Longueur des chemins;
Dépense totale :
  a. Travaux;
  b. Emprises;
Dépense subsidiable :
  a. Par l'État;
  b. Par la Province;
Moyens dont dispose la commune pour couvrir la dépense :
  a. Fonds communaux;
  b. Dons volontaires et taxes;
  c. Subsides de l'État;
  d. Subsides de la Province.
Observations.

Ce tableau, dressé et certifié exact par l'administration communale, sera visé par l'agent compétent du service technique provincial.

Plans d'alignement.

Les plans d'alignement seront présentés dans des conditions identiques à celles qui sont prescrites pour la confection des projets relatifs aux travaux d'établissement ou d'amélioration des chemins communaux : dessins exécutés sur toile à calquer ou reproductions héliographiques de ces dessins sur toile ou sur papier blanc de bonne qualité; pliage en accordéon suivant les dimensions indiquées ; fardes, etc.
Ces plans seront dressés en triple expédition à l'échelle de 0m002 par mètre au minimum,

d'après un levé, fait sur le terrain, de l'état actuel des lieux.
Toutes les indications relatives à la situation des voies de communication, en droit et en fait, au moment du levé, seront inscrites en noir sur le plan.
Les plans d'alignement indiqueront notamment :
1° Les limites de toutes les parcelles attenantes au chemin ou à la rue à aligner, ainsi que les constructions existant sur ces parcelles, même lorsque ces constructions ne touchent pas au chemin, le tout sur une profondeur d'au moins 10 mètres à partir des limites actuelles et projetées de la voirie.
Les constructions existantes figurées sur le plan seront légèrement teintées à l'encre de Chine ou en bistre. Le plan mentionnera l'état des constructions attenantes à la voie publique : vieilles, neuves, en bon ou en mauvais état (V. N. BE. ME.);
2° Les sections et numéros sous lesquels les dites parcelles et constructions sont connues aux plans cadastraux et, s'il y a lieu, les limites des communes sur le territoire desquelles se trouve le chemin ou la rue à aligner;
3° Les rues, les chemins et les sentiers aboutissant à la voie de communication à créer ou à aligner, sur une profondeur d'au moins 10 mètres, ainsi que les noms et les numéros de l'atlas vicinal sous lesquels ces rues, chemins ou sentiers sont connus. La grande voirie fera l'objet d'une mention spéciale;
4° La largeur de la voie de communication à aligner et des rues et chemins y aboutissant. En ce qui concerne la voirie vicinale, le plan indiquera la largeur légale du chemin d'après les données de l'atlas vicinal, pour autant que les indications de cet atlas permettent de la déterminer avec certitude; dans le cas contraire, la confection du plan d'alignement devra, en général, être précédée du bornage du chemin. Les limites légales du chemin, au moment du levé, seront indiquées par des traits continus; s'il existe des empiétements, les limites de ceux-ci seront indiquées par traits interrompus;
5° Les alignements nouveaux à adopter seront figurés par des traits rouges continus. Des lettres indiqueront le point initial et l'extrémité de chacun des alignements dont la longueur sera inscrite au plan.
Les alignements nouveaux seront repérés d'une manière précise par rapport aux constructions existantes ou à d'autres points fixes faciles à reconnaître sur les lieux, ou bien, à défaut de ces points, par rapport à des lignes d'opération qui, elles-mêmes, seront déterminées d'une manière invariable par des coordonnées passant par des points fixes.
Si le chemin est pavé ou empierré, les distances des nouveaux alignements à l'axe du pavage ou de l'empierrement seront indiquées au plan
Les alignements qui, ayant été décrétés par arrêté royal, doivent être supprimés ou modifiés seront figurés par un tracé bleu. La date de l'arrêté royal qui a approuvé ces alignements sera indiquée au-dessus du trait;
6° Les parcelles de terrain à incorporer dans la voie publique seront figurées par une teinte jaune; les parties de la voie publique qui doivent être cédées aux riverains seront indiquées par une rose.

Le dessin de ces parcelles, sur le plan d'alignement, sera coté de manière à permettre le calcul de leur surface ;

7° Une légende, aussi complète et aussi claire que possible, indiquera l'échelle du plan et la signification des diverses notations qui y sont employées ;

8° Un certain nombre de flèches d'orientation indiqueront la direction du Nord.

Le plan d'alignement sera accompagné d'une description exacte et détaillée, en triple expédition, écrite à la main sur papier résistant et à l'encre indélébile, des alignements adoptés pour chaque côté de la voie publique. Ces alignements seront désignés dans la description par les lettres qui marquent sur le plan leurs points extrêmes.

La description rappellera la distance de ces points aux repères ou aux lignes d'opération et celles qui définissent la situation de ces lignes, de telle façon que si, dans l'avenir, les plans venaient à se perdre, ils pourraient être reconstitués à l'aide des indications du mémoire descriptif.

Lorsque, pour la réalisation d'un plan d'alignement, il doit être fait application des lois sur l'expropriation par zones, le périmètre des zones des terrains à acquérir sera indiqué au plan par un liséré vert.

Les plans d'alignement, dont la réalisation doit se faire immédiatement, seront accompagnés d'un relevé estimatif des terrains à acquérir. La production de ce relevé est requise quel que soit le mode d'acquisition des terrains, de gré à gré ou par voie d'expropriation.

Les plans, mémoires descriptifs des alignements et relevés estimatifs seront datés du jour de l'approbation par le Conseil communal et signés par le bourgmestre et le secrétaire. Il sera joint à tout dossier d'alignement, en simple expédition, un plan de situation figurant, d'une manière apparente, les voies de communication à créer ou à aligner ainsi que les rues, chemins et sentiers adjacents sur une certaine étendue. Ce plan consistera, pour ce qui concerne la voirie des communes rurales, en un extrait du plan général des chemins vicinaux, à l'échelle du 10,000ᵉ ou du 20,000ᵉ, complété et modifié conformément aux décisions intervenues depuis la confection de l'atlas vicinal ; pour ce qui concerne les rues des villes, en un plan (ou partie de plan) de la ville, à une échelle suffisante pour que l'administration supérieure puisse se rendre compte aisément de l'importance de la mesure projetée et de son utilité au point de vue de la circulation générale.

Wateringues.

En ce qui concerne les projets de constitution de wateringues dans les vallées des cours d'eau non navigables ni flottables (1), la demande des intéressés sera envoyée au Département de l'agriculture accompagnée de la carte figurative de la circonscription proposée ainsi que du tableau des propriétés à comprendre dans la future wateringue.

(1) Un arrêté royal du 15 janvier 1901 place sous la haute surveillance du département de l'agriculture les wateringues qui ne dépendent pas des cours d'eau administrés par l'État (ponts et chaussées).

Cette carte et ce tableau, dressés d'après les indications des plans et des matrices du cadastre, seront fournis sur *papier calque* pour être reproduits, aux frais de l'État, par le procédé héliographique, à autant d'exemplaires qu'il est nécessaire pour les besoins de l'enquête prévue par l'article 2 de l'arrêté royal du 9 décembre 1847, ainsi que pour l'usage des différentes administrations.

Le cliché sur papier calque, dont la hauteur ne dépassera pas 0ᵐ34, sera roulé sur bâton afin d'éviter tout pli qui pourrait nuire à la netteté des reproductions.

Le périmètre de la wateringue sera figuré sur le cliché par un trait renforcé hachuré.

Toutes les lignes du dessin ainsi que les écritures seront faites à l'encre de Chine très noire.

Bruxelles, le 30 mars 1907.

Le Ministre de l'agriculture,
Bᵒⁿ M. VAN DER BRUGGEN.

Chemins d'intérêt agricole. — Circulaire adressée le 13 décembre 1906 aux gouverneurs de province par M. van der Bruggen, ministre de l'agriculture.

A diverses reprises et récemment encore dans ma circulaire du 16 novembre 1904, je vous ai prié d'appeler la sérieuse attention du personnel voyer de votre province sur la nécessité absolue d'entretenir régulièrement, d'une manière continue, les empierrements agricoles établis avec le concours du gouvernement.

Or, dans le cours de leurs inspections, les délégués de mon département constatent que cet entretien est généralement négligé. Les communes s'exposent ainsi à voir détruire en peu d'années les chaussées les mieux établies et elles sont entraînées à des réfections particulièrement coûteuses, que l'entretien normal, peu dispendieux, aurait certainement évitées.

Mon administration veut assurer autant la conservation que le développement du réseau déjà si considérable des routes vicinales agricoles, et elle n'entend pas que les communes entament de nouveaux travaux avant d'avoir fait le nécessaire pour maintenir en parfait état de viabilité les empierrements existants.

J'ai décidé, en conséquence, qu'à l'appui de toute demande de subside ou de transport gratuit en faveur de la voirie vicinale, il devra être produit un rapport, émanant du fonctionnaire compétent du service provincial, qui établisse, d'une manière détaillée, quel est l'état d'entretien du réseau amélioré de la commune en cause et quelles sont les mesures prises pour assurer cet entretien.

Aucune suite ne sera donnée aux demandes de l'espèce non accompagnées du rapport susmentionné.

Veuillez bien, Monsieur le gouverneur, porter ce qui précède à la connaissance des autorités locales de votre province.

30

Chemins d'intérêt agricole. — Approvisionnement de matériaux. — Instructions. — Circulaire adressée le 19 mars 1907 aux gouverneurs de province par M. van der Bruggen, ministre de l'agriculture.

De nombreuses chaussées agricoles, construites avec le concours de mon département, n'ont pu être achevées l'année dernière parce que les communes intéressées ne disposaient pas, à l'époque de la suspension provisoire des transports gratuits, des matériaux nécessaires pour recouvrir et rendre viables les enrochements établis pendant l'été.

Dès lors, ces enrochements, extrêmement raboteux, mal calés, ont présenté pendant tout l'hiver une entrave sérieuse à la circulation publique qu'ils devaient faciliter, et ils se sont détériorés au point d'exiger souvent une réfection complète.

Ce fâcheux état de choses provient de ce que, malgré mes avertissements réitérés, les autorités locales persistent à se faire expédier le plus possible de moellons sans se préoccuper si elles pourront se procurer, en temps utile, le ballast de couverture indispensable.

Cependant, dans mes dépêches du 23 janvier 1900 et du 2 août suivant, j'insiste vivement pour que, toujours, on réunisse sur un espace restreint, sur quelques mètres de distance, des quantités suffisantes de diverses espèces de matériaux qui doivent entrer dans la construction de la chaussée, et pour qu'on ne commence pas un empierrement dont l'achèvement ne pourrait être assuré au moyen des matériaux dont on dispose.

En outre, ma circulaire du 28 avril 1905, envoyée directement aux bourgmestres de toutes les communes intéressées, leur recommande particulièrement de « s'approvisionner, tout d'abord, de la quantité de ballast nécessaire pour recouvrir les enrochements déjà construits, ainsi que ceux qui pourraient être exécutés à l'aide des moellons qu'ils pourraient se procurer encore ».

Ces recommandations semblent avoir été perdues de vue complètement.

Je vous prie en conséquence, Monsieur le gouverneur, de les rappeler aux administrations communales et au personnel voyer de votre province, et de leur faire connaître qu'on devra désormais prendre les mesures nécessaires pour que l'approvisionnement en vue d'un empierrement agricole projeté commence par le ballast et soit conduit de telle manière qu'il y en ait toujours à pied d'œuvre ou en dépôt une quantité supérieure au cinquième du tonnage total des autres matériaux à mettre en œuvre dans la section envisagée.

Je me réserve de suspendre immédiatement les expéditions de moellons à destination de toute commune où il aura été constaté que cette condition n'est pas remplie pour n'importe quel tronçon de chemin agricole à améliorer.

Voirie vicinale. — Etablissement d'ouvrages divers. — Approbation par la députation permanente. — Circulaire adressée le 5 avril 1906 aux administrations communales du Brabant par M. Willame, gouverneur par intérim de cette province. (*Mémorial administratif du Brabant*, 1906, I, 69.)

Revenant à son ancienne jurisprudence, la députation permanente a décidé d'intervenir dorénavant par voie d'approbation dans l'établissement de viaducs, passerelles, ponts, chemins de fer industriels, etc., sous, au-dessus ou le long des chemins vicinaux, c'est-à-dire de toutes les voies de communications inscrites à l'atlas, qu'il s'agisse de chemins proprement dit ou de sentiers.

Vous aurez en conséquence, Messieurs, à me transmettre à l'avenir les demandes qui vous seront adressées concernant la construction d'ouvrages de l'espèce affectant votre voirie vicinale.

Ces demandes devront être soumises aux mêmes formalités que celles prescrites par les §§ 1 à 4 et 6 de l'article 663 de l'instruction générale de 1893, pour l'ouverture, la suppression, etc., des chemins vicinaux et des sentiers.

Entrée de cave. — Taxe. — Payement prescrit. — Maintien. — Défaut d'autorisation. — Contravention.

La prescription du payement de la taxe auquel est subordonné, moyennant autorisation du collège, le maintien d'une entrée de cave ne fait pas obstacle à l'application du règlement communal punissant le maintien de cette entrée de cave à défaut d'autorisation. (Loi du 29 avril 1819, art. 7; règlement communal de Saint-Josse-ten-Noode du 5 février 1847, art. 418.) — Cassation, 23 avril 1906, *Pasic.*, 1906, I, 200.

Police. — Dépôt de matériaux. — Obligation d'éclairer. — Contravention. — Imputabilité.

Le juge du fond décide à bon droit que, sauf le cas de force majeure, celui-là est pénalement responsable du défaut d'éclairage de matériaux déposés sur la voie publique qu'il constate souverainement, en fait, être l'auteur du dépôt. (Code pén., art. 551, 5°.) — Cassation, 26 mars 1906, *Pasic.*, 1906, I, 175.

— Règlement communal. — Excavations. — Autorisation du collège. — Concessionnaire du service des eaux. — Applicabilité du règlement.

Le concessionnaire de la distribution d'eau de la ville de Namur est, pour l'exercice de sa concession, soumis aux dispositions du règlement communal qui défend de faire des excavations ou des dépôts de matériaux dans les voies publiques sans l'autorisation du collège des bourgmestre et échevins. (Lois des 16-24 août 1790, titre XI; loi communale, art. 90, §§ 6 à 8; code pénal. art. 551; règlement communal de Namur du 16 août 1891, art. 21.) — Cassation, 9 juillet 1906, *Pasic.*, 1906, I, 340.

Routes. — Direction. — Droits des riverains.
— Indemnité. — Pouvoirs publics.

Les pouvoirs publics, en créant des routes, prennent envers les riverains l'engagement tacite de ne pas porter atteinte, sans indemnité, aux droits que la riveraineté fait naître; ces droits préexistent à l'alignement ou à l'autorisation de bâtir, qui, loin de leur donner naissance, les présupposent et les règlent tout en les restreignant.

Les riverains, au contraire, n'ont aucun droit sur la direction des chemins; il appartient aux pouvoirs publics de les détourner sans devoir d'indemnité. — Tribunal civil de Gand, 8 février 1905, *Pasic.*, 1906, III, 263.

Talus des routes. — Imprescriptibilité. —
Conditions. — Caractère de chose hors du
commerce. — Preuve. — Eléments.

Les talus des routes, qu'ils soient en déblai ou en remblai, constituent des dépendances de celles-ci, en font partie intégrante et participent, dès lors, du bénéfice de l'imprescriptibilité dont jouissent les chemins, à titre de partie du domaine public.

Mais les talus ne prennent ce caractère de dépendance de la route que s'ils en assurent l'existence, ou sont destinés à la protéger et à la maintenir en bon état de conservation.

Si l'on doit supposer que telle est la raison le leur existence, ce n'est là qu'une présomption, qui ne dispense pas l'administration qui l'invoque de prouver que le talus litigieux a été créé pour l'établissement et la conservation de la route.

Il y a lieu, pour le juge, de rechercher, en s'entourant de renseignements que fournissent et la connaissance des lieux et les documents historiques des archives publiques, si le talus litigieux a le caractère de chose hors du commerce, auquel cas l'action possessoire en réintégrande dont il est l'objet de la part d'un tiers doit être déclarée non recevable. — Jugement de la justice de paix de Schaerbeek, 16 mars 1906, *Pasic.*, 1906, III, 219.

Voirie urbaine. — Alignement. — Zone de
recul. — Décision du collège échevinal. —
Appel. — Réformation par arrêté royal. —
Autorisation de bâtir. — Séparation des
pouvoirs.

Lorsque sur le recours formé contre un arrêté du collège échevinal, n'accordant une autorisation de bâtir qu'à la condition de se conformer à un règlement communal qui ménage une zone de recul et de construire le ?? de la façade à 8 mètres de l'alignement de ?? voie publique, un arrêté royal, régulièrement rendu, déclare cette condition illégale et autorise la construction à front de l'alignement, le principe de la séparation des pouvoirs s'oppose à ce que le pouvoir judiciaire ordonne la démolition des bâtiments élevés conformément à l'autorisation donnée par l'autorité supérieure. (Loi comm., art. 90, §§ 7 et 8; règlement communal de Verviers du 18 août 1842.) — Cassation, 11 décembre 1905, *Pasic.*, 1906, I, 57.

— Alignement demandé. — Absence de décision du collège. — Construction. — Plan général d'alignement. — Empiétement. — Contravention.

Contrevient au règlement communal qui défend de construire le long de la voie publique sans avoir obtenu préalablement l'autorisation du collège des bourgmestre et échevins qui donnera l'alignement celui qui, sous prétexte que cet alignement ne lui a pas été donné par le collège, élève une construction qui empiète sur la voie publique telle que celle-ci est établie par un plan général d'alignement, régulièrement approuvé par arrêté royal. (Loi comm., art. 90; loi du 1er février 1844, art. 4 et 10; règlement communal de la ville d'Anvers du 26 octobre 1838, art. 5 et 38, et du 27 janvier 1852, art. 1er et 2.) — Cassation, 8 janvier 1906, *Pasic.*, 1906, I, 73.

— Autorisation. — Conditions. — Contravention. — Réparation. — Démolition ou suppression. — Autres mesures. — Excès de pouvoir.

En constatant l'existence d'une contravention, le pouvoir judiciaire ne peut, sans excès de pouvoir, au lieu d'ordonner la suppression ou l'enlèvement des constructions illégales, prescrire certaines mesures qui lui paraîtraient de nature à obvier aux dangers ou aux inconvénients que le règlement communal, auquel il a été contrevenu, a eu pour but d'écarter. (Const., art. 92 et 108; décret du 14 décembre 1789, art. 50; loi des 16-24 août 1790, titre XI, art. 1er et 3; loi communale, art. 75, al. 1er, et art. 78 et 80, nos 2 et 8; règlement communal d'Anvers des 18 octobre 1851-27 janvier 1852.) — Cassation, 8 janvier 1906, *Pasic.*, 1906, I, 79.

— Autorisation de construire. — Refus de l'administration communale. — Recours à la députation permanente. — Contravention, peine, légalité. — Démolition. — Décision définitive de l'autorité compétente.

Le juge de police, en condamnant à l'amende comminée par un règlement communal celui qui a élevé une construction nonobstant le refus de l'autorisation sollicitée, ne peut ordonner la démolition des ouvrages illégalement construits tant que la députation permanente, saisie d'un recours contre le refus d'autorisation, ne s'est pas prononcée sur le caractère licite ou illicite des constructions. (Loi comm., art. 90, §§ 7 et 8; règlement sur les bâtisses de la ville de Courtrai des 6 février 1888 et 10 janvier 1903.) — Cassation, 27 décembre 1905, *Pasic.*, 1906, I, 67.

— Chemins privés. — Règlements de police. — Application.

Les chemins privés livrés à la circulation publique et faisant partie de la voirie urbaine sont régis par les règlements et les dispositions du code pénal relatifs à la voirie. (Loi

du 1er février 1844, modifiée par la loi du
15 août 1897, art. 1er; code pén., art. 551, 4°.)
— Cassation, 29 janvier 1906, *Pasic.*, 1906,
I, 112.

— *Dégradations ou détériorations.* — *Code
rural, art. 88, 9°.* — *Applicabilité:* — *Chemin
établi sur une propriété particulière.* — *Affectation publique.* — *Police de la voirie.*

L'affectation d'une propriété particulière à
la création d'une rue sans toucher à la propriété du sol a pour effet de créer au profit du
public en général, et des riverains en particulier, une servitude publique d'usage et de la
soumettre aux lois et règlements de police de
la voirie. (Loi des 1er février 1844-15 août 1897,
art. 1er.)

Répond implicitement mais suffisamment à
des conclusions subsidiaires tendant au renvoi
devant le tribunal compétent, aux fins de
statuer sur la propriété du sol d'une ruelle,
le jugement qui décide que, même comme
propriété privée, cette ruelle est soumise au
régime de la voirie urbaine. — Cassation,
18 juin 1906, *Pasic.*, 1906, I, 310.

— *Règlement communal.* — *Autorisation de
bâtir.* — *Alignement.* — *Plan non approuvé.* —
Contravention. — *Tribunal de police.* — *Compétence.*

Le juge de police est compétent pour connaître de la contravention à un règlement
communal qui défend de construire sans autorisation et en dehors de l'alignement, alors
que le plan d'alignement prévu à l'article 4 de
la loi du 1er février 1844 n'a pas été régulièrement approuvé. (Loi du 1er février 1844, art. 4
et 9; règlement communal de Vottem du 18 août
1885, art. 4; code pén., art. 551, 6°.) — Cassation, 30 octobre 1905, *Pasic.*, 1906, I, 34.

— *Règlement communal.* — *Transformation
d'un chemin en rue.* — *Construction en retrait.*
— *Inapplicabilité.*

Le juge du fond constate souverainement,
par une interprétation non contraire à son
texte, qu'un règlement communal qui subordonne à l'accomplissement de certaines formalités la transformation en rue, impasse ou
passage d'un chemin ou sentier n'est pas
applicable à celui qui, en vertu d'une autorisation du collège, s'est borné à construire en
retrait de la limite légale d'un chemin public
et, par suite, se refuse à ordonner la démolition
de la construction élevée dans ces conditions.
(Loi comm., art. 90, §§ 7 et 8; règlement de
police de Courtrai du 12 janvier 1903.) — Cassation, 9 juillet 1906, *Pasic.*, 1906, I, 344.

— *Réglementation.* — *Propriété privée.* —
Impasse aboutissant à la voie publique.

Les rues, ruelles, passages et impasses établis
dans les villes à travers les propriétés particulières et aboutissant à la voie publique sont
soumis aux règlements communaux sur la
police de la voirie, quoique restant la propriété des particuliers. (Const., art. 107; code
civ., art. 545; loi du 1er février 1844, art. 1er.)
— Cassation, 18 juin 1906, *Pasic.*, 1906, I, 316.

Voirie vicinale. — *Alignement en retrait.* —
*Action d'un riverain en payement du terrain
sujet à reculement.*

S'il est vrai qu'un plan d'alignement peut,
lorsqu'une expropriation est poursuivie pour le
réaliser, remplacer un plan parcellaire, il n'en
résulte pas que la délivrance d'un alignement,
conforme au plan général, constitue toujours
un acte d'expropriation.

Le riverain de la voirie vicinale, lorsqu'il
veut construire, peut être astreint à un alignement en retrait, tout en conservant, par voie
de clôture ou autrement, pour se prémunir
notamment contre la prescription de l'article 10 de la loi du 10 avril 1841, la possession
intégrale de son fonds. Il n'a pas action pour
contraindre la commune au payement de cette
parcelle tant qu'elle ne l'incorpore pas à sa
voirie. — Cour d'appel de Liége, 11 novembre
1905, *Pasic.*, 1906, II, 60.

— *Chemins.* — *Entretien.* — *Prestations.* —
Chef de famille. — *Sens de la loi.*

L'impôt destiné à couvrir les dépenses d'entretien des chemins vicinaux, et que la loi met
à charge des chefs de famille, ne peut atteindre
qu'une seule personne par habitation. (Loi du
10 avril 1841, art. 14, n° 2.) — Cassation, 16 juillet 1906, *Pasic.*, 1906, I, 356.

— *Entretien des chemins vicinaux et de
leurs dépendances.* — *Opposition.* — *Motifs.*
— *Propriété privée.* — *Compétence.* — *Action
possessoire.* — *Référé.*

Le pouvoir judiciaire est compétent pour
connaître de la réclamation formée par le propriétaire qui s'oppose à l'exécution des travaux
effectués par l'autorité administrative pour le
creusement des fossés qui longent les chemins
vicinaux en exécution de la loi, lorsque le
propriétaire soutient que ce creusement
s'opère sur son terrain qui est exempt de toute
servitude.

Il en serait autrement si le réclamant n'invoquait point un droit de propriété ou de servitude sur ce terrain.

Semblable réclamation ne saurait avoir le
caractère d'une action possessoire.

Le juge de référé, saisi de cette réclamation,
ne peut ordonner la cessation des travaux que
si la mesure sollicitée est destinée à empêcher
un préjudice irréparable; il ne suffit pas que
la cause requière célérité. — Cour d'appel de
Gand, 18 mars 1905, *Pasic.*, 1906, II, 25.

JOURNAL

ADMINISTRATIONS COMMUNALES

Année 1907-1908

A

Affichage. — *Affiches privées.* — *Immeubles appartenant à des particuliers ou édifices publics.* — *Droits de l'administration communale.* — *Conditions.* — *Formalités.* — *Non-accomplissement.* — *Conséquences.*

Aucune loi ne confère aux administrations communales le droit d'affecter d'office à l'apposition des affiches « privées » soit des immeubles appartenant à des particuliers, soit des édifices publics dont la jouissance et la disposition n'appartiennent pas à la commune elle-même.

Le droit de propriété peut subir certaines restrictions en vertu des lois et des règlements (code civ., art. 544), mais il importe que ces derniers émanent d'une autorité compétente, agissant dans la limite de ses attributions.

En conséquence, lorsqu'une décision d'un collège échevinal, affectant à l'affichage un mur de l'église, n'a reçu aucune publicité et que, d'autre part, il n'existe pas d'usage ancien et constant consacrant cette destination, l'apposition d'affiches en semblables conditions ne peut être considérée comme légitime, et l'enlèvement de celles-ci ne tombe pas sous l'application de la loi pénale. — Tribunal correctionnel de Bruxelles, 10 juillet 1906, *Pasic.*, 1907, III, 5.

Agriculture. — *Espèce bovine.* — *Règlement provincial.* — *Namur.* — Arrêté royal du 27 avril 1908. (*Moniteur* du 14 mai.)

Un arrêté royal du 27 avril 1908, contresigné par M. Helleputte, ministre *ad interim* de l'agriculture, approuve une délibération, en date du 4 avril 1908, par laquelle le conseil provincial de Namur adopte un nouveau règlement sur l'amélioration de l'espèce bovine.

Espèce chevaline. — *Règlement provincial.* — *Luxembourg.* — Arrêté royal du 18 août 1907. (*Moniteur* du 4 septembre.)

Un arrêté royal du 18 août 1907, contresigné par M. Helleputte, ministre de l'agriculture *ad interim*, approuve une délibération, en date du 12 juillet 1907, par laquelle le conseil provincial du Luxembourg modifie les articles 5, 11 litt. *c* et 16 de son règlement pour l'amélioration de l'espèce chevaline.

Voy. HYGIÈNE PUBLIQUE.

Aliénés. — *Aliénés indigents.* — *Prix de la journée d'entretien pour 1908.* — Arrêté royal du 27 avril 1908, contresigné par M. Renkin, ministre de la justice. (*Moniteur* des 4-5 mai.)

Vu la loi du 28 décembre 1873-25 janvier 1874 sur le régime des aliénés, et l'article 83 du règlement général et organique approuvé par arrêté royal du 1er juin 1874;

Vu les projets de tarifs...,

Nous avons arrêté et arrêtons :

ART. 1er. — Le prix de la journée d'entretien des aliénés dont il s'agit, pendant l'année 1908, est fixé conformément aux tarifs visés par notre ministre de la justice et annexés au présent arrêté.

ART. 2. — Il ne sera compté qu'une journée d'entretien pour le jour de l'entrée et celui de la sortie de chaque aliéné. Cette journée sera celle de l'entrée.

ASILES D'ALIÉNÉS. — Prix de la journée d'entretien en 1908.

VILLES OU COMMUNES où les ÉTABLISSEMENTS sont situés.	NATURE de L'ÉTABLISSEMENT.	Prix fixé en 1907.	PROPOSITION de l'établissement.	de la députation permanente.	Prix fixé par le gouvernement.
Province d'Anvers.					
Gheel	Colonie libre. { Ordinaires	» 90	1 »	1 »	» 90
	Semi-gâteux	1 05	1 15	1 15	1 05
	Gâteux	1 30	1 40	1 40	1 30
Duffel	Asile pour femmes	1 22	1 30	1 25	1 23
Morsel . . .	Asile pour hommes	1 32	1 40	1 32	1 32
Malines . . .	Id.	1 40	1 40	1 40	1 40
Anvers . . .	Asile-dépôt pour aliénés des deux sexes à l'hôpital Stuyvenberg	»	3 09	3 09	2 99
Province de Brabant.					
Bruxelles. . . .	Asile-dépôt pour les aliénés des deux sexes annexé à l'hôpital St-Jean	3 29	3 46	3 46	3 29
	Asile pour femmes	1 15	1 15	1 15	1 15
Louvain . . .	Asile Saint-Antoine pour enfants aliénés épileptiques	1 40	1 40	1 40	1 40
Tirlemont . . .	Asile pour hommes.	1 40	1 40	1 40	1 40
Erps-Querbs . .	Asile pour femmes	1 10	1 20	1 20	1 13
Evere	Asile pour les aliénés des deux sexes . . .	1 40	1 40	1 40	1 40
Uccle	Asile pour femmes du « Fort Jaco » . . .	1 40	1 60	1 60	1 40
Province de Flandre occidentale.					
Bruges	Asile St-Dominique pour aliénés des deux sexes	1 15	1 25	1 20	1 15
	Asile St-Julien pour aliénés des deux sexes .	1 10	1 10	1 10	1 10
Courtrai	Asile Ste-Anne pour aliénés des deux sexes .	1 15	1 20	1 20	1 15
Menin.	Maison des Bénédictines	1 22	1 35	1 35	1 22
Ypres	Maison de santé pour hommes	1 15	1 25	1 20	1 15
	Asile du Sacré-Cœur	1 15	1 15	1 15	1 15
Province de Flandre orientale.					
Gand	Hospice Guislain	1 27	1 30	1 27	1 27
	Asile des femmes (rue Courte des Violettes).	1 18	1 18	1 20	1 18
	Asile Saint-Joseph pour enfants aliénés . .	1 32	1 35	1 23	1 32
Alost	Asile provisoire et de passage	1 25	1 40	1 25	1 25
Lokeren	Asile pour jeunes filles	1 30	1 30	1 16	1 30
Saint-Nicolas . . .	Hospice d'aliénés St-Jérôme, servant en même temps d'asile provisoire et de passage.	1 28	1 40	1 24	1 28
	Hospice des femmes, dit *Ziekhuis*	1 20	1 20	1 18	1 20
Selzaete	Hospice pour hommes	1 27	1 33	1 20	1 32
Lede	Etablissement pour femmes	1 12	1 20	1 10	1 12
Velsicque-Ruddershove . . .	Id.	1 »	1 »	1 »	1 »
Province de Hainaut.					
Mons.	Asile pour femmes	1 40	1 40	1 40	1 40
Tournai	Asile pour hommes.	1 40	1 40	1 40	1 40
	Asile pour femmes et asile de passage . .	1 20	1 20	1 20	1 20
Froidmont . . .	Asile pour hommes.	1 30	1 35	1 30	1 30
Manage	Asile pour garçons.	1 34	1 35	1 34	1 34

VILLES ou communes où les établissements sont situés.	NATURE de L'ÉTABLISSEMENT.	Prix fixé en 1907.	PROPOSITION		Prix fixé par le gouvernement.
			de l'établissement.	de la députation permanente.	

Province de Liége.

Liége	Hospice des insensés.	1 58	1 55	1 58	1 48
	Hospice des insensées.	1 34	1 30	1 30	1 30
Lierneux. . .	Colonie libre.	1 50	1 50	1 50	1 50
Verviers	Dépôt provisoire.	5 91	5 91	5 91	5 91

Province de Limbourg.

Saint-Trond. . .	Hospice pour hommes.	1 27	1 32	1 27	1 32
	Hospice pour femmes	1 20	1 20	1 20	1 20
Tongres . . .	Asile provisoire et de passage	1 25	1 83	1 25	1 25
Tessenderloo . .	Asile pour garçons	1 32	1 35	1 32	1 32
Munsterbilsen . .	Asile pour femmes	1 22	1 22	1 22	1 22

Province de Namur.

Namur . . .	Asile provisoire	3 64	3 64	3 64	3 64
Dave	Asile pour hommes.	1 40	1 40	1 40	1 40

Asile. — Munsterbilsen. — Asile Saint-Joseph. — Population. — Arrêté royal du 18 février 1908. (*Moniteur du 1er mars.*)

Un arrêté royal du 18 février 1908, contresigné par M. Renkin, ministre de la justice, porte de 400 à 500 malades indigentes le chiffre de la population que l'asile Saint-Joseph pour femmes aliénées, à Munster bilsen, est autorisé à recevoir.

Asile. — Saint-Nicolas. — Asile Saint-Jérôme. — Population. — Arrêté ministériel du 4 mars 1907. (*Moniteur des 11-12 mars.*)

Un arrêté pris le 4 mars par M. Van den Heuvel, ministre de la justice, porte de 400 à 450 le chiffre de la population que l'asile d'aliénés Saint-Jérôme, à Saint-Nicolas, est autorisé à recevoir.

Séquestration à domicile. — Pouvoirs de la députation permanente. — Avis de la *Revue communale*, 1907, p. 48.

La *Revue communale*, dans son numéro du mois de février 1907, discute la question de savoir si la députation permanente a le droit, à défaut du collège des bourgmestre et échevins, d'ordonner non seulement la collocation, mais aussi la séquestration à domicile des aliénés, et se prononce pour l'affirmative.

Archives communales. — *Extraits faisant foi. — Délivrance.* — Avis de la *Revue communale*, 1907, p. 40.

Le collège échevinal seul a compétence pour délivrer des extraits faisant foi de tous documents anciens ou modernes reposant dans les archives de la commune. Ni l'archiviste ni le secrétaire communal n'ont qualité pour délivrer, sous leur seule signature, des expéditions authentiques de ces documents.

Assistance publique. — *Indigents non aliénés. — Prix de la journée d'entretien dans les hospices et hôpitaux pendant l'année 1907. — Hôpital intercommunal du canton de Louveigné, à Esneux, et hôpital Princesse Elisabeth, à Blankenberghe.* — Arrêté royal du 26 août 1907, contresigné par M. Renkin, ministre de la justice. (*Moniteur des 16-17 septembre.*)

Vu les propositions des députations permanentes des conseils provinciaux de la province de Liége et de la Flandre occidentale, pour la fixation du prix de la journée d'entretien, pendant l'année 1907, des indigents non aliénés admis : 1º à l'hôpital intercommunal du canton de Louveigné à Esneux; 2º à l'hôpital Princesse Elisabeth, à Blankenberghe;

Vu l'article 37 de la loi du 27 novembre 1891 sur l'assistance publique;

Sur la proposition de notre ministre de la justice,

Nous avons arrêté et arrêtons :

Art. 1er. — Le prix de la journée d'entretien des indigents admis dans les deux établissements dont il s'agit, pendant l'année 1907, est fixé à 3 fr. 50 c. pour le premier et à 1 fr. 50 c. pour le second.

Art. 2. — Il ne sera compté qu'une journée d'entretien pour le jour de l'entrée et celui de la sortie de chaque indigent; cette journée sera celle de l'entrée.

Il ne sera également compté qu'une journée d'entretien pour l'accouchée et son nouveau-né.

———

Indigents non aliénés. — Prix de la journée d'entretien dans les hospices et hôpitaux pendant l'année 1907. — Hospice Joostens, à Brecht. — Arrêté royal du 26 septembre 1907, contresigné par M. Renkin, ministre de la justice. (*Moniteur* du 24 octobre.)

Vu les propositions de la députation permanente du conseil provincial d'Anvers pour la fixation du prix de la journée d'entretien, pendant l'année 1907, des indigents non aliénés admis à l'hospice Joostens, à Brecht, dépendant de la commission administrative des hospices civils d'Anvers;

Vu l'article 37 de la loi du 27 novembre 1891 sur l'assistance publique;

Sur la proposition de notre ministre de la justice,

Nous avons arrêté et arrêtons :

Art. 1er. — Le prix de la journée d'entretien des indigents admis dans l'établissement dont il s'agit, pendant l'année 1907, est fixé à 3 fr. 50 c.

Art. 2. — Il ne sera compté qu'une journée d'entretien pour le jour de l'entrée et celui de la sortie de chaque indigent; cette journée sera celle de l'entrée.

Il ne sera également compté qu'une journée d'entretien pour l'accouchée et son nouveau-né.

———

Indigents non aliénés. — Prix de la journée d'entretien dans les hospices et hôpitaux pendant l'année 1908. — Arrêté royal du 25 avril 1908, contresigné par M. Renkin, ministre de la justice. (*Moniteur* des 4-5 mai.)

Vu les projets de tarifs soumis par les députations permanentes des conseils provinciaux du royaume, pour la fixation du prix de la journée d'entretien, pendant l'année 1908, des indigents non aliénés, recueillis dans les hospices et hôpitaux;

Vu l'article 37 de la loi du 27 novembre 1891 sur l'assistance publique;

Sur la proposition de notre ministre de la justice,

Nous avons arrêté et arrêtons :

Art. 1er. — Le prix de la journée d'entretien des indigents dont il s'agit, pendant l'année 1908, est fixé conformément aux tarifs visés par notre ministre de la justice et annexés au présent arrêté.

Art. 2. — Le prix de la journée d'entretien des indigents appartenant à des communes qui ne possèdent pas d'hôpital est fixé comme suit :

A. Pour les indigents des communes de 5,000 habitants et plus, à 1 fr. 71 c.;

B. Pour les indigents des communes de moins de 5,000 habitants, à 1 fr. 26 c.

Art. 3. — Il ne sera compté qu'une journée d'entretien pour le jour de l'entrée et celui de la sortie de chaque indigent; cette journée sera celle de l'entrée.

Il ne sera également compté qu'une journée d'entretien pour l'accouchée et son nouveau-né.

LIEUX DE SITUATION des ÉTABLISSEMENTS.	NATURE des ÉTABLISSEMENTS.	Prix fixé en 1907. — Fr. c.	Prix arrêté pour 1908. — Fr. c
Province d'Anvers.			
Anvers . . .	Hôpital	2 99	2 99
	Hospice pour tuberculeux de Brecht.	3 50	3 50
Arendonck . .	Hôpital-hospice	1 36	1 36
Beersse . . .	Id. . . .	1 32	1 38
Beirendrecht . .	Id. . . .	1 07	1 07
Berchem. . .	Hôpital-hospice	1 99	1 99
Boom . . .	Id. . . .	1 64	1 68
Borgerhout . .	Hôpital . .	2 48	2 48
Brasschaet . .	Id. . . .	» 86	» 91
Brecht . . .	Hôpital-hospice	» 69	» 70
Edegem . . .	Id. . . .	1 30	1 30
Gheel . . .	Hôpital . .	1 32	1 32
Grobbendonck. .	Hospice . .	» 70	» 72
	Hôpital . .	1 90	1 90
Hérenthals . .	Id. . . .	1 65	1 65
Hoboken. . .	Hôpital hospice	1 31	1 34
Hoogstraeten . .	Hôpital . .	1 19	1 20
Isegem . . .	Id. . . .	1 28	1 28
Lierre. . . .	Id. . . .	1 92	1 93
Linth . . .	Hôpital-hospice	1 »	1 20
	Hôpital . .	1 75	1 75
Malines . . .	Salle des accouchements	3 »	3 »
Meerhout . .	Hospice-hôpital	1 07	1 07
Merxem . . .	Id. . . .	1 03	1 44
Oorderen . .	Id. . . .	1 06	1 06
Puers. . . .	Id. . . .	1 »	» 99
Saint-Amand . .	Id. . . .	1 03	1 03
Schooten. . .	Hospice-hôpital	1 71	1 71
Turnhout . . .	Hôpital . .	1 73	1 73
Wuestwezel . .	Hôpital-hospice	1 43	1 47
Wyneghem . .	Id. . . .	» 70	» 70
Province de Brabant.			
Aerschot . .	Hôpital . . .	1 50	1 50
Anderlecht . .	Id. . . .	2 79	2 77
	Maternité . . .	5 »	5 »
Assche . . .	Hôpital . . .	1 50	1 50

LIEUX DE SITUATION des ÉTABLISSEMENTS.	NATURE des ÉTABLISSEMENTS.	Prix fixé en 1907. Fr. c	Prix arrêté pour 1904. Fr. c.

Province de Brabant (suite).

LIEUX	NATURE	Prix fixé 1907	Prix arrêté 1904
Bruxelles	*A.* Enfants séjournant à l'hospice:		
	1° Enfants non sevrés	2 20	2 20
	2° Id. au-dessus de 1 an	1 42	1 42
	B. Enfants placés à la campagne:		
	1° De 1 jour à 1 an	» 88	» 88
	2° Id. au-dessus d'un an	(1) » 85	» 85
	Hôpitaux et hospice de l'infirmerie	3 29	3 29
	Maternité	5 83	5 83
	Refuge De Latour de Freins, à Uccle-Verrewinkel	3 29	3 29
Diest	Hôpital	1 84	1 71
Etterbeek	Id.	2 10	2 30
	Hospice	» 80	» 90
Forest	Hospice	2 72	2 69
Hal	Hôpital	1 51	1 52
Ixelles	Id	2 95	3 »
	Maternité	»	4 50
Jodoigne	Hôpital	2 05	2 16
Laeken	Id.	3 15	3 15
	Maternité	5 07	5 »
Léau	Hôpital	1 30	1 30
Londerzeel	Hospice	1 50	1 50
Louvain	Hôpital	1 48	1 49
	Maternité	3 »	3 »
Merchtem	Hospice-hôpital	1 50	1 50
Molenbeek-St-Jean	Hôpital	2 31	2 40
	Maternité	5 »	5 »
Nivelles	Hospice	» 86	» 88
	Hôpital	1 75	1 76
Opwyck	Hôpital et hospice	1 30	1 30
Overyssche	Hôpital	1 50	1 50
	Hospice	1 20	1 20
Saint-Josse-ten-Noode	Hôpital civil	3 25	3 25
	Maternité	5 »	5 »
Schaerbeek	Hôpital-lazaret	3 10	3 10
	Maternité	5 »	5 »
Rebecq-Rognon	Hôpital	1 80	1 81
Tirlemont	Id.	1 77	1 80
Vilvorde	Hôpital, hospice et maternité	1 81	1 80
Wavre	Hôpital	1 47	1 46

Province de Flandre occidentale.

LIEUX	NATURE	Prix fixé 1907	Prix arrêté 1904
Asttrycke	Hospice	» 50	» 50
Alveringhem	Id.	» 85	» 85
Avelghem	Hôpital	1 25	1 25
Belleghem	Hospice	» 50	» 50
Blankenberghe	Hôpital	1 50	1 50
Bruges	Hôpital St-Jean	1 76	1 77
	Maternité	2 98	3 14
	Salles pour femmes syphilitiques	3 06	3 06
	Hospice des Sœurs de la charité	» 88	» 88
	Hospice des Frères de la charité	» 98	» 98
Clercken	Hospice	» 44	» 44
	Hôpital	» 80	» 80
	Incurables	1 »	1 »

(1) Non compris les frais d'instruction.

Province de Flandre occidentale (suite).

LIEUX	NATURE	Prix fixé 1907	Prix arrêté 1904
Comines	Hôpital	1 21	1 25
Cortemarcq	Hospice	» 85	» 85
	Orphelinat	» 30	» 30
Couckelaere	Hospice	» 50	» 50
	Hôpital	1 »	1 »
Courtrai	Id.	2 60	2 19
	Maternité	4 30	4 30
Cuerne	Hospice	» 40	» 40
	Hôpital	1 25	1 25
Damme	Id.	1 31	1 35
Denterghem	Hospice	» 85	» 85
	Hôpital	1 25	1 25
Dixmude	Hôpital-hospice	2 24	2 18
Dottignies	Hospice	» 85	» 85
	Hôpital	1 25	1 25
Elverdinghe	Id.	» 85	» 85
	Hospice	1 10	1 10
Furnes	Hôpital St-Jean	1 50	1 50
	Maternité	2 60	2 60
Gheluwe	Hospice	» 55	» 55
	Hôpital	1 »	1 »
Ghistelles	Id.	1 75	1 75
Gits	Hospice	» 85	» 85
	Hôpital	1 25	1 25
Gulleghem	Id.	» 85	» 85
Harlebeke	Hôpital-hospice	1 50	1 50
Heule	Hospice	» 50	» 50
	Hôpital	1 20	1 20
	Orphelinat	» 20	» 20
Hollebeke	Hospice	» 71	» 85
Hooghlede	Id.	» 75	» 75
	Hôpital	1 10	1 10
Hoogstaede	Hospice	1 25	1 25
Hulste	Hôpital	» 85	» 85
Ingelmunster	Hospice	1 10	1 10
	Orphelinat	» 30	» 30
Iseghem	Hospice-hôpital	1 25	1 25
Langemarck	Id. de vieillards	1 10	1 10
Ledeghem	Hospice	» 40	» 40
	Hôpital	1 »	1 »
Lendelede	Hospice	» 75	» 75
Lichtervelde	Id.	1 10	1 10
	Hôpital	1 50	1 50
Lophem	Hospice	» 35	» 35
	Hôpital	1 »	1 »
Menin	Id.	1 52	1 51
Merckem	Id.	» 55	» 55
Moorslede	Id.	1 10	1 10
Mouscron	Hospice	1 10	1 10
	Hôpital	1 50	1 50
Neuve-Eglise	Hospice	» 85	» 85
Nieuport	Hôpital	1 75	1 75
	Maternité	3 12	3 12
Oostnieuwkerk	Hospice	» 85	» 85
Oostroosebeke	Hospice	» 45	» 45
	Hôpital	» 81	» 85
Ostende	Hôtel-Dieu	1 69	1 68
	Hôpital St-Jean	2 16	2 14
Passchendaele	Hospice	» 50	» 50
Pitthem	Hôpital	1 50	1 50
Ploegsteert	Id	1 25	1 25
Poperinghe	Hôpital	1 80	1 80
Proven	Id.	1 09	1 09
Rolleghem-Capelle	Hospice	» 50	» 50
	Hôpital	1 »	1 »
Roulers	Hospice	1 10	1 10
	Hôpital	1 50	1 50
Ruddervoorde	Id.	1 25	1 25
Rumbeke	Hospice	1 25	1 25
	Hôpital	1 50	1 50
Saint-André	Id.	1 50	1 50
Staden	Hospice-hôpital	1 »	» 85

LIEUX DE SITUATION des ÉTABLISSEMENTS.	NATURE des ÉTABLISSEMENTS.	Prix fixé en 1907. Fr. c.	Prix arrêté pour 1908. Fr. c.

Province de la Flandre occidentale (suite).

LIEUX	NATURE	1907	1908
Sweveghem	Hôpital	1 »	1 »
	Hospice	1 10	1 10
Swevezeele	Hôpital	1 50	1 50
	Orphelinat	» 25	» 25
Thielt	Hospice-hôpital	» 59	» 55
Thourout	Hospice	1 10	1 10
	Hôpital	1 50	1 50
Vichte	Hospice	» 80	» 80
Vlamertinghe	Id.	» 77	» 85
Voormezeele	Id.	» 85	» 85
Wacken	Id.	» 85	» 85
Waereghem	Id.	» 79	» 79
Warneton	Hospice	» 85	» 85
Watou	Id.	» 8?	» 85
Werwicq	Hôpital	1 50	1 50
Westcapelle	Hospice	» 50	» 50
	Id.	» 85	» 85
Westroosebeke	Hôpital	1 25	1 25
Wevelghem	Hospice	» 79	» 84
Wyngene	Hospice-hôpital	» 75	» 75
Wytschaete	Hôpital	1 »	1 »
Ypres	Id	2 21	2 22

Province de Flandre orientale.

LIEUX	NATURE	1907	1908
Adegem	Hôpital	1 10	1 20
Alost	Id.	1 46	1 50
Audenarde	Id.	1 43	1 50
Basel	Id.	1 20	1 20
Beicele	Id.	1 10	1 20
Berlaere	Id.	1 10	1 20
Beveren	Id.	1 40	1 50
Buggenhout	Id.	1 10	1 50
Calcken	Id.	1 »	1 50
Cruybeke	Id.	1 »	1 20
Deftinge	Id.	1 »	1 20
Deynze	Hôpital	1 20	1 50
Evergem	Id.	1 30	1 50
Exaerde	Id.	1 10	1 50
Eyne	Id.	1 24	1 20
Erivelde	Id.	1 »	1 20
Gand	1° Hôpital de la Biloque.	1 59	1 61
	2° Hospice de la maternité	2 02	1 98
	3° Hospice des orphelins et enfants abandonnés	1 10	1 10
Grammont	Hôpital	1 30	1 50
Haesdonck	Id.	1 10	1 20
Hamme	Id.	1 25	1 70
Heusden	Hôpital	» 85	1 20
Laerne	Id.	1 10	1 20
Lebbeke	Id.	1 »	1 50
Lede	Id.	1 20	1 50
Ledeberg	Id.	» 80 (1)1 50 / 1 » (2)1 50 / 1 30 (3)1 50	
Lokeren	Hôpital	1 25	1 50
Maldegem	Id.	1 11	1 50
Meerdonck	Id.	1 20	1 50
Mont-St-Amand	Id.	1 :0	1 50
Nazareth	Id.	1 :0	1 50
Nevele	Id.	1 10	1 20
Nieukerken	Id.	1 20	1 ?0
Ninove	Id.	1 25	1 50

(1) Moins de 12 ans.
(2) 12 à 18 ans.
(3) Au-dessus de 18 ans.

Province de Flandre orientale (suite).

LIEUX	NATURE	1907	1908
Overmeire	Hôpital	1 10	1 20
Renaix	Id.	1 50	1 50
Rupelmonde	Id.	1 20	1 20
Saint-Gilles-Termonde	Hôpital	1 »	1 50
St-Gilles-Waes	Id.	1 25	1 50
Saint-Laurent	Id	1 20	1 20
Saint-Nicolas	Id.	1 50	1 50
Schoonaerde	Id.	1 20	1 20
Sottegem	Id.	1 20	1 20
Sinay	Id.	1 »	1 50
Stekene	Id.	1 25	1 50
Tamise	Id.	1 30	1 50
Termonde	Id.	1 90	1 50
Waesmunster	Id.	1 40	1 50
Wetteren	Id.	1 25	1 50
Wichelen	Id.	1 20	1 20
Wondelghem	Id.	1 »	1 20
	Id.	1 36	1 50
Zele	Institut chirurgical Saint-Vincent de Paul	»	1 50

Province de Hainaut.

LIEUX	NATURE	1907	1908
Antoing	Hospice	1 07	1 03
Ath	Hôpital	1 56	1 56
Aulne-Gozée	Hospice	1 27	1 31
Binche	Hôpital	2 02	2 09
Bliequy	Hospice	1 »	1 04
Braine-le-Comte	Id.	1 14	1 16
Celles	Hospice	» 75	» 75
Charleroi	Hôpital	1 88	1 85
Châtelet	Id.	1 85	1 85
Chièvres	Hôpital	1 20	1 20
Chimay	Id.	1 34	1 34
Ecaussines-d'Enghien	Hospice	1 10	1 13
Enghien	Hôpital	1 53	1 54
Fleurus	Id.	1 50	1 50
Flobecq	Hospice	1 07	1 07
Fontaine-l'Évêque	Hospice	1 70	1 70
Frasnes-lez-Buissenal	Hôpital	1 05	1 05
Gosselies	Hospice	1 02	1 05
Houdeng-Aimeries	Hospice	1 78	1 79
Jumet	Id.	1 09	1 20
La Louvière	Hôpital	2 69	2 69
Lessines	Id.	1 80	1 80
Leuze	Hospice-hôpital	2 »	2 »
Marchienne-au-Pont	Hôpital	1 80	1 80
Monceau-sur-Sambre	Id.	1 72	1 71
Mons	Hôpital	3 46	3 46
	Maternité	5 »	5 »
Morlanwelz	Hôpital	2 »	2 »
Péruwelz	Hospice-hôpital	1 59	1 57
Pottes	Hospice	» 75	» 75
Rœulx	Hôpital	2 11	2 13
Saint-Ghislain	Id.	1 53	1 53
Soignies	Id.	2 40	2 42
Templeuve	Hospice	» 75	» 86
Thuin	Id.	» 83	» 96
Tournai	Hôpital	2 72	2 73
	Maternité	5 17	5 17

Province de Liége.

LIEUX	NATURE	1907	1908
Dison	Hospice	1 47	1 47
	Hôpital	1 83	1 85

LIEUX DE SITUATION des ÉTABLISSEMENTS.	NATURE des ÉTABLISSEMENTS.	Prix fixé en 1907. — Fr. c.	Prix arrêté pour 1908. — Fr. c.
Province de Liége (*suite*).			
Ensival . . .	Hospice	1 01	1 04
	Orphelinat . . .	» 61	» 62
Esneux . . .	Hôpital intercommunal . .	3 50	3 70
Herve . . .	Hôpital	2 0J	2 »
Hodimont . .	Hospice	1 79	1 76
	Hôpital	2 36	2 32
Huy . . .	Hospice des incurables. . . .	1 05	1 05
	Hôpital	1 78	1 78
	Orphelins et orphelines . . .	1 07	1 07
	Hôpital des Anglais	3 14	3 14
	Id. de Bavière	2 82	2 86
	Maternité . . .	2 74	5 »
Liége . . .	Hospice de la vieillesse . . .	» 95	» 96
	Hospice des orphelins . . .	1 91	1 92
	Hospice des orphelines . . .	1 49	1 50
	Hôpital . . .	1 0<	1 07
Spa . . .	Orphelinat . . .	» 83	» 84
Stavelot . .	Hospice	» 80	» 80
	Id. . . .	1 40	1 47
	Id. . . .	1 93	1 97
Verviers . . .	Hospice des vieillards . . .	» 98	1 .
	Hosp. des orphel.	1 41	1 44
	Hospice des orphelines . . .	1 15	1 19
Province de Limbourg.			
Bilsen-la-Ville.	Hospice. . . .	1 40	1 40
Hasselt . .	Hôpital . . .	1 80	1 80
Looz-la-Ville	Id. . . .	1 82	1 80
Maeseyck .	Id. . . .	1 40	1 46
Saint-Trond .	Id. . . .	1 50	1 50
Tongres . .	Hospice	1 00	1 05
	Hôpital	1 80	1 80
Province de Luxembourg.			
Arlon. . .	Hôpital	2 »	1 50
	Hospice	1 50	1 50
Bastogne .	Hôpital	1 50	1 50
	Hospice	1 50	1 50
Bouillon . .	Hôpital	1 40	1 40
Laroche . .	Id. . . .	1 50	1 50
Neufchâteau	Id. . . .	1 50	1 50
Virton . . .	Id. . . .	1 50	1 50
Province de Namur.			
Andenne. .	Hôpital . . .	1 08	1 08
Dinant . .	Id. . . .	2 44	2 42
Gembloux .	Hospice . . .	1 25	1 25
	Hôpital . . .	2 50	2 »
Namur . .	Id. . . .	2 24	2 29

Commune n'ayant pas d'hôpital. — Envoi du malade dans l'hôpital d'une autre localité. — Absence de convention avec l'établissement hospitalier. — Taux du remboursement des frais par le domicile de secours. — Arrêté royal du 5 juillet 1907, contresigné par M. Renkin, ministre de la justice. (Moniteur du 3 août.)

Vu le recours formé par la commune de Steene contre l'arrêté de la députation permanente du conseil provincial de la Flandre occidentale, en date du 1er février 1907, portant :

1º Que la ville de Mouscron n'est tenue de rembourser à la commune de Steene, à partir de la onzième journée, les frais d'entretien et de traitement de la nommée V... N..., épouse P... D..., admise à l'Institut Saint-Antoine à Courtrai, le 2 juillet 1904, à la demande de la commune de Steene, qu'au taux de 1 fr. 50 c. par jour, prix de la journée d'entretien, fixé en 1904 pour l'hôpital de Mouscron ;

2º Que la ville de Mouscron n'est pas tenue de rembourser à la commune de Steene les sommes réclamées par celle-ci pour frais de transport, frais pharmaceutiques et frais d'opération concernant la même indigente ;

Attendu qu'il résulte du texte et de l'esprit de la loi sur l'assistance publique et de la loi sur l'assistance médicale gratuite que les communes sont tenues de secourir les indigents sur leur territoire ou dans leurs établissements ;

Attendu que la commune de Steene ne possède pas d'hôpital ; qu'elle n'a pas conclu avec l'Institut Saint-Antoine la convention prévue par la loi sur l'assistance médicale gratuite ;

Attendu que cet hôpital ne peut donc être considéré comme son établissement ;

Attendu que la commune de Steene n'est pas en droit, dès lors, d'exiger du domicile de secours le prix de la journée d'entretien établi au dit Institut Saint-Antoine, non plus que des frais de transport, des frais pharmaceutiques et des frais d'opération ;

Attendu qu'il convient, dans ces conditions, de déterminer un prix maximum à rembourser par la ville de Mouscron, domicile de secours non contesté, pour la restitution des avances faites par la commune de Steene ; qu'il y a lieu d'adopter à cet effet le prix moyen de la journée d'entretien à l'hôpital des indigents pour les communes de moins de 5,000 habitants qui ne possèdent pas d'hôpital (prix fixé en 1904 à 1 fr. 26 c.) ;

Attendu d'ailleurs que ce prix moyen est établi d'après les prix de la journée d'entretien dans les hospices et les hôpitaux fixés dans l'arrêté royal pris annuellement en exécution de l'article 37, § 1er, de la loi du 27 novembre 1891 sur l'assistance publique ;

Vu les articles 1er, 2 et 37 de cette loi, ainsi que la loi de la même date sur l'assistance médicale gratuite ;

Sur la proposition de notre ministre de la justice,

Nous avons arrêté et arrêtons :

ART. 1er. — L'arrêté de la députation permanente du conseil provincial de la Flandre occidentale, en date du 1er février 1907 prémentionné, est annulé en tant qu'il fixe à 1 fr. 50 c. le taux de remboursement des frais d'entretien et de traitement à l'Institut Saint-Antoine, à Courtrai, à effectuer par la ville de Mouscron à l'égard de la commune de Steene, au sujet de la nommée V... N..., épouse P... D...

ART. 2. — La ville de Mouscron n'est tenue de rembourser à la commune de Steene qu'au taux de 1 fr. 26 c. par jour et à partir de la onzième journée les dits frais d'entretien et de traitement de l'indigente précitée, admise à l'Institut Saint-Antoine, à Courtrai, le 2 juillet 1904.

Hôpital. — Administration des secours religieux aux malades. — Dispositions réglementaires restrictives de la liberté des croyants. — Arrêté royal du 23 mars 1908, contresigné par M. Renkin, ministre de la justice. (*Moniteur* du 29 mars.)

Vu les délibérations, en date du 29 mars et du 31 octobre 1906, par lesquelles la commission administrative des hospices civils de Mons arrête de nouvelles dispositions réglementaires concernant l'administration des secours religieux aux malades admis à l'hôpital de cette ville;

Vu la délibération ...;

Considérant que les citoyens admis dans les établissements charitables dépendant des administrations hospitalières doivent y jouir de toutes les libertés garanties par la Constitution; que leur indépendance, leur dignité et la liberté de leurs relations avec leur famille doivent y être d'autant mieux assurées que la plupart, appartenant à la classe indigente, ne sont pas libres de choisir l'établissement où ils reçoivent les secours médicaux;

Considérant que l'article 5 du nouveau règlement de l'hôpital de Mons relatif au service des cultes stipule que si le malade désire la visite d'un ministre d'un culte, il doit en faire spontanément la demande au directeur de l'hôpital; que l'article 6 décide que le directeur est tenu de faire prévenir le ministre du culte demandé; que pour le culte catholique il sera fait appel au clergé ordinaire des paroisses et pour le culte protestant au pasteur résidant à Mons; que ces dispositions ne reconnaissent au malade qu'un mode valable de manifester sa volonté en ce qui concerne la visite d'un ministre du culte : une demande faite au directeur; qu'en limitant ainsi les moyens laissés à l'intéressé de faire respecter sa volonté et en l'obligeant à passer toujours par l'intermédiaire du directeur pour obtenir les secours de la religion, le règlement viole la liberté individuelle et la liberté de conscience;

Qu'il porte, en outre, atteinte à l'indépendance et à la dignité morale des hospitalisés et de leur famille en exigeant, dans son article 10, que le directeur assiste à l'entretien entre le malade et sa famille et en subordonnant l'exécution des volontés dont il reconnaît la valeur à la signature d'une déclaration écrite;

Considérant que l'article 6 du règlement susvisé, en décidant que pour le culte catholique il sera fait appel au clergé de la paroisse et pour le culte protestant au pasteur résidant à Mons, restreint arbitrairement au préjudice des malades hospitalisés leur droit incontestable de choisir librement le ministre du culte auquel ils entendent se confier;

Considérant que l'article 13 soumet l'administration des derniers sacrements régulièrement demandée par le malade à une série de forma-lités administratives; que ces formalités peuvent avoir pour effet de priver des sacrements celui qui les aurait demandés ou tout au moins d'en retarder l'administration; que cet article soumet les actes du culte à une réglementation préventive et restreint, en définitive, la liberté des hospitalisés et des membres de leur famille;

Considérant que le libre exercice des cultes implique le droit pour les ministres des cultes d'accomplir librement leurs fonctions pastorales; qu'en vertu de ces fonctions ils ont le devoir de visiter et de consoler, tout au moins, les malades de leur confession et spécialement les malades appartenant à leurs paroisses; qu'en décidant dans son article 7 que les ministres des cultes ne pourront rendre visite qu'aux malades qui en ont fait la demande expresse et dans son article 8 que les ministres des cultes se borneront à accomplir les devoirs de leur ministère vis-à-vis de celui qui les réclame, le règlement susvisé viole la liberté des cultes et de leur exercice; qu'en outre l'article 7 est évidemment contraire à l'égalité des Belges devant la loi puisqu'il refuse aux prêtres, comme tels, des droits qui sont reconnus aux autres citoyens;

Considérant que si l'on peut admettre que, par mesure de police, la commission des hospices prescrive que l'administration des sacrements se fasse sans bruit et qu'on isole le lit du patient pendant la cérémonie, il n'appartient pas à l'autorité civile de régler les rites religieux et de décider, comme le fait l'article 14 du règlement susvisé, que l'administration des sacrements devra toujours être très brève; que pareille disposition est directement contraire au principe de la liberté des cultes;

Considérant que le règlement susvisé restreint la liberté des croyants et en soumet l'exercice à des formalités qui, dans certaines hypothèses, peuvent l'anéantir;

Vu les articles 86 et 87 de la loi communale;

Sur la proposition de notre ministre de la justice,

Nous avons arrêté et arrêtons :

ARTICLE UNIQUE. — Les délibérations de la commission administrative des hospices civils de Mons et du conseil communal de cette ville, respectivement datées du 29 mars, du 31 octobre et du 12 décembre 1906, sont annulées.

Mention de cette annulation sera faite sur les registres aux délibérations, en marge des délibérations annulées.

Dans la séance de la Chambre, du 10 avril 1908, M. Furnemont posa à M. Renkin, ministre de la justice, une question tendant à savoir s'il résulte implicitement de l'arrêté royal du 23 mars 1908 si « le libre accès des établissements charitables officiels est assuré en tout temps, en toute liberté et en toutes circonstances aux membres du clergé, quand même ceux-ci n'y seraient pas appelés par un ou des malades hospitalisés ».

Dans la négative il priait le ministre d'indiquer quelles seraient les mesures que ces administrations charitables pourraient légalement prendre, le cas échéant, pour concilier la liberté de conscience avec les nécessités du service et de l'ordre intérieur des hôpitaux.

M. Renkin répondit à cette question, dans la séance du 14 avril 1908, comme suit : « Les secours religieux doivent être à la libre disposition des malades hospitalisés, et les ministres des cultes doivent pouvoir exercer leur ministère auprès de ces malades dans les mêmes conditions qu'auprès de ceux qui sont traités à domicile.

Il appartient aux administrations hospitalières de faire leurs règlements de manière à concilier les exigences du service avec le respect de la liberté.

Le gouvernement n'intervient que par voie d'annulation quand la loi ou l'intérêt général sont méconnus. »

Accidents du travail. — Hospitalisation. — Charge des frais. — Commune qui profite du travail.

La *Revue de l'administration* (année 1907, p. 478) consacre une étude à la question de savoir quelle commune est tenue, au point de vue administratif, de supporter la charge des frais d'hospitalisation d'une victime d'un accident du travail.

Accidents du travail. — Application de la loi du 24 décembre 1903. — Revue communale, 1907, p. 218.

La *Revue communale* publie une étude sur les conséquences de la loi du 24 décembre 1903, au point de vue de l'assistance publique, en ce qui concerne la réparation des dommages résultant des accidents du travail.

Commune ne possédant pas d'hôpital. — Envoi du malade dans l'hôpital d'une autre commune. — Revue communale, 1907, p. 179.

La *Revue communale* reproduit le texte des arrêtés royaux du 12 août et du 5 octobre 1906 (*Journal*, 1906-1907, p. 337 et 338), et constate que ces arrêtés modifient l'interprétation donnée antérieurement au § 3 de l'article 37 de la loi sur l'assistance publique.

Fonds commun. — Aliénés, aveugles et sourds-muets. — Droit de la députation permanente de vérifier l'indigence. — Recours contre l'aliéné non indigent et sa famille. — Droits du directeur de l'établissement. — Obligation de la commune qui a requis la collocation. — Etude

parue dans la *Revue de l'administration*, 1907, p. 5.

La jurisprudence du gouvernement en ce qui concerne le droit, pour la députation permanente, de vérifier l'indigence des aliénés colloqués et séquestrés, ainsi que des aveugles et sourds-muets soignés dans des établissements spéciaux, a varié.

Primitivement le gouvernement déniait à la députation permanente le droit de vérifier l'indigence des personnes secourues conformément à l'article 16 de la loi du 27 novembre 1891 et de refuser l'intervention du fonds commun, de la province et de l'Etat (voy. notamment l'arrêté royal du 11 mars 1893, *Journal*, 1892-1893, p. 30).

Revenant sur cette jurisprudence, le gouvernement a admis que la députation permanente peut refuser l'intervention du fonds commun, de la province et de l'Etat, ou réduire le taux de cette intervention, si la situation de fortune de l'intéressé ou de sa famille justifie cette mesure (voy. notamment l'arrêté royal du 31 mars 1904 et circulaire ministérielle du 27 novembre 1903, *Journal*, 1903-1904, p. 571 et 573).

La *Revue de l'administration* examine les conséquences de cette nouvelle jurisprudence, qu'elle admet, tout en la considérant comme discutable.

Elle constate qu'un recours pourra être exercé auprès du roi contre la décision qui refuse l'intervention du fonds commun dans tout ou partie des frais d'entretien d'un aliéné, soit par la commune du domicile de secours, soit par la commune qui est intervenue dans la collocation. Mais elle estime que le directeur de l'établissement où l'aliéné a été placé ne pourra pas se pourvoir contre l'arrêté de la députation permanente puisqu'il est sans intérêt, la commune qui a fait le placement étant responsable vis-à-vis de lui. Elle développe ce dernier point qui a été contesté et soutient que l'absence d'indigence étant constatée la commune ne peut plus invoquer la loi qui ne la libère de l'obligation de pourvoir à l'entretien des aliénés ainsi qu'à celui des aveugles et des sourds-muets placés dans des instituts spéciaux que lorsqu'ils sont indigents.

Indigents étrangers. — Rapatriement. — Distinctions. — Avis de la Revue communale, 1907, p. 347.

Une femme indigente, de nationalité italienne, accompagnée de trois enfants, doit être secourue par la commune où elle est établie et ces indigents ne peuvent pas être renvoyés à la frontière. Par contre le rapatriement de t rois enfants naturels d'origine étrangère, dont la mère est décédée peut être demandé. La *Revue communale* rappelle à cette occasion la législation et les usages en vigueur.

Voy. ALIÉNÉS. — CONSEIL COMMUNAL. — HOSPICES CIVILS. — VAGABONDAGE ET MENDI-CITÉ.

Associations de communes. — *Eaux potables. — Associations de communes et de particuliers pour l'établissement de services de distribution d'eau* (1). — Loi du 18 août 1907. (*Moniteur* du 5 septembre.)

ART. 1er. — Est soumise à l'avis de la députation permanente et à l'approbation du roi la délibération par laquelle une commune décide de s'associer avec une ou plusieurs communes ou provinces, ou avec des particuliers, aux fins d'établir, d'alimenter, d'exploiter ou d'étendre des services de distribution d'eau.

A la délibération sont joints les statuts de la société à constituer ou de la société dans laquelle la commune veut entrer.

ART. 2. — La société est constituée dans la forme des sociétés anonymes ou des sociétés coopératives et jouit, sans perdre son caractère civil, des avantages accordés par la loi aux sociétés commerciales.

Les communes associées ne peuvent jamais s'engager que divisément et jusqu'à concurrence d'une certaine valeur.

ART. 3. — Les statuts seront conformes aux prescriptions des lois sur les sociétés commerciales pour autant qu'il ne soit pas nécessaire d'y déroger à raison de la nature spéciale de la société.

Les dérogations doivent être expressément mentionnées dans les statuts.

ART. 4. — Les statuts des sociétés constituées après la mise en vigueur de la présente loi limiteront le dividende annuel à un chiffre maximum qui ne pourra dépasser 4 p. c. du montant des versements effectués.

ART. 5. — La société pourra être autorisée à poursuivre en son nom l'expropriation pour cause d'utilité publique.

Le gouverneur de la province dans laquelle la société a son siège est compétent pour passer les actes prévus par l'article 9 de la loi du 27 mai 1870.

ART. 6. — La société peut contracter des emprunts dans les mêmes conditions que les communes avec l'approbation du roi.

ART. 7. — Chaque année les comptes de la société seront soumis au roi dans la forme et les délais déterminés par les statuts.

ART. 8. — Le gouvernement a le droit de contrôler toutes les opérations de la société et, à cette fin, d'exiger d'elle tous états et renseignements.

Il peut s'opposer à l'exécution de toute me-

sure qu'il jugerait contraire soit à la loi, soit aux statuts, soit à l'intérêt général

ART. 9. — L'Etat peut, pendant la durée de la société, racheter, moyennant préavis d'un an, tout ou partie des propriétés et des installations affectées au service de distribution d'eau.

Les statuts de chaque société indiquent les conditions du rachat éventuel.

ART. 10. — Est soumise, le cas échéant, à l'approbation du roi la délibération prononçant la dissolution de la société.

ART. 11. — L'Etat peut, à l'expiration de la durée assignée à la société et à défaut de prorogation ou de constitution d'une société nouvelle, comme aussi en cas de dissolution anticipée, entrer, de plein droit et sans indemnité, en possession des propriétés et des installations affectées au service de distribution d'eau, à charge d'assurer le fonctionnement de ce service aux conditions et dans la forme que le gouvernement déterminera.

ART. 12. — Les dispositions de la présente loi sont applicables aux sociétés actuellement existantes qui auront obtenu l'approbation de leurs statuts par le roi.

Les effets de cette approbation comportent la reconnaissance de la légalité des dites sociétés au jour de leur établissement.

ART. 13. — Les sociétés régies par la présente loi sont assimilées aux communes pour l'application des lois sur les droits d'enregistrement, de timbre, de greffe et d'hypothèque.

Elles sont exemptes du droit de patente et de toute taxe provinciale ou communale analogue.

La *Revue de l'administration*, 1907, p. 429, publie une série d'extraits des travaux préparatoires de cette loi.

La *Revue communale*, 1907, p. 321, publie un commentaire législatif de cette loi.

Action collective des communes dans l'organisation d'entreprises et de services d'intérêt public. — Régies communales. — Discours prononcé le 2 juillet 1907 à l'ouverture de la session ordinaire du conseil provincial du Brabant par M. Beco, gouverneur de la province. (*Revue de l'administration*, 1907, p. 341.)

Principes. — Historique. — Caractère de la commune. — Absence de rapports entre les communes. — Tendances nouvelles en matière d'imposition ayant pour conséquence un désir de groupement. — Droit de former des sociétés civiles, mais interdiction, en principe, de former des associations avec subordination de chaque associé ou groupe. — Relevé des lois spéciales qui ont organisé des unions intercommunales. — Etude de la *Revue de l'administration*, 1908, p. 197.

Situation de la question. — Objets pour lesquels l'association entre communes ou avec les provinces est admise. — Nécessité de lois spéciales pour autoriser des associations de

---

(1) La *Revue catholique de droit* publie un commentaire de la loi du 18 août 1907 et expose à ce propos le principe des associations internationales (*Revue catholique de droit*, 1907, n° 9, p. 230).

communes *pour d'autres objets d'utilité publique.* — Étude de la *Revue communale,* 1907, p. 133.

Bourgmestre. — *Attributions.* — *Fosse à fumier.* — *Contamination des eaux.* — Avis de la *Revue de l'administration,* 1907, p. 279.

La *Revue de l'administration* répondant à une question qui lui avait été posée émet l'avis suivant : « Nous supposons que la fosse à fumier appartient à un particulier et se trouve sur un terrain qu'il a acquis à titre d'excédent de voirie.

Le bourgmestre n'a pas le droit d'ordonner que cette fosse soit déplacée ou comblée, uniquement parce qu'elle contamine les eaux d'un puits voisin. Le conseil communal pourrait seul prescrire des mesures d'ordre général sur le régime des fosses à fumier (voy., dans cet ordre d'idées, *Revue,* 1903, p. 292-294).

Si, à raison de la contamination prétendue, un différend a surgi entre deux propriétaires, il leur est loisible de le soumettre à la justice. En cette matière le bourgmestre n'a pas à assumer le rôle d'arbitre. »

Bureau de bienfaisance. — *Délégation à un échevin.* — *Délibération à laquelle le bourgmestre a un intérêt direct.* — Avis de la *Revue de l'administration,* 1907, p. 224.

Le bourgmestre auquel l'article 91 de la loi communale reconnaît le droit de présider les séances du bureau de bienfaisance a la faculté, en cas d'empêchement, de déléguer un échevin pour le remplacer, et cet échevin, qui n'est pas le mandataire du bourgmestre, peut prendre part à la délibération du bureau si le bourgmestre y est directement intéressé.

Délégation donnée à un échevin. — *Décès du bourgmestre.* — *Cessation de la délégation.* — Avis de la *Revue de l'administration,* 1907, p. 337.

La délégation donnée à un échevin pour remplir les fonctions d'officier de l'état civil cesse à la mort du bourgmestre.

Engagement pris par un conseiller communal de ne jamais accepter la place de bourgmestre. — *Nullité.* — Avis de la *Revue communale,* 1907, p. 115.

Une fonction publique n'est pas dans le commerce et ne peut donc pas faire l'objet d'un contrat. L'engagement pris par un conseiller de payer les frais de publication d'une lettre par laquelle il déclarait que jamais il n'accepte-

rait la place de bourgmestre est donc nul comme ayant une cause illicite.

Engagement verbal au nom de la commune. — Avis de la *Revue de l'administration,* 1908, p. 147.

Le bourgmestre n'a pas qualité pour prendre verbalement au nom de la commune un engagement obligatoire pour celle-ci. Il s'agissait dans l'espèce de l'engagement de remettre en état un chemin appartenant à un particulier chaque fois que les charrois nécessaires pour l'exploitation d'une coupe appartenant à une section de la commune auraient détérioré ce chemin.

Peine disciplinaire. — *Droits et devoirs du gouvernement.* — Étude parue dans la *Revue de l'administration,* 1907, p. 469.

La *Revue de l'administration* examine, dans une étude purement juridique et objective, à propos d'incidents qui avaient donné lieu à une polémique de presse, l'action disciplinaire du gouvernement à l'égard d'un bourgmestre.

Elle fait remarquer qu'une peine ne peut être appliquée qu'en vertu d'un texte formel; que les seules peines disciplinaires dont un bourgmestre puisse être frappé sont la suspension ou la révocation et que l'application de toute autre peine : blâme, censure, etc., serait illégale. Elle établit ensuite la différence qui existe entre un blâme et de simples observations que l'autorité supérieure est en droit d'adresser à un bourgmestre (voy. observations au sujet d'un cas analogue qui s'était produit dans une autre commune, *Revue de l'administration,* 1908, p. 128).

Président du bureau administratif d'une école moyenne. — *Présentation de candidats à la place de secrétaire-trésorier.* — *Candidature de son fils.* — Avis de la *Revue communale,* 1907, p. 92.

Aucune disposition légale n'interdisant à un membre du bureau administratif de prendre part à une délibération intéressant un parent ou allié et les dispositions relatives aux incompatibilités et aux interdictions étant de stricte interprétation, la présence du bourgmestre à une réunion au cours de laquelle le bureau est appelé à présenter pour la place de secrétaire-trésorier deux candidats, dont l'un est le fils du bourgmestre, n'est pas de nature à entraîner la nullité de la consultation.

Responsabilité. — Arrêté. — Illégalité. — Faute personnelle. — Preuve à la charge du plaignant. — Arrêt de la cour d'appel de Lyon du 16 novembre 1905.

L'illégalité d'un acte administratif n'implique pas nécessairement la responsabilité civile de son auteur, alors même que cet arrêté aurait été annulé par une décision du Conseil d'Etat. En conséquence, le particulier qui intente une action en dommages-intérêts contre un maire pour obtenir réparation du préjudice qu'il prétend lui avoir été causé par un arrêté illégalement pris doit rapporter la preuve d'une faute personnelle du maire, se détachant de l'exercice de ses fonctions. (*Revue de l'administration*, 1907, p. 93.)

Traitement. — Moment à partir duquel il est dû. — Avis de la Revue de l'administration, 1907, p. 274.

Un bourgmestre n'a droit au traitement qu'à compter de la prestation de serment.

Voy. BUREAU DE BIENFAISANCE. — CERTIFICATS DE MORALITÉ. — CIMETIÈRES. — COLLÈGE DES BOURGMESTRE ET ÉCHEVINS. — CONSEIL COMMUNAL. — ÉCHEVINS. — GARDES CHAMPÊTRES. — POLICE COMMUNALE. — REGISTRES DE POPULATION.

B

Bureau de bienfaisance. — *Membres. — Nomination. — Elu, parent d'un membre en fonctions. — Annulation.* — Arrêté royal du 22 juillet 1907. (*Moniteur* du 3 août.)

Un arrêté royal du 22 juillet 1907, contresigné par M. Renkin, ministre de la justice, annule une délibération par laquelle un conseil communal avait nommé un membre du bureau de bienfaisance de la commune.

Cette décision est basée sur ce que le candidat nommé est allié au second degré d'un membre en fonctions.

La *Revue catholique de droit* critique cette décision; elle fait valoir que l'article 84, 1º, de la loi communale, en renvoyant à l'article 51 de la même loi (remplacé par l'article 70 de la loi du 12 septembre 1895), crée une *incompatibilité* et non un cas d'*inéligibilité ;* que cette disposition ne peut avoir pour effet que d'empêcher que le nouvel élu soit installé si son parent continue à siéger, mais qu'elle ne justifie pas l'annulation de l'élection.(*Revue catholique de droit*, 1907, p. 140, nᵒˢ 5 et 6.)

Observations. — Il est à remarquer que l'article 70 de la loi du 12 septembre 1895 reçoit, en matière d'élections communales, une application conforme à la thèse soutenue par la *Revue catholique de droit*. Il s'agit, à proprement parler, non d'une *incompatibilité*, mais d'une *interdiction*. La jurisprudence administrative admet même que cette interdiction n'est pas absolue et que si la députation permanente ou le roi ont omis de constater qu'un élu est parent au degré prohibé d'un conseiller en fonctions et que cet élu a été admis, par erreur, au serment, les deux conseillers peuvent continuer à siéger ensemble (voy. notamment dépêche du 18 mars 1896, *Journal*, 1896-1897, p. 31).

Un même texte légal est donc interprété différemment par deux départements ministériels.

Le département de l'intérieur admet la validité de l'élection d'un conseiller communal qui tombe sous l'application de l'article 70 de la loi du 12 septembre 1895 et se borne à constater, dans chaque cas, qu'il ne pourra pas être installé si son parent ou allié fait partie du conseil au moment où il est appelé à entrer en fonctions. Le département de la justice, au contraire, considère comme nulle l'élection d'un membre d'un bureau de bienfaisance si, au moment de son élection, un de ses parents ou alliés au degré déterminé par le même article 70 siège dans ce bureau.

Aucun motif juridique ne semble justifier cette diversité d'interprétation qui ne s'explique que par une considération d'ordre purement pratique. Le conseiller communal ne peut prendre séance qu'après que ses pouvoirs ont été vérifiés par la députation permanente. Ce collège peut ainsi constater le fait qui s'oppose éventuellement à son entrée en fonctions et avertir l'autorité chargée de son installation. Le membre du bureau de bienfaisance, au contraire, peut entrer immédiatement en fonctions, sans autre formalité, et on pourrait craindre que l'interdiction qui l'atteint ne fût volontairement ou involontairement, méconnue. Aucune disposition légale ne permettrait en ce cas de le priver de son mandat.

La jurisprudence du département de la justice pourrait dans certains cas présenter des inconvénients. Il peut se faire qu'un membre du bureau de bienfaisance veuille céder la place à un de ses parents, mais n'entende se retirer que lorsque la nomination de ce parent est assurée, qu'elle est devenue définitive par suite de l'expiration des délais d'annulation. Il semble que, dans ce cas, si le conseil communal, en nommant le nouveau titulaire, stipulait qu'il ne pourra entrer en fonctions qu'à la condition que son parent ait cessé de siéger au moment de son installation, l'objection pratique rappelée plus haut perdrait sa valeur et que l'annulation de l'élection ne se justifierait plus en fait.

———

Adjudication des travaux.
— Circulaire adressée le 12 juin 1907 aux gouverneurs de province par M. Renkin, ministre de la justice.

Des doutes se sont élevés sur le point de savoir si le décret impérial du 10 brumaire an XIV relatif aux constructions et reconstructions d'établissements hospitaliers et, plus spécialement, si les prescriptions de son article 3 ont conservé leur force obligatoire. Ces prescriptions, a-t-on prétendu, auraient été remplacées par les dispositions générales qui règlent aujourd'hui les adjudications faites pour compte des établissements publics existant dans la commune et qui ont une administration spéciale.

J'ai l'honneur de vous faire connaître, Monsieur le gouverneur, que le décret précité est toujours en vigueur dans toutes ses dispositions; celles-ci n'ont été abrogées ni par la loi communale du 30 mars 1836 ni par l'article 2 de la loi du 30 juin 1865 modifiant la première. Il est de principe, en effet, qu'une disposition légale ne peut être abrogée que si une loi postérieure le stipule formellement ou consacre des dispositions incompatibles avec la loi ancienne.

La loi communale du 30 mars 1836 s'étant occupée exclusivement, dans son article 76, de certains actes de gestion des établissements publics de charité, il faut admettre qu'elle n'a pas voulu déroger à la législation existante en ce qui concerne les autres actes de gestion, puisqu'elle les a passés sous silence et que la disposition nouvelle n'est pas incompatible avec celles de la loi ancienne les concernant.

Que la loi communale, au surplus, n'ait pas voulu établir un système nouveau complet pour l'administration des biens appartenant aux établissements de bienfaisance, cela résulte à l'évidence des déclarations faites à la séance de la Chambre des représentants du 20 novembre 1834.

L'article 2 de la loi du 30 juin 1865, qui a modifié le texte de l'article 76 prérappelé, n'a pas davantage innové en cette matière; la disposition nouvelle s'est bornée à étendre à certains autres actes de gestion des administrations charitables les principes établis précédemment pour les legs et donations ainsi que pour les acquisitions d'immeubles et de droits immobiliers.

Les circulaires de M. le ministre de l'intérieur, en date des 7 juillet 1836 (*Bulletin administratif du département de l'intérieur*, année 1836-1837, p. 284) et 2 août 1865, ont clairement exposé ces principes.

Or, si ni la loi du 30 mars 1836 ni celle du 30 juin 1865 n'ont trait aux travaux de construction et de reconstruction d'établissements hospitaliers, ni aux adjudications de ces mêmes travaux, c'est que le législateur n'a pas entendu modifier les dispositions du décret de brumaire an XIV qui régissent cette matière.

L'autorité supérieure n'a d'ailleurs jamais considéré le décret précité comme abrogé, soit en tout, soit en partie : cela ressort des circulaires de mon département des 18 mars 1852, 17 novembre 1882 et 23 septembre 1892.

D'autre part, le décret ne saurait être considéré comme tombé en désuétude, attendu qu'il résulte des renseignements fournis à mon département que ses dispositions n'ont pas cessé d'être appliquées dans leur intégralité dans la plupart des provinces du royaume.

Il conviendra, Monsieur le gouverneur, au cas où les dispositions légales consacrées par le décret impérial du 10 brumaire an XIV ne seraient plus appliquées dans leur intégralité par les administrations charitables de votre province, de rappeler celles-ci à la stricte observation de ces dispositions.

———

Vérification de la caisse du receveur.
— Avis de la *Revue communale*, 1907, p. 79.

Aucune disposition légale n'impose aux établissements de bienfaisance l'obligation de transmettre tous les trimestres un procès-verbal de vérification de la caisse à l'administration communale.

Mais le collège des bourgmestre et échevins, en vertu de l'article 91 de la loi communale, a le droit d'organiser la vérification comme il l'entend.

Dans la pratique, la vérification fait défaut et il est désirable que cet abus prenne fin.

———

DÉCISION JUDICIAIRE.

Mandat de payement délivré sur la caisse du bureau de bienfaisance par le bourgmestre. — Irrégularité. — Bons de commande. — Conditions. — Responsabilité. — Compétence du pouvoir judiciaire.

Les mandats de payement délivrés sur la caisse du bureau de bienfaisance par un bourgmestre sont irréguliers, le bourgmestre ne faisant pas partie du personnel administratif, régulier et permanent du bureau de bienfaisance.

Les bons de commande délivrés par un membre du bureau de bienfaisance engagent le dit bureau, à moins que l'ordonnateur n'ait dépassé le droit lui conféré par la loi, auquel cas il engage sa responsabilité personnelle.

Le pouvoir judiciaire peut, sans violer le principe de la séparation des pouvoirs, rechercher, à l'aide de la comptabilité administrative, si un membre du bureau de bienfaisance a commis la faute civile de délivrer des bons sur un budget dont les crédits relativement aux secours à distribuer étaient épuisés. — Tribunal civil de Mons, 5 janvier 1907, *Pasic.*, 1907, III, 148.

Voy. BOURGMESTRE. — COLLECTES. — DONATIONS ET LEGS.

C

Caisse de chômage. — *Subsides.* —
Circulaire adressée le 15 juin 1907 aux administrations communales du Brabant par M. Beco, gouverneur de cette province. (*Mémorial administratif du Brabant*, 1907, I, 61.)

Le conseil provincial a mis à la disposition de la députation permanente un crédit de 2,000 francs destiné à subsidier les communes pour la constitution ou le soutien des caisses de chômage involontaire.

La députation a stipulé qu'à partir de 1908 les demandes de subsides devront, pour être recevables, parvenir avant le 1ᵉʳ mai de chaque année; pour 1907 les demandes seront reçues jusqu'au 1ᵉʳ août prochain.

Ces demandes devront être accompagnées d'un exemplaire : 1° des statuts et règlements particuliers; 2° d'un tableau de renseignements dressé conformément au modèle ci-dessous; 3° et du compte des recettes et des dépenses du dernier exercice écoulé des syndicats subsidiés par les communes.

La députation permanente a décidé de répartir le crédit d'après les bases suivantes :
1/5ᵉ proportionnellement au nombre des membres;
2/5ᵉˢ proportionnellement au montant des cotisations, et
2/5ᵉˢ proportionnellement aux sommes distribuées en secours pour chômage involontaire.

Les communes ne pourront bénéficier du subside qu'à la condition de ne secourir les chômeurs que pendant un nombre de jours ne dépassant pas soixante par an et à raison de 3 francs par jour au maximum; seront seules subsidiables les dépenses faites par les associations de chômage ouvrières et de voyageurs, agents et employés de commerce gagnant moins de 2,000 francs par an; ces associations doivent comprendre au moins quarante membres.

Les associations qui, à l'appui de leur demande, auraient produit de fausses déclarations seront écartées pour trois ans.

Veuillez, Messieurs, porter la présente circulaire à la connaissance des syndicats professionnels de votre commune.

CAISSE D'ASSURANCE CONTRE LE CHOMAGE DITE :

Nom, prénoms et adresse exacte du président .... *établie à* ....

Nos D'ORDRE.	NOMBRE total des membres faisant partie de la caisse de chômage.	DATE de la fondation de la caisse de chômage.	NOMS, PRÉNOMS ET PROFESSIONS des membres à qui une indemnité de chômage a été allouée pendant l'année 1906.	MONTANT du salaire journalier ou du traitement annuel du membre.	CAUSE du CHOMAGE.	MONTANT de la cotisation mensuelle perçue.	MONTANT de l'indemnité journalière allouée.	NOMBRE de jours pour lesquels l'indemnité a été accordée pendant l'année 1906.	COLONNE RÉSERVÉE A L'ADMINISTRATION PROVINCIALE.

Certifié sincère et véritable, le .... 1907.

Pour la Caisse de chômage,

Le Secrétaire,

Le Président,

Certificats de moralité. — *Délivrance par l'administration communale. — Coût du timbre à charge des intéressés non indigents. — Absence de rémunération en faveur du secrétaire communal.* — Avis de la *Revue communale*, 1907, p. 217.

Une personne non indigente à qui est délivré un certificat de moralité doit acquitter le prix du timbre, mais aucune rétribution ne peut être réclamée par le secrétaire.

Il ne peut être exigé de reçu du prix du timbre, celui-ci constatant la somme versée.

———

Délivrance. — Bourgmestre. — Secrétaire communal. — Avis de la *Revue de l'administration*, 1907, p. 94.

C'est au bourgmestre seul qu'il appartient d'apprécier la moralité de ses administrés et de délivrer des certificats de moralité.

Certificats de nationalité. — *Candidats aux emplois qui ressortissent du département des chemins de fer. — Droit de timbre et enregistrement. — Indigence.* — *Revue communale*, 1907, p. 139.

Sauf les cas d'indigence et à moins qu'ils ne soient délivrés directement par l'administration communale au département des chemins de fer dans un intérêt administratif (loi du 25 mars 1901, art. 64, n° 58), les certificats destinés à établir l'indigénat des candidats aux emplois qui ressortissent au département des chemins de fer sont soumis au droit de timbre de dimension et doivent être enregistrés dans les vingt jours de leur date.

Cimetières. — *Concession de sépulture. — Suppression du cimetière. — Droit des concessionnaires. — Frais de transfert. — Droit d'une personne déterminée à être inhumée dans un caveau concédé.* — Avis de la *Revue communale*, 1907, p. 59.

Une concession de sépulture est perpétuelle, sauf stipulation contraire. Il en résulte qu'en cas de suppression d'un cimetière un même espace de terrain doit être réservé au concessionnaire dans le nouveau cimetière. Les frais de transfert et de reconstruction d'un caveau sont à la charge du concessionnaire.

Les différends entre les membres d'une famille au sujet du droit d'être inhumé dans un terrain concédé sont de la compétence des tribunaux.

———

Nouveau cimetière. — Herbages. — Ensemencement par la commune. — Produit. —

Fabrique d'église. — Avis de la *Revue de l'administration*, 1907, p. 216.

C'est la commune et non la fabrique d'église qui a droit au produit d'une partie d'un cimetière (non entretenu par la fabrique) qui n'est pas encore livrée à l'inhumation et que la commune a ensemencée cinq ans auparavant.

———

Partie non bénite. — Division illégale. — Code pénal, art. 315.

L'article 315 du code pénal atteint dans la généralité de ses termes toute contravention au décret du 23 prairial an XII.

Les peines comminées par cet article doivent donc être appliquées au bourgmestre qui, dans une commune où le cimetière a été illégalement divisé en terrain bénit et non bénit, coopère directement à l'inhumation dans la partie non bénite du corps d'un suicidé. (Décret du 23 prairial an XII, art. 15; code pénal, art. 315. Arrêt cour de cassation, 18 novembre 1907, *Pasic.*, 1908, I, 40.)

La *Revue catholique de droit* (1907, p. 121) publie une étude sur la « question des cimetières » à propos de l'arrêt de la cour d'appel de Liége du 3 juillet 1907 dont l'arrêt ci-dessus prononce la cassation. Elle reproduit (1907, p. 261) le texte du mémoire à l'appui du pourvoi en cassation formé par le procureur général près la cour d'appel de Liége.

Collectes. — *Voie publique. — Droits de l'autorité communale.* — Avis de la *Revue de l'administration*, 1907, p. 273.

« Comme la collecte projetée (en vue de l'acquisition d'un drapeau de la libre-pensée) n'a pas pour objet la bienfaisance, elle ne tombe pas sous l'application de l'arrêté royal du 22 septembre 1823.

« Si elle a lieu à domicile, elle peut licitement se faire en dehors de toute autorisation.

« Si elle a lieu sur la voie publique, il se pourrait qu'un règlement communal exigeât une autorisation préalable du bourgmestre. En l'absence d'un règlement ayant cette portée, la collecte peut avoir lieu librement sur la voie publique, sauf au bourgmestre à l'interdire s'il estime qu'elle est de nature à susciter des désordres. »

———

DÉCISION JUDICIAIRE.

Collectes au profit des pauvres dans les églises. — Droits du bureau de bienfaisance et des fabriques d'église. — Législation.

Le droit de collecter dans les églises au profit des pauvres est reconnu et nettement consacré par des textes aussi bien pour les fabriques d'église que pour les bureaux de bienfaisance. L'arrêté du roi Guillaume du 22 septembre

1823 n'a rien innové en cette matière et n'a fait que s'en référer aux dispositions légales antérieures. — Trib. civil de Tournai, 19 mars 1907, *Pasic.*, 1907, III, 158.

Collège des bourgmestre et échevins. — *Attributions.* — *Conservation des registres de l'état civil.* — Arrêté royal du 10 septembre 1907. (*Moniteur* du 28 septembre.)

Un arrêté royal du 10 septembre 1907, contresigné par M. de Trooz, ministre de l'intérieur, annule une délibération par laquelle un conseil communal décide que dorénavant les registres de l'état civil seront conservés à la maison communale.

Cet arrêté est ainsi motivé :

Attendu que, en vertu de l'article 100 de la loi communale, le collège des bourgmestre et échevins est chargé de veiller à la garde des archives et notamment des registres de l'état civil et que c'est à ce collège qu'incombe la responsabilité de la conservation de ces documents;

Attendu, en conséquence, que le conseil communal de Neygem, en prenant la délibération susvisée, est sorti de ses attributions.

Attributions. — *Vote d'un blâme au bourgmestre.* — Arrêté royal du 8 mai 1907. (*Moniteur* des 13-14 mai.)

Un arrêté royal du 8 mai 1907, contresigné par M. de Trooz, ministre de l'intérieur, annule une délibération par laquelle un collège échevinal avait décidé de ne plus siéger en motivant cette résolution par des considérations qui constituent un blâme à l'adresse du bourgmestre.

Cet arrêté est ainsi motivé :

Attendu qu'il n'appartient pas au collège des bourgmestre et échevins de censurer le bourgmestre, l'action disciplinaire à l'égard de celui-ci étant réservée au roi seul par l'article 56 de la loi communale; qu'en prenant cette délibération le collège échevinal est sorti de ses attributions ...

Attributions. — *Tombola en faveur d'une école privée.* — Revue de l'administration, 1907, p. 46.

Répondant à une question posée, la *Revue de l'administration* rappelle qu'une circulaire ministérielle du 27 janvier 1886 décide qu'il dépend du collège échevinal d'accorder ou de refuser l'autorisation d'organiser une tombola dans l'intérêt d'une école privée alors que, antérieurement, la jurisprudence gouvernementale se prononçait en sens contraire. Elle émet l'avis que cette jurisprudence est discutable, mais qu'un collège échevinal peut la suivre puis-

qu'elle a été établie formellement; que le collège est libre d'accorder ou de refuser l'autorisation demandée, mais que s'il refuse l'autorisation sans motif sérieux sa décision pourrait être considérée comme contraire à l'intérêt général et annulée en vertu de l'article 87 de la loi communale.

Observations. — L'exactitude de cette dernière observation semble douteuse. En effet, si l'autorisation d'une tombola peut, dans certaines circonstances spéciales, être considérée comme blessant l'intérêt général, on conçoit difficilement un cas dans lequel un refus d'autorisation pourrait tomber sous l'application de l'article 87 de la loi communale, tel qu'il est interprété par la jurisprudence administrative.

Attributions. — *Nomination d'une commission des fêtes.* — *Compétence du conseil communal.* — Avis de la *Revue de l'administration*, 1907, p. 39.

La *Revue de l'administration* reproduit et analyse l'arrêté royal du 16 août 1906, inséré dans le *Journal*, 1906-1907, p. 345.

C'est à tort, semble-t-il, que la *Revue de l'administration* considère cet arrêté royal comme inaugurant une jurisprudence nouvelle qui aurait pour effet de réduire l'action du collège échevinal. Cet arrêté constate simplement que le conseil communal, en votant les crédits pour des fêtes, avait exprimé l'intention de nommer la commission chargée de l'organisation de celles-ci et que, dès lors, le collège ne pouvait user d'un droit appartenant au conseil et dont ce dernier s'était réservé l'exercice. Les précédents cités par la *Revue de l'administration* ont un autre caractère et visent des cas où un conseil communal était sorti de ses attributions en prenant des décisions qui, d'après la loi, étaient de la compétence du collège échevinal.

Actes administratifs. — *Légalité.* — *Appréciation du pouvoir judiciaire.* — Etude de la *Revue de l'administration*, 1908, p. 74.

La *Revue de l'administration* examine, à propos de l'arrêt de la cour de cassation du 15 juillet 1907, reproduit plus loin, la question de compétence qu'il soulève. Elle établit la différence qui existe entre le cas où le pouvoir judiciaire est appelé à décider si l'autorité administrative a bien jugé en fait dans une matière qui est de sa compétence (par exemple évacuation d'une maison menaçant ruine) et le cas où il s'agit d'un fait dont la constatation n'est pas de la compétence exclusive de l'autorité administrative et qui influe sur la légalité de ses résolutions (par exemple incorporation d'un terrain particulier dans la voirie). Dans le premier cas le principe de la séparation des pouvoirs entraîne l'incompétence de l'autorité judiciaire; dans le second, par contre, celle-ci est compétente pour apprécier la légalité de l'acte du pouvoir administratif. (Voyez Règlements communaux.)

Procès-verbaux. — Rédaction. — Incompétence du conseil communal. — Revue de l'administration, 1907, p. 180.

1º Le conseil communal ne peut exercer aucun contrôle sur les procès-verbaux des séances du collège des bourgmestre et échevins; 2º les règles édictées par l'article 67 de la loi communale pour la rédaction des procès-verbaux du conseil communal sont applicables aux procès-verbaux du collège.

Observations. — Il semble que la solution donnée sous le 2º pourrait difficilement être justifiée. Le mode de dresser le procès-verbal est un des points qu'il appartient au collège de fixer par le règlement d'ordre intérieur que l'article 89 de la loi communale lui donne le droit d'arrêter.

A défaut de règles écrites, le collège reste maître de déterminer ce point en observant l'article 112 de la loi.

DÉCISIONS JUDICIAIRES.

Actes administratifs. — Légalité. — Appréciation du pouvoir judiciaire.

Il appartient aux tribunaux de vérifier la légalité des arrêtés de l'autorité administrative dont on poursuit l'application et, notamment, de rechercher si un arrêté pris par l'autorité communale devait, pour être valable, être approuvé par la députation permanente. (Const., art. 107.) — Cassation, 15 juillet 1907, *Pasic.*, 1907, I, 334.

Décision. — Séparation des pouvoirs.

Le principe de la séparation des pouvoirs s'oppose à ce que les tribunaux connaissent des décisions prises par un collège échevinal, dans la sphère de ses attributions administratives. — Cour d'appel de Gand, 15 février 1907, *Pasic.*, 1907, II, 255.

Voy. ARCHIVES COMMUNALES. — COMPTABILITÉ COMMUNALE. — CONSEIL COMMUNAL. — CONSEILLER COMMUNAL. — POLICE COMMUNALE. — VOIRIE.

Commissaire de police. — *Bureau de l'état civil et de la population. — Droit d'y*

pénétrer. — Clef. — Avis de la *Revue de l'administration,* 1907, p. 419.

Le commissaire de police n'a pas le droit de détenir une clef du bureau de la population et de l'état civil et de s'introduire dans ces locaux en dehors des heures de bureau; il est tenu, en ce qui concerne l'usage de la clef, de se conformer aux ordres du bourgmestre et de l'officier de l'état civil.

Communes. — *Création de la commune de Bonsecours.* — Loi du 26 août 1907. (*Moniteur* du 7 septembre.)

ART. 1er. — Le hameau de Bonsecours est détaché des communes de Péruwelz et Blaton et érigé en commune distincte

Les limites de la nouvelle commune sont indiquées au plan annexé à la présente loi, par un liséré rouge.

ART. 2. — Le nombre des membres du conseil communal est fixé à neuf pour Bonsecours et reste maintenu à onze pour Péruwelz et pour Blaton.

Création de la commune de Lesterny. — Loi du 26 août 1907. (*Moniteur* du 7 septembre.)

ART. 1er. — La section de Lesterny est séparée de la commune de Forrières, province de Luxembourg, et érigée en commune. La limite séparative des deux communes est fixée telle qu'elle est indiquée au plan annexé à la présente loi par une ligne sinueuse et anguleuse marquée d'un liséré orange sous les lettres A, B, C, D, E, F, G, H, I, K, L, M, N, O, P, Q. R.

ART. 2. — Le nombre des membres du conseil communal est fixé à sept pour Lesterny et réduit de neuf à sept pour Forrières.

ART. 3. — La réduction de neuf à sept du nombre des membres du conseil communal de Forrières sera réalisée au fur et à mesure des vacances pour chaque série, par application du principe de l'article 5 de la loi du 31 décembre 1902 portant revision du tableau de classification des communes.

Délimitations. — Modifications des limites séparatives de la ville de Bruxelles et de la commune d'Ixelles. — Conventions conclues entre l'État et ces deux communes en vue de l'exécution de travaux publics. — Approbation. — Loi du 23 mars 1907. (*Moniteur* du 28 mars.)

ART. 1er. — Les parties de territoire de la commune d'Ixelles indiquées au plan annexé à la présente loi par une teinte jaune sont distraites de cette commune et rattachées au territoire de la ville de Bruxelles.

ART. 2. — Par dérogation à l'article 2 de la convention du 26 avril 1899 annexée à la loi du 23 août suivant, autorisant le gouvernement à unifier les concessions de tramways existant dans l'agglomération bruxelloise, et à l'article 4 de la loi du 6 septembre 1901 portant certaines dérogations à cette loi, le gouvernement est autorisé à maintenir, aux clauses et conditions du cahier des charges des 26 avril-10 août 1899, la ligne de tramway de Bruxelles-Ixelles à Boitsfort par les avenues du Solbosch, du Pesage, du Derby et de la Forêt.

Art. 3. — Toute partie de territoire qui, en vertu de la présente loi et suivant les indications du plan y annexé, passe de la commune d'Ixelles à la ville de Bruxelles est réunie au canton judiciaire auquel appartient la section de Bruxelles à laquelle elle est incorporée.

Les causes régulièrement introduites avant que la présente loi soit obligatoire seront continuées devant le juge de paix qui s'en trouve saisi.

Art. 4. — Sont approuvées :

1º La convention conclue entre l'Etat et la commune d'Ixelles le 8 mars 1907 en vue de l'aménagement du quartier de l'abbaye de la Cambre, ainsi que de son raccordement avec l'avenue Louise prolongée et le quartier de Boendael;

2º La convention conclue le 8 mars 1907 entre l'Etat et la ville de Bruxelles pour le prolongement de l'avenue Louise et le raccordement du rond-point de la Petite-Suisse avec cette avenue, à l'entrée du Bois de la Cambre.

Délimitations. — *Modification des limites séparatives des communes d'Ixelles et d'Etterbeek.* — Loi du 26 août 1907. (*Moniteur* du 7 septembre.)

Article unique. — Les limites séparatives entre les communes d'Ixelles et d'Etterbeek, province de Brabant, sont modifiées conformément au tracé figuré au plan annexé à la présente loi par un liséré rouge, sous les lettres *A, D, C.*

Eaux affectées par une commune aux besoins de ses habitants. — *Imprescriptibilité et inaliénabilité.* — Etude parue dans la *Revue de l'administration*, 1907, p. 232, et 1908, p. 71.

La *Revue de l'administration*, tout en approuvant le dispositif du jugement rendu le 5 juillet 1905 par le tribunal de Verviers (voy. *Journal*, 1906-1907, p. 346), critique les motifs invoqués et combat la doctrine selon laquelle les eaux d'une distribution communale sont inaliénables.

La même *Revue* reproduit l'arrêt de la cour d'appel de Liége du 27 février 1907 (voir plus bas) qui réforme le jugement du tribunal de Verviers du 5 juillet 1905, et constate que cet arrêt confirme la thèse qu'elle a soutenue.

Marché à but lucratif. — *Fourniture d'électricité à des non-habitants.* — *Interdiction.* — Arrêté de la députation permanente du Brabant du 22 avril 1906. — Avis de la *Revue de l'administration*, 1907, p. 76.

Un arrêté de la députation permanente du Brabant en date du 22 avril 1906 improuve une convention par laquelle la commune de Saint-Gilles s'engageait à fournir à la Société nationale des chemins de fer vicinaux le courant électrique nécessaire à l'alimentation des lignes pénétrant dans l'agglomération bruxelloise.

La députation permanente invoque le caractère essentiellement commercial du marché dont le but ne se concilie pas avec la mission sociale des pouvoirs publics; elle établit la différence qui existe entre le fait de produire du gaz ou de l'électricité pour l'éclairage public et d'en fournir accessoirement une partie à des particuliers abonnés et le fait de vendre à des clients autres que ses habitants de l'électricité fabriquée uniquement dans ce but. Elle constate en fait que la convention en cause pourrait exposer les finances de la commune à des aléas et à des risques. La *Revue de l'administration* analyse cette décision et elle émet l'avis que la députation va trop loin en posant en principe qu'une commune ne peut contracter un marché à but lucratif avec d'autres que ses habitants; qu'une interdiction de cette nature manque de base légale.

Travaux. — *Responsabilité.* — Avis de la *Revue communale*, 1907, p. 170.

Si la commune en procédant à la réfection des trottoirs détériore la façade de certaines maisons elle doit réparer le dommage. En cas de désaccord les tribunaux sont compétents pour déterminer les travaux à effectuer.

DÉCISIONS JUDICIAIRES.

Bourses de commerce. — *Admission au parquet et aux salles de liquidation.* — *Pouvoir de l'autorité communale.* — *Délégation.*

Il est au pouvoir de l'autorité communale d'établir dans les bourses de commerce un local réservé à la cote des valeurs de bourse, de réglementer les conditions d'admission dans ce local réservé ou de déléguer le pouvoir d'en autoriser l'accès à des personnes déterminées. — Cour d'appel de Bruxelles, 11 juillet 1907, *Pasic.*, 1907, II, 342.

Distribution d'eau. — *Concession.* — *Servitude d'aqueduc.* — *Indemnité.*

Les eaux affectées par une ville aux besoins de ses habitants font, avec leurs canaux d'amenée, partie du domaine public communal et se présentent, à ce titre, comme imprescriptibles et inaliénables, sans qu'il y ait lieu de distinguer, à cet égard, entre la section de la canalisation installée sur le territoire administratif d'une ville et la section établie sur le territoire de l'une ou l'autre des communes limitrophes.

La prise d'eau dite échantillon consentie par une ville n'ayant donc pu être accordée à titre de droit réel ou de servitude peut être supprimée dans l'intérêt public sans que les tribunaux puissent critiquer cette mesure.

Toutefois, si la convention conclue entre la ville et les particuliers entraîne pour ceux-ci une aggravation de la servitude d'aqueduc à laquelle ils se sont soumis, et qui a été exécutée de bonne foi pendant de nombreuses années, ils ont droit à l'équivalent des échantillons d'eau primitivement concédés ou à une indemnité correspondante.

La ville ne peut se dégager par le simple abandon du sol formant l'assiette de sa servitude d'aqueduc. — Cour d'appel de Liége, 27 février 1907, *Pasic.*, 1907, II, 223.

Pouvoir communal. — Attributions. — Etablissement ou suppression d'égouts. — Incompétence du pouvoir judiciaire. — Responsabilité civile. — Autorisation de bâtir. — Retard. — Responsabilité.

Les mesures qui intéressent la propreté et la salubrité d'une commune, telles que l'établissement ou la suppression des égouts publics, rentrent dans les attributions exclusives du pouvoir communal. Le tribunal ne pourrait donc, sans empiéter sur ces attributions, ordonner la démolition d'un égout construit par la commune dans le terrain d'un particulier, démolition demandée par l'acquéreur du dit terrain.

Mais il y a lieu de déclarer recevable l'action en dommages-intérêts pour atteinte portée à son droit de propriété par l'établissement de l'égout litigieux, qui serait de nature à engager la responsabilité de la commune.

Doit être écartée l'action en dommages-intérêts intentée à la commune à raison du retard que celle-ci aurait apporté dans la délivrance de son autorisation de bâtir, alors qu'il n'est pas établi qu'il provient d'une faute imputable à la commune. — Tribunal civil de Bruxelles, 30 avril 1907, *Pasic.*, 1907, III, 210.

Comptabilité communale. — *Cession de la quotité cessible d'un traitement dû par la commune. — Signification au receveur communal insuffisante. — Signification au collège des bourgmestre et échevins.* — Avis de la *Revue communale*, 1907, p. 173.

La cession doit, aux termes de l'article 1690 du code civil, être signifiée au débiteur. Le débiteur dans l'espèce est la commune; celle-ci n'est pas représentée par le receveur, mais uniquement par le collège des bourgmestre et échevins. Leur signification au receveur communal est donc sans valeur.

Sections distinctes. — Budgets et comptes séparés. — Revision de comptes. — Etude de la *Revue communale*, 1907, p. 41.

La commune, au point de vue financier et budgétaire, est une et indivisible. Cependant si des sections ont des droits propres on peut, outre le budget général, dresser un budget spécial pour ces sections.

Les comptes définitivement arrêtés ne peuvent pas être révisés. Il faut distinguer entre la revision, qui est interdite, et la rectification d'erreurs matérielles démontrées, qui est admise.

Voy. CONSEIL COMMUNAL.

Conseil communal. — *Attributions. — Blâme au bourgmestre. — Annulation.* — Arrêté royal du 8 mai 1907. (*Moniteur* du 12 mai.)

Un arrêté du 12 mai 1907, contresigné par M. de Trooz, ministre de l'intérieur, annule une délibération par laquelle un conseil communal avait voté un blâme au bourgmestre.

Cet arrêté est ainsi motivé :

Attendu qu'il n'appartient pas au conseil communal de censurer le bourgmestre, l'action disciplinaire à l'égard de celui-ci étant réservée au roi seul par l'article 56 de la loi communale; qu'en prenant cette délibération le conseil communal est donc sorti de ses attributions...

Attributions. — Protestations contre l'attitude de la gendarmerie. — Arrêté royal du 13 juillet 1907. (*Moniteur* du 25 juillet.)

Un arrêté royal du 13 juillet 1907, contresigné par M. de Trooz, ministre de l'intérieur, annule une délibération par laquelle un conseil communal s'était associé aux plaintes qui s'étaient produites dans la commune contre la brigade de gendarmerie de la localité au sujet de l'exercice de sa mission de police et des procès-verbaux qu'elle avait dressés.

Cet arrêté est ainsi motivé :

Attendu que la décision du conseil communal revêt le caractère d'une protestation contre l'attitude de la brigade de gendarmerie;

Attendu qu'en prenant pareille délibération le conseil communal est sorti de ses attributions; qu'il n'a, en effet, aucune qualité pour contrôler la façon dont la gendarmerie remplit sa mission...

Attributions. — Protestation contre un arrêté royal qui appelle la garde civique à l'activité.

— Arrêté royal du 10 juin 1907. (*Moniteur du* 10 juillet.)

Un arrêté royal du 10 juin 1907, contresigné par M. de Trooz, ministre de l'intérieur, annule une délibération par laquelle un conseil communal avait protesté contre un arrêté royal appelant à l'activité la garde civique de la commune.

Cet arrêté est ainsi motivé :

Attendu qu'en protestant contre une décision prise par nous en vertu de l'article 4, § 3, de la loi du 3 septembre 1897, le conseil communal est sorti de ses attributions et, en méconnaissant les règles de la hiérarchie administrative, a porté atteinte à l'intérêt général...

Attributions. — Remise d'amendes. — Arrêté royal du 20 juin 1907. (*Moniteur* du 22 juin.)

Un arrêté du 20 juin 1907, contresigné par M. Renkin, ministre de la justice, annule une délibération par laquelle un conseil communal avait accordé à diverses personnes la remise des amendes auxquelles elles avaient été condamnées pour contravention au règlement des taxes sur les divertissements publics.

Cet arrêté est ainsi motivé :

Attendu que le droit d'accorder remise des peines infligées par les tribunaux nous appartient exclusivement en vertu de l'article 73 de la Constitution;

Attendu que, si les conseils communaux peuvent, en vertu des articles 16 de la loi du 19 avril 1819 et 77, 3°, de la loi communale, transiger au sujet des contraventions en matière de taxes communales avant la condamnation, ce droit n'existe plus après que le tribunal saisi de la poursuite a prononcé la condamnation;

Attendu en conséquence que le conseil communal de L... est sorti de ses attributions ...

Dépenses votées. — Approbation de la députation permanente. — Recours au roi. — Non-recevabilité. — Dépêche adressée le 10 février 1908 à un gouverneur de province par M. Descamps, ministre des sciences, etc. (*Bulletin du ministère des sciences, etc.*, 1908, II, 13.)

Par résolution en date du 1er décembre dernier, le conseil communal de H... a porté de 2.000 à 2,300 francs, à partir du 1er novembre 1907, le traitement de l'instituteur primaire.

La députation permanente a donné son approbation à cette résolution, en tant qu'elle vise l'allocation d'un crédit spécial pour couvrir, en la dite année, la dépense résultant de l'augmentation de traitement dont il est question.

Sous la date du 26 janvier dernier, la majorité du conseil issue des dernières élections communales a décidé, par cinq voix contre deux, de solliciter l'annulation de la délibération en date du 1er décembre dernier, allouant l'augmentation de traitement, et de la résolution de la députation permanente approuvant la dépense résultant de cette augmentation.

Je vous prie de faire remarquer au conseil communal intéressé qu'aux termes de l'article 77 de la loi communale, ce n'est qu'en cas de refus de la députation permanente d'approuver des dépenses votées par le conseil communal que celui-ci peut prendre son recours à l'autorité supérieure.

Or, comme en l'occurrence la députation a donné son approbation au crédit voté, il n'y a pas lieu en l'espèce à recours du conseil communal.

La majoration de traitement reste acquise à l'instituteur à partir du 1er novembre 1907, par application du paragraphe final de l'article 13 de la loi scolaire.

Veuillez, je vous prie, Monsieur le gouverneur, en renvoyant les budgets ci-annexés à l'administration communale intéressée, lui faire part de ce qui précède.

Délibérations. — Garde champêtre. — Suspension. — Huis clos. — Intéressé non entendu. — Arrêté royal du 29 avril 1908. (*Moniteur* du 2 mai.)

Un arrêté royal du 29 avril 1908 contresigné par M. Schollaert, ministre de l'intérieur, annule une délibération par laquelle un conseil communal avait suspendu de ses fonctions le garde champêtre pour un mois.

Cet arrêté est ainsi motivé :

Attendu que cette délibération ne mentionne pas que la décision a été prise au scrutin secret, conformément aux prescriptions de l'article 66 de la loi communal;

Attendu, en outre, que le garde champêtre prénommé n'a pas été entendu dans ses explications, ainsi que le prescrit l'article 8 de la loi du 30 juillet 1903;

Vu les articles 86 et 87 de la loi communale ...

Délibérations. — Peine disciplinaire. — Absence de scrutin secret et de huis clos. — Intéressé non entendu. — Annulation. — Arrêté royal du 26 avril 1907. (*Moniteur* du 2 mai.)

Un arrêté royal du 26 avril 1907, contresigné par M. de Trooz, ministre de l'intérieur, annule une délibération par laquelle un conseil communal avait suspendu de ses fonctions, pour un terme d'un mois, un cantonnier-garde champêtre.

Cet arrêté est ainsi motivé :

Attendu qu'il est établi que la décision du conseil communal a été prise en séance publique et que le vote a eu lieu à haute voix;

Attendu, dès lors, que les formes prescrites par les articles 66 et 71 de la loi communale n'ont pas été observées;

Attendu, en outre, que, contrairement à l'article 8 de la loi du 30 juillet 1903, la mesure disciplinaire dont il s'agit a été prise sans que l'intéressé eût été entendu en ses explications;

Vu les articles 86 et 87 de la loi communale...

Nomination. — Absence d'inscription à l'ordre du jour. — Participation d'un conseiller parent de la titulaire nommée. — Annulation. — Arrêté royal du 6 février 1907.

Un arrêté royal du 6 février 1907, contresigné par M. de Trooz, ministre de l'intérieur, etc., annule une délibération par laquelle un conseil communal avait nommé une institutrice primaire.

Cet arrêté est ainsi motivé :

Attendu qu'il résulte des renseignements fournis que la nomination d'une titulaire à l'emploi dont il s'agit ne figurait pas à l'ordre du jour de la séance du 26 novembre 1906 et que l'urgence pour cet objet n'a pas été déclarée, conformément à l'article 63 de la loi communale;

Qu'en outre le sieur D..., père de l'institutrice nommée, a pris part au vote;

Attendu que, dans ces conditions, la délibération précitée est entachée d'illégalité et susceptible d'être annulée.

Nomination. — Majorité non acquise. — Ballottage après le premier tour. — Arrêté royal du 12 avril 1907. (Moniteur du 12 mai.)

Un arrêté royal du 12 avril 1907, contresigné par M. de Trooz, ministre de l'intérieur, etc., annule une délibération d'un conseil communal en se fondant sur les considérants suivants :

Attendu que le premier tour de scrutin, auquel prirent part les six conseillers communaux présents, attribua une voix à chacune des six postulantes ci-après :

Mlles Deblauwe, J., née en 1880;
    Dubois, B., née en 1884;
    Pagnart, A., née en 1885;
    Roland, C., née en 1886;
    Duysberg, A., née en 1886;
    Courteaux, M., née en 1887;

Attendu que le conseil communal procéda ensuite successivement à un deuxième et à un troisième scrutin général, qui donnèrent l'un et l'autre le même résultat que le premier; qu'un quatrième scrutin ayant donné à Mlle Deblauwe 1 voix, à Mlle Dubois 1 voix et à Mlle Pagnart 3 voix, il fut procédé finalement à un scrutin de ballottage entre Mlles Deblauwe et Pagnart, à la suite duquel les deux postulantes ayant obtenu 3 voix chacune, Mlle Deblauwe fut proclamée élue, par bénéfice d'âge;

Attendu que la procédure suivie en l'occurrence est contraire à l'article 66 de la loi communale, disposant comme suit :

« En cas de nomination ou de présentation de candidats, si la majorité requise n'est pas obtenue au premier tour de scrutin, il est procédé à un scrutin de ballottage entre les candidats qui ont obtenu le plus grand nombre de voix ... »

« En cas de parité de voix, le plus âgé des candidats est préféré. »

Qu'en effet cette dernière disposition s'applique aussi bien à la désignation des candidats à ballotter qu'au résultat du ballottage même;

Attendu, par conséquent, que le conseil communal aurait dû, à la suite du premier scrutin, procéder immédiatement à un scrutin de ballottage entre les deux postulantes les plus âgées, ayant obtenu 1 voix;

Vu les articles 86 et 87 de la loi communale...

Nomination.—Nombre des membres présents. — Arrêté royal du 31 décembre 1907, contresigné par M. Davignon, ministre des affaires étrangères, pour M. Descamps, ministre des sciences, etc., absent. (Moniteur du 16 janvier 1908.)

Vu la délibération, en date du 9 novembre dernier, par laquelle le conseil communal de Wanghe a nommé la demoiselle Creten (Emma), en qualité de maîtresse d'ouvroir à l'école primaire, par trois suffrages sur trois votants, trois membres s'étant retirés avant l'élection et un autre n'ayant pas pu prendre part à celle-ci à cause de sa parenté avec la titulaire nommée;

Vu l'arrêté, du 19 du dit mois, de M. le gouverneur de la province de Liége suspendant l'exécution de la délibération susvisée pour la raison que celle-ci est entachée d'illégalité, la majorité des membres du conseil en fonctions n'ayant pas été présents à la dite délibération (loi communale, art. 64);

Vu l'arrêté de la députation permanente du conseil provincial du 20 du mois précité maintenant la suspension prononcée;

Attendu que, pour les motifs allégués par M. le gouverneur, la délibération susvisée du conseil communal de Wanghe n'a pas été prise conformément à l'article 64 de la loi communale et que, dès lors, elle est sujette à annulation;

Attendu que le dit conseil a reçu, en sa séance du 28 novembre dernier, notification des arrêtés susmentionnés;

Vu les articles 64, 86 et 87 de la loi communale;

Sur la proposition de notre ministre des sciences et des arts,

Nous avons arrêté et arrêtons :

La délibération du 9 novembre 1907 du conseil communal de Wanghe, relative à la nomination de la demoiselle Creten en qualité de maîtresse d'ouvroir à l'école primaire, est annulée.

Mention de cette annulation sera faite au registre des délibérations du conseil, en marge de l'acte annulé.

Attributions. — Commission spéciale chargée de procéder à la vérification permanente de la

comptabilité communale. — Empiétements sur les attributions du collège des bourgmestre et échevins. — Avis de la *Revue communale,* 1907, p. 106.

Un conseil communal ne peut charger une commission spéciale nommée dans son sein de vérifier d'une manière permanente la comptabilité de la commune, la surveillance de la comptabilité communale étant de la compétence du collège des bourgmestre et échevins. Les pièces comptables de l'exercice en cours doivent rester entre les mains du receveur; la commission ne pouvait donc pas fonctionner efficacement.

Attributions. — Erection d'un hameau en commune distincte. — Avis de la *Revue de l'administration,* 1907, p. 181.

Le conseil communal n'est pas nécessairement appelé à se prononcer au sujet d'une pétition d'habitants d'une section de la commune tendant à l'érection de cette section en commune distincte.

Attributions. — Vote d'un crédit en faveur de grévistes. — Indigents. — Bureau de bienfaisance. — Avis de la *Revue de l'administration,* 1907, p. 288.

La délibération par laquelle un conseil communal voterait un crédit au profit de grévistes, afin de fournir un concours (même indirect) aux revendications que la grève essaie de faire triompher, pourrait être annulée comme contraire à l'intérêt général. Il est probable qu'elle serait considérée comme illégale par le gouvernement.

Si l'allocation demandée a pour objet de porter secours aux grévistes et à leurs familles réduits à l'indigence, la question est de la compétence du bureau de bienfaisance.

Convocation. — Demande émanant d'un tiers des membres. — Objet sortant des attributions du conseil. — Etude de la *Revue communale,* 1907, p. 7.

La *Revue communale* examine la question de savoir si le collège des bourgmestre et échevins est obligé de déférer à une demande de convocation du conseil communal, émanant du tiers des membres de cette assemblée, lorsque l'objet à porter à l'ordre du jour sort manifestement des attributions du conseil. La *Revue* constate que la jurisprudence actuelle et la doctrine sont d'accord pour admettre que le conseil communal ne doit être convoqué que

pour les objets qui rentrent dans ses attributions légales.

Délibération. — Droits acquis à des tiers. — Interdiction de revenir sur la décision. — Avis de la *Revue communale,* 1907, p. 37.

Lorsque le conseil communal s'est engagé, sous réserve de l'approbation de l'autorité supérieure, de vendre un immeuble communal à un particulier, il ne peut pas revenir sur sa décision si sa première délibération est approuvée.

Délibération. — Question de personnes. — Huis clos. — Conseiller beau-frère de l'intéressé. — Obligation de se retirer. — Mesures en cas de refus. — Avis de la *Revue de l'administration,* 1907, p. 37.

Lorsqu'un conseil communal est appelé à examiner une question de personnes à laquelle est intéressé le beau-frère d'un conseiller communal, ce dernier, la délibération devant avoir lieu à huis clos, est obligé de se retirer. S'il refuse, le président peut lever la séance, mais il ne semble pas qu'il y ait lieu d'user de contrainte physique.

Observations. — On peut ajouter que l'obligation pour le conseiller de se retirer résulte des termes mêmes de l'article 68 de la loi communale qui porte : Il est interdit ... *d'être présent* ...

Dépenses facultatives. — Subside à des sociétés de secours mutuels. — Avis de la *Revue communale,* 1907, p. 204.

Les communes peuvent subsidier des sociétés de secours mutuels reconnues. Il y a là pour elles une simple faculté; elles peuvent donc accorder un subside à une société mutualiste et le refuser à une autre société, même si cette dernière se trouvait dans les mêmes conditions que l'autre. Toutefois, comme il s'agit d'une dépense facultative, la députation pourrait rejeter le crédit prévu en faveur d'une société, mais elle ne pourrait obliger directement la commune à en accorder un à une autre société.

Jetons de présence. — Mode d'attribution — Avis de la *Revue communale,* 1907, p. 15.

On peut considérer comme légale et équitable une décision d'un conseil communal fixant pour l'année entière une somme globale à répartir, à titre de jetons de présence, entre les conseillers à raison du nombre des séances auxquelles chacun d'eux a pris part.

Ordre du jour. — Ajournement jusqu'après les élections communales d'une proposition due à l'initiative d'un conseiller. — Avis de la *Revue communale*, 1907, p. 300.

Le conseil communal a le droit d' « ajourner jusqu'après les élections communales » une proposition émanant de l'un de ses membres ayant trait à un objet d'intérêt exclusivement local.

Le collège, en vertu de l'article 90, 2°, de la loi communale, doit se conformer à cette décision.

Toutefois, l'article 63 de la loi communale donne à l'auteur de la proposition le droit de la reproduire à toutes les séances.

Ordre du jour. — Interpellation adressée au collège au sujet de la confection des listes électorales. — Envoi d'un questionnaire aux citoyens âgés de 25 ans. — Compétence du conseil. — Avis de la *Revue communale*, 1907, p. 70.

Le collège des bourgmestre et échevins étant chargé directement par la loi de la mission de reviser les listes électorales et n'agissant pas, dans ce domaine, en exécution des résolutions du conseil communal échappe à la censure de cette assemblée et ne doit pas porter à l'ordre du jour une demande d'interpellation au sujet de la confection des listes.

Pour le même motif il ne doit pas accepter la discussion sur une proposition tendant à faire envoyer un questionnaire à tous les habitants âgés de 25 ans au moins, âge de l'électorat pour la Chambre.

Le collège peut, au surplus, s'il le désire, accepter l'examen de ces objets.

Si une discussion avait lieu au conseil au sujet des énonciations des listes, le président devrait prononcer le huis clos dès que les noms des électeurs seraient mêlés à la discussion, attendu qu'il s'agirait alors de question de personnes.

Voy. BOURGMESTRE. — COLLÈGE DES BOURGMESTRE ET ÉCHEVINS.

Conseiller communal. — *Droit de consulter le registre des procès-verbaux du collège échevinal.* — Réponse faite par M. Schollaert, ministre de l'intérieur, à une question posée par M. Pepin. (Séance du 7 avril 1908.)

« La faculté reconnue aux conseillers communaux par l'article 69 de la loi communale comporte le droit de demander communication des registres des délibérations du collège des bourgmestre et échevins, sauf la restriction prévue par la circulaire du 14 septembre 1863, citée par l'honorable membre. »(Correspondance échangée entre le bourgmestre, en tant que chargé du service de la police, avec l'autorité supérieure ou avec les particuliers.)

Incompatibilité. — Etat d'indigence. — Réponse faite par M. Renkin, ministre de la justice, à une question posée par M. Giroul. (Séance du 20 novembre 1907.)

« Aucune disposition légale ne s'oppose à ce qu'un membre du bureau de bienfaisance ou un conseiller communal soit secouru par le bureau de bienfaisance de la localité ni n'établit d'incompatibilité entre l'état d'indigence et l'exercice des fonctions de membre du bureau de bienfaisance ou de conseiller communal. »

Droit de prendre inspection des pièces. — Rôle provisoire d'une taxe. — Avis de la *Revue de l'administration*, 1908, p. 166.

L'article 69 de la loi communale ne donne pas aux conseillers communaux le droit de prendre connaissance d'un projet de rôle d'une taxe dite « cotisation personnelle », qui a été arrêtée par la commission d'avis, mais qui n'a pas encore été approuvée par le conseil communal.

Impossibilité de se rendre à la séance d'installation. — Candidature à un mandat d'échevin. — Avis de la *Revue de l'administration*, 1908, p. 193.

Le seul moyen de permettre la nomination en qualité d'échevin d'un conseiller communal, empêché par suite d'un accident de se rendre à la séance d'installation du conseil, consiste à nommer un autre conseiller qui donnerait sa démission aussitôt que son collègue serait en état d'être installé comme conseiller.

Interdictions. — Traitement ou subside de la commune. — Instituteur pensionné. — Avis de la *Revue de l'administration*, 1907, p. 99.

Un instituteur pensionné par l'Etat peut faire partie du conseil communal et être nommé bourgmestre ou échevin, l'article 68, 6°, de la loi du 12 septembre 1895 ne visant que les personnes qui reçoivent directement de la commune un traitement ou un subside.

DÉCISION JUDICIAIRE.

Location d'un terrain appartenant à la commune. — Code pénal, article 245. — Nullité du bail.

Le bail d'un terrain appartenant à une commune, indirectement consenti à un conseiller communal, étant nul comme contraire à l'article 245 du code pénal, n'a pu régulièrement faire sortir ce terrain du domaine public de la commune.

En conséquence, ne tombe pas sous l'application de l'article 88, 3°, du code rural, le fait, par un particulier, d'avoir laissé à l'abandon, sur le dit terrain, des volailles lui appartenant. — Tribunal correctionnel de Tournai, 15 septembre 1906, *Pasic.*, 1907, III, 113.

Conseil de prud'hommes. — *Réunion de communes pour le vote.* — Arrêté royal du 30 janvier 1908, contresigné par M. Hubert, ministre de l'industrie, etc. (*Moniteur* du 5 février.)

Vu l'article 3 de la loi du 20 novembre 1896, modifiant certaines dispositions de la loi du 31 juillet 1889 organique des conseils de prud'hommes, ainsi conçu :

« Le vote a lieu à la commune. Toutefois, les communes qui comptent moins de trente électeurs pourront être réunies pour former une section de vote à une ou plusieurs communes contiguës. Le groupement de ces communes est opéré par arrêté royal, la députation permanente entendue. L'arrêté indique la commune où il est procédé au vote. »

Considérant qu'il y a lieu d'opérer ce groupement en ce qui concerne l'assemblée des électeurs chefs d'industrie pour les élections aux conseils de prud'hommes de Seraing et de Namur;

Vu les avis émis par les députations permanentes des provinces de Liége et de Namur;

Revu notre arrêté du 6 février 1899;

Sur la proposition de notre ministre de l'industrie et du travail,

Nous avons arrêté et arrêtons :

Les électeurs chefs d'industrie des communes indiquées dans la deuxième colonne du tableau annexé au présent arrêté voteront, pour les élections aux conseils de prud'hommes de Seraing et de Namur, dans les communes indiquées en regard dans la troisième colonne de ce tableau.

NUMÉROS d'ordre.	COMMUNES dont les électeurs se rendront dans une commune voisine pour le vote.	COMMUNES où voteront les électeurs des communes indiquées dans la colonne 2.
1.	2.	3.

PROVINCE DE LIÉGE.

CONSEIL DE PRUD'HOMMES DE SERAING.

Assemblée des électeurs chefs d'industrie.

	Boncelles Plainevaux. Ramet. Tilff.	} Seraing.

PROVINCE DE NAMUR.

CONSEIL DE PRUD'HOMMES DE NAMUR.

Assemblée des électeurs chefs d'industrie.

1	Booge Marche-les-Dames	} Beez.
2	Saint-Servais Vedrin	} Saint-Marc.
3	Moustier Spy	} Rhisnes.

Cultes. — *Chapelle.* — *Erection.* — *Obligations de la commune.* — Avis de la *Revue de l'administration*, 1907, p. 112.

Une chapelle ne peut être établie par arrêté royal que moyennant le consentement du conseil communal; mais, une fois établie, les obligations de la commune envers elle sont semblables à celles qui lui incombent vis-à-vis d'une église paroissiale ou d'une succursale.

Des églises, des chapelles et des annexes, mode et conditions d'érection. — *Caractère.* — *Intérêts temporels.* — *Traitements et émoluments des desservants.* —Voy. *Revue catholique de droit*, année 1907, p. 77.

Maison curiale. — *Donation à la fabrique.* — *Insuffisance de l'immeuble.* — *Obligation de la commune envers le curé.* — Avis de la *Revue de l'administration*, 1907, p. 230.

« La commune n'est pas tenue de fournir un presbytère au curé si la fabrique d'église est en mesure de lui procurer, grâce à une donation qu'elle a reçue, un logement convenable (trib. Bruxelles, 17 juillet 1903, *Recue*, 1903, 517). Si la fondation faite à la fabrique ne permet pas à celle-ci (ou ne lui permet plus) de loger convenablement le curé, celui-ci peut demander à la commune de remplir ses obligations légales. Toutefois il ne serait pas admissible que la fabrique s'enrichît aux dépens de la commune.

Il est donc naturel qu'elle lui bonifie annuellement une somme correspondant au revenu normal du bien, objet de la fondation. Sans doute la fabrique ne peut, de son autorité, enlever au bien donné la destination de maison curiale.

Mais si, en fait, cette maison a cessé d'être une cure, parce qu'elle n'était pas susceptible de recevoir cette affectation, on ne saurait soutenir qu'elle doive rester sans emploi et demeurer une valeur stérile. En toute hypothèse, le gouvernement pourrait autoriser la désaffectation de la maison curiale. »

DÉCISION JUDICIAIRE.

Logement du ministre. — *Obligation de la commune.* — *Exceptions.*

Les communes sont légalement tenues de fournir le logement au curé ou desservant, ou, à défaut de logement, une indemnité. Cette obligation est principale et absolue.

La commune n'en est que sublevée que si la fabrique possède un presbytère obligatoirement affecté au logement du curé ou desservant, soit en exécution du décret du 30 mars 1806, soit en vertu d'une fondation. — Cour d'appel de Bruxelles, 8 juin 1907, *Pasic.*, 1907, II, 235.

Voy. ASSISTANCE PUBLIQUE.

D

Départements ministériels. — *Création du ministère des sciences et des arts.* — Arrêté royal du 2 mai 1907, contresigné par M. de Trooz, ministre de l'intérieur, etc. (*Moniteur du 4 mai.*)

Art. 1er. — Il est créé un ministère des sciences et des arts.

Les attributions relatives à l'enseignement primaire, à l'enseignement moyen, à l'enseignement supérieur, aux sciences et aux lettres sont distraites du département de l'intérieur et de l'instruction publique, qui prendra la dénomination de ministère de l'intérieur, et sont transférées au ministère créé par le paragraphe précédent.

Les attributions relatives aux beaux-arts sont distraites du département de l'agriculture et transférées au nouveau ministère.

Art. 2. — Il est créé un ministère des travaux publics.

Les attributions de l'administration des ponts et chaussées sont distraites du département des finances et des travaux publics, qui prendra la dénomination de ministère des finances, et sont transférées au ministère créé par le paragraphe précédent.

Distribution d'eau potable. — *Subsides de l'État.* — *Conditions.* — Circulaire adressée le 15 juin 1907 aux administrations communales du Brabant, par M. Beco, gouverneur de cette province. (*Mémorial administratif du Brabant*, 1907, I, 65.)

M. le ministre de l'agriculture vient de m'adresser l'extrait suivant d'une dépêche qu'il a envoyée à un de mes collègues, à l'occasion de l'examen d'un projet de distribution d'eau : ...

L'administration communale a demandé au délégué de mon département qui a examiné le projet sur place si l'établissement de bornes-fontaines publiques était une condition *sine qua non* de l'octroi des subsides de l'État. Cette question doit être résolue négativement : je n'écarte *a priori* aucune solution, pourvu qu'elle permette aux habitants de l'agglomération desservie de se procurer gratuitement l'eau nécessaire à leurs besoins. Ainsi je n'aurais pas d'objection à présenter si une commune, au lieu de satisfaire à cette condition par le placement de bornes-fontaines publiques, raccordait à ses frais, à la canalisation, toutes les maisons de la localité, y plaçait des compteurs, assurait à chaque ménage l'usage gratuit d'un certain volume d'eau suffisant pour satisfaire aux règles strictes de l'hygiène, et faisait payer toute consommation excédant ce volume à tel tarif qui lui conviendrait, se procurant ainsi tout ou partie des ressources nécessaires pour l'établissement et le fonctionnement de la distribution d'eau.

J'approuverais volontiers une pareille organisation du service, sous la réserve habituelle que l'exploitation ne pourrait, en aucun cas, constituer la caisse communale en bénéfice ...

Voy. Association de communes. — Communes.

Donations et legs. — *Legs en vue de l'érection d'un hospice pour vieillards.* — *Compétence de l'administration des hospices civils.* — *Incompétence du bureau de bienfaisance.* — Arrêté royal du 26 septembre 1907. (*Moniteur du 23 octobre.*)

Un arrêté royal du 26 septembre 1907, contresigné par M. Renkin, ministre de la justice, autorise une administration des hospices civils à accepter, au lieu et place d'un bureau de bienfaisance institué, un legs fait dans les termes suivants :

... 3o Je lègue au bureau de bienfaisance de Rochefort, pour l'affecter, au plus tard à l'expiration de la charge ci-après, à l'érection d'un hospice pour vieillards des deux sexes, ou, s'il en existe un, à son amélioration ou à l'augmentation de ses revenus, une somme de 12,000 fr., à charge de servir sa vie durant, à partir de mon décès, à ..., une rente mensuelle anticipative de 30 francs.

Cet arrêté est ainsi motivé :

Considérant qu'en vertu de la législation sur la matière et notamment de la loi du 16 messidor an VII, les commissions administratives des hospices civils ont seules compétence pour gérer les établissements hospitaliers et recevoir les libéralités destinées à des établissements de ce genre; que la commission administrative des hospices civils de Rochefort a donc qualité, à l'exclusion du bureau de bienfaisance, pour accepter le legs précité fait en vue de l'érection ou de l'entretien d'un hospice de vieillards ...

Bureau de bienfaisance. — *Legs.* — *Charge de faire célébrer un certain nombre de messes.* — *Choix du prêtre.* — Avis de la *Revue communale*, 1907, p. 214.

Un bureau de bienfaisance, institué légataire à charge de faire dire un certain nombre de messes sans que la paroisse où ces messes doivent être dites ait été indiquée, a la faculté de choisir le desservant qu'il veut. Il s'agit d'une simple charge d'hérédité et non d'une fondation ou d'une libéralité à l'égard de telle ou telle fabrique d'église.

Fondations antérieures à la Révolution française.

L'arrêté royal du 11 septembre 1906 annulant une délibération par laquelle la commission des hospices civils de Tournai avait décidé de désaffecter une fondation établie en 1251 a donné lieu à une interpellation discutée dans la séance de la Chambre des représentants du 19 février 1907.

L'arrêté royal du 11 septembre 1906 est reproduit au *Journal* de 1906-1907, p. 361.

La *Revue catholique de droit* consacre à cette question un article où se trouve exposée la thèse soutenue par M. Van den Heuvel, ministre de la justice, en réponse à l'interpellation. (*Revue catholique de droit*, 1907, p. 325, n° 12.)

La *Revue de l'administration* fait également une étude de la question; elle expose les rétroactes de l'affaire et reproduit les principaux passages du discours de M. Van den Heuvel, ministre de la justice.

L'auteur de l'article admet que les fondations antérieures à la révolution française subsistent et que leur régime ne peut être modifié sans l'intervention du gouvernement, mais tout en approuvant le maintien d'une fondation faite en faveur d'anciens prêtres sans ressources, il fait remarquer que cette mesure n'est pas en harmonie avec la jurisprudence actuelle qui exige que les bénéficiaires d'une fondation réunissent les conditions requises au point de vue de l'assistance publique pour pouvoir participer aux secours dans une commune déterminée, et qu' « on ne peut reconnaître aux fondateurs la faculté de déterminer les catégories de personnes appelées à bénéficier des œuvres charitables instituées que pour autant que la qualité de ces personnes soit par elle-même une cause déterminante de misère ». (*Revue de l'administration*, 1907, p. 197.)

E

Échevins. — *L'ancien bourgmestre, non remplacé et resté conseiller communal, ne peut être nommé échevin.* — Arrêté royal du 7 janvier 1907. (*Moniteur* du 17 janvier.)

Un arrêté royal du 7 janvier 1907, contresigné par M. de Trooz, ministre de l'intérieur, etc., annule une délibération par laquelle un conseil communal avait nommé aux fonctions d'échevin l'ancien bourgmestre dont le mandat n'avait pas été renouvelé et qui n'avait pas été remplacé.

Cet arrêté est ainsi motivé :

Attendu qu'il y a incompatibilité entre le mandat de bourgmestre et celui d'échevin; qu'il est vrai que M. Gaupin, ancien bourgmestre, n'a pas été renommé en cette qualité, mais que, la place étant restée vacante, l'intéressé, qui continue à faire partie du conseil, reste en fonctions comme bourgmestre en vertu de l'article 82 de la loi du 12 septembre 1895, jusqu'à ce qu'il ait été pourvu à la nomination de son successeur;

Attendu, en conséquence, que la délibération précitée du conseil communal est contraire à la loi ...

Interdiction de l'article 68, 6°, de la loi du 12 septembre 1895 et de l'article 68, 2°, de la loi communale. — *Location d'un immeuble communal.* — *Direction d'un pensionnat.* — Avis de la *Revue de l'administration*, 1907, p. 228.

On avait posé à la *Revue de l'administration* la question de savoir si un échevin peut prendre en location un immeuble de la commune où est établi un pensionnat dont les élèves fréquentent l'école moyenne de l'État et prendre la direction de ce pensionnat.

La *Revue* émet l'avis qu'un échevin peut prendre en location un immeuble communal, mais qu'il serait peu correct pour lui de diriger un pensionnat patronné par la commune; que si ce pensionnat était, même indirectement, subventionné par la commune, l'article 68, 6°, de la loi du 12 septembre 1895, qui exclut du conseil « toute personne qui reçoit un traitement ou un subside de la commune », s'opposerait à ce qu'un échevin en prît la direction.

Elle ajoute que « s'il résultait des délibérations du conseil que l'installation du pensionnat a été considérée comme étant d'intérêt communal, on pourrait opposer à l'échevin l'article 68, 2°, de la loi communale, disposition qui interdit à tout membre du conseil de prendre part directement ou indirectement dans aucun service pour la commune », mais elle fait remarquer que ce serait là une interprétation extensive et, par suite, discutable de l'article 68, 2°.

Observation. — Le principe d'après lequel toute disposition créant une incompatibilité ou prononçant une interdiction doit être interprétée restrictivement semble, en effet, s'opposer à ce qu'il soit fait application dans l'espèce de l'article 68, 2°, de la loi communale.

Voy. BOURGMESTRE. — ENSEIGNEMENT PRIMAIRE.

Employés communaux. — *Stabilité des emplois.* — *Mise à la retraite à un âge déterminé.* — Arrêté royal du 14 novembre 1907, contresigné par M. de Trooz, ministre de l'intérieur. (*Moniteur* du 20 novembre.)

Vu la délibération du 27 mai 1907, parvenue le 6 juin au gouvernement provincial, par laquelle le conseil communal de Liége décide que les fonctionnaires et employés des divers services administratifs et techniques de la ville seront mis à la pension de retraite, par mesure d'office, lorsqu'ils atteindront l'âge de 70 ans;

Vu l'arrêté du gouverneur ...;

Vu la délibération du 7 octobre 1907 par laquelle le conseil communal, en recevant communication des motifs de l'arrêté de suspension, déclare maintenir sa délibération du 27 mai 1907 en spécifiant que cette délibération ne concerne que les fonctionnaires et employés dont la nomination appartient exclusivement au conseil communal et n'est applicable ni au secrétaire communal ni au receveur communal;

Pour les motifs repris dans notre arrêté du 2 avril 1905 (*Moniteur* du 21 avril) relatif à la commune de Grivegnée et visés par le gouverneur dans son arrêté de suspension (1);

Vu les articles 86 et 87 de la loi communale;

Sur la proposition de notre ministre de l'intérieur,

Nous avons arrêté et arrêtons :

Le recours susmentionné du gouverneur de la province de Liége est accueilli.

Les délibérations du conseil communal de Liége, des 27 mai et 7 octobre 1907, sont annulées.

Mention de cette disposition sera faite au registre des délibérations du dit conseil, en marge de l'acte annulé.

Stabilité. — Expert inspecteur des viandes. — Inapplicabilité de la loi de 1903. — Avis de la *Revue communale*, 1907, p. 310.

Les experts-inspecteurs des viandes désignés par l'autorité communale ne peuvent pas invoquer le bénéfice de la loi du 30 juillet 1903. Cette loi n'est applicable qu'aux employés dont la situation n'est pas déjà réglée par une législation particulière. Or, aux termes de l'article 5 de l'arrêté royal du 23 mars 1901, le mandat des experts désignés par l'autorité communale peut leur être retiré, soit temporairement, soit définitivement, par le conseil communal, moyennant l'approbation du ministre.

Nomination. — Attributions. — Etat civil. — Légalité. — Avis de la *Revue de l'administration*, 1907, p. 498.

La *Revue de l'administration* avait été saisie de la question de savoir si la délibération d'un conseil communal reproduit ci-après était légale :

M..., préqualifié, est définitivement nommé aux fonctions d'employé à l'administration communale.

Il aura dans ses attributions la tenue des registres de population, la rédaction des actes d'option, la délivrance des livrets d'ouvriers et de tous certificats auxquels le contreseing du secrétaire n'est pas exigé.

Il pourra, sans avoir droit à un supplément de traitement, être chargé de la tenue de l'état civil et de toutes les écritures de l'état civil.

Il jouira d'un traitement annuel de 325 francs prévu au budget de l'exercice en cours.

La *Revue* émet l'avis suivant :

« En tant que la délibération du conseil charge

M. M... de la tenue des registres de population et de la délivrance de certificats elle est valable et n'a besoin d'aucune approbation. En tant qu'elle le charge, même éventuellement, de la tenue des registres de l'état civil et de la rédaction des actes d'option et qu'elle lui attribue un traitement à cette fin, sa légalité nous semble très douteuse. Elle tend en effet à restreindre la liberté de l'officier de l'état civil dans le choix des employés de ce service. »

Observations — Les scrupules de la *Revue de l'administration* paraissent exagérés. Il est évident qu'une délibération du conseil communal qui *imposerait* à l'officier de l'état civil un employé déterminé violerait l'article 93 de la loi communale. Mais tel ne semble pas être ici le cas. Le conseil nomme un employé communal dont il fixe le traitement. Il ajoute que cet employé *pourra* être chargé de la tenue de l'état civil sans avoir droit à un supplément de traitement. Si l'on entend par là que l'employé pourra être chargé du travail en question par l'autorité compétente, c'est-à-dire par l'officier de l'état civil, aucune atteinte n'est portée à la loi.

Enseignement. - *Ecole de dessin industriel. — Établissement communal. — Professeur. — Suppression de l'école. — Lois des 1er juin 1850 et 20 septembre 1884. — Suppression du traitement. — Traitement dû. — Compétence du pouvoir judiciaire.*

L'école de dessin industriel est un établissement communal lorsqu'elle est créée par une commune avec les subsides de la commune, de la province et de l'Etat, et surtout lorsque c'est le conseil communal qui nomme le personnel enseignant et approuve le budget simplement préparé par la commission administrative n'exerçant qu'une mission de surveillance.

L'action du professeur qui réclame son traitement est donc recevable en tant qu'elle est dirigée contre la commune.

Le professeur en acceptant sa nomination fait bien une sorte de louage de services; toutefois, le bail résultant non d'un contrat, mais d'un acte libre, spontané et révocable de l'administration communale, demeure soumis à toutes les conséquences s'attachant à cette différence dans les origines.

La suppression de son emploi entraîne la suppression entière du traitement puisqu'il était révocable *ad nutum* et ne jouissait d'aucune garantie conventionnelle ni légale, ne pouvant invoquer ni la loi du 20 septembre 1884 sur l'enseignement primaire, ni la loi de 1903 (postérieure à la suppression de l'école).

En vertu des articles 31 et 108, n° 2, de la Constitution et 75 et 84 de la loi communale, la commune qui a créé une école industrielle, avec les subsides de la province et de l'Etat, a aussi le droit de la supprimer; aucune loi spéciale ne restreint ni ne réglemente ses pouvoirs en ce qui concerne l'enseignement industriel; les écoles agricoles, les écoles d'arts et métiers, les écoles d'ouvriers sont absolument distinctes de l'enseignement moyen et de l'enseignement primaire.

Le pouvoir judiciaire est compétent aux termes de l'article 92 de la Constitution pour reconnaître à un professeur communal le droit à son traitement, s'il y a droit civil acquis. — Tribunal civil de Liége, 20 juillet 1907, *Pasic.*, 1907, III, 330.

Instituteurs. — Dommages causés par leurs élèves. — Responsabilité.

Aux termes de l'article 1384, § 4, du code civil, les instituteurs sont responsables du dommage causé par leurs élèves pendant le temps qu'ils sont sous leur surveillance. Cette disposition établit une présomption de faute dans le chef des instituteurs, à moins qu'ils ne prouvent qu'ils n'ont pu empêcher le fait donnant lieu à leur responsabilité. Celle-ci est attachée à la surveillance qu'ils exercent sur les élèves confiés à leurs soins, jointe à leur qualité d'instituteurs, et il n'est pas nécessaire d'établir, au préalable, leur faute.

L'impossibilité d'exercer une surveillance sérieuse et efficace et d'empêcher l'accident, que les instituteurs peuvent opposer à la présomption de faute établie dans leur chef par l'article 1384 précité, ne doit pas être « absolue », c'est-à-dire qu'il faut tenir compte de la situation difficile des dits instituteurs et de la légèreté des enfants, mais ils doivent néanmoins prouver que leur surveillance était réellement sérieuse. — Tribunal civil d'Arlon, 9 janvier et 26 juin 1907, *Pasic.*, 1907, III, 281.

Enseignement primaire. — BIBLIO-THÈQUES CANTONALES. — *Remise à l'administration des domaines des ouvrages ne présentant plus d'intérêt.* — Circulaire adressée le 5 mars 1908 aux inspecteurs principaux de l'enseignement primaire par M. Descamps, ministre des sciences, etc. (*Bulletin du Ministère des sciences*, etc., 1908, II, 22.)

Des membres de l'inspection de l'enseignement primaire m'ont fait observer que les rayons des bibliothèques des conférences cantonales sont encombrés de vieux livres et de vieilles revues ne présentant plus le moindre intérêt pour les membres du personnel enseignant.

Au lieu de doter ces institutions de nouvelles armoires, il sera plus avantageux d'éliminer de celles qui existent tous les ouvrages qui, par leur âge ou leur nature, ne présentent plus aucun caractère d'utilité pratique : anciennes collections de revues, manuels classiques démodés, ouvrages d'agriculture, d'horticulture ou de sciences naturelles ayant perdu toute valeur par suite de nouvelles découvertes, etc., etc.

Vous voudrez donc bien charger MM. les inspecteurs cantonaux sous vos ordres de dresser de concert avec les bibliothécaires, et sous votre contrôle efficace, la liste des documents et ouvrages qui peuvent être remis à l'administration des domaines pour être détruits comme archives hors d'usage. Ce travail devra être fait le plus consciencieusement et le plus judicieusement possible avant le 1er mai prochain.

Ces listes seront dressées en triple expédition par bibliothèque cantonale et dûment signées.

Le premier exemplaire devra m'être transmis pour approbation. Dès qu'il aura été renvoyé au bibliothécaire, celui-ci adressera les deux autres exemplaires à M. le receveur des domaines, à Bruxelles, rue des Cendres, n° 9, et fera connaître en même temps à ce fonctionnaire le poids de l'envoi, qui sera effectué le lendemain.

L'un des doubles, revêtu de l'accusé de réception du receveur, est ensuite renvoyé au bibliothécaire expéditeur, lequel donne immédiatement avis de l'envoi et du poids de celui-ci à M. le directeur de l'enregistrement et des domaines, à Bruxelles, à fin de contrôle. Le montant des frais d'emballage et des timbres-poste sera remboursé à l'expéditeur par le receveur des domaines, sur état détaillé, dûment acquitté.

Afin d'éviter tout mécompte, je vous prie de recommander à MM. les bibliothécaires de se conformer scrupuleusement aux instructions suivantes du département des finances :

« D'après un ordre de service du département des chemins de fer du 16 août 1888, les archives hors d'usage envoyées au receveur des domaines, rue des Cendres, 9, à Bruxelles, sont transportées en port en débet, et les taxes réduites de 50 p. c. sont payées par le destinataire à l'expiration de chaque trimestre.

« Les expéditeurs doivent s'abstenir de faire les envois en port à payer immédiatement, et ils ne peuvent adresser les colis ni franco, ni par exprès, ni par l'intermédiaire de messageries particulières. »

Les frais de port et d'emballage doivent être réduits, autant que possible :

« 1° Partout où il existe un service de camionnage de l'Etat adjoint au chemin de fer, ce service peut être utilisé moyennant d'adresser au chef de station de la localité une demande de prise à domicile;

« 2° Il est, en général, sans utilité d'acheter ou de faire confectionner des caisses en bois pour renfermer les archives; l'emploi de sacs est préférable; on pourra s'en procurer au magasin domanial, sur demande. »

L'inventaire, revêtu de l'accusé de réception du receveur des domaines, sera déposé dans la bibliothèque comme annexe à l'inventaire prescrit par l'article 27 du règlement général du 29 décembre 1902 et servira de décharge au bibliothécaire. Les listes portant mon approbation seront, par vos soins, réunies en farde et renvoyées à mon département après l'accomplissement de toutes les formalités.

Comme l'application de la mesure ci-dessus rendra inutile l'acquisition de certains objets mobiliers, je vous retourne, pour modification, le devis que vous m'avez adressé récemment.

Je présume qu'une notable économie pourra être réalisée également en ce qui concerne l'impression des catalogues.

Les sommes qui deviendraient disponibles à la suite de la revision des devis seront consacrées à l'acquisition d'ouvrages traitant des grandes questions actuellement à l'ordre du jour.

Ci-joint le nombre voulu de copies de la présente circulaire pour les inspecteurs cantonaux et les bibliothécaires de votre ressort.

CONCOURS D'AGRICULTURE. — *Composition des jurys pour 1908.* — *Interprétation de l'arrêté ministériel du 3 octobre 1906, article 2, littéra 3.* — Circulaire adressée le 18 mars 1908 aux inspecteurs principaux de l'enseignement primaire par M. Descamps, ministre des sciences, etc. (*Bulletin du ministère des sciences, etc.*, 1908, II, 27.)

J'ai l'honneur de vous faire parvenir la liste suivante indiquant, par canton scolaire, le nom et la résidence de chacun des agronomes ou professeur d'agronomie que mon honorable collègue de l'agriculture a désignés pour faire partie des jurys de votre ressort chargés d'apprécier, cette année, le concours en agriculture pour les écoles et les instituteurs primaires.

D'après les instructions, l'inspecteur cantonal et un agronome ou un professeur d'agronomie visitent ensemble du 1er juin au 1er juillet l'école et le jardin de chaque instituteur concurrent.

Les agronomes de l'Etat ou les professeurs d'agronomie, membres de ces jurys, reçoivent sur les fonds du ministère des sciences et des arts une indemnité de 10 francs par jour de vacation. Chaque fois que la distance à parcourir le permet, les membres des jurys doivent visiter deux écoles par jour.

Afin d'éviter que les divers jurys cantonaux d'un même ressort n'interprètent différemment les dispositions du règlement, il sera utile de réunir les inspecteurs cantonaux en assemblée plénière avant le commencement des opérations dans le but d'établir une procédure uniforme.

A ce point de vue, mon attention a été attirée notamment sur l'interprétation erronée du littéra *B* de l'article 2 de l'arrêté ministériel du 3 octobre 1906 relatif à la répartition des points.

Ce littéra *B* porte :

Préparation antérieure au concours : diplômes et certificats, 10 points; travaux personnels, publications, conférences, etc., pendant les deux années qui ont précédé le concours, 10 points.

Alors qu'il est logique de ne tenir compte que des diplômes et certificats spéciaux se rapportant à l'enseignement de l'agriculture, certains jurys cantonaux attribuent un nombre déterminé de points au diplôme d'instituteur primaire et même aux diplômes obtenus en récompense dans les précédents concours en agriculture, tandis que d'autres considèrent comme définitivement acquis en vue des concours subséquents les points une fois obtenus par les instituteurs pour leur préparation antérieure.

Les mêmes divergences se manifestent en ce qui concerne les « travaux personnels, publications, conférences ». Pour des situations identiques, certains jurys cotent 8 à 10, d'autres zéro.

Afin d'établir une base d'appréciation uniforme, les jurys cantonaux auront soin de joindre au tableau *A* un état dressé conformément au modèle également ci-joint.

Je vous prie, Monsieur l'inspecteur principal, de veiller à ce que ces instructions ne soient pas perdues de vue.

Les jurys sont tenus de rédiger un procès-verbal de leurs séances.

En vue de simplifier le travail qui leur incombe, j'ai fait dresser un formulaire de procès-verbal dont ci-joint deux exemplaires (*minute* et *expédition*).

Il appartient aux jurys de décerner aux écoles primaires concurrentes un diplôme d'honneur constatant que l'enseignement de l'agriculture y est donné avec fruit. Les instituteurs attachés à ces écoles peuvent recevoir un duplicata de ce diplôme.

Ces mêmes jurys décernent un certificat ou diplôme de prime de collaboration aux sous-instituteurs qui se sont distingués au concours et qui sont attachés aux écoles pour lesquelles l'enseignement de l'agriculture est obligatoire. On n'a pas imprimé des formules spéciales à leur intention. Il suffit de leur remettre une expédition originale des diplômes lithographiés destinés aux écoles où ils exercent leurs fonctions en y ajoutant la mention suivante :

« Le jury décerne une prime de collaboration à M..., sous-instituteur attaché à la dite école. »

Vous voudrez bien, Monsieur l'inspecteur principal, m'indiquer, avant la réunion des jurys, le nombre approximatif de formules du diplôme qu'il faudra envoyer.

ANNEXE.
—

` CANTON SCOLAIRE DE . . . .

Renseignements justificatifs des points attribués à la « Préparation antérieure au concours ».

(TABLEAU MODÈLE *A*, COL. 13.)

Nos D'ORDRE.	NOMS des concurrents.	DÉTAIL des diplômes ou certificats spéciaux dont ils sont porteurs.	POINTS attribués sur 10.	DÉTAIL PRÉCIS concernant les travaux personnels : publications, conférences, etc., effectués pendant les années 190 et 190 .	POINTS attribués sur 10.	TOTAL des colonnes 4 et 6.
1	2	3	4	5	6	7

Certifié exact et conforme aux indications de l' « Exposé des titres des concurrents ».

A , le 190 .

Les membres du jury cantonal,

COURS DE RELIGION. — *Quatrième degré d'études organisé dans les écoles primaires. — Caractère obligatoire.* — Circulaire adressée le 10 décembre 1907 aux gouverneurs de province par M. Descamps, ministre des sciences, etc. (*Bulletin du ministère des sciences, etc.*, 1907, II, 23.)

La question m'a été posée de savoir si le 4e degré d'études, organisé dans les écoles primaires de certaines communes, doit nécessairement comprendre l'enseignement de la religion et de la morale.

Je n'hésite pas à répondre affirmativement pour les raisons suivantes :

Tout d'abord, il est à remarquer que la détermination du programme détaillé, en ce qui concerne le cours de religion et de morale, appartient non pas à l'autorité civile, mais uniquement à l'autorité ecclésiastique. Cette prérogative implique pour celle-ci la faculté de répartir, comme elle l'entend, la matière qui fait l'objet de cet enseignement entre tous les degrés d'études faisant partie intégrante de l'école et suivis par des élèves non dispensés.

En second lieu, l'article 4 de la loi dispose que « la première ou la dernière demi-heure de la classe du matin ou de l'après-midi est consacrée chaque jour à l'enseignement de la religion et de la morale ». Or, ce ne serait pas appliquer la loi dans sa lettre que de supprimer cet enseignement dans certaines classes.

Enfin, ce ne serait pas non plus l'observer dans son esprit, car si, pour les branches ordinaires, dont la matière peut faire l'objet d'une détermination précise, l'on conçoit qu'elles puissent essentiellement n'être pas enseignées à tous les degrés, le cours de religion, au contraire, qui, dans la pensée du législateur, a pour objet la formation morale de l'enfant, doit, rationnellement, suivre l'élève depuis son entrée à l'école jusqu'au terme de ses études.

Ces diverses raisons démontrent péremptoirement que l'enseignement religieux est également obligatoire dans toutes les classes et à tous les degrés de l'enseignement primaire.

Je vous prie, Monsieur le gouverneur, de bien vouloir porter la présente à la connaissance des administrations communales, par la voie du *Mémorial administratif* de la province.

— *Assistance de l'instituteur.* — *Responsabilités.* — Réponse faite par M. Descamps, ministre des sciences, etc., à une question posée par M. le représentant Destrée. (Séance du 26 novembre 1907.)

« C'est une faculté et non une obligation pour le professeur de religion de faire appel au concours de l'instituteur pour assurer la discipline dans l'école. Si l'assistance de l'instituteur pour le maintien de l'ordre est requise, il doit être présent pendant la durée du cours; dans le cas contraire, il n'a pas le droit d'assister à la leçon de religion.

La question de la responsabilité civile des accidents (qui peuvent survenir aux enfants au cours de la leçon) peut donner lieu à des cas fort divers qui relèvent de l'autorité judiciaire. L'honorable membre, qui est du barreau comme moi, a un sens juridique trop affiné et une expérience trop grande des affaires pour ne pas comprendre la nécessité de maintenir ici le principe de la division des pouvoirs. »

— *Dispense.* — *Avis adressés aux parents des élèves.*

Dans la séance du 18 juin 1907, M. le représentant Asou a interpellé le ministre des sciences et des arts, M. Descamps, au sujet d'une décision par laquelle il avait censuré le collège des bourgmestre et échevins de la ville de Tournai à l'occasion de l'envoi d'une circulaire portant à la connaissance des parents les dispositions de la loi du 15 septembre 1895 sur la dispense du cours de religion et par laquelle il avait annulé les demandes de dispense qui avaient été obtenues à la suite de la distribution d'imprimés aux parents. (*Ann. parl.*, 1906-1907, p. 1304 et suiv.)

— *École de garçons.* — *Désignation d'une femme.* — *Agréation.* — Avis de la *Revue de l'administration*, 1907, p. 224.

Aucun texte légal ne s'oppose à ce qu'une femme célibataire, mariée, ou veuve soit chargée de faire le cours de religion dans une école de garçons, mais le conseil communal peut refuser l'agréation à la personne qui lui est proposée s'il estime que cette situation peut donner lieu à des inconvénients.

— *Visite de l'échevin de l'instruction publique.* — *Refus du prêtre chargé du cours de religion de continuer la leçon.* — Avis de la *Revue communale*, 1907, p. 110.

L'échevin de l'instruction publique ayant le droit d'assister aux leçons données à l'école primaire et le cours de religion faisant partie du programme obligatoire, le professeur de religion commet un acte abusif en suspendant le cours à raison de la présence de l'échevin. S'il s'agit d'un prêtre, la seule sanction consiste en une plainte au ministre compétent; s'il s'agit d'un délégué soumis à l'agréation, le conseil pourrait retirer cette agréation à cause de l'attitude incorrecte du professeur.

DÉMISSION. — *Demande de pension.* — *Notification à l'administration communale.* — *Cessation des fonctions.* — Dépêche adressée le 11 mars 1908 à un gouverneur de province par M. Descamps, ministre des sciences, etc. (*Bulletin du ministère des sciences, etc.*, 1908, II, 24.)

J'ai l'honneur de répondre à votre lettre du 21 janvier dernier relative à la réclamation formulée par l'instituteur N..., de B..., contre la délibération du conseil communal acceptant sa démission ...

Avant d'examiner les considérations qui ont été émises pour et contre le bien-fondé de la réclamation de M. N..., il est utile de rappeler quo, par circulaire du 30 juin 1897 (*Bulletin du minist.*, 1897, II, p. 124), un de mes honorables prédécesseurs, attirant l'attention des administrations provinciales et communales et des instituteurs sur les formalités que ceux-ci ont à remplir lorsqu'ils désirent prendre leur retraite, spécifie que toute demande de pension doit être adressée, par l'intéressé, au ministre. Une autre circulaire, du même jour (*Bulletin*, p. 125), invite les inspecteurs principaux « à recommander aux instituteurs de ne pas se démettre de leurs fonctions avant qu'ils y soient invités par mon département ».

En m'adressant directement sa requête de pension, M. N... s'est conformé à la prédite circulaire, dont il a suivi les indications en ce qui concerne la forme. On ne peut non plus lui faire un grief d'avoir introduit sa requête plusieurs mois avant l'époque à laquelle il se proposait de se démettre de son emploi. Les instituteurs n'ignorent pas que l'instruction et les formalités de la liquidation des pensions sont parfois longues, et qu'il est prudent de présenter leur demande un certain temps avant la remise de leur démission. M. N... savait aussi que, pour qu'il pût résigner son emploi, il fallait qu'il y fût autorisé par mon administration. Et cette autorisation n'entraîne pas la remise immédiate de la démission contre le gré de l'instituteur qui désire exercer, pendant quelque temps encore, ses fonctions dont il s'acquitte convenablement. On ne peut lui contester le droit de consulter ses intérêts et ses convenances. Aussi me paraît-il excessif de reprocher à M. N... de ne pas avoir fait connaître immédiatement ses intentions à l'administration communale. Celle-ci n'avait, en effet, aucune disposition à prendre aussi longtemps qu'elle n'avait pas reçu la démission formelle de M. N... et que celui-ci continuait à vaquer à la direction de son école ...

Ainsi que j'ai eu l'honneur de vous le dire, dans ma dépêche du 23 novembre dernier, mon administration a admis qu'un conseil communal peut accepter la démission d'un instituteur sur le vu de la demande de pension, mais seulement quand l'intéressé ne remplit plus ses fonctions. En dehors de ce cas, et à moins de circonstances particulières, l'instituteur ne peut être déclaré démissionnaire sans qu'il ait formellement résigné son emploi.

La réclamation de M. N... me paraît donc fondée en fait et en droit ...

Je vous prie, Monsieur le gouverneur, de vouloir bien donner communication du contenu de la présente à l'administration communale et à M. l'inspecteur principal, qui en informera l'instituteur N...

DRAPEAU NATIONAL. — *Drapeaux des corps de l'armée. — Salut.* — Circulaire adressée le 5 décembre 1907 aux gouverneurs de province par M. Descamps, ministre des sciences, etc. (*Bulletin du ministère des sciences, etc.*, 1907, II, 19.)

M. le ministre de la guerre appelle mon attention sur le but patriotique que l'on atteindrait en prescrivant aux membres du personnel enseignant de recommander aux élèves de saluer les drapeaux des corps de l'armée et de la garde civique, lorsque ceux-ci paraissent en public, et de commenter, dans des entretiens sur les devoirs civiques, l'idée élevée et la haute portée qui s'attachent aux honneurs rendus à l'emblème de la patrie.

Je souscris pleinement à ces idées.

Les couleurs nationales ne symbolisent pas seulement les destinées solidaires du pays; elles sont encore le signe de notre individualité au rang des peuples. Le salut au drapeau, c'est l'affirmation de cette solidarité; c'est aussi le geste conscient de notre fierté et de notre dignité patriotiques.

Mais pour que ce geste soit réellement tel, il faut que, dès le jeune âge, l'enfant apprenne à bien connaître sa patrie, car cette connaissance engendrera l'amour de nos institutions et la fierté de l'existence vraiment libre qu'elles procurent aux citoyens.

Ainsi que le disait très bien mon honorable prédécesseur, dans sa circulaire du 20 septembre 1900 :

« L'amour de la patrie, comme l'amour filial, procède de l'éducation : de même que l'enfant, à mesure qu'il reçoit plus de soins et de caresses de ses parents, sent grandir son affection pour eux, de même, à mesure qu'il connaît mieux sa patrie, ses institutions, ses libertés, ses ressources, à mesure qu'il apprécie mieux les avantages qu'elles assurent à la communauté et à chaque citoyen en particulier, son patriotisme se développe, se fortifie, et bientôt le jeune homme devient Belge de cœur et d'âme, c'est-à-dire un bon citoyen. »

Ces sentiments ne peuvent que relever et ennoblir la personnalité humaine. Ils appartiennent au domaine de l'éducation morale et civique, dont la loi fait un devoir à l'instituteur.

Vous voudrez bien, Monsieur le gouverneur, adresser des recommandations dans le sens indiqué aux autorités locales ainsi qu'aux chefs des institutions adoptées et subsidiées. L'inspection appuiera directement ces recommandations auprès des membres du personnel enseignant et rappellera utilement à ceux-ci les prescriptions si claires et si précises contenues dans la circulaire susvisée de l'honorable M. de Trooz.

ÉCOLES ADOPTÉES. — *Agréation tardive d'un instituteur. — Rétroactivité.* — Dépêche adressée le 27 février 1908, à un inspecteur principal de l'enseignement primaire, par M. Descamps, ministre des sciences, etc. (*Bulletin du ministère des sciences, etc.*, 1908, II, 16.)

Comme suite à votre note du 14 janvier courant, faite en marge de la lettre de M. l'inspec teur cantonal de M..., en date du 26 décembre dernier, j'ai l'honneur de vous faire connaître qu'aux termes de la circulaire ministérielle du 30 septembre 1902, section des pensions, n° 19 c/ad, la délibération par laquelle un conseil communal agrée tardivement un membre laïque, belge et diplômé du personnel enseignant des écoles primaires adoptées, doit mentionner que les effets de l'agréation prennent cours du jour de l'entrée en fonctions de l'intéressé. Le conseil communal ne peut se soustraire à cette obligation que s'il a des motifs sérieux à faire valoir à mon département.

Or, le fait que, du 1er octobre 1904 au 1er janvier 1907, la commune de L... a payé à Mlle D..., comme sous-institutrice adoptée, un traitement inférieur au taux minimum légal n'est pas une raison pour dispenser la commune de faire rétroagir au 1er octobre 1904 les effets de l'agréation de la prénommée, entrée en fonctions à cette date.

M. l'inspecteur cantonal n'est donc pas fondé à affirmer que cette agréation ne pouvait se faire avant le 1er janvier 1907.

Il est à remarquer, d'ailleurs, qu'en payant à Mlle D... moins de 1,100 francs par an, de 1904 à 1907, la commune a dérogé au § 1er de l'article 14 de la loi scolaire. Aussi mon département va-t-il inviter l'autorité locale à verser à cette personne tous les arriérés qui lui sont dus.

— *Dispense de l'obligation de payer aux instituteurs les traitements et les augmentations obligatoires.* — Circulaire adressée le 11 décembre 1907 aux gouverneurs de province par M. Descamps, ministre des sciences, etc. (*Bulletin du ministère des sciences, etc.*, 1907, II, 24.)

Aux termes de l'article 14 de la loi scolaire, dispense peut être accordée aux communes, pour un terme de cinq ans, de l'obligation de payer aux instituteurs laïcs et diplômés des écoles primaires adoptées les traitements et les augmentations de traitement prévus par les articles 13 et 15 de la dite loi.

A l'appui des demandes de dispense, les conseils communaux n'invoquent souvent d'autre raison que le fait du consentement des instituteurs en cause à accepter le traitement qui est proposé.

Ce seul motif ne suffit pas.

L'obligation de payer aux instituteurs le traitement légal est la règle. — La dispense constitue l'exception, et cette exception ne peut être admise que pour des raisons toutes particulières, basées notamment sur le défaut de ressources locales.

Dans ces conditions, vous aurez soin, Monsieur le gouverneur, en me transmettant les dossiers relatifs à des propositions de dispense, de me fournir sur la situation financière des communes intéressées les renseignements me permettant d'apprécier le bien-fondé des demandes qui me sont soumises.

— *Enregistrement des contrats.* — *Délai.* — Dépêche adressée le 14 mai 1907, à un gouverneur de province, par M. Descamps, ministre des sciences, etc. (*Bulletin du ministère des sciences, etc.*, 1907, II, 3.)

Par votre lettre du 14 février dernier, vous m'avez posé la question de savoir si le délai de vingt jours endéans lequel les contrats d'adoption d'écoles privées doivent être soumis à la formalité de l'enregistrement court à partir de la date de ces contrats, ou seulement à partir du moment où les intéressés ont été informés par l'autorité supérieure que rien ne s'oppose à ce que ces actes sortent leurs effets.

M. le ministre des finances, à qui j'ai soumis la question, fait remarquer que « le délai fixé par l'article 20 de la loi du 22 frimaire an vii pour l'enregistrement des actes des administrations communales court du jour de leur passation, et que la circonstance que ces actes seraient sujets à approbation n'a d'influence que sur l'exigibilité des droits proportionnels et nullement sur celle des droits fixes ».

Au surplus, lorsque les actes en question sont rédigés en plusieurs originaux, l'enregistrement de l'un d'eux suffit. Si les autres sont présentés à la formalité, celle-ci n'entraîne la perception d'aucun droit, et mention de l'enregistrement est faite pour mémoire.

— *Fiches matricules.* — *Rédaction.* — *Modification.* — Circulaire adressée le 3 mars 1908 aux gouverneurs de province par M. Descamps, ministre des sciences, etc. (*Bulletin du ministère des sciences, etc.*, 1908, II, 17.)

' J'ai l'honneur de vous faire parvenir, avec prière de les adresser, au fur et à mesure des besoins, à MM. les inspecteurs de l'enseignement primaire, ... fiches destinées à la matricule des membres du personnel enseignant des écoles primaires communales et adoptées.

Je vous prie de veiller à ce que les fiches soient dressées conformément aux énonciations de l'état et aux annotations qui figurent sous renvois au bas de celui-ci.

Certaines sections ont été rangées dans des catégories distinctes de la commune (loi scolaire, art. 13, 3e alinéa). Les membres du personnel enseignant attachés aux écoles de ces sections n'ont droit qu'au revenu assigné aux communes de la catégorie dans laquelle sont classées les dites sections. Dès lors, il a paru utile de subdiviser la première colonne du tableau et de créer une colonne réservée à la dénomination de la section déclassée.

D'autre part, il importe d'indiquer désormais dans la 11e colonne, destinée aux observations, la date de l'arrêté royal de dispense (loi scolaire, art. 14) ainsi que la période pour laquelle cette dispense est accordée.

Je vous prie, Monsieur le gouverneur, de donner connaissance de ce qui précède à MM. les inspecteurs de l'enseignement primaire de votre province et de m'accuser réception des fiches jointes à la présente.

COMMUNES ou sections de commune où l'agent a successivement occupé des emplois dans l'enseignement primaire, communal ou adopté.		CATÉGORIE dans laquelle se trouve classée la commune ou la section de commune à laquelle appartient l'école.	CARACTÈRE des écoles (communales ou adoptées) dans lesquelles les instituteurs ont exercé ou exercent leurs fonctions.	NATURE des emplois exercés(1).	DATE de la nomination.	DATE de l'entrée en fonctions.	MONTANT des traitements dont l'agent a joui dans chacun des emplois indiqués dans la 5e colonne(2).	DATES auxquelles chaque traitement(3)		Observations.
Communes	Section de :							a pris cours.	a pris fin ou a été majoré.	
1	2	3	4	5	6	7	8	9	10	11

(1) Les seuls services à indiquer sont ceux exercés à titre définitif. Il n'y a donc pas lieu de mentionner les fonctions d'intérimaire, d'instituteur provisoire, de moniteur ou de suppléant.

(2) Il s'agit du traitement proprement dit pour l'école primaire seule. Il y aura lieu d'indiquer toutes les majorations de traitement successivement obtenues depuis 1895. En ce qui concerne les services antérieurs à 1895, ils seront, pour autant qu'ils ont été rendus dans des établissements *communaux ou adoptés*, clairement détaillés, c'est-à-dire que chaque fonction nouvelle fera l'objet d'une mention spéciale et distincte.

(3) Si la commune a été dispensée, en vertu de l'article 14 de la loi scolaire, d'allouer à l'instituteur le traitement légal, il y a lieu d'indiquer dans la colonne réservée aux observations la date de l'arrêté royal de dispense ainsi que la période pour laquelle cette dispense est accordée.

MINISTÈRE DES SCIENCES ET DES ARTS

DIRECTION GÉNÉRALE DE L'ENSEIGNEMENT PRIMAIRE

Inspection principale de   ...   .

»   cantonale de ..   .   .

Section } de
Hameau }

===

ÉTAT DES SERVICES

DE

M .... Laïc
Religieux } (1)

dans l'enseignement primaire, communal ou adopté.

Commune de ..

Nom et prénoms (en toutes lettres)   ...   .

Lieu de naissance. . . . .

Date de naissance. . . . .

Diplômes. { Nature (2) . . . .

Dates de la délivrance ou de
l'entérinement. . . . . .

Jurys qui les ont délivrés ou
entérinés (3) . . . . .

Province .

(1) Biffer la mention inutile.
EXEMPLES (2) Instituteur primaire, régent, etc.
(3) École normale de . . . . . .
Id.   de . . . . . .

— *Pension des instituteurs*. — *Agréation.*
— *Rétroactivité*. — *Mention*. — Circulaire
adressée le 18 avril 1907 aux gouverneurs de
province par M. de Trooz, ministre de l'intérieur, etc. (*Bulletin du ministère de l'intérieur, etc.*, 1907, II, 27.)

Plusieurs administrations communales procèdent incomplètement à l'agréation tardive
des membres du personnel enseignant de leurs
écoles adoptées, belges, diplômés ou dispensés
de l'examen et n'appartenant pas à une communauté religieuse. Elles se bornent, en effet,
à agréer la nomination de ces agents, faite au
cours d'un mois antérieur à celui de l'agréation, en indiquant la date de la nomination,
sans mentionner dans le contexte de la délibération que l'agréation a lieu avec effet au jour
de l'entrée en fonctions des intéressés, mention
dont l'emploi est cependant prescrit par ma
circulaire du 30 septembre 1902, émargée Section des pensions, nº 19 c/*ad*.

Invitées à me faire connaître les motifs pour
lesquels la clause formelle de rétroactivité ne
figurait pas aux actes d'agréation qu'elles
m'avaient transmis, certaines administrations
locales m'ont répondu qu'en rappelant dans la
délibération d'agréation la date de la nomination, l'intention du conseil était bien de reporter à cette date les effets de l'agréation.

Ces administrations perdent de vue que l'intention du conseil de statuer rétroactivement
n'existe, administrativement parlant, que lorsqu'elle est manifestement exprimée dans l'acte.
Elles oublient qu'une délibération de l'espèce

n'a d'effet qu'à partir du premier jour du mois qui suit la date de la résolution, à moins qu'elle ne contienne une disposition formelle fixant à une autre époque bien indiquée dans l'acte les effets de celui-ci.

Aussi, étant donnée la rigueur de ces deux principes, les administrations locales qui, dans l'accomplissement de la formalité de l'agréation tardive, omettent d'inscrire dans le contexte de la délibération la mention formelle de la rétroactivité exposent leurs agents à subir un préjudice dans l'admissibilité de leurs services en matière de pensions. En effet, sont considérés comme nuls en cette matière, notamment, tous les services rendus en vertu d'une commission octroyée après le 31 décembre 1901 et qui ont pris cours après cette date, mais qui sont agréés et partant non justifiés.

Pour éviter ce dommage aux membres du personnel enseignant adopté, comme pour mettre fin à l'échange de correspondances que provoque, entre mon département et diverses communes, l'omission de la clause de rétroactivité dans les actes d'agréation tardive, je vous saurais gré, Monsieur le gouverneur, de bien vouloir inviter les autorités locales de votre province à se servir du modèle ci-dessous pour statuer sur l'agréation des dits agents :

« Le conseil,

« Vu ... ;

« Attendu que ... ;

« Considérant que, d'après la lettre de M...,
« l... direct... de l'école adoptée de ..., en date
« du ..., la nomination de M..., comme institut...
« adopté, eut lieu le .., et l'entrée en fonctions
« le ... ;

« Décide

« d'agréer, à partir du ..., la nomination de
« M..., en qualité de ..., à l'école adoptée

« pour } garçons } de ... »
         } filles }

Les administrations communales mentionneront dans semblable résolution comme date du commencement des effets de l'agréation le jour de l'entrée en fonctions de l'intéressé.

Mais lorsque, par suite des vacances ou parce que le mois commençait par un ou plusieurs jours fériés, il n'aura pas été possible au nouvel agent d'entrer en service le premier jour du mois, bien que la nomination fût faite le mois précédent, le conseil aura soin d'ajouter à sa délibération la phrase :

« M... n'a pu entrer en fonctions avant (date à indiquer) parce que tous les jours antérieurs du mois étaient des jours fériés ou de vacances. »

Vous m'obligeriez, Monsieur le gouverneur, en me faisant parvenir un exemplaire du numéro du *Mémorial administratif* dans lequel vous aurez bien voulu publier *in extenso* la présente circulaire en la signalant à l'attention des autorités locales.

ECOLES D'ADULTES. — *Personnel enseignant. — Nombre requis de Belges pour donner droit aux subsides. — Membre du clergé paroissial chargé du cours de religion.* — Dépêche adressée le 19 juin 1907, à un inspecteur principal de l'enseignement primaire, par M. Descamps, ministre des sciences, etc. (*Bulletin du ministère des sciences, etc.*, 1907, II, 10.)

Je vous prie de faire connaître à M. C..., vicaire à G..., que, pour satisfaire aux prescriptions du n° 2 de l'article 3 du règlement du 21 septembre 1898, toute école d'adultes doit avoir un personnel enseignant capable et dont la moitié au moins des membres possèdent un diplôme légal pour l'instruction primaire.

Pas plus dans les écoles d'adultes que dans les écoles primaires, le membre du clergé paroissial chargé exclusivement du cours de religion ne fait partie du personnel enseignant proprement dit, et il ne peut entrer en ligne de compte pour le calcul du nombre des classes à subventionner.

— *Suppression.* — *Instituteur comptant plus de vingt années de services.* — *Conséquences financières.* — Dépêche adressée le 21 janvier 1908 à un gouverneur de province, par M. Descamps, ministre des sciences, etc. (*Bulletin du ministère des sciences, etc.*, 1908, II, 7.)

En cas de suppression d'une école d'adultes desservie par un instituteur qui compte plus de vingt-cinq années de service, c'est la commune seule qui doit supporter le complément de traitement à payer à cet agent.

Dans la commune de H..., l'instituteur a été admis à la pension de retraite à partir du 1er avril 1907. Or le complément se calcule par mois, comme le traitement principal. Il ne reste donc à mandater de ce chef, au profit de l'intéressé, que le quart de 250 francs, soit 62 fr. 50 c., pour le premier trimestre de l'année écoulée.

Veuillez, Monsieur le gouverneur, répondre en ce sens au référé qui a formé l'objet de votre lettre du 11 janvier courant.

— *Instituteur en congé pour cause de maladie.* — *Rémunération.* — Avis de la *Revue de l'administration*, 1907, p. 243.

La commune a la faculté de ne pas payer à un instituteur chargé d'un cours d'adultes, et qui est en congé pour maladie, la rémunération qui lui est accordée du chef de ce cours.

Cette rémunération ne fait pas partie, en effet, du traitement que l'intéressé reçoit en raison de ses fonctions comme instituteur primaire.

ECOLES GARDIENNES. — *Conditions d'indigénat à observer.* — *Demande de naturalisation.* — *Effet.* — Dépêche adressée le 28 janvier 1908, à un inspecteur principal de l'enseignement primaire, par M. Descamps, ministre des sciences, etc. (*Bulletin du ministère des sciences, etc.*, 1908, II, 7.)

Je vous prie de faire connaître à M. D..., directeur de l'école gardienne privée mixte de la section de M..., comme suite, à sa lettre ci-jointe en communication, que c'est en conformité de la jurisprudence constante de mon département qu'il a été décidé, par ma dépêche du 4 janvier courant, que l'école dont il s'agit, qui ne comprend qu'une seule classe, ne peut continuer à participer aux subsides du Trésor public depuis le 1er décembre dernier, date à laquelle l'ancienne institutrice a été remplacée par une maîtresse de nationalité étrangère.

Il y aura lieu de faire remarquer au prénommé que les subsides sont accordés à l'école et non pas à telle ou telle institutrice en particulier. Les situations acquises par certaines écoles anciennes ne sont respectées que pour autant qu'on ne change pas le personnel enseignant. Dès qu'on modifie la composition de celui-ci, il faut que ce soit dans le sens de l'augmentation du nombre des Belges, jusqu'à ce que ceux-ci soient en majorité.

Veuillez, Monsieur l'inspecteur principal, engager le directeur de l'école intéressée à remplacer, le plus tôt possible, la nouvelle institutrice par une de nos compatriotes et lui rappeler qu'il ne suffit pas, pour qu'un membre étranger du personnel enseignant soit assimilé aux Belges, qu'il ait introduit une demande de naturalisation; il est indispensable que celle-ci ait été accueillie par la législature.

Il me serait agréable d'être informé prochainement de la suite qui aura été donnée à cette affaire.

— *Désignation des institutrices gardiennes intérimaires.* — Dépêche adressée le 14 janvier 1908, à un gouverneur de province, par M. Descamps, ministre des sciences, etc. *Bulletin du ministère des sciences, etc.*, 1908, II, 3.)

Aux termes de l'article 2 de la loi scolaire, le conseil communal règle tout ce qui concerne l'établissement et l'organisation des écoles gardiennes.

Se fondant sur cette disposition, un arrêté royal, en date du 21 octobre dernier, inséré au *Moniteur belge* du 14 novembre suivant, a annulé une délibération du collège échevinal de T... désignant une institutrice gardienne intérimaire.

Mais, en l'espèce, se présentait cette particularité que le conseil communal nomma, postérieurement à la décision du collège échevinal, une autre personne comme intérimaire.

On se trouvait donc en présence de deux résolutions émanant de deux corps différents et conférant le même mandat à deux personnes distinctes : l'une de ces résolutions devait nécessairement être annulée pour empêcher qu'elle ne produisît ses effets.

Comme l'article 2 précité confère au conseil communal le droit de régler tout ce qui concerne l'organisation des écoles gardiennes, la décision du conseil communal de T... devait être respectée et celle du collège échevinal fut annulée.

J'ai tenu à vous exposer les circonstances particulières qui ont motivé l'annulation dont il s'agit pour marquer que l'arrêté royal du 21 octobre dernier ne doit pas être considéré comme établissant la stricte jurisprudence en cette matière.

La loi scolaire ne stipule rien en ce qui concerne spécialement la désignation d'institutrices gardiennes intérimaires.

J'estime que, sous ce rapport, en cas d'urgence, afin d'éviter une interruption dans les cours, on peut procéder par analogie, selon les prescriptions édictées pour la nomination des instituteurs primaires intérimaires, c'est-à-dire reconnaître au collège échevinal le droit de remplacer les titulaires empêchés de remplir leurs fonctions pour cause de maladie ou autres raisons, sous réserve de ratification ultérieure par le conseil communal.

En conséquence, je vous prie, Monsieur le gouverneur, d'inviter l'administration communale de L... à soumettre à l'homologation du conseil communal les désignations d'institutrices gardiennes intérimaires qu'il a faites par sa délibération du 18 novembre dernier...

— *Institutrice non diplômée.* — Avis de la *Revue de l'administration*, 1907, p. 67.

Le conseil communal peut choisir librement le personnel des écoles gardiennes, mais le subside accordé par le gouvernement est réduit de 50 francs pour chaque classe tenue par une institutrice qui n'a ni diplôme ni certificat.

Écoles subventionnées. — *L'autorité administrative ne peut contraindre un directeur d'école privée subsidiée à payer le traitement qui lui est réclamé par un sous-instituteur.* Dépêche adressée le 20 décembre 1907, à un gouverneur de province, par M. Descamps, ministre des sciences, etc. (*Bulletin du ministère des sciences, etc.*, 1907, II, 27.)

J'estime, conformément à l'avis émis dans le premier alinéa de votre lettre du 9 décembre courant, que l'autorité administrative ne peut intervenir pour contraindre un directeur d'école privée subsidiée à payer les sommes lui réclamées, à titre de traitement, par un sous-instituteur. Quand les parties ne parviennent pas à s'entendre au sujet de l'exécution du contrat de louage de service conclu entre elles, c'est aux tribunaux qu'il appartient de trancher le différend.

Veuillez, Monsieur le gouverneur, répondre en ce sens à la réclamation de M. G..., ci-devant sous-instituteur dans une école privée subsidiée d'A..., actuellement sous-instituteur communal à G...

— *Personnel enseignant.* — *Nombre requis de Belges pour donner droit aux subsides.* — *Directeur ou directrice ne donnant pas d'ensei-*

gnement. — Dépêche adressée le 11 mars 1907, à un inspecteur principal de l'enseignement primaire, par M. de Trooz, ministre de l'intérieur, etc. (*Bulletin du ministère de l'intérieur, etc.*, 1907, II, 21.)

Pour satisfaire aux prescriptions de ma circulaire du 8 avril 1903, le personnel enseignant de toute école primaire adoptée ou adoptable doit être composé en majorité de Belges.

Or, depuis la création de la sixième classe, l'école primaire subsidiée pour filles établie à A... est desservie par trois institutrices belges et trois étrangères. La directrice n'enseignant pas ne peut entrer en ligne de compte pour former la majorité de nos nationaux.

Veuillez en faire l'observation à M. N..., désigné pour toucher les subsides, et l'engager à se mettre immédiatement en règle par le remplacement de l'une des institutrices étrangères par une Belge.

Le principe appliqué dans l'espèce est le même que celui qui a été admis pour la suppuration du nombre des instituteurs (institutrices) diplômés. (Voy. la dépêche du 21 novembre 1906, nᵒˢ 7278/13861A, insérée à sa date au *Bulletin* de mon département.)

ENVOIS POSTAUX. — *Affranchissement. Recommandations à faire aux élèves.* — Circulaire adressée le 19 avril 1907, aux inspecteurs principaux de l'enseignement primaire, par M. de Trooz, ministre de l'intérieur, etc. (*Bulletin du ministère de l'intérieur, etc.*, 1907, II, 29.)

L'administration des postes va entreprendre une active propagande afin d'habituer le public à affranchir ses envois en collant les timbres à l'angle droit supérieur des enveloppes, des bandes d'emballage, etc.

Il serait nécessaire, dit-elle, d'habituer chacun dès l'enfance à rédiger l'adresse d'un envoi postal et à affranchir cet envoi.

Aussi se propose-t-elle de délivrer dans toutes les écoles des pancartes et des avis de propagande pareils aux modèles ci-joints (A et B).

Les pancartes, collées sur carton et vernies, seraient appendues dans les salles de classe parmi les tableaux d'enseignement; à l'occasion, l'instituteur en expliquerait le texte aux élèves et leur ferait au besoin une démonstration pratique.

Les avis seraient à l'usage des élèves; ils pourraient être collés dans les livres de lecture que les élèves ont quasi journellement sous les yeux.

Il va de soi que rien ne pourrait se faire à cet égard sans l'autorisation de la commune qui, aux termes de l'article 2 de la loi organique de l'instruction primaire, a la direction des écoles communales.

L'administration des postes chargerait les bureaux de poste de recueillir, sur place, les renseignements nécessaires quant au nombre de pancartes et d'avis nécessaires à chaque école et elle les fournirait à ses frais.

Veuillez distribuer aux inspecteurs cantonaux les exemplaires, également ci-joints, de la présente circulaire.

HYGIÈNE. — *Enfants ayant été atteints de la rougeole.* — *Certificat médical avant la réadmission.* — Dépêche adressée le 27 août 1907, à un gouverneur de province, par M. Descamps, ministre des sciences, etc. (*Bulletin du ministère des sciences, etc.*, 1907, II, 14.)

Par lettre du 31 juillet écoulé, vous m'avez soumis la question de savoir s'il est nécessaire d'exiger un certificat médical pour réadmettre en classe, quinze jours après le début de la maladie, les enfants qui ont été atteints de rougeole.

D'accord avec M. le ministre de l'agriculture, j'estime que cette question comporte une réponse affirmative.

Comme le rappelle M. l'inspecteur du ressort scolaire de Namur, les « Instructions officielles à l'usage des administrations et du public pour prévenir l'apparition des maladies transmissibles et combattre leur propagation » stipulent (p. 3, nᵒ 7) que « tout enfant présentant des signes prémonitoires ou des symptômes d'une maladie transmissible, telle que ..., la rougeole, ... sera renvoyé d'urgence de l'école; sa réadmission ne sera autorisée que sur production d'un *certificat médical* constatant que sa présence à l'école n'offre aucun danger et que ses vêtements, ses linges et son logement ont été désinfectés d'une manière efficace ».

Cette désinfection est une condition essentielle de la rentrée en classe, et on ne peut compter que sur le médecin pour constater si elle a été sérieusement effectuée.

D'autre part, les recommandations faites, par les dites instructions, à l'article « rougeole », p. 116, nᵒ 2, portent que « l'enfant guéri de la rougeole ne pourra rentrer à l'école que quinze jours *après le début de l'éruption* et après avoir pris un bain savonneux complet ».

Ici encore la déclaration médicale est absolument nécessaire.

Quant aux frais de délivrance des déclarations de l'espèce, il paraît évident qu'ils doivent être supportés par la caisse communale lorsqu'il s'agit d'élèves jouissant de l'instruction gratuite.

Dans les communes qui ont adopté l'article 26 du projet de règlement-type des écoles primaires, en date du 1er mai 1897, ces déclarations sont faites par les médecins des pauvres. Dans les autres localités, l'administration communale doit s'entendre à cet effet avec un docteur de son choix.

Je vous prie, Monsieur le gouverneur, d'écrire dans ce sens au collège échevinal de Belgrade ainsi qu'à M. l'inspecteur principal Delhomme.

INSPECTION COMMUNALE. — *Conseiller communal.* — Dépêche adressée le 14 janvier 1908, à un gouverneur de province, par M. Descamps, ministre des sciences, etc. (*Bulletin du ministère des sciences, etc.*, 1908, II, 3.)

En réponse à votre référé du 21 décembre dernier, j'ai eu l'honneur de vous faire savoir, sous la date du 4 de ce mois, que la dépêche ministérielle du 2 juillet 1892 a tranché dans un sens affirmatif la question relative aux droits des conseillers communaux de visiter les écoles de la commune.

Aux termes de cette dépêche, si les conseillers ont des observations à faire à l'occasion de ces visites, ils doivent les présenter à une séance du conseil à laquelle assistera le collège échevinal, car c'est au conseil communal qu'il appartient d'apprécier notamment si ce corps remplit sa mission de surveillance sur les écoles.

Toutefois, désirant préciser la portée de la dépêche du 2 juillet 1892, j'estime qu'elle ne doit pas être entendue dans ce sens strict qu'un conseiller ne pourrait signaler, en dehors des séances du conseil, au collège échevinal, les irrégularités ou les abus qu'il aurait constatés au cours de sa visite : ces abus peuvent être de la nature de ceux qu'il appartient au collège de réprimer, et des mesures peuvent s'imposer pour les faire disparaître immédiatement, et avant la réunion du conseil.

S'il est fait droit aux observations du conseiller, il devient inutile d'en saisir le conseil. Mais, dans le cas où il y aurait mauvais vouloir ou négligence de la part du collège à mettre fin à l'état de choses signalé, la procédure tracée par la dépêche du 2 juillet 1892 devrait être suivie.

INSPECTION SCOLAIRE. — *Archives hors d'usage.* — *Remise à l'administration des domaines.* — Circulaire adressée le 18 mars 1908, aux inspecteurs principaux de l'enseignement primaire, par M. Descamps, ministre des sciences, etc. (*Bulletin du ministère des sciences, etc.*, 1908, II, 32.)

Des membres du personnel de l'inspection de l'enseignement primaire me demandent l'autorisation de se débarrasser des vieilles archives qui encombrent inutilement leur demeure et rendent parfois les déménagements fort onéreux.

Je réserve bien volontiers un accueil favorable à cette demande. J'autorise donc MM. les inspecteurs à remettre à M. le receveur des domaines, à Bruxelles, toutes les vieilles archives et les vieilles publications qui ne présentent plus aucun caractère d'actualité : collections du *Moniteur belge* et des *Annales parlementaires*, travaux de conférences anciens, statistiques datant d'un certain nombre d'années, documents relatifs aux concours cantonaux entre les écoles primaires, etc., etc.

La procédure à suivre sera identique à celle qui est exposée dans ma circulaire du 5 mars courant. (Ens. prim., 2e sect., nos 3497 15/1651.)

J'annexe à la présente circulaire, pour vous et les inspecteurs cantonaux sous vos ordres, le nombre voulu de bordereaux d'expédition, qui seront joints en double à chaque envoi.

L'indication qui se trouve au-dessous de l'inscription : *Expédition en débet en port à recevoir*, renseigne les employés du chemin de fer au sujet du tarif à appliquer.

Je saisis l'occasion pour attirer votre attention sur la nécessité d'établir un inventaire des archives de l'inspection tant principale que cantonale.

Vous aurez donc soin de dresser l'inventaire, en double expédition, des archives qui vous resteront après que vous en aurez éliminé tous les documents et publications inutiles.

Vous veillerez à ce que les inspecteurs cantonaux en fassent autant, chacun en ce qui le concerne.

Ces inventaires seront tenus à jour et visés par vous au moins une fois par an, en même temps que les registres matricules prévus par ma circulaire du 16 août 1907. (Ens. prim., 2e sect., n° 14442A)

Les exemplaires ci-joints de la présente circulaire sont destinés aux inspecteurs cantonaux de votre ressort.

LOCAUX SCOLAIRES. — *Réparations incombant à l'instituteur qui y est logé.* — *Entretien des classes et des bâtiments scolaires.* — *Crédit alloué à l'instituteur.* — *Droit de la commune de se charger de l'entretien.* — Avis de la *Revue communale*, 1907, p. 18.

L'instituteur logé dans un bâtiment communal est assimilé à un locataire au point de vue des réparations à effectuer (code civ., art. 1754).

Quant aux réparations à effectuer aux salles d'écoles et aux meubles garnissant ces salles, l'administration communale peut ou bien allouer une somme fixe à l'instituteur à charge par celui-ci de justifier de l'emploi de cette somme ou bien se charger directement de l'entretien. Le conseil peut supprimer cette allocation qui ne fait pas partie du traitement de l'instituteur.

MUTUALITÉS. — *Récompenses aux instituteurs.* — Circulaire adressée le 21 mai 1907, aux inspecteurs principaux de l'enseignement primaire, par M. Descamps, ministre des sciences, etc. (*Bulletin du ministère des sciences, etc.*, 1907, II, 3.)

Les rapports généraux des inspecteurs de l'enseignement primaire signalent que beaucoup d'instituteurs et d'institutrices travaillent avec intelligence, zèle et dévouement en faveur de la mutualité.

Certes, ces éducateurs trouvent leur récompense dans le sentiment du devoir accompli; néanmoins, j'estime qu'il serait bon de décerner aux plus méritants d'entre eux la décoration spéciale de mutualité, pour montrer tout l'intérêt que le gouvernement porte à cette œuvre d'éducation sociale, et pour susciter de nouveaux propagandistes.

Je vous autorise donc, Monsieur l'inspecteur principal, à me présenter des propositions détaillées en faveur d'instituteurs et d'institutrices les plus méritants de votre ressort.

Je les transmettrai, en les appuyant, à mon honorable collègue de l'industrie et du travail, comme objet rentrant dans ses attributions.

OBJETS CLASSIQUES. — *Acquisition et distribution.* — Circulaire adressée le 28 mai 1907, aux gouverneurs de province, par M. Descamps, ministre des sciences, etc. (*Bulletin du ministère des sciences, etc.*, 1907, II, 4.)

Dans la plupart des communes, les instituteurs sont chargés de l'acquisition et de la distribution des objets classiques nécessaires aux élèves des écoles primaires et dont la dépense est imputée sur le budget scolaire.

Dans la pratique cet usage a donné lieu à des abus regrettables et à des plaintes non fondées dont il convient de prévenir le retour.

L'article 17 du règlement-type des écoles primaires communales porte :

« Un tableau indiquant le prix des livres et objets que l'instituteur est autorisé à vendre aux élèves est affiché dans l'école. Ce tableau porte l'approbation du collège des bourgmestre et échevins. »

D'autre part, l'article 52, § 4, du même règlement est ainsi conçu :

« L'instituteur tient un registre indiquant la nature et la quantité des objets qu'il remet à chaque élève et la date de cette remise. »

L'application de ces dispositions offre un moyen pratique de mettre le personnel enseignant à l'abri de toute suspicion. Ce moyen consiste dans la tenue régulière du registre *ad hoc* susvisé, dans lequel un feuillet serait réservé à chaque élève; ce registre pourrait être dressé d'après le modèle que voici :

ÉLÈVE (nom et prénoms).

DATE DE LA REMISE.	NATURE DES FOURNITURES CLASSIQUES.	MONTANT DE LA DÉPENSE

A la fin de l'année, la dépense occasionnée par chaque élève serait totalisée au bas de la page, et une récapitulation générale donnerait le montant de la dépense pour l'ensemble de l'école et pour l'exercice entier.

Ce chiffre, rapproché du crédit porté au budget, révélerait, le cas échéant, l'existence soit d'un reliquat, soit d'un déficit. Dans le premier cas, l'excédent passerait dans le solde final du compte, à reporter au budget de l'exercice suivant; dans la seconde hypothèse, le conseil communal aurait à voter le supplément de crédit nécessaire.

D'autre part, l'inspection scolaire ainsi que l'autorité locale pourront exercer, à toute époque, un contrôle certain et précis non seulement sur la dépense, mais encore sur la valeur, la nature et la qualité des objets classiques qui auraient été remis aux élèves.

Je vous prie, Monsieur le gouverneur, de vouloir bien inviter les autorités communales, par la voie du *Mémorial administratif*, à se conformer aux instructions qui précèdent.

L'inspection scolaire veillera, de son côté, à ce que le registre des fournitures classiques soit tenu, par les instituteurs, avec exactitude et régularité.

PENSIONS.—*Emoluments du chef de logement.* — *Indication dans la déclaration.* — Circulaire adressée le 7 juin 1907, aux gouverneurs de province, par M. Sauveur, secrétaire général, *ad interim*, au nom du ministre des sciences, etc. (*Bulletin du ministère des sciences, etc.*, 1907, II, 6.)

La formule de la déclaration des revenus des membres du personnel des établissements d'enseignement qui sollicitent la liquidation de leur pension contient une rubrique pour l'indication de la valeur locative du logement ou de l'indemnité de logement.

C'est surtout pour qu'il soit attesté, par l'administration communale, que l'intéressé a eu la jouissance de cet émolument qu'il est nécessaire que la dite déclaration en fasse mention, le cas échéant, tout au moins lorsqu'il ne s'agit pas d'un instituteur ou d'une institutrice chefs d'école primaire communale, ces derniers agents ayant droit, en vertu de la loi, à une habitation gratuite ou à une indemnité compensatoire.

Mais il n'est pas indispensable que la déclaration indique l'import de la valeur locative ou le chiffre de l'indemnité de logement, puisque les taux de ces éléments de revenus sont fixés par les arrêtés royaux de 1896 et 1898. Vos bureaux ne doivent donc pas se préoccuper de la somme inscrite par l'administration communale et, par conséquent, pour éviter un retard dans la transmission de la déclaration à mon département, ils peuvent se dispenser de faire rectifier, en cas d'incorrection, le montant de l'émolument dont il s'agit.

— *Instituteurs adoptés.* — *Pièces justificatives.* — *Acte d'adoption ou de réadoption.* — *Approbation du conseil communal.* — Circulaire adressée le 7 mai 1907, aux gouverneurs de province, par M. Descamps, ministre des sciences, etc. (*Bulletin du ministère des sciences, etc.*, 1907, II, 2.)

En vue de la justification des services rendus par des instituteurs dans leurs écoles nouvellement adoptées ou réadoptées, certaines administrations communales délivrent à ces agents une copie de la convention d'adoption ou de réadoption où ils sont nominativement désignés, mais qui ne porte pas l'approbation du conseil.

Transmise ainsi à la section des pensions de mon département par les intéressés, cette pièce est incomplète et son envoi manque le but visé. En effet, ce n'est que munie de la mention d'approbation du conseil que la convention intervenue entre le collège échevinal et les titulaires d'adoption devient acte soit d'adoption ou de réadoption, soit d'agréation, dont la production est requise de certains membres du personnel des écoles adoptées par le § 2 de l'article 7 de la loi du 25 août 1901.

En présence des délais de forclusion qui résultent des termes de la loi précitée, il est vivement désirable, il importe même que l'omission dont il s'agit ne soit plus commise par les autorités locales.

A cette fin, je vous saurais gré, Monsieur le gouverneur, de bien vouloir faire publier la présente au *Mémorial administratif* et inviter les administrations communales de votre province à en prendre bonne note, de manière qu'aucune d'entre elles ne confonde plus désormais l'acte d'adoption ou de réadoption avec la convention proprement dite.

A ce propos, quelques administrations locales reliraient utilement le passage de la circulaire ministérielle du 1ᵉʳ octobre 1895, relatif à la marche à suivre en matière d'adoption d'écoles (*Moniteur belge* du 9 octobre 1895, p. 3820), et d'où il résulte que l'acte d'adoption ou de réadoption n'est en somme que la délibération du conseil dans laquelle la convention d'adoption, dûment approuvée par le conseil, est textuellement reproduite.

Vous m'obligeriez aussi, Monsieur le gouverneur, en voulant bien communiquer tout ce qui précède à MM. les inspecteurs principaux de l'enseignement primaire de votre province, pour instruction et direction, et avec prière de charger MM. les inspecteurs cantonaux d'en informer, au cours des inspections d'écoles, MM. les titulaires d'adoption et le personnel enseignant de ces derniers.

Je désirerais, Monsieur le gouverneur, recevoir un numéro du *Mémorial* publiant la présente circulaire.

— *Instituteurs communaux.* — *Intérimaires.* — *Nationalité.* — Dépêche adressée le 6 mars 1908, à un sous-instituteur communal, par M. Descamps, ministre des sciences, etc. (*Bulletin du ministère des sciences, etc.,* 1908, II, 23.)

Comme suite à votre requête du ..., j'ai l'honneur de vous faire connaître que seuls sont admissibles en matière de pension les services rendus ensuite d'une nomination régulière, c'est-à-dire conférée conformément aux prescriptions de la loi. En l'occurrence, les services que vous avez rendus à titre intérimaire ne réunissent point les conditions d'admissibilité exigées par la loi, attendu qu'antérieurement à votre nomination à titre définitif vous ne possédiez point la qualité de Belge.

Je ne puis donc, à regret, accueillir favorablement la demande qui fait l'objet de votre requête prérappelée.

— *Refus d'un conseil communal d'accepter la démission d'une institutrice nommée d'office et d'intervenir dans le payement de la pension.* — Dépêche adressée le 5 février 1908, à un gouverneur de province, par M. Descamps,

ministre des sciences, etc. (*Bulletin du ministère des sciences, etc.,* 1908, II, 12.)

J'ai pris connaissance de la délibération dont vous m'avez transmis copie par votre lettre du 18 janvier dernier, délibération par laquelle le conseil communal de B... refuse d'accepter la démission de Mᵐᵉ N... et d'intervenir dans le payement de sa pension. Ce collège se fonde sur ce que l'intéressée a été nommée d'office contre le gré de l'administration communale.

J'ai l'honneur de vous faire savoir que, d'accord avec vous, je ne puis me rallier aux considérations émises par le conseil communal pour refuser la pension sollicitée par Mᵐᵉ N... Celle-ci réunit les conditions requises pour être admise à la retraite et il n'existe aucune raison de la maintenir dans la position de disponibilité.

La démission que cette institutrice a remise au conseil communal le 3 décembre dernier pourra sortir ses effets au 1ᵉʳ janvier 1908, date à laquelle sera fixée l'entrée en jouissance de sa pension. Je vous prie d'en donner avis à l'administration communale de B... Je vous aviserai, en temps utile, de la quotité de pension mise à charge de cette localité. Au cas où le conseil communal refuserait de prévoir à son budget la somme pour y faire face, vous voudrez bien inviter la députation permanente à l'y inscrire d'office. En tout cas, la quotité de pension dont il s'agit sera retenue sur les subsides scolaires de la commune.

— *Services.* — *Ecoles appartenant aux orphelinats ou hospices civils.* — Réponse faite à une question, par M. de Trooz, ministre de l'intérieur, etc. (Séance de la Chambre des représentants du 5 mars 1907.)

« Les services rendus dans les écoles appartenant aux orphelinats ou hospices civils ne sont pas admissibles dans la liquidation des pensions de retraite des membres du personnel enseignant des écoles officielles. La caisse des veuves et orphelins ne fait pas état de ces services pour le prélèvement des retenues ou pour la supputation des pensions. »

PERSONNEL. — *Nomination.* — *Ancien instituteur révoqué.* — *Annulation.* — Arrêté royal du 11 juin 1907. (*Moniteur* du 26 juin.)

Un arrêté royal du 11 juin 1907, contresigné par M. Descamps, ministre des sciences, etc., annule une délibération par laquelle un conseil communal avait nommé un sous-instituteur.

Cet arrêté est ainsi motivé :

Attendu que le sieur D.. a été révoqué, en 1890, des fonctions d'instituteur qu'il exerçait à Zedelghem; que les faits d'inconduite graves qui ont provoqué cette mesure le rendent indigne d'occuper encore un emploi dans l'enseignement public et que, dès lors, la délibération susmentionnée du conseil communal est de nature à blesser l'intérêt général ...

— *Instituteur.* — *Absence pour maladie.* — *Remplacement par un intérimaire.* — *Instructions.* — Circulaire adressée le 12 juin 1907, aux gouverneurs de province, par M. Descamps, ministre des sciences, etc.(*Bulletin du ministère des sciences, etc.*, 1907, II, 7.)

Les rapports de fin d'année de MM. les inspecteurs principaux de l'enseignement primaire attirent mon attention sur un mal qui, dans certains ressorts, sévit d'une manière regrettable.

Il arrive que, par suite de la maladie d'un membre du personnel enseignant, des classes restent fermées pendant un laps de temps considérable.

Ces congés extraordinaires exercent un effet déplorable sur la bonne marche de l'enseignement.

Les abus signalés proviennent soit de la négligence de certaines administrations communales, soit de l'interprétation erronée des articles 22 et 23 combinés du règlement-type des écoles primaires, en date du 1er mai 1897.

Ces articles portent :

« ART. 22. — Des congés extraordinaires peuvent être accordés aux membres du personnel enseignant, par le collège des bourgmestre et échevins, lorsqu'il est dûment constaté que l'état de santé de l'intéressé ne lui permet pas de donner ses cours ou qu'il doit s'absenter pour affaires urgentes.

« ART. 23. — Lorsque l'instituteur, par suite de maladie constatée par le certificat du médecin traitant, se trouve dans la nécessité de suspendre ses leçons pendant plus de quinze jours, le collège des bourgmestre et échevins désigne un instituteur intérimaire. »

Certaines administrations communales croient à tort qu'elles disposent de quinze jours pour nommer un intérimaire en cas de maladie du titulaire. L'article 23 ne dit rien de pareil.

Dès que des motifs de santé empêchent un membre du personnel de donner ses cours, celui-ci doit produire un certificat de médecin à l'appui de sa demande de congé. En général, le praticien peut constater d'emblée si le mal est bénin ou s'il est assez grave pour provoquer une interruption de service supérieure à quinze jours.

Dans ce dernier cas, le collège est tenu de nommer sans tarder un intérimaire.

Lorsque l'indisposition n'est pas de nature à nécessiter un congé aussi long, il ne s'ensuit point que le collège puisse se confiner dans l'inaction et attendre le rétablissement de l'instituteur, car les dispositions des articles ci-dessus n'impliquent nullement l'autorisation de licencier les élèves.

Que faire en l'occurrence? Si l'école compte deux ou plusieurs classes, il y aura lieu d'admettre temporairement les élèves de l'agent malade dans la classe de son collègue valide, ou de les répartir dans les classes qui fonctionnent régulièrement. Au cas où l'exiguïté des locaux ne permettrait pas cet arrangement, il conviendrait d'examiner s'il ne serait pas possible d'appliquer ce qu'on appelle communément le régime du demi-temps. Mais si aucune de ces mesures ne peut être employée ou si le personnel de l'école se compose d'un seul instituteur, la nomination d'un intérimaire s'impose d'urgence.

Comme l'a fait remarquer M. le ministre Schollaert dans une dépêche du 11 août 1898, insérée à sa date au *Bulletin du ministère de l'intérieur et de l'instruction publique*, l'article 18 de la loi scolaire organique ne charge le collège échevinal de la désignation des intérimaires que dans le seul but d'assurer la permanence du service de l'enseignement.

Cette permanence est, d'autre part, une des conditions essentielles d'une bonne organisation scolaire; et comme les subsides ne doivent aller qu'aux écoles qui se conforment en tous points à la loi et aux règlements, j'ai mis à l'examen la question de la réduction des allocations de l'Etat aux communes qui fermeront l'école ou licencieront une classe par suite de la maladie d'un instituteur.

A l'avenir, dès qu'un instituteur sera malade et ne pourra plus vaquer à ses occupations, la commune en avertira l'inspecteur cantonal et indiquera en même temps les mesures qu'elle aura prises pour assurer le service de l'enseignement pendant la maladie.

L'inspection examinera si les règles ci-dessus ont été observées et elle me signalera, par votre intermédiaire, tous les abus qu'elle découvrira en cette matière.

Afin d'aider les communes à se procurer en tout temps des intérimaires, je désire que les inspecteurs cantonaux tiennent dorénavant une liste nominative des personnes réunissant les conditions exigées par la loi et qui, dans leurs ressorts respectifs, sont disposées à remplir des fonctions de cette nature.

Veuillez, Monsieur le gouverneur, faire insérer la présente circulaire au *Mémorial administratif* de la province et y appeler l'attention spéciale des administrations communales.

J'adresserai directement à chacun des membres de l'inspection scolaire une copie des instructions qui précèdent.

Id. — *Communication des instructions contenues dans la circulaire précédente.* — Circulaire adressée le 12 juin 1907, aux inspecteurs principaux de l'enseignement primaire, par M. Descamps, ministre des sciences, etc. (*Bulletin du ministère des sciences, etc.*, 1907, II, 9.)

J'ai l'honneur de vous envoyer, pour votre information et direction, un exemplaire de la circulaire que j'ai adressée ce jour à MM. les gouverneurs de province, et qui est relative à l'application de l'article 18 de la loi organique de l'enseignement primaire et des articles 22 et 23 du règlement-type du 1er mai 1897.

Veuillez assurer l'exécution des instructions qui y sont contenues, de concert avec MM. les inspecteurs cantonaux de votre ressort, auxquels sont destinés les exemplaires supplémentaires que vous trouverez ci-joints.

Comme, aux termes du premier alinéa de l'article 8 de la loi susvisée, les règles de répartition des subsides scolaires de l'Etat sont communes aux trois catégories d'écoles primaires : communales, adoptées et adoptables, vous aurez soin de communiquer, dès que l'occasion s'en présentera, les dites instructions aux chefs des écoles des deux dernières catégories et de leur faire remarquer qu'eux aussi doivent veiller à ce qu'aucune classe ne cesse de fonctionner pendant plus de quinze jours, à cause de la maladie d'un instituteur.

— *Instituteur.* — *Domicile dans la commune.* — *Droits du conseil communal.* — Avis de la *Revue communale*, 1907, p. 151.

L'article 9 de la loi du 15 septembre 1895 énumère les conditions requises pour l'exercice des fonctions d'instituteur communal et ne vise pas le domicile dans la commune.

Le conseil communal n'a donc pas le droit, si l'acte de nomination ne contient aucune clause à cet égard, d'obliger un instituteur à prendre son domicile dans la commune.

Le gouvernement admettrait peut-être qu'une clause de ce genre fût insérée dans l'acte de nomination, mais il ne semble pas que cette mesure de protectionnisme local, qui n'est pas inspirée par les nécessités du service, soit recommandable.

— *Instituteur communal nommé dans une autre commune.* — *Continuation de l'exercice des fonctions anciennes jusqu'à l'installation dans les fonctions nouvelles.* — Dépêche adressée le 17 avril 1907, à un gouverneur de province, par M. de Trooz, ministre de l'intérieur, etc. (*Bulletin du ministère de l'intérieur, etc.*, 1907, II, 26.)

Il résulte des pièces qui accompagnaient votre dépêche du 15 mars dernier que la commune de M..., actuellement dépourvue de tout établissement d'instruction, communal ou adopté, a décrété l'organisation prochaine d'une école primaire. En attendant, le conseil communal a déjà procédé, dans sa séance du 14 février dernier, à la nomination de l'instituteur qui sera appelé à diriger la future institution.

Cet agent. le sieur L... est actuellement sous-instituteur officiel à M... D'autre part, l'autorité locale de M..., qui aurait voulu dès à présent ouvrir les classes, a vainement cherché un local provisoire pour y installer l'école, en attendant la construction des nouveaux bâtiments scolaires.

Il suit de cette double circonstance que le sieur L... est à la fois sous-instituteur effectif à M..., où il continue à exercer ces dernières fonctions, et instituteur titulaire à M..., où il ne sera appelé à exercer réellement son emploi que dans un avenir plus ou moins éloigné.

Vous estimez, Monsieur le gouverneur, d'accord avec l'inspection scolaire, que cette situation n'offre rien d'illégal, mais que l'intéressé ne devra toutefois être admis à prêter serment, en sa nouvelle qualité, qu'au moment où il sera appelé à en exercer effectivement les fonctions.

Je partage votre manière de voir.

La nomination de M. L..., comme instituteur, par le conseil communal de M..., ne doit pleinement sortir ses effets qu'à partir du jour où l'intéressé sera appelé à l'exercice effectif de cet emploi. Ce n'est qu'à ce moment qu'il devra choisir entre la position qu'il occupe et le nouveau mandat qui lui est conféré. En attendant, rien ne s'oppose à ce qu'il continue à exercer ses fonctions actuelles.

Je vous prie, Monsieur le gouverneur, de vouloir bien porter ce qui précède à la connaissance du conseil communal de M... et du sieur L..., précité.

— *Instituteur en chef.* — *Conditions.* — *Diplôme.* — *Exercice des fonctions pendant cinq ans.* — *Enseignement gardien.* — Avis de la *Revue de l'administration*, 1907, p. 80.

La jurisprudence ministérielle n'admet comme remplissant les conditions requises par l'article 12 de la loi scolaire que les services rendus dans une école dont le programme comprend les branches reconnues comme obligatoires. On ne peut pas assimiler le programme des écoles gardiennes à celui des écoles primaires. Les années de service passées dans une école gardienne ne donnent donc pas droit à la nomination d'instituteur en chef.

— *Instituteur en disponibilité pour cause de maladie.* — *Augmentation de traitement en vertu de la loi du 21 mai 1906.* — *Relèvement du traitement de disponibilité.* — Avis de la *Revue de l'administration*, 1907, p. 380.

Il serait rationnel de relever le traitement d'une institutrice placée en disponibilité à partir du 1er mai 1906 si le traitement d'activité de cette institutrice avait été augmenté de 200 fr. en vertu de la loi du 21 mai 1906 qui rétroagit au 1er janvier de la même année.

— *Révocation d'un instituteur non maintenue par l'autorité supérieure.* — *Traitement.* — *Indemnité afférente à l'école d'adultes.* — *Payement.* — Dépêche adressée le 13 novembre 1907, à un gouverneur de province, par M. Descamps, ministre des sciences, etc. (*Bulletin du ministère des sciences, etc.*, 1907, II, 16.)

J'ai l'honneur de répondre à votre référé du 26 octobre relatif à M. L..., instituteur à l'école primaire et à l'école d'adultes communales de L...

Par délibération du 9 décembre 1906, le conseil communal avait prononcé la révocation du prénommé; mais la députation permanente a improuvé cette mesure le 9 août 1907, et le conseil communal s'étant abstenu d'adresser un recours au roi, la décision de la députation permanente a acquis un caractère définitif.

Vous demandez, Monsieur le gouverneur, si, dans ces conditions, l'instituteur, qui a dû suspendre ses cours à partir du 10 décembre dernier, par suite de l'exécution provisionnelle de la délibération précitée du 9 du même mois, peut prétendre au payement de l'indemnité de 200 francs prévue au budget pour le service de l'école d'adultes.

J'estime que M. L.... a droit à cette indemnité aussi bien qu'à son traitement du chef de ses fonctions principales.

Il est à remarquer que la révocation des membres du personnel enseignant des écoles d'adultes est soumise aux mêmes règles que celle des instituteurs des écoles primaires communales proprement dites (loi du 20 septembre 1884-15 septembre 1895, art. 10, paragraphe final).

D'autre part, d'après la jurisprudence établie par la dépêche ministérielle du 13 décembre 1889, publiée au *Bulletin du ministère de l'intérieur et de l'instruction publique*, la commune doit supporter les conséquences financières de l'exécution provisoire de sa décision susmentionnée du 9 décembre 1906, non maintenue par l'autorité supérieure.

Je vous prie, Monsieur le gouverneur, de vouloir bien veiller à ce que M. L... reçoive, le plus tôt possible, la partie de l'indemnité afférente à l'école d'adultes, dont il a été privé par application de la décision précitée.

PROTECTION DES ENFANTS *contre les attentats.* — *Mesures à prendre.* — Circulaire adressée le 10 décembre 1907, aux inspecteurs principaux de l'enseignement primaire, par M. Descamps, ministre des sciences, etc. (*Bulletin du ministère des sciences, etc.*, 1907, II, 21.)

La fréquence des crimes dont les enfants sont les innocentes victimes éveille la sollicitude de tous; elle impose aux pouvoirs publics le devoir de prendre, dans leurs sphères respectives, les mesures nécessaires en vue de sauvegarder les enfants contre les attentats monstrueux qui soulèvent l'indignation générale et plongent les familles dans la consternation.

Le personnel enseignant des écoles primaires peut exercer dans cet ordre une salutaire influence.

Les périls de la rue sont nombreux et divers pour les enfants et, dans certains cas, l'isolement est un danger contre lequel il convient de les prémunir.

Il importe de les mettre en garde contre les procédés séducteurs des misérables qui tentent de les attirer par les promesses d'argent, de friandises ou d'autres objets de nature à provoquer leur curiosité ou à exciter leur convoitise.

Les instituteurs, et spécialement les institutrices, dont les petites élèves sont surtout exposées aux tentatives criminelles, ne doivent négliger aucune occasion de représenter aux enfants les dangers de certaines rencontres et de leur signaler les manœuvres à l'aide desquelles il est malheureusement trop facile, grâce à leur inexpérience, de les égarer.

Quelques exemples, non pas imaginés en vue d'engendrer des frayeurs excessives, mais choisis dans la réalité et exposés en termes mesurés de manière à amener les enfants à se montrer prudents, pourront servir de commentaires vivants à ces recommandations.

Les instituteurs et les institutrices insisteront également auprès des enfants sur le caractère grave que revêtent les entrées en classe tardives et injustifiées, de même que tout retour tardif au foyer où s'alarme la sollicitude des mères.

D'autre part, il conviendra de faire de pressantes exhortations aux parents négligents et de leur adresser au besoin de sages remontrances.

Je vous prie, Monsieur l'inspecteur principal, de profiter de la toute prochaine conférence pour engager vivement les membres du personnel enseignant de votre ressort à se conformer rigoureusement aux présentes recommandations en tenant compte naturellement de la diversité des milieux scolaires.

RAPPORTS ANNUELS. — *Modification à la rédaction de la formule.* — Circulaire adressée le 16 août 1907, aux inspecteurs principaux de l'enseignement primaire, par M. Descamps, ministre des sciences, etc. (*Bulletin du ministère des sciences, etc.*, 1907, II, 12.)

Ma circulaire du 5 juillet 1906 invitait les inspecteurs principaux de l'enseignement primaire à me signaler les modifications qui pourraient être apportées à la rédaction de la formule du rapport annuel des instituteurs.

Après examen des observations présentées à ce sujet, j'ai décidé, dans le but de faciliter le dépouillement des rapports et d'accélérer ainsi le travail de la statistique annuelle, de condenser, autant que possible, les renseignements à fournir par les chefs d'école.

La nouvelle formule ne comprend plus qu'une seule feuille; elle reproduit, en réduction, bon nombre de tableaux, dont les en-têtes sont à peu près identiques à ceux des tableaux de la statistique générale.

Les chefs des écoles primaires qui dirigent en même temps une école d'adultes inscriront, sur la même feuille, les renseignements relatifs aux deux écoles.

Une feuille spéciale sera transmise :

1° Aux chefs des écoles d'adultes qui ne sont pas à la tête d'une école primaire;

2° Aux institutrices gardiennes, qui devront remplir les tableaux et répondre aux questions dont les numéros sont suivis d'un astérisque.

D'autre part, j'ai résolu de faire dresser, dans chaque canton scolaire, trois registres destinés à grouper méthodiquement certains renseignements, aujourd'hui disséminés dans les archives, et que l'inspecteur aura désormais sous la main.

Ces registres se répartissent comme suit :

1° Registre *A*. — Matricule :

a. Des locaux et du matériel scolaires;

b. Des adoptions d'écoles;

2° Registre *B*. — Matricule des membres du personnel enseignant;

3° Registre *C*. — Varia.

Une collection de ces trois registres, dont les exemplaires ci-joints vous sont destinés, sera envoyée, par les soins de mon administration, à chacun des inspecteurs cantonaux de votre ressort Ceux-ci sont chargés de dresser, dans les six mois, les différentes matricules. Ils utiliseront, à cette fin, les données du dernier rapport annuel des chefs d'école, les documents qu'ils possèdent dans leurs archives et les renseignements qu'ils auront recueillis au cours de leurs visites scolaires ou des conférences trimestrielles.

La matricule générale, tenue au courant, avec le plus grand soin et la plus scrupuleuse exactitude, présentera, dans son ensemble, un tableau relativement complet de l'organisation scolaire du canton, et elle acquerra, avec le temps, une grande valeur documentaire. En effet, grâce à son ordonnance méthodique, elle permettra de fournir sur l'heure des détails comparatifs précis, et d'établir rapidement le bilan d'une situation; elle sera une source d'information rapide et sûre, notamment pour les nouveaux titulaires d'emploi. D'un autre côté, en montrant les progrès réalisés dans différents domaines pendant une période donnée, elle mettra en relief le résultat tangible de l'action personnelle de l'inspecteur, et ce ne sera pas là son moindre mérite.

A la fin de chaque période triennale, les chefs d'école rempliront une feuille volante (fournie par mon département) portant toutes les indications du registre B.

Après vérification par l'inspecteur cantonal, ces feuilles, classées par ordre alphabétique des communes, seront réunies en farde et adressées à l'inspecteur principal du ressort; elles remplaceront avantageusement les listes nominatives annuelles actuellement en usage.

Vous aurez soin, Monsieur l'inspecteur principal, de me faire parvenir chaque année, dans la première quinzaine de septembre, dûment rempli, un tableau conforme au modèle ci-après:

RESSORT D'INSPECTION PRINCIPALE DE ...

Rapport annuel des chefs d'école.

DÉSIGNATION DES CANTONS SCOLAIRES.	Nombre des formules à distribuer aux chefs des écoles						Nombre total des formules		SIGNATURE DES INSPECTEURS CANTONAUX.
	primaires		gardiennes		d'adultes (1)				
	Formules		Formules		Formules				
	françaises	flamandes	françaises	flamandes	françaises	flamandes	françaises	flamandes	

1. Dont le chef n'est pas en même temps à la tête d'une école primaire.

Vous voudrez bien, Monsieur l'inspecteur principal, viser, au moins une fois par an, les registres matricules et le registre à souche des « rapports sommaires ».

D'autre part, il y aura lieu de consacrer dans vos rapports annuels futurs (chap. Ier, § 3) une notice spéciale relatant la manière dont sont tenus les registres précités et l'état dans lequel vous aurez trouvé les archives de chacune des inspections cantonales de votre ressort.

Vous trouverez ci-annexés les exemplaires de la présente circulaire destinés aux inspecteurs cantonaux de votre ressort.

SERMENT. — *Instituteurs communaux.* — *Production de l'acte de nomination sur timbre.* — Circulaire adressée le 6 mai 1907, aux inspecteurs principaux, par M. Descamps, ministre des sciences, etc. (*Bulletin du ministère des sciences, etc.*, 1907, II, 1.)

Aux termes du décret du 20 juillet 1831, tous les fonctionnaires de l'ordre judiciaire et administratif et, en général, tous les citoyens, chargés d'un ministère ou d'un service public quelconque, sont tenus, avant d'entrer en fonctions, de prêter le serment de fidélité au roi et d'obéissance à la Constitution et aux lois du peuple belge.

D'autre part, l'article 29 de la loi du 25 mars 1891 fait défense aux autorités judiciaires et administratives de recevoir le serment, pour entrer en fonctions, de toute personne chargée d'un service public, dont la commission n'est pas revêtue du timbre prescrit ou visée pour timbre, et il prévoit une amende de 25 francs à charge de l'autorité qui ne se conformerait pas à cette prescription.

Je vous prie en conséquence, Monsieur l'inspecteur principal, de recommander à MM. les inspecteurs cantonaux sous vos ordres de n'admettre à la prestation de serment aucun membre du personnel enseignant des écoles communales, sans qu'il soit muni d'une expédition, sur timbre, de la délibération du conseil communal relative à sa nomination. Cette expédition doit être transcrite sur timbre de 1 fr. 30 c., en vertu de l'article 25 de la loi susvisée.

Vous voudrez bien veiller à ce que les dispositions de la loi prérappelée soient scrupuleusement observées.

———

— Instituteurs communaux. — Conservation des copies des actes de nomination sur timbre. — Circulaire adressée le 11 juin 1907, aux inspecteurs principaux de l'enseignement primaire, par M. Descamps, ministre des sciences, etc. (*Bulletin du ministère des sciences, etc.*, 1907, II, 6.)

L'application de ma circulaire du 6 mai dernier, relative à la prestation de serment des instituteurs, a soulevé de la part d'un de vos collègues la question de savoir si les copies des actes de nomination sur timbre doivent être conservées dans les archives de l'inspection.

J'estime que cette question comporte une solution négative, et voici quelle est la procédure à suivre en l'espèce :

L'instituteur qui a été invité à prêter le serment requis doit se rendre chez l'inspecteur cantonal, muni d'une expédition sur timbre de 1 fr. 30 de la délibération du conseil communal lui conférant l'emploi.

L'inspecteur cantonal dresse acte de la prestation de serment sur timbre de fr. 0.50, et il remet cet acte à l'intéressé pour le faire enregistrer; il conserve par devers lui l'expédition de la délibération jusqu'au moment où l'acte de prestation lui sera parvenu, dûment enregistré.

Il inscrit alors sur cette expédition la mention suivante : « M... a prêté entre nos mains le serment réglementaire, dont acte a été dressé le... Cet acte a été enregistré sous la date du..., volume ..., folio ... », et il la renvoie à l'intéressé qui la conserve dans ses archives.

Cette expédition de la délibération pourra être utilisée ultérieurement, lorsque ce dernier sera dans les conditions pour faire valoir ses titres à une pension de retraite.

Ci-joint des exemplaires de la présente circulaire pour être remis à MM. les inspecteurs cantonaux de votre ressort.

———

Suppression partielle *de l'école communale sans autorisation. — Illégalité.* — Avis de la *Revue de l'administration*, 1908, p. 152.

Une commune, tant qu'elle n'a pas été régulièrement dispensée de maintenir l'école communale, ne peut pas subsidier une école libre adoptable et obliger les enfants, n'ayant pas atteint un âge déterminé, à fréquenter cette école.

Traitement. *— Augmentation quatriennale. — Changement de fonctions. — Sens des mots « fonctions nouvelles » à l'article 15 de la loi scolaire.* — Circulaire adressée le 18 mars 1908, aux gouverneurs de province, par M. Descamps, ministre des sciences, etc. (*Bulletin du ministère des sciences, etc.*, 1908, II, 25.)

Aux termes de l'article 15 de la loi scolaire, lorsqu'un membre du personnel enseignant des écoles primaires communales et adoptées, laïc et diplômé, est appelé à une fonction nouvelle, il n'a droit qu'au minimum de traitement de la nouvelle catégorie, si ce minimum égale ou dépasse le revenu dont il jouissait en dernier lieu; la période quatriennale en cours cesse ses effets et la nouvelle période quatriennale commence au 1er janvier de l'année qui a suivi le changement d'emploi.

D'après la jurisprudence actuelle, il y a « fonction nouvelle » lorsqu'un instituteur passe d'une commune de catégorie inférieure dans une commune de catégorie supérieure ou lorsqu'il change de nature de fonctions, c'est-à-dire, par exemple, lorsque de sous-instituteur il est promu au grade d'instituteur, et il n'y a pas « fonction nouvelle » quand l'agent, tout en obtenant une mutation, continue à exercer les mêmes attributions dans une commune de même catégorie.

Avant la loi du 21 mai 1906, l'instituteur qui acceptait une « fonction nouvelle », c'est-à-dire qui était nommé en la même qualité dans une commune de catégorie supérieure, obtenait de ce chef, dans l'avenir, une amélioration de situation, en ce sens que les revenus minima et maxima variaient d'après l'importance des catégories de communes.

Ainsi un sous-instituteur, qui passait d'une commune de 4e catégorie dans une commune de 3e catégorie, pouvait arriver à un traitement de 1,800 francs, alors qu'en restant dans la 4e catégorie son revenu légal n'aurait pu être supérieur à 1,700 francs.

Aussi la jurisprudence actuellement en vigueur se justifiait du fait de cette amélioration.

Mais la loi du 21 mai 1906 n'admet plus de catégories pour les agents ayant plus de seize années de services; elle assure à tous ceux qui comptent ce nombre d'années de services un traitement global; d'autre part, elle admet tous les services dans le calcul des augmentations, n'importe à quel titre ils ont été rendus, pourvu qu'il s'agisse de services effectifs.

J'estime qu'il y a lieu de s'inspirer de l'esprit de la loi du 21 mai 1906 dans l'interprétation à donner aux mots « fonction nouvelle » de l'article 15 de la loi du 15 septembre 1895 et de mettre mieux cet article en concordance avec les dispositions de la loi nouvelle.

Rien ne s'oppose dans l'article 15 à une modification de la jurisprudence actuellement suivie.

J'ai, en conséquence, décidé qu'il n'y a pas « fonction nouvelle » lorsqu'un agent continue à exercer un emploi de même nature tout en changeant de catégorie de commune. Désormais, lorsqu'un instituteur passera en la même qualité d'une commune de catégorie inférieure dans une commune de catégorie supérieure, il aura droit au minimum de traitement de la nouvelle catégorie si ce minimum est égal ou supérieur au revenu réglementaire dont il bénéficiait dans son emploi antérieur, et il aura droit en outre à son augmentation quatriennale en cours, comme s'il n'y avait pas eu de changement de situation.

La nouvelle jurisprudence sera mise en vigueur à partir du 1er janvier 1906, date à laquelle la loi du 21 mai 1906 a sorti ses premiers effets.

Vous voudrez bien, en conséquence, Monsieur le gouverneur, inviter les conseils communaux de votre province à reviser, s'il y a lieu, dans le sens des instructions ci-dessus, les traitements de leurs instituteurs primaires.

De leur côté, MM. les inspecteurs de l'enseignement primaire s'assureront que tous les instituteurs exerçant dans leur ressort bénéficient du revenu que leur garantit la loi et ils vous signaleront le nom de ceux dont le traitement n'aurait pas été légalement fixé.

— *Augmentations quatriennales. — Instituteur adopté dispensé pendant deux ans de la condition du diplôme en vertu de l'article 9 de la loi du 20 septembre 1884.* — Circulaire adressée le 16 mars 1907, aux gouverneurs de province, par M. de Trooz, ministre de l'intérieur, etc. (*Bulletin du ministère de l'intérieur, etc.*, 1907, II, 22.)

Aux termes de l'article 9 de la loi du 20 septembre 1884, aucune école primaire privée ne pouvait être adoptée à moins de se soumettre aux conditions suivantes :

1°...;

2° Les membres du personnel enseignant devront, pour la moitié au moins, être diplômés ou avoir subi l'examen dont il est fait mention à l'article précédent. Toutefois, par mesure transitoire, le ministre pouvait pendant deux ans, à dater de la promulgation de la présente loi, dispenser de cette condition.

La question qui se pose est de savoir si les deux années pendant lesquelles un instituteur a été dispensé de la condition du diplôme peuvent entrer en ligne de compte pour le calcul des augmentations de traitement garanties par l'article 15 de la loi scolaire.

Le comité de législation, auquel cette question a été soumise, estime que celle-ci est résolue *in terminis* par l'article 4, § 2, de la dite loi, qui dispose :

« L'article 15, déterminant les augmentations de traitement auxquelles ont droit les instituteurs communaux, est applicable au personnel des écoles adoptées, diplômé ou dispensé de l'examen. »

Les membres du personnel enseignant dispensés de l'examen ne peuvent être que ceux à qui cette dispense est accordée d'une manière définitive, comme ceux dont il s'agit à l'article 9, § 5, de la loi du 20 septembre 1884 reproduit à l'article 19 de la loi scolaire codifiée : « Sont dispensés de l'examen ceux qui antérieurement à la présente loi ont eu la direction d'une école communale adoptée. »

Quant à ceux auxquels le ministre a, par mesure transitoire, concédé le délai prévu par le 4e alinéa du même article, ils ne sont nullement dispensés de l'examen; il leur est seulement laissé un terme de deux ans pour le subir.

Ils ne peuvent donc réclamer le bénéfice de l'article 4, § 2, comme étant dispensés de l'examen; dès lors, ils ne peuvent y avoir droit qu'en qualité de diplômés, et il s'ensuit que le temps à partir duquel ils ont eu cette qualité peut seul être pris en considération.

Ce qui confirme cette interprétation, c'est que le porteur d'un diplôme d'instituteur primaire délivré par une école normale privée, qui est soumis à un examen complémentaire par application de l'article 17 de la loi du 20 septembre 1884 et auquel il est accordé un délai d'un an pour le subir, peut, en attendant, exercer provisoirement les fonctions d'instituteur communal, mais n'est pas considéré dans l'intervalle comme ayant cette qualité.

Le comité de législation estime, en conséquence, que, pour l'instituteur dispensé pendant deux ans de la condition du diplôme, le temps antérieur à l'obtention de ce diplôme ne peut entrer en ligne de compte pour le calcul des augmentations de traitement garanties par l'article 15 de la loi scolaire.

— *Augmentations quatriennales. — Instituteur passant en la même qualité d'une commune de catégorie supérieure dans une commune de catégorie inférieure.* — Dépêche adressée le 11 janvier 1908, à un gouverneur de province, par M. Descamps, ministre des sciences, etc. (*Bulletin du ministère des sciences, etc.*, 1908, II, 2.)

J'ai l'honneur de répondre à votre lettre du 18 décembre dernier, en ce qui concerne la fixation du traitement du sieur T..., sous-instituteur communal à N..., commune de la 5e catégorie.

Vous me posez la question de savoir si les années pendant lesquelles le prénommé a exercé précédemment à D... peuvent lui être comptées pour parfaire la période quatriennale donnant droit à l'augmentation de traitement.

L'affirmative ne me semble pas douteuse.

Le sieur T... est passé d'une commune de 4e catégorie dans une commune de catégorie inférieure, sans qu'il y ait eu interruption de services.

Il ne peut évidemment pas prétendre conserver le traitement dont il jouissait antérieurement, car il est volontairement qu'il a déchu de catégorie. Il n'aura droit qu'au minimum du revenu assigné à la commune de la nouvelle catégorie, majoré des augmentations légales acquises, et la période quatriennale actuelle continuera à courir pour lui comme s'il n'avait pas changé de commune.

Le revenu du sieur T... devra donc être porté à 1,100 francs au 1er janvier 1908, savoir : 1,000 francs à titre de traitement initial et 100 francs à titre d'augmentation quatriennale pour la période du 1er janvier 1904 au 31 décembre 1907.

En règle générale, lorsqu'un membre du personnel enseignant passe en la même qualité d'une commune de catégorie supérieure dans une commune de catégorie inférieure, sans qu'il y ait interruption dans les services, il y a lieu de fixer son traitement de la manière suivante : 1° minimum de traitement de la nouvelle catégorie; 2° augmentations légales échues du chef des services rendus précédemment. Quant à la période quatriennale commencée, elle continuera à courir comme s'il n'y avait pas eu de changement.

— *Augmentations quatriennales.* — *Sous-institutrice communale exerçant à titre provisoire les fonctions d'institutrice.* — *Droit à l'augmentation.* — Dépêche adressée le 18 décembre 1907, à un gouverneur de province, par M. Descamps, ministre des sciences, etc. (*Bulletin du ministère des sciences, etc.*, 1907, II, 26.)

Au 1er mai 1907, Mme P..., sous-institutrice primaire communale à V..., a été nommée en qualité d'institutrice provisoire, en la même localité, et le conseil communal lui a maintenu le traitement légal de 1,300 francs dont elle jouissait antérieurement.

Comme l'intéressée comptera, au 1er janvier 1908, douze années de services, vous me posez, par votre lettre du 12 courant, 4e division, la question de savoir si elle peut prétendre à une augmentation quatriennale, ou si les fonctions provisoires qu'elle exerce sont suspensives pour quatre ans de tout droit à l'augmentation.

L'article 15 de la loi scolaire n'admet les augmentations réglementaires qu'en faveur des agents nommés à titre définitif.

La question qui se pose est donc celle de savoir si Mme P... est pourvue d'une nomination définitive.

L'affirmative ne semble pas douteuse.

En effet, la prénommée n'a pas démissionné de ses fonctions de sous-institutrice primaire; elle reste la titulaire de sa classe et si, dans la suite, elle n'était pas nommée institutrice à titre effectif, elle reprendrait son emploi antérieur.

Mme P... doit donc être considérée comme une sous-institutrice exerçant temporairement les fonctions d'institutrice en l'absence de la titulaire de cet emploi.

En conséquence, l'intéressée a droit à une majoration de revenu de 100 francs à partir du 1er janvier 1908, et son traitement doit être fixé au taux de 1,400 francs à partir de cette date.

— *Augmentations quatriennales.* — *Privation.* — Dépêche adressée le 26 novembre 1907, à un gouverneur de province, par M. Descamps, ministre des sciences, etc (*Bulletin du ministère des sciences, etc.*, 1907, II, 18.)

Le sieur C..., instituteur primaire communal à O..., comptait au 1er janvier vingt années de services et son traitement de 1,500 francs aurait dû être porté à cette date à 1,900 francs, par application de la loi du 21 mai 1906.

Mais le conseil communal refuse d'allouer à l'intéressé les 400 francs d'augmentation, sous prétexte que la conduite de cet agent laisse à désirer, et la députation permanente, de son côté,

a émis l'avis qu'il n'y a pas lieu d'octroyer au prénommé les avantages assurés par la dite loi.

La proposition du conseil communal n'est pas conforme aux prescriptions légales qui régissent la matière.

La loi du 21 mai 1906 qui accorde aux instituteurs des majorations anticipatives de traitement suivant le nombre des années qu'ils comptent n'a en rien dérogé aux dispositions générales de l'article 15, § 2, de la loi organique de l'instruction primaire, aux termes desquelles le ministre peut décider qu'il n'y a pas lieu d'accorder à un instituteur l'augmentation quatriennale.

Un instituteur ne peut donc jamais être privé que de l'augmentation afférente à la période au cours de laquelle se sont accomplis les faits qui lui sont reprochés.

Dans ces conditions, j'ai décidé de priver le sieur C... d'une majoration réglementaire de 100 francs, majoration afférente à la période 1904-1907, pendant laquelle se sont produits les faits mis à charge de cet agent.

Le conseil communal d'O... devra, en conséquence, fixer à 1,800 francs, à partir du 1er janvier 1906, le revenu de l'instituteur en cause.

Vous recevrez ultérieurement, Monsieur le gouverneur, une copie de mon arrêté privant cet agent de la susdite augmentation.

— *Augmentations quatriennales.* — *Intervention de l'Etat.* — *Passage dans une autre catégorie.* — Avis de la *Revue de l'administration*, 1907, p. 191.

1° Un instituteur d'une commune de la cinquième catégorie, qui a obtenu en cette qualité deux augmentations quatriennales, passe ensuite comme sous-instituteur dans une commune de troisième catégorie, laquelle lui accorde un traitement facultatif de 1,500 fr. L'Etat est-il tenu de continuer à intervenir dans les deux augmentations de traitement obtenues par l'instituteur dans ses premières fonctions?

On ne peut se prononcer d'une manière catégorique, car ces interprétations ministérielles sont innombrables et flottantes. La réponse paraît devoir être affirmative. En effet, une circulaire ministérielle du 6 juillet 1896 stipule, dans un cas analogue. qu'une *sous-institutrice* d'une commune de la 4e catégorie peut compter, pour la fraction de ses droits à l'augmentation obligatoire de son revenu, le temps passé comme *institutrice* dans une commune de la 5e catégorie. Or, si l'agent a droit au maintien des avantages qu'il a acquis par ses services antérieurs, on doit en conclure que l'Etat, qui intervient, en vertu de l'article 15 de la loi scolaire, dans les augmentations obligatoires, est tenu dans le cas présent de maintenir son intervention. Il doit toutefois être bien entendu que la nomination dans la commune de la 3e catégorie et l'allocation d'un traitement facultatif de 1,500 francs sont postérieures au 1er janvier 1896;

2° Un sous-instituteur de la commune de la 4e catégorie, après trois périodes quatriennales, passe comme sous-instituteur dans une commune de la 3e catégorie et y obtient un traitement facultatif de 1,500 francs. Par application de la loi du 21 mai 1906, son traitement vient d'être porté à 1,800 francs. Dans quelle partie de ce traitement l'Etat doit-il intervenir?

Si l'agent en cause a obtenu le traitement facultatif de 1,500 francs après le 1er janvier 1896, l'Etat doit intervenir dans les 600 francs qui constituent la différence entre le traitement minimum de la 3e catégorie et le traitement actuel de cet instituteur. Il est de jurisprudence constante (circulaire ministérielle du 8 janvier 1900) que l'Etat prend sa part dans les augmentations de traitement, accordées après 1896, à partir du moment où elles deviennent légalement obligatoires;

3° La troisième question est résolue par l'application du même principe. (Sous-instituteur nommé au traitement facultatif de 1,500 francs dans une commune de 3e catégorie. A partir de quel moment l'Etat interviendra-t-il à raison des augmentations obligatoires?)

C'est ainsi que l'Etat interviendra, après quatre années de fonctions, dans 100 francs de la différence entre le traitement minimum et le traitement facultatif officiel; après huit ans, dans 200 francs, et ainsi de suite.

— *Délibérations des conseils communaux.* — *Envoi au département.* — Circulaire adressée le 9 décembre 1907, aux gouverneurs de province, par M. Descamps, ministre des sciences, etc. (*Bulletin du ministère des sciences, etc.*, 1907, II, 20.)

La circulaire ministérielle du 16 juillet 1892 (*Bulletin*, II, p. 138) prescrit l'envoi à mon département d'une copie des résolutions prises par les conseils communaux relativement à la fixation des traitements des membres du personnel enseignant.

Une seconde circulaire, datée du 24 août 1900, porte que les dites résolutions seront transmises à mon département en double expédition, une de ces expéditions étant destinée au service des pensions et l'autre à l'administration générale de l'enseignement primaire, 1re section.

D'autre part, vous êtes tenu de m'adresser pour le 15 de chaque mois un état des mutations survenues dans la situation du personnel enseignant, notamment en ce qui concerne la fixation des traitements.

En vue de permettre à vos bureaux d'établir avec exactitude les états dont il s'agit, vous voudrez bien me les adresser désormais en un seul envoi avec les expéditions des délibérations destinées à l'enseignement primaire.

Il est inutile de me transmettre des fiches matricules et copies de résolutions relatives à des agents qui ne seraient pas pourvus d'un mandat définitif, et il n'est pas nécessaire non plus de renseigner, dans les états mensuels de mutations, les désignations d'intérimaires ou les nominations d'instituteurs provisoires. Ainsi qu'il est dit dans ma circulaire du 5 octobre 1896, la matricule n'a été instituée qu'en vue de permettre au gouvernement de veiller à la stricte observation des dispositions contenues dans l'article 15 de la loi scolaire.

Or, cet article n'admet, au point de vue des augmentations de traitement, que les services

rendus à titre définitif. Rien n'est modifié en ce qui concerne les envois à effectuer pour le service des pensions. Mais, à partir du mois de janvier prochain, vous n'aurez plus qu'une seule transmission à faire par mois des documents dont il s'agit au service de l'enseignement primaire.

Une copie de la présente circulaire sera adressée par mes soins à MM. les inspecteurs de l'enseignement primaire.

— *Délibérations des conseils communaux.* — *Communication à l'inspection scolaire.* — Circulaire adressée le 10 février 1908, aux gouverneurs de province, par M. Descamps, ministre des sciences, etc. (*Bulletin du ministère des sciences, etc.*, 1908, II, 13.)

La circulaire ministérielle du 9 décembre 1892 (*Bulletin du département de l'intérieur et de l'instruction publique*, t. II, p. 200) prescrit la communication à l'inspection scolaire des délibérations prises par les conseils communaux relativement à la fixation du traitement des membres du personnel enseignant des écoles primaires.

Si la fixation de ces traitements ne donne lieu à aucune observation de la part de MM. les inspecteurs, ceux-ci peuvent renvoyer aux gouverneurs, sans y joindre de rapport, les délibérations qui leur ont été communiquées, en se contentant d'y poser leur visa, pour constater qu'ils en ont pris connaissance.

Je vous prie, Monsieur le gouverneur, de donner connaissance de ce qui précède à MM. les inspecteurs de l'enseignement primaire de votre province.

Voy. CONSEIL COMMUNAL. — SECRÉTAIRE COMMUNAL.

Établissements dangereux, insalubres ou incommodes. — *Autorisation de bâtir.* — *Établissements classés.* — Circulaire adressée le 20 mai 1907, aux administrations communales du Brabant, par M. Beco, gouverneur de cette province. (*Mémorial administratif du Brabant*, 1907, I, 45.)

Une circulaire du 30 avril 1899 (*Mémorial administratif*, n° 62, p. 489) a attiré l'attention des administrations communales sur les difficultés et pertes auxquelles s'exposent les industriels qui font construire des usines, ateliers ou dépôts avant la concession de l'autorisation.

Les recommandations faites par cette circulaire sont souvent perdues de vue. Il a été constaté, à l'occasion de l'examen de recours contre des décisions de collèges échevinaux refusant l'autorisation d'exploiter un établissement dangereux, insalubre ou incommode rangé dans la 2e classe, que ces mêmes collèges avaient, en vertu de l'article 90, § 8°, de la loi communale, autorisé la construction des bâtiments, sachant à quelle destination ces bâtiments devaient être affectés.

Bien que, dans ces cas, les collèges échevinaux statuent en vertu de dispositions légales ou réglementaires différentes, cette pratique n'en constitue pas moins un abus, qui peut nuire gravement aux intérêts des propriétaires.

Il convient, lorsque les collèges échevinaux sont saisis de demandes de construire des bâtiments devant être affectés à l'installation d'établissements dangereux, insalubres ou incommodes, que l'autorisation de bâtir contienne une clause attirant l'attention des intéressés sur la nécessité de se pourvoir, avant d'entamer les travaux de construction, de la permission requise par les arrêtés royaux du 29 janvier 1863 et du 28 mai 1884.

Il arrive également que des administrations communales soumettent à l'approbation de la députation permanente, en vertu soit de l'article 77, soit de l'article 81 de la loi communale, les délibérations relatives à des adjudications de travaux ou à des plans de constructions. Lorsque ces travaux concernent des établissements classés, il importe que les administrations intéressées se pourvoient, avant toute chose, de l'autorisation prescrite par les dispositions concernant la police des établissements dangereux, insalubres ou incommodes.

Chenils. — Classement. — Arrêté royal du 9 mars 1908, contresigné par M. Helleputte, ministre de l'agriculture, *ad interim.* (*Moniteur* du 19 mars.)

Vu l'arrêté royal du 23 janvier 1863 sur la police des établissements dangereux, insalubres ou incommodes;

Vu l'arrêté royal du 31 mai 1887 adoptant une nouvelle classification des dits établissements;

Vu la demande de M. le gouverneur du Brabant tendant à faire comprendre dans cette classification tous les chenils établis dans les parties non rurales des communes, qui sont utilisés dans un but industriel ou commercial quelconque, ou tout établissement comportant l'installation de chenils pour chiens malades;

Vu le rapport du conseil supérieur d'hygiène publique;

Sur la proposition de notre ministre de l'agriculture;

Nous avons arrêté et arrêtons :

Par modification à l'arrêté royal du 31 mai 1887, la rubrique « Chenils destinés à l'élevage, la reproduction, l'exposition et le commerce des chiens » est remplacée par la suivante :

« Chenils établis dans les agglomérations des villes et des communes et renfermant plus de trois sujets de taille et établissements comportant l'installation de chenils pour chiens malades. » Classe 1 *B*.

Fabrication de l'acide phosphorique et des phosphates. — Classement. — Arrêté royal du 26 novembre 1907, contresigné par M. Hubert, ministre de l'industrie, etc. (*Moniteur* du 4 décembre.)

Vu la rubrique « Produits chimiques non spécialement prévus (Fabrication des) à classer selon chaque cas spécial » de la nomenclature des établissements dangereux, insalubres ou incommodes, annexée à l'arrêté royal du 31 mai 1887;

Considérant que la fabrication de l'acide phosphorique par l'action de l'acide sulfurique sur les phosphates naturels et la fabrication des phosphates par la saturation directe de l'acide phosphorique tombent sous l'application de cette rubrique;

Vu l'avis du service central de l'inspection du travail, chargée de la surveillance des établissements dangereux, insalubres ou incommodes;

Vu les arrêtés royaux du 29 janvier 1863, du 27 décembre 1886 et du 31 mai 1887 concernant la police des établissements précités;

Sur la proposition de notre ministre de l'industrie et du travail,

Nous avons arrêté et arrêtons :

La fabrication de l'acide phosphorique par l'action de l'acide sulfurique sur les phosphates naturels et la fabrication des phosphates par la saturation directe de l'acide phosphorique sont comprises parmi les établissements dangereux, insalubres ou incommodes.

Elles sont rangées dans la liste annexée à l'arrêté royal du 31 mai 1887, sous les rubriques suivantes :

Désignation.	Classe.	Inconvénients.
Acide phosphorique Fabrication de l') par l'action de l'acide sulfurique sur les phosphates naturels.		Poussières, buées, émanations désagréables et nuisibles.
Phosphates (Fabrication des) par la saturation directe de l'acide phosphorique.		Buées, émanations désagréables.

Fabrique de sulfate de manganèse. — Classement. — Arrêté royal du 20 mai 1907, contresigné par M. Hubert, ministre de l'industrie, etc. (*Moniteur* des 27-28 mai.)

Vu la rubrique « Produits chimiques non spécialement prévus (Fabrication des) à classer selon chaque cas spécial » de la nomenclature des établissements dangereux, insalubres ou incommodes, annexée à l'arrêté royal du 31 mai 1887;

Considérant que la fabrication du sulfate de magnésie par l'action de l'acide sulfurique sur l'oxyde, obtenu par la calcination du carbonate, tombe sous l'application de cette rubrique;

Vu l'avis du service central de l'inspection du travail, chargée de la surveillance des établissements dangereux, insalubres ou incommodes;

Vu les arrêtés du 29 janvier 1863, du 27 décembre 1886 et du 31 mai 1887 concernant la police des établissements insalubres ou incommodes;

Sur la proposition de notre ministre de l'industrie et du travail,

Nous avons arrêté et arrêtons :

Les fabriques de sulfate de magnésie par l'action de l'acide sulfurique sur l'oxyde, obtenu par la calcination du carbonate, sont classées parmi les établissements dangereux, insalubres ou incommodes.

Elles sont rangées dans la liste annexée à l'arrêté royal du 31 mai 1887 sous la rubrique suivante :

Désignation.	Classe.	Inconvénients.
Sulfate de magnésie (Fabrication du) par l'action de l'acide sulfurique sur l'oxyde, obtenu par la calcination du carbonate.		Fumées, poussières, bruit, buées, infiltrations susceptibles d'altérer la nappe d'eau souterraine.

DÉCISIONS JUDICIAIRES.

Écurie. — Reconstruction totale ou partielle. — Identité d'établissement. — Non-nécessité d'autorisation. — Interruption d'exploitation. — Nécessité d'une autorisation nouvelle. — Propriétaire non exploitant. — Non passible de poursuites.

Les arrêtés royaux des 29 janvier 1863 et 31 mai 1887 et la loi du 5 mai 1888 ont pour objet de régler l'ouverture d'établissements insalubres ou incommodes, et seulement, comme conséquence indirecte, l'immixtion des autorités dans le mode de bâtir, en permettant à celles-ci de subordonner la mise en exploitation de ces établissements à l'observation de certaines règles ou de certaines conditions spéciales quant aux installations.

Ce ne sont pas les seules bâtisses qui constituent une incommodité, un danger, une insalubrité, mais l'activité, l'industrie, le commerce auxquels on s'y livre; c'est cette activité, cette industrie, ce commerce qui sont subordonnés aux autorisations légales.

La reconstruction totale ou partielle d'une écurie à usage industriel ou commercial dans une agglomération n'est pas soumise à la nécessité d'une autorisation préalable, alors qu'il n'apparaît pas que cette reconstruction et la mise hors d'usage momentanée qui s'en est suivie soient la conséquence d'un accident résultant de l'exploitation ni aient entraîné un chômage de plus de deux ans ni une aggravation notable de l'insalubrité ou de l'incommodité de l'établissement.

Les dispositions légales susvisées ne sont pas applicables au propriétaire non exploitant et qui n'a pas d'intérêt dans l'exploitation. — Tribunal correctionnel de Courtrai, 11 mars 1907, *Pasic.*, 1907, III, 174.

Ouverture. — Autorisation. — Caractère et portée. — Continuation de l'exploitation après l'expiration du délai accordé. — Contravention à l'arrêté royal du 29 janvier 1863.

L'autorisation prévue et exigée par la loi pour l'ouverture d'un établissement dangereux ou insalubre ne s'attache pas uniquement à la personne qui exploite pareil établissement, mais plutôt à l'établissement lui-même.

Constitue une contravention à l'arrêté royal du 29 janvier 1863, le fait par une personne de continuer l'exploitation de son établissement après l'expiration du délai lui accordé à cette fin. — Tribunal correctionnel d'Arlon, 31 mai 1907, *Pasic.* 1907, III, 329.

État civil. — *Mariage.* — *Mesures destinées à faciliter la célébration des mariages.* — Loi du 7 janvier 1908. (*Moniteur* du 15 janvier.)

Art. 1er. — Les articles 66, 69, 71 et 75 du code civil sont motivés comme suit :

Art. 66. — Les actes d'opposition au mariage seront signés sur l'original et sur la copie par les opposants ou par leurs fondés de procuration spéciale et authentique; ils seront signifiés, avec la copie de la procuration, à la personne ou au domicile des parties et à l'officier de l'état civil de la commune où, d'après l'acte de publication, le mariage sera célébré.

Si le mariage doit être célébré en pays étranger, l'opposition pourra être signifiée à tout officier de l'état civil qui aura fait la publication.

L'officier de l'état civil mettra son visa sur l'original.

Art. 69. — S'il n'y a point d'opposition, il en sera fait mention dans l'acte de mariage; et si la publication a été faite dans plusieurs communes, les parties remettront un certificat, délivré par l'officier de l'état civil de chaque commune, constatant la date à laquelle elle a été faite.

Art. 71. — L'acte de notoriété contiendra la déclaration faite par deux témoins, de l'un ou de l'autre sexe, parents ou non parents, des prénoms, nom, profession et domicile du futur époux et de ceux de ses père et mère, s'ils sont connus; le lieu et, autant que possible, l'époque de sa naissance et les causes qui empêchent d'en rapporter l'acte. Les témoins signeront l'acte de notoriété avec le juge de paix et, s'il en est qui ne puissent ou ne sachent signer, il en sera fait mention.

Art. 75. — Le jour désigné par les parties après le délai de publication, l'officier de l'état civil, dans la maison commune, en présence de deux témoins, parents ou non parents, fera lecture aux parties des pièces ci-dessus mentionnées, relatives à leur état et aux formalités du mariage, et du chapitre VI du titre du mariage, sur les droits et les devoirs respectifs des époux. Il recevra de chaque partie, l'une après l'autre, la déclaration qu'elles veulent se prendre pour mari et femme; il prononcera, au nom de la loi, qu'elles sont unies par le mariage et il en dressera acte sur-le-champ.

Art. 2. — La disposition suivante est insérée dans le code civil, après l'article 72 :

Art. 72bis. — Si l'un des futurs époux est dans l'impossibilité de se procurer cet acte de notoriété, il peut y être suppléé, avec l'autorisation du tribunal, donnée sur requête, le ministère public entendu, par une déclaration sous serment du futur lui-même. Il est fait mention de cette déclaration dans l'acte de mariage.

Art. 3. — L'article 1er de la loi du 26 décembre 1891 est complété comme suit :

... Elle énonce, en outre, les jour, lieu et heure où elle a été faite, ainsi que la commune où l'état civil du mariage sera célébré.

ART. 4. — Les alinéas suivants sont ajoutés à l'article 6 de la loi du 26 décembre 1891 :

Dès le lendemain, il délivrera un certificat constatant la date à laquelle cette publication aura été faite.

Toutefois, si le mariage doit être célébré en pays étranger ou dans une commune autre que celle indiquée à l'acte de publication, le certificat sera délivré à l'expiration du délai de publication et il constatera, outre la date de la publication, qu'il n'existe point d'opposition.

Disposition additionnelle.

ART. 5. — Les mots « quatre témoins », inscrits dans les articles 149, 153 et 155 du code civil, ainsi que dans l'avis du conseil d'État du 30 mars 1808, sont remplacés par les mots : « deux témoins ».

Témoins aux actes de l'état civil. — Modification à l'article 37 du code civil. — Loi du 7 janvier 1908. (Moniteur du 15 janvier.)

ARTICLE UNIQUE. — L'article 37 du code civil est modifié comme suit :

Les témoins produits aux actes de l'état civil devront être âgés de 21 ans au moins, parents ou autres; et ils seront choisis par les personnes intéressées. Le mari et la femme ne pourront être témoins dans le même acte.

La loi ci-dessus a pour effet d'autoriser les femmes à être témoins aux actes de l'état civil. Il a été établi au cours de la discussion que la femme mariée n'a pas besoin de l'autorisation de son mari pour remplir le rôle de témoin.

Mariage. — Modifications apportées en France aux dispositions du code civil relatives au mariage. — Loi française du 21 juin 1907. — Revue communale, 1907, p. 193.

La Revue communale reproduit le texte de la loi française du 21 juin 1907 et fait suivre ce texte d'observations pratiques montrant les différences qui existent entre la législation belge et la législation française, ainsi que les conséquences qui en résultent au point de vue des formalités à accomplir concurremment dans les deux pays.

Mariage. — Modifications apportées en Roumanie au code civil roumain par la loi des 15-28 mars 1906. — Revue communale, 1907, p. 199.

La Revue communale donne la traduction des articles de la loi roumaine des 15-28 mars 1906 simplifiant les dispositions légales relatives au mariage et expose les modifications apportées par ces dispositions au code civil roumain.

Reconnaissance d'enfant naturel. — Mari divorcé. — Concubine. — Enfant conçu après le divorce. — Revue communale, 1907, p. 205.

Aucune disposition légale n'empêche que le mari contre lequel le divorce a été prononcé pour cause d'adultère reconnaisse un enfant né de ses relations avec sa concubine si la conception de l'enfant est postérieure au prononcé du divorce.

L'enfant n'est pas adultérin puisqu'il est conçu après le divorce, et l'article 335 du code civil ne lui est pas applicable. D'autre part, l'article 298 du même code n'interdit que le mariage entre les complices, mais non la reconnaissance d'enfants.

DÉCISIONS JUDICIAIRES.

Acte. — Rectification. — Appel du ministère public.

Le ministère public a le droit d'agir d'office, en matière civile, pour l'exécution des lois, dans les dispositions qui intéressent l'ordre public.

Notamment il a qualité pour interjeter appel d'un jugement qui, sur la requête d'un particulier, a rectifié un acte d'état civil. — Cour d'appel de Liége, 1er mars 1905, Pasic., 1907, II, 19.

Naissance. — Déclaration. — Mort-né, monstre non viable. — Omission. — Conséquences.

La prescription de l'article 361 du code pénal est générale : il y a obligation de faire une déclaration de naissance à l'officier de l'état civil, même lorsque l'enfant est mort-né.

La nécessité et l'obligation de déclarer la venue au monde des monstres qui n'ont jamais vécu, et qui sont non viables, sont, comme pour les morts-nés, et pour des raisons identiques, commandées dans un but d'intérêt social.

Les officiers de l'état civil sont seuls compétence pour dresser les actes de naissance, ou pour constater qu'un enfant leur a été présenté sans vie. — Tribunal correctionnel d'Audenarde, 25 mai 1907, Pasic., 1907, III, 245.

VOY. COLLÈGE DES BOURGMESTRE ET ÉCHEVINS. — COMMISSAIRE DE POLICE. — EMPLOYÉS COMMUNAUX.

Expropriation pour cause d'utilité publique. — Procédure et rémunération des expertises en matière d'expropriation pour cause d'utilité publique. — Loi du 9 septembre 1907. (Moniteur du 21 septembre.)

ART. 1er. — Les articles 9 à 11 de la loi du 17 avril 1835 sur l'expropriation pour cause d'utilité publique sont remplacés par les dispositions suivantes :

« Art. 9. — Les experts prêteront serment sur

les lieux contentieux, en mains du juge-commissaire. Ils désigneront celui d'entre eux qui sera chargé de recevoir les communications des parties. Le juge-commissaire remplacera les experts qui feront défaut ou contre lesquels il admettra des causes de récusation.

« Les parties lui remettront les documents qu'elles croiront utiles à l'appréciation de l'indemnité; le juge pourra, au surplus, s'entourer de tous renseignements propres à éclairer les experts et même, soit d'office, soit à la demande de l'une des parties, procéder à une information. Dans ce cas, les personnes qu'il trouvera convenable d'entendre seront interrogées en présence des experts et des parties, sous le serment prévu à l'article 262 du code de procédure civile. »

« Art. 9bis. — L'expropriant sera tenu de produire à cette première réunion les notes et documents dont il entendra faire usage; ils seront déposés au greffe par le juge-commissaire. Une copie des notes sera remise, séance tenante, par l'expropriant à l'exproprié ou à son avoué, s'il a constitué.

« Si l'exproprié entend faire usage de notes et documents, il devra en faire la production dans les trente jours qui suivront la première visite des lieux.

« L'expropriant aura quinze jours pour répondre et l'exproprié le même délai pour répliquer. La partie qui aura laissé passer ce délai sans répondre sera déchue du droit de le faire.

« Les notes et documents seront déposés par les parties au greffe. Le déposant devra adresser le même jour avis de ce dépôt, avec une copie des notes à la partie adverse ou à son avoué, par lettre recommandée à la poste. Les experts en seront également avisés par la même voie.

« Le délai pour répondre prendra cours à partir du surlendemain du dépôt à la poste de la lettre recommandée.

« Il sera dressé procès-verbal par le juge-commissaire; il y sera fait mention des déclarations des personnes qui auront concouru à l'information. »

« Art. 9ter. — Les experts seront tenus de déposer leur rapport dans les quarante jours qui suivent soit l'expiration du délai accordé à la partie pour répondre à la dernière note présentée par son adversaire, soit la remise par cette partie aux experts d'une déclaration écrite constatant qu'elle renonce à répondre. La remise de cette déclaration se fera par lettre recommandée et vaudra information à compter du surlendemain de son dépôt à la poste.

« Le délai de quarante jours fixé à l'alinéa qui précède pourra être augmenté d'une nouvelle période qui ne sera pas supérieure à quarante jours, en vertu d'une décision motivée et sans recours du juge-commissaire, rendue sur requête présentée par les parties ou par les experts lors de la première visite des lieux. Le juge statuera dans la quinzaine de la première visite des lieux.

« A défaut de déposer leurs rapports dans les délais prévus ci-dessus, les experts encourront chacun, de plein droit, par jour de retard, une retenue de 20 francs sur leurs honoraires, a moins qu'ils n'établissent devant le juge taxateur, qui statuera souverainement à cet égard, que le retard ne leur est pas imputable.

« L'avis des experts sera annexé au procès-verbal dressé par le juge-commissaire, et le tout sera déposé au greffe, à l'inspection des parties, sans frais. Avis de ce dépôt sera donné, le jour même, par les experts aux parties ou à leurs avoués, par lettre recommandée à la poste.

« Les experts enverront en même temps aux parties une copie de leur rapport sous pli recommandé.

« Le rapport des experts ne lie pas le tribunal. »

« Art. 10. — Les formalités prescrites par le code de procédure pour le rapport des experts et les enquêtes ne seront pas applicables aux opérations et informations dont il s'agit aux deux articles qui précèdent. »

« Art. 10bis. — Le tribunal ne pourra ordonner une enquête dans les formes tracées par le code de procédure civile, mais il aura la faculté de prescrire une information par le juge-commissaire suivant les règles indiquées à l'article 9 et pour laquelle il fixe jour et heure. Cette information aura lieu en présence des parties. Avis leur en sera donné, par les soins du greffier, au moins cinq jours auparavant, par lettre recommandée à la poste. »

« Art. 11. — La cause sera appelée à l'audience, quinze jours francs après le dépôt du rapport et sur avenir, s'il y a avoué constitué, sans qu'il soit besoin de faire signifier au préalable le procès-verbal non plus que l'avis des experts.

« Les parties seront entendues, le ministère public donnera son avis au plus tard dans les huit jours, et le jugement qui détermine l'indemnité sera prononcé dans la huitaine qui suivra.

« Toutefois ce jugement ne pourra être rendu avant qu'il ait été statué sur l'appel du jugement qui aura décidé de passer outre au règlement de l'indemnité. »

Art. 2. — Les expertises en cours dans les instances en expropriation pour cause d'utilité publique pendantes à la date où la présente loi sera obligatoire seront terminées et les rapports des experts déposés dans les cent et vingt jours qui suivront la dite date. La sanction édictée à l'alinéa 3 de l'article 9ter introduit par la présente loi sera applicable aux experts en retard de déposer leurs rapports.

Art. 3. — Le gouvernement est autorisé à régler par arrêté royal les droits et honoraires des experts en matière d'expropriation pour cause d'utilité publique.

Les expertises en cette matière qui ne seront pas achevées à la date où la présente loi sera obligatoire seront régies par les dispositions de l'arrêté royal prévu à l'alinéa qui précède.

———

La *Revue communale* (1907, p. 289) publie une étude sur cette loi.

La *Revue de l'administration* (1907, p. 423) contient, sur cette loi, une étude qui en expose les motifs et fixe certains points d'application ou d'interprétation.

———

Règlement des droits et honoraires des experts. — Arrêté royal du 24 septembre 1907, contresigné par M. Renkin, ministre de la justice. (*Moniteur* du 28 septembre.)

Les honoraires, débours et frais de voyage des experts en matière d'expropriation pour cause d'utilité publique sont réglés par les dispositions suivantes :

ART. 1er. — Les experts dresseront un seul état, détaillant par ordre de date et pour chaque expert les devoirs accomplis, les débours et les voyages effectués. Cet état renseignera le chiffre global de l'honoraire réclamé par chaque expert.

ART. 2. — Seront admis comme débours le prix des travaux et celui des fournitures nécessités par l'expertise, sur production des factures détaillées, dûment acquittées par les intéressés et certifiées par les experts.

ART. 3. — Il sera alloué aux experts qui devront se transporter hors de leur résidence, pour tous frais de voyage et de séjour, une indemnité à forfait de 25 centimes par kilomètre parcouru. Cette indemnité sera calculée par voie ordinaire de clocher à clocher, en prenant pour base le dictionnaire des distances légales.

Lorsque le total des kilomètres parcourus le même jour, pour un même voyage aller et retour ou pour un voyage combiné, dépassera 100 kilomètres, l'indemnité sera réduite à 15 centimes au delà du 100e kilomètre.

ART. 4. — L'état des honoraires, débours et frais de voyage sera déposé, en même temps que le rapport, au greffe de la juridiction qui aura ordonné l'expertise. Notification de ce dépôt sera faite, le même jour, par les experts aux parties intéressées, par lettre recommandée à la poste. Celles-ci pourront en prendre communication, sans frais, et devront, avant la clôture des débats, déposer au greffe une note d'observations au sujet des honoraires, débours et frais de voyage réclamés.

ART. 5. — L'état sera taxé, lors du jugement qui fixe les indemnités, soit par le président du tribunal de première instance, soit par le président de la chambre qui a statué sur l'indemnité. Si une expertise est ordonnée par la cour d'appel, l'état en sera taxé, lors de l'arrêté fixant les indemnités, soit par le premier président de la cour, soit par le président de la chambre qui a connu de l'affaire.

ART. 6. — En cas de règlement amiable de l'indemnité, soit au cours de l'instance, soit par voie d'arbitrage, l'état des experts sera déposé au greffe de la juridiction compétente.

Les experts notifieront en même temps ce dépôt, par lettre recommandée à la poste, aux parties intéressées qui se conformeront à l'article 4 du présent arrêté.

L'état sera taxé à l'intervention de la partie la plus diligente par le président du tribunal de première instance et, le cas échéant, par le premier président de la cour d'appel.

ART. 7. — Le magistrat taxateur pourra réduire les états dont le montant ne lui paraîtrait pas suffisamment justifié; la taxe sera susceptible d'opposition, sans préjudice de ce qui est statué au troisième alinéa de l'article 9ter introduit par la loi précitée du 9 septembre 1907.

Indemnité. — *Locataire occupant.* — *Moment où il faut se placer.* — Etude de la *Revue de l'administration*, 1908, p. 213.

La *Revue de l'administration* critique les arrêts de la cour d'appel de Bruxelles des 15 janvier (1) et 4 avril 1908 en tant qu'ils décident que pour déterminer l'indemnité due à l'occupant (propriétaire ou preneur) il faut se placer exclusivement au jour du jugement constatant l'accomplissement des formalités administratives et qu'il n'y a pas lieu de faire état des circonstances postérieures à ce jour. Elle estime que ce système est injuste et repose sur une erreur juridique. L'exproprié a droit à la réparation du préjudice subi en réalité. Or, l'importance de ce préjudice peut être influencée en plus ou en moins par des circonstances postérieures au jugement constatant l'accomplissement des formalités. D'autre part, la théorie du forfait au jour du jugement n'est pas basée sur la loi : elle est fondée en tant qu'il s'agit du propriétaire, la propriété passant de l'exproprié à l'expropriant au jour du jugement constatant l'accomplissement des formalités. Mais elle est fausse en tant qu'il s'agit de l'occupant. Ce dernier ne cède rien à l'expropriant. Il subit un dommage à raison duquel il doit être indemnisé et qui ne peut pas être évalué à un moment précis, mais qui doit être établi d'après la réalité des faits existants au moment du jugement fixant l'indemnité.

Une autre règle admise par l'arrêt du 4 avril 1908 est critiquable. D'après cet arrêt il faut avoir égard, dans la fixation de l'indemnité revenant au locataire, à la probabilité d'une prolongation ou d'un renouvellement de son bail. Or, le fait du renouvellement ou de la prolongation du bail dépendait entièrement du propriétaire et l'expropriant a repris tous les droits vis-à-vis du locataire. Il est à remarquer que le droit du locataire est essentiellement temporaire et qu'il disparaît quand le terme du bail est arrivé.

Transmission de la propriété. — *Conséquences au point de vue de l'assurance contre l'incendie.* — Avis de la *Revue communale.* 1907, p. 167.

La propriété de l'immeuble exproprié passe à l'expropriant par l'effet du jugement déclarant les formalités accomplies, sous la réserve que l'expropriant ne pourra entrer en possession qu'après le payement ou la consignation de l'indemnité. L'immeuble est donc mis aux risques et périls de l'expropriant. D'autre part,

(1) Voy. la notice de cet arrêt, p. 513, 2e col.

le contrat d'assurance conclu par l'exproprié prend fin lors de la transmission de la propriété. Les expropriants peuvent donc avoir intérêt à prendre des mesures pour assurer contre l'incendie les immeubles expropriés.

DÉCISIONS JUDICIAIRES.

Acquisition amiable. — Convention antérieure entre propriétaire et locataire. — Indemnités prévues. — Sens du mot « expropriation » employé dans la convention.

S'il est vrai qu'une acquisition amiablement faite par une autorité publique agissant dans un intérêt public et en vertu d'une loi ou d'un arrêté royal équivaut à une expropriation, semblable solution ne peut cependant être admise alors qu'il ressort d'une convention antérieurement intervenue (renouvellement du bail) que les parties ont entendu y viser plus spécialement l'expropriation dans son acception juridique, c'est-à-dire l'acquisition de la propriété individuelle par voie de contrainte judiciaire, et ce dans les conditions et avec les effets qui lui sont propres, s'il résulte notamment de la dite convention que les indemnités prévues et déterminées par les contractants sont les indemnités usuelles et spéciales, particulières à l'expropriation judiciaire. L'évaluation des indemnités dues sera faite eu égard aux stipulations de la convention prérappelée. — Tribunal civil de Bruxelles, 19 janvier 1907, *Pasic.*, 1907, III, 86.

Adjudication par avance de travaux de démolition. — Clauses garantissant les droits de l'exproprié. — Absence de voie de fait.

En procédant par avance à une adjudication, à charge de démolition, d'un bâtiment exproprié, et en stipulant dans le cahier des charges que la démolition ne pourra être entamée qu'après autorisation spéciale de l'expropriant, et qu'en attendant cette autorisation les adjudicataires ne pourront toucher à aucune partie des pignons, etc., l'expropriant ne fait que prendre les mesures nécessaires en vue d'assurer l'exécution de l'arrêté royal décrétant l'expropriation et ne porte pas atteinte aux droits de l'exproprié. — Tribunal civil de Bruxelles (référés), 26 février 1907, *Pasic.*, 1907, III, 292.

Certificat de dépôt du projet d'expropriation. — Erreur de date. — Validité.

Une simple erreur de date dans le certificat délivré par le collège des bourgmestre et échevins du dépôt du projet d'expropriation pour cause d'utilité publique ne peut vicier la procédure s'il est démontré d'ailleurs que les prescriptions de l'article 3, § 1er, de la loi du 27 mai 1870 ont été observées. — Tribunal civil de Bruxelles, 20 juillet 1907, *Pasic.*, 1907, III, 285.

Consignation de l'indemnité. — Mode de libération. — Immeuble dotal. — Remploi. — Surveillance.

En cas d'expropriation pour cause d'utilité publique, le seul mode légal de libération de l'exproprié est la consignation de l'indemnité.

Par l'effet de la consignation l'Etat devient débiteur de la somme consignée.

Sous l'empire d'un contrat de mariage stipulant qu'en cas d'aliénation de biens déclarés dotaux le prix de vente doit être remployé en immeubles ou en rentes sur l'Etat français, avec obligation pour les débiteurs des deniers à remployer, pour se libérer valablement, de les verser directement, en présence des époux, aux agents de change chargés de l'acquisition des inscriptions de rente, l'indemnité d'expropriation consignée à la suite de l'expropriation d'un des immeubles dotaux doit être remise, par le préposé, à la caisse des consignations, aux agents de change, en présence des époux, mais sans intervention de l'expropriant. — Cour d'appel de Bruxelles, 30 juin 1906, *Pasic.*, 1907, II, 45.

Constructions à édifier sur le terrain acquis en remploi. — Indemnité non justifiée.

L'exproprié qui a reçu des indemnités complètes du chef de l'expropriation n'est pas fondé à réclamer une indemnité supplémentaire du chef des constructions qu'il a à édifier sur le terrain acquis en remploi.

Cette indemnité ne trouverait pas sa cause dans le fait de l'expropriation. — Cour d'appel de Gand, 21 février 1907, *Pasic.*, 1907, II, 235.

Constructions dépendantes l'une de l'autre. — Cadastrées d'abord sous un même numéro, ensuite sous des numéros différents. — Emprise de la maison principale. — Préjudice au regard de l'autre immeuble. — Indemnité.

Lorsque des constructions dont les unes doivent être considérées comme une dépendance des autres, appartenant au même propriétaire, ont été cadastrées pendant longtemps sous le même numéro, et que dans la suite elles ont été classées par le cadastre sous deux numéros distincts, elles n'ont pas cessé par ce fait de constituer au regard du propriétaire un ensemble dont il pouvait disposer à son gré, alors même qu'elles auraient été louées à des occupants différents.

L'emprise de la maison principale donne droit à l'exproprié à une indemnité du chef du préjudice que lui causera la privation de la dite maison dont l'autre était une dépendance. — Cour d'appel de Gand, 27 mars 1907, *Pasic.*, 1907, II, 333.

Eaux de pluie coulant sur les chemins publics. — Irrigation. — Suppression. — Absence d'indemnité.

Les eaux de pluie couvrant les chemins publics sont publiques par la loi de l'accession.

Les riverains ne sauraient acquérir sur les dites eaux aucun droit privatif, pas même le droit de riveraineté des articles 644 et 645 du code civil, au cas où elles formeraient un véritable cours d'eau.

En conséquence, n'est pas fondée la demande d'indemnité formulée par l'exproprié et basée sur ce qu'il ne pourra plus, par suite de l'expropriation, irriguer sa propriété. — Tribunal civil de Verviers, 2 mai 1907, *Pasic.*, 1907, III, 269.

Emprise. — Excédent. — Bien rural. — Bâtiments insuffisants. — Morcellement de l'excédent. — Exploitation plus avantageuse. — Travaux projetés. — Trouble.

Lorsque les bâtiments sont insuffisants pour l'exploitation d'un bien rural, il n'y a pas lieu à indemnité du chef de dépréciation de la partie restante de l'emprise si, après l'expropriation, les bâtiments doivent être en rapport avec l'importance de l'excédent qui aura obtenu une amélioration.

La seule allégation par les intervenants dans une procédure en expropriation publique d'un trouble grave apporté à l'exploitation au cours des longs travaux projetés ne justifie pas une demande de dommages-intérêts de ce chef.

S'il était porté atteinte aux droits civils des intervenants dans l'exécution des travaux, les règles du droit commun suffisent à les protéger, et il leur est loisible de se défendre par une action en justice. — Cour d'appel de Gand, 27 décembre 1906, *Pasic.*, 1907, II, 92.

Emprise. — Excédents. — Plus-value. — Compensation inadmissible. — Taxe. — Absence.

Quand une expropriation a pour objet deux groupes d'emprises à faire pour la création de deux voies de communication distinctes, la compensation est inadmissible entre la dépréciation subie par les excédents d'un groupe et la plus-value que les excédents de l'autre groupe sont susceptibles d'acquérir.

Lorsqu'un règlement communal, soumettant à une taxe spéciale les riverains des rues et places publiques, devient, à la suite d'une expropriation, applicable à un propriétaire dont l'immeuble est amené à front de rue, il n'y a pas lieu d'indemniser l'exproprié du chef du prétendu préjudice résultant pour lui de la débition de l'impôt.

L'expropriation, dans ce cas, n'est pas la cause, mais seulement l'occasion de l'application du règlement qui frappe également, et au même titre, les riverains qui sont expropriés et ceux qui ne le sont pas.

Les moyens qui tendraient à faire considérer la taxe comme illégale, à raison de son taux excessif, sont sans portée dans une instance où la demande d'indemnité implique précisément la validité du règlement et l'exigibilité de la taxe. — Cour d'appel de Gand, 12 avril 1906, *Pasic.*, 1907, II, 55.

Emprise. — Terrain situé le long d'un chemin mal entretenu. — Travaux décrétés. — Frais de remploi.

L'exproprié dont le terrain empris était situé le long d'un simple chemin non pavé et mal entretenu a droit à une indemnité du chef de l'augmentation de valeur de sa propriété par l'exécution des travaux décrétés par des arrêtés royaux antérieurs.

L'indemnité de 10 p. c. pour frais de remploi est suffisante pour permettre à l'exproprié, dans une circonstance donnée, d'acquérir une autre propriété dans les mêmes conditions.

Il importe peu que l'indemnité, du chef de l'expropriation, doive être divisée entre divers intéressés. — Cour d'appel de Gand, 31 janvier 1907, *Pasic.*, 1907, II, 239.

Emprise. — Valeur. — Fixation. — Base.

Si l'exproprian doit payer à l'exproprié non seulement la valeur vénale, mais aussi la valeur commerciale ou de convenance que sa propriété représentait pour lui, il ne doit pas davantage, à moins que l'exproprié ne justifie d'un préjudice spécial éprouvé par suite de l'expropriation elle-même.

Le juge ne saurait avoir égard à la prétention de l'exproprié qu'il peut réaliser une économie notable de droits par l'établissement d'un entrepôt fictif sur le terrain exproprié.

L'exproprié pourra établir cet entrepôt fictif sur un autre terrain à acquérir avec l'indemnité, augmentée des frais de remploi, qui lui est allouée.

Pour déterminer la valeur de l'emprise, le juge doit tenir compte du prix auquel l'exproprié a acquis, en vente publique, l'immeuble exproprié, moins d'une année avant la date de l'arrêté royal décrétant les travaux donnant lieu à l'expropriation des terrains. — Cour d'appel de Gand, 21 février 1907, *Pasic.*, 1907, II, 243.

Etablissement dangereux. — Durée de l'autorisation. — Indemnité. — Déménagement. — Assurance contre le bris et le vol.

C'est au moment où l'expropriation est consommée par le jugement déclarant accomplies les formalités pour y parvenir qu'il échet de se placer pour fixer l'indemnité.

Quand l'immeuble exproprié consiste en une fonderie de cuivre dont l'établissement avait fait l'objet d'une autorisation administrative, qui était encore valable pour seize mois et eût été vraisemblablement renouvelée ou prorogée, le dommage à résulter pour l'exproprié du chômage, de la perte de clientèle et du déménagement trouve sa source dans l'expropriation.

Doit être complété par une nouvelle mesure d'instruction le rapport d'expertise qui n'envisage pas l'éventualité de la perte d'objets, par bris ou vol, lors du transport à en faire, et il convient de rechercher si l'assurance contre cette perte ne peut réduire les frais de leur déménagement que doit comprendre l'indemnité d'expropriation. — Cour d'appel de Liége, 27 mars 1907, *Pasic.*, 1907, II, 336.

Evaluation. — Parcelle restante. — Dépréciation. — Plus-value. — Taxes communales.

Il n'y a pas lieu à indemnité, du chef de dépréciation de la partie restante de l'emprise, si elle est compensée par la plus-value à résulter de la nouvelle situation.

Les taxes communales qui grèveront cet excédent constituent un impôt qui exclut la possibilité d'un préjudice, puisqu'il est basé sur l'utilité publique et que l'application de ces taxes ne sera pas une conséquence directe et nécessaire de l'expropriation.

La contestation au sujet de la légalité du règlement communal qui a créé les taxes est prématurée et étrangère au débat relatif aux indemnités à allouer du chef de l'expropriation. — Cour d'appel de Gand, 27 décembre 1906, *Pasic.*, 1907, II, 56.

Evaluation. — Prix de revient. — Valeur actuelle.

Si le prix de revient est un élément qu'il importe de ne point négliger, il ne peut servir, à lui seul, à déterminer la valeur vénale, qui en est indépendante; l'exproprié n'a pas droit au remboursement de ce qu'il a payé pour l'acquisition et l'aménagement de l'immeuble empris, mais à une indemnité équivalente à sa valeur réelle au moment de l'expropriation. — Tribunal civil de Bruxelles, 12 mai 1906, *Pasic.*, 1907, III, 189.

Evaluation. — Prix de vente d'immeubles similaires. — Situation commerciale. — Loyers.

Sous les réserves que les circonstances peuvent comporter, les prix de vente d'immeubles similaires constituent d'une manière générale l'un des guides les plus sûrs pour fixer la juste estimation d'un bien exproprié.

Une situation commerciale favorable est également un élément considérable d'appréciation, indépendant de celui qui résulte de la superficie ou de l'importance matérielle du bien.

Les immeubles du quartier de la place Saint-Jean, à Bruxelles, ont été depuis 1894 l'objet d'une notable plus-value; c'est au taux de 4.90 p. c. qu'il convient aujourd'hui d'en capitaliser les loyers. — Cour d'appel de Bruxelles, 5 avril 1907, *Pasic.*, 1907, II, 348.

Evaluation. — Valeur d'avenir. — Mines concessibles. — Perte d'accès à la voie publique. — Profondeur insuffisante de la parcelle restante. — Indemnités distinctes.

Les trois prérogatives reconnues par les lois du 21 avril 1810 et du 2 mai 1837 aux propriétaires de terrains contenant des mines concessi-

bles non concédées donnent à l'emprise, en cas d'expropriation, une valeur d'avenir.

La valeur d'avenir doit, pour tout ce qu'elle a d'actuellement appréciable, être comptée à l'exproprié, quelque modique qu'elle puisse être.

La transformation en centre industriel de la commune où est situé l'immeuble exproprié ne peut servir de base à une augmentation d'indemnité, alors que cette transformation est encore fort incertaine et subordonnée à des événements divers.

Lorsque l'Etat exproprie la partie d'une parcelle qui longe un chemin, et sépare ainsi de la voie publique la partie restante, il est obligé de payer une indemnité pour cette perte d'accès.

L'exproprié a encore droit à une indemnité lorsque, par suite de l'expropriation, la partie restante du terrain n'aura plus assez de profondeur pour pouvoir servir de terrain à bâtir.

Ces deux dépréciations ne font pas double emploi : elles sont, au contraire, bien distinctes. — Tribunal civil de Hasselt, 4 juillet 1906, *Pasic.*, 1907, III, 144.

Indemnité. — Appréciation des experts. — Locataire occupant. — Moment où il faut se placer.

Il y a lieu pour les juges d'entériner l'estimation des experts quant à la valeur d'un immeuble pour utilité publique, lorsqu'il n'apparaît pas qu'ils aient commis des erreurs de fait, de calcul ou d'appréciation.

Pour évaluer les indemnités dues au cas d'expropriation pour utilité publique, notamment au locataire occupant, il faut se placer au moment du jugement déclarant les formalités accomplies, et il importe peu que, postérieurement, l'exproprié ait, à l'insu des experts, réussi à se procurer l'occupation d'un autre immeuble en remplacement de celui que l'expropriant lui enlevait. — Cour d'appel de Bruxelles, 15 janvier 1908, *Pasic.*, 1908, II, 113.

Indemnité. — Maison de commerce. — Valeur commerciale. — Taxes pour construction de trottoirs, reconstruction des égouts. — Raccordements aux eaux alimentaires et au gaz. — Honoraires d'architecte. — Clientèle de passage.

On ne peut attribuer une valeur uniforme à toute la superficie du terrain dépendant d'une maison de commerce à raison de son utilisation commerciale presque complète, s'il est certain que la valeur vénale du terrain est influencée par l'existence d'une zone de fond.

Il doit être tenu compte à l'exproprié de ce que sa propriété sise dans une rue où prédomine le commerce de détail n'a pourtant pas une contenance disproportionnée à sa situation et de ce que la concentration des divers éléments d'activité commerciale du propriétaire lui a imprimé une valeur d'affectation.

Il n'échet pas d'allouer une indemnité pour privation de valeur commerciale quand l'immeuble exproprié ne jouit pas d'une notoriété particulière à raison de la destination fructueuse qu'il a reçue pendant un laps de temps d'une durée inusitée.

Constituent des impositions proprement dites qui ne comportent pas l'allocation d'indemnités équivalentes, la taxe pour construction de trottoirs, celle sur les constructions et reconstructions et celle des égouts.

Il en est autrement pour les raccordements aux eaux alimentaires et au gaz.

Une indemnité spéciale pour honoraires d'architecte n'est pas légitimée quand il s'agit de maisons de commerce, de construction relativement ancienne, qui ne paraissent pas avoir nécessité l'intervention d'un architecte lors de leur construction.

Bien que la clientèle de passage soit nécessairement un élément du taux de la valeur vénale ou du prix auquel le terrain est calculé, l'exproprié subit néanmoins un dommage spécial de ce chef quand il exerce lui-même le commerce bénéficiant de cette clientèle. — Cour d'appel de Liége, 18 juillet 1906, *Pasic.*, 1907, II, 136.

Indemnités. — Valeur d'affection. — Valeur d'agrément. — Valeur de convenance.' — Envoi en possession. — Forme. — Effets. — Bail. — Perte des avantages.

L'exproprié ne peut se prévaloir d'une valeur d'affection; celle-ci, basée sur des considérations purement morales, échappe à tout contrôle; essentiellement incertaine, elle ne peut entrer en ligne de compte dans un calcul d'évaluation; elle ne doit pas être confondue avec la valeur d'agrément, élément de la valeur vénale, et plus particulièrement de la valeur de convenance proprement dite.

Si l'article 12 de la loi du 17 avril 1835 stipule que, sur le vu du certificat de dépôt des indemnités à la caisse des consignations, l'expropriant sera envoyé en possession, cet envoi en possession ne s'opère pas de plein droit, mais doit être ordonné par le président du tribunal de première instance, sur requête lui présentée par l'expropriant; il suffit donc à celui-ci de ne point requérir l'envoi en possession pour faire qu'il ne se produise pas, et aucune règle ne s'oppose à ce qu'il s'interdise d'user de ce droit avant un moment déterminé, celui-ci devant alors être pris en considération pour la fixation des indemnités, dont le chiffre sera ainsi mis en rapport exact avec l'importance du préjudice réellement souffert.

L'indemnité allouée à un intervenant du chef de perte des avantages de son bail doit être supportée par l'exproprié et venir en déduction du prix principal. — Tribunal civil de Bruxelles, 8 juin 1907, *Pasic.*, 1907, III, 258.

Parcelle restante. — Inconvénients résultant de l'usage donné à la partie expropriée. — Absence d'indemnité.

Les inconvénients qui sont non le résultat direct de l'expropriation, mais des conséquences de l'usage auquel l'expropriant affec-

tera les emprises, ne peuvent donner droit à une indemnité.

Il y a lieu à indemnité si, par suite des travaux effectués à la faveur de l'expropriation, l'excédent de l'emprise subit une dépréciation résultant du changement matériel de l'état des lieux, changement rendant plus difficile, en pratique, l'exercice du droit d'issue. — Cour d'appel de Bruxelles, 13 février 1902 et 28 juillet 1904, *Pasic.*, 1907, II, 5.

Servitude d'alignement. — Indemnité. — Consignation ou payement préalable. — Défaut. — Conséquence.

Tout recul ou nouvel alignement à exécuter en vertu de la loi du 1er février 1844, et qui constitue une véritable expropriation, ne peut être ni prescrit ni exécuté avant la consignation ou le payement d'une indemnité. Le propriétaire de l'immeuble assujetti à cette servitude peut même réclamer la réparation du dommage causé à sa propriété par suite de la moins-value de l'excédent; il pourrait même, d'après les principes qui régissent la matière, exiger l'acquisition intégrale des bâtiments entamés par l'expropriation.

Lorsque la servitude d'alignement n'a pas été exercée et qu'aucune indemnité n'a été offerte à l'exproprié, son immeuble doit être envisagé et évalué dans l'état où il se trouve actuellement. — Tribunal civil de Bruxelles, 16 février 1907, *Pasic.*, 1907, III, 137.

Sous-locataire. — Intervention. — Bail. — Clause interdisant la sous-location sans autorisation écrite. — Permission tacite.

Dût-on même décider, contrairement à l'opinion généralement admise, qu'il n'existe pas de lien de droit entre le bailleur et le souspreneur, encore faudrait-il reconnaître à celui-ci le droit d'intervenir dans l'instance en expropriation pour utilité publique en présence de l'article 19 de la loi du 17 avril 1835.

L'expropriant n'étant lié par le bail que dans les conditions où l'est l'exproprié peut, en principe, opposer au sous-locataire la clause du bail relative à la sous-location.

Si l'article 1717 du code civil est toujours de rigueur, c'est uniquement en ce sens que le bailleur n'a pas de motifs à donner de son refus d'agréer un sous-locataire, mais il ne fait pas obstacle à ce qu'il renonce tacitement à son droit d'empêcher la sous-location lorsqu'elle a été interdite en dehors de son adhésion.

Semblable renonciation peut résulter de ce que le propriétaire a su pertinemment que ses locataires, marchands brasseurs, s'étaient immédiatement substitué un cafetier pour exercer dans la maison par eux louée le commerce de café-brasserie que le bail leur imposait. — Cour d'appel de Liége, 27 février 1907, *Pasic.*, 1907, II, 227.

Surprime d'assurance. — Voisinage de la voie ferrée. — Difficulté plus grande d'exploitation. — Indemnité.

L'exproprié n'a pas droit à une indemnité du chef de la surprime d'assurance des bâtiments à raison de leur voisinage de la voie ferrée.

Si, par l'expropriation, la propriété sur laquelle l'emprise doit être effectuée est coupée en deux parties et si la partie restante est séparée de la ferme par la ligne vicinale, cette difficulté plus grande d'exploitation sera compensée par une indemnité calculée sur le pied d'un tiers de la valeur du terrain. — Cour de Gand, 21 février 1907, *Pasic.*, 1907, II, 234.

Terrain à bâtir. — Parcelle restante. — Accès à la voie publique. — Contiguïté à un chemin de fer vicinal. — Accès à la voie publique. — Propriété des berges des chemins vicinaux.

En cas d'expropriation d'une parcelle située le long de la voie publique et faisant partie d'un terrain qui n'est pas à bâtir sur toute sa profondeur, la parcelle expropriée doit être évaluée comme terrain à bâtir, quoique, par suite de la profondeur de l'excédent, l'exproprié conserve autant de terrain à bâtir après l'expropriation qu'avant.

L'immeuble contigu à la voie publique avant l'expropriation y reste contigu après l'expropriation lorsque celle-ci a porté sur la partie de l'immeuble contiguë à la voie publique et a été faite en vue d'établir, sur la parcelle expropriée, un chemin de fer vicinal en accotement; aucune indemnité n'est due pour dépréciation résultant de ce voisinage nouveau.

Le droit d'accès du riverain à la voie publique est inhérent à son droit de propriété dont il constitue l'accessoire indispensable, en tant qu'il est nécessaire pour la jouissance et l'exploitation de sa propriété et dans les limites des lois et règlements auxquels il demeure assujetti.

Les chemins vicinaux et les berges qui en sont les parties intégrantes appartiennent, sauf preuve contraire, au domaine public. — Cour d'appel de Bruxelles, 27 novembre 1905, 29 juin et 25 juillet 1906, *Pasic.*, 1907, II, 7.

Travaux autorisés par une loi. — Absence d'arrêté royal. — Désignation des emprises. — Décision ministérielle. — Accomplissement des formalités administratives. — Arrêt réformatif. — Renvoi au premier juge.

Lorsqu'une loi a autorisé les travaux qui rendent une expropriation nécessaire, spécialement par l'admission d'un crédit au budget, il ne faut pas d'arrêté royal, et il appartient au ministre, après enquête sur le plan parcellaire, de désigner les parcelles à emprendre. (Loi du 27 mai 1870, art. 1er et 7.)

La cour d'appel qui réforme un jugement déclarant non accomplies les formalités administratives en matière d'expropriation pour cause d'utilité publique doit, pour la nomination des experts et pour la procédure ulté-

rieure en vue de la fixation de l'indemnité, renvoyer l'affaire au premier juge, à qui la loi, à raison de la situation des biens, a attribué spécialement juridiction à cette fin. (Code de proc. civ., art. 472; loi du 17 avril 1835.) — Cassation, 21 février 1907, *Pasic.*, 1907, I, 137.

F

Fabriques d'église. — *Objets d'art placés dans l'église. — Interdiction de les aliéner sans autorisation du gouvernement. — Droit de contrôle de l'administration communale. — Revue communale*, 1907, p. 305.

Les objets d'art se trouvant dans les églises ne peuvent être aliénés sans l'autorisation du gouvernement. (Arrêté royal du 16 août 1824, art. 5.)

Il appartient au bourgmestre, membre de droit de la fabrique d'église, de veiller à ce que les objets artistiques contenus dans l'église ne soient pas vendus irrégulièrement.

Placement de bancs et de chaises et autres modifications d'ordre intérieur. — Non-application de l'arrêté royal du 16 août 1824. — Avis de la Revue communale, 1907, p. 149.

L'arrêté royal du 16 août 1824 ne subordonne à l'autorisation royale que les travaux de construction et de reconstruction ainsi que les ouvrages autres que ceux qui sont nécessaires à l'entretien des églises. Les actes de pure administration : placement de bancs ou de chaises, déplacement d'un confessionnal non scellé au mur, peuvent être ordonnés par la fabrique, d'accord avec le desservant.

Un étranger peut-il faire partie d'un conseil de fabrique? — Avis de la Revue catholique de droit, 1907, p. 294.

La *Revue catholique de droit* examine cette question et se prononce en faveur d'une solution affirmative.

Voy. CIMETIÈRES. — COLLECTES. — CULTES.

G

Garde champêtre. — *Armement. — Compétence du bourgmestre. — Dépenses. — Conseil communal. — Avis de la Revue communale*, 1907, p. 119.

Le bourgmestre est compétent pour décider que les gardes champêtres seront armés du fusil réglementaire. Mais c'est au conseil communal qu'il appartient de voter les crédits nécessaires à l'achat des armes, et si le conseil refuse de voter les crédits le conflit est insoluble.

Voy. CONSEIL COMMUNAL.

Garde civique. — *Membres des conseils de discipline.* — *Frais de route et de séjour.* — Arrêté royal du 10 août 1907, contresigné par M. de Trooz, ministre de l'intérieur. (*Moniteur* des 9-10 septembre.)

Vu les articles 99, 114 et 116 de la loi du 9 septembre 1897;

Vu notre arrêté du 5 mai 1905, qui porte :

« Le conseil de revision et le conseil de discipline de la garde civique formée d'un groupe de communes transportent leur siège dans les diverses communes du ressort, si les besoins du service l'exigent » ;

Considérant qu'il importe de fixer les indemnités pour frais de route et de séjour à accorder aux sous-officiers, caporaux ou brigadiers faisant partie du conseil de discipline;

Revu nos arrêtés du 16 novembre 1897 et du 12 octobre 1900;

Sur la proposition de notre ministre de l'intérieur,

Nous avons arrêté et arrêtons :

Art. 1er. — Les indemnités à accorder aux sous-officiers, caporaux ou brigadiers, membres des conseils de discipline de la garde civique, en cas de déplacement de ces conseils, sont fixées comme suit :

Sur les routes ordinaires, 75 centimes par lieue de 5 kilomètres;

Sur le chemin de fer, 35 centimes par lieue de 5 kilomètres;

Indemnité par nuit de séjour, 12 francs.

Art. 2. — Nos arrêtés du 16 novembre 1897 et du 12 octobre 1900 sont modifiés conformément à ce qui précède.

———

Organisation. — *Corps d'infanterie de ligne.* — Arrêté royal du 17 février 1908, contresigné par M. Schollaert, ministre de l'intérieur. (*Moniteur* du 29 février.)

Vu les articles 3, 48, 49 et 65 de la loi du 9 septembre 1897;

Considérant qu'il y a lieu de mettre l'organisation de certaines gardes en rapport avec les effectifs;

Sur la proposition de notre ministre de l'intérieur,

Nous avons arrêté et arrêtons :

Art. 1er. — L'organisation des corps d'infanterie de ligne de la garde civique indiqués ci-après est déterminée comme suit :

DÉSIGNATION DES GARDES ET DES GROUPES.	Nombre de régiments.	NOMBRE de BATAILLONS		NOMBRE de COMPAGNIES		OBSERVATIONS.
		du premier ban.	du second ban.	du premier ban.	du second ban.	
Garde civique de Courtrai (groupe). { Courtrai . . .	—	1	—	3	2	
{ Menin . . .	—	—	—	1		
Gand	1	3	1	8	5	
Ledeberg . .	—	—	—	1	—	Ces compagnies feront partie des bataillons du premier ban du régiment de Gand, à désigner par le lieutenant général commandant supérieur. Les bataillons du premier ban seront numérotés 1, 2 et 3; celui du second ban prendra le numéro 4.
Garde civique de Gand (groupe). Mont-St-Amand	—	—	—	1	—	
Gentbrugge. .	—	—	—	1	—	
Garde civique d'Etterbeek	—	—	1	3	2	Fait partie du groupe d'Ixelles.
Garde civique de Haine-Saint-Pierre	—	—	—	1	—	Font partie du groupe de La Louvière.
— de Haine-Saint-Paul . .	—	—	—	1	—	
— de Houdeng-Aimeries. .	—	—	—	1	—	
— de Houdeng-Goegnies .	—	—	—	1	—	
Garde civique de Mont-sur-Marchienne.	—	—	—	1	—	Fait partie du groupe de Marchienne-au-Pont
Garde civique de Chapelle lez-Herlaimont.	—	—	—	1	—	Font partie du groupe de Morlanwelz.
— de Trazegnies . .	—	—	—	1	—	
— de Carnières . .	—	—	—	1	—	
— de La Hestre . . .	—	—	—	1	—	
Garde civique de Verviers (groupe) . . .	1	2	1	6	3	Y compris les compagnies constituées à Dison et à Ensival-Hodimont.
Garde civique de Hasselt	—	—	1	2	1	

ART. 2. — Les compagnies dont l'effectif contrôlé atteindra ultérieurement plus de 100 hommes pourront être formées à trois pelotons par le lieutenant général commandant supérieur.

Organisation. — Chasseurs à pied de la garde civique de Bruxelles. — Arrêté royal du 16 juillet 1907, contresigné par M. de Trooz, ministre de l'intérieur. (*Moniteur* du 27 juillet.)

ART. 1er. — L'état-major des chasseurs à pied de la garde civique de Bruxelles est supprimé.

Les gradés devenus sans emploi seront placés provisoirement à la suite du 1er demi-régiment de chasseurs.

ART. 2. — Les 1er et 2e demi-régiments, de même que les compagnies cyclistes, seront placés sous les ordres immédiats du chef de la garde.

Organisation. — Garde civique de Boussu-Dour. — Arrêté royal du 23 avril 1907, contresigné par M. de Trooz, ministre de l'intérieur, etc. (*Moniteur* du 2 mai.)

ART. 1er. — La garde civique de Boussu-Dour sera formée en une compagnie à deux pelotons, dans chacune des communes du groupe.

ART. 2. — Lorsque ces compagnies comprendront plus de 100 hommes, elles pourront être formées à trois pelotons par le lieutenant-général commandant supérieur.

Formation de trois catégories de tireurs. — Création d'un insigne-prix de tir. — Arrêté pris le 20 janvier 1907, par M. de Trooz, ministre de l'intérieur, etc. (*Bulletin du ministère de l'intérieur, etc.*, 1907, I, 6.)

Considérant qu'au cours de ces dernières années la pratique du tir aux armes de guerre s'est notablement développée au sein de la garde civique et des corps armés de sapeurs-pompiers;

Considérant qu'il y a lieu de reconnaître l'aptitude des tireurs en les classant en catégories donnant droit à l'obtention d'un insigne de mérite;

Considérant que la diversité des installations des tirs communaux ne permet pas d'organiser les concours locaux d'après un programme unique; qu'un classement général des participants peut être réalisé, par contre, au grand concours annuel exécuté au Tir national de Bruxelles,

Arrête :

ART. 1er. — Il est formé au sein de la garde civique et des corps armés de sapeurs-pompiers trois catégories de tireurs dénommés de première, de deuxième ou de troisième classe.

Les conditions à remplir pour faire partie de ces catégories sont celles qui forment chaque année la base du grand concours national pour la garde civique aux distances de 200 ou de 300 mètres (séries fixes), à savoir :

A. Le concours se fait avec l'arme et la cartouche réglementaires, en deux séries de cinq balles; la meilleure des deux séries, toutes balles en cible, compte seule pour le classement.

B. La cible est placée à la distance de 300 mètres pour les tireurs armés du fusil Mauser et à celle de 200 mètres pour les corps armés du fusil Comblain; elle est du modèle ci-annexé en usage au Tir national.

C. Sont tireurs de première classe, les concurrents qui, dans les conditions précitées, obtiennent un total de 45 à 35 points;

Sont tireurs de deuxième classe, ceux obtenant de 34 à 30 points ;

Sont tireurs de troisième classe, ceux qui obtiennent de 29 à 25 points.

ART. 2. — Il est institué, pour les tireurs respectifs de ces trois catégories, un insigne-prix de tir en vermeil, en argent et en bronze. Cet insigne est cousu sur la manche gauche des vêtements d'uniforme, à égale distance, entre le coude et l'épaule.

Un diplôme, enregistrant le résultat obtenu, est remis au tireur.

ART. 3. — L'insigne se compose de deux fusils formant une croix de Bourgogne, posés sur une branche de laurier représentant la lettre L et surmontés de la couronne royale.

Autour des fusils se déroule une banderole sur l'avers de laquelle apparaît l'inscription : « Prix de tir ».

ART. 4. — Les tireurs admis à participer au concours d'honneur (coupe de Wimbledon) à 300 mètres et qui obtiennent un minimum de 165 points dans un tir de 24 cartouches, en trois séries additionnées, toutes balles en cible, sont dénommés maîtres tireurs. Les séries sont tirées sur la cible du modèle cité à l'article 1er, § b, dans les trois positions : debout, à genou et couché, avec l'arme et la cartouche réglementaires (Comblain ou Mauser, au choix).

Les maîtres tireurs sont autorisés à porter, sur la poitrine, l'insigne de première classe suspendu à un ruban de 30 millimètres de largeur présentant une double lézarde longitudinale aux couleurs nationales, portant en son milieu une cible réduite, en argent émaillé, de 18 millimètres de diamètre. Le ruban ne peut être porté sans l'insigne.

ART. 5. — Aucun des insignes et diplômes prévus au présent arrêté n'est décerné plus d'une fois au même tireur, et celui-ci ne peut porter simultanément deux de ces insignes.

ART. 6. — La mention suivante est faite dans la colonne d'observations des registres-matricules et des contrôles, en regard du nom des gardes auxquels a été décerné un insigne de tir :

« A obtenu l'insigne de tireur de ... classe (ou de maître tireur) au grand concours national de 190... »

Autorisation pour les membres de la garde civique de se rendre en uniforme et en armes à des concours de tir. — Circulaire adressée le 17 mai 1907, à diverses autorités de la garde, par M. de Trooz, ministre de l'intérieur. (*Bulletin du ministère de l'intérieur*, 1907, II, 2.)

J'ai l'honneur de vous faire savoir que j'autorise les membres de la garde civique à se rendre en uniforme et en armes aux concours de tir organisés cette année à Liége, à Spa, à Dinant, à Huy et à Alost, conformément aux dispositions des règlements et programmes arrêtés par les comités exécutifs.

Cette autorisation est subordonnée toutefois à l'observation des conditions énumérées dans ma circulaire du 28 décembre 1903, rappelées ci-après :

« En dehors du service, les gardes ne peuvent revêtir leur uniforme ou prendre les armes sans une autorisation écrite du chef de la garde.

« L'autorisation de faire participer des détachements à des fêtes ou à des concours organisés dans d'autres localités du pays devra être soumise à mon département par la voie hiérarchique ; cette autorisation ne sera accordée qu'après avis favorable de l'autorité locale en cause et aux conditions suivantes :

« 1º L'excursion se fera sous la responsabilité du chef de la garde ;

« 2º S'il s'agit d'un corps de musique, le chef de la garde désignera un officier qui sera responsable de l'ordre et de la discipline au cours de l'excursion ;

« 3º S'il s'agit d'un détachement armé, le détachement, bien encadré, sera placé sous le commandement d'un officier responsable de la discipline et du bon ordre. Chaque chef de peloton aura une liste nominative des gardes composant son peloton, ainsi que leur adresse. Le service de santé devra être convenablement assuré ;

« 4º Les infractions commises pendant l'excursion seront poursuivies et punies conformément à la loi et aux règlements de la garde ;

« 5º Pendant leur absence, les corps ou détachements seront sous la haute autorité du chef de la garde de la commune dans laquelle ils séjourneront ;

« 6º Le détachement ne peut faire usage de réquisitions pour le transport gratuit par chemin de fer et n'a droit à aucune allocation de solde ni indemnité quelconque. »

En ce qui concerne le concours de tir organisé à Spa, M. le colonel chef d'état-major Van Balen, président du comité exécutif de ce concours, remplira les devoirs prévus au 5º ci-dessus.

Voy. CONSEIL COMMUNAL.

DÉCISIONS JUDICIAIRES.

CONSEIL CIVIQUE DE REVISION. — *Compétence.* — *Officier n'habitant plus la commune.* — *Radiation à la demande du chef de la garde.*

Il appartient au conseil civique de revision de rayer des contrôles, à la demande du chef de la garde, un officier n'habitant plus la ville où il exerce son commandement. (Loi du 9 septembre 1897, art. 26, 2º, 9, 17 et 61.) — Cassation, 22 juillet 1907, *Pasic.*, 1907, I, 346.

— *Moyens de s'équiper.* — *Appréciation souveraine.*

Le conseil civique de revision décide souverainement en fait si un garde a les moyens de se pourvoir d'un uniforme. — Cassation, 7 janvier 1907, *Pasic.*, 1907, I, 79, et 6 mai 1907, *ibid.*, 1907, I, 191.

— *Réclamations.* — *Compétence.* — *Résidences multiples.* — *Registre de population.* — *Appréciation souveraine.* — *Echevin.* — *Dispense dans la commune.*

Le conseil civique de revision d'une commune est compétent pour statuer sur la réclamation d'un garde contre son inscription sur les contrôles de la garde civique de cette commune. (Loi du 9 septembre 1897, art. 26.)

Il apprécie souverainement les éléments constitutifs de la résidence pour faire application de la loi au cas de résidences multiples. (Loi du 9 septembre 1897, art. 11.)

Il n'est pas lié par les mentions du registre de population, en tant qu'elles émanent de la déclaration des intéressés.

L'échevin n'est dispensé du service de la garde civique que dans la commune où il exerce ses fonctions. (Loi du 9 septembre 1897, art. 38, litt. *E.*) — Cassation, 11 février 1907, *Pasic.*, 1907, I, 118.

CONSEIL DE DISCIPLINE. — *Absence aux exercices.* — *Acquittement.* — *Motifs.* — *Force majeure.* — *Jugements.* — *Insertion du texte légal.* — *Omission.*

Le jugement qui acquitte un garde non dispensé du chef d'absence à des exercices de la garde civique ne peut se borner à énoncer que le prévenu s'est trouvé dans l'impossibilité d'y assister ; il doit constater que l'empêchement était imprévu et a été le résultat de la force majeure.

Dans tout jugement de condamnation rendu par un conseil de discipline de la garde civique, le texte des articles 107 et 122 de la loi du 10 septembre 1897 doit être inséré à peine de nullité. (Code d'instr. crim., art. 163 ; loi du 10 septembre 1897, art. 126.) — Cassation, 22 avril 1907, *Pasic.*, 1907, I, 174.

— *Absence à un exercice.* — *Motifs de dispense ou d'exemption.*

Le conseil de discipline ne peut acquitter un garde prévenu d'avoir manqué à un exercice en accueillant des motifs de dispense ou d'exemption non admis par le collège échevinal, le conseil de revision ou le chef de la garde. (Loi du 9 septembre 1897, art. 43.) — Cassation, 10 juin 1907, *Pasic.*, 1907, I, 290.

— *Absence à un service.* — *Motifs d'excuse.* — *Force majeure.* — *Droits de la défense.* — *Insertion du texte légal.* — *Omission.* — *Amendes de police.* — *Cumul.* — *Emprisonnement subsidiaire unique.* — *Peine correctionnelle.*

Le conseil de discipline, chargé d'apprécier la culpabilité d'un garde traduit devant lui du chef d'absence à un service ne peut se refuser à rechercher si cette absence n'a pas été le résultat d'une force majeure quelconque indépendante de la volonté du garde. (Code pén., art. 71; arrêté royal du 15 janvier 1900, art. 35.)

Dans tout jugement de condamnation prononcé par un conseil de discipline de la garde civique, le texte de l'article 107 de la loi du 9 septembre 1897, qui imprime aux faits imputés leur caractère d'infraction, doit être inséré. (Code d'instr. crim., art. 163; loi du 9 septembre 1897, art. 125.)

Le jugement qui applique cumulativement plusieurs amendes de police ne peut prononcer une peine d'emprisonnement correctionnel, mais doit prononcer une peine d'emprisonnement subsidiaire de police pour chaque amende. (Code pén., art. 58 et 80; loi du 9 septembre 1897, art. 122 et 125.) — Cass., 29 avril 1907, Pasic., 1907, I, 177.

— *Citation.* — *Domicile.* — *Appréciation souveraine.*

Le conseil de discipline apprécie souverainement, aux fins d'en déduire la régularité de la citation, quelle est la commune où un garde a sa principale résidence et son domicile. — Cassation, 8 octobre 1906, Pasic., 1907, I, 13.

— *Feuille d'audience.* — *Greffier.* — *Qualité.* — *Constatation.*

La feuille d'audience du conseil de discipline de la garde civique doit, à peine de nullité, constater que le greffier a la qualité d'officier quartier-maître. (Loi du 9 septembre 1897, art. 114.) — Cassation, 8 octobre 1906, Pasic., 1907, I, 12.

— *Jugement.* — *Texte légal.* — *Emprisonnement subsidiaire.* — *Insertion du texte de la loi.*

Le texte des articles 122 et 125 de la loi sur la garde civique ne peut être considéré comme inséré dans le jugement de condamnation s'il n'a pas été expressément visé par le président au moment de la lecture du jugement dans lequel se trouvent insérés un grand nombre d'articles pouvant, suivant les circonstances, être appliqués par les conseils de discipline. (Code d'instr. crim., art. 163; loi sur la garde civique, art. 125.) — Cassation, 19 novembre 1906, Pasic., 1907, I, 48; 11 février 1907, ibid., 1907, I, 114; 3 juin 1907, ibid., 1907, I, 274, et 7 octobre 1907, ibid., 1907, I, 367.

— *Mention de la qualité du président et du greffier.* — *Omission.* — *Cassation.*

Doit être cassée d'office la décision du conseil de discipline de la garde civique qui omet de constater la qualité légale du président et celle du membre du siège remplissant les fonctions de greffier. (Loi du 9 septembre 1897, art. 114 et 118.) — Cassation, 12 novembre 1906, Pasic., 1907, I, 42.

— *Motifs des jugements.* — *Procès-verbal.* — *Foi due.* — *Acquittement.*

Viole la foi due au procès-verbal constatant un acte d'indiscipline le jugement qui acquitte le prévenu par l'unique motif que la prévention n'est pas suffisamment établie. (Loi du 9 septembre 1897, art. 120.) — Cassation, 22 mai 1907, Pasic., 1907, I, 236.

— *Procès-verbaux.* — *Absences non justifiées.* — *Acquittement.* — *Défaut de motifs.*

Les procès-verbaux constatant l'absence non justifiée d'un garde à des exercices obligatoires font foi jusqu'à preuve contraire, et le jugement acquittant ce garde par le seul motif que les faits mis à charge de l'inculpé ne sont pas établis n'est pas suffisamment motivé. (Const., art. 97; loi du 9 septembre 1897, art. 119 et 120.) — Cassation, 8 octobre 1906, Pasic., 1907, I, 12.   i

EXEMPTION. — *Huit années de grade.* — *Doivent être accomplies dans le premier ban.*

Les huit années de grade que les officiers, sous-officiers, caporaux ou brigadiers peuvent invoquer pour obtenir une exemption définitive, après avoir terminé leur temps de service dans le 1er ban, doivent avoir été accomplies exclusivement dans le 1er ban. (Loi du 9 septembre 1897, art. 40D.) — Cassation, 18 février 1907, Pasic., 1907, I, 131, et 22 avril 1907, ibid., 1907, I, 172.

— *Huit années de grade.* — *Passage au second ban en vertu de l'article 142, § 2.*

Ne peut être exempté, sur sa demande, comme ayant terminé son temps de service dans le premier ban, le garde qui justifie de huit années de grade, mais qui, avant d'avoir atteint l'âge de 32 ans, est entré dans le second ban en bénéficiant de la disposition transitoire de l'article 142, § 2, de la loi sur la garde civique. (Loi du 9 septembre 1897, art. 40, littéra D, et 142.) — Cassation, 11 février 1907, Pasic., 1907, I, 115.

— *Milicien remplacé par son frère.*

N'est pas exempté du service de la garde civique le milicien qui, en vertu d'une autorisation du ministre de la guerre, a été remplacé par son frère. (Loi du 9 septembre 1897, art. 8 et 41, littéra C; loi sur la milice, art. 78.) — Cassation, 28 janvier 1907, Pasic., 1907, I, 102.

INFRACTION. — *Peine appliquée.* — *Prescription.* — *Citation.* — *Erreur.* — *Rectification.* — *Jugement.* — *Texte légal.* — *Omission.* — *Nullité.*

C'est la peine appliquée qui imprime à l'infraction son caractère définitif et détermine ainsi la prescription de l'action publique.

Le juge du fond constate souverainement qu'une erreur commise dans la citation est rectifiée par son contexte.

Dans tout jugement de condamnation prononcé par un conseil de discipline de la garde civique, les termes de la loi appliquée doivent être insérés à peine de nullité. On ne doit considérer comme insérés dans le jugement que seuls les articles visés et lus par le président. (Code d'instr. crim., art. 163; loi sur la garde civique, art. 125.) — Cassation, 3 décembre 1906, *Pasic.*, 1907, I, 59.

POURVOI. — *Déclaration au secrétaire du conseil.* — *Inscription dans le registre.* — *Défaut.* — *Non-recevabilité.*

Est non recevable le recours formé contre une décision du conseil civique de revision quand la déclaration de recours n'a pas été faite au secrétaire du conseil par le demandeur en personne ou par fondé de pouvoirs spécial et n'a pas été inscrite dans le registre à ce destiné. (Loi du 9 septembre 1897, art. 34.) — Cassation, 11 février 1907, *Pasic.*, 1907, I, 115.

— *Délai.*

N'est pas recevable le pourvoi qui n'est pas formé contre un jugement contradictoire du conseil de discipline dans les huit jours du prononcé. — Cassation, 22 octobre 1906, *Pasic.*, 1907, I, 22.

— *Excès de pouvoir.* — *Dénonciation du procureur général près la cour de cassation.*

Il n'appartient qu'au procureur général près la cour de cassation, sur l'ordre formel du ministre de la justice, de dénoncer, du chef d'excès de pouvoir, un jugement d'un conseil de discipline de la garde civique. (Code d'instr. crim., art. 441.)

Dans tout jugement du conseil de discipline qui condamne un garde à une amende et à l'emprisonnement subsidiaire, le texte des articles 122 et 125 de la loi du 9 septembre 1897 doit être inséré. — Cassation, 10 juin 1907, *Pasic.*, 1907, I, 290.

— *Lettre au secrétaire-rapporteur.* — *Non-recevabilité.*

Le pourvoi par lettre adressée au secrétaire-rapporteur du conseil civique de revision ne peut être reçu. (Loi du 9 septembre 1897, art. 33 et 34.) — Cassation, 14 janvier 1907, *Pasic.*, 1907, I, 88; 18 février 1907, *Pasic.*, 1907, I, 124, et 15 avril 1907, *Pasic.*, 1907, I, 170.

— *Moyens.*

Lorsque les formalités substantielles ou prescrites à peine de nullité ont été observées par le conseil civique de revision compétent,

le pourvoi du demandeur qui n'invoque aucun moyen à l'appui doit être rejeté. — Cassation, 28 janvier 1907, *Pasic.*, 1907, I, 102.

— *Moyens.* — *Absence.*

Doit être rejeté le pourvoi contre une décision du conseil civique de revision compétent qui n'invoque aucun moyen. — Cassation, 18 février 1907, *Pasic.*, 1907, I, 123.

— *Moyens.* — *Absence.*

Doit être rejeté le pourvoi contre une décision du conseil civique de revision compétent régulièrement rendue et à l'appui duquel aucun moyen n'est invoqué. — Cassation, 26 novembre 1906, *Pasic.*, 1907, I, 52, et 28 janvier 1907, *Pasic.*, 1907, I, 102.

— *Moyens de fait.*

Doit être rejeté le pourvoi qui se fonde uniquement sur des considérations de fait ou des moyens basés sur des affirmations produites pour la première fois devant la cour de cassation. — Cassation, 28 janvier 1907, *Pasic.*, 1907, I, 102.

— *Tardiveté.*

Est tardif le pourvoi dirigé, le 10 juin, contre des jugements contradictoirement rendus par un conseil de discipline le 1er du même mois. (Loi du 9 septembre 1897, art. 126.) — Cassation, 22 juillet 1907, *Pasic.*, 1907, I, 346.

SERVICE. — *Garde engagé volontaire dans un corps d'une autre commune.* — *Service actif au lieu de sa résidence.* — *Dispense.*

Le garde, engagé volontaire et régulièrement inscrit sur les contrôles d'un corps spécial d'une autre circonscription que la sienne, ne peut être maintenu en service actif dans la garde civique du lieu de sa résidence. (Loi du 9 septembre 1897, art. 50; arrêté royal du 16 février 1900, art. 3, 5 et 6; règlement approuvé par arrêté royal du 15 janvier 1900, art. 115, 119 et 120.) — Cassation, 22 avril 1907, *Pasic.*, 1907, I, 171.

H

Habitations ouvrières. — *Exemption de la contribution personnelle.* — Arrêté royal du 26 septembre 1907, contresigné par M. Liebaert, ministre des finances. (*Moniteur* du 19 octobre.)

Vu l'article 1er de la loi du 18 juillet 1893 portant, entre autres, que lorsqu'une agglomération s'étend sur plusieurs communes, ces communes ou leurs parties agglomérées peuvent, quant au taux du revenu cadastral donnant droit à l'exemption, être rangées, par arrêté royal, dans la catégorie à laquelle appartient la commune la plus peuplée;

Revu notre arrêté du 28 décembre 1893 (1) et le tableau y annexé qui indique les communes ou parties de communes tombant sous l'application de cette disposition;

Attendu que le périmètre de certaines agglomérations s'est modifié et qu'il convient, dès lors, d'étendre à d'autres localités le bénéfice de la disposition susvisée;

Sur la proposition de notre ministre des finances,

Nous avons arrêté et arrêtons :

Par extension à notre arrêté précité du 28 décembre 1893, les communes ou parties de communes désignées dans la deuxième colonne du tableau ci-annexé sont rangées dans la catégorie à laquelle appartiennent les communes indiquées dans la troisième colonne de ce tableau.

Notre ministre des finances est chargé de l'exécution du présent arrêté, lequel sera exécutoire à partir du 1er janvier prochain.

Numéro d'ordre.	COMMUNES OU PARTIES DE COMMUNES.	Communes dans la catégorie desquelles sont rangées les communes ou parties de communes désignées dans la 2e colonne.
1.	2.	3.
		1° Communes de 100,000 habitants ou plus —
1	Laeken.	La partie située en deçà du canal et agglomérée avec Bruxelles, Schaerbeek et Molenbeek-Saint-Jean	
2	Woluwe-Saint-Lambert .	La partie située entre le boulevard de la grande ceinture inclusivement et les limites vers Etterbeek et Schaerbeek	Bruxelles.
3 4 5	Gentbrugge . . . . . . Ledeberg . . . . Mont-Saint-Amand . . .	Les parties de ces trois communes ne formant, avec la ville de Gand, qu'une même agglomération.	Gand.
6	Ans	La partie agglomérée joignant à Liége . . .	
7	Bressoux	La partie joignant à Liége et comprenant les rues Bidlot, Chantraine, Colompré, Foidart, Jupille, Moulin, Progrès, Tanixhe, Thone et Vivi-Houet	
8	Herstal	La partie joignant à Liége et limitée par la place Coronmeuse et la rue derrière Coronmeuse .	
9	Grivegnée	La partie joignant à Liége et comprenant les rues de la Bonne-Femme, Haute-Wez, Prés-Binet, Beau-Mur, des Piplers, Billy, Grégoire, Soubre, Pont des Vennes, de l'Epargne, du Casino, des Oblats, de la Chartreuse et de la Limite	Liége.
10	Saint-Nicolas	La partie agglomérée joignant à Liége . . .	
11	Vottem	La partie joignant à Liége et comprenant les rues Jolivet et Petit-Chêne	
		2° Communes de 40,000 à 100,000 habitants. —
12	Uccle	Le quartier situé entre la chaussée de Waterloo et l'avenue Legrand : notamment rue de Praetere, rue Bonne-Terre.	Ixelles.
13	Koekelberg	La partie comprise entre le chemin de fer de ceinture, la chaussée de Gand, la rue Van Hoegaerden, la place du même nom, la rue Saint-Julien, la rue de Schampheleer, la rue du Jardinier, la rue Montagne-aux-Anges, la chaussée de Jette et le boulevard Léopold II.	Molenbeek-Saint-Jean.
14	Forest	1° Le quartier situé entre l'avenue Brugmann et le parc publi. : notamment rue Verte, rue du Chat, rue Berkendael, chaussée d'Alsemberg, rue du Hêtre; 2° le quartier situé entre le parc public et la rue du Cerf : notamment avenue du Moulin, avenue du Gazomètre, avenue Van Volxem, avenue Georges Leclercq, rue Félix Waffelaert, rue de Mérode, rues de Belgrade, de Serbie, de Bethléem, de Monténégro, du Croissant.	Saint-Gilles.
		3° Communes de 20,000 à 40,000 habitants. —
15	Cuesmes	La section D	Mons.

Numéro d'ordre. 1.	COMMUNES OU PARTIES DE COMMUNES. 2.	Communes dans la catégorie desquelles sont rangées les communes ou parties de communes désignées dans la 2ᵉ colonne. 3.
		3° Communes de 20,000 à 40,000 habitants. —
16	Bouge	La partie allant du Moulin-à-Vent jusqu'aux parcelles section *A*, 134*b* × 37*a* exclusivement; Pied Montagne, parcelle section *C*, 12*c* × 13*c* inclusivement	
17	Saint-Servais	Les parties comprenant : rue Salzinnes-les-Moulins, chaussée de Waterloo jusqu'au pont du chemin de fer de Namur à Bruxelles, rue des Écoles, rue Louis Higuet, rue de Gembloux jusqu'à la papeterie, rue Trou de la Caille au chemin de Perwez jusqu'au viaduc du chemin de fer de Namur à Tirlemont, rue Nanon jusqu'à la rue Saint-Donat, rues Saint-Donat, Muzet, Louise, de la Chapelle, des Carrières, Froidebise, Rousselle	Namur.
			4° Communes de 3,000 à 20,000 habitants.
18	Beveren	La partie comprise entre le chemin de fer, la rue de Bevere et la rue de la Station.	Audenarde.
19	Gerdingen	La partie agglomérée dite « Nieuwe Stad » . .	Brée.
20	Peteghem.	La partie joignant à Deynze	Deynze.
21	Anseremme	La partie dite « Anseremme-Rivage »	Dinant.
22	Bouvignes	La partie dite « Devant-Bouvignes »	
23	Écaussines-Lalaing . . .	La partie agglomérée du Centre proprement dit.	Écaussines-d'Enghien.
24	Petit-Enghien	La partie située entre la ligne du chemin de fer de Braine-le-Comte à Gand et la ville d'Enghien.	Enghien.
25	Wegnez.	Les hameaux Croix Rouge et Purgatoire. . .	Ensival.
26	Goefferdinge	La chaussée d'Audenarde jusqu'au moulin à vent Menschaert	
27	Nederboulaere	La rue du Fliet et la chaussée de Gand jusqu'au passage à niveau du chemin de fer de Gand à Charleroi.	Grammont.
28	Onkerzele.	La rue de Boulaere jusqu'à la chaussée d'Enghien	
29	Overboulaere	La chaussée de Lessines jusqu'au chemin de Salardinge, en face de la fabrique « Rens et Dallmier »	
30	Emelghem	La partie appelée « Le Dam »	Iseghem.
31	Bilstain	Les parties dites « Vesdre et Moulin en Rhuyff »	Limbourg.
32	Glain	La partie agglomérée avec Montegnée, Saint-Nicolas et Ans.	Montegnée, Saint-Nicolas et Ans.
33	Strypen	Les rues Bruggenhoek, Meire et la rue de Strypen	Sottegem.
34	Bierges.	La partie située sur la route provinciale jusqu'à la barrière du chemin de fer.	Wavre.
35	Woluwe-Saint-Pierre . .	La commune entière, sauf le hameau de Stockel	Woluwe-Saint-Lambert.
36	Messines	La commune entière	Wytschaete.

Hospices civils. — *Enfant abandonné.* — *Admission provisoire dans un orphelinat.* — *Tutelle.* — Avis de la *Revue de l'administration*, 1907, p. 71.

Des hospices qui ont recueilli, même provisoirement, un mineur dont la mère est décédée et qui est abandonné par son père sont investis de la tutelle au terme de la loi des 15 25 pluviôse an XIII.

Il n'est pas nécessaire de nommer un tuteur provisoire par application de l'article 142 du code civil, mais cette nomination pourrait être justifiée par les circonstances, et dans ce cas la tutelle des hospices prendrait fin.

DÉCISIONS JUDICIAIRES.

Administrateurs. — Secours. — Ecole gardienne communale. — Conditions de fréquentation. — Bonne foi.

La loi du 7 mai 1888, réprimant certains actes de pression des administrateurs charitables, porte, à côté de la sanction administrative consistant dans la nullité d'une délibération subordonnant l'octroi de secours à la fréquentation d'une école déterminée, une sanction pénale atteignant les auteurs de la délibération.

Ceux-ci sont punissables quoique leur délibération porte simplement allocation d'un subside à la commune, d'un subside destiné aux enfants fréquentant les écoles gardiennes, sans aucune limitation du droit de répartition du subside, si, dans la réalité connue, prévue et voulue par les inculpés, il a été réparti entre les seuls élèves de l'école communale.

La bonne foi résultant d'une erreur de droit sur l'interprétation de la loi n'est pas élisive de ce délit. — Cour d'appel de Gand, 28 juillet 1906, *Pasic.*, 1907, II, 132.

Responsabilité. — Voiture leur appartenant. — Accident. — Indemnité. — Incompétence des tribunaux.

L'administration des Hospices n'est pas civilement responsable des actes de ses employés; les actes d'exécution dont se chargent les commissions des Hospices ont le caractère d'actes de l'autorité administrative. Le pouvoir judiciaire est donc incompétent pour connaître d'une action en dommages-intérêts intentée à l'administration des Hospices comme civilement responsable d'un acte son employé.

Ne peut être considéré comme un préposé, au sens de l'article 1384 du code civil, un agent, un employé de l'administration des Hospices conduisant une voiture de la dite administration, voiture contenant le pain destiné à l'entretien des malades. — Tribunal civil de Bruxelles (référés), 5 avril 1906, *Pasic.*, 1907, III, 89.

Voy. ASSISTANCE PUBLIQUE. — DONATIONS ET LEGS.

Hygiène publique. — *Citernes à purin et fosses à fumier. — Subsides de l'Etat.* — Circulaire adressée le 6 juillet 1907 aux gouverneurs de province par M. Helleputte, ministre de l'agriculture *ad interim.*

Les conditions auxquelles l'Etat subordonne son intervention dans les dépenses nécessitées par l'établissement de citernes à purin ou de fosses à fumier ont été définies dans des instructions successives, résumées pages 26 et suivantes de l'*Avis aux cultivateurs* que le ministre de l'agriculture a publié en 1903.

Aux termes de ces instructions, le concours du trésor public est réservé aux seuls cultivateurs peu aisés. Est considéré comme tel tout cultivateur dont la fortune, tant en meubles qu'en immeubles, ne dépasse pas 10,000 francs.

La justification de cette situation de fortune, qui se fait par simple attestation de l'autorité locale, manque de base certaine; l'expérience a prouvé qu'elle n'était pas toujours établie avec une exactitude suffisante et qu'il se produisait, en fait, de sérieux abus.

D'autre part, de multiples instances ont été faites auprès de mon département pour obtenir que la limite de 10,000 francs fût relevée, de façon qu'un plus grand nombre de cultivateurs puissent bénéficier des subsides de l'Etat, fallut-il même, pour atteindre ce résultat, réduire le taux de l'intervention du trésor public.

Ces considérations m'ont amené à modifier comme suit les règles actuellement en vigueur :

Dorénavant, le concours de mon département pourra être accordé, pour la construction de citernes à purin et de fosses à fumier, à tout cultivateur lorsque le revenu cadastral intégral des immeubles qu'il possède ne dépasse pas 300 francs; cette limite est celle qui a été adoptée par la législature pour définir les petits héritages (voy. loi du 16 mai 1900). Le requérant aura à fournir la preuve qu'il satisfait à cette condition en produisant, pour toutes ses propriétés, des extraits de matrices cadastrales, qui lui seront délivrés, moyennant une minime rétribution, par le directeur des contributions directes de la province. L'autorité locale et le service voyer, appelés à émettre un avis sur les demandes de subside, pourront sans doute vérifier, dans une certaine mesure, si ces extraits sont complets en ce qui concerne les propriétés que le demandeur pourrait posséder en dehors de la commune qu'il habite ; ils joindront au dossier une attestation dans laquelle ils consigneront le résultat de leurs recherches.

Comme par le passé, le subside de l'Etat ne pourra être alloué que si l'ouvrage projeté doit être édifié sur la propriété du requérant; mais il ne sera plus attaché d'importance au point de savoir si celui-ci exerce, exclusivement ou non, la profession de cultivateur.

La part d'intervention de mon département ne pourra, en aucun cas, être supérieure au quart du coût réel des travaux ni dépasser la somme de 200 francs; elle est expressément subordonnée à la participation de la province et à celle de la commune, qui devront atteindre, réunies, au moins la moitié de la subvention accordée par l'Etat.

Les formalités à remplir pour l'obtention de ces subsides ont été réduites à un strict minimum par les instructions sur la matière; il me paraît pas que celles-ci appellent des modifications, et je ne crois devoir les compléter que sur un seul point de détail : le projet devra toujours préciser l'épaisseur de l'enduit du ciment à appliquer sur les pavements intérieurs de l'ouvrage; cette épaisseur ne pourra être inférieure à 2 centimètres ...

Veuillez, je vous prie, porter ces instructions à la connaissance du service voyer et des administrations communales de votre province.

Service de désinfection. — Province de Brabant. — Circulaire adressée le 16 septembre 1907 aux administrations communales du Brabant par M. Beco, gouverneur de cette province. (*Mémorial administratif du Brabant, 1907, I, 106.*)

J'ai l'honneur de porter à votre connaissance que la province a mis à l'étude un projet de modification de l'organisation du service provincial de la désinfection.

Elle a jugé utile, avant d'arrêter un règlement définitif en la matière, de soumettre ces modifications à l'épreuve de l'expérience pour en apprécier les résultats pratiques, et en tenant compte des deux points essentiels de la question, c'est-à-dire les intérêts de la santé publique et la sauvegarde des finances provinciales. Voici de quelle façon la députation permanente entend faire un essai du nouveau système :

L'équipe pratiquera gratuitement pour les communes du Brabant la désinfection des locaux privés ou publics et des objets mobiliers contaminés par des maladies contagieuses.

La seule restriction à la gratuité absolue consistera à exiger une légère rémunération de la part des personnes aisées et qui me seront signalées comme telles par l'administration communale; celle-ci s'assurera préalablement de leurs dispositions à cet égard en recevant la demande de désinfection. Cette rémunération est fixée à 10 francs par opération, quelle qu'elle soit, plus le remboursement des frais de voyage des agents et du transport du matériel. Le payement pourra se faire directement entre les mains du chef de l'équipe.

En compensation des sacrifices consentis par la province et comme contre-partie des avantages accordés aux communes, celles-ci auront pour devoir de collaborer dans une certaine mesure à l'application de ces mesures de prophylaxie, en mettant à la disposition des agents un travailleur de la localité, qu'elles payeront, ou un agent communal quelconque qui aidera l'équipe.

Cette prescription est essentielle et j'aime à croire que les administrations communales se feront un devoir de l'observer. Il serait désirable de désigner toujours la même personne afin de la mettre au courant de la besogne.

En principe, l'équipe est créée pour que les mesures antiseptiques soient appliquées dans les communes de moins de 5,000 habitants et qui n'ont pas un service de désinfection. Elle peut toutefois être mise à la disposition de communes plus importantes dans les cas que j'apprécierai.

Les formalités à accomplir par les communes sont très simples. Il suffit qu'elles m'adressent une demande contenant les renseignements suivants :

A. Nature de la maladie contagieuse; s'il s'agit d'une épidémie, extension de la propagation;

B. Composition de la ou des familles atteintes; nombre des personnes malades ou décédées;

C. Nature, nombre et, d'une manière approximative, dimension des locaux contaminés;

D. Etat de ces locaux; s'agit-il d'une maison bien construite dont les portes et les fenêtres ferment bien ou d'une habitation délabrée ou de pauvre apparence? Le mobilier à désinfecter comprend-il des objets de prix et très altérables tels que tentures, cadres dorés, livres, tapisseries de valeur, etc.?

E. Etat des décharges ou égouts, spécialement s'il s'agit d'affections des voies digestives (fièvre typhoïde, dyssenterie, choléra).

Il est indispensable que les administrations donnent des indications complètes surtout en ce qui concerne le littéra C. Elles demandent souvent la désinfection d'une seule chambre, et quand on est sur place on constate que le malade a contaminé la maison entière. J'appelle donc l'attention particulière des communes sur ce point.

Les maladies contagieuses après l'apparition desquelles la désinfection s'impose sont les suivantes : la tuberculose, la fièvre typhoïde, la variole, la scarlatine, la rougeole, la coqueluche, la diphtérie, les teignes (désinfection des écoles) et parmi les maladies plus rares : le charbon, le choléra, la peste, la dyssenterie, la morve.

La date à laquelle les opérations sont effectuées est fixée par le directeur de l'Institut Pasteur, qui prévient le bourgmestre en temps utile.

L'administration communale est priée de procurer, sans frais, aux agents un véhicule pour le transport du matériel et, si la distance est grande, les agents eux-mêmes.

Il est recommandé aux administrations communales de fournir éventuellement aux familles un local jusqu'à la fin des opérations, parce que l'exposition des locaux aux vapeurs de formol doit durer au moins sept heures; on ne peut ouvrir avant ce laps de temps les portes et fenêtres, qui sont calfeutrées par des bandelettes de papier collé.

Le nouveau service fonctionnera dès maintenant. Vous en apprécierez l'utilité, et la province pourra, je n'en doute pas, compter sur votre concours pour en assurer le maintien définitif dans l'intérêt de l'hygiène et de la santé publique.

Variole. — Utilité de la vaccination et de la revaccination. — Rappel des recommandations aux communes. — Circulaire adressée le 17 mai 1907 aux gouverneurs de province par M. Helleputte, ministre de l'agriculture *ad interim*.

Comme suite à la circulaire de mon honorable prédécesseur, en date du 16 avril dernier et relative au même objet, j'ai l'honneur de vous transmettre, sous ce pli, la liste des communes de votre province d'où aucune demande de vaccin n'était parvenue à l'office vaccinogène de l'Etat fin avril dernier.

La circulaire susdite avait pour but de vous demander d'insister auprès des administrations communales pour qu'elles organisent sans retard les séances de vaccination qui se tiennent habituellement au printemps.

Vous n'aurez pas manqué d'intervenir dans ce sens et j'ai la satisfaction de constater que votre appel a été entendu, car il résulte de l'examen des relevés de l'office vaccinogène qu'il a été fait, en avril, un nombre de demandes de vaccin très supérieur à celui des mois de janvier, février et mars réunis.

Toutefois, les mêmes relevés établissent que les communes qui seules paraissent avoir organisé des séances publiques de vaccination depuis le début de cette année ne sont encore qu'une petite minorité dans votre province. En présence de cette constatation et de l'arrêté royal du 18 avril 1818 (1) qui charge les pouvoirs pub cs de prendre des mesures en vue d'étendre la vaccination, ainsi que des règlements provinciaux qui contiennent le principe de l'obligation de celle-ci, j'estime qu'une nouvelle intervention s'impose de votre part pour rappeler aux administrations communales leurs devoirs en cette matière.

Il pourrait être utile, afin de rendre ce rappel plus efficace, de signaler que, même en dehors de toute poussée épidémique, il meurt annuellement plusieurs centaines de personnes par variole en Belgique et que la vaccination — cette mesure prophylactique par excellence de la variole — ne peut par conséquent jamais être négligée.

———

Rage canine. — Mesures de précaution. — Arrêté royal du 10 mai 1905. — Communes environnantes. — Sens de ces termes.

L'arrêté royal du 10 mai 1905 (art. 1er, n° II) impose l'observation des mesures de précaution qu'il prescrit contre la rage canine dans toute commune dont une partie du territoire est située à cinq kilomètres de la commune contaminée ou suspecte. — Cour d'appel de Liége, 10 novembre 1906, *Pasic.*, 1907, II, 199.

.

L

Listes des jurés. — *Emploi de la langue flamande en matière répressive dans l'arrondissement de Bruxelles.* — Loi du 22 février 1908. (*Moniteur* du 1er mars.)

Art. 3. — Les articles 102, 104 et 108 de la loi du 18 juin 1869 sur l'organisation judiciaire sont complétés comme suit :

Art. 102, § 2. Toutefois, la députation permanente du conseil provincial du Brabant dresse deux listes pour les arrondissements judiciaires de Bruxelles et de Louvain. La première mentionne les citoyens qui, d'après leurs déclarations écrites faites à l'administration communale, sont capables de suivre les débats de la cour d'assises en flamand; la seconde mentionne les autres citoyens réunissant les conditions requises pour être portés sur la liste générale.

§ 3. Les communes fournissent à la députation permanente tous les renseignements nécessaires pour l'exécution du présent article. Dans les arrondissements de Bruxelles et de Louvain, elles dressent deux listes de jurés, d'après la distinction établie par le paragraphe précédent.

Art. 104, § 3. Toutefois, en ce qui concerne la province de Brabant, la liste ainsi réduite de l'arrondissement de Nivelles est réunie aux secondes listes réduites des arrondissements de Bruxelles et de Louvain, dont il est question au § 2 de l'article 102, et les premières listes réduites des mêmes arrondissements sont réunies en une seule.

Art. 108, § 3. Le président du tribunal de Bruxelles formera une double liste conformément aux dispositions qui précèdent.

. . . .

Disposition transitoire.

Art. 9. — En attendant qu'une double liste de jurés ait été dressée pour la province de Brabant, conformément à l'article 3 ci-dessus, le président du tribunal de première instance de Bruxelles dressera lui-même une liste de jurés flamands et une liste de jurés français, à l'aide des listes qui lui seront transmises en exécution des articles 107 et 108, § 1er, de la loi du 18 juin 1869.

Lois électorales. — *Elections législatives et provinciales. — Date. — Remise. — Dimanche de Pentecôte.* — Loi du 24 avril 1908. (*Moniteur* des 27-28 avril.)

Art. 1er. — L'article 153 du code électoral, modifié par la loi du 31 mars 1898, est complété par l'adjonction des mots : « à moins que cette date ne soit celle du dimanche de Pentecôte, auquel cas l'élection législative est remise au dimanche suivant ».

Art. 2. — L'article 4 de la loi du 22 avril 1898 est complété par l'adjonction des mots : « à moins que ce dimanche ne soit celui de la Pentecôte ou que les élections législatives n'aient eu lieu le dimanche précédent, auxquels cas l'élection provinciale est remise à huitaine.

———

Elections législatives. — Renouvellement partiel de la Chambre et du Sénat en 1908. — Convocation des électeurs. — Arrêté royal du

(1) Les articles 1 et 2 de l'arrêté royal du 18 avril 1818 sont ainsi conçus :

« Article 1er. — Tous ceux qui sont entretenus aux frais des caisses publiques ou locales, ou qui en reçoivent quelques secours, ayant des enfants qui n'ont pas encore eu la variole, soit naturellement, soit par inoculation, et auxquels on n'a pas encore fait l'application de la vaccine, seront tenus de les faire vacciner, aussitôt que l'état de santé et la constitution de ces enfants le permettront.

« Les administrations des pauvres veilleront à l'exécution de cette disposition.

« Art. 2. — Il est pareillement enjoint aux adminis-

trateurs de tous les établissements de bienfaisance quelconques, dans lesquels on nourrit et loge les enfants, lorsque ces établissements sont entretenus aux frais des caisses publiques ou locales, ou qu'ils en retirent des subsides, de faire vacciner, dans les six mois qui suivront la date du présent arrêté, tous ceux de ces enfants qui n'ont pas encore eu la variole, soit naturellement, soit par inoculation, auxquels la vaccine n'a pas encore été appliquée et qui sont dans un état propre à cette opération; la même chose devra être observée, et dans un égal délai de six mois, à l'égard de tous les enfants qui, par la suite, seront reçus dans les dits établissements. »

21 avril 1908, contresigné par M. Schollaert, ministre de l'intérieur. (*Moniteur* du 24 avril.)

Vu les articles 51 et 55 de la Constitution;

Vu les articles 153, 163, 173, 224, § 1er, 247, 248, 250 et 252 du code électoral;

Sur la proposition de notre ministre de l'intérieur,

Nous avons arrêté et arrêtons :

ART. 1er. — Sous réserve de l'application éventuelle de l'article 6 ci-après, les collèges électoraux des arrondissements désignés dans l'état joint au présent arrêté seront convoqués pour le dimanche 24 mai 1908, entre 8 heures du matin et 1 heure de l'après-midi, à l'effet d'élire respectivement le nombre de sénateurs et de représentants déterminé par cet état.

ART. 2. — Les candidats devront être présentés avant le dimanche 10 mai. La présentation doit être signée par cent électeurs au moins. Dans les arrondissements sénatoriaux de Termonde et Saint-Nicolas, Audenarde et Alost, Mons et Soignies, Charleroi et Thuin, Hasselt et Tongres-Maeseyck la présentation des candidats pour le Sénat devra être signée, dans chacun des deux arrondissements électoraux pour la Chambre, formant, réunis, l'arrondissement sénatorial, par cinquante électeurs sénatoriaux au moins. Toutes les formalités concernant la présentation des candidatures seront remplies séparément dans chacun des arrondissements pour la Chambre.

ART. 3. — Le président du bureau principal de l'élection fera connaître par un avis publié au plus tard le lundi 4 mai les lieu, jours et heures auxquels il recevra les présentations des candidats et les désignations des témoins, en se conformant à l'article 163 du code électoral.

L'avis rappellera les dispositions de l'article 254 et les deux premiers alinéas des articles 255 et 256 de ce code, et rappellera, en outre, que les signataires de la présentation de candidats pour le Sénat doivent être électeurs sénatoriaux.

ART. 4. — Dans les arrondissements électoraux pour la Chambre réunis pour l'élection sénatoriale, le bulletin de vote pour le Sénat sera arrêté avant le bulletin pour la Chambre et déterminera, dans la mesure possible à l'article 168 du code électoral, l'ordre des listes ou des noms dans le bulletin pour la Chambre.

A cet effet, le président du bureau principal du second arrondissement électoral pour la Chambre notifiera au président du collège électoral sénatorial, par télégramme collationné, immédiatement après l'arrêt provisoire des listes de candidats, les noms et prénoms des candidats pour le Sénat admis sur ces listes; si, lors de l'arrêt définitif des listes, des modifications y sont apportées en ce qui concerne les candidats pour le Sénat, il en sera donné immédiatement, et de la même manière. connaissance au président du collège électoral sénatorial.

Celui-ci, de son côté, aussitôt après l'arrêt définitif des listes de candidats, informera le président du second collège électoral des décisions prises quant au bulletin de vote ou, s'il y a lieu, de la proclamation des sénateurs élus sans lutte.

ART. 5. — Dans ces mêmes arrondissements, lors de l'envoi prescrit par l'article 193 du code électoral des pièces à adresser au greffe de la Chambre des représentants ou du Sénat, les pièces qui sont communes aux deux élections seront jointes aux paquets concernant le Sénat; dans les autres arrondissements, lorsque la circonscription est commune aux deux collèges, les dites pièces seront jointes aux paquets concernant la Chambre des représentants.

ART. 6. — Si, pour la Chambre des représentants ou pour le Sénat, dans un ou plusieurs arrondissements électoraux, il n'est présenté qu'une seule liste de candidats ou si, plusieurs listes étant régulièrement présentées, le nombre total des candidats effectifs et celui des candidats suppléants ne dépassent pas, réunis, le nombre des mandats effectifs à conférer, le bureau principal procédera, immédiatement après l'expiration du terme fixé pour l'arrêt définitif des listes de candidats (code électoral, art. 255), à la proclamation des élus et, s'il y a lieu, à la désignation des suppléants, conformément à l'article 257 du code électoral et, dans ce cas, la réunion soit du collège des électeurs pour la Chambre des représentants, soit du collège des électeurs sénatorinux, soit des deux collèges, ordonnée par l'article 2 du présent arrêté, n'aura pas lieu.

ART. 7. — Les conseils provinciaux de la Flandre orientale, du Hainaut, de Liége et du Limbourg procéderont, le 21 juillet 1908, conformément aux dispositions du titre VIII du code électoral, à la nomination des sénateurs provinciaux que ces assemblées sont appelées à élire.

Annexe.

RÉPARTITION DU NOMBRE DES REPRÉSENTANTS ET DES SÉNATEURS A ÉLIRE LE 24 MAI 1908.

Mandats expirant en 1912 pour la Chambre des représentants et en 1916 pour le Sénat.

PROVINCES.	ARRONDISSEMENTS électoraux (1).	Nombre des représentants à élire.	Nombre des sénateurs à élire.
Flandre orient.	Gand-Eecloo . .	11	5
	Termonde (2) . .	3	4
	Saint-Nicolas . .	4	
	Audenarde (2) . .	3	4
	Alost	5	
Hainaut . . .	Mons (2) . . .	6	5
	Soignies . . .	4	
	Tournai-Ath. . .	6	3
	Charleroy (2) . .	9	6
	Thuin	3	
Liége. . . .	Liége	12	6
	Huy-Waremme . .	4	2
	Verviers . . .	5	2
Limbourg . .	Hasselt (2) . . .	3	3
	Tongres-Maeseyck.	3	

Observations.

(1) Le siège du bureau principal de l'arrondissement électoral comprenant deux ou trois arrondissements administratifs est établi au chef-lieu de l'arrondissement administratif nommé en premier lieu.

(2) Siège du bureau principal de l'arrondissement sénatorial.

Elections communales. — Renouvellement ordinaire de la première série des conseillers communaux. — Convocation des électeurs. — Arrêté royal du 19 septembre 1907, contresigné par M. de Trooz, ministre de l'intérieur. (*Moniteur du 22 septembre.*)

Vu l'arrêté royal du 10 octobre 1895 portant dissolution des conseils communaux et renouvellement intégral de ces conseils;

Vu l'article 76, alinéa 2, de la loi du 12 septembre 1895 ainsi conçu : « Les conseils sont renouvelés par moitié tous les quatre ans, sauf en ce qui concerne les conseillers communaux supplémentaires attribués aux villes et communes de 20 000 habitants et plus, qui sont soumis au renouvellement intégral, tous les huit ans, conformément à l'article 52 »;

Vu l'article 77 de la même loi portant ce qui suit : « Le renouvellement partiel s'opère par séries de conseillers communaux.

« La première série des conseillers communaux qui seront nommés lors du prochain renouvellement intégral du conseil sortira le 1er janvier 1900. Elle comprendra la plus petite moitié du conseil : trois membres dans les communes dont le conseil est composé de sept membres, quatre pour les conseils de neuf membres et ainsi de suite »;

Revu notre arrêté du 14 septembre 1903 portant convocation des collèges électoraux de toutes les communes du royaume à l'effet de procéder au renouvellement de la seconde série des conseillers communaux;

Vu les articles 17, 18, 20 et 42 de la loi précitée du 12 septembre 1895;

Vu le tableau de classification des communes annexé à la loi du 31 décembre 1902;

Vu les lois du 26 août 1907 portant érection des communes de Bonsecours et de Lesterny et modifiant la classification de la commune de Forrières;

Sur la proposition de notre ministre de l'intérieur,

Nous avons arrêté et arrêtons :

Art. 1er. — Sous réserve de l'application éventuelle de l'article 5 du présent arrêté, les collèges électoraux de toutes les communes du royaume sont convoqués pour le dimanche 20 octobre prochain, de 8 heures du matin à 1 heure de l'après-midi, à l'effet de procéder, par un seul et même scrutin, au renouvellement de la série sortante et, le cas échéant, au remplacement des conseillers, appartenant à l'autre série, qui auraient cessé de faire partie du conseil.

Toutefois, les collèges électoraux des communes de Bonsecours et de Lesterny, érigées par deux lois datées du 26 août 1907, procéderont aux jour et heures précités à la formation du conseil communal complet.

Art. 2. — Les candidats devront être présentés avant le dimanche 6 octobre. Chaque présentation devra être signée par 100 électeurs communaux au moins dans les communes de 20,000 habitants et au-dessus, par 50 électeurs communaux au moins dans les communes de 10,000 à 19,999 habitants, par 30 électeurs communaux au moins dans les communes de 5,000 à 9,999 habitants, par 20 électeurs communaux au moins dans les communes de 2,000 à 4,999 habitants, par 10 électeurs communaux au moins dans les communes de 500 à 1,999 habitants, y compris la commune de Bonsecours, et par 5 électeurs communaux au moins dans les communes de moins de 500 habitants, y compris la commune de Lesterny.

Les candidats ne peuvent figurer parmi les signataires de la présentation qui les concerne.

Art. 3. — Le président du bureau principal de l'élection, dans chaque commune, fera connaître, dans un avis publié au plus tard le lundi 30 septembre qu'il recevra les présentations de candidats le vendredi 4 et le samedi 5 octobre de 1 à 4 heures de l'après-midi. L'avis rappellera, s'il y a lieu, que l'acte de présentation de candidats doit classer séparément les candidats présentés pour la première série sortant en 1916 et pour la seconde série sortant en 1912, et qu'un sous-classement doit, en outre, être fait pour chaque section ou hameau détaché, spécialement représenté au conseil par application des dispositions de l'article 66 de la loi du 12 septembre 1895.

Art. 4. — En cas de ballottage dans les communes où, pour la seconde série ou pour l'une des sections spécialement représentées au conseil, il n'y aurait à conférer qu'un seul mandat dans la même série, le scrutin aura lieu, sans convocation nouvelle des électeurs, le dimanche 27 octobre, de 8 heures du matin à 1 heure de l'après-midi.

Art. 5. — Dans les communes où le nombre des candidats ne dépassera pas celui des mandats à conférer pour une série du conseil ou pour une ou plusieurs sections spécialement représentées au conseil, ces candidats seront proclamés élus par le bureau principal, immédiatement après l'expiration du terme fixé pour les présentations de candidats, et si tous les candidats présentés sont ainsi proclamés élus, la réunion du collège électoral ordonnée par l'article 1er n'aura pas lieu.

Art. 6. — Les conseils communaux de Bonsecours et de Lesterny seront installés le lundi qui suivra la date à laquelle sera devenue définitive la décision reconnaissant valablement élus tous les membres du conseil.

Elections législatives. — Renouvellement de 1908. — Instructions générales et formules. — Circulaire adressée, le 2 avril 1908, aux gouverneurs de province par M. Schollaert, ministre de l'intérieur. (*Moniteur du 3 avril.*)

Je vous prie de prendre, en vue des élections législatives du 24 mai prochain, les mesures nécessaires pour assurer la marche des opérations électorales et l'accomplissement des formalités préliminaires et de veiller, entre autres, à ce que les présidents reçoivent en temps utile et en nombre suffisant les exemplaires des formules qu'ils auront à utiliser.

Vous voudrez bien, à cet effet, Monsieur le gouverneur, vous reporter aux instructions antérieures, notamment aux circulaires des 4, 8, 18 et 21 mai 1900.

Aucune modification n'est apportée aux formules annexées à la circulaire du 4 mai 1900 (*Moniteur du 5 mai*), sauf en ce qui concerne les formules V et V*bis*, qui subissent les changements suivants :

A la formule V, le cadre des tableaux qui font suite au procès-verbal et qui indiquent les résultats du dépouillement est remplacé par le cadre reproduit ci-après.

Quant à la formule V*bis*, le cadre du tableau est modifié : au lieu de fournir un extrait des relevés annexés au procès-verbal de dépouillement, ce tableau en fournira la copie textuelle.

La circulaire du 4 mai 1900, n° 6, indique les motifs sérieux pour lesquels les mentions à faire dans la formule V*bis* avaient été réduites au strict nécessaire.

Mais certains bureaux de dépouillement, n'observant pas les instructions données, ont dressé d'une manière défectueuse les tableaux destinés au bureau de recensement général. Malgré les instructions complémentaires, claires et précises, de la circulaire du 22 mai 1906, des erreurs de ce genre ont encore été commises lors des dernières élections législatives.

Pour prévenir ces inexactitudes, qui souvent n'existaient pas dans le tableau original annexé au procès-verbal et qui provenaient, en général, d'une interprétation erronée des termes désignant les diverses catégories de bulletins, il a semblé utile de faire adresser au bureau principal une copie intégrale du tableau de dépouillement. D'autre part, si l'inexactitude qui a frappé l'attention du bureau principal provient d'un classement défectueux des chiffres ou d'une erreur de calcul, il sera peut-être possible, dans certains cas, de rétablir avec certitude le résultat exact au moyen des données générales du tableau et des combinaisons qu'elles permettent.

J'aurai soin de vous faire parvenir ultérieurement, pour que vous les transmettiez à leurs destinataires, des exemplaires des « Instructions générales à l'usage des présidents des collèges électoraux ».

Des exemplaires des « Instructions aux présidents des bureaux électoraux », comprenant, entre autres, le texte de la circulaire du 18 mai 1900, seront transmis aux intéressés par l'intermédiaire du président du premier bureau de chaque canton électoral.

Tableau indiquant les résultats du dépouillement.

CHAMBRE DES REPRÉSENTANTS (1).

Bulletins { Bureau nº . . . . Bulletins.
trouvés { Bureau nº . . . . »
dans l'urne. { Bureau nº . . . . »

Bulletins blancs ou nuls . . . .
Bulletins valables . . . . Total.

A. VOTES DE LISTE.	LISTE 1.	LISTE 2.	LISTE 3.	
Dans cette catégorie sont compris :	Bulletins où le vote est marqué :	Bulletins où le vote est marqué :	Bulletins où le vote est marqué :	
a) les bulletins où le vote est marqué dans la case de tête.	*a)* dans la case de tête	*a)* dans la case de tête	*a)* dans la case de tête	
b) les bulletins où le vote est marqué *uniquement* en faveur d'un suppléant	*b)* uniquement en regard du nom d'un suppléant.	*b)* uniquement en regard du nom d'un suppléant.	*b)* uniquement en regard du nom d'un suppléant.	LISTE 4. Etc.
(Aucun bulletin portant un vote nominatif en faveur d'un TITU-LAIRE *n'est compris dans cette catégorie.)*	Total.	Total.	Total.	
B. VOTES NOMINATIFS A DES CAN-DIDATS TITULAIRES.	1. M.	1. M.	1. M.	
	2. M.	2. M.	2. M.	
Dans cette catégorie sont compris :	3. M.	3. M.	3. M.	
a) les bulletins contenant un vote nominatif pour un titulaire.	4. M.	4. M.	4. M.	
b) les bulletins qui contiennent un vote nominatif à la fois pour un titulaire et pour un suppléant.	5. M.	5. M.	5. M.	
(Le vote pour le SUPPLÉANT *est inscrit dans la catégorie C.)* *(Ces bulletins ne sont pas compris dans la catégorie A.)*	Total.	Total.	Total.	
C. VOTES NOMINATIFS POUR LES CANDIDATS A LA SUPPLÉANCE.	1. M.	1. M.	1. M.	
	2. M.	2. M.	2. M.	
Dans cette catégorie sont compris :	3. M.	3. M.	3. M.	
a) les bulletins où le vote est marqué *uniquement* en faveur d'un suppléant.	4. M.	4. M.	4. M.	
(Ces bulletins sont aussi compris dans la catégorie A.)	5. M.	5. M.	5. M.	
b) les bulletins qui contiennent un vote nominatif à la fois pour un titulaire et pour un suppléant.				
(Ces bulletins sont aussi compris dans la catégorie B.)				
(Tout bulletin contenant un vote nominatif pour un SUPPLÉANT *est compté deux fois : il figure à la fois dans la catégorie C et dans l'une des catégories* A *ou* B, *selon la distinction marquée ci-dessus.)*	Total.	Total.	Total.	

La liste 1 obtient . . . { Votes de liste (*A*). . . . .
Votes nominatifs pour les candidats titulaires (*B*). . . ..
Ensemble. . . ..

La liste 2 obtient . . . { Votes de liste (*A*). . . . .
Votes nominatifs pour les candidats titulaires (*B*). . . ..
Ensemble. . . ..

La liste 3 obtient . . . { Votes de liste (*A*). . . . .
Votes nominatifs pour les candidats titulaires (*B*). . . ..
Ensemble. . . ..

La liste 4 obtient . . . Etc.   Total. . . ..

Le bureau constate que le total général des votes de liste (*A*), ajouté au total général des votes nominatifs comptés en faveur des candidats titulaires (*B*), donne un nombre égal à celui des bulletins valables s'élevant à . . ...

(1) Même tableau pour le SÉNAT.

COLLÈGE ÉLECTORAL
de l'arrondissement de ....
—

CANTON ÉLECTORAL DE ...
—

Bureau de dépouillement
N° ...
—

ÉLECTIONS LÉGISLATIVES

du ...... 190 .

FORMULE V*bis.*
—

**Résultat du dépouillement des bulletins
reçus dans les bureaux n°s ... et ...**

CHAMBRE DES REPRÉSENTANTS.

Ce tableau reproduit intégralement celui qui figure au procès-verbal des opérations du dépouillement.

SÉNAT (1).

Ce tableau reproduit intégralement celui qui figure au procès-verbal des opérations du dépouillement.

(1) EN CAS D'ÉLECTION SIMULTANÉE POUR LES DEUX CHAMBRES, dans les arrondissements d'Alost, Dinant-Philippeville, Neufchâteau-Virton, Saint-Nicolas, Soignies, Thuin, Tongres-Maeseyck, Turnhout et Ypres, un tableau séparé doit être fait pour chacune des deux Chambres: le tableau concernant la Chambre des représentants est transmis au bureau principal du collège électoral pour la Chambre; le tableau concernant le Sénat est transmis au bureau principal du collège électoral pour le Sénat.

« Electorat. — Votes supplémentaires du chef de la possession d'un diplôme scientifique. — Arrêté royal du 14 avril 1894. — Mesures complémentaires. — Arrêté royal du 10 avril 1907, contresigné par M. Schollaert, ministre de l'intérieur, etc. (*Moniteur* du 17 avril.)

Vu l'article 17, littéra *C*, de la loi du 12 avril 1894 sur la formation des listes des électeurs pour les Chambres législatives, ainsi conçu :

« ART. 17. — Les seuls diplômes, titres et certificats donnant droit à deux votes supplémentaires sont les suivants : ...

« *C.* Les diplômes ..., les diplômes scientifiques d'enseignement supérieur comportant deux années d'études au moins et conférés, après examen, par les facultés des universités, ainsi que par les écoles annexées aux universités.

« Un arrêté royal détermine pour chaque université quels sont ces diplômes. »

Revu notre arrêté du 14 avril 1894 réglant l'exécution de cette disposition;

Considérant qu'il y a lieu de compléter cet arrêté;

Vu les renseignements fournis par les quatre universités du royaume;

Sur la proposition de notre ministre de l'intérieur et de l'instruction publique,

Nous avons arrêté et arrêtons :

ART. 1er. — En dehors des diplômes scientifiques d'enseignement supérieur mentionnés dans les tableaux qui accompagnent notre arrêté du 14 avril 1894, donneront droit à deux votes supplémentaires aux électeurs qui en seront porteurs, les diplômes exclusivement scientifiques indiqués dans les tableaux *A*, *B*, *C* et *D* annexés au présent arrêté et délivrés par les universités de Bruxelles, de Gand, de Liége et de Louvain ou par les écoles annexées à ces universités.

ART. 2. — Notre ministre de l'intérieur et de l'instruction publique est chargé de l'exécution du présent arrêté.

Annexes à l'arrêté royal du 10 avril 1907.

TABLEAU *A*.   **Université de Bruxelles.**

DÉSIGNATION des diplômes scientifiques délivrés par les facultés depuis l'existence de l'université.	DÉSIGNATION des diplômes scientifiques délivrés par les écoles annexées à l'université depuis l'origine de ces écoles.	Nombre d'années d'études que comportait ou que comporte l'examen pour l'obtention du diplôme.
	Licencié en sciences sociales	2
	Licencié en sciences politiques ou adminis- tratives (a)	2
	Licencié en sciences économiques	2
	Docteur en sciences sociales	3
	Docteur en sciences politiques ou administra- tives (a)	3
	Docteur en sciences économiques	3
	Ingénieur commercial	4

(*a*) Erratum au *Moniteur* du 6 juillet 1907.

TABLEAU *B*.   **Université de Gand.**

DÉSIGNATION des diplômes scientifiques délivrés par les facultés depuis 1835.	Nombre d'années d'études que comporte l'examen pour l'obtention du di- plôme.	DÉSIGNATION des diplômes scientifiques délivrés par les écoles annexées à l'université depuis l'origine de ces écoles.	Nombre d'années d'études que comportait ou que comporte l'examen pour l'obtention du diplôme.
Licencié en sciences commerciales	2	Ingénieur des constructions navales	5 ou 6 (d)
Licencié du degré supérieur en sciences commerciales et consulaires	3 (a)	Ingénieur électricien	5 ou 6 (e)
Candidat en géographie	2	Licencié en sciences commerciales	2
Licencié en géographie	4 (b)	Licencié en sciences commerciales et consulaires	3 (f)
Docteur en géographie	4 (c)	Licencié en sciences commerciales et coloniales	3 (f)
		Licencié en sciences commerciales et financières	3 (f)
		Docteur en sciences commerciales	4 (g)

(*a*) Y compris les deux années d'études de la licence en sciences commerciales.
(*b*) Y compris les deux années de la candidature en géographie.
(*c*) Y compris les deux années d'études de la candidature en géographie et les deux années de la licence en géographie.
(*d*) Y compris les années d'études exigées pour l'obtention d'un diplôme soit d'ingénieur civil, soit d'ingénieur mécanicien, soit d'ingénieur honoraire des ponts et chaussées ou d'ingénieur des constructions civiles.
(*e*) Y compris les années d'études exigées pour l'obtention d'un des diplômes d'ingénieur délivrés par les écoles spéciales du génie civil et des arts et manufactures annexées à l'Université de Gand.
(*f*) Y compris les deux années de la licence en sciences commerciales.
(*g*) Y compris les deux années de la licence en sciences commerciales et l'année de la licence spécialisée.

TABLEAU *C.*   **Université de Liége.**

DÉSIGNATION des diplômes scientifiques délivrés par les facultés depuis 1835.	Nombre d'années d'études que comporte l'examen pour l'obtention du diplôme.	DÉSIGNATION des diplômes scientifiques délivrés par les écoles annexées à l'université depuis l'origine de ces écoles.	Nombre d'années d'études que comportait ou que comporte l'examen pour l'obtention du diplôme.
Candidat en art et archéologie	2	Licencié en sciences commerciales. .	2
Licencié en art et archéologie	3 (a)	Licencié du degré supérieur en sciences	
Docteur en art et archéologie	3 (a)	commerciales	3 (g)
Licencié en sciences commerciales. . .	2	Licencié en sciences commerciales et	
Licencié du degré supérieur en sciences		consulaires	3 (g)
commerciales et consulaires	3 (b)	Licencié en sciences commerciales et	
Candidat ingénieur des arts et manufac-		coloniales	3 (g)
tures	2	Docteur en sciences commerciales . .	4 (h)
Candidat en sciences physico-chimiques.	2		
Docteur en sciences physico-chimiques .	4 (c)		
Candidat en géographie	2		
Licencié en géographie.	4 (d)		
Docteur en géographie.	4 (d,		
Ingénieur chimiste	4 (e)		
Ingénieur chimiste-électricien	4 (e)		
Ingénieur géologue	6 (f)		

(a) Y compris les deux années de la candidature en art et archéologie.
(b) Y compris les deux années de la licence en sciences commerciales.
(c) Y compris les deux années de la candidature en sciences physico-chimiques.
(d) Y compris les deux années de la candidature en géographie.
(e) Y compris les deux années de candidat ingénieur des arts et manufactures.
(f) Le diplôme d'ingénieur géologue présuppose le diplôme d'ingénieur des mines ou d'ingénieur des arts et manufactures (5 années d'études).
(g) Y compris les deux années de la licence en sciences commerciales.
(h) Y compris les trois années des licences spéciales.

TABLEAU *D.*   **Université de Louvain.**

DÉSIGNATION des diplômes scientifiques délivrés par les facultés depuis l'existence de l'université.	Nombre d'années d'études que comportait ou que comporte l'examen pour l'obtention du diplôme.	DÉSIGNATION des diplômes scientifiques délivrés par les écoles annexées à l'université depuis l'origine de ces écoles.	Nombre d'années d'études que comportait ou que comporte l'examen pour l'obtention du diplôme.
Licencié en sciences politiques et so-ciales.	4	Ingénieur électricien.	
Docteur en sciences politiques et sociales.	5		
Licencié en sciences politiques et diplo-matiques.	4		
Docteur en sciences politiques et diplo-matiques.	5		
Licencié en sciences commerciales. . .	2		
Licencié du degré supérieur en sciences commerciales et consulaires	3		
Agrégé en philosophie de Saint-Thomas.	4		
Candidat en archéologie et histoire de l'art	2		
Docteur en sciences physico-chimiques .	4		
Docteur en sciences géographiques . .	4		

Electorat. — Votes supplémentaires du chef de la possession d'un diplôme scientifique. — Arrêté royal du 14 avril 1894. — Mesures complémentaires. — Arrêté royal du 10 décembre 1907, contresigné par M. Descamps, ministre des sciences, etc. (Moniteur du 15 décembre.)

Vu l'article 17, littéra *C*, de la loi du 12 avril 1894 sur la formation des listes des électeurs pour les Chambres législatives;

Revu notre arrêté du 10 avril 1907 ayant complété notre arrêté du 14 avril 1894 sur les diplômes scientifiques d'enseignement supérieur attributifs du double vote supplémentaire;

Sur la proposition de notre ministre des sciences et des arts,

Nous avons arrêté et arrêtons :

La mention suivante est ajoutée aux tableaux *B* (université de Gand) et *C* (université de Liége) qui accompagnent notre arrêté prémentionné du 10 avril 1907 :

« Licencié du degré supérieur en sciences commerciales et consulaires ... 2 ans. »

Elections communales. — Vérification des pouvoirs. — Jurisprudence du gouvernement. — Anthisnes. — Actes de pression et d'intimidation. — Arrêté royal du 20 décembre 1907, contresigné par M. de Trooz, ministre de l'intérieur. (Moniteur du 29 décembre.)

Vu l'arrêté, en date du 25 novembre 1907, par lequel la députation permanente du conseil provincial de Liége a annulé les élections qui ont eu lieu à Anthisnes, le 20 octobre précédent, pour le motif que des actes de pression et d'intimidation auraient vicié la consultation électorale;

Vu le recours formé contre cette décision, le 25 novembre 1907, par le gouverneur de la province;

Attendu qu'il ressort de l'enquête à laquelle la députation permanente a fait procéder que les actes de pression et d'intimidation ont consisté dans le renvoi de certains ouvriers, avant les élections, et dans des menaces de renvoi, faites à d'autres ouvriers, au cas où la liste 1 serait élue;

Attendu que si plusieurs ouvriers ont, en effet, été renvoyés, le samedi 19 octobre, c'est à la suite d'un meeting au cours duquel l'un d'eux, candidat de la liste 1, avait grossièrement insulté un maître de carrières, tandis que les autres applaudissaient à cette insulte; que l'on ne peut raisonnablement considérer comme un acte d'intimidation la mesure qui a été prise à leur égard;

Attendu que si certains ouvriers ont prétendu avoir été menacés d'être congédiés en cas de succès de la liste 1, ces allégations ont été formellement démenties par ceux qui leur auraient fait ces menaces; que l'on ne saurait donc admettre, avec la députation permanente, que ces allégations soient établies;

Attendu, en conséquence, que les actes de pression ou d'intimidation, invoqués par la députation permanente pour prononcer l'annulation des élections d'Anthisnes, ne sont pas établis;

Vu les articles 74 et 75 de la loi du 12 septembre 1895;

Sur la proposition de notre ministre de l'intérieur,

Nous avons arrêté et arrêtons :

Le recours susmentionné du gouverneur de la province de Liége est accueilli.

L'arrêté de la députation permanente du conseil provincial, en date du 25 novembre 1907, est réformé, et les élections qui ont eu lieu à Anthisnes, le 20 octobre dernier, sont validées.

Mention, etc.

Auvelais. — Actes de pression et d'intimidation. — Arrêté royal du 16 janvier 1908, contresigné par M. Schollaert, ministre de l'intérieur. (Moniteur du 5 février.)

Vu la décision du 19 décembre 1907 par laquelle la députation permanente du conseil provincial de Namur a, après enquête, annulé les élections communales qui ont eu lieu à Auvelais le 20 octobre dernier, tant pour le renouvellement de la première série du conseil communal que pour l'attribution de deux mandats de la seconde série;

Vu le recours formé le 21 décembre contre cette décision, par le gouverneur de la province;

Attendu que la décision de la députation permanente se fonde sur ce que le jour de l'élection, dans la matinée et au cours des opérations électorales, les rues de la commune ont été parcourues par des bandes nombreuses de manifestants poussant des cris et faisant entendre des chants offensants pour le parti représenté par l'une des listes en présence;

Attendu qu'il n'est pas établi que la liberté de l'électeur aurait été vinculée par l'effet de ces manifestations; qu'en eût-il même été ainsi pour quelques électeurs, ce fait ne pourrait encore à lui seul justifier l'annulation de l'élection, en présence de l'écart considérable des suffrages accordés aux deux listes de candidats;

Vu l'article 74 de la loi du 12 septembre 1895;

Sur la proposition de notre ministre de l'intérieur,

Nous avons arrêté et arrêtons :

La décision susmentionnée de la députation permanente du conseil provincial de Namur est réformée.

Les élections communales d'Auvelais sont validées.

Mention, etc.

Baileux. — Enquête. — Arrêté royal du 15 février 1908. (Moniteur du 27 février.)

Un arrêté royal du 15 février 1908, contresigné par M. Schollaert, ministre de l'intérieur, prescrit une enquête au sujet des élections de Baileux, du 20 octobre 1907.

Baileux. — *Faits de pression ou de corruption.* — Arrêté royal du 4 mars 1908, contresigné par M. Schollaert, ministre de l'intérieur. (*Moniteur* du 18 mars.)

Vu l'arrêté du 19 janvier 1908 par lequel la députation permanente du conseil provincial du Hainaut a annulé, après enquête, les élections qui ont eu lieu à Baileux, le 20 octobre dernier, pour le renouvellement partiel du conseil communal;

Vu le recours formé, le 18 janvier, contre cette décision par le gouverneur de la province;

Revu notre arrêté du 15 février 1908 ordonnant une instruction complémentaire;

Attendu que la décision de la députation permanente est fondée sur ce que la sincérité des élections de Baileux aurait été viciée par des actes de corruption;

Attendu cependant qu'il ressort des dépositions recueillies, lors de l'enquête ordonnée par la députation permanente, que la plupart des électeurs qui auraient reçu des offres d'argent pour voter en faveur des candidats de la liste n° 1 ont affirmé avoir repoussé ces offres; que ces tentatives de corruption n'ont pu, en conséquence, avoir aucun effet sur les résultats des élections; que si quatre électeurs n'ont pas formellement déclaré avoir rejeté les offres d'argent qu'on leur aurait faites, ces électeurs ne disposent ensemble que de cinq voix; que, d'ailleurs, deux d'entre eux devaient, d'après leur déposition, marquer leurs bulletins de la lettre *M* au cas où ils auraient voté en faveur de la liste n° 1; que cette marque ne se trouve sur aucun des bulletins; qu'il faut en conclure que ces deux électeurs auraient, eux aussi, résisté aux tentatives faites pour acheter leur vote;

Attendu, d'autre part, qu'un déplacement de sept voix au moins serait nécessaire pour déterminer un changement dans les résultats proclamés par le bureau; qu'en tenant même pour établi, malgré les dénégations formelles de ceux que l'on accuse d'avoir commis ces actes délictueux, que deux électeurs, disposant ensemble de trois voix, auraient consenti à voter, moyennant argent, en faveur de la liste n° 1, encore faudrait-il reconnaître que cette fraude n'aurait pu exercer une influence décisive sur les résultats du scrutin;

Attendu, en conséquence, que l'annulation des élections de Baileux prononcée par la députation permanente du Hainaut n'est pas justifiée;

Vu l'article 74 de la loi du 12 septembre 1895;

Sur la proposition de notre ministre de l'intérieur,

Nous avons arrêté et arrêtons :

Le recours susmentionné du gouverneur du Hainaut est accueilli. L'arrêté de la députation permanente de cette province, en date du 17 janvier 1908, est réformé.

Les élections qui ont eu lieu à Baileux, le 20 octobre 1907, sont, en conséquence, validées. Mention, etc.

Biez. — *Admission indue d'une liste portant un nombre insuffisant de signatures régulières.* — *Proclamation du candidat unique figurant sur cette liste.* — *Majorité absolue.* — *Annulation de la décision validant les pouvoirs de cet élu.* — *Nouvelle élection pour un mandat.* — Arrêté royal du 16 janvier 1908, contresigné par M. Schollaert, ministre de l'intérieur. (*Moniteur* du 6 février.)

Vu l'arrêté, en date du 18 décembre 1907, par lequel la députation permanente du Brabant a validé les élections qui ont eu lieu à Biez, le 5 et le 20 octobre précédent;

Vu le recours formé contre cette décision, le 20 décembre, par le gouverneur de la province;

Attendu, en ce qui concerne les élections du 20 octobre (2e série), que l'acte de présentation de la candidature de M. Benoit (liste n° 2) ne portait pas neuf signatures d'électeurs communaux, le dixième signataire, M. Oswald Warichet, n'étant pas électeur communal; que, malgré l'irrégularité de cet acte qui ne réunissait pas le nombre requis de signatures valables d'électeurs présentants, le nom de M. Benoit fut inscrit par le bureau électoral parmi ceux des candidats régulièrement présentés;

Attendu qu'au scrutin M. Verhuyght, second candidat de la liste n° 1, et M. Benoit, candidat unique de la liste n° 2, ont obtenu l'un et l'autre 148 voix, chiffre supérieur à celui de la majorité absolue (140), tandis que M. Pirlet, premier candidat de la liste n° 1, ne recueillait que 123 suffrages; que le bureau proclama, en conséquence, élus à la majorité absolue : MM. Verhuyght et Benoit;

Attendu que la députation permanente du Brabant, tout en reconnaissant l'irrégularité qui entachait la présentation de la candidature Benoit, n'a pas cru pouvoir modifier les résultats proclamés par le bureau pour le motif que l'on méconnaîtrait la volonté du corps électoral, nettement favorable à M. Benoit, en déclarant élu en son lieu et place M. Pirlet auquel 123 suffrages seulement avaient été accordés;

Attendu que, en effet, la proclamation de M. Pirlet, en remplacement de M. Benoit, ne pourrait avoir lieu qu'au mépris des préférences exprimées par le corps électoral, ainsi que le constate la jurisprudence, déjà ancienne, du gouvernement et de certaines députations permanentes;

Attendu, toutefois, que l'irrégularité qui vicie la présentation de M. Benoit ne permet pas de reconnaître la validité de son élection, mais que cette irrégularité ne peut avoir d'influence sur l'élection de M. Verhuyght; qu'il y a donc lieu d'ordonner le recommencement des opérations en ce qui concerne le second mandat vacant dans la 2e série du conseil;

Attendu que les élections, sans lutte, du 5 octobre 1907 (1re série) ont été régulières;

Vu les articles 74 et 75 de la loi du 12 septembre 1895;

Sur la proposition de notre ministre de l'intérieur,

Nous avons arrêté et arrêtons :

Le recours susmentionné du gouverneur du Brabant est accueilli en tant seulement qu'il concerne les élections du 27 octobre (2e série).

L'arrêté de la députation permanente est réformé en tant qu'il valide l'élection de M. Benoît; le mandat conféré à ce candidat est déclaré vacant et il y sera pourvu par une nouvelle réunion des électeurs communaux de Biez.

L'arrêté de la députation permanente est confirmé pour le surplus.

Mention, etc.

Chaumont-Gistoux. — Validité de bulletins. — Arrêté royal du 23 décembre 1907, contresigné par M. Liebaert, ministre de l'intérieur *ad interim*. (*Moniteur* du 23 janvier 1908.)

Vu la décision du 20 novembre 1907 par laquelle la députation permanente du conseil provincial du Brabant valide les opérations électorales qui ont eu lieu à Chaumont-Gistoux les 5 et 20 octobre 1907;

Vu le recours formé le 27 novembre, contre cette décision, par M. le gouverneur de la province;

A. En ce qui concerne la section de Chaumont :

Attendu que la députation permanente a écarté comme non fondée une réclamation signalant que certains bulletins en faveur de la liste 1 auraient été validés quoique portant des marques apparentes;

Attendu qu'un nouveau dépouillement des bulletins a fait constater :

1° Que huit bulletins comptés comme valables au profit de la liste 1 doivent être annulés; deux d'entre eux portent un double vote dans les cases de tête, six autres ont des signes ou des marques bien caractérisés en dehors de la case de vote;

2° Que trois bulletins complets et un incomplet en faveur de la liste 2, admis comme valables, doivent être considérés comme nuls. deux de ces bulletins contenant à la fois un vote dans la case de tête et à côté du nom d'un seul candidat de la liste, les deux autres ayant des marques bien apparentes en dehors de la case de vote.

Attendu que, en tenant compte de l'annulation de ces bulletins, le résultat de l'élection s'établit comme suit :

Nombre des bulletins déposés . . .	627
— — blancs et nuls .	25
— — valables . . .	602
Majorité absolue.	302
Bulletins de liste favorables à la liste 1	288
— — à la liste 2	290
Bulletins donnant des votes à des candidats de diverses listes.	24

Suffrages attribués aux candidats.

Liste 1.

MM. Gérard	286
Ruelle, Jean-Baptiste .	292
Sandraps.	301

Liste 2.

MM. Coppe.	298
Mairesse.	294
Ruelle, Désiré. . . .	292

Aucun des candidats n'obtient la majorité absolue. Il y a lieu de faire application de la représentation proportionnelle. En vertu des articles 44 et suivants de la loi du 12 septembre 1895, un siège revient à la liste 1 et deux sièges à la liste 2.

Le siège revenant à la liste 1 est attribué à M. Sandraps. Les deux sièges revenant à la liste 2 sont attribués à MM. Coppe et Mairesse.

Sont désignés comme suppléants, dans l'ordre indiqué ci-après :

Pour la liste 1, MM. Ruelle, Jean-Baptiste, et Gérard;

Pour la liste 2, M. Ruelle, Désiré;

B. En ce qui concerne la section de Gistoux :

Attendu que M. Paulus, seul candidat présenté pour le siège de la première série revenant à cette section, a été régulièrement proclamé élu sans lutte;

Vu l'article 74 de la loi du 12 septembre 1895;

Sur la proposition de notre ministre de l'intérieur,

Nous avons arrêté et arrêtons :

La décision susmentionnée de la députation permanente du Brabant est réformée.

Les opérations électorales sont validées.

Sont reconnus élus conseillers communaux titulaires : *a.* pour la section de Chaumont, MM. Sandraps, Coppe et Mairesse; *b.* pour la section de Gistoux, M. Paulus.

Sont désignés comme conseillers communaux suppléants, pour la section de Chaumont : pour la liste 1, MM. Ruelle, Jean-Baptiste, et Gérard; pour la liste 2, M. Ruelle, Désiré.

Mention, etc.

Chimay. — Actes de pression ou de corruption. — Arrêté royal du 15 février 1908, contresigné par M. Schollaert, ministre de l'intérieur. (*Moniteur* du 19 février.)

Vu l'arrêté, en date du 17 janvier 1908, par lequel la députation permanente du Hainaut a annulé les élections qui ont eu lieu à Chimay, le 20 octobre précédent, pour le renouvellement partiel du conseil communal;

Vu le recours formé contre cette décision, le 18 janvier, par le gouverneur de la province;

Attendu que les actes de corruption et de pression imputés aux candidats et partisans de la liste n° 2 et sur lesquels est fondée l'annulation des élections ne peuvent être considérés comme établis par l'enquête à laquelle la députation permanente a fait procéder;

Attendu, en ce qui concerne le fait de l'achat du vote d'un électeur à une voix, qu'une plainte adressée au parquet a signalé cet acte de corruption; mais que, la réalité de cette fraude fût-elle établie, encore faudrait-il reconnaître que le vote de cet électeur n'a pu décider du résultat de l'élection; qu'en effet, en défalquant une voix du nombre des suffrages recueillis par les candidats de la liste 2, les trois candidats élus de cette liste n'en conservent pas moins la majorité absolue;

Attendu que la seule preuve apportée à l'appui des déclarations attribuées à M. Louis Machelart consiste dans le témoignage de personnes qui déposent avoir entendu M. Machelart dire qu'il avait vu donner de l'argent à des électeurs; mais que l'on ne désigne ni les électeurs achetés ni les personnes qui leur auraient donné de l'argent; que, dans ces conditions, il ne peut être tenu compte de ce grief;

En ce qui concerne les actes d'intimidation ou de pression imputés à un administrateur de la Société du chemin de fer de Chimay à l'égard de certains ouvriers de cette société, attendu que, suivant les réclamants, cet administrateur aurait engagé ces ouvriers, sous menace de renvoi, à voter pour tels ou tels candidats de la liste 2; mais attendu que, d'autre part, ces allégations n'ont pas été confirmées par les dépositions recueillies dans l'enquête; que plusieurs témoins affirment que l'on s'est borné à recommander cette liste aux suffrages des ouvriers du chemin de fer; qu'au surplus les réclamants n'ont pas cru devoir signaler cette manœuvre au parquet;

Attendu que l'on ne saurait trouver la preuve de ces actes de pression dans le fait que, sur 1,472 bulletins déposés, 22 bulletins ne contenaient de votes qu'en faveur de quelques candidats de la liste 2, cette proportion entre le nombre total des bulletins et celui des bulletins incomplets n'ayant rien d'anormal;

Attendu, en conséquence, qu'il n'a pas été établi que les élections de Chimay auraient été viciées par des actes de corruption ou de pression; que l'annulation qui en a été prononcée par la députation permanente du Hainaut n'est donc pas justifiée;

Vu les articles 74 et 75 de la loi du 12 septembre 1895;

Sur la proposition de notre ministre de l'intérieur,

Nous avons arrêté et arrêtons :

Le recours susmentionné du gouverneur du Hainaut est accueilli.

L'arrêté de la députation permanente de cette province, en date du 17 janvier 1908, est réformé; et les élections qui ont eu lieu à Chimay, le 20 octobre 1907, pour le renouvellement partiel du conseil communal sont validées.

Mention, etc.

Corbion. — Validité de bulletins. — Arrêté royal du 22 décembre 1907, contresigné par M. Liebaert, ministre de l'intérieur *ad interim.* (*Moniteur* du 23 janvier 1908.)

Vu l'arrêté, en date du 15 novembre 1907, par lequel la députation permanente du conseil provincial du Luxembourg, tout en validant les élections qui ont eu lieu à Corbion, le 20 octobre précédent, en modifie les résultats, et proclame élu M. Lambert, Jos., candidat de la liste 2, aux lieu et place de M. Barthelemy, Ernest, candidat de la liste 1;

Vu le recours formé contre cette décision, le 22 novembre, par le gouverneur de la province;

Attendu que la députation permanente s'est fondée, à tort, sur ce que onze bulletins favorables à la liste 1 ont été validés indûment par le bureau; que ces bulletins lui paraissent nuls, le point clair central de la case destinée au vote n'ayant pas été complètement oblitéré, mais simplement marqué d'un point noir; que la députation permanente voit dans ce fait l'indice d'un système de fraude, à raison de la similitude existant entre ces bulletins quant à la façon dont le vote y est exprimé;

Attendu qu'il résulte d'un nouvel examen des bulletins utilisés pour les élections de Corbion que les onze bulletins annulés par la députation permanente ne sont pas les seuls sur lesquels l'électeur ait marqué son vote en oblitérant imparfaitement le centre clair de la case du vote en y traçant un point ou un trait; que vingt-deux autres bulletins se trouvent dans le même cas et, entre autres, plusieurs bulletins en faveur de la liste 2 et plusieurs bulletins donnant des suffrages à des candidats des deux listes;

Attendu qu'il ressort de cette constatation que c'est à tort que la députation permanente a considéré ces onze bulletins par elle annulés comme portant une marque qui les rendait reconnaissables;

Vu les articles 182 du code électoral, 39 et 74 de la loi du 12 septembre 1895;

Sur la proposition de notre ministre de l'intérieur,

Nous avons arrêté et arrêtons :

Le recours susmentionné du gouverneur du Luxembourg est accueilli.

L'arrêté de la députation permanente, en date du 15 novembre 1907, est en conséquence réformé, et les résultats proclamés par le bureau électoral de Corbion sont validés.

Mention, etc.

Diest. — Actes de pression ou de corruption. — Arrêté royal du 2 janvier 1908, contresigné par M. Liebaert, ministre de l'intérieur *ad interim.* (*Moniteur* du 5 janvier.)

Vu la décision, en date du 11 décembre 1907, par laquelle la députation permanente du conseil provincial du Brabant, se basant sur les résultats d'une enquête tenue par un de ses membres, annule les opérations électorales qui ont eu lieu à Diest, le 20 octobre 1907, à raison d'un système de fraude organisé par les partisans d'un certain nombre de candidats élus;

Vu le recours formé, le 18 décembre 1907, contre cette décision par le gouverneur de la province;

Attendu que le résultat de l'élection s'établit comme suit :

Nombre des votes valables.	2,449
Majorité absolue	1,225
Nombre des bulletins de liste :	
Favorables à la liste I . .	1,197
Favorables à la liste II . .	1,243

Nombre des suffrages obtenus par les candidats:

Liste I.

MM. Nys	1,201
Peeters.	1,189
Van Nitsen	1,190
Vostes	1,187
Winand	1,192

Liste II.

MM. Alenus	1,227
Beutels	1,222
Bruyninckx	1,218
Hermans	1,221
Le Paige	1,216

Elus : à la majorité absolue, M. Alenus; par application de la représentation proportionnelle, MM. Beutels, Hermans, Nys et Winand.

Attendu qu'il résulte de ces chiffres que les candidats non élus de la liste I obtiennent un nombre de suffrages inférieur, respectivement de 35, 36 et 38 voix au chiffre de la majorité absolue, et que, d'autre part, il eût fallu un déplacement de vingt-quatre voix pour que le troisième siège revenant à la liste II, par application de la représentation proportionnelle, fût attribué à la liste I;

Attendu que, en supposant établis tous les faits allégués, les électeurs qui sembleraient s'être laissés séduire sont au nombre de trois disposant de trois voix;

Attendu en conséquence que, même abstraction faite de tout doute au sujet de la réalité des faits invoqués, le nombre de ceux qui auraient pu exercer une influence sur le résultat du scrutin était absolument insuffisant pour justifier l'annulation de l'élection; qu'il est en effet de jurisprudence constante que les faits de corruption ou de pression, dûment prouvés, ne doivent être retenus que s'ils ont pu altérer le résultat de l'élection;

Attendu que, abandonnant le terrain des faits pour s'engager dans le domaine de l'hypothèse, la députation permanente infère de quelques imputations faites, sans aucune preuve, au lendemain d'une lutte électorale ardente, qu'un système général de fraude a été organisé par les partisans de certains candidats;

Attendu qu'à l'appui de cette thèse la députation permanente invoque un considérant tiré d'un arrêté royal du 2 décembre 1881 et qui se borne à constater que la liberté matérielle dont l'électeur jouit dans l'isoloir n'implique pas nécessairement sa liberté morale; que le passage cité ne fait que formuler une considération dont on ne peut méconnaître la vérité sans admettre en même temps que tout acte de pression ou de corruption est fatalement inefficace. Mais attendu que ce même arrêté, loin de servir la thèse défendue par la députation permanente, la condamne au contraire; qu'il constate, en effet, que de nombreux faits précis, qui suffiraient par eux-mêmes, s'ils étaient prouvés, pour ébranler la confiance dans la sincérité du scrutin, sont allégués et qu'il importe d'en ordonner la vérification; que le rapport au roi, qui accompagne l'arrêté royal du 18 janvier 1882, pris à la suite de l'information ordonnée par l'arrêté qu'invoque la députation permanente, examine longuement les résultats de cette enquête et fait ressortir que des témoignages nombreux, se corroborant les uns les autres, ont établi l'existence d'un nombre de faits de corruption assez important pour rendre suspecte la sincérité du scrutin qui, sur un chiffre de 2,948 votants, ne donne que de 14 à 16 voix de majorité à cinq des candidats élus;

Attendu qu'on ne peut établir d'analogie entre l'élection dont s'occupe l'arrêté invoqué par la députation permanente et celle qui a eu lieu à Diest le 20 octobre 1907; qu'en ce qui concerne cette dernière élection, la députation permanente se base sur de simples allégations, dont aucun témoignage confirmatif ou aucune preuve matérielle n'établit l'exactitude, pour admettre qu'un système général de corruption ou de pression aurait vicié un scrutin qui avait donné aux candidats élus un nombre de voix considérablement supérieur à celui des candidats non élus;

Vu l'article 74 de la loi du 12 septembre 1895;

Sur la proposition de notre ministre de l'intérieur,

Nous avons arrêté et arrêtons :

La décision susmentionnée de la députation permanente du conseil provincial du Brabant, en date du 11 décembre 1907, est réformée. Les élections communales de Diest du 20 octobre 1907 sont validées.

Mention, etc.

Estaimpuis. — *Enquête.* — Arrêté royal du 15 janvier 1908. (*Moniteur* du 30 janvier.)

Un arrêté royal du 15 janvier 1908 contresigné par M. Schollaert, ministre de l'intérieur, prescrit une enquête au sujet de la nationalité de M. Castelain (Pierre), élu conseiller communal d'Estaimpuis le 20 octobre 1907.

Estaimpuis. — *Conditions d'éligibilité.* — *Nationalité.* — Arrêté royal du 31 mars 1908, contresigné par M. Schollaert, ministre de l'intérieur. (*Moniteur* du 9 avril.)

Vu l'arrêté du 18 décembre 1907 par lequel la députation permanente du conseil provincial du Hainaut a validé les élections qui ont eu lieu à Estaimpuis, le 20 octobre précédent, pour le renouvellement partiel du conseil communal;

Vu le recours formé contre cette décision, le 24 décembre 1907, par le gouverneur de la province;

Revu notre arrêté du 15 janvier dernier ordonnant une enquête au sujet de la nationalité de l'un des élus, M. Pierre Castelain;

Vu le rapport du commissaire de l'arrondissement de Tournai, en date du 19 février 1908, et les pièces à l'appui;

Attendu qu'il est établi que M. Castelain (Pierre) est né à Wattrelos (France), le 11 juin 1852; que son père, M. Castelain (Henri-Joseph), est également né dans cette commune, le 11 août 1827; mais que son grand-père (Apollinaire-Joseph) est né à Herseaux (Belgique), le 27 frimaire an VIII, de parents originaires du pays et y domiciliés; qu'il possédait donc la qualité de Belge et qu'il l'a transmise à ses descendants;

Attendu qu'il est reconnu que le père et le grand-père de M. Pierre Castelain s'étaient établis à Wattrelos, à peu de distance du territoire belge, rien ne permet de croire que cet établissement ait été fait sans esprit de retour; que ni l'un ni l'autre, d'ailleurs, n'a formellement répudié la qualité de Belge; qu'il s'ensuit que M. Pierre Castelain est né à l'étranger d'un père belge qui lui a transmis sa nationalité;

Attendu, en conséquence, que c'est à bon droit que la députation permanente du conseil provincial du Hainaut a reconnu l'éligibilité de l'intéressé;

Vu l'article 74 de la loi du 12 septembre 1895;

Sur la proposition de notre ministre de l'intérieur,

Nous avons arrêté et arrêtons :

ART. 1er. — L'arrêté susmentionné de la députation permanente du conseil provincial du Hainaut, en date du 18 décembre 1907, est confirmé.

Evergem. — *Enquête.* — Arrêté royal du 6 janvier 1908. (*Moniteur* du 25 janvier.)

Un arrêté royal du 6 janvier 1908 contresigné par M. Liebaert, ministre de l'intérieur *ad interim*, prescrit une enquête au sujet de l'élection d'Evergem.

Evergem. — *Garde des bulletins entre la clôture du scrutin et le commencement du dépouillement.* — *Mesures prétendûment insuffisantes.* — Arrêté royal du 4 mars 1908, contresigné par M. Schollaert, ministre de l'intérieur. (*Moniteur* du 13 mars.)

Vu la décision, en date du 29 novembre 1907, par laquelle la députation permanente du conseil provincial de la Flandre orientale a validé les élections communales qui ont eu lieu à Evergem le 20 octobre précédent;

Vu le recours formé, le 7 décembre 1907, contre cette décision par le gouverneur de la province;

Revu notre arrêté, en date du 6 janvier 1908, prescrivant une instruction complémentaire;

Attendu que les réclamants se fondent, en ordre principal, sur les trois griefs suivants pour justifier leur demande d'annulation des opérations du scrutin :

1° Le président du 3e bureau de vote aurait, à l'issue des opérations du vote, refusé de sceller l'urne contenant les bulletins;

2° Le président du même bureau aurait négligé d'assurer la garde de l'urne pendant toute la durée de l'interruption des opérations;

3° Le même président aurait fait expulser *manu militari* du local du vote le témoin de la liste 2 qui voulait rester de garde auprès de l'urne.

En ce qui concerne le premier point: Attendu qu'aux termes de l'article 34 de la loi du 12 septembre 1895 prescrivant de sceller les urnes après la fermeture du scrutin « les scellés recouvrent notamment l'ouverture réservée à l'introduction des bulletins »; attendu que si, pour répondre entièrement au vœu de la loi, il est désirable de sceller les urnes tant sur la serrure que sur le couvercle, l'apposition des scellés sur les serrures n'est cependant pas spécialement prévue par l'article 34 de la loi électorale communale;

Attendu qu'il résulte des dispositions recueillies dans l'enquête qu'à Evergem l'urne contenant les bulletins du 3e bureau de vote a été fermée à clef et qu'elle a été scellée sur le couvercle, c'est-à-dire sur l'ouverture réservée à l'introduction des bulletins; qu'il n'a donc pas été contrevenu aux prescriptions de la loi dans ce qu'elles ont d'essentiel;

En ce qui concerne le second point : Attendu que s'il est démontré que le président du 3e bureau n'a pas pris toutes les mesures pour assurer pleinement la garde de l'urne pendant l'interruption des opérations électorales, il n'est pas allégué que ce défaut de précaution ait été intentionnel et qu'il ait permis de pratiquer la fraude;

Attendu qu'en l'occurrence la fraude n'était pas possible; qu'en effet, à l'issue des opérations du vote, tous les bulletins non déposés dans l'urne avaient été enfermés, conformément aux prescriptions légales, dans des enveloppes dûment cachetées et scellées;

Attendu qu'il n'est ni prouvé ni même allégué que quelqu'un se soit introduit ou ait tenté de pénétrer dans le dit local pendant l'absence du bureau;

En ce qui concerne le troisième point : Attendu que le témoin de la liste 2, en voulant assurer la garde de l'urne contre le gré du président, s'est arrogé un droit qui appartenait exclusivement à ce dernier, en vertu de l'article 37 de la loi du 12 septembre 1895; qu'aux termes de cette disposition c'est au président seul qu'incombe le soin d'assurer, sous sa responsabilité, la garde de l'urne;

Attendu que, dans ces conditions, le président du 3e bureau de vote était fondé à user, contre le témoin récalcitrant, des pouvoirs de police que lui confère la loi;

Attendu que, pour le surplus, l'enquête n'a révélé aucun fait de fraude ni de corruption;

Vu les articles 34, 37 et 74 de la loi du 12 septembre 1895;

Sur la proposition de notre ministre de l'intérieur,

Nous avons arrêté et arrêtons :

La décision susmentionnée de la députation permanente du conseil provincial de la Flandre orientale est confirmée.

Feluy. — *Enquête.* — Arrêté royal du 11 avril 1908. (*Moniteur* du 2 mai.)

Un arrêté royal du 11 avril 1908 contresigné par M. Schollaert, ministre de l'intérieur, prescrit une enquête au sujet du domicile de M. Jules Goffin, élu conseiller communal de Feluy le 20 octobre 1907.

Folx-les-Caves. — *Numéros d'ordre différents donnés à deux listes présentées par les mêmes électeurs pour les deux séries du conseil.* — *Annulation de l'élection pour les deux séries.* — Arrêté royal du 20 décembre 1907, contresigné par M. de Trooz, ministre de l'intérieur. (*Moniteur* du 11 janvier 1908.)

Vu la décision du 27 novembre 1907, par laquelle la députation permanente du conseil provincial du Brabant a validé, en ce qui concerne la 1re série, et annulé, quant à la 2e série, les élections qui ont eu lieu le 20 octobre dernier à Folx-les-Caves;

Vu le recours formé, le 2 décembre, par le gouverneur de la province contre cette décision;

Attendu que le bureau électoral, après avoir arrêté le bulletin pour la 1re série, a procédé à un tirage au sort pour l'attribution des numéros d'ordre aux deux listes présentées pour la 2e série; que cette procédure a eu pour résultat d'attribuer aux candidats qui avaient figuré sur une seule et même liste de présentation des numéros d'ordre différents pour la 1re et la 2e série;

Attendu que, comme le constate la députation permanente, la loi est formelle en ce qui concerne les numéros d'ordre à donner aux listes sur les bulletins de vote (loi du 12 septembre 1895, art. 21);

Attendu qu'en prescrivant l'attribution du même numéro aux candidats présentés par les mêmes électeurs, respectivement pour les deux séries du conseil, le législateur a entendu donner au corps électoral une indication précise quant à la communauté d'idées et de programme unissant des candidats qui forment une seule et même liste, bien que soumis à des scrutins distincts;

Attendu que c'est à tort que la députation permanente a estimé que cette irrégularité a été de nature à vicier le résultat de l'élection pour la 2e série seulement et s'est bornée en conséquence à annuler les opérations en ce qui concerne cette série;

Attendu que le manque de concordance entre les numéros d'ordre des listes présentées par les mêmes électeurs pour les deux séries a pu amener chez l'électeur la même confusion, quant aux listes de la 1re série, que celle que la députation reconnaît avoir dû se produire quant à la 2e série;

Vu l'article 74 de la loi du 12 septembre 1895;

Sur la proposition de notre ministre de l'intérieur,

Nous avons arrêté et arrêtons :

ART. 1er. — La décision susmentionnée de la députation permanente du conseil provincial du Brabant est réformée.

Mention de cette disposition sera faite au registre des délibérations de ce collège, en marge de l'acte réformé.

Les élections communales de Folx-les-Caves sont annulées.

ART. 2. — Les électeurs communaux de Folx-les-Caves seront convoqués un dimanche, en vertu d'une décision du conseil communal, à l'effet de procéder à de nouvelles élections dans le délai de trente jours, fixé par l'article 75 de la loi du 12 septembre 1895.

Les candidats devront être présentés au moins quinze jours avant celui où l'élection aura lieu. Chaque présentation devra être signée par dix électeurs au moins.

Le président du bureau principal de l'élection publiera, au plus tard le vingtième jour avant celui du scrutin, l'avis fixant les lieu, jour et heures auxquels il recevra les présentations des candidats et les désignations des témoins, en se conformant aux prescriptions de l'article 17 de la loi du 12 septembre 1895.

_____

Gilly. — *Enquête.* — Arrêté royal du 29 février 1908. (*Moniteur* du 13 mars.)

Un arrêté royal du 29 février 1908 contresigné par M. Schollaert, ministre de l'intérieur, ordonne une enquête complémentaire au sujet des élections de Gilly du 20 octobre 1907.

_____

Gilly. — *Condition d'éligibilité.* — *Domicile.* — Arrêté royal du 9 mai 1908, contresigné par M. Schollaert, ministre de l'intérieur. (*Moniteur* du 23 mai.)

Vu l'arrêté du 31 janvier 1908, par lequel la députation permanente du conseil provincial du Hainaut a validé les élections qui ont eu lieu à Gilly, le 20 octobre 1907, pour le renouvellement partiel du conseil communal;

Vu le recours formé contre cette décision, le 7 février, par le gouverneur de la province;

Revu notre arrêté, du 29 février dernier, ordonnant une instruction complémentaire;

Attendu que la députation permanente a constaté, après enquête, que M. Camille Dourlet, l'un des candidats élus, était domicilié à Gilly, contrairement à l'opinion émise par le collège des bourgmestre et échevins de cette commune;

Attendu, toutefois, qu'il est établi que depuis son mariage, en septembre 1907, M. Dourlet habite d'une façon permanente à Liége avec sa femme et ses enfants, qu'il possède dans cette ville son bureau d'affaires et qu'il y est inscrit, pour l'année 1908, aux rôles de la contribution personnelle et des patentes; que, par contre, il ne séjourne à Gilly avec sa famille que pendant les vacances et qu'il n'y possède ni habitation personnelle ni bureau d'affaires;

Attendu qu'il s'ensuit que c'est à Liége que M. Dourlet a fixé, depuis septembre 1907, son principal établissement; que c'est là que se trouve le centre de ses relations, de ses affections, le siège de la profession qui le fait vivre, et partant son domicile;

Attendu, en conséquence, que M. Dourlet ne possédait plus, au jour de son élection, son domicile dans la commune de Gilly, et que ses pouvoirs ne peuvent être validés;

Attendu pour le surplus que les opérations électorales ont été régulières;

Vu les articles 65, 74 et 75, alinéa 1er, et 83 de la loi du 12 septembre 1895;

Sur la proposition de notre ministre de l'intérieur,

Nous avons arrêté et arrêtons :

Le recours susmentionné est accueilli.

L'arrêté de la députation permanente du Hainaut, en date du 31 janvier 1908, est réformé en tant qu'il valide l'élection de M. Camille Dourlet.

M. Sauvage, Louis, déclaré premier conseiller suppléant pour la liste dont faisait partie M. Dourlet, inéligible, sera installé en qualité de conseiller communal effectif après vérification complémentaire de ses pouvoirs par le conseil communal.

Mention, etc.

Herffelingen. — Validité de bulletins. — Arrêté royal du 2 janvier 1908, contresigné par M. Liebaert, ministre de l'intérieur *ad interim.* (*Moniteur* du 24 janvier.)

Vu le procès-verbal de l'élection communale de Herffelingen, province de Brabant, du 20 octobre 1907, constatant comme suit le résultat du dépouillement :

1re série.

Nombre de bulletins déposés	758
— blancs ou nuls . .	29
— valables.	729
Majorité absolue	365
Bulletins de liste favorables à la liste 1 .	369
Id. id. 2 .	327
Bulletins donnant des votes à des candidats de différentes listes	33

Suffrages attribués aux candidats :

Liste 1.

MM. Cosyn	365
Deleener	383
Langhendries	393
Vandenberghe	373

Liste 2.

MM. Coppens	349
Debraekeleer	330
Gallemaerts	334
Raemdonck	325

2e série.

Nombre de bulletins déposés	758
— blancs ou nuls .	31
— valables. . . .	727
Majorité absolue	364

Suffrages attribués aux candidats :

Liste 1.

M. Cochez.	362

Liste 2.

M. Vanderschueren	365

Elus 1re série : MM. Cosyn, Deleener, Langhendries et Vandenberghe; 2e série : M. Vanderschueren;

Vu la décision, du 27 novembre 1907, par laquelle la députation permanente du conseil provincial a validé les opérations électorales pour les deux séries;

Vu le recours formé, le 3 décembre, par M. le gouverneur de la province, contre cette décision;

En ce qui concerne la 1re série :

Attendu que, statuant sur des réclamations introduites en vue d'obtenir un nouveau recensement des suffrages, la députation permanente constate que le total des votes valables est de 730 au lieu de 729 et que M. Cosyn a obtenu 366 voix au lieu de 365, ce qui ne change d'ailleurs pas le résultat;

Attendu que la validation pure et simple des opérations électorales serait fondée si, parmi les bulletins considérés comme valables par le bureau et la députation permanente, il ne s'en trouvait un certain nombre dont l'annulation doive être prononcée; qu'un nouvel examen des bulletins a permis de constater en effet :

1° Que sept bulletins comptés comme favorables à la liste 1 devaient être annulés, deux parce qu'ils portent un vote dans les deux cases de tête, cinq parce qu'ils contiennent un vote dans la case de tête de la liste 1 et à côté du nom d'un seul candidat de cette liste (M. Cosyn);

2° Qu'un bulletin a été validé quoique troué;

Attendu qu'en tenant compte de l'annulation de ces bulletins le résultat du scrutin s'établit comme suit pour la 1re série :

Nombre de bulletins déposés	758
— blancs ou nuls . .	36
— valables. . . .	722
Majorité absolue	362
Bulletins de liste favorables à la liste 1 .	362
Id. id. 2 .	327
Bulletins donnant des votes à des candidats de différentes listes	33

Suffrages attribués aux candidats :

Liste 1.

MM. Cosyn	358
Deleener	376
Langhendries	386
Vandenberghe	366

Liste 2.

MM. Coppens	349
Debraekeleer	331
Gallemaerts	334
Raemdonck	325

Sont proclamés élus comme ayant obtenu la majorité absolue : MM. Langhendries, Vanderberghe et Deleener, candidats de la liste 1. Tous les sièges n'ayant pas été conférés à la majorité absolue, il y a lieu de faire application de la représentation proportionnelle. En vertu des articles 44 et suivants de la loi du 12 septembre 1895, deux sièges reviendraient à la liste 1 et deux sièges à la liste 2; toutefois, trois sièges ayant été emportés par la liste 1 à la majorité absolue, il ne reste à disposer que d'un seul siège qui revient à la liste 2;

En ce qui concerne la 2e série :

Attendu qu'un nouveau dépouillement a confirmé le résultat proclamé en ce qui concerne la 2e série;

Vu l'article 74 de la loi du 12 septembre 1895;

Sur la proposition de notre ministre de l'intérieur,

Nous avons arrêté et arrêtons :

La décision susmentionnée de la députation permanente du conseil provincial du Brabant est réformée.

L'élection communale de Herffelingen est validée.

Sont reconnus élus conseillers communaux titulaires pour la 1re série, MM. Langhendries, Vandenberghe et Deleener, de la liste 1, et M. Coppens de la liste 2, et pour la 2e série, M. Vanderschueren.

Sont désignés comme conseillers communaux suppléants (1re série), pour la liste 1, M. Cosyn; pour la liste 2. MM. Gallemaerts, Debraekeleer et Raemdonck.

Mention, etc.

Horrues. — *Désistement d'un candidat.* — *Déclaration erronée du président.* — *Décision fondée du bureau.* — Arrêté royal du 16 janvier 1908, contresigné par M. Schollaert, ministre de l'intérieur. (*Moniteur* du 8 février.)

Vu l'arrêté, en date du 18 décembre 1907, par lequel la députation permanente du conseil provincial du Hainaut a annulé les élections qui ont eu lieu à Horrues le 20 octobre précédent;

Vu le recours formé contre cette décision, le 24 décembre, par le gouverneur de la province;

Attendu que l'annulation, prononcée par la députation permanente, est motivée par le fait que les électeurs signataires de la liste 2 auraient été induits en erreur par le président du bureau principal; que celui-ci, au moment du dépôt de cette liste, déclara que l'un des candidats, M. Desenfans, lui ayant adressé son désistement par écrit, sa candidature n'était pas recevable; qu'ensuite de cette déclaration erronée du président une nouvelle liste (liste n° 3) fut présentée, sur laquelle figurait entre autres le nom du candidat Lhoir, déjà porté sur la liste 2; que le bureau ayant, à bon droit, considéré comme sans valeur le désistement du candidat Desenfans, admit comme régulièrement présentés les candidats des listes 2 et 3, à l'exception de M. Lhoir, dont le nom figurait sur deux listes, en violation de l'article 18 de la loi du 12 septembre 1895;

Attendu que la députation permanente admet, conformément aux allégations des réclamants, MM. Paternoster et consorts, que le rejet de la candidature Lhoir, par le bureau, a porté un sérieux préjudice aux listes 2 et 3 et que ce rejet n'est que la conséquence des déclarations erronées du président du bureau;

Attendu que ni la légalité des décisions du bureau ni la bonne foi du président ne sont contestées; qu'il n'y a donc eu, dans l'espèce, aucune manœuvre frauduleuse;

Attendu, d'autre part, qu'en droit strict les allégations des réclamants manquent de base; que l'on ne peut légalement considérer les listes 2 et 3 comme présentées par les mêmes électeurs puisque, des vingt-cinq signatures apposées sur chacune de ces présentations, cinq signatures seulement leur sont communes,

et que, d'ailleurs, les deux listes ont été remises au président par des personnes différentes;

Attendu qu'en admettant néanmoins qu'il soit établi qu'en fait les deux listes émanent de la même association, du même parti, et que l'on puisse, au point de vue de l'équité uniquement, leur reconnaître une origine commune, encore y aurait-il lieu de repousser les prétentions des réclamants;

Attendu, en effet, que si les électeurs signataires se sont laissés induire en erreur par les affirmations inexactes du président, c'est parce qu'ils ignoraient eux-mêmes la loi; que ces affirmations n'auraient eu aucune conséquence s'ils avaient mieux connu leurs droits et les pouvoirs du président et du bureau électoral; que s'ils ont, ensuite de cette erreur, commis diverses irrégularités qu'ils prétendent avoir porté préjudice à leur parti, c'est encore à cette ignorance de la loi qu'il faut les attribuer;

Attendu qu'il est inadmissible que les opérations d'une élection, entièrement régulières d'ailleurs, puissent être annulées pour le seul motif que l'un des partis en présence se serait trouvé, selon ses propres dires, placé dans des conditions désavantageuses par suite d'irrégularités imputables à l'ignorance de ses mandataires et sans qu'il ait été pratiqué aucune manœuvre frauduleuse;

Attendu que, dans l'espèce, l'annulation serait d'autant moins justifiée que la liste élue à la majorité absolue a manifestement obtenu les préférences du corps électoral, et que notamment le moins favorisé de ses candidats obtient encore 150 voix de plus que le candidat le plus avantagé de la liste 3;

Attendu, en conséquence, que l'annulation prononcée par la députation permanente n'est pas justifiée;

Vu les articles 74 et 75 de la loi du 12 septembre 1895;

Sur la proposition de notre ministre de l'intérieur,

Nous avons arrêté et arrêtons :

Le recours susmentionné du gouverneur du Hainaut est accueilli.

L'arrêté de la députation permanente, en date du 18 décembre 1907, est en conséquence réformé. Les élections qui ont eu lieu à Horrues, le 20 octobre dernier, sont validées.

Mention, etc.

Houtain-Saint-Siméon. — *Enquête.* — Arrêté royal du 7 janvier 1908. (*Moniteur* des 13-14 janvier 1908.)

Un arrêté royal du 7 janvier 1908, contresigné par M. Liebaert, ministre de l'intérieur *ad interim*, prescrit une enquête au sujet du domicile de M. Lambert, Arnold, proclamé conseiller communal de Houtain-Saint-Siméon, le 20 octobre 1907.

Houtain-Saint-Siméon. — *Conditions d'éligibilité.* — *Domicile.* — Arrêté royal du 29 février 1908, contresigné par M. Schollaert, ministre de l'intérieur. (*Moniteur* du 13 mars.)

Vu l'arrêté, en date du 9 décembre 1907, par lequel la députation permanente du conseil provincial de Liége a validé les élections communales de Houtain-Saint-Siméon, du 20 octobre précédent;

Vu le recours formé contre cette décision, le 9 décembre 1907, par le gouverneur de la province;

Revu notre arrêté du 7 janvier 1908 ordonnant une enquête complémentaire au sujet du domicile de M. Lambert, Arnold, l'un des élus;

Attendu qu'il résulte des témoignages recueillis et des pièces produites que l'intéressé n'a pas cessé, depuis l'époque de son mariage, de s'occuper de l'exploitation de la ferme que sa famille possède à Houtain-Saint-Siméon; que, de son côté, sa femme continue à exploiter, sous son propre nom, le commerce d'épicerie et le café qu'elle possédait à Heure-le-Romain dès avant cette époque; que, d'ailleurs, M. Lambert ne réside pas d'une façon continue et permanente à Heure-le-Romain;

Attendu, en conséquence, qu'il n'est pas établi que M. Lambert, Arnold, ait transféré son principal établissement dans cette dernière commune; qu'il suffit, au surplus, qu'il existe un doute à cet égard pour qu'il y ait lieu de se prononcer en faveur de la conservation du domicile d'origine;

Attendu que c'est donc avec raison que la députation permanente du conseil provincial de Liége a décidé que M. Lambert, Arnold, restant domicilié à Houtain-Saint-Siméon, son élection ne pouvait être invalidée;

Vu l'article 74 de la loi du 12 septembre 1895;

Sur la proposition de notre ministre de l'intérieur,

Nous avons arrêté et arrêtons :

La décision susmentionnée de la députation permanente du conseil provincial de Liége, en date du 9 décembre 1907, est confirmée.

Irchonwelz. — *Enquête.* — Arrêté royal du 16 janvier 1908. (*Moniteur* du 6 février.)

Un arrêté royal du 16 janvier 1908, contresigné par M. Schollaert, ministre de l'intérieur, prescrit une enquête au sujet du domicile de M. Letertre, Jean-Baptiste, élu conseiller communal à Irchonwelz, le 20 octobre 1907.

La Hulpe. — *Enquête.* — Arrêté royal du 27 janvier 1908. (*Moniteur* du 5 février.)

Un arrêté royal du 27 janvier 1908, contresigné par M. Schollaert, ministre de l'intérieur, prescrit une enquête au sujet du domicile de M. Dricot, Prosper, élu conseiller communal de La Hulpe, le 20 octobre 1907.

La Hulpe. — *Conditions d'éligibilité.* — *Domicile.* — Arrêté royal du 31 mars 1908, contresigné par M. Schollaert, ministre de l'intérieur. (*Moniteur* du 9 avril.)

Vu l'arrêté, en date du 24 décembre 1907, par lequel la députation permanente du conseil provincial du Brabant a validé, après enquête, les élections qui ont eu lieu à La Hulpe, le 20 octobre précédent, sauf en ce qui concerne la proclamation de M. Dricot, Prosper, en qualité de conseiller communal titulaire;

Vu le recours formé contre cette décision, le 31 décembre, par le gouverneur de la province;

Revu notre arrêté du 27 janvier 1908 ordonnant une enquête complémentaire au sujet du domicile de M. Dricot;

Vu le procès-verbal de l'enquête tenue à Woluwe-Saint-Pierre, le 15 février 1908, par le commissaire de l'arrondissement de Bruxelles;

Attendu qu'il est établi que M. Prosper Dricot a conservé à La Hulpe une habitation; qu'il y possède des propriétés importantes auxquelles il s'intéresse d'une manière constante; qu'il continue à y exercer la profession d'entrepreneur et de cabaretier; qu'il est imposé dans cette commune à la contribution personnelle et qu'il y paye patente; qu'il y est agent représentant d'une compagnie d'assurances; qu'il est membre du conseil de fabrique de l'église de La Hulpe, président d'une société de secours mutuels et vice-président d'une société d'agrément;

Attendu qu'il n'est pas contesté que l'intéressé se rende fréquemment à Woluwe-Saint-Pierre chez son fils, mais que sa présence momentanée dans cette commune est nécessitée par les affaires de construction qu'il entreprend en société avec son fils; que l'administration communale de cette localité ne l'a même pas considéré comme habitant et n'a pas cru devoir procéder à son inscription aux registres de la population; que si la femme et les plus jeunes enfants de M. Dricot séjournent actuellement à Woluwe, leur séjour n'y est cependant que momentané et rendu nécessaire soit par des raisons de santé, soit par la fréquentation d'établissements scolaires; que si l'on peut induire de ces circonstances que M. Dricot possède un second établissement à Woluwe-Saint-Pierre, on n'est cependant pas autorisé à y voir la preuve que le principal établissement de l'intéressé, et partant son domicile, ait été transféré dans cette commune;

Attendu, d'ailleurs, qu'en cas de doute il y a lieu de se prononcer pour la conservation du domicile d'origine;

Attendu, en conséquence, que c'est à tort que la députation permanente du Brabant a jugé que M. Dricot avait cessé de posséder son domicile à La Hulpe, et que son élection en qualité de conseiller communal effectif ne pouvait être validée;

Vu l'article 74 de la loi du 12 septembre 1895;

Sur la proposition de notre ministre de l'intérieur,

Nous avons arrêté et arrêtons :

Le recours susmentionné du gouverneur du

Brabant est accueilli. L'arrêté de la députation permanente de cette province en date du 24 décembre 1907 est réformé en tant qu'il déclare M. Prosper Dricot inéligible et proclame conseiller communal, en ses lieu et place, M. Caron, déclaré premier suppléant de sa liste.

En conséquence, les élections qui ont eu lieu à La Hulpe, le 20 octobre 1907, sont validées y compris la proclamation de M. Prosper Dricot en qualité de conseiller communal effectif. Mention, etc.

Lincent. — Enquête. — Arrêté royal du 20 décembre 1907, contresigné par M. de Trooz, ministre de l'intérieur. (*Moniteur* du 29 décembre.)

Un arrêté royal du 20 décembre 1907, contresigné par M. de Trooz, ministre de l'intérieur, prescrit une enquête au sujet du rejet par le bureau électoral de Lincent d'une liste de candidats pour le motif que les noms et prénoms des électeurs présentants n'étaient pas mentionnés en regard de leur signature.

Lincent. — Présentation de candidats. — Indication des noms et prénoms des électeurs présentants. — Identité des signataires non douteuse. — Arrêté royal du 15 février 1908, contresigné par M. Schollaert, ministre de l'intérieur. (*Moniteur* du 19 février.)

Vu l'arrêté, en date du 27 novembre 1907, par lequel la députation permanente de Liége a annulé les élections qui ont eu lieu sans lutte, le 5 octobre précédent, pour le renouvellement partiel du conseil communal de Lincent;

Vu le recours formé contre cette décision, le 27 novembre, par le gouverneur de la province;

Revu notre arrêté du 20 décembre 1907 ordonnant une information complémentaire au sujet du rejet, par le bureau électoral, de la liste des candidats Fauville et consorts;

Attendu qu'il est établi que l'acte de présentation des dits candidats ne mentionnait pas, autrement que par leur signature, les noms et prénoms des électeurs présentants; qu'il résulte des déclarations des membres du bureau que, sur les douze signataires de l'acte de présentation de MM. Fauville et consorts, l'un, M. Victor Guillaume, n'est pas électeur communal, que l'identité des cinq autres, MM. Hagnoul, Tiriard, Magnery, Bourguignon et Stappelle, n'a pu être constatée sur le vu de leur seule signature;

Attendu que si l'article 18 de la loi du 12 septembre 1895 prescrit de mentionner, dans les actes de présentation, les noms, prénoms, profession et domicile des électeurs présentants, cette indication n'est cependant point prescrite à peine de nullité; qu'il y a donc lieu d'examiner en fait si l'omission des noms et prénoms des signataires a mis le bureau dans l'impossibilité de vérifier l'identité des électeurs présentants et leur inscription sur la liste électorale communale;

Attendu que les signatures Magnery, Bourguignon et Stappelle sont précédées respectivement des initiales D., Is. et Z.; que c'est à tort que le bureau prétend que ces initiales sont illisibles; que, de plus, M. Stappelle est l'un des trois signataires qui ont remis l'acte de présentation au président;

Attendu qu'en se reportant à la liste électorale le bureau pouvait donc aisément s'assurer que ces trois signataires sont électeurs communaux;

Quant à la signature de M. Joseph Tiriard, attendu que, par suite d'une erreur dans les registres de l'état civil, l'intéressé figure, il est vrai, sur la liste électorale sous le nom de Tilliard, mais qu'il est de notoriété dans la commune que Joseph Tiriard et Joseph Tilliard ne sont qu'une seule et même personne, circonstance que le président ne pouvait ignorer en sa qualité de bourgmestre;

Attendu que M. Arthur Hagnoul est inscrit sur la liste électorale comme exerçant la profession de maçon; que, depuis le mois d'avril 1907, cependant, il exerce la profession de géomètre; que ce fait était connu des membres du bureau puisqu'ils allèguent n'avoir pu identifier le signataire parce qu'il existait deux géomètres du nom de Hagnoul, portant tous deux un prénom commençant par la lettre A (Arthur et Albert), et dont l'un n'est pas électeur communal bien qu'il se soit également occupé de la propagande en vue des élections;

Attendu qu'en admettant que le bureau ait eu, à l'égard de cette signature, un doute que l'inspection de la liste n'ait pu dissiper, encore faudrait-il reconnaître que la liste Fauville et consorts n'en réunissait pas moins un nombre suffisant de signatures d'électeurs communaux;

Attendu que c'est donc à bon droit que la députation permanente de Liége a jugé que le bureau avait fait preuve d'une sévérité excessive en rejetant cet acte de présentation pour le motif qu'elle n'indiquait pas les noms et prénoms des électeurs présentants; qu'il n'y a pas lieu, en conséquence, de réformer l'arrêté annulant les élections sans lutte du 5 octobre dernier;

Vu les articles 74 et 75 de la loi du 12 septembre 1895;

Sur la proposition de notre ministre de l'intérieur,

Nous avons arrêté et arrêtons :

Le recours susmentionné du gouverneur de la province de Liége n'est pas accueilli.

L'arrêté de la députation permanente de cette province, en date du 27 novembre 1907, portant annulation des élections communales de Lincent, est confirmé.

Maeter. — Candidat inéligible. — Candidature écartée par le bureau. — Annulation. — Arrêté royal du 20 décembre 1907, contresigné par M. de Trooz, ministre de l'intérieur. (*Moniteur* du 29 décembre.)

Vu l'arrêté, en date du 22 novembre 1907, par lequel la députation permanente du conseil provincial de la Flandre orientale a validé les élections qui ont eu lieu à Maeter le 7 octobre dernier ;

Vu le recours formé, le 26 novembre 1907, contre cette décision par le gouverneur de la province ;

Attendu que le bureau électoral de Maeter, constatant que le candidat Cambier (Emile), présenté isolément, est né le 11 novembre 1882 et ne posséderait pas la condition d'âge au jour fixé pour l'élection, a écarté cette candidature, et a déclaré élus sans lutte les candidats de l'autre liste ;

Attendu qu'il n'appartient pas au bureau électoral de décider les questions relatives à l'éligibilité des candidats, et d'écarter, à raison de son inéligibilité, un candidat régulièrement présenté ;

Attendu que la décision, irrégulièrement prononcée par le bureau électoral de Maeter, a pu vicier les résultats de la consultation du corps électoral ;

Vu les articles 73, alinéa 1er, 74 et 75 de la loi du 12 septembre 1895 ;

Sur la proposition de notre ministre de l'intérieur,

Nous avons arrêté et arrêtons :

Le recours susmentionné du gouverneur de la Flandre orientale est accueilli.

L'arrêté de la députation permanente du conseil provincial, en date du 22 novembre 1907, est réformé, et les élections qui ont eu lieu, le 7 octobre dernier, à Maeter sont, en conséquence, annulées.

Mention, etc.

Mouland. — Désistement d'un candidat. — Irrégularité. — Effets sur l'élection. — Validation. — Arrêté royal du 12 décembre 1907, contresigné par M. de Trooz, ministre de l'intérieur. (*Moniteur* du 29 décembre.)

Vu l'arrêté, en date du 18 novembre 1907, par lequel la députation permanente du conseil provincial de Liége a annulé les élections qui ont eu lieu à Mouland, le 20 octobre 1907, pour le renouvellement partiel du conseil communal ;

Vu le recours formé contre cette décision, le 18 novembre, par le gouverneur de la province ;

Attendu que la députation permanente s'est fondée sur ce que le bureau électoral de Mouland, ayant reçu, par écrit, le désistement du candidat Tossens, Hubert, régulièrement présenté sur la liste 2 et acceptant, a indûment considéré ce désistement comme valable et n'a pas fait figurer le nom de l'intéressé sur le bulletin de vote ;

Attendu que s'il est vrai, comme le constate notre arrêté du 5 février 1896, que le retrait d'une candidature, régulièrement présentée et acceptée, sans l'assentiment des électeurs signataires de la présentation constitue une irrégularité, encore faut-il, pour motiver l'annulation de l'élection, que les opérations aient pu être viciées par l'acceptation irrégulière du désistement ;

Attendu, à ce point de vue, que la députation permanente se borne à affirmer que le retrait de la candidature Tossens a pu être préjudiciable aux autres candidats de la liste 2 ; mais que cette affirmation est en opposition avec les résultats de l'élection, la liste 1 ayant été élue à la majorité absolue, et le nombre des votes de liste en sa faveur (131) étant supérieur de 32 à celui des bulletins de liste favorables à la liste 2 (99);

Attendu, d'autre part, que les candidats de la liste 2 n'ont présenté aucune réclamation contre la forme du bulletin ni lors de l'affichage de la liste des candidats régulièrement présentés, ni au moment même de l'ouverture des opérations électorales ; que la réclamation qu'ils ont adressée, le 23 octobre, à la députation permanente n'invoque pas davantage le préjudice que leur aurait causé le désistement irrégulièrement accepté du candidat Tossens; que le retrait de la candidature Tossens n'a pu, dès lors, être considéré par eux comme devant entraîner pour leur liste des conséquences défavorables ;

Attendu, pour ces motifs, que l'on ne peut considérer l'irrégularité commise par le bureau de Mouland comme ayant pu exercer une influence décisive sur les résultats de l'élection ; que c'est donc à tort que cette élection a été annulée par la députation permanente du conseil provincial de Liége ;

Vu l'article 74, alinéa 2, de la loi du 12 septembre 1895 ;

Sur la proposition de notre ministre de l'intérieur,

Nous avons arrêté et arrêtons :

Le recours susmentionné du gouverneur de la province de Liége est accueilli. En conséquence, l'arrêté de la députation permanente du conseil provincial de Liége, en date du 18 novembre 1907, est réformé, et les élections communales de Mouland du 20 octobre dernier sont validées.

Mention, etc.

Noville-sur-Mehaigne. — Attribution de tous les sièges à la majorité absolue. — Désignation indue de suppléants. — Arrêté royal du 16 janvier 1908, contresigné par M. Schollaert, ministre de l'intérieur. (*Moniteur* du 1er février.)

Vu le procès-verbal des opérations électorales qui ont eu lieu à Noville-sur-Mehaigne (province de Brabant), le 10 octobre 1907;

Attendu que le bureau électoral a proclamé le résultat suivant :

1re série.

Nombre de bulletins	283
Bulletins blancs ou nuls	5
Nombre de bulletins valables	278
Majorité absolue	140

Suffrages obtenus par les candidats.

Liste 1.

MM. Dewael	140
Mathy	144
Poskin	159

Liste 2.

MM. Corbusier 142
Decamp 111
Filée 114

2e série.

Nombre de bulletins valables . . 275
Majorité absolue 137

Liste 1.

M. Hiclet 152

Liste 2.

M. Servais 121

Elus titulaires pour la 1re série : MM. Poskin, Corbusier et Mathy; pour la 2e série : M. Hiclet;

Désignés comme suppléants pour la 1re série : liste 1, Dewael; liste 2, Filée.

Vu la décision du 18 décembre 1907 par laquelle la députation permanente du conseil provincial du Brabant a validé les opérations électorales précitées;

Vu le recours formé, le 20 décembre, contre cette décision par le gouverneur de la province;

Attendu que la députation permanente a rejeté à bon droit deux réclamations, l'une contestant le domicile d'éligibilité de M. Corbusier proclamé conseiller communal, l'autre alléguant que le bureau aurait validé à tort deux bulletins favorables à la liste 2, dont l'annulation aurait modifié le résultat du scrutin;

Attendu, en effet, d'une part, qu'il ressort des éléments versés au dossier que M. Corbusier a son domicile réel à Noville-sur-Mehaigne; d'autre part, qu'un nouveau dépouillement des bulletins a confirmé le bien fondé des chiffres du scrutin proclamés;

Attendu toutefois que la députation permanente signale à tort dans les considérants de sa décision que le bureau électoral aurait commis un oubli en omettant de proclamer le second suppléant de la liste 2 et que ce collège s'est trompé en validant purement et simplement les opérations électorales;

Attendu que les trois sièges de la 1re série ayant été conférés à la majorité absolue, la désignation de conseillers suppléants était irrégulière; que cette désignation n'a lieu qu'en cas d'application de la représentation proportionnelle;

Attendu que l'article 43 de la loi du 12 septembre 1895 ne laisse aucun doute à ce sujet; que cette disposition porte : « si le nombre de ces candidats (élus à la majorité absolue) est inférieur à celui des mandats à conférer, il est pourvu aux sièges non attribués conformément aux règles suivantes »; qu'il en résulte bien que ces règles, parmi lesquelles figure l'article 46 relatif aux suppléants, ne reçoivent d'application que si tous les sièges ne sont pas acquis par la majorité absolue;

Attendu que la circonstance que les trois mandats sont conférés à des candidats appartenant aux deux listes en présence ne change rien à la situation légale; que c'est là un pur résultat du choix des électeurs et non une application de la représentation proportionnelle;

Attendu que les opérations électorales ne soulèvent pas d'observation en ce qui concerne la 2e série;

Vu l'article 74 de la loi du 12 septembre 1895;

Sur la proposition de notre ministre de l'intérieur,

Nous avons arrêté et arrêtons :

La résolution susmentionnée de la députation permanente du conseil provincial du Brabant est réformée.

Les opérations électorales qui ont eu lieu à Noville-sur-Mehaigne sont validées, sauf en ce qui concerne la proclamation de suppléants qui est annulée.

Mention, etc.

———

Rahier. — *Enquête.* — Arrêté royal du 2 janvier 1908. (*Moniteur* des 13-14 janvier.)

Un arrêté royal du 2 janvier 1908, contresigné par M. Liebaert, ministre de l'intérieur *ad interim*, prescrit une enquête au sujet des circonstances dans lesquelles une liste de candidats a été remise au président du bureau.

———

Rahier. — *Présentation de candidats.* — *Délai.* — *Expiration.* — Arrêté royal du 2 mars 1908, contresigné par M. Schollaert, ministre de l'intérieur. (*Moniteur* du 12 mars.)

Vu l'arrêté du 4 décembre 1907 par lequel la députation permanente du conseil provincial de Liège a annulé, après enquête, les élections communales de Rahier du 5 octobre précédent;

Vu le recours formé, le 4 décembre, contre cette décision par le gouverneur de la province;

Revu notre arrêté du 2 janvier 1908 ordonnant une enquête au sujet du dépôt de la liste des candidats Artus et consorts;

Vu le procès-verbal de cette enquête à laquelle a procédé, le 30 janvier 1908, le commissaire de l'arrondissement de Verviers;

Attendu qu'il résulte, à suffisance de droit, des dépositions recueillies que le délai pour la réception des actes de candidature était expiré lorsque la liste des candidats Artus et consorts a été présentée au président du bureau électoral; que, au reste, ni les réclamants, ni leurs partisans, ni aucun membre du bureau n'ont contesté, au moment même, que l'heure fixée pour la réception des présentations ne fût passée et qu'ils n'ont formulé à cet égard ni protestation ni réserves;

Attendu, en conséquence, que c'est à bon droit que cet acte de présentation de candidatures a été écarté et que le bureau a proclamé élus sans lutte les candidats de la seule liste régulièrement présentée; que l'annulation de ces élections prononcée par la députation permanente n'est donc pas justifiée;

Vu l'article 74 de la loi du 12 septembre 1895;

Sur la proposition de notre ministre de l'intérieur,

Nous avons arrêté et arrêtons :

Le recours susmentionné du gouverneur de la province de Liège est accueilli.

L'arrêté de la députation permanente du conseil provincial de cette province, en date du 4 décembre 1907, est réformé, et les élections communales de Rahier, du 5 octobre 1907, sont validées.

Mention, etc.

Ressaix. — Réclamation tardive. — Refus d'examen des faits allégués. — Enquête prescrite. — Arrêté royal du 23 décembre 1907. contresigné par M. Liebaert, ministre des finances, pour M. de Trooz, ministre de l'intérieur, empêché. (*Moniteur* du 12 janvier 1908.)

Vu l'arrêté du 19 novembre 1907 par lequel la députation permanente du conseil provincial du Hainaut a validé les élections qui ont eu lieu à Ressaix, le 5 octobre précédent, pour le renouvellement partiel du conseil communal et pour le remplacement d'un conseiller de la 2e série;

Vu le recours formé contre cette décision, le 27 novembre, par le gouverneur de la province;

Attendu que la députation permanente, saisie tardivement, le 25 octobre, d'une réclamation formulée contre ces élections par MM. Glineur et consorts, n'a pas cru devoir examiner les irrégularités signalées par les réclamants;

Attendu qu'en procédant à la vérification des élections communales les députations permanentes et le gouvernement ont pour devoir de s'assurer que les opérations ont été régulières; qu'ils ont donc le droit de rechercher si des irrégularités, même tardivement signalées, ont réellement vicié les opérations;

Attendu que la réclamation de MM. Glineur et consorts fait valoir que le bureau électoral a proclamé, à tort, élus sans lutte les candidats de la liste Motquin et consorts, la liste sur laquelle eux-mêmes figuraient ayant été présentée régulièrement et les candidats ayant accepté par acte séparé;

Attendu qu'il y a lieu, avant de statuer sur le recours du gouverneur, de procéder à une enquête au sujet des faits allégués par les réclamants;

Vu les articles 18 et 71 de la loi du 12 septembre 1895;

Sur la proposition de notre ministre de l'intérieur,

Nous avons arrêté et arrêtons :

Avant qu'il soit statué sur le recours susmentionné du gouverneur du Hainaut, il sera procédé à une enquête au sujet de la régularité de la présentation de la liste Glineur et consorts et de la validité de l'acte d'acceptation de ses candidats.

Ressaix. — Présentation de candidats. — Acceptation. — Signatures des candidats apposées sur une pièce non déposée et recopiées par un des candidats sur l'acte de présentation. — Annulation. — Arrêté royal du 17 février 1908, contresigné par M. Schollaert, ministre de l'intérieur. (*Moniteur* du 26 février.)

Vu l'arrêté du 19 novembre 1907 par lequel la députation permanente du conseil provincial du Hainaut a validé les élections qui ont eu lieu à Ressaix le 5 octobre dernier;

Vu le recours formé contre cette décision, le 27 novembre, par le gouverneur de la province;

Revu notre arrêté du 23 décembre 1907 ordonnant une enquête au sujet de la régularité de la présentation de la liste Glineur et consorts;

Vu le procès-verbal de l'enquête à laquelle il a été procédé, le 27 janvier dernier, par le commissaire de l'arrondissement de Thuin;

Attendu qu'il est établi, par les dépositions des intéressés eux-mêmes, qu'ils n'ont pas muni de leur signature l'acte d'acceptation remis au président du bureau; que l'un d'eux s'est borné à transcrire au bas de cette pièce les signatures apposées sur un premier acte qui ne fut pas déposé; qu'il s'ensuit que le bureau a régulièrement écarté ces candidatures;

Vu l'article 74 de la loi du 12 septembre 1895;

Sur la proposition de notre ministre de l'intérieur,

Nous avons arrêté et arrêtons :

L'arrêté de la députation permanente du conseil provincial du Hainaut, en date du 19 novembre 1907, est confirmé.

Richelle. — Enquête. — Arrêté royal du 4 janvier 1908. (*Moniteur* des 13-14 janvier.)

Un arrêté royal du 4 janvier 1908, contresigné par M. Liebaert, ministre de l'intérieur *ad interim*, prescrit une enquête complémentaire au sujet des élections de Richelle, du 20 octobre 1907.

Richelle. — Arrêté royal du 27 janvier 1908, contresigné par M. Schollaert, ministre de l'intérieur. (*Moniteur* du 6 février.)

Vu la décision, en date du 4 décembre 1907, par laquelle la députation permanente du conseil provincial de Liége a validé l'élection qui a eu lieu à Richelle le 20 octobre dernier;

Vu le recours formé par le gouverneur de la province, le 6 décembre 1907, contre cette décision;

Vu notre arrêté du 4 janvier 1908 ordonnant un complément d'instruction au sujet de cette élection;

Attendu qu'il résulte tant de l'examen du dossier que des renseignements qui ont été recueillis à l'enquête que la décision précitée de la députation permanente est justifiée;

Vu l'article 74 de la loi du 12 septembre 1895;

Sur la proposition de notre ministre de l'intérieur,

Nous avons arrêté et arrêtons :

La décision susmentionnée de la députation permanente du conseil provincial de Liége est confirmée.

Roloux. — Enquête. — Arrêté royal du 25 novembre 1907. (*Moniteur* du 21 décembre.)

Un arrêté royal du 25 novembre 1907, contresigné par M. de Trooz, ministre de l'intérieur, prescrit une enquête au sujet des élections de Roloux du 20 octobre 1907.

Roloux. — Présentation de candidats. — Remise de l'acte par deux signataires seulement. — Absence des mentions relatives à la profession et au domicile des électeurs présentants. — Validation. — Arrêté royal du 27 janvier 1908, contresigné par M. Schollaert, ministre de l'intérieur. (*Moniteur* du 6 février.)

Vu le procès-verbal du bureau électoral de Roloux, en date du 5 octobre 1907, qui constate qu'aucun candidat n'a été proposé régulièrement, l'un des trois électeurs qui avaient fait remise au président du seul acte de présentation produit n'ayant pas muni cet acte de sa signature;

Vu la décision du 30 octobre par laquelle la députation permanente du conseil provincial de Liége proclame élu M. Bovy, le seul candidat figurant sur cet acte;

Attendu qu'indépendamment de l'irrégularité signalée par le bureau électoral l'acte de présentation en contenait une autre provenant de ce que la profession et le domicile des électeurs présentants n'étaient pas mentionnés en regard de leur nom;

Revu notre arrêté du 25 novembre 1907 ordonnant un complément d'instruction au sujet de cette élection;

Attendu qu'il résulte de l'enquête faite en exécution de cet arrêté que malgré l'absence des mentions relatives à la profession et au domicile des électeurs présentants, le bureau électoral n'a eu aucun doute au sujet de l'identité et de la qualité de ces électeurs;

Attendu, en conséquence, que la décision de la députation permanente, conforme à la jurisprudence du département de l'intérieur exposée notamment dans la circulaire ministérielle du 20 novembre 1899, est fondée;

Vu le recours formé, le 30 octobre, contre cette décision par le gouverneur de la province;

Vu l'article 74, alinéa 2, de la loi du 12 septembre 1895;

Sur la proposition de notre ministre de l'intérieur,

Nous avons arrêté et arrêtons :

ART. 1er. — La décision susmentionnée, en date du 30 octobre 1907, par laquelle la députation permanente du conseil provincial de Liége a proclamé élu conseiller communal M. Michel Bovy, est confirmée.

ART. 2. — Les électeurs communaux de Roloux seront convoqués un dimanche, en vertu d'une décision du conseil communal, à l'effet de pourvoir aux deux sièges demeurés vacants.

Les candidats devront être présentés au moins quinze jours avant celui où l'élection aura lieu. Chaque présentation devra être signée par cinq électeurs au moins.

Le président du bureau principal de l'élection publiera, au plus tard le vingtième jour avant celui du scrutin, l'avis fixant les lieu, jours et heures auxquels il recevra les présentations de candidats et les désignations des témoins, en se conformant aux prescriptions de l'article 17 de la loi du 12 septembre 1895.

Santvliet. — Validité de bulletins. — Arrêté royal du 16 janvier 1908, contresigné par M. Schollaert, ministre de l'intérieur. (*Moniteur* du 5 février.)

Vu le procès-verbal de l'élection qui a eu lieu à Santvliet le 20 octobre dernier;

Vu la décision, en date du 13 décembre, par laquelle la députation permanente du conseil provincial d'Anvers a validé ces élections tout en modifiant partiellement les résultats proclamés par le bureau;

Vu le recours formé contre cette décision, le 20 décembre, par le gouverneur de la province;

Attendu que la députation permanente a considéré à tort comme valable un bulletin émis au profit de la liste 2, bulletin dans lequel le chiffre 2 est traversé par un trait au crayon dans les mêmes conditions qu'un bulletin au profit de la liste 1, que la députation a annulé à bon droit;

Attendu que l'annulation du bulletin dont il s'agit a pour conséquence de rétablir le résultat proclamé par le bureau principal;

Vu l'article 74 de la loi du 12 septembre 1895;

Sur la proposition de notre ministre de l'intérieur,

Nous avons arrêté et arrêtons :

La décision susmentionnée de la députation permanente du conseil provincial d'Anvers, en date du 13 décembre 1907, est réformée en tant qu'elle désigne M. Bril en qualité de conseiller effectif aux lieu et place de M. Schepers de la liste 1.

Sont proclamés élus conseillers communaux à Santvliet : MM. Aerts, Van den Maegdenbergh, Van den Bosch et Schepers.

Sont désignés respectivement comme premier et deuxième suppléants de la liste 1 : MM. Somers et Roelants, et comme premier et deuxième suppléants de la liste 2 : MM. Bril et De Lie.

Mention, etc.

Stavelot. — Actes de pression et de corruption. — Arrêté royal du 2 janvier 1908, contresigné par M. Liebaert, ministre de l'intérieur ad interim. (*Moniteur* du 15 janvier.)

Vu l'arrêté, en date du 4 décembre 1907, par lequel la députation permanente du conseil provincial de Liége a annulé, après enquête, les élections qui ont eu lieu à Stavelot, le 20 octobre précédent, pour le renouvellement partiel du conseil communal;

Vu le recours formé contre cette décision, le 4 décembre 1907, par le gouverneur de la province;

Attendu que la députation permanente fonde l'annulation des dites élections sur les actes de corruption qui les auraient viciées;

Attendu, toutefois, qu'il ressort de l'enquête à laquelle la députation permanente a fait procéder que les divers électeurs que l'on aurait tenté de corrompre par des offres ou des promesses d'argent ou d'autres avantages, et qui ont déclaré avoir été l'objet de semblables manœuvres, ont affirmé avoir repoussé ces offres et promesses; que, d'autre part, ces actes de corruption sont formellement niés par ceux qui s'en seraient rendus coupables;

Attendu, en conséquence, qu'en admettant même comme prouvées ces manœuvres frauduleuses, encore faudrait-il reconnaître qu'elles n'ont pu exercer d'influence sur les résultats des élections, aucun électeur n'ayant, d'après les témoignages recueillis dans l'enquête, succombé à l'appât des avantages qui lui auraient été offerts ou promis;

Attendu que c'est donc à tort que la députation permanente a invoqué les tentatives de corruption qui auraient été pratiquées, lors des élections de Stavelot, pour annuler ces élections qui ont donné aux candidats élus un nombre de voix de beaucoup supérieur au chiffre de la majorité absolue;

Vu l'article 74 de la loi du 12 septembre 1895;

Sur la proposition de notre ministre de l'intérieur,

Nous avons arrêté et arrêtons :

Le recours susmentionné du gouverneur de la province de Liége est accueilli.

L'arrêté de la députation permanente de Liége, en date du 4 décembre 1907, est réformé; les élections qui ont eu lieu à Stavelot, le 20 octobre dernier, sont, en conséquence, validées.

Mention, etc.

———————

Tavigny. — Série non sortante. — Siège vacant. — Affichage tardif de l'avis relatif à cette vacance. — Désistement d'un candidat. — Sections spécialement représentées. — Classement des candidats. — Indication du domicile suffisante. — Arrêté royal du 20 décembre 1907, contresigné par M. de Trooz, ministre de l'intérieur. (*Moniteur* du 11 janvier 1908.)

Vu l'arrêté du 15 novembre 1907 par lequel la députation permanente du conseil provincial du Luxembourg a annulé les élections qui ont eu lieu à Tavigny le 5 et le 20 octobre dernier, respectivement pour le remplacement d'un conseiller communal démissionnaire représentant spécialement la section de Buret et appartenant à la 2e série, et pour le renouvellement des mandats de la 1re série;

Vu le recours formé contre cette décision, le 22 novembre 1907, par le gouverneur de la province;

Attendu, en ce qui concerne l'élection pour un siège vacant dans la 2e série du conseil, que l'avis du président, affiché vingt jours avant l'élection et informant les électeurs des jours et heures où il recevrait les présentations de candidats, ne faisait aucune mention du mandat vacant dans la 2e série; que ce n'est que le 3 octobre qu'un nouvel avis, publié dans la

seule section de Buret, a porté à la connaissance des électeurs que des candidats pouvaient être présentés pour le dit mandat; que cette publication tardive, l'avant-veille de la réunion du bureau électoral et de l'arrêt de la liste des candidats régulièrement présentés, a empêché le corps électoral de manifester ses préférences; qu'un seul candidat a, en effet, été admis par le bureau comme présenté régulièrement et a été proclamé élu sans lutte;

Attendu que, d'autre part, le bureau a indûment accepté comme valable le désistement d'un second candidat, régulièrement présenté pour cette série, alors que l'assentiment de tous les électeurs signataires de cette présentation n'avait pas été produit;

Attendu, en conséquence, que la décision de la députation permanente est fondée en ce qui touche l'élection pour le mandat vacant dans la 2e série du conseil communal de Tavigny;

En ce qui concerne l'élection pour le renouvellement de la 1re série, attendu que les quatre mandats à renouveler ont été répartis, en vertu de l'article 66 de la loi du 12 septembre 1895, entre les quatre sections d'Alhoumont-Vissoul-Cowan, de Boeur, de Buret et de Tavigny; que les actes de présentation de candidats pour cette élection indiquaient la section dans laquelle chacun des candidats était domicilié; que, par elle-même, cette mention opérait dans l'espèce un classement suffisant des candidats pour qu'il ne pût y avoir de doute quant à l'intention des électeurs signataires de présenter tel candidat pour telle section; que la députation permanente a donc estimé à tort que le classement séparé, prescrit par l'article 18, alinéa final, de la loi du 12 septembre 1895, n'avait pas été opéré dans les dits actes de présentation;

Attendu que l'annulation des élections pour le renouvellement de la 1re série que la députation a prononcée de ce chef n'est pas justifiée;

Vu les articles 74 et 75 de la loi du 12 septembre 1895;

Sur la proposition de notre ministre de l'intérieur,

Nous avons arrêté et arrêtons :

Le recours susmentionné du gouverneur du Luxembourg est accueilli en tant qu'il concerne l'annulation des élections qui ont eu lieu à Tavigny, le 20 octobre 1907, pour le renouvellement de la 1re série du conseil.

Les dites élections sont, en conséquence, validées.

Mention de ces dispositions sera faite au registre des délibérations de la députation permanente, en marge de la décision réformée.

Le recours du gouverneur n'est pas accueilli en ce qui concerne l'élection pour la 2e série.

———————

Thielt-Notre-Dame. — Opérations postérieures au scrutin. — Mise sous enveloppe des bulletins et des documents par le président et par le secrétaire seuls. — Nouvelle réunion du bureau pour réparer une erreur commise dans le dépouillement. — Arrêté royal du 16 janvier 1908, contresigné par M. Schollaert, ministre de l'intérieur. (*Moniteur* du 5 février.)

Vu la décision du 18 décembre 1907 par laquelle la députation permanente du conseil provincial du Brabant a annulé les élections qui ont eu lieu à Thielt-Notre-Dame le 20 octobre dernier;

Vu le recours formé contre cette décision, le 20 décembre, par le gouverneur de la province;

Attendu que les réclamants font valoir les griefs suivants :

1° Le 20 octobre, après la rédaction du procès-verbal et après que celui-ci eût été signé par les membres du bureau, le président a congédié les assesseurs et les témoins et, en leur absence, il a, avec l'aide de son secrétaire, fermé et scellé les paquets contenant les bulletins, ainsi que les enveloppes où étaient enfermés les procès-verbaux et les autres documents relatifs à l'élection;

2° Le lendemain, 21 octobre, s'étant aperçu que le bureau avait négligé de tenir compte des bulletins de liste incomplète pour déterminer le nombre de suffrages recueillis par chaque candidat, le président a convoqué à nouveau le bureau pour procéder à un second recensement et modifier le procès-verbal;

Attendu, en ce qui concerne le premier point, que l'allégation des réclamants est formellement contredite par les membres du bureau signataires du procès-verbal du 20 octobre; qu'il résulte d'une déclaration écrite, signée par les dits membres, sauf un assesseur, ainsi que par le témoin qui a siégé au bureau dépouillant, que le départ des assesseurs et du témoin de la liste II a été spontané;

Attendu, en ce qui concerne le second point, qu'il est établi qu'en inscrivant au procès-verbal du 20 octobre le nombre de suffrages recueillis par chaque candidat, le bureau a, par erreur, négligé de tenir compte des bulletins de liste émis au profit d'un ou de quelques candidats seulement d'une même liste;

Attendu que, si pour se conformer strictement au vœu de la loi, le président aurait dû se borner à signaler à la députation permanente l'omission constatée pour que ce collège la répare, la circonstance qu'il a cru pouvoir reconvoquer le bureau et procéder à un second recensement ne suffit pas, à elle seule, pour entraîner la nullité des opérations auxquelles il a été procédé le 21 octobre;

Attendu que les réclamants n'allèguent aucun fait précis de nature à rendre suspecte la sincérité des dites opérations;

Attendu que le bureau réuni le 21 octobre a trouvé les paquets contenant les bulletins ainsi que les enveloppes dûment fermés et cachetés;

Attendu que, d'autre part, le nouveau recensement n'a fait que confirmer celui du 20 octobre, en ce sens que le bureau a retrouvé le même nombre de bulletins (790), le même nombre de suffrages valables (785); que le chiffre des bulletins attribués à chaque liste n'a pas varié; qu'il en est de même des bulletins donnant des votes à des candidats de listes différentes (128);

Attendu qu'enfin le second dépouillement n'a pas modifié le résultat du scrutin en ce qui concerne le nombre de sièges attribués à chaque liste, mais a amené seulement dans le classement par ordre numérique des suffrages obtenus et dans la proclamation des élus de la liste I l'interversion des noms de MM. Broos et Verhaegen, le premier devenant conseiller effectif et le second conseiller suppléant, contrairement au résultat antérieurement arrêté;

Attendu qu'un nouveau dépouillement des bulletins a permis de constater l'entière exactitude du résultat proclamé par le bureau, le 21 octobre;

Vu l'article 74, alinéa 2, de la loi du 12 septembre 1895;

Sur la proposition de notre ministre de l'intérieur,

Nous avons arrêté et arrêtons :

La décision prémentionnée de la députation permanente du conseil provincial du Brabant est réformée.

Les élections communales qui ont eu lieu à Thielt-Notre-Dame le 20 octobre 1907 sont validées. Sont, en conséquence, proclamés conseillers effectifs : MM. Truyens et Broos (liste I) et MM. Bontens et Massant (liste II).

Sont désignés respectivement comme 1er et 2e suppléants : pour la liste I, MM. Verhaegen et Debrouwer et, pour la liste II, MM. Robeyns et Stockmans.

Mention, etc.

Tournai. — Admission indue d'une liste ne comptant aucun élu. — Bulletins. — Classement des noms des candidats. — Actes de pression et de corruption. — Arrêté royal du 26 février 1908, contresigné par M. Schollaert, ministre de l'intérieur. (*Moniteur* du 1er mars.)

Vu l'arrêté, en date du 7 février 1908, par lequel la députation permanente du conseil provincial du Hainaut a annulé, après enquête, les élections qui ont eu lieu à Tournai, le 20 octobre dernier, pour le renouvellement partiel du conseil communal;

Vu le recours formé, le 7 février, contre cette décision par le gouverneur de la province;

Attendu que l'annulation prononcée par la députation permanente est fondée : 1° sur l'irrégularité de la présentation de la liste n° 3; 2° sur l'inobservation de l'ordre prescrit, dans le classement des noms des candidats figurant sur la liste n° 2; 3° sur les actes de corruption ou de pression qui auraient été commis pour assurer le succès des candidats de cette liste;

En ce qui concerne le premier grief :

Attendu que la liste n° 3 réunissait les 129 électeurs présentants; que s'il est vrai, comme le constate la députation permanente, que, sur ce nombre, dix-sept signatures ont été apposées par des personnes non inscrites sur les listes électorales en qualité d'électeur communal, la liste n'en restait pas moins présentée par un nombre suffisant d'électeurs communaux; que le bureau électoral n'avait, d'ailleurs, aucune raison de suspecter l'authenticité des autres signatures; qu'il n'a donc commis aucune irrégularité en faisant figurer sur le bulletin de vote les noms des candidats de la liste n° 3;

Attendu qu'en admettant même comme prouvé que certaines signatures sont apocryphes et que l'acte de présentation ne réunit pas le nombre requis de signatures valables, cette constatation, comme le dit notre arrêté du 5 janvier 1904 relatif aux élections communales de Tirlemont, perdrait toute importance par le fait que la liste irrégulière a été rejetée par la volonté librement exprimée du corps électoral; que, sur 10,851 bulletins valables, la liste 3 n'a obtenu, en effet, que 39 votes de liste (chiffre électoral), alors que les listes 1 et 2 obtenaient respectivement comme chiffre électoral 5,300 et 5,342;

Attendu que l'admission de la liste 3, fût-elle même irrégulière, bien loin d'entraver la libre expression du vœu des électeurs, a permis au contraire au corps électoral de se prononcer, le cas échéant, en faveur de ses candidats; que l'on ne pourrait donc, en équité, considérer la consultation électorale comme viciée par le fait que les électeurs partisans de cette liste ont pu manifester librement leurs préférences;

Quant au deuxième grief:

Attendu que si le cinquième candidat de la liste n° 2 s'appelle en réalité Del Fosse et d'Espierres, il est cependant établi qu'il est également très connu sous le nom abrégé de baron d'Espierres; que rien ne prouve, comme l'ont allégué les réclamants, que son inscription sous ce dernier nom ait été intentionnellement inexacte et ait eu pour but de faire bénéficier indûment la liste 2 des votes que devait lui procurer l'inscription en tête de liste du nom d'un candidat plus connu et plus populaire; que, sur ce point, les réclamants, comme la députation permanente, se bornent à affirmer qu'il y a eu manœuvre, sans produire aucun fait à l'appui de leurs allégations; qu'il n'est pas possible d'admettre, dans ces conditions, à moins de présumer la fraude, que l'interversion de l'ordre alphabétique dans l'inscription des noms des candidats de la liste 2 ait eu pour but ou pour effet de faire bénéficier indûment cette liste du vote d'un certain nombre d'électeurs;

Quant au troisième grief:

Attendu que les actes de corruption qui auraient été commis à l'occasion des élections de Tournai ont été dénoncés au parquet; qu'il appartient au pouvoir judiciaire régulièrement saisi de se prononcer sur la réalité des faits délictueux signalés;

Attendu, toutefois, que les fraudes dont il s'agit, fussent-elles même prouvées, n'auraient pu avoir une influence décisive sur les résultats du scrutin; qu'en effet les électeurs signalés comme ayant reçu des offres ou des promesses d'argent ou d'autres avantages, soit en cas de succès de la liste 2, soit pour accorder leur suffrage à ses candidats, ne disposent ensemble que de vingt suffrages; que le déplacement de ces votes au profit de la liste n° 1, en supposant qu'ils aient été favorables à la liste n° 2, n'aurait aucune influence sur la répartition des sièges entre les deux listes; qu'il est, dès lors, sans intérêt, au point de vue de la validité des résultats proclamés par le bureau, de rechercher si les actes frauduleux signalés par les réclamants au parquet ont réellement été commis;

Attendu, en conséquence, que les motifs invoqués par la députation permanente du Hainaut pour justifier l'annulation des élections de Tournai ne sont pas fondés;

Vu l'article 74 de la loi du 12 septembre 1895;

Sur la proposition de notre ministre de l'intérieur,

Nous avons arrêté et arrêtons:

Le recours susmentionné du gouverneur du Hainaut est accueilli.

L'arrêté de la députation permanente de cette province, en date du 7 février 1908, est réformé; les élections qui ont eu lieu à Tournai le 20 octobre 1907, pour le renouvellement partiel du conseil communal, sont, en conséquence, validées.

Mention, etc.

———

Voroux-Goreux. — *Enquête.* — Arrêté royal du 7 janvier 1908. — (*Moniteur* des 13-14 janvier.)

Un arrêté royal du 7 janvier 1908, contresigné par M. Liebaert, ministre de l'intérieur *ad interim*, prescrit une enquête complémentaire au sujet des élections de Voroux-Goreux du 20 octobre 1907.

———

Voroux-Goreux. — *Validité de bulletins.* — *Admission indue d'un électeur au vote.* — Arrêté royal du 27 janvier 1908, contresigné par M. Schollaert, ministre de l'intérieur. (*Moniteur* du 5 février.)

Vu l'arrêté, en date du 4 décembre 1907, par lequel la députation permanente de Liége a validé les élections qui ont eu lieu à Voroux-Goreux le 20 octobre précédent, sauf en ce qui concerne le mandat attribué à M. Dieudonné, mandat pour lequel la députation permanente a ordonné une nouvelle élection;

Vu le recours formé contre cette décision, le 9 décembre, par le gouverneur de la province;

Revu notre arrêté, du 7 janvier 1908, ordonnant une instruction complémentaire;

Attendu qu'il résulte d'un nouveau dépouillement des bulletins ayant servi aux élections de Voroux-Goreux que l'un des bulletins validés par le bureau et par la députation permanente en faveur de la liste n° 1 porte la marque du vote à la fois dans la case de tête et dans la case placée en regard du nom du premier candidat de cette liste (point clair central partiellement oblitéré); que ce bulletin est manifestement nul;

Attendu que les résultats du scrutin doivent, en conséquence, être établis comme suit:

Bulletins déposés dans l'urne	225
Bulletins blancs ou nuls (4 + 1)	5
Bulletins valables	220
Majorité absolue	111

Suffrages recueillis par les candidats:

Liste 1.

Charlier	90
Dessart	95
Noël	93

Liste 2.

Devillers	112
Dieudonné	112
Florkin	113

Elus à la majorité absolue: MM. Florkin, Devillers et Dieudonné.

Attendu que la majorité absolue resterait

acquise à ces trois candidats alors même que l'on soustrairait du nombre des suffrages qu'ils ont obtenus le vote émis par l'électeur Bronckart, Nicolas, indûment admis au scrutin; que, par conséquent, leur élection n'a pas été influencée par la participation indue de cet électeur;

Vu les articles 74 et 75, alinéa 1ᵉʳ, de la loi du 12 septembre 1895;

Sur la proposition de notre ministre de l'intérieur,

Nous avons arrêté et arrêtons :

ART. 1ᵉʳ. — Le recours susmentionné du gouverneur de la province de Liége est accueilli.

En conséquence, l'arrêté de la députation permanente de cette province, en date du 4 décembre 1907, est réformé ; les élections qui ont eu lieu à Voroux-Goreux, le 20 octobre 1907, sont validées, y compris la proclamation de M. Dieudonné en qualité de conseiller communal.

Mention, etc.

Ways. — *Enquête.* — Arrêté royal du 25 novembre 1907. (*Moniteur* du 21 décembre.)

Un arrêté royal du 25 novembre 1907, contresigné par M. de Trooz, ministre de l'intérieur, prescrit une enquête au sujet des élections de Ways du 20 octobre 1907.

Ways. — *Présentation de candidats.* — *Remise de l'acte par deux signataires seulement.* — Arrêté royal du 27 janvier 1908, contresigné par M. Schollaert, ministre de l'intérieur. (*Moniteur* du 5 février.)

Vu la décision, du 23 octobre 1907, par laquelle la députation permanente du conseil provincial du Brabant annule l'élection qui a eu lieu le 5 du même mois à Ways;

Vu le recours formé le 31 octobre contre cette décision par le gouverneur de la province;

Attendu que le bureau électoral de Ways avait écarté un acte de présentation pour le motif que, parmi les trois personnes qui en avaient fait la remise au président, il s'en trouvait une qui ne figurait pas parmi les signataires de cet acte;

Attendu que, indépendamment de l'irrégularité signalée par le bureau électoral, l'acte de présentation écarté en contenait une autre provenant de ce que la profession et le domicile des électeurs présentants n'étaient pas mentionnés en regard de leur nom;

Revu notre arrêté, du 25 novembre 1907, ordonnant un complément d'instruction au sujet de cette élection;

Attendu qu'il résulte de l'enquête faite en exécution de cet arrêté que, malgré l'absence des mentions relatives à la profession et au domicile des électeurs présentants, le bureau électoral n'a eu aucun doute au sujet de l'identité et de la qualité des électeurs;

Attendu, en conséquence, que la décision de la députation permanente, conforme à la jurisprudence du département de l'intérieur, exposée notamment dans la circulaire ministérielle du 20 novembre 1899, est fondée;

Vu l'article 74, alinéa 2, de la loi du 12 septembre 1895;

Sur la proposition de notre ministre de l'intérieur,

Nous avons arrêté et arrêtons :

ART. 1ᵉʳ — La décision susmentionnée, en date du 23 octobre 1907, par laquelle la députation permanente du conseil provincial du Brabant a annulé les élections qui ont eu lieu à Ways le 5 du même mois, est confirmée.

Wodecq. — *Enquête.* — Arrêté royal du 10 février 1908. (*Moniteur* du 28 février.)

Un arrêté royal du 10 février 1908, contresigné par M. Schollaert, ministre de l'intérieur, prescrit une enquête au sujet des élections de Wodecq du 20 octobre 1907.

Wodecq. — *Validité de bulletins.* — *Foi due au procès-verbal.* — *Erreur commise dans le dépouillement et signalée par le président.* — *Garde insuffisante des bulletins.* — *Nouveau dépouillement.* — Arrêté royal du 20 mai 1908, contresigné par M. Schollaert, ministre de l'intérieur. (*Moniteur* du 28 mai.)

Vu l'arrêté en date du 10 janvier 1908 par lequel la députation permanente du conseil provincial du Hainaut a validé les élections qui ont eu lieu à Wodecq, le 20 octobre 1907, pour le renouvellement partiel du conseil communal;

Vu le recours formé contre cette décision, le 14 janvier, par le gouverneur de la province;

Revu notre arrêté du 10 février dernier ordonnant une instruction complémentaire au sujet des dites élections;

Attendu que la députation permanente n'a pas cru pouvoir accueillir la réclamation, formulée par M. Odon Jouret, tendant à l'annulation d'un bulletin contesté validé à tort par le bureau; qu'elle s'est fondée sur ce que le procès-verbal ne faisant nulle mention d'un bulletin contesté, la foi due à ce document authentique ne permettait pas d'en combler les lacunes; que, dans l'espèce, un nouvel examen des bulletins aurait été, suivant la députation, d'autant moins admissible que la garde de ces bulletins, après les opérations du recensement général, avait été entièrement négligée ainsi que les mesures prescrites en vue d'assurer le secret des votes;

Attendu que la députation permanente a refusé, pour les mêmes motifs, de tenir compte d'une lettre rectificative du président du bureau électoral signalant l'erreur commise lors du dépouillement, le bureau ayant attribué à chacune des deux listes en présence comme complets les bulletins incomplets émis en leur faveur, de telle sorte que chaque candidat s'est vu attribuer un nombre de voix égal au chiffre électoral de la liste à laquelle il appartient augmenté du nombre des votes fournis par les bulletins « panachés »;

Attendu que si le procès-verbal d'élection constitue un acte authentique, la foi due à ses énonciations ne peut cependant avoir pour effet d'entraver la mission des pouvoirs vérificateurs ni faire obstacle à ce que leur droit d'investigation s'exerce sans exception à l'égard de tous les actes constitutifs de l'élection;

Attendu que s'il est vrai que les prescriptions légales relatives à la garde des bulletins après le recensement des votes n'ont pas été observées rigoureusement, il n'a toutefois été allégué aucune circonstance qui puisse faire supposer que ce défaut de précautions ait permis de falsifier le scrutin;

Attendu que si le procès-verbal ne mentionne pas qu'un bulletin validé par le bureau en faveur de la liste 2 a fait l'objet d'une contestation au moment du dépouillement, l'exactitude de cette allégation n'en ressort pas moins du fait qu'un bulletin portant la mention « validé », munie du paraphe de trois membres du bureau, se trouve parmi les bulletins ayant servi aux élections de Wodecq; que ce bulletin porte une marque au crayon en dehors de la case du vote et doit être considéré comme nul;

Attendu, d'autre part, qu'un nouvel examen des bulletins établit que les résultats de l'élection doivent être rectifiés comme suit :

Bulletins trouvés dans l'urne . .	924
— blancs ou nuls. . . .	15
Bulletins complets (416) ou incomplets (17) en faveur de la liste 1	433
Bulletins complets (392) ou incomplets (36) de la liste 2	428
Bulletins panachés	48
Total des votes valables. . . .	909
Majorité absolue	455

Suffrages obtenus par les candidats.

Liste 1.

Jouret, Odon	445
Keymeulen	441
Malingreau	455
Meunier	437

Liste 2.

Delhaie	448
Jouret, Achille.	446
Jouret, Vulgisse	431
Quequin	413

M. Malingreau ayant seul atteint le chiffre de la majorité absolue, il y a lieu à application des règles de la représentation proportionnelle. Deux sièges sont attribués à chacune des deux listes en présence, par application de ces règles.

Sont élus conseillers communaux effectifs : MM. Malingreau, Delhaie, Jouret (Odon) et Jouret (Achille);

Sont déclarés respectivement 1er et 2e suppléant, pour la liste 1 : MM. Keymeulen et Meunier; pour la liste 2 : MM. Jouret (Vulgisse) et Quequin;

Attendu que, sauf en ce qui concerne l'annulation d'un bulletin panaché considéré à tort comme valable par le bureau, annulation qui reste d'ailleurs sans effet sur le résultat, les changements apportés, lors du nouveau dépouillement, aux chiffres proclamés par le bureau proviennent uniquement de la rectification de l'erreur de supputation signalée par le président du collège électoral;

Attendu qu'il y a lieu de modifier, en conséquence, les résultats proclamés par le bureau électoral de Wodecq et validés par la députation permanente du Hainaut;

Vu les articles 74 et 75, alinéa 1er, de la loi du 12 septembre 1895;

Sur la proposition de notre ministre de l'intérieur,

Nous avons arrêté et arrêtons :

Le recours susmentionné du gouverneur du Hainaut est accueilli. L'arrêté de la députation permanente du conseil provincial, en date du 10 janvier 1908, est, en conséquence, réformé en tant qu'il valide purement et simplement les élections communales de Wodecq du 20 octobre 1907.

Les résultats proclamés par le bureau électoral sont modifiés comme suit :

Sont élus conseillers communaux effectifs : MM. Malingreau, Delhaie, Jouret (Odon) et Jouret (Achille).

Sont déclarés respectivement 1er et 2e suppléant, pour la liste 1 : MM. Keymeulen et Meunier; pour la liste 2 : MM. Jouret (Vulgisse) et Quequin.

Mention, etc.

Listes électorales. — Revision. — Recours. — Notification. — Huissier domicilié dans un ressort de cour d'appel autre que celui où est domiciliée la personne à laquelle le recours est signifié. — Avis de la *Revue communale*, 1907, p. 83.

Un huissier peut notifier par lettre recommandée à la poste un recours à une personne domiciliée dans un arrondissement judiciaire autre que celui où il a le droit d'instrumenter (1).

— Incapacités. — Vérification par le juge de paix. — Délivrance d'exemplaires des listes. — Avis de la *Revue communale*, 1907, p. 303.

Le juge de paix doit faire sur place la vérification prescrite par l'article 71 du code électoral et il n'a pas le droit d'exiger la délivrance de deux exemplaires de la liste électorale. S'il désire posséder des exemplaires de la liste il doit se conformer aux prescriptions de l'article 88 du code électoral.

Élections communales. — Bulletins. — Séries différentes. — Candidats portant le même nom de famille. — Indication du prénom. — Avis de la *Revue de l'administration*, 1908, p. 81.

Question posée : Faut-il indiquer le prénom de deux candidats portant le même nom de

---

(1) Voy., plus loin, arrêt de la cour de cassation du 3 juin 1907.

famille et présentés par les mêmes électeurs respectivement pour la première et pour la seconde série du conseil ?

« Si l'on ne voulait s'attacher qu'à la lettre de la loi, il faudrait décider que le nom de chaque candidat doit figurer sans prénom sur chacune des listes.

Les instructions pour l'impression du bulletin (modèle 2) ne prévoient l'addition du prénom que pour deux ou plusieurs candidats inscrits sur le même bulletin.

Mais la loi doit être appliquée dans son esprit. Elle veut empêcher qu'une incertitude ne se produise dans la pensée de l'électeur. Or, cette incertitude est possible lorsque deux candidats, portant le même nom, appartiennent à deux séries différentes et figurent sur deux bulletins distincts.

L'incertitude porte, en effet, sur la série à laquelle appartient respectivement chacun des candidats. Dès lors, l'addition du prénom se justifie. »

Observations. — Cet avis, quant au fond, semble d'autant plus fondé que l'article 21, 4e alinéa, de la loi du 12 septembre 1895 établit une corrélation étroite entre les bulletins des deux séries et dit, en termes exprès, que les candidats présentés par les mêmes électeurs pour les deux séries du conseil, quoique figurant sur deux bulletins séparés, font partie de la *même liste.*

— *Incompatibilités.* — *Milicien en congé illimité.* — *Éligibilité.* — Avis de la *Revue communale,* 1907, p. 341.

Un milicien ne peut faire partie d'un conseil communal avant l'expiration de son terme de service qui est de huit ans. Il peut être valablement élu, mais il ne peut être admis au serment si lors de l'installation son terme de service n'a pas pris fin.

— *Pièces relatives aux formalités préliminaires.* — *Transmission.* — Avis de la *Revue communale,* 1907, p. 340.

Toutes les pièces relatives à l'élection, notamment les désignations de témoins, le procès-verbal de formation des bureaux de dépouillement, doivent être transmises au gouverneur. Elles ne peuvent être conservées par le président ni être remises à l'administration communale.

— *Président d'un bureau de vote.* — *Electeur.* — *Nombre de votes.* — Avis de la *Revue communale,* 1907, p. 341.

Un électeur communal, quel que soit le nombre de votes dont il dispose, peut être désigné comme président d'un bureau de vote pour les élections communales.

— *Renouvellement ordinaire de la première série des conseils communaux.* — *Vacance de sièges de conseillers communaux supplémentaires.* — *Convocation des corps électoraux spéciaux.* — Avis de la *Revue communale,* 1907, p. 289.

La *Revue communale* constate que l'arrêté royal du 19 septembre 1907 portant convocation des électeurs communaux à l'effet de procéder au renouvellement ordinaire des conseils communaux, et qui prescrit le remplacement des conseillers non sortants qui auraient cessé de faire partie du conseil, est muet au sujet des conseillers communaux supplémentaires dont le siège serait devenu vacant. Elle reproduit une circulaire du ministre de l'intérieur disant que l'article 83 de la loi du 12 septembre ne prescrit pas formellement le remplacement des conseillers communaux supplémentaires, mais qu'il est conforme à l'esprit de la loi de compléter les conseils communaux à l'occasion du renouvellement ordinaire, et que si les conseils communaux ne prescrivent pas la convocation extraordinaire des corps électoraux spéciaux un arrêté royal ordonnera cette convocation.

La *Revue* estime que l'élection à l'effet de pourvoir aux places de conseillers communaux devenues vacantes est de droit en vertu de l'article 83 de la loi de 1895 et que la procédure indiquée dans la circulaire ministérielle conduit à une anomalie en tant qu'elle charge les conseils communaux de décider s'il y a lieu à élection extraordinaire, tout en ajoutant que si le conseil communal n'ordonne pas la convocation celle-ci sera prescrite par arrêté royal. Elle invoque l'avis émis par M. Delcroix dans son *Commentaire des lois* du 11 avril 1895 et du 12 septembre 1895, p. 125.

Il est à remarquer qu'il s'agit d'une simple question de forme, attendu que la procédure suivie par le gouvernement et celle que préconise la *Revue communale* aboutissent au même résultat, au remplacement de tous les conseillers, ordinaires ou supplémentaires, qui ont cessé de faire partie du conseil.

La manière de procéder admise par le département de l'intérieur est strictement conforme au texte et à l'esprit de la loi. L'article 83 de la loi de 1895 qui porte que « En cas de vacance d'un ou de plusieurs sièges au conseil communal il y est pourvu à la plus prochaine *réunion des électeurs* » ne vise, ses termes mêmes l'indiquent, que l'élection des conseillers communaux ordinaires. En effet, les électeurs appelés à élire les conseillers supplémentaires, dont aucun n'est sortant au moment où la première série du conseil est soumise à renouvellement, ne sont pas réunis à cette époque.

M. Delcroix, dans le passage de son commentaire cité par la *Revue communale*, n'a eu en vue que l'élection des conseillers ordinaires. « Le principal effet, dit-il, de cet article (l'article 83) est de rendre obligatoire, lors de chaque renouvellement partiel, le remplacement des membres décédés, démissionnaires *qui appartiennent à la série non sortante.* » Or, à la page suivante de son commentaire, il constate que « les conseillers communaux supplémentaires n'entrent dans *aucune série du conseil;* leur élection coïncide avec le renouvellement partiel de la seconde série du conseil ».

Il résulte de ce qui précède que la loi n'a pas prescrit, par un texte formel, le remplacement des conseillers communaux supplémentaires dont le siège serait vacant au moment où la première série du conseil est renouvelée. La loi ne devait pas le faire parce que le nombre des conseillers supplémentaires est relativement minime, que ces conseillers, toujours élus d'après les règles de la représentation proportionnelle, ont en général des suppléants et que, le cas échéant, leur remplacement peut être obtenu par l'application normale d'une disposition générale de la loi. Mais si aucune disposition légale n'ordonne expressément le remplacement des conseillers supplémentaires qui n'ont pas achevé leur mandat, il est conforme à l'esprit de la loi, par application de la règle inscrite, en ce qui concerne les conseillers ordinaires, dans l'article 83, que les conseils communaux soient complétés lors de chaque renouvellement ordinaire. Pour atteindre ce but il n'est pas nécessaire de recourir à l'article 67 de la Constitution, qui doit être appliqué avec circonspection. Cet article ne permet au roi, dont les pouvoirs sont d'attribution, que de prendre les arrêtés nécessaires à *l'exécution des lois* et non de suppléer à leur insuffisance. Or, dans l'espèce, une application de l'article 67 de la Constitution était d'autant moins justifiée que la mesure nécessaire pouvait être prise en vertu d'une disposition formelle de la loi. L'article 1er de la loi du 12 septembre 1895 porte en effet que « l'assemblée des électeurs peut aussi être convoquée extraordinairement en vertu d'une décision du conseil communal ou d'un arrêté royal ».

Le gouvernement estimant que la réunion des corps électoraux spéciaux en cas de vacance d'un siège de conseiller communal supplémentaire était conforme à l'esprit de la législation et, armé de l'article 1er de la loi de 1895,

pouvait convoquer les électeurs industriels. mais, respectant le texte de cet article qui cite en ordre principal les conseils communaux, il a invité l'autorité communale à exercer la prérogative qui lui est accordée en se réservant l'exercice de son droit de convocation dans le cas où l'autorité communale resterait en défaut de se conformer au vœu du législateur.

— Sections ou hameaux spécialement représentés. — Communes de moins de 700 habitants. — Faculté de nommer un tiers des conseillers en dehors de la commune. — Transfert de son domicile par un conseiller d'une section à une autre section. — Effets. — Avis de la *Revue communale*, 1907, p. 243.

Il n'y a aucune contrariété entre la disposition qui permet au corps électoral de choisir, dans les communes de moins de 700 habitants. un tiers des conseillers en dehors de la commune et celle qui laisse à la députation permanente la faculté de répartir les sièges du conseil entre les divers hameaux ou sections.

Un étranger à la commune pourra être désigné pour un siège attribué à une section spécialement représentée, mais un habitant de la commune ne pourra pas être désigné pour représenter une section autre que celle où il est domicilié. D'après la jurisprudence actuellement suivie, la perte du domicile dans une section spécialement représentée entraîne la déchéance du mandat de conseiller.

— Incompatibilités. — Greffier d'une justice de paix. — Avis de la *Revue communale*, 1907, p. 213.

Un greffier de justice de paix peut être conseiller communal. La loi du 18 juin 1869 sur l'organisation judiciaire et l'article 69 de la loi du 12 septembre 1895 se bornent à interdire aux greffiers des justices de paix d'être bourgmestre ou échevin. Les dispositions relatives aux incompatibilités devant être interprétées restrictivement, l'interdiction des lois de 1869 et de 1895 ne peut être étendue au mandat de conseiller communal.

D'autre part, la circulaire ministérielle du 27 septembre 1894, qui interdit aux agents qui relèvent du département de la justice d'accepter un mandat électif, ne s'applique pas aux magistrats de l'ordre judiciaire et spécialement aux greffiers des justices de paix.

Observations. — Il est à remarquer que cette circulaire ne pourrait avoir d'effet qu'au point de vue disciplinaire et qu'elle ne serait pas de nature à empêcher l'élection ou l'installation d'un conseiller communal élu qui tomberait sous son application.

Élections législatives. — Transport des bulletins du bureau de vote au bureau de dépouillement. — Emploi de voitures. — Transport des témoins. — Avis de la *Revue communale*, 1907, p. 215.

En vertu de l'article 177 du code électoral et des instructions ministérielles du 10 octobre 1894, nᵒ 7, les communes doivent fournir les voitures nécessaires au transport des présidents *et des témoins.* Elles ne peuvent obliger ceux qui transportent les bulletins de vote à faire usage d'un tram vicinal accessible au public.

DÉCISIONS JUDICIAIRES.

APPRÉCIATION SOUVERAINE. — *Contradiction entre les témoignages. — Maintien de la présomption.*

La cour d'appel décide souverainement qu'en présence de la contradiction manifeste qu'elle constate entre les témoignages reçus à l'enquête, la présomption subsiste en faveur de l'électeur inscrit. — Cassation, 17 juin 1907, *Pasic.*, 1907, I, 293.

— *Contrat judiciaire. — Erreur de plume.*

La cour d'appel apprécie souverainement, d'après les pièces produites, la portée du contrat judiciaire pour en déduire que c'est par une erreur de plume que, devant la cour d'appel, la demande portait sur l'obtention d'un vote supplémentaire, non du chef de la contribution personnelle, mais du chef de la propriété. — Cassation, 27 mai 1907, *Pasic.*, 1907, I, 247.

— *Contribution personnelle. — Montant.*

La cour d'appel constate souverainement, pour lui refuser un vote supplémentaire dans une commune de plus de 2,000 habitants, qu'un électeur ne peut s'attribuer qu'une contribution personnelle inférieure à 10 francs. (Loi du 11 avril 1895, art. 2.) — Cassation, 6 mai 1907, *Pasic.*, 1907, I, 195.

— *Contribution personnelle. — Principal occupant. — Mère veuve. — Communauté.*

La cour d'appel décide souverainement qu'une mère veuve a été maintenue à la tête de la communauté. — Cassation, 15 juillet 1907, *Pasic.*, 1907, I, 332.

— *Domicile.*

Le juge du fond interprète souverainement des enquêtes pour en déduire l'existence de la résidence d'un électeur. — Cassation, 22 juillet 1907, *Pasic.*, 1907, I, 342.

— *Domicile. — Absence momentanée.*

Le juge du fond apprécie souverainement qu'une absence momentanée dans une autre commune ne fait pas perdre à un citoyen son domicile électoral. — Cassation, 27 mai 1907, *Pasic.*, 1907, I, 240.

— *Domicile. — Extrait du registre de population.*

Le juge du fond apprécie souverainement qu'il ne résulte pas d'un extrait du registre de la population constatant que le défendeur est entré dans la commune le 28 août 1902 et l'a quittée le 16 août 1905 qu'il a réellement quitté la commune sur la liste électorale de laquelle il est régulièrement inscrit, sans y conserver de résidence. — Cassation, 13 mai 1907, *Pasic.*, 1907, I, 209.

— *Domicile. — Faits cotés. — Pertinence.*

La cour d'appel apprécie souverainement le défaut de pertinence des faits cotés, d'après les pièces produites, aux fins d'établir que celui dont on demandait la radiation des listes électorales d'une commune n'y était pas domicilié au 1ᵉʳ juillet. — Cassation, 21 mai 1907, *Pasic.*, 1907, I, 223.

— *Électeur rayé comme failli.*

La cour d'appel constate souverainement que le citoyen rayé des listes provisoires par le juge de paix, conformément à l'article 71 du code électoral, comme étant en état de faillite déclarée, n'a pas fourni la preuve que la faillite a été rapportée, qu'il a obtenu sa réhabilitation ou complètement exécuté un concordat. (Code élect., art. 71 et 21, nᵒ 11.) — Cassation, 13 mai 1907, *Pasic.*, 1907, I, 203.

— *Enquêtes. — Actes authentiques. — Témoins.*

Si les procès-verbaux d'enquêtes constituent des actes authentiques pour tout ce qui a été constaté par le juge, les déclarations des témoins sont des éléments de preuve qui restent soumis à l'appréciation souveraine du juge du fond. — Cassation, 15 juillet 1907, *Pasic.*, 1907, I, 333.

— *Listes. — Rôle des contributions. — Absence de contradiction.*

La cour d'appel constate souverainement qu'il y a contradiction entre les mentions de la liste et celles du rôle des contributions, et que, par conséquent, la présomption résultant de l'inscription sur les listes électorales est détruite. (Loi du 12 avril 1894, art. 83, et code civ., art. 1317 et suiv.) — Cassation, 22 mai 1907, *Pasic.*, 1907, I, 231.

— *Nationalité.* — *Ancien droit.* — *Naissance à l'étranger.* — *Parents originaires.*

Le juge du fond constate souverainement que les ascendants d'un électeur inscrit, nés à l'étranger sous l'ancien droit, ne descendaient pas de parents originaires ou y domiciliés. — Cassation, 22 mai 1907, *Pasic.*, 1907, I, 227.

— *Nationalité.* — *Lieu de naissance de l'ascendant.* — *Commune située à l'étranger.*

Le juge du fond décide souverainement qu'il n'est pas justifié que la commune de « Bergh », renseignée dans un acte de baptême comme lieu de naissance de l'ascendant d'un électeur inscrit serait située à l'étranger. — Cassation, 21 mai 1907, *Pasic.*, 1907, I, 217.

— *Production de pièces.* — *Temps utile.*

La cour d'appel apprécie souverainement si une production de pièces a été faite en temps utile. — Cassation, 22 mai 1907, *Pasic.*, 1907, I, 233.

— *Revenu cadastral.* — *Durée de la propriété.*

La cour d'appel apprécie souverainement, par une interprétation non contraire aux actes produits, qu'un électeur ne peut s'attribuer depuis un an au moins au 1ᵉʳ juillet un revenu cadastral de 48 francs. — Cassation, 10 juin 1907, *Pasic.*, 1907, I, 286.

— *Revenu cadastral.* — *Existence à une date déterminée.*

Le juge du fond décide souverainement, après enquête, qu'un revenu cadastral porté sur la liste n'existait pas à une date déterminée. — Cassation, 24 juin 1907, *Pasic.*, 1907, I, 301.

— *Revenu cadastral.* — *Pièces produites.*

La cour d'appel apprécie souverainement par une interprétation, non contraire à leur texte, des pièces produites que le demandeur en inscription ne peut se compter un revenu cadastral de 48 francs au moins. — Cassation, 3 juin 1907, *Pasic.*, 1907, I, 268.

— *Revenu cadastral.* — *Pièces produites.* — *Preuve.*

La cour d'appel apprécie souverainement par une interprétation non contraire à leur texte qu'il ne résulte pas des pièces produites que le demandeur a justifié du revenu cadastral qui lui était contesté. — Cassation, 27 mai 1907, *Pasic.*, 1907, I, 244.

— *Revenu cadastral.* — *Qualité.*

La cour d'appel décide souverainement, d'après les documents produits, que la quotité d'un revenu cadastral attribuée par la liste à un électeur inscrit est erronée; que, par conséquent, la présomption est détruite, et qu'il n'a pas le revenu suffisant pour avoir droit au vote supplémentaire en qualité de propriétaire. (Loi du 12 avril 1894, art. 5 et 83.) — Cassation, 22 mai 1907, *Pasic.*, 1907, I, 229.

CONTRAT JUDICIAIRE. — *Ultra petita.* — *Votes supplémentaires non contestés.* — *Suppression.*

Statue *ultra petita* et viole le contrat judiciaire l'arrêt qui ordonne la radiation d'un électeur inscrit de toutes les listes électorales, alors que la réclamation ne concernait que la radiation des listes électorales communales.

Dans ce cas la cour casse sans renvoi, rien ne restant à juger faute de demande. — Cassation, 10 juin 1907, *Pasic.*, 1907, I, 288.

DOMICILE. — *Absence momentanée.* — *Pays étranger.*

La cour d'appel décide souverainement qu'une absence momentanée, même à l'étranger ou dans une autre commune, pour cause temporaire n'a pas fait perdre à un citoyen son domicile électoral. (Code élect., art. 56; loi du 11 avril 1895, art. 1ᵉʳ et 5.) — Cassation, 15 juillet 1907, *Pasic.*, 1907, I, 330.

— *Appréciation souveraine.*

Le juge du fond, en vue de fixer le principal établissement d'un électeur, apprécie souverainement les enquêtes. — Cassation, 22 juillet 1907, *Pasic.*, 1907, I, 341.

— *Batelier.* — *Électorat communal.*

L'arrêt qui constate qu'un batelier habite toujours sur son bateau ne peut le maintenir comme électeur communal sur la liste de la commune où il est né. (Loi du 11 avril 1895, art. 1ᵉʳ, 5 et 8.) — Cassation, 24 juin 1907, *Pasic.*, 1907, I, 299.

— Domestique habitant avec son maître.

Le majeur travaillant habituellement chez autrui et y demeurant a son domicile électoral dans la commune habitée par son maître. (Code civ , art. 109.) — Cass., 15 juillet 1907, *Pasic.*, 1907, I, 332.

———

— Double résidence. — Appréciation souveraine. — Electorat général et provincial. — Electorat communal.

Le juge du fond décide souverainement qu'un électeur a son principal établissement à Liége et n'a plus qu'une résidence temporaire à Esneux. En conséquence, c'est avec raison qu'il ordonne son inscription sur la liste des électeurs généraux et provinciaux de la ville de Liége, mais c'est en violation de la loi qu'il ordonne en même temps son inscription sur la liste des électeurs communaux d'Esneux, s'il est constaté qu'avant le 1er juillet 1906 cet électeur avait cessé d'avoir à Esneux sa résidence réelle et habituelle. (Loi du 11 avril 1895, art. 5 et 11.) — Cass., 6 mai 1907, *Pasic.*, 1907, I, 201.

———

— Électeur communal. — Trois ans de résidence.

Doit être cassé l'arrêt qui maintient sur les listes électorales pour la commune un citoyen, alors qu'il résulte des constatations mêmes de l'arrêt que l'inscrit n'avait pas, au 1er juillet, trois ans de résidence effective dans la commune. (Loi du 11 avril 1895, art. 5; Const., art. 97.) — Cass., 24 juin 1907, *Pasic.*, 1907, I, 297.

———

— Fonctionnaire amovible. — Changement de résidence. — Depuis le 1er juillet 1906. — Maintien.

Le juge du fond apprécie souverainement que le certificat délivré par le receveur des contributions constatant qu'un douanier fait partie, depuis le 1er juillet 1906, du personnel de la province de Liége n'établit pas que ce fonctionnaire avait, à cette date, perdu son domicile à Anvers; par suite, il doit être maintenu sur les listes électorales de cette ville, n'ayant pu acquérir, par suite de mutations successives, un nouveau domicile électoral d'un an au moins. (Code élect., art. 59.) — Cass., 27 mai 1907, *Pasic.*, 1907, I, 252.

———

— Mentions du registre de population. — Preuve contraire.— Non-recevabilité. — Radiation d'office.

Le demandeur en inscription ne peut prouver son domicile à l'encontre des énonciations du registre de population s'il n'offre pas d'établir qu'il y a eu radiation d'office. (Loi du 12 avril 1894, art. 58, et loi du 11 avril 1895, art. 8.) — Cass., 22 mai 1907, *Pasic.*, 1907, I, 232.

. — Mentions inexactes de la liste. — Présomption détruite. — Extrait du registre de la population. — Portée. — Preuve testimoniale.

La présomption est détruite s'il est démontré par un extrait du registre de population que l'électeur n'est domicilié dans une commune que depuis un temps insuffisant pour lui conférer l'électorat.

Si l'exactitude des énonciations du registre de population n'est pas contestée, l'électeur dont on demande la radiation ne peut prouver par témoins la durée de son domicile. — Cass., 6 mai 1907, *Pasic.*, 1907, I, 194.

———

— Perte avant le 1er juillet. — Électorat communal. — Radiation.

L'électeur qui a quitté la commune avant le 1er juillet ne peut y être maintenu sur la liste comme électeur communal (Loi du 11 avril 1895, art. 6; loi du 12 avril 1894, art. 55 et 57.) — Cass., 3 juin 1907, *Pasic.*, 1907, I, 263.

———

— Plusieurs résidences. — Mandat électif communal. — Domestique. — Principal établissement du maître.

Lorsqu'un citoyen a plusieurs résidences habituelles, son domicile est, avant tout, dans celle où il est investi d'un mandat électif communal, quelle que soit la durée de cette résidence et alors même que la commune où il exerce ce mandat compte moins de 700 habitants. (Loi du 12 avril 1894, art. 63; loi du 12 septembre 1895, art. 65.)

Cette présomption ne peut être invoquée par le domestique qui vit avec son maître. Il a son domicile électoral dans la commune où celui-ci a son principal établissement. — Cass., 10 juin 1907, *Pasic.*, 1907, I, 283.

———

— Preuve. — Demandeur en inscription. — Défendeur en radiation.

L'article 58 du code électoral qui dispose que la preuve du domicile ne peut être fournie qu'au moyen des énonciations du registre de population ou par la production d'un récépissé constatant que l'intéressé a fait, en temps utile, la demande d'inscription ou de changement de résidence s'applique non seulement au demandeur en inscription, mais encore à l'électeur inscrit dont on demande la radiation et qui n'est plus protégé par la présomption résultant de l'inscription sur la liste. (Loi du 12 avril 1894, art 58 et 83.) — Cass., 10 juin 1907, *Pasic.*, 1907, I, 287.

———

— Résidence habituelle. — Fonctions.

L'électeur doit être inscrit sur les listes de la commune où il a sa résidence habituelle, alors même qu'il exerce ses fonctions dans une autre commune. — Cass., 28 mai 1907, *Pasic.*, 1907, I, 253.

— Transfert depuis moins d'un an au 1ᵉʳ juillet. — Maintien.

Le collège échevinal maintient sur la liste non pas ceux qui, ayant quitté la commune, n'ont pu acquérir ailleurs un domicile d'un an, mais seulement ceux qui l'ont quittée moins d'un an avant le 1ᵉʳ juillet (Loi élect., art. 55.) — Cass., 3 juin 1907, *Pasic.*, 1907, I, 263.

— Transfert depuis moins d'un an. — Première inscription.

Un citoyen ne peut être inscrit pour la première fois sur les listes électorales d'une commune qu'il a quittée. (Loi du 12 avril 1894, art. 55 et 57.) — Cass., 17 juin 1907, *Pasic.*, 1907, I, 293.

Foi DUE. — *Actes. — Constatation inexacte.*

Viole la foi due aux actes l'arrêt qui décide erronément que les immeubles attribués par la liste à un électeur figurent au cadastre et aux rôles des contributions sous un autre nom que celui de cet électeur. — Cass., 3 juin 1907, *Pasic.*, 1907, I, 271.

— Actes et conclusions. — Relevé des mutations.

Lorsque le réclamant invoque expressément le relevé des mutations pour établir que l'immeuble du défendeur a été vendu, viole la foi due aux conclusions et aux actes l'arrêt qui rejette la réclamation par le seul motif que la demande n'était appuyée d'aucune pièce formant preuve de son allégation. — Cass., 6 mai 1907, *Pasic.*, 1907, I, 192.

— Arrêt interlocutoire.

Méconnaît la foi due à un arrêt interlocutoire, imposant une preuve au défendeur, la décision qui déboute le demandeur parce qu'il n'a pas tenté cette preuve qui ne lui incombait pas. — Cass., 10 juin 1907, *Pasic.*, 1907, I, 287.

— Conclusions.

Doit être cassé comme méconnaissant la foi due aux conclusions formant le contrat judiciaire, l'arrêt qui omet de répondre au moyen tiré de la présomption, qui attribue au père, habitant avec son fils et non dénué de ressources, la qualité de principal occupant. (Code élect., art. 10 et 83; code civ., art. 1317 et suiv.) — Cass., 22 juillet 1907, *Pasic.*, 1907, I, 340.

— Conclusions. — Électeur inscrit. — Radiation. — Jugement de faillite au nom d'un autre. — Identité non établie.

Viole la foi due aux conclusions et au jugement constatant la faillite de François Arents

l'arrêt qui ordonne la radiation des listes, sur lesquelles il était irrégulièrement inscrit, de Dominique Arents, sans rechercher s'il y avait identité entre ces deux personnes. — Cass., 13 mai 1907, *Pasic.*, 1907, I, 210.

— Conclusions. — Faits reconnus. — Méconnaissance.

Viole le contrat judiciaire et la foi due aux conclusions l'arrêt qui méconnaît des faits reconnus par les parties en cause. — Cass., 3 juin 1907, *Pasic.*, 1907, I, 272.

— Conclusions. — Liste. — Copie erronée jointe au dossier.

Lorsqu'une des parties invoque les énonciations de la liste électorale, le juge ne peut, sans violer la foi due aux conclusions, rejeter la réclamation en se fondant exclusivement sur une copie erronée de la liste versée au dossier. — Cass., 6 mai 1907, *Pasic.*, 1907, I, 194.

— Conclusions. — Nationalité. — Ascendant né sous l'ancien droit. — Offre de preuve.

Viole la foi due aux conclusions et n'est pas motivé au vœu de la loi l'arrêt qui rejette un recours sans tenir aucun compte de l'offre de preuve faite par le réclamant qui, pour établir l'extranéité d'un électeur inscrit, demande à prouver que le bisaïeul et le trisaïeul de ce dernier sont nés en France sous l'ancien droit de parents originaires ou y domiciliés. — Cass., 27 mai 1907, *Pasic.*, 1907, I, 247.

— Conclusions. — Production de pièces. — Exception de forclusion. — Omission d'y répondre.

Viole la foi due aux conclusions l'arrêt qui rejette une réclamation sans répondre aux conclusions du demandeur, qui opposait la forclusion à raison de la production tardive des pièces invoquées par le défendeur pour justifier de son droit électoral. — Cass., 6 mai 1907, *Pasic.*, 1907, I, 192.

— Liste électorale. — Double déposé au greffe. — Extrait signé pour « le commissaire d'arrondissement ».

Manque de base le moyen fondé sur ce que l'arrêt attaqué aurait méconnu la foi due à la liste en rejetant une demande en radiation du nombre des votes pour le motif que l'électeur ne figure sur la liste qu'avec un vote alors que l'extrait produit par le demandeur et signé « pour le commissaire d'arrondissement » prouve le contraire. Le double de la liste électorale déposé au greffe de la cour d'appel est, en effet, seul réputé faire partie des dossiers soumis à cette cour. — Cass., 27 mai 1907, *Pasic.*, 1907, I, 251.

— Liste électorale. — Liste déposée au greffe. — Conclusions. — Liste erronée au dossier.

Viole la foi due à la liste électorale et aux conclusions qui s'y réfèrent l'arrêt qui se base, pour rejeter un recours, sur l'extrait de la liste versé au dossier et concernant un autre électeur que l'intéressé. — Cass., 6 mai 1907, *Pasic.*, 1907, I, 197.

— Matrice cadastrale.

Méconnaît la foi due à l'extrait de la matrice cadastrale l'arrêt qui ne tient pas compte des mentions insérées dans la colonne des mutations et constatant que des constructions nouvelles ont été érigées sur des parcelles dont l'électeur est propriétaire. — Cass., 3 juin 1907, *Pasic.*, 1907, I, 265.

INCAPACITÉ. — *Radiation. — Demande en inscription. — Preuve.*

Le demandeur en inscription rayé des listes provisoires par le motif qu'il aurait encouru une condamnation entraînant la suspension du droit de vote doit prouver que cette condamnation, par sa nature ou son importance, ne pouvait entraîner la suspension du droit de vote. (Code élect., art. 64, litt. *E*.) — Cass., 21 mai 1907, *Pasic.*, 1907, I, 221.

— Refus d'inscription. — Attestation du collège échevinal. — Présomption. — Preuve contraire.

Le juge du fond peut trouver dans l'attestation du collège échevinal qui refuse d'inscrire un électeur sur les listes électorales « parce qu'il tombe sous l'application de l'article 21 du code électoral », non la présomption légale de l'article 83, mais une présomption défavorable à l'intéressé que celui-ci doit détruire pour obtenir son inscription. — Cass., 24 juin 1907, *Pasic.*, 1907, I, 300.

— Réhabilitation après le 1ᵉʳ juillet. — Cessation de l'incapacité avant le 1ᵉʳ mai. — Inscription.

Le condamné réhabilité postérieurement au 1ᵉʳ juillet de l'année de la revision des listes électorales a le droit d'être inscrit sur les listes de cette année si l'incapacité doit prendre fin avant le 1ᵉʳ mai suivant. (Loi du 12 avril 1894, art. 21, nᵒ 12.) — Cass., 13 mai 1907, *Pasic.*, 1907, I, 205.

MOTIFS. — *Absence. — Conditions d'un vote supplémentaire. — Suppression non motivée.*

N'est pas motivé l'arrêt qui, sans s'expliquer sur ce point, supprime le quatrième vote pour la commune à un électeur ayant droit à deux voix supplémentaires du chef de la capacité et à une troisième voix supplémentaire du chef d'un revenu cadastral de 106 francs. (Constit. du 7 février 1831, art. 97; code élect., art. 3 et 5, et loi du 11 avril 1895.) — Cass., 21 mai 1907, *Pasic.*, 1907, I, 218.

— Arrêt interlocutoire. — Erreur de plume.

N'est pas motivé l'arrêt qui rejette le recours du demandeur par le motif qu'il n'a pas fait une preuve incombant au défendeur, mais que l'arrêt interlocutoire, par une erreur de plume qui se rectifie d'elle-même, impose au demandeur. (Const., art. 97.) — Cass., 10 juin 1907, *Pasic.*, 1907, I, 285.

— Code électoral, article 108. — Défaut de sanction. — Vote supplémentaire. — Justification d'une partie des conditions. — Cassation.

Les prescriptions de l'article 108 du code électoral sont dépourvues de sanction. Doit être cassé l'arrêt qui accorde un vote supplémentaire en se bornant à constater que le demandeur en inscription ne justifie que d'une partie des conditions requises. — Cass., 3 juin 1907, *Pasic.*, 1907, I, 270.

— Documents invoqués. — Rejet d'une offre de preuve.

En décidant qu'il résulte des documents produits que le défendeur est propriétaire, depuis le temps requis par la loi, d'immeubles d'un revenu cadastral de 48 francs, le juge du fond motive de façon implicite, mais suffisante, le rejet de l'offre de preuve contraire. — Cass., 21 mai 1907, *Pasic.*, 1907, I, 220.

— Insuffisance.

Est insuffisamment motivé l'arrêt qui, pour décider qu'un électeur n'est pas le principal occupant d'un bâtiment, se borne à constater qu'un tiers y a son ménage et que l'intéressé n'y réside pas. (Loi du 28 juin 1822, art. 7; Const., art. 97.) — Cass., 1ᵉʳ juillet 1907, *Pasic.*, 1907, I, 312.

— Offre de preuve. — Rejet.

Motive suffisamment le rejet d'une offre de preuve, l'arrêt qui constate que les éléments de la cause apparaissent manifestement en contradiction avec l'affirmation du demandeur. — Cass., 22 mai 1907, *Pasic.*, 1907, I, 233.

NATIONALITÉ. — *Acte de baptême. — Déclaration de la mère. — Fils illégitime. — Père désigné dans l'acte. — Nom porté par les des-*

cendants. — Incertitude. — Présomption non détruite.

Il ne résulte pas d'un acte de baptême constatant que l'ascendant d'un citoyen régulièrement inscrit sur les listes est, suivant la déclaration faite par la mère devant la sage-femme, fils illégitime, n'aurait pas été reconnu par son père, dont, ainsi que ses descendants, il a continué à porter le nom.

Dès lors, la nationalité étant incertaine, la présomption n'est pas détruite. — Cass., 21 mai 1907, *Pasic.*, 1907, I, 215.

— Acte de naissance. — Mention du lieu de naissance du père. — Preuve.

En cas de contestation, l'acte de naissance ne fait pas preuve du lieu de naissance du père quand il est mentionné dans l'acte. (Code civ., art. 57.) — Cass., 3 juin 1907, *Pasic.*, 1907, I, 262.

— Aïeul né à l'étranger de parents inconnus.

Ne peut être considéré comme Belge celui dont l'aïeul est né à l'étranger de parents inconnus et qui, d'après les constatations de l'arrêt, ne peut se rattacher légalement à aucune filiation. — Cassation, 27 mai 1907, *Pasic.*, 1907, I, 240.

— Aïeul né en France, sous l'ancien droit, de parents y domiciliés. — Arrêté royal du 30 mai 1825. — Loi du 27 septembre 1835.

La présomption d'indigénat résultant de ce qu'un citoyen et son père sont nés en Belgique n'est pas détruite par le seul fait que l'aïeul est né en France, en 1796, avant la promulgation du code civil. (Code élect., art. 76.)

Il en est autrement s'il est constaté que cet aïeul est né en France de parents qui y étaient domiciliés.

Cet ascendant n'a perdu sa qualité de Français ni par l'inscription de son nom, dans la commune de Messancy, sur le registre mentionné à l'article 2 de l'arrêté royal du 30 mai 1825, cette inscription ne devant servir que pour prouver la qualité d'habitant de la commune, ni par la disposition de l'article 15 de la loi du 27 septembre 1835 qui vise seulement les étrangers ayant obtenu l'indigénat ou la naturalisation sous le gouvernement des Pays-Bas. — Cassation, 13 mai 1907, *Pasic.*, 1907, I, 206.

— Ancien droit. — Lieu de naissance. — Parents originaires. — Preuve. — Acte de naissance. — Acte de mariage. — Appréciation souveraine.

La nationalité sous l'ancien droit ne se déterminait par le lieu de naissance que si les parents en étaient originaires ou y domiciliés. La cour décide souverainement que la preuve de cette circonstance ne pouvait résulter ni de l'acte de naissance ni de l'acte de mariage des parents. — Cassation, 21 mai 1907, *Pasic.*, 1907, I, 213.

— Annexion de territoire. — Traités des 30 mai 1814 et 20 novembre 1815. — Délai de six ans. — Droit d'émigration.

Le droit concédé par les traités de 1814 et 1815 aux habitants des communes cédées à la Prusse de se retirer dans un délai de six ans dans tel pays qui leur plaira de choisir est sans rapport avec les questions de nationalité et leur concède uniquement le droit d'émigration sans devoir payer des droits fiscaux. (Traité du 30 mai 1814, art. 17; traité du 20 novembre 1815, art. 7.) — Cassation, 13 mai 1907, *Pasic.*, 1907, I, 208.

— Grand-duché de Luxembourg. — Option de patrie. — Enfant conçu antérieurement au 4 juin 1839. — Extranéité du père.

Au point de vue de la validité d'une option de patrie, la circonstance qu'un enfant, né en 1840, était déjà conçu à la date du 4 juin 1839 est indifférente s'il est constaté que le père de cet enfant n'a jamais été de nationalité luxembourgeoise et n'a, par conséquent, pu perdre la qualité de Belge par suite du traité de 1839. — Cassation, 27 mai 1907, *Pasic.*, 1907, I, 248.

— Hollandais. — Option de patrie devant le gouverneur. — Condition de domicile en 1831. — Preuve.

L'habitant des provinces septentrionales de l'ancien royaume des Pays-Bas qui a fait devant le gouverneur la déclaration requise pour acquérir la qualité de Belge, et s'est inscrit sur la liste électorale en vertu de cette déclaration, doit prouver, en cas de contestation, que son père résidait en Belgique avant le 7 février 1831. — Cassation, 27 mai 1907, *Pasic.*, 1907, I, 242.

— Hollandais résidant en Belgique. — Absence d'esprit de retour. — Preuve. — Absence. — Déclaration faite devant le consul de Hollande.

Celui qui est né en Hollande de parents hollandais est Hollandais et a conservé sa nationalité, bien qu'il soit venu résider en Belgique, s'il n'est pas établi qu'il s'y soit fixé sans esprit de retour. Il a conservé, au surplus, sa nationalité par sa déclaration faite devant le consul de Hollande, conformément à la loi hollandaise. — Cour d'appel de Gand, 14 mars 1907, *Pasic.*, 1907, II, 282.

— Infans conceptus.

L'adage *Infans conceptus* peut être invoqué par l'enfant pour établir sa qualité de Belge. — Cassation, 27 mai 1907, *Pasic.*, 1907, I, 245.

— Loi fondamentale, article 8. — Parents étrangers.

L'article 8 de la loi fondamentale n'est applicable qu'à ceux qui sont nés de parents étrangers aux provinces qui composaient l'ancien royaume des Pays-Bas. (Loi fondamentale, art. 8.) — Cassation, 13 mai 1907, *Pasic.*, 1907. I, 210.

— *Naissance à l'étranger.* — *Mention de la liste.* — *Présomption détruite.* — *Acte d'option.* — *Défaut de contestation.*

Lorsque la liste indique sans plus la naissance à l'étranger (Luxembourg), la présomption est détruite. (Loi élect., art. 68.)
Si le défendeur justifie qu'il a exercé le droit d'option conformément à la loi du 25 mars 1894, cet acte fait preuve de la nationalité aussi longtemps qu'il n'est pas contesté qu'il est issu d'un ascendant qui aurait perdu la qualité de Belge par l'effet du traité de 1839. (Loi du 25 mars 1894, art. 2 et 6, et loi du 4 juin 1839, art. 1er et 7.) — Cassation, 21 mai 1907, *Pasic.*, 1907, I, 222.

— *Option.* — *Enfants nés à l'étranger.* — *Loi du 1er avril 1879.*

La loi du 1er avril 1879 est applicable non seulement aux personnes nées en Belgique d'un étranger, mais aussi à leurs enfants qui peuvent être nés à l'étranger. — Cassation, 10 juin 1907, *Pasic.*, 1907, I, 286.

— *Option de patrie.* — *Volonté de fixer le domicile en Belgique.*

Est de nul effet l'acte d'option de patrie d'un étranger résidant en Belgique s'il ne contient pas la mention que cet étranger a manifesté sa volonté de fixer son domicile en Belgique. (Code civ., art. 9.) — Cassation, 22 mai 1907, *Pasic.*, 1907, I, 225.

— *Parties cédées du Limbourg et du Luxembourg.* — *Défaut de déclaration.* — *Combattant pour l'indépendance de la Belgique.*

Pour les citoyens nés dans les parties du Limbourg et du Luxembourg détachées de la Belgique par les traités du 19 avril 1839, le fait d'avoir combattu pour l'indépendance de la Belgique ne peut remplacer la déclaration de l'intention de rester Belge. (Loi du 4 juin 1839, art. 1er; loi du 1er juin 1878, art. 1er.) — Cassation, 6 mai 1907, *Pasic.*, 1907, I, 199.

— *Présomption.* — *Citoyen né à l'étranger d'un père et d'un aïeul nés en Belgique.*

La présomption d'indigénat n'existe pas en faveur de celui qui est né, à l'étranger, d'un père et d'un aïeul nés tous deux en Belgique. (Loi élect., art. 76.) — Cassation, 3 juin 1907, *Pasic.*, 1907, I, 265.

— *Présomption résultant de la naissance en Belgique.* — *Bisaïeul et trisaïeul nés en Hollande.*

La présomption d'indigénat résultant de l'inscription sur les listes est détruite quand le demandeur en radiation produit les actes de naissance du bisaïeul et du trisaïeul de l'intéressé, nés tous deux en Hollande, le premier en 1765 et le second en 1736. — Cassation, 28 mai 1907, *Pasic.*, 1907, I, 255.

— *Présomption résultant de la naissance en Belgique.* — *Grand-père né en 1804 en Hollande.* — *Présomption non détruite.*

La présomption de nationalité résultant de l'inscription sur les listes d'un électeur né en Belgique d'un père né également en Belgique n'est pas détruite par la seule circonstance que le grand-père est né en 1804 en Hollande avant la promulgation du code civil, de parents y domiciliés, s'il n'est établi que le bisaïeul était lui-même étranger. — Cassation, 22 mai 1907, *Pasic.*, 1907, I, 228.

— *Présomption résultant de l'inscription.* — *Inexactitude démontrée de la date de naissance indiquée.* — *Preuve de la nationalité à faire.*

Lorsque la présomption est détruite à raison d'une erreur de la liste quant à la date de la naissance, il incombe au défendeur de justifier la condition d'indigénat contestée, et la cour ne peut, d'office, rectifier l'erreur de la liste.— Cassation, 6 mai 1907, *Pasic.*, 1907, I, 191.

— *Procès-verbal de déclaration.* — *Actes de l'état civil annexés.* — *Copies délivrées par le greffier provincial.*

Le greffier provincial a qualité pour délivrer des copies des actes de l'état civil annexés à la déclaration de nationalité faite devant lui. (Loi provinciale, art. 119 et 120; loi du 4 juin 1839, art. 1er; loi du 25 mars 1894, art. 2 et 6.) — Cassation, 6 mai 1907, *Pasic.*, 1907, I, 196.

PIÈCES JUSTIFICATIVES. — *Électeur inscrit.* — *Demande en radiation.* — *Production de pièces devant la cour.*

L'électeur inscrit sur la liste définitive, dont on demande la radiation ou la réduction du nombre des votes, peut produire devant la cour d'appel, fût-ce pour la première fois, toutes les pièces qu'il juge utiles pour justifier son inscription. (Code élect., art. 97.) — Cassation, 27 mai 1907, *Pasic.*, 1907, I, 250.

— *Extraits de jugements de condamnation.* — *Absence de preuve contraire.* — *Présomption d'exactitude.*

La délivrance par le greffier du tribunal d'extraits de jugements de condamnations emportant privation ou suspension du droit de vote, avec la mention prescrite par l'article 67 du code électoral : « pour ne servir qu'en matière électorale », fait présumer, à défaut de preuve contraire par l'intéressé, que les condamnations sont passées en force de chose jugée. (Loi du 12 avril 1894, art. 66, n° 4, et 67.) — Cassation, 22 mai 1907, *Pasic.*, 1907, I, 235.

POURVOI. — *Arrêt avant faire droit définitif sur incident.* — *Non-recevabilité.*

En matière électorale est non recevable le pourvoi dirigé contre un arrêt admettant une preuve avant faire droit sur le fond, alors même que la recevabilité de cette preuve a été discutée et qu'à ce point de vue l'arrêt est définitif sur incident. (Loi du 12 avril 1894, art. 115.) — Cassation, 6 mai 1907, *Pasic.*, 1907, I, 199.

— *Défaut d'intérêt.* — *Demande nouvelle.* — *Non-recevabilité.*

Doit être rejeté le pourvoi dirigé contre un arrêt qui a accueilli le recours dans les termes mêmes de la demande, ou fondé sur des demandes nouvelles qui n'ont pas été soumises au juge du fond. — Cassation, 21 mai 1907, *Pasic.*, 1907, I, 219.

— *Deux recours distincts.* — *Notification à l'autre réclamant.*

Si deux réclamants ont, chacun séparément, demandé à la cour d'appel la radiation d'un électeur inscrit, le pourvoi formé par l'un de ces deux réclamants contre l'arrêt rendu doit, à peine de déchéance, être notifié à l'autre. (Loi du 12 avril 1894, art. 116.) — Cassation, 17 juin 1907, *Pasic.*, 1907, I, 294.

— *Erreur de copie.*

Une erreur de copie dans l'arrêt attaqué ne peut donner ouverture à cassation. — Cassation, 22 mai 1907, *Pasic.*, 1907, I, 234.

— *Expédition de l'arrêt attaqué.* — *Remise.*

Une expédition régulière de l'arrêt attaqué doit, à peine de déchéance, être remise au greffe de la cour d'appel dans les quinze jours du prononcé de l'arrêt. (Loi du 12 avril 1894, art. 116.) — Cassation, 10 juin 1907, *Pasic.*, 1907, I, 289.

— *Exposé sommaire des moyens.*

En matière électorale le pourvoi doit, à peine de nullité, contenir l'indication des lois violées et l'exposé sommaire des moyens. (Loi du 12 avril 1894, art. 116.) — Cassation, 28 mai 1907, *Pasic.*, 1907, I, 258.

— *Exposé sommaire des moyens.* — *Défaut de précision.* — *Non-recevabilité.*

Ne peut être accueilli le pourvoi qui ne précise ni en quoi il critique la force probante des documents sur lesquels la décision dénoncée se fonde, ni en quoi celle-ci a violé les dispositions invoquées. (Loi du 12 avril 1894, art. 116.) — Cassation, 6 mai 1907, *Pasic.*, 1907, I, 198.

— *Moyen nouveau.* — *Domicile.* — *Contestation.*

On ne peut pour la première fois devant la cour de cassation soulever une contestation sur le domicile de l'électeur et sur la valeur probante des pièces produites pour établir cette condition de l'électorat. — Cassation, 13 mai 1907, *Pasic.*, 1907, I, 206.

— *Moyens.* — *Défaut d'intérêt.* — *Manque de base.*

N'est pas recevable à défaut d'intérêt le pourvoi dirigé contre un arrêt qui ordonne l'inscription du demandeur sur les listes dans les termes mêmes de la réclamation. Manque de base le moyen tiré d'un fait qui ne résulte pas de l'arrêt attaqué. — Cassation, 21 mai 1907, *Pasic.*, 1907, I, 217.

— *Moyens.* — *Moyens suffisants.* — *Non-recevabilité.* — *Défaut d'intérêt.*

Lorsque le dispositif d'un arrêt est justifié par des motifs suffisants non critiqués, le moyen fondé sur une considération spéciale du dit arrêt est non recevable à défaut d'intérêt. — Cassation, 22 juillet 1907, *Pasic.*, 1907, I, 341.

— *Nationalité.* — *Option.* — *Résidence en Belgique.* — *Déclaration.* — *Omission non invoquée devant le juge du fond.* — *Non-recevabilité.*

On ne peut soutenir pour la première fois devant la cour de cassation, aux fins d'en déduire la nullité d'un acte d'option de nationalité, que le défendeur n'a pas déclaré vouloir fixer son domicile en Belgique. — Cassation, 21 mai 1907, *Pasic.*, 1907, I, 216.

— *Omission de l'indication de la loi violée.* — *Non-recevabilité.*

Est non recevable le moyen tiré de la violation de la foi due aux actes sans indiquer comme violé l'article 1319 du code civil, ou tiré de la violation d'articles d'une loi qui n'est pas indiquée. (Code élect., art. 116.) — Cassation, 13 mai 1907, *Pasic.*, 1907, I, 203.

— Recevabilité.

Est non recevable le pourvoi dirigé contre un arrêt interlocutoire dont il ne critique pas le dispositif. — Cassation, 1er juillet 1907, *Pasic.*, 1907, I, 310 et 312.

— Violation de l'article 83 invoquée. — Actes produits. — Appréciation souveraine.

Doit être rejeté le pourvoi qui n'invoque que la violation de l'article 83, alors que l'arrêt, par une interprétation souveraine non contestée comme contraire aux termes des actes, constate qu'il résulte de ces actes que le défendeur était propriétaire depuis un an au 1er juillet d'immeubles d'un revenu cadastral de 48 fr. au moins. — Cassation, 21 mai 1907, *Pasic.*, 1907, I, 219.

PRÉSOMPTION RÉSULTANT DE L'INSCRIPTION SUR LA LISTE. *— Construction nouvelle. — Matrice cadastrale. — Rôle foncier. — Défaut de concordance. — Présomption maintenue.*

Lorsque l'article du rôle foncier porté à la liste ne mentionne pas un revenu cadastral qui ne figure à la matrice cadastrale qu'à raison d'une construction nouvelle, la présomption n'est pas détruite, cette construction n'étant imposable à la contribution foncière qu'à partir du 1er janvier de la deuxième année qui a suivi l'occupation. (Code élect., art. 83, et loi du 5 juillet 1871, art. 3.) — Cassation, 27 mai 1907, *Pasic.*, 1907, I, 243.

— Contradiction entre la liste et le rôle. — Présomption détruite.

S'il y a contradiction entre la liste et le rôle, la présomption est détruite, et c'est à l'électeur inscrit à prouver qu'il peut s'attribuer le revenu suffisant pour avoir droit au vote supplémentaire en qualité de propriétaire. (Loi du 12 avril 1894, art. 83, et code civ., art. 1317 et suiv.) — Cassation, 22 mai 1907, *Pasic.*, 1907, I, 226.

— Domicile. — Présomption détruite. — Preuve.

Lorsque la présomption résultant de l'inscription sur les listes est détruite, celui dont la radiation est poursuivie devient demandeur, et il n'est admis à prouver le domicile exigé que par les énonciations des registres de population ou par le récépissé constatant qu'il a fait en temps utile sa demande d'inscription ou de changement de résidence. (Code élect., art. 58 et 83.) — Cassation, 28 mai 1907, *Pasic.*, 1907, I, 256.

— Id.

Lorsque la présomption résultant de l'inscription sur les listes est détruite, l'électeur dont la condition de domicile est contestée doit être assimilé à un demandeur en inscription. En conséquence, il ne peut prouver son domicile qu'au moyen des énonciations des registres de population, et l'on ne peut imposer au contestant la preuve par témoins que la durée du domicile n'est pas suffisante pour conférer l'électorat. (Code élect., art. 58 et 83; loi du 11 avril 1895, art. 8.) — Cassation, 1er juillet 1907, *Pasic.*, 1907, I, 311.

— Énonciations en partie inexactes. — Présomption maintenue pour la partie exacte.

La présomption résultant de l'inscription au rôle n'est renversée qu'à l'égard des énonciations dont l'inexactitude est démontrée. (Loi du 12 avril 1894, art. 83.) — Cassation, 6 mai 1907, *Pasic.*, 1907, I, 197.

— Propriété. — Présomption détruite. — Preuve du défendeur.

Lorsque la présomption est détruite, à défaut de l'indication de l'article des rôles dans la liste électorale, il appartient à celui auquel on conteste le vote supplémentaire, du chef du revenu cadastral, de prouver qu'il peut se compter une part suffisante dans le revenu cadastral dont le numéro figure à la liste. (Code élect., art. 5, 68 et 83.) — Cassation, 13 mai 1906, *Pasic.*, 1907, I, 207.

— Propriété. — Revenu collectif. — Part attribuée.

La présomption n'est pas détruite lorsque la liste attribue à un électeur une part dans un revenu collectif figurant au cadastre au nom de « la veuve et enfants ». (Code élect., art. 68 et 83.) — Cassation, 21 mai 1907, *Pasic.*, 1907, I, 225.

— Revenu collectif. — Part. — Présomption de vérification par le collège échevinal.

La présomption n'est pas détruite lorsque la liste attribue à l'électeur inscrit une quotité dans un revenu collectif du chef de sa femme qui l'a recueillie dans la succession de sa mère.
Le collège est présumé avoir vérifié la part revenant à la femme dans la succession de sa mère. — Cassation, 28 mai 1907, *Pasic.*, 1907, I, 253, et cassation, 3 juin 1907, *Pasic.*, 1907, I, 267.

RECOURS. *— Demande en inscription. — Réclamation préalable devant le collège échevinal. — Erreur matérielle. — Recevabilité.*

Une erreur matérielle manifeste dans l'indication du nombre des votes supplémentaires demandés pour un électeur au collège échevinal ne rend pas non recevable le recours devant la cour d'appel tendant à l'obtention de votes supplémentaires auxquels l'électeur inscrit croit avoir droit. (Code élect., art. 74 et 90.) — Cassation, 27 mai 1907, *Pasic.*, 1907, I, 249.

— Demande en inscription. — Réclamation préalable devant le collège échevinal. — Preuve.

Celui qui exerce devant la cour d'appel un recours tendant à l'augmentation du nombre des votes attribués à un électeur doit établir qu'un recours aux mêmes fins a été, au préalable, adressé au collège échevinal. (Loi du 12 avril 1894, art. 90.) — Cassation, 6 mai 1907, *Pasic.*, 1907, I, 196.

— Fin de non-recevoir. — Rejet implicite. — Cassation en matière électorale. — Moyen. — Manque de base.

En accueillant le recours dans son objet le juge du fond repousse implicitement une fin de non-recevoir opposée se rattachant au fond même de la réclamation.

Manque de base le moyen déduit de l'admission d'une pièce produite tardivement, s'il est établi que le juge fonde sa décision non sur cette pièce, mais sur des faits qu'il apprécie souverainement, et qu'il ne fait allusion à cette pièce que pour confirmer son raisonnement. — Cassation, 3 juin 1907, *Pasic.*, 1907, I, 270

— Notification. — Fondé de pouvoirs.

Le fondé de pouvoirs qui réclame un vote supplémentaire en faveur d'un électeur ne doit pas notifier son recours à ce dernier. (Loi du 12 avril 1894, art. 93.) — Cassation, 28 mai 1907, *Pasic.*, 1907, I, 358.

— Signification par lettre missive. — Huissier domicilié dans un arrondissement autre que celui du requérant ou de la partie signifiée.

L'huissier résidant dans un arrondissement qui n'est celui ni de la résidence du requérant ni de la partie signifiée est compétent pour signifier un recours électoral par la voie de la poste. Il suffit qu'il ait qualité pour instrumenter dans le lieu où il a dressé son exploit et où se trouve le bureau de poste auquel il en fait la remise qui, aux termes de la loi, vaut signification. (Code élect., art. 122.) — Cassation, 3 juin 1907, *Pasic.*, 1907, I, 272.

Votes supplémentaires. — Capacité. — *Adjoints du génie.*

Les adjoints du génie ne sont pas des officiers faisant partie de l'armée et n'ont pas droit, de ce chef, à des votes supplémentaires. (Loi du 16 août 1873, art 1er et 2, et code élect., art. 19, n° 17.) — Cassation, 21 mai 1907, *Pasic.*, 1907, I, 214, et 27 mai 1907, *Pasic.*, 1907, I, 239.

— — Ancien instituteur d'une école primaire supérieure. — Loi du 1er juin 1850.

L'ancien instituteur d'une école primaire supérieure a droit aux votes supplémentaires attribués aux régents d'écoles moyennes, alors même qu'il a quitté l'enseignement avant la loi du 1er juin 1850. (Code élect., art. 19, n° 14.) — Cassation, 24 juin 1907, *Pasic.*, 1907, I, 298.

— — Certificat de capacité. — Contestation non prouvée. — Présomption non détruite.

La présomption n'est pas détruite par la contestation non prouvée portant sur le certificat de capacité en vertu duquel la liste attribue deux votes supplémentaires à l'électeur régulièrement inscrit. (Loi du 11 avril 1895, art. 9.) — Cassation, 21 mai 1907, *Pasic.*, 1907, I, 216.

— — Chefs de musique assimilés aux lieutenants.

Les chefs de musique assimilés aux lieutenants ont le droit de vote. (Loi du 12 avril 1895, art. 61.) — Cassation, 21 mai 1907, *Pasic.*, 1907, I, 220.

— — Diplôme de l'Institut supérieur de commerce. — Certificat insuffisant.

Un certificat délivré par le directeur de l'Institut supérieur de commerce d'Anvers et attestant qu'un électeur a obtenu le diplôme de licencié en sciences commerciales ne peut tenir lieu de la production de ce diplôme. — Cassation, 28 mai 1907, *Pasic.*, 1907, I, 257.

— — Diplôme d'instituteur. — Certificats. — Insuffisance.

Un certificat délivré par le secrétaire général du ministère de l'intérieur et de l'instruction publique déclarant qu'un diplôme d'instituteur a été délivré à un électeur ne peut tenir lieu de la production de ce diplôme. (Code élect., art. 17.) — Cassation, 22 mai 1907, *Pasic.*, 1907, I, 232.

— — Diplôme scientifique. — Certificat constatant la délivrance. — Insuffisance.

Un certificat délivré par l'administrateur-inspecteur d'une université de l'État déclarant qu'un diplôme scientifique d'ingénieur industriel a été délivré à un électeur ne peut tenir lieu de la production de ce diplôme. — Cassation, 28 mai 1897, *Pasic.*, 1907, I, 257.

— — Instituteur. — Exercice des fonctions pendant cinq ans. — Appréciation souveraine.

Le juge du fond apprécie souverainement la portée d'un certificat attestant qu'un instituteur « a été et est encore employé depuis sa sortie de l'école normale agréée de Louvain dans une école subsidiée et inspectée par l'État », pour en induire qu'il n'est pas établi que l'intéressé a exercé pendant 5 ans au moins les fonctions d'instituteur dans l'école où il a été employé. (Loi élect., art. 19, § 16.) — Cassation, 6 mai 1907, *Pasic*, 1907, I, 193.

— — *Instituteur. — Exercice de la profession pendant cinq ans. — Preuve.*

La cour d'appel apprécie souverainement qu'il résulte d'un certificat délivré par le directeur des écoles subsidiées dirigées à Gand par les frères des Ecoles chrétiennes que l'intéressé a exercé pendant 5 ans les fonctions d'instituteur dans une école subsidiée. (Code élect., art. 21, n° 16.) — Cassation, 13 mai 1907, *Pasic.*, 1907, I, 212.

— — *Prêtre catholique. — Mode de preuve.*

Aucune disposition légale ne détermine les documents au moyen desquels doit se faire la preuve de la qualité de « membre du clergé catholique ayant reçu la prêtrise », à laquelle est attaché un double vote supplémentaire. (Loi du 12 avril 1894, art. 19, n° 18.)

Le juge du fond apprécie souverainement la force probante du certificat délivré par l'évêque sous la juridiction duquel un ecclésiastique se trouve placé. — Cassation, 6 mai 1907, *Pasic.*, 1907, I, 200.

— PÈRE DE FAMILLE. — *Contribution personnelle. — Occupation d'une maison autre que celle qui sert de base à la contribution.*

Le seul fait qu'une personne habite une maison autre que celle pour laquelle elle est imposée pour la contribution personnelle ne peut justifier la suppression du vote supplémentaire attribué au payement de la contribution personnelle. (Code élect., art. 4.) — Cassation, 27 mai 1907, *Pasic.*, 1907, I, 243.

— —*Contribution personnelle. — Occupation d'une construction nouvelle. — Appréciation souveraine.*

Le juge du fond apprécie souverainement d'après les documents produits, notamment d'après un extrait du registre de la population, le fait de l'occupation d'une construction nouvelle depuis plus d'un an avant le 1er juillet de l'année précédente. (Loi du 5 juillet 1871, art. 3 et 4, et code élect., art. 5.) — Cassation, 21 mai 1907, *Pasic.*, 1907, I, 223.

— — *Contribution personnelle. — Occupation d'une maison nouvelle. — Mode de preuve.*

Le fait de l'occupation d'une maison nouvellement construite s'établit par tous les moyens de preuve ordinaires et non pas seulement par la déclaration exigée, dans un but fiscal, par l'article 4 de la loi du 5 juillet 1871. — Cassation, 22 mai 1907, *Pasic.*, 1907, I, 230.

— — *Contribution personnelle. — Payement. — Preuve. — Extrait du rôle sans date. — Double du rôle déposé au greffe de la cour.*

La preuve de l'insuffisance de la somme payée sur la contribution personnelle de l'année antérieure à celle de la revision des listes électorales ne peut résulter ni d'un extrait du rôle quand la date de la délivrance n'est pas connue, ni du double du rôle qui doit être déposé au greffe de la cour d'appel au plus tard le 1er juin. — Cassation, 27 mai 1907, *Pasic.*, 1907, I, 248.

— — *Contribution personnelle. — Présomption détruite. — Preuve.*

Lorsque, la présomption étant détruite, on conteste le droit au vote du chef de la contribution personnelle, il appartient à celui qui réclame de ce chef un vote supplémentaire de prouver non seulement qu'il est imposé pour l'année de l'inscription, mais, de plus, qu'il a payé l'année antérieure. (Code élect., art. 4, 13 et 83.) — Cassation, 13 mai 1907, *Pasic.*, 1907, I, 204.

— — *Contribution personnelle. — Principal occupant. — Beau-père habitant avec son gendre.*

La présomption instituée par l'article 10 du code électoral en faveur du père qui habite avec ses enfants ne peut être étendue au cas où il habite avec son gendre. (Loi élect., art. 10.) — Cassation, 3 juin 1907, *Pasic.*, 1907, I, 264.

— — *Contribution personnelle. — Principal occupant. — Motifs des arrêts.*

Ne sont pas motivés les arrêts qui admettent des enquêtes et en apprécient les résultats sans rencontrer les conclusions basées sur ce que le principal occupant au point de vue fiscal doit être réputé tel au point de vue électoral. (Loi du 28 juin 1822, art. 7; Const., art. 97.) — Cassation, 15 juillet 1907, *Pasic.*, 1907, I, 333.

— —*Contribution personnelle. — Seul occupant. — Appréciation souveraine.*

Le juge du fond décide souverainement après enquêtes qu'un électeur est seul occupant d'une maison. (Loi du 28 juin 1822, art. 7.) — Cassation, 1er juillet 1907, *Pasic.*, 1907, I, 310.

— — *Contribution personnelle. — Principal occupant. — Père habitant avec son fils exempté du payement.*

Le père qui revendique la qualité de principal occupant d'une maison qu'il habite avec son fils ouvrier ne peut se prévaloir de la contribution personnelle inscrite au nom de ce fils exempté et qu'il ne paye pas lui-même. (Loi du 12 avril 1894, art. 4 et 10a.) — Cassation, 27 mai 1907, *Pasic.*, 1907, I, 241.

— — *Contribution personnelle.* — *Principal occupant.* — *Père habitant avec son fils majeur.* — *Absence de ressources.* — *Liste.* — *Présomption.* — *Habitation mise à la disposition du fils par la commune.*

L'inscription sur la liste avec le vote supplémentaire afférent à la contribution personnelle ne fait pas présumer l'absence de ressources dans le chef du père de l'électeur habitant avec son fils.

Le père de famille habitant avec son fils majeur est réputé principal occupant alors même que l'habitation commune est mise à la disposition du fils par l'administration communale. (Loi du 12 avril 1894, art. 9, 10 et 83.) — Cassation, 3 juin 1907, *Pasic.*, 1907, I, 266.

— — *Durée de l'occupation.* — *Preuve.* — *Registres de l'état civil.* — *Appréciation souveraine.*

Le juge du fond apprécie souverainement que la preuve de l'occupation, pendant un an au moins, d'une maison nouvellement construite résulte d'un extrait du registre de la population. (Code élect., art. 5; loi du 5 juillet 1871, art. 3 et 4.) — Cassation, 27 mai 1907, *Pasic.*, 1907, I, 245.

— PROPRIÉTÉ. — *Construction nouvelle.* — *Revenu cadastral au 1ᵉʳ juillet.* — *Documents postérieurs à cette date.* — *Absence de preuve.*

Un extrait de la matricule cadastrale, délivré le 22 décembre 1906, constatant un revenu non bâti de 1 fr. 40 c. et un revenu bâti de 171 francs ne prouve pas que tel aurait été le revenu cadastral bâti au 1ᵉʳ juillet 1906.

Un récépissé de la déclaration d'occupation faite le 29 juin 1906 ne prouve pas que le bien avait, à cette date, un revenu cadastral de 48 francs au moins, ce qui ne pourrait résulter que d'une expertise antérieure au 1ᵉʳ juillet 1906. — Cassation, 28 mai 1907, *Pasic.*, 1907, I, 254.

— — *Durée.* — *Immeubles différents possédés successivement.*

Pour avoir droit à un vote supplémentaire du chef de la propriété il suffit que l'électeur ait été, sans interruption, en droit de se compter, pendant le temps requis, un revenu cadastral de 48 francs au moins. Il n'importe que ce revenu ait été successivement afférent à deux immeubles. (Code élect., art. 5.) — Cassation, 3 juin 1907, *Pasic.*, 1907, I, 268.

— — *Immeubles.* — *Aliénation avant le 1ᵉʳ juillet.* — *Radiation.*

Ne peuvent être maintenus les votes supplémentaires attribués par les listes au propriétaire d'un immeuble s'il est constaté que cet immeuble a été vendu antérieurement au 1ᵉʳ juillet de l'année de la révision des listes. — Cassation, 22 mai 1907, *Pasic.*, 1907, I, 230.

— — *Présomption.* — *Biens de communauté.* — *Propriété exclusive attribuée à un veuf.*

La présomption de l'article 1402 du code civil, qui répute tout immeuble acquêt de communauté, ne suffit pas pour détruire la présomption résultant de l'inscription sur la liste d'un veuf comme propriétaire exclusif d'immeubles. — Cassation, 13 mai 1907, *Pasic.*, 1907, I, 211.

— — *Revenu cadastral.* — *Part contestée.* — *Rente supérieure à 48 francs.* — *Appréciation souveraine.*

La cour d'appel constate souverainement que même déduction faite de la part du revenu cadastral dont on contestait à l'électeur le droit de se prévaloir, ce qui reste permet encore de lui attribuer un revenu cadastral supérieur à 48 francs. — Cassation, 13 mai 1907, *Pasic.*, 1907, I, 212.

— — *Revenu cadastral.* — *Part dans la succession d'un frère.* — *Preuve.* — *Acte de décès.*

L'électeur n'établit pas son droit à une quotité du revenu des biens délaissés par son frère s'il n'a produit qu'un extrait de l'acte de décès de ce frère. — Cassation, 27 mai 1907, *Pasic.*, 1907, I, 251.

— — *Société en commandite par actions.* — *Gérant.*

Le gérant, seul commandité responsable d'une société en commandite par actions, ne peut s'attribuer le revenu cadastral des immeubles sociaux. (Loi du 18 mai 1873, art. 2.) — Cassation, 27 mai 1907, *Pasic.*, 1907, I, 241.

Voy. CONSEIL COMMUNAL. — CONSEILLER COMMUNAL. — SECRÉTAIRE COMMUNAL.

M

Maison communale. — *Commune qui n'est pas chef-lieu d'un canton judiciaire.* — *Absence d'obligation pour la commune de mettre la maison communale à la disposition du juge de paix pour y effectuer les ventes publiques.* — Avis de la *Revue communale*, 1907, p. 211.

L'administration communale d'une localité qui n'est pas chef-lieu de canton peut, à titre gracieux, mettre la maison communale à la disposition du juge de paix pour y procéder à une vente publique, mais elle n'est pas obligée de le faire.

Milice.—*Contingent de l'armée pour* 1908. — *Loi du* 21 *décembre* 1907. (*Moniteur* des 23-24 décembre.)

Art. 1er. — Le contingent de l'armée sur le pied de paix, pour 1908, est fixé à cent mille (100,000) hommes au maximum.

Art. 2. — Le contingent de la levée de milice pour 1908 est fixé à treize mille trois cents (13,300) hommes.

Contingent pour la levée de 1908. — *Répartition.* — Arrêté royal du 2 avril 1908 contresigné par M. Schollaert, ministre de l'intérieur. (*Moniteur* des 13-14 avril.)

Vu l'article 5 de la loi de milice;
Vu la loi du 21 décembre 1907 fixant le contingent pour la levée de 1908;
Sur la proposition de notre ministre de l'intérieur,

Nous avons arrêté et arrêtons :

Art. 1er. — Le contingent de la levée de 1908 est réparti entre les provinces ainsi qu'il suit :

Provinces.	Hommes.
Anvers	1,692
Brabant	2,469
Flandre occidentale. . .	1,656
Flandre orientale . . .	2,071
Hainaut	2,173
Liége	1,614
Limbourg	509
Luxembourg	455
Namur	661
Total	13,300

Art. 2. — Le contingent assigné à chaque province sera réparti entre les cantons par le gouverneur, conformément à l'article 5 de la loi.

Cantons de milice. — Composition. — Modifications. — Arrêté royal du 15 juillet 1907 contresigné par M. de Trooz, ministre de l'intérieur, etc. (*Moniteur* du 19 juillet.)

Vu l'article 17, littéra *A*, de la loi sur la milice, ainsi conçu :
Un arrêté royal divise chaque arrondissement administratif en cantons de milice.
Revu notre arrêté du 25 octobre 1870;
Sur la proposition de notre ministre de l'intérieur,

Nous avons arrêté et arrêtons :

Art. 1er. — Il est formé dans l'arrondissement administratif de Marche un nouveau canton de milice portant le n° 13*b*.
Ce canton a pour chef-lieu Erezée et comprend les communes suivantes :
Amonines, Beffe, Dochamps, Erezée, Grandmenil, Harre, Malempré, Mormont, Odeigne, Soy, Vaux-Chavanne.
Art. 2. — Le 13e canton (chef-lieu Barvaux) devient le 13e canton *A*, composé des communes suivantes :
Barvaux, Bende, Bomal, Borlon, Durbuy, Grandhan, Heyd, Izier, My, Septon, Tohogne, Villers-Sainte-Gertrude, Weris.
Art. 3. — Les localités ci-après indiquées continuent à appartenir au 14e canton (chef-lieu Laroche) :
Beausaint, Champlon, Erneuville, Halleux, Hives, Hodister, Laroche, Marcourt, Ortho, Rendeux, Samrée, Tenneville.

Formules. — Mentions et prescriptions. — Caractère obligatoire. — Arrêté royal du 26 janvier 1908 contresigné par M. Schollaert, ministre de l'intérieur. (*Moniteur* du 1er février.)

Vu l'article 67 de la Constitution;
Vu les articles 90*e* et 101*a* de la loi sur la milice;
Vu les arrêtés royaux du 25 octobre 1873 et du 20 octobre 1902;
Considérant que des doutes ont été soulevés sur la portée des prescriptions et mentions inscrites sur les divers modèles de ce dernier arrêté;
Considérant que tel est notamment l'objet de la mention qui figure en tête de l'état modèle n° 13, à savoir : « Un état conforme au présent modèle sera fourni, alors même que l'administration croirait devoir refuser le certificat exigé par la loi ».
Considérant qu'il convient de lever les doutes qui ont été soulevés au sujet de l'obligation résultant de cette mention;
Sur la proposition de notre ministre de l'intérieur,

Nous avons arrêté et arrêtons :

Art. 1er. — Toutes les mentions et prescriptions inscrites sur les états modèles joints à notre arrêté précité du 20 octobre 1902 sont, comme ces modèles, de stricte application.
Art. 2. — Notre ministre de l'intérieur est chargé de l'exécution du présent arrêté.

Modèles de registres et autres imprimés. — Modification. — Arrêté royal du 16 mai 1908 contresigné par M. Schollaert, ministre de l'intérieur, etc. (*Moniteur* des 25-26 mai.)

« Le roi prend toutes les mesures nécessaires pour l'exécution de la loi, détermine la forme des registres et des autres imprimés, ainsi que le nombre et la nature des pièces dont la production est prescrite. Toute pièce qui n'est pas conforme aux modèles est rejetée. »
Considérant qu'il est nécessaire de consigner sur un même état tous les motifs d'exemption pour causes morales ou de dispense invoqués par les miliciens, soit au moment de l'inscription, soit le jour du tirage au sort ou devant le conseil de milice;
Revu nos arrêtés des 20 octobre 1902 et 28 octobre 1903;
Sur la proposition de notre ministre de l'intérieur,

Nous avons arrêté et arrêtons :

Art. 1er. — Le texte de la colonne 11 du registre d'inscription, modèle n° 1, est libellé comme suit :

Observations.

« Indiquer dans cette colonne :

« 1° La date de l'inscription des miliciens qui auraient été portés au registre après le 31 décembre;

« 2° La date et le motif de toute radiation;

« 3° *a.* Si l'inscrit a un frère ajourné;

« *b.* S'il a un frère qui accomplit ou a accompli un terme de milice;

« 4° *a. S'il a fait valoir une des autres causes morales prévues à l'article 27 ;*

« *b. S'il invoque des titres à la dispense visée à l'article 28 et en quelle qualité.* »

Art. 2. — La colonne 11 de la liste alphabétique, modèle n° 2, porte les mentions suivantes :

« Indiquer :

« 1° Si l'inscrit sert en personne comme volontaire de carrière, volontaire du contingent ou remplaçant de frère et à quel corps il appartient;

« 2° Si l'inscrit a été remplacé par le département de la guerre;

« 3° S'il s'est fait remplacer directement (nom et prénoms du remplaçant et corps auquel il appartient);

« 4° A quelle date l'incorporation du milicien ou du remplaçant a eu lieu;

« 5° Si l'inscrit est détenu et dans quel lieu ;

« 6° *a.* Si l'inscrit a un frère ajourné;

« *b.* S'il a un frère qui accomplit ou a accompli un terme de service;

« *c.* S'il réclame une exemption de ce chef;

« 7° *a. S'il fait valoir l'une des autres causes morales prévues à l'article 27 ;*

« *b. S'il invoque des titres à la dispense visée à l'article 28 et en quelle qualité.* »

Art. 3. — La colonne 12 de la liste de tirage, modèle n° 5, IV, porte les indications suivantes :

« 12° Motifs d'exemption ou de dispense :

« *a. Invoqués par l'inscrit au moment de l'inscription;*

« *b.* Déclarés par l'inscrit le jour du tirage au sort;

« *c.* Que l'inscrit a fait valoir ultérieurement devant le conseil de milice. »

Prix du remplacement par le département de la guerre. — Rémunération allouée aux volontaires avec prime. — Arrêté royal du 26 septembre 1907 contresigné par M. Hellebaut, ministre de la guerre. (*Moniteur* du 23 octobre.)

Vu le § 2 de l'article 75*bis* de la loi sur la milice;

Vu nos arrêtés du 4 octobre 1873, n° 3160, et du 22 septembre 1906, n° 15653;

Sur la proposition de notre ministre de la guerre,

Nous avons arrêté et arrêtons :

Art. 1er. — La rémunération allouée aux volontaires avec prime est fixée comme suit, pour l'exercice 1907-1908, commençant le 1er octobre 1907 et finissant le 30 septembre 1908 :

Celui qui, à dater du 1er octobre prochain, s'engagera pour un terme de milice prenant cours le 1er octobre 1908 recevra dix-huit cents francs (1,800 fr.).

Celui qui prendra la place ou achèvera le terme d'un homme appartenant :

A la levée 1907, recevra 1,700 francs;
— 1906, — 1,600 francs;
— 1905, — 1,500 francs;
— 1904, — 1,400 francs;
— 1903, — 1,300 francs;
— 1902, — 1,200 francs;
— 1901, — 1,100 francs;
— 1900, — 1,000 francs;
— 1899, — 900 francs;

A une classe antérieure recevra 800 francs.

Les volontaires mentionnés au présent article recevront une prime complémentaire de *10 francs* par mois de service actif; le payement de cette prime complémentaire est soumis aux règles tracées par les articles 3, 4 (4°, à 7°, 9° et 10°), 5 et 6 de notre arrêté du 12 septembre 1902, n° 14289.

Art. 2. — La rémunération dont il s'agit au 2° et au 3° alinéa de l'article précédent sera payable de la manière suivante :

1° Lors de l'homologation de l'engagement, trois cents francs (300 fr.);

2° Dans le mois qui suit l'envoi en congé illimité en vertu de l'article 85 de la loi sur la milice, cinq cents francs (500 fr.) si le volontaire avec prime sert dans la cavalerie ou dans l'artillerie à cheval, quatre cents francs (400 fr.) s'il appartient à une autre arme, et

3° Le reliquat, par acomptes successifs de cent francs (100 fr.) payables après l'accomplissement de chaque année du terme de milice, de telle sorte que le payement du dernier acompte ait lieu après achèvement de la treizième année.

La somme mentionnée au dernier alinéa de l'article précédent sera liquidée trimestriellement.

Les sommes dont le payement échoit avant que le bénéficiaire ait obtenu son congé illimité en vertu de l'article 85 de la loi sur la milice sont inscrites au nom du volontaire avec prime, dans un livret de la Caisse générale d'épargne. Le titulaire du livret en disposera de la manière qui sera réglée par notre ministre de la guerre.

Art. 3. — Notre ministre de la guerre peut faire payer anticipativement aux ayants droit, qui en font la demande, les sommes délaissées par les volontaires avec prime décédés. Ces avances sont escomptées par la caisse de remplacement au taux de 3 p. c. l'an.

Dans des cas exceptionnels, notre ministre de la guerre pourra aussi payer par anticipation, au même taux d'escompte, une partie des sommes mentionnées aux §§ 2° et 3° de l'article 2 ci-dessus. Ces avances devront être motivées par des raisons d'humanité.

Art. 4. — Des prêts, à 3 p. c. l'an, pourront être faits, au moyen des fonds disponibles de la caisse de remplacement, aux volontaires avec prime qui désirent construire ou acheter une maison destinée à leur servir d'habitation. Le montant d'un prêt n'excédera pas la somme que le volontaire doit encore recevoir sur sa rémunération.

Le but de l'opération sera attesté par un certificat du comité de patronage de l'arrondissement (loi du 9 août 1889).

Notre ministre de la guerre déterminera les garanties à fournir par les emprunteurs.

Art. 5. — Les dispositions énoncées aux articles 3 et 4 ci-dessus sont applicables aux volontaires avec prime de toutes les classes non congédiées.

Art. 6. — Notre ministre de la guerre est chargé de l'exécution du présent arrêté, qui sera obligatoire le lendemain de sa publication au *Moniteur*.

———

Entrée dans l'armée des élèves des écoles de bienfaisance de l'Etat. — Notification à donner aux directeurs des écoles en ce qui concerne les élèves placés en apprentissage chez un nourricier. — Circulaire adressée le 12 juin 1907 aux gouverneurs de province par M. de Trooz, ministre de l'intérieur, etc. (*Bulletin du ministère de l'intérieur, etc.*, 1907, II, 3.)

Ma circulaire du 23 novembre 1899, vous transmettant le règlement relatif à l'entrée dans l'armée des élèves des écoles de bienfaisance de l'État, prescrivait de donner des instructions aux administrations communales pour qu'à l'avenir les convocations postérieures au tirage au sort, adressées aux élèves placés en apprentissage chez un nourricier, leur fussent transmises directement par l'intermédiaire du bourgmestre de la commune où ils sont placés.

Ces dispositions ont été prises dans le but d'assimiler d'une manière complète, pour leur entrée dans l'armée, les élèves placés aux miliciens libres.

Mais il a été perdu de vue qu'en écartant ainsi l'intervention du directeur de l'école, celui-ci ignore la date à laquelle l'élève quitte son nourricier. Il lui importe cependant de connaître cette date, notamment pour arrêter le compte des frais d'entretien.

Pour éviter cet inconvénient, j'ai l'honneur, Monsieur le gouverneur, de vous prier, à la demande de M. le ministre de la justice, d'inviter, par la voie du *Mémorial administratif*, les administrations communales à informer simultanément, dès qu'elles sont en possession des documents requis, et le bourgmestre de la commune où l'élève est placé, et le directeur de l'école qui a requis son inscription aux registres du tirage au sort, de la date de l'incorporation définitive (entrée réelle dans l'armée), en indiquant le régiment que le jeune homme est appelé à rejoindre.

Il me serait agréable de recevoir un exemplaire du *Mémorial administratif* relatif à la présente instruction.

———

Belges qui répudient la nationalité française. — Exonération des frais de timbre en leur faveur. — Circulaire adressée le 2 mars 1907 aux gouverneurs de province au nom de M. de Trooz, ministre de l'intérieur, etc., par

M. **Wouters**, directeur général. (*Bulletin du ministère de l'intérieur, etc.*, 1907, II, 17.)

J'ai l'honneur de vous faire savoir que M. le ministre des finances et des travaux publics vient d'étendre l'exemption édictée par l'article 62, 6°, du code du timbre aux actes et pièces nécessaires à nos nationaux pour répudier la nationalité française et s'exonérer du service militaire en France.

Les documents en question seront désormais délivrés gratuitement par les administrations communales, à condition, toutefois, de porter la mention de leur destination.

Il en est de même en ce qui concerne les actes de l'état civil visés dans la circulaire du département de la justice du 1er septembre 1893 et qui doivent être joints aux actes d'option destinés au gouvernement français par application de l'article 7, § 1er, de la convention franco-belge du 30 juillet 1891.

Je vous prie, Monsieur le gouverneur, de vouloir bien porter cette décision à la connaissance des autorités intéressées par la voie du *Mémorial administratif*.

———

Belges qui répudient la nationalité française. — Frais de timbre. — Réduction du format des modèles 59 et 60. — Circulaire adressée le 2 mars 1907 aux gouverneurs de province par M. Wouters, directeur général, au nom du ministre de l'intérieur, etc. (*Bulletin du ministère de l'intérieur, etc.*, 1907, II, 17.)

Ainsi que j'ai eu l'honneur de vous l'annoncer par circulaire du 30 novembre 1891, j'ai fait réduire les dimensions des formules de certificat de milice modèles nos 59 et 60, destinées aux jeunes gens qui ont l'intention de souscrire la déclaration de répudiation prescrite par l'article 8, no 4, du code civil français.

Je vous prie, Monsieur le gouverneur, de vouloir bien inviter les autorités intéressées à se servir des formules spéciales en question dans tous les cas où les certificats nos 59 et 60 doivent être produits à l'appui d'une demande de répudiation de la qualité de Français.

———

Enfant naturel. — Enfant unique de la mère qui l'a reconnu. — Reconnaissance par le père. — Avis de la *Revue de l'administration*, 1907, p. 119.

Les deux questions suivantes ont été posées à la *Revue de l'administration* :

A. Un milicien, enfant naturel, reconnu par son père lors de la déclaration de la naissance, et ensuite abandonné par lui, a-t-il droit à l'exemption si la mère, de son côté, l'a reconnu en temps utile, dans le cas où il est indispensable soutien de celle-ci et son unique enfant, et alors que le père en a d'autres légitimes avec une autre femme ?

B. Un milicien, enfant naturel, reconnu dans l'acte de naissance par le père qui, antérieure-

38

ment, a eu d'autres enfants légitimes. peut-il demander l'exemption comme enfant naturel unique légalement reconnu par sa mère et indispensable soutien de celle-ci ?

La *Revue* répond à ces questions comme suit : « Il faut répondre affirmativement aux deux questions ».

La reconnaissance de l'enfant naturel par le père est un fait étranger à la mère et ne saurait modifier, au point de vue de la milice, les rapports qui existent entre elle et son fils. En ce qui la concerne, son fils est un enfant unique, ayant droit à l'exemption du moment où il est le soutien indispensable de sa mère et si les autres conditions de l'article 27, 7°, de la loi sont réunies.

DÉCISIONS JUDICIAIRES.

APPEL. — *Commissaire d'arrondissement. — Compétence.*

N'est pas recevable l'appel du commissaire d'arrondissement tendant à faire apprécier par la cour le bien fondé d'une inscription contre laquelle l'intéressé n'a pas réclamé devant le conseil de milice.

Le conseil de milice n'a pas qualité, en effet, pour statuer d'office sur une question d'inscription et la cour d'appel n'a pas d'autres pouvoirs en cette matière que la juridiction de première instance. — Cour d'appel de Liège, 10 juillet 1907, *Jurisprudence en matière de milice*, 1907, p. 18.

Voir ci-après arrêt cassation, 23 septembre 1907.

— *Commissaire d'arrondissement. — Milicien inscrit. — Défaut de réclamation. — Non-recevabilité. — Moyen. — Incompétence. — Défaut de base.*

Est non recevable l'appel interjeté par le commissaire d'arrondissement d'une décision du conseil de milice contre laquelle la loi donne au milicien seul qui a refusé d'user de cette faculté le droit de se pourvoir. (Loi sur la milice, art. 10 et 48*a*.)

Manque de base le moyen tiré de ce que la cour se serait déclarée incompétente, alors que recevant l'appel elle se borne à rejeter la réclamation du commissaire d'arrondissement par le motif qu'il était sans qualité pour se pourvoir. — Cassation, 23 septembre 1907, *Pasic.*, 1907, I, 355.

Voir ci-dessus arrêt cour d'appel de Liège, 10 juillet 1907.

— *Déchéance. — Recours du ministre.*

Il y a erreur au sens de l'article 49*F* lorsque le milicien n'a pas appelé, dans les délais légaux, de la décision du conseil de milice qui le désigne pour le service. — Cour d'appel de Liège, 9 août 1907, *Jurisprudence en matière de milice*, 1907, p. 85.

— *Délai. — Point initial.*

Le délai imparti pour interjeter appel contre une décision du conseil de milice ne commence à courir qu'au lendemain du jour où s'est accomplie la formalité qui en fixe le point de départ. (Loi sur la milice, art. 49.)— Cassation, 5 août 1907, *Pasic.*, 1907, I, 349.

— *Délai. — Première publication dans la commune de l'intéressé appelant.*

Pour fixer le point de départ du délai imparti pour interjeter appel à tout intéressé autre que le commissaire d'arrondissement, l'autorité militaire, le milicien, ses parents ou tuteur, il faut avoir égard à la première publication dans la commune où réside l'intéressé appelant. (Loi sur la milice, art. 49, 3°.) — Cassation, 5 août 1907, *Pasic.*, 1907, I, 349.

— *Délai. — Renonciation. — Consentement du père.*

La nullité comminée par l'article 49 de la loi contre les appels qui ne sont pas introduits dans le délai de huit jours imparti par la loi doit s'appliquer aux appels interjetés contre l'exemption du service comme à ceux qui sont dirigés contre la désignation.

La renonciation du mineur ne peut valablement se faire sans le consentement exprès du père. Le consentement de la mère ne peut suffire lorsque le père est encore en vie. — Cour d'appel de Bruxelles, 3 juillet 1907, *Jurisprudence en matière de milice*, 1907, p. 76.

— *Délai expiré. — Recours du ministre de l'intérieur. — Recevabilité.*

Est recevable le recours du ministre de l'intérieur contre une décision du conseil de milice qui statue d'après des renseignements incomplets lorsque le délai d'appel est expiré.

A droit à l'exemption du service le cinquième fils d'une famille de sept frères dont l'aîné et le troisième accomplissent un terme de service comme milicien et dont le deuxième a contracté un engagement en qualité de volontaire de carrière. — Cour d'appel de Liège, 23 juillet 1907, *Jurisprudence en matière de milice*, 1907, p. 83.

— *Distance. — Délai. — Signature. — Légalisation. — Déserteur amnistié. — Service non libératif.*

L'article 1033 du code de procédure civile qui augmente, en raison des distances, le délai fixé pour les actes signifiés à personne ou à domicile doit s'appliquer à toutes les matières pour lesquelles il n'a pas été disposé autrement et notamment en matière de milice.

A satisfait au vœu de la loi sur la milice, le milicien qui a fait légaliser sa signature conformément aux lois et usages du pays où il se trouve.

Ne peut procurer l'exemption à son frère le milicien déserteur qui, ayant été amnistié, n'a pas accompli le terme de huit années de service exigé par la loi. — Cour d'appel de Liége, 29 juin 1907, *Jurisprudence en matière de milice*, 1907, p. 81.

— *Intéressé.* — *Frère.* — *Non-recevabilité.*

Le frère d'un milicien ne peut être rangé parmi les intéressés qui peuvent interjeter appel d'une décision du conseil de milice, l'intérêt qu'il peut avoir à éviter l'incorporation de ce milicien n'étant qu'indirect. — Cour d'appel de Bruxelles, 12 juin 1907, *Jurisprudence en matière de milice*, 1907, p. 75.

— *Mentions prescrites.* — *Absence.* — *Non-recevabilité.*

N'est pas recevable l'acte d'appel qui ne contient pas les mentions prescrites à peine de nullité par l'article 49 de la loi, et notamment qui n'indique pas si l'appelant agit pour lui-même ou pour un milicien, et en supposant qu'il agisse pour un milicien, qui n'indique ni le nom ni le numéro du tirage de ce dernier, ni en quelle qualité il intervient. — Cour d'appel de Bruxelles, 8 mai 1907, *Jurisprudence en matière de milice*, 1907, p. 78.

— *Père.* — *Milicien majeur.* — *Non-recevabilité.*

N'est pas recevable l'appel interjeté par le père en lieu et place de son fils majeur, s'il n'est pas appuyé d'une procuration ou d'un acte d'adhésion du milicien. — Conseil de revision de la Flandre occidentale, *Jurisprudence en matière de milice*, 1907, p. 74.

— *Signature.* — *Fille ayant signé pour sa mère.* — *Non-recevabilité.*

N'est pas recevable l'appel introduit par la mère du milicien, lorsqu'il est établi que la signature apposée au bas de l'acte d'appel et légalisée par le bourgmestre n'est pas celle de l'appelante, mais qu'elle émane de la fille de celle-ci. — Cour d'appel de Gand, 20 juin 1907, *Jurisprudence en matière de milice*, 1907, p. 80.

CONSEIL DE MILICE. — *Compétence.* — *Inscription.* — *Absence de réclamation de la part de l'intéressé.*

Le conseil de milice n'est pas compétent pour apprécier d'office, en l'absence de toute réclamation de l'intéressé, le bien fondé d'une inscription en matière de milice.

Aux termes de l'article 10 de la loi, le conseil de milice ne peut être saisi d'une question de l'espèce que par une réclamation de l'inscrit lui-même. — Conseil de milice de l'arrondissement de Liége, 25 mai 1907, *Jurisprudence en matière de milice*, 1907, p. 16.

CONSEIL DE REVISION. — *Exemption.* — *Chose jugée.*

Viole la chose jugée la décision du conseil de revision qui désigne pour le service un milicien que, deux jours auparavant, le même conseil de revision a exempté pour faiblesse de complexion. — Cassation, 22 mai 1907, *Pasic.*, 1907, I, 235.

DISPENSE. — *Article 29 de la loi.* — *Mise en service actif.*

La mise en service actif du milicien, alors même qu'elle crée pour la mère veuve des charges au-dessus de ses ressources, ne rentre pas dans les causes de dispense limitativement prévues par l'article 29 de la loi sur la milice. — Cassation, 4 mars 1907, *Pasic.*, 1907, I, 153.

— *Décès du père.* — *Indispensable soutien.*

Le milicien dont la femme et les trois enfants sont tombés à charge de la mère a droit à la dispense du service si, le père étant décédé depuis l'incorporation du milicien, la mère n'a plus, pour subvenir à sa subsistance, que l'aide d'un fils aîné, marié et père de famille, dont le salaire est insuffisant pour faire face à l'entretien de cinq personnes, indépendamment de sa famille. — Cour d'appel de Liége, 19 février 1907, *Jurisprudence en matière de milice*, 1907, p. 53.

— *Étudiant en philosophie.* — *Détermination de l'aisance.*

Peut être dispensé du service comme étudiant en philosophie se vouant à l'état ecclésiastique, le jeune homme appartenant à une famille qui se compose de la mère veuve et de sept enfants dont trois demeurant avec elle ne gagnent rien, alors même que la famille possède deux immeubles d'une valeur de 68,000 francs grevés d'une hypothèque de 11,000 francs et dispose ainsi d'un revenu net annuel de 2,400 francs. — Cour d'appel de Liége, 21 août 1907, *Jurisprudence en matière de milice*, 1907, p. 50.

— *Exemption.* — *Étudiant se vouant à l'état ecclésiastique.*

L'étudiant qui se voue à l'état ecclésiastique doit être dispensé du service en temps de paix et ne peut être exempté provisoirement. (Loi sur la milice, art. 28.) — Cassation, 8 juillet 1907, *Pasic.*, 1907, I, 325.

— *Indispensable soutien.* — *Aggravation d'une maladie du père depuis l'incorporation.*

A droit à la dispense du service militaire comme soutien de ses parents, le milicien dont le père, atteint d'une affection de cœur, a vu son affection s'empirer depuis l'incorporation de son fils.

Ne peuvent être considérés comme pouvant subvenir à leur subsistance les parents qui possèdent une petite culture dont l'exploitation n'est possible, eu égard à leur âge et à leur état de santé, que grâce au concours du milicien. — Cour d'appel de Liége, 9 novembre 1907, *Jurisprudence en matière de milice*, 1907, p. 60.

— *Indispensable soutien. — Personne considérée comme perdue pour la famille.*

Pour créer des titres à la dispense de service prévue à l'article 29 de la loi, il faut que l'aggravation de l'infirmité du membre de la famille, aggravation sur laquelle est basée la demande de dispense, soit telle que la personne puisse être considérée comme perdue pour la famille. — Cour d'appel de Bruxelles, *Jurisprudence en matière de milice*, 1907, p. 55.

— *Infirmité. — Constatation. — Forme.*

La constatation d'une infirmité prévue par l'arrêté royal du 2 décembre 1873 ne doit pas nécessairement être faite en une forme dogmatique. (Loi sur la milice, art. 29 et 33, n° 1.) — Cassation, 28 mai 1907, *Pasic.*, 1907, I, 259.

— *Instituteur.*

Le milicien qui, en sa qualité d'instituteur, a été dispensé huit fois du service militaire en temps de paix n'a pas l'obligation de réclamer une neuvième dispense. (Loi sur la milice, art. 28, litt. C.) — Cassation, 1er juillet 1907, *Pasic.*, 1907, I, 314.

— *Miliciens dispensés. — Comparutions annuelles. — Nombre.*

Les miliciens dispensés du service en temps de paix, par application de l'article 28 de la loi, ne sont tenus qu'à huit justifications annuelles de leurs droits à la dispense.
La liste des dispensés annexée à la liste du tirage ne doit donc comprendre que les miliciens de cette catégorie appartenant aux sept dernières classes. — Cour d'appel de Gand, 6 mai 1907, *Jurisprudence en matière de milice*, 1907, p. 52.

— *Pourvoyance. — Indispensable soutien d'une sœur.*

Le milicien peut être dispensé, par application de l'article 29 de la loi sur la milice, si, par le décès d'un membre de sa famille, il est devenu, depuis sa désignation pour le service, l'indispensable soutien de sa sœur. (Loi sur la milice, art. 27, 4°, et 29.) — Cassation, 18 mars 1907, *Pasic.*, 1907, I, 163.

— *Renouvellement. — Déchéance. — Avertissement non remis. — Relèvement.*

Le milicien doit être relevé de la déchéance qu'il a encourue pour ne pas avoir réclamé le renouvellement de sa dispense dans le délai imparti par la loi, lorsqu'il établit que l'avertissement modèle 9 ne lui a pas été remis. — Cour d'appel de Gand, 10 mai 1907, *Jurisprudence en matière de milice*, 1907, p. 86.

— *Situation de la famille. — Décès du père.*

Doit être écartée la demande de dispense basée sur l'article 29 nonobstant la situation malheureuse dans laquelle la famille se trouve, lorsque le décès du père sur lequel on se base pour la réclamer n'a pas eu pour conséquence d'aggraver la situation précaire de la famille, attendu que le père était infirme et constituait plutôt une charge pour celle-ci. — Cour d'appel de Bruxelles, 8 avril 1907, *Jurisprudence en matière de milice*, 1907, p. 58.

— *Après incorporation. — Pourvoyance. — Motifs des jugements.*

L'arrêt qui, par application de l'article 29 de la loi sur la milice, dispense le milicien incorporé en se bornant à constater qu'il est l'indispensable soutien de son père n'est pas motivé au vœu de la loi. (Loi sur la milice, art. 29 et 56.) — Cassation, 17 décembre 1906, *Pasic.*, 1907, I, 72.

EXEMPTION. — *Indispensable soutien. — Appréciation souveraine.*

La cour d'appel décide souverainement qu'un milicien est l'indispensable soutien de sa mère veuve. — Cassation, 24 septembre 1906, *Pasic.*, 1907, I, 8.

— *Indispensable soutien. — Appréciation souveraine.*

La cour d'appel apprécie souverainement que le milicien est ou n'est pas l'indispensable soutien de sa famille. — Cassation, 23 septembre 1907, *Pasic.*, 1907, I, 365.

— *Indispensable soutien. — Enfant naturel non reconnu. — Enfants légitimes. — Rejet.*

L'enfant naturel non reconnu d'une mère ayant trois enfants légitimes n'a pas droit à l'exemption du chef de pourvoyance ni du chef de service de frères.
Les exemptions du chef de parenté ne s'appliquent qu'à la parenté légitime. — Cour d'appel de Gand, 17 mai 1907, *Jurisprudence en matière de milice*, 1907, p. 48.

— Indispensable soutien. — Enfant naturel reconnu. — Autres enfants naturels non reconnus.

L'enfant naturel reconnu n'a pas droit à l'exemption comme soutien indispensable de sa mère n'ayant pas d'enfants légitimes, s'il existe un autre enfant naturel, alors même que ce dernier n'aurait pas été reconnu. — Conseil de milice de l'arrondissement de Liége, 12 janvier 1907, *Jurisprudence en matière de milice*, 1907, p. 41; Cour d'appel de Liége, 20 juillet 1907, *ibid.*, p. 46.

— Indispensable soutien. — Exemption d'un frère pour infirmités. — Double exemption.

Doit être exempté du service comme indispensable soutien, le milicien dont la famille, qui se compose de neuf membres, ne jouit que de ressources journalières s'élevant à 6 francs et ne posséderait plus les ressources nécessaires pour pourvoir à l'entretien du père et de la mère, si elle était privée de l'aide du milicien.

L'exemption pour infirmité ne fait pas obstacle à ce qu'il en soit accordé une autre du chef de pourvoyance. — Cour d'appel de Bruxelles, 1ᵉʳ juin 1907, *Jurisprudence en matière de milice*, 1907, p. 33.

— Position de la famille. — Aisance. — Appréciation.

Doit être exempté comme enfant unique de parents qui ne sont pas dans l'aisance, le milicien dont la famille possède un immeuble de 20,000 francs environ qu'elle occupe, un terrain de 2,000 francs et des marchandises évaluées à 10,000 francs, le père exerçant avec son fils la profession de serrurier et la mère tenant un débit de boissons rapportant un bénéfice annuel de 1,000 francs. — Cour d'appel de Bruxelles, 4 mai 1907, *Jurisprudence en matière de milice*, 1907, p. 30.

— Position de la famille. — Aisance. — Appréciation.

La famille d'un milicien enfant unique ne peut être considérée comme se trouvant dans l'aisance lorsque son avoir est évalué, au maximum, à une vingtaine de mille francs. — Cour d'appel de Bruxelles, 18 mai 1907, *Jurisprudence en matière de milice*, 1907, p. 26.

— Position de la famille. — Aisance. — Appréciation.

Ne peut être considérée comme se trouvant dans l'aisance, au point de vue de l'application de l'article 27, 3°, de la loi, la famille qui possède un immeuble évalué à 19,000 francs et grevé d'une hypothèque de 7,000 francs.

L'unique descendant légitime de cette famille a donc droit à l'exemption du service. — Cour d'appel de Bruxelles, 18 mai 1907, *Jurisprudence en matière de milice*, 1907, p. 29.

— Position de la famille. — Aisance. — Appréciation.

Doit être exempté comme unique descendant légitime, le milicien dont la sœur doit être considérée comme perdue pour la famille et dont la mère veuve possède, indivisément avec ses deux frères, une métairie évaluée à 5,000 fr. et une exploitation agricole de six hectares du prix annuel de 1,075 francs. — Cour d'appel de Gand, 25 mai 1907, *Jurisprudence en matière de milice*, 1907, p. 49.

— Pourvoyance. — Renonciation. — Assentiment du père.

L'exemption du chef de pourvoyance étant accordée dans l'intérêt de la famille aussi bien que dans celui du milicien, le milicien n'a pas le droit d'y renoncer, surtout s'il est mineur et s'il ne justifie pas de l'assentiment de son père. — Cour d'appel de Bruxelles, 24 avril et 1ᵉʳ juillet 1907, *Jurisprudence en matière de milice*, 1907, p. 32 et 72.

— Pourvoyance. — Renonciation. — Consentement du père.

Le milicien exempté par le conseil de milice du chef de pourvoyance peut réclamer en appel, avec le consentement de son père, sa désignation pour le service, en déclarant expressément qu'il renonce au bénéfice de l'exemption. — Cour d'appel de Bruxelles, 29 mai 1907, *Jurisprudence en matière de milice*, 1907, p. 25.

— Pourvoyance. — Troisième exemption. — Obstacle légal.

Quelle que soit la situation de fortune de la famille, il y a un obstacle légal à ce que celle-ci jouisse d'une troisième exemption du chef de pourvoyance.

En effet, les modifications apportées à l'article 30 par la loi de 1902 n'ont eu pour but que de supprimer l'obstacle qui s'opposait à l'octroi d'une deuxième exemption, lorsque le premier exempté s'était marié. — Cour d'appel de Liége, 10 juillet 1907, *Jurisprudence en matière de milice*, 1907, p. 63.

— Pourvoyance. — Volontaire.

Le volontaire n'a pas droit aux dispenses et aux exemptions accordées par l'article 29 de la loi sur la milice. — Cassation, 24 septembre 1906, *Pasic.*, 1907, I, 8.

— Service de frères.

Dans une famille de cinq fils, dont les deux derniers ne sont pas en âge de milice, dont le premier n'a pas été appelé à faire partie du contingent, et dont le second qui s'est fait remplacer doit être considéré comme satisfaisant à la loi, le troisième, appelé à faire partie du contingent, ne peut être exempté sous prétexte que les désignations doivent alterner avec les exemptions et qu'il ne faut compter que le nombre d'hommes dus, eu égard aux membres de la famille soumis, au moment où le troisième tire au sort, aux obligations de milice. (Loi sur la milice, art. 31, §§ *b* et c.) — Cassation, 23 septembre 1907, *Pasic.*, 1907, I, 356.

— *Service de frère.* — *Absence du corps.*

Ne peut procurer des titres à une exemption du chef de service de frère, le service du milicien qui a été absent du corps plus de neuf mois dans le cours des deux premières années pour toutes autres causes que des blessures ou des maladies involontaires. — Cour d'appel de Bruxelles, 5 juin 1907, *Jurisprudence en matière de milice*, 1907, p. 23.

— *Service de frère.* — *Absence du corps.* — *Date de l'appel sous les drapeaux.* — *Sens.*

La date de l'appel sous les drapeaux doit s'entendre non pas du jour de l'incorporation, mais bien de celui dont le service est invoqué est entré réellement en activité de service.

Ne peut donc être considéré comme ayant été absent du corps dans les deux premières années, au sens de l'article 25 de la loi, le milicien qui, incorporé en 1903, n'est entré au service actif que le 8 septembre 1904. — Cour d'appel de Liége du 23 août 1907, *Jurisprudence en matière de milice*, 1907, p. 21.

— *Service de frère.* — *Appel sous les drapeaux.* — *Mise en activité de service.*

Pour procurer l'exemption au frère du milicien, la date de l'appel sous les drapeaux doit s'entendre du jour où le milicien a été mis en activité de service. (Loi sur la milice, art. 25.) — Cassation, 24 juin 1907, *Pasic.*, 1907, I, 305.

— *Service de frère.* — *Composition de la famille.*

Les frères consanguins et les frères utérins étant assimilés aux frères germains, une famille composée de deux frères germains, d'un frère utérin et de trois frères consanguins doit être considérée comme composée de six fils au point de vue de la détermination du nombre de services dus à l'armée. — Cour d'appel de Gand, 4 mai 1907, *Jurisprudence en matière de milice*, 1907, p. 69.

— *Service de frère.* — *Composition de la famille.*

A droit à l'exemption du chef de service de frère, le troisième frère d'une famille de cinq fils dont trois seulement sont arrivés en âge de milice et dont le second s'est fait remplacer par

le département de la guerre et doit être considéré comme ayant satisfait à ses obligations de milice. — Cour d'appel de Bruxelles, 21 mai 1907, *Jurisprudence en matière de milice*, 1907, p. 65.

— *Service de frère.* — *Composition de la famille.* — *Alternance des désignations et des exemptions.*

Il faut tenir compte du nombre total de fils, et non seulement de ceux qui se trouvent en âge de milice, pour déterminer la composition de la famille au point de vue de l'exemption de frère.

Le principe que les exemptions alternent avec les désignations n'est appliqué que si la famille a fourni à l'armée le nombre d'hommes qui lui est dû à ce moment suivant la division du nombre de fils en séries de deux. — Cour d'appel de Bruxelles, 24 juin 1907, *Jurisprudence en matière de milice*, 1907, p. 71.

— *Service de frère.* — *Composition de la famille.* — *Alternance des désignations et des exemptions.*

Pour déterminer la composition de la famille au point de vue de l'exemption de frères, il faut tenir compte du nombre total de fils et non seulement du nombre de ceux qui se trouvent en âge de milice au moment de la demande d'exemption.

Le principe que les exemptions alternent avec les désignations ne peut être appliqué si, par suite d'exemptions, de dispenses ou de numéros non compris dans le contingent, la famille n'a pas fourni à l'armée le nombre d'hommes qui lui est dû. — Cour d'appel de Liége, 19 novembre 1907, *Jurisprudence en matière de milice*, 1907, p. 66.

— *Service de frère.* — *Déserteur.* — *Amnistie.*

Le milicien entré au service actif en 1886 et réputé déserteur en 1903, qui a été amnistié en vertu de la loi du 31 décembre 1900, n'a pas fourni le service de huit années susceptible de procurer des titres à une exemption du chef de service de frère. — Cour d'appel de Gand, 6 et 12 juin 1907, *Jurisprudence en matière de milice*, 1907, p. 35 et 36.

— *Service de frère.* — *Déserteur.* — *Décès.*

Dans une famille de trois fils, le troisième frère a droit à l'exemption de service lorsqu'il est reconnu que le deuxième fils, incorporé comme milicien et déclaré déserteur, était décédé pour une cause indépendante de sa volonté et de sa faute au moment où il avait été porté manquant. — Cour d'appel de Gand, 8 mai 1907, *Jurisprudence en matière de milice*, 1907, p. 24.

— Service de frère. — Durée du service.

Le milicien qui n'a pas accompli et ne peut plus compléter un service de huit ans ne peut procurer une exemption à son frère. (Loi sur la milice, art. 26, 3°.) — Cassation, 15 juillet 1907, *Pasic.*, 1907, I, 335.

— Service de frère. — Frère aîné. — Désignation non définitive.

L'aîné des frères appelés ensemble à faire partie d'une levée n'exempte son frère que s'il est définitivement désigné pour le service. (Loi sur la milice, art. 27, 6°.) — Cassation, 24 juin 1907, *Pasic.*, 1907, I, 305.

— Service de frère. — Milicien dispensé définitivement.

Ne peut procurer l'exemption à son frère, le milicien dispensé définitivement du service par application de l'article 29 de la loi sur la milice. — Cour d'appel de Liége, 1ᵉʳ juin 1907, *Jurisprudence en matière de milice*, 1907, p. 57.

— Service de frère. — Miliciens de la même levée. — Exemption conditionnelle du puîné.

L'aîné des frères appelés ensemble à faire partie d'une levée n'exempte le frère puîné que s'il est définitivement désigné pour le service. Aussi longtemps que cette désignation n'est pas devenue définitive, le frère puîné ne peut jouir que d'une exemption conditionnelle. — Cour d'appel de Liége, 23 août 1907, *Jurisprudence en matière de milice*, 1907, p. 38.

— Service de frère. — Renonciation.

Le milicien exempté par le conseil de milice du chef de service de frère peut réclamer en appel sa désignation pour le service, en vue de procurer des droits à l'exemption à ses frères puînés. — Cour d'appel de Bruxelles, 21 mai 1907, *Jurisprudence en matière de milice*, 1907, p. 40.

— Volontaire. — Résiliation de l'engagement. — Milicien. — Enfant unique. — Droit à l'exemption.

Aucune disposition légale n'empêche le milicien dont l'engagement en qualité de volontaire est résilié de jouir des droits qu'il avait à l'exemption, avant cet engagement.

Le milicien, unique descendant légitime d'une famille qui n'est pas dans l'aisance, peut donc jouir d'une exemption de ce chef, si l'engagement qu'il avait contracté en qualité de volontaire de carrière est résilié. — Cour d'appel de Gand, 5 juin 1907, *Jurisprudence en matière de milice*, 1907, p. 28.

MOTIFS. — *Insuffisance.*

N'est pas suffisamment motivé l'arrêt qui décide qu'au jour de la naissance du milicien le père, sujet du grand-duché de Luxembourg, s'était établi en Belgique sans esprit de retour, alors que les conclusions prises par l'intéressé tendaient à faire rechercher si le père n'avait pas conservé sa nationalité au moment de la conception du fils. (Const., art. 97.) — Cassation, 17 juin 1907, *Pasic.*, 1907, I, 295.

— Insuffisance.

N'est pas suffisamment motivé l'arrêt qui décide qu'au jour de la naissance du milicien le père, sujet du grand-duché de Luxembourg, s'était établi en Belgique sans esprit de retour, alors que les conclusions prises par l'intéressé tendaient à faire rechercher si le père n'avait pas conservé sa nationalité au moment de la conception du fils. (Const., art. 97.) — Cassation, 15 juillet 1907, *Jurisprudence en matière de milice*, 1907, p. 89.

NATIONALITÉ. — *Luxembourgeois. — Nationalité à l'époque de la conception.*

Lorsqu'il y a intérêt, l'enfant peut invoquer la nationalité qu'avait son père lors de sa conception.

Doit être considéré comme s'étant établi en Belgique, sans esprit de retour, dès avant la naissance de son fils, l'individu d'origine luxembourgeoise qui s'est marié en Belgique, y a fait des acquisitions d'immeubles et a opté pour la qualité de Belge. — Cour d'appel de Bruxelles, 27 août 1907, *Jurisprudence en matière de milice*, 1907, p. 14.

— Luxembourgeois. — Perte de nationalité.

Doit être considéré comme s'étant établi en Belgique, sans esprit de retour, dès avant la naissance de son fils, l'individu qui s'est marié dans le pays, y a acquis des immeubles et a opté pour la qualité de Belge. — Cour d'appel de Liége, 15 mai 1907, *Jurisprudence en matière de milice*, 1907, p. 12.

— Néerlandais. — Perte de nationalité. Inscription.

Doit être soumis au service de milice comme se trouvant sans nationalité déterminée, le jeune homme dont le père avait perdu la qualité de Néerlandais, dès avant la naissance de son fils, comme ayant quitté le royaume des Pays-Bas, sans esprit de retour.

L'absence d'esprit de retour résulte d'une situation particulière que seule une succession de faits peut rendre évidente et qui n'est pas seulement caractérisée par les circonstances qui ont accompagné la sortie du pays d'origine. — Conseil de milice de l'arrondissement de

Liège, 3 août 1907, *Jurisprudence en matière de milice*, 1907, p. 5.

Id. Confirmation de la décision ci-dessus. — Cour d'appel de Liège, 6 septembre 1907, *Jurisprudence en matière de milice*, 1907, p. 11.

RÉFRACTAIRE. — *Assimilation aux miliciens.*

Peut être assimilé aux miliciens dont il s'agit à l'article 22, le jeune homme, allemand d'origine, qui se trouvant sans nationalité déterminée a opté pour la qualité de Belge à l'âge de 21 ans accomplis et a requis son inscription pour la milice en Belgique, lorsque, averti qu'il est porté au registre des réfractaires, il argue de son ignorance de la loi sur la milice. — Cour d'appel de Bruxelles, 22 avril 1907, *Jurisprudence en matière de milice*, 1907, p. 20.

SERVICE. — *Volontaire de carrière.* — *Déserteur.* — *Conseil de milice.* — *Milicien ordinaire.*

Le volontaire de carrière qui déserte avant la formation des listes sur lesquelles, à raison de son âge, son nom doit figurer doit être considéré comme un milicien ordinaire. Il prend part au tirage et doit être appelé devant le conseil de milice compétent pour qu'il soit statué sur sa position. — Cassation, 16 décembre 1907, *Jurisprudence en matière de milice*, 1907, p. 87.

Monts-de-piété. — *Action en justice.* — *Autorisation.* — Avis de la *Revue communale*, 1907, p. 259.

Les monts de bienfaisance étant assimilés aux établissements de bienfaisance et l'article 148 de la loi communale étant applicable à ceux-ci, par analogie, l'administration d'un mont-de-piété doit se pourvoir de l'autorisation du conseil communal pour intenter une action en justice.

N

Nationalité. — *Déclaration d'option.* — *Code civil, article 9.* — *Idiot séquestré.* — *Parents.* — Avis de la *Revue de l'administration*, 1907, p. 189.

Un idiot séquestré à domicile ne peut valablement faire déclaration d'option de nationalité à moins qu'il ne soit prouvé qu'il a agi au cours d'un intervalle lucide et, la séquestration à domicile n'entraînant pas l'incapacité juridique, personne n'est autorisé à se substituer à lui pour faire cette déclaration.

P

Pêche fluviale. — *Pêche en temps interdit.* — *Modification à l'arrêté royal du 25 août 1906.* — Arrêté royal du 16 juillet 1907, contresigné par M. Helleputte, ministre de l'agriculture *ad interim*. (*Moniteur* du 28 juillet.)

Revu notre arrêté du 25 août 1906 pris pour l'exécution des lois sur la pêche fluviale;

Sur la proposition de notre ministre de l'agriculture,

Nous avons arrêté et arrêtons :

ART. 1er. — L'article 6 de notre arrêté du 25 août 1906 qui porte :

« 1º Pendant la période d'interdiction, du troisième lundi de mars inclusivement au premier dimanche de juin exclusivement, la pêche à une seule ligne à main, manœuvrée du bord de l'eau, sans l'aide de l'épuisette, reste autorisée les dimanches et jours de fête légale »,

est remplacé par la disposition suivante:

« Pendant la période d'interdiction, du troisième lundi de mars inclusivement au premier dimanche de juin exclusivement, la pêche à une seule ligne à main, sans l'aide de l'épuisette, reste autorisée les dimanches et jours de fête légale. »

ART. 2. — Le premier paragraphe de l'article 9 du même arrêté qui dispose :

« Sont interdits les modes, engins et appareils de pêche quelconques, à l'exception des suivants : les lignes, l'épuisette et le crochet ou gaffe, mais seulement pour enlever le poisson à la ligne; les échiquiers (carrés, carrelets ou avrules), montés sur croisillons, sans ailes et non traînés; le petit épervier jeté à la main, non traîné et manœuvré par un seul homme; le verveux, la nasse et la bouteille à goujons à une seule entrée, sans ailes ni annexes de quelque nature que ce soit; la boîte à anguilles, le poer ou peur vermée ou vermille; les baguettes ou pinces à écrevisses, les balances (raquettes, suchettes ou plateaux), le fagot d'épines »,

est modifié comme suit :

« Sont interdits les modes, engins et appareils de pêche quelconques, à l'exception des suivants : les lignes, les épuisettes et le crochet ou gaffe, mais seulement pour enlever les poissons pris à la ligne ou aux échiquiers; les échiquiers (carrés, carrelets ou avrules), montés sur croisillons, sans ailes et non traînés; le petit épervier jeté à la main, non traîné et manœuvré par un seul homme; le verveux, la nasse et la bouteille à goujons à une seule entrée, sans ailes ni annexes de quelque nature que ce soit; la boîte à anguilles, le poer ou peur vermée ou vermille; les baguettes ou pinces à écrevisses, les balances (raquettes, suchettes ou plateaux), le fagot d'épines. »

ART. 3. — Le onzième paragraphe de l'article 10 de notre arrêté royal prérappelé, qui est conçu comme suit :

« L'épuisette servant à recevoir le poisson pris à la ligne, au plus 40 centimètres de diamètre à l'ouverture et 50 centimètres de profondeur de sac. Le crochet ou gaffe servant au même usage, 1 1/2 mètre de long au plus »,

est complété de la manière suivante :

« Les dimensions des épuisettes autorisées pour l'enlèvement du poisson pris aux échiquiers ne pourront dépasser 80 centimètres de diamètre à l'ouverture et 50 centimètres de profondeur de sac pour le filet carré à mailles de 0.05, et 60 centimètres de diamètre à l'ouverture sur 40 centimètres de profondeur de sac pour le grand carré à mailles de 0.02. La maille de ces mêmes épuisettes ne pourra être inférieure à celle des carrés. »

Pensions. — *Membre du personnel d'une école professionnelle nommé par le conseil communal sur la proposition d'une commission administrative composée de personnes appartenant à une association déterminée.* — Dépêche adressée le 26 février 1908 à un gouverneur de province par M. Descamps, ministre des sciences, etc. (*Bulletin du ministère des sciences, etc.*, 1908, II, 15.)

La question soulevée par la députation permanente, et qui a fait l'objet de votre lettre du 18 octobre dernier, a été résolue, en 1883, à l'occasion d'une proposition de l'administration communale d'A... d'affilier à la caisse des veuves et orphelins des professeurs et instituteurs communaux des membres du personnel de l'école professionnelle pour filles.

Cette proposition n'avait pas été accueillie par le gouvernement, parce que la dite école n'avait pas le caractère d'une institution communale. Le personnel était nommé par la commission administrative de l'établissement et simplement agréé par le conseil communal; d'autre part, il était rétribué à charge du budget de l'école. Or, les conditions essentielles du personnel d'une institution communale d'instruction publique sont: 1° nomination conférée par le conseil communal et 2° rémunération sur les fonds du budget communal, conditions qui sont indispensables pour que ce personnel puisse être admis au bénéfice de la législation sur les pensions et de l'affiliation à la caisse des veuves et orphelins des professeurs et instituteurs communaux.

A la suite des objections faites par le gouvernement à la prédite proposition du conseil communal d'A..., celle-ci consentit à convertir l'école professionnelle en établissement communal. La délibération du conseil communal, intervenue à cette fin le 16 novembre 1882, fut approuvée par arrêté ministériel du 13 décembre suivant. Le règlement de l'école conféra au conseil communal la nomination et la révocation du personnel, sur la proposition de la commission administrative. De plus, ces nominations et révocations furent soumises à l'agréation du ministre compétent. Les recettes de l'établissement furent versées dans la caisse communale, et le personnel fut payé sur une allocation spéciale inscrite au budget de la ville.

Dès lors, l'école professionnelle avait revêtu le caractère d'une institution communale et rien ne s'opposait plus à ce que le personnel fût pensionné par les pouvoirs publics, au même titre que tous les professeurs et instituteurs.

Le cas s'est présenté dans des conditions analogues à B...; les écoles professionnelles fondées et administrées par des commissions ont été converties en institutions communales et, dès ce moment, le personnel a été admis au bénéfice des lois sur les pensions.

La députation permanente croit devoir faire remarquer que la nomination du personnel de l'école professionnelle d'A... a lieu sur la proposition de la commission administrative, dont les membres sont choisis parmi ceux de la société du ... La disposition qui donne à la commission le droit de présenter les candidats aux emplois figure dans la plupart des règlements des écoles professionnelles et industrielles. (Voir circulaire à MM. les gouverneurs du 31 décembre 1898, ministère de l'industrie et du travail, n° 17175.)

Quant à la circonstance que, par le choix de ses membres, la commission administrative aurait un caractère politique, elle doit rester étrangère à l'appréciation des titres des professeurs à l'obtention d'une pension. Cette circonstance ne saurait, en effet, altérer la valeur du mandat conféré par le conseil communal et confirmé par le gouvernement. Le titulaire du mandat est incontestablement un professeur communal et, par conséquent, il peut revendiquer le bénéfice de la loi du 16 mai 1876 sur les pensions.

Je vous prie, Monsieur le gouverneur, de vouloir bien communiquer la présente à la députation permanente. Je suis convaincu que les raisons de droit que je dois opposer à sa manière de voir l'engageront à se rallier à l'octroi de la pension sollicitée par Mlle N..., ancienne maîtresse à l'école professionnelle d'A...

— *Secrétaire communal.* — *Secrétaire-trésorier d'une école moyenne de l'Etat.* — *Cumul des pensions.* — Avis de la *Revue de l'administration*, 1907, p. 112.

Un secrétaire communal qui a été en même temps secrétaire-trésorier d'une école moyenne de l'Etat a droit à la jouissance des deux pensions du chef de cette double fonction.

Voy. Secrétaire communal.

Police communale. — *Devoirs des administrations communales en matière de douanes et accises.* — Circulaire adressée le 12 avril 1907 aux gouverneurs de province par M. de Trooz, ministre de l'intérieur, etc. (*Bulletin du ministère de l'intérieur, etc.*, 1907, II, 25.)

Les employés des douanes et accises ne peuvent opérer des visites domiciliaires dans les cas prévus par l'article 181 de la loi générale du 26 août 1822, concernant la perception des droits d'entrée, de sortie, de transit et des accises, qu'en présence d'un membre de l'administration communale ou d'une personne publique commise à cet effet par le président de la dite administration.

D'autre part, en vertu de l'article 322 de la loi précitée, les autorités civiles qui négligent de donner suite aux réquisitions des employés des douanes et accises dans toutes les affaires concernant l'exercice de leurs fonctions et l'exécution des lois y relatives sont responsables des dommages qu'ils auraient pu occasionner par un refus d'assistance mal fondé. Il en résulte que si l'inaction d'un bourgmestre met obstacle à ce que les employés s'emparent d'objets fraudés, ce magistrat peut être tenu de payer à l'administration la valeur de ces objets.

Afin de prévenir tout conflit entre les agents du fisc et les autorités locales et d'empêcher que des tergiversations à l'occasion des visites domiciliaires ne portent préjudice aux droits du Trésor, je vous prie, Monsieur le gouverneur, de bien vouloir charger MM. les commissaires d'arrondissement dont la circonscription est située le long de la frontière de rappeler les prescriptions des articles 181 et 322 de la loi du 26 août 1822 aux bourgmestres des communes situées dans le rayon des douanes.

— *Français résidant en Belgique.* — *Production du livret militaire.* — *Invitation à ne pas le réclamer.* — Circulaire adressée le 4 mars 1907 aux gouverneurs de province par M. de Trooz, ministre de l'intérieur, etc. (*Bulletin du ministère de l'intérieur, etc.*, 1907, II, 18)

Le gouvernement français a constaté qu'il arrive parfois que des Français résidant ou voyageant à l'étranger déposent leur livret militaire entre les mains des autorités locales lorsque celles-ci ont à leur demander des preuves d'identité. Or, les règlements militaires de la France interdisent de la façon la plus formelle à chaque titulaire d'un livret de s'en dessaisir jamais, en quelque circonstance que ce soit, dans ce pays comme à l'étranger.

Il pourrait arriver qu'en dépit de toutes les recommandations à eux renouvelées, des militaires français retombassent dans la même faute, qui les expose à des pénalités, si les autorités des autres pays, insuffisamment renseignées sur les règlements français, demandaient ou acceptaient la remise des livrets lorsqu'elles ont besoin de preuves d'identité et lorsqu'on n'en a pas d'autres à leur fournir immédiatement. Il y aurait donc grand intérêt à ce que ces autorités évitassent de réclamer ou de recevoir les livrets militaires des ressortissants français.

Veuillez, je vous prie, Monsieur le gouverneur, adresser des instructions dans ce sens aux autorités administratives sous vos ordres, en ce qui concerne les ressortissants français résidant en Belgique, et leur signaler que chaque fois qu'elles ne recevraient pas des intéressés eux-mêmes les autres preuves ou pièces d'identité qui leur seraient nécessaires, les consuls français seraient à leur disposition pour les leur procurer dans les conditions voulues.

— *Commissaire ou agent de police.* — *Règlement d'un différend d'ordre civil.* — *Incompétence.* — Avis de la *Revue communale*, 1907, p. 109.

Un commissaire ou un agent de police peuvent, lorsqu'ils y sont invités, donner un conseil en cas de discussion entre un patron et un ouvrier, mais ils n'ont pas qualité pour trancher des contestations qui sont de la compétence des tribunaux.

— *Courses d'automobiles.* — *Police du roulage.* — *Autorisation par le collège des bourgmestre et échevins.* — *Accident.* — *Interdiction de continuer la course.* — *Légalité.* — Avis de la *Revue communale*, 1907, p. 267.

Les luttes de vitesse entre véhicules, entre véhicules et animaux ou entre animaux sont interdites sur la voie publique, sauf autorisation du collège des bourgmestre et échevins. L'autorisation accordée par le collège des bourgmestre et échevins n'empêche pas le bourgmestre d'arrêter la course en vertu de l'article 94 de la loi communale, qui a une portée générale et qui lui permet de faire des ordonnances de police « en cas d'événements imprévus lorsque le moindre retard pourrait occasionner des dangers ». Mais le bourgmestre ne pourrait subordonner l'autorisation de continuer la course au versement préalable d'une provision pour assurer le payement d'une indemnité aux blessés. Il ne peut intervenir que pour sauvegarder la sécurité publique et n'a pas qualité pour défendre les intérêts civils des habitants.

En autorisant une course d'automobiles, le collège échevinal agit comme autorité et aucune responsabilité civile ne pèse sur ses membres.

Ni le gouverneur ni le commissaire d'arrondissement n'ont compétence pour interdire une course d'automobiles, mais ils peuvent requérir la gendarmerie en vue de compléter les mesures de précaution jugées insuffisantes (loi provinciale, art. 128 et 139).

Le commissaire d'arrondissement peut dresser un procès-verbal constatant une infraction en matière de voirie vicinale (loi sur les chemins vicinaux, art. 31, § 2), mais il est incompétent en matière de police du roulage.

— *Établissement d'une ligne téléphonique pour le service de secours en cas d'incendie.* — *Placement de supports sur les toits des maisons riveraines de la voie publique.* — *Droit des communes.* — *Réparation des dommages matériels.* — Avis de la *Revue communale*, 1907, p. 272.

Les administrations communales ont le droit de faire placer sur le toit des maisons riveraines de la voie publique, sans le consentement des propriétaires, des supports servant à l'établissement d'une ligne télégraphique ou téléphonique créée dans un intérêt de police communale.

Les propriétaires peuvent réclamer la réparation du dommage matériel que leur occasionnerait ce placement. (Voy. arrêt cour d'appel de Gand, 20 mai 1903, journal 1904-1905, p. 162).

— *Rassemblements et baraquements sur la voie publique et sur des prairies particulières.* — *Absence de règlement communal.* — *Pouvoirs du bourgmestre.* — Avis de la *Revue de l'administration*, 1908, p. 37.

« Même en l'absence d'un règlement communal, le bourgmestre a le droit de décider que des rassemblements et l'établissement de loges foraines ne seront autorisés sur la voie publique que durant les jours et aux heures qu'il détermine.

« Nous estimons qu'il a le même pouvoir en ce qui concerne les attroupements et les baraquements sur une prairie privée. A l'égard des rassemblements en plein air, il n'y a pas lieu de distinguer entre la voie publique et un terrain accessible au premier venu. »

— *Règlement communal sur la circulation du bétail dans les rues.* — *Police communale.* — *Police du roulage.* — Etude de la *Revue communale*, 1907, p. 65.

La *Revue communale* publie la correspondance échangée entre le gouverneur du Brabant et l'administration communale d'Anderlecht au sujet d'un règlement pris par cette commune et qui portait ce qui suit : « De midi à 4 h. 1/2 de relevée, le bétail exposé aux marchés publics ne pourra sortir des abattoirs qu'en véhicule ». Il s'agissait de savoir si le règlement avait été pris en exécution des dispositions générales qui règlent le droit de police des administrations communales et si ce règlement devait donc être simplement *notifié* à la députation permanente, ou bien s'il tombait sous l'application de la loi du 1er août 1899 sur la police du roulage et s'il devait par conséquent être soumis à l'approbation de la députation permanente. De l'avis du ministre de l'agriculture il fut décidé que le règlement en question visait plus particulièrement la sécurité du passage dans les rues que la circulation proprement dite et que la loi sur la police du roulage ne lui était pas applicable.

— *Société musicale.* — *Autorisation de sortir en cortège.* — *Détournement de pouvoir.* — *Annulation.* — *Revue de l'administration*, 1907, p. 128.

Le maire peut décider, en vertu de ses pouvoirs de police et pour le maintien de l'ordre et de la tranquillité publique, qu'aucune société musicale ne pourra sortir en cortège sur la voie publique sans autorisation.

Mais il commet un détournement de pouvoir s'il résulte de l'instruction que le rejet des demandes d'autorisation a pour cause des motifs étrangers à l'ordre public, et la décision prise dans ce sens doit être annulée. (Arrêt du conseil d'État de France du 29 décembre 1905.)

Cette décision est basée non sur un excès de pouvoir, le maire étant resté dans la limite de ses attributions, mais sur un *détournement de pouvoir*, c'est-à-dire sur un abus de son mandat. Le conseil d'État avait trouvé dans les pièces du dossier la preuve que le refus d'autorisation opposé à une société déterminée avait été inspiré par des motifs étrangers à l'ordre public.

Observations. — Les règles suivies en Belgique par le gouvernement chargé du contrôle des actes de l'autorité communale n'admettent pas la distinction sur laquelle se fonde l'arrêt du conseil d'État de France cité plus haut. Si l'autorité communale n'est pas sortie de ses pouvoirs, si elle n'a pas violé la loi ou blessé l'intérêt général, les décisions qu'elle prend et qui ne sont pas expressément soumises à approbation ou sujettes à recours ne peuvent être ni réformées ni annulées par l'autorité centrale.

Voy. AFFICHAGE. — COLLECTES.

Prestations militaires. — *Chevaux.* — *Vente.* — *Notification à l'administration communale.*

Est passible des peines édictées par la loi du 6 mars 1818, le propriétaire qui n'avertit pas l'administration communale de la vente ou de la perte de ses chevaux portés au registre de classement, aussitôt la vente intervenue d'un des chevaux classés et sans pouvoir attendre jusqu'au prochain recensement annuel. — Cour d'appel de Liége, 12 octobre 1906, *Pasic.*, 1907, II, 182.

R

Receveur communal. — Voy. COMPTABILITÉ COMMUNALE.

Régies communales. — *La* Revue de l'administration *publie quelques extraits d'une étude publiée par M. Eugène Brees sous le titre de l'*Orientation nouvelle des régies communales, dans la Revue économique internationale *de mars* 1907. — Revue de l'administration, 1907, p. 349.

Voy. ASSOCIATION DE COMMUNES.

Registres de population. — *Interdiction d'intercaler des feuillets dans les registres.* — Dépêche adressée le 2 avril 1907 à un gouverneur de province par M. de Trooz, ministre de l'intérieur, etc. (*Bulletin du ministère de l'intérieur, etc.*, 1907, II, 25.)

Par votre lettre du 19 mars dernier vous me demandez s'il est permis de coller des feuilles dans les registres de population.

J'estime, Monsieur le gouverneur, que cette question doit être résolue négativement. Aux termes de l'article 58 des instructions générales, le registre de population, préalablement à toute inscription, doit être coté, c'est-à-dire numéroté. Deux pages en regard se complétant l'une l'autre ne forment qu'un folio et ne doivent porter qu'un seul numéro. Il en résulte que si l'on intercalait des feuillets dans les registres, il serait impossible de leur donner une pagination régulière. Il n'y a donc pas lieu, Monsieur le gouverneur, d'autoriser semblable pratique.

— *Inscription.* — *Ménage établi dans une roulotte à laquelle on a enlevé les essieux et les roues.* — *Caractère ambulant de cette demeure.* — Dépêche adressée le 11 mai 1907 à un gouverneur de province par M. de Trooz, ministre de l'intérieur, etc. (*Bulletin du ministère de l'intérieur, etc.*, 1907, II, 1.)

J'ai l'honneur de vous faire connaître que je partage votre manière de voir en ce qui concerne l'inscription, aux registres de population, du ménage D... Celui-ci, qui est régulièrement inscrit aux registres de J..., est établi depuis plus de deux ans, à M..., dans une roulotte à laquelle on a enlevé l'axe et les roues et à proximité de laquelle ce ménage a construit une étable.

J'estime avec vous, Monsieur le gouverneur, que le stationnement prolongé, dans un endroit déterminé, d'une roulotte et l'enlèvement des roues de celle-ci ne font pas perdre le caractère ambulant à cette demeure. Il suffit, en effet, de remettre l'axe et les roues en place pour donner à la roulotte toute facilité de locomotion. Quant à l'argument tiré de la construction d'une étable, il n'est pas probant, semblable construction étant de peu d'importance et ne servant pas, au surplus, d'habitation.

D'autre part, aux termes de l'article 45 des instructions générales du 1er juin 1901, l'administration ne peut rayer de ses registres les bateliers, forains, nomades qui ont quitté la commune pour habiter des demeures ambulantes, sans acquérir nulle part ailleurs une résidence habituelle fixe.

Cette roulotte ne pouvant, à mon avis, être assimilée à une habitation fixe de ville, il en résulte que le ménage D... devra rester inscrit aux registres de population de J... aussi longtemps qu'il n'aura d'autre demeure que celle qu'il occupe actuellement.

— *Renseignements demandés par le parquet.* — Dépêche adressée le 23 avril 1907 à un gouverneur de province par M. de Trooz, ministre de l'intérieur, etc. (*Bulletin du ministère de l'intérieur, etc.*, 1907, II, 29.)

J'ai pris connaissance de la lettre par laquelle le procureur du roi de C... se plaint des conditions auxquelles le ff. de bourgmestre de F... veut subordonner la consultation des registres de population par le commissaire de police, appelé souvent à fournir des renseignements urgents au parquet.

J'estime avec vous, Monsieur le gouverneur, qu'en limitant à une heure par jour le temps pendant lequel le commissaire de police pourra puiser les renseignements nécessaires, le ff. de bourgmestre a pris une mesure qui peut, en certains cas, être nuisible à des intérêts privés. En cas d'urgence, il importe que les renseignements demandés par le parquet soient fournis immédiatement, et il incombe au collège échevinal de décider de quelle manière ils seront communiqués : si c'est le secrétaire communal qui les fournira ou si le commissaire de police pourra, en vertu d'une autorisation du collège, prendre connaissance des registres. C'est une mesure d'organisation intérieure du ressort de cette autorité.

Ce n'est qu'en cas d'urgence seulement qu'il doit être satisfait sans délai aux demandes du parquet, car s'il convient de ne pas entraver la bonne administration de la justice, il est également de toute nécessité d'assurer la marche régulière du service de la population. Or, il n'en serait pas ainsi si un agent, étranger à ce service, pouvait disposer librement, à toute heure, des registres de population.

D'autre part, le collège étant chargé de la tenue des registres, en même temps que de la conservation des archives, on comprend parfaitement qu'il prenne certaines mesures destinées à assurer la bonne garde des registres et la sincérité des écritures de la population.

D'accord avec vous j'estime que l'officier de l'état civil devrait veiller à ce que les deux services, population et police judiciaire, se prêtent une aide réciproque, au lieu de chercher, semble-t-il, à se contrecarrer.

Je vous prie, Monsieur le gouverneur, de vouloir bien écrire dans ce sens à l'administration communale de F... et l'inviter à remédier dans la mesure énoncée ci-dessus à la situation qui m'est signalée.

— *Communication à des particuliers.* — *Obligations des administrations communales.* — Réponse faite par M. de Trooz, ministre de l'intérieur, etc., à une question posée par M. le représentant Rens. (Séance du 30 juillet 1907.)

« Aux termes de ma circulaire du 20 février 1901, les particuliers ne peuvent, sous aucun prétexte, être admis à compulser eux-mêmes les registres de population. Ils ne peuvent non plus se faire donner communication de ces registres sans déplacement.

Quant aux extraits des registres de population, il est d'usage de ne pas refuser la délivrance de ces pièces aux habitants, bien qu'il n'existe aucune disposition légale à cet égard, sauf en matière électorale. L'article 66, G, de la loi du 12 avril 1894 impose, en effet, aux officiers de l'état civil l'obligation de délivrer à toute personne qui en fait la demande les extraits des registres de population. »

— *Tenue.* — *Dépôt.* — *Droits du bourgmestre.* — Avis de la *Revue communale*, 1907, p. 112.

Le collège des bourgmestre et échevins peut charger le commissaire de police de la tenue des registres de population. Si le bourgmestre exerce les fonctions d'officier de l'état civil, le commissaire de police doit se conformer à ses instructions pour tout ce qui concerne ce service. Le collège échevinal ne pourrait décider que les registres de population seront déposés dans le bureau du commissaire de police. L'organisation de la police et de l'état civil appartient au bourgmestre qui peut se réserver l'usage exclusif des archives de ces services.

Voy. COMMISSAIRE DE POLICE.

Règlement communal. — *Automobiles, motocyclettes, etc.* — *Vitesse dans la traversée des communes.* — *Règlement communal.* — *Légalité.* — Avis de la *Revue de l'administration*, 1908, p. 17.

Un règlement communal réduisant dans la traversée de la commune à huit kilomètres à l'heure la vitesse maxima fixée à dix kilomètres par le règlement sur la police du roulage (arrêté royal du 4 août 1899, art. 16) est illégal parce que, en matière de roulage, le conseil communal ne peut prendre que des règlements complémentaires.

— *Légalité.* — *Étendue du pouvoir de vérification des tribunaux.* — *Revue de l'administration*, 1907, p. 101.

En vertu de l'article 107 de la Constitution qui porte que « les cours et tribunaux n'appliqueront que les arrêtés et règlements généraux, provinciaux et locaux qu'autant qu'ils seront conformes aux lois », les tribunaux ne doivent appliquer un règlement communal que si son objet rentre dans les attributions du conseil communal. Cette règle s'applique aux actes des fonctionnaires publics. Lorsqu'un fonctionnaire accomplit un acte qui ne rentre pas dans les bornes de sa compétence il commet une voie de fait que les tribunaux ont pour mission de faire cesser.

Les mesures prises par l'administration dans la limite de ses attributions ne peuvent être appréciées par les tribunaux qui ne peuvent rechercher si elles sont opportunes ou justifiées ni se prononcer sur la valeur des moyens employés par l'administration pour atteindre le but légal qu'elle s'est proposé. Cette indépendance du pouvoir administratif peut paraître excessive; mais contrairement à ce qui est pratiqué en France où fonctionne un conseil d'État, aucune autorité ne peut en Belgique annuler les actes de l'administration qui a mal usé de ses pouvoirs.

Toutefois, en vertu du texte même de la Constitution, les tribunaux ont compétence pour apprécier si les mesures prises ne sont pas contraires à un texte légal. Ils sont, en outre, juges de la responsabilité d'un fonctionnaire qui s'est rendu coupable de dol ou qui a commis une faute lourde.

Le pouvoir judiciaire, s'il doit respecter les mesures prises par l'autorité administrative dans les limites de sa compétence, peut rechercher si le but visé est bien celui qui est invoqué, si, par exemple, sous prétexte de salubrité on n'a pas édicté des mesures destinées à l'embellissement d'une ville. Mais la jurisprudence tend de plus en plus à admettre que l'autorité administrative doit être présumée avoir eu en vue les intérêts généraux confiés à sa garde.

— *Loges foraines.* — *Terrains particuliers.* — *Autorisation.* — Avis de la *Revue de l'administration*, 1907, p. 278.

« Un règlement communal ne pourrait pas interdire aux particuliers d'affecter leurs terrains à l'installation de loges foraines; mais un règlement communal pourrait décider que l'installation sur un terrain privé d'une agglomération de loges foraines dont l'ensemble formerait une espèce de foire ne peut avoir lieu sans une autorisation préalable de l'administration communale. »

— *Prostitution.* — *Fille publique.* — *Racolage.*

L'arrêté d'un maire qui interdit le racolage par gestes ou paroles n'est légalement applicable qu'aux filles publiques inscrites sur les registres de la police et ainsi soumises à des règlements spéciaux. — Cour de cassation de France, 12 janvier 1906, *Revue de l'administration*, 1907, 162.

— *Colportage de journaux et imprimés.*

Le *Journal des tribunaux*, dans son numéro du 29 juillet 1906, critique l'arrêt de la cour de cassation du 18 juin 1906 (voy. *Journal*, 1906-1907, p. 444) et émet l'avis qu'il ne se concilie pas avec la loi du 21 mai 1888 qui abroge les articles 13 et 14 de la loi du 18 juin 1842 aux termes desquels les marchands ambulants devraient être porteurs d'un certificat de moralité délivré par l'autorité de leur résidence.

La *Revue catholique de droit* rencontre cette objection et défend la thèse consacrée par la cour de cassation. (*Revue catholique de droit*, 1907, p. 293, n° 11.)

Voyez le jugement du tribunal correctionnel de Furnes du 23 octobre 1891 et les arrêts de la cour de cassation du 18 janvier 1892, ainsi que la circulaire ministérielle du 8 août 1891, au *Journal* de 1891-1892, p. 795.

— *Affichage.* — *Autorisation exigée des afficheurs.* — *Mur longeant la voie publique.*

Est légale la disposition d'un règlement communal portant que les afficheurs doivent se pourvoir d'une autorisation du collège des bourgmestre et échevins; qu'ils doivent toujours en être porteurs et l'exhiber chaque fois qu'ils en seront requis par les officiers ou agents de police; elle s'applique à l'affichage sur un mur longeant la voie publique et dont un particulier s'est réservé la disposition exclusive. (Const., art. 107; lois du 18 décembre 1789 et des 16-24 août 1790 ; règlement communal d'Ixelle, du 20 mai 1874, art 86.) — Cassation, 8 juillet 1907, *Pasic.*, 1907, I, 322.

— *Colportage.* — *Interdiction.* — *Illégalité.*

Est illégale la disposition d'un règlement communal qui interdit aux marchands ambulants patentés le colportage, en tout temps, sur tout le territoire de la commune, à la réserve de quelques points seulement. (Const., art. 107; loi du 21 mai 1819, art. 2; règlement communal de Charleroi du 9 décembre 1889, art. 15.) — Cassation, 8 juillet 1907, *Pasic.*, 1907, I, 321.

— *Drapeau rouge.* — *Exhibition.* — *Interdiction.*

Est légal le règlement de police qui interdit de porter ou d'arborer le drapeau rouge sur la voie publique. (Règlement de police de Roulers, art. 84.) — Cassation, 1er juillet 1907, *Pasic.*, 1907, I, 315.

— *Égout.* — *Raccordement.* — *Groupe de maisons.* — *Raccordement commun.* — *Défaut de se relier.* — *Infraction continue.* — *Prescription.*

Lorsqu'un règlement communal dispose que chaque immeuble bâti doit être relié à l'égout public par un embranchement ou drain, c'est à bon droit que le juge du fond décide que plusieurs maisons ne peuvent pas se raccorder par un branchement commun. (Règl. comm. de Blankenberghe du 9 juillet 1906.)
Le fait de négliger de relier un immeuble à l'égout public alors qu'un règlement communal l'impose est une infraction continue. — Cassation, 14 octobre 1907, *Pasic.*, 1907, I, 369.

— *Égout.* — *Reliement de chaque immeuble.* — *Branchement commun à plusieurs maisons.*

Lorsqu'un règlement communal dispose que chaque immeuble bâti doit être relié à l'égout public par un embranchement au drain, c'est à bon droit que le juge du fond décide que plusieurs maisons ne peuvent pas se raccorder par un branchement commun. (Règl. comm. de Blankenberghe du 9 juillet 1906.) — Cassation, 14 octobre 1907, *Pasic.*, 1907, I, 369.

— *Tarif-règlement de la ville d'Ostende du 26 février 1901.* — *Création d'une rue.* — *Emprise.* — *Abandon de terrain par les propriétaires riverains.* — *Mode.* — *Partie supérieure à la moitié de la largeur de la rue.* — *Taxe.* — *Indemnité.* — *Règlement en cas de désaccord.*

Le tarif-règlement de la ville d'Ostende du 26 février 1901, approuvé par l'arrêté royal du 30 avril de la même année, porte dans son article 6 que « lorsque le propriétaire devra abandonner une emprise supérieure à la moitié de la largeur sur laquelle doit être établie la rue décrétée, la différence lui sera bonifiée par la ville; d'autre part, celui des riverains qui n'a abandonné qu'une partie de la moitié de la largeur de la rue payera à la ville, pour l'excédent, une des taxes prévues aux articles 1er à 4 du règlement; il pourra s'y soustraire en payant à l'autre riverain une indemnité à convenir entre eux et à la décharge de la ville ».
Si l'emprise abandonnée par l'un des riverains dépasse la moitié de la largeur de la voie, que celle abandonnée par l'autre demeure en deçà de cette moitié, si ce dernier veut se soustraire au payement de la taxe à laquelle il se trouve être assujetti, ce en payant à l'autre propriétaire l'indemnité à convenir suivant l'alinéa final de l'article 6 prérappelé, le juge ne peut, en cas de désaccord entre parties, fixer cette indemnité en dehors des formes de l'expropriation pour cause d'utilité publique. — Tribunal civil de Bruges, 20 juin 1906, *Pasic.*, 1907, III, 105.

— *Trottoirs.* — *Convention.* — *Avantage concédé à titre personnel.* — *Appréciation souveraine.* — *Généralité de l'impôt.* — *Légalité.*

Le juge du fond décide souverainement que la clause d'une convention intervenue entre une commune et le propriétaire de terrains, et portant que celui-ci ne serait tenu de construire un trottoir que dans le cas où il bâtirait à front de la voie publique, renferme une exemption qui est personnelle au propriétaire contractant et ne passe pas à ses ayants cause. (Code civ., art. 1122 et 1319.)
Pareille exemption ne viole pas le principe de l'égalité des citoyens devant l'impôt. (Const., art. 112.) — Cassation, 8 juillet 1907, *Pasic.*, 1907, I, 323.

— *Vente de journaux ou imprimés sur la voie publique.* — *Certificat exigé.* — *Légalité.*

Il est au pouvoir de la police locale d'imposer à ceux qui veulent vendre des journaux ou autres imprimés sur la voie publique d'être porteurs d'un certificat du bourgmestre de leur commune attestant l'absence de condamnation du chef de crime ou de délit. Pareille réglementation n'est pas interdite par la loi du 21 mai 1888. (Constit., art. 107; décrets des 16-24 août 1790, 2-17 mars 1791 et 19-22 juillet 1791; loi communale, art. 78; loi du 21 mai 1888.) — Cassation, 17 décembre 1906, *Pasic.*, 1907, I, 72.

*— Voirie. — Autorisation de bâtir. — Léga-
lité.*

Le règlement communal qui défend de
construire le long de la voie publique sans
autorisation préalable du collège des bourgmestre et échevins est légal et s'applique à
toutes les voies publiques, sans distinction,
situées sur le territoire de la commune. (Règlement de la commune de Seraing du 5 septembre 1902, art. 10; lois du 14 décembre 1789
et des 16-24 août 1790, titre XI, art. 3; loi communale, art. 78.) — Cassation, 14 janvier 1907,
Pasic., 1907, I, 90.

Règlements provinciaux.—Voy. AGRI-
CULTURE. — VOIRIE.

Repos dominical. — *Repos du di-
manche dans les entreprises industrielles et
commerciales. — Coiffeurs. — Autorisations
accordées en application de l'article 7 de la loi
du 17 juillet 1905.* — Arrêté royal du 15 février 1908, contresigné par M. Hubert, ministre
de l'industrie, etc. (*Moniteur* du 26 février.)

Vu la loi du 17 juillet 1905 sur le repos du
dimanche dans les entreprises industrielles et
commerciales, notamment la disposition de
l'article 7 aux termes de laquelle un arrêté royal
peut autoriser, pour six dimanches au plus par
année, les magasins de détail et les coiffeurs
d'une commune déterminée ou d'un groupe de
communes à prolonger la durée du travail de
leur personnel;

Revu notre arrêté du 7 février 1907 qui a
autorisé les exploitants des salons de coiffure
et des magasins de parfumeries y annexés à
employer leur personnel au travail pendant un
plus grand nombre d'heures, les dimanches
10 et 17 février et 10 mars 1907, jours du petit
carnaval, du grand carnaval et de la mi-carême;

Vu les demandes introduites par la Fédération des coiffeurs de Belgique, des associations
ou groupes de coiffeurs de diverses localités en
vue d'obtenir cette année les mêmes facilités;

Considérant que les nécessités particulières
invoquées à l'occasion des journées de carnaval
paraissent encore subsister et qu'elles justifient, sous les mêmes réserves et conditions, le
renouvellement de l'autorisation accordée l'an
dernier;

Revu les avis précédemment émis par le conseil supérieur d'hygiène publique, le conseil
supérieur du travail et le conseil supérieur de
l'industrie et du commerce, consultés en conformité de l'article 12 de la loi susvisée;

Sur la proposition de notre ministre de l'industrie et du travail,

Nous avons arrêté et arrêtons :

ART. 1er. — Les exploitants des salons de
coiffure de : Anvers, Bruges, Bruxelles (agglomération), Dison, Ensival, Gand, Hodimont,
Liège (agglomération), Louvain, Malines, Mons,
Tournai et Verviers sont autorisés à employer
leur personnel, pendant dix heures au plus, les
dimanches 1er, 8 et 29 mars 1908.

ART. 2. — Les chefs d'entreprise intéressés
sont tenus d'accorder à leur personnel, dans la

semaine suivante, un repos compensateur d'un
demi-jour pour chacun des dimanches où ils
auront fait usage de la faculté prévue à l'article
précédent.

ART. 3. — Notre ministre de l'industrie et du
travail est chargé de l'exécution du présent
arrêté, qui entrera en vigueur le jour même de
sa publication au *Moniteur*.

*— Entreprises où les ouvriers travaillent par
équipes successives.* — Arrêté royal du 15 avril
1907, contresigné par M. Francotte, ministre
de l'industrie, etc. (*Moniteur* des 22-23 avril.)

Vu la loi du 17 juillet 1905 sur le repos du
dimanche dans les entreprises industrielles et
commerciales, notamment la disposition de
l'article 5, alinéa 2, aux termes de laquelle
le roi peut autoriser les chefs des entreprises
où les ouvriers travaillent par équipes successives à prolonger le travail de l'équipe de nuit
jusqu'au dimanche matin, à 6 heures;

Vu les demandes introduites à l'effet d'obtenir l'application de cette disposition;

Considérant que, dans les industries où le
travail est organisé par équipes successives,
l'obligation de cesser le travail le samedi à
minuit pourrait avoir pour conséquence d'obliger les ouvriers composant l'équipe finissant
à ce moment à reprendre leur travail le
dimanche à minuit;

Considérant que l'usage de la faculté inscrite
à l'article 5, alinéa 2, de la loi du 17 juillet
1905 est destiné à prévenir cet inconvénient;

Vu les avis, en grande majorité favorables,
des sections compétentes des conseils de l'industrie et du travail;

Vu les avis favorables du conseil supérieur
d'hygiène publique, du conseil supérieur du
travail et du conseil supérieur de l'industrie et
du commerce;

Sur la proposition de notre ministre de l'industrie et du travail,

Nous avons arrêté et arrêtons : .

ART. 1er. — Les chefs des entreprises rentrant dans l'une des catégories d'industries
visées ci-après sont autorisés, lorsque le travail
est organisé par équipes successives, à prolonger le travail de l'équipe de nuit jusqu'au
dimanche matin, à 6 heures. Dans ce cas, le
travail des ouvriers composant cette équipe ne
peut être repris avant le lundi matin, à la même
heure :

Acide nitrique (Fabrication de l');
Acide phosphorique et des phosphates purs
(Fabrication de l');
Alcool (Distillerie d');
Amidon de maïs (Fabrication de l');
Ardoises artificielles (Fabrication des);
Bleu d'outremer (Fabrication du);
Bois (Travail mécanique du);
Borax (Raffineries de);
Clouteries;
Construction mécanique (Ateliers de);
Etain (Laminoirs à);
Farines (Moulins à);
Huileries;

Mèches en coton pour lampes (Fabrication des);
Noir pour fonderies (Fabrication du);
Phosphates de chaux (Fabrication des);
Pierres (Scieries et polissages mécaniques de);
Plomb (Laminoirs à);
Potasse (Raffineries de);
Salpêtre (Fabrication du);
Tréfileries.

— *Entreprises où les ouvriers travaillent par équipes.* — Arrêté royal du 18 août 1907, contresigné par M. Hubert, ministre de l'industrie, etc. (*Moniteur* des 26-27 août.)

Vu la loi du 17 juillet 1905 sur le repos du dimanche dans les entreprises industrielles et commerciales, notamment la disposition de l'article 5, alinéa 2, aux termes de laquelle le roi peut autoriser les chefs des entreprises où les ouvriers travaillent par équipes successives à prolonger le travail de l'équipe de nuit jusqu'au dimanche matin, à 6 heures;
Revu notre arrêté du 15 avril 1907 pris en application de cette disposition;
Considérant qu'il y a lieu d'avoir égard aux nouvelles demandes introduites et de compléter en conséquence la nomenclature des industries prévues au dit arrêté;
Attendu qu'à défaut de sections compétentes les conseils de l'industrie et du travail n'ont pû être consultés;
Vu les avis du conseil supérieur d'hygiène publique, du conseil supérieur du travail et du conseil supérieur de l'industrie et du commerce;
Sur la proposition de notre ministre de l'industrie et du travail,

Nous avons arrêté et arrêtons :

Les chefs des entreprises rentrant dans l'une des catégories d'industries visées ci-après sont autorisés, lorsque le travail est organisé par équipes successives, à prolonger le travail de l'équipe de nuit jusqu'au dimanche matin, à 6 heures. Dans ce cas, le travail des ouvriers composant cette équipe ne peut être repris avant le lundi matin, à la même heure :
Ether (Fabrication de l');
Soie artificielle (Fabrication de la) par le procédé au collodion.

— *Régime applicable à certaines catégories d'ouvriers protégés par la loi du 13 décembre 1889.* — *Fabriques de conserves de légumes.* — *Application de l'article 9, alinéa 2, de la loi du 17 juillet 1905.* — Arrêté royal du 27 mai 1907, contresigné par M. Hubert, ministre de l'industrie, etc. (*Moniteur* du 30 mai.)

Vu la loi du 17 juillet 1905 sur le repos du dimanche dans les entreprises industrielles et commerciales et spécialement l'article 9 concernant les personnes protégées par la loi du 13 décembre 1889;
Considérant que les fabriques de conserves de légumes emploient une forte proportion d'ouvriers de cette catégorie, dont le concours est indispensable, en vue de recruter le personnel nécessaire à ce genre d'entreprises;
Considérant, d'autre part, que dans cette industrie le travail, à l'époque de la maturité de certains produits, ne souffre ni interruption ni retard et que cette nécessité justifie, dans la limite où elle se présente, l'octroi de l'autorisation prévue à l'article 9, alinéa 2, de la loi du 17 juillet 1905 susvisée;
Vu les avis du conseil supérieur de l'hygiène publique, du conseil supérieur du travail et du conseil supérieur de l'industrie et du commerce;
Sur la proposition de notre ministre de l'industrie et du travail,

Nous avons arrêté et arrêtons :

Dans les fabriques de conserves de légumes, les adolescents de 14 à 16 ans, ainsi que les filles ou les femmes âgées de plus de 16 ans et de moins de 21 ans peuvent être employés au travail treize jours sur quatorze ou six jours et demi sur sept pendant la période comprise entre le 10 juin et le 10 août.
Le jour où les deux demi-jours consacrés au repos par quinzaine ne doivent pas être nécessairement fixés au dimanche ni, dans chaque entreprise, être les mêmes pour tous les ouvriers et ouvrières susvisés.
Le demi-jour de repos doit être pris soit avant, soit après 1 heure de l'après-midi; la durée du travail ne pourra excéder cinq heures, coupées par un repos d'un quart d'heure au moins.
Dans tous les cas, le temps nécessaire sera laissé aux ouvriers et ouvrières dont il s'agit pour vaquer une fois par semaine aux actes de leur culte.

— *Magasins de détail et coiffeurs d'Ostende, de Blankenberghe, de Heyst et de Spa.* — Arrêté royal du 22 juin 1907, contresigné par M. Hubert, ministre de l'industrie, etc. (*Moniteur* du 28 juin.)

Vu la loi du 17 juillet 1905 sur le repos du dimanche dans les entreprises industrielles et commerciales, notamment la disposition de l'article 7 aux termes de laquelle un arrêté royal peut autoriser, pour six semaines au plus par année, les magasins de détail et les coiffeurs d'une commune déterminée ou d'un groupe de communes à employer leur personnel au travail le dimanche pendant un plus grand nombre d'heures;
Considérant que des nécessités particulières justifient l'application de cette disposition en faveur des magasins de détail et des coiffeurs des stations balnéaires ou villes d'eau d'une certaine importance, mais qu'il convient toutefois de ne prendre que des mesures provisoires en vue de tenir compte de l'influence progressive de la nouvelle législation;
Vu les diverses requêtes formulées par les intéressés;
Vu les avis favorables du conseil supérieur de l'hygiène publique, du conseil supérieur du travail et du conseil supérieur de l'industrie et du commerce;

Sur la proposition de notre ministre de l'industrie et du travail,

Nous avons arrêté et arrêtons :

Art. 1er. — Les exploitants des magasins de détail ainsi que des salons de coiffure d'Ostende, de Blankenberghe, de Heyst et de Spa sont autorisés à employer leur personnel au travail pendant dix heures au plus, entre 7 heures du matin et 10 heures du soir, les deux derniers dimanches du mois de juillet et les quatre dimanches du mois d'août 1907.

Art. 2. — Les chefs d'entreprise intéressés sont tenus d'accorder à leur personnel, dans la semaine suivante, un repos compensateur d'un demi-jour pour chacun des dimanches où ils auront fait usage de la faculté prévue à l'article précédent.

— *Magasins de détail.* — *Autorisations accordées pour 1907, en application de l'article 7 de la loi du 17 juillet 1905.* — Arrêté royal du 17 novembre 1907, contresigné par M. Hubert, ministre de l'industrie, etc. (*Moniteur* du 20 novembre.)

Vu la loi du 17 juillet 1905 sur le repos du dimanche dans les entreprises industrielles et commerciales, notamment la disposition de l'article 7 aux termes de laquelle un arrêté royal peut autoriser, pour six dimanches au plus par année, la prolongation de la durée du travail du personnel employé dans les magasins de détail;

Revu notre arrêté du 22 novembre 1906 qui a autorisé les exploitants des magasins de détail de diverses communes à employer leur personnel au travail pendant un plus grand nombre d'heures, les dimanches 25 novembre, 2, 23 et 30 décembre 1906 ayant précédé les fêtes de la Saint-Nicolas, de la Noël et du jour de l'an;

Vu les demandes introduites par les exploitants de magasins de détail en vue d'obtenir cette année les mêmes facilités;

Considérant que les nécessités particulières invoquées en ce qui concerne ces jours de fête paraissent encore subsister et qu'elles justifient, sous les mêmes réserves et conditions, le renouvellement de l'autorisation accordée l'an dernier;

Considérant, toutefois, qu'il y a lieu d'excepter les magasins de détail de la ville d'Ostende, lesquels ont bénéficié cette année de six dimanches de dérogation pendant la saison estivale;

Revu les avis précédemment émis par le conseil supérieur d'hygiène publique, le conseil supérieur du travail et le conseil supérieur de l'industrie et du commerce, consultés en conformité de l'article 12 de la loi susvisée;

Sur la proposition de notre ministre de l'industrie et du travail,

Nous avons arrêté et arrêtons :

Art. 1er. — Les exploitants des magasins de détail des communes de : Anvers, Arlon, Ath, Binche, Bruges, Bruxelles (agglomération), Charleroy, Châtelet, Châtelineau, Chimay, Ciney, Courtrai, Dinant, Gand, Grammont, Hannut, Huy, Jodoigne, Liége, Louvain, Mar-

chienne-au-Pont, Malines, Menin, Mons, Namur, Nivelles, Quiévrain, Saint-Nicolas, Seraing, Soignies, Verviers, Walcourt, Wasmes et Wavre sont autorisés à employer leur personnel au travail pendant dix heures au plus, entre 8 heures du matin et 9 heures du soir, les dimanches 24 novembre, 1er, 22 et 29 décembre 1907.

Art. 2. — Les chefs d'entreprise intéressés seront tenus d'accorder à leur personnel, dans les deux mois, un repos compensateur d'un demi-jour pour chacun des dimanches où ils auront fait usage de la faculté prévue à l'article précédent.

Art. 3. — Notre ministre de l'industrie et du travail est chargé de l'exécution du présent arrêté, qui entrera en vigueur le jour même de sa publication au *Moniteur.*

— *Magasins de détail.* — Arrêté royal du 21 décembre 1907, contresigné par M. Hubert, ministre de l'industrie, etc. (*Moniteur* du 22 décembre.)

Revu notre arrêté du 17 novembre 1907 qui a autorisé les exploitants des magasins de détail de diverses communes à employer leur personnel au travail, pendant un plus grand nombre d'heures, notamment les dimanches 22 et 29 décembre 1907, précédant les fêtes de la Noël et du jour de l'an;

Vu la demande introduite par les exploitants de magasins de détail de la commune de Gembloux, en vue d'obtenir les mêmes facilités;

Sur la proposition de notre ministre de l'industrie et du travail,

Nous avons arrêté et arrêtons :

Art. 1er. — Les exploitants des magasins de détail de la commune de Gembloux sont également autorisés à employer leur personnel au travail pendant dix heures au plus, entre 8 heures du matin et 9 heures du soir, les dimanches 22 et 29 décembre 1907.

Art. 2. — Les chefs d'entreprise intéressés seront tenus d'accorder à leur personnel, dans les deux mois, un repos compensateur d'un demi-jour pour chacun des dimanches où ils auront fait usage de la faculté prévue à l'article précédent.

Art. 3. — Notre ministre de l'industrie et du travail est chargé de l'exécution du présent arrêté, qui entrera en vigueur le jour même de sa publication au *Moniteur.*

— *Magasins de détail de la ville de Mons.* — *Autorisation accordée pour le dimanche 29 mars 1908, en application de l'article 7 de la loi du 17 juillet 1905.* — Arrêté royal du 21 mars 1908, contresigné par M. Hubert, ministre de l'industrie, etc. (*Moniteur* des 23-24 mars.)

Vu la loi du 17 juillet 1905 sur le repos du dimanche dans les entreprises industrielles et commerciales, notamment la disposition de l'article 7 aux termes de laquelle un arrêté royal peut autoriser, pour six dimanches au plus par année, la prolongation de la durée du travail du personnel employé dans les magasins de détail;

Vu la demande introduite par l'Association des commerçants et industriels de la ville de Mons en vue d'obtenir, pour les magasins de détail de cette localité, l'autorisation d'occuper leur personnel, pendant un plus grand nombre d'heures, le dimanche 29 mars 1908, à l'occasion de la sortie du cortège carnavalesque organisé en faveur d'œuvres philanthropiques;

Considérant qu'il y a lieu d'admettre, dans une certaine mesure, les nécessités particulières invoquées à raison de cette circonstance locale;

Vu les avis émis par le conseil supérieur d'hygiène publique, le conseil supérieur du travail et le conseil supérieur de l'industrie et du commerce, consultés en conformité de l'article 12 de la loi susvisée;

Sur la proposition de notre ministre de l'industrie et du travail,

Nous avons arrêté et arrêtons :

Art. 1er. — Les exploitants des magasins de détail de la ville de Mons sont autorisés à employer leur personnel au travail pendant sept heures au plus, entre 8 heures du matin et 4 heures de l'après-midi, le dimanche 29 mars 1908.

Art. 2. — Notre ministre de l'industrie et du travail est chargé de l'exécution du présent arrêté, qui entrera en vigueur le jour même de sa publication au *Moniteur*.

S

Secrétaires communaux. — *Caisse centrale de prévoyance.* — *Pensions.* — *Taux.* — *Retenue.* — *Modification à la loi du 30 mars 1861.* — *Loi du 25 avril 1908.* (*Moniteur* du 2 mai.)

Art. 1er. — L'article 9 de la loi du 30 mars 1861 est modifié comme suit :

Les pensions des participants sont liquidées à raison, pour chaque année de contribution à la caisse, d'un cinquantième de la moyenne du traitement qui a été assujetti à la retenue annuelle pendant les cinq dernières années.

Art. 2. - L'article 4 de la dite loi est modifié comme suit :

Les ressources ordinaires de la caisse consistent en :

1° Une retenue de 4 p. c. à opérer sur les traitements des secrétaires participants;

2° ...;

3° Un subside des communes qui n'interviennent actuellement dans aucune caisse de prévoyance, égal à 4 p. c. du traitement que chacune d'elles alloue pour l'emploi de secrétaire, à porter annuellement à leurs budgets.

Art. 3. — L'augmentation des pensions, prévue par la présente loi, sera applicable pour la première fois aux pensions accordées pendant l'année 1909.

— *Commissaire spécial.* — *Concours que lui doit le secrétaire communal.* — Avis de la *Revue de l'administration*, 1907, p. 335.

Le secrétaire communal doit prêter son concours à un commissaire spécial dans la mesure qu'il devrait le faire aux autorités auxquelles le commissaire spécial est substitué et il n'a droit de ce chef à aucune rémunération spéciale.

— *Débit de boissons.* — *Femme.* — *Séparation de biens.* - Avis de la *Revue de l'administration*, 1908, p. 182.

L'article 111 de la loi communale met obstacle à ce que la femme d'un secrétaire communal exerce la profession de cabaretière, même lorsque les époux sont mariés sous le régime de la séparation de biens.

— *Domicile.* — *Obligation imposée par le conseil au secrétaire après sa nomination d'habiter la commune.* — Avis de la *Revue communale*, 1907, p. 116.

Si le conseil communal n'a pas imposé au secrétaire communal, lors de sa nomination, l'obligation d'habiter la commune, il ne peut plus l'y contraindre ultérieurement. La *Revue communale* rappelle un avis qu'elle a émis en ce sens antérieurement et combat la manière de voir exprimée par la *Revue de l'administration* en 1880, p. 402, et d'après laquelle le refus du secrétaire communal de se conformer à des instructions de l'autorité communale relatives à son domicile et approuvées par la députation permanente serait un cas de révocation.

— *Interdiction du chef de parenté.* — *Secrétaire provisoire.* — Avis de la *Revue communale*, 1907, p. 347.

Un secrétaire communal provisoire ne peut assister à la séance du conseil communal dans laquelle son frère est nommé secrétaire titulaire.

— *Liste électorale.* — *Ordre donné par le collège de modifier des dates de naissance.* — *Revue de l'administration*, 1907, p. 195.

Un secrétaire communal avait demandé s'il avait le droit de ne pas exécuter l'ordre que lui avait donné, en séance, le collège échevinal de changer, sur la liste électorale dressée, mais non arrêtée, des dates de naissance alors qu'il savait que ces modifications n'étaient pas conformes à la vérité : « Le collège échevinal ne peut ordonner au secrétaire communal de commettre un faux dans un document officiel et le secrétaire a pour devoir de ne pas déférer à une injonction de ce genre. Mais pour motiver son refus, il est nécessaire que le secrétaire puisse se réclamer, au besoin, d'actes de l'état civil. Il ne suffirait pas d'une connaissance personnelle qu'il soutiendrait avoir de la date de naissance·des intéressés. »

— *Maladie.* — *Congé.* — *Intérimaire.* — *Payement.* — *Revue de l'administration*, 1907, p. 148.

En cas de maladie du secrétaire communal, le traitement de l'intérimaire, quelle que soit la durée de l'absence, incombe à la commune.

La mesure de la mise en disponibilité ne peut pas être appliquée à un secrétaire communal.

Si la maladie était incurable, le secrétaire devrait être invité à donner sa démission.

C'est le collège échevinal qui accorde, en pratique, des congés au secrétaire Mais une délibération du conseil communal pourrait limiter, à cet égard, les pouvoirs du collège.

— *Renseignements demandés au sujet de la solvabilité d'un habitant.* — *Devoir.* — Avis de la *Revue de l'administration*, 1907, p. 94.

Un secrétaire communal ne doit pas délivrer une attestation de solvabilité, l'autorité administrative n'ayant pas à intervenir en cette matière.

— *Service.* — *Heures de bureau.* — *Assistance aux séances du conseil communal, du collège et des sections.* — Avis de la *Revue communale*, 1907, p. 309.

Le secrétaire communal doit observer les heures de bureau fixées lors de sa nomination. Il doit en outre, s'il.y est invité, assister aux séances du conseil, du collège ou des sections. Toutefois, si les prestations exigées étaient excessives, le secrétaire pourrait adresser une réclamation à la députation permanente. (Circulaire, 29 août 1896.)

— *Visite dans les écoles communales.* — *Droits des conseillers communaux.* — *Assimilation non admissible.* — Avis de la *Revue communale*, 1907, p. 152.

Le secrétaire communal, qui fait partie du corps communal, a le droit de pénétrer dans tous les bâtiments communaux, mais les prérogatives reconnues aux conseillers communaux, en ce qui concerne l'inspection des écoles communales, n'appartiennent pas au secrétaire communal.

Voy. CERTIFICATS DE MORALITÉ. — PENSIONS.

T

Taxes communales. — *Règlements.* — *Modèle.* — Circulaire adressée le 16 juin 1907 aux administrations communales du Brabant par M. Beco, gouverneur de cette province. (*Mémorial administratif du Brabant*, 1907, I, 67.)

Il m'a été donné de constater que la généralité des conseils communaux rédigent d'une manière défectueuse les dispositions réglementaires qu'ils votent pour la perception de certaines taxes, telles que la taxe personnelle, celle sur les briqueteries, la taxe ordinaire sur les constructions et les reconstructions, ainsi que celles sur les moteurs industriels et les ouvriers, sur le revenu cadastral, les divertissements publics et le colportage.

Il en résulte nécessairement des complications d'écritures et des retards dans l'approbation des règlements, auxquels il importe de mettre un terme. J'ai, dans ce but, Messieurs, élaboré les modèles de règlements que vous trouverez reproduits ci-après.

Fournis à titre purement indicatif, ces modèles sont conçus dans une forme en harmonie avec la jurisprudence établie; ils seront, à ce titre, consultés avec fruit par les conseils intéressés.

MODÈLE N° 1.

Taxe sur le revenu cadastral de toutes les propriétés bâties et non bâties.

—

Règlement-tarif voté par le Conseil communal de ..., le ...

(*Ce modèle vise trois cas différents : A. celui où la taxe ne s'applique qu'aux revenus déterminés par l'ancien cadastre de l'État; B. celui où elle s'applique au revenu donné par la nouvelle péréquation cadastrale de 1896; C. celui où elle s'applique à des évaluations fournies exclusivement par des experts communaux. qu'il s'agisse des revenus des biens temporairement exonérés de la contribution foncière ou bien des revenus des autres biens.*)

A, B et C. — ART. 1er. — Il est établi un impôt de   p. c. sur le revenu cadastral des propriétés bâties situées sur le territoire de

Cet impôt est établi pour un terme de   , à partir de l'année

A et B. — ART. 2. — La valeur du revenu imposable des propriétés désignées à l'article précédent sera celle déterminée par les agents du gouvernement chargés d'effectuer les opérations d'expertises cadastrales dans tous les cas où cette détermination aura été faite sous l'empire des dispositions générales prises

A. — En 1860.

B. — En 1896.

C. — Un (ou deux) expert nommé par le collège échevinal déterminer , conformément à la loi sur la contribution foncière, la valeur imposable des propriétés.

Les expertises seront, dans ce cas, communiquées aux intéressés avec invitation à fournir, le cas échéant, dans les quinze jours, leurs réclamations contre l'évaluation de l'expert.

A défaut de réclamation dans ce délai, ils seront censés avoir adhéré à l'évaluation.

A. — Art. 3. — Le recouvrement se fera conformément aux règles établies par les articles 137 et 138, § 1er, de la loi communale combiné avec les articles 5 et 21 de la loi du 6 septembre 1895.

B et C. — Art. 3. — Le recouvrement se fera conformément aux règles établies par les articles 137 et 138, § 1er, de la loi communale combiné avec l'article 8 de la loi du 5 juillet 1871.

A, B et C. — Art. 4. — Sont exemptées de cette taxe : 1° les propriétés appartenant à l'Etat, aux provinces et aux communes et qui sont affectées à un service d'utilité publique; 2° les propriétés d'un revenu cadastral inférieur à ... (le maximum du revenu qui peut être exonéré est fixé à 200 francs).

A. — Art. 5. — Aucune réclamation ne doit être faite pour cause de surtaxe, d'absence ou d'insuffisance d'imposition, d'inhabitation de maisons ou d'inactivité d'établissements industriels; les décisions définitives du directeur des contributions directes, des cours d'appel et de cassation en matière de contribution foncière ont force de chose jugée quant à l'imposition basée sur le revenu cadastral de l'Etat Ces décisions sont communiquées par le directeur des contributions à la députation permanente qui ordonne d'office le dégrèvement auquel ont droit les contribuables indûment imposés. Toutefois, les contribuables seront tenus d'adresser à la députation permanente, dans le délai de trois mois à dater de l'avertissement-extrait du rôle, les réclamations relatives au redressement d'erreurs d'écriture, de calcul, de taxation, etc., existant exclusivement dans les cotisations aux rôles communaux, les impositions aux rôles rendus exécutoires par le directeur des contributions étant, elles, dûment établies.

B et C. — Toutes les réclamations quelconques doivent être adressées à la députation permanente dans le délai de trois mois à dater de la délivrance de l'avertissement-extrait du rôle. Le réclamant ne doit pas justifier du payement des termes échus.

B. — Les propriétaires peuvent, pendant la première année de la mise en vigueur de la taxe, réclamer, au plus tard dans trois mois à dater de la délivrance de l'avertissement-extrait du rôle auprès du directeur des contributions de la province, la révision du revenu attribué à leurs biens par la nouvelle péréquation cadastrale. Cette faculté sera constatée sur l'avertissement. Si leur réclamation est admise, la commune leur accordera d'office la décharge ou la restitution de la partie de la taxe indue.

A. — Art. 6. — (Pour le cas où l'application de la taxe serait demandée pour plus d'un an.) La taxe sera revisée et soumise à une nouvelle approbation au cas où la nouvelle péréquation cadastrale viendrait à être appliquée avant l'expiration du délai pour lequel la perception de l'imposition a été demandée.

Modèle n° 2.

Taxe communale sur les moteurs industriels et les ouvriers.

—

Règlement-tarif voté par le Conseil communal de ..., le ...

—

Art. 1er. — Une taxe est établie sur les chaudières à vapeur et sur les moteurs hydrauliques, électriques, au gaz, au naphte, etc.

Le taux de la taxe sur les générateurs à vapeur est fixé à par mètre carré de surface de chauffe pour tous les générateurs timbrés à cinq atmosphères et moins, et à pour ceux timbrés à plus de cinq atmosphères.

Art. 2. — La surface de chauffe des chaudières et le nombre d'atmosphères sont indiqués par les fonctionnaires des ponts et chaussées chargés du service de visite et d'épreuve des appareils à vapeur.

Pour les moteurs autres que ceux mus par la vapeur, le taux de la taxe est fixé à franc par cheval de force. La force imposable des moteurs à gaz, à pétrole, électriques, etc., résultera des autorisations en vertu desquelles ils ont été établis. Toutefois, l'administration communale pourra faire procéder à la vérification de la force attribuée à ces moteurs. La force des appareils hydrauliques sera déterminée de commun accord entre le propriétaire ou l'exploitant et le collège des bourgmestre et échevins. En cas de désaccord, le contribuable aura la faculté de proposer une expertise contradictoire

Les centrales productrices de l'énergie électrique, établies sur le territoire de la commune, seront taxées d'après la surface de chauffe de leurs appareils de production.

Lorsqu'un établissement industriel est soumis à la taxe sur la surface de chauffe en général, à raison des appareils qui alimentent ses moteurs électriques, ceux-ci seront exonérés de toute imposition.

Les moteurs électriques qui sont desservis par des réseaux de distribution d'énergie extérieure seront imposés à la taxe sur les moteurs.

Art. 3. — La taxe est exigible pour toute chaudière à vapeur ou tout moteur qui fonctionne pendant six mois au moins de l'année, sinon elle sera réduite de moitié.

Art. 4. — Sont exonérés de la taxe : *a.* les chaudières et les moteurs mobiles, de réserve ou de secours; *b.* les moteurs ou chaudières de réserve ou de rechange qui ne sont employés que quand d'autres chôment pour cause d'accident, de réparation ou autre cause fortuite, ou pour les besoins du nettoyage, quel que soit leur nombre; *c.* les appareils de chauffage, d'aérage et de ventilation pour un usage autre que celui de l'industrie elle-même.

Art. 5. — Lorsqu'un industriel exploite deux appareils dont l'un de rechange, il est cotisé à raison de celui qui a le plus fort développement imposable.

Pour le cas où la taxe serait également appliquée au personnel employé ou aux chevaux, intercaler les articles 6, 7 et 8 qui suivent :

ART. 6. — Il est également appliqué : 1º une taxe annuelle de   par employé, ouvrier ou ouvrière attachés aux établissements des industriels, fabricants ou commerçants visés dans les articles qui précèdent; 2º une taxe annuelle de   par cheval utilisé dans les dits établissements. La durée de la perception de la taxe est fixée à cinq ans.

ART. 7. — Tous les ans, pendant le mois de janvier, les industriels, fabricants ou commerçants mentionnés à l'article premier seront invités à déclarer la surface de chauffe, le nombre d'atmosphères, le nombre de chevaux-vapeur et le nombre d'ouvriers, d'ouvrières et employés qu'ils utilisent, conformément à un modèle qui leur sera remis à cette fin par l'administration communale.

Les assujettis à la taxe qui emploieraient des employés, ouvriers ou ouvrières, qui feraient usage de moteurs ou de chaudières à vapeur après le recensement devront en faire la déclaration dans la quinzaine au bureau de la comptabilité, à l'hôtel communal, pour être portés aux rôles supplétifs.

Il en est de même de ceux qui, après le recensement, augmenteraient le nombre de leurs employés, ouvriers ou ouvrières, la puissance des moteurs ou la surface de chauffe des chaudières à vapeur en usage.

ART 8. — Tout contrevenant à l'article précédent, soit qu'il y ait absence de déclaration ou déclaration frauduleuse, sera puni d'une amende égale à ce droit et, en cas de récidive dans les deux années, d'une amende double de ce droit. La condamnation à l'amende ne dispense pas du payement de la taxe.

ART. 9. — Le recouvrement de la taxe aura lieu conformément aux prescriptions des articles 137 et 138, alinéa premier, de la loi communale. Les réclamations pourront être écrites sur papier libre. Elles seront adressées à la députation permanente du conseil provincial dans les trois mois à dater de l'avertissement-extrait du rôle.

Les réclamants ne doivent pas justifier du payement des termes échus.

ART. 10. — La présente délibération sera soumise à l'avis de la députation permanente du conseil provincial et à l'approbation du roi, en exécution de l'article 76, 5º, de la loi communale.

MODÈLE Nº 3.

Taxe communale ordinaire sur les constructions et reconstructions.

Règlement-tarif voté par le conseil communal de ..., le ...

ART. 1ᵉʳ. — Il est perçu pour les constructions nouvelles sur tout le territoire de la commune une taxe « calculée en raison du nombre de mètres cubes que mesure la construction. Ce cube est fixé d'axe en axe des murs mitoyens et en prenant comme point de départ la hauteur de l'extrados du pavage de la voie publique pour les constructions qui y aboutissent et le niveau du sol, des cours et jardins pour les constructions intérieures. Le point extrême s'arrête à la naissance du toit supérieur de chacune des constructions ».

ART. 2. — Toutes les dépendances formant corps avec le bâtiment principal, telles que les annexes, sont imposées sur le même pied que celui-ci

Outre l'annexe, sont considérées comme formant corps avec le bâtiment principal les constructions qui communiquent intérieurement avec ce dernier, directement ou indirectement, sauf, toutefois, celles de ces constructions ayant une entrée distincte par la cour.

ART. 3. — Les constructions de derrière paient (à déterminer : la moitié, par exemple). De même les annexes et dépendances qui ne font pas corps avec la construction principale.

En ce qui concerne les bâtiments à front de rue affectés exclusivement au commerce ou à l'industrie, la taxe pleine ne sera appliquée que sur une profondeur maxima de   mètres; le surplus ne sera assujetti qu'à (à déterminer) par assimilation aux constructions de derrière.

(On pourrait également dire que ces constructions seront taxées « à une classe inférieure (à déterminer) à celle dans laquelle est portée la voie publique à laquelle ces constructions auront accès.

« Si, toutefois, cette voie publique était rangée dans la dernière classe, la taxe à payer sera celle afférente à cette classe. »)

ART. 4. — Les reconstructions partielles ou totales, de même que les agrandissements des bâtiments, sont frappées d'une taxe identique aux constructions neuves; l'import de la taxe ordinaire de bâtisse antérieurement payée pour la partie démolie est déduite du montant de la taxe nouvelle.

ART. 5. — Sont également soumises à la taxe les transformations en maisons d'habitation de bâtiments existants qui jusque-là ne l'ont pas payée; elles payeront demi-taxe.

ART. 6. — Les constructions élevées sur des terrains aboutissant à plusieurs voies publiques sont taxées sur le pied du tarif applicable à la voie publique placée dans la classe la plus élevée.

Pour les constructions élevées sur des terrains n'aboutissant pas à la voie publique, ne rentrant pas dans la catégorie de l'article 3, § 1ᵉʳ, la taxe est calculée d'après la classification de la rue à laquelle elles ont accès.

ART. 7. — Les habitations ouvrières, construites en conformité des dispositions de la loi du 9 août 1889, sont exemptes de la taxe.

ART. 8. — Les rues de la commune seront divisées en (à déterminer) classes pour la fixation de la taxe.

On pourra, par exemple, établir cette classification comme suit :

« a. 1ʳᵉ classe : Voies publiques de 15 mètres et au-dessus, ainsi que les places publiques et les carrefours.

« b. 2º classe : Voies publiques de 12 mètres inclus à 15 mètres exclus.

« Et c. 3º classe : Voies publiques de moins de 12 mètres. »

(Ou bien on pourra tabler sur une autre base que le nombre de mètres de largeur de la voie. Dans ce cas on devra dire :)

ART. 9. — Le conseil communal déterminera chaque année, pendant le dernier trimestre, la classe à laquelle appartient chaque partie de la voie publique; il modifiera cette classification, s'il y a lieu, en se basant sur la plus-value acquise par certaines rues.

Indépendamment de la classification annuelle, il pourra être procédé à des classifications complémentaires pour les voies publiques qui seraient décrétées ou ouvertes dans le courant de l'année.

ART. 10. — La perception se fait d'après le tarif suivant :

Par ⎧ cent^{mes} dans les voies publiques de 1re classe;
mètre cube ⎨ » » de 2e »
⎩ » » de 3e »

ART. 11. — Après l'exécution des travaux, le mesurage de la construction est vérifié par un agent de l'administration communale, qui dresse procès-verbal de cette vérification.

Si le procès-verbal de mesurage constate que les quantités sont moindres que celles qui ont été prévues dans l'autorisation, la partie de la taxe indûment perçue est remboursée à l'intéressé.

En cas de contestation sur le résultat du mesurage, l'intéressé peut demander un second mesurage, exécuté contradictoirement.

ART. 12. — Il est perçu pour les murs de clôture érigés à front de rue   francs par mètre courant sur le développement de la façade et   centimes par mètre pour les murs de clôture intérieur.

ART. 13. — La taxe de   francs par mètre courant à percevoir pour les murs de clôture à front de rue est indépendante de la taxe de cubage dont il est fait mention dans l'article 10 ci-dessus. En conséquence, il sera perçu pour les constructions qui seraient établies contre les murs de clôture existant à front de rue, outre la taxe de   francs par mètre courant qui avait été appliquée pour la clôture, une taxe calculée sur les bases du tarif de l'article 10 ci-dessus.

ART. 14. — Pour toute clôture de haie vive longeant la voie publique, ainsi que toute clôture par des haies mortes ou palissades, il sera perçu   centimes par mètre courant.

ART. 15. — Pour toute clôture en planches établie d'office, conformément au modèle adopté par l'administration, il est dû par le propriétaire riverain une somme de   francs par mètre courant. Pour les réparations faites d'office, les propriétaires intéressés devront payer une taxe équivalente au coût des travaux exécutés dont il sera justifié par un état détaillé. Le montant de cet état sera, après le visa exécutoire du collège des bourgmestre et échevins, recouvré comme il est dit ci-après.

ART. 16. — Toute modification à une façade ou à un mur de clôture à front de rue est soumise à une taxe de 2 francs par mètre courant sur le développement de la partie de façade ou de mur de clôture modifiée.

Les réparations ne sont pas considérées comme modifications.

ART. 17. — Les autorisations d'établir des rigoles ou gargouilles dans la voirie communale, devant les immeubles, sont soumises à une taxe de   francs.

ART. 18. — Pour toute construction érigée clandestinement, il sera perçu un droit de mesurage de   francs, sans préjudice aux taxes à percevoir par application du présent règlement.

ART. 19. — Les taxes ci-dessus frappent la propriété et sont dues par le détenteur comme en matière d'impôt foncier au profit de l'Etat.

Elles sont exigibles soit des propriétaires des terrains ou bâtiments, ou des possesseurs à titre d'emphytéose, de superficie, d'usufruit, de bail ou de tout autre analogue.

En cas de mutation de la propriété de l'immeuble avant la réclamation ou le payement des taxes dont il était passible, les tiers acquéreurs ou détenteurs seront considérés comme étant directement redevables et personnellement obligés de les acquitter de la même manière que les contribuables originaires, sauf leur recours contre ceux-ci, s'il y a lieu.

Elles seront recouvrées conformément à l'article 138, deuxième alinéa, de la loi communale, ainsi qu'à la loi du 29 avril 1819 relative au recouvrement des impositions communales indirectes.

ART. 20. — La taxe fixée par le présent règlement est indépendante de toutes les autres taxes actuellement en cours de perception dans la commune.

ART. 21. — Le présent règlement sera soumis à l'avis de la députation permanente du conseil provincial et à l'approbation du roi.

Il sera obligatoire le lendemain de sa publication.

MODÈLE N° 4.

Taxe sur les briqueteries.

—

Règlement-tarif voté par le conseil communal de ..., le ...

ART. 1er. — Il sera perçu, à partir de 1906, une taxe annuelle de   francs sur les ouvriers des deux sexes et de tout âge, occupés à la fabrication des briques. Cette taxe de   francs est due par les fabricants pour chacun des ouvriers employés pendant la saison.

Seront seuls soumis à la taxe, les ouvriers formant le personnel de chaque table.

Elle est due en entier, quelle que soit la durée de l'exploitation, dans le cours d'une même année.

ART. 2. — Le recensement des ouvriers briquetiers sera opéré sur place au mois de mai par un agent de l'administration communale. Le rôle sera formé immédiatement après par le collège échevinal.

Un recensement supplémentaire aura lieu dans le courant de l'année pour ceux des ouvriers non déclarés lors du premier relevé. Un rôle supplétif sera, le cas échéant, formé par le collège.

ART. 3. — En cas de cession d'une briqueterie, l'exploitant nouveau sera tenu d'acquitter la taxe, concurremment avec l'exploitant précédent, sans que cette cession puisse être invoquée pour décharge par ce dernier.

Cette cession est faite de plein droit aux héritiers.

ART. 4. — La taxe sera due par l'exploitant et payable dans les trois mois qui suivront la remise de l'avertissement-extrait du rôle.

ART. 5. — Les réclamations, pour cause de surtaxe ou de taxation indue, devront être adressées à la députation permanente dans les trois mois à dater de la délivrance de l'avertissement-extrait du rôle; le réclamant ne devra pas justifier du payement des termes échus.

Le montant de la taxe est payable en une fois.

ART. 6. — Le recouvrement en aura lieu conformément aux articles 137 et 138, § 1er, de la loi communale.

ART. 7. — La présente délibération sera soumise à l'avis de la députation permanente et à l'approbation du roi.

Ainsi délibéré en séance du

MODÈLE N° 5.

Taxe personnelle
—

Règlement-tarif voté par le conseil communal de ..., le ...

ART. 1er. — A partir du 1er janvier il sera perçu pour un terme de (10 ans au maximum) une cotisation personnelle basée sur le revenu des contribuables au taux minimum et annuel de fr.

ART. 2. — L'impôt atteindra toutes les sources du revenu, qu'il soit perçu en argent ou qu'il résulte de la jouissance propre des biens.

ART. 3. — La cotisation personnelle, au maximum précité, sera répartie chaque année entre tous les habitants de la commune au prorata de leurs ressources. Ce prorata sera déterminé par la proportion existant entre le montant total du produit à recouvrer et le total des revenus à frapper.

ART. 4. — Est passible de la totalité de la taxe, quiconque habite la commune pendant plus de trois mois quand même il aurait une résidence dans une autre commune. Toutefois, s'il a également payé à celle-ci une cotisation personnelle, il pourra se faire dégrever à concurrence de la somme ainsi acquittée.

ART. 5. — Les ouvriers occupant des habitations exemptées de la contribution personnelle au profit de l'Etat par la loi du 9 août 1889, modifiée par celle du 18 juillet 1893, ne seront pas frappés de cette taxe en raison de leur salaire ou de la valeur locative de ces habitations ni des portes et fenêtres et du mobilier.

ART. 6. — La taxe sera perçue conformément aux dispositions des articles 135, 136 et 138, § 1er, de la loi communale du 30 mars 1836.

ART. 7. — Le présent règlement sera soumis à l'avis de la députation permanente du conseil provincial et à la sanction du roi.

MODÈLE N° 6.

Taxe sur le colportage.
—

Règlement-tarif voté par le conseil communal de ..., le ...

ART. 1er. — La vente sur la voie publique des denrées et marchandises quelconques, à l'exception du poisson, des légumes et du lait, est soumise aux taxes ci-après :

A. Pour les colporteurs, transporteurs par brouettes ou dans des paniers :
Par jour, fr. 0.50; par trimestre, 8 francs (1).
Par semaine, fr. 1.50; par semestre, 16 francs.
Par mois, 6 francs ; par an, 24 francs.

B. Pour les colporteurs transportant par charrettes traînées à bras ou par des chiens :
Par jour, 1 franc; par trimestre, 12 francs.
Par semaine, 2 francs; par semestre, 24 fr.
Par mois, 6 francs ; par an, 30 francs.

C. Pour les colporteurs transportant par charrettes traînées par un âne ou par un cheval :
Par jour, 2 francs; par trimestre, 16 francs.
Par semaine, 4 francs; par semestre, 32 fr.
Par mois, 8 francs ; par an, 40 francs.

La vente à domicile reste entièrement libre.

ART. 2. — Toute personne vendant sur la voie publique est tenue de faire au préalable une déclaration au bureau du receveur communal. Il lui sera délivré un récépissé de sa déclaration, qui devra être exhibé à toute réquisition de la police.

Le colporteur sera tenu, à la première réquisition qui lui en sera faite, de consigner le montant de la taxe entre les mains du receveur communal.

Les personnes qui refuseront d'obtempérer à cette réquisition seront passibles des pénalités comminées par l'article 4.

ART. 3. — La taxe sera payée entre les mains du receveur communal, qui en délivrera quittance. A défaut de payement amiable, elle sera recouvrée conformément à la loi du 29 avril 1819.

ART. 4. — Tout contrevenant à l'article 2, qu'il y ait absence de déclaration ou déclaration frauduleuse, sera puni d'une amende égale à la taxe et, en cas de récidive dans l'année, d'une amende double de la taxe. Le payement de l'amende ne dispense pas de celui de la taxe.

MODÈLE N° 7.

Taxe sur les divertissements publics.
—

Règlement-tarif voté par le conseil communal de ..., le ...

Même texte que celui du modèle qui précède moyennant les modifications que comportent les articles 1 et 2 quant à l'objet de l'imposition.

MODÈLE N° 8.

Modèle de tarif-règlement sur les convois ou transports funèbres.

ART. 1er. — (Désignation des différentes classes.)

ART. 2. — (Taux des redevances par classes et par catégories d'âges.)

ART. 3. — Le payement de la taxe donne droit au transport de la mortuaire jusqu'à l'église et au cimetière ou, si l'inhumation se

_____
(1) Tous les chiffres indiqués ici répondent au maximum admis d'imposition.

fait dans une autre localité, jusqu'à la gare du chemin de fer ou jusqu'aux limites du territoire communal et vice versa.

ART. 4. — Le transport des indigents se fait gratuitement dans les conditions du tarif obligatoire, par le corbillard de la dernière classe. L'état d'indigence sera admis sur production d'un certificat du bureau de bienfaisance ou de toute autre pièce probante.

ART. 5. — La taxe de transport est payable par anticipation. A défaut de payement anticipatif, le transport sera effectué d'office par le corbillard de la dernière classe et la succession sera redevable de la taxe afférente à cette classe.

———

MODÈLE Nº 9.

Taxe sur les débits en détail de boissons alcooliques et de tabacs.

—

Règlement-tarif voté par le conseil communal de ..., le ...

ART. 1er. — Il sera perçu en une taxe communale à charge des débitants en détail de boissons alcooliques et des débitants de tabacs.

Sont réputés débitants de boissons alcooliques :

Ceux qui vendent ou qui livrent par quantité de cinq litres et au-dessous;

Ceux qui, soit chez eux, soit ailleurs, mais dans un lieu accessible au public, donnent à boire des boissons alcooliques.

Sont réputés marchands de tabacs ceux qui soit chez eux, soit ailleurs, vendent aux consommateurs du tabac ou des cigares, sans distinction de quantité.

ART. 2. — Les débitants de boissons alcooliques et les débitants de tabacs sont tenus de déclarer leur débit au receveur communal d'après le mode suivi pour la déclaration de patente. Il sera donné, sur papier libre et sans frais, récépissé des déclarations.

ART. 3. — Le droit est dû pour l'année entière, quelle que soit la date de l'ouverture du débit, si celui-ci a été déclaré l'année précédente.

Dans le cas contraire, le droit est exigible à partir du trimestre pendant lequel le débit a été ouvert.

Le droit est payé par semestre et au commencement de chaque semestre.

ART. 4. — La classification des débitants est faite par le collège des bourgmestre et échevins d'après l'importance des débits.

ART. 5. — Les débitants sont classés d'après les bases et le tarif suivants :

Pour un débit de 2,500 francs et en desous, 1re classe, francs;

Id. de 2,500 francs et en dessous, 2e classe, francs;

Id. de 5,000 francs et en dessous, 3e classe, francs;

Id. de 7,500 francs et en dessous, 4e classe, francs;

Id. de 10,000 francs et en dessous, 5e classe, francs.

Au delà de 12,500 francs de débit, la taxe sera augmentée de 5 francs par 500 francs de débit.

ART. 6. — La taxe annuelle sur les débitants de tabacs est fixée à 25 francs pour les hôteliers, restaurateurs, débitants de boissons et tous autres commerçants vendant accidentellement des cigares et tabacs dans leurs établissements. Cette taxe est portée à 50 francs s'il existe dans l'établissement un étalage de tabacs et cigares.

Sera considérée comme étalage, toute exhibition quelconque donnant sur la voie publique ayant pour but d'annoncer la vente de cigares, cigarettes ou tabacs.

ART. 7. — Il n'est accordé de remise de taxe en cas de cessation de débit qu'à partir du semestre suivant.

ART. 8. — Les héritiers d'un débitant décédé ne sont pas astreints à faire une déclaration pour continuer l'exercice du débit pendant le restant de l'année.

ART. 9. — Les rôles seront arrêtés par le collège des bourgmestre et échevins. Ils seront soumis ensuite à la députation permanente du conseil provincial pour être rendus exécutoires, conformément à l'article 137 de la loi communale et recouvrés par le receveur communal conformément à l'article 138, § 1er, de la même loi.

ART. 10. — Les réclamations contre les surtaxes ou contre les impositions indues doivent être adressées à la députation permanente du conseil provincial dans les trois mois à dater de la délivrance de l'avertissement-extrait du rôle. Le réclamant ne doit pas justifier du payement des termes échus.

ART. 11. — Les réclamations ne doivent pas être écrites sur timbre.

ART. 12. — Les agents de la police locale ont qualité pour constater les contraventions au présent règlement. Les procès-verbaux, à peine de nullité, seront affirmés dans les 24 heures par-devant le juge de paix ou son suppléant et ils feront foi jusqu'à preuve contraire.

ART. 13. — Ceux qui n'auront pas fait la déclaration requise ou qui auront fait une fausse déclaration seront passibles d'une amende égale au droit fraudé et en cas de récidive dans les deux ans d'une amende égale au double de ce droit.

Le payement de l'amende ne dispense pas de celui de la taxe.

ART. 14. — Les amendes seront recouvrées par le receveur communal; un tiers sera attribué aux agents qui auront constaté les contraventions, un tiers au profit des pauvres et un tiers à la caisse communale.

Les frais des poursuites exercées contre les délinquants seront recouvrés par le receveur de l'enregistrement et des domaines.

———

— *Impôt sur le revenu.* — *Refus d'approbation.* — *Observations.* — Etude de la *Revue communale*, 1907, p. 163.

La *Revue communale*, à propos d'une décision du gouvernement refusant d'approuver un règlement-taxe sur le revenu des habitants arrêté par le conseil communal d'Anderlecht, examine la question de l'impôt sur le revenu, rappelle les rétroactes et expose la jurisprudence du gouvernement.

— *Taxes directes.* — *Taxes de répartition.* — *Payement.* — *En totalité ou par douzièmes.* — Avis de la *Revue communale*, 1907, p. 307.

Les impositions communales directes sont recouvrables par douzièmes et non en totalité dans le mois de la délivrance de l'avertissement.

— *Taxe par hectare sur le droit de chasse.* — *Refus d'autorisation.* — Avis de la *Revue communale*, 1907, p. 344.

Le gouvernement n'autoriserait pas une taxe établie sur le droit de chasse à raison de 25 centimes par hectare parce qu'elle serait contraire aux règles admises dans une circulaire ministérielle du 13 mars 1899.

— *Taxe par ouvrier de charbonnage.* — *Déclaration du nombre des ouvriers.* — *Déclaration insuffisante.* — *Années antérieures.* — Avis de la *Revue de l'administration*, 1907, p. 48.

Une commune ne peut pas réclamer d'un charbonnage, qui a inexactement déclaré pour les années précédentes le nombre des ouvriers employés, le payement des taxes fraudées; c'est à l'occasion de la formation des rôles que les déclarations des contribuables auraient dû être vérifiées et, au besoin, rectifiées; il convient d'appliquer ici, par analogie, et dans la mesure du possible, les articles 79 à 89 de la loi du 28 juin 1822 sur la contribution personnelle.

— *Taxes sur les assurances contre l'incendie.* — *Inconvénients.* — *Approbation refusée.* — Avis de la *Revue communale*, 1907, p. 280.

Légalement rien ne s'oppose à ce que les communes établissent une taxe sur les assurances contre l'incendie, et l'autorité supérieure a approuvé antérieurement des taxes analogues; mais le gouvernement a décidé de ne plus autoriser des taxes de ce genre, et une circulaire ministérielle du 7 septembre 1887 expose les motifs de cette décision.

DÉCISIONS JUDICIAIRES.

— *Egouts.* — *Raccordement.* — *Taxe annuelle.* — *Approuvée dans le cours de l'année.* — *Imposée pour l'année entière.*

Est légal le règlement communal, approuvé par arrêté royal, qui établit une taxe sur les raccordements d'égouts.
Une taxe annuelle, établie et dûment approuvée dans le courant de l'année 1905, peut,

sans rétroactivité, être imposée pour cette année entière. (Const., art. 108 et 110; loi comm., art. 76, n° 5, et 134 à 138.) — Cass., 5 novembre 1906, *Pasic.*, 1907, I, 35.

— *Etablie sur les moteurs en activité dans la commune.* — *Conditions d'applicabilité.*

La taxe de 4 francs par cheval-vapeur « sur les moteurs en activité dans la commune », régulièrement établie par délibération du conseil communal d'Ougrée, est due dès que les moteurs sont en activité, sans avoir égard à la mesure dans laquelle leur puissance dynamique est utilisée. (Règlement-taxe d'Ougrée, 7 septembre et 25 novembre 1904.) — Cass., 29 octobre 1906, *Pasic.*, 1907, I, 31.

— *Gain présumé.* — *Opérations dans la commune par des personnes établies au dehors.* — *Personnes juridiques.*

Est légal, le règlement communal qui, établissant une taxe sur le gain présumé de certaines professions, atteint une série d'opérations que réalise sur le territoire de la commune le commerçant ou l'industriel établi au dehors. (Loi communale, art. 76.)
Cette taxe, constituant un impôt direct frappant la personne du contribuable, n'aboutit pas au rétablissement déguisé des octrois. (Loi du 18 juillet 1860, art. 1er.)
Elle n'établit pas un privilège en matière d'impôt, tous les assujettis de la même catégorie étant taxés d'après un même tarif gradué suivant l'importance présumée du gain.
L'article 1er, § 1er, du règlement de la ville de Liège du 7 novembre 1903 qui établit une taxe à charge des « personnes » exerçant une profession, une industrie ou un commerce n'exclut pas les personnes juridiques. — Cass., 24 juin 1907, *Pasic.*, 1907, I, 301.

— *Impôts de répartition.* — *Recours à la députation permanente.* - *Quittance du payement accompagnant la réclamation.* — *Avis du conseil communal.* — *Loi communale, art. 136.*

L'article 136 de la loi communale ne vise que les impôts de répartition.
La quittance de payement ne doit pas nécessairement être annexée à la réclamation pour que celle-ci puisse être admise par la députation permanente.
Il suffit que ce collège soit en possession de la quittance au moment où il statue sur le recours qui lui a été adressé dans le délai légal.
Le conseil communal ne doit pas nécessairement être entendu à nouveau si les explications qu'il a fournies et l'avis qu'il a donné lors d'un premier recours s'appliquent à une nouvelle réclamation du même contribuable. — Cassation, 21 janvier 1907, *Pasic.*, 1907, I, 92.

— Trottoirs. — Construction. — Coût. — Mis à charge des riverains. — Légalité. — Conditions.

Est légal, comme mesure de police, un règlement communal mettant à charge des propriétaires riverains le coût, uniformément tarifé, de la construction de trottoirs.

Un impôt, pour être exempt de privilège, ne doit pas atteindre tout le monde dans la commune, la province ou l'Etat, mais n'importe qui, dans de mêmes conditions de fait et sur des bases identiques. — Tribunal civil de Verviers, 27 mars 1907, *Pasic.*, 1907, III, 271.

Travaux publics. — *Minimum de salaire.* — *Barème adopté par la députation permanente du conseil provincial du Brabant.* — Circulaire adressée le 20 septembre 1907 aux administrations communales du Brabant par M. Beco, gouverneur de cette province. (*Mémorial administratif du Brabant*, 1907, I, 109.)

Vous trouverez, reproduit à la suite de la présente, un nouveau barème du minimum de salaire adopté par la députation permanente pour les travaux exécutés pour le compte de la province ou subsidiés par elle.

Vous remarquerez que les communes limitrophes de l'agglomération bruxelloise, ainsi que les villes de Tirlemont et de Nivelles, ont été placées dans la 1re section.

Je vous prie, Messieurs, de veiller à ce que les cahiers des charges des travaux pour lesquels des subsides sont sollicités indiquent le salaire minimum attribué à chacune des catégories d'ouvriers à employer aux travaux projetés.

J'attire en outre votre attention sur la nécessité d'opérer une sérieuse surveillance sur les salaires payés pour travaux exécutés en atelier et auxquels le règlement sur le minimum de salaire est applicable. Il importe que les soumissionnaires étrangers à l'agglomération bruxelloise ne tablent pas sur un manque de surveillance pour se soustraire à l'obligation de payer les salaires fixés et rendre ainsi la concurrence impossible à leurs confrères bruxellois.

TABLEAU DU MINIMUM DE SALAIRE

adopté par la Députation permanente en séance du 5 juin 1907.

PROFESSION.	CATÉGORIE D'OUVRIERS.	MINIMUM DE SALAIRE PAR HEURE ADOPTÉ PAR LA PROVINCE.		
		1re SECTION. Ville de Bruxelles et agglomération bruxelloise. Les communes de Forest, Uccle, Watermael-Boitsfort, Jette-St-Pierre, Koekelberg, Anderghem, Woluwe-St-Pierre, Woluwe-St-Lambert, Berchem-Ste-Agathe, Ganshoren. Les villes de Louvain et Wavre. Les communes de Genappe, Perwez, Braine-l'Alleud, Tubize, Waterloo et Court-Saint-Etienne.	2e SECTION. Les villes de Nivelles, Tirlemont, Hal, Aerschot et Diest. Les communes de Haecht, Léau, Assche, Leeuw-Saint-Pierre, Vilvorde, Lennick-Saint-Quentin, Opwyck, Overyssche, Wolverthem, Tervueren, Londerzeel, Merchtem, Hérent et Kessel-Loo.	3e SECTION. Les autres communes de la province.
Maçons	ouvriers	0.45	0.40	0.35
»	aides et manœuvres	0.35	0.30	0.30
Charretiers	—	0.40	0.35	0.30
Terrassiers	—	0.40	0.35	0.30
Carreleurs	—	0.45	0.40	0.35
Rejointoyeurs	—	0.45	0.40	0.35
Cimenteurs	—	0.45	0.40	0.35
Marbriers	ouvriers	0.50	0.45	0.40
»	aides	0.30	0.30	0.25
Ardoisiers-couvreurs	ouvriers	0.45	0.40	0.35
»	aides	0.35	0.30	0.25
Plombiers	ouvriers	0.50	0.45	0.40
»	aides	0.30	0.27 ½	0.25
Zingueurs	ouvriers	0.47 ½	0.40	0.35
»	aides	0.30	0.27 ½	0.25
Ferblantiers	ouvriers	0.45	0.40	0.35
»	aides	0.30	0.27 ½	0.25
Vitriers	ouvriers	0.45	0.40	0.35
»	aides	0.30	0.27 ½	0.25
Plafonneurs	ouvriers	0.45	0.40	0.35
»	aides et manœuvres	0.30	0.30	0.25
Tailleurs de pierres (bleues et blanches)	ouvriers	0.50	0.45	0.40
»	ravaleurs	0.60	0.55	0.50
»	aides	0.35	0.30	0.25
Badigeonneurs	—	0.45	0.40	0.35

PROFESSION.	CATÉGORIE D'OUVRIERS.	MINIMUM DE SALAIRE PAR HEURE ADOPTÉ PAR LA PROVINCE.		
		1re SECTION Ville de Bruxelles et l'agglomération bruxelloise. Les communes de Forest, Uccle, Watermael - Boitsfort, Jette-St-Pierre, Koekelberg, Anderghem, Woluwe-St-Pierre, Woluwe-St-Lambert, Berchem-Ste-Agathe, Ganshoren. Les villes de Louvain et Wavre. Les communes de Genappe, Perwez, Braine-l'Alleud, Tubize, Waterloo et Court-Saint-Etienne.	2e SECTION Les villes de Nivelles, Tirlemont., Hal, Aerschot et Diest. Les communes de Haecht, Léau, Assche, Leeuw-Saint-Pierre, Vilvorde, Lennick-Saint-Quentin, Opwyck, Overyssche, Wolverthem, Tervueren, Londerzeel, Merchtem. Hérent et Kessel-Loo.	3e SECTION Les autres communes de la province.
Sculpteurs en pierre et en plâtre	—	0.80 0.50	0.70 0.45	0.60 0.40
Mouleurs en plâtre	—	0.40	0.35	0.30
Peintres	ouvriers			
»	apprentis	0.30	0.30	0.25
»	boiseurs	0.60	0.50	0.40
»	décorateurs	0.70	0.60	0.50
Menuisiers-charpentiers	ouvriers	0.50	0.45	0.40
»	apprentis et aides	0.35	0.30	0.30
Ébénistes et chaisiers	ouvriers	0.50	0.45	0.40
»	apprentis et aides	0.35	0.30	0.30
Sculpteurs sur bois		0.55	0.50	0.45
Serruriers	ouvriers	0.45	0.40	0.35
»	aides	0.30	0.30	0.25
Tapissiers		0.45	0.40	0.35
Imprimeurs	—	0.58	0.50	0.45
Bronziers :				
a) mouleurs, ciseleurs, monteurs, polisseurs	ouvriers	0.45	0.40	0.35
b) mouleurs, ciseleurs, monteurs	aides	0.35	0.30	0.30
c) polisseurs	aides	0.30	0.27 ½	0.25
Gaziers	ouvriers	0.45	0.40	0.35
»	aides	0.35	0.30	0.25
Paveurs (travaux des bâtiments)	ouvriers	0.45	0.40	0.35
»	aides	0.30	0.27 ½	0.25
Monteurs, ajusteurs, tourneurs, raboteurs en fer	ouvriers	0.50	0.45	0.40
»	aides	0.30	0.27 ½	0.25
Électriciens	ouvriers	0.50	0.45	0.40
»	aides	0.35	0.30	0.27 ½
VOIRIE :				
Paveurs	ouvriers	0.42 ½	0.42 ½	0.42 ½
»	1/2 ouvriers	0.32 ½	0.32 ½	0.32 ½
Épinceurs	ouvriers	0.45	0.45	0.45
Enrocheurs ou empierreurs	ouvriers	0.42 ½	0.42 ½	0.42 ½
»	1/2 ouvriers	0.32 ½	0.32 ½	0.32 ½
Rocailleurs	ouvriers	0.40	0.40	0.40
»	1/2 ouvriers	0.32 ½	0.32 ½	0.32 ½
Manœuvres conduisant les pavés, sable, roches	—	0.30	0.25	0.20
Niveleurs-dameurs				
Blindeurs	ouvriers	0.40	0.35	0.30
»	aides	0.30	0.25	0.20
Puisatiers	ouvriers	0.45	0.40	0.35
»	aides	0.32 ½	0.27 ½	0.22 ½

Pour les apprentis âgés de moins de 18 ans, les salaires pourront être inférieurs à ceux mentionnés dans le présent tarif, sans cependant pouvoir descendre au-dessous de 20 centimes.

V

Vagabondage et mendicité. — *Ecoles de bienfaisance.* — *Maisons de refuge et dépôts de mendicité.* — *Prix de la journée d'entretien pendant l'année 1908.* — Arrêté royal du 14 février 1908, contresigné par M. Renkin, ministre de la justice. (*Moniteur* du 23 février.)

Vu l'article 37 de la loi du 27 novembre 1891 pour la répression du vagabondage et de la mendicité;

Sur la proposition de notre ministre de la justice,

Nous avons arrêté et arrêtons :

ART. 1er. — Le prix de la journée d'entretien, pendant l'année 1908, dans les écoles de bienfaisance, dans les maisons de refuge et dans les dépôts de mendicité est fixé comme suit :

A. A un franc cinquante centimes (fr. 1.50) pour les garçons placés dans les écoles de bienfaisance;

B. A un franc vingt centimes (fr. 1.20) pour les filles placées dans les écoles de bienfaisance;

C. A un franc cinquante centimes (fr. 1.50) pour les individus invalides et dont l'état de santé exige des soins spéciaux, placés dans les maisons de refuge et dans les dépôts de mendicité;

D. A soixante-dix-huit centimes (fr. 0.78) pour les individus valides et pour les invalides dont l'état de santé n'exige pas de soins spéciaux, placés dans les maisons de refuge, et pour les invalides de passage dans les prisons;

E. A soixante-six centimes (fr. 0.66) pour les individus valides et pour les invalides dont l'état de santé n'exige pas de soins spéciaux, placés dans les dépôts de mendicité, et pour les valides de passage dans les prisons;

F. A trente centimes (fr. 0.30) pour les enfants de l'âge de trois mois à deux ans qui accompagnent leur mère.

ART. 2. — En ce qui concerne les communes qui ne se sont pas entièrement libérées, au 1er janvier 1908, de ce qu'elles devaient aux dits établissements, à la date du 25 septembre 1907, la quote-part qui leur incombe dans le prix de la journée d'entretien est majorée de quatorze centimes (fr. 0.14).

ART. 3. — Il ne sera compté qu'une seule journée pour le jour de l'entrée et celui de la sortie.

DÉCISIONS JUDICIAIRES.

— *Frais d'entretien.* — *Recours contre ceux qui doivent des aliments.*

L'article 38 de la loi sur la répression du vagabondage et de la mendicité dispose que le remboursement des frais d'assistance faits en exécution de la loi est poursuivi soit à charge des personnes secourues, soit à charge de ceux qui leur doivent des aliments; cette disposition est la répétition de la règle édictée par l'article 13 de la loi du 6 mars 1866; au moment de cette dernière loi, l'on ne faisait aucune distinction entre le vagabond d'occasion et le vagabond d'habitude.

D'ailleurs cette disposition constitue l'application soit du principe de l'action *de in rem verso*, soit de l'action subrogatoire de l'article 1251, 3°, du code civil, au profit de celui qui étant tenu pour d'autres paye à la décharge de ceux-ci.

Ces principes peuvent être invoqués par les pouvoirs publics lorsqu'ils ont pourvu à l'entretien d'un vagabond interné dans un dépôt de mendicité, tout aussi bien qu'ils peuvent l'être lorsqu'il s'agit d'un vagabond hospitalisé dans une maison de refuge. — Tribunal civil de Bruxelles, 10 juin 1907, *Pasic.*, 1907, III, 333.

Voirie. — *Alignements.* — *Voirie urbaine.* — *Alignements généraux.* — *Interdiction de les modifier par simple ordonnance de police.* — Arrêté royal du 28 août 1907. (*Moniteur* du 28 septembre.)

Un arrêté royal du 28 août 1907, contresigné par M. Helleputte, ministre de l'agriculture *ad interim*, annule une délibération d'un conseil communal arrêtant un règlement aux termes duquel les constructions à élever le long de plusieurs avenues de la commune seront établies de manière à laisser libre entre l'alignement et la construction une zone de 5 mètres au moins, qui pourra être convertie en jardinet.

Cet arrêté est ainsi motivé :

Considérant qu'un plan d'alignement régulièrement décrété par arrêté royal lie les communes aussi bien que les particuliers, pour l'application des § 7° et 8° de l'article 90 de la loi communale, tant que ce plan n'est pas modifié dans les formes légales;

Attendu que la délibération précitée, en décrétant par simple ordonnance de police des zones de recul, tend à modifier les alignements généraux adoptés par l'autorité supérieure, puisqu'elle impose pour les plans de bâtisse des alignements nouveaux non conformes à ces plans généraux.

— *Voirie vicinale.* — *Règlement provincial.* — *Hainaut.* — *Modifications.* — Arrêté royal du 18 août 1907. (*Moniteur* du 28 août.)

Un arrêté royal du 18 août 1907, contresigné par M. Helleputte, ministre de l'agriculture *ad interim*, approuve une délibération en date du 9 juillet 1907 par laquelle le conseil provincial du Hainaut complète le texte des articles 73 et 76 du règlement provincial sur les chemins vicinaux approuvé par l'arrêté royal du 20 février 1882.

— *Règlement provincial.* — *Liège.* — Arrêté royal du 6 novembre 1907. (*Moniteur* des 18-19 novembre.)

Un arrêté royal du 6 novembre 1907, contresigné par M. Helleputte, ministre de l'agriculture *ad interim*, approuve une délibération en date du 25 juillet 1907 par laquelle le conseil provincial de Liége apporte des modifications au règlement provincial sur la voirie vicinale et au règlement pour le service des cantonniers-gardes champêtres des chemins de grande communication.

— *Règlements provinciaux.* — *Limbourg.* — Arrêté royal du 26 septembre 1907.

Un arrêté royal du 26 septembre 1907, contresigné par M. Helleputte, ministre de l'agriculture *ad interim*, approuve une délibération en date du 16 juillet 1907 par laquelle le conseil provincial du Limbourg adopte un nouveau règlement organique du service voyer.

— *Règlement provincial.* — *Limbourg.* — Arrêté royal du 26 septembre 1907. (*Moniteur* du 16 octobre.)

Un arrêté royal du 26 septembre 1907, contresigné par M. Helleputte, ministre de l'agriculture *ad interim*, approuve une délibération en date du 18 juillet 1907 par laquelle le conseil provincial du Limbourg adopte une modification aux articles 68, 74 et 77 du règlement provincial du 20 juillet 1888 sur les chemins vicinaux.

— *Alignements.* — *Autorisation de bâtir.* — *Approbation des plans de bâtisse.* — *Zones de recul.* — *Grande voirie et petite voirie.* — Etude de la *Revue de l'administration*, 1908, p. 5.

La *Revue de l'administration* consacre à ces diverses questions une étude théorique et pratique.

— *Autorisation de bâtir.* — *Refus du collège.* — *Recours à la députation permanente.* — *Construction commencée.* — *Droits de la commune.* — Avis de la *Revue communale*, 1907, p. 89.

Si un propriétaire à qui le collège a refusé l'autorisation de bâtir et qui a pris son recours auprès de la députation permanente passe outre à la construction, la commune a le droit de lui faire dresser procès-verbal et le tribunal devra le condamner à l'amende, même si le recours est accueilli. Quant à la réparation des suites, le tribunal devra surseoir à statuer; si le recours est rejeté, il devra ordonner la démolition; si, au contraire, le recours est admis, il devra maintenir le bâtiment.

— *Bâtisses en retrait de la voie publique.* — *Clôture.* — *Façades parallèles à l'alignement.* — *Revue de l'administration*, 1908, p. 24.

Est légale la disposition prescrivant l'érection d'une clôture sur la ligne séparative de la voie publique et des propriétés limitrophes. Mais nous doutons beaucoup de la légalité de la disposition disant que les façades doivent être parallèles à l'alignement. On n'aperçoit pas les intérêts de police ou d'hygiène qui justifieraient une prescription de ce genre.

— *Commune non encore soumise à la loi du 1er février 1844 sur la voirie urbaine.* — *Ouverture de rues par des particuliers.* — *Droits de la commune.* — Avis de la *Revue de l'administration*, 1907, p. 285.

Aussi longtemps qu'une commune n'a pas été placée, par arrêté royal, sous le régime de la loi du 1er février 1844, des particuliers ont le droit d'ouvrir des avenues sur leurs terrains et élever des constructions le long de ces avenues; si un arrêté royal intervient plaçant le territoire de cette commune sous l'empire de la loi de 1844, cet arrêté ne peut rétroagir; les avenues pourront être considérées comme des cours privées et leur clôture pourra être prescrite si un règlement communal ordonne de clôturer les terrains longeant la voie publique; mais même en l'absence d'un arrêté royal la commune a le droit de considérer les avenues ouvertes par des particuliers comme appartenant à la voirie, les faire paver et éclairer et y faire construire des égouts en récupérant à charge des riverains l'intérêt des dépenses effectuées au moyen de taxes soumises à l'approbation du roi. (Voy., dans le même sens, *Revue communale*, 1907, p. 174.)

— *Ruelle.* — *Sol appartenant à un riverain.* — *Etablissement d'un drain avec l'autorisation de la commune.* — *Redevance au propriétaire.* — Avis de la *Revue de l'administration*, 1907, p. 491.

L'affectation d'une ruelle au service de la voirie entraîne pour la commune le droit d'autoriser un particulier à y établir un tuyau de drainage même lorsque le sol appartient à un riverain, sans que ce dernier puisse exiger le payement d'une redevance.

— *Voirie urbaine.* — *Commune placée sous le régime des lois des 1er février 1844 et 15 août 1897.* — 1° *Absence de plan général d'alignement; alignement particulier.* — 2° *Plan général d'alignement.* — *Indemnité préalable.*

— 3ᶜ *Constructions*. — Avis de la *Revue communale*, 1907, p. 56.

1° S'il n'existe pas de plan général d'alignement, le collège échevinal ne peut pas, même si la commune est placée sous le régime de la voirie urbaine, imposer au constructeur un alignement en recul l'obligeant ainsi à abandonner à la voie publique une partie de son terrain;

2° Lorsqu'il existe un plan général d'alignement obligeant les riverains à reculement la commune doit, en vertu de la loi de 1844, intenter l'action en expropriation et payer en conséquence l'indemnité due dans le délai fixé par le tribunal. Si le riverain construit sur l'alignement nouveau il renonce non pas à l'indemnité, mais au règlement préalable de celle-ci;

3° S'il s'agit de construire à front d'un chemin vicinal, c'est le règlement provincial qui doit être observé. Un mur peut être construit à la limite du terrain, mais les haies doivent être plantées à la distance indiquée. La construction d'un mur sans autorisation constitue une infraction. La démolition du mur doit être ordonnée par le juge à moins que l'administration communale ne consente à son maintien.

———

— — *Ouverture de chemins au travers de propriétés particulières.* — *Droits de la commune.* — Avis de la *Revue communale*, 1907, p. 54.

La *Revue communale*, répondant à une question qui lui avait été posée, indique les droits d'une commune, dont le territoire est placé sous le régime de la loi des 1ᵉʳ février 1844-15 août 1897 sur la police de la voirie urbaine, à l'égard de propriétaires qui, dans un but de spéculation immobilière, ouvrent des chemins à travers leurs propriétés, mais placent des barrières à l'entrée. L'administration communale peut inviter les propriétaires à se conformer à la loi en demandant l'autorisation requise; s'ils s'en abstiennent elle peut faire verbaliser à leur charge et même, si le caractère de chemin est patent, faire enlever d'office les barrières.

———

— — *Concession d'une place publique pour la construction d'un théâtre.* — *Approbation de la députation permanente.* — *Nécessité d'une autorisation du gouvernement.* — Étude de la *Revue communale*, 1907, p. 97.

La *Revue communale* publie une étude sur le point de savoir si un contrat conclu entre une commune et un particulier, et qui a pour objet de concéder à ce particulier pour une durée de quarante ans le droit d'édifier sur une place publique et d'exploiter un établissement comprenant salles de spectacles, de fêtes, d'expositions, peut valablement être approuvé par la députation permanente, par application de l'article 81 de la loi communale, ou si, au préalable, l'autorisation du gouvernement n'est pas requise en conformité de l'article 76, 7°, de la même loi. La *Revue* soutient la thèse, adoptée par le ministre de l'agriculture, que l'autorisation royale est requise.

———   ◆

— *Voirie vicinale.* — *Sol appartenant aux riverains.* — *Trottoirs.* — *Enlèvement d'arbres.* — Avis de la *Revue de l'administration*, 1907, p 360.

Une commune a le droit d'établir des trottoirs le long d'un chemin vicinal dont la propriété appartient à un particulier, mais elle doit une indemnité à ce particulier, qui a le droit de plantation, du chef de l'enlèvement des arbres nécessité par l'établissement de ces trottoirs.

———

— — *Chemins vicinaux.* — *Dégradations extraordinaires.* — *Application de la loi du 19 mars 1860.* — Avis de la *Revue communale*, 1907, p. 345.

Un entrepreneur de travaux publics (dans l'espèce, construction d'une route) tombe sous l'application de la loi du 19 mars 1866 qui prévoit des impositions spéciales en cas de dégradations aux chemins vicinaux.

———

DÉCISIONS JUDICIAIRES.

Alignement. — *Juge répressif.* — *Infraction non constatée.* — *Partie civile.* — *Démolition.* — *Incompétence.*

Le juge répressif n'est compétent pour ordonner la démolition sollicitée par la commune, partie civile, que pour autant qu'il constate l'existence d'une contravention au règlement communal sur les constructions. (Code d'instr. crim., art. 161.) — Cassation, 10 décembre 1906, *Pasic.*, 1907, I, 65.

———

Chemin vicinal. — *Alignement en recul.* — *Absence de dépossession.* — *Agglomération non soumise à la loi de 1844.* — *Caractère.* — *Bornage.* — *Motifs des arrêts.* — *Interprétation.*

Manque de base le moyen tiré de ce que le propriétaire d'un terrain riverain d'un chemin vicinal, obligé à reculement par incorporation à la voirie d'une bande de son terrain, n'aurait pas droit à une indemnité, alors qu'il résulte de la décision attaquée que l'alignement, tel qu'il a été accordé, ne constitue pas une expropriation et laisse subsister, au profit du riverain, la possession de son fonds. (Constit., art. 11; code civ., art. 545.)

La délivrance d'un alignement en recul à front d'un chemin, dans la partie agglomérée d'une commune non soumise à la loi du 1er février 1844, que le juge du fond déclare appartenir à la voirie vicinale, n'est qu'une simple opération de bornage qui n'entraîne pas, pour le riverain, abandon de sa propriété et ne l'autorise pas, comme en matière de voirie urbaine, à faire statuer sur l'expropriation. (Loi du 1er février 1844, art 1er, 4 et 7; loi du 10 avril 1841, art. 1er.)

Ne sont pas contradictoires les motifs d'un arrêt qui décide qu'un particulier obligé à recul a pu, par une clôture, conserver la possession d'une partie de sa propriété « incorporée dans la voie publique », l'expression *incorporation à la voirie* devant être comprise comme s'appliquant à la situation qui résultera, dans l'avenir, de l'exécution du plan en vue duquel le recul est imposé. — Cassation, 18 octobre 1906, *Pasic.*, 1907, I, 19.

Grande voirie. — Autorité communale. — Droit de police. — Tranchées. — Dépôt de matériaux. — Défaut d'éclairage. — Force majeure.

L'autorité communale ne peut, en vertu de son droit de police (code pén., art. 551, 4o), autoriser le concessionnaire de l'éclairage de la voirie à creuser des excavations ou tranchées dans la voie publique de la grande voirie. Ces excavations ou tranchées, faites sans l'autorisation de l'administration centrale, constituent des détériorations punissables. (Code rural, art. 88, 9o; code pén., 551, 4o.)

Le juge du fond doit apprécier sous toutes ses faces le fait qui lui est déféré et y appliquer la qualification légale qu'il comporte, alors même que dans la citation il aurait été autrement qualifié. (Code d'instr. crim., art. 182.) — Cassation, 18 février 1907, *Pasic.*, 1907, I, 126.

Travaux. — Indemnité au propriétaire riverain.

Le propriétaire d'un immeuble riverain de la voie publique a le droit d'être indemnisé du préjudice que subit son immeuble lorsqu'il est atteint dans ses aisances essentielles par suite de modifications de la dite voie. Ce droit trouve son origine dans la nature du droit de propriété sur les immeubles et dans la destination de la voie publique.

Le droit du propriétaire riverain entraîne à la charge de l'autorité gérant la voie publique une obligation analogue à celle qui lie entre eux des propriétaires riverains, et astreint cette autorité à titre d'engagement formé sans convention en vertu de la seule volonté de la loi.

Le droit du riverain à une indemnité trouve sa limite dans la réparation du préjudice souffert par son immeuble, en tant que lésé dans ses aisances essentielles par rapport à l'immeuble et dans la nature de la voie publique.

L'exécution des travaux de voirie constitue une charge de voisinage; elle ne peut être invoquée comme source spéciale de dommage que si elle excède, en durée et en importance, les sacrifices que doivent faire tous les voisins d'une voie publique.

L'indemnité n'est complète que moyennant restitution au propriétaire lésé non seulement de la dépréciation causée à l'immeuble, mais aussi de la valeur de la jouissance que lui assurait la destination du lieu et dont il aurait été privé par suite des modifications apportées à la voie publique.

Dans le calcul de l'indemnité on ne peut tenir compte, à titre de compensation, de la plus-value procurée aux propriétés riveraines par les travaux de voirie. — Cour d'appel de Bruxelles, 27 décembre 1906, *Pasic.*, 1907, II, 93.

Travaux. — Riverains. — Droits acquis. — Responsabilité. — Principe préexistant à l'alignement ou à l'autorisation de bâtir. — Portions non bâties. — Préjudice. — Preuve.

Le principe de la responsabilité des communes à raison du dommage causé aux propriétés riveraines par les travaux de voirie est admissible quand les travaux portent atteinte à des « droits acquis ».

Ce principe préexiste à l'alignement ou à l'autorisation de bâtir, qui n'est qu'une mesure administrative se rattachant à la police de la voirie; il ne dépend pas de l'accomplissement de ces formalités, et il s'applique aux propriétés bâties et peut s'étendre aux portions « non bâties » d'un immeuble riverain.

Constituent des causes de dommage et sont de nature, lorsqu'ils sont établis, à entraîner la responsabilité de la commune, des faits tels que ceux relevés dans le jugement. — Tribunal civil de Nivelles, 20 février 1907, *Pasic.*, 1907, III, 161.

Voirie urbaine. — Ruelle. — Propriété privée. — Action en réintégrande. — Droits des riverains. — Mur séparatif. — Mitoyenneté.

Une ruelle dépendant de la voirie urbaine d'une ville et le mur qui la sépare de la propriété voisine et appartenant indivisément aux parties en cause ne sauraient faire l'objet d'une action en réintégrande de la part du propriétaire du sol, dont les droits sont vinculés par ceux acquis sur cette voie publique, *jure civitatis*, par les riverains. (Loi du 1er février 1844; code civ., art. 544.)

Le mur qui sépare cette ruelle des propriétés voisines ne saurait être considéré comme mitoyen. (Code civ., art. 653 et 654.) — Cassation, 16 novembre 1906, *Pasic.*, 1907, I, 45 (1).

_____

(1) Voy. les observations dont la *Revue de l'administration* fait suivre cet arrêt.

TABLE CHRONOLOGIQUE

ANNÉES 1904-1905 à 1907-1908

TABLE ALPHABÉTIQUE

DES MATIÈRES

***

ANNÉES 1904-1905 à 1907-1908

***

Pages.

Pages.

F

Fabrique d'église.

DÉCISIONS JUDICIAIRES.

W

Lightning Source UK Ltd.
Milton Keynes UK
UKHW020804071118
331918UK00016B/1385/P